연암 박지원(1737~1805)   손자 박수주가 그린 초상

정조(1752~1800, 재위 1766~1800) 조선 제22대 왕

▶18세기 의주부 지도
《열하일기》는 정조 4년 (1780) 청나라 건륭제 칠순 축하 사절단 일행으로 참여한 박지원이 6월 24일 압록강을 건너는 것부터 시작된다.

▼심양관도첩
1760년 영조가 할아버지 현종 탄신 100주년을 기념해 동지사 정사 홍계희를 시켜 현종이 나고 살았던 심양관을 그려오게 했다. 이때 따라간 이필성이 그렸다. 현종은 병자호란 때 청나라 볼모로 소현세자와 함께 간 봉림대군(효종)의 아들이다. 사절단 일행은 7월 10~12일 심양에서 머물렀다.

산해관(山海關) 만리장성

▶천하제일관
산해관
만리장성 동단 첫 관문이자 천하제일관으로 불리는 산해관

▼산해관 노룡두
만리장성 동쪽 끝 지점으로 발해만에 닿아 있다.

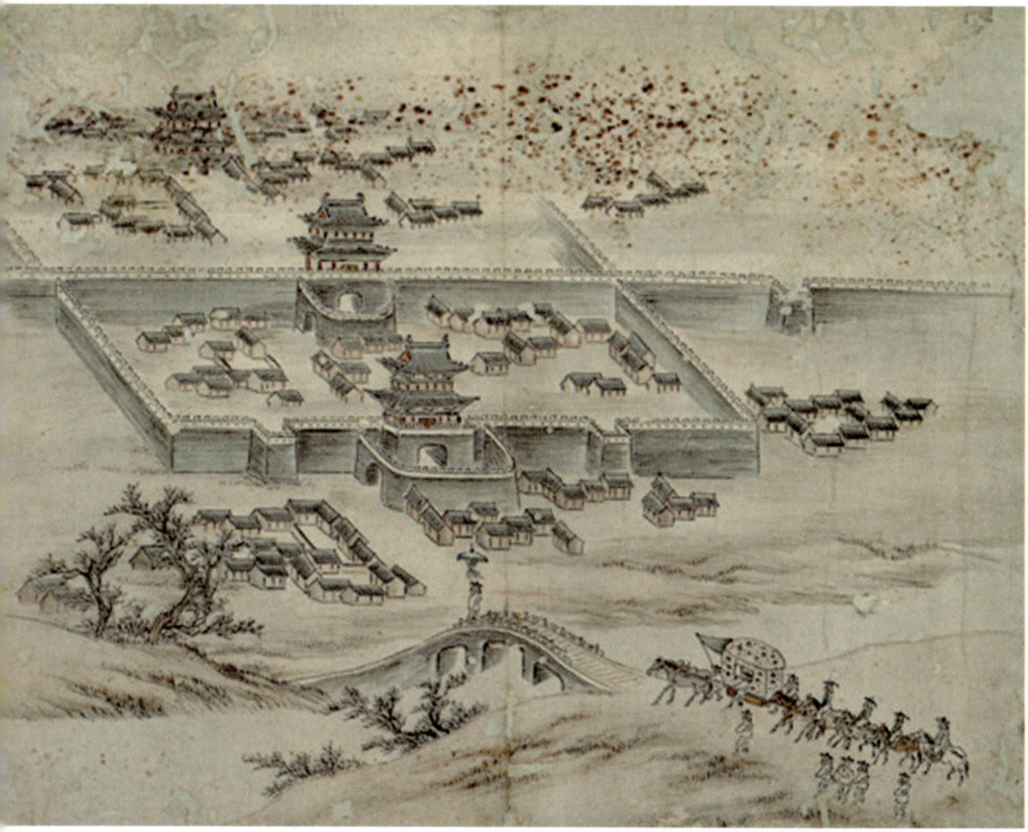

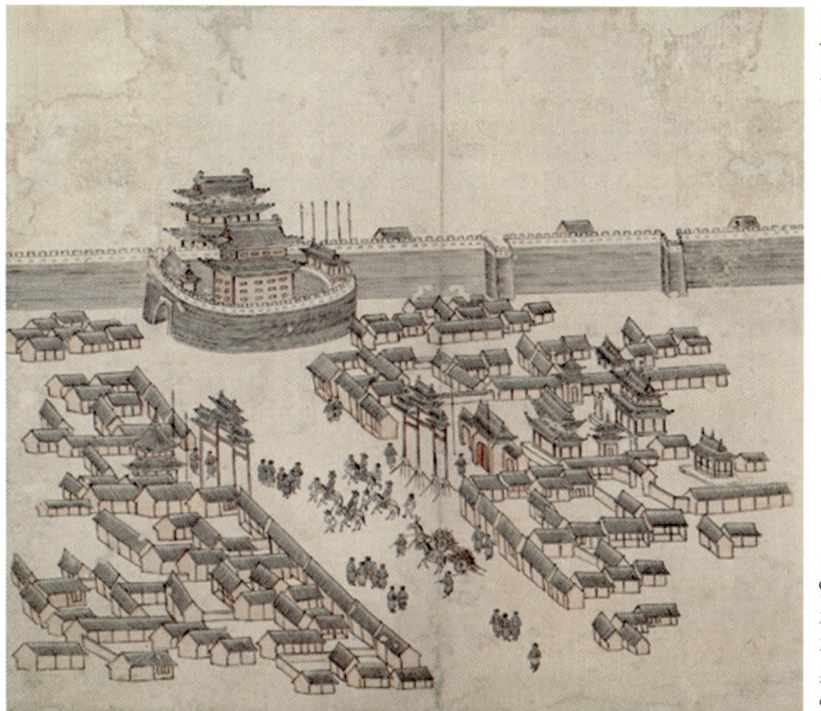

▲연행도 산해관 동라성(동쪽 나성) 조선 사절단이 다리를 건너고 있다.

◀연행도 제7폭 조양문 지금은 없어진 연경성의 동문으로 조선 사절단이 들어가는 모습.

▲연행도 제8폭 태화전
청 황제가 정월 초하루에 신년하례를 받았던 자금성 태화전을 도포차림과 군관차림의 조선 사절들이 구경하고 있다.

▶연행도 제13폭 유리창
연경 유리창의 화려한 가게들과 번화한 거리를 묘사한 그림. 두 마리의 낙타를 타고 이동하는 모습은 조선에서 구경하기 어려운 낯선 풍경이다.

▲관상대
박지원은 관상대를 올라가보려 했으나 관리의 강력한 제지로 오르지 못하고 멀리서 바라보았다고 한다.

◀남천주당
소현세자와 아담샬이 만난 성당

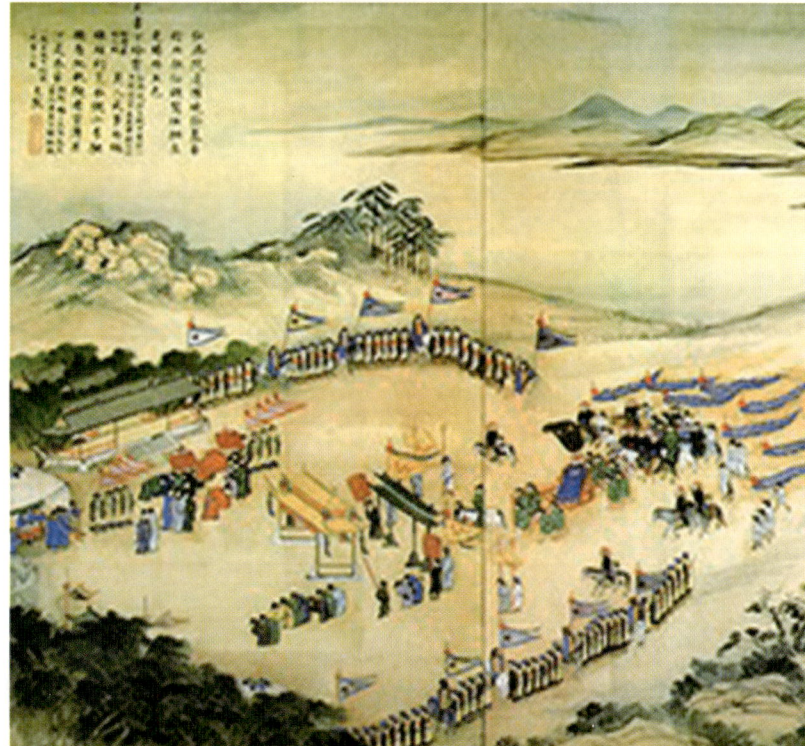

▲만국래조도(萬國來朝圖) 부분
청나라 건륭 연간에 제작된 것으로, 정초에 여러 나라 사신들이 조회하는 의식을 그린 그림. 조선 사신들도 보인다.

▶봉사도
청나라 사신들의 영접관련 기록화. 청의 아극돈이 정여에게 그리게 한 그림.

사열식 복장을 한 건륭제(1758) 예수회 신부인 주세페 카스틸리오네가 비단에 그린 그림.

건륭제(1711~1799, 재위 1736~1796)

▲〈만수원사연도(萬樹園賜宴圖)〉
피서산장에서 베푸는 연회장으로 들어가는 하객들.
조선 진하사 일행은 건륭제의 생일잔치가 연경(북경)에서 열리는 줄 알고 도착했으나 장소가 열하에 있는 피서산장으로 바뀌어 있어, 강행군 끝에 가까스로 잔칫날에 그곳에 도착할 수가 있었다.

◀〈마술도(馬術圖)〉 부분
피서산장을 배경으로 거행된 네 가지 행사 중의 하나.

〈피서산장도(避暑山莊圖)〉(1703) 청나라의 별궁. 열하. 지금의 승덕(청더).

연암 박지원이 그린 〈국화도(菊花圖)〉

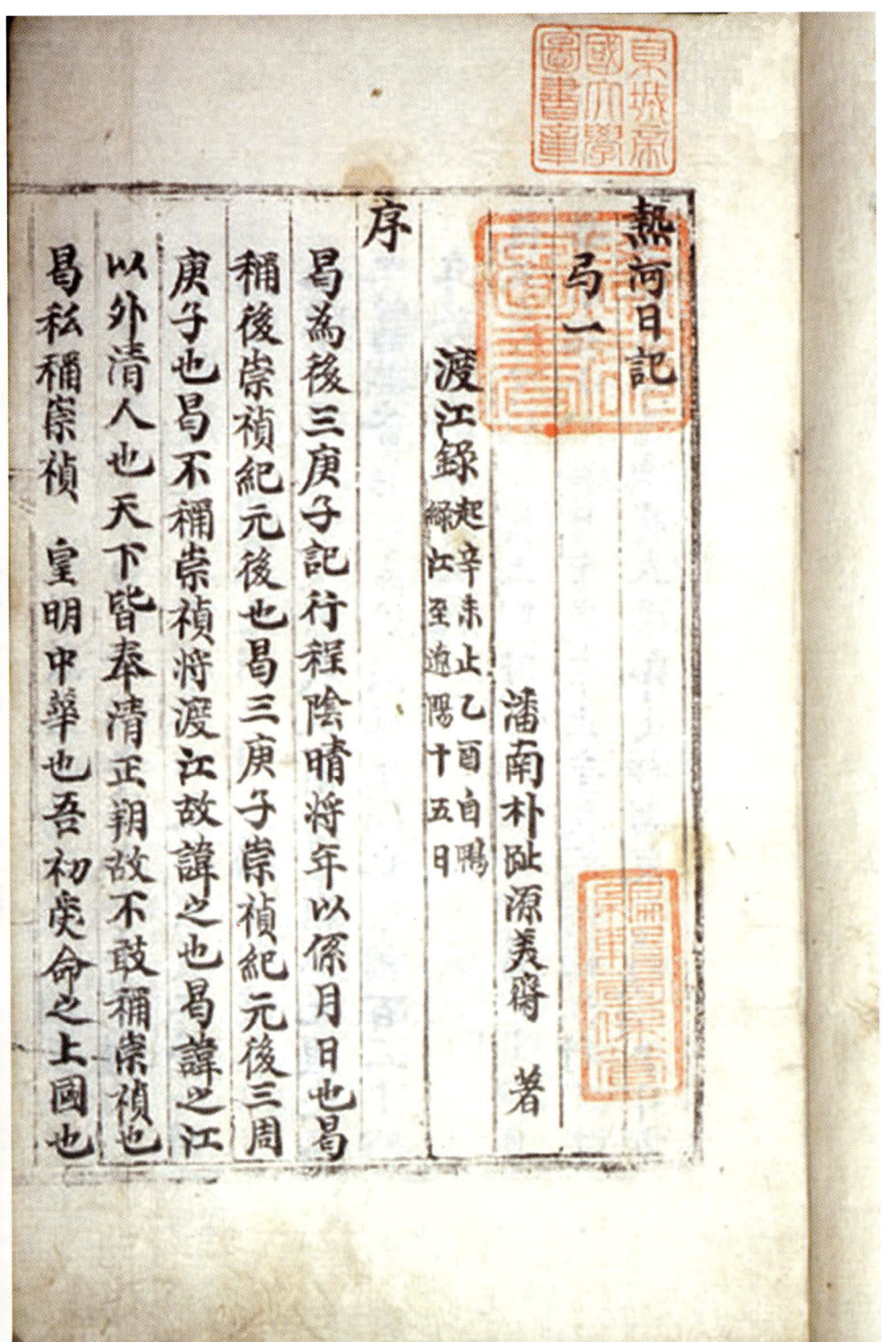

《열하일기》 권1 〈도강록〉 시작 페이지 〈도강록〉은 압록강으로부터 랴오양(遼陽)에 이르는 15일간의 기록.

열하일기 우표　문학 시리즈로 2000년에 발행된 우표. 디자이너 이혜옥, 원화 작가 이왈종

World Book 126
朴趾源
熱河日記
열하일기
박지원/고산 역해

동서문화사

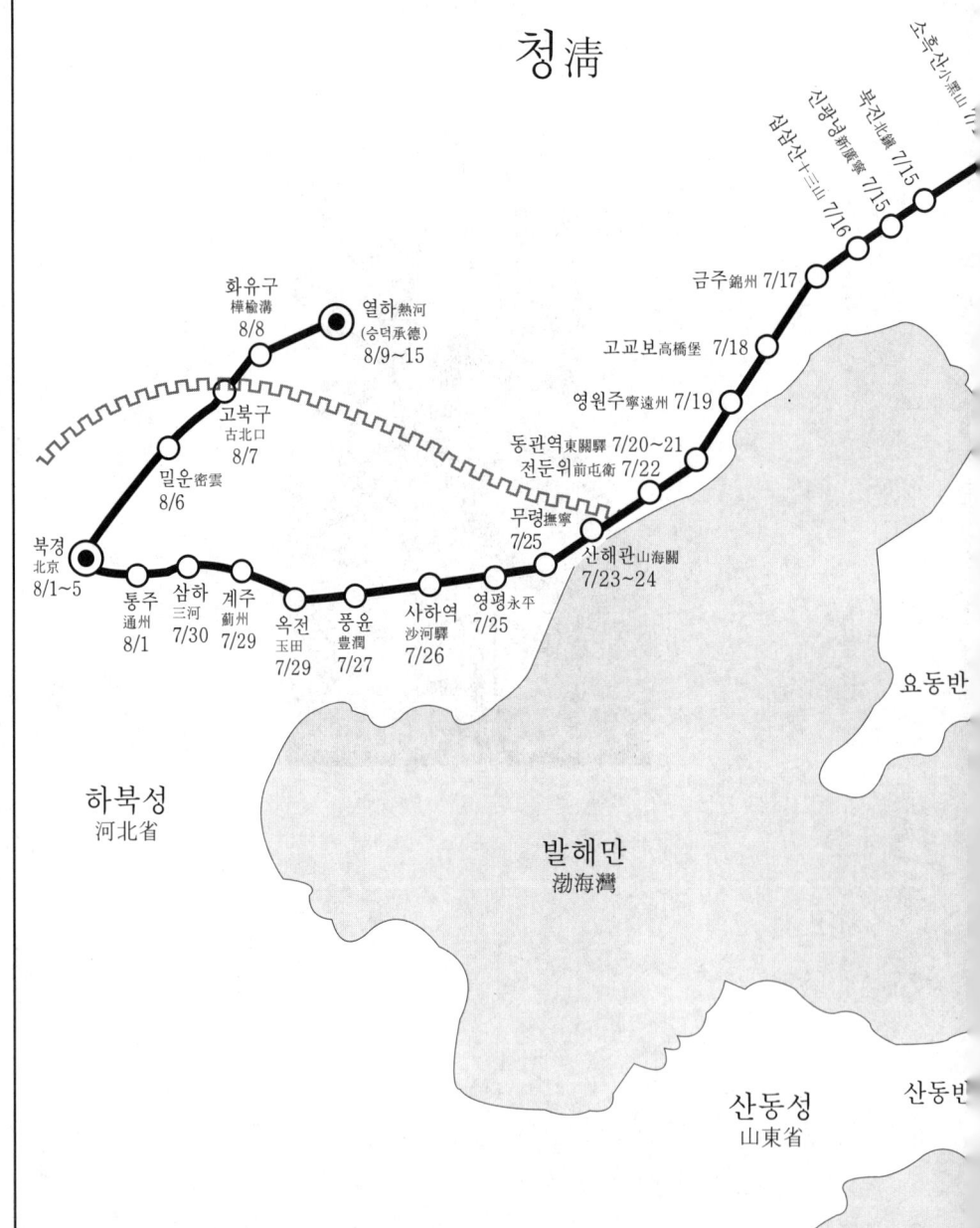

디자인 : 동서랑 미술팀/표지그림 : 베갯모, 寶娜박물관 제공

열하일기
차례

압록강을 건너며〔渡江錄〕… 11
심양에서 보고 들은 이야기〔盛京雜識〕… 92
말타고 지나가듯 쓴 수필〔馹汛隨筆〕… 154
산해관에서 북경까지의 여행〔關內程史〕… 217
만리장성 북쪽 변방을 가다〔漠北行程錄〕… 289
태학관에 묵으며〔太學留館錄〕… 324
북경으로 되돌아오는 길에서의 견문〔還燕道中錄〕… 382
열하에서 만난 중국 벗들〔傾蓋錄〕… 412
라마교에 대한 문답〔黃教問答〕… 423
반선의 역사적 내력〔班禪始末〕… 463
활불 반선을 만남〔札什倫布〕… 476
열하에서의 이러저러한 기록〔行在雜錄〕… 484
천하의 형세를 살피다〔審勢編〕… 497
양고기 먹는 일조차 잊게 한 음악 이야기〔忘羊錄〕… 505
곡정 왕민호와 나눈 필담〔鵠汀筆談〕… 571
산장에서 쓴 여러 편의 글들〔山莊雜記〕… 646
요술놀이 구경〔幻戲記〕… 669
더위를 식히며 시를 논하다〔避暑錄〕… 687
고북구 장성 밖에서 들은 기이한 이야기〔口外異聞〕… 779
여관 옥갑에서 묵으며 이야기를 나누다〔玉匣夜話〕… 835
북경 관광〔黃圖紀略〕… 856
공자 사당을 참배하고〔謁聖退述〕… 901
쪽지에 쓴 짧은 기록들〔盎葉記〕… 918
동란재에서 쓴 글〔銅蘭涉筆〕… 940
이러저러한 의약 처방 몇 가지〔金蓼小抄〕… 1008

박지원의 생애와 사상… 1025

압록강을 건너며
도강록(渡江錄)

신미(辛未)~을유(乙酉). 압록강에서 요양(遼陽)에 이르기까지 15일 동안

머리글〔渡江錄序〕

무엇 때문에 이 글 머리에 '후삼경자(後三庚子)'라는 말을 쓸까? 여행의 일정과 날씨의 흐리고 맑음을 기록할 때 해를 표준으로 삼아 달과 날을 따지기 위해서이다.

'후(後)'란 무엇을 뜻하는가? 숭정기원(崇禎紀元)[*1] 뒤라는 뜻이며, 곧 세 번째[*2] 경자년을 말한 것이다. 그러면 어찌하여 숭정 연호(年號)를 쓰지 아니하였는가? 이제 압록강을 건너려니 이를 기피한 것이다. 무엇 때문에 이를 기피했는가? 압록강을 건너가기만 하면 바로 청(淸)나라 사람들이 살고 있기 때문이다. 천하가 모두 청나라 연호를 쓰고 있으므로 감히 명(明)나라 연호인 숭정이라 일컬을 수 없는 까닭이다.

그러면 우리는 어찌하여 굳이 숭정을 쓰는가? 명나라는 중화(中華)로서 그들로부터 우리나라가 처음으로 상국(上國)[*3]의 승인을 받았기 때문이다. 숭정 17년 의종 열황제(毅宗烈皇帝)[*4]가 종묘사직을 위해 순국(殉國)하고 명나라 황실이 멸망한 지 이제 130여 년이 되었건만 어찌하여 이제껏 숭정을 쓰는가? 청나라 사람들이 들어가 중국을 차지하여 옛 모든 제도가 바뀌

---

*1 명나라 마지막 황제 의종(毅宗) 즉위년으로 우리 인조(仁祖) 5년, 곧 1628년임.
*2 명나라가 망하고 첫 번째 경자년은 1660년, 세 번째 경자년은 1780년이니 명나라가 멸망하고 136년 되는 해, 곧 정조(正祖) 4년임.
*3 명나라를 높여 일컬은 말.
*4 명나라 마지막 황제. 의종은 숭정 17년, 우리 인조 22년 1644년에 스스로 목숨을 끊었음.

어 오랑캐 나라가 되었으나, 우리 동쪽 수천 리 땅은 압록강을 경계로 나라를 다스리며 홀로 선왕의 제도를 지키고 있으니, 명나라의 황실이 오히려 압록강 동쪽에 존재함이 분명하기 때문이다.

  우리가 힘이 모자라서 오랑캐를 물리쳐 중원(中原)을 숙청하여 선왕의 옛 강토를 광복(光復)하지는 못하지만, 모두 숭정의 연호를 존중하여 중국을 보존하고자 하는 까닭이다.

숭정 156년 계묘(癸卯)*5에
열상외사(洌上外史)*6 쓰다.

---

*5 청나라에 다녀온 지 3년 반이 지난 정조 7년, 1783년.
*6 연암의 별호.

후삼경자(1780)
우리나라 정조임금 4년(청나라 건륭 45년)

6월 24일 신미(辛未)

아침에 비가 조금 내리더니 온종일 오락가락. 오후에 압록강을 건너 30리를 더 가 구련성(九連城)에서 노숙하다. 밤에 큰 비가 내리다 곧 그치다.

처음에 용만(龍灣： 의주(義州)의 의주관(義州館))에서 열흘을 머무는 동안 중국에 보낼 방물(方物)*7이 모두 도착하여 떠날 일정이 매우 촉박해졌다. 그런데 뜻밖에 장마가 지어 두 강물이 합치면서 넘쳐흘렀다. 그 사이에 갠 날이 나흘이나 지났으나 물살은 더욱 거세어져 나무며 돌이 한데 휩쓸려 내려오고 검푸른 흙탕물은 하늘과 맞닿았다. 그럴 수밖에 없는 것이 압록강의 발원지가 아득히 멀기 때문일 것이다.

《당서(唐書)》에 보면, '고려*8의 마자수(馬訾水)는 그 근원이 말갈(靺鞨)의 백산(白山)이니, 그 물빛이 마치 오리〔鴨〕의 머리털처럼 푸르다〔綠〕하여 압록강(鴨綠江)이라고 한다' 하였다. 이른바 백산은 곧 장백산(長白山)이다.

산해경(山海經)*9에는 장백산을 불함산(不咸山)이라 일컬었고, 우리나라에서는 백두산(白頭山)이라 불렀다. 백두산은 여러 강의 발원지로서 그 중에서 서남쪽으로 흐르는 물이 압록강이다.

황여고(皇輿考)에 말하기를, '천하에 큰 강이 셋 있으니 황하, 장강(양자강(楊子江)), 압록강이다' 하였고 진정(陳霆)의 양산묵담(兩山墨談)에는 '회수(淮水) 이북의 물은 북쪽 갈래로 흘러, 대체로 모든 물은 황하를 그 으뜸으로 삼고 있으므로, 강이라고 이름을 붙일 만한 물이 없으나 북쪽의 고려에 있는 것만은

---

*7 중국에 보내는 우리나라 특산품.
*8 고구려임.
*9 고대 중국의 지리, 신화, 민속 등을 방대하게 다룬 책.

압록강이라 이름을 붙였다'라고 씌어 있다.

곧 이 강을 말한 것이니, 이처럼 큰 강들은 강의 상류가 가무는지 장마지는지 천 리 밖에서 짐작하기 어려우나, 오늘 강물이 불어서 넘치는 형세로 미루어 보아 백두산 일대에 장마가 지고 있음을 알 수 있다. 더욱이 이곳이 예사 나루터가 아닌 다음에야 더 말할 것 없다.

이제 홍수로 배 대는 곳이 온데간데없고 중류의 모래톱도 찾아볼 길이 없다. 뱃사공이 조금만 실수를 해도 사람의 힘으로는 돌이킬 수 없는 지경에 이를 것이다.

일행 중에서 역원(譯貝)들은 전에 겪었던 일을 끌어대면서 떠날 날짜를 물리자고 일부러 청해 왔다. 의주부윤(義州府尹) 이재학(李在學)도 비장(裨將)*10을 보내어 며칠 더 묵도록 만류하였으나, 정사(正使) 박명원(朴明源)은 예정대로 이날 강을 건너기로 하고 장계(狀啓)*11에도 날짜를 써 넣었다.

아침에 일찍 일어나 창문을 여니 짙은 구름이 자욱하고 비올 기운이 산에 가득하다. 세수를 하고 행장을 정돈한 다음 집에 보내는 글과 여러 곳에 보내는 답장을 봉하여 파발(把撥)*12 편에 부쳤다. 간단히 아침 죽을 먹는 둥 마는 둥 하고 천천히 관소(館所)로 나갔다.

벌써 여러 비장들은 군복과 전립(戰笠)을 갖추었다. 머리에는 은화(銀花)와 운월(雲月)*13을 달고 공작(孔雀)의 깃을 꽂았으며, 허리에는 남빛 비단 전대(纏帶)*14를 두르고 환도(環刀)*15를 찼고, 손에는 짧은 채찍을 잡았다. 서로 돌아보며 '모양이 어떤가?' 하고 웃었다. 상방비장(上房裨將)*16 참봉(參奉) 노이점(盧以漸)은 첩리(帖裏)*17를 입었을 때보다 한층 씩씩해 보였

---

*10 감사(監司)·유수(留守)·병사(兵使)·수사(水使)나 외국에 가는 사신에게 따라다니며 보좌하는 관원.

*11 지방이나 외국에 나가 있는 신하가 조정에 보내는 보고서.

*12 공문서를 급히 전달하기 위해 설치한 역참(驛站).

*13 은화와 운월은 모두 모자의 장식임.

*14 기다랗게 주머니처럼 만들어서 물건을 넣어 허리에 두르거나 어깨에 매는 것.

*15 옛날 군복에 갖추어 차는 군도(軍刀).

*16 정사에게 딸린 비장.

*17 방언으로 철릭(天翼)이라고도 하며, 무관(武官) 공복(公服)의 한 가지. 소매가 넓으며 당상관(堂上官)은 남빛, 당하관은 분홍빛임.

다(비장은 우리 국경 안에서는 첩리를 입고, 강을 건너면 협수(狹袖)*¹⁸로 갈아입는다). 상방비장 진사(進士) 정요(鄭瑤)가 웃으면서 나를 맞이하며
 "오늘은 정말 강을 건너게 되는가 봅니다."
하니 옆에 있던 노 참봉도
 "이제 곧 강을 건너갑니까?"
하고 물었다. 나는 그들에게 그럴 것이라고 대답했다.

 열흘 동안이나 여관에 머물다 보니 지루해져서 모두들 훌훌 날아갈 것만 같은 기분이었다. 게다가 장마로 강물이 넘쳐 더욱 답답하던 차에 날짜가 닥치고 보니 이제는 강을 건너지 않으려야 건너지 않을 수 없게 되었다.

 멀리 앞길을 바라보니 무더위가 사람을 찌는 듯하고, 돌이켜 고향을 떠올리자 구름과 산에 막혀 그저 아득할 뿐이다. 인정이 이에 이르러 어찌 서글픈 생각과 추억이 없을 수 있으랴. 평생의 장한 유람이라 항상 기어코 한 번 보아야 한다고 벼른 것은 둘째 문제이고, 이제 오늘에야 강을 건너게 되었다고 하는 말은 진실로 마음으로 기뻐하여 하는 말이 아니라, 어찌할 수 없게 되었기 때문일 것이다.

 역관(譯官)*¹⁹ 김진하(金震夏)는 나이가 많고 병이 무거워 여기서 뒤떨어져 정중히 작별을 고하니, 서글픈 마음을 금하지 못하겠다.

 아침밥을 먹은 후 나는 혼자서 말을 타고 한 걸음 앞서 떠났다. 말은 밤빛〔栗色〕에 정수리는 흰데, 날씬한 다리와 높은 발굽에, 머리는 날카롭고 허리는 짧으며, 두 귀는 쫑긋하여 참으로 만 리라도 달릴 것만 같다. 마부 창대(昌大)는 앞에서 경마잡고 하인 장복(張福)은 뒤에서 따르게 했다. 말안장에는 주머니 둘을 매달아서 왼쪽에는 벼루를 넣고 오른쪽에는 거울과 붓 두 자루, 먹 하나, 공책 네 권, 이정록(里程錄) 한 축(軸)을 넣었다. 행장이 이처럼 간단하니 짐 조사가 아무리 엄하다 해도 근심할 것이 없다.

 성문에 채 못미쳐 한 줄기 소나기가 동쪽에서 몰려온다. 급히 말을 채찍질하여 성문 앞에서 말을 내려 혼자 걸어서 문루(門樓)로 올라가 성 아래를 굽어보니, 창대가 혼자 말고삐를 잡고 서 있고 장복은 보이지 않는다. 잠시

---

*18 소매가 좁은 공복의 한 가지. 중국옷은 소매가 좁기 때문에 이것으로 바꾸어 입은 듯. 통소매.
*19 통역관.

후 장복이 길 옆에 있는 조그만 각문(角門)*20에 서서 위아래를 살펴보더니, 이윽고 삿갓을 기울여 비를 피하면서 재빠르게 걸어오는데 손에는 조그만 오지병을 들었다. 두 사람은 저희들 주머니를 뒤져 돈 스물여섯 푼이 나오자, 우리나라 돈을 갖고서는 국경을 넘어가지 못하게 정해져 있고 그렇다고 그냥 길에 버리기도 아깝고 하여 그 돈으로 술을 사 온 것이었다.

"너희는 술을 얼마나 마시느냐?"

내가 묻자 그들은 대답했다.

"입에 대지도 못합니다."

"사내놈들이 어찌 술을 싫어한단 말이냐?"

내가 그들을 나무랐다. 그러면서도 이 술이 먼 길을 가는 데 도움이 되리라 생각하였다.

이에 시름없이 혼자 잔질하며 동쪽으로 용천(龍川)·철산(鐵山) 지방의 여러 산을 바라보니 모두 만 리 구름 속에 잠겨 있다. 술을 한 잔 가득 따라 문루의 첫째 기둥에 부어 스스로 이번 길이 무사하기를 빌었고, 다시 한 잔을 따라 둘째 기둥에 부어 창대와 장복을 위해 빌었다. 그리고 병을 흔들어 보니 아직도 몇 잔이 남아 있다. 창대를 불러 술을 땅에 부어 말을 위해 빌도록 하였다.

담에 기대어 서서 동쪽을 바라보았다. 자욱한 구름이 잠시 걷히면서 백마산성(白馬山城)의 서쪽 봉우리가 반쯤 드러난다. 그 빛이 짙푸른 빛이라 마치 내 연암서당(燕巖書堂)에서 불일산(佛日山) 뒷봉우리를 바라보는 것 같다.

　　붉은 누각에서 그이를 이별하고
　　가을바람 맞으며 말을 타고 변방을 나서네.
　　그림배 위의 피리 소리 북 소리는 소식이 없어
　　청남의 내 고향 애타게 그립구나.

　　紅粉樓中別莫愁*21 秋風數騎出邊頭
　　畫舫簫鼓無消息 腸斷淸南第一州

---

*20 정문 옆에 있는 작은 문.
*21 막수(莫愁)는 당나라 때 석성(石城)에 살고 있던 여인으로, 노래를 잘 불렀다고 함.

이것은 냉재(冷齋) 유득공(柳得恭)*22이 일찍이 심양(瀋陽)*23에 들어갈 때 지은 시이다. 나는 이 시를 몇 번이나 소리내어 읊고 나서 "이것은 국경을 넘는 이가 심란하여 부질없이 읊은 것일 뿐이다. 어찌 그림배와 피리 장고가 있을 수 있겠는가" 하고 혼자 크게 웃었다.

옛날 형가(荊軻)가*24 역수(易水)*25를 건너는데 머뭇거리고 얼른 건너려 하지 않으니까, 연(燕)나라 태자는 그의 마음이 변하여 후회하지나 않는가 의심하고, 진무양(秦舞陽)을 먼저 보내고자 하니 형가가 크게 노하여 꾸짖었다.

"내가 머뭇거리는 까닭은 같이 갈 사람을 기다려 함께 가려는 것이다."

그러나 형가의 이 말은 심란하여 부질없이 한 말이었다. 만약 형가가 마음이 변하여 후회하는 것이 아닌가 의심했다면, 그것은 형가를 깊이 알지 못한 것이라 하겠다. 형가가 기다린다는 사람 또한 실재의 사람이 아닐 것이다. 비수(匕首) 한 자루를 품고 무도하고 강대한 진(秦)나라에 들어가는 데는 진무양 한 사람만으로도 충분한 터에 어찌 또 다른 사람이 필요했겠는가? 찬 바람에 축(筑)*26을 치며 노래한 것*27은 다만 그날의 즐거움을 다했을 따름인데 그 글을 지은 사람은, 그 사람이 멀리 있어 아직 오지 않은 것이라고 하였다. 이는 매우 재치 있는 말이지만 그 사람이란 천하에 둘도 없는 벗이고, 그 기약이란 절대로 어기지 못할 천하의 큰 약속이다. 천하에 둘도 없는 벗으로서 한번 가면 다시 돌아오지 못하는 기약을 당하여 어찌 날이 저물도

---

*22 조선 정조(正祖) 때 실학자(實學者). 혜풍(惠風)은 자이고, 호는 냉재(冷齋). 벼슬은 풍천부사(豊川府使)에 이르렀음. 북학파(北學派)에 속했고 문장에 능했으며 저서에 냉재집(冷齋集)·경도잡지(京都雜志)·앙엽기(盎葉記)·발해고(渤海考) 등이 있음.
*23 만주 요령성(遼寧省)의 성도(省都). 성경(盛京)이라 하다가 뒤에 봉천(奉天)이라 했음.
*24 제(齊)나라 사람. 연(燕)나라 태자(太子) 단(丹)을 위해 진시황(秦始皇)을 죽이려다가 실패했음.
*25 중국 하북성(河北省) 역현(易縣)에서 발원하여 거마하(拒馬河)로 흘러들어감.
*26 악기 이름. 비파.
*27 형가가 진시황을 죽이려고 역수(易水)를 건너려 할 때 고점리(高漸離)가 축(筑)을 뜯고 형가가 이에 맞추어 노래한 것을 서술한 글.

　　바람은 쓸쓸한데 역수는 차구나
　　장사 이제 가면 다시 돌아오지 못하리
　　風簫簫兮 易水寒 壯士一去兮 不裡還

록 오지 아니하랴. 그렇다고 그 사람이 있는 곳이 반드시 먼 초(楚)·오(吳)·삼진(三晉)*²⁸은 아닐 것이다. 또 반드시 그 날에 진(秦)나라로 들어가기를 기약하여 손잡고 맹세하지도 않았을 것이다. 다만 형가가 문득 어떤 사람을 생각하고 같이 갈 사람을 기다린다고 했을 뿐인데, 그 글을 지은 사람이 또한 형가의 마음속의 사람을 끌어다가 그 사람이라 말한 것이다. 그러므로 그 사람이란 누구인지 알 수 없는 사람이다. 그 알 수 없는 사람을 막연히 먼 곳에 살고 있는 사람이라고 한 것은 형가를 위로하려 한 것이다. 또 그 사람이 혹시 오지나 않을까 저어하여 오지 않았다고 하였으니, 이는 형가를 위해 다행으로 여긴 것이다.

참으로 천하에 그 사람이 있었다면 나도 그를 보았을 것이니, 필연 그 사람은 키가 7자 2치요, 짙은 눈썹에 푸른 수염, 볼은 풍만하고 이마는 날카로울 것이다. 어찌하여 그러할 줄 아는가 하면, 내가 이제 유득공의 이 시를 읽고 나서 알게 된 것이다.

정사(正使)의 전배(前排)*²⁹가 휘청휘청 성문을 나서니, 내 삼종제(三從弟)*³⁰인 상방비장 박내원(朴來源)과 역시 상방비장인 주부(主簿) 주명신(周命新)이 나란히 뒤따른다. 채찍을 옆에 끼고 몸을 솟구쳐 안장에 올라앉으니, 어깨가 떡 벌어지고 목이 늘씬하여 과연 날래고 용감해 보이기는 하나, 옆에 매단 부대가 너무 크고 하인들의 짚신이 안장 뒤에 주렁주렁 매달려 있는 꼴이 볼품사납다.

박내원의 군복은 푸른 모시로 만든 것으로, 헌것을 새로 빨아서 더부룩하니 버석거린다. 검소함을 몹시 숭상한다고 하겠다.

잠시 부사(副使)*³¹가 성문에서 나오기를 기다려 말고삐를 잡고 천천히 맨 뒤를 따라 구룡정(九龍亭)*³²에 이르렀다. 배가 떠나는 곳이다. 의주부윤은 이미 장막을 치고 나와 기다리고 있다. 서장관(書狀官)*³³은 새벽에 먼저 나

---

*28 중국 춘추전국시대(春秋戰國時代)의 한(韓)·위(魏)·조(趙) 세 나라.
*29 기치(旗幟)와 곤봉(棍棒) 등을 늘어세워서 길잡이를 삼는 것.
*30 8촌 아우.
*31 삼사(三使)의 둘째. 정사(正使)를 보좌함. 이때의 부사는 정원시(鄭元始)였음.
*32 의주 압록강 가에 있는 정자.
*33 삼사(三使)의 끝자리. 정사·부사를 보좌하고 문서를 맡아 보는 직책. 이때의 서장관은 조정진(趙鼎鎭)이었음.

와서 의주부윤과 함께 수색하고 살펴보는 것이 관례였다. 사람과 말을 검열하는데, 사람은 성명·주소·나이와 수염과 흉터 같은 것이 있는지 없는지, 키가 큰지 작은지를 살펴 기록하고, 말은 그 털 빛깔을 적는다. 깃대 셋을 세워서 문을 삼고 금제품(禁制品)을 수색한다. 금제품의 중요한 것으로는 금·진주·인삼·수달피(貂皮)와 제한*34을 초과하는 은 등이고, 자질구레한 것으로는 새것 헌것 수십 가지여서 이루 다 기록할 수가 없다.

하인들은 옷을 풀어헤쳐 보고 바지 가랑이를 훑어보며, 비장과 역관들은 그의 행장을 끌러 본다. 그래서 이불 보통이와 옷 보따리가 강 언덕에 흩어져 바람에 펄럭이고, 가죽 상자, 종이 상자가 풀밭에 어지러이 널려, 다투어 자기 물건을 챙겨 담으면서 서로 흘금흘금 돌아보게 마련이다. 검색(檢索)하지 않으면 나쁜 짓을 막을 길이 없고, 검색하면 이처럼 체면이 손상된다. 그러나 이 검색도 실은 형식에 지나지 않는다. 의주 상인들이 사행(使行)에 앞서 몰래 물건을 가지고 강을 건너면 아무도 막을 도리가 없다.

원래 금제(禁制)하는 물건이 첫째 문에서 발각되면 중곤(重棍)*35에 처하되 그 물건은 몰수하고, 가운데 문에서 발각되면 귀양을 보내고, 셋째 문에서 발각되면 효수(梟首)하여 조리를 돌린다고 하니 그 법이 매우 엄하다.

그런데 이번의 사행(使行)에는 물건이 원포(原包)*36의 반도 차지 못하고 빈 포대도 많으니 몰래 가지고 갈 은이야 말할 것도 없다.

다담상(茶啖床)*37은 초라한데 그나마 들였다가 이내 물렸다. 강 건너기에 마음이 바빠서 아무도 젓가락을 드는 이가 없었기 때문이다.

배는 겨우 다섯 척인데, 한강(漢江)의 나룻배와 같고 약간 클 뿐이다. 먼저 방물(方物)과 사람과 말을 건너게 하고, 정사가 탄 배에는 표문(表文)*38과 자문(咨文)*39을 싣고 우두머리 역관을 비롯하여 상방(上房)에 딸린 권솔들이 탔으며, 부사와 서장관과 그 권솔들은 또 한 배에 탔다.

───────────
*34 팔포(八包)의 한도를 초과하여 몰래 가져가는 은. 동지사행(冬至使行)의 관원은 한 사람이 2천 냥 또는 3천 냥의 은을 가져가서 물건을 사 올 수 있었음. 이것을 팔포라 함.
*35 길이가 5자 8치, 넓이가 5치, 두께가 8푼이 곤장. 대곤(大棍)보다 큼.
*36 규정되어 있는 수의 짐덩이.
*37 지방 관아에서 손님을 대접하는 음식상.
*38 국가 사이에 오고가는 경하(慶賀)하는 글.
*39 우리나라와 중국 사이에 오고가는 조회·통보·교섭 등에 관한 문서.

이에 의주의 이교(吏校)*⁴⁰·방기(房妓)*⁴¹·통인(通引)*⁴²과 평양에서부터 수행해 온 영리(營吏)*⁴³·계서(啓書)*⁴⁴들이 모두 뱃머리에서 차례로 하직 인사를 드린다. 상방 마두(馬頭)*⁴⁵ 시대(時大)가 외치는 신호 소리가 미처 끝나기도 전에 사공이 삿대를 들어서 선뜻 물에 넣는다.

물살은 매우 빠르다. 일제히 뱃노래를 부르며 힘을 다해 노를 젓는 보람이 있어 배가 살같이 달린다. 통군정(統軍亭)*⁴⁶의 기둥과 난간들이 빙글빙글 돌아가는 것만 같다. 아직도 모래톱에 서 있는 전송 나온 사람들이 아득하니 콩알만하게 보인다.

내가 수역(首譯)*⁴⁷ 홍명복(洪命福) 군에게 물었다.

"자네는 도(道)를 아는가?"

"무슨 말씀인지 잘 모르겠습니다."

그는 양손을 마주잡고 말한다. 그래서 내가 다시 말했다.

"도란 알기 어려운 것이 아닐세. 바로 저 강언덕에 있네."

"먼저 언덕에 오르는 것을 말씀하시는 것입니까?"

홍군이 묻는다.

"그걸 말하는 것이 아닐세. 이 강은 저들과 우리의 경계에 있네. 언덕이 아니면 곧 물이 아닌가? 세상 사람의 윤리와 만물의 법칙이 저 물가의 기슭과 같은 것일세. 도란 다른 데서 구할 것이 아니라, 저 물가와 언덕 사이에 있다는 말일세."

홍군이 다시 묻는다.

"죄송합니다만 그 말씀은 무슨 뜻입니까?"

"세상 인심은 갈수록 각박해지고 도심(道心)은 갈수록 희미해져 서양 사람들은 기하학(幾何學)으로써 한 획을 변증할 때도 한 선이라고만 해서는

---

*40 지방 관아의 아전.
*41 기방(妓房)에 딸린 관기(官妓).
*42 지방 관아의 사환.
*43 감영(監營)·병영(兵營)·수영(水營)의 아전.
*44 보고문서를 맡아보는 관원인 듯.
*45 말을 단속하는 사람.
*46 의주 압록강 가에 있는 정자. 관서팔경(關西八景)의 하나임.
*47 역관(譯官)의 우두머리.

미세한 부분까지 표현하지 못하므로 빛의 있고 없음(면(面)도 부피도 없음)으로 그 사이 표현에까지 이르렀으며, 불가(佛家)에서는 붙지도 않고 떨어지지도 않는다[不即不離]는 말로 표현하였네. 그러므로 오직 도를 아는 사람만이 그 경우에 잘 처할 수 있는 것일세. 정(鄭)나라 자산(子産)*48 같은 이나 능히 그렇게 할 수 있지 않을까?"

나는 대답했다.

어느새 배가 건너편 기슭에 닿았다. 갈대가 빽빽하여 땅이 보이지 않는다. 하인들이 앞을 다투어 언덕으로 내려가 갈대를 꺾어버리고 급히 배 위에 깔았던 자리를 걷어다가 펴려고 했으나 갈대 그루가 창날처럼 날카롭고 땅이 검은 진흙이라 어찌할 수가 없다. 정사 이하 모두 우두커니 갈대밭 가운데서 있었다.

"먼저 건너온 사람과 말들은 어디로 갔느냐?"

내가 물으니 모두들 모르겠다고 한다. 다시 방물은 어디 있느냐고 물어도 역시 모르겠다는 말뿐이다.

그러자 한 사람이 구룡정(九龍亭) 쪽 모래톱을 가리키면서 말했다.

"사람과 말이 거의 다 아직 건너오지 못하고 저기서 웅성거리고 있습니다."

멀리 용만 쪽을 바라보니 한 조각 외로운 성(城)이 마치 한 폭 베를 펼쳐놓아 바래는 것 같고, 성문은 마치 바늘 구멍같이 뚫렸는데, 그 사이로 새어나오는 햇빛이 하나의 새벽별처럼 보인다.

이때 커다란 뗏목이 불어난 물을 타고 내려왔다. 상방의 마두 시대(時大)가 멀리서 큰 소리로 불렀다.

"웨이(位)!"

웨이(位)란 존대하여 부르는 소리이다. 한 사람이 일어서서 대꾸한다.

"당신들은 철도 아닌데 무슨 일로 하여 중국에 조공(朝貢)을 가십니까? 이 더운 날 먼 길에 고생이 많으시구려." 시대가 다시 묻는다.

"당신네는 어디 사는 사람이며 어디 가서 나무를 베어 오는 겁니까?"

"우리는 다 봉황성(鳳凰城)*49에 사는 사람들인데 장백산(長白山)에 가서

---

*48 중국 춘추시대(春秋時代) 대부(大夫) 공손교(公孫僑)의 자. 그는 진(晉)·초(楚) 등 강국 틈에 끼여 있어 매우 어려운 처지에 있는 정(鄭)나라를 잘 꾸려 나갔음.
*49 만주 봉천성(奉天城)의 다른 이름.

나무를 베어 오는 길입지요."

말이 채 끝나기도 전에 뗏목은 벌써 까마득하게 멀어져 갔다.

마침 이곳은 강이 두 갈래로 나누어져 가운데 외로운 섬을 이루고 있는데, 먼저 건넌 사람과 말이 잘못 이 섬에 내린 것이었다. 그 거리는 겨우 5리밖에 안 되지만 배가 없어서 다시 건너올 수가 없다. 두 배의 사공에게 빨리 사람과 말을 건네라고 엄명했지만, 거센 물결을 거슬러 배를 저어 가려면 얼마나 시간이 걸릴지 모른다고 응하지 않았다.

사신들이 모두 화가 나서 배 일 맡아 보는 의주의 군교(軍校)[*50]를 처벌하려고 했지만 군뢰(軍牢)[*51]가 없다. 군뢰 역시 먼저 건너오다가 가운데 섬에 잘못 내린 것이었다.

부방(副房)[*52]의 비장 이서구(李瑞龜)가 분을 참지 못하고 부방의 마두(馬頭)를 꾸짖어 용만의 군교를 잡아들였으나, 그를 엎드리게 할 자리가 없으므로 볼기를 반쯤 까 내리고 말채찍으로 네댓 대 때리고는 끌어 내어서 빨리 거행하라고 호통을 쳤다. 군교는 한 손으로는 전립(戰笠)을 쓰고 한 손으로는 바지를 추켜올리면서 연방 '예이, 예이' 하고 두 척의 배를 내어 사공을 재촉하여 물에 들어가서 배를 끌었다. 그러나 물살이 워낙 세어서 한 치를 나아가면 한 자를 후퇴한다. 아무리 불호령을 내려도 어찌할 수가 없다.

잠시 후 한 척의 배가 강기슭을 따라 나는 듯이 내려온다. 군뢰가 삼방(三房)[*53]의 가마와 말을 거느리고 오는 것이었다. 장복(張福)이 창대(昌大)를 보고 '너도 오는구나' 하고 기뻐한다.

두 놈을 시켜 행장을 점검해 보게 하였더니 아무 탈이 없었다. 비장과 역관들이 탄 말들이 혹은 왔거나 오지 않았거나 했다.

그래서 정사가 먼저 떠나기로 하여 군뢰 두 사람이 말을 타고 나팔을 불어 길을 인도하고, 두 사람은 걸어서 앞서 나아가며 버스럭버스럭 갈대숲을 헤쳐 나간다. 나는 말 위에서 칼을 빼어 갈대 한 대를 베어 보았다. 껍질이 단단하고 속이 두꺼워서 화살을 만들 수는 없으나 붓대를 만들기에는 알맞을

[*50] 죄인을 수색 체포하는 사령(使令)의 우두머리.
[*51] 군대에서 죄인을 다루는 군졸.
[*52] 부사(副使)의 소속.
[*53] 서장관(書狀官) 소속.

것 같다.

사슴 한 마리가 놀라서 갈대밭을 펄쩍 뛰어 달아난다. 마치 새가 보리밭 머리를 날아가듯 하여 일행이 모두 놀랐다.

10리를 가서 삼강(三江)에 이르렀다. 강물이 맑고 비단결같이 잔잔하다.

강 이름은 애라하(愛刺河)*54이다. 그 근원이 어디인지 모르지만 압록강과 10리밖에 떨어져 있지 않으면서도 조금도 물이 범람하지 않으면서도 각기 근원이 서로 다름을 알겠다.

배 두 척이 있다. 모양이 우리나라의 놀잇배 비슷한데, 길이와 넓이가 그만 못하나 매우 튼튼하고 치밀해 보인다. 배를 부리는 사람은 모두 봉황성(鳳凰城) 사람들이다. 사흘 동안 여기서 우리를 기다리느라 양식이 떨어져서 몹시 배가 고프다고 한다. 이 강은 피차간 서로 건너다니지 못하는 곳이지만 우리나라 역관들이나 중국의 외교문서가 불시에 오가는 일이 있어서 봉성장군(鳳城將軍)이 여기에다가 배를 마련하여 두는 것이라고 한다.

배 대는 곳이 몹시 질척거린다. 내가 '웨이(位)!' 하고 한 호인(胡人)을 불렀다. 이것은 아까 처음으로 시대에게서 배운 말이다.

그는 냉큼 삿대를 놓고 내게로 왔다. 내가 몸을 날려 그의 등에 업히니 그는 히히 웃고 배로 들어가 나를 내려놓고 후유 길게 숨을 내쉬고는 말한다.

"흑선풍(黑旋風)*55의 어머니가 이토록 무거웠으면 아마도 기풍령(沂風嶺)에 오르지 못했을 겁니다."

주부(主簿) 조명회(趙明會)가 이 말을 듣고 크게 웃는다.

"저 무식한 놈이 강혁(江革)*56은 모르고 다만 흑선풍 이규(李逵)만 아는군." 내가 말하니 조군이 또 말한다.

"그 말 가운데는 한량없는 뜻이 들어 있네. 그의 말은 본래 이규의 어머니가 이처럼 무거웠다면 이규의 신력(神力)으로도 업고서 고개를 넘지 못했을 것이라는 뜻이고, 또한 이규의 어머니가 호랑이에게 물려 갔으므로, 이렇게 살집이 좋은 사람을 그 주린 호랑이에게 주었다면 얼마나 좋았으랴 하는 뜻

＊54 애하(靉河). 압록강의 한 지류로 천산(千山)에서 시작됨.
＊55 수호전(水滸傳)에 나오는 힘이 센 역사 이규(李逵).
＊56 중국 후한(後漢) 때 효자. 어려서 아버지를 여의고 난리통에 그 어머니를 업고 피란하여 온갖 어려움을 다 겪으면서 잘 봉양했음.

이 들어 있는 것이라네."

나도 크게 웃고 말했다.

"저런 자가 어찌 그런 유식한 말을 할 수 있는가?"

조군이 말했다.

"이른바 눈이 있어도 고무래 정(丁)자도 모른다(目不識丁)는 말이 바로 저런 자를 두고 하는 말이지만, 저들은 패관(稗官)*⁵⁷이나 기서(奇書)의 문구를 익숙하게 예사로 쓰고 있으니 관화(官話)*⁵⁸란 바로 그런 것이지."

애라하의 너비는 우리나라 임진강(臨津江)과 비슷하다. 여기서 바로 구련성으로 향해 떠났다. 푸른 숲은 장막을 둘러놓은 것 같고, 거기에 군데군데 호랑이 그물을 쳐 놓았다. 의주(義州)의 창군(鎗軍)*⁵⁹이 곳곳에서 나무 베는 소리가 온 들판을 뒤흔들어 놓는다.

혼자서 높은 언덕에 올라가 사방을 둘러보니 산은 곱고 물은 맑았다. 벌판은 평평하고 넓게 열려 있으며 나무가 하늘에 닿을 듯하다. 큰 마을이 보일 락말락하여 닭과 개 소리가 들려오는 것 같고, 땅이 기름져서 농사를 지을 만하다. 패강(浿江)*⁶⁰ 서쪽과 압록강 동쪽에는 여기와 견줄 만한 곳이 없으니 이곳에 거진(巨鎭)이나 큰 도시를 설치할 만한데, 우리와 저네가 다같이 버려두어 마침내 빈 땅이 되어 있다. 어떤 사람은 말하기를, 고구려 때에 이곳에 도읍하여 국내성(國內城)*⁶¹이라 하였다고 한다. 명나라 때에는 진강부(鎭江府)라 하였고, 지금의 청나라가 요동(遼東)을 함락시키자 진강부 사람들은 체두(剃頭)*⁶²를 싫어하여 혹은 모문룡(毛文龍)*⁶³에게로 가고 혹은 우리나라로 몰려왔다. 그 뒤 우리나라로 온 사람들은 모두 청나라에 쇄환(刷還)*⁶⁴되고, 모문룡에게로 간 사람들은 유해(劉海)*⁶⁵의 난리에 거의 다 죽

---

*57 소설.
*58 중국의 표준말. 북경(北京)의 관화와 남경(南京)의 관화가 있음.
*59 총군(銃軍), 창군(槍軍).
*60 청천강(淸川江) 또는 대동강(大同江)의 옛 이름.
*61 고구려의 옛 서울. 지금의 만주 집안현(輯安縣) 통구(通溝).
*62 청나라 사람들의 머리 깎는 격식. 둘레를 깎고 가운데만 남겨서 땋음.
*63 명나라 말의 도독(都督). 우리나라 가도(椵島)에 웅거하여, 청나라 군사와 대항해서 우리나라와 청나라와의 사이에 많은 말썽을 일으키다가 죽었음.
*64 외국에 포로가 되었거나 유랑하는 국민을 데려옴.

어서 이곳이 빈 땅이 된 지 1백여 년이 되었으므로, 이제 다만 높은 산, 맑은 물만이 보일 뿐이다.

여럿이 노숙하고 있는 곳을 가 보았다. 역관은 혹은 세 사람 혹은 다섯 사람씩 한 장막에 있고, 역졸과 쇄마(刷馬)*66의 마부들은 다섯씩 열씩 어울려 시냇가에 나무를 얽어 막을 쳤다. 밥 짓는 연기가 자욱하고 사람들이 떠드는 소리, 웃음소리가 마치 한 마을을 이룬 것 같다.

의주의 장사꾼 한 떼는 저희들끼리 한 곳에 둔을 쳤다. 시냇가에서는 닭 수십 마리를 잡아 씻고 한쪽에서는 그물을 쳐 고기를 잡아서 국을 끓이고 나물을 볶는다. 밥알은 윤기가 자르르 흐른다. 일행 중 그들의 살림이 가장 풍성해 보인다.

얼마 후 부사와 서장관이 차례로 도착했다. 이미 황혼이 깃들어 모두들 톱을 가지고 나가 아름드리 큰 나무를 잘라다가 30여 군데에 모닥불을 놓았다. 먼동이 틀 때까지 모닥불은 계속되고, 군뢰(軍牢)가 나팔을 한 번 불면 일행 3백여 명이 일제히 함성을 지른다. 이것은 호랑이를 경계하기 위한 것으로 이 일은 밤새도록 계속되었다.

이들 군뢰들은 만부(灣府)*67에서 가장 건장한 자들로 뽑혀 왔다. 일행의 하인들 중에서 하는 일이 가장 많고, 또 음식을 가장 많이 먹는다고 한다. 그들의 차림새는 참으로 우스꽝스럽다. 남색 운문단(雲紋緞)을 받쳐 댄 전립(氈笠)*68 꼭대기에는 운월(雲月)과 다홍빛 삭모(槊毛)*69를 달았으며, 전립 앞 이마에는 금으로 '날랠 용(勇)'자를 새겨 붙였다.

야청빛의 삼베 협수(狹袖) 전복(戰服)에 다홍빛 무명 배자(褙子)를 입었으며, 허리에는 남빛 비단 전대를 둘렀다. 어깨에는 주홍빛 무명실 대융(大絨)*70을 걸치고 발에는 미투리를 신었다. 그 모양이야말로 과연 어엿한 건아(健兒)로 보인다.

그러나 말 탄 모양은 이른바 반부담(半附擔)*71으로 안장 없이 짐을 실은

---

*65 명나라 개평(開平) 사람으로 여러 번 전공을 세웠다.
*66 지방에 배치해 둔 관용(官用)의 말.
*67 의주부(義州府).
*68 마래기. 전으로 만든 중국인이 쓰는 모자의 한 가지.
*69 상모(象毛)라고도 하는데, 붉은 털로 술을 만들어 기나 창끝에 다는 장식.
*70 웃옷 위에 걸치는 겉옷.

데다, 말을 탄 것이 아니라 등에 걸터앉았다.
　등에는 남빛 조그만 영기(令旗)*72를 꽂았고, 한 손에는 군령판(軍令板)*73을 들었으며, 한 손에는 붓·벼루·파리채와 팔뚝만한 마가목(장미과의 낙엽활엽교목)으로 만든 짧은 채찍 하나를 잡고 있다. 그리고 앉은 자리 밑에는 붉은 칠을 한 10여 개의 곤장을 비스듬히 꽂았다.
　각방(各房)에서 무슨 명령할 일이 있어서 군뢰를 부르면, 군뢰는 짐짓 못 들은 체하다가 연거푸 십여 차례나 부르면 입속으로 뭐라 중얼거리면서 혀를 차고는, 그제야 처음 들은 듯이 큰 소리로 대답하고 곧 말에서 뛰어내려 돼지처럼 달리고 소처럼 씩씩거리면서 나팔과 군령판·붓·벼루 등을 모두 한 쪽 어깨에 메고 몽둥이 하나를 질질 끌며 간다. 한밤중이 채 되기도 전에 큰 소나기가 쏟아져 위로는 장막이 새고 아래로는 물이 스며들어와서 어떻게 피할 길이 없었으나 잠시 후에 비가 멎고 날이 개어 하늘에는 별이 총총 손으로 만져질 것만 같다.

25일 임신(壬申)
아침에 가랑비가 내리더니 낮에는 개다.

　각방의 역관들이 각기 노숙하던 곳에서 나와 옷과 이불을 내다 말린다. 간밤 비에 모두 젖었기 때문이다.
　말시중하는 마부 중에 술을 가지고 온 사람이 있어, 어의(御醫) 변 주부(卞主簿)의 마두 대종(戴宗)이 한 병을 사다가 바친다.
　함께 시냇가로 가서 따르라 하여 마셨다. 압록강을 건넌 후에는 우리나라 술은 생각도 못하다가 지금 뜻밖에 마시게 되니 술맛이 유난스레 좋을 뿐 아니라 한가한 날 시냇가에 앉아 마시는 정취란 이루 말할 수가 없었다.
　마부들이 다투어 낚싯대를 던져 물고기를 낚는다. 나도 거나하게 취하여 낚싯대 하나를 빼앗아 드리우니, 이내 조그만 놈 두 마리가 걸려 나온다. 물고기가 아직 낚시에 익숙하지 않았기 때문일 것이다.

---

*71 짐을 나누어 밧줄로 이어서 말 양쪽에 걸쳐 싣는 것.
*72 군령(軍令)을 전하는 사람이 들고 가는 기. '영(令)'자를 썼음.
*73 군령을 적은 널빤지.

방물이 아직 도착하지 않아 또 구련성에서 노숙했다.

26일 계유(癸酉)
아침에 안개가 끼었다가 느지막이 개다.

구련성을 떠나 30리를 가서 금석산(金石山) 아래에 이르러 점심을 먹고, 다시 30리를 더 가서 총수(葱秀)에서 노숙하였다. 새벽에 안개를 무릅쓰고 출발하였다. 상판사(上判事)*74의 마두 득룡(得龍)이 쇄마의 마부들에게 안개 속의 금석산을 가리키면서 '저기가 형주(荊州) 사람 강세작(康世爵)이 숨어 살던 곳이오' 하고 강세작의 일을 이야기하는데, 그 이야기가 매우 재미있어 들을 만하다.

"강세작의 할아버지 강임(康霖)은 일찍이 임진란 당시 양호(楊鎬)*75를 따라 우리나라를 도우러 왔다가 황해도 평산(平山)에서 죽고, 그 아버지 강국태(康國泰)는 청주통판(靑州通判)으로 있다가 만력(萬曆)*76 정사년(丁巳年)에 죄를 지어 요양으로 귀양을 오게 되었소. 그때 나이 열여덟 살이었던 세작은 아버지를 따라 요양에 와 있었소. 그 이듬해에 청나라가 무순(撫順)을 함락시켜 명의 유격장군 이영방(李永芳)이 항복했소. 그러니까 경략(經略) 양호가 여러 장수들을 여러 곳에 파견하는데, 총병(摠兵) 두송(杜松)은 개원(開原)으로 내보내고, 총병 왕상건(王尙乾)은 무순으로 내보내고, 총병 이여백(李如柏)*77은 청하(淸河)로 내보내고, 도독(都督) 유정(劉綎)*78은 모령(毛嶺)으로 각각 내보냈소. 이때 강국태 부자(父子)는 유정에게 종군하고 있다가 청의 복병이 산골짜기에서 불시에 공격해 나오자 명나라 대군은 앞뒤로 단절되어 서로 구원하지 못한 채 유정은 스스로 불에 뛰어들어 죽고, 강국태는 지나가는 화살을 맞고 쓰러졌소. 세작은 해가 저문 뒤에야 아버지

---

*74 사행 때 잡부를 통솔하는 임시 직책.
*75 명나라 신종(神宗) 때 장군. 임진왜란 때(선조 30년, 1597) 경략조선군무(經略朝鮮軍務)에 임명되어 구원군을 거느리고 우리나라에 와서 울산(蔚山) 싸움에 패하여 소환되었음.
*76 명나라 신종(神宗)의 연호. 정사년은 그 45년, 조선 광해군 9년, 1617년임.
*77 명나라 장군. 임진왜란 때 우리나라에 구원병을 거느리고 온 이여송(李如松)의 아우.
*78 명나라 장군. 임진왜란 때 5천의 군사를 거느리고 왔었고, 정유재란 때 다시 대군을 이끌고 왔었다. 예교(曳橋)의 싸움에 왜군에게 패했음.

의 시체를 찾아 골짜기에 묻고 돌을 모아 표시를 해 놓았소.

이때 조선의 도원수 강홍립(姜弘立),*79 부원수 김경서(金景瑞)*80는 산 위에 진을 쳤고, 조선의 좌·우영장(左右營將)은 산 아래에 진을 치고 있었는데, 세작은 도원수의 진영으로 피신했소. 이튿날 청나라 군사가 조선의 좌영(左營)을 공격하여 한 사람도 벗어나지 못하자, 산 위에 진을 치고 있던 군사는 이것을 바라보고 모두 벌벌 떨었고, 강홍립은 싸우지도 않고 항복을 했소. 청나라 군사가 홍립의 군사를 겹겹이 포위하고, 도망해 들어온 명나라 군사를 샅샅이 뒤져내어 밧줄로 결박해다가 모조리 목을 베었소. 세작도 청나라 병사에게 붙들려 결박당한 채 큰 바위 밑에 앉아 있었는데 그를 감시하던 자가 그만 깜박 잊어버리고 그대로 가 버렸소. 세작은 조선 군사에게 결박을 풀어 달라고 애걸했으나, 조선 군사들은 서로 흘금흘금 바라보기만 하고 감히 나서지 못하니, 세작은 하는 수 없이 스스로 등을 바위에 비벼대 결박한 밧줄을 끊고 일어나서, 죽은 조선 군사의 옷을 벗겨 걸치고 조선 군사 가운데 들어가 죽음을 면했소. 그 후 세작은 달아나 요양으로 돌아갔는데 웅정필(熊廷弼)이 요양을 지키게 되자 세작을 불러 아버지의 원수를 갚게 하였소.

이 해 청나라가 개원(開原)과 철령(鐵嶺)을 잇달아 함락시키니 웅정필은 파면되고 설국용(薛國用)이 대신하게 되어, 세작은 그대로 설국용의 군대에 머물러 있었소. 그런데 심양(瀋陽)마저 함락되자 세작은 낮에는 숨고 밤에는 걸어서 봉황성으로 가 광녕(廣寧) 사람 유광한(劉光漢)과 함께 요양에서 패하여 흩어진 군사를 모아 함께 봉황성을 지키고 있었소.

그러나 오래지 않아 광한이 전사하고 세작도 10여 군데나 상처를 입자 스스로 생각하기를, 중원(中原) 길은 끊어졌으니 동쪽의 조선으로 가서 체발

---

*79 조선 선조(宣祖)·인조(仁祖) 때 무신. 광해군(光海君) 10년(1618)에 명나라가 요동(遼東)을 침범한 후금(後金)을 토벌할 때 명나라의 요청으로 오도도원수(五道都元帥)가 되어 부원수 김경서와 함께 1만 3천의 군사를 이끌고 출병하여 이듬해 부차(富車)의 싸움에서 패전 후금에 항복하고, 인조 5년(1627) 정묘호란(丁卯胡亂) 때 그 앞잡이가 되어 입국, 뒤에 역신(逆臣)으로 관직을 삭탈당했음.

*80 선조·인조 때 무신. 임진왜란 때 여러 번 공을 세워 병마절도사(兵馬節度使)에 올라 여러 벼슬을 역임하고, 광해군 10년에 명나라 구원병 도원수 강홍립 아래 부원수가 되어 출전했으나, 부차(富車)의 싸움에서 패하여 항복하고 포로가 되어 몰래 적의 정세를 기록하여 본국에 보내려다가 강홍립의 고발로 처형당했음.

(剃髮)하고 좌임(左袵)*81하는 되놈을 그만두는 것이 좋겠다 하고, 진지를 탈출하여 금석산에 숨어서 양구(羊裘)*82를 구워 나뭇잎에 싸서 먹으면서 몇 달 동안이나 목숨을 부지했던 것이오. 마침내 압록강을 건너 관서(關西)*83의 여러 고을을 돌아다닌 끝에 회령(會寧)으로 들어와 우리나라 여인에게 장가들어 아들 둘을 낳고, 80여 살에 죽었소. 그 자손이 번성하여 백여 명이 되었지만 아직까지도 한집에서 함께 살고 있다고 하오."

이 이야기를 하는 득룡은 원래 가산(嘉山)*84 사람으로서 14살 때부터 북경에 드나들더니 이제 그 횟수가 30여 번이나 되어, 일행 중에서 중국말을 가장 잘한다. 그래서 여행 중의 크고 작은 일들을 득룡이 아니고는 아무도 감당하지 못한다. 그는 이미 가산군(嘉山郡)과 용천부(龍川府)·철산부(鐵山府) 등 여러 부의 중군(中軍)*85을 지냈고, 위계(位階)가 가선(嘉善)*86에까지 올랐다. 사행(使行)이 있을 때마다 미리 가산에 통지하여 그의 가족을 가두어 그가 달아나는 것을 막았으니 그의 유능함을 가히 짐작할 만하다.

세작이 처음 우리나라에 나왔을 때 득룡의 집에서 묵고 있었기 때문에 그의 할아버지와 친해져서 서로 중국말과 조선말을 배웠고, 득룡이 중국말을 그처럼 잘하는 것도 대대로 배워 왔기 때문이라고 한다.

날이 저물어 갈 무렵 총수(葱秀)에 이르렀다. 이곳은 꼭 우리나라 황해도 서흥(瑞興)의 총수와 흡사했다. 필경 우리나라 사람이 붙인 이름으로, 따라서 서흥 총수와 지명이 같아진 것이 아닐까.

27일 갑술(甲戌)
아침에 안개가 끼었다가 느지막이 개다.

아침 일찍 길을 떠났다. 길에서 호인(胡人) 대여섯 명을 만났다. 모두 작은 당나귀를 타고 있는데 모자와 옷이 남루하고 용모가 초췌했다. 모두 봉황

*81 옷깃을 왼쪽으로 여미는, 청나라 사람들의 옷 입는 격식.
*82 양가죽으로 만든 겉옷.
*83 평안남북도를 통틀어 일컫는 말.
*84 평안북도 박천군(博川郡)에 있던 군. 지금의 박천군 가산면(嘉山面) 지역임.
*85 각 군영(軍營)의 대장이나 사(使) 다음의 장관(將官).
*86 가선대부(嘉善大夫). 종이품(從二品) 품계(品階)의 하나.

성의 갑군(甲軍)*87으로 애라하에 수자리를 살러 가는 길이었다. 품삯을 받고 남을 대신해서 간다고 했다. 우리나라의 국경 경비는 아무런 염려가 없으나 중국의 변방 수비는 참으로 허술하다고 생각했다.

마두와 쇄마의 마부들이 그들에게 당나귀에서 내리라고 호통을 치자, 앞서 오던 두 사람은 당나귀에서 내려 한편으로 비켜서 가고 뒤에 오던 세 사람은 내리려 하지 않는다.

마부들이 일제히 내리라고 꾸짖으니 그들은 성난 눈으로 똑바로 보면서 말한다.

"당신네 상전이 우리와 무슨 상관이 있단 말이오?"

마두가 앞으로 나아가 채찍을 빼앗아서 그의 맨다리를 후려갈기고 꾸짖었다.

"우리 상전께서 받들고 오신 것이 무슨 물건이며, 가지고 오시는 것이 무슨 글인 줄 아느냐? 저 노란 깃발에 분명히 '황제께 드리는 물건(萬歲爺*88御前上用)'이라 씌어 있지 않으냐? 너희놈들이 눈알이 성하다면 어찌 황제께서 쓰실 물건임을 몰라본단 말이냐?"

그제야 그들은 급히 당나귀에서 내려 땅바닥에 엎드려 빌었다.

"죽을 죄를 지었습니다."

그러더니 한 놈이 일어나 자문(咨文)을 지니고 있는 마두의 허리를 꽉 껴안고 만면에 웃음을 지으면서 말했다.

"나으리, 노여움을 참아 주십시오. 소인들은 죽어 마땅합니다."

마두들이 크게 웃고 나서 또다시 꾸짖었다.

"머리를 조아려 사죄하여라."

그러자 모두 진흙탕에 꿇어 엎드려 머리를 조아리자 이마가 온통 누런 진흙투성이가 되었다. 일행이 모두 크게 웃고 '썩 물러가거라' 하고 호통하여 물리쳤다.

나는 마두들을 돌아보고 말했다.

"너희가 중국에 들어가면 여러 가지로 소란을 일으킨다고 하더니, 지금 내가 눈앞에서 보니 과연 전에 듣던 말이 틀림이 없음을 알겠구나. 아까 한 일은 부질없는 일이다. 앞으로 다시는 장난을 쳐서 소란을 피우지 말아라."

---

*87 무장한 군사.
*88 황제를 높여 일컫는 말.

그러나 모두들 이렇게 대꾸한다.

"이렇게라도 하지 않고서 그 먼 길을 어떻게 가고 그 많은 날을 어떻게 보냅니까?"

멀리 봉황산(鳳凰山)을 바라보니 흡사 돌로 만들어 세운 듯 평지에 우뚝 솟아 있다. 그것은 손바닥에 손가락을 세워 놓은 것 같기도 하고, 반만 핀 부용(芙蓉)*89 꽃봉오리 같기도 하고, 하늘가의 여름 구름 같기도 하여 그 빼어나고 깎아지른 듯함을 무엇이라 형용할 수가 없다. 다만 맑고 윤택한 기운이 없는 것이 흠이다.

나는 일찍이 우리 서울의 도봉산(道峯山)과 삼각산(三角山)이 금강산(金剛山)보다 낫다고 하였다. 왜냐하면 금강산은 이른바 1만 2천 봉이라 하여 그 동부(洞府)가 기이하고 웅장하기는 하지만, 짐승이 기어가고 새가 날아가는 듯하고 신선이 하늘로 올라가고 부처가 도사리고 앉은 듯하여, 음산하고 그윽함이 마치 귀신의 굴 속에 들어간 것 같기 때문이다.

내가 일찍이 신원발(申元發)과 함께 단발령(斷髮嶺)*90에 올라 멀리 금강산을 바라보았다. 마침 가을 하늘이 짙푸르고 넘어가는 해가 비꼈는데, 하늘 높이 솟은 산의 아름다운 빛과 윤기 있는 맵시가 없어서, 미상불 금강산을 탄식하였었다. 그 후 두미강(頭尾江: 한강의 지류) 상류에서 배를 타고 내려와 강 어귀에서 서쪽으로 한양(漢陽)의 삼각산 등 여러 산을 바라보니 하늘을 만질 듯이 깎아지른 듯 파아랗게 솟아 있는데, 엷은 아지랑이가 피어올라 참으로 아름다웠다. 또 한번은 남한산성(南漢山城)의 남문에 앉아 북쪽으로 한양을 바라보니, 마치 물에 뜬 연꽃 같기도 하고 거울에 비친 달과 같기도 했다. 어떤 사람이 말하기를 '빛과 기운이 하늘에 엉겨 있는 것을 왕기(旺氣)라 한다'고 하였다. 왕기는 곧 왕기(王氣)이니, 우리 서울이 억만 년을 누릴 용이 서려 있고 범이 걸터앉은 형세라, 그 신령스럽고 맑은 기운이 다른 산과는 판이하게 다르다. 그런데 이 봉황산의 그 기이하고 빼어난 형세는 도봉산·삼각산보다 낫다고 할 수 있지만, 하늘에 엉겨 있는 빛과 기운은 한양의 여러 산에 크게 미치지 못한다.

끝없이 넓은 벌판은 개간하여 경작하는 곳은 없으나 곳곳에 찍어낸 나무

---

*89 연꽃. 또 목부용(木芙蓉)과 초부용(草芙容)을 일컫는 말.
*90 금강산 서쪽 천마산(天摩山)에 있는 고개. 높이 1,281m.

뿌리가 경성드뭇하고, 소발자국과 수레바퀴 자국이 풀 속에 이리저리 나 있는 것으로 보아 책문(柵門)*91이 가까워졌음을 알 수 있고, 주민들이 예사로이 책문 밖까지 나오고 있음을 짐작할 수 있었다.

말을 급히 몰아 7, 8리를 더 가서 책문 밖에 이르렀다. 양과 돼지가 온 산을 뒤덮었고, 아침밥 짓는 푸른 연기가 동네를 둘러쌌다. 나무를 잇달아 세워서 목책(木柵)을 만들어 경계를 표시했으니, 이른바 버드나무 가지를 꺾어서 채마밭을 둘러막는〔折柳樊圃〕 격이라 하겠다. 책문은 이엉으로 덮여 있고 널빤지 문은 굳게 잠겨 있다.

목책에서 수십 걸음 밖에 삼사(三使)*92의 막사를 치고 잠시 쉬다가, 방물이 다 도착하자 목책 밖에 쌓아 놓았다. 많은 호인들이 몰려와 목책 안에 늘어서서 구경을 한다. 모두 담뱃대를 물었으며 깎은 머리가 번쩍번쩍 빛나고 손으로는 부채질을 한다. 더러는 검은 공단(貢緞) 옷을 입었고, 더러는 수화주(秀花紬) 옷을 입었으며, 또 더러는 생포(生布)·생모시〔生苧〕·삼승베〔三升布〕와 야견사(野繭絲) 옷을 입었다. 바지도 마찬가지였다. 허리에는 온갖 것을 주렁주렁 차고 있으며, 수놓은 주머니를 서너 개, 쌍아저(雙牙箸)*93를 꽂은 조그만 패도(佩刀)도 찼고, 호리병처럼 생긴 담배쌈지에는 화초 혹은 새 또는 옛날 사람의 좋은 글귀 따위를 수놓았다.

역관과 여러 마두들이 다투어 목책으로 다가가서 그들과 서로 손을 잡고 은근히 인사를 한다.

"당신네는 서울에서 언제 떠났으며, 오는 길에 장마를 만나지 않았습니까? 댁에서는 모두 안녕들하십니까? 그리고 포은(包銀)을 많이 가지고 오셨는지요?"

여러 호인들이 모두 똑같은 말을 하고, 또 서로 다투어 묻는다.

"한상공(韓相公)·안상공(安相公)도 함께 오셨습니까?"

그들이 묻는 사람들은 다 의주 사람으로 해마다 북경으로 장사를 다녀 모두 교활하고 수단이 능란하였으며, 또 북경의 사정을 익히 알고 있었다. 상공(相公)이란 장사치들이 서로 존대하여 일컫는 말이다.

─────────

*91 목책(木柵)의 문. 목책은 말뚝을 울타리처럼 늘어 세워서 국경을 표시한 것임.
*92 정사(正使)·부사(副使) 및 서장관(書狀官).
*93 상아로 만든 젓가락인 듯.

사행(使行)이 있을 때는 으레 정관(正官)에게 팔포(八包)를 내려 주었다. 정관이란 비장·역관 등 모두 30명이고, 예전에는 나라에서 정관에게 인삼 몇 근씩 주던 것을 팔포라 하였다. 지금은 나라에서 주지 않고 각자 은을 마련하여 가지고 가게 한다. 다만 그 포수(包數)를 당상관(堂上官)*94은 포은 3천 냥, 당하관(堂下官)*95은 2천 냥으로 제한하여 각자 가지고 북경에 가서 여러 가지 물건을 무역해서 이익을 얻게 한다. 그런데 가난하여 스스로 마련해 가지고 가지 못하면 그 포(包)의 권리를 송도·평양·안주(安州) 등지의 연상(燕商)*96에게 팔고, 연상은 그 포의 권리를 사서 은을 채워 가지고 간다. 그러나 다른 지방의 연상들은 직접 북경에 들어가지 못하므로, 그 은을 의주 사람에게 맡겨서 다른 물건을 무역해 오도록 하는 것이다.

한(韓)이며 안(安) 같은 의주 장사꾼들은 해마다 북경에 들어가기 때문에 북경을 마치 자기 집 안방 드나들듯이 하여, 그 장사꾼들과 배가 맞아서 물건을 사고팔거나 물건 값을 올리고 내리는 것 모두가 그들의 손에 달려 있었다. 그러므로 우리나라에서 중국 물건의 시세가 날로 오르는 것은 그들 때문이며, 따라서 온 나라가 그 까닭을 이해하지 못하는 채 오로지 역관만 책망한다.

그러나 역관도 의주 장사꾼에게 포를 팔아 그 권리를 잃고 나면 속수무책이었다. 각처의 연상들도 의주 장사꾼들의 농간인 줄은 알지만 직접 보지 못한 일이라 노여워도 감히 말을 하지 못한다. 이것이 관례처럼 되어 온 지가 이미 오래라, 지금 의주 장사꾼들이 잠시 몸을 숨겨 보이지 않는 것도 역시 그들이 농간을 부리는 한 수작이다.

책문 밖에서 조반을 마치고 행장을 정돈하다 보니, 두 주머니 중 왼쪽 열쇠가 간곳이 없다. 잡초 속까지 두루 찾아보았으나 끝내 보이지 않으므로, 장복을 보고 이렇게 꾸짖었다.

"네가 행장에 유의하지 않고 항상 한눈을 팔더니 겨우 책문에 이르자마자 이런 일이 벌어졌구나. 속담에 사흘 길을 하루도 못 가서 늘어진다는 말이 있는데 그 격이 되었으니 앞으로 2천 리 길을 가서 황성(皇城)*97에 당도하

---
*94 정삼품(正三品) 이상의 문관 또는 무관.
*95 정삼품 이하의 문관 또는 무관.
*96 북경과 무역을 하는 장사꾼.

노라면 네놈의 오장육부까지 다 잃지 않을까 걱정이다. 내 듣건대 구요동(舊遼東)과 동악묘(東岳廟)에는 본래 도둑이 많이 출몰한다 하니 네가 다시 한눈을 팔면 또 얼마나 물건을 잃을는지 모르겠다."

장복은 송구하고 열없어서 머리를 긁적긁적하면서 말한다.

"소인이 이제야 알겠습니다. 그 두 곳을 구경할 때에는 소인이 이 두 손으로 제 눈을 꽉 잡고 있겠습니다. 그러면 어느 놈이 빼어 가겠습니까?"

나는 하도 한심하여 그저 '오냐, 알았다' 하였다. 장복은 나이 어리고 또 처음 가는 길인 데다가 성품이 멍청하여 함께 가는 마두들이 흔히 희롱하는 말로 그를 놀리면 장복은 그것이 정말인 줄 안다. 매사가 다 이러하니 앞으로 먼 길을 데리고 갈 일이 서글프기 이를 데 없다.

다시 목책 쪽으로 가서 목책 안을 바라보았다. 여염집을 모두 높이 오량(五樑)[98]으로 세웠고, 지붕은 띠로 이엉을 엮었으며 용마루가 높고 문과 창문이 가지런하다. 거리는 쪽 곧아서 길 양쪽의 사이가 마치 줄을 쳐놓은 것같이 정연하다. 담은 모두 벽돌로 쌓았다. 사람 타는 수레와 짐 싣는 수레가 길에 질펀하고, 진열해 놓은 그릇들은 모두 그림을 그린 도자기들이다.

그 제도가 전연 촌티가 없다. 전에 친구 홍덕보(洪德保)[99]가 '그 규모는 크고 그 만드는 방법은 아주 세심하다'고 하였거니와, 이 책문은 천하의 동쪽 끝인데도 오히려 이러한 정도이니, 앞으로의 유람에 홀연 의기가 꺾여 여기서 바로 발길을 돌릴까 보다 하는 생각이 들어 온몸이 화끈해진다.

그러나 다음 순간 나는 깊이 반성하였다.

"이것은 시기하는 마음이다. 나는 본디 성품이 담박하여 남을 부러워하거나 시기하는 마음이 조금도 없었다. 그런데, 이제 겨우 외국에 한 발짝 들여놓아 아직 1만분의 하나도 보지 못한 처지에 이런 망령된 마음이 일어나는 것은 웬일일까? 이는 곧 소견이 좁기 때문이다. 만약 부처님의 혜안(慧眼)으로 시방세계(十方世界)를 본다면, 평등하지 아니한 것이 없을 것이다. 모든 것이 평등하면 자연 시기하거나 부러워하는 마음이 없을 것이다."

---

*97 청나라의 서울 북경(北京)을 황제가 있는 곳이라 하여 일컫는 말.
*98 대들보 양쪽에 각각 두 개씩 들보를 놓아 두 칸통으로 집을 짓는 제도.
*99 홍대용(洪大容). 덕보는 자임. 영조(英祖) 때 사람. 영조 41년(1765)에 그의 숙부 홍억(洪億 : 書狀官)을 따라 북경을 다녀와 《담헌연기(湛軒燕記)》를 지었음.

나는 장복을 돌아보며 '만약 너를 중국에 태어나게 한다면 어떻겠느냐?' 하고 물으니까 '중국은 되놈의 나라입니다. 저는 싫습니다' 하고 대답한다.

이때 한 장님이 어깨에 비단 주머니를 둘러메고 손으로 월금(月琴)[100]을 타면서 지나간다.

"저 사람이야말로 평등한 눈을 가진 것이 아니겠느냐?"

나는 홀연히 이런 생각을 하며 크게 깨닫는 바가 있었다.

조금 후 책문이 활짝 열리더니 봉성장군(鳳城將軍)과 책문어사(柵門御史)가 방금 도착하여 가게에 앉아 있다고 한다. 여러 호인이 문이 메이도록 나와서 다투어 방물(方物)과 개인의 짐의 무게를 살핀다. 여기서부터는 수레를 세내어 물건을 운반하게 되어 있기 때문이다.

그들은 사신이 앉아 있는 곳으로 와서 담뱃대를 물고 흘금흘금 보더니 손가락으로 가리키면서 저희들끼리 말을 주고받는다.

"저 분이 왕자(王子)일까?"

종실(宗室)로서 정사(正使)가 된 사람을 왕자라고 일컫기 때문이다. 그 중에 좀 아는 자가 있어 말한다.

"아니야, 저 머리가 희끗희끗 센 분이 부마(駙馬)[101]어른이신데, 몇 해 전에도 오셨었지."

그러고 나서 부사를 가리키면서 '저 수염 나고 쌍학(雙鶴)[102]을 수놓은 관복을 입은 분이 을대인(乙大人)이시야' 하고, 서장관을 가리키면서는 '저 산대인(山大人)은 한림(翰林) 출신이지' 한다. 을(乙)은 이(二) 곧 둘째, 산(山)은 삼(三) 곧 셋째라는 뜻이고, 한림 출신이란 문관(文官)을 가리키는 말이다.

시냇가에서 와자지껄 싸우는 소리가 들려온다. 말소리가 새 지저귀는 소리 같아서 한 마디도 알아들을 수가 없다. 급히 가서 보니, 득룡(得龍)이 여러 호인들과 예물(禮物)[103]이 많으니 적으니 하며 다투고 있다. 본래 예물을 줄 때에는 전례에 따라 나누어 주는 것임에도 불구하고, 봉황성의 교활한

＊100 비파처럼 생긴 악기. 14줄에 12주(柱)임.
＊101 임금의 사위.
＊102 1품 벼슬아치가 입는 관복.
＊103 우리나라 사행(使行)이 연로(沿路)의 청국 관원에게 주는 선물.

호민(胡人)들이 무슨 명목을 덧붙여서 그대로 달라고 강요한다.

이 일을 잘 처리하고 못하고는 모두 상판사(上判事)의 마두에게 달려 있다. 만일 그가 풋내기이고 또 중국말에 능숙하지 못하면 시비를 따지지 못하고 그들이 요구하는 대로 주는 수밖에 없게 된다. 만약 금년에 그대로 주면 이듬해에는 그것이 전례가 되어 버리므로 한사코 다투는 것이다. 그런데 사신은 그런 사정을 모르고 책문 안에 들어가기에만 급급하여 반드시 역관을 재촉하고, 역관은 또 마두를 재촉하여 그 폐단이 생기게 된 지 이미 오래다. 상판사의 마두 상삼(象三)이 예물을 나누어 주려는데, 100여 명의 호인이 둘러섰다. 그 중 한 사람이 갑자기 큰 소리로 상삼에게 욕을 퍼붓는다. 득룡이 분하여 수염을 곤두세우고 눈을 부릅뜨면서 그에게로 달려들었다. 멱살을 거머쥐고 주먹을 휘둘러 때리려는 자세를 취하고 여러 호인들을 돌아보면서 을러대는 꼴이 참으로 가관이다.

"이 뻔뻔스럽고 무례한 놈 보게. 지난해에는 대담하게도 어르신네 족제비털 목도리를 훔쳐가고, 작년에는 어른께서 주무시는 틈을 타 내가 차고 있는 칼을 뽑아서 어르신 칼집의 끈을 끊어 훔치고, 다시 내가 차고 있는 주머니를 끊어 훔치려다가 들켜서 내가 따끔하게 주먹을 한 대 먹였지. 그랬더니 이놈이 살려달라고 애걸복걸하기에 봐주었다. 그래 나더러 목숨을 살려 준 은인이라고 하던 놈이, 이제 오랜만에 오니까 저를 몰라볼 줄 알고 또 어른을 속이려고 함부로 큰 소리를 치는구나. 이런 쥐새끼 같은 놈은 봉성장군께 끌고 가야겠다."

그를 잡아끄니 여러 호인들이 일제히 용서해 주라고 권한다.

그 중 수염이 아름답고 옷이 깨끗하고 고운 늙은 호인이 앞으로 나서서 득룡의 허리를 끌어안고 사정한다.

"형님께서 제발 참으십시오."

득룡이 그제야 노여움을 풀고 빙긋이 웃으면서 말한다.

"내가 만일 아우님의 체면을 살피지 않았다면 이놈의 코를 갈겨서 앵도라지게 하여 봉황산 너머로 던져 버릴 텐데……."

판사(判事) 조달동(趙達東)이 내 옆에 와 서기에, 조금 전의 광경을 이야기해 주고 혼자 보기에는 아깝더라고 하니, 조군이 웃으면서 말한다.

"그야말로 살위봉법(殺威棒法)*104이군요."

그러더니 다시 득룡에게 한마디 한다.

"사또께서 이제 곧 목책 안으로 들어가실 테니, 빨리 선물을 나누어 주게."

득룡이 연방 '예이, 예이' 하며 짐짓 바쁜 체한다. 나는 일부러 그냥 머물러 서서 나누어 주는 물건의 명목(名目)을 자세히 보았더니 매우 괴이하고 잡스럽다.

책문수직*105보고(柵門守直甫古)와 갑군(甲軍) 8명에게는 각각

백지(白紙)	10권
소연죽(小煙竹)*106	10개
화도(火刀)*107	10개
봉초(封草)*108	10봉

을 나누어 주고, 봉성장군(鳳城將軍) 2명, 주객사(主客司) 1명, 세관(稅官) 1명, 어사(御史) 1명, 만주장경(滿洲章京)*109 8명, 가출장경(加出章京) 2명, 몽고장경(蒙古章京) 2명, 영송관(迎送官) 3명, 대자(帶子) 8명, 박씨(博氏) 8명, 가출박씨(加出博氏) 1명, 세관박씨(稅官博氏) 1명, 외랑(外郞) 1명, 아역(衙譯) 2명, 필첩식(筆貼式) 2명, 보고(甫古) 17명, 가출보고(加出甫古) 7명, 세관보고(稅官甫古) 2명, 분두보고(分頭甫古) 9명, 갑군(甲軍) 50명, 가출갑군(加出甲軍) 36명, 세관갑군(稅官甲軍) 16명 도합 102명*110에게는

장지(壯紙)*111	156권
백지	469권
청서피(靑黍皮)*112	140장
소갑초(小匣草)	580갑

＊104 중국 무술 18기(技)의 하나.
＊105 청나라 벼슬 이름. 다른 기록에는 보십구(甫十口) 또 발십고(撥什庫)라 하였음.
＊106 담뱃대.
＊107 부시. 차돌을 쇠붙이로 쳐서 불을 일구는 기구.
＊108 담배.
＊109 청나라 때 만주의 관명(官名), 무관인데 문서를 맡아 보았음.
＊110 180명의 잘못인 듯.
＊111 두꺼운 한지(韓紙).
＊112 청서피(靑鼠皮), 다람쥐 가죽.

봉초	800봉
세연죽(細煙竹)	74개
팔면은항연죽(八面銀項煙竹)	74개
석장도(錫粧刀)	37자루
초도(鞘刀)	284자루
선자(扇子)	288자루
대구어(大口魚)	74마리
다래(丹乃)*113	7벌
환도(環刀)	7자루
은장도(銀粧刀)	7자루
은연죽(銀煙竹)	7개
석장연죽(錫長煙竹)	42개
붓	40자루
먹	40개
화도	262개
청청다래(靑靑丹乃)	2벌
별연죽(別煙竹)	35개
유단(油單)*114	2벌

을 나누어 준다. 여러 호인들은 한 마디 군소리 없이 조용히 받아 간다. 조군이 말하였다.

"득룡은 아주 능란합니다. 그는 몇 해 전에 목도리와 칼 주머니 들을 잃은 일이 전혀 없었는데, 공연히 생트집을 잡아 한 놈을 꺾어 놓은 것입니다. 그리하여 다른 자들은 저절로 수그러들어 서로 돌아보고는 열없게 물러선 것입니다. 만약 그렇게 하지 않았더라면 사흘이 지나도 끝장이 나지 않아서 목책 안으로 들어가지 못했을 것입니다."

군뢰가 와서 꿇어앉아 말한다.

"문상어사(門上御史)와 봉성장군이 수세청(收稅廳)에 나와 좌정하셨습니다."

---

*113 말다래, 말의 배 양쪽에 달아 진흙이 튀는 것을 막는 것.
*114 유둔(油芚)·유지(油紙).

그러자 삼사가 차례로 책문을 들어간다. 장계(狀啓)는 전례에 따라 의주 창군(鎗軍)들이 돌아가는 편에 부치고 돌아왔다.

이 책문을 한 발짝만 들어서면 중국 땅이다. 여기서부터는 고국 소식이 끊어진다. 마음이 서운하여 동쪽을 향해 한참 섰다가 몸을 돌이켜서 천천히 걸어 책문을 들어섰다. 길 오른쪽에 초청(草廳) 3칸이 서 있다. 그 안에는 어사·장군 이하 아역(衙譯)에 이르기까지 반을 나누어 차례로 의자에 걸터앉아 있고, 수역(首譯) 이하가 팔짱을 끼고 그 앞에 서 있다.

사신이 여기에 이르러 마두가 하인들에게 소리쳐 가마를 멈추도록 한다. 교군꾼들은 앞의 말을 약간 비켜세워 가마를 내리려다가 하도 빨리 달려가던 바람이라 그대로 지나쳐 버린다. 부사와 서장관이 탄 가마도 역시 그와 같이 하여 서로 흥내를 내는 것 같으므로 모두 허리를 잡고 웃는다.

비장과 역관이 다 말에서 내려 걸어서 지나가는데 유독 변계함(卞季涵)만이 말을 탄 채로 그냥 지나가 버린다. 말석에 앉았던 호인이 갑자기 우리말로 크게 소리를 지른다.

"무례하오, 무례해. 여기 여러 어른들이 앉아 계신데, 외국의 수행원(隨行員)이 어찌 감히 당돌하게 말을 타고 지나가오? 사신께 고하여 볼기를 맞게 해야겠소."

목소리는 크나 혀가 제대로 돌아가지 않아 마치 어린아이의 어리광부리는 소리 같고, 술 취한 사람이 뇌까리는 것 같다. 그는 사신을 호행(護行)하는 통관(通官) 쌍림(雙林)이라고 한다. 우리 수역이 재빨리 나서서 말한다.

"이 사람은 우리나라 어의인데, 초행이라 실정을 잘 모르고 또한 어의는 국명을 받들고 정사를 수행 보호하는 사람이므로 정사께서도 함부로 조처하지 못하십니다. 여러 어른들은 황제께서 우리나라를 사랑하시는 뜻을 본받으셔서 깊이 따지지 않으신다면 더욱 대국의 너그러우신 도량을 잘 알게 될 것입니다."

이 말에 모두들 머리를 끄덕이고 미소지으며 '옳소, 그렇소이다' 하였다. 그런데 오직 쌍림만은 혼자 눈을 부라리며 소리를 지른다. 아직 노여움이 풀리지 않은 모양이다. 수역이 내게 눈짓하여 어서 가라고 한다. 가다가 변군을 만났다. 변군이 한마디 한다.

"아주 크게 봉변을 당했는걸."

"볼기 둔(臀)자가 마음에 걸릴 걸세."

내가 이렇게 말하자 서로 크게 웃었다.

변군과 말 머리를 나란히 하여 가면서 구경을 하는데 감탄사가 저절로 나온다. 목책 안의 인가는 2, 30호에 지나지 않으나, 모두 웅장하고 웅숭깊다. 버드나무 그늘 가운데 푸른색 술집 깃발이 우뚝 솟아 나부낀다. 함께 손을 잡고 들어서니 이미 우리나라 사람들이 가득하다. 맨종아리에 수염이 성긴 구레나룻을 한 사람들이 의자에 걸터앉아 떠들어대고 있다가, 나를 보더니 모두 피해 나가 버린다.

주인이 크게 노하여 변군을 가리키며 '눈치 없는 관인(官人)이 남의 영업을 잘도 방해하는군' 하고 투덜거린다. 대종(戴宗)이 그의 등을 두드리면서 '형님, 잔소리할 것 없소. 저 두 분은 한두 잔만 드시면 곧 가실 것인데 그런 망나니들이 어떻게 감히 걸상을 타고 앉아 그냥 떠들고 있을 수 있겠소. 잠시 자리를 피한 것이니 곧 돌아와서 이미 마신 자는 술값을 낼 것이고, 아직 마시지 않은 자는 가슴을 풀어 헤치고 마음껏 마실 거요. 그러니 형님은 마음 놓으시고 우선 술이나 넉 냥[四兩]만 부으시오' 하였다.

주인이 얼굴에 웃음을 지으면서 말한다.

"아우님은 지난해에도 보지 않았소? 저 망나니들이 소란을 피우며 술을 마시고는 그대로 달아나서 술값을 받을 데가 없어요."

"형님, 아무 염려 마시오. 두 분 어른이 마시고 일어나시면 이 아우가 가서 그놈들을 몰고 와서 술을 사게 하겠소."

대종이 이렇게 말하자, 주인이 대꾸한다.

"그러구려. 그런데 두 분이서 넉 냥을 드신다는 거요, 아니면 각각 넉 냥씩 드신다는 거요?"

대종이 '한 분께 넉 냥씩 부으시오' 하니, 변군이 '한 사람이 어떻게 넉 냥어치 술을 다 마신단 말이냐?' 하고 대종을 꾸짖는다.

대종이 웃으면서 말한다.

"넉 냥이란 술값을 말하는 것이 아니라 술의 무게를 말하는 겁니다."

과연 탁자 위에 있는 술을 보니, 한 냥짜리부터 열 냥짜리까지가 있다. 그것은 다 놋쇠와 주석으로 만들었는데 광채를 내어 마치 은빛처럼 빛난다. 넉 냥 술을 달라고 하면 넉 냥짜리 잔에 부어 주므로 술을 사는 사람이 그 양이 많고 적음을 따질 필요가 없다. 그 간편하기가 이와 같다. 술은 다 백소로(白燒露)로서, 맛은 그다지 좋지 못하지만 금방 취했다가 이내 깬다.

주위의 배치를 둘러보니 모든 것이 고르고 단정하게 정돈되어 있다. 한 가지 일도 구차스럽게 미봉(彌縫)해 놓는 법이 없고, 한 가지 물건도 난잡하게 버려두는 일이 없다. 외양간이나 돼지우리까지 소홀하지 않고 법도가 있으며, 심지어 나무더미나 거름더미까지도 다 정연하고 깨끗하여 마치 한 폭의 그림과 같다. 아! 이러한 연후에야 비로소 이용(利用), 즉 모든 물건을 이롭게 쓸 수 있고, 물건을 이롭게 써야만 후생(厚生), 즉 백성의 생활을 윤택하게 할 수 있으며, 생활을 윤택하게 해야만 덕을 바르게 할 수 있을 것이다. 물건을 이롭게 쓰지 못하고서는 능히 생활을 윤택하게 하기는 어려운 것이니, 생활이 윤택하지 못하고서야 어찌 또한 능히 그 덕을 바르게 할 수 있으랴.

정사는 이미 악씨(鄂氏)의 집에 들었다. 집 주인은 키가 7자나 되어 보인다. 몸이 건장하고 성품이 매서워 보였다. 그의 어머니는 칠순(七旬)에 가까운데 머리에 꽃을 가득 꽂았고, 눈매가 아름다워서 젊었을 때의 모습을 짐작할 만하다.

점심*115을 먹은 후 나는 박내원 및 정 진사와 함께 구경을 나섰다. 봉황산은 여기서 6, 7리밖에 안 되는데, 전면에서 보니 더욱 가파르고 기묘하다. 이 산의 옛 안시성(安市城)*116 터에는 아직도 그 성첩(城堞)이 남아 있다고 하지만 그렇지가 않을 것 같다. 산의 세 면이 모두 깎아지른 듯한 절벽이라 나는 새도 올라갈 수 없을 지경이고, 오직 정남(正南) 한쪽만이 약간 평편하지만 그것도 수백 걸음에 불과하니, 이 탄알만한 작은 성에 어떻게 많은 군사가 오랫동안 머물러 있었겠는가. 아마도 이곳은 고구려 때 아주 조그만 보루(堡壘)였을 것이다.

우리는 큰 버드나무 아래로 가서 서늘한 바람을 쐬었다. 곁에는 우물이 있었다. 우물에는 벽돌로 둘레를 쌓았고 돌을 다듬어서 만든 뚜껑을 덮어 놓았

＊115 중국에서는 과자를 점심이라 하여 다과로 간단히 요기를 한다. 여기서는 우리네 점심을 뜻하는 것 같다.
＊116 요동에 있는 옛날 고구려의 성. 장군 양만춘(楊萬春)이 보장왕(寶藏王) 4년(644)에 당나라 태종(太宗)의 내침을 이 성에서 물리쳤음.

다. 양쪽 옆에는 구멍을 뚫어 놓아 겨우 두레박이 드나들 수 있게 해 놓았다.

이것은 사람이 빠지거나 먼지나 흙이 들어가지 않게 하기 위함이었고, 또한 물의 본성은 음(陰)이기 때문에 태양을 가려서 활수(活水)를 기르기 위함이었다. 우물 뚜껑 위에 활차(滑車)를 설치하여 양쪽으로 두 가닥 밧줄을 늘어뜨리고 그 끝에다 버드나무 가지를 엮어서 만든 두레박을 매어 놓았다. 두레박 모양은 바가지 같고 바닥이 좀 깊다. 한쪽이 올라오면 다른 한쪽이 내려가서 종일 물을 길어도 사람의 힘이 별로 들지 않는다. 물통은 모두 쇠로 테를 두르고 작은 못을 촘촘히 박아 탄탄하게 만들었다. 대나무로 메운 것보다 월등히 낫다. 대나무로 만든 테는 오래되면 썩어서 끊어지기도 하거니와, 통이 바짝 마르면 대나무 테가 저절로 헐거워져서 벗겨지기 때문에 쇠 테를 메우는 것이 유리한 것이다.

길어올린 물은 다 어깨에 메어 날랐다. 그것을 편담(扁擔)이라고 한다. 그 방법은 굵기가 팔뚝만한 나무를 깎아서 길이가 10자쯤 되게 하여 양쪽 끝에 물통을 걸어서 멘다. 물통은 땅에서 한 자쯤 떨어지게 한다. 이렇게 하면 물이 출렁거려도 넘치지 않는다. 우리나라 평양(平壤)에서만 이런 방법으로 물을 긷지만 어깨로 메지 않고 등에 져서 나르기 때문에 좁은 골목길에서는 여간 거추장스럽지가 않다. 물 나르는 법도 이곳의 편담이 더 유리할 것 같다.

'옛날 포선(鮑宣)*117의 아내가 물동이를 들고 가서 물을 길었다' 하는 대목을 읽었을 때, 나는 어찌하여 물동이를 머리에 이지 않고 손에 들었는가 의아하게 생각했었다. 이제 여기서 보니 부인들이 모두 머리를 위로 높게 쪽지어 물동이를 일 수 없기 때문임을 알겠다.

서남쪽이 탁 트이어 먼 산이 평퍼짐하고, 천 갈래 물이 잔잔하다. 버드나무 그늘이 짙은데, 띠로 이은 처마와 성긴 울타리가 때때로 숲 사이에 어른거린다. 끝없는 방죽에서는 소와 양이 푸른 풀을 뜯고, 멀리 있는 다리에는 행인들이 무엇인가를 지고 혹은 들고 간다. 우두커니 서서 바라보고 있느라니, 요며칠 여행길의 고단함을 잊을 것만 같다.

두 사람은 새로 세운 절 구경을 간다고 나를 남겨 두고 갔다. 이때 말탄

---

*117 한(漢)나라 때의 사람. 강직하여 왕망(王莽)의 편에 들지 않는다 하여 죽임을 당했음.

사람 10여 명이 채찍을 휘둘러 급히 지나가는데, 모두 수놓은 안장을 차린 날랜 말에 의기가 양양하다. 혼자 서 있는 나를 보더니만 안장에서 굴러 떨어지듯 말에서 내려 다투어 내 손을 잡고 은근한 뜻을 표한다. 그 중 한 사람은 아주 미소년이다. 내가 땅에 글자를 써서 말을 하려고 하였으나, 모두 머리를 숙이고 들여다보기는 했지만 다만 고개만 끄덕일 뿐, 무슨 말인지 모르는 것 같다.

곁에 푸른 비석 둘이 서 있었다. 하나는 문상어사(門上御史)의 선정비(善政碑)이고 하나는 세관(稅官) 아무개의 선정비였다. 모두 만주 사람으로 넉자 이름이고, 글을 지은 사람도 만주 사람이다. 글과 글씨가 다 서투르지만 다만 비석을 만든 제도는 매우 아름다운 것이어서 비용이나 공력이 얼마 들지 않은 점은 본받을 만할 일이다.

비석의 양쪽 옆은 갈아 다듬지 않고, 그 양쪽에 벽돌로 비석보다 높이 담을 쌓아 그 위를 기와로 이어 지붕을 만들었으니, 비석이 그 가운데 들어 있어 비바람을 가리게 되어 있다. 비각(碑閣)을 세워서 비석을 둘러싸는 것보다 낫겠다.

비석 좌대에 새긴 거북과 비문의 양쪽 변두리에 새긴 비희(贔屭)[118]는 가는 털까지도 헤아릴 수 있을 만큼 세밀하다. 이 비는 궁벽한 변방 민가에서 세운 것이지만, 그 정교하고 고아함은 비할 데 없다.

저녁때가 되자 더위가 더욱 위세를 떨친다. 급히 숙소로 돌아와서 북쪽 창문을 높이 들어올려 열고 옷을 벗고 누웠다. 뒤뜰은 평편하게 넓은데 그곳에는 파밭 이랑과 마늘밭 두둑이 반듯하게 뻗었고, 오이와 호박 시렁이 뜰에 그늘을 지웠다. 울타리 가에는 붉고 흰 촉규화(蜀葵花)와 옥잠화가 한창이고 처마 끝에는 석류 화분 두 개와 수구(繡毬 : 국화의 일종) 화분 하나, 가을 해당화 화분 두 개가 놓여 있다. 주인 악씨의 아내가 손에 대바구니를 들고 나와서 차례로 꽃을 딴다. 저녁 집안 장식에 쓰려는가 보다.

창대(昌大)가 술 한 그릇과 달걀부침을 구해와 권하면서

"어딜 가셨습니까? 저는 기다리느라고 죽을 뻔했습니다."

하고 짐짓 어리광을 떨어 충성을 보이려 한다. 얄밉고도 우습기는 하나 술은

---

*118 짐승의 한 가지, 패하(霸夏)라고도 하는데, 용의 아들 중의 하나로, 힘이 세고 무거운 짐을 지기를 좋아한다고 하여 비의 구질(龜趺)에 많이 새김.

내가 본래 좋아하는 것이고, 게다가 달걀부침 또한 좋아하는 것이니 어찌 미워할 수 있으랴.
이날 30리를 왔으니 압록강에서 여기까지가 120리이다. 우리나라 사람들은 여기를 책문(柵門)이라 하지만 이곳 사람들은 가자문(架子門)이라 하고 중국 사람은 변문(邊門)이라고 한다.

28일 을해(乙亥)
아침에 안개가 끼었다가 늦게야 개다.

일찌감치 변계함(卞季涵) 군과 함께 먼저 길을 떠났다. 대종(戴宗)이 손가락으로 멀리 큰 장원(莊院)을 가리키면서 말한다.
"저것은 통관(通官) 서종맹(徐宗孟)의 집입니다. 황성(皇城 : 북경(北京))에도 저 집보다도 더 큰 집이 있었답니다. 종맹은 욕심이 많아서 부정행위가 많았고, 조선 사람의 고혈을 빨아 큰 부자가 되었지요. 늘그막에 이 사실이 예부(禮部)*[119]에 알려져서, 황성에 있는 집은 몰수당하고 저 집만 남았답니다."
또 한 곳을 가리키면서 말했다.
"저것은 쌍림(雙林)의 집이고, 그 맞은편은 문통관(文通官)의 집입니다."
대종은 나불나불 잘 지껄여 잘 익힌 글을 줄줄 외우듯 한다. 그는 선천(宣川) 사람으로 이미 예닐곱 번이나 북경에 갔었다고 한다.
봉황성에서 30리쯤 오니 옷이 안개에 흠뻑 젖었다. 길 가는 사람들의 수염에 이슬이 맺혀서 마치 볏모에 구슬을 꿰어 놓은 것 같다.
서쪽 하늘의 짙은 안개가 갑자기 환하게 트이고, 파란 하늘이 한 조각 살며시 나타난다. 구름 사이로 영롱하게 비치는 하늘이 마치 창구멍에 조그만 유리를 박아 놓은 것 같다. 그러더니 금시에 안개가 상서로운 구름으로 변하여 한량없이 아름답다. 고개를 돌려 동쪽을 바라보니 붉은 해가 이미 서 발이나 올라와 있다.
강영태(康永太)의 집에서 점심을 먹었다. 영태는 나이 23살로 스스로 민가(民家)*[120]라고 한다. 용모가 희멀끔한 그는 양금(洋琴)을 잘 친다고 한다.

---
*[119] 우리나라 예조(禮曹)와 같음.
*[120] 청나라(淸)에서 한인(漢人), 곧 중국의 본바닥 사람을 일컫는 말.

"글을 배웠소?"

내가 물었다.

"사서(四書)를 다 외우기는 했지만 아직 강의(講義)는 해 보지 못했습니다."

그가 대답한다.

그들이 글을 배운다는 것은 이른바 외우는 것과 강의하는 것 두 가지 길이 있어서, 우리나라에서 처음 배울 때부터 음(音)과 뜻(義)을 함께 통달하는 것과는 다르다. 중국에서 글을 처음 배우는 사람은 사서의 장구(章句)*121를 입으로 외우기만 할 뿐이고, 완전히 외우게 된 다음에 다시 스승에게 나아가 뜻을 익히는 것을 강의라고 한다. 혹시 죽을 때까지 강의를 받지 못하더라도 외우기를 익힌 장구가 그대로 날로 쓰는 관화(官話)가 되어 있기 때문에, 여러 나라 말 중에서 중국말이 가장 쉽고 또한 이치에 맞는다고 하는 것이다.

영태의 집은 깨끗하고도 화사하다. 잘 어울리게 놓여 있는 여러 가지 물건이 모두 처음 보는 것들이다. 방구들에 깔아 놓은 것은 모두 용과 봉황을 그린 융단이며, 의자와 평상에 펴 놓은 것은 모두 비단으로 만든 것들이다. 마당 가운데는 시렁을 매어 위에는 고운 삿자리를 얹어 햇볕을 가렸고, 사면에는 엷은 황색의 발을 드리워 놓았다.

앞에는 석류나무 화분 대여섯 개가 나란히 놓여 있다. 그 중 흰 석류는 만개했다. 또 이상한 나무 한 개가 있었다. 잎은 동백나무 비슷하고 열매는 기실(枳實)*122과 흡사하다. 나무 이름이 무엇이냐고 물으니까 무화과(無花果)라고 한다. 열매가 모두 쌍쌍이 두 개씩 그 꼭지가 나란히 한데 붙어 있다. 꽃은 피지 않고 열매가 맺히기 때문에 그런 이름이 생겼다고 한다.

서장관(書狀官)이 와서 함께 구경하면서 서로 나이를 이야기해 보니 그가 나보다 다섯 살이 위이다. 이어서 부사(副使)도 찾아왔다. 앞으로 만 리 먼 길의 괴로움을 함께 나눌 것에 대한 이야기를 터놓고 하였다. 부사 김자인(金子仁)*123이 말한다.

---

*121 사서. 곧 논어(論語)·맹자(孟子)·중용(中庸)·대학(大學)의 뜻을 해설한 글.
*122 아직 익지 않아 빛이 푸른 탱자.
*123 김문순(金文淳). 자인은 그의 자. 정조·순조 때의 문신. 여러 판서를 거쳐 우참찬(右參贊)에 이르렀고, 세도 안동 김씨(安東金氏)의 중심인물의 한 사람임.

"형과 동행이 되었는데도 우리나라 국경에서는 하도 분주하고 어수선하여 미처 찾아뵙지 못했습니다."

"타국에 와서 이렇게 서로 사귀게 되었으니 이역(異域)의 친구라 할 만하겠군요."

내가 이렇게 대꾸했더니 부사와 서장관이 크게 웃으며 말한다.

"누가 이역인지 알 수 없구려."

부사는 나보다 두 살 위이다. 내 조부와 부사의 조부와는 일찍이 함께 공부를 하시어 지금도 동연록(同硏錄)*124이 있다. 내 조부께서 경조당상(京兆堂上)*125으로 계실 때 부사의 조부께서는 경조랑(京兆郞)이 되시어 우리 집에 찾아오셔서 각기 지난날 함께 공부하시던 일을 말씀하셨다. 그때 여덟 살인가 아홉 살이었던 나는 어른들 옆에 앉아 있었으므로 두 분의 오랜 친분을 알았다.

"전에 저런 것을 본 일이 있소?"

서장관이 흰 석류꽃을 가리키면서 내게 묻는다.

"아직 본 일이 없소이다."

내가 이렇게 대답했다. 서장관은 다시 말했다.

"내가 어릴 때 우리 집에 이 석류나무가 있었는데 전국에 그것 하나밖에 없다고 했소. 이 석류나무는 꽃은 피지만 열매는 맺지 않는다고 합디다."

잠시 한담을 하고 모두 일어나 돌아갔다.

압록강을 건너던 날에는 우거진 갈대 속에서 서로 얼굴을 알아보았으나 미처 이야기할 겨를이 없었고, 이틀 동안은 목책 밖에서 나란히 장막을 치고 한둔하면서도 역시 서로 만날 기회가 없었으므로, 이제 이역(異域)에서 서로 농을 한 것이다.

점심때가 아직 멀었다 하는데 지루하게 기다리고 있을 수가 없어서 배고픔을 참고 그대로 구경을 나섰다. 처음에 오른편 조그만 문으로 들어갔다. 그 집이 별로 웅장하고 사치한 줄을 몰랐는데, 이제 앞문으로 나와 보니 바깥채가 수백 칸이나 되어, 삼사(三使)가 그 소솔들과 함께 모두 이 집에 들

---

*124 함께 공부한 사람들끼리 쓴 문집.

*125 당상관인 경조윤(京兆尹). 곧 한성판윤(漢城判尹)이니, 지금의 서울시장과 같은 벼슬이고, 경조랑(京兆郞)은 그 아래 딸린 벼슬의 하나임.

었건만 다 어디에 있는지 알 수가 없을 지경이다. 우리 일행까지 들고도 여유가 있어서 오고가는 장사꾼이며 나그네들이 끊이지 않는다. 거기다가 또 20여 대의 수레가 문이 메이도록 들어온다. 수레마다 말과 노새 대여섯 마리씩을 메웠건만 시끄러운 소리가 조금도 들리지 않고, 깊이 간직하여 텅 비어 있는 것만 같았다. 모든 것을 규모 있게 배치해 놓아 서로 거리낌이 없다. 외양으로 보아 이러하니 그 밖의 세세한 것은 말할 나위도 없겠다.

  천천히 걸어서 문을 나섰다. 북경(北京)도 그 화려하고도 풍성함이 이보다 더하지는 못할 것 같다. 중국이 이처럼 번성한 줄은 참으로 생각지 못했다. 길 양쪽에 즐비하니 늘어선 가게들은 모두 조각한 창문, 비단을 드리운 문, 그림을 그린 기둥, 붉게 칠한 난간, 푸른 주련(柱聯), 금빛 현판(懸板)으로 휘황찬란하다. 가게에 진열해 놓은 물건은 모두 중국의 진기한 것들이니, 변방(邊方)의 하잘것없는 시골에 이런 정밀하고도 우아한 물건을 알아보는 식견이 있단 말인가?

  다시 한 집에 들어가 보았다. 그 웅장하고도 화려함이 강씨(康氏)의 집보다도 낫고 그 제도와 크기는 대략 같았다. 집을 지을 때는 반드시 수백 보(步)의 땅을 마련해서 길이와 넓이를 알맞게 잡아 평편하고 바르게 고르고, 토규(土圭)*126와 지남침으로 방위를 정한 다음 대(臺)를 쌓는다. 대는 바닥에 돌을 깔고, 그 위에 벽돌로 한 둘레 두 둘레 또는 세 둘레를 쌓은 다음, 다음은 돌을 그 위에 얹어 대를 마무리한다. 이리하여 그 대 위에다가 집을 짓는데 모두 한 일(一)자로 짓고, 구부려 짓거나 잇달아 붙여 짓지 않는다.

  첫 번째 집이 내실(內室)이고, 두 번째 집이 중당(中堂)이며, 세 번째 집은 전당(前堂)이고, 네 번째 집은 외실(外室)이다. 외실 앞은 한길이므로 외실은 가게로 꾸미기도 한다. 각 당의 앞에는 좌우에 곁방이 있으니 이것이 곧 낭무(廊廡)와 요상(寮廂)이다. 한 채의 길이는 반드시 기둥이 여섯·여덟·열 또는 열둘로서, 기둥과 기둥 사이가 매우 넓어서 우리나라 평옥(平屋)의 거의 두 칸은 되겠다. 재목에 따라 길게 하거나 짧게 하는 일이 없고, 또 마음대로 넓게 하거나 좁게 하는 일이 없이 반드시 자로 재어서 칸살을 만든다.

---

*126 해 그림자를 재는 기구.

그리고 집은 모두 들보를 오량(五樑)이 아니면 칠량(七樑)으로 하고, 땅바닥에서 용마루까지의 높이를 재어 처마의 높이를 그 중간 높이로 하니 기왓골이 매우 가팔라서 암키와를 세워 놓은 것 같다. 집의 좌우와 뒷면에는 쓸데없는 처마를 달지 않고, 벽돌로 담을 쌓아서 집 높이와 같이 하여 서까래 끝이 완전히 묻히게 한다. 동쪽과 서쪽 두 담에는 둥근 창구멍을 내고, 남쪽은 각 칸마다 창을 낸다. 한가운데 칸은 드나드는 칸으로 하여 앞뒤로 마주 문을 내어, 집이 서너 채 나란히 겹쳐 있어서 문이 여섯 겹 여덟 겹이 되어도 활짝 열어 놓으면 내실의 문에서 외실의 문까지 문이 똑바로 통하여 곧기가 화살과 같다.

겹겹이 닫힌 문을 활짝 여니
내 마음 같구나

洞開重門 我心如此

이 통개중문(洞開重門)이란 말은 그 곧은 마음을 여기에 비유한 것이다.
길에서 동지(同知)*127 이혜적(李惠迪)을 만났다. 이군이 웃으면서 말한다.
"궁벽한 변방 시골 구석에 볼 만한 것이 무엇이 있겠소?"
내가 대답했다.
"북경에 가 본다 하더라도 모든 것이 다 여기보다 반드시 나으리라고 기약할 수는 없지 않은가."
이에 이군도 이렇게 말한다.
"그렇지. 비록 크고 작고 사치하고 검소한 차이는 있을지언정 그 규모는 다 같더군."
집을 짓는 데는 모두 벽돌만을 쓴다. 벽돌은 길이가 1자, 넓이가 5치로 두 개를 가지런히 놓으면 정방형(正方形)이 된다. 두께는 2치이다. 한 틀로 찍어낸 것이지만 귀가 떨어져 나간 것, 모서리가 뭉툭해진 것은 못쓰고 모양이 뒤틀린 것도 못 쓴다. 만일 이러한 것을 하나라도 그대로 쓰면 집 전체가 틀

---

*127 종이품(從二品). 동지(同知)를 벼슬 이름 앞에 붙여 동지중추부사(同知中樞府事)·동지춘추관사(同知春秋館事) 등으로 씀.

어져 나간다. 그러므로 한 틀로 찍어낸 것이라도 오히려 차질이 생길까 염려되어 반드시 곡척(曲尺)*¹²⁸으로 재어 보고, 자귀로 깎고 숫돌로 다듬어서 애써 가지런하게 쌓으니 그 벽돌이 아무리 많아도 금을 그은 듯이 곧다. 벽돌을 쌓는 법은 하나는 세로 놓고 하나는 가로 놓아서 서로 맞물리게 한다. 벽돌 틈에는 석회를 종잇장처럼 얇게 발라서 그 흔적이 실오라기처럼 가늘다. 석회를 개는 법은 굵은 모래가 섞이지 않게 하고, 진흙이 들어가지 않게 한다. 만약 모래가 너무 굵으면 잘 달라붙지 않고, 진흙이 섞이면 터지기 쉬우므로 반드시 고운 흑토(黑土)에 석회를 섞어서 진흙처럼 만든다. 그 빛깔은 검어서 갓 구워낸 기와 같다. 이것은 그 성질이 차지지도 않고 메지지도 않으며, 그 빛깔의 순수함을 택하는 것이다. 또 거기다가 어저귀를 털처럼 가늘게 부스러트려서 섞는다. 이것은 우리나라에서 미장이가 말똥을 섞어서 진흙처럼 만드는 것처럼 질기게 하여 갈라지지 않게 하려는 것이다. 또한 오동나무 기름을 타서 젖처럼 미끄럽게 하는 것은 단단히 붙어서 깨어지지 않게 하려는 것이다.

　기와를 이는 방법은 더욱 본받을 만하다. 기와의 모양은 둥근 대나무를 반듯하게 네 개로 쪼갠 한 쪽과 같고, 기와의 크기는 두 손바닥을 편 것 만하다. 민가에서는 원앙와(鴛鴦瓦)*¹²⁹를 쓰지 않는다. 서까래 위에 산자(橵子)*¹³⁰를 엮지 않고 삿자리를 몇 겹 깐 다음에 기와를 덮는다. 삿자리 위에는 진흙을 얹지 않고 바로 기와를 한 장은 젖혀 놓고 한 장은 엎어 놓아서 서로 암키와 수키와가 되게 한 다음, 석회로 기와의 사이를 차례차례로 단단히 발라서 참새와 쥐가 지붕을 뚫지 못하게 한다. 또 가장 염려되는 폐단인 위는 무겁고 아래는 허한 문제가 없다.

　그런데 우리나라의 기와 이는 법은 이와 전혀 다르다. 지붕에 진흙을 두껍게 덮기 때문에 위가 무겁고, 담이나 벽을 벽돌로 쌓지도 않고 석회로 바르지도 않아 네 기둥이 의지할 데가 없기 때문에 아래가 허하다. 기와가 너무 커서 많이 굽어들고, 기와가 굽으면 자연스레 틈이 생겨서 진흙으로 메우지 않을 수 없다. 이리하여 무거운 진흙이 내리눌러서 들보가 휘는 폐단이 있

---

*128 ㄱ자 모양으로 만들어 양쪽에 모두 눈금을 그은 자.
*129 암키와 수키와.
*130 서까래 위에 흙을 받기 위해 나뭇개비나 수수깡 따위를 엮어서 펴는 것.

고, 진흙이 마르면 기와 밑이 저절로 떠서 기왓장이 흘러 밀려나면서 틈이 생겨 바람이 스며들고 빗물이 새며, 참새와 쥐가 구멍을 뚫고, 뱀이 서리고 고양이가 뒤적여 놓는 등의 폐단을 막을 수 없다.

아무튼 집을 짓는 데는 벽돌이 제일일 것 같다. 벽돌은 담장을 높이 쌓는 데만 좋을 뿐 아니라, 집 안팎 어느 곳에나 벽돌이 쓰이지 않는 곳이 없다. 널찍한 뜰에도 반듯반듯하게 벽돌을 깔아 놓아 마치 바둑판을 그려 놓은 것 같다. 집이 벽에 의지하고 있으므로 위는 가볍고 아래는 튼튼하며, 기둥이 담 속에 들어 있으므로 비바람을 맞지 않는다. 그러므로 불이 번질 염려가 없고 도둑이 뚫고 들어올 염려도 없으며, 더욱이 참새·쥐·뱀·고양이 따위의 걱정도 없다. 그리고 한가운데 문을 하나만 닫으면 저절로 성벽을 이루어 집 안의 물건들은 도무지 궤 속에 깊이 간직해 놓은 것같이 된다. 이로 본다면 많은 흙과 나무를 들이지도 않고 대장장이·미장이를 번거롭게 하지도 않으며, 벽돌만 구워내면 집이 다 되는 셈이다.

마침 봉황성(鳳凰城)을 새로 쌓고 있는 중이다. 어떤 사람이 말한다.

"이 성은 옛날 안시성(安市城)이다. 고구려의 방언(方言)에, 큰 새를 황새〔安市〕라 하였는데, 지금도 우리말에 큰 새인 봉황(鳳凰)을 황새라 하고, 뱀을 배암〔白巖〕이라고 한다. 수·당(隋·唐) 때 우리나라 말로 봉황성을 안시성이라고 하고, 사성(蛇城)을 백암성(白巖城)이라 했다."

이 설이 매우 그럴싸하다. 또 세상에 전하는 말에 의하면, 안시성 성주(城主) 양만춘(楊萬春)이 황제의 눈을 쏘아 맞히니 황제가 군사를 지휘하여 성 아래에 와서 시위하고 양만춘에게 비단 1백 필을 내놓아 임금을 위해 성을 굳게 지킨 것을 칭찬하고 그대로 회군했다고 한다.

삼연(三淵) 김창흡(金昌翕)*131이 북경에 가는 그의 아우 노가재(老稼齋) 김창업(金昌業)*132을 보내는 시에 이러한 것이 있다.

천추의 남아 양만춘 장군이

---

*131 숙종·경종 때 학자. 김상헌(金尙憲)의 증손, 영의정 수항(壽恒)의 아들. 성리학(性理學)에 밝았음. 저서에 삼연집(三淵集)·심양일기(瀋陽日記) 등이 있음.
*132 김창흡의 아우로 학자. 그림을 잘 그렸고, 저서에 노가재집(老稼齋集)·연행일기(燕行日記) 등이 있음. 숙종 38년(1712)에 북경에 갔었음.

꼬부랑 수염의 눈을 쏘았네.

千秋大膽楊萬春 箭射虬髥落眸子

또 목은(牧隱) 이색(李穡)이 지은 정관음(貞觀吟)에는

주머니 안에 든 하찮은 것으로만 여겼는데
흰 화살에 까만 눈알이 떨어질 줄이야.

爲是囊中一物爾 那知玄花落白羽

 현화(玄花)는 태종의 눈알을 말한 것이고, 백우(白羽)란 화살을 말한 것이다. 두 분의 시는 예부터 우리나라에 전해 내려오는 이야기에서 나온 것임에 틀림없다. 당 태종이 천하의 군사를 다 동원하여 이토록 작은 성을 어찌하지 못하고 황급히 군사를 돌이켜 돌아갔다는 것은 의심스럽다.
 다만 김부식(金富軾)이 그의 사기(史記)에 그 이름을 빠뜨렸음이 애석하다. 부식이 삼국사기(三國史記)를 지으면서 다만 중국의 역사책에만 의지하여 거기서 뽑은 것을 사실로 만들고, 심지어 유공권(柳公權)*133의 소설까지 인용해서 사실이 아님을 증명하려 했다. 당서(唐書)와 사마광(司馬光)의 통감(通鑑)에도 다 그 기록이 보이지 않는다. 그것은 중국이 수치스러운 일의 기록을 꺼린 것이 아닌가 싶거니와, 김부식은 우리나라에서 옛날부터 전해 내려오는 사실까지도 그것이 미더운 것이건 미덥지 않은 것이건 단 한 마디도 쓰지 않았다.
 나는 당 태종(唐太宗)이 안시성에서 눈을 잃은 사실은 고증할 길이 없다 하더라도 이 봉황성을 안시성이라고 하는 것은 잘못이라 생각한다. 당서에 의하면 안시성은 평양(平壤)에서 5백 리이며 봉황성은 왕검성(王儉城)이라고도 부른다 하였고 지리지(地理志)에는 봉황성을 평양이라고도 부른다 하였으니 이것은 어찌하여 그렇게 일컬었는지 모르겠다. 또 지리지에는 옛 안

---

*133 중국 당나라 때 사람. 글과 글씨에 모두 뛰어났음.

시성은 개평현(蓋平縣)*134 동북쪽 70리에 있다 하였고, 개평현에서 동쪽으로 수암하(秀巖河)까지 3백 리, 수암하에서 동쪽으로 봉황성까지 2백 리라 하였으니, 이것으로써 봉황성이 옛 평양이라는 말은 당서에 기록된, 평양과 안시성의 거리가 약 5백 리라는 것과 부합된다.

그런데 우리나라 사람들은 다만 지금의 평양만 알 뿐이어서 기자(箕子)가 평양에 도읍했다고 하면 지금의 평양에 도읍했다고 믿고, 평양에 정전(井田)*135이 있었다고 하면 지금의 평양에 있었다고 믿고, 평양에 기자묘(箕子墓)가 있었다고 하면 지금의 평양에 있었다고 믿어 만약 봉황성이 평양이라고 하면 크게 놀라서, 요동에 또 평양이 있다니 그게 무슨 해괴한 말이냐고 나무란다. 그들은 요동이 본래 조선의 옛 땅으로서 숙신(肅愼)·예맥(穢貊) 등 동이(東夷)의 여러 종족들이 모두 위만조선(衛滿朝鮮)에 복속했음을 모르고, 또 오랄〔烏剌〕*136·영고탑(寧古塔)*137·후춘(後春)*138 등지가 다 고구려의 옛 땅임을 모르는 것이다.

아! 후세 사람이 지역의 경계를 자세히 밝히지 않고 망령되게 한사군(漢四郡)의 땅을 압록강 안쪽에 끌어넣어 억지로 구차하게 사실을 만들고, 다시 패수(浿水)를 그 안에서 찾아내려고 하여 혹은 압록강을 패수라 하고, 혹은 청천강(淸川江)을 패수라 하고, 혹은 대동강(大同江)을 패수라 한다. 이리하여 조선은 그 옛 땅을 싸우지도 않고 스스로 축소시켰다. 이것은 뭐 때문인가? 평양을 한 곳으로만 정해 놓고, 패수는 그때 그때의 사적(事蹟)에 따라 앞으로 내거나 뒤로 물리거나 했기 때문이다.

나는 일찍이 한사군의 땅에는 요동뿐 아니라 마땅히 여진(女眞) 땅까지도 이에 들어가야 한다고 생각했다. 어찌하여 그러한가 하면, 한서(漢書) 지리지(地理志)에 현도(玄菟)·낙랑(樂浪)은 있는데, 진번(眞蕃)·임둔(臨屯)은 보이지 않기 때문이다. 소제(昭帝) 시원(始元)*139 5년에 4군을 합쳐 2부

---
*134 요령성(遼寧省)에 있는 현.
*135 농토를 아홉 구역으로 나누어 여덟 사람이 각기 한 구역씩 농사를 짓고 가운데 한 구역은 공동으로 경작하여 그 소출을 나라에 바치는 제도.
*136 우라〔烏拉·烏喇〕로도 씀. 만주 길림성(吉林省) 길림(吉林) 북쪽 송화강(松花江) 유역에 있는 도시.
*137 만주 목단강성(牡丹江省) 영안(寧安)의 옛 이름.
*138 연변 훈춘(琿春)의 옛 이름.

(府)로 하였고, 원봉(元鳳)*140 원년에 다시 2부를 고쳐 현도·낙랑 2군(郡)으로 하였다. 현도군 3현(縣) 중에는 고구려현(高句麗縣)이 있고, 낙랑군 25현 중에는 조선현(朝鮮縣)이 있으며, 요동 18현 중에는 안시현(安市縣)이 있다. 다만 진번군은 장안(長安)에서 7천 리, 임둔군은 장안에서 6천1백 리라 하였으니, 김윤(金崙)이 말한 '우리나라 경계 안에는 있을 수 없고, 마땅히 지금 영고탑 등지에 있었을 것이다'라고 한 말이 옳을 것이다.

이로써 본다면 진번과 임둔은 한(漢)나라 말년에 부여(扶餘)·읍루(挹婁)·옥저(沃沮)에 편입된 것이다. 부여는 다섯 부여가 되고 옥저는 네 개 옥저가 되었으니, 이것이 차차 변하여 물길(勿吉)이 되고 말갈(靺鞨)이 되고, 어떤 것은 변하여 발해(渤海)가 되고 어떤 것은 변하여 여진(女眞)이 되었다. 발해의 무왕(武王) 대무예(大武藝)가 일본의 성무왕(聖武王)에게 보낸 답서에 '고구려의 옛 땅을 회복하고 부여의 옛 풍속을 물려 받았다'고 하는 구절이 있다. 이로 미루어 보면 한사군의 절반은 요동에 걸쳐 있고 절반은 여진에 걸쳐 있었으니 본래의 우리나라 강토를 가로질러 있었던 사실이 명백하다.

그런데 한나라 이래로 중국에서 말하는 패수(浿水)가 일정하지 않고, 또 우리나라 사람들도 반드시 지금의 평양을 기준삼아서 제가끔 패수의 자취를 찾는다. 이것은 다름 아니라 중국 사람들은 요동 왼쪽(동쪽)의 강을 통틀어 패수라고 하다 보니 그 거리가 서로 맞지 아니하고 사실이 많이 어긋나는 것이다.

그러므로 고조선과 고구려의 옛 국경을 알려면 우선 여진(女眞)을 우리 경계 안에 넣고, 다음에 패수(浿水)를 요동(遼東)에서 찾아야 한다. 이것이 확정된 다음에야 강역이 분명해지고, 강역이 분명해진 다음에야 고금의 사실이 들어맞을 것이다. 그렇다면 봉황성이 과연 평양일까? 이곳이 또한 기씨(箕氏)·위씨(衛氏)·고씨(高氏)가 도읍한 곳이라면 이 역시 평양일 것이다. 왜 그런가 하면 당서(唐書) 배구전(裵矩傳)에 '고려(고구려)는 본래 고죽국(孤竹國)으로서 주(周)나라가 기자(箕子)를 이 나라의 왕으로 봉하였고 한나라는 4군으로 나누었으니 이른바 고죽 땅은 지금의 영평부(永平府)*141

---

*139 한나라 소제의 연호. 여기의 5년은 기원전 82년임.
*140 한나라 소제의 연호. 그 원년은 기원전 80년임.
*141 만주 요령성(遼寧省) 철령현(鐵嶺縣)에 있었음.

에 있다'고 하였다. 또 광녕현(廣寧縣)*142에는 옛날 기자묘(箕子廟)가 있어 주나라의 관을 쓴 소상(塑像)을 모셔 놓았었으나, 명(明)나라 가정(嘉靖)*143 때 병화(兵火)에 불타버렸다고 한다. 광녕을 어떤 사람은 평양이라고도 하며, 금사(金史)와 문헌통고(文獻通考)에는 광녕과 함평(咸平)*144이 모두 기자를 봉한 곳이라 하였으니, 이로써 미루어 생각하건대 광녕과 영평 사이가 또 하나의 평양이라 했음을 알 수 있다. 또 요사(遼史)에 보면 '발해(渤海)의 현덕부(顯德府)*145는 본래 조선 땅으로 기자를 봉한 평양성이다. 요나라가 발해를 쳐부수고 이를 동경(東京)*146으로 고쳤으니 그곳이 바로 지금의 요양현(遼陽縣)이다'라고 하였다. 이로써 미루어 생각하건대 요양현도 또 하나의 평양이 되어야 한다.

그래서 나는 생각하기를, 기씨가 처음에는 영평·광녕 사이에 있다가 나중에 연나라 장군 진개(秦開)에게 쫓겨 2천 리 땅을 잃고, 마치 중국의 진(晉)나라·송(宋)나라가 쫓겨 남으로 황하를 건너간 것처럼 차차 동쪽으로 옮겨 앉았으므로, 머무르는 곳마다 평양이라 한 것이고, 지금 우리 대동강의 평양도 그 하나라고 여겨지는 것이다.

패수 역시 그와 비슷하다. 고구려의 땅이 때로 늘기도 하고 줄어들기도 함에 따라 패수의 이름도 중국의 남북조(南北朝)*147 때 주군(州郡)의 이름이 서로 바뀐 것처럼 위치가 변했다. 그래서 지금의 평양을 평양이라고 하는 사람은 대동강을 패수라고 하고, 평안도와 함경도 경계에 있는 산을 개마대산(蓋馬大山)이라고 한다. 요양을 평양이라고 하는 사람은 헌우낙수(薶芋濼水)를 패수라 하고, 개평현(蓋平縣)*148에 있는 산을 개마대산이라고 한다.

---

*142 만주 요령성 북진현(北鎭縣)에 있었음.
*143 명나라 세종(世宗)의 연호, 1522~1566. 조선 중종(中宗)·명종(明宗) 때임.
*144 만주 요령성 개원현(開原縣)의 다른 이름.
*145 발해의 중경(中京). 지금의 길림성(吉林省) 영길현(永吉縣)의 서남쪽. 노(盧)·현(顯)·철(鐵)·탕(湯)·영(榮)·흥(興)의 6주(州)를 관할했음. 발해 대무의왕(大武毅王) 때 이곳으로 도읍을 옮겼음.
*146 중경(中京)의 잘못인 듯. 발해 5경(京) 중에서 동경은 지금의 연변 훈춘(琿春) 지방임.
*147 동진(東晉)의 뒤를 이은 송(宋)·제(齊)·양(梁)·진(陳)의 네 나라(남조)와 위(魏 : 뒤에 西魏·東魏로 나누어지고 다시 北周·北齊가 됨). 모두 수(隋)에 의해 통합되었음.
*148 만주 요령성 해성현(海城縣)의 서남쪽 개주하(蓋州河)의 북쪽.

어느 쪽이 옳은지는 알 수 없지만 지금의 대동강을 패수라고 말하는 사람은 틀림없이 자기의 강토를 스스로 줄인 것이다.

당나라 의봉(儀鳳)*149 2년에 고구려 보장왕(寶藏王) 고장(高臧)을 요동주도독(遼東州都督)으로 삼아 조선 왕에 봉하여 요동으로 돌려보내고, 이어 안동도호부를 신성(新城)*150으로 옮겨 이를 통치하게 하였다. 이것으로 볼 때 당나라가 요동에 있는 고구려의 강토를 정복하기는 했으나 이를 아주 차지하지는 못하고 고씨에게 되돌려준 것이니, 평양은 본래 요동에 있었던 것인데, 또는 이때 이름을 평양으로 붙여 패수와 함께 왔다 갔다 하였음이 분명하다.

한(漢)나라 낙랑군(樂浪郡)의 관아가 요동에 있었다고 하는 것은, 지금의 평양이 아니라 요동에 있는 요양(遼陽)의 평양인 것이다. 왕씨(王氏)의 고려 때에는 요동과 발해의 전역이 거란에 들어가고 보니 겨우 자비령(慈悲嶺)*151과 철령(鐵嶺)*152의 경계선을 그어 이를 지켜냈고, 선춘령(先春嶺)*153과 압록강(鴨綠江)을 버려 다시 돌아보지 않았으니, 하물며 다른 땅이야 말해서 무엇하랴. 비록 안으로 삼국을 합병하였으나 그 강토와 무력은 고구려의 강대함에 멀리 미치지 못했거늘 후세의 옹졸한 선비들이 평양의 옛 이름을 그리워하여 부질없이 중국의 사전(史傳)을 믿고 수·당(隋唐)의 옛 사적을 끌어다가 '이것이 패수요, 이것이 평양이다' 하고 당치않은 수작들을 한다. 사실이 이처럼 엄청나게 어긋나는데, 어떻게 이 성을 안시성이다 혹은 봉황성이다 하고 분간할 수 있겠는가?

성의 둘레가 3리에 지나지 않지만 벽돌로 수십 둘레를 쌓아 그 제도가 웅장하고 호사스러우며, 네 귀가 반듯하여 마치 네모난 말[斗]을 놓아 둔 것만 같다. 지금 절반쯤 쌓아서 그 높이가 얼마나 될는지 알 수 없거니와, 성문 위 다락 세울 곳에 구름다리를 놓고 기중기를 높이 달았다. 공사가 거창한 것 같아도 기계가 편리하여 벽돌이나 흙을 나르는 데 모두 기계가 움직여서

---

*149 당나라 고종(高宗)의 연호. 그 2년은 667년. 신라 문무왕(文武王) 17년임.
*150 길림성(吉林省) 부여현(扶餘縣)에 있었음.
*151 황해도 서흥군(瑞興郡) 서쪽에 있는 고개. 절령(岊嶺)이라고도 함.
*152 함경남도와 강원도 경계에 있는 고개.
*153 목단강과 간도 경계에 있는 고개.

혹은 위에서 끌어 올리기도 하고, 혹은 스스로 밀기도 하고 스스로 가기도 하여 그 법이 같지 아니하다. 모두가 공력은 적게 들고 결과는 많은 방법이라 어느 것이나 다 본받을 만하지만, 길이 바빠서 고루 다 구경할 수 없을 뿐 아니라, 비록 종일토록 자세히 본다 하더라도 갑자기 배울 수 있는 것이 아니니 참으로 한스럽다.

식사 후에 변계함(卞季涵)·정 진사(鄭進士)와 함께 먼저 길을 나섰다. 주인 강영태(康永泰)가 문 밖까지 나와 읍하여 전송하는데 그는 몹시 작별을 아쉬워한다. 그러면서 돌아올 때는 겨울철일 테니 시헌력(時憲曆)*154 한 권을 사다 달라고 부탁한다. 나는 청심환(淸心丸) 한 개를 꺼내어 그에게 주었다.

한 가게 앞을 지나다 보니 금으로 '당(當)'자를 쓴 패가 걸려 있고 그 옆에는 유군기불당(惟軍器不當)*155이란 5자가 씌어 있다. 이 가게는 전당포였다. 예쁘장하게 생긴 소년 두셋이 전당포 안에서 달려나와 말 앞을 막아서면서 말한다.

"잠시 따라 들어가시기 바랍니다."

그래서 모두 말에서 내려 소년들을 따라 들어갔다. 모든 규모가 강영태의 집보다도 훨씬 낫다. 뜰 가운데 두 개의 큰 화분이 있는데 서너 포기의 연꽃을 심었고, 오색 붕어를 기르고 있다. 소년이 천으로 만든 손바닥만한 그물을 가지고 조그만 항아리 옆으로 가더니 빨간 벌레를 몇 마리 떠서 화분에 갖다 띄운다. 벌레는 아주 잘아서 게알 같은데 모두 꼬물꼬물 움직인다. 소년이 다시 부채로 화분 가장자리를 두드려 고기를 부르니, 고기들이 모두 물 위로 올라와 물을 빨아들이고 거품을 내뿜는다.

마침 해가 한낮이라 불볕이 내리쬐어 숨이 막힐 지경이었다. 더 머물러 있을 수가 없어서 정 진사와 함께 떠났다. 서로 앞서거니 뒤서거니 하면서 내가 물었다.

"성 쌓는 제도가 어떻던가?"

"벽돌이 돌만 못한 것 같더군."

내가 다시 말했다.

---

*154 태음력(太陰曆)과 태양력(太陽曆)을 종합하여 24절기를 규정하는 역법(曆法). 또 그 역법에 의해 만든 책력.

*155 무기만은 전당잡지 않는다는 말임.

"그건 모르는 말일세. 우리나라에서 벽돌을 쓰지 않고 돌을 써서 성을 쌓는 제도는 잘못된 것일세. 벽돌은 한 틀에 박아내므로 몇 만 개라도 똑같은 모양이라 다시 깎고 다듬는 품이 들지 않고, 한 가마에서 구워내므로 몇만 개를 앉아서 얻을 수 있으므로 다시 사람을 모아 운반하는 노력이 들지 않네. 고루 반듯반듯하여 힘은 적게 들고 결과는 많으며, 운반하기 가볍고, 쌓기에 편리하기가 벽돌만한 것이 없네. 그런데 돌은 산에서 떼어내는 데도 몇 사람의 석수(石手)를 써야 하고, 수레로 운반하는 데도 몇 사람의 인부를 써야 하며, 운반해 놓은 다음에는 또 몇 사람의 석수를 써서 깎고 다듬어야 하네. 그 깎고 다듬는 데 또다시 여러 날을 소비해야 하고, 쌓을 때 돌 하나를 제자리에 놓는 데 또다시 몇 사람의 인부를 써야 하지 않는가? 그러고 나서 언덕을 깎아내고 돌을 입히니, 이것은 흙살에다가 돌옷을 입혀 놓는 것이라, 겉으로는 번드레한데 속으로는 울퉁불퉁하지. 돌이 들쭉날쭉 고르지 못하여 작은 돌로 그 밑을 괴어야 하고, 언덕과 성벽 사이의 틈에는 잔돌을 진흙에 섞어서 채우므로 큰 비가 오면 속이 텅 비고 배가 불러져서 돌 하나가 비어져 나오면 전부가 무너져버릴 것은 뻔한 일이 아닌가. 또한 석회의 성질은 벽돌에는 잘 붙지만 돌에는 잘 붙지 않네.

내가 일찍이 차수(次修)*156와 함께 성벽의 제도를 이야기할 때, 어떤 사람이 말하기를 '벽돌의 단단하기가 어찌 돌을 당한단 말이오' 하니, 차수가 큰 소리로 '벽돌이 돌보다 낫다는 말이 어찌 벽돌 하나와 돌 하나로 비교해서 한 말이겠소?' 하였지. 이것은 움직일 수 없는 이론일세. 대체로 석회는 돌에 잘 붙지 않으므로 석회를 많이 쓰면 많이 쓸수록 잘 터지고 돌에서 들떠 일어나므로 돌은 항상 하나하나가 제각기 놀아 흙에 의지해 있을 뿐이지. 벽돌을 석회로 붙여 놓으면 마치 어교(魚膠)*157로 나무를 붙여 놓은 것 같고, 붕사(鵬砂)로 쇠를 붙여 놓은 것같이 수만 개의 벽돌이 엉겨붙어서 한 성을 이루므로, 한 개 벽돌의 단단하기는 진실로 돌만 못하지만 한 개 돌의 단단하기는 또한 수만 개 벽돌이 엉긴 것에 미치지 못하네. 이것으로 벽돌과 돌의 이롭고 해로움과 편리하고 불편함을 쉽사리 알 수 있지 않은가?"

＊156 실학자 박제가(朴齊家)의 자. 호는 초정(楚亭). 정조(正祖) 때 세 번 북경에 갔었음. 글씨와 그림에 뛰어났으며 저서에 북학의(北學議)가 있음.
＊157 민어 따위의 부레로 만든 접착제. 부착력이 강함.

이러면서 정 진사를 돌아보니, 그는 말 위에서 허리를 앞으로 꼬부려 떨어질 것만 같다. 잠이 든 지 오래였다. 내가 부채로 그의 옆구리를 쿡 찌르고 큰 소리로 나무랐다.

"어른이 말씀하시는데 어찌하여 듣지 않고 잠을 자는고?"

이에 정 진사는 웃으면서 대답한다.

"나는 다 들었네. 하지만 벽돌은 돌만 못하고, 돌은 잠자는 것만 못하거든."

내가 성이 나서 때리려는 시늉을 하다가 함께 크게 웃었다.

강가에 이르러 버드나무 그늘을 찾아들어 땀을 식혔다. 오도하(五渡河)까지 5리 간격으로 돈대(墩臺)가 하나씩 있는데 두대자(頭臺子)니 이대자(二臺子)니 삼대자(三臺子)니 하는 봉홧둑들이다. 성처럼 벽돌로 쌓은 것이 높이 대여섯 길은 되겠고, 붓통처럼 둥근 모양이다. 위에는 성가퀴를 베풀어 놓았는데 많이 허물어진 것을 수리하지 않는 것은 무슨 까닭일까?

길가에 간혹 관(棺)을 돌무더기로 눌러 놓은 것이 있다. 여러 해를 그냥 내버려두어 나무 관이 썩어 간다. 뼈가 마르기를 기다려 불태워 버리기 위해서라고 한다.

연도(沿道)에는 또 무덤이 많이 있다. 봉분은 높고 뾰족하나 떼를 입히지 않았으며, 대개는 백양(白楊)나무를 똑바르게 줄지어 심었다.

걸어서 다니는 나그네는 극히 드물다. 그들은 모두 어깨에 이불 보퉁이를 메고 간다. 이불 보퉁이가 없는 사람은 도둑으로 의심하여 여관에서 재워 주지 않는단다. 안경을 쓰고 길을 가는 자는 눈이 온전치 못한 사람이다.

말을 타고 가는 사람은 다 검은 비단신을 신었고, 걸어서 가는 사람은 다 푸른 무명신을 신었다. 신 바닥은 모두 베를 수십 겹 포개어 밑창을 만들었다. 미투리나 짚신은 전혀 볼 수가 없다.

송참(松站)에서 묵었다. 이 송참은 일명 설리참(雪裏站) 또는 설류참(薛劉站)이라고도 한다. 어떤 사람은 이곳을 옛날의 진동보(鎭東堡)라고 한다. 오늘은 70리를 왔다.

29일 병자(丙子)
맑게 개었다.

배를 타고 삼가하(三家河)를 건넜다. 배가 마치 말구유처럼 생겼는데 통나무를 파서 만든 것이다. 노도 없고 상앗대도 없이, 양쪽 언덕에 끝이 갈라진 말뚝을 세우고 굵은 밧줄을 양쪽에 걸쳐 매어 놓아, 그 밧줄을 잡아당기면 배가 저절로 왔다 갔다 하게 되어 있다. 말은 물에 둥둥 떠서 건넌다.

다시 유가하(劉家河)를 건너 황하장(黃河莊)에서 점심을 먹었다. 한낮이 되니 몹시 덥다. 말 탄 채로 금가하(金家河)를 건너니, 여기가 이른바 팔도하(八渡河)라는 곳이다. 임가대(林家臺)·범가대(范家臺)·대방신(大方身)·소방신(小方身) 등 마을이 5리 10리마다 잇달아 있다. 뽕나무와 삼밭이 우거졌고, 마침 올기장이 누렇게 익었다. 옥수수는 이삭이 패었는데 잎을 모조리 베어 갔다. 잎을 말과 노새에게 먹이기도 하고 또한 옥수수자루가 양분을 몽땅 빨아들이게 하기 위함이었다.

어디를 가나 관왕묘(關王廟)*158가 있고, 몇 집만 모여 살아도 반드시 큰 가마가 있어서 벽돌을 구워낸다. 벽돌을 박아내어 말리는 것과 새로 구운 것, 전에 구운 것들이 여기저기 산더미처럼 쌓여 있다. 이 벽돌이 일용품 중에서 가장 요긴한 것이기 때문이다.

전당포에서 잠시 쉬려니까 주인이 중당(中堂)으로 인도하여 따뜻한 차를 권한다. 진기한 물건들이 많이 진열되어 있다. 들보까지 닿게 시렁을 매고 전당잡은 물건들을 정리해 놓았는데 대부분이 옷가지였다. 보따리에 싸서 쪽지를 달아 물건 임자의 성명·별호(別號), 얼굴 모양과 주소 등을 적고, 다시 어느 해 어느 달 어느 날 무슨 물건을 어느 전당포에 잡혀 직접 그 물건을 건네 주었다는 글이 씌어 있다. 이자는 10분의 2를 넘는 일이 없고, 기한이 지나 한 달이 넘으면 마음대로 팔 수 있다. 금으로 쓴 주련(柱聯)이 붙어 있었다. 주련에 이렇게 새겨져 있다.

홍범구주(洪範九疇)*159에는 먼저 부(富)를 말했고
대학(大學) 십장(十章)에서도 절반은 재물을 논하였네.

---

*158 중국 삼국시대 촉한(蜀漢)의 장수 관운장(關雲長)을 모신 사당.
*159 중국 상고시대에 우(禹) 임금이 요·순(堯舜) 이래의 사상을 정리하여 만든 천지의 대법(大法). 곧 정치·도덕의 기본 법칙.

洪範九疇先言富 大學十章半論財

옥수숫대로 교묘하게 누각처럼 만들어서 그 속에 풀벌레 한 마리를 넣어 그 우는 소리를 듣고, 처마 끝에는 새장을 달아 기이한 새 한 마리를 기르고 있다.

이날 50리를 와서 통원보(通遠堡)에서 묵었다. 통원보는 곧 진이보(鎭夷塗)이다.

7월 1일 정축(丁丑)
새벽에 큰 비가 내려 그냥 머물렀다.

정 진사(鄭進士)·주 주부(周主簿)·변군(卞君)·박내원(朴來源)·주부(主簿) 조학동(趙學東 : 상방(上房)의 건량판사(乾糧判事))과 함께 투전을 했다. 소일도 하고 술값도 벌어 보자는 것이었다. 모두들 내 솜씨가 서투르다고 판에 끼워 주지 않고, 그저 가만히 앉아 술이나 마시란다. 이른바 속담에서 말하는 굿이나 보고 떡이나 먹으라는 셈이다. 슬그머니 분한 생각이 치밀어 오르나 이 또한 어찌할 수 없는 노릇이다. 옆에 앉아 이기고 지는 것을 구경하면서 남보다 먼저 술을 마시니, 아무튼 해롭지 않은 일이었다.

이때 벽 틈으로 여인의 말소리가 들려온다. 하도 목소리가 가냘프고 애교가 있어서 제비나 꾀꼬리 우는 소리 같기에, 나는 속으로 절대가인이리라 생각하고 짐짓 담뱃불을 붙이는 체 담뱃대에 담배를 담아서 부엌으로 들어갔다. 나이 50도 넘어 보이는 여인이 문 앞의 평상에 앉아 있다. 얼굴이 몹시 사납고 추하다.

여인은 나를 보고
"손님 안녕하세요?"
한다. 나는
"덕택에 무사합니다."
하고, 짐짓 한참 재를 파헤치는 체하면서 그 여인의 모습을 곁눈질해 보았다. 온 머리에 꽃을 가득 꽂고 금비녀·옥귀걸이를 했으며, 얼굴에는 붉은 분을 살짝 발랐다.

몸에는 검은 웃옷을 걸쳤는데 은단추를 촘촘하게 달았고, 화초와 벌·나비를 수놓은 신을 신었다. 만주(滿洲) 여인인 듯 전족(纏足)*160도 하지 않았고 궁혜(弓鞋)*161도 신지 않았다.

드리운 주렴 안에서 한 처녀가 나온다. 나이가 스무 살은 넘어 보였다. 그가 처녀임은 머리를 양쪽으로 갈라 땋아서 위로 틀어올린 것으로 보아 알 수 있다. 얼굴 모습 역시 억세고 사납게 생겼다. 다만 살이 통통하게 찌고 살결이 희고 깨끗하다. 처녀는 쇠로 만든 국자를 가지고 와서 녹색 질항아리를 기울여 옥수수밥을 한 국자 가득 퍼서 사발에 담더니, 물을 부어 가지고 서쪽 벽 아래 있는 의자로 가 앉아서 젓가락으로 밥을 저어 가며 훌훌 들이마신다. 그리고 두어 자나 됨직한 파를 잎사귀째 된장에 찍어 반찬으로 먹는다. 목에 달걀만한 큰 혹이 달려 있다. 처녀는 그렇게 밥을 먹고 차를 마시면서도 수줍어하는 기색이 조금도 없다. 해마다 우리나라 사람을 보아 왔으므로 예사롭게 친숙해졌기 때문인 듯하다.

마당은 넓이가 수백 칸이나 될 것 같다. 오랜 장마로 진흙탕이 되어 있다. 강변의 물에 닳인 조약돌은 아무짝에도 쓸모가 없는 것이지만, 바둑돌이나 황작(黃雀)*162의 알만 한 것을 주워다가 빛깔과 크기가 비슷한 것을 골라서 문간에다 깔아서 아홉 빛깔의 날아가는 봉황을 수놓아 진흙탕이 되지 않게 했다. 그들에게는 쓸모없는 것이 없음을 이로 미루어 알 수 있었다.

닭은 모두 꼬리와 깃이 빠져서 마치 일부러 뽑아 버린 것 같았다. 간혹 털 없는 맨몸의 닭이 절룩거리면서 돌아다니는 꼴이란 하도 추악하여 차마 볼 수가 없다.

2일 무인(戊寅)
새벽에 큰 비가 오다가 늦게야 개다.

앞 시냇물이 크게 불어나 건널 수가 없어서 마침내 그대로 머물러 있기로 하였다.

---

*160 중국 여자가 어릴 때 천으로 발을 단단히 감아 싸서 자라지 못하게 하던 풍습.
*161 전족에 신는 작은 신.
*162 부리와 다리가 노란 참새의 한 가지.

정사(正使)가 박내원과 주 주부(周主簿)에게 명하여 냇물의 상황을 살펴 보게 하여 나도 따라 나섰다. 몇 리를 안 가서 큰 물이 앞에 나타나 끝이 보이지 않는다. 헤엄 잘 치는 사람을 시켜 물에 들어가 깊이를 헤아려 보게 하였더니, 열 걸음도 못 들어가서 어깨가 물 속에 잠긴다.

돌아와서 물의 형세를 보고하자, 정사는 걱정이 되어 역관과 각방의 비장을 모두 불러서 각기 물을 건널 방법을 말하게 했다. 부사(副使)와 서장관(書狀官)도 참석했다. 부사가 물었다.

"문짝과 수레 바탕을 많이 세내어 뗏목을 만들어 건너는 것이 어떻겠습니까?"

주 주부가 대답한다.

"그것 참 좋은 방법입니다."

또 수역(首譯)도 말한다.

"문짝과 수레 바탕을 많이 얻기가 어렵습니다. 열 칸 집을 지을 목재를 마련해 둔 것이 있어서 그것을 세낼 수는 있겠으나, 뗏목을 얽을 칡덩굴을 구하기가 어려울 것 같습니다."

이렇게 의견만 분분할 뿐 좋은 계책이 나올 수 없었다. 내가 다시 말했다.

"뭐 뗏목을 얽을 것까지야 있겠소. 내게 거룻배 한두 척이 있소. 노도 있고 상앗대도 있는데 다만 한 가지가 없소."

그러니까 주 주부가 묻는다.

"그 한 가지란 무엇인가?"

"그것을 잘 저어 갈 뱃사공이 없소."

그러자 모두들 허리를 잡고 웃는다.

주인은 막돼먹은 데다가 고무래 놓고 고무래 정(丁)자도 모르는 무식한 사람이다. 책상 위에는 양승암집(楊升庵集)*¹⁶³이며 사성원(四聲猿)*¹⁶⁴ 같은 책이 놓여 있고, 길이가 한 자가 넘는 새파란 도자기 병에는 조남성(趙南星)의 철여의(鐵如意)*¹⁶⁵가 비스듬히 꽂혀 있으며, 운간(雲間)*¹⁶⁶ 호문명

──────────
*163 명나라 세종(世宗) 때 학자 양신(楊愼)의 문집.
*164 명나라 사람 서위(徐渭)가 지은 극본.
*165 조남성은 명나라 만력 연간의 유명한 관리이고, 철여의는 옛날 중국 고관들이 손에 지니던 쇠로 만든 기물.

(胡文明)이 만든 조그만 고둥 빛깔의 향로하며, 구름무늬의 의자·탁자·나무 병풍 등이 모두 운치가 있어 궁벽한 시골티가 조금도 없었다.

"당신네 살림이 넉넉한가 보구려."

내가 말하니 그가 대답한다.

"일 년 내내 부지런히 일을 해도 굶주림과 추위를 면하지 못한답니다. 만약 귀국의 사신 행차가 없으면 입에 풀칠하기도 막연하지요."

내가 물었다.

"몇 식구요?"

그가 대답했다.

"도둑이 하나 있는데, 아직 시집을 보내지 못했답니다."

내가 다시 물었다.

"도둑이라니 그게 무슨 말이오?"

그가 다시 대답했다.

"도둑놈도 딸 다섯 둔 집에는 들어가지도 않는다는 말이 있는데 딸 하나 역시 집안의 좀도둑이 아니겠습니까?"

오후에 집에서 나와 산책을 하였다. 옥수수밭에서 갑자기 총소리가 났다. 주인이 황급히 문 밖에 나가 보니, 밭 가운데에서 한 사나이가 한 손에는 총을 들고 한 손으로는 돼지의 뒷다리를 잡아끌고 뛰쳐나와 사나운 눈초리로 주인을 노려보며 성난 목소리로 소리쳤다.

"왜 짐승이 밭에 들어가도록 내버려두는 거요?"

주인은 송구한 기색으로 공손히 사과할 뿐이다. 그 사나이는 피가 줄줄 흐르는 돼지를 그대로 끌고 가고, 주인은 우두커니 서서 두 번 세 번 한탄만 한다. 그래서 내가 물었다.

"그자가 잡아 가지고 간 돼지는 뉘 집 거요?"

"저희 집 겁니다."

그가 대답한다. 나는 다시 물었다.

"하지만 저 돼지는 달아나 남의 밭에 들어갔다 하더라도 옥수숫대 하나도 다치지 않았는데 어찌하여 돼지를 쏘아 죽이는 거요? 당신은 마땅히 돼지

---

*166 중국 강소성(江蘇省) 송강현(松江縣)의 다른 이름.

값을 물리어 받아야 하지 않소?"
주인은 나의 이 말에 대꾸한다.
"값을 물리다니요. 돼지우리를 잘 단속하지 않은 것은 제 잘못인걸요."
원래 강희제(康熙帝)*167가 농사를 매우 중히 여겨 법으로 정하길, 소나 말이 남의 곡식을 짓밟게 한 자는 그 값의 갑절을 물게 하고, 일부러 짐승을 내놓는 자는 곤장 60대를 때리며, 밭 가운데 들어간 양이나 돼지를 현장에서 밭 임자가 잡아가도 동물을 풀어놓은 자는 감히 주인이라 하여 나서지 못하게 하였다. 다만 수레가 다니는 길이 수렁이 되면 수레를 밭 가운데로 몰게 될 것이니, 밭 임자는 항상 길을 잘 닦아 놓아 밭을 보호해야 한다고 하였다.

마을 변두리에 벽돌 가마가 두 개 있었다. 하나는 마침 불을 다 지펴 아궁이에 진흙을 발라 봉하고, 물 수십 통을 길어다가 연방 가마 꼭대기에다 붓는다. 그러나 가마 꼭대기가 우묵하게 되어 있어서 물을 부어도 넘치지 않는다. 가마가 한창 달아서 물을 붓는 대로 이내 마르곤 한다. 아마도 가마가 달아 터지지 않게 하는 것인가 보다. 또 다른 가마는 이미 가마가 다 식어서 이제 벽돌을 꺼내고 있는 중이다.

가마의 제도가 우리나라의 기와 가마와는 전혀 달랐다. 먼저 우리나라 가마의 잘못된 점을 말해야 이곳 가마의 제도를 잘 이해할 수 있을 것 같다. 우리나라의 가마는 똑바로 뉘어 놓은 아궁이어서 가마라고 할 수 없다. 무엇보다도 가마를 쌓을 벽돌이 없으므로 나무를 세우고 진흙을 발라서 만들고, 큰 소나무를 때어 가마를 구워 굳히자니 우선 그 구워서 굳히는 비용이 많이 든다. 가마는 길기만 하고 높지 못하여 불이 활활 타오르지 못하고, 불이 활활 타오르지 못하므로 불기운이 약하다. 불기운이 약하므로 반드시 소나무를 때서 뜨거운 열을 취하고, 또 소나무를 때서 뜨거운 열을 취하므로 불꽃이 고르지 못하다. 불꽃이 고르지 못하므로 불길에서 가까이 있는 기와는 이지러지기 쉽고, 불길에서 멀리 있는 기와는 또 제대로 구워지지 않는다.

사기를 굽거나 옹기를 굽거나 그 가마의 제도는 모두 이와 같고 소나무를 때는 방법도 마찬가지다. 소나무는 송진 때문에 화력이 다른 나무보다 월등히 세다. 그런데 소나무는 한 번 베어 내면 다시는 움이 돋지 않는 나무이므

---

*167 청나라 제4대 성조(聖祖, 1662~1722).

로 한 번 옹기장이를 만나면 모든 산이 발가숭이가 되어 버린다. 백 년 동안 기른 것을 하루아침에 말끔히 없애 버리고, 다시 소나무를 찾아 새처럼 흩어져 간다. 오로지 가마의 제도가 잘못되어 있음으로 하여 나라 안의 좋은 목재가 날로 없어져 가고 옹기장이 또한 곤궁해지는 것이다.

그런데 이곳의 가마를 보면 벽돌로 쌓고 석회로 틈을 봉하여 처음부터 가마를 구워서 굳히는 비용이 별로 들지 않는다. 높이와 크기를 마음대로 만들되 그 모양이 종을 엎어 놓은 것 같고, 꼭대기가 우묵하게 못처럼 되어 있어서 물을 여러 섬 부을 수 있으며, 옆구리에는 네댓 개의 굴뚝을 뚫어 불이 잘 타오르게 한다. 가마 안에 벽돌을 서로 버티어 놓아 불길〔火道〕이 되게 하는데 그 묘리(妙理)는 벽돌을 쌓는 데 있다 하겠다. 지금 나더러 해 보라고 한다면 쉬울 것 같으나 말로 표현하기는 매우 어렵다.

정사(正使)가 내게 물었다.
"벽돌을 품(品)자 모양으로 쌓던가?"
그래서 내가 대답했다.
"그런 것 같기도 하지만 꼭 그런 것도 아니었습니다."
그러니까 변 주부(卞主簿)가 묻는다.
"그럼 책갑(冊匣)을 쌓아 놓은 것 같던가?"
그래서 나는 이렇게 대답했다.
"그런 것 같기도 하나 꼭 그런 것도 아니더군."

벽돌을 평편하게 뉘어놓지 않고 모두 모로 세워서 여남은 줄을 놓아 마치 방고래처럼 만들고, 다시 그 위에 엇비슷이 걸쳐 세워서 시렁처럼 쌓아 차례로 가마 천장에까지 닿게 하여, 마치 고라니 눈 같은 많은 구멍이 저절로 뚫려서 그리로 불기운이 위에까지 통하고 언제나 맹렬하여, 비록 옥수숫대나 기장대 따위를 때도 벽돌이 고루 구워져 뒤틀리거나 금이 가는 폐단이 없다.

그런데 우리나라 옹기장이들은 먼저 가마의 제도를 연구하지 않고, 큰 솔밭이 없으면 가마를 만들 수 없는 것으로 생각한다. 그릇 구워내는 일도 금할 수 없는 일인 데다가 소나무는 한정이 있는 것이니, 먼저 가마의 제도를 개량하여 두 가지가 다 편리하게 해야 할 것이다.

오성(鰲城)[168]과 노가재(老稼齋)[169] 같은 이들이 모두 벽돌의 이로움을 말했으나, 가마의 제도에 대해서는 자세히 말하지 않았으니 매우 한스러운 일이다.

어떤 이는 말하기를 '수수깡 3백 줌이면 한 가마의 땔감으로 넉넉하여 8천 개의 벽돌을 구워낼 수 있다'고 한다. 수수깡의 길이가 한 길 반쯤 되고 굵기가 엄지손가락만 하니 한 줌이라야 겨우 네댓 개에 지나지 않는다. 그렇다면 수수깡 1천여 개로 1만 개 가까운 벽돌을 얻게 되는 셈이다.

해가 길어서 지루하기가 한 해나 되는 듯하고, 저녁때가 될수록 더위가 더욱 심해지고 졸려 견딜 수가 없다. 옆방에서는 투전판이 벌어져 떠들고 다투는 소리가 시끄럽게 들려온다.

나는 마침내 벌떡 일어나 투전판에 끼어들어 연거푸 다섯 번을 이겨 백여 닢을 땄다. 술을 사다가 실컷 마시어 어제의 치욕을 깨끗이 씻었다.

내가 말했다.

"이래도 항복하지 않는가?"

"그건 우연히 그렇게 된 것이야."

조군과 변군이 이렇게 말하여 모두들 크게 소리내어 웃었다. 변군과 내원이 분이 풀리지 않는지 다시 한 판 벌이자고 한다. 그러나 나는 '뜻을 얻은 곳에는 다시 가지 말라 했거니와 족함을 알면 위태롭지 않은 법일세(得意之地 不再往 知止不殆)' 하고 그만두었다.

3일 기묘(己卯)

새벽에 큰 비가 내리더니 아침나절엔 활짝 개었으나, 밤에 또 큰 비가 내리기 시작하여 새벽까지 멎지 아니하여 또 하루를 묵었다.

아침에 일어나 창문을 열고 보니 지루하던 비가 깨끗이 개고, 때때로 맑은 바람이 불어온다. 날씨가 이처럼 청명한 것으로 보아 낮에는 더위가 대단할 것 같다. 석류꽃이 땅에 가득히 떨어져 진흙을 붉게 만들었다. 수구화(繡毬花)는 이슬에 흠뻑 젖어 있고, 옥잠화는 눈보다도 희다.

문 밖에서 퉁소·피리 소리와 꽹과리 소리가 나기에 급히 나가보니 혼인

＊168 조선조 선조(宣祖) 때 문신 이항복(李恒福)을 일컬음. 호는 백사(白沙).
＊169 김창업(金昌業)의 호.

행차였다. 채색 그림을 그린 사(紗)초롱 여섯 쌍, 푸른 일산(日傘) 한 쌍, 붉은 일산 한 쌍, 통소 한 쌍, 호드기 한 쌍, 피리 두 쌍, 징 한 쌍이 양쪽으로 줄을 짓고, 가운데는 네 사람이 푸른 가마를 메고 간다. 가마의 사면에 유리를 끼워 창을 내고 네 귀퉁이에는 색실로 만든 술을 드리웠다. 가마의 한가운데 기다란 가마채를 대어 푸른 실로 만든 굵은 밧줄로 붙들어 매고, 가마채의 앞뒤에 다시 짧은 나무 방망이를 가로질러대고 붙들어 맨다. 그리고 그 양쪽 끝을 네 사람이 어깨에 메고 여덟 발을 맞추어 접무(接武)*170하므로 조금도 움직이지 않고 출렁거리지도 않고 허공에 떠 가는 것 같다. 그 방법이 아주 묘하다.

가마 뒤에 두 대의 수레가 따른다. 모두 검은 천으로 위를 덮고 나귀 한 마리씩을 매어 끌고 가게 한다. 수레에는 두 노파가 탔다. 모두 얼굴이 추하지만 화장을 했고, 앞머리가 다 벗어져서 번들번들 빛나 바가지를 엎어 놓은 것 같다. 뒤통수에 매달린 시늉만 하고 있는 쪽에는 온갖 꽃을 빈틈없이 꽂았다. 두 귀에는 귀고리를 달았으며 검은 저고리에 누른 치마를 입었다. 또 한 수레에는 젊은 여인 세 사람이 타고 있는데 주홍빛 바지 또는 푸른빛 바지를 입고 치마를 두르지 않았다. 그 중의 한 소녀는 용모가 매우 아름답다. 노파들은 화장을 해 주는 노파와 유모들이고, 젊은이들은 몸종이라고 한다. 말 탄 사람 30여 명이 옹위(擁衛)하는 뚱뚱한 사나이는 입가와 턱 밑에 검은 수염이 숭숭 났는데, 구조망포(九爪蟒袍)*171를 떨쳐 입고 흰 말의 금 안장 위에 은 등자를 가볍게 디디고 앉은 얼굴에 웃음이 가득하다. 그 뒤에 따르는 세 대의 수레에는 옷을 넣어두는 의장(衣欌) 따위가 가득 실려 있다.

내가 점방 주인에게 물었다.

"이 마을에 수재(秀才)*172나 선생님이 있소?"

"이런 시골 구석에 무슨 선비나 선생님이 있겠습니까마는, 지난해 가을에 우연히 수재 한 분이 북경에서 세관(稅官)을 따라 오다가 도중에서 이질에 걸려 이곳에 떨어져 있게 되었습니다. 그런데 마을 사람들의 도움으로 병을 치료하여 겨울이 지나고 봄이 되자 병이 깨끗이 나았지요. 그 선생님은 문장

---

*170 빨리 달리지 않기 위해 뒷발이 앞발자국의 절반을 밟도록 걷는 걸음.
*171 청나라 관복의 한 가지로 발톱이 아홉 개인 용이 수놓여 있음.
*172 선생. 선비.

이 뛰어나신 데다가 만주글도 쓰실 줄 압니다. 그분은 잠시 이곳에 머무르면서 글방을 열어 한두 해 이 마을 아이들을 가르치는 것으로 병을 구완해 준 은혜를 갚겠다고 진심으로 소원하여 지금 저 관왕묘(關王廟) 안에 계십니다.”

그래서 내가 말했다.
"수고롭지만 주인이 나를 그 선생께 인도해 줄 수 없겠소?”
"인도해 달라고 하실 것도 없습니다.”
그는 이렇게 말하더니 손을 들어 가리킨다.
"저기 저 집 위로 지붕이 보이는 것이 관왕묘입니다.”
내가 다시 물었다.
"그 선생님의 성함이 무엇이지요?”
그가 대답했다.
"이 마을에서는 모두 그 분을 부 선생(富先生)이라고 한답니다.”
내가 다시 물었다.
"부 선생님은 나이가 몇이시오?”
"그것은 나으리께서 직접 가셔서 물어 보십시오.”
그는 급히 방으로 들어가더니 붉은 종이 수십 장을 가지고 나와 펼쳐 보이면서 말한다.
"이것이 부 선생님께서 친히 써 주신 글씨랍니다.”
그 붉은 종이 왼쪽 가에 잔글씨로 '아무 어른 존전(尊前)께 아룁니다. 삼가 아무 달 아무 날 어른께서 저희 집에 왕림해 주시기 바랍니다'라고 씌어 있다. 주인은 다시 말한다.
"이것은 지난 봄 제 아우가 사위를 볼 때 그분께 청하여 쓴 청첩장입니다.”
글씨는 그리 변변치는 못하지만, 수십 장에 쓴 글자 모양이 크지도 않고 작지도 않아 마치 구슬을 실에 꿴 것처럼, 마치 한 판에 찍어낸 것처럼 가지런하다.
나는 속으로 혹시 그 수재(秀才)가 부정공(富鄭公)[173]의 후손이 아닐까

---

[173] 송(宋)나라 인종(仁宗) 때의 정승 부필(富弼).

생각하고, 곧 시대(時大)를 불러 함께 관왕묘를 찾아갔다. 묘 안은 괴괴하여 인기척이 없다. 두루 돌아다니며 살펴보는데 곁방에서 어린아이 글 읽는 소리가 들린다. 그러더니 한 아이가 문을 열고 머리를 내밀어 둘러보다가 곧 달려나와서는 우리를 돌아다보지도 않고 달려간다. 나는 그 아이를 따라 가면서 물었다.

"너희 선생님은 지금 어디 계시냐?"
"예? 무슨 말씀이십니까?"
아이가 되묻는다.
"부 선생님 말이다."

아이는 무슨 말인지 알아들을 수 없는 말을 입 속으로 중얼거리면서 옷자락으로 바람을 일으키며 달려간다. 나는 시대를 돌아보며 '그 선생이 아마 저 안에 있는 모양이로구나' 하고 오른쪽 곁방으로 가서 문을 열었다. 방 안에는 빈 의자가 네댓 개 놓여 있을 뿐 사람은 아무도 없다. 내가 문을 닫고 몸을 돌이키는데, 아까 그 아이가 한 노인을 모시고 온다. 이 노인이 부 선생인 모양이다. 마침 이웃에 가 있다가 그 아이가 황급히 달려가서 손님이 왔다고 알려 돌아왔나 보다. 그의 용모를 언뜻 살펴보니 우아한 기색이라곤 전연 없다.

내가 앞으로 나아가 공손히 읍(揖)하자 노인은 갑자기 달려들어 내 허리를 껴안아 힘껏 들었다 놓고, 또 손을 잡고 흔들면서 얼굴에 웃음을 가득 띤다. 나는 처음에는 크게 놀랐으나 다음 순간 몹시 불쾌하였다.

"당신이 부공(富公)이시오?"
내가 물으니 노인은 크게 기뻐하면서 대답한다.
"당신께서는 어떻게 제 성을 아셨습니까?"
내가 말했다.
"나는 선생의 높으신 성화를 우레 소리처럼 들은 지 오래입니다."
그가 물었다.
"존함은 뭐라 하십니까?"

내가 성명을 써 보이니 그도 자기의 이름을 부도삼격(富圖三格)이라 써 보이고, 호는 송재(松齋), 자는 덕재(德齋)라고 한다. 다시 내가 물었다.

"삼격(三格)이란 무엇입니까?"

"그것이 제 성명입니다."

"고향과 본은 어디십니까?"

"저는 만주 양람기(鑲藍旗)*174 사람입니다."

대답하더니 다시 묻는다.

"이번에 북경에 가시면 면가(面駕)하시게 되겠지요?"

"그게 무슨 말씀입니까?"

내가 물었다.

"만세야(萬歲爺)께서 그대들을 불러 보실 게 아니냐는 말씀입니다."

"황제께서 만일 나를 불러 보신다면 당신 말씀을 드려 조그만 벼슬이나마 하시게 해 드릴까요?"

"만약 그렇게 해 주신다면 당신의 은혜는 결초보은하여도 다 갚지 못할 것입니다."

"물에 막혀 이곳에 묵은 지가 벌써 여러 날 되었는데 정말 심심해서 못견디겠습니다. 혹시 볼 만한 책이 있으면 며칠 빌려 주시지 않겠습니까?"

내가 이렇게 물었다. 그가 대답하였다.

"보실 만한 책이 없습니다. 제가 전에 북경에 있을 때 선친께서 각포(刻舖)*175를 내시고 상호를 명성당(鳴盛堂)이라 하셨지요. 그때의 책 목록이 마침 행장 속에 있습니다. 심심풀이로 보시겠다면 빌려 드리는 것은 어렵지 않습니다만, 한 가지 청이 있습니다. 이 참에 돌아가시거든 가지고 오신 진짜 청심환(淸心丸)과 조선 부채를 좋은 것으로 하나 골라 처음 만난 정표로 주신다면 당신의 진정한 성의로 알겠으니 책 목록은 그때에 빌려 드려도 늦지 않겠습니다."

그의 태도와 하는 말을 살펴보자 하였으나 그의 뜻이 하도 비루하고 용렬하여 더불어 말할 자가 못 되어, 오래 앉아 있을 수가 없어서 자리에서 일어났다. 그는 문 밖까지 나와 읍하여 전송하면서 다시 말한다.

"귀국의 명주를 좀 살 수 없을까요?"

나는 대꾸도 않고 돌아왔다.

"뭐 볼 만한 것이 있던가? 더위를 먹을까 염려되네."

---

*174 만주 8기(旗)의 하나. 기는 현(縣)과 같은 것임.
*175 목판(木板)을 새겨 책을 박아내어 파는 집.

정사가 말하여 내가 대답했다.

"한 늙은 학구(學究)를 만났는데 만주인일 뿐 아니라 비루하여 함께 이야기할 자가 못 됩디다."

그랬더니 정사가 다시 말한다.

"그가 기왕 요구한 것인데 어찌 환약 한 개 부채 한 자루를 아낀단 말인가? 그 책 목록을 빌려다 보는 것도 무방하지 않은가?"

그래 곧 시대를 시켜 청심환 하나와 어두선(魚頭扇)*176 한 자루를 가져다 주게 했다.

시대가 이내 크기가 손바닥만 하고 몇 장 안 되는 조그만 책을 가지고 돌아왔다. 펴 보니 대부분 백지이고 기록되어 있는 책 이름은 모두 청인(淸人)들의 소품(小品) 70여 가지이다. 이런 몇 장 안 되는 것을 가지고 많은 값을 요구했으니 그 뻔뻔스러움이란……

그러나 기왕 빌려 온 것이고 또한 처음 보는 것들이니 베껴 놓고 돌려보내기로 했다.

척독신어(尺牘新語) 6책, 왕기(汪淇) 첨의(澹漪) 전(箋).

분서(焚書) 6책, 장서(藏書) 18책, 속장서(續藏書) 9책. 이상 이지(李贄) 탁오(卓吾) 지음.

궁규소명록(宮閨小名錄), 장주잡설(長洲雜說), 서당잡조(西堂雜俎) 이상 우동(尤侗) 전성(展成) 지음.

균랑우필(筠廊偶筆). 송락(宋犖) 목중(牧仲) 지음.

동서(同書), 자촉(字觸), 민소기(閩小紀), 인수옥서영(因樹屋書影). 이상 주량공(周亮工) 원량(元亮) 지음.

사례촬요(四禮撮要). 감경(甘京) 지음.

설림(說林), 서하시화(西河詩話). 모기령(毛奇齡) 지음.

운백광림(韻白匡林), 운학통지(韻學通指), 손서(潠書). 이상 모선서(毛先舒) 치황(稚黃) 지음.

서산기유(西山紀游). 주금연(周金然) 지음.

---

*176 손잡이를 물고기 머리처럼 만든 부채.

일지록(日知錄), 북평고금기(北平古今記). 이상 고염무(顧炎武) 지음.
부지성명록(不知姓名錄). 이청(李淸) 영벽(映碧) 지음.
장설(蔣說). 장초(蔣超) 호신(虎臣) 지음.
영매암억어(影梅菴憶語). 모양(冒襄) 벽강(辟疆) 지음.
고금서자변와(古今書字辨訛), 동산담원(東山談苑), 추설총담(秋說叢談). 이상 여회(余懷) 담심(澹心) 지음.
동야전기(冬夜箋記). 왕숭간(王崇簡) 지음.
황화기문(皇華記聞), 지북우담(池北偶談), 향조필기(香祖筆記). 이상 왕사정(王士禎) 이상(貽上) 지음.
모각양추(毛角陽秋), 군서두설(群書頭屑), 규합어림(閨閤語林), 주조일사(朱鳥逸史). 이상 왕사록(王士祿) 지음.
입옹통보(笠翁通譜), 무성희(無聲戲), 소설귀수전고사(小說鬼輸錢故事). 이상 이어(李漁) 입옹(笠翁) 지음.
천외담(天外談). 석방(石龐) 지음.
주대기연(奏對機緣). 홍각(弘覺) 지음.
십구종(十九種). 시호신(柴虎臣) 지음.
귤보(橘譜), 제광정(諸匡鼎) 호남(虎男) 지음.
일하구문(日下舊聞) 20책. 주이존(朱彝尊) 석창(錫鬯) 지음.
우초신지(虞初新志). 장조(張潮) 산래(山來) 지음.
기원기소기(寄園寄所寄) 8책. 조길사(趙吉士) 지음.
설령(說鈴). 왕완(汪涴) 지음.
설부(說郛). 오진방(吳震方) 청단(靑壇) 지음.
단궤총서(檀几叢書). 왕탁(王晫) 지음.
삼어당일기(三魚堂日記). 육롱기(陸隴其) 지음.
역선록(亦禪錄), 유몽영(幽夢影). 이상 장조(張潮) 지음.
분묵춘추(粉墨春秋). 주이존(朱彝尊) 지음.
양경구구록(兩京求舊錄). 주무서(朱茂曙) 지음.
연주객화(燕舟客話). 주재준(周在浚) 지음.
숭정유록(崇禎遺錄). 왕세덕(王世德) 지음.
입해기(入海記). 사사련(查嗣璉) 지음.

유구잡록(琉球雜錄). 왕즙(汪楫) 지음.
박물전휘(博物典彙). 황도주(黃道周) 지음.
관해기행(觀海記行). 시윤장(施閏章) 지음.
석진일기(析津日記). 주운(周篔) 지음.

나는 정 진사와 함께 나누어 베껴서 훗날 서점에서 참고 자료로 삼기로 하고, 곧 시대를 시켜 책을 돌려보내면서 '이 책들은 다 우리나라에 있는 것이므로 우리 어른께서는 자세히 보시지도 않으셨다'고 말하라고 일렀다. 시대가 돌아와서 말한다.
"부씨는 제가 전하는 말을 듣더니 몹시 무안해하는 빛을 보이면서 수건 하나를 주었습니다."
수건은 길이가 2자 남짓한 새것인데 오글오글 주름잡힌 검정색 천으로 만든 것이었다.

4일 경진(庚辰)
어제 밤부터 밤새도록 큰 비가 쏟아져서 그대로 머물다.

양승암집(楊升庵集)을 읽어보기도 하고 투전을 하기도 하며 소일하였다. 부사와 서장관이 정사의 처소에 모여, 다시 일행의 여러 사람을 불러 한동안 강 건널 계책을 의논하다가 한참만에 모두 돌아갔다. 별로 좋은 계책이 없었던 모양이다.

5일 신사(辛巳)
날씨는 개었으나 물에 막혀 그대로 머물다.

주인이 안방 개자리*177의 방고래를 열고 자루가 기다란 가래로 재를 파낸다. 나는 그 구들의 구조를 대강 살펴보았다. 먼저 높이 한 자쯤 구들바닥을 쌓아서 평편하게 만든 다음 깨뜨린 벽돌로 바둑돌을 놓듯 굄돌을 놓고, 그

---
*177 온돌방에서 불기운을 빨아들이고 연기를 머무르게 하려고 방구들 웃목 밑으로 방고래보다 더 깊이 파놓은 고랑.

위에 벽돌을 깔아 놓았을 뿐이다. 벽돌의 두께가 고르기 때문에 깨뜨려서 굄돌을 하면 절름발이가 되지 않고, 벽돌의 크기가 가지런하기 때문에 깔아 놓으면 틈이 없게 마련이다. 방고래의 높이가 낮아서 겨우 손이 드나들 만하고, 굄돌은 서로 마주 서서 불목을 이루었다. 불이 불목에 이르면 빨아들이듯이 불목을 넘어서 불꽃이 재를 휘몰아 방고래가 미어질 듯 세차게 들어간다. 이렇게 여러 불목이 불꽃을 빨리 넘겨 주어 불길은 미처 되돌아 나올 사이도 없이 개자리에 이른다. 개자리는 깊이가 한 길이 넘는다. 재는 항상 불길에 몰려 개자리에 떨어져 가득 차게 되므로 3년에 한 번씩 개자리를 열고 가득 차 있는 재를 퍼내는 것이었다.

부뚜막은 땅을 한 길쯤 파고 위로 아궁이를 내어 뗄나무를 거꾸로 처넣는다. 부뚜막 옆에 큰 항아리만큼 땅을 파고 그 위에 돌 뚜껑을 덮어서 높이를 부엌바닥과 가지런하게 한다. 그러면 그 텅 빈 공간에서 바람이 일어나 불길을 불목으로 몰아넣으므로 연기가 조금도 내지 않는다.

또 굴뚝의 제도는 땅을 큰 항아리만큼 파고 벽돌 탑처럼 쌓아올려 높이를 용마루와 가지런하게 하는데, 연기가 항아리 속에 떨어졌다가 숨을 들이마시고 빨아올리듯이 굴뚝으로 올라간다.

이 방법은 참으로 묘하다. 굴뚝에 틈이 있으면 한 가닥의 바람이라도 불면 아궁이의 불을 꺼지게 한다. 우리나라 방구들이 항상 불이 내어 방이 고루 덥지 못한 것이 탈인데 그 원인은 굴뚝에 있는 것이다. 굴뚝을 싸리로 만든 채롱에 종이를 발라 만들거나 또는 나무로 통을 만들어 세운다. 그래서 처음 흙으로 쌓은 곳에 틈이 생기거나 나무통의 틈이 벌어지거나 하면 연기가 새는 것을 막을 수가 없으며, 바람만 한 번 세게 불어도 굴뚝은 아무짝에도 소용이 없게 된다.

우리나라는 집이 가난해도 글 읽기를 좋아하여 수많은 형제들이 오뉴월에도 코 끝에 고드름이 달릴 지경이니 이곳의 법을 배워다가 삼동의 괴로움을 면했으면 하고 나는 생각했다.

변계함(卞季涵)이 말했다.

"이곳 방구들 놓는 법이 도무지 괴이하군그래. 우리나라 방구들만 못한 것 같구려."

"못하다는 까닭이 무엇인가?"

내가 물으니 변군이 대답했다.

"여기 방이 어찌 빛이 화제(火齊)[178]와 같고, 매끄럽기가 수골(水骨)[179]과 같은 장판 유지(油紙) 넉 장을 반듯하게 발라 놓은 우리나라 방에 비교할 수 있겠나."

그래서 내가 말했다.

"방이야 물론 우리 것만 못하지. 하지만 방구들을 만드는 방법만은 여기 것을 본받아서 방에 장판지를 바른다면, 그것을 누가 싫다고 하겠는가. 우리나라 온돌방 제도에는 여섯 가지 흠이 있으나 아무도 그것을 말하는 사람이 없네. 내 시험삼아 그 여섯 가지를 말하겠으니 자네는 가만히 듣게.

첫째, 진흙을 이겨서 귓돌을 놓고 그 위에 구들장을 얹어서 방구들을 만드는데, 구들장이 크고 작고 두껍고 얇고 하여 반드시 작은 돌로 네 귀를 괴어 절름발이가 되는 것을 막지만, 구들장이 달고 흙이 마르면 곧잘 허물어지네. 둘째, 구들장이 우묵한 곳에는 진흙을 두껍게 발라 평편하게 하므로 불을 때도 골고루 따뜻해지지 않지. 셋째, 방고래가 높고 넓어서 불꽃이 서로 이어지지 않네. 넷째, 벽이 허술하고 엷어서 항상 틈이 있기 때문에 바람이 스며 들어 불꽃이 내고 연기가 새어 방에 가득 차게 되지. 다섯째, 불목 아래를 목구멍처럼 만들지 않기 때문에, 불길이 멀리까지 넘어가지 못하고 땔나무 끝에서만 맴돌고, 여섯째, 구들을 놓고 방을 말리려면 반드시 나무 1백 단은 때야 할 뿐 아니라 열흘 안에는 사람이 거처할 수 없네. 자, 그런데 이렇게 자네와 이야기하고 있는 동안에도 벽돌 수십 개를 깔아 놓으면 몇 칸의 온돌이 되어서 그 위에 누워 잘 수 있지 않겠는가?"

밤에 여러 사람과 함께 술을 몇 잔 마시고, 밤이 이슥하여 취한 몸을 가누어 돌아와서 자리에 누웠다. 내 방은 정사의 방 맞은편으로 그 사이에 포장을 쳐 놓았다. 정사는 이미 한잠이 든 모양이다. 나는 담배를 피워 물었다. 정신이 몽롱한데 베갯머리에서 발걸음 소리가 들린다.

"거 누구냐?"

나는 깜짝 놀라 소리쳤다.

그랬더니 '도이노음이오(都爾老音伊吾)' 한다. 그 말소리가 어눌한 것이

---

[178] 유리. 아름다운 옥.
[179] 얼음.

더욱 수상하여 다시

"이놈 누구냐?"

하고 소리치니, 큰 소리로

"소인 도이노음이오."

하고 대답한다. 시대와 상방의 하인들이 모두 놀라 일어나 뺨을 때리는 소리가 들리고, 덜미를 잡아 밀쳐서 문 밖으로 끌어내는 것 같았다.

원래 갑군(甲軍)이 밤마다 일행의 숙소를 순찰하여 사신 이하 모든 사람을 점검하고 돌아가는데, 늘 밤이 깊어 모두 깊이 잠든 다음에 순찰하므로 아직 아무도 몰랐던 것이다. 그런데 갑군이 스스로 '도이노음'이라고 한 것은 포복절도할 노릇이다. 우리나라 말에 오랑캐[胡虜]를 '되놈'이라 하는 것을 갑군이 여러 해를 두고 우리 사행(使行)을 맞고 전송하면서 듣고 배운 모양인데, 다만 되놈이란 말만을 기억하고 있었던 것이다. 한바탕 소란으로 잠은 멀리 달아났고, 또 많은 벼룩이 못 견디도록 날뛰었다. 정사도 잠을 놓쳐 마침내 촛불을 밝히고 새벽녘까지 날을 밝혔다.

6일 임오(壬午)

날이 맑다.

시냇물이 약간 줄었으므로 마침내 길을 떠나기로 하여 나는 정사의 가마에 함께 탔다. 하인 30여 명이 알몸으로 가마를 메고 건넌다. 중류의 물살이 센 곳에 이르러 갑자기 가마가 왼쪽으로 기울어져 하마터면 물에 떨어질 뻔했다. 참으로 위태로웠는데 정사와 서로 껴안아 겨우 물에 빠지는 것을 면했다.

물을 건넌 뒤 언덕에 올라 물을 건너고 있는 사람들을 바라보았다. 어떤 사람은 남의 목에 올라앉아 건너고, 어떤 사람은 좌우에서 서로 부축하여 건너고, 어떤 사람은 나무를 엮어서 뗏목을 만들어 타고 네 사람이서 어깨에 메고 건넌다. 말을 타고 물에 떠서 건너는 사람들도 있다. 어떤 이는 머리를 들어 하늘만 쳐다보고 있고, 어떤 이는 두 눈을 꼭 감고 있고, 어떤 이는 억지로 얼굴에 웃음을 짓고 있다. 하인들은 모두 안장을 끌러 어깨에 메고 건넌다. 아마도 물에 젖을까 봐 그러는가 보다 생각했으나, 다 건너온 자가 다시 그것을 어깨에 메고 되돌아간다. 괴이하여 왜 그러느냐고 물으니까, 빈

손으로 물에 들어가면 몸이 가벼워서 떠내려가기 쉬우므로, 반드시 무거운 물건으로 어깨를 내리눌러야 한다는 것이었다.

 몇 번을 건너왔다 건너갔다 한 사람은 모두 몸을 벌벌 떨었다. 산골짜기 물이 몹시 차기 때문이었다.

 초하구(草河口)에서 점심을 먹었다. 이른바 답동(畓洞)이란 곳이다. 항상 진펄을 이루고 있으므로 우리나라 사람들이 그렇게 이름을 지은 것이라고 한다(畓이란 글자는 원래 없는 자로 우리나라 아전들이 장부에 水와 田 두 글자를 붙이고 '답'이라 발음했다).

 분수령(分水嶺)·고가령(高家嶺)·유가령(劉家嶺)을 넘어 연산관(連山關)에서 묵었다. 이날은 60리를 왔다.

 밤에 술이 거나하게 취하여 몽롱히 조는데, 몸이 홀연 심양성(瀋陽城) 안에 가 있다. 대궐과 성지(城池)며 여염(閭閻)과 시가지가 번화하고 웅장하고 화려하다.

 "여기가 이처럼 장관을 이루고 있는 줄은 미처 몰랐구나. 집에 돌아가면 꼭 집안 사람들에게 자랑해야겠다."

 나는 혼잣말로 이렇게 말하고 있자니 몸이 높이 훌훌 날아간다. 수많은 산과 물이 모두 발 아래 있고, 솔개처럼 빨리 날아간다. 순식간에 야곡(冶谷)*180 옛 집에 이르러 안방 남쪽 창문 아래 앉았다. 형님(박희원(朴喜源))께서 '심양이 어떻더냐?' 하고 물으시기에 '듣던 것보다 훨씬 훌륭했습니다' 하고 나는 공손히 대답하고, 그 아름다움을 누누이 자랑하였다. 남쪽 창문 밖을 내다보니 이웃집 홰나무가 우거졌는데, 그 나무 위에 커다란 별 하나가 휘황하게 빛나고 있다. 내가 형님께 '저 별을 아십니까?' 하고 여쭈어보았더니 형님은 '모르겠구나' 하신다. 나는 '저것이 노인성(老人星)*181입니다' 한 다음 곧 일어나 형님께 절을 하고 말하였다.

 "제가 잠시 집에 돌아온 것은 심양 이야기를 자세히 말씀드리기 위해서였습니다. 이제 그만 뒤쫓아 가야겠습니다."

 말하고는 방에서 나와 사당을 거쳐 사랑채 대문을 열고 나왔다.

---

*180 풀무골. 지금의 서울 서대문구(西大門區) 순화동(巡和洞)에 있던 마을.
*181 남극노인성(南極老人星). 인간의 수명을 맡아 보는 별이라 하여 이 별을 보면 오래 산다고 함.

고개를 돌려 지붕 위로 북쪽을 바라보니 길마재〔鞍峴〕*182 여러 봉우리가 또렷이 보인다. 나는 홀연 스스로 깨닫고
"아, 내가 잘못했구나. 장차 어떻게 혼자 책문(柵門)엘 들어간단 말이냐? 여기서 책문까지가 천여 리인데 누가 나를 기다리며 머물고 있으랴?"
하고 큰 소리로 부르짖었다. 후회되고 애가 타서 대문을 열고 밖으로 나가려고 했으나, 문 지도리가 하도 빽빽하여 열리지 않는다. 큰 소리로 장복(張福)을 부르려 해도 소리가 목구멍에서 나오지 않는다. 그래서 다시 힘껏 문을 밀어 열다가 잠이 깨었다.
그때 마침 정사가 '연암(燕巖)!' 하고 부르셨다. 나는 아직도 어리둥절하여 물었다.
"여기가 어디입니까?"
정사가 말했다.
"아까부터 잠꼬대를 하더구나."
나는 이내 벌떡 일어나 앉아서 이를 딱딱거리고 머리를 튕겨 정신을 가다듬으니 그제야 정신이 상쾌해지면서도 한편으로는 서운하고 한편으로는 기뻐서 한참 동안 어리둥절했다. 다시 잠을 이룰 수가 없어서 몸을 엎치락뒤치락하며 이 생각 저 생각에 날이 새는 줄도 몰랐다.
연산관은 아골관(鵶鶻關)이라고도 한다.

7일 계미(癸未)
맑게 개다.

2리를 가서 말을 탄 채로 물을 건넜다. 강물이 넓지는 않으나 물살이 어제 건넌 물보다 더 세다. 무릎을 오므려서 두 발을 모아 안장 위에 옹크리고 앉았다.
창대(昌大)가 말머리를 꽉 껴안고, 장복이 내 엉덩이를 부축하여 서로 의지해서 잠시 무사하기를 빌었다. 말을 모는 오호(嗚呼) 소리가 처량하다(말 모는 소리는 본래 '호호!'라고 하는데 우리나라의 오호(嗚呼)와 발음이 비슷하다).

---

*182 서울 서대문구 현저동과 홍제동 사이에 있는 고개. 무악재.

말이 강 가운데 이르렀을 때 갑자기 말의 몸이 왼쪽으로 쏠린다. 물이 배에 닿으면 네 발굽이 저절로 뜨기 때문에 발이 비스듬히 누워 헤엄쳐서 건너가는 것이었다. 그래서 내 몸이 갑자기 오른쪽으로 쏠려 거의 물에 떨어질 뻔했다. 마침 앞에 가던 말의 꼬리가 물 위에 떠 있어 나는 급히 그 꼬리를 잡고 몸을 가누어 앉아 떨어질 뻔한 고비를 겨우 면했다. 나 자신도 내가 이처럼 몸이 민첩한 줄을 미처 몰랐다. 창대 역시 말발굽에 휘둘려서 아주 위태롭게 되었으나 그때, 말이 갑자기 머리를 들어 똑바로 서는 것을 보니 물이 얕아져서 말의 발이 땅에 닿았음을 알 수 있었다.

마운령(摩雲嶺)을 넘어 천수참(千水站)에서 점심을 먹었다.

오후에는 몹시도 더웠다. 이어 청석령(靑石嶺)을 넘었다. 고개 위에 관왕묘가 있는데 매우 영검하다 하여, 역부(驛夫)와 마부들이 앞다투어 탁자 옆으로 가서 혹은 머리를 조아려 절을 하고, 혹은 참외를 사서 바치기도 한다. 역관(譯官)들 중에도 향을 피우고 제비를 뽑아서 평생의 신수를 점쳐 보는 이도 있었다.

한 도사(道士)가 바리때를 두드리며 돈을 구걸한다. 머리를 깎지 않고 상투를 한 것이 마치 우리나라의 우바새(優婆塞)*183와 같고, 머리에 등(藤)으로 만든 갓을 쓰고 몸에 야견사(野繭絲)로 만든 도포를 걸친 것이 마치 우리나라의 선비와 비슷하지만 검은 빛깔의 목깃을 단 것이 좀 달랐다. 또 한 도사는 참외와 달걀을 팔고 있다. 참외의 맛이 대단히 달고 물이 많았으며, 달걀은 약간 짭조름했다.

밤에는 낭자산(狼子山)에서 묵었다. 이날은 큰 고개 둘을 넘어 80리를 왔다. 마운령은 회령령(會寧嶺)이라고도 하는데, 높고도 험하여 우리나라 북관(北關)의 마천령(摩天嶺) 못지않다고 한다.

8일 갑신(甲申)
맑게 개다.

정사와 한 가마를 타고 삼류하(三流河)를 건너 냉정(冷井)에서 아침밥을

---

*183 재가승(在家僧). 세속에 있으면서 불교를 믿는 남자.

먹었다. 10리쯤 가서 산모퉁이 하나를 돌아 들었는데, 태복(泰卜)이 갑자기 몸을 굽혀 말 앞으로 달려나와서 땅에 엎드리면서 큰 소리로 "백탑(白塔)이 보입니다" 한다.

태복은 정 진사(鄭進士)의 마두(馬頭)이다. 그러나 산모퉁이에 가려져서 아직 백탑은 보이지 않는다. 급히 말을 채찍질하여 수십 걸음을 채 못 가 산모퉁이를 막 벗어나자 안광(眼光)이 어른어른하고, 갑자기 무슨 검은 덩어리가 올라갔다 내려왔다 한다.

나는 오늘에야 비로소 인생이란 본래 의지할 데 없이, 다만 하늘을 이고 땅을 밟고 걸어다녀야만 하는 것임을 깨달았다. 말을 멈추고 사방을 돌아보다가 나도 모르게 손을 들어 이마에 얹고 감탄하여 말하였다.

"한바탕 울 만한 곳이로다! 울어야 할 곳이로구나."

정 진사가 물었다.

"이런 하늘과 땅 사이의 장관을 만나 갑자기 울음을 생각하다니 웬 말인가?"

이에 내가 대답했다.

"참 그렇겠네. 그러나 그런 게 아닐세. 천고(千古)의 영웅은 잘 울고, 미인은 눈물을 많이 흘린다고 하지만 모두 몇 줄기 소리 없는 눈물을 옷깃에 떨어뜨릴 뿐, 아직 온 천지에 가득 차는 소리로 울고, 쇠나 돌에서 울려나오는 것 같은 소리로 울었다는 사람은 듣지 못했네. 사람들은 다만 칠정(七情)*184 중에서 오직 슬플 때에만 우는 줄 알 뿐, 칠정 모두가 울게 되는 감정임은 모른다네. 기쁨이 지극하면 울게 되고, 노여움이 지극하면 울게 되고, 즐거움이 지극하면 울게 되네. 사랑이 지극하면 울게 되고, 미워함이 지극하면 울게 되고, 욕심이 지극하면 울게 되는 것일세. 울적함을 확 풀어버리는 데는 큰 소리를 내는 것보다 빠른 것이 없다네. 우는 소리는 천지간에 우레와도 비교할 만한 것일세. 울음은 지극한 정에서 우러나오는 것이니, 그것이 이치에 맞는다면 웃음과 무엇이 다르겠는가? 인간의 감정은 일찍이 이런 지극한 경지를 겪지 못하고, 칠정을 교묘히 늘어놓아 슬픔에 울음을 배분해 놓았네. 그래서 초상을 당하면 비로소 억지로 '애고' '아이고' 하고 울부

＊184 희(喜)・노(怒)・애(哀)・락(樂)・애(愛)・오(惡)・욕(欲)의 일곱 가지 감정.

짖지만, 진실로 칠정에 감응된 지성(至誠)의 참된 울음소리라면 참고 참아서 천지간에 서리고 엉기어 있되 아무 데서나 쉽사리 나타나지 않는 것일세. 가생(賈生)*185이란 사람은 울 곳을 찾지 못하고 참다 못해 홀연 선실(宣室)*186을 향해 한 소리 길게 울부짖었으니, 이 어찌 사람들이 놀라고 괴이하게 여기지 않을 수 있었겠는가?"

정 진사가 다시 내게 물었다.

"울 만한 자리가 지금 저토록 넓으니 나도 마땅히 자네를 따라 한번 통곡해야겠네. 그런데 우는 까닭을 칠정 중에서 찾는다면 어느 것에 해당할지를 모르겠네."

나는 다시 이렇게 대답했다.

"갓난아이에게 물어본다면 갓난아이는 처음 태어나서 어느 감정을 느꼈다고 하겠는가? 그는 먼저 해와 달을 보았을 것이고, 그 다음에는 부모와 많은 친척이 앞에 앉아 있음을 보았을 것이니 기쁘지 않았을 리가 없겠지. 그런 기쁨은 늙을 때까지 두 번 다시 없을 일이니 슬퍼하거나 성내거나 할 리가 없고 정(情)은 의당 즐거워서 웃어야 할 것이지만, 도리어 분함과 원망이 가슴에 가득한 것처럼 한없이 울부짖네. 이는 인생이란 신성(神聖)한 사람이나 어리석은 사람이나 모두가 마침내는 죽어가고, 또 그동안에는 온갖 근심 걱정을 고루 겪어야 하므로, 갓난아이가 이 세상에 태어난 것을 후회하여 우는 것으로써 스스로 자신을 조상하는 것일까? 아니지. 갓난아이의 본정(本情)은 절대로 그런 것이 아닐세. 아이가 어머니의 태 안에 들어 있어 어둡고 좁아서 답답하고 옹색하게 지내다가 갑자기 활짝 넓은 곳에 나와서 손을 뻗고 다리를 폈을 때, 아이의 마음은 한없이 시원할 것이니, 어찌 정에서 우러나오는 참된 소리를 외치지 않겠는가? 그러므로 갓난아이의 꾸밈없는 소리를 본받아서, 비로봉(毗盧峯)*187 꼭대기에 올라가서 동해를 바라보며 한바탕 울부짖어 보는 것도 좋겠고, 장연(長淵)의 바닷가 금모래톱을 거닐면서 한바탕 울부짖어 보는 것도 좋겠으며, 지금 이 요동벌 여기서 산해관(山海關)까지 1천 2백 리 사면에 도무지 한 점의 산도 없이 하늘 끝과 땅 끝

---

*185 한(漢)나라 때의 학자.
*186 한나라 대궐 안의 궁전 중 하나인 미앙궁(未央宮).
*187 금강산의 최고봉.

을 풀로 붙인 듯 실로 꿰맨 듯 맞닿아 있고, 비와 구름이 예나 지금이나 오직 창창하기만 하니 한바탕 울부짖어 보는 것도 좋지 아니한가?"

한낮이 되니 몹시 덥다. 말을 달려 고려총(高麗叢), 아미장(阿彌莊)을 지나서 길을 나누어, 나는 주부 조달동(趙達東)·변군(卞君)·내원(來源)·정 진사와 하인 이학령(李鶴齡)과 함께 옛 요양(遼陽)으로 들어갔다. 봉황성보다 열 갑절은 더 번화하고 넉넉해 보인다. 따로 '요동기(遼東記)'를 썼다.
서문을 나와 백탑(白塔)을 구경했다. 그 만든 품이 아름답고 웅장하여 넓은 요동벌에 필적할 만하다. 따로 '백탑기(白塔記)'를 썼다.
요양성(遼陽城)으로 돌아왔다. 수레 소리 말 소리가 대단하고, 가는 곳마다 구경꾼이 큰 무리를 이루었다. 술집의 붉은 난간이 큰길 가에 높다랗게 솟아 있고 바람에 나부끼는 술집 깃발에는 금으로 이렇게 씌어 있다.

이름을 듣고 나면 말을 멈추고
그윽한 향기 찾아 수레 머물리라.

聞名應駐馬 尋香且停車

내 여기서 술을 마셔 볼 만하겠다.
구경꾼들이 삥 둘러서서 서로 어깨를 비벼댄다. 들은 바로는 이곳에는 좀도둑이 매우 많아서 처음 온 사람은 구경에 정신이 팔려 잘 살피지 않으므로 반드시 무엇인가 잃어버린다고 한다. 왕년에 한 사행(使行)이 건달패를 하인으로 삼아 데려갔는데, 윗사람이고 아랫사람이고 할 것 없이 수십 명 모두 초행인 데다가, 옷과 행장 등이 몹시 화려하고 사치스러웠단다. 그들이 요양에 들어와 구경하다가 어떤 사람은 안장을 잃고, 어떤 사람은 등자(鐙子)를 잃고 하여 당황하지 않은 사람이 없었다고 한다.
장복이 갑자기 안장을 머리에 쓰고 등자 한 쌍을 허리에 차고 앞서 가면서 조금도 부끄러워하는 기색이 없다.
"이놈아, 왜 두 눈은 가리지 않느냐?"
내가 웃으면서 꾸짖으니 모두들 크게 웃었다.

태자하(太子河)로 돌아왔다. 강물이 불어나 배 없이는 건너갈 수가 없다. 강기슭을 따라 위아래로 왔다 갔다 방황하던 참에 문득 우거진 갈대 속에서 콩깍지만한 고기잡이 배 하나가 나타나고, 또 한 채의 작은 배가 강기슭에 은은히 모습을 보인다. 장복·태복의 무리로 하여금 한꺼번에 배를 부르게 하였다. 어부 두 사람이 낚싯대를 드리우고 앉아 있다. 버드나무 그늘은 짙고 저녁노을은 금빛으로 무늬진다. 잠자리가 물 위에 점을 찍고 제비가 물결을 걷어찬다. 아무리 불러도 어부들은 끝내 돌아보지 않는다. 한참을 모래톱에 서 있느라니 더운 기운은 사람을 찌는 듯하여 입술이 타고 진땀이 흐르는 데다가 배까지 고파 기진맥진이다. 평생에 유람을 좋아하였더니 이제 그 값을 단단히 치르게 된 모양이다.

정군 등이 서로 다투어 농담으로 말한다.

"해는 저물어 가고 갈 길은 먼데 모두가 배고프고 고달프니 통곡하는 수밖에 달리 도리가 없군요. 선생은 어찌하여 참고 울지 않는지요?"

그래서 모두들 크게 웃는다.

"저 어부 녀석들이 사람을 구해 주려 하지 않으니 그들의 심보를 알 만하네. 비록 육노망(陸魯望)*188 선생일지라도 한주먹에 때려 눕힐 것일세."

내가 대꾸하였다. 태복이 더욱 초조하여 말한다.

"이제 들판에서 해가 져 땅에 떨어지려 하니, 산이 있는 곳에서는 이미 어둠이 깔렸을 것입니다."

태복은 비록 나이는 어리지만 이미 일곱 번이나 연경(燕京)엘 갔었으므로 모든 일에 익숙하였다.

잠시 후 사공이 낚시질을 그치고 거룻배 바닥의 고기를 바구니에 담아 가지고, 거룻배를 저어 버드나무 그늘 가까이로 왔다. 그러자 다른 대여섯 채의 작은 배들도 이것을 보고 앞다투어 나오면서 비싼 나룻배 삯을 달라고 한다. 남을 마냥 기다리게 하여 조급하게 만들어 놓은 다음에야 비로소 건너게 해 주겠다고 하는 그 소행이 몹시 밉다. 한 배에 단 세 사람만 태우고, 한 사람 앞에 1초(鈔)*189씩 꼬박꼬박 내라고 한다. 배는 모두 통나무를 파서

---

*188 당나라의 유명한 은사(隱士). 벼슬에 나아가지 않고 차(茶)를 심고 낚시질을 즐기며 평생을 보냈다고 함.

*189 돈의 단위. 지폐. 1백63푼. 은으로 3돈.

만든 이른바 야항(野航)으로 겨우 두세 사람을 태운다.

일행은 윗사람 아랫사람 합하여 17명이고, 말은 6마리이다. 모두 강물에 둥실둥실 떴다. 뱃머리에서 말굴레를 꼭 잡고 물길을 따라 7, 8리를 내려갔다. 그 위태롭기가 통원보(通遠堡)에서 여러 강물을 건널 때보다 더하였다.

신요양(新遼陽) 영수사(映水寺)에서 묵었다. 이날 70리를 왔다. 밤에 몹시 더워서 잠결에 홑이불을 차버렸더니 가벼운 감기에 걸렸다.

9일 을유(乙酉)
날이 맑다.

몹시 더워 새벽의 서늘한 때를 타서 남보다 먼저 길을 떠났다. 장가대(張家臺)와 삼도파(三道巴)를 지나 난니보(爛泥堡)에서 점심을 먹었다. 요동 땅에 들어서면서부터 마을이 끊이지 않고 길 넓이가 수백 보(步)나 되었다. 길 양쪽에는 모두 수양버들을 심었다. 여염집이 즐비하게 늘어선 곳에는 간혹 대문이 마주 보는 복판에 장마로 괸 물이 저절로 큰 못을 이루고 있어, 집에서 기르는 거위와 오리 수천 마리가 헤엄을 치고, 양편 집들은 모두 물가에 세운 누대(樓臺) 같아 울긋불긋한 난간이 좌우로 마주 비치니 어렴풋이 강호(江湖) 분위기를 자아낸다.

군뢰(軍牢)가 나팔을 세 번 불고 나서 반드시 몇 리를 앞서 가고, 전배(前排) 군관(軍官)이 또한 군뢰를 따라 먼저 간다. 그러나 행동이 자유로운 나는 늘 변군과 함께 새벽 서늘한 때 길을 떠나 10리를 채 못 가서 전배를 만나게 되고 으레 그들과 고삐를 나란히 하고는 농담을 한다. 이런 일이 날마다 계속되었다.

마을이 가까워질 때마다 군뢰를 시켜 나팔을 불게 하고, 네 사람의 마두(馬頭)에게 권마성(勸馬聲)[*190]을 외치게 하면, 집집마다 부녀자들이 문이 미어지게 달려나와 구경을 한다. 늙은이나 젊은이나 옷차림이 모두 같고, 머리에는 꽃을 꽂고 귀고리를 달고 엷은 화장을 하였다. 입에는 모두 담뱃대를 물고, 손에는 신발 속창과 실을 꿴 바늘을 들었다. 어깨를 비비고 빼곡이 서

[*190] 지위가 높은 이의 행차 앞에서 위엄을 돋우고 행인을 물러서게 하기 위해 하인이 외치는 소리.

서 손가락질을 해가며 생글거린다.

　나는 처음으로 한녀(漢女)*191를 보았다. 한녀들은 모두 전족(纏足)을 하고 궁혜(弓鞋)를 신었으나 맵시는 만주 여인만 못하다. 만주 여인 중에는 얼굴이 곱고 모습이 아름다운 이가 많다.

　만보교(萬寶橋)를 거쳐 연대하(煙臺河)·산요포(山腰舖)를 지나 십리하(十里河)에 이르러 묵었다. 이날은 50리를 왔다.

　비장과 역관 무리들은 말 위에서 제각기 눈에 띄는 대로 만주 여인이나 한족 여인 중의 하나를 골라잡아 제 첩이라고 정하는 장난을 한다. 만약 다른 사람이 먼저 점찍은 여인은 감히 정하지 못하고 서로 피하는 법이 아주 엄격하다. 이것을 입으로만 말하는 구첩(口妾)이라 하는데, 간혹 질투하고 노하여 싸움질까지 벌이는 조롱을 하기도 한다. 이 역시 머나먼 길을 가는 데 심심풀이가 되는 것이었다.

　내일은 심양(瀋陽)에 들어가게 된다.

옛 요동 구경하기(구요동기(舊遼東記))

　요동 옛 성은 한(漢)나라 시대의 양평(襄平)·요양(遼陽) 두 현(縣) 땅에 걸쳐 있다. 진(秦)나라 때에 요동이라 불렀다. 뒤에 위만 조선(衛滿朝鮮)에 편입되었다가 한나라 말에 공손탁(公孫度)이 차지하였고, 수(隋)·당(唐) 때에는 고구려에 소속되었다. 거란(契丹)은 남경(南京)이라 하였고 금(金)은 동경(東京)이라 하였으며, 원(元)나라는 행성(行省)을 두었고 명(明)나라는 정료위(定遼衛)를 두었다. 지금은 요양주(遼陽州)로 승격되었다. 성에서 20리쯤 떨어진 곳에 새로 성을 쌓아 신요양(新遼陽)이라 하였으므로 이곳은 옛날의 요동성을 폐하고 구요동(舊遼東)이라 부르게 된 것이다.

　성의 둘레가 20리이다. 웅정필(熊廷弼)이 쌓은 것이라 하기도 한다. 성이 본래는 낮고도 비좁았다. 정필은 적의 기병(騎兵)이 공격해 온다는 말을 듣고 성을 헐어버리게 하였다. 청나라 군사들은 이것을 보고 더럭 괴이쩍은 생

---

*191 중국 본토의 여인. 곧 한족(漢族) 여인.

각이 나서 감히 가까이 달려들지 못하다가 성을 새로 쌓는다는 것을 정탐해 알아내고는 군사를 몰아 성 아래에 이르렀으나 이미 하룻밤 사이에 높다랗게 성을 새로 쌓아 놓았으니 어찌할 수 없었다. 그 후 정필이 도망치고 요양성이 청군에게 함락되자 청군은 성이 너무나 견고하여 함락시키는 데 애먹은 것을 분하게 여겨, 싸움에 이겨 의기충천한 군사들로 하여금 성을 헐어 버리게 했다. 그래도 열흘이 넘도록 다 헐지 못했다고 한다.

명나라 천계(天啓)*192 원년 3월에 심양(瀋陽)을 빼앗은 청군은 다시 군사를 이동시켜 요양(遼陽)으로 향했다. 경략 원응태(袁應泰)가 세 갈래 길로 군사를 보내어 무순(撫順)을 수복하려 하는 참에 청군이 심양을 함락시키고 다시 요양으로 향하려 한다는 소식을 듣고는, 마침내 태자하(太子河)의 물을 터놓아 해자에 가득 채우고, 군사들로 하여금 성가퀴에 올라가 둘러서서 방비하게 하였다. 청군은 심양을 함락시킨 지 닷새 만에 요양성 아래에 이르렀다.

누르하치〔奴兒哈赤〕라는 자는 이른바 청(淸)나라 태조(太祖)이다. 그는 스스로 좌익(左翼) 군사를 선봉으로 거느리고 먼저 도착했다. 명나라 총병(摠兵) 이회신(李懷信) 등은 군사 5만을 거느리고 성을 나가 5리 밖에 진을 쳤다. 누르하치는 좌익의 4기(旗) 군사로 명나라 군사의 왼쪽을 공격했다.

청 태종(太宗)은 우리나라에서 칸〔汗〕이라 일컫는데, 이름은 홍태시(洪台時 · 우리나라 丙丁錄에는 紅打時, 또는 洪他詩 등 여러 가지로 기록되어 있고 그 음이 비슷 · 하여 그렇게 적은 것이니, 마치 英阿兒壘를 龍骨大로, 馬伏塔을 馬夫大로 씀과 같다)이다. 홍태시가 정예 군사를 이끌고 와서 싸우기를 청했으나 누르하치는 이를 허락하지 않았다. 홍태시는 그대로 강행하려고 두 홍기(紅旗)*193를 성 옆에 매복시켜 형세를 엿보게 하였다. 그리하여 누르하치는 정황기(正黃旗)·양황기(鑲黃旗)를 보내 홍태시를 도와 명나라 진영의 왼쪽을 공격하게 하였다. 4기 군사가 잇달아 이르자 명나라 군사는 크게 어지러워졌다. 홍태시가 유리한 틈을 타 60리를 추격해서 안산(鞍山)에 이르렀다.

한창 싸우는 판에 명나라 군사가 요양성 서문으로 나오다가 청군이 성 옆에 머물게 해 둔 두 홍기 군사와 마주쳤다. 명나라 군사는 허둥지둥 성 안으로 되돌아가느라 자기네끼리 서로 밀치고 짓밟았다. 이때 총병(摠兵) 하세

---

*192 명나라(明) 희종(熹宗)의 연호. 원년은 우리 광해군(光海君) 13년, 1621년임.
*193 청나라 8기병 중 정홍기(正紅旗)와 양홍기(鑲紅旗).

현(賀世賢)과 부장(副將) 척금(戚金) 등이 모두 전사했다.

이튿날 아침에 누르하치가 패륵(貝勒)*194의 왼쪽 4기의 군사를 거느리고 성 서쪽의 수문(水門)을 파서 해자의 물을 빼고, 다시 오른쪽 4기의 군사로 하여금 동쪽 수로를 막게 한 다음, 자기는 직접 우익의 군사를 거느리고 난간 달린 수레를 성 둘레에 늘어세워서 포대에 넣은 흙과 돌을 날라다가 물을 막았다. 명나라 보병과 기병 3만 명이 동문을 나가 청나라 군사와 마주하여 진을 쳐 서로 대치하였다. 청군이 막 해자의 다리를 빼앗으려 하는데, 수로가 막혀 해자의 물이 거의 다 말라가므로 4기의 선봉이 해자를 건너가 함성을 지르며 동문 밖으로 공격하였다. 명군은 힘을 다해 싸웠으나 청군의 홍기(紅旗) 2백 명과 백기(白旗) 1천 명이 진격하여 명군의 전사자가 해자와 참호에 가득 찼다. 청군은 무정문(武靖門) 다리를 빼앗고, 군사를 나누어 해자를 지키는 명군을 공격했다. 성 위에서 명군은 끊임없이 화포(火砲)를 쏘아댔으나 청군이 용기를 내어 나무 사다리로 성에 올라 마침내 서쪽 성 일부를 빼앗아 백성들을 마구 죽이니 성 안이 크게 소란해졌다. 이날 밤 성 안의 명군이 횃불을 휘두르며 항전하였으나, 우유요(牛維曜) 등은 성을 넘어 어지럽게 달아났다.

이튿날 아침에 명군이 다시 방패를 나란히 하여 크게 싸웠으나, 청의 4기 군사가 또 성으로 올라왔다. 경략(經略)*195 원응태(袁應泰)가 성 북쪽 진원루(鎭遠樓)에 올라가서 싸움을 독려하다가 성이 함락되는 것을 보고는 진원루에 불을 질러 타 죽었다. 분수도(分守道) 하정괴(河廷魁)는 처자를 거느리고 우물에 몸을 던져 죽었으며, 감군도(監軍道) 최유수(崔儒秀)는 목매어 죽고, 총병(摠兵) 주만량(朱萬良), 부장(副將) 양중선(梁仲善), 참장(參將) 왕치(王豸)·방승훈(房承勳), 유격(遊擊) 이상의(李尙義)·장승무(張繩武), 도사(都司) 서국전(徐國全)·왕종성(王宗盛), 수비(守備) 이정간(李廷幹) 등이 모두 전사하였다. 사로잡힌 어사(御史) 장전(張銓)이 항복하지 아니하자 누르하치가 사사(賜死)하여 그의 뜻을 이루게 하였다. 홍태시는 그를 애석하게 여겨 살려 주려고 여러 번 간곡히 타일렀으나 끝내 그의 뜻을 꺾을 수 없었으므로 하는 수 없이 목졸라 죽여서 묻어 주었다.

---

*194 만주 팔기(八旗)의 벼슬 이름. 부장(部長)과 같은 말.
*195 당나라 초부터 생긴 무관(武官) 벼슬 이름.

황제(皇帝)*196가 전년 기해(己亥)에 전운시(全韻詩)를 지어 성이 함락된 전말을 자세히 적으면서 '항복하지 않은 명나라 신하는 우리 조종(祖宗)께서 오히려 은혜를 베풀었다. 연경(燕京)에 있는 명나라 군신(君臣)들은 그들을 전혀 모른 체하고 공과 죄를 밝히지 않았으니 망하지 않으려 한들 어찌 망하지 않을 수 있겠느냐' 하였다.

《명사(明史)》를 살펴보면, 웅정필(熊廷弼)이 광녕(廣寧) 땅을 구하지 않았을 때 삼사(三司)의 왕기(王紀)·추원표(鄒元標)·주응추(周應秋)가 죄를 물어 말하기를, "정필의 재주와 지식과 기백은 한때 세상을 노려볼 만큼 놀라웠다. 지난해 요양(遼陽)을 지키자 요양이 부지되고 요양을 떠나자 요양이 망했다. 다만 그의 교만하고 사나운 성질은 어찌하지 못하였다. 오늘 소(疏)를 올리면 내일 그것을 방(榜) 붙이는 버릇 말이다. 양호(湯鎬)*197와 비교하면 도망친 일이 한 가지 더 많고, 원응태(袁應泰)와 비교하면 도리어 죽음 한 몫이 모자라는 편이다. 만약 왕화정(王化貞)을 처형하고 정필을 용서해 준다면, 죄는 같은데도 벌이 다르다" 하며 그의 죄를 물었다고 한다.

지금, 그때 그가 쌓은 토벽(土壁)이 그대로 둘려 있고 벽돌의 흔적이 그대로 남아 있는 것을 보며 당시 삼사가 정필을 탄핵한 글을 떠올리니 정필의 사람됨을 짐작할 수 있다.

아! 슬프다. 명나라가 말기에 이르러 사람을 쓰고 버림이 거꾸로 되고 공과 죄가 분명하지 않아 웅정필과 원숭환의 죽음을 보았으니, 스스로 만리장성을 허물어뜨린 것이라 하겠다. 어찌 후세의 비난을 면할 수 있으랴.

태자하(太子河)의 물을 끌어다가 성 주위에 해자를 만들었고, 해자에는 고기잡이 배가 두어 척 떠 있다. 성 아래에서는 수십 명이 고기를 낚고 있다. 모두들 좋은 옷을 입고 한가로운 귀공자처럼 보인다. 모두 성 안의 장사꾼들이었다. 나는 해자를 돌면서 물을 가두고 빼는 수문 시설을 살펴보았다. 낚시질을 하던 사람들이 떠들썩하게 지껄이더니 낚싯대를 들고 내게로 와서 뭐라 말을 건다. 내가 땅바닥에 글자를 써 보이니 모두 한참 들여다보고는 웃고 그대로 가버렸다.

---

*196 청나라 고종(高宗) 건륭제.
*197 임진왜란 때 명나라의 경략조선군무(經略朝鮮軍務)로 구원병을 거느리고 왔다가 울산(蔚山)에서 패전하였음. 처형을 면했으나 뒤에 청나라와 싸워서 다시 패전하여 처형당했음.

요동의 백탑 구경하기 (요동 백탑기)
(遼東白塔記)

　관왕묘(關王廟)를 나와 5리를 채 못 가서 탑이 있다. 겉은 흰빛이고 8면 13층으로 높이가 70길이라 한다. 세상에 전하는 말에, 당나라 울지경덕(尉遲敬德)*198이 군사를 거느리고 고구려를 치러 갈 때 쌓은 것이라고 한다. 혹은 신선 정영위(丁令威)가 학을 타고 요동(遼東)으로 돌아와 보니, 성곽과 인민이 모두 바뀌었으므로 슬피 울며 노래를 지어 불렀는데 이곳이 그가 머물렀던 화표주(華表柱)*199라고도 한다. 그러나 그렇지 않다. 화표주는 요양성(遼陽城) 밖 10리도 채 안 되는 곳에 있고 또한 그다지 높지도 크지도 않다. 백탑(白塔)이라고 일컫는 것은 우리나라 사행(使行)의 하인들이 부르기 수월한 대로 지은 이름이다.
　요동은 왼쪽으로 푸른 바다를 끼고 앞으로는 큰 들이 펼쳐져서 아무것도 거치는 것 없이 천 리 밖이 아득하다. 이 백탑은 그 넓은 들판의 형세 3분의 1을 차지하고 있는 느낌을 준다. 탑 꼭대기에는 쇠로 만든 북 세 개가 놓여 있고 층마다 처마 끝에 풍경을 달았으니 그 크기가 두레박만 하고 바람이 불면 그 풍경 소리가 온통 요동 벌판에 울려 퍼진다.
　탑 아래에서 두 사람을 만났는데 모두 만주 사람이다. 영고탑(寧古塔)으로 약을 사러 가는 길이라고 한다. 땅바닥에 글자를 써서 문답을 하였다. 한 사람은 고본상서(古本尙書)*200가 있느냐고 묻고, 또 한 사람은 안부자(顔富子)*201가 지은 책과 자하(子夏)*202의 악경(樂經)이 있느냐고 묻는다. 모두 내가 처음 듣는 책들이라 대답을 하지 않았다. 두 사람은 모두 아직 청년으로, 이곳이 초행이라 탑 구경을 왔다고 한다. 갈 길이 바빠서 그들의 이름을 미처 물어보지 못했지만 수재(秀才)인 듯싶었다.

---

*198 당나라 태종(太宗) 때의 명장. 이름은 공(恭).
*199 원시신앙(原始信仰)의 유물(遺物)로 길거리에 세워 놓은 푯대.
*200 서경(書經). 오경(五經) 또 십삼경(十三經)의 하나. 당우(唐虞) 3대의 기록임.
*201 공자의 제자 안자(顔子)를 높여 일컫는 말.
*202 공자의 제자.

관운장 사당 이야기 (관묘기 (關廟記))

구요동(舊遼東) 성문을 나서자 그곳에 돌다리가 있다. 다리의 돌난간이 매우 정밀하고 교묘하다. 강희(康熙) 57년에 쌓은 것이다. 다리 맞은편 백여 걸음쯤에 있는 패루(牌樓)에는 운룡(雲龍)과 물 속에 산다는 신선을 새겼는데, 모두 음각(陰刻)이다. 패루에 들어서니 동쪽에 큰 누각(樓閣)이 있고 그 아래쪽에는 문을 만들어 적금(摘錦)이란 현판을 걸었다. 왼쪽에는 종루(鐘樓)가 있어 용음(龍吟)이라 이름하였고, 오른쪽에는 고루(鼓樓)가 있어 호소(虎嘯)라는 이름을 붙였다.

묘당(廟堂)은 웅장하고 화려하며, 겹겹이 들어선 전각(殿閣)은 단청이 찬란하다. 정전(正殿)에는 관우(關羽)의 상을 모셔 놓았고, 동쪽 채에는 장비(張飛)를, 서쪽 채에는 조자룡을 모셔 놓았다. 또 촉(蜀)나라 장군 엄안(嚴顏)의 굴하지 않는 꿋꿋한 상을 만들어 놓았다. 뜰에는 여러 개의 큰 비석이 서 있는데, 모두 이 관왕묘의 창건과 중수의 전말을 기록한 것들이다. 새로 세운 비석 하나에는 산서(山西)의 상인들이 관왕묘를 중수했다는 일이 기록되어 있다.

사당 안은 건달패 수천 명이 왁자지껄하게 떠들고 있어 마치 무슨 놀이터 같았다. 어떤 자는 창과 몽둥이 쓰는 법을 익히고, 어떤 자는 주먹과 다리 힘을 서로 겨룬다. 혹은 눈먼 말과 애꾸 말을 타고 흉내를 내며 장난을 치고 있고 한쪽에는 한 사람이 앉아서 수호전(水滸傳)을 읽는데 여러 사람이 빙 둘러앉아 그것을 듣고 있다. 읽는 자는 우쭐거리며 코를 킹킹거리고 옆에 아무도 없는 듯 제 세상인 양 군다. 읽는 곳을 들여다보니 수호전에서 와관사(瓦官寺)에 불을 지르는 대목인데, 입으로 외우는 내용은 수호전이 아니라 바로 서상기(西廂記)였다. 글자를 모르는 까막눈이면서도 입에는 익어서 청산유수로 술술 외워 나간다. 마치 우리나라 장터에서 임장군전(林將軍傳)[203]을 외우는 것만 같다.

그가 읽기를 멈추자 두 사람이 비파를 타고 한 사람이 징을 울린다.

---

[203] 조선 인조 때의 임경업(林慶業) 장군을 주인공으로 한 국문 소설.

광우사를 보고 (광우사기 / 廣祐寺記)

백탑 남쪽에 옛 절이 있는데 절 이름을 광우사(廣祐寺)라고 한다. 아까 백탑에서 만난 만주인 수재(秀才)가 말하기를, 이 절은 한(漢)나라 때 처음 세운 것으로 당나라 태종(太宗)이 요동을 칠 때 수산(首山)에 머물러 있으면서 악공(鄂公) 울지경덕(尉遲敬德)을 시켜 중수(重修)토록 했다고 한다.

전하는 이야기에 의하면, 한 시골 사람이 광녕(廣寧)으로 가다가 길에서 한 동자(童子)를 만났다고 한다. 동자가 "나를 업고 광우사로 가시면, 절 오른편 열 걸음쯤에 있는 큰 고목나무 아래에 묻혀 있는 돈 10만 냥을 드리겠습니다" 하므로 시골 사람이 그 동자를 업고 수백 리 길을 재촉하여 한나절이 못되어 절에 이르렀다. 동자를 내려놓고 돌아보니 그 동자는 사람이 아니라 금부처였다. 절의 중이 그의 이야기를 듣고 이상하게 여겨 그 말대로 절 오른쪽 고목나무 밑을 파 보았다. 과연 그곳에서 돈 10만 냥이 나왔으므로 시골 사람은 그 돈으로 이 절을 중수하였다고 한다.

절의 비석을 읽어 보니 '강희(康熙) 27년에 태황태후(太皇太后)[204]가 내탕금(內帑金)을 내려 이 절을 지었고, 강희제도 일찍이 이 절에 거둥하여 중들에게 비단 가사(袈裟)를 하사하였다' 하였으나 지금은 절도 없고 중도 없다.

---

*204 황제의 할머니. 여기서는 청나라 태종(太宗)의 비.

심양에서 보고 들은 이야기
성경*¹잡지(盛京雜識)

7월 10일 병술(丙戌)~14일 경인(庚寅) 5일 동안.
십리하(十里河)에서 소흑산(小黑山)에 이르기까지 3백27리

4년 경자(庚子) 가을 7월 10일 병술(丙戌)
비가 오다가 이내 개다.

십리하(十里河)에서 일찌감치 떠나 판교보(板橋堡)까지 5리, 장성점(長盛店)까지 5리, 사하보(沙河堡)까지 10리, 폭교와자(暴交蛙子)까지 5리, 점장포(毡匠舖)까지 5리, 화소교(火燒橋)까지 3리, 백탑보(白塔堡)까지 7리, 모두 40리를 와서 백탑보에서 점심을 먹고, 다시 백탑보에서 일소대(一所臺)까지 5리, 홍화포(紅火舖)까지 5리, 혼하(渾河)까지 1리, 배로 혼하를 건너 심양(瀋陽)까지 9리, 모두 20리를 와서 심양에서 묵었다. 이날 모두 60리를 왔다.

이날은 몹시 더웠다.
멀리서 요양성 밖을 두루 바라보니 수풀이 울창하게 우거졌으며, 새벽 까마귀가 수없이 들판에 흩어져 날고 있다. 아침밥 짓는 연기가 하늘가에 자욱한데, 상서로운 아침 해가 불쑥 솟아오르니 안개가 곱게 피어오른다.
사방을 둘러보니 들판이 끝없이 펼쳐져서 거칠 것 하나 없다. 아! 이곳이 옛날 수많은 영웅들이 싸웠던 곳이구나. 이른바 용이 날고 범이 달리듯 위무(威武)를 높이고 낮춤이 다 제 마음에 달려 있겠지만, 천하의 편안함과 위태로움은 항상 이 요동 벌판에 달려 있었다. 이 요동 벌판이 조용해지면 천하

---
*1 심양(瀋陽)의 옛 이름. 지금의 봉천(奉天).

의 풍진(風塵)이 잠잠하고, 요동 벌판이 시끄러워지면 천하의 군마(軍馬)가 움직이니 이는 무슨 까닭인가? 일망천리(一望千里) 평편하고도 드넓은 벌판을 지키자니 힘이 모자라고, 버리자니 오랑캐들이 꼬리를 물고 중원(中原)으로 쳐들어와 담 없는 마당처럼 될 것이다. 이것이야말로 중국이 이곳을 기어코 차지하고 있어야 하는 이유이다. 중국으로서는 비록 천하의 힘을 다 기울여서라도 이곳을 지켜야만 천하가 편안할 수 있는 것이다. 지금 천하가 백 년을 아무 일 없이 지내는 까닭이 어찌 도덕과 교육과 정치(政治)가 전대(前代)보다 월등히 뛰어난 때문이라고만 할 수 있으랴.

심양은 청(淸)나라가 처음 일어난 땅으로서 동으로는 영고탑(寧古塔)에 인접하고, 북으로는 열하(熱河)를 끼고, 남으로는 조선을 어루만지면서 서쪽으로는 중국 본토를 향하여 있으니, 천하가 감히 꼼짝 못하는 까닭은 그 근본을 튼튼하게 하는 점이 역대에 비할 바가 아니기 때문이다.

요동 벌판에 발길을 들여놓은 이래 뽕나무밭과 삼밭이 우거지고, 닭 소리 개 소리가 연달아 들린다. 이렇게 백 년 동안 무사하기는 하지만 청나라 황실로서는 오히려 한 가지 걱정거리가 아닐 수 없을 것이다.

몽고 수레 수천 대가 벽돌을 싣고 심양으로 들어간다. 수레 하나를 소 세 마리가 끌고 간다. 소는 흰 놈이 많고 간혹 푸른 놈도 있다. 더운 여름날 무거운 수레를 끄느라 소의 코에서는 피가 흐른다. 몽고 사람들은 다 코가 우뚝하고 눈이 깊숙하여, 험상궂고 사납게 생긴 모습이 사람처럼 보이지 않는다. 그런 데다가 그 옷과 모자가 몹시 남루하고 얼굴에 때와 먼지가 가득 끼어 있다. 그래도 버선을 벗지 않으면서 우리네 하인들이 정강이를 드러내고 다니는 것을 보고 괴이하게 생각하는 모양이다.

우리 마부들은 해마다 몽고 사람들을 보아와서 그들의 성질을 잘 알기 때문에 그들과 익숙해 있었다. 채찍 끝으로 그들의 모자를 벗겨 길가에 던져버리기도 하고, 공처럼 차며 장난을 쳐도 몽고 사람들은 그저 웃기만 할 뿐 성을 내지 않는다. 다만 양손을 벌리고 부드러운 말로 돌려 달라고 빈다. 또는 마부가 뒤를 쫓아가 모자를 벗겨 가지고 밭 가운데로 뛰어들어가, 짐짓 몽고 사람에게 쫓기는 체하다가 갑자기 몸을 돌려 그의 허리를 꽉 껴안고 발로 걸면 몽고 사람은 넘어지지 않는 자가 없다. 그러고는 그의 가슴을 가로타고 앉아서 흙을 입에 집어넣으면 다른 청인들도 수레를 멈추고 서서 일제히 웃는다. 밑에 깔려 있던 자도 웃으면서 일어나 입술을 닦고 모자를 주워 쓸 뿐 덤벼들지 않는다.

가다가 수레 하나를 만났다. 일곱 사람이 타고 있다. 모두 붉은 옷을 입었고 쇠사슬로 어깨와 등을 얽어매어 목에 걸고, 다시 한 끝으로는 손을 결박하고 다른 한 끝으로는 발을 결박했다. 그들은 모두 금주위(錦州衛)의 도둑들로 사형에서 형량을 감형하여 흑룡강(黑龍江)으로 귀양을 보내는 것이라고 한다. 얼굴에는 어딘지 겁먹은 빛이 보이긴 하지만 수레 위에서 서로 웃고 장난치면서 조금도 괴로워하는 기색은 없다.

말 수백 마리가 길을 휩쓸고 지나간다. 한 사람이 좋은 말을 타고 손에 수숫대를 가지고 맨 뒤에서 말들을 몰아 간다. 말들은 굴레도 없고 고삐도 없이 이따금 옆을 돌아보면서 걸어간다.

탑포(塔舖)에 이르렀다. 탑은 마을 가운데 서 있다. 높이가 20여 길에 13층 8각이며 탑 속이 비어 있고, 각 층에 둥근 문이 네 개씩 나 있다. 말을 탄 채 탑 안으로 들어가서 위를 쳐다보니 갑자기 현기증이 난다. 말 머리를 돌려 도로 나오자 일행은 벌써 숙소에 들었다.

그들을 뒤쫓아 숙소의 후당(後堂)으로 들어가니 주인의 수염 아래에서 갑자기 개 짖는 소리가 몇 번 들린다. 내가 깜짝 놀라 멈칫하자 주인이 미소를 지으면서 앉기를 청한다. 주인은 수염이 길고 머리가 희끗희끗한데 방구들 위에 있는 앉은뱅이 걸상에 오똑하니 걸터앉아 있다. 방구들 바닥에는 걸상을 마주하여 한 노파가 앉아 있다. 머리에 붉고 흰 접시꽃을 꽂았고, 검푸른 바탕에 복숭아꽃을 수놓은 치마를 입고 있다. 이 노파의 가슴에서도 개 짖는 소리가 더욱 사납게 난다. 이어서 주인이 서서히 자기 품 속에서 삽살개 한 마리를 끄집어낸다. 크기가 토끼만 하고, 털의 길이가 한 치나 될 것 같다. 올올이 눈처럼 희고 등은 담청색(淡靑色)이며, 눈은 노랗고 입은 붉다. 노파가 또한 옷자락을 헤치고 삽살개를 끄집어내어 내게 보이는데 털빛이 똑같다.

노파가 웃으며 말했다.

"손님은 괴이하게 여기지 마십시오. 우리 늙은이 내외가 집 안에 한가로이 들어앉아 있자니 참으로 기나긴 나날을 보내기가 하도 심심해 집에서 이 흰 개들을 기르며 재롱을 즐기고 있다오. 그렇지만 도리어 남들의 웃음거리가 되고 있습지요."

"자손이 없으십니까?"

내가 주인에게 물으니 주인이 대답한다.

"아들 셋과 손자 하나를 두었지요. 맏아들은 31살이에요. 성경에서 장군을 모시는 관원 노릇을 하고 있지요. 둘째 놈은 19살, 막내놈은 16살이랍니다. 둘 다 서당에 가서 글을 배우지요. 아홉 살 난 손자 놈은 버드나무 숲에 매미를 잡으러 갔어요. 그러니 종일토록 얼굴도 보기 어렵지요."

얼마 뒤 주인의 손자가 손에 나팔을 들고 숨을 몰아쉬며 후당으로 달려 들어오더니, 노인의 목을 끌어안고 나팔을 사 달라고 조른다. 노인은 자애가 넘치는 얼굴로 타이른다.

"이런 건 너한테 필요 없는 거야."

아이는 얼굴이 맑고 시원스럽게 생겼다. 살구빛 무늬 있는 저고리를 입고 있다. 온갖 재롱과 어리광을 떨면서 이리 뛰고 저리 뛴다.

노인이 어린 손자더러 내게 절을 하라고 시킨다. 그때 군뢰 하나가 눈을 부릅뜨고 쫓아 들어와 그 나팔을 빼앗고 큰소리를 냈다. 노인이 일어나더니 말한다.

"이거 참 죄송합니다. 어린 것이 장난을 쳤군요. 조금도 망가지지는 않았습죠."

나도 군뢰를 꾸짖으며 말했다.

"나팔을 찾았으면 그만이지 어찌하여 이처럼 야단을 쳐서 남을 무안하게 하는고?"

"이 개는 어디서 나는 것입니까?"

내가 주인에게 물었다. 주인이 대답한다.

"운남(雲南)*2에서 나는 개이지요. 촉(蜀)*3에서도 이런 개가 난답니다. 이 개는 이름을 옥토아(玉兎兒)라 하고, 저 개는 설사자(雪獅子)라고 하지요."

주인이 옥토아를 불러 절을 하라고 하니까, 개는 뒷발로 일어서서 앞발을

―――――――――――――
*2 중국의 서남쪽에 있는 성(省). 그 남쪽은 베트남과 미얀마가 접하고 있다.
*3 중국 사천성(四川省)·운남성 지방. 옛날 삼국시대(三國時代) 이 지방에서 일어난 유비(劉備)가 나라 이름을 촉(蜀)이라 하고 성도(城都)에 도읍했음.

쳐들어 읍하여 절하는 시늉을 하고 다시 땅에 닿도록 머리를 조아린다.
 장복이 와서 밥 먹으라고 하여 나는 곧 몸을 일으켰다. 주인이 말한다.
 "손님께서 이 미물을 그처럼 예뻐하셨으니, 정표로 이것을 드리고자 합니다. 공물을 바치고 돌아가시는 길에 가져가도록 하십시오."
 그러나 나는 말했다.
 "고맙습니다만 어찌 감히 받겠습니까?"
 나는 급히 몸을 돌려 나왔다.
 사행(使行)은 이미 첫 나팔을 불어 떠나게 되었다. 그런데 내가 간 곳을 몰라 장복으로 하여금 두루 찾아보게 하였으나 얼른 찾지 못한 것이었다. 밥은 이미 굳었고 마음은 조급하여 목으로 넘어가지 않아 장복에게 주면서 창대와 함께 먹으라고 했다. 그리고 음적점에 들어가 국수 한 그릇, 소주 한 잔, 삶은 달걀 세 개, 참외 한 개를 사서 먹고, 값 마흔두 닢을 치르고 나자 사행이 막 음식점 앞을 지나간다. 곧 변군(卞君)과 함께 말고삐를 나란히 하여 뒤를 따랐다. 배가 불러 몹시 거북한 것을 참고 20리를 갔다.
 해가 이미 사시(巳時)에 가까워져서 따가운 볕이 몹시 내리쬔다. 요양(遼陽)에서부터는 길가에 버드나무가 많아 그늘이 짙어서 그다지 더운 줄을 몰랐다. 그런데 간혹 버드나무 아래 물이 괴어 웅덩이를 이룬 곳이 있어서 이것을 피해 길 가운데로 나오면, 불볕이 내리쬐고 찌는 듯한 땅 기운이 치솟아서 금시에 숨이 막히고 가슴이 답답해진다.
 멀리 버드나무 아래를 바라보니 수레와 말이 많이 모여 있다. 말을 채찍질하여 그곳으로 가서 말에서 내려 잠시 쉬었다.
 장사꾼 수백 명이 짐을 내려 놓고 땀을 식히고 있다. 어떤 사람은 버드나무 뿌리에 걸터앉아 옷을 벗고 부채질을 하고, 어떤 사람은 차를 마시거나 술을 마시고, 어떤 사람은 머리를 감거나 머리를 깎고, 어떤 사람은 골패놀이를 하고, 어떤 사람은 팔씨름을 한다. 그들이 내려놓은 짐을 살펴보니 그림을 그린 도자기가 많았고, 수수깡 껍질을 벗겨 조그맣게 누각처럼 만들어서 그 속에 우는 벌레나 매미를 한 마리씩 넣은 것이 여남은 개나 되고, 또 단지에다가 빨간 벌레와 푸른 마름을 넣은 것도 있다. 물 위에 떠서 꼬물거리는 빨간 벌레는 새우알만큼이나 작은데 그것은 물고기의 먹이가 되는 것이었다. 30여 대의 수레에는 모두 석탄을 가득가득 실었다.

술을 파는 사람, 차를 파는 사람, 떡과 과일을 파는 사람 등 온갖 음식을 파는 사람들이 모두 버드나무 그늘 아래 줄지어 의자에 앉아 있다. 나는 양매차(楊梅茶)*4 반 사발을 여섯 닢에 사서 목을 축였다. 달고도 시어 제호탕(醍醐湯)*5과 비슷했다.

　태평차(太平車)*6 한 대에는 두 여인이 타고 있고 당나귀 한 마리가 끈다. 당나귀가 물통을 보더니 수레를 그대로 끌고 물통으로 다가간다. 타고 있는 여인은 한 사람은 늙은이이고 한 사람은 젊은이인데 주렴을 걷고 바람을 쐬고 있다. 모두 꾀꼬리색 윗도리와 주황색 바지를 입었고, 옥잠화·패랭이꽃·석류꽃을 머리에 가득 꽂아 야단스럽게 꾸몄다. 한족 여인들인 듯하다.

　변군이 술을 마시자 하여 저마다 한 잔씩 사 마시고 곧 떠났다. 몇 리를 가지 않았을 때 멀리 여기저기 부도(浮屠)*7가 나타나 뚜렷이 눈에 들어온다. 심양이 점점 가까워지는가 보다. 문득 이런 시가 생각났다.

　어부가 가리키는 저기 강성이 가깝다네
　뱃머리에 솟은 탑이 볼수록 길어지는구나.

　漁人爲指江城近　一塔船頭看漸長

　그림을 모르는 사람은 시를 모른다. 그림에는 농담(濃淡)의 법이 있고, 원근(遠近)의 형세가 있다. 이제 저 탑의 모양을 바라보니 더욱 옛 사람이 시를 지을 때에는 반드시 화의(畵意)를 갖추었음을 깨닫겠다. 성이 멀고 가까움을 다만 탑의 길고 짧음으로 미루어 알 수 있기 때문이다.

　혼하(渾河)는 일명 아리강(阿利江)이라고도 하고 소요수(小遼水)라고도 한다. 장백산(長白山)에서 시작하여 사하(沙河)와 합쳐지고 성경(盛京)의 동남쪽을 휘돌아 태자하(太子河)와 합류한 다음, 다시 서쪽으로 흘러 요하

---

*4 소귀나무의 열매를 볶아서 만든 차.
*5 오매(烏梅)·백단향(白檀香)·사인(砂仁)·초과(草果) 등의 약재를 가루로 하여 꿀에 넣어서 끓인 청량음료.
*6 네댓 사람까지 탈 수 있는 사람이 타는 수레.
*7 불탑.

(遼河)와 합쳐져서 삼차하(三叉河)가 되어 바다로 들어간다.

혼하를 건너 몇 리를 가자 그리 높지 않은 토성(土城)이 나온다. 토성에는 검은 소 수백 마리가 있는데, 그 털빛이 옻칠같이 아주 새까맣다. 1백 경(頃)*8이나 될 듯한 큰 연못에는 물이 가득했다. 붉은 연꽃이 한창이고 거위와 오리가 수없이 물 위에서 헤엄친다. 못가에서 흰 양 1천여 마리가 연못의 물을 마시다가 사람을 보더니 모두 고개를 쳐들고 바라본다.

외성(外城)의 문을 들어서니 성 안의 풍물이 번화하고 거리의 번성함이 요양보다 열 갑절이나 더하다.

관왕묘에 들어가 잠시 쉬면서 삼사(三使)는 관복(冠服)을 갖추어 입었다. 한 노인이 수화주(秀花紬)의 단삼(單衫)*9을 입었는데, 번쩍이는 머리에는 변발(辮髮)*10이 매달려 있다. 그는 나에게 길게 읍하고 나서 "수고하십니다" 한다. 나도 손을 들어 읍하여 답례하였다. 노인은 내가 신고 있는 진 땅에서 신는 진신을 유심히 바라본다. 틀림없이 그 만든 방법을 자세히 보고 싶은 눈치여서 나는 곧 한짝 신을 벗어서 보여 주었다. 그러자 관왕묘 안에서 한 도사(道士)가 달려 나온다. 몸에는 야견사로 만든 도포를 입고, 머리에는 등(藤)으로 만든 갓을 쓰고, 발에는 공단으로 만든 검은 신을 신었다. 그는 갓을 벗고 자기의 상투를 만지면서 말한다.

"이것이 상공(相公)의 것과 같습니다그려."

노인은 자기 신을 벗고 내 신을 신어 보며 묻는다.

"이 신은 무슨 가죽으로 만든 것입니까?"

"당나귀 가죽으로 만들었습니다."

"밑창은 무슨 가죽입니까?"

"쇠가죽입니다. 기름을 먹여서 진흙을 밟아도 물이 스며들지 않지요."

노인과 도사가 함께 신발이 참 좋다고 칭찬하고, 다시 묻는다.

"이 신이 진창에는 편리하지만 마른 땅에서는 발이 부르트지 않습니까?"

"좀 그렇습니다."

나는 그렇게 대답했다.

---

*8 면적 단위의 하나. 1경은 2천 평이 보통임.
*9 홑적삼.
*10 앞머리는 깎아버리고 뒷머리를 길게 땋아서 늘어뜨리는 청나라 사람들의 풍습.

노인이 나를 인도하여 묘당(廟堂) 안으로 들어가자 도사가 차 두 잔을 따라서 나와 노인에게 권한다.

노인은 자기 성명을 복녕(福寧)이라 써 보인다. 그는 만주 사람으로 현재 성경(盛京) 병부낭중(兵部郎中)에 임명되어 있으며 나이는 63살이라고 한다. 피서를 왔다고 하면서 성 밖 큰 못의 연꽃이 한창인 것을 두루 구경하고 방금 돌아왔다고 한다. 그리고 나에게 묻는다.

"상공의 벼슬 품계는 어떻게 되시고, 연세는 몇이십니까?"

나는 성명을 말한 다음 이렇게 말했다.

"선비 신분으로 중국에 구경을 온 것이고, 나이는 정사생(丁巳生)*11입니다."

그랬더니 다시 생일과 생시(生時)를 묻기에 2월 초닷새 축시(丑時)*12라고 대답하였다. 그가 무관(武官)이냐고 물어서 아니라고 대답했다.

복녕(福寧)이 다시 물었다.

"저기 윗자리에 앉으신 분이 재작년 북경에 오실 때 내가 심양으로 돌아오는 길에 옥전(玉田)에서 며칠 동안 한 숙소에서 묵었습지요. 그분은 한림(翰林) 출신이시지요?"

"한림이 아니라 부마도위(駙馬都尉)*13입니다. 나하고는 8촌 형제 사이랍니다."

부사와 서장관에 대해서도 묻기에 각각 성명과 관직을 말해 주었다.

사행이 옷을 갈아입고 떠나게 되어 내가 자리에서 일어서자 복녕은 내 손을 잡고 당부한다.

"행차에 몸 건강하십시오. 마침 더위가 극성을 부리니 설익은 오이와 찬물을 부디 자시지 마십시오. 내 집은 서문(西門) 안 나마장(騾馬場) 남쪽에 있는데, 문 위에 병부낭중(兵部郎中)이란 패가 걸려 있고, 또 금자로 계유문과(癸酉文科)라 씌어 있어서 찾기 쉽습니다. 상공께서는 언제쯤 돌아오시게 됩니까?"

---

*11 연암은 1783년생이므로 이때 나이는 44살이었음.

*12 오경(五更). 새벽 4시 전후.

*13 임금의 사위. 생략하여 부마 또는 도위라고 함. 이때의 정사 박명원(朴明源)은 영조(英祖)의 사위였음.

"아마도 9월 중에 성경(盛京)으로 돌아올 것 같습니다."

"그때엔 공무에 별로 지장이 없을 것이므로 반갑게 만날 수 있을 것입니다. 상공의 사주(四柱)도 알았으니 조용히 좋은 때를 점쳐 놓고 기다리겠습니다."

복녕의 말과 태도가 매우 은근하여 작별을 몹시 아쉬워함을 알겠다. 도사는 콧날이 날카롭고 눈동자가 가운데로 모인 데다가, 행동이 매우 경망하여 전연 간곡한 태도가 없으나 복녕은 사람됨이 헌걸차고 듬직하다.

삼사가 차례로 말을 타고 간다. 문관과 무관이 반열을 지어 입성하는 것이다.

성은 둘레가 10리로서 모두 벽돌로 쌓았고, 여덟 문루(門樓)는 모두 3층인데 옹성(甕城)*14으로 보호한다. 옹성의 좌우에 또한 동서로 마주 선 문이 있어 그곳으로 통행한다. 대를 쌓고 3층 누각을 세웠으며, 누각 아래에서 십자로 뻗어나갔다. 수레바퀴가 서로 부딪치고 사람의 어깨가 서로 마주쳐서 소란스럽기가 마치 시장 바닥 같다. 길을 사이하여 늘어선 상점들은 채색한 누각과 조각한 창문, 금빛 간판이며 푸른 현판(懸板)이 찬란하고, 가게 안에는 온갖 상품이 가득 차 있다. 가게를 보는 사람은 모두 얼굴이 희고 옷과 모자가 깨끗하고 곱다.

심양은 본래 우리나라 땅이다. 어떤 사람은 한(漢)나라가 사군(四郡)을 설치했을 때 이곳에 낙랑군(樂浪郡)의 군청을 두었다고도 한다. 원위(元魏)*15・수(隋)・당(唐) 시대에는 고구려에 속해 있었다. 지금은 성경(盛京)이라 하여 봉천부윤(奉天府尹)이 백성을 다스리고, 봉천장군(奉天將軍) 부도통(副都統)이 팔기(八旗)*16를 관할하고 있다.

또한 승덕지현(承德知縣)이 있고, 각 부에 좌이아문(佐貳衙門)을 설치하였다. 좌이아문 맞은편에 향장(響牆)*17이 있고, 문 앞에는 모두 검게 옻칠을 한 나무를 서로 어긋나게 세워서 난간을 만들었다. 장군부(將軍府) 앞에는 커다란 패루(牌樓)*18가 서 있는데, 길에서 보니 여러 빛깔의 유리 기와

---

*14 성문 밖에 다시 둥글거나 모나게 쌓아 성문의 방비를 견고하게 하는 조그만 성.
*15 중국 남북조(南北朝) 시대의 북위(北魏)를 일컫는 말.
*16 청나라 때 만주와 몽고의 병제(兵制) 또는 행정구획. 정황(正黃)・양황(鑲黃)・정백(正白)・양백(鑲白)・정홍(正紅)・양홍(鑲紅)・정람(正藍)・양람(鑲藍)의 여덟임.
*17 조장(照墻)이라고도 하는 가리개 구실을 하는 담.
*18 편액(扁額)을 건 문.

가 보인다.

　내원(來源)·계함(季涵)과 함께 행궁(行宮) 앞으로 갔다. 한 벼슬아치가 손에 짧은 채찍을 들고 몹시 황급하게 걸어간다. 중국말을 잘 하는 내원의 마두 광록(光祿)이 그 벼슬아치에게로 달려가서 한쪽 무릎을 꿇고 머리를 조아린다. 벼슬아치가 황망히 광록을 붙잡아 일으키면서 말한다.
　"형장, 왜 이러십니까? 편히 하십시오."
　그래도 광록은 연방 머리를 숙이며 말한다.
　"소인은 조선의 방자(幇子)[19]올시다. 우리 상전들께서 황제가 계시는 궁궐 구경하시기를 하늘을 우러러 보듯 간절히 바라십니다. 나리께서 허락해 주시겠습니까?"
　관리가 웃으면서 대답한다.
　"좋습니다. 나를 따라 오시오."
　나는 곧 쫓아가서 인사를 하려고 했으나, 그의 걸음이 나는 듯이 빨라서 따라갈 수가 없다. 막다른 곳에 이르러 바라보니 붉은 목책을 둘러 세웠다. 그 벼슬아치가 목책 안으로 들어가더니 우리를 돌아보고 채찍으로 가리키면서 "여기서 구경하시오" 하고는 곧 몸을 돌이켜 가 버린다.
　"안에 들어가 두루 구경하지 못할 바엔 여기 우두커니 서 있을 필요가 없습니다. 이렇게 한 번 보았으면 됐지요."
　박내원은 불쑥 한마디 하더니 마침내 변계함을 이끌고 술집으로 가 버렸다.
　나는 홀로 남아 광록과 함께 목책 안으로 들어갔다. 정문은 이름이 태청문(太淸門)이다. 문 안으로 들어서면서 광록이 말한다.
　"아까 만난 그 관리는 바로 파수 보는 관리일 겁니다. 전년에 하은군(河恩君)[20]을 모시고서 따라왔을 때에도 행궁을 두루 구경했지요. 아무도 막는 사람이 없었습니다. 마음 놓고 구경하십시오. 설혹 사람을 만나더라도 쫓겨나기밖에 더하겠습니까?"
　나는 "네 말이 옳다" 하고 곧 전전(前殿)으로 걸어갔다. 편액(扁額)에는 숭정전(崇政殿)이라 되어 있고, 또 다른 편액에는 정대광명(正大光明)이라

---

[19] 지방 관아(官衙)에 딸린 하인의 한 가지.
[20] 이름은 이광(李珖). 1777년에 진하사은진주 겸 동지사(進賀謝恩陳奏兼冬至使)의 정사(正使)로 연경에 갔음.

되어 있다.

전전의 왼쪽에 비룡각(飛龍閣)이, 오른쪽에 상봉각(翔鳳閣)이 있고, 전전의 뒤에 3층의 높은 누각이 서 있다. 봉황루(鳳凰樓)라 하였고 그 좌우에 익문(翼門)*21이 있다. 문 안에 갑군(甲軍) 수십 명이 있다가 길을 막는다. 할 수 없이 문 밖에서 층층의 누각과 겹겹의 전각들, 첩사(疊榭)*22·회랑(廻廊)*23 등을 바라보았다. 지붕을 모두 오색 유리 기와로 이었다. 이층 팔각집은 태정전(太政殿)이라 한다. 태청문 동쪽에 신우궁(神祐宮)이 있다. 그곳에는 삼청(三淸)*24의 소상(塑像)을 모셔 놓았고, 강희제(康熙帝)의 친필인 소격(昭格)이란 글씨와, 옹정제(雍正帝)의 친필인 옥허진제(玉虛眞帝)*25란 글씨가 걸려 있다.

행궁에서 나와서 박내원을 찾아 술집에 들어갔다. 술집 깃발에는 금빛 글자로 이렇게 씌어 있다.

하늘엔 별도 많지만 주성(酒星)은 하나이고
인간계에 둘도 없는 주천(酒泉) 고을 여기로다.

天上已多一顆星 人間空聞郡雙名

술집은 붉은 난간에 푸른 문, 하얀 벽, 그림 그린 기둥에다 시렁에는 층층이 똑같은 크기의 놋쇠 술통을 진열해 놓았다. 술통에는 붉은 종이로 이름을 써 붙였으나 하도 많아서 이루 다 기록할 수가 없다.

주부(主簿) 조학동(趙學東)이 다른 사람과 함께 술을 마시고 있다가 내가 들어서니 웃으면서 일어나 맞이한다. 의자가 5, 6십 개, 탁자가 2, 3십 개 놓여 있고, 화분이 수십 개에 이르렀다. 화분에는 마침 저녁 물을 주고 있다. 가을 해당화와 수구화(繡毬花)가 한창 피었다. 다른 꽃들은 모두 처음 보는

---
*21 정문 양 옆에 있는 곁문.
*22 여러 층으로 된 정자.
*23 정당(正堂) 좌우에 있는 긴 집채.
*24 도교(道敎)의 최고신(最高神)인 원시천존(元始天尊)·영보도군(靈寶道君)·태상노군(太上老君)을 일컫는 말.
*25 옥허라는 선경(仙境)에 있는 신선.

것들이다. 조군이 내게 불수로(佛手露)*26 석 잔을 권한다. 내가 계함 등은 어디로 갔느냐고 물으니 모른다고 한다.

나는 먼저 자리에서 일어나 오다가 도중에서 또 주부 조명회(趙明會)를 만났다. 그는 크게 기뻐하며 함께 실컷 마시자고 한다. 나는 몸을 돌이켜 아까 들어갔던 술집을 가리키면서 다시 가서 마시자고 했더니, 조군은 "굳이 그 집으로 갈 것은 없네. 어디나 다 똑같아" 한다. 우리는 어느 술집으로 들어갔다. 넓고도 화려함이 아까 그 집보다 훨씬 낫다. 달걀부침 한 쟁반과 사국공(使國公)*27 한 병을 사서 흡족히 마시고 나왔다.

한 골동품 가게에 들어가 보았다. 가게 이름은 예속재(藝粟齋)였다. 수재(秀才) 다섯 사람이 공동으로 가게를 낸 것이다. 모두 젊고 모습이 아름답다. 다시 오기로 하고 나왔다. 밤에 다시 가서 한 이야기는 모두 속재필담(粟齋筆談)에 자세히 기록하기로 한다.

다시 어느 한 가게로 들어가 보니 모두 먼 데서 온 사람들이 새로 낸 포목점이었다. 가게 이름은 가상루(歌商樓)였다. 모두 여섯 사람으로 옷과 모자가 곱고 화려하며, 행동거지가 모두 단정하다. 이들도 밤에 함께 예속재에 모여서 이야기하기로 약속했다.

형부(刑部) 앞을 지나가노라니 관아의 문이 활짝 열려 있고, 문 앞에는 나무를 어긋매끼로 둘러세워서 난간을 만들어 놓았다. 아무도 함부로 들어가는 사람이 없다. 나는 내가 외국 사람임을 믿고 두려워하거나 꺼리는 일이 없는 데다가, 여러 아문 중에서 오직 여기만 문이 열려 있으므로 궁부(宮府)의 제도를 구경이나 해볼까 하고 문으로 들어서니 아무도 막는 사람이 없었다.

한 관원이 댓돌 위의 의자에 걸터앉았고, 뒤에 한 사람이 모시고 서서 손에 붓과 종이를 들고 있다. 댓돌 아래에는 한 죄인이 꿇어앉았고, 그 좌우에 관리가 한 사람씩 대나무 곤장을 들고 서 있다. 분부하거나 분부를 거행하는 소란스러운 소리도 없이 관원이 직접 죄인에게 순한 말씨로 죄를 추궁할 뿐이다.

그러다가 큰 소리로 '치라' 명하자 관리가 손에 들고 있던 곤장을 내던지

---

*26 술 이름.
*27 술 이름.

고 죄인에게로 달려가서 손바닥으로 네댓 번 따귀를 때리고는 다시 곤장을 집어 들고 제자리에 돌아가 선다. 죄를 다스리는 법이 간략하기는 하나 따귀 때리는 형벌은 옛날부터 지금껏 들어보지 못한 것이다.

저녁밥을 먹고 나서 달빛을 따라 가상루에 들러 여러 사람과 함께 예속재로 가서 밤새도록 이야기하다가 헤어졌다.

11일 정해(丁亥)
맑다. 몹시 덥다.

심양에서 묵었다. 해뜰 무렵에 온 성 안이 떠나가도록 포(砲) 터지는 소리가 요란했다. 상가(商街)에서 아침에 일찍 일어나 가게를 열면 으레 지포(紙砲)*28를 터뜨리는 것이다.

급히 일어나 가상루로 갔다. 여러 사람이 또 모여 조용히 이야기하다가 숙소로 돌아와 아침밥을 먹었다. 그러고는 다시 여러 사람과 함께 거리 구경을 나섰다. 길에서 서로 팔짱을 끼고 가는 두 사람을 만났다. 용모가 다 훤칠하고 우아하다. 글을 하는 사람이리라 생각되어 나는 그들의 앞으로 가서 읍(揖)을 했다. 두 사람은 서로 끼었던 팔을 풀고 매우 공손하게 답례를 한다. 그리고 이내 약방으로 들어가기에 나도 뒤따라 들어갔다.

두 사람은 빈랑(檳榔)*29 두 개를 사서 칼로 쪼개어 네 조각을 내어 내게도 한 조각을 주며 씹어 보라고 권하고 자기네들도 씹어먹는다. 내가 글씨로 그들의 성명과 주소를 물었으나 그들은 물끄러미 들여다볼 뿐이다. 글을 모르는 모양이었다. 나는 곧 공손히 읍하고는 나와버렸다.

해마다 황경(皇京)*30에서 심양의 여러 아문(衙門)과 팔기(八旗)에 내려주는 봉급과, 심양에서 흥경(興京)·선창(船廠)·영고탑(寧古塔) 등지에 나누어 보내는 돈이 125만 냥에 이른다고 한다.

저녁 달빛이 유난스럽게 밝다. 변계함과 함께 가상루(歌商樓)를 찾아가

---

*28 딱총.
*29 열대 지방에 나는 야자나무의 열매. 식용 또는 약용으로 쓰는데 건위(健胃)·이뇨(利尿)·강치(强齒)에 효과가 있다고 함.
*30 북경(北京).

보려 했는데 이때 변군은 수역(首譯)에게 가도 괜찮겠느냐고 부질없이 묻는다. 수역은 눈이 휘둥그레서 대답했다.

"성경은 황성(皇城)과 다름없는 곳이오! 어떻게 밤에 함부로 나다니실 수 있습니까?"

이에 변군은 크게 풀이 꺾였다.

수역은 내가 어젯밤에 돌아다닌 것은 모르고 있다. 만약 그가 그 일을 알면 나까지도 못 나가게 할 것 같아 몰래 혼자 나오면서 장복한테, 혹 누가 찾거든 변소에 갔다 하라고 일러 놓았다.

예속재에서 나눈 이야기 (속재필담 粟齋筆談)

전사가(田仕可)는 자가 대경(代耕) 또는 보정(輔廷)이고 호는 포관(抱關)으로, 무종(無終)*31 사람이다. 자기 말로는 전주(田疇)*32의 후손이라고 한다. 집은 산해관(山海關)에 있는데, 태원(太原) 사람 양등(楊登)과 함께 이곳에 가게를 냈다고 한다. 나이는 29살, 키 일곱 자에 이마가 널찍하고 코가 길쭉하며 풍채가 훤칠하다. 고기(古器)의 내력을 많이 알고 있으며, 누구에게나 붙임성 있고 상냥하다.

이구몽(李龜夢)은 자가 동야(東野), 호가 인재(麟齋)이다. 촉(蜀) 땅 금죽(錦竹) 사람이다. 나이는 39살이고 키는 일곱 자이다. 입이 모나고 턱은 널찍하다. 얼굴은 마치 분을 바른 듯 희다. 글 읽는 소리가 낭랑하여 마치 금석(金石)에서 나오는 것 같다.

목춘(穆春)은 자가 수환(繡寰)이고 호가 소정(韶亭)이며 촉 땅 사람이다. 나이는 24살이다. 눈썹과 눈매가 마치 그린 듯하나 글을 모른다.

온백고(溫伯高)는 자가 목헌(鶩軒)이고 성도(成都) 사람이다. 나이는 31살, 글을 모른다.

오복(吳復)은 자가 천근(天根)이고 호는 일재(一齋)이다. 항주(杭州) 사람으로 나이는 40살이다. 문필은 짧으나 생김새가 온아하고 듬직하다.

---

*31 중국 하북성(河北省) 계현(薊縣)의 옛 이름.
*32 중국 삼국시대(三國時代) 위(魏)나라의 학자이자 협객(俠客).

비치(費穉)는 자가 하탑(下榻), 호는 포월루(抱月樓) 또는 지주(芷洲)·가재(稼齋)라고도 하며 대량(大梁)*33 사람이다. 나이는 35살에 아들 여덟을 두었다고 한다. 글씨와 그림에 능하고 조각도 잘 한다. 경서(經書)의 뜻을 잘 해설한다. 집은 가난하지만 남을 도와주기를 좋아하는데, 그 모두가 많은 자식들을 위해 복을 쌓는 것이라고 한다. 그는 목수환(穆繡寰)과 온목헌(溫篤軒)의 회계 일을 돕기 위해 방금 촉에서 왔다고 한다.

배관(裵寬)은 자가 갈부(褐夫)로서 노룡현(盧龍縣)사람이다. 나이가 47살이고, 키가 일곱 자 남짓한데 수염이 아름답다. 술을 좋아하고 글씨를 매우 빨리 쓴다. 의연한 품이 덕을 갖춘 자의 풍모가 있다. 스스로 자기의 저서 과정집(邁亭集) 두 권을 새겼고, 또 청매시화(青梅詩話) 두 권도 있다. 열 아홉 살에 죽은 그의 아내 두씨(杜氏)의 임상헌집(臨湘軒集) 한 권이 있었다. 내게 그 책의 서문(序文)을 써 달라고 부탁한다.

그 밖의 몇몇 사람은 모두들 변변치 못하여 기록할 만한 것이 없고, 또한 풍채도 목춘이나 온백고만한 자가 없다. 그저 한낱 장사꾼들에 지나지 않으므로 이틀 밤이나 서로 접촉했지만 그 이름조차 잊어버렸다.

내가 목수환에게 물었다.

"눈썹과 눈이 그림처럼 아름다운 젊은이가 이렇게 고향을 떠나 멀리 와 있는 것은 무슨 까닭이오? 인재(이구몽)와 온공(온백고)과는 다 같이 촉 땅 사람이니 서로들 친척 관계가 아닌지요?"

그러자 인재가 대답한다.

"그에게 물으실 것 없습니다. 그는 비록 아름답기 관옥(冠玉) 같으나 속에는 아무것도 든 것이 없습니다."

내가 "평가가 너무 심하지 않습니까?" 하니 인재가 다시 말한다.

"온형(溫兄)과 수환은 서로 종모형제(從母兄弟)*34 간이지만 나와는 아무런 인척 관계도 없습니다. 우리 세 사람은 촉 땅에서 생산된 비단을 배에 싣고 병신년(丙申年) 봄에 촉을 떠나 삼협(三陜)*35을 내려와 오중(吳中)*36에

---

*33 하남성(河南省) 개봉현(開封縣). 위나라의 서울이었음.
*34 이종형제(姨從兄弟). 곧 어머니의 자매의 아들.
*35 사천성(四川省)과 호북성(湖北省) 경계 양자강(揚子江) 상류에 있는 세 곳의 협곡. 험하지만 경치가 좋기로 유명함.

서 그것을 팔아 넘기고, 장사를 더 하고자 구외(口外)*37로 나와서 이곳에 가게를 낸 지도 벌써 3년이 되었습니다."

내가 목춘(목수환)이 하도 사랑스러워 그와 필담(筆談)을 나누려고 하자 이구몽이 손을 내저으면서 말한다.

"온공과 목공 두 사람은 입으로는 봉황이라도 읊을 수 있지만 눈으로는 돼지 시(豕)자와 돼지 해(亥)자도 분간치 못한답니다."

"그럴 리가 있습니까?"

내가 이렇게 말하니 이번엔 배관이 나선다.

"허튼소리가 아닙니다. 귀에는 이유(二酉)*38를 다 간직하고 있는 듯하지만 눈에는 고무래 정(丁)자 한 자도 들어 있지 않습지요. 하늘에 글 모르는 신선은 없는가 하면, 땅에는 말 잘하는 앵무새가 있는 격이랍니다."

"정말 그렇다면 비록 진림(陳琳)*39 같은 문장가에게 격문(檄文)을 짓게 한다 하더라도 골치 아픈 일이 시원해지지는 않겠구려."

내가 이렇게 말하자 배관이 대답한다.

"잘못된 공부 방식이 세상에 끊임없이 유행되어 내려왔지요. 한(漢)나라가 여섯 나라를 세운 뒤에 문득 이 방식이 잘못된 것을 알고 놀랐다고 합니다. 이것이 이른바 구이지학(口耳之學)*40이지요. 지금 향교나 서당에서도 관례가 되어 글을 외우기만 하고 뜻을 해설하지 않으므로, 귀로는 똑똑히 듣지만 눈으로 보는 것은 분명치 못한 거예요. 입으로는 제자백가(諸子百家)의 학설이 거침없이 술술 나와도 손으로는 한 글자도 제대로 쓰지 못한답니다."

이생(이구몽)이 나에게 묻는다.

"귀국에서는 어떻습니까?"

---

*36 강소성(江蘇省) 오현(吳縣). 옛날 삼국 때 오(吳)나라 지역.
*37 만리장성 밖의 지방을 일컫는 말. 산해관(山海關) 밖이라는 뜻.
*38 대유산(大酉山)과 소유산(小酉山). 산 아래 동굴에 1천 권의 고서를 간직해 두었었다 하여 장서가 많은 것을 일컫는 말임.
*39 삼국시대 위(魏)나라의 문장가. 조조(曹操)를 위해 원소(袁紹)에게 보내는 격문을 써 바쳤는데, 그 글이 하도 시원스럽게 잘 쓰여서 조조가 그 글을 읽고는 앓던 두통이 당장에 나았다고 함.
*40 귀로 들어가서 입으로 새어 나가는 학문이란 말이니, 깊지 못하고 얕은 학문을 말함.

"글을 배울 때는 새겨 읽어서 소리와 뜻을 함께 배웁니다."
내가 대답하였다. 배생(배관)이 그 구절에다가 권점(圈點)*⁴¹을 치고 말했다.
"이 방법이 참으로 좋습니다."
내가 비치(費穉)에게 물었다.
"비공(費公)은 언제 촉 땅에서 오셨습니까?"
"초봄에 왔습니다."
"촉 땅에서 여기까지 몇 리나 됩니까?"
"5천여 리 되지요."
"비씨의 여덟 아드님은 모두 한 어머니가 낳으셨습니까?"
비치는 그저 빙그레 웃기만 한다. 배관이 거들어 말한다.
"본부인 말고 소실 두 분이 좌우에서 도와드렸답니다. 나는 저 사람이 아들 여덟 둔 것은 부럽지 않습니다. 다만 세 여인네가 그 한 사람만을 바라보고 있다는 것이 부럽군요."
이에 모두들 한바탕 크게 웃었다. 내가 다시 물었다.
"오실 때 검각(劍閣)의 잔도(棧道)를 거쳐 오셨습니까?"
"예, 오솔길 천 리에 원숭이 소리가 끊이지 않더군요."
그러자 배관이 말한다.
"참으로 촉도(蜀道)는 물길로나 육로로나 다니기 어렵습니다. 하늘에 오르기보다도 어려운 곳이지요. 나는 신묘년(辛卯年)에 강을 거슬러 올라가 촉 땅에 들어가서 74일 만에야 비로소 백제성(白帝城)*⁴²에 다다른 적이 있지요. 배를 탔을 때는 마침 늦은 봄철이라 양쪽 언덕에는 온갖 꽃이 한창이었고, 창 아래의 나그네 외로운 밤이 길기만 할 때엔 두견새와 원숭이가 울부짖으며, 두루미와 새가 울었습지요. 이것은 고요한 강에 달빛이 휘영청 밝을 때의 경치랍니다. 벼랑의 바위가 무너져 강물에 떨어질 때엔 두 바위가 서로 부딪혀 불꽃을 튀겼어요. 이것은 여름 장마철의 경치이지요. 그 길은 설혹 황금이 덩이덩이로, 비단이 바리바리로 생긴다 하더라도 머리가 세고 가슴이 타는 길이니 그 고생을 어떻게 감당합니까?"

---

*41 글의 중요한 부분이나 잘된 부분 글자 옆에 찍는 점.
*42 사천성(四川省) 봉절현(奉節縣) 백제산(白帝山)에 있는 성. 삼국시대 촉(蜀)이 오(吳)를 격퇴한 곳임. 유비(劉備)가 여기서 죽었음.

이에 내가 말했다.

"비록 고생이야 그러할지라도 나는 육방옹(陸放翁)*43의 입촉기(入蜀記)를 읽을 때마다 신선이 된 듯 춤이라도 추고 싶었습니다."

배생이 말한다.

"꼭 그렇기만 한 것도 아니었습지요."

이날 밤 달이 낮처럼 밝았다. 전사가(田仕可)가 음식과 술을 장만하느라고 이경(二更)에야 돌아왔다. 떡 두 쟁반, 거위 고기 한 쟁반, 닭찜 세 마리, 찐 돼지 한 마리, 햇과일 두 쟁반, 양 곰국 한 동이, 임안주(臨安酒)*44 세 병, 계주주(薊州酒)*45 두 병, 잉어구이 한 마리, 밥 두 냄비, 나물 두 쟁반이다. 값으로 치면 12냥어치는 되겠다.

전생(전사가)이 앞으로 나와 공손히 말한다.

"이렇게 변변치 못한 것을 장만한답시고 그만 좋은 말씀을 듣지 못했습니다."

나는 의자에서 일어나 사례를 하였다.

"이렇게 수고를 하시니 도리어 받기가 송구스럽습니다."

모두 일제히 일어서서 "먼 데서 귀한 손님이 오셨는데 오히려 부끄럽습니다" 하고, 함께 가게 문을 닫고 자리를 옮겨 앉았다. 대들보에 부채 모양의 사등(紗燈) 한 쌍이 걸려 있다. 거기에는 꽃과 새가 그려져 있고, 또 유명한 사람의 시구가 적혀 있다. 또 한 쌍의 네모난 유리등이 대낮처럼 불을 밝히고 있다.

여러 사람들이 각기 나에게 한두 잔씩 술을 권한다. 닭과 거위 고기는 모두 부리와 발이 그대로 붙어 있고, 양 곰국도 몹시 비려서 비위에 맞지 않았다. 그래서 나는 떡과 과일만 먹었다.

전생(田生)이 지금껏 필담했던 것을 두루 펼쳐 보며 연방 좋다고 감탄을 한다. 그러고는 묻는다.

"선생께서 아까 저녁 전에 골동품을 사려고 하셨는데, 어떤 모양의 진품을 구하시는지요?"

---

*43 송(宋)나라의 시인. 방옹(方翁)은 그의 호(號).
*44 중국 양자강 남쪽 절강성(浙江省) 항주(杭州) 지방에서 나는 술.
*45 중국 북쪽 하북성(河北省) 계주(薊州) 지방에서 나는 술.

"골동품뿐 아니라 문방사우(文房四友)*46도 희귀하고 고아(古雅)한 것이 있으면 값은 따지지 않고 살까 합니다."

내가 이렇게 대답하자 그가 말한다.

"선생께서 오래지 않아 북경에 들어가실 텐데, 거기서 유리창(琉璃廠: 북경의 골동품 전문 상점 밀집구역)을 찾으시면 그런 물건을 쉽사리 구하실 수 있을 것입니다. 다만 진짜와 가짜의 구별이 매우 어렵긴 하지만요. 선생의 감식안은 어떤 정도이신가요?"

"바다*47 구석 궁벽한 곳 사람이라 알아보는 눈이 고루(固陋)합니다. 어찌 가짜와 진짜를 제대로 알아볼 수 있겠습니까?"

내가 이렇게 대답하자 전생이 다시 말했다.

"이곳은 비록 대궐이 자리잡고 있는 고을이긴 하지만 중국의 한쪽 귀퉁이라 온갖 물건의 매매를 전적으로 몽고·영고탑(寧古塔)·선창(船廠) 등의 땅을 바라보고 한답니다. 또한 이 변방 사람들의 풍습이 어리석고 무디어서 아담하고 고상한 것을 좋아할 줄을 모르기 때문에, 송(宋)나라 때의 여러 청자(靑磁)도 이곳에 들어오는 일이 매우 드물지요. 그러니 하물며 은(殷)나라·주(周)나라 때의 것은 어떻겠습니까? 귀국에서 값진 물건을 다루는 방식은 우리 중국 내지와는 전혀 다르더군요. 예전에 장사치들을 보니 차나 약 따위도 좋은 것을 택하지 않고, 다만 값이 싼 것만 사서 가져가더이다. 그러니 어찌 진짜 가짜를 따질 나위가 있겠습니까? 차나 약만 그런 것이 아닙니다. 골동품처럼 무거운 물건들은 운반하기가 어려우므로 돌아갈 때 국경 지역에서 사 가지고 돌아갑니다. 그런 줄 아는 연경의 장사치들이 미리 내지의 쓰지 못할 물건들을 거두어 변경 지역으로 보내 서로 속여서 이익을 취하는 것입니다. 지금 선생께서 쓰시려는 물건은 세속의 하찮은 물건이 아닙니다. 우리가 이제 우연히 만나서 말을 주고받아 이미 지기(知己)가 되었으니, 비록 충심을 다하지는 못할망정 어찌 잠시라도 배반할 수 있겠습니까?"

"선생의 그 말씀은 참으로 마음속에서 우러나는 말씀이시니, 이미 술에 취하게 하고 다시 덕으로 배부르게 하신 것이라 하겠습니다."

내가 말하자 전생이 다시 대답한다.

---

*46 문인이 항상 가까이하는 종이·붓·벼루·먹 네 가지.
*47 우리나라를 발해(渤海)의 저편 구석에 있다 하여 일컫는 말.

"너무 과하신 말씀이십니다. 내일 아침에 다시 오셔서 저희 가게에 있는 물건들을 두루 구경하시기 바랍니다."

그러자 배생이 말한다.

"내일 아침 일을 미리 이야기할 것 없소. 선생을 모시고 이 밤을 즐겁게 보내면 그만이오."

모두들 옳다고 입을 모은다.

전생이 말한다.

"공자께서 구이(九夷)*48에 가서 살고 싶다고 하시고 또 군자(君子)가 사는 곳에 어찌 누추함이 있겠느냐고 하셨습니다. 선생께서는 비록 외딴 나라에 계시지만 기개와 도량이 높고 당당하시며, 공자·맹자의 글에 통달하시고, 주공(周公)*49의 도에 밝으시니 진실로 군자이십니다. 다만 한스러운 것은 우리는 각기 멀리 떨어진 곳에 살고 있어서 서로 마음에 있는 것을 다 풀지 못하고 곧 헤어지게 되니 이 일을 어찌하면 좋겠습니까?"

이구몽이 그 구절에 수없이 동그라미를 치면서 말한다.

"애달프고 아쉬운 심정을 그대가 진정 잘 표현하셨구려!"

다시 술이 두어 순배 돌았다.

이구몽이 묻는다.

"술맛이 귀국의 것과 비교하여 어떻습니까?"

내가 대답했다.

"임안주는 너무 싱겁고 계주주는 지나치게 향기로워서 두 가지 모두 술의 맑고 향기로운 원래 맛이 아닌 것 같습니다. 우리나라에는 법식에 맞게 빚은 술이 고을마다 있습니다."

전사가 묻는다.

"그럼 소주(燒酒)도 있습니까?"

"예, 있지요."

전사가 일어나더니 벽장에서 비파(琵琶)를 꺼내어 두어 곡조 뜯는다.

"옛날 연(燕)나라·조(趙)나라에도 슬픈 노래를 잘 부르는 사람이 많았다

---

*48 중국 동쪽에 있는 아홉 종족을 오랑캐라 낮추어 일컬은 말. 곧 견이(畎夷)·우이(于夷)·방이(方夷)·황이(黃夷)·백이(白夷)·적이(赤夷)·현이(玄夷)·풍이(風夷)·양이(陽夷).

*49 주나라 무왕(武王)의 아우. 예악(禮樂) 제도를 정했다고 함.

고 하니, 여러분도 노래를 잘 부르시겠지요. 한번 들어보고 싶군요."

내가 말하자 배관이 "잘 부르는 사람이 없습니다" 대답한다. 이구몽이 말한다.

"옛날 연나라·조나라의 슬픈 노래라는 것은 궁벽한 나라의 선비들이 뜻을 얻지 못하여 부른 것이지만, 지금은 천하가 한 집안이 되고 성스러우신 천자(天子)께서 계시므로 온 백성이 모두 생업을 즐기고, 어진 사람은 조정에 나아가 임금과 신하가 서로 노래를 주고받을 것이며, 어리석은 사람은 태평세월에 밭 갈고 우물 파고 노래 부르며 도무지 불평이라곤 없는데, 어찌 슬픈 노래가 있을 수 있겠습니까?"

내가 말했다.

"성스러우신 천자가 위에 계시면 조정에 나아가 천자를 섬기는 것이 마땅합니다. 여러분은 다 당세의 영걸(英傑)이라 재주가 많으시고 학식이 뛰어나신데, 어찌하여 벼슬에 나아가 세상에 따르지 않으시고, 이렇게 녹록히 시정(市井)에 묻혀 계십니까?"

배관이 대답한다.

"그것은 오직 전공(田公)*50이나 감당할 수 있는 일입니다."

그리하여 모두들 크게 웃었다.

이구몽이 말한다.

"모든 것이 때와 운수가 있는 것입니다. 억지로 되는 일이 아니지요."

그러더니 선반 위에서 선문(選文) 한 권을 뽑아내어 나더러 한번 읽어 보기를 청한다. 나는 후출사표(後出師表)*51를 토를 달지 않고 큰 소리로 읽었다. 모두들 삥 둘러앉아서 듣고 있다가 무릎을 치며 찬탄한다. 이구몽은 내가 다 읽기를 기다렸다가 유량(庾亮)의 사중서감표(辭中書監表)*52를 골라서 읽는다. 그 읽는 소리가 높았다 낮았다 음절(音節)이 아주 분명하다. 비록 한 자 한 자를 다 알아들을 수는 없으나, 지금 어느 구절을 읽고 있는가는 알 수 있었다. 목소리가 맑아서 마치 악기 소리를 듣는 것 같았다.

---

*50 전사가(田仕可). 이름이 사가(仕可 곧 벼슬살 만하다)이므로 농담을 한 것임.
*51 삼국 때 제갈량(諸葛亮)이 위(魏)나라를 치려 출병하면서 촉한(蜀漢)의 후주(後主)에게 올린 글. 충성이 지극한 명문인데 이 글은 두 번째 것임.
*52 동진(東晉)의 유량(庾亮)이 명제(明帝)에게 올려 중서감이란 벼슬을 사퇴한 글.

이미 달이 넘어가고 밤이 깊었다. 그래도 문 밖에는 인적이 끊이지 않는다. 내가 물었다.
"성경(盛京)에는 야간 통행금지가 없습니까?"
전사가가 대답한다.
"있습니다."
"그런데 왜 길에 사람들의 발걸음이 끊이지 않습니까?"
"무슨 볼일이 있는 것이겠지요."
"볼일이 있다 하더라도 어떻게 통행금지 시간에 나다닐 수 있습니까?"
"왜 밤에 못 다닙니까? 등불이 없는 사람은 못 다니겠지만 골목 끝마다 파수막에서 갑군(甲軍)이 창과 몽둥이를 들고 밤낮없이 나쁜 놈들을 가려내려고 지키고 있지요. 그런데 어찌 사람들이 돌아다니지 못하겠습니까?"
"그렇다면 이미 밤도 깊었고 잠도 오니 등불을 들고 사관으로 돌아가도 괜찮을까요?"
그러자 배생과 전생이 일제히 말한다.
"안 됩니다. 가시지 못합니다. 틀림없이 파수막에서 검문을 당하실 것입니다. 어떻게 이 깊은 밤에 혼자 나다니느냐고, 어디 어디를 다녔느냐고 꼬치꼬치 캐물을 것입니다. 안 됩니다. 말썽이 날지도 모릅니다. 선생께서 졸리시거든 평상 위에 누워 잠시 눈을 붙이시지요."
목춘(穆春)이 곧 일어나 평상 위를 깨끗하게 털어서 나를 위해 잠자리를 마련해 준다.
"아닙니다. 졸음이 금세 달아나 버렸습니다. 여러분이 인연을 위해 나그네를 대접하느라 하룻밤 주무시지 못하는 것이 걱정입니다."
내가 말하자 모두들 입을 모아 대답한다.
"우리는 조금도 졸리지 않습니다. 이렇게 고귀하신 손님을 모시고 하룻밤 좋은 이야기를 주고받는 것은 참으로 평생 얻기 어려운 좋은 인연입니다. 이렇게 세월을 보낸다면야 하룻밤이 아니라 석 달 열흘 촛불을 밝힌다 한들 무슨 싫증이 나겠습니까?"
흥이 도도하여 술을 다시 데우고 안주를 더 마련하게 한다.
"술을 다시 데우실 것은 없습니다."
내가 말하자 모두들 말한다.

"찬 술은 폐를 해치고, 술독이 이〔齒〕에 스며들어갑니다."

오복(吳復)은 밤새도록 단정히 앉아서 비상한 관심이 쏠리는 듯 지켜보고 있다.

"일재(一齋 : 오복의호) 선생은 오중(吳中)을 떠나신 지 얼마나 되셨습니까?"

내가 오복에게 묻자 그가 대답한다.

"11년이 넘었습니다."

"어떤 연유로 고향을 떠나 이렇게 고생을 하고 계십니까?"

"장사하는 것을 평생 생업으로 삼고 있습니다."

"가족도 이곳에 와 있습니까?"

"나이가 40입니다만 아직 결혼을 하지 않았습니다."

"서림(西林) 오영방(吳穎芳) 선생은 항주(杭州) 지방이 낳은 이름 높은 선비이신데 혹시 노형의 집안이 아니신지요?"

"아닙니다."

"해원(解元) 육비(陸飛), 철교(鐵橋) 엄성(嚴惺), 향조(香祖) 반정균(潘庭筠)은 다 서호(西湖)의 이름난 분들인데, 노형은 그분들을 아십니까?"

"모두 이름도 들어보지 못했습니다. 고향을 떠난 지 오래라서. 다만 한 번 육비가 그린 모란꽃을 본 일이 있습지요. 그는 호주(湖州) 사람입니다."

잠시 후 이웃집 닭들이 홰를 치며 운다. 나도 고단하고 술이 얼근하니 취해 와서, 의자에 기대어 꾸벅꾸벅 졸다가 그만 잠이 들어 코를 골았다.

날이 밝아 올 무렵에 놀라 깨어 보니, 다른 사람들도 모두 이리저리 어지럽게 평상 위에서 서로를 베개 삼아 자고 있다. 어떤 이는 의자에 앉은 채 잠이 들었다.

나는 혼자서 술을 두어 잔 기울인 다음, 배생을 흔들어 깨워서 가겠노라고 말하고 곧 숙소로 돌아왔다. 해가 이미 올라왔다. 장복은 아직도 깊이 잠들어 있고, 일행 모두가 전혀 눈치를 채지 못한다.

나는 장복을 발로 걷어차 깨우고 물었다.

"나를 찾아온 사람이 없었느냐?"

"예, 없었습니다."

세숫물을 가져오라 재촉하여 세수를 하고 망건을 썼다. 그리고 급히 상방(上房)으로 가니 여러 비장과 역관들이 막 아침 문안을 드리고 있는 중이었다. 아무도 나의 지난 밤 일을 아는 이가 없는 것 같아 마음속으로 안도하며, 다시 장복에게 절대 입 밖에 내지 말라고 단단히 일렀다.

아침으로 죽을 조금 먹고 곧 예속재(藝粟齋)로 갔다. 이미 모두들 일어나 가버리고 전사가가 이구몽과 함께 골동품을 고쳐 진열하고 있다가 나를 보고 놀라 반긴다.

"선생은 밤을 새고도 고단하지 않으십니까?"
"밤낮없이 부지런 떠니까요."

내가 말하자 전사가가 묻는다.

"차나 한 잔 드실까요?"

잠시 앉아 있느라니 미소년 하나가 밖에서 들어와 차를 받들어 올리며 권한다. 성명을 물으니 부우재(傅友梓)라 하고 집은 산해관(山海關)이며 나이는 19살이라 한다.

전생이 진열을 마치고 나에게 감상(鑑賞)하라고 권한다. 항아리〔壺〕·술잔〔觚〕·솥〔鼎〕·술그릇〔彝〕 등 모두 11개가 진열되어 있다. 크고 작고, 둥글고 모나고 하여 각기 모양이 다르고, 조각과 빛깔이 한결같이 고아(古雅)하다. 관지(款識)*53를 살펴보니 모두 주(周)나라 한(漢)나라 때 것들이다.

전생이 말한다.

"관지는 보실 것 없습니다. 이것들은 모두 최근에 하남(河南) 등지에서 만든 것입니다. 꽃무늬와 관지는 비록 옛 법식을 본떴지만 모양이 질박하지 못하고 빛깔이 또한 순수하지 못합니다. 만약 진짜 고기(古器)와 함께 놓고 보면 진짜 가짜가 당장에 드러날 것입니다. 제가 비록 몸은 장바닥에 있지만 마음만은 학문에 두고 있습지요. 이제 선생을 뵙고 보니 마치 수많은 벗을 얻은 듯합니다. 어찌 잠시라도 속여 평생을 두고 마음의 짐이 되게 하겠습니까?"

나는 여러 그릇 중에서 창날 같은 귀가 달리고 석류(石榴) 모양의 발이 달린 화로 하나를 들어 자세히 살펴보았다. 납다색(臘茶色 : 고동색)으로 매우 정교하고 아름답게 만들어졌다. 화로의 밑바닥을 보니 대명선덕년(大明宣德年)*54에 만들었다고 양각(陽刻)되어 있다.

"이거 참 잘 만든 것 같은데요?"

*53 골동품에 연대 등을 새긴 글자. 관(款)은 음각이고 지(識)는 양각임.
*54 선종(宣宗)의 연호. 1426~1435년. 조선 세종(世宗) 때임.

내가 이렇게 말하자 전생이 대답한다.

"사실 이것은 선덕 때 것이 아닙니다. 선덕 때 화로는 납다수은(臘茶水銀)으로 문질러서 스며들게 한 다음 다시 금가루를 이겨 발라서 오래 불에 구워 붉은 빛이 돌게 한 것이지요. 어찌 보통 민간에서 그런 흉내를 낼 수 있겠습니까?"

내가 다시 물었다.

"옛 구리 그릇의 청록색 주반(硃斑)*55은 땅 속에 오래 묻혀 있어야 생기는 것이므로 무덤 속에서 나온 것을 귀히 여기지 않습니까? 그런데 만약 이 그릇들이 근래에 구운 것이라면 어떻게 이런 빛을 낼 수 있습니까?"

전생이 이렇게 일러 준다.

"이것은 꼭 알아두셔야 합니다. 대개 옛 구리 그릇은 땅 속에 들어가면 청색이 되고 물 속에 들어가면 녹색이 되게 마련입니다. 무덤 속에 부장(副葬)한 그릇이 흔히 수은빛으로 되는 것을 어떤 이는 시체의 기운이 스며서 피는 것이라고 하지만 그렇지 않습니다. 아주 옛날에는 흔히 수은으로 염(殮)을 하는 습속이 있어서 혹 제왕의 무덤에서 나오는 그릇에는 수은이 오랫동안 속속들이 스며들기 때문에 대체로 새 것인지 옛 것인지, 진짜인지 가짜인지 분별하기가 쉽습니다.

옛날 구리 그릇은 두께가 두툼할 뿐 아니라 그 바탕에서 나는 빛깔이 밝고도 윤기가 납니다. 수은 빛깔도 또한 그릇 전체에서 나는 것이 아니라 어떤 때는 한쪽만 또 어떤 때는 귀나 다리에만 나고 때로는 차차 번져나가는 수도 있습니다. 청록색 얼룩도 역시 그러하여 절반은 짙게 절반은 옅게 들고, 절반은 깨끗하게 절반은 흐리게 들기도 합니다. 흐린 것은 지저분하지 않아서 미세한 무늬가 또렷하고, 깨끗한 것은 메마르지 않아서 어른어른 윤기가 흐릅니다. 간혹 주사(硃砂)의 얼룩점이 깊이 스며들어 갈색을 띠는 것이 가장 값진 것입니다. 땅 속에 들어가 오래 있으면 푸르고 붉은 점들이 무늬를 이루어 지초(芝草)*56 무늬 같기도 하며, 피어오르는 구름 속 햇무리 같기도 하고, 함박눈 조각 같기도 하지요. 이것은 오랜 세월 땅 속에 들어 있지 않

---

*55 수은(水銀)과 유황(硫黃)의 천연 화합물(化合物)인 주사(硃砂)로 인해 생긴 반점.
*56 마른 나무에 생기는 버섯의 한 가지. 여러 가지 빛깔이 있어 상서로운 것이라 하여 영지(靈芝)라고도 함.

고서는 될 수 없는 것으로서 이런 것이 상품입니다. 옛날 명(明)나라 선종(宣宗)이 이런 갈색을 몹시 좋아하다 보니 선덕(宣德) 시절의 화로에는 갈색이 많았던 것입니다.

근래에 섬서성(陝西省)에서 선덕화로를 모방해서 새로 만든 것이 있는데, 선덕화로는 본래 꽃무늬가 없는 줄을 모르고 그만 꽃무늬를 놓아 만들었습니다. 이것이 요즈음의 가짜입니다. 가짜의 빛깔을 내는 방법은 화로를 만든 다음 칼로 무늬를 새기고 관지(款識)를 그려 판 다음 땅에 구덩이를 파고 소금물 몇 동이를 부어 다 마르기를 기다렸다가 그릇을 그 속에 넣고 2, 3년 묻어 두면 빛깔이 거의 옛 맛이 나게 됩니다. 이것이 하품으로 가장 졸렬한 방법이지요. 그리고 이보다 더 교묘한 방법은 붕사(鵬沙)·한수석(寒水石)·망사(硇砂)·담반(膽礬)·금사반(金砂礬) 같은 광물질을 빻아 곱게 가루를 만들어 소금물에 개어서 붓으로 그릇에 고루 칠합니다. 다 마른 다음에 씻어내고 다시 붓으로 칠하여 말려서는 씻어내고 이러기를 하루에 서너 번 한 다음, 땅을 깊이 파고 그 속에 숯불을 피워서 속을 화로처럼 만든 다음 진한 초(醋)를 뿌립니다. 그러면 구덩이 안이 펄펄 끓다가 이내 말라버리지요. 이때 그릇을 그 속에 넣고, 다시 진한 초지게미로 두껍게 덮고 그 위에 다시 흙을 두껍게 덮어 빈틈이 없게 하여 3, 4달 두었다가 꺼내 보면 여러 가지 예스러운 얼룩무늬가 생깁니다.

그리고 대나무 잎을 태워서 그 연기를 쐬어 푸른 빛깔을 더 짙게 한 다음, 밀랍으로 문지릅니다. 수은(水銀) 빛깔을 내려면 강철 쇳가루로 문지르고 다시 백랍(白蠟)으로 문지르면 예스러운 빛깔이 나지요. 그러고는 일부러 한쪽 귀를 떼어내기도 하고, 그릇의 몸에 흠을 내기도 하여 짐짓 상(商)·주(周)·진(秦)·한(漢) 때의 것이라고 하는 것이지요. 참 가증스러운 일입니다. 훗날 유리창에 가시게 되더라도 거기 있는 자들은 모두 먼 곳에서 온 장사치들이니 물건을 사실 때 속아서 웃음거리가 되지 않도록 하십시오."

"선생이 이처럼 성의를 보여 주시니 참으로 감사합니다. 나는 내일 아침 일찍 길을 떠나 황도(皇都)로 가게 됩니다. 수고스럽지만 선생께서 문방(文房)·서화(書畵)·골동 그릇 등 여러 물건들의 옛 것과 지금 것의 구별법과 붙인 이름의 진짜 가짜를 적어 주신다면 어두운 길에 지남침(指南針)이 되겠습니다."

내가 이렇게 부탁하자 전생이 대답했다.

"선생께서 시간만 괜찮으시다면 그건 어렵지 않습니다. 서청고감(西淸古鑑)과 박고도(博古圖)*57에 제 소견을 덧붙여 깨끗이 써서 드리겠습니다."

그래서 밤에 달이 뜨면 다시 오겠다고 약속하고 일어나 숙소로 돌아오니 아침 식사 시간을 알린다.

잠시 상방(上房)에 들렀다가 급히 조반을 마치고 다시 숙소를 나섰다. 정 진사도 계함(季涵)·내원(來源)과 함께 구경을 나서면서 나에게 한마디 던진다.

"혼자 다니면서 무슨 재미있는 구경을 하는건가?"

내원이 대답한다.

"정말 볼 만한 것이 없습디다. 비유하자면 '광주(廣州) 시골 생원 첫 서울 구경'처럼 서울에 올라와 이리저리 두리번거리고 기웃기웃하다가 서울 사람 웃음거리가 된다 하는데, 지금 우리가 바로 그짝났습니다. 게다가 나는 두 번째 온 것이니 더욱 아무 재미가 없군요."

길에서 비치(費穉)를 만났다. 나를 끌고 담요 가게로 들어가더니 오늘밤 가상루(歌商樓)에서 모이자고 한다. 나는 이미 전포관(전사가)과 예속재에서 다시 만나기로 약속했다고 하자 비치가 말한다.

"아까 전포관(전사가)과 이야기가 충분히 되었습니다. 지금 선생께서는 녹명(鹿鳴)*58을 노래하러 북경에 가시는 길이니 우리 모두에게 귀하신 손님이 될 터이고, 손님을 떠나보내야 하는 저희 처지에서 백구(白駒)의 시를 읊고 싶은 심정은 모두가 같을 것입니다. 배공(裵公, 배관)이 이미 촉 땅의 온공(溫公, 온백고)과 함께 주식(酒食)을 장만하고 있으니 이 약속을 어기시면 안 됩니다."

"어젯밤에 여러분에게 그렇게 많은 폐를 끼쳤는데, 오늘밤에 또 그러시면 어찌합니까?"

내가 말하자 비생은 이렇게 말한다.

"산에 좋은 재목이 있으면 목수가 가서 재어 보게 마련입니다. 백로(白

---

*57 서청고감은 청나라 고종(高宗)의 지시로 지은 문헌이고, 박고도는 송나라 휘종(徽宗)이 지은 책으로 모두 고기(古器)를 해설한 것임.

*58 녹명은 천자가 신하들을 모아 주연(酒宴)을 베풀 때 노래하는 시이고, 백구는 어진 선비를 여의는 것을 노래한 시임.

鷺)가 멀리 이렇게 찾아오셨으니 피차가 서로 싫어하지 않을 것입니다. 열두 행와(行窩)*59엔 원래 일정한 약속이 없습니다. 사해(四海)가 다 형제이니 누구에겐 후하고 누구에겐 박할 수 있겠습니까?"

이때 내원(來源) 등이 거리를 배회하다가 나를 찾아 가게 안으로 들어왔다. 나는 황급히 필담하던 것을 걷어치우고 고개를 끄덕여 응낙한다는 뜻을 표하였다. 비생(비치) 역시 내 뜻을 알았다는 듯 미소를 지으며 턱을 끄덕였다.

계함이 종이를 찾아 비생과 문답을 하려 하기에 나는 일어나 나오면서 말했다.

"이야기할 만한 사람이 못 되네."

계함이 웃으면서 일어섰다. 비생이 문까지 나와 넌지시 내 손을 잡아 은근한 뜻을 표하므로 나는 고개를 끄덕이고 헤어졌다.

상루에서 주고받은 필담 (상루필담(商樓筆談))

이날 저녁에 더위가 유난스럽게 기승을 부리고, 서쪽 하늘엔 붉은 햇무리가 끼었다. 나는 밥을 재촉해 먹고 상방(上房)에 가서 잠시 앉았다가 일어나면서 혼잣말로 중얼거렸다.

"피곤하고 더우니 일찌감치 자야겠군."

그러고는 뜰에 내려와 머뭇거리다가 기회를 보아 문을 나설 생각이었다. 마침 내원(來源)·주 주부(周主簿)·노 참봉(盧參奉)이 저녁을 먹고 나서 뜰을 거닐면서 배를 문지르고 트림을 한다.

이때 달이 떠오르기 시작하고 주위가 좀 조용했다. 주 주부가 달그림자를 따라 거닐면서 부사(副使)가 요양(遼陽)에서 지은 칠률(七津)*60을 웅얼거리고, 또 자기가 거기에 차운(次韻)*61한 것을 읊조린다.

---

*59 송나라 소옹(邵雍)이 좋아하는 집. 어떤 사람이 소옹의 집과 똑같은 집을 지어 놓고 그가 오기를 기다렸는데 그런 집이 12군데나 있었다고 함.
*60 한 구절이 일곱 글자씩 여덟 구절로 된 한시.
*61 다른 사람이 지은 시의 운자(韻字)를 따서 시를 짓는 것.

나는 총총히 정사가 머무는 상당(上堂)을 향해 가면서 노군에게 말했다.
"형님(정사)께서 몹시 심심해하시겠군."
그러자 노군이 말한다.
"사또께서 적적해하실 겁니다."
그러고는 당으로 간다. 주군도 근심스러운 얼굴로 말한다.
"요즈음 병환이 나실까 봐 걱정일세."
그러고는 곧 상당으로 간다. 내원도 뒤따라 갔다.
나는 급히 문을 나서면서 장복에게 어제처럼 적당히 꾸며대라고 일렀다. 그때 마침 계함(季涵)이 밖에서 들어오면서 묻는다.
"어디를 가는가?"
"달도 밝은데 어디 좋은 데 가서 이야기나 하지 않겠나?"
"어디를 가자는 거야?"
"어디든지 가세나."
계함이 걸음을 멈추고 망설이는데 마침 수역(首譯)이 들어온다. 계함이 그에게 묻는다.
"달이 밝은데 좀 거닐다 와도 괜찮겠나?"
수역이 크게 놀라 저번처럼 펄펄 뛰자 계함은 웃으면서 말한다.
"마땅히 그렇지."
나도 건성으로 '그렇겠군' 하고, 곧 앞서거니 뒤서거니 도로 들어오고 말았다. 수역과 계함은 나를 돌아다보지도 않고 상당으로 올라간다. 나는 뒤처져 걷다가 슬그머니 밖으로 나왔다.
큰길로 나오니 비로소 속이 후련하다. 더위가 약간 물러가고 달빛이 땅에 가득하다. 먼저 예속재로 갔다. 이미 문을 닫았는데 전생(田生)은 어딘가 나가고 이인재(李麟齋)가 혼자 있었다.
인재가 말한다.
"잠시 앉으셔서 차나 드십시오. 전생이 곧 돌아올 것입니다."
"여러 분들께서 상루(商樓)에 모두 모여서 몹시 기다리고 있을 텐데요."
"상루에서 만나기로 하신 아름다운 약속은 저도 알고 있습니다. 제가 모시고 가겠습니다."
그때 마침 전생이 손에 붉은 양각등(羊角燈)[62]을 들고 들어와서 함께 가

자고 독촉하여, 담배를 피워 물고 이생과 함께 문을 나섰다. 한길이 하늘처럼 훤하고 달빛이 물처럼 흐른다. 전생이 손에 들었던 등을 문 위에 걸어 놓기에 내가 물었다.

"등을 들지 않고 가도 괜찮은가요?"

"아직 밤이 되지 않았는데요."

천천히 거리를 걸어갔다. 벌써 길 양쪽 가게들은 모두 문을 닫고 문 밖에 양각등을 걸어 놓았다. 드문드문 붉고 푸른 것도 섞여 있었다.

상루에는 여러 사람들이 난간 아래 늘어서 있다가 내가 오는 것을 보고 모두 만면에 웃음을 지으며 반가이 맞아 가게 안으로 인도한다. 갈부(褐夫) 배관(裵寬)·동야(東野) 이구몽(李龜夢)·하탑(下榻) 비치(費穉)·포관(抱關) 전사가(田仕可)·목헌(鶩軒) 온백고(溫伯高)·수환(繡寰) 목춘(穆春)·천근(天根) 오복(吳復) 등이 다 모였다.

배생이 박공(朴公)은 믿을 만한 선비라고 한다. 방에는 부채 모양의 사등(紗燈) 한 쌍을 밝혀 놓았고, 탁자 위에는 촛불 두 자루를 밝혀 놓았다. 이미 고기와 생선, 채소와 과일을 차려 놓았고, 북쪽 벽 아래에도 따로 탁자 하나를 마련해 놓았다. 모두들 나에게 먹기를 권한다. 내가 저녁에 먹은 밥도 아직 내려가지 않았다고 말하자 비생(費生)이 손수 더운 차를 한 잔 따라 권한다.

모인 자리에 낯선 손님이 있기에 여러 사람을 돌아보고 누구시냐고 물었다.

"저이는 마영(馬鎤)입니다. 자는 요여(耀如)이고 나이는 23살이지요. 글도 대강 안답니다. 산해관에 살고 있는데, 이곳에 장사하러 와 있습지요."

비생이 묻는다.

"논어(論語)에 있는 오십독역(五十讀易)*63이라는 구절은 정복독역(正卜讀易), 곧 오(五)자는 정(正)자의 잘못이고 십(十)자는 복(卜)자에 한 획을 더 그은 것이라고도 하는데 선생께서는 어떻게 생각하십니까?"

"오십독역의 오십(五十)이 졸(卒)자가 아닌가 하는 경우도 있으나, 지금 정복(正卜)의 잘못이라고 하는 것은 당치않은 것 같습니다. 주역(周易)은

---

*62 양의 뿔을 고아서 만든 투명하고 얇은 껍질을 씌운 등으로, 들고 다니거나 걸어 놓는 등의 한 가지.

*63 나이 쉰 살에 주역(周易)을 읽는다는 말로 논어(論語)에 있음.

점을 치는 책이지만 계사(繫辭)*64에는 점(占)치는 이야기를 하면서 서(筮)는 말했으나 복(卜)자는 보이지 않고, 또한 복(卜)자는 ㅣ밖에다가 한 점을 더한 것이지 원래부터 한 획을 더 그은 것이 아닙니다."

내가 대답하자 비생이 다시 말한다.

"어떤 사람은 무약단주오(無若丹朱傲)*65의 오(傲)자를 오(鼻)*66 자의 잘못이라 하고, 그 아래에 망수행주(罔水行舟)*67라고 한 구절로 보아 단주와 오, 두 사람으로 보아야 할 것이라고 하는데요?"

"오(鼻)란 사람이 육지에서 배를 끌었다고 하였으니 망수행주와 뜻은 그럴듯하게 비슷하지만, 오(傲)와 오(鼻)는 비록 음은 같아도 글자 모양이 전연 다르고, 또한 오(鼻)란 사람은 하(夏)나라 태강(太康) 때 사람으로서 상대(上代) 우나라 순(舜)*68 임금 때와는 시대가 너무나 동떨어져 있으니 말이 안 될 듯합니다."

내가 이렇게 대답하자 이동야(李東野)가 말한다.

"선생의 해석이 참으로 옳습니다."

내가 전포관(田抱關)에게 물었다.

"부탁드린 옛 골동품 목록이 다 되었는지요?"

"낮에 무슨 사소한 일이 생겨서 반도 채 베끼지 못한 채 그대로 두었습니다만, 내일 새벽 지나시는 길에 잠시 가게 앞에서 고삐를 멈추어 주시면 틀림없이 제가 직접 아랫사람에게 전해 드리겠습니다."

전포관이 대답한다.

"선생께 이토록 수고를 끼쳐 정말 죄송합니다."

"이것은 친구 사이의 마땅한 도리입니다. 밤을 넘겼으니 제가 도리어 부끄럽습니다."

내가 다시 물었다.

---

*64 주역의 한 편명(篇名).

*65 요(堯) 임금의 아들 단주(丹朱)처럼 거만하지 말라는 말. 요 임금은 단주가 불민하다 하여 제위(帝位)를 순(舜) 임금에게 물려 주었음.

*66 역사(力士)의 이름.

*67 뭍에서 배를 끈다는 말이니 힘이 세다고 억지로 하는 것. 논어(論語)에 나옴.

*68 순(舜) 임금. 오제(五帝)의 하나. 아들 상균(商均)이 불초하다 하여 제위를 우(禹) 임금에게 물려주었음.

"여러분께서는 천산(千山)에 가 보신 일이 있습니까?"
"여기서 백여 리 밖에 안 되지만 아직까지 가 본 사람이 아무도 없습니다."
나는 다시 물었다.
"혹시 병부낭중(兵部郞中) 복녕(福寧)이란 분을 아십니까?"
전생이 대답한다.
"아직 모릅니다. 다른 친구들도 아는 사람이 없을 겁니다. 그런 사람은 조정에서 벼슬하는 이고 우리야 밖에서 장사하는 사람들인데 어떻게 그분을 뵐 기회가 있겠습니까?"
동야가 묻는다.
"선생은 이번에 가시면 황제를 뵙게 되겠지요?"
"사신은 때로 뵙는 일이 있지만 나는 수행원이라 반드시 뵙게 된다고는 말할 수 없지요."
동야가 다시 말한다.
"왕년에 황제께서 능(陵)에 참배하실 때 귀국의 종관(從官)들은 모두 황제를 뵈었지요. 저희는 그것이 몹시 부러웠습니다."
"여러분은 어찌하여 황제를 뵙지 못합니까?"
내가 물으니 배갈부(裵褐夫)가 나서서 대답한다.
"어찌 감히 당돌하게 그럴 수 있겠습니까? 그저 문을 닫고 숨을 죽이고 있을 뿐이지요."
"황제께서 이곳에 거둥하시게 되면 어른 아이 할 것 없이 허둥지둥 모여들어 행차를 우러러볼 것이 아닙니까?"
"안 됩니다. 어찌 감히 그럴 수 있습니까."
"지금 조정의 내각 요인들 중에서 가장 인망이 높은 이는 누구입니까?"
내가 또 물으니 동야(東野)가 대답한다.
"만한진신영안(滿漢搢紳榮案)에 각료들의 이름이 자세히 실려 있으니 이를 한번 들춰 보시면 아실 것입니다."
"비록 영안을 본다 하더라도 그들이 하는 일을 어찌 알 수 있겠습니까?"
"저희야 그저 초야에 묻혀 사는 하잘것없는 인간이라, 조정에 있는 이가 누가 주공(周公)·소공(召公)*[69]인지, 누가 꿈으로 얻은 사람*[70]인지, 점쳐 얻은 사람*[71]인지를 알지 못하지요."

내가 물었다.

"심양성(瀋陽城)에 경술(經術)*72과 문장(文章)에 능한 이가 몇이나 있을까요?"

배생은 이에 대해 들은 바가 별로 없다고 하고, 전생은 심양서원(瀋陽書院)에 거인(擧人)*73이 네댓 명 있었는데, 과거를 보기 위해 북경으로 갔다고 한다.

"여기서 북경까지 1천5백 리나 되니 그 길에는 이름난 사람과 학덕(學德)이 높은 선비들이 많을 것입니다. 그들의 성명을 알려주신다면 찾아보기에 편리할 것 같습니다."

내 말에 전생이 대답한다.

"산해관 밖은 변방(邊方)이라 땅은 높고 추울 뿐 아니라 사람들이 모두 무뚝뚝하고 우리처럼 장사나 하는 사람들입니다. 특별히 내세울 만한 이도 없거니와, 게다가 사람을 천거한다는 것은 더욱 어려운 일이지요. 천거한대야 제가 아는 사람에 지나지 않아 제가 좋아하는 사람에게 치우침을 면치 못할 것입니다. 그러니 높은 안목으로 그를 보아 마음에 들지 않는다면 그것은 저에게는 부질없는 말이 되고, 상대방에게는 실망을 줄 뿐이지요. 오늘 이 자리도 무슨 바람이 불었는지 선생의 덕망을 우러러 뵙게 되어 촛불을 밝히고 서로 흉금을 털어 이야기를 나누니 이것이 어찌 꿈엔들 생각한 일이겠습니까? 실로 하늘이 맺어 준 인연이 아닐 수 없습지요. 세상에 태어나서 둘도 없는 지기(知己)를 만났으니 아무런 여한이 없습니다. 선생께서는 앞으로 만날 만한 사람을 스스로 만나실 것인데, 어찌 남의 힘을 빌릴 필요가 있겠습니까?"

술이 몇 순배 돌았다.

비생(費生)이 먹을 갈고 종이를 펴 놓고서 말한다.

"목수환(穆繡寰)이 선생의 글씨를 얻어 귀중한 보배로 삼고 싶어합니다."

*69 주(周)나라 어진 신하의 한 사람. 무왕(武王)이 주(紂)를 멸망시키자 북연(北燕)에 봉해져서 삼공(三公)의 한 사람이 됨.
*70 은(殷)나라 고종(高宗)이 꿈으로 어진 부열(傅說)을 얻은 일을 염두에 둔 말.
*71 주나라 문왕(文王)이 점을 쳐 스승 여상(呂尙)을 얻은 일을 염두에 둔 말.
*72 유교 경전에 바탕을 둔 정치. 경서를 연구하는 학문.
*73 각 지방에서 보이는 과거 시험에 합격하여 중앙에서 보이는 과거에 응할 자격이 있는 선비.

나는 향조(香祖) 반정균(潘庭筠)이 양허(養虛) 김재행(金在行)*74을 떠나 보내며 써 준 칠절(七絕)*75 한 수를 써 주었다. 동야(東野)가 묻는다.

"반향조라는 분은 귀국의 명사이십니까?"

"우리나라 사람이 아니라, 절강성 전당(錢塘) 사람입니다. 이름은 정균(庭筠)이고 지금 중서사인(中書舍人) 벼슬을 하고 있지요. 향조는 자입니다."

배생(裵生)이 또 공첩(空帖)*76을 내어놓고 글씨를 청한다. 먹이 진하고 붓이 부드러워서 글자 획이 썩 잘 된다. 나 스스로도 이처럼 잘 써질 줄 몰랐고, 모두들 내 글씨를 크게 칭찬한다.

한 잔 기울이고 한 장 써내는 대로 붓이 종횡무진 움직여진다. 몇 장은 아래쪽에 진한 먹으로 고송(古松)과 괴석(怪石)을 그려 주었더니, 모두들 더욱 기뻐하며 다투어 종이와 붓을 내어놓고 둘러서서 써 달라고 한다.

나는 다시 검은 용 한 마리를 그리고 붓을 퉁겨 짙은 구름에서 쏟아지는 비를 그렸다. 용의 지느러미가 꼿꼿하게 서고, 비늘은 들쭉날쭉이고, 발톱은 얼굴보다도 크고, 코는 뿔보다도 길다. 모두들 박장대소하면서 희한하다고 칭찬한다.

전생이 마횡(馬鐄)과 함께 등불을 들고 먼저 돌아가려고 하기에 내가 물었다.

"이야기가 한창 무르익어가는데 왜 벌써 돌아가시려 합니까?"

전생이 대답한다.

"돌아가고 싶지는 않지만 약속을 지켜야 하기 때문입지요. 내일 아침 문에 나서서 직접 작별 인사를 드리도록 하겠습니다."

내가 아까 그린 검은 용을 촛불에 태워 버리려고 하자 온목헌(溫鶩軒)이 황급히 일어나 내 손을 잡더니 그림을 빼앗아서 접어 품 속에 집어넣는다.

배생이 크게 웃으면서 말한다.

"관동(關東)*77 천 리에 큰 가뭄이 들까 두렵구려."

"어찌하여 가뭄이 든다는 것입니까?"

---

*74 영조(英祖) 때 사람 김재행(金在行). 영조 41년(1765)에 북경에 갔었음.
*75 칠언절구(七言絕句)의 준말. 일곱 자 한 구절, 네 구절로 된 한시.
*76 아직 아무것도 쓰지 아니한 백지로 병풍처럼 만든 것.
*77 산해관(山海關) 동쪽 지방.

내가 물으니, 배생이 말한다.

"만약 그 용이 화룡(火龍)으로 변한다면 모든 사람이 괴로워 울부짖을 것입니다."

그리하여 좌중이 모두 한바탕 웃었다.

배생이 다시 말한다.

"용에는 착한 용과 악한 용이 있는데, 화룡이 가장 흉악합니다. 건륭(乾隆) 8년 계해(癸亥) 3월에, 산해관 밖 여양(閭陽)의 들 가운데 용이 떨어졌어요. 구름 한점 없이 천둥이 치고 비도 오지 않으면서 번갯불이 번쩍여서, 산해관 밖은 늦은 봄 날씨가 갑자기 유월 염천(炎天)으로 변했다고 합니다. 용이 있는 곳에서 1백 리 안은 온통 활활 타는 큰 화로 속 같아 사람과 짐승이 수없이 죽고, 장사치와 나그네들은 길을 다니지 못한 채, 들어앉아 있는 사람도 밤낮없이 발가벗고 부채질을 해야 했다고 합니다.

그래서 황제께서 칙서를 내렸답니다. 관내(關內)*78 빙고(氷庫)의 얼음 수천 수레를 관외(關外)에 보내서 고루 나누어 주어 백성들의 괴로움을 덜게 하셨지요. 용 가까이 있는 나무와 흙과 돌이 불길에 볶이는 듯 달아오르고, 우물과 샘물이 펄펄 끓었다고 합니다. 용은 열흘을 누워 있었답니다. 갑자기 요란하게 천둥이 울리고 바람이 일고 콩알만한 비가 왔어요. 대릉하(大陵河) 기슭의 초막들은 비가 오는 중에도 저절로 불이 나서 모두 타버렸지만 사람과 가축은 다치지 않았답니다.

용이 떠나갈 때 사람들이 앞다투어 나가 보았대요. 막 몸이 땅에서 떨어져 하늘로 올라가는데, 처음에는 아주 느리게 머리를 쳐들고 꼬리를 끌며 타마(駝馬)*79처럼 일어서니 길이가 겨우 서너 발밖에 안되는데, 입으로 불길을 내뿜고 꼬리로 땅을 치며 한 번 몸을 꿈틀하자, 비늘마다 번개가 번쩍이고 우레 소리가 나면서 공중에서 비가 쏟아졌다고 합니다. 이윽고 몸을 큰 버드나무에 걸치는데 머리에서 꼬리까지 두 나무 사이가 10여 발이나 되고, 폭우가 강물을 엎질러 놓은 듯 쏟아지더니만 이내 멎어서 쳐다보니 벌써 하늘 높이 까맣게 올라갔더랍니다. 동쪽 구름 사이에 뿔이 나타나는가 하면 서쪽 구름 사이에 발톱이 드러나는데, 뿔과 발톱 사이가 몇 리나 되더라고 했

---

*78 산해관(山海關) 안, 곧 만리장성 안쪽.

*79 낙타.

지요.
 용이 하늘로 올라가 사라지자 날씨가 청명해져서 도로 3월 날씨가 되었다고 합니다. 용이 누워 있던 자리는 두어 길이나 깊이 웅덩이가 파이고 물이 괴어 맑은 못이 되었어요. 못 옆의 나무와 돌은 모두 새까맣게 타버려 반만 남았으며, 소와 말은 털과 뼈가 다 타버렸고, 크고 작은 물고기가 쌓여 썩는 냄새 때문에 가까이 갈 수 없었다고 합니다. 오직 그 괴상한 용이 몸을 걸치고 있던 버드나무만 이파리 하나 떨어지지 않았는데, 이해 관동(關東)이 크게 가물어 9월이 되도록 비가 오지 않았다고 합니다. 그래서 나는 선생이 그리신 이 용이 떠나면서 그런 재난을 일으키지나 않았나 염려하는 것입니다."
 배생이 말을 마치자 또다시 좌중이 한바탕 크게 웃었다.
 나는 큰 주발에 술을 따라 쭉 들이켜고 나서 말했다.
 "그 이야기가 아주 큰 안주거리로군요."
 "옳습니다. 우리 모두 한 잔씩 돌려서 박공의 흥을 도웁시다."
 모두 좋다고 했다.
 내가 여러분은 그 용의 이름을 아느냐고 묻자 한 사람은 응룡(應龍)이라고 대답하고 한 사람은 한발(旱魃)이라고 하여 내가 말했다.
 "아닙니다. 그 용은 강철(罡鐵)이란 놈입니다. 우리나라 속담에 '강철이 가는 곳은 가을도 봄이 된다'고 하였습니다. 그놈이 가뭄을 가져와 흉년이 들게 하므로 가난한 사람들은 일을 하다가 마음먹은 대로 안 되면 '강철 가을'이라고 하거든요."
 배생이 말했다.
 "용의 이름이 참으로 기이합니다그려. 내가 태어난 시각이 바로 진시(辰時)라, 곧 강철 가을에 나고 보니 어찌 가난뱅이가 안 되겠습니까?"
 그러더니 다시 목청을 길게 빼어
 "가앙~ 처어~(罡處)!"
한다. 내가 고함을 질렀다.
 "아니오. 강철!"
 그러자 배생이 다시
 "강천(罡賤)!"
한다. 내가 다시 웃으며 말했다.

"발음이 '천(賤)'이 아니라 명철(明哲)이라 할 때의 그 '철(哲)'!"
이번엔 동야(東野)가 크게 웃고 큰 목소리로 소리친다.
"강청(罡靑)!"
모두들 웃음을 터뜨렸다.
본래 중국 사람들은 갈(曷)이니 월(月) 등의 리을(ㄹ) 받침 발음을 잘 내지 못하기 때문이었다.
내가 물었다.
"여러분은 다 오촉(吳蜀) 지방의 객상(客商)들이신데, 먼 타향에서 여러 해 지내시면 고향 생각이 나지 않으십니까?"
오복(吳復)이 대답한다.
"고향 생각 간절하고 말고요."
동야가 이어 말한다.
"고향 생각이 날 적마다 정신이 산란해집니다. 하늘가 땅 끝 머나먼 곳에 와서 털끝 같은 사소한 이익을 다투고 있을 때 늙으신 어머니는 해 저문 대문간에 기대어 나를 기다리시고, 젊은 아내는 홀로 규방을 지킬 것 아닙니까. 오랫동안 소식이 끊어지고 꿈에도 볼 수 없으니, 어찌 머리가 희어지지 않겠습니까? 게다가 달 밝고 바람 맑은 날이나 나뭇잎 떨어지고 꽃 피는 때면 더욱 간장을 에는 심정 어떻다 하리까?"
"그렇다면 어찌하여 고향으로 돌아가셔서 밭 갈고 밭두둑 매어 부모를 섬기고 처자를 기르지 아니하시고, 오로지 하찮은 이익을 좇아 멀리 고향을 떠나 계십니까? 비록 이렇게 해서 재산이 의돈(猗頓)*80과 견줄 만하고 명성이 도주(陶朱)*81와 같이 된다 한들 무슨 즐거움이 있겠습니까?"
내가 말하니 동야가 대답한다.
"꼭 그렇지도 아니합니다. 우리 고향 사람들 중에도 낭형(囊螢)*82과 추고(錐股)*83로 열심히 공부하고 아침에는 나물밥, 저녁에는 소금 반찬으로 곤

---

*80 춘추전국(春秋戰國) 시대 노(魯)나라의 큰 부자.
*81 춘추전국 시대 월(越)나라 사람 범려(范蠡). 제(齊)나라로 가서 이름을 고치고 큰 부자가 되어 제나라 정승이 되었음.
*82 진(晉)나라 차윤(車胤)이 집이 가난하여 반딧벌레를 잡아 주머니에 넣어서 그 빛으로 글을 읽은 일.
*83 언변이 뛰어난 소진(蘇秦)이 다리 사이에 송곳을 끼워 졸음을 물리치면서 공부를 한 일.

궁하게 지내는 이가 있습니다. 하늘이 가엾이 여기시어 간혹 미관말직(微官末職)을 얻어 하는 일이 있으나, 벼슬을 살자니 고향을 떠나 만 리 타향으로 가야 하고, 혹시나 부모님이 돌아가시지나 않을까 파면을 당하지나 않을까 걱정거리는 이루 말할 수 없습니다. 또 벼슬하는 사람은 그 직책 아래 죽어야 하는 수도 있고, 혹은 처신을 잘못하여 장물(贓物)로 추징(追徵)당하고 세업(世業)마저 뒤엎어버리게 되는 수도 있습지요. 그때 가서 비록 황견(黃犬)[84]의 탄식을 한들 무슨 소용이 있겠습니까?

저희는 배운 것이 변변치 못하여 벼슬길에 오를 가망도 없고, 또 피땀 흘려 몸이 파리해지도록 애를 써 농사를 지어 봤자 그것은 평생을 허송하는 짓입니다. 태어나서 늙어 죽을 때까지 옹색한 고향 땅을 떠나지 못하고, 우물 안 개구리처럼 생각을 펴지 못한다면, 비록 백 년을 산다 한들 죽는 것보다 나은 게 무엇이겠습니까. 지금 이렇게 가게를 내고 장사를 하는 것이 비록 하류(下流)의 일이라 하더라도, 돌아가는 곳은 다같이 하늘이 열어 주는 극락세계이거나 땅이 베풀어 주는 쾌활림(快活林)[85]입니다. 주공(朱公)의 배를 띄우고 단목씨(端木氏)[86]의 수레를 몰아 내 맘대로 유유히 사방을 두루 돌아다녀도 아무런 거리낌이 없답니다. 어디를 가나 마음에 드는 곳이면 곧 내 집이지요. 높은 처마와 훌륭한 집에 들어앉더라도 몸은 한가롭고 마음은 편안하며, 모진 추위와 심한 더위에도 내 맘대로 편히 지낼 수 있습니다.

그리하여 부모에게 걱정을 끼치지 않고 처자들의 원망도 사지 않습니다. 나아가나 물러서나 모두 조바심할 게 없으니 아예 영욕(榮辱)을 마음에 두지 않습니다. 그러니 농사짓고 벼슬하는 두 가지 업에 비교하여 그 괴롭고 즐거움이 어떻겠습니까?

저희는 벗으로서의 지극함을 서로 갖추고 있습니다. 논어(論語)에 '세 사람이 동행하면 반드시 내 스승 될 만한 이가 있다'고 하였고, 주역(周易)에는 '두 사람이 마음을 합치면 그 날카로움이 단단한 쇠라도 끊을 수 있다'고 하였습니다. 세상에 이보다 더 즐거운 것은 없을 것입니다. 인생의 백 년 평

---

*84 진(秦)나라 재상 이사(李斯)가 죄를 입어 그의 아들과 함께 형장(刑場)으로 끌려가며 아들을 돌아보면서 '다시는 너와 함께 황견을 몰고 사냥을 나가지 못하게 되었구나' 하고 후회한 데서 온 것으로, 뒤늦게 후회함을 이르는 말임.
*85 송(宋)나라 서울 교외에 있는 동산.
*86 공자(孔子)의 제자 자공(子貢). 제자 중에서 가장 재산이 많았음.

생에 진실한 벗이 없다면 무슨 재미있는 일이 있겠습니까? 먹고 입는 것밖에 모르는 사람은 도무지 이런 맛을 모릅니다. 세상에는 얼굴 생김새가 가증스럽고 멋대가리 없게 말하는 인간이 얼마나 많습니까. 눈에는 오직 옷가지와 밥그릇밖에 보이지 않고, 가슴속에는 벗을 사귀는 즐거움이 눈곱만큼도 없는 사람이 얼마나 많습니까?"

"중국의 사민(四民)*87은 비록 생업은 각기 다를지라도 귀천의 구별이 없고, 혼인이나 벼슬살이에도 서로 구애되는 일이 없는지요?"

내가 물으니 동야가 대답한다.

"우리나라에서는 벼슬아치는 상인(商人)이나 공인(工人)과는 통혼(通婚)하지 못하게 하여 벼슬살이의 길을 깨끗하게 하도록 합니다. 이것은 도(道)를 귀히 여기고 이(利)를 천히 여기며, 근본을 숭상하고 지엽(枝葉)을 억제하기 위한 것입니다. 저희는 모두 대대로 장사를 해 온 집안이므로 아직 선비 집안과 혼인을 해보지 못했습니다. 비록 돈과 쌀을 바쳐서 생원(生員)쯤은 얻어 할 수는 있어도, 역시 향공(鄕貢)*88을 치러서 중앙에 나가 과거를 보는 것은 허락되지 않는답니다."

그러자 비생(費生)이 말한다.

"이 법은 다만 고향에서만 시행되는 것이지 고향을 떠나서는 꼭 그런 것은 아닙니다."

그래 내가 물었다.

"한번 생원이 되기만 하면 선비로 행세할 수는 있습니까?"

동야가 대답한다.

"그렇지만 생원에도 역시 여러 가지 구별이 있습니다. 늠생(廩生)*89·감생(監生)*90·공생(貢生)*91 등이 모두 생원(生員)에서 뽑혀 승진되는 것이지요. 한번 생원이 되기만 하면 구족(九族)*92에게까지 영광이 돌아가지만, 한편 이

---

*87 사(士)·농(農)·공(工)·상(商)의 직업을 가진 백성. 곧 모든 백성.
*88 지방에서 보는 과거(鄕試).
*89 나라에서 녹봉을 받는 생원.
*90 국자감(國子監)의 학생으로 있는 생원.
*91 지방에서 보는 과거에 합격한 생원.
*92 외할아버지, 외할머니, 이모의 아들, 장인, 장모, 고모의 아들, 누이의 아들, 딸의 아들과 자기의 동족.

옷에서는 해를 입게 됩니다. 관권(官權)을 휘둘러 지방 사람들을 마구 호령하는 것이 생원의 유일한 재주이기 때문입니다.

선비에도 세 등급이 있습지요. 상등은 벼슬하여 봉급을 받는 사람이고, 중등은 학관(學館)에 나아가 학생을 모아 가르치는 사람이며, 하등은 남에게 빌붙어 물건을 구걸하는 무리입니다. 속담에 이른바 '남에게 빌붙어 사니 체면이 말이 아니다' 하는 꼴입니다. 당장 살아갈 길이 없으면 하는 수 없이 남에게 빌붙게 되는 거지요. 추위 더위를 헤아리지 않고 분주히 돌아다니다가 사람을 만나면 말을 할까 말까 주저하다가 못하고 먼저 그 비루한 속마음을 드러내게 됩니다. 한창 때엔 큰소리치던 선비가 뜻밖에도 이제 누구나 싫어하는 사람이 되어 버리는 것입니다. 속담에 '남에게 구하는 것이 내 자신에게 구하는 것만 못하다'고, 저희가 장사를 하는 까닭은 적어도 그런 비참하고 괴로운 지경에는 이르지 않기 때문이지요."

"중국의 상정(觴政)*93에는 매우 묘한 것이 있다고 하던데, 이렇게 이틀 밤을 여럿이서 술을 마시면서 주령(酒令)을 내지 않는 것은 무슨 까닭입니까?"

내가 물으니, 배갈부(裵褐夫)가 대답한다.

"그건 옛날 말씀이지요. 지금은 수레를 끄는 사람이나 가게 종업원까지도 다 알고 있어서 운치 있는 풍류로 치지도 않습니다."

비생(費生)이 말한다.

"입옹소사(笠翁笑史)에 용자유(龍子猶)라는 고려 중[僧]의 주령 이야기가 실려 있습니다. 어떤 사신이 고려에 갔을 때입니다. 고려에서는 한 중을 연회에 배석(陪席)시켜 주령을 냈다고 합니다. 그 중이 말하기를 항우(項羽)와 장량(張良)이 우산 하나를 가지고 다투는데, 항우는 우산(雨傘)이니 제 것이라 하고 장량은 양산(涼傘)이니 제 것이라 했다고 합니다. 그러자 사신이 엉겁결에 대답하기를 허유(許由)*94와 조조(鼂錯)*95가 병 하나를 가지고 다투는데, 허유는 기름[油]병이니 제 것이라 하고, 조조는 식초[醋]병이니 제 것이라 하였다고 합니다. 그때의 고려 중의 이름은 무엇일까요?"

---

*93 술자리에서 수수께끼 같은 것을 내어 진 사람에게 벌주(罰酒)를 먹여서 흥을 돋우는 일. 주령(酒令).
*94 요(堯) 임금 때의 현인. 요 임금이 제위를 물려주려 했으나 받지 않았음.
*95 한(漢)나라 경제(景帝) 때의 충신.

"그런 주령은 전연 이치에 맞지도 않을 뿐 아니라, 그런 중의 이름은 전하지도 않습니다."

내가 대답했다.

첫닭 우는 소리가 들려왔다.

잠시 눈을 붙였다. 밖에서 떠들썩한 소리에 깨어 숙소로 돌아왔다. 아직 날이 아주 밝지 않았으므로 옷을 벗고 누웠다. 깜박 잠이 들었다가 조반을 알리는 소리에 깨었다.

12일 무자(戊子)

보슬비가 내리다가 곧 개다.

심양(瀋陽)에서 원당(願堂)까지 3리, 탑원(塔院)까지 10리, 방사촌(方士村)까지 2리, 장원교(壯元橋)까지 1리, 영안교(永安橋)까지 14리이다. 여기서부터 길을 새로 닦았는데 쌍가자(雙家子)까지 5리, 대방신(大方身)까지 10리, 모두 45리를 와서 점심을 먹었다. 대방신에서 마도교(磨刀橋)까지 5리, 변성(邊城)까지 10리, 흥륭점(興隆店)까지 12리, 고가자(孤家子)까지 13리, 모두 40리를 왔다. 이날 모두 85리를 와서 고가자에서 묵었다.

아침 일찍 심양을 떠날 때 가상루(歌商樓)로 갔더니, 배관(裵寬)이 혼자 나를 맞이해 주고 온백고(溫伯高)는 깊이 잠들어 있다. 손을 들어 배관과 작별하고 예속재(藝粟齋)로 갔다. 전사가(田仕可)와 비치(費穉)가 나와 맞는다. 전사가가 품에서 봉서(封書) 둘을 꺼내더니 그 중 하나를 뜯어서 보여준다. 그것은 나에게 주는 골동품 목록을 적은 것이고, 다른 하나는 겉에 붉은 쪽지를 붙이고 '허태사 태촌선생 수계(許太史台村先生手啓)'라 쓴 것이었다.

전사가가 말한다.

"이것은 제가 성심으로 드리는 말씀입니다. 한때의 객기(客氣)로 드리는 것이 절대 아닙니다. 조선관(朝鮮館)[96]과 서길사관(庶吉士館)[97] 문은 나란

---

[96] 조선 사신이 청나라 서울 연경(燕京)에 가면 묵는 집. 옥하제이교(玉河第二橋) 서쪽 한림원(翰林院) 남쪽에 위치하는데 옥하관(玉河館)이라고도 했음.

[97] 서상관(庶常館)이라고도 했는데, 한림원에 딸려 있어 글 잘하고 글씨 잘 쓰는 진사(進

히 하고 있습니다. 선생께서 연경에 도착하시거든 이 편지를 전해 주십시오. 허태사는 의표가 속되지 않을 뿐 아니라 문장이 뛰어난 분이라 반드시 선생을 잘 대우할 것입니다. 이 편지에 선생의 높으신 명성과 덕을 소개했으니, 결코 헛걸음이 되지 않으실 것입니다."

"다른 분들과 일일이 만나서 작별 인사를 드리지 못하니 몹시 서운하군요. 선생께서 내 뜻을 잘 말씀해 주십시오."

내가 이렇게 말하니 전생이 머리를 끄덕인다. 내가 막 몸을 일으키려 할 때에 전생이 마침 목수환(穆繡寰)이 온다고 말한다. 목수환이 한 소년을 데리고 오는데, 소년은 손에 포도 한 바구니를 들었다. 아마도 소년이 나를 만나보러 오면서 포도를 예물로 가져온 모양이다.

소년은 나를 향해 정중하게 읍(揖)하더니 내 앞으로 다가와서 내 손을 잡고 마치 알던 사이인 것처럼 정답게 군다. 그러나 나는 갈 길이 바빠서 곧 손을 들어 작별하고 가게에서 나와 말에 올랐다.

소년은 말 머리로 와서 두 손으로 포도 바구니를 받쳐 올린다. 나는 말 위에서 포도 한 송이를 집고 손을 들어 감사의 표시를 하고 출발했다. 얼마를 가다가 고개를 돌려 보니, 여러 사람이 그대로 가게 앞에 서서 내가 가는 것을 바라보고 있다. 갈 길이 바빠서 미처 소년의 이름도 물어보지 못한 것이 몹시 아쉬웠다.

이틀 밤을 계속 잠을 못 잤더니 해가 뜬 뒤에는 무척 고단했다. 창대한테 굴레를 놓고 장복과 함께 좌우에서 단단히 부축하게 하고는 가면서 한잠 잤다. 그제야 정신이 맑아져서 주위의 경치가 한결 새로워 보인다.

장복이 말한다.

"아까 몽고인이 두 마리 낙타를 끌고 지나갔습니다."

"그럼 왜 내게 알리지 않았느냐?"

내가 꾸짖으니 창대가 대답한다.

"그때 우레처럼 코를 골며 주무시는데 불러도 대답이 없으시니 어떡합니까? 저희도 처음 보는 것이라 무엇인지 확실히 알 수는 없었지만 아무래도 그게 낙타인 것 같았습니다."

士)를 뽑아 공부시켰음.

"그 모양이 어떻게 생겼더냐?"

내가 물으니 창대가 대답한다.

"뭐라고 형용하기 어렵습니다만 말처럼 생겼다고 할까요. 그런데 발굽이 둘로 나뉘었고 꼬리가 소와 같았습니다. 그렇다고 소처럼 생겼다고 할까요. 그런데 머리에 두 뿔이 없고 얼굴이 양 같았습니다. 양처럼 생겼다고 할까요. 그러나 털이 꼬불꼬불 말리지 않았고 등에는 봉우리 두 개가 솟아 있었습니다. 머리를 쳐들면 거위 같고, 눈을 떠도 감은 것 같았습니다."

내가 다시 물었다.

"과연 낙타인가 보다. 그럼 그 크기는 얼마만 하더냐?"

창대가 한 길쯤 되는 무너진 담을 가리키면서 말한다.

"저 담만 했습니다."

"이 다음에는 처음 보는 것을 만나거든 잠을 자고 있든지 밥을 먹고 있든지 반드시 말해줘야 한다."

내가 단단히 일러놓았다.

지는 해가 뉘엿뉘엿 바로 말 머리에서 어른거린다. 강가에서는 수백 마리 나귀 떼가 강물을 마시고 있다. 이윽고 한 시골 노파가 손에 수숫대를 들고 와서 나귀를 몰아간다. 일여덟 살 된 아이가 노파를 따라 다닌다. 노파는 몸에 푸른 천을 두르고 짧은 치마를 입었으며 검은 신을 신었다. 머리는 모두 벗어져 바가지처럼 번들번들 빛나고 뒤통수에는 겨우 밤톨만하게 쪽을 져 온갖 꽃으로 야단스럽게 장식했다. 할멈은 장복에게 조선 담배 좀 달라고 한다.

"이 많은 짐승이 모두 당신네 한 집에서 키우는 것이오?"

내가 물으니 노파는 고개를 끄덕이고 가 버린다. 내 말을 알아들었는지 모르겠다.

골동품 목록 (고동록 古董錄)

문왕정(文王鼎)·**소보정**(召父鼎)·**아호보정**(亞虎父鼎) : 모두 상(商)·주(周)나라 때의 것으로서 최상품이다.

주왕백정(周王伯鼎)·**단도정**(單徒鼎)·**주풍정**(周豐鼎) : 모두 당나라 천보

(天寶)*98 중엽(中葉)에 만든 것으로, 몸통이 작아 서재에서 향을 피우기에 좋다.

　　상보을정(商父乙鼎)·보사정(父巳鼎)·보계정(父癸鼎)·상자정(商子鼎)·병중정(秉仲鼎)·도철정(饕餮鼎)·이부정(李婦鼎)·상어정(商魚鼎)·주익정(周益鼎)·상을모정(商乙毛鼎)·보갑정(父甲鼎) : 모두 원(元)나라 때 강낭자(姜娘子)가 모방하여 만든 것이다.

　　주대숙정(周大叔鼎)·주련정(周縊鼎) : 모두 서재에 맑고 깨끗하게 둘 만하다. 솥이나 화로의 귀가 고리로 된 것, 아가리가 헤벌어진 것, 배가 불룩하게 나온 것, 발이 가는 것 따위는 모두 하품(下品)이라 볼 만한 것이 못 된다. 아예 사지 말 것.

　　주사망대(周師望敦)·시대(兕敦)·익대(翼敦)·상모을력(商母乙鬲)·주멸오력(周蔑敖鬲)·상호수이(商虎首彜)·주신이(周辛彜) : 모두 박고도(博古圖)에 실려 있는데, 근대에 새로 간행된 서청고감(西淸古鑑)에는 그 양식이 더욱 정밀하다. 먼저 서점에 가서 서청고감을 구하여 그릇의 이름과 그림을 잘 살펴보아 그 양식이 정교하고 우아한 것을 마음에 찍어두었다가 나중에 창중(廠中 : 유리창)이나 혹은 융복사(隆福寺)·홍인사(弘仁寺)에서 열리는 장날에 찾아가서 구하면 틀림이 없다.

　　고(觚)·준(尊)·치(觶) : 이 세 가지 그릇은 다 술그릇이다. 또한 꽃을 꽂아 놓고 한가할 때 감상할 만하다. 관요(官窯)*99의 법식(法式)과 품격(品格)은 대체로 가요(哥窯)*100와 같지만, 빛깔은 분청색(粉靑色) 혹은 난백색(卵白色)이 좋다. 맑고도 기름기가 자르르 도는 것이 상품이고, 그 다음은 담백색(淡白色)이다. 유회색(油灰色)은 고르지 말 것. 무늬는 얼음같이 갈라진 것, 자라 등같이 갈라진 것이 상품이고, 자질구레하게 부서진 무늬는 하품이니 택하지 말 것이다. 만드는 법식도 역시 박고도(博古圖) 중에 좋은 것이 많다. 솥, 화로, 병, 두루미병, 술잔 등은 어느 것을 물론하고 키가 낮고 배가 부른 것은 속되고 거칠어서 볼 만한 것이 못 되니 선택하지 말 것.

─────────────
＊98 당나라 현종(玄宗)의 연호. 서기 742～755년. 우리 신라 경덕왕(景德王) 때임.
＊99 송나라 휘종(徽宗) 때 관에서 구워 낸 자기.
＊100 송나라 때 처주(處州) 사람 장씨(張氏)가 구워 낸 자기.

전사가가 연암에게 준 글

제가 지난해 초겨울에 북경에 갔다가 2월에 돌아왔습니다. 북경에 머물 때는 날마다 유리창에 가서 구경하였는데, 눈에 띄는 것이 모두 매우 진기하여 무엇이라 형용할 수 없었습니다. 마치 하백(河伯)이 자기 얼굴 추한 것을 알듯이, 싸워보지도 않고 항복해 버린 셈입니다. 다만 금창(金閶)[101] 지방에서 올라온 사기꾼들과 장사꾼들이 벼룩이 뛰듯이 유리창 바닥에 우글거리면서 함부로 값을 열 곱도 더 올릴 뿐 아니라, 온갖 감언이설로 사람의 무쇠 같은 간장을 녹여냅니다. 저는 처음 당하는 일이라서 눈이 어지럽고 정신이 혼미하여 삼관(三官)[102]이 얼떨떨하고 오장(五臟)이 뒤집히는 것 같았습니다. 그저 어리둥절하여 아무런 소득 없이 돌아오고 말았습니다. 가만히 이 일을 생각해보니 문득 분한 생각이 불끈 일어났습니다. 왜냐하면 외진 시골에서 자라 배운 것이 없었기 때문입니다. 진실로 본바탕이 그러하므로 연석(燕石)[103]을 보배로 여기고 어목(魚目)[104]을 분별하지 못하는 것은 당연한 일이라 하겠지만, 원망스러운 것은 그들의 웃음거리가 될 만큼 많은 값을 치러 그들의 배만 불려 준 셈이 된 일입니다.

이제 선생을 북경으로 전송하며 어리석은 말씀을 간곡히 드리는 까닭은 진실로 타국의 군자를 위해서입니다. 훗날 귀국하시거든 중국에 사람다운 사람이 없더라는 말씀만은 말아 주시기 바랍니다. 아울러 저의 성심(誠心)을 말씀드리고자 합니다.

저는 아직 옛 글이나 그림에 대한 감상(鑑賞)이 충분치 못하고 취미로 가진 습성조차 깊지 못하여, 잘 알지 못하는 것을 경솔하게 추측하여 감히 말씀드리기 어렵습니다. 하오나 대개는 옛 이름난 이의 필적은 아니라 할지라도 역시 명필들이 잘 본떠 쓴 것이어서, 비록 원숙한 품은 없다 하더라도 그 전형(典型)[105]은 알아볼 만합니다. 미불(米芾)·채경(蔡京)·소식(蘇軾)·황정견(黃庭堅)은 모두 그 이름을 잘 따져보아야 합니다.

---

*101 중국 소주(蘇州)의 다른 이름.
*102 눈·귀·입.
*103 연산(燕山)에서 나는 옥같이 생긴 돌.
*104 물고기 눈알과 구슬을 구별하지 못함.
*105 옛 법칙. 변하지 않는 법.

그리고 일전에 선생께서 저의 어리석고 무지함을 탓하지 않으시고 인물을 구하시는 마음을 의탁하셨습니다. 그러나 길에서 만나 이야기하신다 하더라도 짧은 시간에 서로 성의를 다 보일 수 없을 것이고, 또한 일부러 길을 돌아다니시는 것도 쉬운 일이 아니라고 말씀드렸습니다.

제가 연경에 가 있을 때 태사(太史) 허조당(許兆黨)과 며칠 동안 사귀어지기(知己)의 벗이 되었습니다. 자는 태촌(台村)이고, 호북(湖北) 사람입니다. 여기 편지 한 통이 있으니 선생께서 북경에 들어가시는 날 곧 한림원(翰林院)으로 가셔서 그 허태촌을 찾아 제 이름을 말씀하시고 이 편지를 전하십시오. 그가 만일 선생과 제가 이처럼 친밀한 벗인 줄을 안다면 반드시 소홀하게 대하지 않을 것입니다. 태촌은 위인이 너그럽고 시원스러워서 한번 사귈 만합니다. 제가 잘못 천거한 것이 아님을 아시게 될 것입니다. 박공 노야(老爺)께서는 조람(照覽)하시기 바랍니다.

전사가(田仕可) 머리 조아려 아룁니다.

13일 기축(己丑)
맑게 개고 바람이 몹시 불다.

새벽에 고가자(孤家子)를 떠나 8리, 거류하(巨流河)에 이르렀다. 거류하는 주류하(周流河)라고도 한다. 거류하보(巨流河堡)까지 7리, 비점자(泌店子)까지 3리, 오도하(五渡河)까지 2리, 사방대(四方臺)까지 5리, 곽가둔(郭家屯)까지 3리, 신민둔(新民屯)까지 3리, 소황기보(小黃旗堡)까지 4리, 모두 35리를 와서 점심을 먹었다.

소황기보에서 대황기보(大黃旗堡)까지 8리, 유하구(柳河溝)까지 12리, 석사자(石獅子)까지 12리, 영방(營房)까지 10리, 백기보(白旗堡)까지 5리, 모두 47리, 이날 총계 82리를 와서 백기보에서 묵었다.

새벽에 일어나 세수를 하고 머리를 빗는데 몹시 고단하다. 달이 지자 온 하늘에 별들이 총총하다. 마을의 닭들이 번갈아 운다. 몇 리를 안 가 뽀얀 안개가 자욱하게 끼어, 넓은 들판이 금시에 수은 바다를 이룬다. 한 무리의 만상(灣商)[106]이 서로 떠들며 지나간다. 그 모양이 어렴풋하여 마치 꿈속에서 보는 것만 같고, 말소리가 이상한 글을 읽는 것처럼 또렷하지는 않으나 몹시 신비스러운 환상 같다.

잠시 후 하늘이 밝아오고, 수많은 버드나무에서 늦철 매미가 일시에 울기 시작한다. 저것들이 굳이 알려 주지 않아도 한낮에는 지독하게 더울 것을 알고 있다. 들판의 안개가 차차 걷히면서 멀리 마을 묘당(廟堂) 앞의 깃대가 돛대처럼 보인다. 고개를 돌려 동쪽 하늘을 바라보니 붉은 구름이 뭉게뭉게 피어오르면서 수레바퀴 같은 붉은 해가 솟는다. 햇빛은 옥수수밭 가운데 드러났다 잠겼다 하면서 천천히 요동 벌판을 가득 채워간다. 오가는 말과 수레, 고요한 나무와 집이며, 땅 위의 온갖 자잘한 것들이 모두 햇빛으로 휩싸인다.

신민둔(新民屯)은 거리의 가게며 민가들이 요동에 못지않다. 한 전당포에 들어가 보았다. 뜰 가득히 포도나무를 덩굴시렁 위에 얹어 푸른 그늘이 우거졌다. 뜰 한복판에는 이상야릇하게 생긴 여러 빛깔의 돌들을 수북이 쌓아 하나의 산 모양을 만들었다. 산 앞에 놓인 한 길이나 되는 큰 항아리에는 연꽃이 네댓 송이 피어 있고, 땅을 파서 묻은 한 간쯤되는 나무통에는 한 쌍의 뜸부기를 기르고 있다. 산 둘레에는 종려나무·가을해당화·석류나무 등 화분 10여 개가 놓여 있다. 구슬 휘장 아래에 의자를 늘어놓고 앉아 있던, 장사꾼으로 보이는 대여섯 명의 우람한 사나이들이 나를 보자 일어나 허리를 굽혀 인사를 한다. 그러더니 앉기를 청하고 이어 시원한 차 한 잔을 권한다. 전당포 주인이 붉은 종이 두 장을 내어놓는데 거기에는 희끗한 금색으로 이무기 두 마리가 가늘게 그려져 있다. 주인은 거기에 주련(柱聯) 한 폭을 써 달라고 청한다.

　　목욕하는 한 쌍 원앙새 나부끼는 비단
　　갓 피어난 연꽃 송이송이 말 없는 신선일세.

　　鴛鴦對浴能飛繡　菡萏初開不語仙

＊106 의주(義州)에서 중국에 드나들며 장사하는 상인.

이렇게 써놓자, 구경꾼들은 모두 필법이 훌륭하다고 일제히 떠든다. 주인은 나에게 잠깐만 더 앉아 있으라 하고 다시 좋은 종이를 찾아가지고 오겠다며 몸을 일으킨다. 주인은 잠시 후 왼손에 종이를 들고 오른손에는 진한 먹물 종지 하나를 받들고 왔다. 칼로 백로지(白鷺紙) 한 장을 길이 3자쯤 되게 자르더니 가게 문 위에 액자를 만들어 걸 수 있도록 좋은 글씨를 몇 자 써 달라고 한다.

나는 여기까지 오는 길에서 가게 문 위에 '기상새설(欺霜賽雪)'*107이라 써서 걸어 놓은 것을 많이 보아 왔다. 상인들이 자기네들의 본분을 자랑하기 위해, 마음이 가을 서릿발처럼 깨끗하고 눈보다도 더 희다는 뜻으로 그런 간판을 걸었을 것이라 생각했다. 그리고 며칠 전에 난니보(爛泥堡)를 지날 때 한 가게 문 위에 그 네 글자를 써 붙여놓은 걸 보고 그 필법이 매우 독특하여, 말을 멈추고 한참 바라본 적이 있다. 그런데 상(霜)·설(雪) 두 글자는 미해악(米海嶽)*108의 체였다.

그래서 이제 그 글씨체를 본받아 쓰리라 생각하고, 붓에다 먹을 고루 묻혔다. 먹물은 자줏빛이 돌고 농담(濃談)이 고르다. 종이를 끌어당겨 왼쪽에서부터 오른쪽으로 먼저 눈 설(雪)자 한 자를 썼다. 비록 미원장(米元章)의 글씨에는 비교할 수 없겠지만, 어찌 동태사(董太史 : 명나라 시대의 서화가. 이름은 기창(其昌))만 못하겠는가! 구경꾼들이 더욱 몰려들면서 참 잘 썼다고 야단들이다. 다음에는 새(賽)자를 써 놓으니 어떤 사람은 잘 썼다고 칭찬하는데, 유독 전당포 주인만은 기색이 매우 달라져서 아까 설자를 썼을 때처럼 감탄하지 않는다. 나는 사실 새(賽)자는 평소에 별로 써 본 일이 없어서 익숙하지 못했다. 윗부분 寒는 획이 너무 빽빽하고 아래의 貝는 지나치게 길어져서 못마땅한 모양이다. 또 붓 끝에 매달렸던 짙은 먹물이 잘못하여 새(賽)자 왼쪽 점 옆에 떨어져서 차차 번져 얼룩이 졌기 때문에 이것을 언짢게 여기는구나 싶었다. 나는 짐짓 단숨에 상(霜)자와 기(欺)자를 쓰고 붓을 던지고는 차례대로 읽어 보았다. 기상새설 네 글자가 틀림이 없다.

그런데 주인은 머리를 휘저으면서 '당치않은데……' 한다.

---

*107 희기가 서리를 속일 만하고 눈과 내기할 만함. 곧 더할 수 없이 맑고 깨끗함.
*108 해악은 송나라 때 글 잘하고 글씨와 그림에 뛰어났던 미불(米芾)의 호. 자는 원장(元章).

"나중에 다시 봅시다."

나는 자리에서 벌떡 일어나 나오면서 이런 시골에 사는 장사꾼이 어찌 심양(瀋陽)의 그 여러 사람에게 미치랴, 제까짓 놈이 어떻게 글자가 잘 되고 못 된 것을 알아본단 말이냐 하고 속으로 꾸짖었다.

이날 해가 뜬 뒤에는 바람이 심하게 불어 천지를 뒤흔들더니 오후가 되어서야 잦아들었다. 하늘에는 티끌 한 점 없고 더위가 찌는 듯 맹렬하다. 영안교(永安橋)에서부터는 아름드리 큰 통나무를 엮어서 다리를 놓았다. 다리 높이가 두어 길, 넓이가 다섯 발은 되겠다. 양쪽 통나무 끝이 한칼로 잘라 놓은 듯 가지런하다. 다리 아래 도랑에는 새파란 물이 끝없이 흐른다. 그 옆으로는 푸르고 기름진 진흙 벌판이 아득히 펼쳐졌다. 만약 이 벌판을 모두 개간하여 논을 일군다면, 일 년에 금싸라기 같은 벼 몇만 섬은 좋이 거둘 수 있을 것이다.

어떤 사람은 이렇게 말하기도 한다.

"강희황제(康熙皇帝)는 경직도(耕織圖)와 농정전서(農政全書)까지 지으셨고 지금의 황제는 몇 대에 걸친 농가의 자제이시므로, 산해관(山海關) 밖의 기름진 땅을 개간하면 썩 좋은 논이 될 것을 모르시는 바가 아니다. 그러나 산해관 밖의 땅은 청나라 황실의 뿌리를 박은 고장으로서, 백성들이 이곳에서 나는 기름지고 향기로운 쌀밥을 늘 먹었다가는 끝내 근육이 풀리고 뼈가 연하여져 힘을 쓸 수 없게 될 것이므로, 항상 기장이나 수수 또는 밭벼를 먹게 하여 굶주림을 잘 참게 하고 혈기를 길러 구복(口腹)에 대한 생각을 잊어버리게 하는 것이 좋을 것이라고 생각했을 것이다. 그리하여 차라리 천리 기름진 들판을 메마른 땅으로 내버려둘지라도 충의를 향하는 백성이 되게 하는 것이 낫겠다는 것이니, 이야말로 심모원려(深謀遠慮)라고 할까."

가는 길에는 2리 3리마다 여염집들이 끊어졌다가는 또 이어지고 수레와 말들이 잇달아 오간다. 길 양쪽에 늘어선 가게들도 모두 볼 만하다. 봉황성(鳳凰城)에서부터 여기까지 오면서는 사치스럽고 검소한 정도에 차이는 있지만 모두가 한결같은 규모들이다. 어렴풋이 눈에 지나치는 것 중에 때때로 놀랍고 반가운 것들이 있으나 이루 다 기록할 도리가 없.

날이 저물고 먼 곳에서 저녁 연기가 자욱이 일어나는 것이 보인다. 말을 채찍질하여 참(站)을 향해 달리는데, 참외밭에서 한 늙은이가 달려나와 말 앞에 꿇어앉더니 서너 칸쯤 되는 허술한 외딴 집을 가리키면서 하소연한다.

"이 늙은 것이 길가에서 참외를 팔아 겨우 한 목숨을 이어가고 있다오. 그런데 아까 당신네 고려인(高麗人) 4, 5십 명이 지나가다가 잠시 쉬면서, 처음에는 값을 내고 참외를 사 먹더니 떠날 때는 제각기 참외를 한 개씩 집어 가지고 일제히 소리를 지르면서 달아나 버렸소이다."

"그럼 왜 그들이 모시고 가는 어른께 말씀드리지 않았소?"

내가 물으니 늙은이는 눈물을 흘리면서 말한다.

"가서 말씀드려도 당신네 대인(大人)은 벙어리인 체 귀머거리인 체하십디다. 그러니 나 혼자 몸으로 힘이 센 장정 4, 5십 명을 어떻게 감당하리까? 방금 전에도 뒤쫓아가니까 한 사람이 길을 막고 가지고 있던 참외로 내 얼굴을 후려쳐, 두 눈에서 번갯불이 번쩍 났어요. 참외 터진 물이 아직도 마르지 않았소이다."

그러면서 청심환을 달라고 한다. 없다고 하니까 창대의 허리를 꼭 껴안고 억지로 참외를 사라고 하고는 참외 다섯 개를 가져다가 앞에 놓는다.

나는 마침 목이 마르기도 하던 참이라 한 개를 깎아서 먹어 보았다. 대단히 향기롭고 맛이 달다. 장복에게 나머지 네 개를 사 가지고 가서 밤에 먹자고 했다. 창대와 장복이 각각 두 개씩 먹었으므로 모두 아홉 개인데, 늙은이는 80푼을 내라고 떼를 쓴다. 장복이 50푼을 내어주자 성을 내면서 받지 않는다. 장복과 창대가 주머니를 털어서 합쳐 71푼을 준다. 나는 앞서 말에 올라타면서 장복에게 더 주라고 하였다. 장복이 빈 주머니를 털어 보이자 그제야 늙은이는 수그러진다.

처음에는 눈물을 보이면서 애걸하더니, 나중에는 참외 아홉 개에 100푼 가까이나 되는 턱없이 비싼 값을 내라고 떼를 쓴 것이다. 참으로 통탄할 일이다. 그러나 그보다 우리나라 하인들이 길에서 못되게 구는 것이 더욱 한심스럽다.

어둑어둑해져서야 참(站)에 도착했다. 참외를 내어 청여(清如 박내원의자)·계함(季涵) 등에게 주면서 저녁밥 뒤에 입가심을 하라고 하였다. 말을 갈아탈 때 하인들이 참외를 빼앗은 일을 말했더니, 여러 마두(馬頭)들이 말한다.

"그런 일은 전혀 없었습니다. 그 외딴집 참외 파는 늙은이는 원래 간사하기가 짝이 없어요. 나리께서 뒤떨어져 혼자 오시는 걸 보고 터무니없는 말을 지어내고 일부러 불쌍한 체를 하여 청심환을 요구한 것입니다."
 나는 비로소 그 늙은이에게 속은 것을 깨닫고, 참외를 샀던 일을 생각하니 더욱 분한 생각이 든다. 도대체 갑자기 흘린 그 눈물은 어디서 나온 것인지 모르겠다. 시대가 말했다.
 "그놈은 한인(漢人)일 겁니다. 만주 사람은 그런 악독한 짓은 안 합니다."

14일 경인(庚寅)
 개었다.

 백기보(白旗堡)에서 소백기보(小白旗堡)까지 12리, 평방(平房)까지 6리, 일반랍문(一半拉門), 일명 일판문(一板門)까지 12리, 고산둔(靠山屯)까지 8리, 이도정(二道井)까지 12리, 모두 50리. 이도정에서 점심을 먹었다. 이도정에서 은적사(隱寂寺)까지 8리, 고가포(古家舖)까지 22리, 나무 다리로 된 길이 여기서 끝나고, 고정자(古井子)까지 1리, 십강자(十扛子)까지 9리, 연대(煙臺)까지 6리, 소흑산(小黑山)까지 4리, 모두 50리, 이날 100리를 와 소흑산에서 묵었다.

 오늘은 말복(末伏)이다. 늦더위가 더욱 기승을 부릴 것이고, 또 참의 거리가 멀어서 일행은 새벽에 길을 떠났다. 나는 정 비장(鄭裨將)·변 주부(卞主簿)와 함께 먼저 출발하면서 어제 해 뜰 때의 광경을 이야기했다. 두 사람은 꼭 한 번 보고 싶어했지만, 오늘은 해가 뜰 때 하늘에 구름과 안개가 채 걷히지 않아 해 뜨는 광경이 어제와는 크게 다르다.
 해가 이미 땅에서 한 길이나 높게 솟았다. 해 아래의 층운(層雲)은 수많은 금빛 용이 되어 솟구쳐 오르면서 굼틀거리고 신출귀몰하는 듯 잠시도 가만히 있지 않는 가운데 해는 서서히 상천(上天)을 향해 올라간다.
 요양(遼陽)에서부터 조그마한 성을 수없이 거쳐 와서 이루 다 기록할 수 없다. 3리, 5리도 못 되는 성곽들이 모두가 군읍(郡邑) 청사(廳舍)의 소재지라고 할 수는 없고 시골 마을을 보호하는 것에 지나지 않았으나, 그 제도는 큰 성과 다름이 없다.

일판문(一板門)과 이도정(二道井)은 지세가 낮아서 비가 조금만 와도 진창이 되는 곳이다. 봄철 눈과 얼음이 녹을 무렵 이 진창에 잘못 들어섰다가는 사람이고 말이고 순식간에 사라지고 말지만, 지척에 있어도 구출해낼 도리가 없다고 한다. 작년 봄에 산서(山西) 나그네 20여 명이 모두 든든한 나귀를 타고 일판문에 이르렀으나 한꺼번에 빠져 죽었고, 우리나라 마부 두 사람도 빠져 죽은 일이 있다고 한다.

당서(唐書)에 '태종(太宗)이 고구려를 쳤다가 뜻을 이루지 못하고 회군하여 발착수(渤錯水)에 이르렀는데 80리 진창에 막혀서 수레와 말이 지나갈 수가 없었다. 장손무기(長孫無忌)와 양사도(楊師道) 등이 군사 1만 명을 지휘하여 나무를 베어다가 길을 만들고 수레를 이어 다리를 만들었다. 황제도 말을 타고 나무를 날라 일을 도왔다. 눈이 많이 와서 횃불을 밝히고 건넜다'고 하였다. 발착수가 어디에 있었는지 지금은 알 수가 없다.

천 리 요동 벌판은 흙이 밀가루 같이 고와서 비가 오면 녹은 엿처럼 찐득찐득해져 사람의 허리나 무릎까지 빠진다. 가까스로 한쪽 다리를 빼면 다른 한쪽 다리가 점점 더 깊이 빠져 들어간다. 재빨리 발을 뽑지 않았다간, 땅속에서 무엇인가가 잡아당기는 듯 온몸이 다 빨려 들어가서 흔적도 없이 사라진다고 전해진다.

그런데 지금의 청나라 왕실은 성경(盛京)에 자주 거둥하므로, 영안교(永安橋)에서부터 통나무를 엮어 진흙 수렁 위에 다리를 놓았다. 이 통나무 다리는 고가포(古家舖) 앞에 이르러서야 끝이 난다. 2백여 리 거리를 다리 하나로 길을 만들었으니 공들인 노력과 물자가 엄청나다. 그뿐 아니라 통나무 끝이 조금도 들쭉날쭉하지 않고 2백 리 다리 양쪽 끝이 먹줄을 친 듯하니 그 공력의 정교함을 알 수 있다. 그러므로 일반 민간에서 벌이는 여러 공사에도 이를 본받게 되니 그 법도가 대체로 같다. 덕보(德保)[109]가 중국의 위용은 도무지 당할 재주가 없다고 하는 것은 바로 이런 일들을 두고 하는 말이다. 이 통나무 다리 길은 3년에 한 번씩 고쳐 놓는다고 한다. 당서(唐書)에 발착수라고 한 것은 아마도 일판문(一板門)과 이도정(二道井) 사이를 말한 것이 아닌가 싶다.

---

*109 조선 영조·정조 때 실학자(實學者) 홍대용(洪大容)의 자(字).

아골관(鴉鶻關)에서부터 마을 복판에 높다랗게 하얀 패루(牌樓)를 세워 놓은 것이 눈에 자주 띄었다. 그것은 모두 초상집이라 한다. 삿자리를 엮어 만들었으나 기왓골이나 지붕 위의 망새*110는 나무나 돌로 만든 여느 집과 다름이 없다. 높이는 네댓 길이나 되는데, 상갓집 대문에서 열 걸음쯤 떨어진 곳에 세워놓았다.

그 아래에는 풍물패가 늘어서서 밤낮없이 자리를 떠나지 않고 조객이 문간에 들어설 때마다 꽹과리 한 쌍, 피리 한 쌍, 태평소 한 쌍을 요란스럽게 불고 치고 한다. 죽은 자에게 음식을 올릴 때 안에서 울음소리가 나면 밖에서는 곡소리를 받아 풍물로 이에 응한다.

나는 십강자(十扛子)에 이르러 잠시 쉬면서 정 비장·변 주부와 함께 거리를 거닐었다. 삿자리로 만든 한 패루에 이르러 그 패루를 어떻게 엮었는지 자세히 구경하려 할 참에, 갑자기 요란하게 풍물을 불고 치고 하여 두 사람은 엉겹결에 귀를 막고 달아나고, 나도 두 귀가 먹을 것 같아 손을 저어 멈추라고 했지만 도무지 들은 체도 하지 않고 마냥 불고 치기만 한다.

나는 초상집 제도를 알아보고 싶어서 막 발을 옮겨 대문 앞으로 가는데 문 안에서 한 상주가 달려나와 흐느껴 울면서 바로 내 앞으로 오더니 대나무 지팡이를 내던지고 두 번 절을 한다. 엎드릴 때에는 머리가 땅에 닿고, 일어나서는 발로 땅을 구르며 눈물을 비 오듯 흘리고 울부짖는다. 나 역시 갑자기 당하는 일이라 어찌할 바를 모르고 당황하고 있자니 상주의 뒤로 흰 두건을 쓴 대여섯 사람이 뒤따라 나왔다. 그들이 나의 양쪽 팔을 부축하여 문 안으로 들어가게 한다. 상주도 울음을 멈추고 내 뒤를 따르는데 마침 이때 말 먹이를 담당하고 있는 마두 이동(二同)이 안에서 나온다.

나는 하도 기뻐서 황급히 물었다.

"이 일을 어떻게 하면 좋단 말이냐?"

"소인은 죽은 사람과 동갑으로 전부터 친하게 지냈습니다. 그래서 지금 그의 아내를 조문하고 나오는 길입니다."

"조문은 어떻게 하느냐?"

"상주의 손을 잡고 '당신의 아버지는 하늘로 돌아가셨군요?' 하고 말하면

---

*110 큰 건물의 용마루 끝에 장식으로 베풀어 놓는 물건 모양.

됩니다."

이동은 이렇게 일러주고는 나를 따라 도로 들어오면서 다시 말했다.

"백지(白紙) 한 묶음쯤 부의로 주어야 하겠습니다. 소인이 마련하지요."

당(堂) 앞에는 삿자리로 큰 집을 만들어 놓았다. 그런데 그 짜임새가 매우 기이하다. 뜰에는 흰 천으로 포장을 쳐 놓고 상복을 입은 사람들이 내외로 나뉘어 자리잡고 있었다.

이동이 말한다.

"주인이 술과 과일을 대접할 것이니 너무 빨리 일어나지 마십시오. 만약 음식을 잡숫지 않으시면 그것은 큰 실례가 됩니다."

"이왕 들어왔으니 구경을 좀 해야겠는데, 주인에게 조문하는 일은 좀 겸연쩍은 것 같구나."

"문상은 이미 아까 끝났습니다. 다시 조문하실 것 없습니다."

이동이 삿자리 집을 가리키면서 다시 말했다.

"저것이 빈소랍니다. 남녀가 모두 집을 비워 놓고 이 빈소로 옮겨 오지요. 그리고 빈소의 휘장 안에는 기년복(朞年服)[111]·대공(大功)[112]·소공(小功)[113] 등의 복제(服制)에 따라 각기 거처할 자리가 마련되어 있어요. 장례가 끝나면 각기 돌아갑니다."

휘장 안에 있는 한 여인이 연방 밖으로 고개를 내밀고 내다본다. 머리에 흰 천을 둘러쓰고 있다. 매우 아름답다. 이동이 말한다.

"저 여인은 죽은 이의 딸입지요. 산해관의 부잣집 장사꾼에게 시집갔습니다."

잠시 후 상주가 빈소에서 나와 의자에 앉는다. 그러자 흰 두건을 쓴 사람들이 국수 두 그릇, 과일 한 쟁반, 두부 한 쟁반, 채소 한 그릇, 차 두 잔, 술 한 주전자를 가져다가 탁자 위에 벌여 놓는다. 그러고는 내 앞에 빈 잔 세 개를 놓고, 탁자 맞은편에 빈 의자와 잔 세 개를 가져다 놓고는 이동에게도 앉기를 청한다.

이동은 굳이 사양하면서 말한다.

---

*111 1년 동안 입는 복.
*112 아홉 달 동안 입는 복.
*113 다섯 달 동안 입는 복.

"저희 상전께서 계신 자리에 어떻게 감히 마주 앉습니까?"

그러고는 곧 밖으로 나가더니 이윽고 백지 한 권, 돈 1초(鈔)를 가지고 와서 상주의 앞에 놓는다. 내가 부의(賻儀)*[114]하는 것이라고 말했다. 주인은 의자에서 일어나 머리를 조아리며 공손히 사례한다. 나는 채소와 과일 따위를 약간 먹고 일어나 나왔다. 상주가 문 밖까지 나와 전송한다. 문 옆 양쪽 상방(廂房)*[115]에서는 죽산마(竹散馬)*[116]를 만들어 종이로 바르고 있다.

잠시 후 사행(使行)이 이르러 말을 갈고, 뒤따라 부사(副使)도 이르러 길가에 가마를 내려놓았다. 내가 좀 전에 조문한 이야기를 하니 모두 크게 웃었다.

이도정(二道井)의 마을은 제법 번화하다. 은적사(隱寂寺)는 규모가 굉장했으나 많이 헐었다. 비석 중에는 시주한 조선 사람들의 이름이 기록되어 있는 것들이 있다. 모두 의주 상인들일 것이다.

여기에서 의무려산(醫巫閭山)*[117]이 비로소 보인다. 서북쪽 하늘가를 가로질러 마치 푸른 장막을 드리워 놓은 것 같으나, 아직 봉우리가 분명하게 보이지는 않는다.

혼하(渾河)를 건넌 후 다섯 번 강을 건넜는데 모두 배로 건넜다. 봉화를 올리는 연대(煙臺)는 여기서부터 시작되어 5리에 하나씩 있다. 직경이 10여 발, 높이가 대여섯 길이나 된다. 성을 쌓는 방법으로 쌓았고, 위에는 대포 구멍과 성가퀴를 만들어 놓았다. 명나라 장수 남궁(南宮) 척계광(戚繼光)이 설치했다는 팔백망(八百望)이 바로 이것이다.

소흑산(小黑山)은 들 가운데 밋밋한 언덕이 비스듬히 진 곳으로, 올막졸막 크고 작은 산들이 있어서 그런 이름이 생긴 것이다. 인가가 즐비하고 거리의 가게가 번화한 것이 신민둔(新民屯) 못지않다. 푸른 들판에 말·노새·소·양 수천 마리가 떼를 지어 있으니, 역시 큰 곳이라 할 만하다. 우리 일행 하인들이 전례대로 이 소흑산에서 돼지를 삶아 한바탕 먹는다고 하자 장복과 창대도 밤에 가서 먹겠다고 한다.

이날 밤 달빛은 대낮같이 밝았고 더위도 한결 물러갔다. 저녁밥을 먹고 곧

---

*[114] 초상 난 집에 금품을 보내 주는 부조.
*[115] 본채의 양쪽에 붙어 있는 방, 또는 집.
*[116] 대나무로 말처럼 만들어 겉을 종이로 발라 장례 의식에 쓰는 것.
*[117] 만주 요령성(遼寧省) 북진현(北鎭縣)에 있는 산. 음산산맥(陰山山脈)의 한 갈래임.

밖으로 나와 아득히 넓은 벌판을 바라보았다. 푸른 연기가 땅에 자욱이 깔려 있고, 소와 양들이 모두 제 집으로 돌아간다. 가게들은 아직 문을 닫지 않았다. 나는 혼자서 한 가게에 들어갔다. 뜰에는 높이 시렁을 매고 삿자리로 덮었는데 아래에서 줄을 잡아당겨 걷고 달빛을 받게 해 두었다. 기이한 화초들이 달빛에 반짝인다. 길에서 놀고 있던 사람들이 내가 들어오는 것을 보고 뒤따라 들어와서 가게의 뜰이 사람들로 가득 찼다. 다시 일각문(一角門)으로 들어서자 뜰 넓이가 앞뜰과 같고 대청 난간 아래에 몇 그루 푸른 파초가 서 있다.

네 사람이 탁자에 둘러앉아 있다. 그 중 한 사람이 탁자에 의지하여 '신추경상(新秋慶賞)' 네 글자를 쓰고 있다. 종이는 붉고 먹은 자주빛이 돈다. 달빛 아래라서 자세히 알아볼 수는 없으나, 붓 놀리는 품이 어색하여 겨우 글자 흉내나 내는 것 같았다. 나는 마음속으로 저 사람의 필법이 저렇게 서투르니 내가 한번 뽐낼 때로다 하고 생각하였다.

모두들 그 글씨를 다투어 구경하고는 곧 대청의 한가운데 문 위에 붙여 놓는다. 달구경을 축하하는 방(榜)이었다. 모두 일어나 대청 앞을 향하여 뒷짐을 지고 서서 글씨 구경을 한다.

탁자 위에는 다른 종이가 있다. 나는 의자에 앉아서 남아 있는 먹을 듬뿍 찍어 무작정 큼지막하게 신추경상(新秋慶賞)이라 써 갈겼다. 한 사람이 내가 써 놓은 것을 보고는 급히 여러 사람을 부른다. 모두 우루루 탁자 앞으로 몰려와서 서로 웃고 떠든다.

"조선의 명필이로군!"

어떤 사람이 말하자 다른 사람이 말한다.

"조선의 글자도 우리와 같구먼."

"글자는 같지만 음은 다르지."

내가 붓을 탁 놓고 일어서자 모두들 다투어 내 손을 잡고 만류한다.

"객관(客官)께서는 앉으십시오. 존함은 어떻게 되십니까?"

내가 성명을 써 보이니까 모두 더욱 크게 기뻐한다. 내가 처음 이 집에 들어섰을 때에는 그다지 좋아하지도 않고 대수롭지 않게 여기더니, 내 글씨를 보고 난 뒤의 기색은 딴판이다. 기대 이상으로 엄청 기뻐하면서 황급히 차를 내오고 또 서로 담배를 권한다. 눈 깜짝할 사이에 태도가 아주 바뀌었다.

그들은 모두 태원(太原) 분진(汾晉) 사람들이다. 작년에 이곳에 와서 장식품 가게를 열어 비녀·팔찌·귀걸이·가락지 등 머리 장식을 사고판다고 한다. 가게 이름은 만취당(晚翠堂)이라 하며 세 사람은 성이 최(崔)씨, 유(柳)씨, 곽(霍)씨이다. 모두 글과 글씨는 매우 짧아서 말할 것이 못 되었다. 그나마 그 중에서 곽생(霍生)이 가장 나았다.

다섯 사람은 다 나이가 30여 세인데 세차고 꿋꿋하기가 나귀 같았다. 또 얼굴이 희멀겋고 눈매가 다정스러워 보이나 모두 청아한 기품은 전연 없어 전번에 만나본 오(吳)·촉(蜀) 사람들과는 판이하게 다르다. 이로써 각 지방의 풍토(風土)가 서로 다름을 알아볼 수 있으니, 산서(山西)에서 장수가 난다는 말이 과연 헛말이 아닌가 보다.

내가 곽생에게 물었다.

"당신이 태원에 사셨다니 혹시 고향의 인물인 금납(錦衲) 곽태봉(郭泰峯)이라는 분을 아시는지요?"

곽생은 모르겠다고 하고는 곽(霍)·곽(郭) 두 글자에 점을 찍더니 이것은 곽태조(郭太祖)*118의 곽이고, 자신은 곽거병(霍去病)*119의 곽이라고 한다. 내가 웃으면서 어찌하여 곽분양(郭汾陽)*120과 곽박륙(霍博陸)*121을 들어 말하지 아니하고 후주 태조와 표요(嫖姚)*122로 밝히느냐고 하자 곽생은 물끄러미 들여다볼 뿐 아무 말이 없다. 아마도 그는 내가 만주 사람처럼 두 곽자를 혼동해 쓰는 줄 알고서 그렇게 분별하여 밝혀 주려 한 모양이다.

곽생이 묻는다.

"등주(登州)에서 육지에 오르셨다면 무슨 일로 여기까지 오셨습니까?"

"바다를 건너온 것이 아니라, 육로 3천 리를 통해 바로 황경(皇京)으로 가는 길이오."

내가 이렇게 대답하자 곽생이 다시 묻는다.

"고려가 곧 일본(日本)이 아닙니까?"

---

*118 오대(五代) 때 후주(後周)의 태조 곽위(郭威). 10년도 안 되어 패망했음.
*119 한(漢)나라 무제(武帝) 때의 장군.
*120 당나라 사람 곽자의(郭子儀). 안사(安史)의 난리를 평정한 공으로 분양왕(汾陽王)에 봉해져서 곽분양이라 일컬음.
*121 곽거병(霍去病)의 아우 곽광(霍光)의 봉호(封號).
*122 곽거병의 다른 이름. 표요교위(嫖姚校尉)를 지냈으므로 일컫는 이름임.

한 사람이 붉은 종이를 가지고 와서 글을 써 달라고 청한다. 저마다 친구들을 불러 와서 모이는 사람이 점점 많아진다. 내가 붉은 종이에는 잘 씌어지지 않으니 난백색 종이를 가져오라고 하자, 한 사람이 급히 나가서 분지(粉紙) 몇 장을 가지고 왔다. 나는 종이를 주련을 쓸 만한 크기로 잘랐다.
그러고는 이렇게 썼다.

이 늙은이는 산과 숲을 즐겼거니와
그대 또한 물과 달을 좋아하는가.

翁之樂者山林也 客亦知夫水月乎

그러자 모두들 환성을 지르며 좋아하더니 다투어 먹을 간다, 분주하게 종이를 찾는다 법석이다. 나는 마침내 종이를 펴 놓는 대로 척척 썼다. 마치 송첩(訟諜)[*123]을 갈겨 쓰듯 잠시도 손을 멈추지 않았다.
"객관계서는 술을 잡수십니까?"
한 사람이 묻기에 내가 대답했다.
"말술이라 한들 사양하겠소?"
모두 크게 웃고, 곧 따끈하게 데운 술 한 주전자를 가져와서 연거푸 석 잔을 권한다.
"주인은 왜 술을 들지 않으십니까?"
내가 물으니 대답한다.
"술을 마시는 이가 한 사람도 없습니다."
이에 구경하고 있던 사람들이 다투어 능금, 사과, 포도 등을 가져다 권한다.
내가 달빛이 아무리 밝다 하더라도 글씨 쓰는 데는 촛불을 켜는 것만 못하다고 하자 곽생이

하늘 높이 걸려 있는 한 조각 거울을
이 세상 모든 등불이 어이 당하리.

[*123] 송사하여 관청에 제출하는 문서. 고소장.

天上高懸一片鏡 人間勝似萬枝燈

한다. 그러니까 또 한 사람이 나에게 묻는다.
"상공(相公)께선 눈이 좀 어두우신가요?"
내가 그렇다고 대답하자 이내 네 개의 촛불을 켠다.
나는 어제 전당포에서 쓴 기상새설(欺霜賽雪) 네 글자를 가게 주인이 달갑지 않아했던 것이 떠올라 어제의 치욕을 씻을 때라 생각하고 주인에게 말했다.
"주인댁에는 가게 앞에 걸어 둘 그럴 듯한 글이 어떨까요?"
주인들이 일제히 매우 좋다고 하며 기뻐한다. 내가 마침내 '기상새설' 네 자를 써 놓으니, 모두들 서로 얼굴을 쳐다보는 태도가 어제 전당포 주인의 기색과 다름이 없어 또 의아했다. 나는 마음속으로 이건 또 웬일인가 생각하고 이것은 이 가게와 아무 상관 없는 글이냐고 물었더니 그들은 그렇다고 대답한다.
"저희 가게에서는 부인네의 머리 장식만 사고팔 뿐이지요. 밀가루 가게가 아닙니다."
나는 비로소 내 잘못을 깨닫고 전날의 일이 몹시 부끄러웠다. 그래서 짐짓 나도 모르는 바가 아니지만 심심풀이로 써 본 것뿐이라고 얼버무려 넘겼다.
전에 요양(遼陽) 거리에서 '계명부가(鷄鳴副珈 : 닭이 울면 비녀를 꽂는다는 뜻. 출전은 시경)'라 쓴 액자를 본 일이 생각나 아마 그것이라면 이 가게에 어울릴 것 같아서 '부가당(副珈堂)' 석 자를 이내 써 놓았다. 모두들 환성을 올리며 좋아한다.
곽생이 무슨 뜻이냐고 묻기에 내가 설명해 주었다.
"여러분의 가게는 부인네의 머리 장식을 사고파는 가게이니, 이른바 '부계육가(副笄六珈)', 곧 비녀를 꽂고 온갖 치장을 다한다는 시경(詩經)의 문구를 따온 것입니다."
곽생이 몹시 반기면서 저희 가게를 크게 빛내 주시니 무엇으로 그 은혜를 갚아야 하느냐고 한다.
내일은 북진묘(北鎭廟)를 구경하기로 되어 있으므로 일찍 숙소로 돌아왔다. 일행에게 아까의 일을 이야기하자 허리를 잡고 웃지 않는 사람이 없었다. 나는 이 일이 있은 뒤부터 가게의 '기상새설'이란 현판을 볼 때마다 이것은 필시 국숫집이려니 하게 되었다. 그것은 마음이 맑고 깨끗함을 말한 것이 아니라, 국수가 서리같이 곱고 눈같이 희다고 자랑하는 말이다. 중국말로 백면(白麵)이란 우리나라의 진말(眞末) 곧 밀가루를 말하는 것이다.

청여(淸如)·계함(季涵)과 주부(主簿) 조달동(越達東)과 함께 북진묘 구경을 가기로 약속하였다.

심양의 절 구경하기 (성경가람기(盛京伽藍記))

성자사(聖慈寺)는 숭덕(崇德)*124 2년 무인(戊寅)에 세웠다. 전각(殿閣)이 장엄하고 아름답다. 법당(法堂)은 축대 높이가 한 길, 둘레에 돌 난간을 설치했다. 전각 위에는 부시(罘罳)*125를 둘러쳤다. 세 그루 노송의 가지들이 서로 엉켜 푸른빛이 뜰에 가득하고 어둠침침하다. 한 비석에는 대학사(大學士) 강림(剛林)이 지은 글이 있는데, 그 뒷면에는 만주 글씨가 씌어 있다. 어느 비석은 앞뒤 모두 몽고와 서번(西番)*126 글자로 되어 있다.

절을 지키는 중들 중에는 라마(喇嘛)교*127 중이 몇 사람 있다. 전각 안에는 팔백 나한(八百羅漢)의 상이 있다. 길이가 겨우 두어 치밖에 안 되지만 그 하나하나가 다 정밀하고 미묘하다. 강희제(康熙帝)가 손수 만든 조그만 탑 수백 개가 있다. 크기는 쌍륙(雙陸)*128만 하지만 매우 정교하여 신기(神技)의 경지에 이르렀다 하겠다. 높이가 10여 길이나 되고 위는 둥글고 아래는 네모진 큰 탑에는 온통 사자를 새겼다.

만수사(萬壽寺)는 강희(康熙) 55년 병술(丙戌)에 중수하였다. 절 앞에 큰 패루(牌樓)가 있다. 편액에 만수무강(萬壽無疆)이라 써 붙였다. 전각은 자성사보다 장엄하고 화려하다. 다만 뜰에 가득한 소나무 그늘이 없다. 비석 둘이 있다. 정전(正殿)에는 강희제가 쓴 요해자운(遼海慈雲)이라는 편액이

---
*124 청나라 태종(太宗)의 연호. 그 2년은 조선 인조(仁祖) 19년, 서기 1637년임.
*125 건물에 참새가 깃들지 못하게 하기 위해 처마 아래 치는 그물.
*126 중국 서쪽에 있는 여러 나라들을 일컫는 말.
*127 몽고·서장(西藏)·만주 등지에 유포된 불교의 한 파.
*128 쌍륙(雙六). 편을 갈라 주사위 둘을 던져 나오는 대로 말을 쓰는 놀이로서 여기서는 그 주사위를 말함.

걸려 있다. 완상물로 전시해 놓은 귀하고 값진 향로와 솥과 그릇들에 대해 이루 다 기록할 수 없다. 라마승 10여 명이 모두 누런 옷에 누런 모자를 썼다. 모두 험상궂고 거센 모습이었다.

실승사(實勝寺)에는 편액이 연화정토(蓮花淨土)라 쓰여 있는데, 이 절은 숭덕 3년에 세웠다. 전각에는 온통 푸르고 누런 유리 기와를 이었다. 청나라 태종(太宗)의 원당(願堂)이라고 한다.

간추린 산천 소개(산천기략
山川記略)

주필산(駐蹕山)은 요양(遼陽) 서남쪽에 있으며 본래 이름은 수산(首山)이다. 당나라 태종(太宗)이 고구려를 칠 때 며칠 동안 이 산 위에 머무르면서 돌 위에 그 사연을 새겨 놓고 산 이름을 주필산이라 고쳤다.

개운산(開運山)은 봉천부(奉天府) 서북쪽에 있다. 수많은 봉우리가 둘러섰고, 여러 물줄기의 근원(根源)이다. 청나라 영릉(永陵)[129]이 있다.

철배산(鐵背山)은 봉천부 서북쪽에 있다. 산 위에는 청 태조가 쌓은 계(界)·번(蕃) 두 성이 있다고 한다.

천주산(天柱山)은 승덕현(承德縣) 동쪽에 있으며 청나라 복릉(福陵)[130]이 있는 곳이다. 진사(晉史)에 나오는 동모산(東牟山)이 바로 이 산이다.

융업산(隆業山)은 승덕현 서북쪽에 있다. 이곳에 청나라 소릉(昭陵)[131]이 있다고 한다.

십삼산(十三山)은 금주부(錦州府) 동쪽에 있다. 봉우리가 열셋이 있다 하여 채규(蔡珪)의 시에

여산(閭山)이 끝난 곳에 열세 봉우리 솟았고
굽이굽이 시냇물과 인가는 그림 속에 들었구나.

---

[129] 청나라 태조(太祖)의 아버지와 할아버지 등 4대의 무덤.
[130] 청나라 태조 누르하치의 무덤. 동릉(東陵)이라고도 함.
[131] 청나라 태종(太宗) 홍태시(洪台時)의 무덤. 서릉(西陵)이라고도 함.

閭山盡處十三山 溪曲人家畫幅間

라고 한 곳이다.
　발해(渤海)는 봉천부 남쪽에 있다. 성경통지(盛京統志)에 "옆으로 나온 바다를 발(渤)이라 하는데, 요동 벌판이 2천 리를 뻗어 있고 그 남쪽이 발해다"라고 하였다.
　요하(遼河)는 승덕현 서쪽에 있다. 곧 구려하(句驪河)로서 구류하(枸柳河)라고도 한다. 한서(漢書)와 수경(水經)에는 모두 대료수(大遼水)라고 하였다. 요수의 왼쪽을 요동(遼東), 오른쪽을 요서(遼西)라고 하는 것은 이 강을 경계로 하여 나눈 것이다. 당나라 태종이 고구려를 칠 때 진펄 2백여 리에 흙을 깔아 다리를 만들어서 건넜다는 곳이 여기이다.
　혼하(渾河)는 승덕 남쪽에 있다. 일명 소료수(小遼水)라고도 하고, 또 아리강(阿利江)・한우락수(蓒芋濼水)라고도 한다. 장백산(長白山)에서 시작되어 태자하(太子河)와 합류하고 다시 요수와 합쳐져 바다로 들어간다.
　태자하(太子河)는 요양 북쪽에 있다. 변방의 바깥 영길주(永吉州)에서 근원이 시작되어 국경을 돌아 들어와 혼하・요하와 합쳐져 삼차하(三汊河)가 된다. 세상에 전하는 말에, 연(燕)나라 태자 단(丹)이 도망을 하여 이곳에 이르렀을 때 뒤쫓아오는 자에게 붙잡혀 결국 목이 베어져 진(秦)나라에 바쳐졌으니, 후세 사람이 이를 애달프게 여겨 강 이름을 태자하라 했다고 한다.
　소심수(小瀋水)는 승덕 남쪽에 있다. 동관(東關) 관음각(觀音閣)에서 시작되어 혼하로 들어간다. 강 북쪽을 양(陽)이라 하므로 심양(瀋陽)이란 이름은 여기서 나온 것이라고 한다.
　이번에 내가 거쳐온 산이나 강은 다만 그 지방 사람들의 입으로 전해지는 말과 길 가는 사람들이 지적해 일러 주는 말, 또는 여러 번 다녀본 우리 일행의 하인들이 짐작으로 대답해 준 것이기 때문에 모두 확실한 것이라고 말하기는 어렵다. 앞에 말한 화표주(華表柱)는 이 요동의 고적으로 어떤 사람은 안에 있다고 하고, 어떤 사람은 성 밖 10리 떨어진 곳에 있다고 하니 그 밖의 다른 것도 이로 미루어 짐작할 만하다.

말타고 지나가듯 쓴 수필
일신수필(馹汛隨筆) *1

신묘(辛卯)~기해(己亥) 9일 동안
신광녕(新廣寧)에서 산해관(山海關) 안에 이르기까지 562리.

머리글〔馹汛隨筆序〕

　남의 말이나 자기가 들은 것에만 의지하는 사람은 함께 학문을 말할 사람이 못 된다. 하물며 평생토록 마음의 작용과 자연의 현상에 생각이 미치지 못한 사람은 어떻겠는가? 그런 사람은 성인(聖人)이 태산(泰山)에 올라 천하가 작다고 하면 심중으로는 그렇지 않다고 생각하면서도 입으로는 그렇다고 말할 것이고, 부처가 시방세계(十方世界)를 다 본다고 하면 그것은 환상이요 망녕이라 할 것이고, 서양 사람이 큰 배를 타고 지구 밖으로 나간다고 하면 괴상한 거짓말이라고 꾸짖을 것이니, 나는 누구와 더불어 천지의 장관을 이야기할 것인가?
　아! 성인이 240년 동안의 역사를 다듬어 '춘추(春秋)'라 하였으니 이 240년 동안의 옥백(玉帛 : 옥과 비단. 중국 황제께 바치던 예물. 곧 흥망성쇠)과 전쟁에 관한 일은 곧 한 송이 꽃이 피고 나뭇잎 하나 떨어지는 것처럼 덧없는 일일 뿐이다. 아! 내가 지금 애써 글씨를 쓰다보니 문득 떠오르는 생각이 있다. 먹 한 점 찍는 순간은 눈 한 번 깜박하거나 숨 한 번 쉬는 한순간이며 이 한순간이 작은 옛날과 작은 오늘을 이루는 것이다. 따라서 큰 옛날과 큰 오늘은 크게 눈 깜빡이고 크게 숨 쉬는 순간이라고 할 수 있을 것이다. 그런데도 그 사이에서 이름을 세우고 공을 쌓으려 하니 어찌 애달프지 아니한가?

＊1 일신수필이란 빨리 달리는 역말 등에 탄 채로 획획 지나치는 풍경을 보고 급히 쓴 수필이라는 뜻이다.

내가 일찍이 묘향산(妙香山)에 올라가 상원암(上院庵)에서 묵게 되었는데, 밤새도록 달이 대낮처럼 밝았다. 창을 열고 동쪽을 바라보니 암자 앞에 안개가 자욱하고 그 위에 달빛이 비추어 마치 수은 바다와 같았다. 바다 밑에서 코 고는 것과 같은 소리가 은은히 들려오자, 중들은 서로 속세에는 이제 우레와 비가 퍼붓겠다고 하였다.

며칠 뒤 산에서 내려와 안주(安州)에 이르렀다. 과연 그 밤에 천둥 번개가 치고 폭우가 쏟아져 평지에도 물이 한 길이나 범람하고 집들이 떠내려갔다. 나는 말을 멈추고 탄식했다.

"지난밤에는 내가 구름과 비 밖에서 밝은 달을 안고 잤구나."

묘향산은 태산(泰山)에 비하면 하나의 무덤 폭밖에 안 되는데도 그 높은 데와 낮은 데가 이처럼 딴 세상이었다. 하물며 성인(聖人)이 천하를 봄에 있어서랴!

석가(釋迦)가 설산(雪山)*2에서 고행하면서 공자(孔子) 집안의 삼출(三黜)*3과 백어(伯魚)*4의 요절(夭折)이며 공자가 노(魯)·위(衛)에서 겪은 고난*5을 예견하지는 못했겠지만 이러한 인간 세상의 고통을 못 이겨 출가한 것이다. 그리하여 그의 눈에는 땅〔地〕·물〔水〕·불〔火〕·바람〔風〕, 사대(四大)*6가 눈 깜짝할 사이에 모두 텅 빈 것으로만 보였다니 이 또한 허무한 일이다.

저 서양인들은 공자와 석가의 사상이나 관점이 아직 땅에서 벗어나지 못하였다 하고, 자신들은 지구를 어루만지고 하늘을 걸어다니고 별을 잡고 다녀 스스로 석가·공자보다 낫다고 여기고 있다.

그러나 그들이 여기에서 외국 말을 배우고 늙도록 글을 익혀 영원히 남을 업적을 도모하는 것은 무슨 까닭인가? 본디 이 몸은 현재에 머물러 있으나 보고 듣는 것은 언제나 과거에 속하게 되는 것이다. 그 과거가 지나고 또 지나서 계속된다면 옛날에 의지했던 학문에서 취할 것이 아무것도 없어지기

---

*2 히말라야 산.
*3 공자(孔子)와 아들 이(鯉)와 손자 자사(子思) 삼대가 모두 아내를 내쫓은 일.
*4 공자의 아들 이(鯉)의 자, 아버지보다 먼저 죽었음.
*5 공자가 노나라·위나라에서 무뢰한에게 봉변을 당한 일.
*6 불교에서 인간의 몸을 비롯하여 이 세상의 모든 것이 이 땅·물·불·바람 네 가지 요소로 되어 있다고 함.

때문에 짐짓 글로 남겨 사람들이 믿도록 하려 하는 것이다.

지금 내가 이번 길에(여기서 이 편을 채 끝내지 못하였다. 이하는 三泉이라는 사람이 보완한 글이다) 비록 태산에 올라가 사방을 바라보지 못하였고, 큰 배를 타고 지구 밖으로 나가보지 못하였으나, 왕복 만 리 길에 괴상하고 신기하고 웅장한 광경이 사람으로 하여금 마음이 취하고 눈이 어리게 하여, 입으로 이루 비유할 수 없고 붓으로 이루 기록할 수가 없으나, 아무리 시골의 좁은 견식으로 보더라도 역시 장관이라 할 것이다. 내 조그만 서재에 돌아와서 나의 욕심 없고 담박함을 가다듬으니 바깥 거리가 저 하늘 끝 같아 지난 일이 모두 꿈속만 같으니, 또한 무엇을 많다고 할 수 있으랴?

아! 공자가 "널리 글을 배워서 사물의 이치를 구명하고, 예의로써 그 학문을 요약하여 행한다(博文約禮)"고 말하지 않았던가. 저들은 평생토록 꿈속에서 잠꼬대로 방황하는 자일 뿐이다. 꿈속에서 잠꼬대로 방황하지 않으려면 마땅히 학문을 말해야 할 것이요, 또한 마땅히 천하의 대관(大觀)을 말해야 할 것이다.

가을 7월 15일 신묘(辛卯)

맑다.

내원(來源), 태의(太醫) 변관해(卞觀海),*7 주부(主簿) 조달동(趙達東)과 함께 새벽에 소흑산(小黑山)을 떠나 30리를 가 중안포(中安浦)에서 점심을 먹었다. 다시 먼저 떠나 구광녕(舊廣寧)을 거쳐 북진묘(北鎭廟)를 구경하고는 달빛을 타고 40리를 가서 신광녕(新廣寧)에서 묵었다. 북진묘를 왕복하느라고 20리를 돌았으니 합치면 90리 길이다. 이정록(里程錄)에 기록되어 있는 백대자(白臺子)·망우대(蟒牛臺)·사하자(沙河子)·굴가둔(屈家屯)·삼의묘(三義廟)·북진보(北鎭堡)·양장하(羊腸河)·우가둔(于家屯)·후가둔(侯家屯)·이대자(二臺子)·소고가자(小古家子)·대고가자(大古家子) 등의 지명과 거리가 서로 어긋나는 것이 많다. 만약 그대로 계산하면 180리는 되겠지만 이제는 다시 검토할 길이 없다. 이날은 몹시 더웠다.

우리나라 사람들은 연경(燕京)에 갔다가 돌아오는 이를 만나면 반드시 묻는 말이 있다.

"당신이 가 본 것 중에서 무엇이 제일 장관입디까? 제일 장관이던 것을 뽑아서 이야기해 주시오."

그러면 사람들은 저마다 그 보는 바가 달라서 입에서 나오는 대로 말한다.

"요동의 천 리 넓은 들이 장관입니다."

"구요동의 백탑(白塔)이 장관입지요."

"길가의 가게들이 장관이었습니다."

"계문(薊門)의 안개 낀 숲이 장관이었지요."

"노구교(蘆溝橋)가 장관이던데요."

"산해관이 장관이랍니다."

"각산사(角山寺)가 장관이더군요."

혹은 망해정(望海亭)이, 혹은 조가패루(祖家牌樓)가, 혹은 유리창(琉璃廠)*8이, 혹은 통주(通州)의 선창이, 혹은 금주위(錦州衞)의 목장이, 혹은 서산(西山)의 누대(樓臺)가, 혹은 4천주당(四天主堂)이, 또는 호권(虎

---

*7 태의는 임금의 전용 의사의 직명. 앞에서는 '변 주부'로 여러 번 나왔음.
*8 청나라 때 공부(工部)에 딸려 있던 관아. 도자기와 유리 기와를 제조하였음.

圈),*9 상방(象房),*10 남해자(南海子),*11 동악묘(東岳廟), 북진묘(北鎭廟) 등등 의견이 하도 분분해서 이루 헤아릴 수가 없다.

그런데 상사(上士)*12는 씁쓸한 기색을 지으면서 말한다.

"도무지 볼 만한 것이 없습디다."

"어찌하여 도무지 볼 만한 것이 없다는 겁니까?"

그 까닭을 물으면 이렇게 대답한다.

"황제도 머리를 깎았고,*13 장상(將相)·대신(大臣)과 모든 관원들도 머리를 깎았으며, 선비·서민들도 모두 머리를 깎았습니다. 비록 공덕이 은(殷)·주(周)와 같고 부강함이 진(秦)·한(漢)에 앞선다 하더라도 사람이 생긴 이래로 아직 머리 깎은 천자는 없었습니다. 비록 육농기(陸隴其)*14·이광지(李光地)의 학문과, 위희(魏禧)·왕완(汪琬)·왕사징(王士徵)의 문장과, 고염무(顧炎武)*15·주이존(朱彛尊)*16의 박식함이 있다 하더라도, 한번 머리를 깎으면 곧 오랑캐요, 오랑캐이면 개돼지이니, 우리가 그 개돼지에게 볼 것이 무엇이 있겠습니까?"

이것은 연경 다녀오는 사람들 중에서 가장 으뜸가는 도리를 말한 것이라 하겠다. 말하는 사람도 입을 닫아버리고 듣는 사람들도 숙연해진다.

그리고 중사(中士)*17는 이렇게 말한다.

"성곽(城廓)은 만리장성(萬里長城)의 나머지요, 궁실(宮室)은 아방궁(阿房宮)*18의 찌꺼기입니다. 선비나 서인은 위(魏)·진(晉)나라 때의 퇴폐와

---

*9 호랑이를 가두어 기르는 우리.
*10 코끼리를 가두어 기르는 우리.
*11 북경 숭문문(崇文門) 밖 남쪽에 있던 동산. 천자가 사냥하는 곳임. 남원(南苑)이라고도 했음.
*12 학문과 지식이 뛰어난 선비.
*13 만주인(滿洲人) 남자의 머리 깎는 방식. 청나라가 중국을 차지하고 한족(漢族)에게 이것을 강요하였음.
*14 청나라 때 성리학(性理學)의 으뜸가는 학자임.
*15 명나라 말의 주자학(朱子學) 학자이고 고증학(考證學)을 연 사람임.
*16 청나라 때 금석고증학(金石考證學)에 정통한 학자.
*17 학문과 지식이 중간 정도의 선비.
*18 진시황(秦始皇)이 함양(咸陽)에 세운 궁전. 매우 웅장하고 화려했으나 나라가 망할 때 불타버렸음.

화려함을 따르고 풍속은 대업(大業)*19·천보(天寶) 시절의 사치를 본받은 것입니다. 신성했던 나라가 어지러워지고 산천이 비린내 나는 고장으로 면하였으며, 성인의 업적이 묻혀 언어는 오랑캐의 것으로 변하였으니 볼 만한 것이 무엇이 있겠습니까? 진실로 10만의 군사를 얻을 수 있다면 산해관 안으로 달려 들어가 중원(中原)을 깨끗이 소탕한 뒤라야 장관을 이야기할 수 있을 것입니다."

이 선비는 춘추(春秋)를 잘 읽어 본 사람이라 하겠다. 춘추란 책은 중국을 높이고 오랑캐를 배척한 내용을 싣고 있다. 우리나라는 명나라를 2백여 년 동안 형제 국가로 한결같이 지내왔다. 비록 변방이라 일컬었으나 한 나라나 다름이 없었다. 임진년(壬辰年) 왜적의 난리에 신종황제(神宗皇帝)는 천하의 군사를 들어 구원해 주었으니, 우리나라 백성은 발끝에서 머리털까지 새로 태어나게 한 은혜를 잊지 못할 것이다.

또 병자년(丙子年)*20에 청나라 군사가 쳐들어오자 열황제(烈皇帝)*21는 우리나라가 병란(兵亂)을 당하고 있다는 말을 듣고 총병 진홍범(陳洪範)에게 명하여 각 진의 수군(水軍)을 징발해서 즉각 구원하게 하였다. 진홍범은 관병이 바다로 출전했음을 보고하고 산동순무(山東巡撫) 안계조(顔繼祖)는 조선이 이미 무너져 강화도가 함락되었다고 보고하자, 황제는 조서를 내려 안계조가 협력하여 조선을 구원하지 못했음을 준절히 꾸짖었다.

이때 천자는 나라 안으로 복건·호남·호북·섬서의 내란을 막지 못하는 상황이었는데도 밖으로 형제 나라의 근심과 환난이 절박하여 물불을 가리지 않고 구원해 주고자 하는 뜻이 골육간의 정보다 더 간절하였다. 그러나 마침내 사해(四海)가 무너지는 비운을 당하여 천하의 백성들이 머리를 깎고 모조리 되놈이 되어버렸다. 한쪽 귀퉁이에 있는 우리나라는 비록 그러한 수모는 면했으나 중국을 위해 원수를 갚아 치욕을 씻으려는 마음이야 어찌 하루 이틀에 잊어버리겠는가! 우리나라 사대부들 사이에 춘추 대의(大義)인 존화양이(尊華攘夷)의 이론을 내세우는 사람이 백 년을 하루같이 이어져 내려오니 참으로 장한 일이다.

---

*19 수(隋)나라 양제(煬帝)의 연호, 605~616년. 신라 진평왕(眞平王) 때.
*20 조선 인조(仁祖) 때의 병자호란.
*21 명나라 황제 의종(毅宗).

그러나 존주(尊周)*22는 존주이고 오랑캐는 오랑캐이다. 중국의 성곽이나 궁실(宮室)이나 백성은 진실로 옛날 그대로 있고, 정덕(正德)·이용(利用)·후생(厚生)의 기물(器物)도 진실로 옛날과 다르지 않다. 최(崔)·노(盧)·왕(王)·사(謝)*23 등의 씨족도 없어지지 않았다. 주(周)·장(張)·정(程)·주(朱)*24의 학문도 그대로 남아 있으며, 삼대(三代)*25 이래의 현명한 제왕과 한(漢)·당(唐)·송(宋)·명(明)나라의 좋은 법과 아름다운 제도도 변함이 없다. 저들은 오랑캐일망정 중국의 모든 문물 제도가 참으로 이로워서 오래 누릴 만한 것임을 알고, 빼앗아 차지한 것을 마치 자기네가 본래부터 가지고 있던 것처럼 여기고 있다.

세상을 위하는 자는 진실로 백성에게 이롭고 나라에 보탬이 되는 일이라고 하면 비록 그 법이 오랑캐에게서 나온 것이라 하더라도 이를 그대로 본받아야 할 것이다. 하물며 삼대 이래의 현명한 제왕과 한·당·송·명나라 등 역대 국가들에 본래부터 있어 온 것임에랴! 성인이 지은 춘추(春秋)는 진실로 중국을 높이고 오랑캐를 물리칠 것을 말하였지만, 그렇다고 오랑캐가 중국을 어지럽힌 것을 분하게 여겨 중국의 숭상할 만한 제도까지 물리친다는 말은 듣지 못하였다.

그러므로 지금 사람들이 참으로 오랑캐를 물리치려 한다면, 중국이 남긴 이로운 제도를 모두 배워야 할 것이다. 그리하여 먼저 우리의 유치하고 잘못된 습속을 고쳐서, 농사 짓고 누에 치고, 그릇 굽고, 쇠 불리기부터 시작하여 공업에 능통하고 상업에 밝도록 모든 것을 배워야 한다. 남이 열을 하면 나는 백을 하여, 먼저 우리 백성들이 몽둥이를 들고서도 저들의 굳은 갑옷과 날카로운 무기가 힘을 쓰지 못하게 만든 다음이라야 중국에 볼 만한 것이 없다고 말할 수 있을 것이다.

나는 하사(下士)*26이다. 나는 내가 본 중국의 장관은 기왓조각에 있고 똥덩이에 있다고 말하겠다. 기왓조각은 천하의 누구나 버리는 물건이지만 민

---

*22 주(周)나라 왕실을 존중 공경함.
*23 중국에 옛날부터 내려오는 명문가의 성임.
*24 송나라 때 도학(道學)의 대가(大家) 주돈이(周敦頤)·장재(張載)·정호(程顥)·주희(朱熹) 등 네 학자.
*25 중국 상고 시대의 하(夏)·은(殷)·주(周) 세 왕조 때.
*26 학문과 지식이 가장 낮은 선비.

가에서 담을 쌓을 때 담 높이가 어깨 위로 올라가면 그 위에 다시 기왓조각을 둘씩 벌여 놓아 물결무늬를 만들기도 하고, 네 개씩 합하여 고리 모양을 만들기도 하고, 네 개씩 등을 맞대면 옛날 노전(魯錢)*27의 구멍처럼 된다. 이렇게 기왓조각들이 서로 맞물리면서 만들어진 수많은 구멍 속으로 영롱한 빛이 안팎으로 비친다. 깨진 기왓조각을 버리지 않으니 여기에 천하의 무늬를 이룬다.

또한 일반 민가에서는 가난하여 뜰에 벽돌을 깔 수 없으면, 여러 빛깔의 유리 조각과 냇가의 둥근 조약돌을 주워다 꽃·나무·새·짐승 모양으로 깔아 놓아 진흙탕이 되는 것을 막는다. 버리지 않은 유리 조각과 조약돌들이 여기에서 천하의 훌륭한 그림을 이룬다.

똥덩이는 지극히 더러운 것이다. 그러나 그것을 거름으로 쓰기 위해 금처럼 아낀다. 길에는 버린 재가 없으며, 말똥을 줍는 사람은 삼태기를 가지고 말꽁무니를 따라다닌다. 이렇게 모은 똥덩이를 쌓아 놓는 방법도 여러 가지이다. 네모 반듯하게 쌓기도 하고, 혹은 여덟 모 혹은 여섯 모가 나도록 쌓거나 누각 모양으로도 쌓는다. 이렇게 쌓인 똥더미를 보면 이미 천하의 제도가 여기에 있음을 알 수 있다. 그러므로 나는 기왓조각, 조약돌, 똥덩이가 모두 장관이요, 반드시 성곽과 연못, 궁궐과 누각, 가게와 절, 목축이나 넓은 들판, 안개 낀 숲의 멋스러움, 이런 것만이 장관이라 할 것이 아니다.

구광녕성(舊廣寧城)은 의무려산(醫巫閭山) 아래에 있다. 앞에는 큰 평야가 펼쳐져 있으니 수로를 만들어 강물을 끌어다 댄다. 두 개의 탑이 공중에 솟아 있다. 성까지 몇 마장을 채 못 가서 큰 사당이 있는데, 단청(丹靑)을 새로 하여 눈이 부시다. 광녕성 동문 밖 다리 머리에 새겨진 공하(蚣蝦)*28는 매우 크고도 기묘하다.

겹문을 들어가 거리로 나서니, 그 번화함이 요동(遼東)에 못지않다. 영원백(寧遠伯) 이성량(李成樑)*29의 패루(牌樓)가 성 북쪽에 있다. 어떤 이가

---

*27 엽전. 중국 진(晉)나라 때 노포(魯褒)가 돈만을 숭상하는 세속을 풍자한 전신론(錢神論)을 지었기 때문에 돈을 일컫는 말이 되었음.
*28 미상. 지네 따위인 듯.
*29 임진왜란 때 명나라 군사를 이끌고 와서 도와준 장수 이여송(李如松)의 아버지.

말하기를 광녕은 기자(箕子)의 나라로서 옛날에는 후관(骺冠)*30 쓴 기자의 소상이 있었으나, 명나라 가정(嘉靖: 1522~1566) 연간의 전쟁 중에 불타버렸다고 한다. 성은 두 겹으로 되었는데, 내성(內城)은 온전히 남아 있고 외성(外城)은 많이 허물어졌다.

성 안의 남녀들이 집집에서 몰려나와 구경하고 거리의 일 없는 사람들이 수없이 무리를 지어 말 앞에 둘러서니 말이 나아가지를 못한다.

성 밖의 관왕묘(關王廟)는 장엄하고도 화려하여, 요양(遼陽)의 관왕묘와 비슷하다. 문 밖에 있는 희대(戱臺)*31는 높고도 화려하다. 마침 많은 사람들이 구경하고 있으나, 갈 길이 바빠 구경할 수가 없었다.

명나라 천계(天啓: 1621~1627) 때 왕화정(王化貞)이 이영방(李永芳)에게 속아서 그의 효장(驍將) 손득공(孫得功)이 적군을 성 안으로 맞아들여 광녕성이 함락되고 천하의 대세가 기울어졌다.

북진묘 돌아보기 (북진묘기 / 北鎭廟記)

북진묘는 의무려산(醫巫閭山) 아래에 있다. 뒤로는 수많은 봉우리가 병풍처럼 둘려 있고, 앞으로는 요동 벌판과 맞닿아 있다. 오른쪽에는 푸른 바다가 둘려 있으며 광녕성(廣寧城)을 무릎 아래로 거느리는 격이다. 광녕성 아래에 있는 집들에서 피어오르는 연기가 감도는 가운데 한 쌍의 층탑이 유난히도 하얗게 보인다.

지형을 살펴보니 펑퍼짐한 언덕이 차차 두어 길 둥근 언덕을 이루었다. 하늘을 우러러보거나 땅을 굽어보거나 거리끼는 것이 아무것도 없어서, 해와 달이 뜨고 지고 바람과 구름이 움직이고 변화하는 것 모두가 이 가운데 있다. 동쪽을 바라보니 강남 땅이며 산동 땅이 지척이라 내 손가락 끝에 있겠는데, 다만 안력(眼力)이 미치지 못함이 안타까울 뿐이다.

사당의 모양은 웅장하고 장대하다. 이쯤 되지 못하면 바다와 산을 제압할 수는 없을 것이다. 북방의 신(神) 현명제군(玄冥帝君)*32과 그를 따르는 신

---

*30 은(殷)나라 때 머리에 쓰던 관 이름.
*31 연극을 하는 무대.

들의 상을 모셔 놓았다. 모두 곤룡포에 면류관을 쓰고, 옥을 차고, 옥홀(玉笏)을 받쳐 들고 서 있다. 위엄이 있고 엄숙하여 사람의 바르지 못한 마음을 꿰뚫어 볼 것만 같다. 향로의 높이는 여섯 자 남짓하고 이상하게 생긴 귀신을 새겼는데, 푸른 기운이 속속들이 스며들었다. 그 앞에 열 섬이나 담을 만한 검은 항아리가 놓여 있고, 네 개의 등잔에 불을 켜 놓아 밤낮없이 밝히고 있다.

순(舜) 임금이 열두 산에 봉선(封禪)*33할 때 이 의무려산을 유주(幽州)의 진산(鎭山)으로 삼았고 하(夏)·상(商)·주(周)·진(秦)나라 등 여러 나라는 모두 그것을 따라 악독(嶽瀆)*34의 의식을 치르듯 예를 차려 제사지냈다.

이 사당이 언제 처음 세워졌는지는 알 수 없으나, 당나라 개원(開阮)*35 때 의무려산 산신을 광녕공(廣寧公)에 봉하였고, 요(遼)·금(金)나라 때는 처음으로 왕호(王號)를 더했으며, 원(元)나라 대덕(大德)*36 연간에는 정덕광녕왕(貞德廣寧王)으로 봉하였다. 명나라 홍무(洪武)*37 초에는 북진의무려산지신(北鎭醫巫閭山之神)이라고만 불렸고, 설날이 되면 향과 축문을 하사하였다. 축문에는 천자의 성과 이름을 그대로 썼으며, 나라에 큰 의식이 있을 때면 관리를 보내 제사를 지내도록 했다.

지금의 청나라는 동북쪽 땅에서 일어나 나라를 세운 것이기 때문에 더욱 융숭하게 받든다고 한다. 어떤 사람은, 옹정황제(雍正皇帝)가 황자로 있을 때 칙명을 받들어 이 사당에서 분향하고 제사를 지냈다. 그날 밤 황자가 재실(齋室)에서 묵게 되었는데 꿈에 신이 그에게 커다란 구슬 하나를 주었다. 그런데 그 구슬이 해로 변하였다. 황제의 자리에 오른 뒤 그가 사당을 크게 중수하여 신의 은덕을 갚았다고 말하기도 한다.

북진묘 앞에는 다섯 개의 문이 있는 패루(牌樓)가 있다. 순전히 돌로 만들었으니 기둥·들보·서까래며 기와·추녀 등에 나무를 전혀 쓰지 않았다. 높

---

*32 도교(道敎)에서 말하는 북방의 신, 겨울의 신 또는 태음(太陰)의 신. 형벌을 맡아 본다고 함.
*33 천자가 단을 쌓고 하늘과 산천에 제사를 지내는 일.
*34 나라에서 제사를 지내던 오악(五嶽)과 사독(四瀆).
*35 당나라 현종(玄宗)의 연호. 713~741년. 신라 선덕여왕(善德女王) 때임.
*36 원나라 성종(成宗)의 연호. 1295~1307년. 고려 충렬왕(忠烈王) 때임.
*37 명나라 태조(太祖)의 연호. 1368~1398년. 고려 공민왕(恭愍王) 때부터 조선 태조(太祖) 때까지임.

이는 네댓 길이나 된다. 그 짜임새의 교묘함과 조각의 정밀함은 인간의 힘으로는 거의 미치지 못할 만하다. 패루의 좌우에는 높이 두 길쯤 되는 돌사자가 있다. 사당 문에서부터 돌사자까지 흰 돌로 층계를 만들어 놓았다.

문 왼편에 있는 절 뜰에는 비석 두 개가 서 있다. 하나에는 '만수선림(萬壽禪林)', 또 하나에는 '만고유방(萬古流芳)'이라 새겨져 있다. 절 안에는 큼직한 금부처 다섯을 모셔 놓았다. 절 오른편에 문이 있고 문 왼편에 고루(鼓樓), 오른편에 종루(鐘樓)가 있다. 두 누각 사이에 또 세 개의 문을 내었고, 그 앞에는 비석 셋이 서 있다. 비각(碑閣)에는 모두 금빛 기와를 이었다. 두 비석은 강희제(康熙帝)가 글을 짓고 글씨를 썼으며, 또 하나는 옹정제(雍正帝)가 글을 짓고 글씨를 썼다.

북진묘의 정전(正殿)은 푸른 유리 기와를 이었고, 북쪽 벽에는 옹정제가 쓴 '울총가기(鬱葱佳氣)'라는 편액이 걸려 있다. 층계 위에는 동서 양쪽에 돌화로가 마주 서 있는데 높이가 각각 한 길 남짓하고, 동쪽과 서쪽으로 행랑채 수백 칸이 있다. 정전 뒤에 빈 전각이 있다. 제도는 앞의 정전과 같고 단청이 눈이 부신데 안에는 아무것도 없다. 그 뒤에 또 하나의 전각이 있다. 제도는 역시 정전과 같고 두 소상이 있다. 그 중에 면류관을 쓰고 옥홀을 든 이는 문창성군(文昌星君)이고, 봉관(鳳冠)을 쓰고 구슬 띠를 띤 이는 옥비낭랑(玉妃娘娘)이다. 그 좌우에는 두 동자가 모시고 서 있다. '건시영구(乾始靈區)'라고 쓴 편액은 지금의 황제가 쓴 글씨라고 한다.

바깥 문에서부터 층계를 따라 둘러세운 흰 돌 난간은 매끄럽고 영롱하기가 옥과 같은데 거기에는 이교(螭蛟)*38가 새겨져 있다. 이 난간은 뒤쪽의 전각 계단을 돌아 가장 앞에 있는 전각에 이르러 다시 꼬불꼬불 꼬부라져 뒤쪽의 전각에까지 이어져 있다. 한번 바라보면 웅장하고도 말쑥하여 티끌 하나 붙을 데가 없다. 전각의 앞뒤에는 역대의 큰 비석들이 두 줄로 마주 서 있어 마치 파밭과 같았다. 새겨져 있는 글은 모두 나라의 복을 비는 말들이다. 원나라 연우(廷祐)*39 때의 비가 가장 오래된 것이다.

서쪽 각문(角門)을 나서니, 몇 길 되는 푸른 석벽에 '보천석(補天石)'이라 새겨 놓았다. 이것은 명나라 시대의 순무(巡撫) 장학안(張學顔)이 쓴 것이

---

*38 이(螭)는 누른 용 또는 뿔이 없는 용이고, 교(蛟)는 뱀 비슷하고 네 발이 있는 용임.
*39 원나라 인종(仁宗)의 연호. 1314~1320년. 고려 충숙왕(忠肅王) 때임.

다. 또 한 간쯤 떨어진 곳에는 '취병석(翠屛石)'이라 새겨 놓은 글자가 있다.

동문을 나와서 수백 걸음쯤 되는 곳에 큰 바위가 있다. 마치 거북의 등처럼 불룩하게 생기고 금이 나 있어, 여공석(呂公石)이라고도 하고 회선정(會仙亭)이라고도 한다. 그 위에 올라가니 의무려산의 아름답고도 웅장한 모습이 한눈에 모두 들어온다. 한 칸 조그만 정자가 바위 아래 기대어 서 있다. 흙 계단을 두 층으로 쌓았고 짚으로 이은 이엉 끝이 가지런하지는 않아도 깨끗하고 그윽하여 마음이 한없이 즐겁다. 앉아서 잠시 쉬는데 변군(卞君)이 말한다.

"비유해서 말하자면 감사(監司)가 각군이나 각읍들을 순찰하는데, 아침 저녁으로 산해진미만 대접받아 뱃속이 거북하고 구역질이 날 지경인 판에 채소 한 접시를 만나 그 산뜻함에 입맛이 도는 것과 같구려."

내가 웃으면서 말했다.

"그건 참으로 의원다운 말이로군."

이번에는 조군(趙君)이 이렇게 말한다.

"머리 기름, 분 냄새가 코를 찌르는 기생들한테 찌든 오입쟁이가 모처럼 시골 밭이랑이나 싸리문에서 나무 비녀에 삼베 치마 입은 소박한 여인을 만났을 때, 자기도 모르게 새롭게 눈이 번쩍 뜨이는 것과 같다고 하겠지."

내가 말했다.

"그것은 바람둥이들의 수작일세. 만약 자네들 말과 같다 해도 이 흙 계단과 띠 이엉은 천자의 눈과 입맛 두 가지 비위를 맞추기 위한 것이야."

여공석에서 내려와 행랑 아래에 앉았다. 묘를 지키는 도사 세 사람이 있기에 부채 세 자루, 종이 세 권, 청심환 세 개를 선물했다. 도사들은 모두 기뻐했다. 도사는 마침 잘 익은 뜰 앞의 복숭아를 한 쟁반 따서 대접을 한다. 하인들이 우르르 복숭아나무 아래로 달려가서 가지를 휘어잡아 마구 딴다. 내가 꾸짖어 못하게 했으나 막을 수가 없다.

도사가 말한다.

"굳이 말리실 것 없습니다. 배부르면 스스로 그만두겠지요."

그러더니 또 여러 하인들에게도 말한다.

"마음대로 따 먹더라도 가지만은 상하게 하지 마오. 두었다가 명년 이때 다시 오셔야지요."

도사는 이름이 이붕(李鵬)이고, 호는 소요관(逍遙館) 또는 찬하도인(餐霞道人)이라고 하였다.

북진묘 뜰 가운데 반쯤 말라 죽은 늙은 소나무 한 그루가 있었다. 그리고 건륭제가 갑술년(甲戌年) 동쪽으로 거둥할 때 남겨놓은 시와 그림이 바위에 새겨져 있다.

수레의 제도(차제 車制)

사람이 타는 수레를 태평차(太平車)라고 한다. 바퀴의 높이가 팔꿈치까지 올라온다. 바퀴 하나에 살이 80개씩인데, 대추나무를 둥글게 만들어 살을 메운 다음 쇳조각과 쇠못을 바퀴둘레에 입혔다. 바퀴 위에는 세 사람이 들어앉을 만한 둥근 방을 만들었다. 방은 푸른 천이나 비단 혹은 우단으로 휘장을 만들어 치거나 혹은 누런 주렴을 드리워서 은으로 만든 단추로 여닫게 되어 있다. 좌우에는 유리창을 대었으며 앞쪽에는 널빤지를 놓아 마부가 앉게 하고, 뒤쪽에도 역시 자리를 마련하여 종자(從者)가 앉도록 만들었다. 나귀 한 마리가 수레를 끄는데, 먼 길을 갈 때에는 말이나 노새를 더 늘린다.

물건을 싣는 수레는 대차(大車)라고 한다. 바퀴의 높이는 태평차와 약간 차이가 있고, 바퀴살은 스물 입(卄)자 모양이다. 짐은 800근으로 표준을 삼아서 말 두 마리가 끌게 한다. 물건이 800근이 넘으면 무게를 헤아려 말을 늘린다. 짐 위에다 삿자리로 배 위의 움막처럼 방을 만들어 그 안에서 눕고 자고 할 수 있게 한다. 대개는 말 여섯 마리가 끄는데 수레 아래에 커다란 방울을 달고 말의 목에도 작은 방울 수백 개를 달아서, 뎅그렁 소리가 밤길을 경계토록 한다. 태평차는 겉바퀴가 돌아가고 대차는 굴대가 돌아간다. 두 바퀴가 똑같이 둥글기 때문에 고르게 돌아가고 빨리 달릴 수 있다.

멍에채를 메는 말은 반드시 가장 튼튼한 말이나 나귀를 골라서 쓴다. 가로로 된 멍에를 쓰지 않고, 조그만 나무 안장을 만들어 가죽 끈이나 튼튼한 밧줄로 말에 단단히 맨다. 그리고 다른 말들은 다 쇠가죽으로 배띠를 하고 밧줄을 매어 수레를 끌게 되어 있다. 짐이 많으면 멍에와 바퀴 밖에까지 나가고 높이가 두어 길이나 되기도 한다. 끄는 말이 많을 때는 십여 마리에 이를 때도 있다. 말 모는 사람을 간처더〔看車的〕라고 부른다. 짐 위에 높이 올라앉아서 손에 기다란 채찍을 드는데 끝이 두 가닥으로 나 있고 길이는 두 발쯤 될 것이다. 채찍을 휘둘러, 힘을 쓰지 않는 말의 귀나 옆구리를 때린다. 손에 익어 용하게도 잘 맞는다. 채찍 소리가 우레처럼 요란스럽다.

독륜차(獨輪車)는 한 사람이 뒤에서 수레의 채를 겨드랑이에 끼고 밀고 가는 외바퀴 수레이다. 바퀴가 한가운데 있고 바퀴의 절반쯤이 수레 바탕 위로 올라와 있으므로 그 좌우에 상자를 만들어서 물건을 싣는다. 따라서 한쪽으로 치우쳐 실으면 안 된다. 바퀴가 있는 곳은 북을 반으로 자른 모양과 같아서 양쪽으로 간격을 두어 바퀴가 물건에 서로 닿지 않게 하였다. 끌채 밑 양쪽에 짧은 막대기를 매달아 늘어뜨려서 갈 때에는 가로대와 함께 들리고, 멈추면 바퀴와 함께 멈추어져서 버팀대가 되어 한쪽으로 기울어 넘어지지 않게 해준다. 길가에서 떡이나 엿, 과일, 참외 등을 파는 상인들은 모두 이 독륜차를 쓴다.

밭에 똥거름을 내는 데는 이 독륜차가 더욱 편리하다. 한번은 시골 여인 두 명이 수레 양쪽 상자에 나뉘어 앉아 저마다 어린아이를 안고 가는 것을 보았다. 또 물을 운반하는 사람이 수레 양쪽에 각각 대여섯 통씩 물통을 싣고 가는 것도 보았다. 물건이 무겁거나 부피가 많으면 또 한 사람이 수레에 닻줄을 매어 끌고 간다. 두세 사람이 끌 때에는 마치 배의 닻줄을 끌고 가는 것 같다.

본디 수레라는 것은 하늘에서 나와(^{동양 천문학의 28성좌 중 진(軫)
이라는 별자리에서 나온 말}) 땅 위를 다니게 된 것이다. 육지 위를 다니는 배요, 움직이는 방이다. 나라에서 이롭게 쓰이는 것 중에 수레만한 것이 없다. 그러므로 주례(周禮)에는 임금의 부(富)가 무엇이냐는 물음에 대하여 수레의 숫자로써 대답했다.

여기에서 말하는 수레란 물건을 싣는 것과 사람이 타는 것만을 말하는 것이 아니다. 수레에는 전투에 쓰이는 융차(戎車), 공사에 쓰이는 역차(役車)도 있고, 불을 끄는 수차(水車), 대포를 싣는 포차(砲車)도 있다. 그 종류가 많아서 지금 갑자기 모두 말할 수는 없다. 그러나 사람이 타는 수레와 짐을 싣는 수레는 백성들에게 더없이 필요한 물건이므로 무엇보다도 먼저 이것에 대해 살펴야 할 것이다.

내가 일찍이 담헌(湛軒) 홍덕보(洪德保),*40 참봉(叅奉) 이성재(李聖載)와 함께 수레의 제도에 대해 이야기할 때, 수레의 제도는 무엇보다도 먼저 궤를 같이해야 할 것이라고 말했던 적이 있다. 이른바 궤도를 같이한다는 것은 무엇인가. 수레 양쪽 바퀴의 사이를 똑같게 한다는 것이다. 이것을 모두 일정하게 하면 수레 몇만 대의 바큇자국도 하나의 바큇자국일 것이니, 이것이 이른바 동궤(同軌)라고 하는 것이다. 만약 두 바퀴 사이를 제멋대로 넓게도 하고 좁게도 한다면, 길에서 수레바퀴 자리가 어떻게 하나가 될 수 있겠는가? 이번에 지나온 천 리 길에서 하루에도 수없이 많은 수레를 보아 왔지만, 앞 수레나 뒤 수레나 모두 똑같은 자리를 따라 가는 것이었다. 그렇기 때문에 일부러 그렇게 하려고 하지 않아도 똑같이 되는 것을 일철(一轍)이라 하고, 뒷사람이 앞사람의 자취를 일컬어 전철(前轍)이라고 한다. 도성 문턱에 수레바퀴 자국이 움푹 패여 홈통처럼 된 것을 성문지궤(城門之軌)라고 한다.

우리나라에도 수레가 전혀 없는 것은 아니다. 그러나 그 바퀴 모양이 똑바르지도 않고 또 둥글지 못하여 바퀴 자국이 한 궤(軌)에 들지를 못한다. 그러니 수레가 없는 것이나 마찬가지인 것이다.

그런데도 사람들은 흔히 우리나라에는 산이 많아서 수레를 쓰는 것은 맞지 않는다고 말한다. 이것이 도대체 무슨 말인가? 나라에서 수레를 쓰지 않기 때문에 길을 닦지 않는 것이다. 수레가 다니면 저절로 길을 닦게 될 것이다. 어찌 거리의 좁은 길, 고개의 험한 길을 탓할 것인가? 중용(中庸)에 "배와 수레가 이르는 곳은 서리와 이슬이 내리는 곳이다" 하고 말한 것은 수레가 아무리 먼 곳이라도 어디나 다 다닐 수 있다는 말이다. 중국에도 검각산(劍閣山)*41 아홉 구비의 험한 길과, 대행산(大行山)*42의 꼬불꼬불 위태로운 길이 있지만 수레가 다니지 않는 곳이 없다.

그러므로 섬서, 사천, 강소, 광동, 광서 등 먼 곳의 상인들과, 가족을 거느리고 임지(任地)로 부임해 가는 관원들의 수레바퀴가 서로 잇대어 마치 자기 집 뜰 안을 거닐 듯하고, 수레 다니는 소리가 맑은 하늘에 우레치는 것처럼 끊임없이 들려온다. 이제 우리가 지나는 이 마천령(摩天嶺)·청석령(靑

---

*40 영조(英祖)·정조(正祖) 때의 실학자 홍대용(洪大容). 덕보는 자임.
*41 중국 장안(長安)에서 촉(蜀)으로 들어가는 도중에 있는 산.
*42 태행산(太行山). 중국 산서성(山西省) 태행산맥(太行山脈)의 주봉임.

石嶺)의 산마루와 장항(獐項)·마전(馬轉) 같은 고개들이 어찌 우리나라 산길보다 덜 험하다 하겠는가? 그 높고 험한 것을 우리나라 사람들도 모두 보아 왔거니와, 험하다고 수레가 다니지 않는 데가 어디에 있던가?

중국의 재화(財貨)가 풍부하되 한곳에 치우쳐 몰려 있지 않고, 고루 유통(流通)되는 것은 모두 수레를 이용하기 때문이다. 가까운 예를 하나 들어 말한다면, 우리 사신 일행이 온갖 번거로운 폐단을 없애고 우리 수레에 우리가 타고 싣고 바로 연경으로 가면 될 것 아닌가. 무엇을 꺼려서 그러지 않는 것인가? 영남(嶺南) 지방 아이들은 새우젓을 모르고, 관동(關東) 지방 백성들은 아가위를 절여서 간장 대신으로 쓰고, 서북(西北)*43 지역 사람들은 감과 귤을 분간하지 못하고, 바닷가 사람들은 새우나 멸치를 밭 거름으로 쓴다. 그것이 어쩌다 서울에 올라오기만 하면 한 움큼 값이 한 닢씩이나 나가니 이 얼마나 귀한 물건인가.

이제 육진(六鎭)*44의 삼베, 관서(關西)의 명주, 양남(兩南)*45의 닥종이, 해서(海西)*46의 솜과 쇠, 내포(內浦)*47의 생선과 소금 등이 모두 백성들의 살림살이에 없어서는 안 될 것들이다. 청산(靑山)*48·보은(報恩)의 수천 그루 대추, 황주(黃州)·봉산(鳳山)의 수천 그루 배, 흥양(興陽)*49·남해(南海)의 수천 그루 귤과 유자(柚子), 임천(林川)*50·한산(韓山)*51의 수천 이랑 모시, 관동의 수천 통 벌꿀 등은 백성들이 날마다 쓰는 것으로서 서로 바꾸어 유용하게 써야 할 물건들이다. 여기서는 흔한 물건이 저기서는 귀하다. 또 이름은 들어도 실제로는 보지 못하는 것은 어찌된 까닭인가?

그것은 오로지 멀리 운반할 힘이 없기 때문이다. 수천 리밖에 안 되는 나

---

*43 평안도 지방을 일컫는 말.
*44 조선 세종(世宗) 때 함경북도를 개척하여 설치한 경원(慶源)·경흥(慶興)·부령(富寧)·온성(穩城)·경성(鏡城)·회령(會寧)의 6진보(鎭堡)를 이른다. 여기서는 단순히 북쪽 지방이라는 말임.
*45 영남(嶺南)과 호남(湖南).
*46 황해도.
*47 충청남도 서해안 지방.
*48 지금의 옥천군 청산면.
*49 전라남도 고흥(高興)의 옛 이름.
*50 지금의 부여군 임천면.
*51 지금의 서천군 한산면.

라 백성들의 살림살이가 이처럼 가난한 것은 한마디로 말하여 나라에 수레가 다니지 않기 때문이다. 그러면 왜 수레가 다니지 못하는가. 그것은 한마디로 말하여 선비와 벼슬아치들의 죄이다. 선비는 평생토록 읽는 글이 '주례(周禮)'라는 성인이 지은 것이다. 또 툭하면 윤인(輪人)이니 여인(輿人)이니, 차인(車人)이니, 주인(輈人)이니 하고 말하지만 끝내 그것을 어떻게 만드는지, 그것을 어떻게 움직이는지에 대해서는 연구가 없었다. 이것이야말로 건성으로 읊어대는 풍월이니, 그것이 학문에 무슨 보탬이 되겠는가? 아! 한심하고도 기가 막힌 일이다.

황제(黃帝)가 수레를 만들었다 하여 이름까지 헌원씨(軒轅氏)라 부른 이래 1천백 년을 지나는 동안, 몇몇 뛰어난 인물이 머리를 짜내어 생각하고 온갖 손재주를 다하였으며, 공수(工倕)*52 같은 장인들을 거쳐왔다. 또 상앙(商鞅)*53·이사(李斯)*54를 거쳐 제도를 새롭게 하고 나라에서 장려하는 학자들이 몇백 명씩이나 연구하고 노력한 것이 어찌 우연한 일이랴? 이야말로 백성의 일상생활에 유익한 일이고 국가적으로 보아서도 큰 그릇이 되는 까닭이다.

이번에 내가 날마다 수레를 보며 놀랍고 기쁜 것은 이 수레의 제도로 미루어 모든 일을 알 수 있었기 때문이고, 또한 수천 년을 내려오는 동안 여러 성인들이 이 때문에 얼마나 고심을 하였는가 하는 사실을 알게 된 까닭이다.

밭에 물을 대는 수레로 용미차(龍尾車)·용골차(龍骨車)·항승차(恒升車)·옥형차(玉衡車) 등이 있고, 불을 끄는 수레로는 무지개처럼 뿜고 학처럼 들이켜는 것이 있으며, 전쟁에 쓰는 것으로 포차(砲車)·충차(衝車)·화차(火車) 등이 있다. 모두 서양인이 지은 기기도(奇器圖)와 강희제(康熙帝)가 지은 경직도(耕織圖)라는 책에 실려 있다. 그에 관한 글은 천공개물(天工開物)·농정전서(農政全書)에 실려 있다 했으니, 뜻 있는 이가 이것을 자세히 연구한다면, 우리나라 백성들의 극도에 이른 가난을 어느 정도 물리칠 수 있을 것이다. 이제 나는 내 눈으로 본 불 끄는 기구의 제도를 간략하게 적어 가지고 돌아가 우리나라에 알려 주려 한다.

─────────
*52 황제(黃帝) 때의 유명한 장인(匠人).
*53 전국시대(戰國時代) 진(秦)나라의 정치가.
*54 진시황(秦始皇) 때의 정치가. 권세를 부리다가 처형당했음.

북진묘에서 달빛을 따라 신광녕(新廣寧)으로 돌아오는데, 성 밖 민가에 이날 저녁나절 불이 났다가 이제 막 불길을 잡은 모양이다. 길 가운데 놓여 있는 수차(水車) 세 대를 막 거두어 가려고 한다. 내가 그들에게 잠시 멈추라 하고 먼저 그 이름을 물으니 수총차(水銃車)라고 한다.

  그 만든 법식을 살펴보니 네 바퀴 수레 위에 큰 나무 궤짝을 얹었고, 궤짝 속에 커다란 구리 그릇을 넣었다. 그 구리 그릇 속에는 두 개의 구리 원통이 놓여 있고, 두 구리 원통 사이에는 목이 을(乙)자 모양으로 생긴 물총을 세워 놓았다. 물총에 달린 두 발이 양쪽 원통과 통해 있고, 두 원통에는 짧은 다리가 있는데 밑에 구멍이 뚫려 있다. 그 구멍에 구리 조각을 달아 문을 만들어서 물이 드나듦에 따라 열렸다 닫혔다 하게 되어 있다. 두 원통 주둥이에는 구리판으로 뚜껑을 만들어 달았다. 그 크기가 원통 주둥이에 꼭 들어맞게 되어 있고 뚜껑 한가운데 쇠꼬챙이를 꿰고 나무토막을 가로질러 이 나무토막을 누르고 들어올리는 것에 따라 구리판이 원통 입구를 드나들고 오르내린다.

  구리통에 물을 붓고 두어 사람이 나무발판을 번갈아 밟으면 원통 주둥이의 구리판이 한쪽이 들어가고 한쪽은 솟아올라, 물을 빨아들이는 묘한 이치가 이 구리판에 있었다. 구리판이 솟아올라 원통 주둥이와 가지런하게 되면 원통 밑바닥에 뚫린 구멍이 저절로 열려 밖의 물을 빨아들이고 구리판이 원통 속으로 내려가면 원통 밑바닥의 구멍이 저절로 닫힌다. 그러면 원통 속의 물은 눌릴 대로 눌려 나갈 곳이 없어, 물총의 다리에서 을(乙)자 모양의 목으로 내달아 위로 치솟아 내뿜는데, 꼿꼿이 10여 길이나 올라가고 가로는 30~40보나 내뿜는다.

  그 모양이 생황(笙簧)과 비슷했다. 물을 길어 오는 사람은 잇달아 물을 나무 궤짝에 갖다 붓는 것이 다를 뿐이다. 옆에 있는 두 대의 수레는 그 법식이 크게 달라 더욱 미묘한 작용을 할 것 같으나, 짧은 시간에 자세히 살펴볼 도리가 없었다. 그러나 그 물을 빨아들이고 내뿜는 이치는 거의 비슷한 것 같았다.

  곡식을 빻는 맷돌은 두 층으로 된 큰 아륜(牙輪)을 쇠로 만든 굴대에 꿰어 방 가운데 세우고 기계를 설치하여 이를 돌려 곡식을 빻는다. 아륜이란 자명종 시계 속에 있는 것처럼 바퀴에 이가 있어서 서로 맞물려 돌아가는 톱

니바퀴이다. 방 네 귀퉁이에도 두 층으로 맷돌짝을 설치한다. 맷돌짝의 둘레에 역시 톱니가 있어 아륜의 이와 서로 맞물리게 되어 있다. 아륜이 돌아가면 여덟 개의 맷돌짝이 일시에 돌아가, 금시에 밀가루가 눈처럼 쌓인다. 이 이치는 시계 속과 같다. 길거리의 민가에는 어느 집이나 맷돌 하나와 나귀 한 마리씩 있고, 곡식을 찧을 때는 흔히 연자방아를 나귀가 끌게 하여 절구방아를 대신하게 한다.

가루 치는 법은 우선 밀폐된 방에 바퀴가 셋 달린 흔들수레를 놓았다. 그 바퀴는 앞에 두 개, 뒤에 한 개가 있다. 수레 위에 네 기둥을 세우고, 그 위에 두어 섬을 담을 만한 큰 체를 두 층으로 교묘하게 올려 놓았다. 위쪽 체에 가루를 붓고 아래쪽 체는 비워 놓아 위쪽의 체에서 나오는 가루를 받아 다시 곱게 친다. 흔들수레 앞에 막대기를 똑바로 걸쳐 놓았는데, 막대기의 한쪽 끝은 수레를 잡아당기고, 다른 한쪽 끝은 방 밖으로 뚫고 나갔다. 방 밖에는 기둥을 세워서 방 안에서 나온 막대기의 끝을 잡아매었고, 기둥 밑에는 땅을 움푹 파고 커다란 나무 널빤지를 놓아 기둥 뿌리를 받치고 있다. 그 널빤지 밑 한가운데 받침을 놓아 양쪽이 뜨게 하여, 마치 풀무를 다루듯 하게 되어 있다. 사람이 널빤지 위에 걸터앉아 발을 약간 움직이면 널빤지 양쪽 끝이 서로 번갈아 오르내려 널빤지 위의 기둥이 흔들리게 마련이다. 그러면 기둥 위쪽 끝에 가로지른 막대기가 맹렬히 들이밀고 내밀고 하여 방 안의 흔들수레가 앞으로 나왔다 뒤로 물러났다 한다. 방 안 네 벽에 10층으로 시렁을 매고 그 위에 그릇을 올려놓아, 날아오는 가루를 받게 되어 있다. 방 밖에 앉아 있는 사람은 책을 읽거나 글씨를 쓰거나, 손님과 이야기를 하거나 못할 일이 없다. 등 뒤에서 왈가닥왈가닥 요란한 소리가 들려와도 누가 그렇게 소리를 내게 하는지조차 모를 지경이다. 발 움직이는 노력은 아주 적으면서도 거두는 결과는 매우 크다. 우리나라 부녀자들은 몇 말도 안 되는 가루를 한번 치려면 어느새 머리와 눈썹이 하얗게 되고 손과 팔이 나른해진다. 같은 일이 이토록 힘들고 쉽고, 얻고 잃는 정도를 이것과 비교하여 어떻다 하겠는가?

명주실을 뽑는 소차(繅車)는 더욱 미묘하여 참으로 본받을 만하다. 맷돌짝의 이치와 마찬가지로 큰 아륜(牙輪)을 써서 소차의 양쪽 머리에 있는 아륜이 서로 물려 쉴 사이 없이 저절로 돌아간다. 소차란 곧 몇 아름되는 큰 얼레이다. 수십 보 밖에서 고치를 삶고, 그 중간에 수십 개의 시렁을 맨다.

시렁은 높은 것에서 차차 낮게 층이 지게 하고, 시렁마다 그 머리에 쇳조각을 세워 바늘구멍만한 작은 구멍을 뚫어 놓았다. 그 구멍에 실을 꿰어 틀을 움직이면 바퀴가 돌고, 바퀴가 돌면 얼레가 돌아간다. 톱니가 맞물려 돌아가므로 빠르지도 않고 느리지도 않게 천천히 실을 뽑아낸다. 거세지도 않고 느즈러지지도 않고 자연스럽게 돌아가기 때문에 고르거나 거친 실이 한데 섞일 염려가 없다. 가마에서 삶아져 나온 실이 얼레에 들어가기까지 여러 쇠구멍을 두루 거치는 동안에 털과 가시랭이가 모두 다듬어져서 얼레에 감기기도 전에 실은 말라서 빛깔이 맑고 윤기가 난다. 그래서 다시 잿물에 헹구는 수고를 할 것도 없이 바로 베틀에 올려 명주를 짤 수 있다.

그런데 우리나라에서 실을 켜는 방법은 오직 손으로 건져낼 줄만 알았지 도무지 수레를 쓸 줄은 모른다. 사람의 손을 타면서부터 명주는 이미 타고난 성질을 잃게 된다. 손으로 실을 뽑으면 빠르고 느림이 고르지 못하여 거세고 느즈러짐이 수시로 달라져 실이 성내고 고치가 놀란 듯 마구 뛰쳐나오기도 하고 실끼리 엉켜 끝도 찾을 수 없이 엉겨 말라 덩어리가 되어 광택을 잃어버린다. 눌리고 얽혀 끊어졌다 이어졌다 하는 거친 실을 매끈하게 하느라고 입과 손을 모두 수고롭게 한다. 그러니 그 효과가 소차(繅車)와 비교하여 어떻다 하겠는가?

고치가 여름을 지나도 벌레가 나지 않게 하는 방법을 물어보았다.

"고치를 약간 볶으면 나비가 생겨나지 않고, 더운 온돌에 널어 말려도 나비와 애벌레가 생기지 않으므로 겨울에도 고치를 켤 수 있지요."

오는 길에 자주 만나는 상여(喪輿)는 그 제도가 가지각색이면서도 매우 질박해 보였다. 상여는 거의 두 칸 방 크기이고, 오색 비단으로 휘장을 만들어 둘러치고 거기에 구름·꿩·참새 등을 그렸다. 상여 꼭대기는 번쩍거리는 은으로 싸거나 오색 실로 끈을 만들어 달기도 하였다. 양쪽 상여채는 길이가 7, 8발이나 되겠는데 붉은 칠을 하고 도금을 한 구리쇠로 장식을 만들어 달았다. 멜대는 앞뒤에 각각 5개씩이고 길이가 서너 발은 되겠다. 양쪽 머리에 다시 짧은 멜대를 대어 양쪽에서 어깨로 메게 되어 있다.

상여꾼은 적어도 수백 명이다. 명정(銘旌)은 모두 붉은 비단에 금색으로 글씨를 썼고, 세 길쯤 되는 깃대는 검은 칠을 하고 금빛 용틀임을 그렸다. 깃대

아래에는 말 모양의 받침대를 만들고 막대기 두 개를 가로 대어 반드시 아홉 사람이 멘다. 붉은 일산 한 쌍, 푸른 일산 한 쌍, 검은 일산 한 쌍과 깃발 대여섯 쌍이 뒤따르고, 다음에 생황·퉁소·북·나팔 등의 악대가 따르며, 그 다음에 승려와 도사가 각각 복장을 갖추고 불경과 주문을 외우면서 상여 뒤를 따른다. 중국에서는 무슨 일이든 간편하게 하고 쓸데없는 비용을 쓰지 않는 게 보통인데, 이것은 도무지 이해할 수 없는 일이다. 본받을 법이 못 된다.

연극 무대 (희대 (戲臺))

절이나 관(觀)*55 또는 사당 문 맞은편에는 반드시 무대가 있다. 대들보가 일곱 또 아홉 개여서 그 높고도 깊숙하고 웅장하고도 화려한 느낌이 일반 상점과는 비교도 안 된다. 이렇게 깊고 넓지 않으면 많은 관중을 수용할 수 없기 때문이다. 걸상·탁자·평상 등 앉을 자리가 1천 개는 되겠고, 붉은 칠이 정밀하고도 호화스럽다.

연도(沿道) 천 리 길에 가끔 삿자리로 누각이나 궁전 모양으로 높은 대(臺)를 만들어 놓은 것을 보아 왔으나, 그 얽어 만든 맵시가 기와를 이은 것보다 오히려 나아보였다. 그 현판에는 '중추경상(仲秋慶賞)' 또는 '중원가절(中元佳節)'이라 써 붙이기도 하였다. 아주 작은 시골 마을, 사당이 없는 곳에서는 반드시 상원(上元)*56과 중원(中元)*57에 이 삿자리 무대를 설치하여 여러 가지 놀이를 상연한다.

내가 일찍이 고가포(古家舖)를 지날 때 7, 8명의 여자들이 탄 수레들이 끊임없이 지나가는 것을 보았다. 수레들은 한껏 화려하게 꾸몄는데, 수백 대의 수레들 모두가 시골 여인들이 소흑산(小黑山)에서 연극 구경을 하고 날이 저물어 집으로 돌아가는 것이었다.

---

*55 도교(道敎)의 절.
*56 음력 정월 대보름날.
*57 음력 8월 보름날, 곧 추석.

시장 점포 (시사(市肆))

이번 천 리 길을 오면서 구경한 시장 점포들은 봉성(鳳城)·요동(遼東)·성경(盛京)·신민둔(新民屯)·소흑산(小黑山)·광녕(廣寧) 등지의 것들이었다. 크고 작거나 화려하고 검소한 차이가 없지 않았지만 그 중 성경의 시장이 가장 화려했다. 채색을 한 창문과 장식을 한 방들이 길을 따라 길게 늘어섰고, 술집들의 금빛 푸른빛 단청이 더욱 장관이었다. 그런데 한 가지 의문스러운 것은 처마 밖으로 불쑥 나와 있는, 단청을 찬란하게 칠한 난간이 여름 장마를 겪고도 그 색이 조금도 바래지 않은 점이었다.

봉성(鳳城)은 동쪽 끝 변두리여서 더 나아갈 여지가 없는 막다른 곳이지만, 의자나 탁자며 주렴과 휘장, 융단과 그릇, 화초까지도 모두 처음 보는 것들이고, 간판은 말할 수 없이 사치스럽고 화려한 것이었다. 이렇게 겉치레하는 데에 많은 돈을 낭비하지만 만약 그렇게 하지 않으면 장사가 잘 되지 않을 뿐 아니라, 재물귀신도 도와주지 않는다고 한다.

그들이 모시는 재물귀신은 거의가 관공(關公)*58이었다. 관운장의 초상을 모셔 놓고 향을 피우며 아침 저녁으로 머리를 조아려 예배하는 품이 집안의 조상에게 하는 것보다 더 정성스럽다. 이로 미루어 산해관(山海關) 내부의 상황을 짐작할 수 있을 것 같았다.

길거리를 오가면서 장사를 하는 영세 상인들은 큰 소리로 무엇을 사라고 외치기도 하지만, 푸른 천을 파는 사람은 손에 든 작은 북을 흔들고, 머리를 깎아 주는 사람은 손에 든 철간(鐵簡)*59을 두드린다. 기름을 파는 사람은 흔히 징을 치고 또 죽비(竹篦)*60나 목탁 따위를 가지고 다니는 사람도 있다. 그런 장사꾼들이 거리를 누비고 돌아다니면서 끊임없이 치고 두드리고 하면, 집집에서 아이들이 뛰쳐나와 장사꾼을 부른다. 무엇을 사라고 외치지 않아도, 치고 두드리는 소리만 듣고도 무엇을 파는 사람인지를 누구든지 아는 것이다.

---

*58 중국 삼국시대 촉한의 무장인 관우(關羽). 자는 운장(雲長).
*59 옛날 무기의 한 가지, 네모난 쇠 채찍.
*60 기다란 대나무를 넓적하게 깎아 둘을 합쳐 소리를 내는 기구.

여관(점사 店舍)

　여관들은 어디나 뜰이 넓어서 적어도 수백 보는 되었다. 그렇지 못하면 많은 수레와 말과 사람을 수용할 수 없기 때문이다. 그렇기 때문에 대문 안에 들어서서도 한참을 달려 들어가야만 비로소 집채에 이르게 되니 뜰이 얼마나 넓은가를 짐작할 수 있을 것이다. 행랑채에는 의자와 탁자 4, 50개를 늘어놓았다. 마구간에는 길이가 두세 간, 폭이 반 간쯤 되는 돌구유가 놓여 있다. 돌구유가 없으면 벽돌을 쌓아서 돌구유처럼 만들어 놓았다. 뜰 가운데도 나무로 만든 구유 수십 개를 늘어놓았는데 구유의 양쪽 머리를 나무 두 개로 엇대어 받쳐 놓았다.

　그릇은 그림 그려 만든 도자기만을 쓰고, 백통[白銅]이나 놋그릇 따위는 찾아볼 수가 없다. 아무리 외진 시골 다 허물어져 가는 집일지라도 일상 쓰는 주발이며 접시들은 모두 울긋불긋 그림을 그린 것들이다. 그것은 사치를 숭상해서 그러는 것이 아니라, 그릇을 만드는 사람들이 처음부터 그렇게 만들기 때문에 혹시 소박한 것을 쓰려고 해도 구할 수 없는 것이다. 깨진 그릇은 버리지 않고 곁에 쇠못을 박아서 제 모양을 만들어 쓴다. 다만 내가 이해할 수 없는 것은 못이 안에까지 뚫고 들어가지 않고도 깨어진 조각이 단단히 아물어져서 절대로 물러앉지 않고 감쪽같은 일이다.

　그리고 높이가 두어 자나 되는 여러 가지 빛깔의 고(觚)·격(鬲)*61이며 꽃을 꽂는 화병 따위는 어디에서나 볼 수 있다. 이로써 보건대, 우리나라 분원(分院)*62에서 구운 여러 가지 그릇은 이 시장에는 들어오지도 못하겠다. 애달프다! 그릇 굽는 방법 한 가지가 좋지 않은 것이 어찌 그릇이 좋고 나쁨에만 그치겠는가? 그릇 굽는 솜씨가 한번 잘못되니 온 나라의 모든 사물이 다 그 그릇을 닮아서 마침내 나라의 습속(習俗)을 이루게 된 것이니 어찌 원통하지 아니하겠는가?

---

*61 고와 격은 의식에 쓰는 술잔과 병.
*62 경기도 광주군(廣州郡) 남종면(南終面)에 있던 자기 굽는 곳. 사옹원(司饔院)에 딸려 있어 나라에서 쓸 그릇을 구웠음.

다리(교량(橋梁))

다리는 모두 홍예(紅霓)*63를 만들어서 마치 성문과 같았다. 큰 다리 아래로는 돛단배가 지나다닐 수 있고 작은 다리 아래로는 거룻배가 지나다닐 수 있게 되어 있다. 돌 난간에는 구름, 공하(蚣蝮: 짐승), 이무기 등을 새겼고 나무 난간에는 단청을 하였다. 다리 양쪽 머리의 땅에 닿은 부분은 여덟 팔(八)자 모양으로 담을 쌓아서 다리를 보호한다.

지나온 다리 중에서 만보교(萬寶橋)·화소교(火燒橋)·장원교(壯元橋)·마도교(磨刀橋)가 아주 큰 다리들이었다.

16일 임진(壬辰)
맑다.

정 진사(鄭進士)·변 주부(卞主簿)·내원(來源)과 함께 서늘할 때에 먼저 떠나기로 약속하였다. 신광녕(新廣寧)에서 흥륭점(興隆店)까지 5리, 쌍하보(雙河堡)까지 7리, 장진보(壯鎭堡)까지 5리, 쌍흥점(雙興店)까지 5리, 삼대자(三臺子)까지 3리, 여양역(閭陽驛)까지 15리, 모두 40리를 와서 점심을 먹었다. 여기서부터 용마루 없는 집들이 보이기 시작한다. 여양역에서부터 두대자(頭臺子)까지 10리, 이대자(二臺子)까지 5리, 삼대자(三臺子)까지 5리, 사대자(四臺子)까지 5리, 왕삼포(王三舖)까지 7리, 십삼산(十三山)까지 8리, 이날 모두 80리를 와서 십삼산에서 묵었다.

이날 새벽 떠날 때는 지는 달이 땅에서 몇 자 안 떨어져 있었다. 그 모습이 푸르스름하고 둥그런데 계수나무 그림자가 뻗을 대로 뻗어 있고 옥토끼·은두꺼비는 금방이라도 손으로 어루만질 수 있을 것만 같다. 게다가 항아(姮娥: 달 속에 산다는 전설 속의 선녀)의 하늘거리는 비단옷은 살결마저 비치는 것 같다.

내가 정 진사를 돌아보면서 말했다.
"참으로 괴상한 일이로군. 오늘은 해가 서쪽에서 올라오네."

---

*63 위를 무지개처럼 둥글게 만드는 것. 아치형.

정군이 처음에는 그것이 달인 줄을 모르고 불쑥 대답한다.

"아닌게아니라 날마다 새벽에 숙소를 나서다 보니 정말 방향을 분별하기 어렵네."

모두들 크게 웃었다. 잠시 후 달이 떨어져 지평선에 닿는 것을 보고서야 정군도 크게 웃었다.

아침노을이 부드럽게 퍼지면서 들판의 나무들을 휩싸자 노을은 갑자기 천 개 만 개의 기기묘묘한 산봉우리로 변하면서 넘실넘실 피어올라서 마치 용이 서리고 봉이 춤추듯, 천 리 넓은 벌에 끝없이 번져 나간다. 내가 정군을 돌아보면서 말했다.

"장백산(長白山)이 불쑥 눈 앞에 솟는 것만 같구려!"

그러자 정군뿐 아니라 모두들 감탄하여 소리소리 지른다.

잠시 후 구름과 안개가 말끔히 걷히고 해는 서 발이나 솟았다. 온 하늘에 티끌 하나 없다. 저 멀리 마을의 숲 사이로 햇빛이 새어나와 부옇게 배어드는 것이 마치 물이 고인 것처럼 보인다. 연기도 아니고 안개도 아니다. 높지도 않고 낮지도 않게 나무 밑둥까지 뚜렷이 비춘다. 마치 나무가 물 가운데 서 있는 것 같다. 그리고 그 기세가 점점 더 옆으로 끝없이 널리 퍼져 나간다. 그 빛은 흰 듯도 하고 검은 듯도 하여 마치 커다란 유리 거울처럼 오색이 영롱하다. 그것과는 또 다른 빛깔이 감도는 것만 같다. 이것을 비유해서 말하는 사람은 흔히 강물 빛 같다고도 하고 호수 물빛 같다고도 한다. 그러나 그 탁 트이고 맑은 풍경을 표현하기에는 턱없이 부족하다.

마을의 집, 수레와 말들의 그림자가 모두 거꾸로 비친다. 태복(太卜)이 말한다.

"저것이 계문연수(薊門煙樹 : 연경팔경 중 하나로 북경 교외인 계문에서 바람 없는 맑은 날 아지랑이로 인해 사물이 거꾸로 보이는 신기루 현상)랍니다."

내가 말했다.

"계문은 여기서 아직 천 리나 더 가야 하는데 연수가 여기 있다니 그게 무슨 말이냐?"

그러자 의주(義州) 상인 임경찬(林景贊)이 말했다.

"계문은 아직 여기서 멀지만 보통 여기를 계문연수라고 하지요. 날씨가 맑고 바람 한 점 없는 날은 요동 벌판 천 리 어디서나 볼 수 있는 현상입니다. 막상 계주에 간다 하더라도 바람이 불고 날이 흐리면 이런 광경은 볼 수 없습니다. 대체로 날씨가 고요하고 따뜻한 겨울에는 산해관 안팎에서 이런 현상을 날마다 볼 수 있지요."

이날은 마침 여양(閭陽)의 장날이었다. 온갖 물건들이 몰려들고 수레와 말이 거리를 메웠다.

무늬를 조각한 새장 속에 새를 한 마리씩 넣어 놓았는데, 이름을 매화(梅花)라 한 것도 있고, 요봉(幺鳳)이라 하는 것도 있고, 오동조(梧桐鳥)니 청작조(青雀鳥)니 화미조(畫眉鳥)니 형형색색 별의별 것이 다 있다. 새를 파는 수레가 여섯 대, 우는 벌레를 파는 수레가 두 대 있었다. 짹짹거리고 찌륵거리는 소리로 온 장터가 마치 숲 속에라도 들어온 것 같았다.

국화차 한 잔과 과자 두 개를 사 먹고 나서 역관(譯官) 조명회(趙明會)를 만나 술집으로 들어갔다. 지금 막 소주를 내리고 있는 중이라고 하여 다른 술집으로 가려고 하자, 술집 주인이 크게 성을 내며 명회에게 달려들어 머리로 가슴을 들이받으며 꼼짝을 못하게 한다. 명회는 하는 수 없이 웃으면서 도로 의자에 주저앉았다. 그리하여 돼지고기볶음 한 쟁반, 달걀볶음 한 쟁반과 술 두 잔을 배불리 먹고 나왔다.

멀리 십삼산(十三山)을 바라보았다. 뻗어 내려온 산줄기의 자취나 끊어진 산기슭의 흔적도 없이 갑자기 큰 들판 가운데 날아와 떨어진 열세 무더기의 돌봉우리들이 그저 아득하고 기묘하게 솟아 있어서, 마치 여름날 흰 뭉게구름 봉우리 같았다.

수염이 하얗게 센 노인이 손에 조그만 막대기를 들고 거리를 돌아다닌다. 그런데 그 막대기 끝을 동그랗게 고리로 만들고 참새 한 마리를 색실로 발을 매어 앉혀 놓았다. 그들이 새를 길들여 노는 솜씨가 대개 이런 방법이다.

몹시 피곤하고 더워서 잠이 오려고 하기에, 말에서 내려 걷기로 하였다. 7, 8살 된 아이가 머리에는 새빨간 실로 뜬 여름 모자를 쓰고, 몸에는 고동색 구름무늬 겉옷을 입고서 이리로 걸어온다. 아이는 검은 공단으로 만든 신을 신었는데 걸음걸이가 사뿐사뿐하고 얼굴이 눈처럼 흰 데다가 두 눈이 그린 것처럼 아름답다.

내가 짐짓 길을 막아섰다. 그래도 소년은 놀라지도 않고 두려워하지도 않는다. 오히려 내 앞으로 와서 공손히 절하고 땅에 꿇어앉아 머리를 조아린다. 내가 황급히 부축하여 일으켜 안자 멀찌감치 소년을 뒤따라오던 노인이다가와서 웃으며 말한다.

"그 아이는 이 늙은이의 손자놈이랍니다. 어른께서 이 아이놈을 이토록 귀여워해 주시니, 이 늙은이가 무슨 복을 타고났는지 모르겠군요."

"네 나이 몇 살인고?"

내가 물으니 소년은 손가락을 꼽아 보이면서 말한다.

"아홉 살입니다."

"이름이 무엇이지?"

"성은 사(謝)입니다."

아이는 이렇게 말하고는 신바닥에서 조그만 쇳조각을 꺼내더니 땅바닥에다 '효는 온갖 행실의 근원이고(孝者百行之源), 장수는 모든 복의 으뜸(壽者五福之首)'이라 써 놓고 다시 말한다.

"우리 할아버지께서 제가 사람의 자식으로서 효도하기를 바라시고, 또한 오래 살기를 비시면서 효도 효(孝), 목숨 수(壽) 두 글자로 효수(孝壽)라는 이름을 지어 주셨습니다."

나는 크게 놀라서 소년에게 물었다.

"지금 무슨 책을 읽고 있느냐?"

효수가 대답한다.

"이서(二書)는 다 외웠고 지금은 논어(論語) 학이편(學而篇)을 배우고 있습니다."

"이서란 무슨 책이냐?"

"대학(大學)과 중용(中庸)입니다."

"이미 강의(講義)도 받았느냐?"

"이서는 외우기만 하였고 논어는 지금 강의를 받고 있습니다."

그러고는 내 성씨가 무엇인지를 묻는다.

"내 성은 박(朴)이다."

내가 대답하자 효수가 말한다.

"백가성(百家姓)[64]에도 없는 성입니다."

노인은 내가 그의 손자를 귀여워하는 것을 보고 얼굴에 가득 웃음을 지었다.

---

[64] 중국 사람들의 성(姓)을 모아 놓은 책 이름.

"고려(高麗)에서 오신 어른께서는 부처님과 같은 분이십니다. 필시 어른 슬하에도 봉황 기린같이 깨끗한 아드님과 손자를 두셨을 텐데 아마도 그들을 생각하시는 마음으로 남의 어린아이까지도 그렇게 귀여워하시는 것이겠지요?"

내가 말했다.

"나는 나이는 많지만 아직 손자를 보지 못했습니다."

나는 다시 노인의 나이를 물었다.

"헛되이 58살이나 먹었습니다."

내가 손에 들고 있던 부채를 소년에게 주자 노인은 허리춤에서 놋쇠 사슬에 매었던 비단 수건을 끌러서 부시까지 곁들여 주며 사례한다.

노인에게 어디 사느냐고 물었다.

"여기서 멀지 않은 왕삼포(王三浦)라는 곳에 살고 있습지요."

"손자가 이렇게 숙성하고 총명하니 왕사가(王謝家)*65의 훌륭한 풍류(風流)에 부끄럽지 않겠습니다."

내가 말하자 노인이 대답한다.

"조상 때부터 내려오던 전통이 끊어진 지 이미 오래된 마당에 어찌 감히 강좌(江左)*66 풍류를 다시 바라겠습니까?"

갈 길이 바빠서 작별하니 소년이 길게 읍하고 말한다.

"어른께서는 긴 여행에 몸 건강하옵소서."

나는 길을 걸으면서도 그 소년의 기특하고 훌륭한 모습과 동작이 눈에 삼삼하다. 또 사씨 노인은 땅바닥에 써서 주고받은 몇 마디 말로 미루어 서로 넉넉히 이야기할 만한 사람이었으나, 애석하게도 길이 바빠서 그의 집을 찾아보지 못하였다.

17일 계사(癸巳)

맑다.

아침에 출발하여 십삼산(十三山)에서 독로포(禿老舖)까지 12리, 배로 대

---

*65 중국 진(晉)나라 때의 풍류로 유명한 왕검(王儉)·사안(謝安)의 집안.
*66 양자강의 왼쪽 지방. 옛날부터 문인이 많이 살던 곳.

릉하(大凌河)를 건너기까지 14리, 다시 4리를 더 가서 대릉하점(大凌河店)에서 묵었다. 이날은 겨우 30리밖에 못 왔다.

대릉하는 만리장성 밖에서 발원하여 구관대(九官臺) 변문(邊門)을 뚫고 광녕성(廣寧城)을 거쳐 동쪽 두산(斗山)으로 나와 금주위(錦州衛) 경계로 들어가서 점어당(占魚塘)에 이르러 동으로 바다에 들어간다.

호행통관(護行通官 : 일행에 소속된 청나라 측의 통역) 쌍림(雙林)이란 자는 조선수통관(朝鮮首通官) 오림포(烏林哺)의 아들이다. 집은 봉성(鳳城)에 있다. 말은 호행이라 하지만 그는 태평차(太平車)를 타고 뒤를 따를 뿐 우리와 행동을 같이하지 않는다. 하인 넷을 데리고 다니는데 그 중 악가(鄂哥)는 오로지 연로(沿路)에서 식사와 말먹이 마련을 맡아 하고, 이가(李哥)는 매를 팔에 앉혀 길에서 꿩 잡는 일을 맡아한다. 서가(徐哥)는 스스로 말하기를, 의주부윤(義州府尹) 서 아무개의 일가라고 하고, 또 한 사람 감가(甘哥)도 역시 조선 사람이라고 한다. 모두 나이가 19살로서 얼굴이 예쁘장하여 쌍림의 귀여움을 받는다고 한다. 그런데 우리나라에는 감(甘)*67이란 성이 없으니 의심스러운 일이다.

나는 책문(柵門)에 들어와 10여 일이 지나도록 쌍림의 얼굴을 보지 못했다. 그런데 통원보(通遠堡)에서 냇물을 건너 언덕에 오를 때였다.

"물살이 아주 세군. 모두 조심해야겠네."

내가 말하자, 깨끗하고 고운 옷에 모자를 쓴 한 청나라 사람이 우리 통역들과 함께 언덕 위에 서 있다가 갑자기 우리말로 말한다.

"물살이 세다. 물 조심. 잘 건너시오."

연산관(連山關)에 이르러서는 그가 수역(首譯)에게 물었다.

"아침나절 냇물을 건널 때 얼굴에 위엄이 있던 분이 누구시오?"

수역이 대답했다.

"정사(正使) 어른과 형제간이시고 문장이 뛰어나신데, 이번에 관광하러 오신 분입니다."

"그러면 넉점박이인가요?"

"넉점박이가 아닙니다. 정사 어른의 삼종제(三從弟)이십니다."

---

*67 감(甘)이란 성이 우리나라에도 있는데 연암이 미처 몰랐던 듯.

수역이 이렇게 대답하자 그가 말했다.

"그러면 이량우천(伊兩虞天)이군요."

이량우천이란 중국 발음으로 이량우첸, 곧 일 냥 오 전(一兩五錢)과 같으니, 일 냥 오 전은 한 냥 반(一兩半), 곧 양반(兩半 → 兩班)이다. 우리나라 사족(士族)을 일컫는 양반(兩班)과 음이 같기 때문에 쌍림이 일 냥 오 전이라고 은어(隱語)를 쓴 것이었다. 넉점박이란 서(庶)자의 아래 네 점을 말하는 것으로 곧 우리나라 '서자'를 일컫는 은어이다.

사절단이 갈 때마다 통역 맡은 사람이 가지고 가는 공금은 은 4천 냥이다. 그 중에서 5백 냥은 호행장경(護行章京 : 사절단을 호위하는 청나라측 총책임자)에게 주고 7백 냥은 호행통관(護行通官)에게 주어 수레를 고용하고 숙소에 드는 비용으로 쓰게 한다. 그러나 그들은 한 푼의 은도 쓰지 않고 정사와 부사의 주방에서 번갈아 가며 그 두 사람을 먹여 오고 있다. 쌍림은 사람됨이 교활하고 조선말을 잘 한다고 한다. 전날 소황기보(小黃旗堡)에서 점심을 먹을 때, 여러 비장과 역관들이 함께 앉아서 한담을 나누고 있는데, 마침 쌍림이 밖에서 들어왔다. 여러 역관들이 반겨 맞았다. 쌍림은 부방(副房)의 비장 이성제(李聖濟)와 반갑게 이야기하고, 또 내원(來源)과도 이야기를 나누었다. 두 사람은 이번이 두 번째 길이어서 그들은 서로 구면이었다.

내원이 쌍림에게 말한다.

"내 영감께 섭섭한 일이 있소이다."

쌍림이 웃으면서 묻는다.

"섭섭할 일이라니 무슨 일입니까?"

"우리 정사께서는 비록 작은 나라의 사신이지만, 우리나라의 정일품(正一品) 내대신(內大臣)*68이시고, 황제께서도 각별히 예를 다해 대우하십니다. 그런데 영감은 대국 사람이기는 해도 조선의 통관(通官)이시니, 우리 정사의 체면을 세워 주셔야 할 것입니다. 그러므로 정사와 부사께서 말을 바꿔 타실 때나 길가에 가마를 멈추실 때나 영감들은 마땅히 수레를 멈추고 기다리셔야 할 것 아니오. 그런데 그러지 않으시고 그대로 수레를 몰아 지나치거나 때로는 정사 일행이 지나가도 꿈쩍도 안 하시니, 이것이 무슨 도리입니

---

*68 왕실에 관한 일을 맡아보는 대신.

까? 그래서 호행장경까지도 영감을 본받으니 더욱 한심한 일입니다."

내원이 이렇게 말하자 쌍림이 버럭 성을 내면서 말한다.

"그것은 당신이 모르는 소리요. 대국의 예절은 당신네 나라와는 전혀 다르오. 대국에서 칙사(勅使)가 나가면 당신네 나라 의정대신(議政大臣)[69]이라도 우리와 평등하게 예의를 갖추고 말도 서로 존대하게 마련이오. 그런데 지금 당신은 새삼스럽게 법을 지어내겠다는 겁니까?"

역관 조학동(趙學東)이 내원에게 더 다투지 말라고 눈짓을 했다. 그러나 내원은 큰 소리로 다시 말한다.

"그러면 영감의 하인놈들은 어찌 감히 매를 팔에 앉히고서 의기양양하게 정사 앞을 내달린단 말이오. 참으로 해괴한 일이오. 또다시 그런 꼴을 보게 되면 그때는 내가 잡아다가 곤장을 칠 것이니, 영감은 뭐 어떻다 여기지 마시오."

그러자 쌍림이 말한다.

"그것은 내가 아직 못 보았소. 만약 보기만 하면 단번에 요절을 내겠소."

그는 우리 조선말을 잘한다지만 아직 많이 모자라서 다급하면 중국말을 쓴다. 헛되이 7백 냥의 은을 써 버리는 것이 참으로 아깝다. 이때 내가 종이를 꼬아 코를 쑤시려는데 쌍림이 보고 제 코담배 그릇[70]을 풀어서 내민다.

"재채기를 하시렵니까?"

나는 그것을 받지 않았다. 그와 이야기하기도 싫은 데다 또한 그것을 쓰는 법도 모르기 때문이었다. 쌍림은 몇 번이나 내게 말을 걸려고 했지만 나는 태도를 더욱 근엄하게 하고 앉아 있었다. 그는 일어나 그대로 가버렸다. 그 뒤에 여러 역관들의 말을 들으니, 쌍림은 내게 말을 붙일 수 없게 되자 멋쩍어 일어나 돌아간 뒤에 몹시 성을 냈다고 한다. 또한 그의 아버지가 항상 관청에 앉아 있어서 만약 쌍림의 비위를 거스르면 나중에 관아에 드나들며 구경할 때 지장이 있을 것이라고 한다. 또한 속담에 '웃는 얼굴에 침을 뱉지 못한다'고 하였으니 전날 쌍림을 냉대한 것은 잘한 일이 못된다 하기에 나 역시 마음속으로 그렇겠다 싶었다.

사행이 먼저 떠나고, 나는 몹시 피곤하여 잠이 깊이 들었다가 늦게야 일어

---

[69] 의정부(議政府)의 세 대신, 곧 영의정·좌의정·우의정.
[70] 코로 담배 연기를 빨아들여 피우는 기구.

났다. 막 아침 식사를 마치고 행장을 점검하고 있는데 쌍림이 들어왔다. 나는 웃으면서 그를 맞았다.

"영감, 한참 못 만나 뵈었소이다그려. 요즈음 안녕하셨습니까?"

쌍림이 크게 기뻐하며 자리에 앉아 삼등초(三登草)*71를 달라고 한다. 또 자기 집에 붙일 좋은 주련(柱聯)을 써 달라고 하고, 다시 내가 먹는 진짜 청심환과 단옷날에 기름을 먹여 만든 부채를 달라고 한다.

"짐을 실은 수레가 오면 모두 드리지요."

나는 고개를 끄덕이면서 응낙을 했다.

"내가 먼 길에 말을 타고 왔더니 몸이 몹시 뻐근합니다. 당신 수레에 함께 타고 갈 수 없을까요?"

내가 요청하자 쌍림이 쾌히 승낙하여 말한다.

"공자(公子)와 내가 함께 타고 간다면 이 길은 나에게 큰 영광이겠습니다."

함께 숙소를 나왔다. 쌍림은 수레의 왼쪽 자리를 내주어 나를 앉게 한다. 그는 또 장복(張福)을 불러 오른쪽 끌채에 앉힌다.

"내가 조선말로 물을 터이니 너는 중국말로 대답하여라."

장복과 서로 주거니 받거니 하는 말을 듣고 있느라니, 나도 모르게 배를 잡고 웃을 지경이었다. 쌍림의 조선말은 세 살배기 어린아이가 밥 달라는 말을 '밤' 달라고 하는 것 같고, 장복의 중국말은 반벙어리가 이름을 부르면 언제나 '애(艾)' 소리만 하는 것 같아, 혼자 보기가 참으로 아까웠다.

쌍림의 조선말은 장복의 중국말보다 훨씬 서툴렀다. 말 끝의 존대와 하대의 구별을 전혀 못하고 또한 발음을 똑똑히 할 줄 모른다.

쌍림이 장복에게 묻는다.

"너 우리 아버지 보았나?"

"칙사로 왔을 때 내가 보았습니다. 대감은 수염이 아주 좋습디다. 내가 걸어서 따라가며 연방 권마성(勸馬聲)*72을 외쳤더니, 대감이 얼굴에 웃음을 가득 지으면서 '네 목소리가 참 좋구나. 쉬지 말고 계속 불러라' 하시어 계

---

*71 평안남도 삼등(지금의 성천군)에서 나는 질이 좋은 담배.
*72 지위가 높은 관원 등이 말이나 가마를 타고 갈 때 위세를 돋우기 위해 하인이 앞에서 목청을 높여 외치는 소리.

속해서 불렀더니 대감은 연방 '좋다 좋아' 하셨지요. 곽산(郭山)에 이르러선 대감이 손수 제게 다담(茶啖)*73을 차려 주셨답니다."

쌍림이 다시 묻는다.

"우리 아버지는 눈알이 고약해 보이지?"

장복이 크게 한 번 웃고 대답한다.

"꿩을 잡는 매의 눈깔 같습디다."

"옳아, 그렇지."

쌍림이 대답하고 다시 물었다.

"너 장가 들었니?"

"집이 가난해서 아직 못 들었습니다."

"허허, 불상하군, 불상해."

'불상'이란 우리말로 가엾고 불쌍히 여긴다는 말이다. 쌍림은 다시 묻는다.

"의주(義州)에 기생이 몇이나 있느냐?"

"아마 30명에서 50명은 될 겁니다."

"미인도 많으냐?"

"많다뿐입니까? 양귀비 같은 것도 있고, 서시 같은 것도 있지요. 이름이 유색(柳色)이란 기생은 꽃이 수줍어할 정도에다가 달이 얼굴을 들지 못할 만큼 예쁘고, 춘운(春雲)이란 기생은 떠가는 구름을 멈추고 남의 애를 끊을 만큼 창(唱)*74을 잘한답니다."

"그런 기생이 있으면서 어찌하여 칙사가 갔을 때는 코빼기도 보이지 않느냐?"

"말씀 맙시오. 한번 보시기만 하면 대감님들은 혼이 하늘 높이 구름 밖으로 날아가고, 가지고 있는 만 냥 돈이 어느새 없어져서, 다시 압록강을 건너 오지 못하고 의주 귀신이 되셨을 겁니다."

쌍림이 손뼉을 치고 킬킬거리면서 말한다.

"내가 다음 번 칙사를 따라가거들랑 네가 가만히 데리고 오너라."

장복이 머리를 설레설레 흔들면서 말한다.

"안 됩니다. 들키면 두 사람 다 목이 달아납니다."

---

*73 차와 간단한 음식.
*74 우리나라 고유의 노래. 춘향가·심청가 따위.

두 사람은 한바탕 크게 웃는다. 이렇게 말을 주고받으면서 30리를 왔다. 두 사람은 서로 상대방의 외국어 실력을 시험해 보려 한 것이다. 장복은 겨우 책문(柵門)을 들어서면서부터 길에서 주워 들은 중국말이지만, 조선말을 평생 동안 배운 쌍림보다 월등히 나았다. 중국말이 우리말보다 배우기 쉽다는 것을 비로소 알았다.

우리가 탄 수레는 3면에 초록빛 천으로 휘장을 해 둘러쳤고 좌우에는 누런빛 발을 드리웠으며, 앞쪽에는 공단으로 차일(遮日)을 만들어 쳤다. 수레 안에는 이불을 깔아두었고, 우리 한글로 쓴 유씨삼대록(劉氏三代錄) 몇 권이 놓여 있다. 그런데 그 글씨가 서투르고 거칠 뿐 아니라, 책장이 떨어진 것도 있다. 내가 쌍림에게 읽어 달라고 하였더니 쌍림이 몸을 흔들면서 큰 소리로 읽는다. 그런데 도무지 말이 되지 않고 뒤범벅이다. 입 안에 가시가 돋힌 듯, 입술이 얼어붙은 듯, 군소리가 수없이 나온다. 나는 한참을 들었지만 도대체 무슨 말인지 알 수가 없었다. 비록 죽을 때까지 그것을 읽는다 하더라도 우리 조선말을 익힐 수 없을 것만 같았다.

도중에 사행(使行)이 말을 갈아타고 있었다. 쌍림은 얼른 수레에서 뛰어 내려 가게 안으로 달려들어가 몸을 숨긴다. 사행이 다시 떠난 뒤에야 천천히 나와서 수레에 올라 말을 몰았다. 전에 박내원이 그를 나무랐을 때 그 당장에는 버티고 대들었지만 속으로는 좀 움츠러들었던 모양이다.

18일 갑오(甲午)
날이 맑다.

새벽에 대릉하점(大凌河店)을 떠나 사동비(四同碑)까지 12리, 쌍양점(雙陽店)까지 8리, 소릉하(小凌河)까지 10리, 소릉하교(小凌河橋)까지 2리, 송산보(松山堡)까지 18리, 모두 50리를 와서 점심을 먹고, 다시 송산보에서 행산보(杏山堡)까지 18리, 십리하점(十里河店)까지 10리, 고교보(高橋堡)까지 8리, 모두 36리를 왔으니 이날 모두 합쳐 86리를 와서 고교보에서 묵었다.

사동비(四同碑) 동구 밖에 이르니 길가에 큰 비석 네 개가 서 있다. 비석 모양새가 똑같아서 이런 마을 이름이 생겼다고 한다. 하나는 만력(萬曆) 15년*75 8월 29일에 황제가 왕성종(王盛宗)을 요동전둔유격장군(遼東前屯遊擊將軍)에 임명한다는 칙명을 새긴 것으로, 위쪽에 광운지보(廣運之寶)*76라는 도장을 찍었다. 그런데 비문 가운데 노추(虜酋)*77 두 글자는 다 쪼아 없애 버렸다. 두 번째 것은 만력 15년 11월 4일에 왕성종을 요동도지휘체통행사(遼東都指揮體統行事)에 임명하고 금주(錦州) 지방을 지키도록 한다는 칙명을 새긴 것이고, 세 번째 것은 만력 20년 9월 3일에 왕평(王平)을 요동유격장군(遼東遊擊將軍)에 명한다는 칙명을 새긴 것으로, 위쪽에 칙명지보(勅命之寶)라는 도장을 찍었다. 네 번째 것은 만력 22년 10월 10일에 왕평을 유격장군금주통할(遊擊將軍錦州統轄)에 임명한다는 칙명을 새긴 것으로, 위쪽에 광운지보를 찍었다.

왕평은 아마도 왕성종의 아들이나 조카인 모양이다. 신종황제(神宗皇帝)는 그들이 노추를 잘 막아냈다 하여 칙명을 내려 그들을 표창하고, 큰 돌을 다듬어 그 칙명과 고신(告身)*78을 새겨서 그들의 공로를 세상 사람들에게 알리려 한 것이다. 그런데 그 왕성종이 만약 요우(遼右)*79에서 대를 이어 장군 자리에 있었다면 어찌하여 임진왜란 때 참전하지 않았는지 모르겠다.

사행(使行)의 비장들은 이 비석을 지날 때면 으레 어느 날 어느 시(時)에 관(關)을 나오고, 어느 날 어느 시에 이곳을 지나간다고 써 놓았다고 한다.

방목하는 말이 여기저기 무리를 이루고 있다. 한 무리가 수천 마리나 되는데 모두 흰빛 말들이다.

다시 소릉하(小凌河)를 건넜다. 쌀을 실은 수레 수천 대가 지나간다. 먼지가 하늘을 덮는다. 해주(海州)*80에서 금주(錦州)로 실어가는 것이었다. 바람이 몹시 사납게 불기에 나는 먼저 말을 달려 여관으로 들어가 잠시 눈을 붙였다. 자리에서 일어나자 정사(正使)가 뒤따라 들어와서 말한다.

"낙타 수백 마리가 쇠를 싣고 금주로 들어가더군."

---

*75 신종(神宗) 15년. 우리 선조(宣祖) 20년. 1587년.
*76 황제의 도장, 곧 옥새(玉璽). 칙명지보(勅命之寶)도 마찬가지.
*77 오랑캐 우두머리란 말로 명나라에서 청나라 태조(太祖) 누르하치를 낮추어 일컬은 말.
*78 임명장(任命狀).
*79 요하(遼河)의 오른쪽, 곧 요동(遼東)을 일컫는 말.
*80 중국 강소성(江蘇省) 황해(黃海)에 있는 만(灣).

나는 공교롭게도 벌써 두 번이나 낙타 구경을 놓치고 말았다.

이 강가에 살던 수백 호 주민들이 지난해 몽고의 습격을 받아 모두 아내를 잃고 몇 리 떨어진 곳으로 옮겨 갔다. 지금은 길가에 무너진 담이 둘려 있고 네 벽만 쓸쓸히 남아 있다. 위아래로 강가를 따라 흰 장막을 치고 경비를 하고 있다.

몽고와의 경계가 이 강에서 50리밖에 안 된다. 며칠 전에도 몽고 기병 수백 명이 갑자기 강가에 나타났다가 수비가 있음을 보고 달아났다고 한다. 송산보(松山堡)에서부터 행산보(杏山堡)·고교보(高橋堡)를 지나 탑산(塔山)까지 백여 리 사이에는 비록 마을과 가게가 있기는 하지만 모두 가난하고 썰렁하여 도무지 사는 경황이 없어 보인다.

슬프구나! 여기가 숭정(崇禎) 경진(庚辰)·신사(辛巳)*81 연간에 명나라와 청나라 군사들이 온통 피바다를 이루었던 곳이로구나. 이제 이미 백여 년이 지났건만 아직도 회복되지 못하였으니, 당시의 용호(龍虎)가 얼마나 격렬하게 싸웠던가를 짐작할 수 있다.

지금의 황제가 엮은 전운시(全韻詩)의 주(註)에 이렇게 씌어 있다.

"숭정 6년*82 8월 명나라 총병(摠兵) 홍승주(洪承疇)가 구원병 13만 명을 송산에 집결시키자 청나라 태종(太宗)은 곧 군사를 거느리고 출정했다. 그때 공교롭게도 청 태종은 코피가 터졌다. 그래도 갈 길이 급한 터라 행군을 서둘렀다. 코피는 더욱 심해졌다가 사흘 만에야 겨우 멎었다. 제왕(諸王)*83들과 패륵(貝勒)이 천천히 행군하자고 청하였으나, 태종은 '싸움에 이기려면 신속히 행동해야 한다' 하고 그대로 서둘렀다. 엿새 만에 송산에 이르러 송산과 행산 사이에 진을 쳐서 큰길을 차단하였다. 그리하여 선봉(先鋒)을 침범해온 명나라 총병 여덟 명을 물리치고 필가산(筆架山)에 쌓아둔 명나라 양식을 모두 빼앗았다. 그리고 해자를 파서 송산과 행산의 길을 끊어버렸다.

---

*81 명나라 의종(毅宗)의 숭정 13년과 14년. 우리 인조(仁祖) 18~19년. 1640~1641년임.
*82 우리 인조 19년. 1641년.
*83 친왕(親王)에 봉해지지도 않고 신하의 적(籍)에 들지도 않은 황자(皇子) 또는 황손(皇孫).

이날 밤 명나라 여러 장수들은 일곱 진영의 보병(步兵)을 철수하여 송산성 가까이에 친을 쳤다. 그래서 태종은 여러 장수들에게 '오늘밤에 틀림없이 적병이 달아날 것이다' 하고 호군(護軍) 오배(鰲拜) 등으로 하여금 4기(旗)의 기병을 거느리고 선봉인 몽고병과 함께 날개 모양으로 늘어서서 바로 바닷가까지 가게 하였다. 또 몽고의 고산액진(固山額眞)*84 고로극(固魯克) 등에게는 행산으로 가는 길에 매복하였다가 길을 막아 치게 하고, 다시 예군왕(睿郡王)*85에게 명하여 금주(錦州)로 가서 탑산(塔山)으로 통하는 큰길에 이르러 적을 옆에서 치도록 명령하였다.

이날 밤 초경(初更)*86에 명나라 총병 오삼계(吳三桂) 등이 바닷가를 따라 몰래 달아나는 것을 잇달아 추격하게 하고, 파포해(巴布海)*87 등에게 명하여 탑산 길을 차단하게 하였으며, 무영군왕(武英郡王) 아제격(阿濟格)*88에게도 역시 탑산으로 가서 막아 치도록 명하였다. 또 패자(貝子)*89 박락(博洛)*90에게 명하여 군사를 거느리고 상갈이채(桑噶爾寨)로 가서 막아 치게 하고, 고산액진(固山額眞) 담태주(譚泰柱)에게 명하여 소릉하(小凌河)로 가서 바로 바닷가에 이르러 적의 돌아가는 길을 끊게 하였으며, 매륵장경(梅勒章京)*91 다제리(多濟里)에게 명하여 패잔병을 추격하게 하였다.

그리고 또 고산액진 이배(伊拜) 등에게 명하여 행산의 사면에서 도망쳐 행산으로 들어오는 명나라 군사를 맞받아 치게 하고, 몽고의 고산액진 사격도(思格圖) 등에게 명하여 도망치는 군사를 추격하게 하였으며, 태종의 장인인 아십달이한(阿什達爾漢) 등에게 명하여 행산의 군영(軍營) 자리를 가 보고 그곳이 좋지 않거든 좋은 데를 골라 군영을 옮기게 하였다.

이튿날 예군왕과 무영군왕에게 명하여 탑산의 사대(四臺)를 포위하고

---

*84 청나라 때 황족의 벼슬 이름의 미칭(美稱). 뒤에 도통(都統)이라 하였음.
*85 청나라 태조의 열네째 아들.
*86 오후 6시 전후.
*87 태조의 열한째 아들.
*88 태조의 열두째 아들.
*89 종실과 만주·몽고 출신자 및 외번(外藩)에게 주는 작위(爵位). 패륵(貝勒)의 다음임.
*90 태조의 손자.
*91 매륵액진(梅勒額眞)이라고도 하는데, 8기(旗)의 부장(副將).

홍의포(紅衣礮)*92로 공격하게 하여 이겼다. 명나라 총병 오삼계(吳三桂)와 왕박(王樸)은 달아나 행산으로 몰려들었다.

이날 태종은 군영을 송산으로 옮기고, 해자를 파서 송산을 포위하려고 했다. 그런데 그날 밤 명나라 총병 조변교(曹變蛟)가 여러 번 진영을 버리고 포위를 뚫고 나오려고 했다. 태종은 내대신(內大臣) 석한(錫翰) 등과 사자부락(四子部落)*93 도이배(都爾拜)에게 명하여 각기 정병 250명을 거느리고 가서 고교보(高橋堡)와 상갈이보(桑噶爾堡)에 매복해 있게 했다. 태종은 친히 군사를 거느리고 고교보 동쪽으로 가서 패륵(貝勒) 다탁(多鐸)*94으로 하여금 군사를 매복시키도록 또 명령하였다. 오삼계와 왕박이 패하여 달아나 고교보에 이르렀다가 복병이 사방에서 일어나 겨우 몸만 피해 달아났다.

이 싸움에서 명나라 군사 6만 3,700명을 죽이고 말 7,400마리, 낙타 60마리, 갑옷과 투구 9,300벌을 빼앗았다. 행산 남쪽에서부터 탑산에 이르는 사이에 바다로 쫓기어 죽은 자도 수없이 많았다. 시체가 마치 물오리나 따오기처럼 바닷물 위에 둥둥 떠 있었다. 그러나 청나라 군사는 다친 사람이 겨우 여덟 명뿐, 그 밖에는 피 한 방울도 흘린 사람이 없었다."

아! 슬프도다! 이것이 이른바 송행의 싸움〔松杏之戰〕이다. 각라(角羅)*95는 곧 산해관(山海關) 밖의 자성(自成)*96이요, 자성은 곧 산해관 안의 각라였으니, 명나라가 어찌 망하지 않을 수 있었으랴?

당시 명나라 13만 군사는 각라의 수천 명 군사에게 포위되어 순식간에 마른 나무가 꺾이듯 썩은 새끼가 끊어지듯 무너져버렸다. 홍승주·오삼계의 지략과 용맹은 천하에 대적할 자가 없었지만, 각라와 한번 마주치자 혼비백산하여 거느린 13만 군사가 마치 지푸라기나 물거품처럼 사라지고 말았다. 일이 이 지경에 이르면 피치 못할 운명으로 돌릴 수밖에 없다.

---

*92 대포의 한 가지.
*93 내몽고(內蒙古) 오란찰포맹(烏蘭察布盟) 사부(四部)의 한 기(旗).
*94 태조의 열다섯째 아들.
*95 애친각라(愛親覺羅). 청나라 황실의 성. 여기서는 청나라 태조 누르하치를 가리킴.
*96 이자성(李自成). 명나라 말의 농민 의병 지도자. 북경을 함락시켜 명나라가 멸망하게 하였음.

내가 언젠가 인평대군(麟坪大君)*97이 지은 송계집(松溪集)을 보았는데 거기에 '청나라 군사가 송산을 포위했을 때, 우리 효묘(孝廟)*98께서 인질로 청나라 진중(陣中)으로 붙잡혀 가 막사에 머물러 계시다가 잠시 다른 곳으로 옮기신 사이, 영원총병(寧遠總兵) 오삼계(吳三桂)가 인솔한 1만 기병이 포위망을 뚫고 나오다가 청나라 군사와 부딪쳐 격전을 치른 곳이 바로 처음에 막사를 설치했던 곳이라고 한다. 이것이야말로 하늘이 시킨 영험이 아니고 무엇이겠는가?'라고 씌어 있었다.

이날 저녁은 고교보(高橋堡)에서 묵었다. 이곳은 지난해에 사행이 은으로 만든 큰 돈을 도둑맞았던 곳이다. 그 때문에 이 지방의 관리가 파면당하고 숙소로 내놓았던 부근 가게에 처형된 사람이 있었다. 갑군(甲軍)이 밤새도록 순찰을 돌면서 우리 일행을 감시하는 것이 마치 도둑과 다름없이 엄중히 한다.

임시 사처(私處)의 고지기 말이 이곳 사람들은 조선 사람을 원수처럼 여긴다고 한다. 가는 곳마다 문을 꼭꼭 닫고 조선 사람이라면 상대도 않으면서

"조선 사람이로구나. 조선 사람은 그 주인을 죽였다. 돈 1천 냥이 어떻게 4, 5명의 목숨 값이란 말이냐? 물론 우리 가운데도 못된 사람이 많지만, 당신네들 일행 중에 어찌 좀도둑이 없을쏘냐? 교묘하게 숨기고 도망치는 것이 되놈들과 다름이 없구나."

하고 말한다는 것이다.

내가 역관에게 이 사실을 물었더니 이렇게 대답한다.

"지난 병신년(丙申年)*99 고부사(告訃使) 사행 때였지요. 돌아가는 길에 이곳에서 공금 은 1천 냥을 잃었습니다. 사신들께서 의논을 하셨지요. '이 은은 공금이니 쓴 데가 분명하지 않으면 액수를 맞추어 도로 나라에 바치는 것이 국법이다. 그런데 지금 공연히 돈을 잃어버렸으니, 돌아가서 무엇이라 보고할 것인가? 도둑맞았다 한들 누가 믿을 것이며, 액수대로 바치자 한들 누가 감당할 것인가?' 의논 끝에 곧 이곳 지방관에게 알렸지요. 지방관은

---

*97 조선 인조(仁祖)의 셋째 아들. 병자호란에 세자 봉림대군(鳳林大君)과 함께 볼모로 심양(瀋陽)에 가 있었음.

*98 조선 효종(孝宗). 봉림대군(鳳林大君) 시절 청나라에 볼모로 가 있었음.

*99 영조(英祖) · 52년. 청나라 고종(高宗) 41년. 1776년으로 이때의 고부사는 영조의 국상을 알리러 갔었음.

중후소(中後所) 참장(參將)에게 보고하고, 중후소에서는 금주위(錦州衛)에 보고하고, 금주위는 다시 산해관 수비(守備)에게 보고하여 며칠 사이에 예부(禮部)에까지 보고가 되었던 것입니다. 황제의 비답(批答)*100이 그날로 내려왔지요. 이 지방의 관아에서 사행이 잃은 은을 보상하게 하고, 이곳 지방관은 평소 범죄자를 단속하지 못해서 길손에게 원통한 일을 당하게 한다 하여 책임을 물어 파면했습니다. 게다가 여관 주인과 의심이 가는 이웃 사람들을 잡아다가 닦달하여 네댓 사람을 죽였다고 합니다. 사행이 심양(瀋陽)에도 이르기 전에 황제의 명령이 내렸으니 그 조치가 참으로 빨랐습지요. 이 일이 있은 후부터 고교보 사람들이 우리 조선 사람을 원수처럼 보게 되었으니 괴상하다 할 수도 없을 것 같습니다."

도대체 의주(義州)의 말몰이꾼들은 태반이 못된 놈들이다. 놈들은, 오로지 사행을 따라 북경 드나드는 일을 생업으로 삼아 해마다 북경을 마치 자기 집 안방 드나들듯 여긴다. 의주부(義州府)에서 내어주는 것이라곤 한 사람 앞에 백지(白紙) 60권뿐이다. 그래서 백여 명이나 되는 말몰이꾼이 길을 가면서 도둑질을 하지 않고는 다녀올 수가 없다.

그들은 압록강을 건넌 이후부터는 얼굴을 씻지도 않고, 머리에 두건도 쓰지 않는다. 머리카락은 마구 흐트러진 데다가 먼지와 땀이 뒤범벅이 되고, 비바람에 옷과 벙거지가 찌들고 찢어져서 귀신도 아니고 사람도 아닌, 마치 도깨비 형상이 되어 우습기 그지없다.

그들 중에는 15살 된 아이가 있는데 벌써 세 번이나 북경엘 드나들었다고 한다. 처음 구련성(九連城)에 이르렀을 때에는 제법 예쁘장하더니 절반도 채 못 와서 얼굴이 햇볕에 그을고, 살결이 새까만 먼지에 찌들어서 두 눈만 빠끔하니 반짝거렸다. 홑바지는 찢어지고 떨어져 나가서 양쪽 볼기가 그대로 드러난다. 이 아이가 이런 지경이니 다른 사람은 더욱 말할 나위도 없다. 부끄러움도 전혀 없이 도둑질하는 것을 예사로 여긴다. 저녁마다 숙소에 들면 온갖 방법을 다 써서 도둑질을 하려고 들므로, 여관 주인은 주인대로 이를 막으려고 별의별 짓을 다한다.

지난해 동지사(冬至使)*101 사행 때 한 의주 상인이 몰래 은을 가지고 압

---
*100 상소에 대한 임금의 결정.
*101 해마다 동지에 중국에 보내는 사신.

록강을 건너왔다가 말몰이꾼에게 살해당했다고 한다. 그때 그의 말 두 마리는 가죽재갈을 풀고 스스로 강을 건너 각기 제 집으로 돌아갔다. 다시 그 말이 증거가 되어 결국 죄인이 법에 걸렸다고 한다.

그들은 이처럼 흉악하다. 전번에 은을 잃은 일이 어찌 그들의 소행이 아니라고 단정할 수 있겠는가? 이것은 오히려 자질구레한 일이다. 만약 병정(丙丁)*[102]의 환란 같은 일이 다시 일어난다면 용천(龍川)·철산(鐵山) 서쪽은 우리의 땅이 아닐 것이다. 이런 자들이 어떤 짓을 저지를지 모르기 때문이다. 변방을 지키는 사람 또한 이러한 점을 몰라서는 안 될 것이다. 이날 밤새도록 하늘을 뒤흔들듯 크게 바람이 불었다.

19일 을미(乙未)
날이 맑다.

새벽에 고교보(高橋堡)를 떠나 탑산(塔山)까지 12리, 주사하(朱獅河)까지 5리, 조라산점(罩羅山店)까지 6리, 이대자(二臺子)까지 3리, 연산역(連山驛)까지 7리, 모두 32리를 와서 점심을 먹고, 다시 연산역에서 오리하자(五里河子)까지 5리, 노화상대(老和尙臺)까지 5리, 쌍수포(雙樹舖)까지 5리, 건시령(乾柴嶺)까지 5리, 다붕암(茶棚菴)까지 5리, 영원위(寧遠衞)까지 5리, 모두 30리를 왔다. 이날 모두 합쳐 62리를 와서 영원성(寧遠城) 밖에서 묵었다.

어제 부사, 서장관과 함께 새벽에 탑산(塔山)에 가서 해 뜨는 것을 구경하기로 약속했었다. 그런데 모두 늦게 출발하여 탑산에 이르렀을 때에는 벌써 해가 서 발은 올라와 있었다.
동남쪽으로 큰 바다가 하늘가에 이어졌다. 수만 척 장삿배가 지난밤 거센 바람에 쫓겨와 조그만 섬에 의지해 있다가 막 일시에 돛을 올리고 떠나간다. 마치 물오리나 기러기 떼 같다.
영녕사(永寧寺)는 숭정(崇禎) 때 조대수(祖大壽)가 창건했다고 한다. 절이

---

*102 정묘호란(丁卯胡亂)과 병자호란.

나 관묘(關廟)*103의 웅장하고 화려함에 대해, 요동에 들어오며 처음 보았을 때는 간략하게나마 일일이 기록했지만, 그 뒤에 오는 길에서 보아 온 것들은 모두 크고 작은 차이는 있을망정 그 제도는 거의 같아서 낱낱이 기록할 것도 없을 뿐 아니라, 구경하는 데도 지쳐서 나중에는 구경을 하지도 않았다.

길가에 수십 길이 넘는 산봉우리가 있다. 이름을 구혈대(嘔血臺)라고 한다. 전하는 말로는, 청나라 태종(太宗)이 이 봉우리에 올라가 영원성을 내려다보다가 명나라 순무(巡撫) 원숭환(袁崇煥)에게 패하여 피를 토하고 죽었다 하고 그래서 그렇게 부르게 되었다고 한다.

영원성 안의 큰길 거리에 조가(祖家)의 패루(牌樓) 둘이 마주 서 있다. 그 사이가 수백 보이고, 두 패루는 모두 문이 세 개이다. 모든 기둥 앞에는 두어 길 되는 돌사자가 하나씩 놓여 있다. 하나는 조대락(祖大樂)의 패루이고 또 하나는 조대수(祖大壽)의 패루인데 모두 높이가 6, 7길쯤 되어 보인다. 대수의 패루가 약간 낮은 편이다. 전체를 옥같이 곱고 광택이 아름다운 흰 돌로 쌓아올렸고, 서까래에서부터 도리·들보·처마·창틀에 이르기까지 나무는 한 토막도 쓰지 않았다.

조대락의 패루는 오색이 영롱한 돌을 쌓아 만들었다. 두 패루를 만드는 데 들인 공과 조각의 교묘함이 도무지 인간의 힘으로는 이룰 수 없을 정도이다. 조대락의 패루에는 3대를 고증(誥贈)*104한 일을 적었다. 증조부는 조진(祖鎭)이고, 할아버지는 조인(祖仁)이고, 아버지는 조승교(祖承教)이다. 앞면에는 원훈초석(元勳初錫), 뒷면에는 등단준렬(登壇峻烈)이라 쓰고, 맨 위층에는 옥음(玉音)이라 썼다. 앞면의 주련(柱聯)에는

조상님의 첫 경사 4대를 쌓았으니
그 영광 길이길이 천추에 빛나리.

松檟如初慶 善培于四世
琳瑯有赫賁 永譽于千秋

---

*103 관왕묘(關王廟). 곧, 중국 삼국시대 촉한의 장수 관우(關羽)를 모신 사당.
*104 오품(五品) 이상의 벼슬아치의 조상에게 자손의 공로에 대한 국가적 표창을 함께 내리는 것. 살아 있는 사람에 대한 것은 고봉(誥封)이라 하였음.

라 하였고, 뒷면에는

늠름하구나, 나라에서 노래로 불리고 성을 지킨 기둥이어니
임금이 사랑하여 그 높은 공을 길이 전했네.

極赳興歌國　倚于城之重
絲綸錫寵朝　隆銘鼎之襃

라고 새겼다. 조대수의 패루에도 4대의 고증을 하였는데, 증조부와 할아버지는 대략과 같고 아버지는 조승훈(祖承訓)이다.

승훈은 우리나라가 임진년에 왜구의 침략을 받았을 때 요동부총병(遼東副摠兵)으로 3천의 기병(騎兵)을 거느리고 맨 먼저 구원하러 왔었다. 위층에는 '곽청지열(廓淸之烈)'이라 썼고 아래층에는 '사대원융(四大元戎)'이라 했다. 그 앞뒤의 주련이며 새·짐승과 병마(兵馬)의 전투하는 모양은 모두 양각으로 새겼다. 주련에 쓰인 글은 바빠서 미처 적지 못했다.

조씨(祖氏)네 집안은 요서(遼西)·계주(薊州) 지방에서 대대로 이름난 장수의 집안이다. 숭정(崇禎) 2년 11월에 청나라 군사가 북경에 육박해 오자, 12월에 독수(督帥) 원숭환(袁崇煥)이 조대수·하가강(河可剛)을 거느리고 구원을 왔는데, 지나는 여러 성마다 군사를 머무르게 하여 지키게 하였다. 황제는 원숭환이 왔다는 말을 듣고 크게 기뻐하여, 그로 하여금 모든 구원병을 통솔하도록 하였다. 그러자 청나라 쪽에서 이를 이간시키려고 휘하의 장수 고홍중(高鴻中)을 보내어, 사로잡은 명나라 두 태감(太監) 앞에서 일부러 귀엣말로 속삭이게 했다.

"오늘 군사를 철수하는 것은 아마 원숭환과 비밀로 약속한 것인가 봐요. 아까 두 사람이 와서 한(汗)*105을 만나뵙고 한참 동안 이야기하고 돌아갔지요."

양(楊) 태감이 짐짓 잠든 체하고 몰래 그 말을 엿들었다. 잠시 후에 그들을 석방하여 돌려보냈다. 그들은 황제에게 이 말을 고하였고, 황제는 결국 원숭환을 잡아 처형하였다.

---

*105 후금(後金) 때 왕을 일컬은 말.

조 대수가 크게 놀라 하가강과 함께 군사를 이끌고 동으로 달아나 산해관을 허물고 탈출하였다. 그 뒤 금주(錦州)·송산(松山) 싸움에서 조대락·조대성(祖大成)·조대명(祖大明)이 모두 사로잡히고, 조대수는 대릉하성(大凌河城)을 지키고 있다가, 성이 포위되어 양식이 떨어지자 항복하고 말았다. 지금도 그 패루는 우뚝 서 있으나 농서(隴西)*106 집안의 명성은 이미 땅에 떨어져서 한갓 뒷사람들의 웃음거리나 될 뿐이니, 무슨 소용이 있으랴.

조대수가 성 안에 있던 곳을 문방(文坊)이라 하고, 성 밖에 있던 곳을 무당(武堂)이라 하는데, 지금은 다른 사람의 소유가 되어 있다. 그 서쪽에 두어 길 되는 담에 조그만 문이 나 있는데, 문이나 담의 생김새가 패루의 기묘한 솜씨와 흡사하다. 담 안에는 아직도 두어 칸의 정사(精舍)*107가 남아 있어서, 이 지방 사람들은 지금도 그 집을 조대수가 한가할 때 글을 읽던 곳이라고 한다.

이날 밤에 크게 천둥치고 비가 내려 새벽까지 멎지 않았다.

20일 병신(丙申)
아침에는 맑다가 저녁나절에 비가 왔다.

새벽에 영원성(寧遠城)을 떠나 청돈대(靑墩臺)까지 7리, 조장역(曹莊驛)까지 6리, 칠리파(七里坡)까지 7리, 오리교(五里橋)까지 5리, 사하소(沙河所)까지 5리, 모두 30리를 와서 점심을 먹었다. 사하소는 곧 중우소(中右所)이다. 점심을 먹고 나자 찌는 듯한 더위에 빗방울이 떨어지기 시작하더니, 3리를 가 건구대(乾溝臺)에 이르자 폭우가 쏟아진다. 비를 무릅쓰고 다시 연대하(烟臺河)까지 5리, 반라점(半拉店)까지 5리, 망하점(望河店)까지 2리, 곡척하(曲尺河)까지 5리, 삼리교(三里橋)까지 7리, 동관역(東關驛)까지 3리, 모두 30리, 이날 모두 합쳐 60리를 왔다.

---

*106 중국 감숙성(甘肅省)에 있는 지명. 농서 집안의 명성이란 한(漢)나라 때의 명장 이광(李廣)이 대대로 명성이 높았으므로 비유한 말임.
*107 서재. 절을 정사라고도 함.

청돈대는 해돋이를 구경하는 곳이다. 부사와 서장관이 닭이 울 무렵에 먼저 떠나 함께 해돋이 구경을 하자고 하인을 보내 뜻을 전했지만, 나는 잠이나 푹 자려고 사양하고 늦게 떠났다.

해돋이 구경하는 것도 역시 운이 따라야 하는지 내가 일찍이 동해를 유람할 때 총석정(叢石亭)의 해돋이, 옹천(甕遷 : 강원도 통천군 해변 남쪽 60리쯤에 있는 산)의 해돋이, 석문(石門 : 역시 통천군에 있는 지명)의 해돋이를 구경하려 했으나 모두 제대로 보지 못했다. 늦게 도착하여 해가 이미 바다를 떠나 있기도 했고, 또는 밤새도록 자지 않고 일찌감치 구경하는 곳으로 가면 구름과 안개로 가려져 있기도 했다. 해가 뜰 때 하늘에 구름 한 점 없으면 구경을 잘 할 수 있을 것 같지만, 이것은 가장 흥취 없는 일이다. 커다랗고 붉은 구리 쟁반 한 개가 바다 속에서 나오는 것일 뿐이니, 그것이 무슨 볼 만한 것이겠는가?

해는 원래 임금의 상(象)이라고 한다. 요(堯) 임금을 해에 비겨 찬양하는 말에

멀리서 바라보면 구름과 같고
가까이서 보면 해와 같도다.

望之如雲 就之如日

라고 하였다.

그러고 보니 해가 뜨기 전에는 반드시 많은 구름이 그 둘레에 모여들어 마치 앞길을 인도하는 듯, 마치 뒤를 따르는 듯, 마치 의장대가 늘어선 듯, 몇천 대의 수레와 몇만 마리의 말을 탄 군사들이 호위하는 듯하고, 깃발이 펄럭펄럭, 용이 꿈틀꿈틀하는 듯해야만 비로소 장관이라 할 수 있을 것이다.

구름이 많이 모여들어야 하지만 구름이 지나치게 많으면 도리어 어둡게 가려져서 아무것도 볼 수 없게 된다. 대개 날이 샐녘에 밤에 몰렸던 음기(陰氣)가 햇살을 직접 받으면 바위굴에서는 구름이 나오고 내와 못에서는 안개가 쏟아져 이것들이 서로 얽히고설켜, 해가 막 돋으려 할 즈음 원망스러운 듯 근심스러운 듯 바다 위에 짙은 안개가 끼어 빛을 잃게 마련이다.

내가 총석정 해돋이를 구경할 때 지은 시가 있다.

나그네 밤중에 서로 부르고 대답하는데
멀리서 닭 우는 소리 대답하는 이 없네
멀리 있는 닭이 먼저 우니 어디메인가
그 소리 파리 소리처럼 아득하여 마음속에만 남았네
이웃집 개 짖던 소리 조용해지니
하도 조용해 오슬오슬 마음이 떨린다
이때 무슨 소리 귓전을 울려
자세히 들으려니 역시 닭 우는 소리
여기서 총석정은 겨우 10리라니
푸른 바닷가에 나가 해돋이 구경하리라
하늘과 물이 맞닿아 하늘인지 물인지 경계도 없고
큰 파도 언덕에 부딪쳐 벼락을 친다
검은 바람이 바다를 뒤엎고
산이 뿌리째 뽑혀 숱한 바위 무너지는가
고래 곤어 싸움 뭍에까지 나오는 건 괴이찮으나
뜻밖에도 바다가 붕새를 몰아오지나 않을는지
이 밤이 새지 않을까 걱정인데
앞으로의 이 혼돈을 누가 알 것인가
수신(水神)이 마구 위엄을 떨치니 어찌하리
땅속 문 일찍 닫아 해 드나드는 구멍 얼어붙었나
하늘이 돌고돈 지 이미 오래여서
마침내 서북으로 기울어 묶어 맨 동아줄이 떨어졌나
세 발 까마귀*108 빨리도 나는데
뉘라서 그 발 하나 붙들어 맬까
해약*109의 옷과 띠 물이 떨어지듯 검기도 하고
수비*110의 쪽진 머리 차디차기도 해라

---

*108 태양 속에 있다는 세 발 달린 까마귀. 일설에는 서왕모(西王母)를 위해 먹을 것을 가져
    다주었다는 푸른 새. 금조(金鳥).
*109 바다에 있는 귀신.
*110 바다에 있는 여신.

큰 고기 제멋대로 말처럼 달리는데
붉은 등지느러미 푸른 갈기는 어이 그리 더부룩한고
하늘이 만물을 만드실 때 누가 참여해 보았던가
미친 듯이 고함치며 등불 켜고 보자꾸나
혜성의 꼬리는 불막대기 흡사한데
잎 떨어진 나무 위에서 우는 부엉이 더욱 얄미워라
잠시 물 위에 생긴 작은 멍울인 양
용의 발톱 잘못 건드려 독이 나 아픈 듯이
그 빛이 점점 커져 만 리 밖에 통하고
물결 위 그윽한 햇무리는 꿩의 가슴 같아라
하늘과 땅이 아득하니 비로소 경계가 생겨
붉은 선 하나로 두 층이 되었네
어둠에서 깨어난 온누리가 물들어
천 필 채색한 비단일세
누가 산호수 베어서 숯을 굽는가
부상*¹¹¹까지 태우는지 찌는 듯 뜨겁구나
염제*¹¹²는 불 부느라 응당 입이 비뚤어지고
축융*¹¹³은 부채질 하느라 오른팔이 녹아난다
새우 수염 길다지만 쉽게 불타고
굴 껍데기 굳다지만 저절로 익으리
구름 조각 안개 조각 모조리 동쪽으로 몰려들어
저마다 재주껏 상서로운 모양을 뽐내는구나
대궐 조회 전이라 갓옷 버려 두고
병풍 두르고 조복은 걸어둔 채 앉았네
초승달은 아직 태백성 앞에 있는데
설나라 등나라*¹¹⁴처럼 크고 작음 다투누나

---

*111 동쪽 바다 가운데 해 뜨는 곳에 있다는 나무. 또 그곳.
*112 여름을 맡은 신.
*113 불을 맡은 신. 또 여름을 맡은 신.
*114 모두 전국시대(戰國時代)에 있었던 아주 작은 나라.

붉은 기운 차차 엷어져 오색이 영롱한데
저 먼 곳 파도 머리 저 먼저 맑아진다
바다 위 온갖 괴물 모두 달아나 숨고
홀로 희화*115만이 수레를 타려 한다
둥글게 둥글게만 6만 4천 년을 내려왔는데
오늘 아침엔 네모가 되겠는가
만 길 깊은 바다에서 감히 누가 퍼 올릴까
하늘에도 층계 있어 올라갈 수 있음을 이제 알겠다
등림*116의 익은 과일 붉게 물들었는데
동공*117의 채색한 공이 쪼그라져 반쯤 올라왔네
과보는 뒤따라와 숨을 헐떡이고
여섯 용은 앞을 인도하며 몹시도 뽐내는구나
하늘가 캄캄해져 문득 얼굴 찡그리며
해바퀴 힘껏 미니 기운이 부쩍 느는가
아직 수레바퀴 같지는 못하고 항아리처럼 길쭉한데
솟았다 잠겼다 물결 부딪히는 소리 들리는 듯
만물은 어제 보던 그대로인데
그 누가 두 손으로 번쩍 받쳐들고 뛰어올랐을꼬.

行旅夜半相叫譍　遠鷄其鳴鳴未應
遠鷄先鳴是何處　只在意中微如蠅
村裡一犬吠仍靜　靜極寒生心兢兢
是時有聲若耳鳴　纔欲審聽簷鷄仍
此去叢石只十里　正臨滄溟觀日昇
天水溷洞無兆朕　洪濤打岸霹靂興
常疑黑風倒海來　連根拔山萬石崩

---

*115 태양을 몰고 다닌다는 귀신. 변하여 해와 달을 말함.
*116 중국의 전설에 과보(夸父)라는 신선이 해를 쫓아가다가 목 말라 죽을 때 내던진 지팡이가 이 숲이 되었다고 함.
*117 해. 또는 해의 아들.

無怪鯨鯤鬪出陸　不虞海運値搏鵬
但愁此夜久未曙　從今混沌誰復徵
無乃玄冥劇用武　九幽早閉虞淵氷
恐是乾軸旋斡久　遂傾西北隳環絚
三足之烏太迅飛　誰呢一足繫之繩
海若衣帶玄㴱㴱　水妃髻鬟寒凌凌
巨魚放蕩行如馬　紅鬐翠鬣何鬅鬡
天造草昧誰參看　大叫發狂欲點燈
攙搶擁彗火垂角　禿樹啼鶪尤可憎
斯須水面若小癤　誤觸龍爪毒可疼
其色漸大通萬里　波上蠶暈如雉膺
天地茫茫始有界　以朱畫一爲二層
梅澁新醒大染局　千純濕色縠與綾
作炭誰伐珊瑚樹　繼以扶桑盆熾蒸
炎帝呵噓口應喎　祝融揮扇疲右肱
鰕鬚最長最易爇　蠣房逾固逾自脬
寸雲片霧盡束轊　呈祥獻瑞各效能
紫宸未朝方委裘　陳扆設黼仍虛凭
纖月猶賓太白前　頗能爭長薛與滕
赤氣漸淡方五色　遠處波頭先自澄
海上百怪皆遁藏　獨留羲和將驂乘
圓來六萬四千年　今朝改規或四楞
萬丈海深誰汲引　始信天有階可陞
鄧林秋實丹一顆　東公綵毬蹴半登
夸父殿來喘不定　六龍前導頗誇矜
天際黯慘忽慙蹙　努力推轂氣欲增
團未如輪長如瓮　出沒若聞聲砯砯
萬物咸覩如昨日　有誰雙擎一躍騰

대체로 해가 뜰 때에는 여러 가지 모양으로 변화를 부려 사람마다 본 것이

다르다. 또한 반드시 바닷가에서만 구경해야 하는 것도 아니다. 내가 요동 벌판에서 날마다 해돋이를 구경하였는데, 하늘이 개어 구름이 없을 때는 해가 그다지 크지도 않았고, 열흘 동안에 크기가 날마다 달라졌다.

부사와 서장관은 오늘도 구름이 끼어 해돋이를 보지 못했다고 한다.

오후에 몹시 덥더니 비가 억수로 퍼부었다. 입고 있는 기름 먹인 비옷이 찌는 듯 답답하고, 속이 더부룩한 것이 더위를 먹은 것 같다. 잠자리에 들 때 마늘을 갈아 소주에 타서 마셨더니, 그제서야 뱃속이 편안해져서 잠이 들었다.

비는 밤새도록 퍼부었다.

21일 정유(丁酉)
비가 오락가락한다.

불어난 강물에 막혀 동관역(東關驛)에서 머물렀다. 이웃 여관에 묵고 있는 등주(登州) 사람 이 선생(李先生)이라는 이가 점을 잘 친다 하고, 또한 그가 사람을 보내 조선 사람을 만나보고 싶다고 하기에 식후에 찾아가 보았다. 그는 태을수(太乙數)*118로 점을 친다고 한다.

"그것은 자미두수(紫微斗數)*119가 아니오?"

내가 물으니 그는 이렇게 대답한다.

"이른바 자미란 작은 술수(術數)입니다. 태을성(太乙星)은 자미궁(紫微宮)에 있고 천일(天一)*120에 속하여 수(水)를 낳으므로 태을이라고 합니다. 을(乙)은 일(一)입니다. 수(水)는 조화(造化)의 근본이요, 육임(六壬)*121 또한 수를 두고 하는 말입니다. 둔갑술 역시 태을이지요. 오월춘추(吳越春秋) 같은 책에도 태을을 이용한 분명한 증거들이 많이 나옵니다. 64괘(卦)란 것도 모두 이 책의 범위를 벗어나지 못한답니다. 장수가 된 사람이 이 육임·둔갑술에 통달하지 못하면 기이한 변화를 알지 못하게 되지요."

---

*118 태을은 별 이름이니, 이 별의 운행(運行)을 바탕으로 한 점술.
*119 자미성의 운행을 바탕으로 한 점술.
*120 북극신(北極神)의 다른 이름.
*121 점술의 한 가지. 임(壬)은 북방의 귀신.

나는 본래 관상(觀相)이나 점치는 것을 좋아하지 아니한다. 그래서 평생 그 법을 알지 못하고, 또한 그가 말하는 육임이니 둔갑이니 하는 것이 도무지 시답잖고 허망하여 내 사주를 말해주지 않았다. 그 사람 역시 자기의 술수를 과장하여 많은 복채를 받으려다가, 내 기색을 살피고는 매우 냉담해져서 다시는 아무 말도 더 하지 않았다.

맞은편 구들에 한 늙은이가 안경을 쓰고 앉아 책을 베끼고 있다. 늙은이의 앞으로 옮겨가서 베끼는 것을 들여다보니 모두 근세의 시화(詩話)였다. 늙은이가 붓을 멈추고 안경을 벗으면서 말한다.

"손님께서는 멀리서 오시는 길에 좋은 시를 많이 얻으셨을 줄 압니다. 아름다운 시 한두 구절을 일러 주시기 바랍니다."

그가 베껴 쓰는 글씨는 서투르나 그 시화에는 묘한 것이 있고, 늙은이 역시 태도가 단아하고, 신변에 있는 물건들도 아담하고 깨끗하다. 나는 구들로 올라가 마주앉아서, 서로 인사를 나누었다. 늙은이는 등주(登州) 사람으로 성은 축(祝)이라 하였는데 이름은 잊어버렸다. 그가 우리나라 부인들의 머리 쪽지는 것과 옷 입는 제도에 대해 묻기에 내가 모두 중국의 옛날 풍습을 본받은 것이라고 대답하자 '좋습니다. 좋아요' 한다. 이번에는 내가 물었다.

"그럼 그대 고향의 여인들 복장은 어떻습니까?"

"대체로 비슷합니다. 고향 풍속은 여자가 시집을 갈 때면 머리를 쪽지고 비녀를 꽂지요. 가난한 사람이나 부자 사람이나 평민 여인은 머리에 쓰는 것이 없고, 오직 명부(命婦)*122에게만 관이 있습지요. 그것도 각기 그 남편의 벼슬에 따라 관이 다르답니다. 비녀도 관 제도와 마찬가지로 품계가 있어서 쌍봉(雙鳳) 비녀가 가장 높고, 봉황 비녀에도 날고 있는 봉황, 서 있는 봉황, 앉은 봉황, 웅크린 봉황 등 모양에 따라 구별이 있습니다. 비취 비녀까지도 다 품계가 정해져 있습니다. 처녀는 긴 웃옷과 치마를 입지요. 그러다가 시집을 가면 긴 소매가 달린 웃옷과 긴 치마를 입고 띠를 두르게 됩니다."

내가 다시 물었다.

"등주는 여기서 몇 리나 되고 또 노장께서는 무슨 일로 여기까지 오셨습

---

*122 여자로서 봉호(封號)를 받은 이를 통틀어 일컫는 말. 내명부(內命婦: 嬪·貴人·淑儀 등 대궐 안에 있는 명부)와 외명부(外命婦: 公主·翁主·府夫人·貞敬夫人 등 남편의 직위에 따라 임명되는 대궐 밖에 있는 명부)가 있음.

니까?"

"등주는 옛날 제(齊)나라 땅으로 소위 바다를 등지고 있는 지방입니다. 육로로 북경까지는 1,500리가 되지요. 지금 우리는 배로 금주(金州)에서 목화를 사서 가는 길에 이곳에 머물러 있는 중입니다."

그가 베끼고 있는 글 중에 이런 내용이 있었다.

'나홍선(羅洪先)은 길수(吉水) 사람으로 명나라 가정(嘉靖) 기축(己丑)년 과거에 장원(壯元)하였다. 주연유(周延儒)는 직례(直隷) 사람으로 만력(萬曆) 계축(癸丑)년 과거에 장원하였다. 위조덕(魏藻德)은 통주(通州) 사람으로 숭정(崇禎) 경진(庚辰)년 과거에 장원하였다.'

주연유는 명나라 황실을 크게 무너뜨렸고, 위조덕은 적에게 항복하여 살해당했으며, 나홍선은 공자(孔子)의 문묘(文廟)에 배향되었으니 20년 동안 도학을 닦은 공덕으로 간신히 가슴속에서 장원(壯元)이란 두 글자를 씻어냈다는 인물이다.

그리고 또 근세의 유학자(儒學者)들을 열거하여 쓰기도 했다.

'육가서(陸稼書) 선생은 시호(諡號)가 청헌(淸獻)으로 문묘(文廟)에 배향되었다. 탕형현(湯荊現) 선생은 이름이 빈(斌)이고 시호는 문정(文正), 자는 공백(孔伯), 호는 잠암(潛庵)으로 문묘에 배향되었다. 이용촌(李榕村) 선생은 광지(光地)……, 위상추(魏象樞)…… 모두 큰 선비라 일컫는다. 서담포(徐澹圃)는 이름이 건학(乾學)…….'

축 노인은 이야기를 멈추고 글 베끼기에 바쁘다. 그의 옆에 있는 다섯 권의 책에는 옛날 사람들의 생년·월·일·시를 기록했는데, 하우씨(夏禹氏)·항우(項羽)·장량(張良)·영포(英布)·관성(關聖)*123 등의 사주가 모두 적혀 있다.

나는 종이 몇 장과 벼루를 빌려 대강 적어나갔다. 그때 소위 점쟁이라는 자는 마침 방에 없었다. 백여 명을 베꼈을 때 그가 밖에서 들어오더니 이를 보고 크게 노하여 빼앗아 찢어버리면서 천기(天機)를 누설했다고 야단이다. 나는 크게 웃고 일어나서 숙소로 돌아왔다. 내 손에는 아직 찢기고 남은 종이가 쥐어져 있었는데, 거기에는 이렇게 적혀 있다.

---

*123 촉한(蜀漢)의 관우(關羽, 雲長)를 높여 일컫는 말.

왕서공(王舒公)은 신유(辛酉) 11월 11일 진시(辰時)에 났다.
부정공(富鄭公)은 갑진(甲辰) 정월 20일 사시(巳時)에 났다.
소자용(蘇子容)은 경신(庚申) 2월 22일 사시에 났다.
왕정중(王正仲)은 계해(癸亥) 정월 11일 신시(申時)에 났다.
한장민(韓莊敏)은 기미(己未) 7월 초9일 인시(寅時)에 났다.
채경(蔡京)은 정해(丁亥) 임인월(壬寅月) 임진일(壬辰日) 해시(亥時)에 났다.
증포(曾布)는 을해(乙亥) 정해월(丁亥月) 신해일(辛亥日) 해시에 났다.

한장민과 왕정중은 어느 시대 사람인지 알 수 없으나 요컨대 두 사람 다 귀인(貴人)들이다. 이 선생이란 자가 뇌까린 천기누설이란 비루하기 짝이 없는 말이다.

오후에 비가 잠시 멎었다. 심심하여 한 가게에 들어가 보았다. 뜰 가운데 무늬 있는 대나무로 난간을 만들고 장미꽃을 올린 시렁 아래 한 길쯤 되는 태호석(太湖石)*124이 서 있다. 그 돌 빛깔은 녹색이다. 돌 뒤에 한 길이 넘는 파초가 있는데 비 온 뒤라 그 빛깔이 더욱 선명하다. 난간 가에 한 사람이 혼자 앉아 있고, 탁자 위에 갖추어 놓은 붓과 벼루가 다 좋은 것들이다. 내가 자리에 앉아 글씨로 성명을 묻자 그는 손을 흔들며 대답도 하지 않고 곧 일어나서 문을 나가버린다.

나는 그가 주인이 아닌가 보다 생각하였다. 그리고 태호석을 감상하느라 잠시 지체하고 있는데, 그 사람이 웃음을 지으면서 한 소년을 데리고 다시 나타났다. 소년은 나에게 읍하고 나서 자리에 앉아 급히 종이에다가 만주 글자를 써 보인다. 내가 모른다고 하니까 두 사람은 모두 웃는다. 아마도 주인이 글을 한 자도 몰라, 급히 맞은편 가게의 소년을 데리고 온 모양이다. 그런데 소년은 만주글은 잘하는지 몰라도 한자는 모른다.

몇 마디 서로 주고받고 해 보았지만 피차간에 서로 얼버무려 넘기니, 이야말로 귀머거리 아닌 귀머거리요, 장님 아닌 장님이요, 벙어리 아닌 벙어리 꼴이다. 세 사람이 모여 앉았으되 천하에 다시 없는 병신들만 모인 셈이라

---

*124 양주(楊州) 태호에서 나는 돌. 구멍이 숭숭 뚫리고 주름이 졌음.

서로 웃어넘길 뿐이다.

  아까 소년이 만주 글자를 쓸 때 주인이

"벗이 먼 곳에서 찾아오니 어찌 즐겁지 아니하겠습니까? (有朋自遠方來 不亦樂乎)"

하기에 나는

"나는 만주 글자를 모르오."

하였더니 소년이

"배워서 때로 익히면 어찌 기쁘지 않겠습니까? (學而時習之不亦悅乎)"

한다. 그래서 내가 다시 물었다.

"그대들은 논어(論語)를 그처럼 잘 외우는데 어찌하여 글자를 모르오?"

그러자 주인이 대답한다.

"남들이 나를 몰라주더라도 노여워하지 않는다면 어찌 군자가 아니겠습니까? (人不知而不慍 不亦君子乎)"

  내가 시험삼아 그들이 외운 3장(章)을 써서 보여주었더니, 모두 눈이 휘둥그레져서 들여다볼 뿐 도무지 무슨 말인지를 모른다.

  이윽고 비가 사납게 퍼붓는다. 옆에서 시끄러운 소리가 들리지 않아 조용히 이야기 나누기에 좋았지만, 그들이 글을 모르고 나 또한 중국말이 몹시 서투르니 어찌할 도리가 없다. 지척이지만 비에 막혀 돌아갈 수도 없다. 갑갑하고 무료하기 짝이 없다.

  그런데 소년이 일어나 나가더니 잠시 후에 쏟아지는 비를 무릅쓰고 손에 사과 한 바구니, 달걀부침 한 쟁반, 수란(水卵) 한 사발을 들고 들어왔다. 사발은 둘레가 7위(圍)*125나 되고 두께가 한 치, 높이가 서너 치쯤 되었다. 위에는 푸른 유리를 입히고, 양쪽 볼에는 도철(饕餮)*126 무늬를 새겼는데 입에는 큰 고리를 물렸다. 대야로 쓰기에나 알맞을 듯하고 그것도 무거워서 멀리 들고 다닐 수가 없을 것 같다. 값이 얼마냐고 물어보았더니 1초(鈔)라고 한다. 1초는 163푼이니, 은으로 치면 겨우 서 돈에 지나지 않는다. 상삼(象三)이 말한다.

"이것은 북경에서는 은 서 돈이면 살 수 있지만, 너무 무거워서 운반하기

---

*125 길이의 단위, 1위는 5치임.
*126 먹이를 몹시 탐내는 악한 짐승, 옛날의 기명에 흔히 새겼음.

가 어렵습니다. 우리나라에 가져가면 희귀한 물건이 될 줄 뻔히 알지만 무거워서 어찌할 수 없답니다."
　저녁나절에 비가 그치고 말끔히 개었다. 또 다른 가게에 들러 보았더니, 거기에도 역시 등주에서 온 장사꾼 세 사람이 있다. 솜을 틀고 고치를 켜는 가게였다. 그 사람들은 배로 금주(金州)·개주(蓋州)·우가장(牛家莊)까지 다닌다고 한다. 그곳은 등주에서는 뱃길로 2백여 리 맞은편이어서 순풍에 돛을 올리면 쉽사리 왕래할 수 있다고 한다. 세 사람이 다 약간 글을 알기는 하나, 험상궂게 생긴 데다가 전혀 예의를 모르고 버릇없이 굴기에 곧 나와버렸다.

22일 무술(戊戌)
맑다.

　동관역(東關驛)에서 이정자(二亭子)까지 5리, 육도하교(六渡河橋)까지 11리, 중후소(中後所)까지 2리, 모두 18리를 와서 점심을 먹고, 중후소에서 일대자(一臺子)까지 5리, 이대자(二臺子)까지 3리, 삼대자(三臺子)까지 4리, 사하참(沙河站)까지 8리, 섭가분(葉家墳)까지 7리, 구어하둔(口魚河屯)까지 3리, 어하교(魚河橋)까지 1리, 석교하(石橋河)까지 9리, 전둔위(前屯衛)까지 6리, 모두 46리를 와서 전둔위에서 묵었다. 이날 모두 합쳐 64리를 왔다.

　배로 중후소 강을 건넜다. 옛날에는 성이 있던 자리였다. 중간에 헐린 것을 지금 막 고쳐 쌓는 중이었다. 여염집과 시가지가 심양(瀋陽) 다음은 가겠다. 관묘(관왕사당)가 있는데 요동의 것보다 웅장하고 화려하다. 매우 영험이 있다 하여 일행이 모두 예물을 바치고 머리를 조아려 예배하고, 제비를 뽑아 길흉을 점쳐 보았다. 창대는 참외 한 개를 바치고 수없이 절을 하고는, 상 앞에서 그 참외를 제가 먹어버렸다. 무엇이라 빌었는지 모르지만 이른바 '가져온 것은 작은데 바라는 것은 크다'는 격이라 하겠다.
　문 안의 가림담에 그려놓은 푸른 사자가 볼 만하다. 감로사(甘露寺)의 것을 본뜬 것 같다. 오도자(吳道子)가 그리고 소동파(蘇東坡)가 글을 지었다.
　'위엄은 이빨에 드러나고 기쁨은 꼬리에 나타났도다.'

참으로 근사한 표현이라 하겠다.

우리나라에서 쓰는 털모자는 모두 여기에서 만들어낸다. 공장이 셋이 있는데 한 공장이 30~50간은 될 듯하고, 그 안에서 일하는 직공이 백 명은 넘을 것 같다. 의주 상인들이 수없이 몰려들어 모자를 예약해 놓았다가 돌아갈 때에 실어간다. 모자를 만들기는 아주 간단하여, 양털만 있으면 나도 만들 수 있을 듯하다. 우리나라에서는 양을 기르지 아니하여 사람들이 일 년을 가도 양고기를 맛보지 못하지만, 전국의 인구 수백만 명이 모자를 사다 써야만 겨울 추위를 막을 수 있다. 해마다 동지사행(冬至使行)과 황력(黃曆)*127·재자(賚咨)*128 등이 가지고 가는 은이 적어도 10만 냥은 되므로 10년이면 100만 냥이나 되는 것이다. 모자는 한 사람이 한겨울 쓰고 봄이 되면 떨어져서 버린다. 천 년을 가도 부서지지 않는 은을, 한겨울만 지나면 떨어져서 버리는 모자와 맞바꾸다니…… 또 광산에서 캘 수 있는 양이 한정되어 있는 은을 한번 가면 다시 돌아오지 않는 곳으로 보내니, 이 얼마나 생각없는 짓인가!

모자를 만드는 직공들은 모두 웃옷을 벗고 일을 한다. 손이 바람처럼 재빠르다. 우리나라에서 나는 은의 절반이 이 몇몇 공장에서 소비되고 있다. 공장 주인은 각기 단골을 정하여, 의주상인이 오면 반드시 크게 술과 음식을 차려 대접한다고 한다.

길에서 도사(道士) 세 사람을 보았다. 짝을 지어 거리의 가게들을 두루 돌아다니면서 동냥을 하고 있었다. 한 사람은 머리에 주름 무늬가 있는 검고 얇은 비단으로 만든 네모난 갓을 쓰고, 몸에는 옥색 추사(縐紗)*129로 만든 소매가 넓고 긴 도포와 녹색 항라(亢羅)*130로 만든 바지를 입었다. 허리에는 붉은 비단 띠를 띠었고, 붉고 모난 비운리(飛雲履)*131를 신었다. 또 등에는 참마검(斬魔劒)*132을 지고, 손에는 죽간자(竹簡子)*133를 들었다. 얼굴

---

*127 황력은 중국에서 발행하는 역서(曆書)로, 우리나라에서 해마다 사신을 보내 이 역서를 받아다가 썼음.
*128 그다지 중요하지 않은 일을 보고할 때 삼사(三使)의 격식을 갖추지 않고 역관(譯官) 중에서 적당한 사람을 골라 보내는 사행.
*129 잘게 주름이 진 비단.
*130 명주, 모시 따위로 짠 천으로 구멍이 송송 뚫려 여름 옷감으로 쓰인다.
*131 백낙천(白樂天)이 만들어 신었다는 검은 비단으로 만든 신.

이 흰 데다가 삼각 수염이 성기고 미목(眉目)이 훤칠하다.
　또 한 사람은 머리에 상투를 양 갈래로 틀고 붉은 비단으로 감았으며, 몸에는 소매가 좁은 녹색 비단 저고리를 입었다. 어깨에는 벽려(薜荔)*134를 걸쳤으며, 양쪽 겨드랑이에는 호피(虎皮)를 대었고, 허리에는 붉은 비단으로 만든 넓은 띠를 띠었다. 푸른 신을 신고, 등에는 비단에 그린 오악도(五岳圖)를 짊어졌으며 허리에는 금빛 호리병을 차고 손에는 도가 서적 한 갑을 받들고 있다. 얼굴빛이 하얗고 상냥하게 생겼다.
　그리고 또 한 사람은 머리카락을 감아서 어깨에 걸치고 금테를 머리에 둘렀다. 몸에는 검은 공단으로 만든 소매가 넓고 긴 장삼을 걸치고, 맨발에다 손에는 붉은 호리병을 들었다. 붉은 얼굴에 눈은 고리처럼 둥글고 입으로는 주문을 외운다. 거리 사람들의 기색을 살펴보니 모두가 그들을 싫어하는 눈치였다.
　석교하(石橋河)에 이르니 강물이 크게 불어나 건너편 언덕이 잘 보이지 않는다. 물은 그다지 깊지 않았으나 물살이 몹시 세고 급하다. 모두들 지금 곧 건너지 않으면 물이 더욱 불어날 것이라고 한다. 그래서 나는 정사(正使)의 가마 안으로 들어가 함께 물을 건넜다. 건너편 언덕에 이르러 되돌아 보니, 말을 타고 물에 들어간 사람 모두가 하늘만 쳐다보는데 얼굴들이 한결같이 새파랗게 질려 있다. 서장관(書狀官)의 비장인 조시학(趙時學)이 물에 빠져 하마터면 죽을 뻔하여 크게 놀랐다. 의주 상인 한 사람이 은을 넣었던 전대를 물에 빠뜨리고, 강가에 주저앉아 어머니를 부르며 통곡한다.
　전둔위(前屯衞) 장터 가설 극장에서 연극이 막 끝났다. 구경 온 시골 여인 수백 명은 모두 노파들인데도 화려하게 단장을 했다. 연극을 하는 사람들은 용을 그린 도포에다가 상아홀을 들고, 털가죽 모자, 종려 모자, 등나무 모자, 말갈기 모자, 실모자, 깁모자 등을 쓴 모양이 우리나라 풍속과 매우 비슷하다. 도포는 자줏빛도 있고, 모가 난 깃이라든가 검은 선을 두른 것은 옛날 당나라 때의 제도인 모양이다.
　아, 슬프다. 중원(中原)이 망한 지 백여 년에 의관(衣冠) 제도가 오히려 배우들의 연극에서나 비슷하게 남아 있으니, 하늘의 뜻이 이러한 것인가?

───────────────

＊132 마귀를 베는 칼.
＊133 대나무로 넓적하고 길게 만든 것. 들고 다니면서 무엇을 기록해 두는 판자.
＊134 상록수의 한 가지. 여기에는 은자(隱者)의 옷을 말한 것임.

무대에는 어디든지 '여시관(如是觀)'*135 세 글자를 써 붙였으니, 또한 그 숨은 뜻이 어디에 있는가를 알 수 있겠다.

　마침 지방 장관 한 사람이 지나간다. '정당(正堂)'이라 쓴 큰 부채 한 쌍, 붉은 일산(日傘) 한 쌍, 검은 일산 한 쌍, 붉은 우산 하나, 깃발 두 쌍, 대나무 곤장(竹棍) 한 쌍, 가죽 채찍 한 쌍이 앞서고, 장관은 가마를 타고 뒤를 따라간다. 활과 화살을 가진 말 탄 군사 대여섯이 뒤따른다.

23일 기해(己亥)
이슬비가 내리다가 곧 개다.

　아침에 전둔위(前屯衞)를 출발하여 왕가대(王家臺)까지 10리, 왕제구(王濟溝)까지 5리, 고령역(高嶺驛)까지 5리, 송령구(松嶺溝)까지 5리, 소송령(小松嶺)까지 4리, 중전소(中前所)까지 10리, 모두 39리를 와서 점심을 먹고, 중전소에서 대석교(大石橋)까지 7리, 양수호(兩水湖)까지 3리, 노군점(老君店)까지 2리, 왕가점(王家店)까지 3리, 망부석(望夫石)까지 10리, 이리점(二里店)까지 8리, 산해관(山海關)까지 2리, 산해관을 들어서서 3리를 더 와 심하(深河)에 이르러 배로 강을 건너 홍화포(紅花舖)까지 7리, 모두 47리를 왔다. 이날 모두 합쳐 88리를 와서 홍화포에서 묵었다.

　길가에 있는 무덤들은 반드시 담을 둘렀다. 그 둘레가 수백 보씩 되고 소나무·잣나무·버드나무 들을 가지런히 줄을 맞추어 심었다. 무덤 앞마다 화표(華表)*136가 있는데, 한결같이 명나라 때 귀인(貴人)들의 무덤이었다. 문을 세 개씩 만들기도 하고 패루(牌樓)를 만들기도 했다. 그런데 그 제도는 전에 본 조가(祖家) 패루에는 미치지 못하나 대개 크고 사치스럽고, 문 앞에는 무지개 모양의 돌다리를 놓아 난간을 만들었다. 그 중 영원(寧遠) 서문 밖 조대수(祖大壽)의 선영(先塋)과 사하점(沙河店) 섭가(葉家)의 무덤이 가장 웅장하고 화려하다.

---

*135 불교에서 '이와 같이 본다' 또는 '실상과 같이 본다'는 말이지만, 여기는 청나라 장대복(張大復)이 지은 희곡(戲曲)의 이름을 말한 것임.
*136 망주석(望柱石).

여자 아이 셋이 모두 날랜 말을 타고 마상재(馬上才)*137를 놀고 있다. 그 중 열세 살 되었다는 여자 아이가 가장 몸놀림이 재빠르고 잘 달린다. 모두 머리에 초립(草笠)을 썼는데, 좌우칠보(左右七步)·도괘(倒掛)·시괘(尸掛) 등 마상재의 여러 가지 재주를 마치 눈발이 휘날리듯 나비가 춤추듯 보여 준다. 한족 여자들은 살아갈 길이 막막할 때 동냥질을 하지 않으면 이런 노릇을 하게 된다고 한다.

들판에 한 무리 군사들이 진을 쳐 놓았는데, 네 귀퉁이에 각각 기를 꽂아 놓았다. 칼이며 창 따위 무기는 없고 사람마다 앞에 전통(箭筒)을 놓아 두었다. 전통 크기가 쳇바퀴만큼 크고 수백 개의 화살이 가득 꽂혀 있다. 진(陣)의 모양은 네모반듯하고, 기병은 모두 말에서 내려 진 밖에 흩어져 있다.

나는 말에서 내려 진을 한 바퀴 돌아보았다. 군사들이 두 명씩 줄을 지어 있을 뿐, 중심 부대의 깃발도 북도 없고, 또 천막도 치지 않았다. 어떤 사람은 성경장군(盛京將軍)이 내일 순시(巡視)를 온다 하고, 어떤 이는 성경 병부시랑(兵部侍郞)이 바뀌어 점심참에 도착할 예정이어서, 중전소(中前所)의 참장(參將)이 여기까지 마중을 오게 되었는데, 참장이 아직 오지 않았기 때문에 진을 풀었다가 막 신지(汛地)*138에 모이는 중이라고도 했다. 들판에 있는 못에는 붉은 연꽃이 한창이다. 말을 세우고 잠시 구경을 했다.

왕가참(王家站)에 이르니 산 위의 만리장성이 까마득하게 보인다. 부사·서장관 및 변 주부·정 진사·이학령(李鶴齡) 등과 함께 강녀묘(姜女廟)를 구경하고, 다시 관(關) 밖의 장대(將臺)에 올랐다가 마침내 산해관 안으로 들어갔다. 해가 질 무렵에 홍화포(紅花舖)에 도착했다. 밤에 감기 기운이 약간 있어서 잠을 설쳤다.

강녀 사당 구경 (강녀묘기
姜女廟記)

강녀(姜女)의 성은 허씨(許氏)이고 이름은 맹강(孟姜)이다. 섬서성(陝西省) 동관(同官) 사람이다. 범칠랑(范七郞)에게 시집을 갔는데, 진(秦)나라

---

*137 달리는 말 위에서 부리는 여러 가지 재주.
*138 청나라 군제의 하나로, 신관이 군사(軍事)를 맡아 보는 한 지역. 곧 군관(軍管).

장군 몽염(蒙恬)이 만리장성을 쌓을 때 범칠랑이 부역하러 갔다가 육라산(六螺山) 아래에서 죽었다고 한다. 아내 맹강은 꿈에 남편을 본 다음 손수 남편의 옷을 지어 가지고 혼자 천 리 길을 가 남편의 생사를 탐문하며 돌아다니다가 이곳에 와서 쉬게 되었다. 아내는 만리장성을 바라보면서 흐느껴 울다가 그대로 돌이 되어버렸다고 한다.

또는 맹강이 남편이 죽었다는 소식을 듣고 혼자 찾아와서 그 유골을 거두어 짊어지고 바다로 들어갔는데 며칠 뒤 바다 속에서 바위가 솟아나와 조수가 밀려 와도 잠기지 않았다고 한다.

뜰 가운데 비석 셋이 서 있다. 그 기록들이 제각기 다르고 황당무계한 말이 많다.

묘에는 소상(塑像)을 만들어 모시고 좌우에 동남(童男)·동녀(童女)를 늘어세웠다. 황제는 이곳에 행궁(行宮)을 두었는데, 지난해 심양(瀋陽)에 거둥할 때 거쳐온 행궁을 모두 수리하였으므로 단청이 휘황찬란하다. 묘에는 문문산(文文山)*139)이 쓴 주련이 있고, 망부석에는 황제가 지은 시를 새겨 놓았다. 그 옆에는 진의정(振衣亭)이란 정자가 있다. 당나라 왕건(王建)이 지은 망부석시(望夫石詩)는 이 돌을 두고 지은 것이 아니다. 지지(地志)에 망부석 하나는 무창(武昌)에 있고, 하나는 태평(太平)에 있다고 하였으니, 왕건이 지은 시는 어디에 있는 망부석을 두고 지은 것인지 알 수가 없다. 그리고 진나라 땅을 섬(陝)이라고 부른 적이 지금까지 없었고, 강녀(姜女) 또한 제나라 여자를 일컫는 말이다. 그러니 허씨(許氏)가 섬서의 동관 사람이라고 하는 것은 더욱 옳지 않은 말이다.

행궁의 섬돌 위에서 강녀묘까지 돌난간을 둘렀고 '방류요해(芳流遼海)'라고 썼으니 지금의 황제가 쓴 것이다.

장대 관람기 (장대기(將臺記))

만리장성을 보지 않고서는 중국이 얼마나 큰지 모르고, 산해관을 보지 않

---

*139 송나라 말기의 충신 문천상(文天祥). 문산은 그의 호임.

고서는 중국의 건축 제도를 모를 것이며, 관외(關外)의 장대(將臺)를 보지 않고서는 장수의 위엄을 알지 못할 것이다.

산해관까지 1리쯤 못 미쳐서 동쪽으로 자리잡은 네모진 성이 있다. 높이가 10여 길이고 둘레는 수백 보이며, 한 면이 모두 일곱 개의 성가퀴로 되어 있다. 성카퀴 아래에 커다란 굴을 만들어 수십 명이 숨어 있을 수 있게 했다. 굴은 모두 24개이다. 성의 아랫도리에 또 네 개의 굴을 파서 무기를 간직하고, 그 아래에 땅굴을 뚫어서 만리장성 안 쪽과 통하게 되어 있다.

역관들은 모두 칸(汗 : 흉노 및 북방족의 군주)이 쌓은 것이라고 하지만 그렇지 않다. 또는 이것을 오왕대(吳王臺)라고도 하는데, 오삼계(吳三桂)가 산해관을 지키고 있을 때 땅굴을 통해 갑자기 이 대에 올라가 대포를 놓으니, 산해관 안의 수만 명 군사가 일시에 함성을 질러 천지가 진동하고, 산해관 밖의 여러 돈대(墩臺)의 수비병들이 일제히 호응하여 잠시 사이에 호령이 천 리에 퍼졌었다.

일행과 함께 성가퀴 위에 올라가 사방을 둘러보았다. 만리장성이 북쪽으로 달리고 바다가 남쪽에 넘실거리며, 동쪽으로는 큰 평야에 닿아 있고, 서쪽으로는 산해관 안이 내려다보인다. 조망이 좋기가 이곳만한 데가 없을 것이다. 산해관 안의 수만 호 인가와 거리, 누대가 마치 손금을 보듯 또렷이 보이고 하나도 가려지는 것이 없다. 바다에 하늘을 찌를 듯 뾰족하게 솟아 있는 봉우리는 창려현(昌黎縣) 문필봉(文筆峯)이다.

한참 동안 바라보다가 내려오려니 아무도 감히 먼저 내려가려는 사람이 없다. 벽돌 계단이 높고 까마득하며, 내려다보기만 해도 다리가 떨린다. 하인들이 부축하려 하나 몸을 돌릴 여유도 없어 일이 매우 난감하게 되었다. 나는 서쪽 층계로 조심조심 내려와 평지에 서서 대 위를 쳐다보았다. 모두들 전전긍긍 어찌할 바를 모른다. 올라갈 때에는 층계를 붙들고 올라갔으므로 별로 위태로운 줄을 몰랐으나, 되돌아오려고 내려다보니 뜻밖에 몹시 높고 험하여 그만 현기증이 나는 것이다. 그 원인은 눈에 있는 것이다. 벼슬살이 하는 자들도 이와 마찬가지이다. 한 계급 반 계급 위로 올라갈 때에는 행여나 남에게 뒤지지나 않을까 남을 제치면서 앞다투다가, 마침내 높은 자리에 오르고 나면 두려운 마음이 생기고 외롭고 위태로워져서 한 발짝도 나아가지 못한다. 뒤로 물러서면 천 길 절벽이라, 더 올라갈 수도 없고 내려올 수도 없게 된다. 예나 지금이나 변함 없는 진리일 것이다.

산해관 관람기 (산해관기 (山海關記))

산해관은 옛날의 유관(楡關)이다. 왕응린(王應麟 : 송나라 때의 학자·정치가)의 지리통석(地理通釋)에는 이렇게 말하였다.

"우(虞)나라의 하양(下陽), 조(趙)나라의 상당(上黨), 위(魏)나라의 안읍(安邑), 연(燕)나라의 유관(楡關), 오(吳)나라의 서릉(西陵), 촉(獨)나라의 한락(漢樂)은 자세로 보아 모두 반드시 차지해야 할 땅이고 성을 쌓아 반드시 지켜야 한다."

명나라 홍무(洪武) 17년에 대장군(大將軍) 서달(徐達)이 유관을 이곳으로 옮기고 다섯 겹으로 성을 쌓아 이름을 산해관이라 하였다. 태행산(太行山)이 북으로 뻗어 의무려산(醫巫閭山)이 되었으니 순(舜) 임금이 12산을 봉할 때에 의무려산을 유주(幽州)의 진산(鎭山)으로 삼았다. 의무려산은 동북을 가로막아 중국과 오랑캐와의 경계를 이루었고, 산해관에 이르러서는 뭉툭 잘려서 평지가 되어 앞으로 넓은 요동 벌판이 펼쳐지고, 오른쪽에는 푸른 바다를 끼고 있다. 서경(書經) 우공(禹貢)편에 이른바 '오른쪽에 갈석(碣石)을 끼고 있다'고 한 것은 바로 이곳을 말한 것이다.

만리장성은 의무려산 줄기를 따라 꿈틀꿈틀 내려오면서 각산사(角山寺)에 이르기까지 봉우리마다 돈대(墩臺)가 있고, 평지로 들어와서는 산해관을 설치하였다. 성을 따라 다시 남쪽으로 15리를 가면 바다로 들어간다. 쇠를 녹여 기초를 만들어 성을 쌓고, 그 위에 삼층 처마의 큰 누각을 세워서 망해정(望海亭)이라 하였으니 모두 서중산(徐中山 : 서달의 봉호)이 만든 것이다.

첫째 관문(關門)은 옹성(甕城)*140으로 되어 있어서 누각은 없다. 옹성은 남·북·동쪽을 뚫어 문을 내고 쇠로 만든 문짝을 달았는데 홍미(虹楣)*141에 '위진화이(威鎭華夷)'라 새겼다. 둘째 관문은 4층으로 된 적루(敵樓)*142로서, 홍미에 '산해관(山海關)'이라 새겼다. 셋째 관문은 3층 처마로 된 누각인데 '천하제일관(天下第一關)'이란 편액을 걸어놓았다.

---

*140 성문 밖에 대개 둥글게 겹으로 쌓은 성. 수비를 견고히 하기 위한 것임. 월성(月城)이라고도 함.

*141 성문 위쪽을 무지개처럼 둥글게 만든 부분.

*142 적을 경계하는 망루.

삼사(三使)는 심양(瀋陽)에 들어갈 때처럼 모두 문무(文武)로 반열을 지어 들어갔다. 세관(稅官)과 수비(守備)들은 관 안의 양쪽 곁채에 앉아서 사람과 말을 봉황성(鳳凰城)의 청단(淸單)*143과 대조하여 검열한다. 본래 중국에서는 장사꾼이나 여행하는 사람의 성명과, 소지품의 종류와 수량을 기록하여 간사한 짓과 속이는 짓을 엄중히 방비한다.

수비대원은 모두 만주 사람으로 붉은 일산(日傘)과 파초선(芭蕉扇)을 들고 섰고 앞에 늘어선 군사 백여 명은 칼을 차고 있다.

네거리 둘레에 성을 쌓고 사면에는 홍문(虹門)이 있는데, 문 위에 3층 처마의 누각을 세우고 '상애부상(祥靄榑桑)'이라는 편액을 달았다. 옹정제(雍正帝)가 쓴 글씨이다. 원수부(元帥府) 문 밖에 있는 돌사자 둘은 높이가 각기 두어 길은 되겠다.

여염집과 시가지가 성경(盛京)보다 낫고, 수레와 말이 크게 붐비며, 선비와 여인들이 한껏 아름답게 꾸며서, 그 번화하고 화려함이 지금까지 지나온 다른 곳에 비할 바가 아니다. 그것은 이곳이 천하의 웅장한 관(關)이고 또한 서쪽의 북경과 점차 가까워지기 때문이다. 봉황성(鳳凰城)에서부터 천여 리 사이에 보(堡)니 둔(屯)이니 소(所)니 역(驛)이니 하는 성을 하루에도 몇 군데씩 보아 왔지만, 지금 이 장성을 보고 나자 그 시설이 모두 이곳 산해관을 본뜨지 않은 것이 없다. 다른 것들은 모두 이곳의 어린 자식이나 손자쯤밖에 안 되는 꼴이다.

아! 몽염(蒙恬)이 장성을 쌓아서 오랑캐(胡)를 막았지만, 진(秦)나라를 망친 오랑캐(진시황의 아들 胡亥)는 집 안에서 길렀으며, 서중산(徐中山)은 이 관을 만들어 오랑캐를 방비하였지만, 오삼계(吳三桂)는 이 관문을 열어 오랑캐를 맞아들이기에 여념이 없었다. 이제 천하가 무사태평한 때에 산해관을 지나가는 장사꾼이나 나그네를 붙들고 이러쿵저러쿵 한다면 비웃음이나 사게 될 것이니 내가 이에 대해 또 무엇이라 말할 것인가?

---

*143 보고서, 조사서.

산해관에서 북경까지의 여행
관내정사(關內程史)

경자일(庚子日, 7월 24일)부터 경술일(庚戌日, 8월 4일)까지 11일 동안
산해관(山海關)에서 북경까지 모두 640리

정조(正祖) **4년 경자년**(庚子年)*¹ **가을 7월 24일 경자**(庚子)
맑다. 이날은 처서(處暑)이다.

홍화포(紅花舖)에서 범가장(范家莊)까지 20리를 와서 점심을 먹고, 범가장에서 탕하제(湯河堤)까지 3리, 대리영(大理營)까지 7리, 왕가령(王家嶺)까지 3리, 봉황점(鳳凰店)까지 2리, 망해점(望海店)까지 8리, 심하역(深河驛)까지 5리, 고포대(高舖臺)까지 8리, 왕가포(王家舖)까지 2리, 마붕포(馬棚舖)까지 7리, 유관(楡關)까지 3리, 모두 48리를 와서 이날 합계 68리를 와서 유관에서 숙박했다. 유관은 유관(渝關)이라고도 쓰는데 지금의 임유현(臨渝縣)이다.

관내(關內 : 산해관 안)의 풍경은 관동(關東)과는 사뭇 다르다. 산천이 아름다워서 굽이굽이 그림 같다.

홍화포에서부터 보이기 시작하는 돈대(墩臺)*²는 5리 또는 10리마다 하나씩 있다. 그 제도는 다 네모반듯하고 높이는 5길이나 된다. 돈대 위에 방 세 칸의 집을 짓고, 집 옆에 3길쯤 되는 깃대를 세웠으며, 대 아래에도 다섯 칸 집을 지었다. 담장 위에는 활집·전통(箭筒)·표창·화포(火砲) 등의 그림을 전시하였고 집 앞에는 칼과 창을 죽 꽂아 놓았다. 그리고 봉화(烽火)를 올리

---

*1 1780년. 청나라 건륭 45년.
*2 높이 쌓아서 적을 망보는 시설.

는 일과 망을 보는 일에 대한 여러 가지 조목을 써서 벽에 붙여 놓았다.

25일 신축(辛丑)
맑다.

유관에서 영가장(榮家莊)까지 3리, 상백석포(上白石舖)까지 2리, 하백석포(下白石舖)까지 3리, 오가장(吳家莊)까지 3리, 무령현(撫寧縣)까지 9리, 양장하(羊腸河)까지 2리, 오리포(午哩舖)까지 3리, 노가장(蘆家莊)까지 2리, 시리포(時哩舖)까지 3리, 노봉구(蘆峯口)까지 5리, 다붕암(茶棚庵)까지 5리, 음마하(飮馬河)까지 3리, 배음보(背陰堡)까지 3리, 모두 46리를 와서 점심을 먹었다. 배음보에서 쌍망점(雙望店)까지 8리, 요참(要站)까지 5리, 달자영(㺚子營)까지 3리, 부락령(部落嶺)까지 6리, 노룡새(蘆龍塞)까지 3리, 여조(驢槽)까지 13리, 누택원(漏澤園)까지 3리, 영평부(永平府)까지 2리, 모두 43리를 와 이날 89리를 와서 영평부에서 묵었다.

무령현(撫寧縣)을 지나서부터 산천이 더욱 환히 트이고, 성 안의 거리와 집들에는 금빛 편액과 옥 문패가 빛나고, 곳곳에 패루(牌樓)*³가 휘황찬란하다.
한길 오른편의 어느 대문 앞에 부사(副使)와 서장관(書狀官)의 하인들이 가마와 함께 머물러 있다. 진사(進士) 서학년(徐鶴年)의 집이었다. 부사와 서장관은 지금 이 집을 구경을 하고 있다고 한다. 나도 말에서 내려 집 안으로 들어갔다. 집이 몹시 사치스럽고 가구나 그릇들이 진기한 것이 과연 듣던 바와 다름없었다.
학년은 10여 년 전에 죽고 두 아들이 있었는데, 맏이는 초분(茗芬)이고 둘째는 초신(茗信)이다. 초신은 문필(文筆)에 뛰어나서 사고전서(四庫全書)*⁴를 베껴 쓰는 일에 뽑혀서 지금 황경(皇京)*⁵에 가 있고, 초분만 집에 있는데 그의 문필은 보잘것없다고 한다.

---

*3 편액을 걸어 놓은 누각.
*4 청나라 고종(高宗) 건륭제 37년(1772년, 조선 영조 48년)에 모든 서적을 모아 경(經)·사(史)·자(子)·집(集)의 네 부류로 나누어 편집한 총서. 모두 16만 8,000여 권임.
*5 황제가 있는 서울. 곧 북경(北京).

집 안에는 가득히 과친왕(果親王)*6·아극돈(阿克敦)·우민중(于敏中)·악이태(鄂爾泰)·황삼자(皇三子)*7·황오자(皇五子)*8 등의 시를 새겨 걸었다. 이것들은 모두 흥경(興京)*9에 제관(祭官)으로 가는 길에 여기에 들러 묵으면서 남긴 시들이라 한다. 우민중·아극돈은 모두 이 나라 안에서 명필이라 일컬어지지만, 과친왕과 비교하면 솜씨가 훨씬 못하다.

침실의 문설주 위에는 판서 백하(白下) 윤순(尹淳)*10의 칠언절구(七言節句) 한 수를 새겨서 걸어 놓았고, 문 밖의 문설주 위에는 참판(參判) 조명채(曺命采)가 윤판서의 시에 차운(次韻: 다른 사람의 시의 운에 따라 시를 짓는 법)하여 지은 시를 새겨서 걸어 놓았다.

윤공(尹公)은 우리나라 명필이다. 한 점 한 획이 모두 옛 법이 아닌 것이 없다. 뛰어난 재주의 아름다움이 마치 구름이 몰려가듯 물이 흘러가듯, 굵고 가는 획이 서로 잘 어울린다. 그런데 지금 여기 여러 사람의 글씨와 비교해 보건대 어딘지 모르게 차이가 있음은 무슨 까닭일까? 대개 우리나라에서 글씨를 익히는 사람은 옛 사람의 글씨를 직접 보지 못하고, 평생토록 오직 금석문(金石文)만을 보고 쓸 뿐이다.

금석문은 이것을 통해 다만 옛 사람의 글씨 법칙을 짐작이나 할 따름이고, 붓과 먹 사이에 서린 한량없는 신비로운 표현은 이미 선천적인 것이어서, 비록 글자 모양은 비슷하게 본뜰 수 있다 하더라도 힘차고 세찬 글씨의 뼈다귀에 스며 있는 글씨의 감정은 도무지 찾을 수 없다. 글자 획이 너무 진하여 무지스럽고 또는 너무 여리어 마른 등나무 같다. 그것은 다름 아니라, 돌에 새긴 글자나 쇠에 그린 글자에 습성(習性)이 되어버린 탓이다. 또 종이와 붓도 중국과 너무 다르다. 옛날에는 중국에서 우리나라의 백추지(白硾紙)*11와 낭모필(狼毛筆)*12을 좋다고 하였지만, 그것은 외국 것이라 하여 특별히

---

*6 청나라 성조 강희제의 열일곱째 아들. 시와 글씨에 뛰어났음.

*7 황제의 셋째 아들. 이름은 홍시(弘時).

*8 황제의 다섯째 아들. 이름은 홍서(弘書). 화석공친왕(和碩恭親王).

*9 청조(淸朝)의 발상지. 옛 이름은 혁도아랍(赫圖阿拉). 청나라 태조(太祖)의 할아버지와 아버지의 무덤이 있어서 해마다 제관을 보내어 제사지냈음.

*10 조선 영조 때 문신, 명필. 자는 중화(中和), 호는 백하 또는 학음(鶴陰). 벼슬은 판서에 이르렀고, 그림에도 뛰어났음.

*11 빛이 희고 단단하게 다듬이질한 좋은 종이.

그렇게 말한 것이지, 실제로 그 성능이 글씨를 쓰고 그림을 그리기에 좋기 때문은 아니었다. 종이는 먹빛을 받아들이고 붓은 순하게 나아가야 좋은 것이지, 단단하고 질겨서 찢어지지 않는 것이라야 좋은 것은 아니다.

서위(徐渭)*¹³가 말하기를 조선 종이는 그림 그리기에 마땅치 않다 했고 그나마 두꺼운 것이 좀 낫다고 하였다. 보나마나 그러할 것이다.

잘 다지지 않은 종이는 꺼칠꺼칠하여 글씨 쓰기가 어렵고, 다듬이질을 하여 매끄럽게 하면 종이 면이 너무 굳고 미끄러워 붓이 멈추지 않고 먹을 받아들이지 않는다. 그러다 보니 중국 종이만 못한 것이다.

붓은 부드럽고 나긋나긋하여 팔의 힘에 따라 잘 돌아가는 것이 좋은 것이지, 뻣뻣하고 끝이 날카로운 것은 좋은 것이 아니다. 중국에서 좋은 붓이라고 할 때 호주(湖州)*¹⁴의 것을 알아주는 까닭은, 양의 털만 쓰고 다른 털을 섞지 않기 때문이다. 양털은 다른 털에 비하여 아주 부드럽다. 그 때문에 빨리 닳지 않고 종이에 닿으면 먹을 마음대로 다루는 것이, 마치 효자가 미리 어버이의 뜻을 알아서 받드는 것과 같다.

이리의 꼬리털로 만들었다는 이른바 낭모필은 더욱 잘못된 말이다. 나는 이리가 어떤 짐승인지 잘 모르지만, 그 꼬리를 어떻게 그리 쉽게 얻을 수 있겠는가? 이것은 족제비[禮鼠] 털로서 족제비는 광(獷)이라고도 한다. 광(獷)자에서 개사슴 록(犭) 변을 떼고, 다시 바위집 엄(广) 머리를 떼어 버리면 황(黃)자가 남으므로, 이른바 황모필(黃毛筆)이란 것은 이 족제비 꼬리털로 만든 낭모필을 말하는 것이다.

이것은 항상 억세고 거친 성질이 있어서 제멋대로 동으로 서로 달리는 장난꾸러기 아이 같기 때문에 중국 붓만 못하다.

종이와 붓이 이러고 보니, 안동(安東)의 마간석(馬肝石)*¹⁵ 벼루에다 해주(海州)의 후칠(厚漆)*¹⁶ 먹을 갈아서, 왕희지(王羲之)가 필진도서(筆陣圖序)에 쓴 삼절법(三折法)*¹⁷으로 쓴다 하더라도 글자 획이 말라빠지거나 울

＊12 이리의 꼬리털로 만든 붓.
＊13 명나라 때 사람. 호는 청등(青藤). 시와 글과 글씨와 그림에 다 뛰어났음.
＊14 중국 절강성(浙江省) 오흥현(吳興縣)에 있는 지명.
＊15 붉은 빛깔이 도는 단단한 돌의 한 가지. 약으로도 쓰고 벼룻돌로도 쓰임.
＊16 해주(海州)에서 나는 좋은 먹 이름.
＊17 붓을 세 번 꺾어서 쓰는 글씨 쓰는 법.

퉁불퉁해지고 만다. 어린아이들이 글씨를 연습하는 분판(粉板)*18 글씨와 무엇이 다를 것인가?

집의 후당(後堂)은 깊숙하고 조용하고 깨끗하여 바깥세상의 시끄러운 것을 잊을 만하다. 강진향(降眞香)*19으로 만든 와탑(臥榻)*20이 있고, 와탑 위에 펼쳐놓은 것들은 여느 사람이 쓰는 것이 아니다. 선반 위에 놓여 있는 글씨와 그림들은 비단으로 장정하고 옥으로 축(軸)을 만들어 정연하게 배열해 놓았다.

양방(兩房)*21 비장(裨將)*22들이 왁자지껄 몰려와 둘러서서 서로 다투어 펼쳐본다. 마치 조보(朝報)*23를 펴 보듯, 피륙을 펼쳐 재듯, 함부로 잡고 빼앗고 휘두르는 모습이 마치 적의 성을 무너뜨리고 진을 함락시켜 장수를 목 베고 깃대를 꺾어 버리려는 기세와 같다.

게다가 마음은 조급하여 긴 것을 다 펴 볼 수가 없는 터라, 펴 보기 시작한 것을 후회하거나 도리어 만든 사람을 탓한다.

"이렇게 긴 축(軸)을 무엇에 쓰자는 거야? 병풍을 만들 수도 없고, 족자를 만들 수도 없잖아."

"나는 그림을 잘 모르지만, 그림이란 울긋불긋해야 하는 것 아닌가?"

그리하여 환현(桓玄)*24 같은 사람은 자기 집의 그림이 더러워질까 봐 손님에게 기름에 튀긴 과자를 대접하지 않았다고 한다. 이야말로 참으로 명사(名士)라 하겠다.

이때 난데없이 서쪽 벽 아래에서 요란하게 쇳소리가 났다. 깜짝 놀라 돌아다보니, 여럿이서 골동 그릇들을 뒤적거리고 있다. 나는 하도 민망하여 황급

---

*18 널빤지에 석회를 칠하고 기름을 먹여서 종이 대신 글씨 공부를 하던 것. 얼마든지 지우고 또 쓰고 함.

*19 향나무의 한 가지. 강향(降香)이라고도 함.

*20 침대.

*21 대개는 상방(上房)과 부방(副房)을 말하는데 여기서는 부방(副房)과 삼방(三房)을 일컬은 말.

*22 감사(監司)·유수(留守)·병사(兵使)·수사(水使)나 외국에 가는 사신을 보좌하는 관원.

*23 조선 시대 승정원(承政院)에서 매일 처리한 일을 이튿날 아침에 각 관청이나 고관에게 돌려주는 문서.

*24 진(晉)나라 때의 서화 애호가(愛好家).

히 문 밖으로 나와 버렸다.

후당의 위아래 집들은 모두 금빛 글자로 현판을 달았다. 혼자서 장복(張福)을 데리고 이 집 저 집 들어가 보았으나 모두 주인이 없었다. 다시 한 집으로 돌아드니 담 밑에 자죽(紫竹) 수십 그루가 있고, 축대 가까이 벽오동(碧梧桐) 한 그루가 서 있다. 오동나무 서쪽으로 서너 무(畝)*25 되는 네모진 연못이 있는데, 연못 둘레에는 흰 돌로 난간을 둘렀다. 못 가운데에는 연밥이 대여섯 자루 솟아 있고 거위 새끼 세 마리가 난간 가에서 놀고 있다.

당(堂) 안에는 누르스름한 주렴을 바닥까지 닿도록 드리웠고, 발 안에서 여러 사람이 떠들고 웃는 소리가 들린다. 내가 연못가로 가서 잠시 난간에 기대 서 있느라니까, 당 안이 조용해지고 발 틈으로 밖을 내다보는 모습이 은연 중에 비친다. 나는 연못가를 오락가락하면서 당 쪽을 향해 연방 기침을 했다. 그러자 한 아이가 당 뒤에서 나와 멀찌감치 서서 절을 하고 큰 소리로 말한다.

"어른께서는 무슨 일로 이곳에 오셨습니까?"

장복이 물었다.

"너희 주인 어른은 어디 계시기에 멀리서 온 손님을 맞이하지 않으시느냐?"

"저희 아버님은 아까 일가 어른과 함께 조선서 오신 분들이 계신 곳으로 귀국 태의관(太醫官)*26을 찾아가셨는데 아직 돌아오지 않으셨습니다."

아이가 이렇게 대답하기에 내가 말했다.

"너희 집에서 의원을 찾는 것을 보니 아마도 집안에 우환이 있는 모양이로구나. 내가 태의관인데, 이왕 여기에 왔으니 내가 진찰을 해 보아야겠구나. 또 마침 진짜 청심환도 내가 가지고 있으니, 너는 곧 가서 아버지를 모시고 오너라."

그러나 아이는 아무 대답도 하지 않는 채 옷을 펼쳐 거위 새끼를 몰아다가 새장에 넣고, 난간에 세워 둔 낚싯대로 연못에 떠 있는 연잎을 끌어내어 우산처럼 높이 받쳐들고서 우쭐대며 가버린다.

주렴 안에는 7, 8명의 사람이 있는 모양이다. 뭐라 소곤거리고 또 입을 가

---

*25 논밭 면적의 단위. 한 무는 30평임.

*26 의원(醫員)의 벼슬 이름.

리고 웃는 소리가 들린다. 한참을 왔다갔다하다가 마침내 몸을 돌이켜서 문을 나왔다. 장복을 돌아다보니 그의 귀밑머리 아래에 붙어 있는 사마귀가 요즈음 더 커진 것 같다.

주부(主簿) 조명회(趙明會)와 말고삐를 나란히 하여 가면서 무령(撫寧)의 풍속이 좋지 못하다고 하였더니 조 주부가 말한다.

"무령 사람들은 이제 조선 사람들을 귀찮게 여긴답니다. 서학년(徐鶴年)은 본래 손님 대접하기를 좋아하여, 백하 윤공(尹公)을 처음 만났을 때는 흉금을 터놓고 대접을 극진히 하면서 가지고 있는 글씨와 그림들을 많이 꺼내어 보여주었지요. 이후로 무령현 서 진사(徐進士)의 이름이 우리나라 사람들의 입에 많이 오르내리면서 해마다 사행(使行)이 있을 적마다 반드시 그를 찾아보는 것이 마침내 관례가 되었답니다. 그런데 사실 무령에는 서 진사네보다 부유하고 손님 접대하기를 좋아하는 집이 많았지만, 서학년에게만 치우치게 된 것은 윤공이 우연히 그를 먼저 만났고, 그가 가지고 있는 것을 보고서 우리나라 재상들이 가지고 있는 것과는 비교가 안 되게 훌륭하다고 극구 칭찬하였기 때문이었지요. 그 뒤부터 역관(譯官)들은 으레 서씨 집으로 찾아갈 뿐, 또 하나 다른 집에 귀찮은 일거리를 더 만들려 하지 않았어요. 그리고 우리나라 사신은 수십 명의 하인들을 거느리고 비록 몇 길이나 되는 대문이라도 드나들 때에는 반드시 목청을 가다듬어 소리쳐서 알리고, 윗사람을 옹위하여 대청으로 모셨다가 물러나 기다릴 줄을 모르는 것은 이 집들에는 마루 대청이 없기 때문이랍니다. 이런 위세를 보여 주지 않아서 얕잡아보는지 우리 사행에 대한 접대가 차차 처음과 같지 않게 되고, 학년이 죽자 그의 아들들은 우리나라 손님을 더욱 귀찮게 여겨 우리나라 사행이 있으면 좋은 기물과 골동은 숨기고, 너절한 것들만 약간 늘어놓아 겨우 이때까지의 전례를 지켜 올 뿐이지요. 아까 그 이웃집에서 피하고 숨는 것도 학년의 집처럼 될까 봐 경계하는 것이랍니다."

그가 말을 마치자 나는 그와 함께 크게 웃었다. 윤공이 귀국하자 오랑캐에게 재주를 잘못 팔았다고 지탄을 받았던 것은 그가 써준 시를 가지고 그리했던 것이었으니, 이토록 점잖지 못한 말이 세상에 또 어디 있겠는가.

유주(幽州)·기주(冀州)의 산 형세는 아름답고 웅장하다. 태행산(太行

山)*27이 서쪽에서 뻗어 와서 북경을 둘러싸고, 의무려산(醫巫閭山)*28이 동쪽에서 달려와서 북경의 진산(鎭山)*29이 되어 용이 날고 봉이 춤추는 듯하다가, 각산(角山)에 이르러 뭉툭 잘려서 산해관이 되었다. 산해관 안으로 들어온 이후부터는 삭막하고 거친 기운이 점차 줄어들면서 남쪽으로는 활짝 열려 산세가 맑고 부드러워지고, 창려현(昌黎縣)에 이르러서는 바다에 접한 여러 고을의 산기(山氣)가 더욱 아름답다.

우공(禹貢)*30에 나오는 갈석(碣石)은 이곳과 가까워 현(縣) 서쪽 20리에 있다. 조조(曹操)의 시에 '동으로 갈석에 와서 창해를 바라본다(東臨碣石 以觀滄海)'고 한 것은 바로 이곳이다.

창려현에 한문공(韓文公)*31의 사당이 있고, 또 한상(韓湘)*32의 사당도 있다. 당서(唐書) 본전(本傳)에는 한문공이 등주(鄧州) 남양(南陽) 사람이라 하였고, 광여기(廣輿記)*33에는 창려(昌黎) 사람이라고 하였다. 그는 송나라 원풍(元豊)*34 연간에 창려백(昌黎伯)에 봉해졌는데, 원나라 지원(至元)*35 연간에 이르러 이곳에 사당을 세우고 그의 목상을 만들었다고 한다.

나는 평생을 두고 꿈속에서까지 문공을 그리워하던 터라 여러 사람에게 함께 구경을 가자고 했으나, 아무도 응하는 사람이 없었다. 20리쯤을 길을 돌아가야 하기 때문이었다. 혼자 갈 수도 없어서 결국 그만두었는데 몹시 애석하다.

지나는 길에 동악묘(東岳廟)*36에 들렀다. 사당 뜰에 비석 다섯 개가 서 있고, 전각 위에는 금빛 글씨로 동악대제(東岳大帝)라고 써서 걸었다. 전각 안에는 두 금신(金神)*37을 모셔 놓았는데, 모두 단정히 두 손을 모으고 앉

---

*27 중국 산서성(山西省) 태행산맥(太行山脈)의 주산(主山).
*28 만주 요령성(遼寧省) 북진현(北鎭縣)에 있는 산. 음산산맥(陰山山脈)의 한 갈래임.
*29 한 도읍의 뒤쪽에 있어서 그 도읍을 수호한다는 산.
*30 서경(書經)의 한 편명. 우(禹) 임금이 10년 동안 치수한 사적을 기록한 것임.
*31 당나라 때의 문장가 한유(韓愈). 자는 퇴지(退之). 문공은 시호임. 당송팔대가(唐宋八大家)의 한 사람임.
*32 한유(韓愈)의 조카, 문장에 뛰어났음.
*33 명나라 육응양(陸應陽)이 지은 중국의 지리서. 24권.
*34 송나라 신종(神宗)의 연호, 1078~1085년, 우리나라 고려 문종(文宗) 때임.
*35 원나라 세조(世祖)의 연호, 1264~1294년, 우리나라 고려 원종(元宗) 때임.
*36 중국 사악(四岳)의 하나인 태산(泰山)의 신을 모신 사당.

아 홀(笏)을 들고 있다.

  뒤쪽 전각도 앞의 전각과 같다. 세 여상(女像)을 모셔 놓아 낭랑묘(娘娘廟)*38라고 하며 모두 머리에 면류관을 쓰고 있다.

  영평부(永平府)에 이르렀다. 성 밖으로 긴 강물이 성을 감싸며 흐르고 있어서, 그 지형이 평양과 흡사하다. 그런데 평양보다 갑절은 훤하게 널리 열려 있으나, 대동강과 같은 맑은 강물은 없다. 세상에 전하는 말에, 학사(學士) 김황원(金黃元)*39이 부벽루(浮碧樓)에 올라,

  성 따라 질펀한 강물이 끝없이 흐르는데
  아득히 너른 들판 저편엔 산들이 여기저기

  長城一面溶溶水 大野東頭點點山

이란 시구 한 줄을 짓고 나서 아무리 골똘히 생각해도 나머지 구절을 지을 수가 없어서 통곡하고 부벽루를 내려왔다고 한다.

  사람들은 말하기를, 평양의 뛰어난 경치가 이 두 구절의 시로 남김없이 표현되어 있어서, 그 뒤 오랜 세월이 지나도록 아무도 한 구절도 더 보태지 못했다고 한다. 그러나 나는 늘 이것이 좋은 시구가 못 된다고 생각했다. '질펀하다(溶溶)'란 큰 강의 형세를 표현하는 말이 못 되고, '아득히 너른 들(大野)'이란 거리가 겨우 40리밖에 안 되는데 어떻게 아득하다 할 수 있겠는가? 지금 이 시구는 연광정(練光亭)의 주련(柱聯)으로 해 놓았는데, 만약 중국 사신이 연광정에 올라 이 너른 들판(大野)이라는 두 글자를 본다면 틀림없이 웃을 것이다.

  이 영평성(永平城) 성루(城樓)에서 보는 경치야말로 '아득히 너른 들판 저편에 산들이 여기저기(大野東頭點點山)'라고 읊을 만하다. 어떤 사람은 영평이 또한 기자(箕子)를 봉한 곳이라고 하지만 그렇지가 않다. 영평은 곧 한(漢)나라의 우북평(右北平)이고 당(唐)나라의 노룡새(盧龍塞)로 옛날에

---

*37 금으로 만든 신상(神像). 오행(五行)의 금의 신.
*38 아들을 점지해 준다는 신을 모셔 놓은 사당.
*39 고려 예종(睿宗) 때의 학자, 문신.

는 아주 궁벽한 곳이었는데, 요(遼)나라·금(金)나라 이래로 오랫동안 수도와 가까운 지역이었기 때문에 인가와 가게들이 즐비하게 들어서고 다른 곳보다 월등히 번화해진 것이다. 진사(進士)에 급제한 사람 수도 무령(撫寧)보다도 많다. 영평부 앞 원문(轅門)*40 현판에는 '옛날의 우북평(古之右北平)'이라 씌어 있다.

어두워진 후에 정 진사(鄭進士)와 함께 한가로이 거리를 산책하다가 우연히 한 집에 들어가니, 그 집에서는 막 등불을 밝히고 고려진공도(高麗進貢圖: 조선 사행을 그린 그림)를 새기고 있는 중이었다.

오는 길에서 이런 그림들을 많이 보았다. 그러나 모두 치졸하고 괴상하여 가소로웠다. 붉은 도포를 입은 사람은 서장관(書狀官)이고(수십 년 전에는 당하관(堂下官)이 홍포를 입었는데 지금은 녹색으로 바꿈), 검은 갓을 쓴 사람은 역관(譯官)으로 모양이 흡사 우바새(優婆塞)*41 같았다. 입에 담뱃대를 문 사람은 전배비장(前排裨將)이고, 수염이 꼬불꼬불하고 고리눈을 한 사람은 군뢰(軍牢)*42였다. 그런데 지금 여기서 새기고 있는 것은 얼굴이 더욱 조잡스러워 모두 원숭이 같았다. 집 안에는 세 사람이 있었지만 함께 이야기를 나눌 만한 자가 없었다.

탁자 위의 연병(硏屛)*43은 높이가 두 자 남짓에 넓이가 한 자 남짓하다. 화반석(花班石)에다 산수(山水)·나무·누대(樓臺)·인물 들을 돌무늬에 따라 새겨서 자연스러운 채색이 참으로 미묘하다. 강진향(降眞香) 나무로 받침대를 만들어 벼루를 받쳐놓았다.

소주(蘇州) 출신의 호응권(胡應權)이란 사람이 화첩(畵帖) 하나를 가지고 나왔다. 표지에는 초서를 난잡하게 갈겨 놓아 먹똥이 덕지덕지 앉고 형편없이 해어져서 한 푼의 값어치도 없었다. 그러나 그의 태도는 그것이 세상에 다시없는 보배인 듯 공손히 받들고 조심조심 펴거나 접는다. 정 진사가 눈이 좀 어두워서 그 화첩을 두 손으로 확 움켜쥐고 바람이 몰아치듯 책장을 빨리 넘기자 호생(胡生)이 얼굴을 찡그리며 불안해한다.

---

*40 본래는 군영(軍營)의 문을 일컫는 말이었는데 후세에 와서는 관아(官衙)의 바깥 문을 말하게 되었음.
*41 남자 불교 신도를 일컫는 말인데, 여기서는 우리나라 함경도 지방에 있던 재가승(在家僧)을 말한 것으로 해석됨.
*42 군대에서 죄인을 다루는 군졸.
*43 벼루 뒤에 쳐 놓은 조그만 병풍.

정 진사가 다 보고 나서 화첩을 땅에 내던지면서 뇌까렸다.
"겸재(謙齋)*44니 현재(玄齋)*45니 하는 것은 다 오랑캐의 호로군."
내가 웃으면서 말했다.
"그림은 보지도 않고서 그러는가."
그러고는 다시 호생에게 말했다.
"당신은 이것을 어디서 얻었소?"
그는 이렇게 말한다.
"아까 초저녁에 귀국의 김 상공(金相公)*46이 저희 가게에 오셔서 이것을 팔고 가셨습니다. 김 상공은 성실한 분이고, 저와는 형제처럼 절친한 분입니다. 저는 이것을 문은(紋銀)*47 3냥 5푼에 샀지요. 장정을 새로 하면 9냥은 넉넉히 받을 것입니다. 그런데 다만 그린 이의 관지(款識)*48가 없으니 선생께서 하나하나 확인해 주시기 바랍니다."

그러고는 품에서 주정(硃碇)*49 하나를 사례로 내어놓으면서 화가의 약전(略傳)을 써 달라고 간청한다. 이것을 보고 있던 주인도 술과 과일을 차려낸다.

우리나라 글씨·그림이나 그릇들에는 흔히 연호(年號)를 표시하지 않고 또 이름 쓰기를 좋아하지 않으며, 시축(詩軸)에도 보통 강호산인(江湖散人)이라고만 쓰고 보니 어느 때 어느 곳 누구의 것인지를 알 수 없다.

지금 이 화첩 중에는 별호(別號)가 두어 글자 적혀 있기는 하나 분명하지 않아 누구인지 알 수가 없다. 그러니 정군이 겸재·현재를 오랑캐라고 한 것도 이상할 것이 없다.

정군은 중국어가 매우 서툰 데다가 이가 빠져서 달걀볶음을 몹시 좋아한

---

*44 조선 영조(英祖) 때 화가 정선(鄭敾)의 호. 난곡(蘭谷)이라고도 했다. 특히 산수화에 뛰어났음(1676~1759).
*45 겸재 정선의 제자 심사정(沈師正)의 호, 역시 산수화에 뛰어났음(1707~1769).
*46 정승이란 말이 아니고, 여기서는 상인(商人)끼리 서로 존칭하는 말임.
*47 품질이 가장 좋은 은.
*48 본래 기명 따위에 새긴 글자를 말함. 여기서는 글씨나 그림에 표시한 필자의 이름이나 호 따위를 뜻함.
*49 주(硃)는 붉은 모래, 곧 진사(辰砂)·단사(丹砂)·산화수은(酸化水銀) 등의 광석으로, 주묵(朱墨)을 만드는 데 쓰임.

다. 책문(柵門)*50을 들어선 이후로 배운 중국어라곤 오직 이 초란(炒卵 : 계란볶음)이라는 말 뿐이지만, 그래도 발음이 잘못되지나 않을까 염려하여 가는 곳마다 만나는 사람에게 초란이란 말을 써 보아 그 혀가 잘 돌아가는가 어떤가를 시험해 보는 것이었다. 그래서 모두들 정군을 초란공(炒卵公)이라고 부르게 되었다 (우리나라의 광대놀이 중에 나오는 가면을 쓴 한 광대를 초란이라 하는데 그 음이 같다고 해서 이런 별명을 붙인 것이다).

그래서 정군이 또 주인에게 초란이란 말을 시험해 보았는데 주인은 곧 들어가더니 초란 한 쟁반을 만들어 가지고 나온다. 마치 초란을 억지로 달라고 한 꼴이 되어 우리는 한바탕 크게 웃었다. 그러고는 그 까닭을 자세히 이야기한 다음 값을 치르려 하자 주인이 크게 부끄러이 여기면서,

"여기는 음식점이 아니올시다."

하고 매우 노여워하는 기색이다. 나는 하는 수 없이 화첩의 그림 옆에 기록된 별호를 참조하여 다음과 같이 그 성명을 적어 줌으로써 그에게 답례하였다.

조선 그림 목록(洌上畫譜)

이조화명도(二鳥和鳴圖), 충암(沖菴) : 김정(金淨),*51 자는 원충(元冲)으로 명나라 가정(嘉靖) 때 사람이다.

한림와우도(寒林臥牛圖), 김식(金埴).*52

석상분향도(石上焚香圖) : 학림정(鶴林正) 이경윤(李慶胤).*53

녹죽도(綠竹圖), 탄은(灘隱) : 이정(李霆).*54 자는 중섭(仲燮). 석양정(石陽正)에 봉해졌다.

묵죽도(墨竹圖) : 위와 같다.

---

*50 말뚝을 울타리처럼 연이어 박아서 나라 경계를 표시한 목책의 문.
*51 조선 초기의 화가. 충암은 호. 기묘사화(己卯士禍) 때 화를 당했음. 1486~1521.
*52 조선 선조(宣祖) 때의 화가. 호는 퇴촌(退村)·청포(淸浦)·죽창(竹窓)·죽서(竹西) 등. 산수화에 뛰어났고 특히 소를 잘 그렸음.
*53 조선 인조(仁祖) 때 화가. 호는 낙파(駱坡)·낙촌(駱村) 또는 학록(鶴麓). 종실(宗室)로 학림정(鶴林正)에 봉해졌음. 특히 산수화에 뛰어났음. 1545~1611.
*54 호는 탄은(灘隱). 세종(世宗)의 고손(高孫)으로 석양정(石陽正)에 봉해졌는데, 특히 대나무를 잘 그렸음. 1541~1622.

노안도(蘆雁圖) : 이징(李澄).*55 자는 자함(子涵), 호는 허주재(虛舟齋).
학림(鶴林)의 아들이다.

노선결기도(老仙結綦圖), 연담(蓮潭) : 김명국(金明國).*56 명나라 천계(天
啓) 때 사람이다.

연강효천도(烟江曉天圖) 임지사자도(臨紙寫字圖), 공재(恭齋) : 윤두서
(尹斗緖).*57 자는 효언(孝彦)이고 강희(康熙) 때 사람이다.

춘산등림도(春山登臨圖), 겸재(謙齋) : 정선(鄭敾). 자는 원백(元伯), 강
희(康熙)·건륭(乾隆) 때 사람으로, 나이 80여 살에도 눈에 겹돋보기 안경을
쓰고 촛불 아래에서 아주 세밀한 그림을 그려 털끝만큼도 어긋남이 없었다.

산수도(山水圖) : 겸재. 네 폭.

사시도(四時圖) : 겸재. 여덟 폭.

대은암도(大隱巖圖) : 겸재. 이상 겸재의 그림에는 모두 '정선(鄭敾)'·'원
백(元伯)'이란 작은 도장이 찍혀 있다.

부장임수도(扶杖臨水圖), 종보(宗甫) : 조영석(趙榮祏).*58 자는 종보(宗
甫), 호는 관아재(觀我齋)이고, 강희·건륭 때 사람이다.

도두환주도(渡頭喚舟圖), 진재(眞宰) : 김윤겸(金允謙).*59 자는 극양(克
讓)으로, 강희·건륭 때 사람이다.

금강산도(金剛山圖), 현재(玄齋) : 심사정(沈師正).*60 자는 이숙(頤叔)이
고, 강희·건륭 때 사람이다.

초충화조도(草蟲花鳥圖) : 현재. 여덟 폭으로, 성명을 새긴 사인(私印)과
'현재(玄齋)'라는 작은 도장이 찍혀 있다.

심수노옥도(深樹老屋圖), 낙서(駱西) : 윤덕희(尹德熙).*61 자는 경백(敬

---

*55 선조 때 화가. 호는 허주(處舟). 산수화에 뛰어났음. 1581~?
*56 조선 인조 때 화가. 호는 연담(蓮潭) 또는 취옹(醉翁). 두 차례 통신사(通信使)를 따라
   일본에 가서 명성을 날렸음. 산수와 인물에 뛰어났음. 1600~ ?
*57 조선 숙종(肅宗) 때 화가. 호는 공재(恭齋). 인물화를 잘 그렸고 글씨에도 뛰어났음.
   1668~1715.
*58 조선 영조(英祖) 때의 문신, 화가. 호는 관아재(觀我齋) 또는 석계산인(石溪散人). 산수
   와 인물화에 뛰어났음. 1686~1761.
*59 조선 영조 때의 화가. 호는 진재(眞宰). 김창업(金昌業)의 아들임. 풍속도에 뛰어났음.
   1711~1775.
*60 현재(玄齋)의 이름, 주 45 참조.

伯). 공재(恭齋) 윤두서(尹斗緖)의 아들이다.

백마도(白馬圖)

군마도(群馬圖)

팔준도(八駿圖)

춘지세마도(春池洗馬圖)

쇄마도(刷馬圖) : 이상에는 모두 낙서(駱西)의 성명을 새긴 사인(私印)과 '낙서'라는 작은 도장이 찍혀 있다.

무중수죽도(霧中睡竹圖), 수운(岫雲) : 유덕장(柳德章).*62 '수운(岫雲)'이란 사인이 있다.

설죽도(雪竹圖) : '수운(岫雲)'이란 글자와 도장이 있다.

검선도(劍仙圖), 인상(麟祥) : 이인상(李麟祥).*63 자는 원령(元靈), 호는 능호관(凌壺觀)이고, 성명을 새긴 도장이 찍혀 있다.

송석도(松石圖), 원령(元靈) : '인상(麟祥)'이란 도장이 찍혀 있고, '기미(己未) 3월 3일'이라 적혀 있다.

난죽도(蘭竹圖), 표암(豹菴) : 강세황(姜世晃).*64 자는 광지(光之)이고 '표암광지(豹菴光之)'란 도장이 찍혀 있다.

흑죽도(黑竹圖) : 위와 같다.

추강만범도(秋江晚泛圖), 연객(烟客) : 허필(許佖).*65 자는 여정(汝正). '연객(烟客)'이란 작은 도장이 찍혀 있다.

26일 임인(壬寅)

맑다가 오후에 크게 바람과 우레가 일고, 소나기가 퍼붓더니 이내 멎었다.

---

*61 윤두서(尹斗緖)의 아들. 호는 낙서(駱西)·연포(蓮圃) 또는 연옹(蓮翁). 특히 말을 잘 그렸고 글씨에도 뛰어났음. 1685~1776.

*62 호는 수운(岫雲) 또는 가산(茄山). 대나무를 잘 그렸음. 1694~1774.

*63 영조 때 화가. 호는 능허(凌虛) 또는 보산자(寶山子). 시·글씨·그림에 다 뛰어나 삼절(三絕)이라 일컬어졌음. 1710~1760.

*64 조선 영조 때 화가. 호는 표암(豹菴) 또는 서재(黍齋). 글씨에도 뛰어났음. 1713~1791.

*65 영조 때 화가. 호는 연객(烟客)·초선(草禪) 또는 구도(舊濤). 글씨에도 뛰어났음. 1709~1761.

영평부(永平府)에서 청룡하(靑龍河)까지 1리, 남허장(南墟莊)까지 2리, 압자하(鴨子河)까지 7리, 범가점(范家店)까지 3리, 난하(灤河)까지 2리, 이제묘(夷齊廟)까지 1리, 모두 16리를 와서 점심을 먹고, 이제묘에서 망부대(望夫臺)까지 5리, 안하점(安河店)까지 8리, 적홍포(赤紅舖)까지 7리, 야계타(野鷄坨)까지 5리, 사하보(沙河堡)까지 8리, 조장(棗莊)까지 10리, 사하역(沙河驛)까지 2리, 모두 45리, 이날 총계 61리를 와서, 사하역 성 밖에서 묵었다.

아침에 영평부를 떠날 때에 날씨가 좀 선선했다. 성 밖 강가에 장이 서서 온갖 물건이 모여들고 수레와 말이 길에 북적였다. 장판에 들어가 능금 두 개를 샀다.

옆에 상자를 메고 온 사람이 상자를 열고 수정합(水晶盒) 5개를 내어놓는다. 그런데 그 속에는 각각 뱀이 한 마리씩 들어 있다. 뱀은 모두 합 안에 또아리를 틀고 있는데 한가운데로 머리를 내밀고 있어, 마치 솥뚜껑 손잡이 같다. 눈이 반짝반짝 빛난다. 검은 뱀이 한 마리, 흰 뱀이 한 마리, 푸른 뱀이 두 마리, 붉은 뱀이 한 마리이다. 모두 합 밖에서 환히 들여다보인다. 죽었는지 살았는지를 모르겠어서 물어 보았더니 대답이 모호하다. 독한 종기에 쓰면 신통하게 효과가 있다고 한다.

이밖에도 쥐를 놀리는 놈, 토끼를 놀리는 놈, 곰을 놀리는 놈 등 여러 사람들이 있는데 모두들 동냥꾼들이다. 곰은 크기가 개만하다. 칼춤도 추고 창춤도 추고, 사람처럼 서서 걷기도 하고 꿇어앉고 머리를 조아리는 등 사람이 시키는 대로 한다. 하지만 모습이 매우 지저분하고 원숭이만큼 날쌔지도 못하다. 토끼와 쥐놀이는 꽤 교묘하고 사람의 뜻을 잘 알아먹는데 갈 길이 바빠 자세히 볼 수가 없었다.

도사(道士) 두 사람과 아이 도사 하나가 장터에서 동냥을 하고 있다. 운관(雲冠)*66을 쓰고 하대(霞帶)*67를 띠었으며 얼굴이 우아하고 곱다. 손으로는 영저(鈴杵)*68를 흔들고, 입으로는 주문을 외운다. 그 행동이 괴상하여

---

*66 도사(道士)가 쓰는 관의 한 가지.
*67 도사가 띠는 띠. 붉은 빛임.
*68 절에서 쓰는 방울 모양의 악기.

사람의 짓인지 귀신의 짓인지 모르겠다. 간편한 옷차림을 한 여인 세 사람이 말을 달려 지나간다.

배로 청룡하(靑龍河)*69와 난하(灤河)*70를 건넜다. 따로 이제묘기(夷齊廟記)·난하범주기(灤河泛舟記)·고죽성기(孤竹城記)를 썼다.

이제묘(夷齊廟)에서 먼저 떠나 야계타(野鷄坨)까지 두어 마장쯤 남겨두고 날씨가 찌는 듯 무덥고 바람 한 점 없다. 노(盧)·정(鄭)·주(周)·변(卞) 등 여러 사람과 앞서거니 뒤서거니 이야기를 하며 가는데, 갑자기 손등에 찬 물 한 종지가 떨어져 몸과 마음이 오싹해진다. 사방을 둘러보아도 아무도 물을 끼얹은 사람은 없다.

또 갑자기 주먹만한 물덩이가 떨어져 창대(昌大)의 모자 가장자리를 치고, 또 노군의 갓에도 떨어져 그 소리가 요란했다. 모두 머리를 들어 하늘을 쳐다보았다. 해 옆에 바둑돌만한 작은 구름이 있고, 은은히 맷돌 가는 듯한 소리가 나더니, 금시에 사방의 들판 끝에서 각각 조그만 구름이 일어난다. 구름은 까마귀 머리만 한데 그 빛이 유난히 짙어 보인다.

해 옆의 검은 구름은 이미 해를 절반이나 가렸다. 한 줄기 빛이 번쩍 버드나무를 스쳐 간다. 이내 해가 구름 속으로 숨어 버리더니 구름 속에서 마치 바둑판을 밀치는 듯, 비단을 찢는 듯, 천둥 소리가 어지럽게 일어난다. 버드나무들은 기가 죽은 듯 조용하고 잎마다 번갯불에 번쩍인다.

일제히 채찍을 휘둘러 달리는데, 등 뒤에서 수많은 수레가 앞다투어 달려온다. 산이 미친 듯 들이 뒤집히는 듯, 나무가 성이 나서 술주정하는 듯 눈이 핑핑 돌아간다. 하인들은 급히 우비를 꺼내려 하나 손발이 떨려 얼른 짐을 풀지 못한다. 비바람과 천둥 번개가 한꺼번에 내달아 지척을 분간할 수 없다.

말들은 모두 벌벌 떨고, 사람들은 모두 마음만 다급하여 어찌하지 못한다. 내가 탄 말은 머리를 안으로 모아 둥그러니 둘러서고, 하인들은 모두 말갈기 밑으로 얼굴을 숨겼다. 이때 번갯불 속에 보니, 노군(盧君)이 새파랗게 질려

---

*69 중국 하복성(河北省) 구외(口外)에서 시작되어 장성(長城)으로 흘러들어가 난하(灤河)에 합쳐짐. 옛 이름은 노수(盧水).

*70 내몽고(內蒙古)에서 시작되어 열하성(熱河省)으로 들어와서 몇 갈래로 나뉘어 바다로 흘러들어감. 옛 이름은 유수(濡水).

벌벌 떨면서 두 눈을 꼭 감고 있다. 숨이 금방이라도 끊어질 것만 같았다.

잠시 후 비바람이 좀 뜸해졌다. 서로 얼굴들을 바라보니 모두 제 얼굴빛이 아니었다. 그제야 길 양쪽으로 40여 걸음쯤 떨어진 곳에 집들이 있는 것이 보였다. 비가 한창 쏟아질 때는 집이 있는 줄을 몰라 미처 피하지 못했다.

"조금만 더 당했더라면 모두 숨이 막혀 죽을 뻔했네."

여러 사람이 모두 말한다. 가게 안으로 들어가 잠시 쉬느라니 하늘이 말끔히 개고 바람이 맑고 햇빛이 쨍쨍하다. 술을 한 잔씩 마시고 곧 길을 떠났다.

길에서 부사(副使)를 만나 어디서 비를 피했느냐고 물으니 부사가 말한다.

"가마 문이 바람에 다 떨어져서 빗발이 그대로 쳐들어와 한데 서 있는 것과 다름없었어요. 빗방울 크기가 거의 주발만큼씩 하여, 과연 대국(大國) 빗방울은 무섭습디다."

내가 계함(季涵)에게 말했다.

"나는 오늘 중국의 역사 기록이 정말 믿을 게 못 된다는 걸 알았어요."

"무슨 말씀인가요?"

정 진사(鄭進士)가 말을 채찍질하여 앞으로 나오면서 묻는다.

"항우(項羽)의 호령 소리가 어찌 천둥소리만이야 하겠습니까? 사기(史記)에 말하기를, 적천후(赤泉候)*71의 부하들과 말이 모두 항우의 고함 소리에 놀라 몇 리를 달아났다고 하였는데, 이것은 말도 안 되는 소리이지요. 항우가 아무리 눈을 부릅뜬다 한들 번갯불 같기야 하겠습니까. 여마동(呂馬童)이 말에서 떨어졌다는 것은 더욱 못 믿을 말입니다."

내가 이렇게 말하자 모두들 크게 웃었다.

백이·숙제 사당 돌아보기 (이제묘기/夷齊廟記)

난하(灤河) 기슭에 있는 조그만 언덕을 수양산(首陽山)이라고 한다. 그리고 이 산 북쪽에 있는 조그만 성을 고죽성(孤竹城)이라고 한다. 성문 편액에는 현인구리(賢人舊里)라 써 있고, 문 오른쪽 비석에는 효자충신(孝子忠臣),

---

*71 한(漢)나라 장수 양무(楊武). 항우(項羽)가 죽자 그 시체를 찢어서 나누어 가진 다섯 장수의 한 사람.

왼쪽 비석에는 지금칭성(至今稱聖)이라 새겼다. 사당 문에 있는 비석에는 천지강상(天地綱常)이라 썼고, 문 남쪽에 있는 비석에는 고금사표(古今師表)라고 썼으며, 문 위에는 상고일민(上古逸民)이라 쓴 현판이 걸려 있다.

문 안에 비석 셋이 서 있고, 뜰 가운데에는 둘, 섬돌 좌우에 넷이 서 있는데, 모두 명나라·청나라 때 황제 어명으로 만든 것들이다.

뜰에는 늙은 소나무 수십 그루가 서 있고, 섬돌에는 흰 돌로 난간을 둘렀다.

그 한복판에 고현인전(古賢人殿)이라는 큰 전각이 자리잡고 있다. 전각 안에 곤룡포 면류관에 홀(笏)을 들고 서 있는 이는 백이(伯夷)와 숙제(叔齊)*72였다. 전각 문에는 백세지사(百世之師)라는 현판을 걸었다. 전각 안에 만세표준(萬世標準)이라고 크게 써 붙인 것은 강희제(康熙帝)*73의 글씨이고, 또 윤상사범(倫常師範)이라고 쓴 것은 옹정제(雍正帝)*74의 글씨이다. 전각 안에 있는 보물 그릇들은 모두가 만력(萬曆)*75 시대의 물건들이라 한다. 주련(柱聯)에는 이렇게 씌어 있다.

어짊을 구하여 어진 일 하였으니
만고의 깨끗한 성품이로다, 고죽국이여
포악을 포악으로 바꾸었는데
천추의 외로운 절개로다, 수양산이여

求仁得仁 萬古淸風孤竹國
以暴易暴 千秋孤節首陽山

가운데 뜰에는 두 문이 있는데 동쪽 것을 염완문(廉頑門)이라 하고 서쪽 것을 입나문(立懦門)이라 한다. 또 작은 문 둘이 있으니 왼쪽 것을 관천문(盥薦門), 오른쪽 것을 제명문(齊明門)이라 한다. 그 문을 나오면 읍손당

---

*72 은(殷)나라 고죽군(孤竹君)의 두 아들. 주 무왕(周武王)이 은나라를 토벌하자 주(周)나라 곡식은 먹지 않겠다고 수양산(首陽山)에 들어가 고사리를 꺾어 먹다가 굶어 죽었다고 함.
*73 청나라 제4대 황제 성조(聖祖). 1662~1722. 강희는 그의 연호임.
*74 청나라 세종(世宗). 옹정은 그의 연호임.
*75 명나라 신종(神宗)의 연호. 1573~1619년. 우리나라 선조(宣祖)·광해군(光海君) 때임.

(揖遜堂)이라는 집이 있고 성화(成化)*76 때 세운 비석이 서 있다. 비석 뒤에는 청풍대(淸風臺)가 있고, 그곳에 문 두 개가 있는데 하나에는 고도풍진(高蹈風塵)이라 써 붙였고, 또 하나에는 대관환우(大觀寰宇)라 써 붙였다. 청풍대 위의 누각에는 재수지미(在水之湄)라고 씌어 있다.
주련에는 이렇게 썼다.

산은 어진 이처럼 조용하고
바람은 성인처럼 맑아라.

山如仁者靜 風似聖人淸

물 좋고 산 좋은 고죽국에
낫고 못함 없는 두 성인 나셨네.

佳水佳山孤竹國 難兄難弟古聖人

대 위에 두 개의 문이 있으니 하나에는 백대산두(百代山斗)라 썼고 또 하나에는 만고운소(萬古雲霄)라고 씌어 있다.
명나라 헌종(憲宗) 때 백이(伯夷)에게는 소의청혜공(昭義淸惠公)이라는 시호를 내리고, 숙제(叔齊)에게는 숭양인혜공(崇讓仁惠公)이라는 시호를 내렸다.
중국에는 수양산이라고 부르는 곳이 다섯 군데 있다. 하동(河東)*77 포판현(蒲坂縣)*78의 화산(華山) 북쪽으로 황하가 구부러진 곳(오늘날의 산서성 지방)에 있는 산을 수양산(首陽山)이라 하고, 또는 농서(隴西)에 있다고도 하며, 또는 낙양(洛陽) 동북쪽에 있다고도 한다. 혹은 언사현(偃師縣)*79 서북쪽에 이제묘

---

*76 명나라 헌종(憲宗)의 연호. 1465~1487년. 우리나라 세조(世祖)·성종(成宗) 때임.
*77 황하(黃河)가 산서성(山西省)의 서쪽을 남북으로 흐르고 있으므로, 산서성을 하동(河東)이라 함.
*78 중국 산서성(山西省)에 있던 현.
*79 중국 하남성(河南省) 낙양현(洛陽縣) 동쪽에 있던 현.

(夷齊廟)가 있다기도 하고, 또는 요양(遼陽)에 수양산이 있다고도 하는 등 전기(傳記)에 대중없이 나온다. 그러나 맹자(孟子)는 '백이가 주왕(紂王)[80]을 피하여 북해(北海) 바닷가에 가서 살았다'고 하였다. 우리나라 해주(海州)에도 수양산이 있고 백이·숙제를 제사지내고 있지만 이것은 세상에 별로 알려지지 않았다.

나는 생각해보았다. 기자가 동쪽 조선으로 나온 것은 주(周)나라의 오복(五服)[81] 안에 살고 싶지 않아서였다. 백이도 주나라 곡식을 먹는 것을 의롭지 않게 여겼으니, 혹시 기자를 따라 조선에 와서 기자는 평양에 도읍하고, 백이·숙제는 해주에 살았던 것이 아닐까? 우리나라에서 떠도는 말에 대련(大連)·소련(小連)[82]이 해주 사람이라고 하는 것은 무엇을 근거하여 말하는 것일까?

문과 담장에 당·송(唐宋) 시대의 역대 제문(祭文)을 죽 새겨 놓았다. 이로 보아 이 사당을 영평(永平)에 세운 지 오래되었음을 알 수 있다. 어떤 사람은 홍무(洪武)[83] 초에 영평부성(永平府城) 동북쪽 언덕에 옮겨 지었다가, 경태(景泰)[84] 연간에 다시 이곳에 세웠다고 한다.

임금이 행차할 때 쓰는 행궁(行宮)이 있는데 그 제도가 강녀묘(姜女廟)나 북진묘(北鎭廟)와 같았다. 그러나 지키는 사람이 금하여 구경할 수 없었다.

난하에서 배에 올라 (난하범주기 灤河泛舟記)

난하는 만리장성 북쪽 개평(開平)에서 시작되어, 동남으로 흘러 천안현(遷安縣)을 거쳐 노룡새(盧龍塞)에 이르러 칠하(漆河)와 합치고, 다시 남으로 흘러 낙정현(樂亭縣)에 이르러 바다로 들어간다. 요동(遼東)·요서(遼西)

---

[80] 은(殷)나라 마지막 임금. 매우 포악하였으므로 악한 왕의 명사처럼 되었음.
[81] 수도 둘레의 다섯 지역, 곧 전복(甸服)·후복(侯服)·수복(綏服)·요복(要服)·황복(荒服).
[82] 소학(小學) 책에 대련·소련 형제는 동이족의 아들로서 어버이 상을 당하여 매우 훌륭하게 상제 노릇을 했다는 공자의 말씀이 있는데 이를 인용한 것.
[83] 명나라 태조(太祖)의 연호. 1368~1398년. 고려 공민왕(恭愍王) 때부터 조선 태조 때까지임.
[84] 명나라 경종(景宗)의 연호. 1450~1456년, 조선 문종(文宗)·단종(端宗) 때임.

에서 하(河)라고 말하는 강물은 모두 물이 흐리다. 그러나 오직 난하만이 고죽사(孤竹祠) 아래에 와서는 물이 괴어서 호수가 되면서 물빛이 거울처럼 맑다.

고죽성(孤竹城)은 영평부 남쪽 10여 리에 있다. 후한서(後漢書)의 군국지(郡國志)에, 우북평(右北平) 영지(令支)에 고죽성이 있다고 하고, 그 주(註)에는 백이·숙제의 본국이라고 하였다. 강물의 남쪽 기슭은 깎아지른 듯한 절벽이고 그 절벽 위에 청풍루(淸風樓)가 있다. 청풍루 아래로는 물이 더욱 맑고, 강 복판에는 조그만 섬이 있다. 섬 가운데는 바윗돌이 병풍처럼 서 있고 그 바위 앞에 고죽군(孤竹君)의 사당이 있다.

배를 띄워 사당 아래에 이르니 물은 한껏 맑고 모래는 마냥 흰데, 들은 끝없이 넓고 나무는 아득히 멀다. 강가의 수십 호 인가가 모두 호수에 거꾸로 비치고, 고기잡이 배 서너 척이 지금 막 사당 아래 그물을 쳐 놓고 강을 거슬러 올라간다. 중류(中流)에는 대여섯 길 되는 돌봉우리가 있어 이것을 지주(砥柱)라 부르는데, 기이하고 괴이한 바위와 돌이 지주를 옹기종기 둘러싸고 있다. 해오라기와 뜸부기 등 물새 수십 마리가 모래톱에 늘어앉아 깃을 털고 있다.

함께 배를 탄 사람이 이런 경치를 돌아보면서 강과 산이 참으로 그림 같다고 즐거워하기에 내가 말했다.

"자네는 강산도 모르고 그림도 모르는군. 강산이 그림에서 나왔는가, 그림이 강산에서 나왔는가? 그러므로 흔히들 비슷하다느니 같다느니 닮았다느니 하는 것은 비유해서 그렇다는 말이지만, 비슷한 것으로써 비슷하다고 비유함은 같은 듯하나 실은 같은 것이 아닐세.

옛날 어떤 사람이 강요주(江瑤柱)*[85]가 여지(荔枝)*[86]와 같다고 하고 서호(西湖)*[87]가 서자(西子)*[88]와 같다고 말하자, 어떤 어리석은 사람이 나서서 담채(淡菜)*[89]가 용안(龍眼)*[90]과 같다고 하고 전당(錢塘)*[91]이 비연(飛

---

*[85] 조개의 한 가지로 긴 세모꼴의 껍질은 얇고 속은 검음.
*[86] 중국 남쪽에서 나는 나무 열매. 껍질에 귀갑(龜甲) 무늬가 있고, 속은 희고 맛이 달다. 그 씨는 한약재로 쓴다.
*[87] 중국 절강성(浙江省)에 있는, 경치가 아름다운 유명한 호수.
*[88] 춘추(春秋) 때 월(越)나라 미녀 서시(西施). 월나라 구천(句踐)이 회계(會稽)의 싸움에서 패하자, 서시를 오왕(吳王) 부차(夫差)에게 바쳐서 그의 마음을 어지럽게 하였다고 함.

燕)*⁹²과 같다고 말을 했다 하니 이게 어디 말이 되는가?"

사호석 이야기 (사호석기)(射虎石記)

영평부(永平府)에서 남쪽으로 10여 리를 가면, 가파른 언덕 위에 크고 울퉁불퉁한 바위가 노려보듯 있는데, 자세히 보니 빛이 희고, 그 아래 '한비장군이 범을 쏘았던 곳(漢飛將軍射虎處)'이라 새긴 비석이 서 있다. 나는 그 비석에다 '청나라 건륭(乾隆)*⁹³ 45년 가을 7월 26일에 조선 사람 아무개가 구경하였다'고 써 놓았다.

27일 계묘(癸卯)
맑다. 아침에 잠깐 서늘하더니 한낮에는 몹시 더웠다.

사하역(沙河驛)에서 홍묘(紅廟)까지 5리, 마포영(馬舖營)까지 5리, 칠가령(七家嶺)까지 5리, 신점포(新店舖)까지 5리, 건초하(乾草河)까지 5리, 왕가점(王家店)까지 5리, 장가장(張家莊)까지 5리, 연화지(蓮花池)까지 10리, 진자점(榛子店)까지 5리, 모두 50리를 와서 점심을 먹고, 다시 진자점에서 연돈산(烟墩山)까지 10리, 백초와(白草窪)까지 6리, 철성감(鐵城坎)까지 4리, 우란산포(牛欄山舖)까지 4리, 판교(板橋)까지 6리, 풍윤현(豊潤縣)까지 20리, 모두 50리를 왔다. 이날 총계 100리를 와서 풍윤성(豊潤城) 밖에서 숙박했다.

어제 이제묘(夷齊廟)에서 점심을 먹을 때 고사리를 넣은 닭찜이 나왔다.

---

*89 조개의 한 가지. 겉은 검고 속은 진줏빛인데, 길쭉하고 세모졌음. 연패(燕貝)라고도 함.
*90 중국 남쪽에서 나는 나무 열매. 둥글고 껍질에 가는 무늬가 있는데 맛이 달다. 한약재로 쓰임.
*91 중국 항주(杭州)에 있는 호수. 그 모양이 날아가는 제비 같다고 함.
*92 전한(前漢) 효성제(孝成帝)의 후(后) 조황후(趙皇后)의 호. 몸이 날씬하여 노래와 춤에 뛰어났기 때문에 비연이라 일컬을 것임.
*93 청나라 고종(高宗)의 연호, 그 45년은 우리나라 정조(正祖) 4년, 1780년임.

그 맛이 매우 좋고 오는 길에 입맛을 잃은 지 오랜지라, 갑자기 맛있는 음식을 만나자 구미가 당겨 배불리 먹었다. 그런데 그것이 오래전부터 내려오는 관례인 줄은 몰랐다. 길에서 갑자기 폭우를 만나자 겉은 춥고 속은 막혀서 먹은 것이 내려가지 않고 가슴에 그득하다. 트림을 하면 고사리 냄새가 치밀어 올라오므로 생강차를 마셔 보았으나 여전히 속이 개운치 않다. 지금은 가을이라 철이 아닌데 주방의 고사리가 어디서 났느냐고 물었더니 옆에서들 말한다.

"이제묘에서 점심을 먹는 것은 전례로 되어 있으며 사철 어느 때나 반드시 고사리 음식을 내어놓게 되어 있답니다. 그래서 주방은 우리나라에서 마른 고사리를 가지고 와 여기서 국을 끓여 일행에게 내어놓는 것이지요. 이것은 아주 오래전부터의 일입니다. 그런데 10여 년 전에 건량청(乾糧廳)*94이 깜박 잊어버리고 고사리를 가져오지 않아 여기 와서 고사리 음식을 내어놓지 못했어요. 그래서 당시의 건량관(乾糧官)이 서장관(書狀官)에게 곤장(棍杖)을 맞고 강가로 나가 통곡하면서, '백이 숙제여, 백이 숙제여. 나와 무슨 원수가 졌는가, 나와 무슨 원수가 졌는가?' 했다고 합니다. 소인의 어리석은 생각으로는 고사리는 생선이나 고기만 못한 것이고, 백이·숙제가 고사리를 뜯어먹고 굶어 죽었다고 하니, 고사리는 참으로 사람을 죽이는 독이 되는 음식인가 봅니다."

그래서 모두들 크게 웃었다.

태휘(太輝)는 노 참봉(盧參奉)의 마두(馬頭)이다. 이번 길이 초행(初行)이고 또 사람됨이 경망하여, 조장(棗莊)을 지나올 때 대추나무가 비바람에 부러져서 담 밖으로 넘어져 있는 것을 보고, 그는 아직 새파란 대추를 따 먹고 배탈이 났다. 설사가 심하여 멎지를 않고 기운이 쑥 빠진 데다가 속이 달고 목이 타서 애를 먹고 있는 참에 고사리가 사람을 죽인다는 말을 듣고 큰 소리로 울부짖는다.

"백이 숙채(伯夷熟菜)가 사람 죽이네. 백이 숙채가 사람 죽여!"

숙제(叔齊)와 숙채(熟菜 삶은나물)가 그 음이 서로 비슷한지라, 모두들 또 한 바탕 크게 웃었다.

---

*94 마른 식품을 관장하는 관아.

내가 백문(白門)에서 살고 있을 때이다. 그때가 바로 숭정기원(崇禎紀元後)*95 후 137년 갑신년(甲申年)인데, 3월 19일은 곧 명나라 의종(毅宗)이 돌아가신 날이었다. 글방 선생님과 마을의 관동(冠童)*96 수십 명이 함께 성 서쪽 송씨(宋氏)네 집을 찾아가 우암(尤庵)*97 송 선생의 영정에 예배하였다. 그리고 송 선생의 초구(貂裘)*98를 내어놓고 만져 보았는데 이때 감격에 못이겨 눈물을 흘리는 사람도 있었다. 돌아와 성 아래에 이르러 팔을 걷어붙이고 서쪽을 향해 소리쳤다.

"이 오랑캐놈아!"

그리고 글방 선생님이 술과 음식을 차렸는데, 고사리 나물이 상에 올랐고, 이때는 금주령(禁酒令)이 내려진 때여서 술 대신 꿀물을 도자기 동이에 담아 내어왔다. 도자기 동이의 관지(款識)에는 '대명 성화년*99에 만들다(大明成化年製)'라고 되어 있었다. 술을 따르는 사람은 반드시 고개를 숙여 동이 안을 들여다보았는데 이는 춘추(春秋)*100의 의리를 잊지 말자는 뜻이다.

이윽고 서로 시를 읊게 되었는데 한 아이가

무왕(武王)이 만약 패하여 죽었더라면
천 년을 두고 주왕(紂王)에게는 역적이 되었으리
여망(呂望)*101은 백이를 구원해 보냈는데도
어이하여 역적을 보호했다 말하지 않는가
이제까지 말해 오는 춘추대의도

---

*95 숭정은 명나라 마지막 황제 의종(毅宗)의 연호이고, 기원 곧 원년은 우리나라 인조(仁祖) 6년, 1628년인데, 기원 후란 이 원년을 시작으로 하여 몇 해라고 일컫는 것임. 명나라가 멸망하고 청나라 세상이 된 뒤에도 숭명(崇明)의 사상이 깊이 뿌리박혀 있어서 그냥 명나라 연호를 쓴 것임.
*96 관례(冠禮)를 올린 사람과 올리지 않은 사람, 곧 청년과 소년.
*97 조선 숙종(肅宗) 때의 문신 송시열(宋時烈). 우암은 호임, 노론(老論)의 영수(領袖). 세자 책봉을 반대하여 유배되었다가 사사(賜死)되었음. 1607~1680.
*98 담비털 두루마기.
*99 명나라 헌종(憲宗)의 연호. 1465~1487년, 우리 세조(世祖)·성종(成宗) 때임.
*100 공자(孔子)가 지었다는 노(魯)나라 역사로서 대의명분을 밝히는 데 본뜻을 두었음.
*101 태공망(太公望) 여상(呂尙). 주(周)나라 문왕(文王)의 스승, 무왕(武王)을 도와 은(殷)나라 주왕(紂王)을 토벌하여 천하를 편안하게 했음. 강태공(姜太公)이라고도 함.

되놈이 보기에는 되놈의 역적이리.

武王若敗崩 千載爲紂賊
望乃扶夷去 何不爲護逆
今日春秋義 胡看爲胡賊

라고 하여, 자리에 있던 사람들이 모두 크게 웃었다.
　글방 선생님은 한동안 멍하니 앉아 있다가 말했다.
　"아이들은 일찍부터 춘추(春秋)를 읽게 해야겠구나. 일찍 읽지 아니하여 그 뜻을 분별하지 못하기 때문에 그 따위 괴상한 말을 하는 것이다. 여기 경치나 읊어 보도록 해라."
　그러자 또 한 아이가 시를 지어 말했다.

고사리를 아무리 캐어도 배부르지 않아
백이는 마침내 굶어 죽었네
꿀물은 술보다 훨씬 달아
이걸 마시고 죽는다면 원통하지 않겠는가.

採薇不眞飽 伯夷終餓死
蜜水甘過酒 飮此亡則冤

선생님은 눈살을 찌푸리면서 말했다.
　"그것은 또 무슨 괴이한 말이냐?"
　모두들 다시 한바탕 크게 웃었다.
　그러고서 이미 17년이란 세월이 흘러, 그때 그 자리의 늙은이들은 다 세상을 떠나버린 지금 이곳에서 다시 백이의 고사리가 이런 말썽을 일으키게 되었다. 타향의 등불 아래 옛일을 기록하느라 잠을 설쳤다.
　새벽에 떠나 길에서 상여수레[喪車]를 만났다. 널 위에 흰 수탉을 올려놓았는데, 닭은 연신 홰를 치며 운다. 잇달아 상여수레를 만났다. 모두 널 위에 닭을 올려놓았다. 닭 우는 소리로 죽은 이의 영혼을 인도하는 것이라고 한다.

 길 옆에 넓이가 수백 이랑 되는 연못이 있다. 연꽃은 이미 다 졌고, 마을 사람들이 저마다 조그만 배를 타고 들어가서 마름과 연근 따위를 캐고 있다.

 수천 마리의 돼지를 몰고 가는 이가 있다. 그 돼지를 모는 방법은 말이나 소를 몰고 다니는 것과 같았다. 수백 리 사이에 아름드리 버드나무들이 수없이 뽑혀 쓰러져 있다. 어제 비바람에 뽑힌 것이었다.

 진자점(榛子店)에 이르렀다. 이곳은 본래 축창(畜娼)이라고 부르던 곳이다. 강희(康熙) 연간에 천하의 창기를 엄금하여 양자강(揚子江)의 판교(板橋) 같은 이름난 곳은 모두 쑥대밭이 되었으나, 오직 이곳만은 없어지지 않았다. 이런 곳에 있는 여인들을 양한(養閑 : 조선의 사당 폐와 비슷함)이라 하는데, 얼굴이 예쁘장하고 또 악기도 곧잘 다룬다.

 재봉(再鳳)과 상삼(象三)이 후당(後堂)으로 들어가면서 나를 보고 싱긋 웃는다. 나도 그들의 뜻을 짐작하고 곧 슬그머니 뒤를 밟아가서 문틈으로 엿보았더니, 상삼은 이미 한 여인을 끌어안고 앉았다. 안면이 있는 사이인 모양이다. 젊은이 두 사람이 의자에 마주 앉아 비파(琵琶)를 타고 있고, 또 한 여인이 의자에 마주 앉아서 부리에 금 고리를 물린 피리를 불고 있다. 금 고리에 붉은 술이 드리워져 있는데, 재봉이 옆에 서서 그 술을 만지작거리고 있다.

 또 한 여인이 손에 단판(檀板)*102을 들고 주렴을 걷고 나와서 재봉을 부축하여 앉히려 하는데 재봉은 응하지 않는다. 그러자 주렴 안에 있던 한 늙은이가 주렴을 헤치고 서서 재봉에게 인사를 한다.

 내가 한 번 큰 기침을 하니, 방 안의 사람들이 모두 깜짝 놀란다. 상삼과 재봉이 서로 바라보며 빙긋이 웃고, 곧 일어나 문 밖으로 나와 나를 맞아들인다. 문 안으로 들어서면서 인사를 하자 늙은이와 두 젊은이가 일제히 일어나 얼굴에 웃음을 띠면서 인사를 한다.

 "어서 오십시오."

 세 창기도 모두 인사를 한다. 재봉이 노란 저고리에 붉은 치마를 입은 여인을 가리키면서 말한다.

 "저 여자의 이름은 유사사(柳絲絲)랍니다. 병신년(丙申年)에 이곳을 지날

---

*102 단단한 나무 세 조각으로 만든 악기의 하나.

때는 스물네 살로 일색이었지요. 5년 동안에 그만 얼굴이 아주 변해 버려 보잘것없게 되었군요."

그러자 상삼이 말한다.

"유사사는 열네 살 때부터 노래 잘하기로 이름을 날렸답니다."

그리고 다시 검은 저고리에 주홍빛 치마를 입은 여인을 가리키면서 말한다.

"저 여자는 이름이 요청(幺靑)이고 나이는 올해 스물다섯 살입니다. 작년부터 이곳에 와 있는데 산동(山東) 여자랍니다."

내가 검은 저고리에 녹색치마를 입은 가장 어려 보이는 여인을 가리키자 상삼이 말한다.

"처음 보는 여자라 성명과 나이를 모르겠습니다."

세 여인이 모두 썩 아름답지는 못했지만 대체로 당화(唐畫)*103의 미인도(美人圖)에 보이는 여인들과 비슷했다.

늙은이는 이곳의 주인이고, 두 젊은이는 모두 산동(山東)서 온 장사치들이었다. 내가 상삼이에게 눈짓하여 음악을 청하게 하였더니, 상삼이 젊은이에게 뭐라고 말을 했다. 그러자 한 젊은이가 혼자 노래를 부르고 요청은 단판을 두드리며 합창을 한다. 다른 여인들은 악기를 멈추고 귀를 기울여 열심히 듣는다.

한 젊은이가 내 옆으로 옮겨와 앉으며 묻는다.

"알아들으시겠습니까?"

내가 모르겠다고 하니 젊은이가 글씨를 써서 이야기한다.

"이 사곡(詞曲)은 계생초(鷄生草)라고 하는데, 그 가사는,

전조(前朝 : 지난 왕조)에 태어난 영웅이요 장수는
도원에서 의를 맺은 유비·관우·장비라
그들 세 사람
제갈량을 군사(軍師 : 군대의 총 지휘관격)로 맞이하여
신야의 박망둔 불살라 버리고
화포로 상양성마저 깨뜨렸네

---

*103 중국 사람이 그린 동양화.

원망스러워라 하느님은

주유(周瑜 : 삼국시대 오(吳)나라 총사령관)를 이미 내놓으시고는 제갈량은 또 어인 일인가.

前朝出了英雄將 桃園結義劉關張

他三人請了軍師諸葛亮

火燒新野博望屯 炮打上陽城

怨老天旣生瑜又生亮

이런 것입니다."

 젊은이는 글을 제법 아는 모양이지만 얼굴은 못생겼다. 그는 스스로 자기를 소개한다.

 "저는 신성(新城)*104에 살고 있는 왕용표(王龍標)올시다."

 내가 물었다.

 "그럼 자네가 혹시 서초(西樵) 왕사록(王士祿)*105 선생의 후손이 아닌가?"

 "아닙니다. 소생은 장사나 해서 살아가는 백성입지요."

 왕용표가 대답한다.

 젊은이가 또 다른 노래를 부르고, 여인들은 단판을 치거나 비파를 타고, 또는 피리를 불어 장단을 맞춘다. 왕용표가 다시 묻는다.

 "어른께서는 이 노래를 아시겠습니까?"

 "모르겠네. 이것은 무슨 사곡인가?"

 내가 되물으니까 용표는 글씨로 대답한다.

 "이 사곡은 답사행(踏沙行)이라고 하는데, 그 가사는

세월은 빨리도 지나가고 속세는 아지랑이 같구나

동으로 흐르는 강물 쉴 줄 모르는데

예부터 명리(名利)를 다투던 사람들

백 살을 산 사람이 그 몇이던고.

---

*104 중국 직례성(直隸省) 무극현(無極縣)에 있음.

*105 청나라 초기의 시인. 아우 사정(士禎)·사우(士祐)도 모두 시에 뛰어나 세상 사람들이 그들을 삼왕(三王)이라 일컬었음.

日月隙駒塵埃野馬 東流不盡江河瀉
向來爭奪名利人 百歲幾個長存者

이런 것이지요."
 이어서 유사사가 노래를 부른다.

고기잡이와 나무꾼이 주고받는 이야기
옳고 그름 시대 따라 있는 것 아니니
스스로 잔 부어 기울이며 노래하리
알아주는 이 적다 한탄할 것 없어라.

漁樵冷話 是非不在春秋下
自斟自飮自長吟 不須贊嘆知音寡

 그 소리가 하도 처량하여 넋이 사그러질 것만 같다.
 상삼이 계속해서 노래를 부르기를 청하니, 유사사가 눈을 흘기는 시늉을 하면서 사양한다.
 "변변치 못한 노래만 자꾸 해서 뭘 합니까?"
 젊은이가 스스로 비파를 타면서 사사에게 노래를 계속하라고 권하여 다시 노래를 하는데, 그 소리가 더욱 애절하고 간드러지게 넘어간다.
 용표가 또 글씨를 써서 말한다.
 "이 곡은 서강월(西江月)이라는 것으로 가사는,

쓰르라미 찌륵찌륵 세월을 재촉하고
모기 등에 산과 강 야단스레 다니더니만
밤 사이 비바람 후려쳐 지나간 다음
아무리 둘러보아도 모두 간 곳 없어라.

蟪蛄忽忽甲子 蚊蝱擾擾山河
疾風暴雨夜來過 轉眼都無一個

이런 것입니다."
 이어 요청이 노래를 부른다.

  항아리 속 맛있는 술 다하도록
  달 아래 노래 소리 한가로이 들려오네
  부귀니 공명이니 필경 무엇일까
  뒷날 결과는 묻지를 마오.

  且盡尊中美酒 閑聽月下高歌
  功名富貴竟如何 莫問場結果

 요청의 목소리는 자못 투박하여서 유사사의 그윽하고 애절함만 못하다.
 내가 곧 자리에서 일어나 나오니 재봉이도 일어선다. 재봉이 말하기를, 상삼이 주인에게 은 두 냥, 대구 한 마리, 부채 한 자루를 주었다고 한다. 식암(息庵)*106이 보았다는 계문란(季文蘭)의 시를 찾아보았으나 보이지 않는다.
 오는 수천 리 길에 부녀의 말소리가 모두 꾀꼬리 소리같이 고왔고, 한 번도 억세고 거친 소리를 들어보지 못하였다. 이른바,

  아름다운 여인 그는 지금 어디에
  저 주렴 너머 눈썹 그리는 소리 그가 아닐까.

  不識佳人何處在 隔簾疑是畫眉聲

하는 옛날 시처럼 늘 한번 그 아리따운 노랫소리를 들었으면 하고 생각해 오다가 이제 막상 그들이 부르는 노래를 듣고 보니 비록 가사의 뜻은 있겠지만 그 목소리를 분별할 수 없고 또한 그 곡조를 알지 못하겠으니 도리어 안 들었을 때의 여운을 그대로 지니고 있는 것만 못하게 되었다.
 저녁 무렵에 풍윤성(豊潤城) 아래에 이르렀다. 숙소의 뒷문이 해자 쪽으로

---

*106 김석주(金錫冑). 조선 숙종(肅宗) 때의 문신. 식암은 그의 호임. 허견(許堅)의 반역을 고발하여 남인(南人)을 몰아내었음.

나 있는데, 문 앞에는 수양버들 두어 그루가 서 있다. 정사(正使)가 정유년(丁酉年) 봄 사행(使行) 갔다가 돌아오는 길에 이 집에서 묵으면서 서장관 신형중(申亨仲)과 함께 이 버드나무 아래에 앉아 한담을 나누었다고 한다.

가마에서 내리자마자 뒷문 밖에 자리를 펴라고 하여 여러 비장(裨將)들과 간략하게 술잔을 나누었다. 해자는 넓이가 10여 보는 되겠는데, 버드나무가 우거져 그늘이 짙고, 가지가 땅에까지 늘어지면서 물 위에 일렁인다. 성 위에는 처마가 3층으로 된 높은 누각이 하늘 높이 솟아 있다. 여러 사람과 함께 성 안으로 들어가서 누각에 올라가 구경하였다. 누각의 이름은 문창(文昌)이다. 문창성군(文昌星君)*107을 모신 사당이라고 한다.

길에서 초나라 사람인 임고(林皋)를 만나 그와 함께 호형항(胡逈恒)의 집으로 가서 등불을 밝히고 차수(次修)*108가 써 놓은 무관(懋官)*109의 시를 구경하였다. 저녁 먹은 뒤에 다시 오겠노라 약속하고, 성문을 닫느냐고 물으니 이제 곧 닫지만 한 시간도 채 안 되어 도로 열어 놓는다고 한다.

저녁 후에 등불을 들고 다시 성문으로 가 보니 성문을 닫지 않았다. 우리 하인들이 더부룩한 머리에 갓도 쓰지 않고 분주하게 거리를 오가며 말먹이 풀을 찾아다닌다.

호형항과 임고 두 사람이 나와 반가이 맞아들인다. 방에는 이미 술과 과일을 차려 놓았다.

"이형암(李炯庵)*110과 박초정(朴楚亭)*111 두 분께서는 안녕하십니까?"

"예, 다들 안녕하십니다."

물음에 내가 대답하자 임생(林生)이 말한다.

---

*107 별 이름에서 따 온 신의 하나, 문창성은 북두칠성(北斗七星)의 첫째 별인 괴성(魁星) 앞에 있는 여섯 별로, 그 신은 화복(禍福)을 집계(集計)하고 천도(天道)를 밝히며 천하를 운영한다고 함.

*108 박제가(朴齊家)의 자.

*109 이덕무(李德懋)의 자.

*110 이덕무(李德懋). 형암은 호임. 영조·정조 때의 실학자(實學者). 글씨와 그림에 뛰어났고, 저서에 청장관전서(靑莊館全書)가 있음. 호를 또 아정(雅亭)·청장관(靑莊館)·동방일사(東方一士)라고도 했음. 1741~1793.

*111 박제가(朴齊家). 초정은 그의 호임, 영조·정조 때의 실학자. 여러 번 청나라에 사신으로 갔고, 저서에 북학의(北學議)·명농초고(明農草藁) 등이 있음. 호를 또 정유(貞蕤)·위항도인(葦杭道人)이라고도 했음. 1750~?

"그 두 분은 참으로 인품이 맑고 학식이 높은 선비들이십니다."
"그들은 다 내 제자들인데 아직 모두 미숙한 재주여서 들어서 말할 것이 못 됩니다."
내가 이렇게 말하자 임생이 또 말한다.
"정승의 집안에서 정승이 나고, 장수의 집안에서 장수가 난다더니, 과연 헛말이 아닙니다. 형암과 초정 두 분은 지난 무술년(戊戌年) 황태후(皇太后) 진향사(進香使)*112로 왔을 때 이곳에 들러 하룻밤을 묵어 가셨습니다."
임고와 호형항이 비록 정성을 다하여 나를 대접해 주기는 하나 학문과 문장은 보잘것없었다. 호생은 얼굴이 천박하게 생긴 데다 시중의 불량배 티가 많이 나고, 임생은 수염이 길고 어른다운 풍채가 있기는 하나 말을 주고받는 가운데 장사 이야기를 빼놓지 못한다.
호생이 나에게 송하선인도(松下仙人圖)를 주고, 임생도 그림을 그린 부채 하나를 준다. 나는 두 사람에게 각각 부채 한 자루와 청심환 한 개씩을 주어 답례하고 술을 몇 잔 마셨다. 방 안의 유리등 한 쌍이 참으로 아름답다. 밤이라서 다른 그릇들은 구경할 수가 없어 나는 곧 자리에서 일어나면서 돌아오는 길에 다시 방문하기로 약속하였다. 임생이 앞에까지 따라나와 전송하며 작별을 몹시 섭섭해한다.
객사로 돌아와서 호생이 준 민(閩) 땅에서 나는 생강·국화차·귤병(橘餠)*113을 꺼내어, 장복에게 푹 끓이라고 하여 소주에 타서 몇 잔 마셨다. 그 맛이 썩 좋았다.
성 밖에는 사성묘(四聖廟)*114가 있고, 옹성(甕城)*115 안에는 백의암(白衣菴)이 있다. 큰 거리에는 패루(牌樓) 둘이 있고, 초루(譙樓)*116에는 관운장(關雲長)의 소상을 모셔 놓았다.

---

*112 조선 시대에 중국에 국상(國喪)이 나면 향과 제문(祭文)을 가지고 가서 조문하는 사신.
*113 귤을 꿀이나 사탕에 졸이어 만든 음식.
*114 요(堯)·순(舜)·우(禹)·탕(湯) 네 성왕을 모신 사당.
*115 성문 밖에 따로 둥글거나 모나게 쌓아서 성문의 방비를 견고하게 하는 조그만 성.
*116 성문 위에 지은 누각.

28일 갑진(甲辰)

아침에는 맑다가 오후에는 바람이 불고 천둥이 치며 비가 장대같이 퍼부으나, 야계타(野鷄坨)에서 만났던 빗줄기만은 못하다.

풍윤(豊潤)에서 새벽에 떠나 고려보(高麗堡)까지 10리, 사하보(沙河堡)까지 10리, 조가장(趙家莊)까지 2리, 장가장(蔣家莊)까지 1리, 환향하(還香河, 漁河橋라고도 한다)까지 1리, 민가포(閔家舖)까지 1리, 노고장(盧姑莊)까지 4리, 이가장(李家莊)까지 3리, 사류하(沙流河)까지 8리를 와서 점심을 먹으니 모두 40리를 왔다. 다시 사류하에서 양수교(亮水橋)까지 10리, 양가장(良家莊)까지 5리, 입리포(卄里舖)까지 5리, 시오리둔(十五里屯)까지 5리, 동팔리포(東八里舖)까지 7리, 용읍암(龍泣菴)까지 1리, 옥전현(玉田縣)까지 7리, 모두 40리, 이날 총계 80리를 와서 옥전성(玉田城) 밖에서 묵었다.

옥전은 전에 유주(幽州)라고 하였고, 옛날의 무종국(無終國)이다. 소공(召公)*117이 봉해졌던 땅이다. 정의(正義)*118에, '소공이 처음에는 무종에 봉해졌다가 뒤에 계주(薊州)로 옮겼다'고 하였고, 시경(詩經) 서문에는, '부풍(扶風) 옹현(雍縣)의 남쪽에 소공정(召公亭)이 있으니 곧 소공의 채읍(采邑)*119이었다'고 하였다. 어느 것이 옳은지 모르겠다.

고려보(高麗堡)에 이르렀다. 집들은 모두 이엉을 이었다. 몹시 을씨년스러운 것이 물어보지 않아도 고려보임을 알겠다. 정축년(丁丑年)에 포로로 잡혀 온 사람들이 한 마을을 이루고 사는 곳이다. 산해관 동쪽 천여 리에 논 한 뙈기 볼 수 없었는데 이곳에서만은 논에 벼농사를 짓고 떡과 엿 따위를 만들어 먹는 본국 풍습을 그대로 지니고 있다.

옛날에는 사행(使行)이 와서 하인들이 술이나 음식을 사면 간혹 값을 받지 아니하고, 부녀들도 내외를 하지 않았으며, 고국의 이야기가 나오면 눈물을 흘리는 사람이 많았다. 그런데 뒤에는 하인들이 이것을 기화로 하여 술과

---

*117 주(周)나라 때의 명신. 무왕(武王)이 주왕(紂王)을 토멸하자 북연(北燕)에 봉해져서, 정치를 잘 하였다고 함. 문왕(文王)의 아들, 이름은 석(奭).

*118 경서(經書)의 주석을 다시 풀이한 책.

*119 공이 있는 사람에게 한 지역을 나누어 주어 그 지역의 조세를 받아 쓰게 함. 식읍(食邑).

음식을 공짜로 마구 먹고, 혹은 그릇이나 옷까지도 억지로 빼앗았으며, 주인이 본국 사람의 옛 정을 생각하여 마음놓는 틈을 타 도둑질까지 하였다. 그래서 점차 우리나라 사람을 꺼리게 되어 사행이 지나갈 때마다 술과 음식 따위를 숨긴 채 팔려고 하지 않았다. 사정을 하다시피 하면 반드시 비싼 값을 요구하고, 또는 먼저 값을 받고서야 물건을 주기도 하였다. 그러자 하인들은 또 별의별 꾀를 다 써서 그들을 속여 분풀이를 하고, 그러다 보니 서로 감정이 극도로 격해져서 마치 원수처럼 보게 되었다.

그래서 이곳을 지날 때면 하인들이 일제히 큰 소리로 꾸짖는다.

"너희는 조선의 후손이 아니냐? 너희 할아버지께서 오셨는데 어찌하여 나와서 절을 하지 않느냐?"

그러면 이곳 사람들도 역시 큰 소리로 우리를 꾸짖는다. 그런데도 우리나라 사람들은 도리어 이곳의 풍속이 너무 나쁘다고 하니 참으로 한심한 노릇이다.

길에서 갑자기 소나기를 만났다. 비를 피해 한 가게 안으로 들어갔다. 가게에서는 차를 내어와 극진히 대접한다. 비가 얼른 멎지 않고 천둥 번개 또한 대단하다.

가게의 앞채가 매우 넓고 뜰이 백여 보나 되는데, 늙고 젊은 여인 다섯 명이 막 붉은 부채를 물들여 처마 아래에서 말리고 있었다. 이때 마부 하나가 알몸으로 뛰어들어왔다. 머리에는 다 떨어진 전립(氈笠)을 덮었을 뿐이고, 허리 아래는 겨우 한 조각 천으로 가렸을 뿐이다. 사람도 아니고 귀신도 아닌 꼴이 무척이나 흉측스럽다. 집 안에서 요란스럽게 웃고 떠들고 하던 여인네들은 이 꼴을 보고 부채를 내동댕이치고 모두 달아나 버렸다.

가게 주인이 이 광경을 내다보고 얼굴이 시뻘게지더니 의자에서 벌떡 일어나 팔을 휘두르며 뛰쳐나가 마부의 뺨을 후려갈겼다.

"우리 말이 허기가 져서 보리 찌꺼기를 사러 왔는데, 당신은 무엇 때문에 사람을 치는 거요?"

마부가 이렇게 말하자 주인이 꾸짖는다.

"예의도 모르는 놈아, 어떻게 감히 알몸뚱이로 남의 집에 함부로 뛰어드느냐?"

그래서 마부는 곧 문 밖으로 달아났지만, 주인은 아직도 분이 풀리지 않는 모양인지 비를 무릅쓰고 뒤쫓아간다.

이윽고 마부가 몸을 돌이켜 큰 소리로 욕을 퍼붓고 주인의 가슴팍을 한 번 쥐어박는다. 주인은 진흙바닥에 나가떨어졌다. 마부가 다시 발로 그의 가슴을 걷어차고는 달아난다. 가게 주인은 죽은 듯이 몸을 움직이지 못하다가 한참만에 일어나 아픔을 참지 못하고 비틀거리며 걸어온다. 온몸이 진흙투성이가 되었지만 분풀이를 할 데가 없다. 가게 안으로 돌아와 성난 눈으로 나를 노려본다. 말은 하지 않아도 몹시 좋지 않은 기색이다. 나는 그를 내려다보며 엄숙한 표정을 지어 감히 범하지 못할 기세를 보이고는 잠시 뒤에 얼굴빛을 부드럽게 하면서 말했다.

"못된 하인놈이 몹시 무례하게 굴었군요. 마음에 두지 마시오."

그러자 주인이 노여움을 풀고 웃으면서 말한다.

"오히려 부끄럽습니다. 나으리께서는 마음을 놓으시지요."

비는 더욱 퍼붓는다. 오래 앉아 있자니 갑갑하여 견딜 수가 없다. 주인이 앞채로 달려가더니 새옷으로 갈아입고 8, 9세쯤 된 계집아이를 데리고 나와서 내게 절을 시킨다. 계집아이의 얼굴이 몹시 우악스럽게 생겼다.

주인이 웃으면서 말한다.

"이 아이는 제 셋째 딸이올시다. 저는 아들이 없답니다. 나으리께서는 너그러우시니 덕망이 있는 어르신의 정으로 이 아이의 절을 받으시고 수양아버지가 되어 주시기 바랍니다."

나는 웃으면서 말했다.

"주인의 뜻은 참으로 고맙소이다만 그럴 수가 없는 것이, 나는 외국 사람이라 이번에 이렇게 지나가면 다시는 오질 못합니다. 잠깐 동안 인연을 맺었다가 훗날 서로 생각하는 괴로움만 남긴다면 도리어 원망스러운 일이 될 뿐입니다."

주인은 그래도 수양딸로 삼아 달라고 하였으나 나는 단호히 사양하였다. 만약 한번 인연을 맺으면, 돌아올 때에 반드시 북경의 물건을 사다 주어 정표를 삼아야 한다는 것이 마두(馬頭)들의 말이었다. 성가시고도 우스꽝스러운 일이다.

비가 좀 뜸해지고 서늘한 바람이 약간 불기에 일어나 가게 문을 나섰다. 주인은 문까지 따라나와 작별하면서 몹시 섭섭한 모양을 보인다. 청심환 한 개를 꺼내 주자 주인이 몹시 고마워한다. 계집아이는 발에 검은 신발을 신은 것으로 보아 기하(旗下)*[120]인 듯하였다.

용읍암(龍泣菴)에 이르렀다. 암자 앞에 서 있는 큰 나무 그늘에서 50여 명의 할 일 없는 사람들이 더위를 피하고 있다. 어떤 사람은 토끼를 놀리고 있고, 어떤 사람은 한편에서 비파를 타고 피리를 불며 서유기(西遊記) 장면을 연출하고 있다.

저녁때 옥전현(玉田縣)에 닿았다. 무종산(無終山)이 여기에 있는데, 이 산에 연(燕)나라 소왕(昭王)의 무덤이 있다고 한다. 성 안으로 들어가 한가로이 구경을 하고 있자니 한 가게에서 생황 소리와 노랫소리가 들려온다. 정진사(鄭進士)와 함께 음악 소리를 따라 들어가 보니 낭무(廊廡)*[121] 아래 대여섯 명의 소년들이 늘어앉아서 생황을 불거나 비파를 타고 있다. 당(堂) 안으로 들어가자 한 사람이 단정히 의자에 앉아 있다가 손님을 보고 일어나 절을 한다. 용모가 매우 단정하고 나이는 쉰 살 남짓한데 수염은 반백이다. 이름을 써 보이니 머리만 끄덕일 뿐이고, 이름을 물어도 대답이 없다.

네 벽에는 유명한 사람들의 글씨와 그림이 가득 걸려 있다. 주인이 일어나 조그만 감실(龕室)*[122]을 열어 보여 준다. 그 안에는 주먹만한 옥으로 만든 불상을 모셔 놓았고, 불상 뒤에는 조그만 관음상(觀音像) 그림이 걸려 있다. 거기에는 '태창(泰昌)*[123] 원년 봄 3월 저양(滁陽) 구침(邱琛)이 그리다'라고 씌어 있다.

주인이 향을 피우고 불상 앞에서 머리를 조아린 다음 일어나서 감실 문을 닫고, 도로 의자로 돌아와 앉는다. 그러고는 그의 이름을 심유붕(沈有朋)이라 써 보인다. 그는 소주(蘇州) 사람으로 자는 기하(箕霞), 호는 거천(巨川), 나이는 마흔여섯 살이라고 한다. 말이 적고 조용하다.

내가 일어나서 인사를 하고 문을 나서다가 보니, 탁자 위에 구리로 부어 만든 사슴이 놓여 있다. 푸른빛이 속속들이 스며들었고, 높이가 한 자 남짓 되어 보였다. 또 두어 자쯤 되는 벼루병풍(硏屛)은 국화를 그리고 곁에 수정

---

*120 팔기(八旗)에 딸린 사람. 곧 만주인.
*121 문 양쪽에 있는 행랑(行廊).
*122 당(堂) 안이나 방에 만들어 놓은, 불상이나 위패 같은 것을 모셔 놓는 작은 방.
*123 명나라 광종(光宗)의 연호. 원년은 1620년. 우리 광해군(光海君) 14년임.

조각을 붙여 만들었는데 그 솜씨가 매우 정밀하고 교묘하다.

서쪽 담 아래에 놓여 있는 푸른 꽃병에는 벽도화(碧桃花) 가지 하나를 꽂아 놓았다. 그 꽃잎에는 검고 큰 호랑나비 한 마리가 앉아 있다. 처음에는 만들어 붙인 것이거니 했으나 자세히 보니 금빛과 푸른빛이 나는 진짜 나비였다. 다리를 꽃에 붙여 놓아 말라 버린 지 오래되었다.

벽 위에는 이상한 글 한 편이 걸려 있다. 흰 종이에 아주 잔 글씨로 써서 족자처럼 만들어 한쪽 벽에 가로로 꽉 차게 걸어 놓았다. 글씨가 매우 정교하다. 벽으로 다가가서 대강 읽어 보니 이야말로 세상에 없는 야릇한 글이라 하겠다. 나는 도로 자리로 돌아와 주인에게 물었다.

"저 벽에 걸려 있는 글은 누가 지은 것이오?"

주인이 대답한다.

"누가 지은 것인지 알지 못합니다."

정군이 물었다.

"이것은 요즘에 지은 글 같은데, 주인 선생께서 지으신 것 아닌가요?"

"나는 글을 모릅지요. 지은이의 성명도 적혀 있지 않으니 언제 것인지도 알 수 없고요."

내가 다시 물었다.

"그러면 이것을 어디서 구하셨소?"

"얼마 전에 계주(薊州) 장에서 산 것입니다."

내가 다시 말했다.

"베껴 가도 좋을까요?"

그는 고개를 끄덕인다.

"예, 괜찮습니다."

그래서 종이를 가지고 다시 오기로 약속하고 나왔다.

저녁을 마치고 정군과 함께 다시 갔다. 당 안에는 이미 촛불 두 개를 켜 놓았다. 내가 벽으로 가서 족자를 풀어 내리려고 하니까, 주인이 하인을 불러서 내리게 한다.

"정말 주인께서 지으신 것이 아닌가요?"

내가 다시 물으니 그는 머리를 가로젓는다.

"제 말은 저 촛불과 같이 분명하지요. 저는 오래전부터 부처님의 말씀을 받들어 거짓말을 하지 않습지요."
 정군에게는 중간부터 베끼라고 하고 나는 처음부터 베껴 내려갔다.
 "나으리께서는 이것을 베껴 무엇을 하시렵니까?"
 주인이 묻기에 내가 대답했다.
 "돌아가서 우리나라 사람들에게 보여 주어 배를 움켜잡고 한바탕 웃게 하려는 겁니다. 하도 우스워서 입 안의 밥알이 벌이 날아가듯 튀어나올 것이고, 갓끈이 썩은 새끼줄 부스러지듯 끊어질 것입니다."
 숙소로 돌아와 등불을 밝히고 읽어 보았다. 정군이 베낀 부분은 잘못 쓴 것과 빠뜨린 글자와 구절이 많아서 도무지 문맥이 통하지 않으므로, 대강 내 뜻대로 얽어서 한 편의 글을 만들었다.

범의 호통(호질(虎叱))

 범은 뛰어나게 덕이 높고 문무(文武)를 겸하였으며, 자애롭고 효성스러우며, 지혜롭고 어질며, 웅장하고 용맹하여 천하무적이다.
 그러나 비위(狒胃 : 원숭이의 한 가지)라는 짐승은 범을 잡아먹고, 죽우(竹牛)란 짐승도 범을 잡아먹으며, 박(駁)이란 짐승도 범을 잡아먹는다. 오색 사자(獅子)는 큰 나무 굴에 숨었다가 범을 잡아먹고, 자백(玆白)이란 짐승도 범을 잡아먹으며, 표견(豹犬)이란 짐승은 날아서 범과 표범을 잡아먹고, 황요(黃要)란 짐승은 범과 표범의 염통을 꺼내어 먹는다. 활(猾)이란 놈은 범이나 표범이 잡아 삼켜 버리지만 뱃속에서 범이나 표범의 간을 먹어 버리고, 추이(酋耳)란 짐승은 범을 만나면 찢어서 먹어 버리며, 범이 맹용(猛鏞)이란 짐승을 만나면 눈을 감은 채 함부로 쳐다보지도 못한다. 그런데 사람은 맹용을 무서워하지 않고 범은 무서워하니 범의 위엄이란 얼마나 두려운 것인가.
 범이 개를 잡아먹으면 취하고, 사람을 잡아먹으면 조화를 부리게 된다.
 범이 처음으로 사람을 잡아먹으면 그 죽은 사람의 혼이 굴각(屈閣)이라는 창귀(倀鬼 : 범에게 잡아먹힌 사람의 혼은 범의 앞잡이 노릇을 하는 이 귀신이 된다 함)가 되어 범의 겨드랑이에 붙어다닌다. 이 귀신이 범을 남의 집 부엌으로 인도하여 솥전을 핥게 하면, 그 집 주인이 갑자기 배가 고파져서 밤중에도 아내에게 밥을 지으라고 명한다.

범이 두 번째로 사람을 먹으면 그 혼은 이올(彝兀)이라는 창귀가 되어 범의 광대뼈에 붙어다니면서, 높은 데 올라가 위태로운 일이 없는가 살펴보다가 만약 길에 함정이나 덫이 있으면 제가 먼저 가서 그 함정을 파헤쳐 놓고 덫을 풀어 놓는다고 한다.
 범이 세 번째로 사람을 잡아먹으면 그 혼은 육혼(鬻渾)이라는 창귀가 되어 범의 턱에 붙어다니면서, 제가 아는 친구의 이름을 많이 알려준다.
 범이 창귀에게 묻는다.
 "날이 저물어가는데 이제 무엇을 잡아먹어야 할까?"
 굴각(屈閣)이 말한다.
 "제가 아까 점을 쳤더니 뿔 가진 것도 아니고 날개 달린 것도 아니며 검은 머리를 한 것이 나왔습니다. 눈 위에 발자국이 촘촘이 나 있으며, 꼬리가 머리에 붙어 있어 그 꽁무니를 가리지 못하는 그런 것입니다."
 그러자 이번엔 이올(彝兀)이 말한다.
 "동문(東門)께에 먹을 것이 있는데 이름은 의원(醫員)이라 합니다. 풀이란 풀은 모두 뜯어먹어서 살이 매우 향기롭습니다. 또 서문께에도 먹을 것이 있는데 이름은 무당(巫堂)이라고 합니다. 모든 신에게 잘 보이려고 날마다 목욕재계를 하여 살이 아주 깨끗합니다. 이 두 고기 중에서 고르시지요."
 범은 수염을 곤두세우고 성난 얼굴로 말한다.
 "의원의 의(醫)는 곧 의심의 의(疑)로다. 자신도 의심하는 것을 여러 사람에게 시험하여 해마다 수많은 사람을 죽인다. 무당의 무(巫)는 무고(誣告)의 무(誣)렷다. 귀신을 속이고 백성들을 미혹케 하여 해마다 수많은 사람을 죽인다. 그런 탓으로 많은 사람들의 노여움이 뼛속까지 배어서 금잠(金蠶)*124이 되었으니 독해서 먹을 수가 없다."
 그러자 이번에는 육혼이 말한다.
 "숲(숲은 곧 삼림(林)으로 유림(儒林)의 임(林)과 통한다. 유림은 곧 선비)에 맛좋은 고기가 있습니다. 인자한 간(肝)과 의로운 쓸개(膽)를 가지고 있으며, 충성스러운 마음을 지니고 고결한 지조를 품고 있습니다. 예의(禮)를 실행하고 음악(樂)을 즐기며 입으로는 백가(百家)*125의 말을 외우고, 마음으로는 만물의 이치에 통달했습니다. 그 이름은

---

*124 독이 있는 벌레 이름. 남방 사람들이 비단을 먹여 기르는데, 그 똥을 음식에 섞어서 먹게 되면 죽는다고 함.

덕이 높은 선비라고 하는데, 등판은 두둑하고 몸은 기름져서 온갖 좋은 맛을 다 갖추고 있습니다."

범이 이 말을 듣고 눈썹을 치켜세우고 군침을 흘린다. 그리고 하늘을 쳐다보고 크게 웃으면서 묻는다.

"무엇이 어떻다고? 더 듣고 싶노라."

그러자 창귀들이 앞다투어 범에게 권한다.

"음(陰) 하나와 양(陽) 하나를 일러 도(道)라고 하는데, 선비는 이 오묘한 이치를 꿰뚫었답니다. 오행(五行)[126]은 서로를 태어나게 하고 육기(六氣)[127]는 서로를 밝히는 것으로, 선비가 이것을 모두 이끌고 있습니다. 그러므로 이보다 맛이 좋은 것은 없습니다."

이 말을 들은 범은 얼굴빛을 어두워지면서 시무룩해져서 말한다.

"음양이란 본래 한 가지 기운이 성해졌다 쇠해졌다 하는 것으로, 그것을 둘로 나누니 그 고기는 잡된 것이 된다. 또 오행은 본래 제자리가 정해져 있는 것으로 서로 태어나게 하고 태어나는 것이 아니다. 그런데 이제 굳이 자식이니 어머니니 하고, 짜고 신 다섯 가지 맛까지도 오행으로 나누어 붙이니 그 맛은 순수하지 못한 것이다. 또 육기는 스스로 행하는 것이지 서로 밝히고 남이 인도해 주는 것이 아니다. 이제 함부로 밝히고 인도해 준다고 떠들어 각자 제 공을 나타내려 하니, 그 고기는 딱딱하고 질겨서 먹었다가는 체하고 구역질이 나 소화가 안 될 것이다."

정(鄭)나라 어느 고을에 벼슬하는 것을 떳떳지 않게 여기는 북곽 선생(北郭先生)이란 선비가 있었다. 나이 40에 손수 교정한 책이 만여 권이나 되고, 구경(九經)[128]의 뜻을 해석하여 저술한 책이 1만 5천 권이나 되었다.

---

*125 제자백가(諸子百家). 중국 춘추전국(春秋戰國) 시대의 여러 학파. 또 그 시창자(始唱者)들.
*126 우주간에 운행하는 원기로서 모든 물질을 이루고 있는 다섯 가지 요소. 곧 금(金)·목(木)·수(水)·화(火)·토(土).
*127 우주간의 여섯 가지 기(氣). 곧 음(陰)·양(陽)·바람(風)·비(雨)·어둠(暗)·밝음(明).
*128 아홉 가지 경서(經書). 곧 역경(易經)·서경(書經)·시경(詩經)·예기(禮記)·악경(樂經)·춘추(春秋)·논어(論語)·효경(孝經)·소학(小學) 또는 역경·서경·시경·예기·주례(周禮)·효경·춘추·논어·맹자(孟子) 또는 논어·맹자·중용(中庸)·대학(大學)·시경·서경·주역·예기·춘추.

그래서 천자는 그 의기를 높이 평가하고, 제후들은 그의 명성을 흠모하였다.

그 고을 동쪽에 일찍이 과부가 된 동리자(東里子)라는 아름다운 여인이 있었다. 천자는 과부의 정절을 가상히 여기고, 제후들은 그의 현숙함을 떠받들어, 그 마을 둘레 몇 리를 따로 떼어 아예 '동리 과부의 마을(東里寡婦之閭)'이라고 하였다. 동리자는 수절을 잘 하는 과부로 알려졌지만 아들 다섯은 모두 성이 달랐다.

어느 날 밤 그 다섯 아들들이,

"개울 북쪽에서는 닭이 울고, 개울 남쪽에서는 별들이 반짝이는 이 밤중에, 안방에서 소곤소곤 들려오는 소리가 꼭 북곽 선생의 목소리 같구나."

하고 번갈아가며 문 틈으로 방 안을 엿보니 마침 동리자가 북곽 선생에게 이렇게 요청한다.

"오랫동안 선생님의 높으신 덕을 사모해 왔사온데, 오늘밤 선생님의 글 읽으시는 소리를 한번 들으면 원이 없겠습니다."

그러자 북곽 선생은 옷깃을 바로잡고 꿇어앉아서 시를 읊는다.

　　원앙 한 쌍 병풍에 노닐고
　　반딧불 깜박깜박 흐르는데
　　가마솥 세발솥
　　누구의 것 본떴을까, 흥야(興也: '흥'이란 자기와 아무 관련 없는 사물을 들어 자기 의사를 표시하는 것으로 시의 표현 방법 중 하나)로다.

　　鴛鴦在屛 耿耿流螢
　　維鬵維錡 云誰之型 興也

다섯 아들들이 서로 소곤소곤 속삭인다.

"예기(禮記)*129에 이르기를 '과부의 집 문에는 함부로 드나들지 않는다'고 하였으니, 북곽 선생처럼 어지신 분이 그럴 리가 없겠지. 내가 일찍이 들은 이야기로 정나라 성문이 무너져서 여우굴이 생겼다는데, 여우가 천 년을 묵으면 사람으로 둔갑을 한다고 하니, 그 여우가 북곽 선생으로 둔갑한 것이

---

*129 공자의 제자들이 고대의 예의에 관하여 기록한 책. 오경(五經)의 하나임.

아닌지 모르겠구먼."

"내가 들은 말로는 여우의 관(冠)을 얻으면 큰 부자가 되고, 여우의 신발을 얻으면 대낮에도 제 몸이 남의 눈에 안 보인다 하고, 여우의 꼬리를 얻으면 아양을 잘 떨어서 남을 즐겁게 한다고 하니, 우리 저 여우를 죽여서 나누어 갖도록 하자."

이렇게 의논하고는 다섯 아들이 방을 에워싸고 들이쳤다.

북곽 선생은 깜짝 놀라 허겁지겁 도망을 치는데, 남이 자기를 알아볼까 봐서 한쪽 팔을 비틀어 목에 얹고, 도깨비처럼 춤을 추고 귀신처럼 웃으면서 문을 뛰쳐나왔다.

북곽 선생은 허둥지둥 정신 없이 달아나다가 들 가운데 파 놓은 구덩이에 빠졌다. 구덩이에는 똥이 가득 차 있었다. 허우적허우적 가까스로 밖으로 기어 올라와서 목을 빼어 둘러보니, 범 한 마리가 앞을 가로막고 앉아 있다. 범은 얼굴을 잔뜩 찡그리고 구역질을 하고는 코를 가리고 고개를 돌린 채 말한다.

"악, 구린 냄새! 선비란 참으로 구린 것이로군."

북곽 선생은 머리를 숙이고 범의 앞으로 기어가서 세 번 절을 하고 꿇어앉아서 말했다.

"범님의 덕이야말로 참으로 지극하시오이다. 대인(大人)은 당신의 변화부리는 재주를 본받고, 제왕(帝王)은 당신의 걸음걸이를 배우고, 사람의 자식된 사람은 당신의 효도를 본받고, 장수는 당신의 위엄을 취하오이다. 당신의 높으신 이름은 신비로운 용님과 같으시어 바람을 일으키고 구름을 일으키시는데, 저 같은 미천한 자는 당신의 위풍 아래 살아가고 있사옵니다."

그러자 범이 크게 꾸짖었다.

"아예 내 앞으로 가까이 오지 말라. 전에 내가 들으니 선비 유(儒)는 아첨 유(諛)자와 상통한다더니 과연 그렇구나. 너는 평소에 천하의 악명(惡名)이란 악명은 모두 모아 함부로 내게 끌어다 붙이더니, 이제 다급해지니까 면전에서 아첨을 하는구나. 네 말을 누가 곧이듣는단 말이냐?

천하의 이치는 오직 하나로다. 범의 성품이 진실로 악하다면 사람의 성품도 악할 것이요, 사람의 성품이 착하다면 범의 성품도 착할 것이니라. 네가 별의별 말을 다 지껄여대도 그것은 오상(五常)*130에서 벗어나지 않고, 네가 아무리 남을 훈계하고 권고할 때라도 그것은 언제나 사강(四綱)*¹³¹에 머무는 것이다. 그러나 도회지나 마을을 돌아다니는 코 떨어진 놈, 발뒤꿈치 없는 놈, 얼굴에 문신이 새겨진 놈들 모두가 오륜을 지키지 않아 형벌을 받은 그 잘났다는 인간들이 아니냐? 형벌 도구인 포승줄과 먹실, 도끼나 톱 따위를 만드는 일이 아무리 바빠진다고 하더라도 인간의 그 악한 짓을 어떻게 다 막을 수 있겠느냐?

그렇지만 우리 범의 세상에는 본래부터 그런 형벌이 없다. 이것만 보아도 범의 성품이 사람보다 낫지 않은가. 범은 풀과 나무를 먹지 아니하고, 벌레와 물고기를 먹지 아니한다. 또 정신을 어지럽히는 술 같은 것을 좋아하지 아니하고, 범은 새끼 밴 것이나 자질구레한 것을 먹지 아니한다. 산속에 들어가서는 노루나 사슴을 사냥하고, 들에 나가서는 말이나 소를 사냥하지만, 일찍이 배를 채우기 위해 음식에 관한 송사(訟事)를 일으킨 일이 없었으니, 범의 도리야말로 얼마나 광명정대(光明正大)한가.

너희 인간 놈들은 범이 노루나 사슴을 잡아먹으면 범을 미워하지 않다가도, 범이 소나 말을 잡아먹으면 범을 원수로 여긴다. 그것은 노루나 사슴은 사람에게 은혜를 베풀지 않지만, 소나 말은 사람에게 공이 있기 때문이 아니겠느냐? 그러나 인간 놈들은 말과 소가 태워주고 일해 주는 수고로움을 까맣게 잊고 또 따르고 본받는 정성을 헌신짝처럼 저버리며, 날마다 푸줏간을 채우고 뿔과 갈기까지도 버리지 않고 쓴다. 그것도 모자라 다시 우리의 양식인 노루·사슴까지 잡아먹어 우리가 산에서도 먹을 것이 없게 하고 들에서도 끼니를 못 채우게 한다. 하늘이 공평하게 일을 처리하게 하자면 내가 지금 네놈을 잡아먹어야 하겠느냐, 놓아 주어야 하겠느냐?

제 것이 아닌 것을 가지는 것을 도둑질이라 하고, 남의 생명을 빼앗고 해치는 것을 화적질이라 하는데, 너희 사람 놈들은 밤낮으로 분주하게 팔을 걸어붙이고 눈을 부릅뜨고 마구 노략질하되 부끄러워할 줄을 모른다. 심지어 돈을 형님이라 부르고, 장수가 되겠다고 아내까지 죽이니, 그러고도 인륜과 도덕을 말할 수 있겠느냐? 또한 메뚜기의 밥을 빼앗고, 누에의 옷을 빼앗고, 벌을 몰아내고 꿀을 빼앗는다. 심지어 개미 알로 젓을 담가서 조상의 제

---

*130 어짊(仁), 의로움(義), 예의바름(禮), 지혜로움(智), 믿음(信)의 다섯 가지.
*131 예(禮)·의(義)·염(廉)·치(恥)의 네 가지.

사에 바치니, 그 잔인하고 야비한 행실이 너희 인간보다 더한 것이 어디에 있느냐?

너희 놈들은 세상 이치에 대해 떠들 때 걸핏하면 하늘을 들먹이지만, 하늘이 명하는 바로써 본다면 범과 사람은 똑같이 하나의 생물이요, 하늘과 땅이 만물을 낳는 인(仁)으로 말한다면 범과 메뚜기·누에·벌·개미와 사람이 함께 살아가는 것이므로, 서로가 해쳐서는 안 되는 것이니라. 선과 악을 따진다면, 공공연히 벌과 개미의 집을 약탈해 가는 놈이야말로 이 세상의 큰 도둑이 아니겠느냐? 함부로 메뚜기와 누에의 물건을 훔쳐가는 놈이야말로 인의(仁義)를 해치는 큰 도둑놈이 아니겠느냐?

범이 표범을 잡아먹지 아니하는 것은 차마 같은 무리를 먹을 수 없기 때문이다. 하지만 범이 노루나 사슴을 잡아먹는 수를 헤아려 보면, 사람이 노루나 사슴을 잡아먹는 수보다 훨씬 적고, 범이 소나 말을 잡아먹는 수를 헤아려 보더라도 사람이 소나 말을 잡아먹는 수보다 훨씬 적으며, 범이 사람을 잡아먹는 수를 헤아려 보더라도, 사람이 저희끼리 서로 잡아먹는 수만큼 많지 못할 것이다.

지난해 관중(關中)*132이 크게 가물어 흉년이 들었을 때, 백성들 중에서 서로 잡아먹은 자가 수만 명에 이르렀고, 과거에 산동(山東) 지역에 큰 홍수가 났을 때 백성들이 서로 잡아먹은 숫자가 수만 명이나 되었다. 말이 났으니 말이지만 이것도 춘추(春秋) 시대에 사람들이 서로 잡아먹은 것과 비교한다면 아무것도 아니다. 춘추 시대에는 덕을 세운다고 싸운 것이 17번, 원수를 갚기 위해 싸운 것이 30번이나 있었다. 그때 흘린 피가 천 리를 물들였고, 쓰러진 시체가 백만이 넘었었다.

우리 범의 세상에서는 홍수와 가뭄·환난을 모르고 보니 하늘을 원망하는 일이 없다. 또 원수고 은덕이고 모두 잊고 사는 터라 남을 미워하는 일도 없다. 천명(天命)을 알고 그에 순종하므로 무당이나 의원의 간사한 말에 현혹되는 일도 없다. 타고난 본성 그대로 실행하므로 세속의 이해에 병들지 아니한다. 이것은 결국 우리 범의 덕이 뛰어나게 높기 때문이다.

---

*132 중국 섬서성(陝西省)에 있는 땅. 동쪽은 함곡관(函谷關), 남쪽은 무관(武關), 서쪽은 산관(散關), 북쪽은 소관(蕭關)의 네 관 가운데 있어 관중이라 했는데 매우 중요한 요충지(要衝地)였음.

얼룩무늬 한 가지만 보더라도 얼마든지 그 무늬〔文〕를 천하에 자랑할 수 있고, 한 자 한 치의 무기를 빌리지 않고 날카로운 발톱과 어금니만 가지고도 위풍과 무용을 천하에 떨치며, 이유(彝卣)와 유준(蜼尊)*133에 범의 형상을 그리는 것은 효(孝)를 천하에 넓히려는 것이다. 하루 한 번씩 사냥한 것을 까마귀·솔개·말개미와 나누어 먹으니, 우리의 어진〔仁〕 행실을 이루 다 말할 수 없다. 우리 범은 남에게 애매하게 뜯긴 자를 먹지 않고, 병든 자를 먹지 않으며, 상주가 된 자를 먹지 않으니 그 의로움〔義〕을 이루 헤아릴 수 없다.

그런데 너희 인간 놈들은 먹을 것이라면 너무도 모질게 덤빈다. 덫과 함정으로도 부족하여 새그물·고라니그물·큰그물·삼태그물·물고기그물 등 온갖 그물을 다 만들어낸다. 그물을 처음으로 만들어낸 놈은 천하에 으뜸가는 악폐를 끼친 놈이다. 게다가 또 인간 놈들은 쇠꼬챙이·창·날 없는 창·도끼·세모창·긴 창·칼 따위를 만들어 쓰는가 하면, 화포라는 것까지 만들어 쏘니 그 터지는 소리는 화산(華山)*134을 무너뜨릴 것 같고, 내뿜는 불기운은 천지를 깨뜨릴 것 같다. 그 무서움이 천둥 번개보다 더한데, 그것도 모자라서 그 포악을 더 부리려고 보드라운 털을 입으로 빨아 다듬어서 아교풀을 발라 끝이 뾰족하게 하여 붓이라는 것을 만들어냈다.

모양은 대추씨 같고 길이는 한 치가 채 안 되지만 이것으로 오징어 먹물 같은 물을 묻혀서 가로세로 치고 찌르면 굽은 것은 갈고리창 같고, 날카로운 것은 칼 끝 같고, 예리한 것은 칼날 같고, 갈라진 것은 미늘창 같고, 곧은 것은 화살 같고, 팽팽한 것은 활시위 같아서, 이놈의 병기들이 한 번 움직이면 온갖 귀신들이 밤중에 울게 된다. 너희 인간 놈들은 끊임없이 이것으로 서로 잡아먹으니, 그 잔혹함이 너희보다 더한 놈들이 누구란 말이냐?"

북곽 선생은 자리를 비켜나 엎드려서 머뭇거리다가, 두 번 절을 하고 거듭 머리를 조아리면서 말한다.

"옛 글에, 아무리 악한 사람이라도 목욕재계하면 얼마든지 상제(上帝)*135를 섬길 수 있다고 했습니다. 하토(下土)*136의 이 미천한 백성이 마땅히 높

---

*133 이유와 유준 모두 제기(祭器)임.
*134 산 이름. 여럿이 있으나 흔히 오악(五岳)의 하나인 서악(西岳)을 말함.
*135 하느님. 천상의 신, 천제(天帝).

으신 가르침을 받들겠습니다."

그러고는 숨을 죽이고 무슨 말이 있기를 기다렸으나 한참을 기다려도 아무런 말이 없다. 어찌 할 바를 몰라 다시 손을 마주잡고 머리를 조아렸다.

그러나 그래도 아무런 기척이 없어서 고개를 쳐들어 살펴보니, 동쪽 하늘이 이미 밝았고 범은 간 곳이 없었다. 마침 밭 갈러 가던 농부가 북곽 선생을 보고 말을 건다.

"무슨 일로 이렇게 일찍 나오셔서 들에 절을 하십니까?"

북곽 선생이 대답한다.

"내가 듣기로는, 하늘이 아무리 높다 해도 함부로 머리를 들 수 없고, 땅이 아무리 두텁다고 해도 함부로 발을 못 딛는다고 했거든."

연암(燕巖)은 말한다.

이 글에 작자의 성명은 없으나 근세(近世) 중국인이 비분강개(悲憤慷慨)하여 지은 글일 것이다. 세상 운수가 캄캄한 한밤중으로 들어가서 오랑캐로부터 받는 피해가 사나운 짐승이 주는 피해보다도 더하고, 염치를 모르는 선비들은 글귀나 주워 모아서 세속에 아첨한다. 이것이 바로 남의 무덤이나 파내는 이른바 선비들이다. 범도 물어가지 않는다는 그런 더러운 자가 아니겠는가?

이제 이 글을 읽어 보면 말이 이치에 많이 어긋나서 장자(莊子)에 나오는 거협(胠篋)·도척(盜跖) 대목과 한가지다. 그러나 천하에 뜻 있는 선비라면 어찌 하루라도 중국을 잊을 수 있겠는가? 이제 청(淸)나라의 세상이 된 지가 겨우 4대(代)밖에 안 되었으나, 문화와 무력이 오래 유지되어오고 태평세월이 백 년이나 계속되며 온 천하가 편안하고 조용하니, 이는 한·당(漢唐) 시절에도 없었던 일이다. 이렇게 온전하고 편안하게 자리잡힌 것을 보면 오늘의 천자(天子)도 역시 하늘이 앉힌 사람이 아닌가 싶다.

옛 사람은 일찍이 이러한 하늘의 뜻에 의심이 들어 성인에게 그 뜻을 물은 적이 있다. 성인이 공손히 하늘의 뜻을 받들어 말하기를, '하늘은 말로 하지 않으시고 행동과 일로써 보여 주신다'고 하였다고 한다. 나도 어린 시절 그

＊136 하계(下界). 이 세상, 대지(大地).

대목을 읽을 때마다 몹시 의문이 들었다. 이제 나도 한번 묻고자 한다. 하늘이 행동과 일로써 보여 주신다면, 오랑캐를 써서 중국을 바꾸어 놓으신 것은 천하의 큰 치욕이니, 백성들의 원통함과 괴로움은 어떻게 해야 할 것인가? 향기로운 냄새가 나는 제물과 비린 냄새가 나는 제물은 각각 그 제물을 마련한 삶의 공덕에 따라 다른데 모든 신은 어느 냄새에 감응하겠는가?

그러므로 인간의 처지에서 본다면 중화(中華)와 이적(夷狄)의 구별이 분명하지만, 하늘이 명하는 입장에서 본다면 은(殷)나라의 관(冠)이나, 주(周)나라의 면류관(冕旒冠)이 모두 각각 그 당시의 시속에 따라 제정된 것인데, 그러니 하필 청나라 사람의 붉은 모자만을 안 된다고 할 것이 무엇인가. 따라서 하늘이 정한 것은 사람이 어쩔 수 없다는 말이 나오게 된 것이고, 사람이 많으면 하늘도 막을 수 없다는 말이 생긴 것이다. 그리하여 사람과 하늘이 서로 함께 어울리는 이치는 도리어 한 걸음 물러나게 되고, 옛 성인의 말에 비추어 봐서 만약 부합되지 않으면 '천지의 운수가 이렇다'고 해 버린다. 아! 이것이 어째서 한갓 운수란 말인가?

슬프다. 명나라의 국운이 다한 지 오래되어, 중국의 선비들이 머리를 깎아 변발을 한 지 백 년이나 되었건만, 아직도 자나깨나 명나라를 생각하는 것은 무슨 까닭인가? 이것은 차마 중국을 잊지 못하는 까닭이다.

청나라 역시 자신을 위해 꾀하는 일이 서투르다. 앞서의 호주(胡主)*137들이 중국을 본받았다가 쇠망한 것을 거울삼아, 쇠로 된 비석을 만들어서 전정(箭亭: 딯는곳)에 묻어 경계하였다. 그러나 그 비에 새긴 글을 보면 자기네의 의복과 모자를 부끄럽게 여기면서도 오히려 나라의 강하고 약한 형세를 이 의관에 고집스럽게 나타내려 연연하니, 어쩌면 그렇게도 어리석을 수가 있을까? 주(周)나라 문왕(文王)의 깊은 꾀와 무왕(武王)의 뛰어난 공으로도 마지막 왕으로서 당하는 수모를 어찌지 못하였거늘, 하물며 하찮은 옷과 모자 제도에 구구하게 구애되어야 할 것인가?

자신들의 옷과 모자가 정말로 싸움에 편리한 것이라면, 북적(北狄)*138이나 서융(西戎)*139의 의복은 싸움에 편리한 것이 아니겠는가? 그보다도 서

---

*137 오랑캐로서 중국의 임금이 된 사람.
*138 북쪽 오랑캐. 중국에서 북쪽에 있는 이민족(異民族)을 일컬은 말임.
*139 서쪽 오랑캐. 중국에서 서쪽에 있는 이민족을 일컬은 말임.

융·북적 등 다른 오랑캐들로 하여금 힘으로 도로 중국의 옛 습속을 따르게 한 다음에라야, 비로소 천하에서 가장 강하다고 할 수 있을 것이다. 천하를 한꺼번에 욕된 구렁텅이에 몰아넣고 외치기를, '잠시 너희의 부끄러움을 참고, 나를 따라 굳세게 되어라' 한다 하더라도 나는 그 굳세게 된다는 것이 어떤 것인지를 알 수 없다. 신시(新市)나 녹림(綠林)에서 눈썹을 붉게*140 칠하고 수건을 누렇게*141 물들이는 것과 다를 것이 없다.

가령 어리석은 백성이 그들이 쓴 청나라 모자를 벗어 땅바닥에 내동댕이 친다면 청나라 황제는 가만히 앉아서 그 천하를 잃는 것이다. 앞서 그들이 믿고 강하다고 했던 모자이지만 이젠 도리어 멸망에 이르지 않도록 막을 겨를도 없게 될 것이다. 그 비석을 묻어서까지 후세에 교훈을 남기려 한 것이 어찌 잘못이 아니겠는가?

이 글은 본래 제목이 없었으나, 이제 이 글 가운데 있는 호질(虎叱)이라는 두 글자를 따서 이를 제목을 삼아, 중국이 맑아질 날을 기다려 보고자 한다.

29일 을사(乙巳)
맑다.

새벽에 옥전현(玉田縣)을 떠나 서팔리보(西八里堡)까지 8리, 오리둔(五里屯)까지 7리, 채정교(采亭橋)까지 5리, 대고수점(大枯樹店)까지 10리, 소고수점(小枯樹店)까지 2리, 봉산점(峯山店)까지 3리, 별산점(鱉山店)까지 12리, 송가장(宋家莊)을 들러 구경하고 모두 47리를 와서 점심을 먹었다. 다시 별산점에서 이리점(二里店)까지 2리, 현교(現橋)까지 5리, 삼가방(三家坊)까지 2리, 동오리교(東五里橋), 일명 龍池河·漁陽橋)까지 16리, 계주성(薊州城)까지 5리, 서오리교(西五里橋)까지 5리, 방균점(邦困店)까지 15리, 모두 50리를 왔으니 이날 총계 97리를 와서 방균점에서 묵었다.

산 쪽 우묵한 곳에 큰 나무가 한 그루 서 있는데, 수백 년 동안 잎이 피지 않는데도 가지와 줄기가 썩지 않아 사람들이 고수(枯樹)라 부른다고 한다.

---

*140 적미적(赤眉賊). 서한(西漢) 말기에 일어난 도둑떼.
*141 황건적(黃巾賊). 동한(東漢) 말기에 일어난 도둑떼. 두목은 장각(張角).

송가장(宋家莊)은 성 둘레가 2리로서, 명나라 천계(天啓) 연간에 송씨네 집안에서 쌓은 것이라고 한다.

이른바 외랑(外郞)이란 말은 서리(胥吏 : 아전)*142의 별칭이다. 송씨는 이 지방의 대성(大姓)으로 일족이 수백 명에 이르고, 집안이 대단히 부유하여, 명나라와 청나라가 바뀌는 혼란스러운 때에 이 집안에서 성을 쌓고 저희들끼리 성을 지켰다. 성 안에 망대(望臺) 셋을 세웠는데 높이가 각각 10여 길이고, 문 위에는 다락을 세웠다. 집 뒤로 4층 처마의 높은 다락을 세우고, 그 맨 위층에는 금부처를 모셔 놓았다. 난간에 기대어 바라보니 시야가 활짝 트였다.

청나라 사람들이 이 지방으로 들어오자 집안이 모두 모여 성을 지켰다. 천하의 대세가 결정된 뒤에도 즉시 나와서 항복하지 않았으므로, 청나라 사람들은 그들을 미워하여 해마다 은 1천 냥씩을 벌칙으로 바치게 하였고, 강희(康熙) 말년에는 마초(馬草) 1천 단씩을 바치게 하였다. 지금도 성 안의 큰 집 10여 채가 모두 송씨들이고, 사내종, 계집종 합쳐서 5백여 명이나 된다고 한다.

계주(薊州) 읍내는 주민이나 물산이 풍성하다. 바로 연경(燕京) 동쪽에 자리잡고 있는 거진(巨鎭)*143이다. 산 위에는 안녹산(安祿山)*144의 사당이 있다. 성 안에는 돌로 만든 패루(牌樓) 셋이 있는데, 하나는 금빛 글자로 대사성(大司成)이라고 써 걸었고, 아랫층에는 국자좨주(國子祭酒)*145 3대의 고증(誥贈)*146을 나란히 써 놓았다.

계주의 술맛은 관동(關東)*147 지역에서 제일이라고 한다. 어느 술집에 들어가서 여러 사람과 함께 흉금을 터 놓고 취하도록 마셨다.

독락사(獨樂寺)로 들어갔다. 정전(正殿)에는 자비(慈悲)라는 편액이 걸려

---

*142 관청에 딸린 벼슬아치를 통틀어 일컫는 말.
*143 수군(水軍)의 중요한 기지.
*144 당나라 때의 호인(胡人)인데 재주가 있어 현종(玄宗)과 양귀비(楊貴妃)의 사랑을 받아 권력을 얻자 마침내 반란을 일으켜서 국호를 연(燕)이라 하고 스스로 웅무황제(雄武皇帝)라 일컬었으나 이듬해 그의 아들에게 죽음을 당했음.
*145 국자학(國子學 : 귀족과 과거에 급제한 사람을 교육하는 교육기관)의 우두머리.
*146 오품(五品) 이상 벼슬아치의 죽은 할아버지와 부모와 아내를 추증(追贈)하는 것.
*147 산해관(山海關) 동쪽, 곧 산해관 바깥 지방.

있고, 절 뒤에는 이층 처마로 된 누각이 있는데, 그 안에 높이 아홉 길이나 되는 금부처를 모셔 놓았다. 금부처의 머리 위에는 작은 금부처 수십 개가 얹혀 있다. 누각 아래에 있는 와불(臥佛)은 비단 이불을 덮어놓았다. 누각 현판에는 관음지각(觀音之閣)이라 새겼고, 그 왼쪽에 작은 글씨로 태백(太白)이라고 썼다.

어떤 이는, 이불을 덮고 누워 있는 것은 부처님이 아니라, 이백(李白)*148이 술에 취하여 자고 있는 상이라고도 한다. 오른쪽에 행궁(行宮)*149이 있으나 굳게 잠가 볼 수 없게 해 놓았다.

숙소로 돌아오니 문 밖에 장사꾼들이 구름처럼 몰려와 있다. 말과 당나귀 등에 책·글씨·그림이며 골동품을 잔뜩 싣고 온 사람도 있고, 구경거리로 곰을 놀려 여러 가지 재주를 부리는 놈, 뱀을 놀리는 놈, 범을 놀리는 놈들도 왔다가 모두 가버렸다고 한다. 구경을 못한 것이 유감이었다. 앵무새를 파는 사람이 있었다. 날이 이미 어두워 그 털빛을 자세히 볼 수가 없어서 등불을 찾아 들고 왔더니 이미 가버린 뒤였다. 더욱 애석했다.

30일 병오(丙午)
맑다.

방균점(邦困店)에서 별산장(別山莊)까지 2리, 곡가장(曲家莊)까지 2리, 용만자(龍灣子)까지 4리, 일류하(一柳河)까지 2리, 현곡자(現曲子)까지 2리, 호리장(胡李莊)까지 10리, 백간점(白幹店)까지 2리, 단가점(段家店)까지 2리, 호타하(滹沱河)까지 5리, 삼하현(三河縣)까지 5리, 동서조림(東西棗林)까지 5리, 모두 41리를 와서 점심을 먹고, 조림에서 백부도장(白浮屠莊)까지 6리, 신점(新店)까지 6리, 황친점(皇親店)까지 6리, 하점(夏店)까지 6리, 유하점(柳河店)까지 5리, 마이핍(馬已乏)까지 6리, 연교보(烟郊堡)까지 7리, 모두 42리, 이날 총계 83리를 와서 연교보에서 숙박했다.

계주(薊州)는 옛날의 어양(漁陽)이다. 북쪽에 반산(盤山)이 있다. 깎아지

*148 당나라 시인. 보통 이태백(李太白)이라 일컬음. 호는 청련거사(靑蓮居士). 701~762년.
*149 임금이 거둥길에 머무르는 별궁(別宮).

른 듯이 험한 봉우리가 모두 위는 평평하고 아래는 홀쭉하여 밥상 모양과 같다 하여 반산이라 부른다고 한다. 혹은 오롱산(五籠山)이라고도 한다는데, 일찍이 원중랑(袁中郞)이 쓴 반산기(盤山記)를 읽어 보았더니 기이한 경치가 많다고 했다. 그래 꼭 한번 올라가 보려고 했으나, 함께 가려는 사람이 없어서 어쩔 수가 없었다. 산은 비록 가파로우나 수백 리에 뻗어 있고, 겉은 바위로 덮였으나 속은 흙이어서 과일 나무가 매우 많았다. 북경에서 쓰이는 대추·밤·감·배가 모두 여기서 난다고 한다.

어양교(漁陽橋)에 이르렀다. 길 왼쪽에 양귀비(楊貴妃)*150의 사당이 있는데 산 위에 있는 안녹산(安祿山)의 사당과 서로 마주보고 있다. 세상에 아무리 돈 많은 사람이라 하더라도 할 짓이 없어 하필이면 이렇게 음탕한 사당까지 지어 복을 빌 것이 무엇인가? 시경(詩經)에도, '복을 구한다 하더라도 도리에 어긋나서는 안 된다'고 하였으니, 이야말로 헛돈 쓴 것이 아니고 무엇이랴. 그러자 어떤 이가 말한다.

"성인 공자도 정(鄭)나라 위(衛)나라의 음란한 시를 그대로 두어 후세 사람들이 경계를 삼도록 하지 않았습니까?"

계주 금병산(錦屛山) 석벽(石壁)에는 양웅(楊雄)*151이 반교운(潘巧雲)을 찔러죽이는 장면이 새겨져 있다고 한다.

백간점(白幹店) 정자에서 구경하던 수재(秀才)*152들이 우스갯소리로 말한다.

"안녹산(安祿山)이는 정말 명사(名士)는 명사로군. 그가 지은 앵도시(櫻桃詩)에,

앵두 한 광주리
반은 푸르고 반은 누르구나
회왕(懷王)*153에게 절반을
주지(周摯)*154에게 절반을 보내야지.

---

*150 당나라 현종(玄宗)의 비(妃). 노래와 춤에 능하고 용모가 아름다웠는데, 안녹산(安祿山)의 반란 때 살해당했음.
*151 양웅은 수호지에 나오는 인물. 애인 반교운의 행실이 나빠 금병산에서 찔러죽였다고 함.
*152 선생, 선비.
*153 안녹산의 아들임.
*154 안녹산의 스승임.

櫻桃一籃子 半靑一半黃
一半寄懷王 一半寄周摯

한 것을 어떤 사람이, '주지와 회왕을 바꾸어 놓아 운(韻)이 맞게 하는 것이 어떻습니까?' 하니까, 안녹산이 버럭 성을 내며 '그게 무슨 말이오. 그럼 주지가 우리 아들을 내리누르게 한단 말이오?' 하였다고 합니다. 이렇게 훌륭한 시인을 어찌 사당 없이 그대로 둘 수 있겠습니까?"

그러고는 한바탕 서로 크게 웃었다.

향림사(香林寺)에 들렀다. 불전에는 향림암(香林菴)이라는 현판이 붙어 있고, 불전 위에 금빛 글로 쓴 향림법계(香林法界)라는 현판은 강희제(康熙帝)가 쓴 글씨였다. 순치(順治)*155의 누이동생이 일찍 과부가 되자 여승이 되어 이 절에 머물었는데 나이 90이 넘어 죽었다고 한다. 이 절에는 비구니만 살고 있다.

뜰 가운데 백송(白松) 두 그루가 서 있다. 높이가 수십 길이나 되겠고, 줄기 껍질이 푸르기도 하고 희기도 하다. 절 동쪽에는 조그만 부도(浮圖)*156 다섯 개가 있었다. 부도 좌우 양쪽에 백송 세 그루가 서 있어서 푸른빛이 온 뜰에 가득하고 시냇물 소리가 아주 서늘하다. 이곳 지명을 백간(白幹)이라고 한 것은 이 백송에서 딴 것이 아닌가 싶다.

북경이 차차 가까워지면서 오고 가는 거마 소리가 맑은 하늘에 천둥치는 소리 같다. 길 양옆에는 부귀한 집안의 무덤 담장이 연이어 있어서 마치 여염집들이 모여 있는 것 같고, 담 밖에는 강물을 끌어다가 해자를 만들었다. 문 앞에는 홍예(虹霓)*157의 돌다리를 놓았고, 군데군데 돌로 패루(牌樓)를 만들어 세웠다. 해자 언저리의 갈대숲 여기저기에 콩깍지만한 작은 배를 매어 놓았고, 다리 아래에는 곳곳에 그물을 쳐 놓았다. 담장 안에는 나무가 우거졌고, 군데군데 기와를 이은 용마루와 처마가 환히 보이고, 혹은 호리병 모양의 뾰죽지붕이 솟아 있기도 하다.

가게에 들어가 잠시 쉬었다. 예쁜 사내아이 수십 명이 떼를 지어 노래를

---

*155 청나라 세조(世祖).
*156 부도(浮屠). 절의 탑. 고승의 사리를 넣어 둔 탑.
*157 다리나 문 윗부분을 무지개처럼 둥글게 만드는 건축 방식.

부르며 지나간다. 비단 저고리에 수놓은 바지를 입었는데, 얼굴이 옥같이 맑고 살갗이 눈처럼 희다. 박자 판대기를 치거나 생황(笙簧)을 불고, 또는 비파(琵琶)를 타며 나란히 걸어가면서 느릿느릿 노래를 부른다. 아름다운 광경이다. 이들은 모두 북경에서 빌어먹는 남사당 아이들로, 거리를 돌아다니다 멀리서 온 장사꾼에게 예쁘게 보여 하룻밤을 함께 자면 은 수백 냥을 받기도 한다고 한다.

길 옆 곳곳에는 삿자리를 이어 덮어서 햇볕을 가려 극장을 만들었다. 어떤 곳에서는 삼국지를 상연하고, 어떤 곳에서는 수호전(水滸傳)을 상연하고, 또 어떤 곳에서는 서상기(西廂記)를 상연하고 있다. 높은 소리로 가사를 노래하고, 이에 맞추어 악기를 연주한다. 여러 가지 장난감을 벌여 놓고 파는데, 모두 아이들이 한때 가지고 노는 물건들인데도 그 재료가 귀한 것들일 뿐 아니라, 그 만든 솜씨도 정밀하고 교묘하지 않은 것이 없다. 어떤 것은 아주 쉽사리 부서질 것 같은데도 그 수공값이 은 몇 냥씩은 되겠다. 탁자 위에는 칼을 들고 말을 탄 관운장(關雲長) 인형 수만 개를 벌여 놓았다. 큰 것이라야 겨우 두어 치밖에 안 되지만 모두 종이로 만든 솜씨가 교묘하기 이를 데 없다. 아이들의 장난감인데도 이처럼 많으니, 다른 것들은 미루어 알 만하다. 하도 황홀하고 찬란하여 정신이 어리둥절하고 눈과 귀가 피로할 지경이었다.

배로 호타하(滹沱河)를 건너 삼하현(三河縣) 성내로 들어갔다. 용주(蓉洲) 손유의(孫有義) 댁을 찾아갔더니, 용주는 달포 전에 산서(山西)에 가서 아직 돌아오지 않았다고 한다. 그의 집은 성 동쪽 관왕묘(關王廟) 옆에 있는 대여섯 칸밖에 안 되는 초가집이었다. 이로써 그의 가난함을 알 수 있었다. 심부름 하는 아이조차 없는지, 주렴을 사이에 두고 한 부인의 아름다운 목소리가 들려온다.

"저희 집 주인은 산서 지방의 어느 서당 선생으로 가셨고, 집에는 딸 하나만 데리고 있습니다. 멀리 조선에서 오신 선생님께서 누추한 저희 집을 일부러 찾아 주셨는데, 예로써 맞아들이지 못하여 죄송합니다."

그러고는 다시 누군가를 부르는 소리가 들려온다. 나는 담헌(湛軒)*[158]이

---

*158 홍대용(洪大容)의 호. 조선 영조(英祖)·정조(正祖) 때의 실학자(實學者).

손용주에게 전하라고 부탁한 편지와 선물을 주렴 앞에 놓아 두고 나오는데, 담이 무너진 곳에 한 여자가 서 있다. 나이는 15, 6세쯤 되어 보이고 얼굴과 목이 매우 하얗다. 손용주의 딸인가 보다.

삼하현은 옛날의 임후(臨昫)이다.

8월 초 하루 정미(丁未)

아침에는 맑고 몹시 더웠고, 오후에는 비가 오다말다 하다가 밤에는 천둥 번개가 치고 비가 많이 오다.

새벽에 연교보(烟郊堡)를 떠나 사고장(師姑莊)까지 5리, 등가장(鄧家莊)까지 3리, 호가장(胡家莊)까지 4리, 습가장(習家莊)까지 3리, 노하(潞河)까지 4리, 통주(通州)까지 2리, 영통교(永通橋)까지 8리, 양가갑(楊家閘)까지 3리, 관가장(管家莊)까지 3리, 모두 35리를 와서 점심을 먹고, 다시 떠나 삼간방(三間房)까지 3리, 정부장(定府莊)까지 3리, 대왕장(大王莊)까지 3리, 태평장(太平莊)까지 3리, 홍문(紅門)까지 3리, 시리보(是里堡)까지 3리, 파리보(巴里堡)까지 2리, 신교(新橋)까지 6리, 동악묘(東岳廟)까지 1리, 조양문(朝陽門)까지 1리를 와서 서관(西館)에 드니 모두 28리를 와, 이 날 총계 63리를 왔다. 압록강에서 황성(皇城)까지는 참(站)이 33개이고, 모두 2천30리이다.

새벽에 정군·변군 등 여러 사람과 함께 먼저 연교보(烟郊堡)를 떠났다. 몇 리를 못 가서 날이 밝아오자, 갑자기 천둥과 같은 소리가 하늘을 진동한다. 노하(潞河)*159의 수많은 배에서 쏘아올리는 포성(砲聲)이라고 한다. 아침 안개가 자욱한 속에 멀리 돛대들이 마치 씀바귀 꽃대처럼 총총히 서 있다. 버드나무 가지 위에 수초와 풀뿌리 따위가 어지럽게 걸려 있다. 열흘 전에 북경 지방에 큰 비가 내려 노하가 크게 범람하여, 민가 수만 채가 휩쓸려 가고, 사람과 가축들이 이루 헤아릴 수 없이 많이 떠내려갔다고 한다. 지금 말 위에서 팔을 뻗으면 담뱃대 끝이 버드나무 위의 물이 지나갔던 흔적에 닿

＊159 통주(通州)에서 천진(天津)에 이르는 운하(運河).

으니, 평지에서 두어 길 높이는 되겠다.

강가에 이르렀다. 강이 넓고 물이 맑다. 배들이 하도 많아 만리장성의 장관(狀觀)에 비길 만하다. 10만 척에 이르는 큰 배들에는 모두 용을 그렸다. 어제 호북(湖北) 전운사(轉運使)*160가 호북의 좁쌀〔粟〕 300만 섬을 싣고 왔다고 한다.

배에 올라 배 만든 법식을 대강 구경하였다. 배는 길이가 10여 발은 되고, 쇠못을 박아 꾸몄다. 배 위에는 널빤지를 깔고 층집을 세웠다. 곡식은 모두 배 밑창에 바로 쏟아부어 실었다. 배 위에 지은 집은 모두 조각을 한 난간, 그림을 그린 기둥, 무늬를 놓은 창문, 수를 놓은 문들로 장식하여, 만든 모양이 육지에 있는 일반 집들과 다를 바 없었다. 아래는 창고이고 위는 누각으로 되어 편액과 주련(柱聯)·휘장과 서화(書畫) 등이 마치 신선 세계에 있는 느낌을 준다.

지붕 위에 돛대 둘을 세웠는데 돛은 가느다란 등점(籐簟)*161을 엮어서 만들었다. 배 전체에 가루분을 기름에 개어 두껍게 바르고, 그 위에 다시 누런 칠을 하여 물에 젖어도 조금도 스며들지 않고 비가 와도 조금도 걱정이 없게 되어 있다. 배의 깃발에는 절강(浙江)이니 산동(山東)이니 하는 배의 이름을 크게 써서 달았다.

강을 따라 백여 리 사이에는 대밭처럼 배들이 빽빽이 들어섰다. 남쪽으로는 바로 고해(沽海)까지 통하여 배들이 천진(天津)에서 장가만(張家灣)으로 모여들고 배로 운반하는 천하의 물자는 모두 통주(通州)로 모인다. 노하의 배를 보지 않고는 북경의 진짜 장관을 안다고 할 수 없겠다.

삼사(三使)와 함께 다시 한 배에 올랐다. 좌우 양쪽에 채색 난간을 만들어놓았고, 방 앞에는 휘장을 쳐서 드나드는 문으로 쓰고 있다. 문 양쪽에는 의장(儀仗) 깃발과 칼·창들을 세워 놓았는데 모두 나무로 만들었다. 방 안에는 관(棺)이 하나 놓여 있고, 그 앞에 탁자와 제사지내는 기구들을 벌여 놓았다. 상복을 입은 상주는 푸른 사창(紗窓) 아래 의자에 걸터앉아 있었다. 몸에는 무명옷을 입고 머리는 오래도록 깎지 않아 두어 치나 자라서 마치 중의 모습 같고 남과 말도 주고받지 않는다. 상제 앞에는 의례(儀禮:

---

*160 조세(租稅) 양곡을 수로로 운반하는 일을 맡아 보는 벼슬.
*161 등나무와 대나무를 가늘게 쪼갠 것.

^{경서의}) 한 권이 놓여 있다.
^{한 가지}

 부사(副使)가 앞으로 나아가 읍을 하자 상주는 일어나서 머리를 숙여 답례하고 일어나서 도로 의자에 앉는다. 부사가 나에게 필담(筆談)을 하여 보라 하므로, 내가 부사의 성명과 관직을 써 보이니, 상주가 머리를 숙이고 글자를 써서 응답한다.

 "제 성은 진(秦)이고 이름은 경(環)이올시다. 고향은 호북(湖北)입니다. 아버지가 벼슬살이로 북경에 와서 한림원(翰林院) 수찬(修撰)으로 계시다가, 7월 초아흐렛날 세상을 떠나셨답니다. 황제께서 논밭까지 내려주시고 고향으로 돌아갈 배를 하사하셔서 유해를 모시고 고향으로 돌아가는 길이올시다. 상중에 있는 몸이라서 손님을 접대하지 못하는 실례를 용서하십시오."

 부사가 글씨로 나이는 몇 살이냐고 물었으나 진경은 대답하지 않는다. 부사가 다시 물었다.

 "중국에서는 모두 삼년상(三年喪)을 입소?"

 진경이 대답한다.

 "성인(聖人)께서 마련한 제도이니 못생긴 이 몸도 그대로 따르고자 합니다."

 "상례는 모두 주자(朱子)의 예법을 따르오?"

 "예, 모두 문공(文公)*162의 예를 따릅니다."

 창 밖으로 반죽(斑竹 : ^{얼룩점이}_{있는 황대}) 난간이 사창(紗窓)에 비쳐 영롱하고, 이웃 배에서는 풍악 소리가 요란하다. 갈매기들이 훨훨 구름 사이를 오가고 누대(樓臺)의 아름다운 경치가 창으로 비쳐 온다. 모래톱은 아득하고 바람을 가득 안은 돛배가 나타났다가는 이내 사라진다. 물 위에 떠 있다는 것도 잊은 채 어느 호사스러운 집 방 안에 앉아서, 강호(江湖)의 풍광을 즐기고 있는 듯하다. 부사(副使)가 몸을 돌이켜 빙그레 웃음을 지으면서 말한다.

 "진경은 월파정(月波亭)에 노니는 풍류 상주로군."

 나 역시 미소로 응했다.

 정사(正使)가 사람을 보내어 구경할 것이 있으니 빨리 오라고 하여, 부사와 함께 몸을 일으켰다. 그때 등 뒤에서 땅에 부딪치는 소리가 나서 돌아보

---

*162 주자(朱子). 이름은 희(熹). 주자가례(朱子家禮)를 지었음.

니, 부방(副房)의 비장(裨將) 이서구(李瑞龜)가 넘어져 겸연쩍게 웃고 있다. 배 바닥의 널빤지가 미끄러워서 발을 옮기기가 몹시 어려웠다. 양쪽으로 부축을 받아가면서 주춤주춤 걸어나오던 부사가 비장이 쓰러진 것을 뒤돌아보려다가, 그만 부축하던 사람들을 붙잡은 채 넘어졌다.

휘장 안에서 네 사람이 투전을 하고 있어서 들여다보았으나 모두 만주(滿洲) 글씨로 되어 있어서 알아볼 수가 없었다. 어떤 사람은 이것을 마조(馬吊)*¹⁶³라고 말한다. 안쪽 깊숙한 곳에는 탁자를 나란히 놓고 그 위에 두루미(목이 가늘고 길며/배가 부른 큰 병)·병·잔·동이 따위의 여러 가지 옛 그릇들을 벌여 놓았는데, 모두가 예사 것들이 아니었다.

한쪽 문을 나서자 정사와 서장관(書狀官)이 뱃바닥에 웅크리고 앉아서 배 밑창을 들여다보고 있다. 그곳은 주방인 모양으로, 나이 지긋한 두 부인이 흰 천으로 머리를 동여매고, 숙주나물·무·미나리 등속을 데쳐서 다시 찬물에 헹구고 있다. 15, 6살쯤 된 처녀가 한 명 서 있는데 뛰어나게 아름답다. 손님들이 보고 있어도 조금도 수줍어하는 기색 없이 다소곳이 제 할 일만 한다. 하늘거리는 망사 옷이 안개 피어나듯 하고, 그 속의 하얀 팔이 연뿌리처럼 통통하다. 진씨(秦氏)네 집 차환(叉鬟)*¹⁶⁴으로 아침상을 차리는 모양이다.

배 양쪽에는 파초선(芭蕉扇)을 죽 꽂았고, 한림지주 정당포정사(翰林知州正堂布政使)라고 써 붙였다. 죽은 이의 경력인 모양이다.

강 여기저기에 뱃놀이하는 작은 배들이 떠 있다. 혹은 붉은 일산을 받쳤고 혹은 푸른 휘장을 쳤다. 삼삼오오 저마다 다리 짧은 의자에 걸터앉거나 걸상 혹은 평상에 걸터앉아서, 글씨·그림이며 향로·찻그릇을 벌여 놓고 있다. 생황이나 피리를 불고, 혹은 상에 의지하여 글씨를 쓰고 그림을 그리며, 혹은 술을 마시고 시를 읊는다. 그들 모두가 명사(名士)나 시객(詩客)이 아니련만 그래도 한가롭고 운치가 있어 보인다.

배에서 내려 기슭으로 올라왔다. 수레와 말들이 길을 막고 있어서 더 갈 수가 없었다. 동문에서 서문까지 5리 사이에 독륜차(獨輪車)*¹⁶⁵ 수만 대가 길을 꽉 메우고 있어서 돌아설 곳조차 없을 지경이다.

---

*163 40장으로 노는 중국의 투전.
*164 주인을 가까이 모시는 여자 종.
*165 외바퀴 수레.

하는 수 없이 말에서 내려 어느 가게 안으로 들어가 보았다. 그 화려하고 풍부함이 성경(盛京)*166이나 산해관(山海關)에 비할 바가 아니다. 간단히 길을 뚫고 조금씩 조금씩 앞으로 나아갔다. 시장 입구에는 '만소운집(萬艘雲集 : 모든 배들이 구름처럼 모여든다)'이란 현판이 걸려 있고, 큰길 가에 서 있는 이층 누각에는 '성문구천(聲聞九天 : 소리가 하늘 위까지 닿다)'이라는 현판이 매달렸다.

성 밖에는 창고 셋이 있었다. 그 제도가 성곽(城郭)과 같았다. 지붕을 기와로 이었고, 지붕 위에 창문을 낸 조그만 집을 세워서 환기가 되게 하였으며, 담과 벽에도 군데군데 구멍을 뚫어 습기가 빠지게 하였다. 그리고 창고 둘레에는 강물을 끌어다가 해자를 만들어 놓았다.

영통교(永通橋)에 이르렀다. 일명 팔리교(八里橋)라고도 한다. 길이 수백 발[丈]에 폭이 십여 발, 홍예의 높이가 십여 길은 되겠다. 양쪽에는 난간을 설치하고, 난간 머리에는 사자 수백 마리를 앉혀 놓았다. 그 만든 솜씨가 참으로 교묘하고도 섬세하다. 다리 아래를 지나는 배들은 바로 조양문(朝陽門) 밖에까지 가서, 거기서 다시 작은 배로 수문을 통하여 태평창(太平倉)까지 실어나른다고 한다.

통주(通州)에서 북경까지 40리 사이에는 길바닥에 돌을 깔았다. 수레의 쇠바퀴가 돌바닥과 부딪쳐서 나는 수레 소리가 어찌나 요란한지 사람의 심신(心神)을 마구 뒤흔들어 정신을 못 차리게 한다. 길 양옆은 모두 무덤이다. 그러나 담이 연이어 있고 나무가 울창하여 봉분은 보이지 않는다.

대왕장(大王莊)에서 잠시 쉬고 다시 출발했다. 길 왼쪽에 돌로 만든 세 칸 패루(牌樓)가 있었다. 패루 아래에 말을 세우고 그 만듦새를 살펴보았다. 그것은 동국유(佟國維)*167의 무덤이었다. 패루에는 그의 관고(官誥)*168를 새겼고, 위층에는 포상(褒賞)받은 조칙(詔勅)들이 새겨져 있다. 다리를 건너 문 안으로 들어섰다. 문 양쪽에는 여덟 모난 화표주(華表柱 : 무덤 앞 양쪽에 세우는 돌기둥)를 세워 놓았는데, 위에는 돌사자를 얹었다. 가운데 뜰에는 높이 한 길쯤 쌓아서 길을 내었고, 길 양쪽에는 노송(老松) 수십 그루가 서 있다. 삼층 석대(石臺)를 쌓고 열세 개의 큰 비석을 세워 놓았는데, 모두 동씨(佟氏) 3대의

---

*166 심양(瀋陽).
*167 청나라 강희제(康熙帝) 때의 중신(重臣).
*168 관리의 임명장.

공훈을 칭찬한 황제의 글을 새긴 것이다.

동국유는 일명 융과다(隆科多)라고도 했으며, 그의 아내는 아사(阿奢) 예씨(禮氏)였다. 북쪽 담장 아래로 봉분 여섯이 나란히 자리잡고 있다. 그런데 시신을 묻고는 뗏장을 입히지 않았다. 아래는 둥글고 위는 뾰족하게 만들고 석회로 반들반들하게 발랐다.

누런 기와를 이은 수십칸의 집이 있으나 단청이 우중충하다. 돌층계는 무너지고, 채색 주렴은 다 떨어져 썩어 간다. 집 안에는 박쥐 똥만 가득할 뿐 텅 비어 있고 지키는 사람조차 없다. 마치 깊은 산중의 퇴락한 절 같아 매우 으스스하다. 본래는 훈공이 혁혁한 집안이었지만, 지금은 자손이 끊어져 폐허가 된 것 같다.

동악묘(東岳廟)에 다다랐다. 삼사(三使)가 옷을 갈아입고 심양(瀋陽)에 들어갈 때처럼 반열을 가다듬었다. 통역관 오림포(烏林哺)·서종현(徐宗顯)·박보수(朴寶秀) 등은 벌써 묘 안에 와서 기다리고 있었다. 모두 수놓은 망포(蟒袍)*169를 걸치고, 목에는 조주(朝珠)*170를 걸었다. 말을 타고 앞서 길을 인도하여 조양문(朝陽門)에 이르렀다. 조양문의 형태는 산해관(山海關)과 같아 보이나 검은 먼지가 하늘을 뒤덮어 자세히 볼 겨를이 없다. 군데군데 수레로 물통을 실어다가 길에 뿌리고 있다.

사신은 바로 예부(禮部)*171로 표문(表文)과 자문(咨文)을 바치러 가고, 나는 헤어져서 조명회(趙明會)와 함께 먼저 관소(館所)로 왔다. 순치(順治) 초에 조선 사신이 묵을 집을 옥하(玉河) 서쪽 기슭에 지어 옥하관(玉河關)이라고 하였으나 뒤에 악라사(鄂羅斯 : 아라사)*172 사람들에게 넘겨주었다. 아라사는 이른바 코쟁이 코주부들로 몹시 거세고 사나워서 청인(淸人)들도 그들을 제어할 수 없었다. 그리하여 마침내 건어호동(乾魚衚衕 :동네이름)에 회동관(會同館 :외국 사신을 접대하는 청나라 때의 관청)을 마련하여 우리나라 사신이 머물 수 있도록 한 것이다.

회동관은 본래 도통(都統)을 지낸 만비(滿丕)의 집이었다. 그런데 만비가

―――――――――
*169 청나라 관리 예복의 하나.
*170 청나라에서 오품(五品) 이상의 관리와 한림(翰林)·중서(中書) 등의 관원이 가슴에 다는 108개의 구슬로 된 장식.
*171 지금의 문교부 또는 문공부와 같은 관아.
*172 아라사. 곧 러시아.

아라사 사람에게 잡혀죽을 때 집안 사람이 많이 자결했으므로 이 회동관에는 귀신이 많다고들 했다. 간혹 우리나라 별사(別使)*[173]가 동지사(冬至使)*[174]와 북경에서 일이 겹쳐 마주치게 되면, 옥하관에 나누어 들어가곤 하였다. 몇 해 전에는 별사가 먼저 건어호동 회동관에 들어 있어서 동지사로 온 금성위(錦城尉)*[175]는 옥하관에 들었으며, 작년에 회동관이 불타 버리고 아직 고쳐 짓지 못했으므로, 이번 사행 또한 옥하관에 들게 되었다.

옛 역사책에 이르기를, 문자(文字)가 생기기 전의 연대(年代)와 나라의 도읍지는 더듬어볼 수 없다고 하였지만, 문자가 생긴 이래 21대(중국 원(元)나라 이전 21왕조의 정사. 중국의 오랜 역사를 뜻함) 3천 년 동안 천하를 잘 다스리는 데는 어떤 방법을 썼던가? 이른바 '유정유일(惟精惟一 : 오직 한 가지 일에 마음을 쏟아 정성을 다함)'의 정신이 아니겠는가? 그러고 보니 천하를 잘 다스린 사람으로 요·순(堯舜)이 있었고, 치수(治水)를 잘 한 사람으로 하우(夏禹)가 있었고, 정전(井田)*[176]으로 다스린 사람에는 주공(周公)*[177]이 있었고, 학문으로 다스린 사람으로 공자(孔子)가 있었고, 재정과 세금으로 다스린 사람에는 관중(管仲)*[178]이 있었던 것을 알고 있다. 그러나 나는 아직 문자가 생기기 이전에 몇 사람의 성인이 마음과 생각을 다 기울여서 다스렸는지를 모르고, 몇 사람의 성인이 눈의 힘을 기울여 다스렸는지를 모르고, 몇 사람의 성인이 귀의 힘을 다 기울여 다스렸는지를 모르며, 또한 몇 사람의 성인이 문자를 처음 만들어내고, 몇 사람의 성인이 이를 다듬고, 몇 사람의 성인이 이를 다시 고치고 꾸며 만들었는지를 모른다.

수많은 성인들이 마음과 생각을 모두 기울이고, 눈과 귀의 힘을 다하여 문자를 처음 만들어내고 다듬고 고쳐 만든 까닭은 자기 한 사람의 이익을 위해서였을까? 아니면 만세(萬世) 동안 모든 사람과 더불어 그 복을 함께 누리

---

*[173] 임시 사행(使行).

*[174] 해마다 동지(冬至)에 중국에 보내는 사신.

*[175] 박명원(朴明源). 박지원의 삼종형(三從兄)으로, 영조(英祖)의 딸 화평옹주(和平翁主)와 결혼하여 금성위에 봉해졌음. 이번 사행의 정사(正使)임.

*[176] 농토를 아홉 구역으로 나누어 여덟 사람이 한 구역씩 농사를 지어 생활하고 가운데 한 구역은 공동으로 농사지어 조세로 나라에 바치는 제도.

*[177] 주(周)나라 무왕(武王)의 아우. 예악(禮樂)의 제도를 정했다고 함.

*[178] 중국 춘추(春秋) 때 제(齊)나라의 정치가이자 법가(法家).

고자 하여서였을까?

그런데 마음가짐이 각기 다르고 하는 일거리가 각기 달라질 때에는 성인이 아닌 어리석은 자라고 하여 이런 자들은 일찍이 나라와 집안을 해치지 않은 자가 없었던 것이다. 그러나 그러한 임금은 생각이 간사하고 이목(耳目)이 성인보다 더욱 뛰어나게 영리하여 후세 사람들이 좋아하게 된다. 그래서 드러내놓고는 배척하는 체하면서 몰래 그 공을 받아들여서, 겉으로는 그를 욕하면서도 속으로는 그 이익을 누리고자 한다. 이리하여 천하에 기이한 재주와 속임수가 날로 더해지는 것이다.

옥으로 궁전을 짓고 구슬로 누대를 세운 자가 바로 걸주(桀紂)*¹⁷⁹가 아니었던가? 산을 깎고 골짜기를 메워서 만리장성을 쌓은 자가 바로 몽염(夢恬)이 아니었던가? 천하의 길을 곧게 닦은 자는 바로 진시황(秦始皇)이 아니었던가? 천하의 일은 법이 아니면 성립하지 않는다 하여, 나무를 옮겨 심고 재를 버리는 일까지 한결같이 제도를 마련한 자가 바로 상앙(商鞅)*¹⁸⁰이 아니었던가? 이 네댓 사람은 그 역량, 재주와 지혜, 정신과 기백, 배포와 시설 능력이 모두 천지를 뒤흔들어서 여러 성인들과 우주 사이에서 맞설 만하였다. 그러나 그들은 불행히도 문자가 생긴 이후에 이 세상에 나왔기 때문에, 그 공리(功利)는 모두 후세 사람에게 돌아가고, 자신들은 화근이 되어 오래오래 어리석은 사람이라는 이름만 남았으니, 어찌 애달프지 아니하랴?

나는 또 아직 모르는 것이 있다. 문자가 만들어진 이후 21대 3천 년 동안에 몇 사람의 걸·주(桀紂), 몇 사람의 몽염(夢恬), 몇 사람의 시황(始皇), 몇 사람의 상앙(商鞅)이 이를 본받았을까? 문자가 만들어진 이후에도 이러하니, 문자가 만들어지기 이전에는 또한 얼마나 많았겠는가?

어떻게 그것을 알 수 있을 것인가. 옛날 진시황은 육국(六國)*¹⁸¹의 것을 본떠서 아방궁(阿房宮)*¹⁸²을 크게 조성했다고 하는데, 본떠 그렸다는 것은

---

*179 하(夏)나라의 걸왕(桀王)과 은(殷)나라의 주왕(紂王). 모두 몹시 포악하여 폭군(暴君)의 대명사처럼 되었음.

*180 중국 전국(戰國)시대 위(衛)나라 사람. 효공(孝公) 때 좌서장(左庶長)이 되어 정전(井田)을 폐지하고 조세법을 고치는 등 변법(變法)을 썼는데, 뒤에 혜왕(惠王)에게 죽음.

*181 중국 춘추(春秋) 시대의 여섯 나라. 곧 제(齊)·초(楚)·연(燕)·조(趙)·한(韓)·위(衛).

*182 진(秦)나라 시황(始皇)이 지은 매우 크고 화려했던 궁전. 진나라가 망하고 항우(項羽)가 불질러 석 달이나 탔다고 함.

본떠서 그릴 무엇이 있었음을 말하는 것이 아닌가? 육국의 선비들이 저마다 그 나라의 임금에게 유세(遊說)할 때 모두 걸·주를 욕하였으나 이른바 걸주가 만든 옥으로 된 궁전과 구슬로 된 누대는 육국의 임금들이 지은 장화대(章華臺)·황금대(黃金臺)의 시늉에 불과하고, 장화대·황금대는 아방궁의 윤곽에 불과한 것이다. 이 화려한 아방궁의 궁전과 누각도 항우(項羽)가 불질러서 한 줌의 재로 변했으니, 후세에 토목공사를 일삼는 자에게 하나의 거울이 되었을 것이다. 그러나 그 불태운 마음은 자기가 거처하지 못할 바에는 다른 사람이 와서 차지하는 것이 싫어서였고, 그 때문에 팽성(彭城)의 도성(都城)이 또한 아방궁이 될 수도 있었지만 미처 이루어지지 못했을 뿐이다.

소하(蕭何)가 크게 미앙궁(未央宮)*183을 세웠을 때 한(漢)나라 고제(高帝)는 귀도 있고 눈도 있었건만 짐짓 모르는 체하다가 대궐이 완성된 뒤에야 소하를 꾸짖었다고 한다. 그러나 그 꾸짖음이 진정한 것이라면 어찌하여 소하를 죽여 거리에 효시하지 않았으며, 대궐을 불태워 버리지 않았겠는가? 이로써 보건대, 먼저 육국을 본받아서 크게 아방궁을 세운 것은 미앙궁(未央宮)을 짓기 위한 터를 닦은 셈이었다.

내가 이제 조양문(朝陽門)을 들어서니, 요·순(堯舜)의 '유정유일(惟精惟一)'한 심법(心法)이 이러하였고, 하우씨(夏禹氏)의 치수(治水)가 이러하였으며, 주공(周公)의 정전(井田)이 이러하였고, 공자(孔子)의 학문이 이러하였으며, 관중(管仲)의 이재(理財)가 이러하였음을 분명히 볼 수 있다. 걸·주(桀紂)가 옥으로 대궐과 누대를 지은 것이 이 법에 지나지 않고, 몽염(蒙恬)이 산을 깎고 골을 메운 것도 이 법에 지나지 않으며, 진시황(秦始皇)이 길을 곧게 낸 것 역시 이 법에 지나지 않고, 상앙(商鞅)이 제도(制度)를 정리하고 통일한 것도 이 법에 지나지 않는다. 어찌하여 그런 것일까?

성인이 일찍이 음률[律]·척도[度]·분량[量]·무게[衡]의 규정을 통일하여, 둥근 것은 그림쇠에 맞추도록 하고, 모난 것은 곱자에 맞추도록 하고, 곧은 것은 먹줄에 좇도록 하여 천하에 펴자 천하가 이에 따랐고, 걸·주(桀紂)에게 베풀자 걸·주가 이에 따랐다. 또한 성인이 일찍이 산을 둘러싸고 언덕을 휩쓰는 물을 다스렸으니, 그때 사용한 삼태기·삽이며, 날카로운 도끼·끌이며,

---

*183 섬서성(陝西省) 장안(長安)에 있던 한(漢)나라 때의 궁전. 웅장하고 화려했다고 함.

교묘한 기술이며, 많은 인부들이, 어찌 산을 헐고 골짜기를 메워서 만리장성을 쌓을 때만 못하였겠는가? 성인이 일찍이 천하의 밭을 구획하여 정전(井田)의 제도를 마련하고 그 봇도랑과 밭두둑 사이에 수레가 몇 대씩 오고갈 길을 내니, 그 곧고 바름이 어찌 진시황이 천 리의 대도(大道)를 만드는 것만 못하였겠는가?

성인이 일찍이 그 문인의 물음에 대답하여 나라 다스리는 길을 말씀하였으나, 이는 말로만 하였을 뿐이고 몸소 실행하지는 못했었다. 그런데 후세에 하늘의 뜻을 이어받아 제위에 오른 임금은 그 학문이 반드시 성인보다 나은 것은 아니었지만, 하루아침에 이를 실행할 수 있었으니, 이 또한 어찌 중화(中華)의 민족만이 그러했을 것이랴. 오랑캐[夷狄]로서 중원(中原)의 임금 된 자도 일찍이 그 길을 이어받지 않은 이가 없었다.

먹고 입는 것이 넉넉해야만 예절을 안다고 하여, 후세의 임금 중에서 그 나라를 부유하게 하고 그 군사를 강하게 하고자 한 이가 도리어 각박하고 인정머리 없다는 말을 듣기도 하였지만, 어찌 자기 한 몸의 사사로운 이익만을 위했을 것인가. 그 위태롭고 미약할 때의 마음씀이나, 공사간(公私間)의 사업의 처리를 따져본다면, '유정유일(惟精惟一)'의 정신이 그의 생각한 바는 아니지만 그 공리(功利)를 누리게 됨에 있어서는 비록 그 법이 이적(夷狄)에게서 나온 것이라 할지라도 그 여러 가지 장점을 모아 유정유일을 본받지 않은 것이 없다고 할 수 있겠다.

그러므로 앞서 재주와 지혜, 역량이 천지를 진동한다고 말한 것은, 지금의 위대한 중국을 이루어 놓았기 때문이니, 21대 3천여 년 동안에 이룬 법이나 제도도 이로써 상고할 수 있는 것이다.

이에 나라를 세워 그 이름을 '청(淸)'이라 하고, 도읍을 건설하여 그 이름을 '순천(順天)'이라 하였는데 천문(天文)에는 기(箕)·미(尾) 두 별이 맞닿은 자리에 있다 하였고, 지지(地志)에는 우공(禹貢) 때의 기주(冀州) 땅으로, 고양씨(高陽氏)*184는 유릉(幽陵)이라 하였고, 도당(陶唐)*185은 유도(幽都), 우(虞)는 유주(幽州)라 하였으며, 하(夏)·은(殷) 때는 기주(冀州)라

---

*184 오제(五帝)의 한 사람인 전욱(顓頊).
*185 요(堯) 임금의 성. 처음에 도(陶)에 봉해지고 뒤에 당(唐)에 나라를 세웠기 때문에 도당씨라 했음.

하였고, 진(秦) 때는 상곡어양(上谷漁陽)이라 하였다. 다시 한(漢)나라 초에 연국(燕國)이 되었다가 뒤에 나누어 탁군(涿郡)이 되고 다시 광양(廣陽)으로 고쳤다. 진(晉)·당(唐) 때는 범양(范陽)이라 하였고, 요(遼) 때는 남경(南京)이라 하였다가 뒤에 석진부(析津府)로 고쳤고, 송(宋) 때는 연산부(燕山府)로 고쳤으며, 금(金) 때는 연경(燕京)이라 하였다가 이내 중도(中都)로 고쳤고, 원(元) 때는 대도(大都)라 하였다. 명(明)나라 초에 북평부(北平府)라 하였던 것을 태종(太宗)이 도읍을 이곳으로 옮기고 순천부(順天府)라 하였는데, 지금의 청(淸)이 그대로 이곳에 도읍을 정하였다.

성의 둘레는 40리인데, 왼쪽에 푸른 바다가 둘려 있고, 오른쪽에는 태행산(太行山)이 옹위하고 있으며, 북쪽에 거용관(居庸關)이 막혀 있고, 남쪽에는 하수(河水)와 제수(濟水)가 합쳐진다.

성문은 정남쪽을 정양문(正陽門), 오른쪽을 숭문문(崇文門), 왼쪽을 선무문(宜武門), 동남쪽을 제화문(齊化門), 동북쪽을 조양문(朝陽門), 서남쪽을 평택문(平澤門), 서북쪽을 서직문(西直門), 북동쪽을 덕승문(德勝門), 북서쪽을 안정문(安定門)이라 하고, 외성(外城)의 문은 일곱이고, 자금성(紫禁城)[186]의 문은 셋이다. 대궐의 성(宮城)은 둘레가 17리이고 문은 네 개이다.

정전을 태화전(太和殿)이라 하여 한 사람이 살고 있는데 그 성은 애신각라(愛新覺羅)요, 그 종족은 여진(女眞) 만주족이다. 지위는 천자(天子)이고 호는 황제(皇帝)로서, 그 직책은 하늘을 대신하여 만물을 다스리는 일이다. 그는 자신을 짐(朕)이라 일컫고, 모든 나라가 그를 높여 폐하(陛下)라고 한다. 그가 내는 말을 조(詔)라 하고, 그가 내리는 명령을 칙(勅)이라 하며, 그의 관은 홍모(紅帽)라 하고, 그의 옷은 마제수(馬蹄袖)[187]라고 한다. 이제 4대째 국통을 이어받았고, 연호를 세워 건륭(乾隆)이라고 하였다.

이 글을 쓴 사람은 조선의 박지원(朴趾源)이고, 쓴 때는 건륭 45년 가을 8월 초하루이다.

2일 무신(戊申)

맑다.

---

*186 북경의 대궐 둘레에 쌓은 궁성(宮城).
*187 만주인의 옷소매가 말굽처럼 생겨서 붙여진 말.

간밤에 번개와 천둥이 치고 큰비가 내려, 아직 수리하지 못한 객사(客舍)의 창문 종이가 떨어져 날아가고, 새벽에 또 찬바람이 불어 약간 감기 기운이 있어서 음식을 먹지 못했다.

아침 일찍 아문(衙門)에 예부(禮部)·호부(戶部)*188의 낭중(郞中)과 광록시(光祿寺)*189의 관원들이 모두 모였다. 바깥 뜰에는 쌀과 콩을 실은 수레 대여섯 대와 돼지·양·닭·거위·채소 따위가 가득 차 있다. 각 부(部)의 관원들이 나란히 의자에 조용히 앉아 있는데, 아무도 떠드는 이가 없다.

정사에게는 날마다 거위 1마리, 닭 3마리, 돼지고기 5근, 생선 3마리, 우유 1병, 두부 3모, 밀가루 2근, 황주(黃酒)*190 6항아리, 절인 채소 3근, 찻잎 4냥, 오이장아찌(醬瓜) 4냥, 소금 2냥, 간장 6냥, 된장(甘醬) 8냥, 식초 10냥, 참기름 1냥, 후추 1돈, 등유(燈油) 3종지, 초(蠟燭) 3자루, 내소유(奶酥油)*191 3냥, 세분(細粉) 1근 반, 생강 5냥, 마늘 10톨, 능금 15개, 배 15개, 감 15개, 대추 1근, 포도 1근, 사과 15개, 소주 1병, 쌀 2되, 땔나무 30근과 사흘에 몽고 양 1마리씩을 준다.

부사와 서장관에게는 날마다 양 1마리, 거위 각 1마리, 닭 각 1마리, 생선 각 1마리, 우유 1병, 고기 3근, 밀가루 2근, 두부 각 2모, 절인 채소 각 3근, 후추 각 1돈, 찻잎 각 1냥, 소금 각 1냥, 간장 각 6냥, 된장 각 6냥, 식초 각 10냥, 황주 각 6항아리, 오이장아찌 각 1돈, 참기름 각 1냥, 등유 각 1종지, 쌀 각 2되, 능금 15개, 사과 15개, 배 15개, 포도 5근, 대추 5근을 주는데, 과일은 닷새마다 한 번씩 준다. 부사에게는 날마다 땔나무 17근, 서장관에게는 날마다 땔나무 15근을 준다.

대통관(大通官) 3명, 압물관(押物官) 24명에게는 날마다 닭 1마리, 고기 2근, 밀가루 1근, 소채(酥菜)*192 1근, 두부 1모, 황주 2항아리, 후추 5푼, 찻잎 5돈, 간장 2냥, 된장 4냥, 참기름 4돈, 등유 1종지, 소금 1냥, 쌀 1되, 땔나무 1근씩을 준다.

* 188 지금의 재무부(財務部)와 같은 관아.
* 189 궁중의 일을 맡아 보는 관아.
* 190 찹쌀로 빚은 술로, 빛은 엷은 갈색이고 맛은 약간 시고 씀. 여러 가지 종류가 있음.
* 191 우유로 만든 음식. 치즈와 비슷한 것임.
* 192 우유나 양젖으로 가공한 채소인 듯.

득상종인(得賞從人 : 황제로부터 상을 탈 사람) 30명에게는 각기 날마다 고기 1근 반, 밀가루 반 근, 절인 채소 2냥, 소금 1냥씩과 등유 6종지, 황주 6항아리, 쌀 1되, 땔나무 4근을 주고, 무상종인(無賞從人) 221명에게는 날마다 고기 반 근, 절인 채소 4냥, 식초 2냥, 소금 1냥, 쌀 1되, 땔나무 4근을 준다.

3일 기유(己酉)
맑다.

해가 뜬 다음에야 비로소 사관의 문을 연다. 시대(時大)·장복(張福)과 함께 서관(西館)을 나와 걸어서 첨운패루(瞻雲牌樓) 아래에 이르러 태평차(太平車)*193 한 대를 세내었는데 나귀 한 마리가 끄는 것이었다. 시대를 시켜 주방(廚房)에서 내어주는 하루치의 물자를 돈으로 바꾸게 하여 수레 앞쪽에 가져다 놓았다. 은 2냥이 엽전 2,200닢이다. 시대는 수레 오른쪽에, 장복은 수레 뒤쪽에 앉게 하여 선무문(宣武門)으로 달려갔다.

선무문은 그 제도가 조양문(朝陽門)과 같았다. 왼편은 코끼리를 키우는 상방(象房)이고, 오른편은 천주당(天主堂)*194이다. 문을 나와 오른쪽으로 꺾어서 유리창(琉璃廠)*195으로 들어갔다. 첫 번째 거리에 오류거(五柳居)라는 석 자로 된 간판을 단 집이 있었다. 이것은 도옥(屠鈺)이라는 자의 책방이었다. 지난해 무관(懋官) 이덕무 일행이 책방에서 많은 책을 사 와서 오류거 이야기를 자주 들어온 터에, 이제 그 앞을 지나가게 되니 마치 옛 친구를 만난 것 같다. 무관이 작별할 때 일러주었다.

"만약 원항(鴛港) 당낙우(唐樂宇)를 찾아보려거든, 먼저 선월루(先月樓)로 가게. 거기서 남쪽으로 꺾어 작은 골목으로 들어서면 두 번째 집이 곧 당씨의 집일세."

수레를 몰아 가다가 양매서가(楊梅書街)에 이르러, 우연히 육일루(六一

---

*193 사람이 타는 수레.
*194 천주교 성당. 당시 북경에는 동·서·남·북 네 곳에 있었는데, 저자가 찾아간 곳은 서천주당이었음.
*195 북경 남부에 있는 거리 이름. 본래는 해왕촌(海王村)이라 했는데 유리 가마가 있어 그 이름이 생겼고, 명나라 때부터 글씨·그림과 골동품 가게가 많이 생겨서 유명해졌음.

樓)에 올라갔다가, 황포(黃圃) 유세기(兪世琦)를 만나 잠시 이야기를 나누었다. 문포(文圃) 서황(徐璜)과 입재(立齋) 진정훈(陳庭訓)도 그 자리에 있었는데, 모두 훌륭한 선비들이다. 날을 정하여 이곳에서 다시 모이기로 약속했다.

수레를 돌려 북쪽 길로 들어서니, 길가에 선월루(先月樓)란 금자 간판이 문득 수레 앞에 나타난다. 이 역시 책방이었다.

수레에서 내려 두 하인과 함께 걸어서 당씨 집에 이르렀다. 마치 익숙한 길을 찾아가듯 수월하게 그 집을 찾았다.

세 하인이 문 앞에 나와 맞으면서 말한다.

"노야(老爺)*196께서는 묘시(卯時)*197에 아문(衙門)에 들어가셨습니다."

내가 물었다.

"어느 때쯤 돌아오시느냐?"

"묘시에 들어가셨으니까 유시(酉時)*198에나 돌아오십니다."

한 하인이 잠시 사랑채에 들어 땀을 식히라고 청하므로 따라 들어갔더니, 웬 허술한 훈장 한 사람이 나와 맞는다. 성은 주(周)가라고 했고, 이름은 잊어버렸다.

원항(鴛港)은 아들 셋을 두어 모두가 잘생겼다는 말을 전에 들었는데, 이제 두 어린이가 구들〔炕〕에서 내려와 공손히 절을 한다. 물어 보지 않아도 원항의 아들임을 알 수 있었다. 내가 나이를 물으니, 맏이는 열세 살, 다음은 열한 살이라고 한다. 내가 물었다.

"맏이는 이름이 장우(張友)이고 다음은 장요(張瑤)가 아니냐?"

두 소년이 함께 대답한다.

"그렇습니다. 어른께서는 어떻게 아십니까?"

"너희가 글을 잘 읽는다고 외국에까지 이름이 알려졌느니라."

내가 대답하였다.

잠시 후 당씨 집 하인이 파초잎처럼 생긴 주석 쟁반에다 더운 차 한 잔, 능금 세 개, 양매탕(楊梅湯)*199 한 그릇 받쳐들고 나오더니 은근히 권하면

---

*196 높은 어른을 높여 일컫는 말. 주인 어른, 어르신네.
*197 오전 5시부터 7시까지의 사이.
*198 오후 5시부터 7시까지의 사이.

서 이 집 노부인의 말을 전한다.

"왕년에 조선 어른 두 분이 자주 저희 집에 오셔서 놀다 가셨는데, 그분들도 지금 안녕들 하십니까? 혹 가지고 오신 청심환이 있으시면 한두 개 얻었으면 합니다."

나는 지금 몸에 지니고 온 것이 없으니 훗날 다시 올 때 가져다 드리겠다고 답했다. 전에 들으니 이 당씨 집 노부인은 항상 이 집 동락산방(東絡山房)에서 거처하는데, 나이가 여든이 넘었어도 아직도 근력이 정정하다고 한다.

하인이 손을 들어 가리키며 말한다.

"노부인께서 나오시어 중문(中門)에서 귀국 종자(從者)들의 옷을 구경하고 계십니다."

나는 바로 쳐다보기가 겸연쩍어서 못 본 체하고 붉은 종이로 만든 승두선(僧頭扇) 두 자루와 여러 빛깔의 시전지(詩箋紙)를 장우·장요에게 나누어 주며, 열흘 안에 다시 오겠노라고 약속하고 일어나서 나왔다. 돌아다보니 당씨의 노모(老母)가 아직도 문 안에 서 있고 두 몸종이 옆에서 부축하고 있다. 멀리서 바라보니 백발은 성성하지만 몸이 건장한데다 화장과 몸치장까지 한 모습이다.

시대와 장복이 말한다.

"아까 당씨 집 여러 하인들이 소인들을 양쪽에서 끼고 뜰 가운데 세우더니, 노부인이 저희의 옷을 좀 보자고 벗으라고 했습지요. 소인들이 황송하여 감히 쳐다보지도 못한 채 날씨가 더워 이 홑옷 하나밖에 안 입었다고 하니까, 뒤로 세워놓고 보고 옆으로 세워놓고 보더니, 다시 여러 하인들로 하여금 옷깃과 옷자락을 들추게 하여 살펴보고는, 술과 음식을 내어다 먹으라고 했답니다. 소인들의 옷이 이처럼 남루하여 부끄러워서 죽을 뻔했습지요."

돌아오는 길에 회자관(回子觀)[200]을 두루두루 구경하였다.

4일 경술(庚戌)

맑다. 어찌나 더운지 꼭 삼복(三伏) 날씨 같았다.

---

*199 상록수인 양매(산복숭아)의 열매로 만든 음식.
*200 이슬람교 사원.

수레를 몰아 정양문(正陽門)을 나서서 유리창(琉璃廠)을 지날 때에, 유리창이 모두 몇 칸이나 되느냐고 물었더니, 어떤 사람이 27만 칸이라고 대답한다. 정양문 옆에서부터 선무문(宣武門)까지 다섯 거리가 모두 유리창으로, 천하의 온갖 물건들이 모두 모여들어 쌓여 있는 곳이다.

한 누각에 올라가 난간에 기대어 바라보자니, 탄식이 저절로 나온다.

천하에 참으로 자기를 알아주는 이를 한 사람이라도 얻는다면 정말로 여한이 없을 것이다. 사람의 상정(常情)은 항상 자기 자신을 바로 보고자 하지만, 그렇지 못하면 때로는 바보나 미치광이처럼 되어 버린다. 자기가 아닌 남이 되어 나를 보아야만 내가 모든 것과 다르지 않다는 것을 알게 된다. 그러한 경지에 이르러야만 마음에 여유가 생기고 또한 처신이 자유로워질 것이다.

성인(聖人)은 이러한 길을 걷기 때문에 세상을 피해 있어도 고민이 없고 홀로 있어도 두려움이 없는 것이다. 공자(孔子)는 '남이 나를 알아주지 않더라도 성내지 아니하면 또한 군자가 아니겠느냐' 하였고, 노자(老子) 역시 '나를 알아주는 사람이 드문 것은 곧 내가 참으로 고귀하기 때문이다' 하였다. 남이 나를 알아주기를 바라지 아니 하는 것이 이와 같았다. 그리하여 어떤 이는 의복을 바꾸어 입기도 하고, 어떤 이는 모습을 알아보지 못하게도 해보고, 또는 이름을 바꾸어보기도 하였다. 이것은 곧 성현이나 부처와 현인(賢人)·호걸(豪傑)들이 세상을 큰 장난감으로 여겨, 천하의 왕 되는 것도 자적(自適)하는 즐거움과 바꾸려 하지 않았기 때문이다. 이러한 때에 천하에 혹 한 사람이라도 자기를 알아주는 사람이 있으면 그의 자취는 드러나고야 마는 것이다.

그러나 사람의 마음이란 그렇지 못하여 천하에 오직 한 사람, 자신을 알아보는 사람이 있기를 바라고 있었으니, 요(堯) 임금은 짐짓 평복을 입고 거리를 돌아다니다가 격양가(擊壤歌)를 부르는 농부를 만났고, 석가(釋迦)는 모습을 바꾸었으나 아난(阿難)*201이 알아보았고, 태백(太伯)*202은 몰라보도

---

*201 석가(釋迦)의 10대 제자 중의 한 사람. 항상 석가를 모시고 있어 석가의 설법을 누구보다도 많이 들어 기억하고 있었으므로, 뒤에 석가의 설법을 모아 정리할 때 크게 공헌했음. 석가의 사촌 동생.
*202 주(周)나라 태왕(太王)의 아들로서, 아우 계력(季歷)을 피해 형만(荊蠻)으로 갔더니 형만이 형 태백을 세워서 오군(吳君)을 삼았는데 태백이 죽자 아우 중옹이 뒤를 이었음.

록 문신(文身)을 하였으나 아우 중옹(仲雍)이 알아보았고, 예양(豫讓)*203은
몸에 옻칠을 하였으나 그의 벗이 알아보았으며, 삼려(三閭)*204는 모함을 받
고 쫓겨나서 몸이 파리했으나 어부(漁夫)가 알아보았고, 치이(鴟夷)*205는
이름을 바꾸어 오호(五湖)*206에 놀았으나 서시(西施)가 알아보았으며, 장록
(張祿)*207 역시 성명을 바꾸어 객사를 몰래 빠져나갔으나 수가(須賈)가 알
아보았고, 자방(子房)*208은 비교(圯橋) 위에 방황하고 있을 때 황석공(黃石
公)*209이 알아보았다.

　나는 지금 홀로 유리창 가운데 서 있다. 이 옷과 갓은 천하가 알지 못하는
것이고, 이 생김새는 천하가 처음 보는 것이며, 반남(潘南)의 박(朴)이라는
성은 천하가 아직 들어보지 못한 것이다. 이제 내가 성인·부처가 되고 현
인·호걸이 되며, 기자(箕子)·접여(接輿)*210처럼 거짓 미치광이가 된다 한
들, 장차 누구와 함께 그 지극한 즐거움을 이야기할 것인가?

　어떤 사람이 공자가 송(宋)나라에서 몸을 피할 때 어떤 관을 썼는지 궁금해
하기에, 나는 크게 웃으면서 말했다.

　"온갖 일에 앞뒤를 잘 살피고 고려하여 천하게도 변복하고 귀하게도 꾸몄으
니, 누가 알아볼 수 있었겠는가?"

　그때 안회(顔回)*211는 공자가 계시는데 어찌 감히 죽겠느냐고 하였으니,

---

*203 중국 전국시대 진(晉)나라 사람. 주인 지백(智伯)의 원수를 갚기 위해 남이 알아보지 못하
도록 몸에 옻칠을 하고, 입에 숯을 물어 문둥이·벙어리 행세를 하다가 발각되어 죽었음.
*204 굴삼려(屈三閭), 굴원(屈原). 초(楚)나라 사람. 이름은 평(平). 원(原)은 자임. 회왕
(懷王)의 신임을 받아 국정을 잘 처리했으나 참소를 당해 장사(長沙)로 귀양가서, 5월 5
일 돌을 끌어안고 멱라수(汨羅水)에 몸을 던져 죽었다고 함.
*205 범려(范蠡). 춘추 시대 초(楚)나라 사람. 월왕(越王) 구천(句踐)을 도와 오(吳)나라를
토벌하고 치이피자(鴟夷皮子)라 이름을 바꾸고 제(齊)나라로 가 큰 부자가 되었다고 함.
*206 여러 가지 설이 있는데 태호(太湖) 부근의 다섯 호수라 하기도 하고 동정호(洞庭湖) 부
근의 다섯 호수라고도 하며, 또 태호 또는 동정호를 가리키는 말이라고도 함.
*207 범저(范雎)의 별명.
*208 장량(張良). 자방은 그의 자임. 전국 시대 한(韓)나라 사람으로 한나라가 망하자 진시
황(秦始皇)에게 원수를 갚으려다가 실패하고 유방(劉邦)을 도와 한(漢)나라의 건국에
크게 공헌했음.
*209 장량(張良)에게 비밀스런 책을 전해 주었다는 노인.
*210 춘추 시대 초(楚)나라 사람. 거짓으로 미친 체하여 세상을 등지고 살았다고 함.
*211 공자의 수제자 안자(顔子).

공자는 천하에 진실로 자기를 알아본 사람은 오직 안자(顔子) 한 사람 뿐이라고 생각하였을 것이다.

동악묘 관람기(동악묘기(東岳廟記))

동악묘는 조양문(朝陽門) 밖 1리쯤 되는 곳에 있다. 건축의 웅장하고 화려함이 지금까지 오면서 처음 보는 것으로서, 성경(盛京)의 대궐도 이에 훨씬 미치지 못한다. 사당 문 맞은편에 패루(牌樓)가 둘 있는데, 푸른 유리벽돌과 녹색 유리벽돌로 쌓아서, 그 휘황찬란함이 앞서 보았던 돌로 지은 것보다 월등히 낫다.

이 사당은 원(元)나라 연우(延祐)*212 때 처음 세우고, 명(明)나라 정통(正統)*213 때 확장하였다. 사당 안에 인성제(仁聖帝)*214·병령공(炳靈公)·사명군(司命君)과 네 정승의 소상이 있다. 이 상들은 모두 원(元)나라 소문관대학사 정봉대부 비서감경(昭文館大學士正奉大夫秘書監卿) 유원(劉元)이 만든 것으로서, 유원의 뛰어난 솜씨는 천하에 그 짝이 없다.

청(淸)나라 강희(康熙) 경진(庚辰)*215 3월에 불이 나서 전각과 행랑채가 몽땅 불타 버려, 사당 안에 있던 여러 소상도 모조리 불타 버렸으나 이때, 오직 양쪽의 도원(道院)만이 타지 않았다. 강희제가 특별히 내탕금(內帑金)*216을 내리고, 중외(中外)의 모든 관원에게 명령하여 비용을 보조하게 하고, 유친왕(裕親王)으로 하여금 공사를 감독하게 하여, 몇 해가 걸려서 비로소 완성하자 황제가 이에 거둥하였고, 뒤에 옹정제(雍正帝)와 지금의 황제도 내탕금을 내려 수리하게 하였다.

첫째 전각에는 영소화육(靈昭化育)이라 현판하였다. 동악대제(東岳大帝)가 곤룡포·면류관을 갖추었고, 왼쪽에 문(文), 오른쪽에 무(武)의 여러 신

---

*212 원(元)나라 인종(仁宗)의 연호. 1314~1320. 고려 충숙왕(忠肅王) 때임.
*213 명(明)나라 영종(英宗)의 연호. 1436~1449. 조선 세종(世宗) 때임.
*214 동악대제(東岳大帝). 태산(太山)의 신.
*215 강희(康熙) 39년, 1700년, 조선 숙종(肅宗) 26년임.
*216 임금이 따로 사사로이 쓰는 돈.

이 시위하고 있다. 탁자 앞에는 두어 섬들이 쇠 항아리에 검은 칠을 하여 심지 넷을 박아 불을 댕겨 놓고, 둘레를 철망으로 가려 놓았으며, 등 앞에 한 길이나 되는 쇠 향로(香爐)를 놓고 침향(沈香)을 피운다. 검은 등에 푸른 불꽃이 반짝이고, 연기가 전자(篆字)처럼 피어 오른다. 푸른 술이 달린 휘장을 둘러쳤는데, 방울이 댕그렁댕그렁 울리는데다 전각 안은 침침하여 마치 꿈속에라도 든 것 같다.

둘째 전각에는 세 여인상(女人像)이 앉아 있다. 역시 구슬 술을 드리웠고, 좌우에 모시고 서 있는 이는 모두 선녀들이다.

셋째 전각에는 무슨 신의 소상을 모셨는지 알 수 없다. 행랑에 벌여 놓은 72조(曹) 36옥(獄)이 기기괴괴하고 천태만상이다. 대 위에 늘어놓은 진귀한 옛 그릇들은 거의가 송(宋)·원(元)나라 시대의 관지(款識)가 있다.

뜰 가운데 큰 비석 백여 개가 서 있는데, 거의가 조맹부(趙孟頫)[217]의 글씨이다. 그의 아우 세연(世延)과 우집(虞集)[218]의 글씨도 있다. 동쪽과 서쪽의 첫째 줄 비석은 모두 누런 기와로 이었고, 그 위에는 고루(鼓樓)를 만들어 놓았으니 동쪽 것을 별음(鼈音), 서쪽 것을 경음(鯨音)이라 한다.

---

*217 원나라 세조 때 사람으로 시·글·글씨·다 뛰어났음. 호는 송설도인(松雪道人).
*218 원나라 때의 큰 문장가. 호는 도원(道園).

만리장성 북쪽 변방을 가다
막북행정록(漠北行程錄)

신해(辛亥)에서 을묘(乙卯)까지 닷새 동안
황성에서부터 열하까지

머리글〔漠北行程錄序〕

열하(熱河)에는 황제의 행재소(行在所: 황제가 지방에서 머무는 곳. 또는 별장)가 있다. 옹정(雍正) 시절에는 이곳에 승덕주(承德州)를 두었고, 지금의 건륭(乾隆) 황제는 주(州)를 부(府)로 승격시켰다. 북경에서 동북쪽으로 420리, 만리장성(萬里長城) 밖 200여 리 떨어진 곳이다.

지리지(地理志)를 살펴보면, 한(漢)나라 시대에는 요양(要陽)·백단(白檀) 두 현(縣)으로 나뉘어 어양군(漁陽郡)에 속해 있었고, 후위(後魏) 시절에는 밀운(密雲)·안락(安樂) 두 군의 경계 지역이 되었으며, 당(唐)나라 때에는 해족(奚族: 북방의 소수민족)이 차지하였고, 요(遼)나라 시대에는 흥화군(興化軍)을 두어 중경(中京)에 속했었다. 금(金)나라 때에는 영삭군(寧朔軍)으로 고쳐 북경(北京)에 소속시켰고, 원(元)나라 때에는 상도로(上都路)에 소속시켰으며, 명(明)나라 때에는 타안위(朶顏衛)의 땅이 되었다. 이것이 열하의 내력이다.

이제 청나라가 중국을 통일하니 비로소 열하라 하여, 장성 밖의 요해(要害) 지점이 되었다. 강희 황제 때부터 여름이면 황제들은 이곳에 머물러 더위를 피했다. 황제가 거처하는 대궐은 단청과 조각도 별로 하지 않고, 피서산장(避暑山莊)이라 하였다. 황제는 여기서 거처하며 책을 읽거나 숲 속을 산책하여, 천하의 일을 잊고 평범한 생활을 하는 듯이 보였다. 그러나 실제로는 이곳은 지세가 험준하고 몽고의 숨구멍이 되는 곳이어서 북쪽 변방을 방비하는 요지이므로, 이름은 비록 피서하는 것이라 하지만, 실은 천자가 몸소 오랑캐를 방비하려는 것이다. 이는 마치 원나라 시절 풀이 우거지면 임금이 서울을 떠나 있다가, 풀이 마르면 남으로 돌아오곤 했던 것과 같은 것이다. 천자가 북쪽 변방 가까이 머물면서 자주 거둥을 하면, 여러 오랑캐들이 감히 남쪽으로 내려와 방목(放牧)을 하지 못하기 때문에, 풀이 무성하고 마르는 시기에 따라 천자가 오고가고 하므로, 그것을 피서라고 하는 것이다. 그래서 금년에도 황제가 봄에 남쪽을 한 바퀴 돌고 바로 북쪽 열하로 돌아온 것이다.

열하의 성지(城池)와 궁전은 세월이 감에 따라 날로 화려하고 웅장해져서, 이제는 창춘원(暢春苑)이나 서산원(西山苑)보다도 더 훌륭하고, 또한 그 산수(山水) 경치도 북경보다 낫다. 그 때문에 황제는 해마다 이곳에 와 머무는데, 외적을 막아낼 뜻으로 시작한 땅이 도리어 방탕한 놀이터가 되어 버린 셈이다.

이번에 우리 사행(使行)은 북경에 와서 갑자기 열하로 오라는 황제의 부름을 받고, 밤낮을 달려 닷새 만에 열하에 도착하였다. 짐작으로는 북경에서 여기까지의 거리가 아무래도 400여 리는 아닌 것 같다. 열하에 이르러 산동도사(山東都司) 학성(郝成)과 그 거리를 놓고 이야기를 나누었다. 그 역시 열하에는 처음 왔다고 하면서 말한다.

"구외(口外)*¹는 북경에서 700여 리입니다. 성조(聖祖)*² 때부터 해마다 구외로 피서를 와 계셨으므로, 석왕(碩王)*³·액부(額駙)*⁴와 각부(閣部)의 대신들이 닷새에 한 번씩 와서 황제를 뵙고 보고를 합니다. 그런데 길이 험하고 물이 사나우며 고개가 높아서, 모두 험하고 먼 길을 오가는 수고로움을 꺼려 하므로, 건륭 때 와서 특별히 역참(驛站)을 줄여 400리로 만들었으나 실은 700리입니다. 여러 신하들이 항상 말을 달려와서 국사를 보고 드려야 하므로, 막북(漠北)*⁵을 문 앞처럼 여기고, 몸이 말안장에서 떨어질 날이 없게 되었습니다. 그래도 모두들 성인은 편안할 때 오히려 위태로움을 잊지 않

---

*1 만리장성 밖의 지방을 일컫는 말. 장성 밖에 구(口)자가 붙은 지명이 많음.
*2 청나라 제4대 황제.
*3 임금의 아들.
*4 임금의 사위(만주 말).
*5 고비 사막의 북쪽이니 곧 외몽고(外蒙古)를 말함.

으시려는 것이라고 생각합니다."

그의 말이 그럴듯하다.

고염무(顧炎武)*6의 창평산수기(昌平山水記)를 보면, 고북구역(古北口驛) 에서 북쪽으로 56리를 가서 청송(青松)까지가 한 참(站)이 되고, 다시 50리 를 가서 고성(古城)이 한 참(站)이 된다. 또 60리를 가서 회령(灰嶺)이 한 참이 되고, 또 50리를 가서 난하(灤河)가 한 참이 되며, 난하를 건너 열하 까지가 40리이니, 고북구에서 열하까지 모두 256리가 된다. 이로써 본다면 지리지의 기록보다 56리가 더 많다. 장성 밖의 거리 계산이 이처럼 틀리니, 장성 안도 어느 정도 짐작할 수 있다.

이번의 이 길은 우리나라 사람으로서는 처음이고, 게다가 밤낮으로 달려 와서 마치 장님이 걷는 것 같고 꿈속에 걷는 것 같아서, 일행 모두가 역참 (驛站)이며 돈대(墩臺) 따위를 자세히 보지 못하였다. 그래서 지리지에 420 리라 한 것을 그대로 따르기로 한다.

---

*6 청나라 초기의 대학자. 호는 정림(亭林), 중국 고증학(考證學)의 기초를 닦았음. 저서에 일지록(日知錄)이 있음.

건륭 45년 경자년(庚子年) 8월 5일 신해(辛亥)
맑고 덥다.

사시(巳時)*7에 나는 사은 겸 진하정사(謝恩兼進賀正使)를 따라 북경을 출발하여 열하로 향했다. 부사(副使)·서장관(書狀官)과 역관(譯官) 세 사람, 비장(裨將) 네 사람과 하인들까지 모두 74명이고, 말이 55필이었다. 나머지는 모두 떨어져 서관(西館)에 머물러 있게 되었다.

애당초 책문(柵門)을 들어선 후로 길에서 자주 비를 만나고 물에 막혀 통원보(通遠堡) 같은 데서는 대엿새를 가만히 앉아 허비하였으므로, 정사는 밤낮 이를 걱정하였다. 그때 나는 정사의 맞은편 구들방에 묵으며 밤마다 빗소리가 들리면 곧 촛불을 밝히고 밤새도록 휘장을 사이한 채로 이야기를 나누었다. 정사는 걱정하며 이렇게 말했다.

"세상 일이란 도무지 알 수 없는 것일세. 만약 우리에게 열하로 오라고 한다면 날짜가 모자랄 것이니 이 일을 어찌하면 좋단 말인가? 설혹 열하까지 가는 일이 없다손 치더라도 만수절(萬壽節:황제생일)까지는 황성(皇城)에 들어가야 되겠는데, 만약 심양(瀋陽)이나 요양(遼陽) 땅에서 또 물 때문에 길이 막힌다면, 이야말로 속담에 '새벽부터 길을 걸어도 문턱에도 못미친다'는 격이 아니겠는가?"

날이 밝아 백방으로 물 건널 계책을 세울 때 모두들 번갈아가며 만류하자 정사가 말한다.

"나는 나라의 사명을 띠고 왔으니 물에 빠져 죽는다 한들 어찌하겠소."

다시는 아무도 물이 많아서 건널 수 없다는 말을 하지 못했다.

날씨가 몹시 덥고, 이곳에는 비가 오지 않는데도 이따금 갈라진 땅이 강과 바다를 이루는 것은 모두 천 리 밖에서 폭우가 내렸기 때문이다. 물을 건널 때에는 모두 벌벌 떨면서 구토와 현기증을 일으켜 사색이 되어가지고 하늘을 우러러보며 속으로 비는 것이었다. 그러다가 가까스로 건너편 언덕에 올라서면 죽었던 사람을 다시 만난 듯 서로 돌아보며 기뻐하고 위로를 하였다. 그러다가도 또 앞에 건너야 물은 이 강보다 더 크다는 말을 들을 때는 풀이

---

*7 오전 9시부터 11시 사이.

죽어 서로 돌아볼 뿐이었다. 그럴 때마다 정사는 말한다.

"모두들 걱정하지 말아라. 나라님 신령께서 돌보아 주시지 않는 일은 없느니라."

그렇지만 불과 몇 리도 못 가서 다시 물을 만나곤 하여, 어떤 날은 하루에도 일곱 번 여덟 번을 건넌 적도 있었다. 그리하여 역참에서 쉬지도 못하고 그냥 길을 재촉하니 말은 목말라 쓰러져 죽고 사람은 모두 더위를 먹어 구토와 설사를 하여 문득 사신을 원망하곤 했다.

"열하까지 가게 될 리가 절대로 없을 터인데, 극심한 더위에 참에서 쉬지도 못하고 길을 재촉하는 것은 전에 없던 일이다."

어떤 사람들은 이렇게 말하기도 했다.

"나라 일이 아무리 소중하다 하더라도 정사께서는 늙고 쇠약하신데다가 이렇게 몸을 가볍게 하시다가 만일 병이라도 나신다면 도리어 낭패가 되지 않을까 걱정이로군."

"너무 서두르다가 오히려 늦어지기 쉽지."

"옛날 장계군(長溪君)*8이 진향사(進香使)로 오셨을 때 물에 막혀 책문(柵門) 밖에서 침상(寢床)까지 부숴 불을 때어 밥을 지어 먹으면서 17일을 머물러 있었지만 그래도 이토록 참을 건너뛰는 일은 없었다오."

마침내 8월 초하룻날 사신은 즉시 황성(皇城)으로 들어가, 바로 예부(禮部)에 표문(表文)과 자문(咨文)을 제출하고, 모두 서관(西館)으로 돌아와 머문 지 나흘이 되어도 아무런 소식이 없다. 그러자 모두들 말한다.

"역시 아무런 걱정 없구나. 사신은 언제나 우리의 말을 듣지 않으셨는데, 이거 보라구. 우리의 생각이 맞지 않았나. 예정되었던 참마다 모두 들러 왔더라도 13일 만수절에는 넉넉히 대어 올 수 있었을 것일세."

그리하여 우리는 열하에 간다는 것은 염두에도 두지 않았고, 사신도 마침내 열하에 갈 염려를 하지 않게 되었다.

초나흗날이었다. 나는 거리 구경을 나갔다가 해질녘에 취하여 돌아와서 몹시 피곤한 김에 그대로 잠이 들었다. 밤중에 잠깐 잠이 깨어 보니 옆 사람도 이미 깊이 잠이 들었다. 목이 몹시 말라 상방(上房)으로 물을 찾으러 갔

---

*8 이병(李秉)의 봉호.

더니, 방에 촛불이 환히 켜져 있다. 정사가 내 목소리를 듣고, 나를 불러 얘기한다.

"아까 잠깐 잠이 들어 열하로 가는 꿈을 꾸었는데, 짐짝들까지도 또렷이 생각나네."

"오실 때 너무 열하 생각에 골똘하셨기 때문에, 편안히 계시어도 꿈에까지 보인 것이겠지요."

나는 이렇게 말하고는 물을 마신 다음 내 자리로 돌아와 눕자마자 코를 골고 깊은 잠에 빠졌다. 꿈결에 문득 많은 사람들이 벽돌을 밟는 소리가 마치 담이 무너지고 집이 쓰러지는 것 같아, 소스라치게 놀라서 벌떡 일어나 앉았다. 머리가 핑 돌고 가슴이 두방망이질을 한다. 나는 종일 나가 돌아다니다가 밤에 돌아와 자리에 누워서, 관문(關門)이 늘 굳게 잠겨 있을 것을 생각하면 답답해져서 곧잘 이런 헛된 생각을 하게 된다.

어젯밤에는 변군(卞君), 아우 내원(來源)〔변군은 이름이 觀海로 어의인데, 왕명을 받들고 정사를 따라 나와 한 방에서 거처한다 나와 보호하고, 내원은 내 庶三從弟로 상방의 비장인데, 모두〕 등과 함께, 옛날 원(元)나라 순제(順帝)가 북쪽으로 달아나면서 고려에서 온 사신들을 본국으로 돌아가게 하여, 고려 사신들이 관에서 나와서야 비로소 명나라의 천하가 되었음을 알았다고 하는 얘기, 또 가정(嘉靖)*9 때 엄답(俺答)이라는 달단(韃靼)족의 추장이 갑자기 황성을 포위한 일이 있었다는 이야기를 하고 서로 한바탕 웃었다. 이제 저렇게 발소리가 요란하니, 무슨 일인지는 알 수 없으나 필시 큰 변이 일어난 모양이다. 그래서 막 옷을 주워 입는데 시대(時大 : 상방의 馬頭 順安 사람임)가 급히 달려와서, 지금 곧 열하로 간다고 한다.

내원과 변군이 깜짝 놀라 잠을 깬다.

"관에 불이라도 났는가?"

그래서 내가 장난으로 말했다.

"황제가 열하에 나가 있고 북경이 비어 있는 틈에 몽고 군사 10만 명이 쳐들어왔다네."

"뭐이 어째?"

변군 등이 크게 놀란다.

---

*9 명나라 세종(世宗)의 연호, 서기 1522~1566. 조선 중종(中宗)·명종(明宗) 때임.

급히 상방(上房)으로 가 보았더니, 온 관내가 가마솥 물 끓듯 뒤집어졌다. 통관(通官) 오림포(烏林哺)·박보수(朴寶樹)·서종현(徐宗顯) 등은 허둥지둥 달려와서 얼굴이 사색이 되었고, 어떤 이는 가슴을 치고 발을 구르는가 하면, 어떤 이는 자기의 볼을 쥐어박고, 어떤 이는 제 목을 자르는 시늉을 하고 통곡을 한다.

"이젠 죽었구나!"

혹은 펄쩍 뛰면서 외친다.

"아까운 목숨이 끊어지는구나!"

그 행동이 몹시 흉측스럽고 사나워서 아무도 그 까닭을 물어 보지 못한다.

사정인즉 황제가 날마다 우리나라 사신이 오기를 기다리다가, 급기야 사신이 올린 문서를 받기는 했으나, 예부가 조선 사신을 황제가 있는 행재소(行在所)로 보낼 것인가 그만둘 것인가를 품하지 않고 다만 표문과 자문만을 보내 오고 말아 그 직책을 다하지 못하였다 하여 책임자들의 봉급을 몰수하라는 처분을 내렸던 것이다. 그리하여 북경에 있는 예부의 상서(尙書)*10 이하 모든 관원들은 겁이 나서 어찌할 바를 모르고, 대뜸 한다는 짓이 우리 사신에게 인원과 짐을 간단히 줄여서 어서 빨리 열하로 가라고 성화를 대는 것이었다.

그래서 부사와 서장관은 모두 상방에 모여 데리고 갈 비장(裨將)을 뽑았다. 정사는 주부(主簿) 주명신(周命新)을, 부사는 진사(進士) 정창후(鄭昌後)와 낭청(郎廳) 이서구(李瑞龜)를, 서장관은 낭청 조시학(趙時學)을 데리고 가기로 하고, 수역(首譯)으로는 첨추(僉樞) 홍명복(洪命福), 판사(判事) 조달동(趙達東), 판사 윤갑종(尹甲宗)이 따라가기로 하였다.

나도 함께 가고 싶은 생각이 간절하였다. 그러나 첫째, 가까스로 여기 도착하여 말안장을 푼 지 며칠 되지도 않아 아직 여독이 풀리지 않았는데, 지금 다시 또 먼 길을 떠나기가 진실로 난감하고, 둘째, 만약 열하에서 곧바로 귀국하라고 하면 북경 구경이 낭패가 되겠으므로 얼른 결정을 못하였다.

전에도 황제는 우리나라 사행을 항상 각별히 생각하여 빨리 본국으로 돌아가라고 한 일이 있었으니, 이번에도 십중팔구는 곧바로 돌아가게 될 것이

---

*10 각 부(部)의 우두머리. 우리나라 판서(判書)와 같음.

다. 내가 주저하는 것을 보자 정사가 말했다.

"자네는 만 리 길 북경 구경을 왔다가 이제 열하에까지 갈 수 있게 되었네. 열하는 전의 사행들이 아무도 가 보지 못한 곳이라, 만약 귀국하여 남들이 열하에 대해 물으면 무엇이라 대답하려는가? 북경은 남들도 다 와 본 곳이지만, 열하 구경길은 천재일우(千載一遇)의 기회이니 꼭 가 보도록 하게."

나는 마침내 가기로 결정하였다.

이리하여 정사 이하 일행의 직함과 성명을 쓴 명부를 예부로 보내는 한편 역마 편으로 황제에게도 전하게 하였다. 내 이름은 그 명단에 넣지 않았다. 혹시 특별한 상이라도 내릴까 염려되어 피한 것이다.

사람과 말을 점검하여 보니, 사람은 모두 발이 부르텄고, 말은 죄다 여위고 병들어서 도무지 날짜에 맞추어 도착할 것 같지 않았다. 일행은 모두 마두(馬頭)를 빼고 견마잡이만 데리고 가기로 하여, 나도 부득이 장복(張福)은 남아 있게 하고 창대(昌大)만 데리고 가기로 하였다(장복은 내 마두로 곽산 사람이고, 창대는 내 마부로 선천 사람이며 錦南君 鄭忠信의 庶孫이다). 변군(卞君)과 참봉(參奉) 노이점(盧以漸), 진사(進士) 정각(鄭珏), 건량판사(乾糧判事) 조학동(趙學東) 등과는 관문(館門) 밖에서 손을 잡고 작별하는데, 역관(譯官)들도 와서 손을 잡고 무사히 다녀오기를 빌어 준다. 남아 있고 떠나 가는 자리에서 처연한 마음을 금할 수가 없다. 함께 먼 외국에 와서, 외국에서 다시 작별하게 되니, 인정상 어찌 그렇지 않을 수 있으랴. 마두들이 제각기 능금과 사과를 사 가지고 와서 바치어, 각기 한 개씩 받았다. 모두 첨운패루(瞻雲牌樓) 앞까지 따라와서 말 머리에서 절을 하며 안녕히 다녀오라고 작별하는데 눈물짓지 않는 이가 없었다.

지안문(地安門)을 들어섰다. 집들은 모두 누런 유리 기와를 이었고, 문 안 양쪽에는 가게들이 번화하고 화려하여, 이른바 '수레바퀴가 부딪치고 어깨가 서로 마주치며(轂擊肩摩), 땀이 비오듯 하고 옷깃이 장막을 친다(汗雨袂幕)' 하는 격이었다.

문을 나서서 다시 북쪽으로 꺾여 자금성(紫禁城)을 끼고 7, 8리를 갔다. 자금성의 높이는 두 길쯤 되는데, 돌로 주추를 만들고 벽돌로 쌓아올렸다. 위를 누런 기와로 덮고, 주황빛 석회를 발랐다. 벽면이 먹줄을 놓아 깎은 듯 반듯하고, 윤기가 왜칠(倭漆 : 일본에서 나는 칠)을 한 것 같다.

길 가운데 대여섯 길 되는 높은 돈대가 있고, 그 위에 처마가 세 층으로 된 누각이 서 있다. 그런데 그 모양이 정양문(正陽門)보다도 나아 보인다. 돈대 아래로는 사면에 붉은 난간을 둘렀다. 문은 있으나 모두 잠겨 있는데 이를 군사가 지키고 있다. 어떤 이는 이것을 종루(鐘樓)라고 한다.

　3, 4리를 가서 동직문(東直門)을 나오니 뒤따라온 내원(來源)이 서글프게 작별을 고하고 돌아선다. 장복은 말등자를 붙잡고 슬피 울며 차마 떨어지지 못한다. 내가 돌아가라고 타이르자 이번에는 창대의 손을 잡고 서로 슬피 울어 눈물이 비 오듯 한다. 만 리 머나먼 길을 함께 와서 이제 한 사람은 가고 한 사람은 떨어져 있게 되니 인정상 당연히 그러할 것이다.

　나는 말 위에서 잠시 생각에 잠겼다. 인간에게 가장 괴로운 일은 이별하는 것이고, 이별하는 괴로움 중에서도 생이별보다 더 괴로운 것은 없을 것이다. 한 사람은 살아 있고 한 사람은 죽어갈 때의 이별은 괴로운 것이라고 말할 것이 못 된다. 왜냐하면 최고의 자애로운 아버지와 효성스런 아들, 믿음직한 남편과 정숙한 아내, 의로운 임금과 충성된 신하, 피로 맺어진 벗과 마음이 통하는 친구 사이의 어느 한쪽이 임종할 때 손을 잡고 뒷일을 부탁하여 서로 눈물을 흘리며 괴로워하는 것은, 온 세상의 부자·부부·군신·붕우가 다같이 겪는 일이요, 그 사랑·효성·믿음·정숙과, 의리·충성·피·마음 등이 누구에게서나 똑같이 자연스럽게 솟아나는 정이기 때문이다. 그러므로 이것은 천하의 순리(順理)이다. 이 순리를 누구나 실천만 하고 보면 이른바 3년 동안 그 도(道)를 고치지 않거나 저승에서 다시 살게 했으면 하고 말하는 것에 지나지 않을 것이다.

　그러나 살아남은 사람의 괴로움은 그렇지 아니하다. 죽은 부모를 따라 목숨을 끊기도 하고(滅性), 아들이 죽어 눈이 멀기도 하고(喪明), 아내가 죽어 동이를 두드리기도 하고(鼓盆), 친구가 죽어 거문고 줄을 끊기도 하고(斷弦), 섬기던 이의 원수를 갚으려 숯을 삼키기도 하고(呑炭), 남편의 시신을 찾으려다 성이 무너져 죽기도 하였으며(崩城), 심지어 심신을 다 기울이다 죽은 다음에야 나랏일을 그만두기도 하였으나(鞠躬盡瘁 死而後已), 이런 것들은 죽은 이와는 아무런 관계가 없으므로 그들에게는 조금도 괴로움이 없을 것이다.

　예로부터 이상적인 임금과 신하를 말할 때에는 반드시 부견(苻堅)[*11]과 왕

---
*11 중국 전진(前秦)의 왕. 372년 고구려 소수림왕(小獸林王) 2년에 중 순도(順道)를 보내 처음으로 우리나라에 불경과 불상을 전해 주었음. 357~385.

경략(王景略)을 말하고, 당 태종(唐太宗)과 위문정(魏文貞)을 말하지만, 아직 왕경략을 위해 부견의 눈이 멀고 위문정을 위해 당 태종이 거문고 줄을 끊었다는 말은 듣지 못하였다. 오히려 부견은 왕경략의 무덤에 잔디가 퍼지기도 전에 시체를 꺼내어 매질을 하고 비석까지 넘어뜨렸으니 황천에 있는 이에게는 부끄러운 짓이 되었을망정, 살아 있는 사람에게는 괴로움이 없었다고 볼 수 있다.

세상 사람들은 죽어가는 이에게 죽고 사는 것은 순리에 따르는 것이라고 말하는 것이 고작이다. 순리에 따른다면 세상에 아무런 괴로움도 없을 것이 아니겠는가. 그러므로 한 사람은 살아 있고 한 사람은 죽어갈 때의 이별은 괴로운 것이라고 말할 것이 못 된다는 것이다. 그러므로 괴로움은 한 사람은 가고 한 사람은 떨어져 있는 생이별의 괴로움보다 더한 것이 없다.

그러한 생이별을 할 때에는 그 땅이 어디냐에 따라 괴로움이 더욱 커진다. 그 땅이란 정자도 누각도 아니고, 산도 들도 아닌 물을 만났을 때이다. 물이란 큰 강이나 바다만도 아니고, 작은 시냇물이나 개천만도 아니다. 크고 작고 간에 흘러가는 것은 다 물이다. 옛날부터 이별을 읊는 사람들이 유독 강에 있는 다리를 배경으로 말하는 것은 어째서인가? 소무(蘇武)[*12]·이능(李陵)[*13]만이 천하에 유달리 정이 많은 사람이어서가 아니라, 하량(河梁)이 이별하기에 알맞은 장소였던 것이고, 알맞은 곳을 얻었기 때문에 그 이별하는 정이 더욱 괴로웠던 것이다.

하량이란 곳의 정취를 나는 알고 있다. 얕지도 않고 깊지도 않으며, 잔잔하지도 않고 거세지도 않다. 물살이 돌을 안고 흘러 흐느껴 우는 듯하며, 바람도 비도 없고, 어둡지도 밝지도 않다. 어슴푸레 안개까지 짙게 끼어 있는데, 강물 위에 있는 다리는 오래되어 곧 무너지려 하고, 강가의 나무는 늙어서 쓰러지려 한다. 강 위의 모래톱은 앉거나 거닐 만하고, 강 가운데 물새들은 잠겼다 떠올랐다 한다.

[*12] 한(漢)나라 사람. 무제(武帝) 때 흉노(匈奴)에 사신으로 갔다가 억류당하고 먹을 것을 주지 않아 눈(雪)과 담요를 먹고, 북해(北海)로 옮겨져서는 들쥐를 잡아먹고 풀열매를 따 먹다가 19년 만에 풀려 돌아옴.

[*13] 한(漢)나라 때 사람. 무제(武帝) 때 흉노(匈奴)를 치다가 배반자 때문에 사로잡혀 20여 년을 흉노에 있다가 죽었음.

이러한 곳에서 단 둘이서 아무 말도 못하고 묵묵히 손을 나누는 이별이야 말로 이 세상에 다시 없이 괴로운 일일 것이다. 별부(別賦)에,

넋이 아뜩하고 가슴은 미어지는데
이제 어떻게 서로 헤어질거나.

黯然銷魂 唯別而已

하였다. 그 말이 어쩌면 그렇게도 멋이 없을까? 세상에 누가 이별할 때 넋이 아뜩하지 않으며 누가 가슴이 메어지지 않으랴? 이것은 이별의 해석에 지나지 않는 것이니 괴로움이라 말할 것이 못 된다. 이별하는 일이 없이 이별하는 마음을 지녔던 사람은 천고(千古)에 오직 시남료(市南僚) 한 사람뿐이었다. 그는,

그대 보내고 강 언덕서 돌아보니
그대 여기서 아득히 멀어졌구려.

送君者自崖而返 君自此遠矣

하였으니, 이야말로 천고에 다시없을 애간장을 도려내는 말이다. 이것은 물가에서 이별하였기 때문이다. 이별하는 장소가 그럴듯했던 것이다.
  유우석(劉禹錫)*14이 상수(湘水)*15 가에서 유종원(柳宗元)*16과 이별하고, 5년 뒤에 유우석이 옛길을 따라 계령(桂嶺: 광동성에 있는 산)을 나와서 다시 전에 이별한 곳에 이르러 시를 지어 유종원을 그리워하였다.

내 말은 숲에 어리어 슬피도 울부짖는데

---

*14 당나라 헌종(憲宗) 때 문장가.
*15 광서성(廣西省) 계림(桂林)에서 시작되어 호남성(湖南省) 장사(長沙)를 거쳐 동정호(洞庭湖)로 하여 양자강으로 흘러들어감. 상강(湘江)이라고도 함.
*16 당나라 때 문장가. 한퇴지(韓退之)와 함께 일컫는 당송팔대가(唐宋八大家)의 한 사람임.

그대 탄 배 산모퉁이를 돌아 보이지도 않네.

我馬暎林嘶 君帆轉山滅

옛날부터 귀양가는 사람이 얼마나 많으랴만, 그가 이토록 괴로워했던 것은 물가에서 이별했기 때문이다.

우리나라는 워낙 땅이 좁아서 멀리 생이별하는 괴로움을 모른다. 그래서 물길로 중국에 갈 때에 생이별의 괴로운 정경이 벌어진다. 그러므로 우리나라 대악부(大樂府)에 이른바 배따라기[排打羅其]라는 노래가 있다. '배 떠나기'의 방언(方言)으로, 그 곡조가 하도 처량하고 구슬퍼서 애간장을 녹여내는 것 같다. 자리 위에 그림배를 놓고, 어린 기생 한 쌍을 뽑아 장교 복장으로 꾸며 붉은 옷·붉은 갓에 패영(貝纓)*17을 달고, 호랑이 수염·백우전(白羽箭)*18을 꽂으며, 왼손에는 활시위를 잡고 오른손에는 채찍을 든다. 먼저 군례(軍禮)를 하고 첫 곡을 부르면, 뜰 가운데 있는 북과 나팔이 울린다. 그림배 양쪽에 있는 항라 치마에 수놓은 저고리를 입은 여러 기생들이 일제히 어부사(漁父辭)를 부르고, 노래에 따라 악기가 연주된다. 다시 두 번째, 세 번째 곡을 부르는데, 역시 처음처럼 먼저 군례를 한다. 그러면 어린 기생이 장교로 분장하고 배 위에 서서 발선포(發船砲)를 부르고, 이어 닻을 걷고 돛을 올리면 여러 기생들이 일제히 노래를 불러 축복한다. 그 노래는,

닻 들자 배 떠나간다
이제 가면 언제 오리
만경창파에 가는 듯 돌아오소.

碇擧兮船離 此時去兮何時來
萬頃滄波去似回

하는 것인데, 이때야말로 우리나라에서 가장 슬퍼하고 눈물 짓는 때이다.

*17 산호·호박·대모·수정 따위로 만든 갓끈.
*18 흰 깃털을 꽂은 화살.

지금 헤어진 장복은 아버지와 아들의 혈육도 아니고, 임금과 신하의 의리가 있는 것도 아니고, 남편과 아내의 정의가 있는 것도 아니고, 친구 사이의 친교가 있는 것도 아닌데, 생이별하는 괴로움이 이러하니, 강이나 바다만이 그러한 것이 아니라, 머나먼 외국 타향도 역시 이별의 괴로움을 더하는 곳인가 보다.

아, 슬프다. 소현세자(昭顯世子)*19께서 심양(瀋陽)에 계실 무렵, 당시의 신하들이 머물고 떠날 때나 사신들이 오고갈 때에, 그 심회가 어떠하였으랴? 임금이 모욕당하면 신하는 마땅히 죽어야 할 것이건만 오히려 순순히 따랐으니, 어떻게 머무르고 어떻게 떠나갔으며, 어떻게 참고 어떻게 보냈을까? 이것이 우리나라가 가장 통곡할 때였다.

아, 슬프다. 내 하잘것없는 미미한 신하이지만, 백 년이 지나간 지금 생각해 보아도 넋이 연기처럼 사그라지고 뼈가 저리다 못해 부스러질 것만 같은데 그 당시 자리에서 일어나 절하고 하직할 때는 어떠했겠는가? 또한 당시 굴욕적인 협박 아래 감시의 눈초리가 날카로운 처지에서 눈물을 참고 울음을 삼키며 얼굴에 슬픔을 감추었을 때는 어떠했겠는가? 하물며 당시 그냥 머물러 있으면서 떠나가는 이를 아득히 바라볼 때에, 요동의 들판은 망망하여 끝이 없고 심양의 짙은 숲은 까마득한데, 가는 사람은 콩알같이 아물아물 해보이고 말은 겨자씨같이 작아지다가 마침내 보이지 않고, 땅과 물이 하늘에 닿아 흔적조차 없어지면 해가 저물어서야 여관으로 돌아오는 그 이별의 슬픔이란 과연 어떠했을까?

그러니 어찌 물만이 이별의 슬픔을 자아내는 것이랴. 정자도 누각도 좋고, 산도 들도 좋다. 어찌 하필이면 흐느껴 우는 물결이나 구름 낀 뿌연 햇빛만이 우리의 괴로움을 나타내겠는가? 어찌 장차 무너지려는 위태로운 다리와 쓰러지려는 늙은 나무만이 이별하는 곳이랴? 비록 화려한 집 아름다운 문이며 화창하고 햇빛 맑은 봄날도, 그들에게는 모두가 애끊는 이별의 땅이요, 모두가 통곡할 이별의 때였다. 이러한 때라면 비록 돌부처라 하더라도 얼굴을 돌릴 것이요, 쇠로 된 간장이라 하더라도 모두 녹아날 것이다. 이때야말로 우리나라의 정의로서는 울음이 터져 죽을 만한 때였다.

---

*19 조선 인조(仁祖)의 맏아들. 병자호란(丙子胡亂)의 결과로 아우 봉림대군(鳳林大君)과 함께 볼모로 심양(瀋陽)에 가 있다가 뒤에 원통하게 죽고, 아우가 즉위했음(효종).

이런 생각 저런 생각 하는 사이에 어느새 20여 리를 왔다. 성문 밖은 몹시 쓸쓸하고 산천은 툭 터지게 시원하지 못하다. 날은 이미 저물어 수레바퀴 자국만 따랐더니 너무 서쪽으로 치우친 듯 길을 많이 돌아가는 것 같다. 길 양쪽에는 옥수수가 하늘에 닿을 듯이 우거졌다. 길을 잃고 보니 마치 궤짝 속에 들어 있는 것 같다. 괴어 있는 물이 무릎까지 빠지고 물이 감돌아 흐르면서 간혹 웅덩이를 이루고 있어서 길을 알아볼 수가 없었다. 마음을 다잡고 길을 따라 무턱대고 나아갔다. 밤이 이미 깊어 어찌할 수가 없어서, 손가장(孫家莊)에서 저녁을 먹고 그날 밤을 지냈다. 동직문(東直門)이 곧장 오는 길이었지만, 도리어 수십 리를 더 돌아서 왔다.

6일 임자(壬子)

아침에 맑던 날씨가 차차 몹시 더워지더니, 한낮에는 바람이 세게 불고 천둥 번개가 치며 비가 쏟아지다가 저녁 때에는 도로 개다.

새벽에 길을 떠났다. 얼마 안 가 초소가 있고 그곳에 순의현(順義縣) 경계라고 써 놓았다. 다시 수십 리를 가자 역시 초소에 회유현(懷柔縣) 경계라고 써 놓았는데, 현성(縣城)은 큰길에서 10리 혹은 7, 8리 떨어져 있다고 한다.

수(隋)나라 개황(開皇)[*20] 연간에 말갈(靺鞨)[*21]이 고려와 싸워 패하자, 추장 돌지계(突地稽)가 스스로 팔부(八部)[*22]를 거느리고 부여성(扶餘城)에서 나와 귀순해 왔으므로, 순주(順州)란 고을을 새로 두어 여기 있게 하였다. 당나라 태종(太宗) 때에는 오류성(五柳城)을 주치(州治)로 삼아 돌리가한(突利可汗)을 우위대 장군(右衛大將軍)으로 임명하여 그 무리를 거느리고 순주를 통치하게 하였다. 개원(開元)[*23] 때에는 탄한주(彈汗州)를 두었고, 천보(天寶)[*24] 이후에 귀화현(歸化縣)으로 고쳤다. 그 뒤 당나라 장종(莊

[*20] 수(隋)나라 문제(文帝)의 연호. 서기 581~600년, 신라 진평왕(眞平王), 고구려 평원왕(平原王)·영양왕(嬰陽王) 때임.

[*21] 옛날 만주 동북(東北) 지방에 있던 퉁구스 계통의 한 종족. 우리나라를 자주 침노했음.

[*22] 팔기(八旗). 청나라 때 만주와 몽고의 병제(兵制) 또는 행정구획. 정황(正黃)·양황(鑲黃)·정백(正白)·양백(鑲白)·정홍(正紅)·양홍(鑲紅)·정람(正藍)·양람(鑲藍)의 여덟임.

[*23] 당나라 현종(玄宗)의 연호. 서기 713~741년, 신라 성덕왕(聖德王)·효성왕(孝成王) 때임.

宗) 연간에 주덕위(周德威)가 유수광(劉守光)을 공격하여 순주를 함락시켰
다. 생각컨대 순의(順義)·회유(懷柔) 두 현이 곧 옛날 순주 땅인 듯하다.
 우란산(牛欄山)이 여기서 서북쪽으로 30리에 걸쳐 있었다. 옛 늙은이들이
전하는 말에 의하면, 옛날 금소[金牛]가 이 산 골짜기에서 나와 신선이 그
금소를 타고 다녔다고 하며, 골짜기 안에 구유처럼 생긴 돌이 있는데 그 이
름을 음우지(飮牛池)라 한다고 전한다. 우란산은 일명 영적산(靈蹟山)이라
고도 일컫는다고 한다.
 이 산 동쪽에서 조하(潮河)와 백하(白河)가 합쳐 흐르고, 동북쪽에는 호
노산(狐奴山), 서북쪽에 도산(桃山)이 있다. 도산은 다섯 봉우리가 깎아지
른 듯하며 마치 손가락을 펼쳐 세운 것 같다.
 다시 수십 리를 와서 백하를 건너게 되었다. 백하는 만리장성 밖에서 시작
하여 석당령(石塘嶺)에서 장성을 뚫고 들어와 황화(黃花)·진천(鎭川)·창평
(昌平) 등지를 흘러오는 유하(楡河) 등 여러 장성 밖의 물을 합쳐 밀운성
(密雲城) 아래를 지나간다.
 원(元)나라 승상 탈탈(脫脫)이 물줄기를 다스리는 데 뛰어난 자를 모집하
여 백하에 둑을 둘러쌓고 곡식을 심어 해마다 백여 만 섬의 곡식을 거두었다
고 한다. 그런데 명(明)나라 태감(太監) 조길상(曹吉祥)이 이 땅을 몰수하여
나라의 전장(田莊)으로 만들어 버려 농민들이 생업을 잃고 백하의 수리 시설
도 마침내 망치고 말았다 한다. 금(金)나라의 알리불(斡离不)이 순주(順州)
로 들어가 백하에서 곽약사(郭藥師)를 격파했다는 곳이 바로 이곳이다.
 물살이 몹시 거세고 물은 누런 흙탕물이다. 장성 밖의 물은 모두 이렇게
누렇고 흐리다. 조그만 배가 두 척밖에 없는데, 모래톱에는 물을 건너려는
수레가 백 대, 사람과 말이 수없이 우글거리고 있다. 올 때 길에서 보니, 막
대기를 꿴 누런 궤짝 수십 개를 어깨에 메어 나르는데, 어떤 것은 넓적하고,
어떤 것은 길쭉하고, 어떤 것은 높다랗다. 모두 옥그릇[玉器]이 담겨 있는
궤짝들이었다. 회자국(回子國)[25]에서 조공 오는 것으로, 북경에서 짐꾼들을
고용해 운반해 가는 것이었다. 회자(回子) 사람 네댓 명이 인솔해 간다. 모
두 벼슬아치 같은데 그 중 한 사람은 회국 태자라고 하며 몸이 건장하고 우

---

*24 당나라 현종(玄宗)의 연호. 서기 742~755년, 신라 경덕왕(景德王) 때임.
*25 회교국(回敎國).

락부락한 모습이었다.
 누런 궤짝들을 배에 모두 싣고 막 배가 떠나려 할 때 우리 주방(廚房) 말몰이꾼 하나가 훌쩍 배에 뛰어들어가더니 궤짝 위에 말을 세워 놓는다. 배는 이미 기슭에서 한 길이 넘게 떨어져 나갔다. 언덕에 있던 회자 사람이 깜짝 놀라 발을 구르며 소리소리 지른다. 그러나 말몰이꾼은 두려워하는 기색도 없이 먼저 건너가기만 하면 그만이라는 태도였다. 그래서 내가 수역(首譯)에게 손가락질을 하자 수역도 크게 놀라 빨리 내리라고 소리지르고, 회자 사람들도 역시 무엇이라 시끄럽게 떠들어댄다. 배를 돌려 기슭에 다시 대더니 회자 사람들은 궤짝을 모두 배에서 내리고는 아무 말 않을 뿐 아니라 우리와 다투려고도 하지 않는다.
 배가 막 강 복판까지 이르렀을 때 갑자기 한 조각 검은 구름이 나타나고 서남쪽에서 사나운 바람이 휘몰려오면서 모래와 먼지를 날린다. 마치 연기 같고 안개 같아, 삽시간에 천지가 어두워져서 지척을 분간하지 못하겠다. 배에서 내려 하늘을 쳐다보니, 검푸른 구름이 덮여 더욱 캄캄해지고, 층층이 몰려오는 구름은 점점 더 사나워진다. 그러더니 구름 사이를 번갯불이 누벼, 금실로 천 송이 만 떨기 꽃을 이룬다. 뇌성벽력은 몸부림치는 귀신 같고, 검은 용이 뛰쳐나오는 것만 같다.
 밀운성(密雲城)을 바라보니 겨우 몇 리밖에 안 된다. 채찍을 날려 성을 향해 달렸으나, 바람과 우레는 더욱 거세지고, 빗발은 더욱 굵게 휘몰아친다. 마치 주먹으로 후려치는 것 같아 도저히 더 갈 수가 없었다. 그래서 급히 길가에 있는 어느 오래된 사당으로 들어갔다.
 사당 동쪽 채에는 두 사람이 탁자에 마주 앉아서 바쁘게 문서를 정리하고 있다. 그들은 밀운성의 역리(驛吏)로서, 오고가는 역마를 기록해 두는 모양이다. 하나는 한자(漢字)로 쓰고 하나는 만주 글자〔滿子〕로 번역하여 쓰고 있다. 얼핏 보니 조선(朝鮮)이란 글자가 눈에 뜨이기에 자세히 보니,
 '황제의 명을 받들어 북경에 있는 병부(兵部)[26]에서 조선 사신들에게 건장한 말을 주어 험난한 길을 편케 하고 행리(行李)의 공급에도 모자람이 없게 하라.'

---

*26 지금의 국방부와 같은 관아.

는 내용이었다. 뒤따라 사신들도 비를 피해 잇달아 사당으로 들어왔다. 나는 수역(首譯)의 소매를 이끌어 그 종이를 들여다보게 했다. 수역은 그것을 가져다 사신에게 올렸다. 사신이 그들에게 어떻게 된 것이냐고 물으니 그들이 대답한다.

"저희는 모릅니다. 오직 저희는 오고가는 문서를 장부의 기록과 맞추어 볼 뿐입니다."

이른바 건장한 말이라고 해도 우리는 아무 데서도 찾아볼 수 없고, 또 설혹 갖추어 준다 하더라도 모두 너무 억세고 날래어서 한 시간에 70리나 달리니, 우리는 도저히 탈 수가 없다. 이것이 비체법(飛遞法)이라 하는 것이다. 이곳까지 오는 길에 역마 달리는 것을 보았는데, 앞의 사람이 노래 부르듯 외치면, 뒤의 사람이 이에 응하여 소리친다. 그러면 말은 마치 놀란 호랑이처럼 굽을 모아 내닫는다. 바위덩이고 구렁텅이고 시내 숲이고 어느 곳이건 가리지 않고 마구 달린다. 그 소리가 벼랑과 골짜기를 진동하여 북 치는 소리 같기도 하고 폭우 퍼붓는 소리 같기도 하다.

우리나라 과하마(果下馬)*27는 몹시 작고 약하지만 그래도 반드시 말몰이꾼이 고삐를 잡아 부축하게 한다. 그런데도 떨어질까 봐 걱정을 하는데, 하물며 이곳 역마를 누가 능히 탈 수 있겠는가? 만약 황제의 명령으로 억지로 타라고 한다면, 그것은 도리어 걱정거리가 아닐 수 없다. 황제가 근신(近臣)을 보내어 우리 사신을 호위하여 맞이하라고 했는데, 길이 서로 어긋난 모양이다.

비가 뜸해지기에 곧 길을 떠나서 밀운성 밖을 돌아 7, 8리를 갔을 때였다. 갑자기 건장한 호인(胡人) 몇이 날랜 나귀를 타고 오면서 손을 가로젓는다.

"가시지 마십시오. 앞으로 5리쯤에 시냇물이 크게 넘쳐서 저희도 되돌아왔습니다."

채찍을 이마에까지 들어 보이면서 말을 잇는다.

"물이 이만큼이나 올라왔습니다. 당신네는 날개도 없는데 어떻게 건넙니까?"

모두 서로 돌아보며 실색하여 말에서 내려 길 가운데 우두커니 서 있었다.

---

*27 과일나무 가지 아래를 타고 지나갈 수 있을 정도로 아주 작은 우리나라 토종 말.

위에서는 비가 오고 아래 땅은 질퍽거려 잠시 쉴 곳도 없었다. 통관(通官)과 우리 역관(譯官)을 시켜 가서 물을 보고 오게 하였더니 돌아와서는 물이 두 길이나 되어 도저히 어찌할 수 없다고 한다. 버드나무가 빽빽이 늘어서 있고 서늘한 바람이 세차게 불어, 하인들은 홑옷이 흠뻑 젖어서 모두 부들부들 떨고 있다.

비가 잠깐 그쳐 살펴보니, 길 왼쪽 버드나무 뒤로 새로 지은 조그만 행전(行殿)*28이 있다. 일제히 말을 달려 들어가 물이 빠지기를 기다리기로 하였다.

대체로 황성에서부터는 길가에 30리마다 행궁(行宮)이 하나씩 있고, 여기에 창고와 부고(府庫)까지 모두 갖추어져 있다. 밀운성 밖에서 이미 행궁을 보았었다. 그런데 10리도 채 안 되는 이곳에 또 행전이 있으니 무슨 까닭일까? 웅장하고 화려한 것이 꼭 뛰어난 장인의 솜씨 같기는 하나, 워낙 내 몸이 춥고 시장하다 보니 두루 살펴볼 경황이 없다.

해가 뉘엿뉘엿 홍라산(紅螺山)으로 넘어간다. 수많은 봉우리가 겹겹이 햇빛에 물들어 한 떨기 붉은 꽃을 이룬다. 아계(丫髻)·서곡(黍谷)·조왕(曹王) 등 여러 산이 금빛 구름과 회색 안개 사이에 둘러서 홍라산을 옹위하고 있다. 삼국지(三國志)에, '조조(曹操)가 백단(白檀)을 거쳐 유성(柳城)에서 오환(烏桓)*29을 쳐부수었다' 하였는데, 그래서 지금도 그 산을 조왕산이라고 한다고 한다. 유향별록(劉向別錄)에는 '연(燕)나라에 서곡이라는 곳이 있는데 그곳은 추워서 곡식이 자라지 못하다가, 추연(鄒衍)이란 사람이 피리를 불어 날씨가 따뜻하게 되었다'고 했고, 오월춘추(吳越春秋)에는, '북쪽으로 한곡(寒谷)을 지나갔다'고 한 것이 곧 이 서곡산이다. 내가 어렸을 때, 서곡에서 피리를 불었다는 이 옛일을 가지고 과체시(科體詩)*30를 지은 일이 있는데, 이제 내 눈으로 그 산을 바라보게 되었구나.

담당 역관과 제독(提督)·통관(通官) 들이 의논을 하였다.

"이제 앞으로 더 가 봤자 물을 건널 수 없고, 뒤로 물러가야 밥 지을 곳도

---

*28 수(隋)나라 문제(文帝) 때 우문개(宇文愷)가 처음 만들었다는, 바퀴가 달려 있어 이동할 수 있게 된 집. 수백 명을 수용할 수 있었다고 함.

*29 동호(東胡)의 한 종족. 한(漢)나라 초에 흉노(凶奴)에게 쫓겨 오환산(烏桓山)에 들어가 살았으므로 오환이라 했음.

*30 과거(科擧) 체제로 지은 시.

없다. 게다가 해마저 저물었으니 어찌하면 좋겠소?"
 오림포(烏林哺)가 대답하였다.
 "여기서 밀운성까지 5리밖에 안 되오. 도로 밀운성으로 들어가 물이 줄기를 기다리는 수밖에 없지요."
 오림포는 나이가 70이 넘어 누구보다도 배고픔과 추위를 못 견디는 모양이다. 제독 등은 도대체 북새(北塞)*31에는 가 본 일이 없으므로 길을 모르고, 게다가 해는 저물었는데 인가조차 없으니 망연히 어찌할 바를 모르기는 우리 조선 사람과 매한가지였다.
 나는 먼저 밀운성으로 갔다. 도중의 개울물이 이미 말 배때기까지 올라온다. 성문 밖에 말을 세우고 사신 오기를 기다렸다가 함께 성 안으로 들어가는데, 갑자기 웬 등불 한 쌍이 와서 우리를 맞이하고, 뒤미처 말 탄 사람 10여 명이 와서 우리를 맞이한다. 알고 보니 밀운성의 지현(知縣)이 몸소 나와 맞이해 주는 것이었다. 통관(通官)이 겨우 몇 발짝 앞서 가서 몇 마디 말을 건네어 주선했는데, 그 실행이 이처럼 빨랐던 것이다.
 중국의 법은 화석(和碩)*32의 행차라 하더라도 민가에서는 묵지 못하게 되어 있으므로, 우리 일행은 여관이 아니면 반드시 묘당(廟堂)에 머물러야 했다. 이 고을에서 지정되어 있는 곳은 관왕묘(關王廟)였다. 지현(知縣)은 문 앞까지 왔다가 곧 돌아갔다.
 관왕묘는 하인과 말은 거접할 수 있으나 사신이 들 만한 곳은 없었다. 이미 밤이 깊어서 집집마다 모두 문을 닫아걸었다. 오림포가 백 번 천 번 문을 두드리고 소리치고 하여, 비로소 한 집이 문을 열고 나와 맞이한다. 본래 현리(縣吏)로 있던 소씨(蘇氏)의 집으로 화려하기가 행궁(行宮)과 다를 바 없었다. 소씨는 이미 죽고 18살 난 아들 하나가 있는데 미목이 수려하고 전혀 풍상을 겪어 보지 않은 모습이었다.
 정사가 그를 불러 청심환 한 개를 주자 수없이 머리를 조아려 절을 한다. 젊은이는 놀랍고 두려운 모양이었다.
 막 잠이 들었을 때 누군가가 문을 두드린다. 사람 지껄이는 소리, 말 우는 소리가 요란하여 잠을 깨고 보니 처음 듣는 이상한 소리가 들린다. 급기야

---

*31 북쪽 변방.
*32 청나라 때 친왕(親王)이나 공주(公主) 등의 이름 위에 붙이는 미칭(美稱).

문을 열자 마당에 사람이 가득하다. 이게 웬 사람들인가 하고 몹시 놀라 겁이 났던 것이다. 조선 사람은 여기에 올 까닭이 없으므로 이곳 사람들로서는 조선 사람을 처음 보는 것이다. 그래서 처음에는 안남(安南) 사람인지, 일본(日本) 사람인지, 유구(琉球) 사람인지, 섬라(暹羅) 사람인지 구별하지 못했을 것이다. 또한 쓰고 있는 모자는 둥근 테가 대단히 넓어서 머리 위에 검은 우산을 쓴 것 같아, 이것이 무슨 관인가 하였을 것이고, 입은 도포는 소매가 넓어서 너풀너풀 춤을 추는 것 같아, 이것이 무슨 옷일까 이상하게 생각하였을 것이며, 말소리는 중얼중얼 수군수군 처음 듣는 말이라, 이것이 무슨 말일까 이상하게 생각하였을 것이다. 처음 보는 것이면 아무리 예절로 유명한 주공(周公)의 의관(衣冠)이라 하더라도 놀라지 않고는 못 배길 것이다. 하물며 우리나라의 큼지막하고도 예스러운 제도는 어떻겠는가? 게다가 사신 이하 모두가 옷 모양이 각기 달라서 역관(譯官)은 역관의 옷을, 비장(裨將)은 비장의 옷을, 군뢰(軍牢)는 군뢰의 옷을 입었고, 역졸(驛卒)과 마두(馬頭)들은 모두 맨발에다가 가슴을 풀어 헤쳤다. 게다가 얼굴은 검게 타고, 삼베 바지는 찢어지고 해어져서 엉덩이와 넓적다리를 가리지 못했다. 왁자지껄 크게 떠들고 대답할 때는 소리를 길게 빼어 말하니 이것도 처음 듣는 것이라, 도대체 무슨 예법(禮法)일까 하고 이상하게 생각하였을 것이다.

소씨 아들은 필경 한 나라에서 함께 온 사람들인 줄은 모르고, 아마도 남만(南蠻)·북적(北狄)·동이(東夷)·서융(西戎) 사람들이 뒤섞여 그의 집에 들어온 줄 알았을 것이다. 그러니 어찌 놀라 두려워서 떨지 않겠는가? 대낮이었다 하더라도 당황할 것인데, 하물며 깊은 밤중이었으니 어떠했겠는가? 비록 자지 않고 앉아 있었더라도 놀라 어리둥절할 것인데, 하물며 깊이 잠든 때임에랴? 더구나 80 평생을 살아 온갖 세상 일을 다 겪은 노인이라 하더라도 놀라 졸도했을 것인데, 겨우 18살밖에 안 된 어린 사나이였던 그는 과연 어떠했겠는가?

통역관이 와서 말한다.

"밀운 지현께서 밥 한 양푼과 채소와 과일 다섯 쟁반, 돼지·양·거위·오리 고기 다섯 쟁반, 차와 술 다섯 병을 바치고, 땔나무와 말먹이도 보내 왔습니다."

정사가 대답했다.

"땔나무와 말먹이는 받지 않을 이유가 없지만, 밥이며 고기 따위는 우리 주방에 다 있으니 남에게 폐를 끼칠 필요가 없을 것이다. 사양할 것인가 받을 것인가 그 가부를 부방(副房)·삼방(三房)과 의논해 보는 것이 좋겠다."

그러자 수역(首譯)이 말한다.

"북경에 들어올 때면 동팔참(東八站)에서부터 이러한 공궤(供饋)를 하는 것이 전례였습니다. 다만 이렇게 익힌 음식이 아니었을 뿐입니다. 오늘 이 성 중으로 돌아든 것은 비록 뜻밖의 일이기는 하지만 저들이 주인된 도리로 바치는 것을 어떻게 거절합니까?"

부사와 서장관이 와서 말한다.

"아직 황제의 의향도 모르면서 보내 주는 것이라고 어떻게 받습니까? 마땅히 돌려보내야 한다고 생각합니다."

"그렇다면 받기 어려운 뜻을 잘 설명해서 돌려보내도록 합시다."

정사가 이렇게 말하고는 받기 곤란하다는 뜻을 전하도록 명을 내렸다. 10여 명의 짐꾼들은 한 마디도 없이 가져온 짐을 도로 메고 달려갔다. 서장관은 하인들에게 엄중히 일러두었다.

"누구든지 단 한 줌의 땔나무나 말먹이라도 받는 자가 있으면 엄히 곤장을 맞을 것이다."

잠시 후 조달동(趙達東)이 와서 군기대신(軍機大臣) 복차산(福次山)이 왔다고 보고한다. 황제가 특별히 군기대신을 보내어 사신을 맞이하게 했던 것이다. 그런데 그는 바른 길로 와서 덕승문(德勝門)으로 들어오고, 우리는 동직문(東直門)으로 들어왔기 때문에 길이 어긋났던 것이다. 복차산은 밤낮을 달려 뒤쫓아왔다고 한다.

"황제께서 사신 여러분을 몹시 기다리고 계십니다. 초아흐레 아침까지는 반드시 열하에 도착하시도록 하셔야 합니다."

그는 거듭거듭 부탁하고 갔다.

군기(軍機)란 벼슬은 한(漢)나라 시대의 시중(侍中)과 같은 것으로 언제나 황제 앞에 앉았다가 황제가 군기에게 무슨 말을 하면 군기는 의정대신(議政大臣)에게 이를 전한다. 위계는 낮아도 황제를 가까이 모시는 직분이기 때문에 대신이라고 일컫는다. 아까 그 복차산은 25, 6살 정도 되었고, 키는 거의 6자는 되어 보였다. 허리가 날씬하고 눈매가 가늘어서 매우 날렵해 보였다. 할 말을 마치자 화고(花糕)*33 하나를 씹으면서 말을 달려 떠나갔다.

소씨의 집은 벽돌을 깐 대청이 시원하니 넓다. 탁자 위에 놓여 있는 아담한 흰색 유리 접시에는 불수감(佛手柑)*34 세 개가 담겨 있어 맑은 향기가 코를 찌른다. 의자가 열 개 남짓 있는데 모두 무늬 있는 나무로 만들었다. 서쪽 벽 아래에는 등나무 자리를 펴고 그 위에 꽃방석과 보료 따위가 놓여 있다. 온돌 위에 펴놓은 성성이(猩猩)*35 털가죽 보료는 길이와 너비가 구들과 같고, 침상(寢牀)에는 말총으로 용 두 마리를 수놓은 천이 깔려 있다. 두 하인이 그 위에서 자고 있다. 시대를 시켜 흔들어 깨웠으나 얼른 일어나지 않아, 시대가 크게 꾸짖어 내쫓았다.

나는 하도 피곤하여 잠시 그 위에 누웠다. 갑자기 몸이 스멀거려 손으로 더듬었더니 굶주린 이〔虱〕가 잡힌다. 바로 일어나 옷을 벗어서 털어 입었다. 시대에게 밥이 아직 안 되었느냐고 묻자 시대는 웃으면서 아예 밥을 짓지 않았다고 한다. 이미 밤이 깊어 이제 곧 닭이 울 때가 되었고, 물 한 그릇 땔 나무 한 줌도 살 곳이 없으니 비록 쌀과 돈이 수북이 쌓여 있어도 밥을 지을 방법이 없는 것이었다.

부사(副使)의 주방 하인들은 낮에 비가 오기 전에 냇물을 건넜으므로, 영돌(永突: 상방의 건량(乾糧) 담당자. 건량은 먼 길에 먹는 간편한 양식)이 부방과 삼방의 주방에서 필요한 물건은 마련했지만 밥을 지을 길이 막막하였다. 하인들은 배고프고 추운 데다가 피곤하여 잠이 깊이 들었다. 내가 손으로 두드려 깨워 보았지만 일어났다가는 도로 쓰러져 버린다. 할 수 없이 주방으로 가 보았더니, 영돌이 혼자서 하늘을 쳐다보며 길게 탄식하며 앉아 있다. 그 밖의 사람들은 모두 말고삐를 다리에 맨 채 한데서 드르릉드르릉 코를 골면서 자고 있다. 가까스로 수수깡 한 줌을 얻어 밥을 지어 보려 했지만 쌀 한 솥에 물 반 동이를 부었으니, 끓어 익을 리가 만무하다. 생각하면 우스운 노릇이다.

얼마 뒤에 밥이랍시고 들여왔다. 그런데 익고 익지 않았음은 고사하고, 쌀알이 물에 붇지도 않았다. 나는 애초에 숟갈도 들지 않고, 정사와 함께 술만 한 잔씩 들고 길을 떠났다. 닭은 이미 서너 홰나 쳤겠다.

---

*33 증병(蒸餅) 겉에 대추나 밤을 박아 만든 떡. 9월 9일 중양절(重陽節)에 먹음.
*34 중국 복건(福建)·광동(廣東) 지방에서 나는 향기가 좋은 귤의 한 가지.
*35 유인원과(類人猿科)에 딸린 원숭이 비슷한 짐승. 힘이 셈.

창대가 어제 백하(白河)를 건너다가 말에 맨발을 밟혀 말발굽 쇠가 살에 깊이 박히는 바람에 통통 부어 아파서 죽겠단다. 대신 경마 잡을 사람이 없어 몹시 난감하다. 창대는 이제 한 발짝도 옮길 수가 없으나 그렇다고 중도에 떨어뜨리고 가기도 차마 못할 일이다. 잔인하기는 하지만 달리 어찌할 방도가 없어, 기어서라도 따라 오라고 하고 내가 직접 말고삐를 잡고 성을 나섰다. 폭우로 길이 모두 패어나가 돌멩이들이 드러나 울퉁불퉁하다. 손에 들었던 등불이 새벽 바람에 꺼져 버려, 동북쪽에 반짝이는 큰 별빛을 바라보며 나아갔다. 시냇가에 이르니 물은 이미 많이 빠졌으나 그래도 아직 말 배때기까지 닿는다. 창대는 배고프고 춥고 아프고 졸음이 오는 데다가 이제 차디찬 냇물을 건너야 하니 정말 걱정스러운 일이다.

7일 계축(癸丑)
아침에 빗발이 뿌리다가 이내 개다.

목가곡(穆家谷)에서 아침을 지어 먹고 남천문(南天門)을 나섰다. 성은 큰 고개 마루턱에 있는데, 마루턱 오목한 곳에 문을 만들어 이름을 신성(新城)이라 붙였다.

오호(五胡)*36 시절 석호(石虎)*37가 단요(段遼)를 추격하자, 단요가 모용황(慕容皝)*38과 함께 역습하여 석호의 장수 마추(麻秋)를 죽인 곳이 바로 이곳이다. 이곳서부터 험한 고개를 잇달아 넘게 되는데, 많이 올라가고 적게 내려가니 지세가 차츰차츰 높아짐을 알겠고, 시냇물의 물살도 갈수록 거세어진다.

창대가 여기까지 와서는 고통이 더욱 심해져, 부사와 서장관의 가마에 매달려 울면서 호소했다고 한다. 이때 나는 한발 앞서 고북하(古北河)에 다다랐다. 이때 부사와 서장관이 뒤쫓아 와서 말한다.
"창대가 불쌍하여 차마 볼 수 없구려."

---

*36 중국 동한(東漢) 시대로부터 남북조(南北朝) 시대에 걸쳐 북쪽에서 중국에 이주하여 16나라를 세운 다섯 종족, 곧 흉노(凶奴)·갈(羯)·선비(鮮卑)·저(氐)·강(羌).
*37 5호 16국 시대에 후조(後趙) 석륵(石勒)의 뒤를 이어 스스로 황제가 되었음.
*38 5호 16국 시대의 전연(前燕) 사람. 고구려를 공격해 온 일이 있었음.

그러면서 나에게 무슨 방법을 생각해 보라고 권했으나, 나도 어찌할 방법이 없었다. 한참만에 창대가 엉금엉금 기어오다시피 했다. 그동안 그래도 말을 얻어타서 여기까지 올 수 있었던 것이다. 그래서 돈 300닢과 청심환 다섯 개를 주어 나귀를 세내어 타고 뒤따라 오게 하였다.

마침내 강을 건넜다. 광형하(廣硎河)라고도 하는 곳으로 백하(白河)의 상류이다. 변방이 가까워질수록 강물의 흐름이 점점 급해진다. 먼저 건너려는 수레와 말들이 모여 서서 배를 기다린다. 제독(提督)과 예부낭중(禮部郎中)이 직접 채찍을 휘둘러, 이미 배에 오른 자들을 모조리 내리게 하고 먼저 우리 일행을 건너게 하였다.

석갑성(石匣城) 밖에서 저녁을 지어 먹었다. 성 서쪽에 궤짝[匣]처럼 생긴 바위가 있어서 역참 이름을 그렇게 붙였다고 한다. 유수광(劉守光)이 도망가다가 붙잡힌 곳이 바로 여기란다.

밥을 먹고 곧 길을 떠났다. 이미 날이 어두워 온다. 산길이 꼬불꼬불 이리 돌고 저리 돈다. 왕기공(王沂公)이 거란(契丹)에 올린 글을 보면 '금구정(金溝淀)에 이르러서부터 산길로 들어서서 꼬불꼬불 돌아서 올라간다. 이정표 하나 없어 말이 종일 달린 것을 어림짐작하여 90리쯤 와서 고북관(古北館)에 이르렀다'고 하였다. 지금은 금구전이 어디에 있는지도 알 수 없고 새북(塞北)*39 길의 멀고 가까움도 옛날 사람 역시 몰랐던 것이다.

때마침 대추가 반쯤 익었다. 마을마다 대추나무로 울타리를 하였고, 또 우리나라 청산(靑山)*40·보은(報恩)처럼 대추나무 밭도 있었다. 대추가 굵어서 한 줌에 뿌듯하다. 밤나무도 숲을 이루었으나 밤알이 아주 잘아서 겨우 우리나라 상주(尙州) 밤 정도였다. 옛날 소진(蘇秦)*41이 연(燕)나라 문공(文公)에게 말하기를,

"연나라 북쪽은 대추와 밤이 많이 나서 천부(天府)*42라고 한답니다."

하였는데 혹시 이 고북구(古北口)를 두고 말한 것 아닌가 싶다.

---

*39 북쪽 국경 지방. 변방. 국경 북쪽.
*40 충청북도 옥천군(沃川郡)에 있던 군, 1914년에 옥천군 청산면(靑山面)으로 되었음.
*41 중국 전국시대 낙양(洛陽) 사람. 변설(辨說)에 뛰어나, 연(燕)·조(趙)·한(韓)·위(衛)·제(齊)·초(楚) 여섯 나라를 유세하여, 이른바 합종설(合縱說)로 진(秦)나라에 대항하게 하여, 그 여섯 나라의 재상이 되었음.
*42 자연의 보고(寶庫). 천연적으로 생긴 요해지(要害地).

지나는 마을마다 남녀노소가 몰려나와서 우리 일행을 구경한다. 나이가 든 여인들은 모두 목에 혹이 달렸다. 큰 것은 거의 뒤웅박만 하고, 간혹 서너 개가 달린 사람도 있다. 여자들은 10명 중에 7, 8명이 이러했다. 처녀나 아름다운 여인들은 얼굴에 분을 발라 단장했으나, 목에 달린 뒤웅박은 감추지 못했다. 남자들도 늙은이 중에는 간혹 큰 혹이 있는 사람이 있다. 옛말에 '진(晉)나라에 가 있으면 이가 누렇게 되고, 험한 곳에 가 살면 목에 혹이 생긴다'고 하고, '안읍(安邑)은 진나라 땅으로 대추가 잘 자라 안읍 사람은 단 대추를 많이 먹기 때문에 이가 모두 누렇다'고 하였다. 지금 이곳은 대추나무가 밭을 이루었는데도 여자들의 이가 박씨를 쪼개어 나란히 세워 놓은 것처럼 희니 도무지 알 수 없는 일이다.

또한 의방(醫方)에 말하기를 '산골 물은 절구질하듯 급하게 찧어대어 이 물을 오래 먹으면 혹이 생긴다'고 하였으니, 지금 이곳 사람들에게 혹이 많은 것은 험한 곳에 살기 때문이라고 하더라도, 유독 여자에게 많은 것 또한 알 수 없는 일이다.

잠시 성 안에서 쉬게 되었다. 가게와 집들이 매우 번화하다. 집집마다 문은 닫혀 있으나 문 밖에는 모두 양각등(羊角燈)*43을 걸어 놓아 별빛처럼 총총하게 빛난다. 이미 밤이 깊었으므로 두루 구경할 수가 없어서, 술을 몇 잔 사 마시고 곧 만리장성 밖으로 나왔다. 어둠 속에서 군사 수백 명이 오가는 사람들을 검문하는 모양이다.

삼중(三重)으로 된 관문(關門)을 나섰다. 말에서 내려 만리장성 성벽에 이름을 적어 놓으려고, 차고 있던 칼을 빼어 벽돌 위의 이끼를 긁어냈다. 그리고 주머니에서 붓과 벼루를 꺼내어 성 밑에 벌여 놓고 사방을 둘러보았으나 물이 보이지 않는다. 하는 수 없이 관내(關內)*44에서 술을 사 마실 때 밤을 새면서 마시려고 몇 잔 더 사서 안장 옆에 매달아 놓았던 술을 꺼내어 모두 벼루에 붓고 별빛 아래 먹을 갈았다. 찬 이슬 내리는 가운데 붓을 듬뿍 적시어 수십 자를 크게 썼다. 봄도 아니고 여름도 아니고 겨울도 아니요, 아침도 아니고 한낮도 아니고 저녁도 아닌, 태백성 정기가 바로 맞아떨어지는 계절이요, 뒤이어 마을 첫닭이 홰를 치려 하는 무렵, 어찌 이 자리가 우연한

---

*43 들고 다니거나 문에 걸어 놓는 등의 한 가지.
*44 산해관(山海關) 안, 곧 만리장성 안쪽.

자리이랴?

　다시 고개 하나를 넘었다. 달은 이미 지고, 시냇물 소리가 점점 가까워진다. 온 산이 우중충하여 등성이마다 범이 웅크리고 있는 것 같고 구석구석에 도둑이 나올 것만 같았다. 때마침 바람이 불어 머리털이 주뼛하고, 온몸이 오싹해진다. 별도로 야출고북구기(夜出古北口記)*45를 쓴 것이 있다.

　강가에 이르니 길이 끊어지고 강폭은 넓어서 어떻게 건너야 할지 어디로 가야 할지를 모르겠다. 강기슭에 초라한 집이 네댓 채 있어, 뒤쫓아 온 제독(提督)이 말에서 내려, 한 집의 문을 두드리며 수없이 부르니, 주인이 투덜거리면서 나온다. 길을 물으니 그의 집 문 앞에서 똑바로 건너가라고 한다. 돈 500닢을 주고 주인을 고용하여, 앞서서 정사의 가마를 인도하게 하여 마침내 강을 건넜다. 이 강물은 아홉 줄기나 건너야 했다. 강바닥의 돌에는 물이끼가 끼어 미끄럽고, 물이 말 배때기까지 올라왔다. 무릎을 웅크리고 발을 모아 한 손으로는 고삐를 잡고 한 손으로는 안장을 붙든 채로, 경마 잡는 이도 부축해 주는 이도 없이 건넜지만 말에서 떨어지지는 않았다. 나는 이제서야 비로소 말을 다루는 법을 알게 되었다.

　대체로 우리나라의 말 다루는 법은 아주 위태롭다. 우선 옷소매가 너무 넓고 한삼(汗衫)도 길어서 두 손을 묶어 싼 셈이니 고삐를 잡고 채찍을 휘두르는 데 모두 방해가 된다. 이것이 첫 번째 위태로움이다.

　그렇기 때문에 하는 수 없이 다른 사람이 경마를 잡도록 해야만 하므로, 온 나라 말이 병신이 되어 버렸으며, 경마가 항상 말의 한쪽 눈을 가려서 말의 걸음걸이가 자유롭지 못하니 이것이 두 번째 위태로움이다.

　그리고 말이 길에 나서면 오히려 사람보다 더 길을 조심하는데, 사람과 말이 생각이 서로 통하지 못하여 경마잡이는 자기 편할 대로만 발 디딜 자리를 골라 디디므로 말굽과 자꾸 뒤얽히게 된다. 그래서 말이 피하려는 곳을 사람이 억지로 디디게 하고, 말이 디디려는 곳은 사람이 억지로 견제하기 때문에, 말이 항상 사람에게 노여움을 품고 말을 잘 듣지 않으려고 하니 이것이 세 번째 위태로움이다.

　말의 한쪽 눈을 가려 다른 한쪽 눈으로만 사람의 눈치를 살피느라고 길을

───────────────

*45 산장잡기(山莊雜記) 첫머리에 실려 있음.

제대로 보고 걷지 못하므로 고꾸라지고 넘어진다. 이것은 말의 잘못도 아닌데 채찍을 휘둘러 마구 때리니 이것이 네 번째 위태로움이다.

또 우리나라 안장과 뱃대끈의 만듦새가 너무 둔하고 무겁고, 게다가 끈과 띠가 몹시 번거롭다. 등에 한 사람이 타고 있고, 입에 또 한 사람이 달려 있으니, 이는 말 한 마리가 두 마리 말의 힘을 써야 하는 것이어서 힘에 겨워 쓰러지게 된다. 이것이 다섯 번째 위태로움이다.

사람의 몸놀림이 왼쪽보다 오른쪽이 더 편리하니 말 역시 그러할 것이다. 그런데 말을 모는 사람이 재갈을 잡고 누르니 말의 오른쪽 입아귀가 눌려 아픔을 참을 수 없게 된다. 그러니 말은 할 수 없이 목을 아래로 꺾어 옆걸음을 치며 채찍을 피한다. 사람들은 그 목을 꺾어 옆으로 걷는 것을 말의 날랜 모습이라고 하지만 그것은 말의 뜻이 아니니 이것이 여섯 번째 위태로움이다.

말은 오른쪽 다리에만 채찍을 맞아 이쪽만 아픈데, 타고 있는 사람이 방심하고 무심히 앉아 있을 때 경마가 갑자기 채찍을 후려치면 말이 몸을 펄쩍 뒤틀어 타고 있던 사람이 땅에 떨어지게 마련인데 그러면 도리어 말을 꾸짖는다. 이 또한 말의 뜻이 아니니 이것이 일곱 번째 위태로움이다.

문관(文官)이나 무관(武官) 모두가 벼슬이 높으면 왼편에 경마가 따르는데, 이것은 무슨 법도인가? 오른편 경마도 좋지 않은 것인데 왼쪽 경마는 어떻겠는가? 짧은 말굴레도 좋지 않은 것인데 긴 말굴레는 어떻겠는가? 사사로운 집 출입에는 위엄을 갖추기 위해 혹 그럴 수도 있을 법하지만, 임금의 행차를 호위하는 신하로서 다섯 발[丈]이나 되는 긴 말굴레로 위엄을 나타내는 것은 옳지 못한 일이다. 문관도 옳지 못한데 하물며 무관이 싸움터에 나갈 때는 어떻겠는가? 이것은 스스로 올가미를 차고 다니는 격이니 이것이 여덟 번째 위태로움이다.

무장(武將)이 입는 첩리(帖裏 : 철릭)란 것은 곧 군복(軍服)이다. 세상에 군복이라는 것의 소매가 어찌 중의 장삼(長衫)과 같은가? 이상 여덟 가지 위태로움은 다 넓은 소매와 긴 한삼 때문이다. 그런데도 오히려 그러한 위태로움에 편안히 머물러 있으니 슬픈 일이다. 비록 백락(伯樂)*46으로 하여금 오른편 경마를 잡히고 조보(造父)*47로 하여금 왼편 경마를 잡힌다 하더라

---

*46 주(周)나라 때 사람. 말을 썩 잘 다루었음.
*47 주나라 시절 목왕(穆王)의 팔준마(八駿馬)를 잘 길들인 공으로 조성(趙城)에 봉해졌다고 함.

도, 이 여덟 가지 위태로움을 그대로 둔다면 팔준(八駿)*⁴⁸이라도 다 죽어 버리고 말 것이다.

옛날 이일(李鎰)*⁴⁹이 상주(尙州)에 진을 치고 있을 때, 멀리 숲 속에서 연기가 일어나는 것을 바라보고, 군관(軍官) 한 사람에게 명하여 가 보라고 하였다. 군관은 양쪽으로 경마를 잡히고 거들먹거리며 가다가, 갑자기 다리 아래에서 두 왜놈이 뛰쳐나와서 칼로 말의 배를 찌르고 군관의 머리를 잘라 가지고 가 버렸다.

서애(西厓)*⁵⁰ 유공(柳公)은 어진 재상으로 징비록(懲毖錄)*⁵¹에 이 일을 기록하여 말 모는 습속을 비웃은 적이 있으나 역시 그 폐단은 고쳐지지 못했다. 난리통이라 여러 가지로 어려운 때를 겪고도 아주 익어 버린 풍습이라 좀처럼 고칠 수가 없었던 것이다.

내 오늘밤 이 강을 건너 보니 천하에 그처럼 위태로운 일이 없겠다. 그러나 나는 말을 믿고, 말은 말굽을 믿고, 말굽은 땅을 믿어서, 이처럼 경마를 잡히지 않은 보람을 거두었다.

수역(首譯)이 주 주부(周主簿)에게 말했다.

"예로부터 위태로움을 말할 때에는, 장님이 눈먼 말을 타고 밤중에 깊은 연못가로 다가갈 때를 말했는데, 참으로 오늘밤 우리의 일이 그러하였네."

"그것이 위태롭기는 한 일이지만 참으로 위태로움을 잘 알고서 한 말은 아니지."

내가 말했더니 두 사람이 되묻는다.

"어째서 그렇다는 말인가?"

"장님을 보는 사람은 눈이 성한 사람이니, 장님을 보고 그가 스스로 위태

---

*48 여덟 마리 날랜 말. 목왕의 팔준은 절지(節地)·번우(飜羽)·분소(奔霄)·초영(超影)·유휘(踰輝)·초광(超光)·등무(騰霧)·협익(挾翼)의 여덟 마리라고도 하고, 적기(赤驥)·도려(盜驪)·백의(白義)·유륜(踰輪)·산자(山子)·거황(渠黃)·화류(華騮)·녹이(綠耳) 등 여덟이라고도 함.

*49 조선 선조(宣祖) 연간의 장수. 임진왜란 때 상주(尙州)에서 크게 패한 이후 다시 공을 세우지 못했음. 1558~1625년.

*50 유성룡(柳成龍). 서애는 호임. 임진왜란 때 정승으로, 이순신(李舜臣) 장군을 천거하였음. 1542~1607년.

*51 유성룡이 임진왜란 중의 일들을 기록한 책.

롭다고 생각하는 것이지, 장님이 자신의 위태로움을 아는 것이 아닐세. 장님은 위태로움을 보지 못하는데 어찌 위태로워하겠는가?"

내가 이렇게 대답하자 모두들 한바탕 크게 웃었다.

이 대목은 따로 일야구도하기(一夜九渡河記)*52에 썼다.

8일 갑인(甲寅)
맑다.

새벽에 반간방(半間房)에서 밥을 지어 먹고 삼간방(三間房)에 와서 잠시 쉬었다. 간혹 산기슭에는 화려하게 치장한 사당 건물이나 절과 도교 사원들이 있고 어떤 곳에는 99층 백탑(白塔)이 있었다. 별로 경치가 좋지 못한 데다가 산줄기가 뻗어 내려온 등성이가 아니면 물이 휘돌아가는 위태로운 언덕 위에 엄청난 경비를 들여 이것들을 지은 것은 대체 무슨 까닭일까? 이런 것들이 손가락을 꼽을 수 없을 만큼 많았다. 만듦새가 웅장하고, 조각이 교묘하고, 단청이 찬란한데 모두 똑같은 솜씨라서 하나만 보면 백을 다 알 수 있으므로 낱낱이 기록할 필요도 없다.

차차 열하(熱河)에 가까워지면서, 사방에서 공물(貢物)을 바치러 온 수레와 말·낙타들이 밤낮으로 끊이지 않아, 그 소리가 우르릉 쾅 우레 소리 같고 그 형세가 비바람이 몰아치는 것 같다.

창대가 갑자기 말 머리에 와서 꾸뻑 절을 한다. 참 다행스런 일이다. 창대가 뒤떨어져 고개 위에서 통곡하고 있을 때, 부사와 서장관이 보고는 가엾어서 말을 멈추고 주방(廚房)에게 물었다.

"혹 짐이 가벼워서 좀 태워 줄 수레가 없느냐?"

그러자 하인들이 없다고 하여 불쌍히 여기면서도 그대로 지나갔다. 제독이 다가오자 창대는 다시 큰 소리로 더욱 슬피 울었다. 제독이 말에서 내려 그를 위로하고 그냥 앉아 있다가 지나가는 수레를 잡아 삯을 주고 타고 오게 하였다. 어제는 입맛이 없어서 음식을 먹지 못하니, 제독이 손수 먹기를 권하였고, 오늘은 제독이 그 수레를 타고 자기가 타고 온 나귀를 창대에게 주

*52 산장잡기(山莊雜記)에 수록되어 있음.

어서 이렇게 뒤쫓아 올 수 있었다고 한다. 그 나귀가 어찌나 빠른지 귓전에 바람 소리가 들릴 뿐이더라고 말한다.

"그래, 그 나귀는 어떻게 했느냐?"

내가 물으니 창대가 말한다.

"제독께서 제게 이르시기를, '네가 먼저 공자(公子)를 뒤쫓아 가거라, 만약 중도에 나귀에서 내리고 싶거든 지나가는 수레 뒤에 나귀를 매어 놓거라. 그러면 내가 뒤따라 가다가 찾을 테니 염려 말라'고 하셨습니다. 그래서 삽시간에 50리를 달려 고개 위까지 오고 그곳에서 수레 수십 대를 만났습니다. 제가 나귀에서 내려 나귀를 맨 뒤 수레 끝에 매어 놓으니까, 수레 임자가 웬 나귀냐고 묻기에, 남쪽에서 온다고 멀리 고개 아래 온 길을 가리켰더니 차부는 웃으면서 고개를 끄덕였습니다."

제독의 도타운 뜻이 그저 고마울 따름이다. 그의 관직은 회동사역관(會同四譯館)으로서 예부(禮部) 정찬사(精饌司)*53의 낭중(郞中) 및 홍로시(鴻臚寺)*54 소경(少卿)이고, 그의 품계(品階)는 정사품(正四品)이요, 위계(位階)는 중헌대부(中憲大夫)이다. 나이는 예순쯤 되어 보인다. 아무리 우리 일행을 보호하는 것이 그의 직책이라 하더라도 한낱 외국의 천한 하인에게까지 그처럼 마음을 쓰니, 그의 깨끗한 처신과 직무의 충실함에서 대국(大國)의 풍도(風度)를 넉넉히 알아볼 수 있었다. 창대의 발병이 좀 나아서 이제 경마를 잡고 갈 수 있어서 또한 다행이다.

삼도량(三道梁)에서 잠시 쉬고 합라하(哈喇河)를 건너, 황혼 무렵에 큰 고개를 넘었다. 천 대인지 만 대인지 모를 공물 바치러 가는 수많은 수레가 다투어 길을 재촉한다. 나는 서장관과 말고삐를 나란히 하여 가는데, 갑자기 골짜기에서 호랑이 울부짖는 소리가 서너 번 들려왔다. 모든 수레가 일시에 길을 멈추고, 사람들이 일제히 고함을 지르니 천지가 진동한다. 참으로 장관이었다. 이때 일을 따로 만국진공기(萬國進貢記)*55에 썼다.

여기까지 오는 데 나흘이 걸렸다. 밤이고 낮이고 눈을 붙이지 못하여 하인

---

*53 청나라 때 예부(禮部)에 딸려 연회·의식 및 제사에 쓸 짐승 등을 맡아 보는 관아.

*54 외국에 관한 사항과 조공(朝貢)·내빙(來聘) 및 흉사의 의식, 사묘(祠廟) 등에 관한 일을 맡아 보는 관아.

*55 산장잡기(山莊雜記)에 수록하였음.

들 가운데 길을 가다가 걸음을 멈추는 자는 모두 서서 조는 것이었다. 나 역시 졸음을 이기지 못하여 눈시울이 구름장 내리덮이듯 하고, 하품이 조수 밀려오듯 한다. 눈을 뜨고 있어도 멍하니 뜨고만 있을 뿐 이상한 꿈을 꾸는 것만 같다. 어떤 때는 남들에게 말에서 떨어질라 일깨워 주면서도 나 자신이 안장 위에서 이따금 몸이 고꾸라진다.

모든 것이 팔랑팔랑 바람에 나부끼듯 나긋나긋 아름답고 즐겁기만 하다. 어떤 때는 가랑비 솔솔 내리듯, 몽롱하고 그윽하고 짜릿짜릿 좋기만 하다. 이야말로 이른바 취중(醉中)의 천지요 꿈속의 산하(山河)로구나. 가을 매미 소리 꼬리가 길고, 허공에서는 꽃이 어지럽게 떨어진다. 그 그윽한 마음은 도가(道家)에서 말하는 내관(內觀)*56의 경지에 이른 것 같고, 그 깨달음은 선가(禪家)에서 돈오(頓悟)*57의 경지에 이른 것 같으며, 팔십일난(八十一難)*58이 삽시간에 지나가고, 사백사병(四百四病)*59이 순식간에 스쳐간다.

이러한 때를 만나면, 비록 서까래 끝이 여러 자 되는 좋은 집에서 맛있는 음식을 높이 쌓은 상을 받고 수백 명 미녀들이 시중을 들어 주는 것과도 바꾸지 않고, 춥지도 덥지도 않은 온돌에서 높지도 낮지도 않은 베개에 두껍지도 얇지도 않은 이불을 덮고, 깊지고 얕지도 않은 술잔을 기울이면서 꿈나라에 노니는 것과도 결코 바꾸지 않을 것이다.

나는 길가의 돌을 가리키며 맹세를 하였다.

"내가 연암(燕巖) 산중으로 돌아가면 마땅히 1천 일 하고도 하루를 더 잠으로써, 희이(希夷)*60 선생보다 하루를 이길 것이요, 코고는 소리를 우레처럼 내어 영웅들이 젓가락을 떨어뜨리게 하고, 미인들이 기절을 하게 할 것이다. 만약 그렇게 되지 않는다면 저 돌과 같이 되리라."

---

*56 자기의 정신 상태를 주관적으로 관찰함.
*57 참뜻을 확연히 깨달음.
*58 팔십일병(八十一病). 사람의 오장(五臟)에 각각 81가지의 병이 있다고 하는데, 불교에서는 사람에게 81가지 재난이 있다고 함.
*59 다섯 가지 장(臟)에 각각 81가지 병이 있어 모두 405가지가 되는데, 그 중에서 '죽음'을 빼고 404가지 병이 있다는 것이니, 곧 여러 가지 병이라는 뜻임. 불교에서는 사람의 몸을 이루고 있는 지(地)·수(水)·화(火)·풍(風)에 각각 101가지씩의 병이 있다고 함.
*60 오대(五代) 시절의 은사(隱士). 산에 들어가 공기를 마시고 곡식을 먹지 않은 채 백여 일씩 잠을 잤다고 함.

그러다가 몸이 한 번 꾸뻑 하여 깨고 보니 역시 꿈이었다.

창대가 걸어가면서 이야기를 한다. 내가 처음에는 아무렇게나 말대꾸를 하는 줄 알았으나 자세히 살펴보니 헛소리를 자못 정중하게 하는 것이었다. 그는 여러 날 굶주린 데다가 몹시 추웠기에 아직도 몸을 떤다. 학질에 걸린 것처럼 정신을 차리지 못한다. 밤이 이미 이경(二更)*61이나 되었을 것 같다. 나는 수역(首譯)과 동행을 하고 있었는데, 수역의 마부 역시 몸을 떨며 몹시 괴로워한다. 우리는 마침내 말에서 내렸다. 물어보니 앞 참(站)이 5리밖에 안 된다고 한다. 그래서 병든 두 하인을 각기 말에 오르게 하고 흰 담요를 꺼내어 창대의 온몸을 폭 싸서 띠로 단단히 묶어 주고, 수역의 마두(馬頭)가 부축하게 하여 먼저 가게 했다.

수역과 함께 걸어서 다음 참에 다다르자 밤이 이미 깊었다. 행궁(行宮)도 있고 집과 거리가 매우 번화했다. 역참 이름은 잊어버렸다. 화유구(樺楡溝)가 아니었나 싶다.

사관에 들어가 밥을 먹으려 했으나 몸이 녹초가 되어 숟가락이 천 근이고 혀는 백 년에 한 번 움직일까 말까 했다. 상에 가득 차려진 채소와 고기구이가 모두 잠기고, 촛불은 무지개인 양 꼬리가 사방으로 뻗어 나간다. 청심환 하나를 내어 술로 바꾸어다가 실컷 마셨다. 술맛이 또한 말할 수 없이 좋아, 마시자마자 거나해져서 이내 잠이 들었다.

9일 을묘(乙卯)
맑다. 사시(巳時 : 오전 10시경)쯤 열하(熱河)에 들어가 태학(太學 : 국립대학과 같음)에 머물렀다.

닭이 울자 수역(首譯)과 함께 먼저 출발했다. 길에서 난하(灤河)를 건너가기 어렵다는 말을 듣고, 수역은 오는 사람마다 붙잡고 난하의 사정을 물어 보았다. 그런데 한결같이 6, 7일은 기다려야 건널 수 있을 것이라는 대답이다.

강가에 이르렀다. 수레와 말이 구름처럼 모여 있다. 강은 넓고 누런 흙탕물이 소용돌이치며 사납게 흐른다. 행궁(行宮) 앞에서는 더욱 거세게 흐른다.

---

*61 오후 10시 전후.

난하는 독석구(獨石口)에서 발원하여 옛 흥주(興州) 경계를 거쳐 북예(北
隷)로 흘러들어간다. 수경(水經)이란 책의 주석에, '유수(濡水)는 어융진
(禦戎鎭)에서 시작되어 사야(沙野)를 거쳐 약 1천5백 리를 굽이굽이 돌고
돌아서 장성(長城)으로 들어간다'고 하였다.

강에는 조그만 배 네댓 척이 있을 뿐이다. 건널 사람은 많고 배는 적기 때
문에 건너기가 어렵다고 했던 것이다. 말을 탄 사람들은 모두 얕은 여울을
따라 제멋대로 건너가지만 수레는 건너지를 못한다.

석갑(石匣)에서 가마 한 대를 만났다. 말 탄 하인 10여 명이 따르고, 네
사람이 가마를 메고 간다. 5리에 한 번씩 말 탄 자가 내려서 교대하여 가마
를 멘다. 우리와 앞서거니 뒤서거니 하며 가는데 그는 병부시랑(兵部侍郎)
이라고 한다. 가마는 녹색 우단(羽緞 : 겉에 고운 털이 돋게 짠 비단)으로 휘장을 둘러치고 세 면
에 유리를 붙여 창을 냈다. 가마에 탄 사람은 언제나 깊숙이 앉아 있어서 얼
굴은 볼 수 없었으나, 모자를 벗어 창 귀퉁이에 걸어 놓고 온종일 책을 보고
있다.

어제는 그 사람이 시종을 부르자 시종이 궤짝에서 책 한 권을 꺼내 바쳤는
데, 오자연원록(五子淵源錄)이란 책이었다. 창 안에서 손이 나와 책을 받고
이아익(爾雅翼)*62 한 권을 내어 주는데 팔과 손가락이 옥같이 희다. 목소리
와 손이 모두 부인네 같았다.

이윽고 난하 강가에 이르자 가마에서 내려 가마 안의 책을 꺼내 준다. 시
종들이 나누어 품에 품게 하고 그는 말을 탄다. 참으로 잘생긴 남자였다. 이
목구비가 시원하고 수염 몇 개가 하얗게 세었다. 가마의 휘장은 거두어 개켜
가지고 시종들이 나란히 줄을 지어 강을 건너간다.

모자에 푸른 깃을 단 사람이 강 언덕에 서서 채찍을 들어 지휘하여 우리
일행을 먼저 건너게 한다. 비록 짐짝에 황제에게 바치는 '진공(進貢)'이니
황제가 쓰는 물건인 '상용(上用)'이니 하는 글자를 쓴 기를 꽂은 것이라 해
도 감히 먼저 건너지 못한다. 배 안으로 훌쩍 먼저 탄 자가 비록 벼슬아치
같아 보여도 반드시 채찍을 마구 휘둘러서 모조리 몰아낸다.

푸른 깃 단 사람은 행재소(行在所)의 낭중(郎中)으로, 황제의 명을 받아

---

*62 이아(爾雅 : 13경의 하나)를 송나라 나원(羅願)이 주석한 책.

나루터를 보살피는 것이었다. 그런데 크기가 거의 정자만한 쌍가마 네 채가 그대로 멘 채 바로 배로 들어간다. 그런데 그 형세가 마치 산을 무너뜨리는 것 같고, 달걀을 내리누르는 것 같아서 낭중들도 채찍을 거두고 물러나 우두커니 서서 어쩌지를 못한다. 가마를 멘 자들은 서슬이 칼날 같아, 그자들에게는 하늘도 땅도 없고, 물도 사람도 없고, 또한 외국 사람도 없고, 오직 그들이 멘 가마가 있을 뿐이다. 그 가마 속에 든 것이 도대체 얼마나 소중한 보물이기에, 가마꾼들의 자세가 그처럼 대단할까?

강을 건너 10여 리쯤 갔을 때 환관(宦官) 셋이 다가온다. 박보수(朴寶樹)를 찾아 몇 마디 주고 받더니 곧 말머리를 돌려 재빨리 가버린다. 한 환관은 오림포(烏林哺)와 말고삐를 나란히 하고 이야기를 하면서 가는데, 무슨 일인지 오림포가 이따금 얼굴빛이 변하며 놀라고 두려워하는 기색을 나타낸다. 박보수와 서종현(徐宗顯)이 말을 채찍질하여 오림포에게로 다가가려 하자 그는 손짓을 하여 오지 못하게 한다. 무슨 비밀스러운 이야기인 모양이다. 그 환관 역시 곧 말을 몰아 되돌아갔다.

산모롱이 하나를 돌아가자, 언덕 위에 돌봉우리가 탑처럼 마주 섰다. 참으로 교묘한 자연의 솜씨였다. 높이 백여 길이나 되어 보이는데 이름을 쌍탑산(雙塔山)이라고 한다.

연달아 환관이 와서 사행(使行)이 어디까지 왔는지 알아보고 돌아가곤 한다. 예부(禮部)에서는 우리 일행을 태학(太學)에 들게 하겠다는 뜻을 알려왔다.

여러 날 산골 길만 오다가 마침내 열하에 들어섰다. 궁궐들이 웅장 화려하고, 거리의 가게들은 10리에 뻗쳐 변방 북쪽에 큰 도회지를 이루었다. 바로 서쪽에 봉추산(捧捶山)이 있는데 그 봉우리 하나가 마치 다듬이 방망이 세워놓은 것처럼 우뚝 솟아 있다. 높이가 백여 길이나 되며 하늘을 떠받치고 있다. 넘어가는 석양이 비끼어 마침 찬란한 금빛을 내쏘고 있다. 강희제(康熙帝)가 이름을 경추산(磬捶山)으로 바꾸었다.

열하성(熱河城)은 높이가 세 길 남짓하고 둘레는 30리이다. 강희(康熙) 52년에 잡석을 섞어서 얼음 깨진 무늬로 쌓았으니, 이른바 가요문(哥窯紋)이라는 것이다. 민가의 담도 모두 이 방식으로 쌓았다. 성 위에는 성가퀴를 만들어 놓기는 했으나 일반 담과 다를 것이 없어서, 지나온 여러 고을의 성만도 못하다.

　열하에는 36경(景)이 있다. 이 열하는 한(漢)나라 시절의 요양(要陽)·백단(白檀)·활염(滑鹽) 세 현(縣)이 자리잡았던 땅이다. 한나라 경제(景帝)가 이광(李廣)*63에게 조서를 내려, '장군은 군사를 거느리고 동쪽으로 달려가서 미절(弭節)·백단(白檀)에 진을 치라'고 했던 곳이 바로 이곳이다. 거란(契丹)의 태조 아보기(阿保機)*64가 활염현의 허물어진 성을 고쳐 쌓았을 때 세상에서는 대흥주(大興州)라 하였고, 명나라 상우춘(常遇春)*65이 야속(也速)*66을 추격하여 전녕(全寧)에서 격파하고 대흥주로 나아가 머물렀다고 하는 곳이 또한 이곳이다.

　지난해에 태학(太學)을 새로 지었는데, 그 제도는 북경의 대성전(大成殿) 및 대성문(大成門)과 같다. 모두 겹처마에 누런 유리기와를 이었다. 명륜당(明倫堂)은 대성전 오른편 담 밖에 있는데, 당 앞의 행각(行閣)에는 일수재(日修齋)·시습재(時習齋)라 현판하였다. 명륜당 오른편에는 진덕재(進德齋)·수업재(修業齋)가 있다. 또 명륜당 뒤에는 벽돌을 깐 큰 대청(大廳)이 있고, 그 양쪽에 조그만 재실(齋室)이 있다. 오른쪽에는 정사가 거처하고, 왼쪽 재실에는 부사가, 서장관은 행각(行閣) 별재(別齋)에 거처하게 되었다. 비장(裨將)과 역관(譯官)들은 함께 한 곳에 들고, 두 주방(廚房)은 진덕재에 나누어 들었다.

　대성전 뒤와 좌우에 별당(別堂)·별재(別齋)가 수없이 많아 이루 다 기록할 수 없으나 모두 몹시 사치스럽고 화려하다. 우리 일행 주방 사람들로 말미암아 연기로 많이 그을리고 더럽혀질 것이 애석하다.

　따로 승덕태학기(承德太學記 : 이 글은 이 열하일기에 수록되어 있지 않음)를 썼다.

---

*63 한(漢)나라 장수. 흉노(匈奴)를 쳐서 공을 세웠으나, 길을 잃고 자살하여 군사와 백성들이 모두 울었다고 함.

*64 요(遼)나라 태조(太祖) 야율아보기(耶律阿保機). 거란족(契丹族)의 한 추장(酋長)으로 동족을 통합하여 916년에 나라를 세웠음.

*65 본래 도둑의 무리였는데 주원장(朱元璋)을 도와 명나라를 세우는 데 크게 공을 세워 우승상(右丞相)이 되었음.

*66 몽고족으로 원나라 사람. 전공이 많았으나 산동(山東)에서 명나라 군사와 싸우다가 패했음.

태학관에 묵으며
태학유관록(太學留館錄)

전편에 이어서 8월 9일 을묘(乙卯)일부터
8월 14일 경신(庚申)일까지 6일간

경자년(庚子年) **8월 9일 을묘**(乙卯)
　사시(巳時 : ^{오전}_{10시경})에 태학에 들었다. 태학에 들기 전의 기록은 길을 오면서 적었고, 오후부터의 일은 이 유관록(留館錄)에 기록한다. 이날은 몹시 더웠다.

　말에서 내려 바로 뒤채로 들어가니, 그곳에 한 노인이 모자를 벗고 의자에 걸터앉아 있다. 나를 보자 의자에서 일어나 맞이하면서 "수고하십니다" 한다. 나도 허리를 굽혀 답례를 하고 자리에 앉았다.
　노인이 나의 관직을 묻기에 대답하였다.
　"그저 선비올시다. 상국(上國)*¹을 구경하려고 8촌형 되는 대대인(大大人)을 따라 왔습니다."
　중국 사람은 정사를 대대인이라 하고, 부사를 을대인(乙大人)이라고 한다. 을(乙)은 둘째[二]라는 뜻이다. 노인이 내 성명을 묻기에 써 보였더니 다시 또 묻는다.
　"형님 되시는 어른의 존함과 관직 품계는 어떻게 되십니까?"
　"성명은 박명원(朴明源)이고, 일품(一品) 부마(駙馬) 내대신(內大臣)입니다."
　"형님 되시는 어른은 한림(翰林) 출신이십니까?"
　"아닙니다."

＊1 중국을 높여 일컫는 말.

노인이 붉은 종이 명함을 내어 보이면서 '저는 이런 사람입니다' 하기에 받아 보니, 오른쪽 옆에 '통봉대부 대리시경 치사(通奉大夫大理寺卿致仕) 윤가전(尹嘉銓)'이라 씌어 있다.

"공께서는 이미 벼슬에서 물러나셨는데 무슨 일로 새북(塞北)까지 멀리 오셨습니까?"

내가 물으니 그가 대답한다.

"황제의 명을 받들고 왔습니다."

그때 한 사람이 끼어들며 말한다.

"저 또한 조선 사람입니다. 제 이름은 기풍액(奇豐額)이올시다. 경인년(庚寅年) 문과(文科)에 장원으로 급제하여, 귀주(貴州) 안찰사(按察使)에 임명되어 있습지요."

윤공이 말한다.

"이제 온 천하가 한 집안이라, 문 밖을 나서면 모두 동포요 형제입니다. 고려 때의 박인량(朴寅亮)*2이란 분이 혹시 문중의 명망 높으신 조상이 아니십니까?"

"아닙니다. 주죽타(朱竹坨)의 채풍록(採風錄)에 실려 있는 박미(朴瀰)*3 라는 어른이 제 5대조이십니다."

내가 대답하였더니 기공(奇公)이 말한다.

"과연 명망 높으신 어른의 집안이십니다그려."

윤공이 말한다.

"왕어양(王漁洋)의 지북우담(池北偶談)에 그분의 시문(詩文)이 자세히 실려 있지요. 제비와 기러기가 등을 스쳐 날고, 말과 소가 미처 따르지 못하여 어긋난다는 말이 있습니다. 오늘이야말로 하늘이 정해 준 연분으로 이렇게 새북(塞北)에서 우연히 또 한 분을 만나고 보니, 바로 그 책에 나오는 어른의 후손이시로군요."

좌중에 있던 또 한 사람이 감탄하여 말한다.

---

*2 고려 문종(文宗) 때 사람, 호는 소화(小華). 문장에 뛰어나 송(宗)나라에 사신 가서 그 이름을 떨쳤음.

*3 선조(宣祖)·인조(仁祖) 때 문인. 호는 분서(汾西). 선조의 부마(駙馬)가 되어 금양군(錦陽君)에 봉해졌는데, 글씨에도 뛰어났음. 1592~1645년.

"그의 시를 읊고 그의 글을 읽으면서 그를 모른대서야 되겠습니까?"

"비록 옛 어른은 안 계시지만, 그분을 본받은 후손을 이렇게 만나뵙지 않습니까?"

기공이 말하고는 다시 묻는다.

"귀국의 금년 농사는 어떻습니까?"

"6월에 압록강을 건너 왔고, 곡식 여물 때가 아직 멀었으므로 잘 모르겠습니다만, 집에서 떠나올 때에는 비가 알맞게 내렸으니 괜찮을 것 같습니다."

좌중에 있는 왕민호(王民皞)라는 사람은 과거에 합격한 사람이었는데 그가 묻는다.

"조선은 땅이 얼마나 넓습니까?"

내가 대답했다.

"전해 오는 책에는 5천 리라고 하였지만, 단군조선(檀君朝鮮)은 요(堯)와 같은 시대였고, 기자조선(箕子朝鮮)은 주(周)나라 무왕(武王) 때 봉해진 나라였으며, 위만조선(衛滿朝鮮)은 진(秦)나라 시대 연(燕)나라 백성을 거느리고 동쪽으로 온 나라여서, 모두 한쪽으로 치우쳐 있었습니다. 그러니 그 지방이 5천 리가 못 되었을 것이고, 그 전 시대에는 고구려·백제·신라를 통합하여 고려가 되었는데, 동서가 1천 리, 남북이 3천 리였습니다. 중국의 역대 역사 기록에 조선의 민생(民生)과 노래·풍속 등이 기록되어 있지만 실제와는 크게 어긋납니다. 그것은 모두 기자·위만 때의 조선이요, 지금 조선이 아닙니다. 역사를 쓴 이가 외국 일에 밝지 못하므로 옛날 기록을 그대로 따른 것이지요. 한 나라의 풍속 습관은 저마다 그 시대에 따라 달라지는 것입니다. 우리나라는 오로지 유교를 숭상하여 예악(禮樂)·문물(文物)은 모두 중국을 본받았으므로, 예로부터 소중화(小中華)라는 칭호가 있습니다. 나라 다스리는 규모라든가 사대부(士大夫)의 몸가짐 등이 송(宋)나라와 조금도 다를 것이 없습니다."

왕군(王君)이 말한다.

"참으로 군자의 나라로군요."

그러자 윤공이 묻는다.

"태사(太師)의 유풍(遺風)이 있습니다그려. 참으로 훌륭합니다. 그런데 시종(詩綜)〈명나라 시집 이름〉에는 어찌하여 선생 선조의 약전(略傳)이 없습니까?"

그래서 내가 다시 대답했다.

"제 조상의 자(字)와 호(號)와 관작(官爵)이 빠졌을 뿐 아니라, 약전 몇 줄 있는 것도 잘못 기록되었습니다. 제5대조의 함자는 미(瀰), 자는 중연(仲淵)이고, 호는 분서(汾西)이십니다. 문집 4권이 있어 국내에서 읽히고 있습니다. 명나라 만력(萬曆) 때 분인데, 소경왕(昭敬王)*4의 부마(駙馬)로 금양군(錦湯君)이라 하였고, 시호는 문정공(文貞公)이십니다."

윤공은 필담 내용을 적은 종이쪽지를 접어 품에 넣으면서 말한다.

"빠진 것을 보충해 넣어야겠습니다."

"다른 잘못된 부분도 바로잡아 주시지요."

왕거인(王擧人)이 말하자 이어 기공이 답한다.

"그렇습니다. 하늘이 준 좋은 기회입니다."

내가 말했다.

"제 기억력이 좋지 못하여 책을 보고 고증했으면 합니다."

그러자 기공이 왕거인을 돌아보며 뭐라고 수군거리고, 윤공 또한 서로 이야기하더니 한참만에 왕거인이 명시종(明詩綜) 석 자를 적어 가지고 심부름꾼 아이를 부른다. 한 아이가 앞으로 와서 절을 한다.

왕거인이 종이쪽지를 아이에게 주면서 뭐라고 이르자 아이는 이를 받아 가지고 급히 달려간다. 어디 가서 뭘 빌려오라고 한 것 같다. 이윽고 돌아온 아이가 꿇어앉아 없다고 말한다. 기공이 다시 다른 사람을 불러 그 종이쪽지를 주자 그는 나갔다가 이내 돌아와서 뭐라고 말한다.

왕거인이 말한다.

"변방이라 본디 책방이 없답니다."

내가 말했다.

"우리나라에 이달(李達)*5이라는 분은 호가 손곡(蓀谷)입니다. 그런데 시종(詩綜)에 이달의 시를 싣고, 또 따로 손곡의 시를 실었어요. 이것은 호를 다른 사람의 이름으로 잘못 알고 각각 실은 것입니다."

세 사람이 한바탕 크게 웃고 서로 돌아보면서 말한다.

---

*4 선조(宣祖). 시호를 선조소경 정륜입극 성덕홍렬 지성대의 격천희운 현문의무 성예달효대왕(宣祖昭敬正倫立極盛德洪烈至誠大義格天熙運顯文毅武聖睿達孝大王)이라 하였음.

*5 조선 중종(中宗)·선조(宣祖) 때 시인.

"옳아, 옳아. 그렇군요. 치이(鴟夷)나 도주(陶朱)나 모두 범려(范蠡)한 사람을 말하는 것이지요."

윤공이 갑자기 급히 자리에서 일어나, 붉은 명함 석 장과 자기가 지은 구여송(九如頌) 한 권을 꺼내 내게 주면서 말한다.

"선생께서 수고해 주셔서 형님이신 대인(大人)을 좀 뵙게 해 주시면 좋겠습니다."

그러자 다른 사람들도 모두 일어나서 말한다.

"윤대인께서는 지금 조정에 나가시는 길이니 다음에 다시 만나십시다."

윤공은 이미 옷을 갈아입고 모자를 쓰고, 조주(朝珠 : 중국 관리들이 목에 거는 구슬)를 걸고 나를 따라나서서 정사의 방 앞에 이르렀다. 나는 그가 대문으로 나가는 길에 이곳을 거치게 되는 줄만 알았다. 남들이 모두 그저 윤공이 이제 조정에 나간다고만 말했고, 또 윤공이 명함을 그처럼 간단히 나에게 주었으니 그가 이렇게 바로 나를 따라 올 줄은 전혀 생각지도 못했다.

정사는 밤낮으로 말에 시달린 나머지 겨우 자리에 누워 잠이 막 들었다. 부사와 서장관에게는 내가 주선해줄 것이 아니었다. 또한 우리나라 관리들은 겉으로 몹시 교만을 떨어, 중국 사람을 보면 만주족이건 한족이건 구별 없이 통틀어 오랑캐라 하며 자기를 높이는 것이 풍습으로 익어 버렸다. 부사나 서장관은 보나마나 이쪽이 어떤 신분인지를 알아보지도 않은 채 절대로 반가이 맞아 주지 않을 것이고, 비록 맞아 준다 하더라도 반드시 개돼지처럼 대할 것이 뻔하다. 또한 그를 안내한 나에게 핀잔을 줄 것이 당연하므로, 윤공이 뜰에 서서 기다리고 있는 일이 나로서는 몹시 민망하고 난처하였다. 하는 수 없이 정사에게 들어가 말하였더니 그가 말한다.

"나 혼자서 만나볼 수는 없는 노릇이니 이 일을 어쩌면 좋겠는가?"

나는 나이 많은 사람을 오랫동안 뜰에 서 있게 하는 것이 민망스러워서 밖으로 나와서 말했다.

"대인께서 밤낮으로 사나운 길을 달려와서 몹시 피곤하신 터라 만나 뵈었다가 혹 실례되는 일을 범하지 않을까 염려되신다고, 뒷날 삼가 몸소 찾아뵙겠다고 하십니다."

"아, 그러시군요."

윤공은 즉석에서 허리를 굽신하고 곧 나간다. 그 눈치를 보니 매우 맥이 빠진 기색이었다. 윤공은 훌쩍 가마를 집어 타고 가 버렸다. 가마는 매우 으리으리하여 참으로 고귀한 이가 탈 만한 것이었다. 하인 10여 명이 모두 화려한 옷을 입고 수놓은 안장에 올라앉아 가마를 호위해 가는데, 향기로운 바람이 훈훈히 풍기는 것 같았다.

통관(通官)이 역관에게 묻는다.

"당신네 나라에서는 부처를 공경하오? 전국에 절은 얼마나 있소?"

그러자 수역(首譯)이 들어와 사신에게 여쭙는다.

"단순히 통관의 개인 뜻으로 묻는 것 같지 않습니다. 어떻게 대답하오리까?"

그래서 삼사(三使)가 의논한 끝에, 우리나라 풍속은 본래 불교를 숭상하지 않으므로 절은 지방에 약간 있을 뿐 서울에는 없다고 대답하게 하였다.

잠시 후 군기장경(軍機章京) 소림(素林)이 말을 달려 우리 숙소를 찾아왔다. 삼사가 구들간에서 내려서 이 집의 좌향에 따라 동쪽을 향해 앉았다.

소림은 황제의 조서를 읽었다.

"조선 정사는 이품(二品) 반열의 끝자리에 설지어다."

이것은 황제의 생신을 축하하는 날 자리의 순서를 정해 통고해 온 것으로, 이런 일은 전에 없던 과분한 은총이라고 한다.

소림은 황제의 뜻을 전하고 곧 몸을 일으켜 가버렸다.

예부(禮部)에서도 사람을 보내 왔다.

"사신이 우반(右班)*6에 올라 참례하는 것은 전례가 없는 예우이니, 마땅히 머리 조아려 사례드리는 절차가 있어야 할 것입니다. 그러한 뜻으로 예부에 글을 내면 황제께 올릴 것입니다."

사신이 대답한다.

"배신(陪臣)*7이 사신으로 와서 비록 황상(皇上)의 다시없는 은총을 받았으나, 사사로이 사례 드리는 것은 감히 해서는 안 될 일이 아닌가 합니다. 어찌하리까?"

그러자 예부에서 온 사람은 다른 걱정 할 것 없다면서 거듭 독촉을 한다.

황제는 나이가 많고 그 자리에 등극한 지도 오래되었으며 모든 권력을 한

---

*6 문신의 반열(班列).
*7 제후(諸侯)인 대부(大夫)가 천자에 대해 자기를 일컫는 말. 제후를 섬기는 신하.

손에 틀어쥐고 있다. 총명은 전혀 줄지 않고 혈기는 더욱 왕성하다. 태평세월에 임금의 위세가 날로 높아짐에 따라 성정이 난폭해지고 가혹해져서 기뻐하고 성내는 것을 종잡을 수 없었다. 조정의 신하들은 모든 일을 눈가림으로 어물쩍 넘기는 것을 상책으로 여기고, 코 앞에서 황제의 마음을 기쁘게 해 드리는 것만 옳은 일로 여긴다. 지금 예부에서 사례하는 글을 올리라고 독촉하는 것도 황제의 뜻을 받든 것이 아니라 기미를 엿보아 하는 짓이라, 그 생각부터가 잘못된 것이다. 예부에서 나온 장난임에 틀림없다.

담당 역관이 말했다.

"왕년에 심양(瀋陽)까지 사행이 있을 적에도 역시 글을 올려 사례를 하는 사단이 있었지요. 이번 일도 전의 일과 별로 다를 것이 없는 듯합니다."

이윽고 부사와 서장관이 서로 의논하여 글을 초잡아 써서 예부로 보냈다. 예부에서는 내일 오경(五更)*8 대궐로 들어가서 황제의 은혜를 공손히 사례하라고 일러 왔다. 이품(二品) 삼품(三品)의 우반(右班)으로 올려서 하례하게 해준 은혜를 사례하라는 것이었다.

저녁을 먹고 나서 다시 윤공이 거처하는 곳으로 갔다. 왕군(王君)은 이미 다른 방으로 옮겨 갔고, 기공(奇公)은 중당(中堂)에 머물러 있어 윤공과 함께 기공에게로 가서 이야기를 나누었다. 윤공은 덕이 있고도 소탈한 사람이다.

"아까는 몹시 바빠서 이야기를 끝내지 못했습니다. 시종(詩綜)에 빠지고 잘못된 점을 말씀해 주시면, 선배들께서 소홀했던 점을 보충할까 합니다."

윤공이 이렇게 말하여 내가 대답하였다.

"우리나라 선배들이란 바다 한쪽 구석에서 태어나 늙고 병들어 죽을 때까지 그곳을 떠나지 못하므로 반딧불처럼 사라지고 아침 버섯처럼 말라 버리는 처지입니다. 보잘것없는 시 몇 편이나마 대국의 책에 실린 것은 참으로 영광스럽고 다행한 일이지요. 그러나 불행하게도 '우물에 빠진 모수(毛遂)'*9가 있는가 하면, '좌중을 놀라게 한 진공(陳公) :모수와 함께 동명이인일 경우를 표현하는 고사, 후한 때의 진준(陳遵)과 같은 이름이 또 있어서 진준이 좌중에 끼면 명망 높은 진준이 온 줄 알고 깜짝 놀랐다 함)'처럼 이름이 혼동되는 경우가 매우 많습니다. 우리나라의 선유(先儒) 이이(李珥)는 호가 율곡(栗谷)이고, 이정구(李廷龜)는 호가

---

*8 새벽 4시 전후.

*9 전국 시대 조(趙)나라 사람. 진(秦)나라가 조나라의 한단(邯鄲)을 공격하자 초(楚)나라에 구원을 청하러 가서 초왕을 위협하여 승낙하게 했음.

월사(月沙)인데, 시종에 이정구의 호가 율곡이라고 잘못 기록되었고, 왕자 월산대군(月山大君)*10은 이름 자가 '어여쁠 정(婷)' 자여서 여자로 알았으며, 허봉(許篈)*11의 누이동생 허씨(許氏)는 호가 난설헌(蘭雪軒)*12인데 그의 약전(略傳)에 여자 도사(女道士)라고 하였습니다. 그러나 우리나라에는 원래 도관(道觀)도 여자 도사도 없고, 또 그의 호가 경번당(景樊堂)으로 기록되어 있으니, 이러한 것들이 두드러진 잘못입니다. 허씨는 김성립(金誠立)*13에게 시집갔는데, 남편인 성립의 얼굴이 옹졸하게 생겼으므로 친구들이 그를 놀린 답시고 그의 아내를 경번천(景樊川 : 번천은 당나라 시인 두목의 호. 허난설헌이 못생긴 남편 대신 잘생긴 번천을 사랑한다고 성립의 친구들이 조롱하여 붙인 별명)이라 불렀던 것입니다. 규방 부인이 문학을 한다는 것이 본시 아름답지 못한 일인 데다가 번천을 사모한다(景樊)는 말까지 전해졌으니 어찌 원통한 일이 아니겠습니까?"

윤공과 기공 두 사람이 함께 껄껄껄 웃었다. 그러자 문 밖에 있던 아이 종놈들이 무슨 영문인지도 모르고 모두 가까이 와서 죽 늘어서서 웃는다. 이야 말로 웃음소리만 듣고 따라 웃는다는 격이다. 아이놈들이 왜 웃는지도 알지 못하면서 나 역시 웃음을 참을 수가 없었다.

영돌(永突)이 와서 부르기에 인사를 하고 일어서자 두 사람은 문 밖까지 따라 나와서 전송한다. 때마침 달빛이 뜰에 가득 퍼졌다. 담장을 사이에 두고 장군부(將軍府)에서 초경(初更)*14 사점(四點)을 친다. 바라와 목탁 소리가 사방에서 들려온다.

상방(上房)*15에 들어가니 하인들은 휘장 밖에서 이미 잠들었고, 정사도 이미 잠자리에 들었다. 나지막한 병풍을 중간에 세우고 한쪽에 내 자리를 마련해 놓았다. 일행 모두가 닷새 동안이나 잠을 자지 못하다가 이제 마음놓고

---

*10 조선 덕종(德宗 : 왕위에 오르지 못하고 죽음)의 맏아들이고 성종(成宗)의 형. 호는 풍월정(風月亭). 문장이 뛰어나고 시에도 능했는데, 자연에 묻혀 일생을 보냈음. 1454~1488년.

*11 조선 선조 때 문인. 호는 하곡(荷谷), 시와 문장에 뛰어났는데, 산천을 유람하다가 금강산에서 병사했음. 1551~1588년.

*12 선조(宣祖) 때 여류 시인. 허엽(許曄)의 딸이자 허균(許筠)의 누이동생. 많은 시를 남겼음. 1563~1589년.

*13 조선 시대 문신. 호는 서당(西堂). 시에 뛰어났음. 1562~1592년.

*14 오후 6시 전후.

*15 정사(正使). 또는 정사의 처소.

푹 자게 된 것이다. 정사의 베갯머리에 술병 둘이 놓여 있어, 흔들어 보니 하나는 비었고 하나는 가득 차 있다. 달빛이 휘영청 밝은데 어찌 마시지 않을 수 있겠는가?

한 잔 가득 부어 마시고 촛불을 불어 끈 다음 밖으로 나왔다. 혼자 뜰 가운데 서서 밝은 달을 쳐다보고 있느라니까, 담 밖에서 '할할' 하는 소리가 들려온다. 장군부의 낙타 우는 소리였다. 명륜당(明倫堂)으로 나가 보았다. 제독(提督)이며 통관(通官)들이 두 탁자를 연이어 놓고 위에 누워 잔다. 아무리 되놈이라 하더라도 너무나도 무지막지하구나. 그들이 누워 자고 있는 그 탁자는 선성(先聖)·선현(先賢)께 제사를 드리는 탁자가 아닌가. 어찌 평상으로 쓰고 어찌 차마 누워 잘 수 있단 말인가? 탁자는 모두 붉은 칠을 하였는데, 백여 개나 되어 보인다.

오른편 행랑채로 들어가 보았다. 역관 세 사람과 비장 네 사람이 한 온돌방에서 자고 있다. 서로 목을 끌어안고 다리를 걸치고 있는데 아랫도리도 가리지 않은 채였다. 모두가 우레처럼 코를 드르릉드르릉 골고 있다. 어떤 자는 병을 쓰러뜨려 꼴깍꼴깍 물이 쏟아지는 소리 같고, 어떤 자는 이를 가는 소리가 마치 나무를 켜는 톱날 소리 같으며, 어떤 자는 큰소리를 쳐 남을 꾸짖는 소리 같고, 어떤 자는 중얼중얼 남을 원망하는 소리 같다. 만 리 길을 함께 고생하였고, 함께 잠자고 한솥밥 먹어 왔으니, 응당 그 정리가 친형제 사이 같아 생사를 같이하려 할 것이지만 그래도 한자리에 누워 자되 꿈은 각기 다르니 마음이 또한 초나라 월나라 사이나 다름없어 보였다.

담뱃불을 붙여 물고 나오려니, 표범 울부짖는 소리 같은 개 짖는 소리가 장군부에서 들려오고, 바라 소리가 깊은 산중에서 나는 두견새 우는 소리처럼 들려온다. 나는 마당 가운데를 배회하다가, 달려도 보고 뚜벅뚜벅 걸어도 보면서 내 그림자와 한참 장난을 쳤다. 명륜당 뒤의 늙은 나무는 그늘이 짙은데, 서늘한 이슬이 방울방울 맺혀서 잎마다 구슬을 달아 놓은 듯하고, 구슬마다 달빛이 어리었다.

담 밖에서 삼경(三更)*16 이점(二點)을 알리는 바라 소리가 들려온다. 애석하다! 이 좋은 밤 좋은 달을 함께 즐길 사람이 없구나! 이러한 때 어찌

---

*16 밤 자정 전후.

우리 일행만이 잠들었으랴? 도독부(都督府)의 장군도 잠들었으리라. 나 역시 방으로 들어가 취한 듯 베개에 몸을 던져야겠다.

10일 병진(丙辰)
맑다.

영돌이 나를 깨웠다. 역관(譯官)들과 통관(通官)들이 모두 문 밖에 모여, 연방 시간이 늦었다고 독촉이 성화 같다. 나는 겨우 눈을 붙였다가 떠드는 소리에 잠이 깨었다. 아직도 시각을 알리는 북 소리가 들려온다. 정신이 몽롱하고 잠이 꿀같이 달아서, 일어나 움직일 생각이 없는데, 벌써 머리맡에 아침 죽을 갖다 놓았다.

억지로 일어나서 따라나서니 광피사표(光被四表)라는 패루(牌樓)가 서 있고, 등불 아래 양쪽으로 보이는 가게들이 황성(皇城)에는 어림도 없고, 심양(瀋陽)·요동(遼東)에도 미치지 못한다.

대궐 밖까지 가까이 왔는 데도 아직 날이 새지 않았다. 통관이 사신을 안내하여, 커다란 묘당(廟堂)에 들어가 잠시 쉬게 하였다. 이 묘당은 작년에 새로 지은 관운장을 모신 사당이다. 겹겹으로 지은 누각과 깊숙하게 지은 전각이며, 굽이굽이 돌아가는 복도와 첩첩이 들어선 곁채들의 조각이 교묘하고 단청이 눈에 어린다. 환관과 중들이 몰려와 둘러서서 우리를 구경한다. 묘당 안 곳곳에 북경에서 온 관리들이 머물러 있고, 황족들도 많이 와서 머문다고 한다.

역관이 와서 말한다.

"어제 예부(禮部)에서 알려온 것은 정사와 부사만 사은(謝恩)할 것을 말한 것입니다. 황제가 정사와 부사만 우반(右班)에 올라 참여하게 하였으므로 정사와 부사가 그 은혜를 사례하는 것이요, 서장관은 사은하는 일이 없을 것이라고 합니다."

그래서 서장관은 잠시 그대로 이곳 관운장 묘당에 남아 있고, 정사와 부사만 입궐하게 되었다. 나도 따라 들어갔다.

전각에는 단청을 하지 않았고, 문 위에 '피서산장(避暑山莊)'이란 현판이 걸려 있다. 오른편 곁채에 예부의 조방(朝房 : 조정 신하들이 조회 시간을 기다리며 쉬는 방. 직방)이 있다. 통관

(通官)이 우리를 조방으로 인도하여 들어가자 한인 상서(尚書) 조수선(曹秀先)이 의자에서 일어나 정사를 맞이하는데 손을 잡아 매우 정겹고 깍듯하게 대한다.

그가 말한다.

"대인(大人), 앉으시지요."

사신이 손을 들어 사양하고 조공(曹公)에게 먼저 앉으라고 하니 조공 역시 손을 들어 사양한다.

"대인께서 먼저 앉으십시오."

사신이 네댓 번 굳이 사양하였지만 조공 또한 굳이 사양하여, 정사와 부사가 하는 수 없이 방에 올라가 앉으니, 그제야 조공이 의자에 앉는다.

서로 몇 마디 인사를 나누었다. 우리 사신의 의관(衣冠)은 저들의 모자나 옷에 비하면 신선의 옷처럼 멋있다. 그러나 말이 서로 통하지 않고 몸가짐이 이 나라 습관에 익숙치 못하여 말과 행동이 겉돌고 뻣뻣해서, 저들의 능숙하고 자연스런 동작에 비교가 안 된다. 그런데 그 능란하지 못한 언행이 자연스레 과묵하고 정중한 태도를 짓게 하였다.

정사가 물었다.

"서장관의 거취는 어떻게 하오리까?"

조공이 대답한다.

"오늘 사은(謝恩)에는 참례할 것 없고, 훗날 하반(賀班)[17]에는 함께 참례해도 무방합니다."

그러고는 곧 자리에서 일어나 가 버렸다.

통관이 또 와서 말한다.

"만인 상서(尚書)[18] 덕보(德甫)가 들어오십니다."

정사가 나가 문 밖에서 읍하여 맞이하자, 덕보 역시 읍하여 답례하고 그대로 멈추어 서서 말한다.

"먼 길에 별고 없으십니까? 어제 황제께서 특별한 은총을 내리신 것을 아십니까?"

정사가 대답했다.

---

*17 하례(賀禮)하는 반열(班列).

*18 만주인 상서.

"황제의 은총이 각별하시어 지극한 영광으로 알고 있습니다."

덕보가 웃으면서 다시 뭐라고 뭐라고 말하는데, 무엇을 먹다가 목에 걸린 듯 옹(甕)이라는지 앙(盎)이라는지 분간할 수가 없었다. 만주인 중에는 이러한 사람이 많았다. 덕보는 말을 마치자 곧 몸을 돌이켜 급히 가 버렸다.

내옹관(內饔官 : 궁중에서 황제의 식사를 맡은 관리)이 음식 세 그릇을 내왔다. 흰 떡과 구운 돼지고기와 과일이었다. 떡과 과일은 누런 접시에 담았고, 돼지고기는 은접시에 담았다. 예부낭중(禮部郎中)이 옆에 있다가, 이 세 그릇 음식은 황제의 아침 수라상에서 물려 온 것이라고 한다.

잠시 후 통관이 사신을 인도하여 대궐 문 밖으로 나가서 세 번 절을 하고 아홉 번 머리를 조아렸다(三拜九叩).*19 예를 마치고 돌아서 나오는데, 어떤 사람이 앞으로 나와 읍하고 말한다.

"이번의 황은(皇恩)은 전에 없던 망극한 일이옵니다."

그러더니 이어서 또 말한다.

"귀국은 마땅히 예단(禮單)*20을 더 보내야 할 것이오. 그러면 사신과 종관(從官)에게 상이 더 내릴 것입니다."

이 사람은 예부우시랑(禮部右侍郎) 아숙(阿肅)으로 만주인이었다. 사신이 조방(朝房)*21으로 들어가기에, 나는 먼저 나왔다.

대궐 밖에는 수레와 말들이 빽빽이 들어서 있었다. 말들은 담장 쪽을 향해 나란히 서 있는데 굴레도 고삐도 없이 마치 나무로 만들어 놓은 것처럼 서 있었다.

문 밖의 사람들이 갑자기 양쪽으로 쫙 갈라지면서 물을 끼얹은 듯 조용해졌다. 황자(皇子)가 온다고 한다. 한 사람이 말을 탄 채로 대궐로 들어가고 그 뒤를 따르는 사람들은 모두 말에서 내려 걸어서 따라 들어간다. 황제의 여섯째 아들 영용(永瑢)*22이었다. 그의 흰 얼굴은 마마(천연두) 자국투성이이고, 콧날은 납작하고 작았다. 볼은 널찍하고 눈자위는 흰색이었으며 눈꺼풀은 세 겹이었다. 어깨가 벌어지고 가슴이 편편하니 몸집은 아주 건장해 보

---

*19 세 번 무릎을 꿇어 머리를 조아리고, 아홉 번 절을 함. 최상의 경례.
*20 예물의 목록.
*21 신하들이 조회(朝會)가 열리기를 기다려 대기하고 있는 방. 대궐 문 밖에 있었음.
*22 건륭제(乾隆帝)의 여섯째 아들. 산수화를 잘 그렸고 시에도 능했음.

이지만 기품은 전혀 없어 보인다. 그래도 그는 문장과 글씨와 그림에 모두 뛰어나 지금 사고전서(四庫全書) 총재관(總裁官)으로 있으며, 사람들의 신망이 그에게 쏠려 있다고 한다.

내가 전번에 강녀묘(姜女廟)를 구경할 때, 벽에 황삼자(皇三子)·황오자(皇五子)의 시를 새겨 놓은 것을 보았다. 황오자는 호가 등금거사(藤琴居士)로서, 그의 시는 스산하고 글씨가 가냘퍼서, 재주는 있으나 황족(皇族)이나 왕가(王家)에서 풍기는 부귀의 기상은 없어 보였었다.

등금거사는 호부시랑(戶部侍郞) 김간(金簡)의 생질이고, 김간은 김상명(金祥明)의 종손(從孫)이다. 상명의 할아버지는 본디 의주(義州) 사람으로 중국에 들어와서 예부상서(禮部尙書) 벼슬까지 지낸 옹정(雍正) 때 인물이다. 김간의 누이동생은 궁중에 들어가서 귀비(貴妃)가 되어 건륭의 총애를 받았다. 건륭제(乾隆帝)는 이 귀비가 낳은 다섯째 아들에게 뒤를 잇게 하려 했으나 일찍 죽어 버렸고, 지금은 여섯째 아들 영용이 총애를 독차지하고 있다. 영용은 지난해 티베트〔西藏〕에 가서 반선(班禪: 라마교 교주)을 맞아 왔다고 한다. 죽은 아들의 시(詩)를 보아야 스산할 뿐이고, 살아 있는 아들은 모두 귀티가 나지 않으니, 폐하의 집안 일이 장차 어떻게 될지 알 수가 없다.

가산(嘉山)*²³ 사람 득룡(得龍)은 마두(馬頭)가 되어 40여 년이나 북경을 왕래하다 보니 이젠 중국말이 아주 능숙하였다. 이날 여러 사람들 가운데 섞여 있느라니 멀리서 나를 부르는 소리가 나기에 사람들을 헤치고 가 보니, 득룡이 한 나이 많은 몽고왕(蒙古王)과 손을 마주잡고 정답게 이야기를 하고 있다. 몽고왕의 모자 꼭대기에는 홍보석을 달고 공작깃을 꽂았다. 몽고 나이로 81살이라고 한다. 키가 여섯 자는 되겠고 허리가 구부정하다. 얼굴 길이가 한 자는 넘어 보이는데 살결은 검고 잿빛처럼 부옇다. 몸을 부들부들 떨고 체머리를 흔들어 도무지 볼품이 없었다. 금방 쓰러지려는 썩은 고목 같고, 온몸의 원기가 모두 입으로만 나오는 것 같았다. 이렇게 늙어 꼬부라졌으니, 그가 설령 모돈(冒頓)*²⁴이라 할지라도 조금도 두려울 것이 없겠다.

---

*23 평안북도 박천군(博川郡)에 있던 군. 1914년 박천군에 폐합하여 가산면(嘉山面)·가동면(嘉東面)·가남면(嘉南面)이 되었음.

*24 한(漢)나라 때 흉노(凶奴)의 임금, 동호(東胡)와 월지(月氏)를 격파하고 한나라의 고조(高祖) 유방(劉邦)을 곤경에 빠뜨렸었음.

하인이 수십 명이나 되는데도 부축해 주는 자가 없다.

또 한 명의 몽고왕은 몸이 매우 헌걸차다. 득룡과 함께 그에게로 다가가서 말을 걸었더니, 내 말총 갓을 가리키며 뭐라고 묻는다. 무슨 말인지 미처 알아듣지 못했으나 그는 훌쩍 가마를 타고 휑하니 가 버린다.

득룡은 그럴듯해 보이는 사람들을 모두 찾아다니며 허리를 굽히고 말을 붙인다. 그러는 대로 모두 답례하고 대꾸하여 준다. 득룡은 나에게도 자기처럼 해 보라고 했지만 처음 배운 노릇이라 어색할 뿐 아니라, 관화(官話)*25를 잘 모르므로 어찌할 수가 없었다.

관운장 사당으로 돌아오자 사신도 이미 나와서 옷을 갈아입고 있었다. 함께 숙소인 태학관으로 돌아왔다.

아침을 먹고 후당(後堂)으로 들어가니 거인(擧人) 왕민호(王民皞)가 절을 하며 맞이한다. 왕거인은 호가 곡정(鵠汀)이다. 그는 산동도사(山東都司) 학성(郝成)과 한방에 들었다. 학성은 자가 지정(志亭)이고 호는 장성(長城)이다. 곡정이 내게,

"조선의 과거 제도에서는 어떤 글자로 어떤 글을 지어 바칩니까?"
하고 묻기에 대강을 말해 주었더니, 다시 혼인하는 의식을 묻는다.

"관·혼·상·제(冠婚喪祭)는 모두 주문공(周文公)*26의 가례(家禮)를 따릅니다."

내가 대답하였다. 그러자 곡정이 말한다.

"가례는 주부자(朱夫子)가 완성하지 못한 것이므로, 중국에서는 반드시 가례만 본받지는 않습니다."

곡정은 다시 또 말한다.

"귀국의 좋은 점을 몇 가지 말씀해 주십시오."

나는 이렇게 대답했다.

"우리나라는 비록 바다 한 구석 외진 곳에 있지만, 네 가지 좋은 점이 있습니다. 첫째, 유교를 숭상하고, 둘째는 홍수가 없고, 셋째, 생선과 소금 따위를 남의 나라에 의지하지 않고, 넷째, 여자가 두 남편을 섬기지 아니합니다."

지정이 곡정을 돌아보고 한참 동안 수군수군 서로 이야기하더니 곡정이

---

*25 중국의 표준말. 북경(北京)의 관화와 남경(南京)의 관화가 있음.
*26 송(宋)나라 주희(朱熹)가 지은 집안의 예법. 명나라 구준(丘濬)이 완성했음.

말한다.

"참으로 좋은 나라로군요."

지정이 묻는다.

"어떻게 온 나라 여자가 모두 두 남편을 섬기지 않을 수 있습니까?"

"온 나라의 미천한 백성들이 다 그렇다는 것은 아닙니다. 명색이 선비 집안이면 아무리 가난하고 또 삼종(三從)*27의 길이 다 끊어졌다 하더라도 평생을 수절하기 때문에, 천한 종이며 하인들까지도 본받아서 자연스레 풍속이 된 지 이미 400년이 되었습니다."

지정이 다시 묻는다.

"금하는 법이 있습니까?"

"뚜렷한 금령(禁令)은 없습니다."

이번엔 곡정이 나서며 말했다.

"중국에서도 이 풍속이 역시 큰 병폐랍니다. 납채(納采)만 하고 아직 초례(醮禮)도 치르지 않았거나, 혹은 성례만 하고 아직 첫날밤을 치르지도 않았는데, 불행하게도 남자가 죽으면 평생토록 수절을 하지요. 오히려 또 이것은 나은 편이에요. 서로 아주 친숙한 집안끼리는 뱃속에 든 아이를 가지고 서로 사돈 맺기를 하거나, 혹은 아직 갓난아기를 가지고 부모끼리 결혼 약속을 하는 거예요. 그랬다가 불행히 남자가 죽으면 여자가 독약을 마시거나 목을 매어 한데 묻히기를 바라니 이런 괴변이 또 어디 있습니까! 그래서 군자들은 이것을 '시체와 정분 났다'고도 하고 '절개 지키는 화냥질'이라고도 하여 꾸짖으며, 국법으로 엄중히 단속하여 부모에게 죄를 주기로는 되어 있지만, 마침내 이것은 풍속이 되어 버렸어요. 이런 풍속은 중국의 동남지방이 더욱 심합니다. 말세(末世)의 일이지요. 그래서 학식 있는 집안에서는 딸이 성년이 된 후에야 비로소 중매를 하게 되는데, 이것도 후세에 이르러서야 시작된 일이랍니다."

내가 다시 말했다.

"유계외전(留溪外傳)이란 책에는, 효자가 간을 꺼내어 어버이의 병을 치료한 이야기가 있고, 조희건(趙希乾 : 명나라 말기의 이름난 효자)이란 사람은 가슴을 갈라 염통

---

*27 여자는 어려서는 부모를 따르고, 커서는 남편을 따르며, 늙어서는 자식을 따라야 한다는 말.

을 찾다가 잘못하여 창자를 한 자나 잘라 그것을 끓여서 어머니의 병을 고쳤다고 합니다. 그런데 그 상처가 이내 아물어서 아무 탈이 없게 되었다고 하였으니, 이로써 보건대 손가락을 자른다든가 똥맛을 본다든가[28] 하는 것은 모두 대수롭지 않은 일이고, 눈 속에서 죽순을 캐어낸다[29]든가, 얼음 속에서 고기를 잡는다든가[30] 하는 것도 하찮은 일이었습니다."

곡정은,

"예, 그러한 일은 흔히 있지요."

하고 지정은,

"근자에 산서(山西)에서 효자의 정문(旌門)을 세웠다는데, 그 일이 참으로 기이하더군요."

한다. 곡정이,

"눈 속에서 죽순을 캐고 얼음 속에서 고기를 잡는 일 같은 것은 천지의 기운이 크게 엷어진 탓이겠지요."

하여 모두 크게 웃었다. 지정이 말했다.

"송나라 충신 육수부(陸秀夫)[31]는 황제를 업고 바다로 뛰어들고, 장세걸(張世傑)[32]이 나라를 흠모하다가 배가 뒤집혀 죽고, 방효유(方孝孺)[33]는 10족(十族)의 처형을 달게 받고, 철현(鐵鉉)[34]은 끓는 기름을 뒤집어썼지

---

[28] 월(越)나라 왕 구천(勾踐)이 오(吳)나라 왕의 똥을 맛보아 병이 나을 것을 예언한 고사(故事). 남에게 몹시 아첨함을 이르는 말.

[29] 삼국 시대 오(吳)나라 사람 맹종(孟宗)이 효성이 지극하여, 엄동설한에 그의 어머니가 죽순이 먹고 싶다고 하여 대나무 숲에 들어가서 슬피 울고 탄식하니 갑자기 죽순이 돋아났다는 고사.

[30] 중국 진(晉)나라 때 사람 왕상(王祥)이 효성이 지극하여, 계모가 한겨울에 잉어가 먹고 싶다고 하므로 개울로 나갔더니 얼음이 저절로 깨어지고 잉어가 뛰어나왔다는 고사.

[31] 송나라가 망할 때 애산(厓山)에서 처자를 바다에 빠져 죽게 한 다음, 마지막 임금 제병(帝昺)을 업고 바다에 뛰어들어가 죽었음.

[32] 송나라 신하. 원(元)나라 장수 장홍범(張弘範)이 애산으로 달아나 송나라 임금을 공격하자 배 10여 척을 이끌고 달아났다가 송나라 왕족을 찾아 옹립하여 광복을 꾀했으나 폭풍을 만나 죽었음.

[33] 명나라 초기의 대학자. 성조(成祖)의 찬탈(簒奪)에 항거하였다가 처형당하고, 그의 가족·친척·친구 수백 명이 살해당했음.

[34] 명나라 혜제(惠帝) 연간에 병부상서(兵部尙書)를 지냄. 연왕(燕王)을 죽이려다가 실패하고, 나중에 연왕에게 사로잡혀 온갖 혹독한 형벌을 당했으나 끝내 굽히지 않고 죽었음.

요. 이 충신들은 모두 그렇게 하지 않고서는 자신의 마음에 차지 않았을 것이기 때문이었지만 그래서 후세에 충신이 되고 열사(烈士)가 되기가 아주 어렵게 되었답니다."

곡정이 말한다.

"하늘과 땅이 생긴 지 너무나 오래되고 보니 아주 뛰어난 일을 하지 않으면 충신이라는 이름을 남기지 못합니다. 남화노선(南華老仙)*35이 '어찌 탄식만 하고 앉아서 효도를 말하랴' 한 것은 바로 그 때문입니다."

내가 말했다.

"왕 선생께서 천지의 기운이 아주 경박스럽게 된 탓이라고 하신 것은 옳은 말씀입니다. 단술을 고아 소주를 만드는 사람은 술맛이 독하다 순하다 말할 수 없을 것이고, 입으로 담배를 피우는 사람은 담배맛이 쓰다고 말을 하지 못할 것입니다. 이런 말을 깊이 파고들어 따진다면, 절개이고 의리이고 배척하려는 논란이 다시 세상에 일어날 것입니다."

곡정이 말한다.

"그렇지요. 그런데 귀국 부인들의 의관 제도는 어떻습니까?"

나는 저고리·치마와 머리 쪽 찌는 법을 대강 말하고, 원삼(圓衫)*36이나 당의(唐衣)*37 같은 것은 탁자 위에다가 그 모양을 대강 그려 보였더니, 두 사람은 참 좋다고 한다.

지정이 누구와 약속이 있다고 하면서

"갔다가 곧 돌아오겠습니다. 선생께서는 잠시 그대로 앉아 계십시오." 하고 이내 일어서서 나갔다. 곡정이 연방 지정을 칭찬한다.

"지정은 비록 무인(武人)이지만 문학이 풍부하여 세상에 보기 드문 사람입니다. 지금 사품(四品) 병관(兵官)으로 있지요."

하고 다시,

"귀국의 부인들도 전족(纏足)*38을 합니까?"

---

*35 남화진인(南華眞人). 장주(莊周)의 다른 이름. 장자(莊子). 전국 시대 초(楚)나라 사람. 여러 왕들로부터 부름을 받았으나 응하지 않고 학문에 힘써 도가(道家)의 시조가 되었음. 그의 저서 장자(莊子)는 남화진경(南華眞經)이라고 함.
*36 여인의 예복의 한 가지. 연둣빛 길에 자주 깃을 달고 색동 소매를 달아 지음.
*37 여인의 예복의 한 가지. 겉은 초록빛 안은 다홍빛이고, 깃과 고름은 자줏빛인데 앞은 짧고 뒤는 긺.

하고 묻기에 나는 대답했다.

"하지 않습니다. 한족 부인들의 꼬부라진 신은 차마 볼 수 없습디다. 발꿈치로 땅을 디디고 걷는 모양은 마치 보리를 심느라고 왼쪽으로 비틀 오른쪽으로 기우뚱 하는 것 같고, 바람이 불지 않아도 금방 쓰러질 것만 같으니, 그게 무슨 꼴이랍니까?"

"전족의 내력을 더듬어 본다면 적국에서 사로잡아온 부녀로 경관(京觀)*39을 이룬 것이니 세상 이것도 세상 운수라고 해야 할지……. 앞서 명(明)나라 때에는 전족을 하면 그 부모들까지 벌을 주었고, 지금 왕조에서도 엄하게 금지하고 있지만 끝내 없애지 못한 것은, 남자들은 말을 듣는데 여자들이 따르지 않기 때문입니다."

"보기에도 흉하고 걷기에도 불편할 텐데 어째서 그렇습니까?"

곡정은

"만주 여자와 똑같이 보이는 것을 부끄럽게 생각해 그러는 것이지요."

하고 쓰더니 곧 그 글자는 지워 버리고,

"한사코 고치려 하지 않는답니다."

라고 썼다. 다시 내가 말했다.

"삼하(三河) 통주(通州) 근방에서 전족을 한, 하얀 머리의 거지 여인네가 머리에 꽃을 가득 꽂고 말을 따라 오면서 동냥을 하는데, 마치 오리가 먹이를 포식한 것처럼 금방 넘어질 듯 뒤뚱뒤뚱 걷는 걸 보았어요. 내 어리석은 소견으로는 도리어 만주 여자보다 훨씬 못합디다."

"그래서 삼액(三厄)이라고 합니다."

"무엇을 삼액이라고 합니까?"

"남당(南唐)*40 때 장소랑(張宵娘)*41이 사로잡혀 송나라 궁중으로 끌려들어갔습니다. 송나라 궁중 사람들이 장소랑의 작고 뾰족한 발을 본떠서 비단으로 꽁꽁 싸기 시작하여 마침내 풍속을 이루었지요. 원(元)나라 때에는 중

---

*38 중국 여자들이 지난날 어릴 때 천으로 발을 단단히 감아 싸서 자라지 못하게 하던 풍습.

*39 무공(武功)을 보이기 위해 적의 시체를 쌓은 위에 높이 흙을 덮은 무덤. 경구(京丘)라고도 함.

*40 오대(五代) 때 10나라의 하나. 양자강 중류 강서성(江西省)에 있었음.

*41 남당(南唐) 후주(後主)의 궁인(宮人). 초승달같이 작은 발로 금련(金蓮) 위에서 춤을 추어 후주를 유혹했으나 남당이 멸망하자 송나라에 사로잡혀갔음.

국 여자들이 작은 발과 굽은 신으로 자기가 중국 여자임을 표하였어요. 명나라 때에 이르러 이를 금지했지만 소용이 없었습니다. 그래서 만주 여자들은 중국 여자들의 전족을 남자의 음심(淫心)을 돋우는 것이라고 비웃지만 이는 억울한 말이고 이것은 발의 재앙[足厄]입니다. 홍무(洪武) 연간에 태조(太祖)가 신락관(神樂觀 : 도교의 사원 이름)에 미행(微行 : 남이 모르도록 미복을 하고 슬그머니 다님. 미복잠행(微服潛行))을 한 일이 있습니다. 한 도사(道士)가 망건(綱巾)을 떠서 머리에 쓰고 머리칼을 거두어 싸맨 것이 매우 편리할 것 같아, 태조는 그것을 잠깐 빌려 거울 앞에서 써 보고는 크게 만족해하였습니다. 그래서 마침내 천하에 명을 내려 만들어 쓰게 했다는 이야기입니다. 그 뒤로 실 대신 말갈기로 떠서 머리를 꽁꽁 졸라 매니, 그 자국이 심하게 나므로 이름을 호좌건(虎坐巾)이라 하였답니다. 망건의 앞은 높고 뒤는 낮아서 마치 호랑이가 웅크리고 앉아 있는 것 같기 때문이지요. 그리고 수건(囚巾)이라고도 했는데, 당시 어떤 사람은 '천하의 머리가 모두 망건 속에 갇혔다' 한 것은 그 불편함을 나무란 말입니다."

그는 붓으로 내 이마를 가리키면서 말한다.

"이것이 바로 머리의 재앙[頭厄]이란 겁니다."

나는 웃으면서 그의 이마를 가리켰다.

"이 번쩍번쩍 빛나는 것은 또 무슨 재앙인가요?"

곡정이 침울한 얼굴을 하고 머리를 끄덕이더니 천하의 머리[天下頭額] 이하의 글자를 모두 빡빡 지워 버리고 다시 말했다.

"이 담배는 만력(萬曆) 말년에 양절(兩浙)*42 지방에 유행하였던 것입지요. 오히려 사람들의 가슴을 답답하게 하고 취하여 쓰러지게 하는 천하에 다시 없는 지독한 풀입니다. 먹어서 배가 부른 것도 아닌데, 금싸라기같이 좋은 밭에 심으면 그 이익이 좋은 곡식을 심는 것과 마찬가지라 하고, 부인들과 어린아이들까지 고기처럼 좋아하고 밥보다 더 맛있어하여 쇠붙이와 불로써 입에 처넣는 버릇이 생겼으니, 이 또한 일세의 운수라 해야 하나요. 이보다 더한 변괴가 또 어디 있습니까? 선생께서도 담배를 즐겨 하시는지요?"

"그렇습니다."

"저는 본디 이것을 좋아하지 않습니다. 일찍이 시험삼아 한번 피워 보았

＊42 절동(浙東)과 절서(浙西). 전당강(錢塘江) 남쪽을 절동, 북쪽을 절서라 함.

다가 그만 취해 쓰러져서 토하고 재채기가 나오고 하여 거의 죽을 뻔했지요. 이거 입의 재앙〔口厄〕입니다. 귀국에서도 모두들 담배를 피우지요?"

"예, 그러나 부형들 앞에서나 어른들 앞에서는 피우지 못합니다."

"그렇겠지요. 독한 연기가 남에게로 가게 하는 것은 실례되는 일이지요. 하물며 부형 앞에서야 더 말할 것 없겠지요."

"비단 그래서만이 아닙니다. 입에 기다란 담뱃대를 물고 어른을 대하는 꼴이 버릇 없는 일이기 때문이지요."

곡정이 다시 묻는다.

"담배는 귀국에서도 납니까? 아니면 중국에서 무역해 갑니까?"

"만력(萬曆) 연간에 일본에서 들어왔습니다. 지금은 토종(土種)이 중국 것과 다름이 없습니다. 청나라가 아직 만주에 있을 때 담배가 우리나라에서 들어갔는데 그 종자가 본래 왜(倭)에서 왔으므로 남초(南草)라고 합니다."

"이것은 일본에서 건너온 것이 아닙지요. 본래 서양 배편으로 실려 온 것입니다. 서양 아미리사아(兒彌利奢亞)*⁴³의 왕이 갖가지 풀을 맛보아 이것을 얻어 가지고 백성들의 입병을 고쳤다고 합니다. 사람은 비장(脾藏)이 오행(五行)의 토(土)에 딸려 있어서 허하고 냉하여 습해지면 벌레가 생기고 그것이 입에까지 번지면 당장에 죽는답니다. 그래서 불로 벌레를 쳐서 목(木)을 이기고 토를 도와 산천의 나쁜 기운을 이기고 습기를 제거하여 신기한 효과를 거둘 수 있다고 해서 이를 영초(靈草)라고도 한답니다."

그래서 내가 다시 말했다.

"우리나라에서도 남령초(南靈草)라고 부르기도 합니다. 만약 그 효과가 그처럼 신기한 것이고, 또 수백 년 동안 온 천하가 다 함께 피운 것도 역시 운수라고 할 것입니다. 선생께서 이것이 세상의 운수라고 하신 것은 정말로 옳은 말씀입니다. 이 담배가 아니었더라면 온 세상 사람들이 다 입병으로 죽었을는지도 모를 일이 아닙니까?"

그러자 곡정이 말한다.

"나는 담배를 피우지 않아도 나이 60에 아직 그런 병을 앓지 않았고, 지정(志亭) 역시 담배를 피우지 않습니다. 서양 사람들은 과장되고 허황스런

---

*43 아메리카.

말이 많고, 이익을 취하는 데에는 매우 교묘하니, 어찌 그 말을 다 그대로 곧이듣겠습니까?"

이때 지정이 돌아와서 우리가 필담(筆淡)한 것을 읽어 보더니 '나는 담배를 피우지 않아도' '지정 역시 담배를 피우지 않는다'고 한 구절에 큼지막하게 권점(圈點)*44을 찍고 말한다.

"그거 아주 독한 것이지요."

그리하여 서로 크게 웃었다.

나는 작별하고 숙소로 들어왔다.

군기대신(軍機大臣)이 황제의 명을 받들고 와서 말한다.

"티베트〔西藏〕의 성승(聖僧)에게 가 보지 않겠느냐는 황제의 말씀이 계셨습니다."

사신이 대답하였다.

"황제께서 우리나라를 중국과 똑같이 보시므로, 중국의 인사들과는 조금도 스스럼없이 내왕하지만, 다른 나라 사람과는 서로 터놓지 않는 것이 우리나라의 법입니다."

군기대신이 돌아가자 사신들의 얼굴에는 수심이 가득 찼다. 역관 또한 황급히 왔다 갔다 하여 어제 마신 술이 채 깨지 않은 듯하고, 비장들은 공공연히 성을 내면서 말한다.

"황제의 처사가 참으로 해괴하구나. 망할! 망하고야 말거야! 오랑캐의 짓이란! 명나라 때야 어디 이런 일이나 있었나!"

수역(首譯)은 분주한 가운데서도 비장(裨將)에게 말한다.

"춘추대의(春秋大義)*45를 말할 자리가 아닐세."

얼마 안 되어 군기대신이 또 말을 달려와서 다시 말한다.

"중국 사람과 조선 사람은 일체이니 가 보는 것이 좋겠소."

황제의 뜻이라고 또 전한다. 사신들이 서로 의논을 했다. 혹은 가봐야지, 안 가면 더욱 난처해질 것이라기도 하고 혹은 글을 예부에 보내어 이치로 따지자고도 하는데, 역관은 말끝마다 그저 "예, 예" 할 뿐이다.

나는 일정한 임무 없이 구경하러 따라왔을 뿐이므로 사행(使行)에 관해서

*44 글이나 시의 중요한 부분이나 잘된 부분의 글자 옆에 치는 점 또는 동그라미.
*45 선악을 분별하고 명분을 바로잡고 의로움을 세움.

는 이러쿵저러쿵 조금도 관여하지 않았고, 또 사행 쪽에서 한 번도 내 의견을 물은 일도 없었다. 그런데 이때 이르러 나는 마음속으로, '이것은 참으로 좋은 기회다' 하고 신기한 생각이 떠오르기도 하고, 또 허공을 가리켜 똑똑 점을 찍으면서 '참 흥미로운 문제로구나. 이러한 때 만약 사신이 소(疏)를 올린다면, 그 의로운 소리가 천하를 진동하여 우리나라를 크게 빛낼 것이다' 하는 생각이 든다. 그러다가 곧 '그렇다면 황제가 화가 나서 군사를 내어 우리나라를 칠까?' '그럴 수야 없지. 상소쯤이야 사신들의 잘못인데, 어찌 노여움을 그 나라에 대고 풀려 할 것인가? 이 일로 말미암아 우리 사신이 운남(雲南)*46 또는 귀주(貴州)*47 같은 먼 땅으로 귀양을 가게 된다 하더라도 하는 수 없는 노릇이지. 그렇게 되면 나는 의리상으로도 혼자 귀국할 수 없을 것이야. 나도 촉강(蜀江)*48 남쪽 땅을 밟아 보게 될 것이다. 강남(江南)*49은 가깝지만 교주(交州)*50니 광주(廣州)*51니 하는 곳은 북경에서 만여 리나 되는 땅이니, 내 유람이 어찌 호화찬란하지 아니하랴?' 나는 스스로 묻고 스스로 대답하였다. 나는 속으로 기쁨을 참지 못하여 밖으로 뛰쳐나가 동쪽 곁채 아래 서서 이동(二同 : 건량마두 의 이름)을 불러내어 말했다.

"얼른 가서 술을 사 오너라. 돈 아낄 것 없다. 이제부터 너와도 이별이다."

술을 마시고 방으로 들어갔다. 아직도 의논이 분분했다. 예부의 독촉은 워낙 성화 같다. 비록 하원길(夏原吉 : 명나라 초기의 관리. 유달리 몸집이 크고 뱃심이 세었음)이 살아 있다 하더라도 별수 없었을 것이다.

말과 안장을 정돈하는데 시간이 걸려 해가 이미 기울었다. 오후에 들어서면서부터 날씨가 몹시 더워졌다. 행재소(行在所) 문 앞을 거쳐 성을 안고 돌아 서북쪽으로 미처 반도 못 가서 갑자기 황제의 명이 내렸다.

"오늘은 이미 늦었으니 사신은 그냥 돌아가서 뒷날을 기다리도록 하라."

일행은 깜짝 놀라 서로 돌아보았다. 그러고는 곧 한시름 놓고 되돌아왔다.

---

*46 중국 남부에 있는 성(省), 또 현(縣). 장강(長江)의 상류, 운령(雲嶺)의 남쪽이므로 그 이름이 생겼음.
*47 중국의 성 또 주(州). 성은 운남성(雲南省) 동쪽, 주는 광서성(廣西省)에 있음.
*48 촉 땅에 있는 강.
*49 양자강(揚子江) 남쪽 지방.
*50 지금 안남(安南)의 하노이(河內).
*51 지금의 광동(廣東).

이른바 성승(聖僧)이란 티베트의 승왕(僧王)이다. 반선불(班禪佛), 또는 장리불(藏理佛)이라고도 한다. 중국인들은 거의가 그를 존경하고 떠받들며 모두 활불(活佛)이라고 한다. 자기 말로는 42번이나 새로 태어났다고 한다. 전생에는 중국에서도 여러 번 태어났었다고 하며, 나이는 지금 43살이라고 한다. 작년 5월 20일에 그를 열하(熱河)로 맞이해 와서, 따로이 궁전을 지어 주고 스승으로 섬기고 있다. 어떤 사람은 말하기를, 본디 그를 따르는 자들은 많았다고 한다. 국경을 넘어올 적에 일부 흩어졌어도 그래도 이곳으로 따라온 자가 수천 명이나 된다고 한다. 모두들 병장기를 몰래 숨겨 놓고 있는데 오직 황제께서만 깨닫지 못한다. 그런데 이 말은 공연히 인심을 소란하게 하려는 말인 듯하다. 또 거리의 아이들이 부르는 황화요(黃花謠)라는 동요가 그 징조라고 하는데, 그 시는 욱리자(郁離子)가 지은 것으로,

붉은 꽃 지고 나니
누런 꽃 피어나네.

紅花落盡 黃花發

하는 것이다. 붉은 꽃은 붉은 모자를 쓰는 청나라 사람을 말하는 것이다. 몽고와 티베트 사람들은 모두 누런 모자를 쓴다. 또 다른 동요에

원래가 오래된 물건
누가 주인이란 말인가.

元是古物 誰是主

하는 것이다. 이 두 가지 노래를 보아도 모두가 몽고를 두고 노래한 것이다. 몽고는 48부락이 강하지만 그 중에서도 토번(吐蕃)*52이 가장 강하고 사납다. 토번 서북쪽에 있는 오랑캐는 몽고의 별종 부락으로서, 황제가 가장 두

---

*52 티베트족의 나라. 건국 연대는 알 수 없으나 당나라 때 번성했다가 청나라 세종(世宗) 이래 차차 쇠멸했음.

려워하는 부족이다.

박보수(朴寶樹)가 예부에 가서 사정을 알아보고 돌아와 말한다.

"황제께서 말씀하시기를, '그 나라에서는 예절을 알지만 신하는 예절에 어둡구나'라고 말씀하셨다고 합니다."

그러자 보수와 중국의 여러 통관(通官)들이 모두 가슴을 치고 운다.

"이제 우리는 죽었구나."

이것은 통관들의 본래부터의 버릇이라고 한다. 아주 털끝만한 작은 일이라도 황제와 결부되는 일이면 당장에 죽는 시늉을 하면서 법석을 떤다. 하물며 중도에서 그냥 돌아가라는 명이 내린 것은 황제가 못마땅하게 여기고 있음을 내비친 것임에랴. 그리고 또 예부에서 전하는 '예의를 모른다'는 말은 더욱 황제의 불편한 심기를 드러내는 것이니, 통관들이 가슴을 치고 우는 것은 공연한 허풍만은 아닐 것이다. 그 행동이 하도 꼴사납고 단정치 못하여, 보는 사람들로 하여금 웃다가 허리가 꺾일 지경이다. 우리 역관들도 두렵기는 하겠지만 워낙 닳대로 닳아서 조금도 옴짝달싹하지 않는다.

저녁 후에 예부(禮部)에서 전갈이 왔다.

"내일 아침 식후나 또는 모레쯤 황제께서 사신을 접견하실 것이니, 일찍 서둘러서 늦지 않도록 하시오."

저녁밥을 먹고 윤형산(尹亨山)을 찾아갔다. 혼자서 담배를 피우고 있다가 손수 담배를 담아 불을 붙여서 내게 권한다.

"형님 대인(大人)께서는 안녕하십니까?"

안부를 묻기에 내가 대답했다.

"황제의 덕택입니다."

윤공이 계림유사(鷄林類事)*53에 대해 묻기에 대답하였다.

"그것은 열수(洌水)*54 지방의 방언(方言)에 관한 책이지요."

윤공이 다시 묻는다.

"귀국에 악경(樂經)이 있다는 말이 사실입니까?"

기공(奇公)이 들어와 악경이란 글자를 보더니 그도 묻는다.

---

*53 송나라 손목(孫穆)이 지은 조선말 책, 고려 때의 고어가 많음.
*54 여러 가지 설이 있어 어떤 이는 요동(遼東)의 어느 강이라 하고, 어떤 이는 압록강이라 하고, 어떤 이는 대동강이라 하고, 어떤 이는 심지어 한강이라고 하기도 함.

"귀국에도 안자(顔子)의 책이 있습니까? 중국에 오는 사람이 이 두 가지 책을 지니면 압록강을 건널 수 없다는 말이 있는데 정말 그렇습니까?"

"공자가 계신데 안자가 어찌 감히 글을 지었겠습니까? 또 지었다 하더라도 진(秦)나라가 시서(詩書)를 모두 불태워버린 터에 어찌 악경만 남아 있었겠습니까?"

"그렇겠지요."

내 말에 기공이 대답했다.

내가 다시 말했다.

"중국은 온갖 문명(文明)의 집결지가 아니겠소. 만약 우리나라에 정말 두 가지 책이 있어서 중국으로 가져오려는 사람이 있다면, 반드시 모든 신령이 그를 보호해 줄 것인데, 어찌 강을 건너지 못하겠습니까?"

윤공이 대답한다.

"옳은 말씀입니다. 고려지(高麗志)도 일본에서 나왔으니까요."

"고려지는 몇 권으로 되어 있습니까?"

나의 물음에 윤공이 대답한다.

"난원(蘭畹) 무공련(武公璉)이 지은 청정쇄어(蜻蜓瑣語)에 고려의 책 목록이 실려 있습지요."

기공이 나를 이끌고 밖으로 나와서 함께 달구경을 하였다. 달빛이 마치 대낮처럼 밝았다.

"만약 달 가운데 또 하나의 세계가 있다면 달에서 난간에 기대어 이 땅을 내려다볼 것이고 그곳에도 역시 이 땅에서 비추는 빛이 가득할 테지요."

내가 이렇게 말하자 기공은 난간을 치며 참 기이한 생각이라고 칭찬하였다.

11일 정사(丁巳)

맑다.

먼동 틀 무렵에 사신은 대궐로 들어갔다. 상서(尙書) 덕보(德保)가 사신과 잠시 인사를 나눈 다음 말한다.

"내일은 꼭 만나보실 것이지만 혹시 오늘 만나자고 하실지도 모릅니다. 조방(朝房)에 들어가 잠시 기다리십시오."

사신이 모두 조방으로 들어갔다. 황제가 또 음식 세 그릇을 내렸는데 어제 것과 같은 것이었다.

나는 대궐 문 밖으로 나와 어슬렁어슬렁 거닐며 구경을 했다. 어제 아침보다 더 혼잡하고 먼지가 공중에 가득하다. 길 양쪽으로 찻집과 술집이 늘어서 있고 그 앞에는 수레와 말들이 들끓었다.

나는 새벽에 일찍 일어났기 때문에 시장하여 혼자 태학관으로 돌아왔다. 오는 도중에 한 젊은 중이 날랜 말을 타고 오는 것을 만났다. 검은 비단으로 된 모난 관을 쓰고 공단(貢緞 : 두텁고 무늬 없는 비단) 도포를 입었다. 얼굴이 훤하니 아름답고 관과 도포가 모두 우아하였으나 다만 중인 것이 아깝다. 그는 의기양양 말을 몰고 가다가 썩 큰 나귀를 탄 사람을 만났다. 두 사람은 마상에서 상대방 손을 잡고 반가워하다가, 갑자기 중이 얼굴에 성난 기색을 띤다. 두 사람이 언성을 높이더니 마침내 말 위에서 서로 치고받는다. 중이 두 눈을 부릅뜨고 한 손으로는 나귀 탄 사나이의 가슴을 움켜쥐고 또 한 손으로는 머리를 마구 때린다. 그러자 나귀를 탄 사람은 몸을 기울여 피하다가 모자가 벗겨져 목에 걸렸다. 그도 역시 몸이 건장하고 수염과 머리털이 희끗희끗하다.

그래도 중에게는 약간 꿀리는 모양이다. 두 사람이 서로 끌어안고 싸우다가 이윽고 한꺼번에 말에서 굴러 떨어졌다. 처음에는 나귀를 탔던 사람이 중을 가로타고 앉더니, 어느 틈에 중이 몸을 뒤쳐서 그를 깔고 앉았다. 서로 한 손으로 상대의 가슴을 움켜잡고 있어 서로 때리지는 못하고, 서로 얼굴에 침을 뱉을 뿐이다.

말과 나귀는 멍하니 마주서서 조금도 움직이지 않는다. 두 사람이 한 덩어리가 되어 큰길 바닥을 뒹구는데도 둘러서서 구경하는 사람이 없고, 또 말리는 사람도 없다. 이어 한 사람은 쳐다보고 한 사람은 내려다보면서 분하여 숨을 헐떡이고 있을 뿐이다.

나는 어느 과일가게로 들어갔다. 햇과일이 산처럼 쌓여 있다. 중국 동전 백 닢*55을 주고 배 두 개를 사 가지고 나왔다. 맞은편 집 난간 앞에는 주기(酒旗)*56가 펄럭이고, 처마 밖에는 은항아리[銀壺]·주석병[錫甁]이 번득인다. 푸른 난간은 허공에 걸쳐 있고, 금빛 현판은 햇빛에 번쩍인다. 양쪽의

*55 16닢이 우리나라 1전과 같음—원주.
*56 술집에 높이 달아놓아 술집임을 표시한 기.

푸른 깃발에는,

신선은 옥패를 남겨놓고,
공경은 금 초구(貂裘)*57를 끌러놓네.

神仙留玉佩 公卿解金貂

라 씌어 있다. 누각 아래에는 말이 끄는 수레가 몇 대 있고 누각 위에서는 사람 소리가 벌집 쑤셔놓은 듯 요란하다.

나는 발길 내키는 대로 누각 위로 올라갔다. 층계가 모두 12계단이다. 탁자를 둘러싸고 서너 사람, 또는 대여섯 사람씩 의자에 앉아 있다. 모두 몽고의 회교도(回敎徒)들로 무려 수십 패나 앉아 있다.

몽고 사람들이 머리에 쓴 모자는 우리나라 쟁반처럼 생겼다. 테가 없고 그 위에는 양털을 붙여 누렇게 물감을 들였다. 또 어떤 사람은 갓을 썼는데 그 모양이 우리나라 전립(氈笠 : 이른바 갓벙거지)과 같았다. 어떤 것은 등나무로, 어떤 것은 가죽으로 만들어서 안밖에 금빛을 칠하거나 혹은 오색 빛깔을 뒤섞어 구름 모양같이 그렸다. 그들은 모두 누런 옷과 붉은 바지를 입었고, 회교도들은 붉은 옷을 걸쳤다. 검은 옷을 입은 사람도 많다.

붉은 융단으로 고깔 같은 것을 만들어 쓰기도 했다. 그런데 테가 매우 길고 앞쪽과 뒤쪽에 차양이 있어, 마치 가장자리가 말린 연잎이 물 밖으로 나와 있는 것 같다. 또 약을 가는 약연(藥研)처럼 양쪽 끝이 뾰족하여 경박스럽고 우스꽝스러워 보인다.

내가 쓰고 있는 갓은 전립같이 생긴 것으로, 은으로 장식을 박았고 꼭대기에 공작깃을 달았으며, 수정 끈으로 턱에 붙들어매게 되어 있다. 저들 몽고 사람과 회교도 두 오랑캐의 눈에는 내가 어떻게 비칠까?

만주족이고 한족이고 간에 중국인은 보이지도 않는다. 두 오랑캐들은 모두 사납고 추잡하게 생겨 누각에 올라온 것이 후회되었지만, 이미 올라왔는지라 할 수 없이 술을 가져오라 하고 좋은 의자를 골라 앉았다. 술심부름꾼

───────────
*57 담비털로 만든 웃옷. '초구를 술과 바꾼다(貂裘換酒)'는 말이 있는데, 재물에 구애됨이 없이 사치스러움을 비유하는 말.

이 와서, 몇 냥쭝이나 드시겠느냐고 묻는다. 술을 무게로 달아 팔기 때문이다. 내가 4냥어치만 가져오라 하였더니 술심부름꾼이 술을 데우러 가기에 데울 것 없다, 그냥 달아 오라고 하였다.

심부름꾼은 웃으면서 그대로 가지고 와서 먼저 조그만 술잔 두 개를 탁자 위에 벌여 놓는다. 나는 담뱃대로 그 잔을 쓸어 엎어 버리고,

"큰 주발을 가져오너라."

하고 소리쳤다. 그리하여 나는 술을 모두 부어 단숨에 들이켰다. 여러 오랑캐들이 이것을 보고 서로 돌아다보며 몹시 놀라워한다. 나의 술 마시는 품이 매우 장쾌하게 보였던 것이다.

대체로 중국에서는 술 마시는 법이 매우 조촐하다. 아무리 더운 여름이라도 반드시 데워 마시고, 소주라도 역시 데워 마신다. 술잔은 은행 열매만큼 작은데도 여기에 대고 조금씩 빨아 마시고 도로 탁자에 놓았다가 잠시 후에 또 마시곤 한다. 한꺼번에 들이마시는 일이 없다. 다른 오랑캐 족속들의 술 마시는 법도 대개 비슷하여 이른바 속되게 주발 대접 따위로 마시는 사람이 절대로 없다.

내가 찬술 넉 냥을 가져오라 하여 단숨에 마셔 버린 까닭은, 저들이 두려워서 대담한 척한 것이다. 이것은 실상 겁을 먹은 것이지 용기가 아니었다. 내가 찬술을 가져오라 했을 때 여러 오랑캐들은 이미 삼분(三分 : 열에 셋)은 놀랐고, 한꺼번에 다 들이켜는 것을 보고는 크게 놀라 도리어 나를 두려워하는 분위기였다.

주머니에서 돈 여덟 닢을 꺼내어 술심부름꾼에게 주고 막 일어서는데, 여러 오랑캐들이 모두 의자에서 내려와 머리를 조아리며 일제히 도로 자리에 앉기를 청한다. 한 오랑캐가 일어나 자기의 의자를 비우고 나를 부축하여 앉힌다. 저들은 호의를 가지고 대하는 것이었지만, 나는 등에 식은땀이 흠뻑 배었다.

내가 어렸을 때 하인들이 모여서 술 마시는 것을 본 적이 있다. 그들의 주령(酒令)*58에,

'자기 집 문 앞을 지나면서도 들르지 않고, 나이 70살에 아들을 낳으니 등

---

*58 여럿이서 술을 마실 때 수수께끼 같은 것을 내어 진 사람에게 벌주를 마시게 하는 놀이.

에 땀이 배었구나.'
하는 것이 있었다. 나는 하도 우스워서 사흘 동안을 웃어 허리가 저렸었다. 그런데 오늘 아침 만 리 타국에서 뜻밖에 여러 오랑캐와 함께 술을 마시니 만약 주령을 세운다면 마땅히 '등에 땀이 배었다(汗出沾背)'고 해야 할 것이다. 한 오랑캐가 일어나더니 술 석 잔을 가져오라 하여 탁자를 치며 마시기를 권한다. 나는 일어나 찻잔에 남아 있는 차를 난간 밖으로 버리고, 석 잔 술을 모두 부어 단숨에 쭉 들이켜고서 몸을 돌이켜 한 번 허리를 굽혀 인사를 하고 큰 걸음으로 층계를 내려왔다. 머리끝이 쭈뼛쭈뼛하고 그들이 당장 뒤쫓아오는 것만 같다. 밖으로 나와 한길에 나서서 누각 위를 돌아다보니, 아직도 떠들고 웃는 소리가 내 이야기를 하는 모양이었다.

태학관(太學館)으로 돌아왔으나 아직 끼니때가 멀었다. 윤형산(尹亨山)에게 들렀더니 조정에 나가고 없어, 기(奇) 안찰에게로 갔으나 역시 부재중이었다. 다시 왕곡정(王鵠汀)을 찾아갔다. 곡정이 구정시집(毬亭詩集)의 서문 한 편을 보여 준다. 글이 별로 잘된 것 같지 않고, 전편이 강희제(康熙帝) 및 지금 황제의 높은 덕과 위대한 업적을 서술한 것으로, 그들을 요·순(堯舜)의 업적에 비유한 것이 너무 수다스러웠다.

미처 다 읽기도 전에 창대가 와서 말한다.

"아까 황제께서 사신을 불러 보시고, 다시 활불(活佛 : 티베트 불교에서 독특한 교리적 존재인 라마의 전생(轉生)을 이르는 말. 교주인 동시에 최고집권자)을 찾아보라 하셨답니다."

나는 밥을 재촉하여 먹고 의주(義州) 비장(裨將)과 함께 대궐로 들어갔다. 사신을 찾았으나, 사신은 벌써 반선(班禪)의 처소로 갔다고 한다. 즉시 대궐 문을 빠져나왔다. 이때 마침 6번째 황자(皇子)가 문 앞에 다다라 말에서 내리더니 말은 문 밖에 두고 종자들이 호위하는 가운데 급히 걸어서 안으로 들어간다. 어제는 말을 타고 그대로 들어갔는데, 오늘은 말에서 내려 걸어서 들어가니, 무슨 이유인지 모르겠다.

궁성을 안고 돌아 왼쪽으로 꺾어서 서북쪽으로 들어갔다. 이 일대의 산기슭에는 궁관(宮觀)*59과 절들이 곳곳에 보인다. 그 중에는 4층 5층의 누각(樓閣)들도 있다. 이른바,

---

*59 도가(道家)의 절.

배를 타고 상수(湘水)를 돌아드니
형산의 아홉 풍경 바라보인다.

帆隨湘轉 望衡九面

하는 경치이다. 군데군데 있는 군대 막사에서 파수병들이 모두 나와서 본다. 내가 혼자 어디로 갈지를 몰라 머뭇거리는 것을 보고, 서로 다투어 손을 들어 서북쪽을 가리킨다. 강물을 끼고 가니, 강변에는 흰 천막 수천 개가 쳐져 있다. 모두 몽고인 수비병들이었다. 다시 북쪽으로 꺾어지면서 하늘 끝을 멀리 바라보니 갑자기 두 눈이 어지럽다. 저 멀리 허공에 금빛 집이 우뚝 솟아 있어, 그 빛이 눈을 어리게 했던 것이다.

강에는 거의 1리나 될 부교(浮橋)가 걸려 있다. 다리에는 붉은빛 푸른빛 난간이 서로 어울려 있다. 몇 사람이 그 위에 앉아 있는 것이 아득히 보여 마치 그림 속의 풍경 같기만 하다. 다리를 건너가려고 하니 모래톱에 있던 사람이 급히 달려오면서 손을 흔든다. 건너가지 말라는 뜻인가 보다.

마음이 조급해져 마구 말채찍을 휘둘렀으나 오히려 더 늦어지는 것 같아 마침내 말을 버리고 강을 따라 올라갔다. 돌다리가 하나 나오는데 많은 우리나라 사람들이 이 다리를 오가고 있다.

어느 문을 들어서자 괴상한 모양의 바위들이 층층으로 쌓여 있다. 그 교묘함이 인간의 솜씨가 아니었다. 사신과 역관들은 대궐에서 바로 이곳에 왔으므로 미처 나에게 연락을 못해 이를 어쩌나 하다가, 내가 온 것을 보고는 뜻밖으로 여겨, 모두 내가 구경에는 억척스럽다고 놀린다.

북경에서는 숲 사이로 자줏빛 붉은빛 또는 푸른빛 기와를 이은 집을 보았다. 어쩌다 간혹 정자나 누각 꼭대기의 호리병 모양에 금빛을 칠한 것을 보았으나, 지붕을 금빛 기와로 이은 것은 보지 못했다. 그런데 지금 이 전각의 지붕을 이은 금빛 기와가 진짜 금인지 도금한 것인지는 알 수 없으나, 2층 큰 전각 둘, 누각 하나, 문 셋이 모두 금빛이고, 그 밖의 정자와 누각들이 모두 여러 빛깔의 유리 기와로 이어졌다. 그러나 모두 금빛 기와에 눌려서 빛이 나지 않아 볼 만한 것이 없었다. 동작대(銅雀臺)의 기와는 가끔 손에 들어오면 벼루로 쓰기도 한다. 이것은 가마에 구워 만든 것으로 유리 기와가 아니다. 유리 기와는 어느 시대에 처음 만들어졌는지 알 수 없지만, 시인들이 말하는 이른바 '옥계금옥(玉階金屋)'이라 한 것이 진실로 지금 보는 저런 것이 아닐까?

그것이 역사로 전해 오는 것으로는 한서(漢書)에, '한(漢)나라 성제(成帝)가 소의(昭儀)*⁶⁰를 위하여 집을 지을 때 섬돌을 모두 구리로 만들어 황금을 입혔다'고 하였다. 안사고(顔師古)*⁶¹는 이를 풀이하여, '섬돌[砌]이라 한 것은 문지방을 말한 것이니, 구리를 입히고 그 위에 금을 입힌 것이다'라고 하였고 한서에는 또 '벽에는 군데군데 황금 항아리를 만들어 박고 남전산(藍田山)의 옥과 구슬, 비취색의 깃으로 장식하였다'고 하였다. 복건(服虔)*⁶²은 이를 주석하여, '황금 항아리[缸]라 한 것은 벽 가운데 가로지른 띠를 말한 것이다'라고 하였고, 진작(晉灼)*⁶³은 '금 고리로 장식한 것이다'라고 하였다.

영현(伶佽)*⁶⁴·맹견(孟堅)*⁶⁵ 등의 무리는 황금이란 글자를 수없이 써서, 천 년이 지난 뒤에도 옛 책을 펼치면 눈이 부실 지경이다. 그러나 이는 벽의 띠와 문지방에 지나지 않는 것을 가지고 사람들이 지나치게 과장한 것일 뿐이요, 소의(昭儀) 자매에게 지금 이 집을 보게 하였더라면 몸부림치고 쓰러져 울며 밥도 먹지 않았을 것이다.

성제가 비록 그렇게 화려하게 집을 짓고 싶었다 하더라도 안창(安昌)·무양(武陽) 등은 모두 유학자였으므로, 반드시 경서(經書)를 인용하여 되풀이해 반대했을 것이니, 성제의 힘으로도 도저히 할 수 없었을 것이다. 설혹 그의 뜻대로 하였다 하더라도 맹견(孟堅)의 필력(筆力)으로 볼 때 과연 어떻게 과장하여 기록했을까?

우선 '금 전각이 으리으리하구나'라고 썼다면 아마도 다시 읽어 보고 지워 버렸을 것이고, 다시 '금 전각이 하늘 높이 솟았구나'라고 썼다면 한 번 읊어 보고 또 지워 버리고, '이 층 큰 전각을 세우고는 기와에 황금을 발랐다'

---

*60 조비연(趙飛燕). 절세의 미인으로 성제의 후궁이 되었다가 황후가 됨.
*61 당나라 태종(太宗) 때의 학자. 한서(漢書)를 주석하였음.
*62 전한(前漢) 말기의 학자. 춘추좌씨전(春秋左氏傳)의 해(解)를 지었음.
*63 진(晉)나라 때 사람. 한서음의(漢書音義)를 지었음.
*64 한(漢)나라 때 사람. 비연외전(飛燕外傳)을 지었음.
*65 한서(漢書)를 지은 반고(班固)의 자(字). 후한(後漢)의 학자 반표(班彪)의 아들임.

하였거나 아니면, '황제께서 황금 전각을 세우셨다'고 썼을 것이다.
 양한(兩漢)*66 때의 문장가들이 항상 작은 제목을 크게 과장해 썼다 하더라도 이를 묘사하지 못했을 것이니, 이는 작가들에게 천고의 한으로 남은 것이다. 계화(界畵)*67의 법으로 교묘하게 궁실(宮室)을 잘 그린다 하더라도, 궁실에는 네 면이 있고 안과 밖이 있으며, 또 겹쳐진 부분도 있어서 그대로 모두 나타낼 수 없다. 비록 서양의 그림이 아무리 교묘하다 하더라도 다만 한 면만 그릴 뿐 나머지 세 면은 그리지 못한다. 바깥은 그릴 수 있지만 방 안은 그릴 수 없다. 겹겹이 늘어선 전각, 잇달아 서 있는 정자, 굽이굽이 돌아가는 회랑 들은 다만 날아갈 듯한 처마와 드높은 용마루만 본떠서 그릴 뿐, 털끝같이 섬세한 부분은 그려내지 못한다. 이 또한 화가들에게 천고의 한으로 남아 있는 것이다. 공자(孔子)께서도 일찍이 이 두 가지에 대해 탄식하여, '글은 말을 완전하게 쓸 수 없고, 그림은 뜻을 완전하게 그릴 수 없다'고 하였다.
 중국에 절과 도교 사원의 숫자가 1만 개나 된다고 하지만 금을 입힌 것은 오직 산서성(山西省) 오대산(五臺山)*68 금각사(金閣寺)가 있을 뿐이다. 당나라 대종(代宗) 대력(代曆)*69 2년에 왕진(王縉)*70이 재상이 되자 중서성(中書省)*71 부첩(符牒)을 내려 오대산의 중 수십 명으로 하여금 사방으로 돌아다니며 시주를 받아 절을 짓게 하였다. 구리를 부어 기와를 만들고 금을 입히는 비용이 수만금이었다고 하며, 지금도 그 누각이 그대로 남아 있다고 한다. 이제 이 집의 기와도 구리를 부어 만들어서 금을 입혔을 것이다.
 내가 요양(遼陽) 거리에서 잠시 쉬고 있을 때 이야기이다. 사람들이 저마다 달려들어 금을 가지고 왔느냐고 묻는다. 내가 말했다.
 "금은 우리나라에서 나는 것이 아니오."

＊66 전한(前漢)과 후한(後漢). 전한은 서한(西漢)이라고도 하고(기원전 206~기원 8), 후한은 동한(東漢)이라고도 함(기원 25~221).
＊67 화가가 궁실(宮室) 누대(樓臺) 등을 그릴 때 계척(界尺)을 써서 직선을 만드는 섬세한 화법.
＊68 중국 산서성(山西省) 오대현(五臺縣)에 있는 산. 청량산(淸涼山) 또 자부산(紫府山)이라고 하는데 다섯 봉우리가 솟아 있고, 큰 절들은 중대(中臺) 아래에 많음.
＊69 당나라 대종(代宗)의 연호. 그 2년은 서기 767년. 신라 혜공왕(惠恭王) 3년임.
＊70 당나라 때의 시인 왕유(王維)의 아우. 불교를 깊이 믿었음.
＊71 대궐 안의 문서·조칙(詔勅) 등을 맡아 보는 관아. 우두머리는 중서령(中書令).

그러자 모두들 비웃는다. 심양(瀋陽)을 거쳐 산해관(山海關)·영평(永平)·통주(通州)를 지날 때마다 금을 가져왔느냐고 물었다. 나는 처음과 마찬가지로 대답하였다. 그들은 으레 자기의 모자 꼭대기를 가리키면서 말했다.

"이것이 당신네 나라 금이오."

우리 집은 연암(燕巖)에 있다. 송도(松都)와 가까웠으므로 가끔 송도에 드나들었다. 중경(中京)*72은 연상(燕商)*73을 기르는 곳이라, 해마다 7, 8월에서 10월 사이에 금값이 크게 올라 금 한 푼쭝에 엽전 45닢 또는 50닢에 팔렸다.

우리나라에서는 금을 쓸 데가 별로 없다. 문무관(文武官) 이품(二品)이 쓰는 금관자(金貫子)와 금대(金帶)도 항상 만드는 것이 아니고, 서로 빌려다 쓰곤 한다. 시집가는 부녀의 가락지며 머리장식도 별로 많지 않으므로, 아무리 금이라 해도 흙덩이처럼 천할 것인데 그처럼 귀하게 여기는 것은 무슨 까닭인가?

내가 압록강을 건너기 전이었다. 박천군(博川郡)에서 말에서 내려 길가 버드나무 아래에서 땀을 식히고 있을 때였다. 사람들이 남부여대(男負女戴)하여 길을 가는, 모두 8, 9살 된 아이들을 데리고 간다. 마치 흉년이 들어 떠돌아다니는 것 같기도 하여 그 까닭을 물었다.

"성천(成川) 금광으로 가는 길이랍니다."

몸이 지닌 물건을 보니 나무 바가지 하나, 포대 하나, 조그만 정 하나뿐이다. 정은 파내는 데 쓰고, 포대는 파낸 것을 담는 데 쓰고, 바가지는 금을 물에 일어 가려내는 데 쓰는 것이다. 온종일 흙 한 포대만 일면 그다지 애쓰지 않고 먹고 살아갈 수 있다는 것이었다. 어린 계집아이가 더욱 잘 파고 잘 가려내며, 눈이 밝아서 더욱 금을 잘 얻어낸다고 한다.

"온종일 일하면 금을 얼마나 얻소?"

내가 물었다.

"그건 재수에 달렸지요. 어떤 날은 10여 알을 얻는 수도 있고, 재수가 없으면 서너 알밖에 못 얻습지요. 복이 있으면 금시에 부자가 되기도 한답니다."

---

*72 고려 때 개성(開城)을 일컬은 말.
*73 북경에 드나들며 장사를 하는 상인.

내가 다시 물었다.

"그 금알은 모양이 어떻게 생겼소?"

"대개 피 낟알만 합지요."

금광은 농사를 짓는 것보다 나았다. 한 사람이 하루에 얻는 금알갱이는 적어도 예닐곱 푼은 되고 이것을 팔면 두서너 냥은 된다. 그러다 보니 농가의 태반이 농토를 버리고 떠날 뿐 아니라, 사방을 떠도는 부랑자들과 일 없는 자들이 모여들어 저절로 한 마을을 이루곤 한다. 무려 10여 만 명이 들끓고, 곡식과 온갖 물건들이 다 모여들어서 술·밥·떡·엿 등이 산골짜기에 가득 차 있다고 한다. 나는 도대체 이 금괴가 어디로 가기에 채굴이 갈수록 성해지고 값이 갈수록 비싸지는지를 몰랐다. 그런데 이제 이 집의 기와에 입힌 금이 어찌 우리나라에서 난 금이 아니라고 말할 수 있으랴?

청나라 초기에 세폐(歲弊)*74에서 맨 먼저 금을 제외한 것은 그것이 우리나라 토산이 아니었기 때문이다. 만약 농간을 부리는 장사꾼들이 법을 어기고 몰래 금을 매매하다가 혹시 중국 관리에게 발각되면 큰일이 생길까 염려될 뿐 아니라, 황제가 이미 황금 입힌 기와집을 지었으니, 어찌 우리나라 금광을 발굴하려 달려들지 않으리라고 단정할 수 있으랴?

축대 위의 작은 정자와 작은 누각들 창문을 바른 종이가 모두 우리나라 종이이다. 창 틈으로 들여다보니 어떤 곳에는 아무것도 없고, 어떤 곳에는 의자, 탁자, 향로, 화병 등을 늘어놓았다. 매우 아담하고 우아해 보였다.

사신은 하인들을 문 밖에 떨어뜨려 함부로 들어오지 말라고 엄중히 단속해 놓았으나 잠시 후에 모두 축대 위로 올라왔다. 우리 역관과 통관이 깜짝 놀라서 나가라고 꾸짖는다.

"소인들이 어찌 감히 함부로 들어올 수 있깝쇼! 문지기가 도리어 우리가 들어오지 않자 제발 어서 들어와 줍시사 하여 들어왔습니다요."

이 대목은 따로 찰십륜포(札什倫布)*75와 반선시말(班禪始末)*76로 기록하였다.

정사의 말에 따르면, 황제가 알현할 사람들에게 음식을 내리고, 잠시 후

---

*74 해마다 음력 10월에 중국에 가는 사신이 가지고 가는 선물.
*75 이 책 476쪽에 실려 있음.
*76 이 책 463쪽에 실려 있음.

사신을 만나 보겠다는 명령이 있었다고 한다. 통관의 안내로 정문 앞에 이르자, 동쪽 협문에 황제를 시위하는 여러 신하들이 혹은 서 있고 혹은 앉아 있었다. 덕상서(德尙書)가 몇몇 낭중(郞中)과 함께 와서, 사신의 출입을 주선하는 절차를 지휘하고 갔다고 한다. 한참 후에 군기대신(軍機大臣)이 나와 황제의 뜻을 받들어 묻는 것이라 하였다.

"그대의 나라에 절이 있습니까? 또 관제묘(關帝廟)도 있는지요?"

그러더니 조금 뒤 황제가 정문으로 나와 문 안의 벽돌을 깐 곳에 앉는다. 의자와 탁자를 가져다 놓지 않고, 다만 평상에 누런 보료를 깔아 놓았을 뿐이다. 양쪽에 시위하는 사람들은 모두 누런 옷을 입었다. 칼을 찬 사람은 서너 짝에 지나지 않고, 누런 일산(日傘)을 들고 선 사람이 두 짝이다. 모두 숙연하고 조용하였다.

먼저 회교도의 태자를 앞으로 나오라 하여 황제가 몇 마디 물어보고는 곧 물러가게 하고, 다음에는 사신과 세 통사를 앞으로 나오라 한다. 모두 앞으로 나아가 무릎을 꿇었다. 무릎을 꿇는다는 것은 무릎을 땅에 대고 엉덩이를 붙이지 않는 예법이다. 황제가 물었다.

"국왕께서는 안녕하시오?"

사신이 공손히 대답한다.

"예, 안녕하시옵니다."

황제가 또 묻는다.

"만주어를 잘 하는 사람이 있소?"

통사 윤갑종(尹甲宗)이 만주어로 대답한다.

"조금 아옵니다."

황제는 좌우를 돌아보며 기뻐 웃었다.

황제는 모나고 흰 얼굴에 누르스름한 빛을 약간 띠었고, 수염이 반백(半白)으로 60살은 되어 보인다. 온화하여 마치 봄바람이 살랑이는 듯 부드러움이 감돈다.

사신이 황제의 앞에서 물러나 제자리로 돌아오자, 무사(武士) 6, 7명이 차례로 나아가 활을 쏜다. 한 대를 쏘고는 반드시 꿇어앉아 큰 소리로 외쳤다. 과녁을 맞힌 자가 둘이다. 과녁은 우리나라의 가죽 같고, 한가운데는 무슨 짐승 하나를 그렸다.

활쏘기가 끝나자 황제는 곧 내전(內殿)으로 들어간다. 시위하던 사람들도 모두 나가 버려 사신도 물러나 오는데, 문간에 이르기도 전에 군기(軍機) 가 따라오더니 황제의 뜻이라고 전한다.

"사신은 곧바로 찰십륜포(札什倫布)*77로 가서서 반선액이덕니(班禪額爾 德尼)*78를 만나 보시라 하십니다."

서번(西番)은 사천(四川)·운남(雲南)의 경계 밖에 있는 이른바 장지(藏 地 : 티벳)로서, 멀리 떨어진 변방 중의 변방이다. 강희(康熙) 29년에 책망아 라포원(策妄阿喇布垣)*79이 납장한(拉藏汗)을 꾀어내 죽이고 그의 성지(城 池)를 점령하여 묘당(廟堂)까지 헐어 버리고 마침내 번승(番僧)*80을 해산 시켰다.

도통(都銃) 연신(延信)을 평역장군(平逆將軍)으로 삼고, 갈이필(噶兩弼) 을 정서장군(定西將軍)으로 삼아 군사를 거느리고 새로 봉토(封土)를 준 달 뢰라마(達賴喇嘛 : 달라이 라마)를 보내어 티베트를 모조리 평정하고 황교(黃敎)*81 를 진흥시켰다. 황교란 어떤 도(道)를 설하는 것인지 알 수 없으나 몽고의 여러 부족이 신봉하는 것이므로, 장지가 침략당하는 일이 있으면, 강희(康 照) 때부터 황제가 친히 육사(六師)*82를 거느리고 영하(寧夏)*83까지 가서, 장수를 보내 구원하여 그 난리를 평정하게 한 일이 한두 번이 아니었다. 건 륭(乾隆) 을미년(乙未年)에는 색낙목(索諾木)이 금천(金川)에서 반란을 일 으키자 황제는 티베트의 길이 막힐까 염려하여, 아계(阿桂)를 정서장군(定 西將軍)으로, 풍승액(豊昇額)과 명량(明亮)을 부장(副將)으로, 해란찰(海蘭 察)과 서상(舒常)을 참찬(參贊)으로, 복강안(福康安)·규림(圭林) 등을 영 대(領隊)로 삼아 색낙목을 쳐 평정하였다. 이 싸움 역시 티베트를 위한 것

---

*77 티베트 라사(拉薩)의 서쪽, 후장(後藏)의 수부(首府). 반선라마(班禪喇嘛)가 이곳에 있음.
*78 반선라마(班禪喇嘛)의 몽고말. 반선라마는 달라이라마의 다음 지위의 라마로서, 티베트를 통치하는 법왕(法王)임.
*79 청나라 성조(聖朝) 때 준갈이부(準噶爾部) 갈이단(噶爾丹)의 조카. 청나라에 내응(內應) 하여 갈이단을 멸한 후 세력이 커지자 티베트를 침략하여 청나라를 괴롭혔음.
*80 라마교(喇嘛敎)의 승려.
*81 라마교.
*82 육군(六軍). 천자의 1군은 12,500명이니 육군은 75,000명.
*83 감숙성(甘肅省)의 수부(首府).

이었다.

그 지역은 황제 자신이 개인적으로 보호해 주는 곳이고, 그 사람은 천자가 스승으로 섬기며 그 종교를 황교(黃敎)라고 이름 지은 것을 보면 황제(黃帝)·노자(老子)의 도를 뜻함이 아닌가 싶다.

티베트 사람들의 관과 옷은 다 빛깔이 누렇다. 몽고도 이를 본받아 누런 빛을 숭상한다. 황제의 시기하고 포악한 성품으로 어찌 유독 '황화(黃花)의 노래'만은 꺼리지 아니하는 것일까? 액이덕니(額爾德尼)는 티베트 중의 이름이 아니라, 티베트 땅 이름이다. 이것을 별칭으로 쓰고 있으니 도대체 해괴하고 황당하여 요령을 알 수 없다.

사신은 굳이 가서 만나보라는 명령 때문에 가서 활불(活佛)을 만나긴 했지만 속으로는 불평이 대단했고, 역관들은 오히려 무슨 일이 생기지나 않을까 두려워서 어물쩍하기에 급급했다. 하인들은 마음으로 번승(番僧)을 죽이고 싶어하고, 속으로 황제를 비난하지 않는 자가 없었다. 만방(萬邦)의 맹주(盟主) 되는 사람은 아무리 작은 일이라도 신중히 하지 않으면 안 되는 것이다.

그런데 태학관으로 돌아오자 중국 사대부들은 모두 내가 활불을 만나본 것을 크게 영광으로 여기며 부러워하지 않는 사람이 없었다. 또한 활불의 도술(道術)이 뛰어남을 치켜세우지 않는 사람이 없었다. 세상이 따르고 아첨하는 풍조가 이러하니, 대개 예로부터 세상의 도(道)가 오르거나 내리거나, 사람들의 심보가 좋거나 나쁘거나 모두 윗사람이 어떻게 이끄느냐 하는 데 달려 있는 것이다.

학지정(郝志亭)의 처소에서 술을 한 잔 마셨다. 이날따라 달빛이 더욱 밝다.

12일 무오(戊午)
맑다.

새벽에 사신은 대궐에 들어가 연극을 구경했다. 나는 잠이 몹시 오고 몸이 나른하여 그대로 누워 잠을 푹 잤다.

아침밥을 먹고 천천히 걸어서 대궐로 들어갔다. 사신은 벌써 조정에 들어간 지 오래이고, 역관과 여러 비장들은 모두 궁문 밖에 떨어져 조그만 언덕

위에 남아 있었다. 통관도 들어가지 못하고 여기에 함께 있다.

  음악 소리가 담장 안 아주 가까운 곳에서 흘러나온다. 문 틈으로 들여다보아도 아무것도 보이는 것이 없다. 담장을 따라 열 걸음 정도를 가자 조그만 각문(角門)이 하나 나온다. 문짝이 한쪽은 닫혔고 한쪽은 열려 있다. 내가 문 안에 들어서려 하자, 군사 몇몇이 못 들어가게 막으며 문 밖에서 구경하라고 한다. 문 안에 서 있는 사람들은 모두 문을 등지고 줄지어 서서 조금도 줄에서 벗어나지 않는다. 그들은 조금도 몸을 움직이지 아니하여 마치 세워 놓은 나무인형 같아 조금도 그 안을 엿볼 틈이 없다. 다만 사람들의 목과 목 사이 틈으로 은은히 푸른 소나무와 잣나무의 울창한 산이 보이더니 금시에 없어져 보이지 않는다. 이번에는 울긋불긋한 장삼과 수놓은 도포를 걸치고 얼굴에 붉은 분을 바른 사람이 지나간다. 허리 위가 사람들의 머리 위로 높이 나와 보이는 것은 아마도 가마를 탔기 때문일 것이다. 희대(戲臺)*84까지의 거리가 멀지 않으나 깊고 그윽하고 그늘져서, 마치 꿈속에서 맛있는 음식을 먹으면서도 그 맛을 모르는 것과 같았다.

  문 지키는 자가 담배를 달라기에 곧 꺼내 주었다. 또 한 사람은 내가 오래도록 받돋움을 하고 서 있는 것을 보고 걸상 하나를 가져다주면서 올라서서 보라고 한다. 나는 한쪽 손으로 그의 어깨를 짚고 한쪽 손으로는 문설주를 잡고 서서 보았다. 연극을 하는 사람들은 모두 한(漢)나라 옷을 입고 관을 썼다. 그들은 4, 5백 명이 번갈아 나아갔다가 물러났다가 하면서 일제히 노래를 부른다. 올라서 있는 의자가 마치 물오리가 횃대에 올라앉은 것처럼 뒤뚱거려 오래 서 있기가 어려웠다. 나는 작은 언덕으로 돌아와 나무그늘 아래 앉아 쉬었다.

  이날 날씨가 몹시 더운데도 구경하는 사람들이 빽빽이 둘러섰다. 군중 가운데는 모자 꼭대기에 수정을 단 사람이 많은데 무슨 벼슬을 하는 관원인지 알 수 없었다.

  한 소년이 문을 나서자 모두 길을 피했다. 소년은 잠시 걸음을 멈추고 돌아보면서 시종에게 뭐라고 한다. 그의 얼굴이 매우 사나워 보여 모두들 숙연히 몸을 움츠린다. 군사 둘이 채찍을 가지고 와서 사람들을 물리친다. 앉아

---

*84 연극을 하는 무대.

있던 회교도 한 사람이 벌떡 일어나더니 두 군사의 얼굴에 침을 뱉고 한주먹에 쳐 쓰러뜨린다. 소년 벼슬아치는 눈을 흘겨보고는 그대로 가 버린다.

모자 꼭대기에 수정을 단 사람에게 소년이 누구냐고 물었더니 호부상서(戶部尙書) 화신(和珅)이라고 대답한다. 소년은 미목(眉目)이 준수하고 성격은 날카로운데, 다만 덕이 좀 부족해 보인다. 31살이라고 한다.

화신은 본래 난의사(鑾儀司)*85 위졸(衛卒) 출신이라고 한다. 성품이 교활하고 아부를 잘하여 불과 5, 6년 동안에 갑자기 귀한 신분이 되어 구문제독(九門提督)*86을 통솔하고, 항상 병부상서(兵部尙書) 복륭안(福隆安)과 함께 황제를 좌우에서 모시고 있다. 그야말로 위세가 온 조정에 떨치고 있다. 이시요(李侍堯)가 해명(海明)의 뇌물을 받은 것을 적발하고, 우민중(于敏中)의 집을 몰수하였으며, 아계(阿桂) 장군을 파면시킨 것이 모두 화신이 한 일로서 금년 봄 여름 사이의 일이었다. 그래서 사람들이 모두 그를 바로 보지 않고 흘겨본다고 하며, 황제는 올해 6살 된 황녀(皇女)를 화신의 어린 아들과 약혼시켰다고 한다.

황제는 늙어 갈수록 성격이 조급해지고 노여움이 심해져서 좌우에 모시고 있는 사람들이 걸핏하면 매를 맞는다. 황제는 어린 딸을 어찌나 사랑하는지 황제가 몹시 노했을 때 궁인(宮人)이 이 어린 딸을 황제 앞으로 안고 가면 금시에 노여움이 풀린다고 한다.

이날 잔치에서 반열(班列)에 참여했던 사람들에게 황제는 차와 음식을 세 차례나 내렸다. 사신도 역시 다른 조관(朝官)들과 마찬가지로 떡 한 그릇을 받았다. 떡은 누런 것 흰 것 두 층으로 되어 있고, 네 면이 반듯하며 빛깔이 꿀 같은데 단단하고도 매끄러워 칼이 잘 들어가지 않았다. 위쪽이 더욱 윤기가 돌아 마치 옥과 같고, 떡 위에 한 선관(仙官)을 만들어 세워 놓았는데, 수염과 눈썹이 살아 움직이는 것 같고 도포와 손에 잡은 홀이 화려하고 선명하다. 또 그 양쪽에 만들어 세운 동자는 조각이 매우 교묘하다. 모두 밀가루에 설탕을 섞어서 만든 것이었다.

허수아비를 만드는 것도 옳지 못한 일이라고 하는데, 하물며 사람 모양으로 만든 것을 어떻게 먹으랴? 사탕 등 10여 가지를 한 그릇에 담았고, 양고

*85 청나라의 노부(鹵簿)·의장(儀仗) 등을 맡아보던 관아. 난의위(鑾儀衛).
*86 보군통령(步軍統領). 청나라 때 황성의 9문을 맡아 지키는 장군들.

기도 한 그릇 있었다. 또 조정 신하들에게 비단과 수놓은 주머니 등 여러 가지 물건을 하사하고, 정사에게는 비단 다섯 필, 주머니 여섯 쌍, 코담배〔鼻煙〕주머니 한 개를 내렸다. 부사와 서장관에게도 각각 약간의 차이를 두어 내려 주었다.

저녁에는 구름이 약간 끼어 달빛을 볼 수 없었다.

13일 기미(己未)
새벽에 비가 좀 뿌리더니 아침나절에는 맑게 개다.

사신은 만수절(萬壽節)*87 하례 자리에 참례하기 위해 오경(五更:새벽 4시경)에 대궐로 갔다. 나는 편히 푹 자고 아침에 일어나 천천히 걸어서 대궐로 갔다. 사람들이 누런 보를 덮은 들것 일곱 개를 문 앞에 내려놓고 쉬고 있다. 모두 옥그릇에다가 금부처 한 개가 있는데, 크기가 사람이 앉아 있는 것만하다. 모두가 호부상서(戶部尙書) 화신(和珅)이 황제께 진상하는 것이라고 한다.

이날 또 음식을 세 차례나 내렸다. 그리고 사신에게는 도자기로 만든 찻주전자 하나, 받침대가 딸린 찻종지 한 벌, 등나무로 엮은 빈랑(檳榔)*88 주머니 하나, 칼 한 자루, 자양(紫陽)에서 만든 주석 차항아리 하나를 하사했다. 또 저녁 무렵에는 젊은 내시 한 사람을 보내 주석으로 만든 네모진 항아리 하나를 내렸다. 통관(通官)이 보더니 차(茶)라고 하였다. 내시는 곧 서둘러 돌아갔다. 누런 비단으로 항아리 주둥이를 봉한 것을 떼어 내자, 빛이 누렇고 약간 붉은빛을 띤 술 같다.

서장관은 누런 비단으로 병 주둥이를 봉했기 때문에 이것을 황봉주(黃封酒)라고 한다고 말했다. 맛이 달고 향기롭지만 전혀 술 기운은 없다. 항아리를 기울여 쏟으니 여지(荔枝) 여남은 개가 떠서 나온다.

"이것은 여지로 빚은 술이로군."

그러면서 모두들 각기 한 잔씩 마셔 본다.

---

*87 황제의 생일. 건륭제(乾隆帝)의 생일이 8월 13일이어서 연암 등 일행이 이를 하례하러 간 것임.
*88 열대 지방에 나는 종려과(棕櫚科)에 딸린 나무. 열매는 밤톨만 하고 먹기도 하고 약용으로도 씀.

"술맛 참 좋다."

술잔이 비장이며 역관에게까지 돌아갔으나 마셨다가 크게 취할까 보아 마시지 않는 사람도 있다. 통관 무리들이 목을 길게 빼고 침을 삼킨다. 수역(首譯)이 남은 것을 얻어 주자 돌려 가며 마셔 보고는

"썩 좋은 궁중(宮中) 술이야."

하고 칭찬하지 않는 자가 없다. 이윽고 일행 모두 서로 돌아보면서, 취한다고 한 마디씩 한다.

밤에 기공(奇公)을 찾아가 황봉주 한 잔을 주었다. 기공은 크게 웃으면서 말한다.

"이것은 술이 아니라 여지즙(荔枝汁)입니다."

소주 대여섯 잔을 섞었다. 빛깔이 맑고 맛이 산뜻하며 향기가 갑절이나 향긋했다. 향기가 술기운을 품고서 더욱 은근히 향기를 풍기는 것이었다. 꿀물을 마시고 향기를 논하는 것이나 여지즙을 맛보고 취한다고 말하는 것이, 마치 장님이 종소리를 듣고서 구리쟁반 두드리는 소리와 혼동하여 쟁반처럼 둥글다고 한 해를 상상하는 것이나, 매실(梅實)을 바라보고 갈증을 해소했다고 한 고사(故事)와 무엇이 다르랴?

이날 밤에는 달이 유난히 밝았다. 나는 기공을 이끌고 명륜당(明倫堂)을 나와 달그림자를 밟으며 난간 아래를 걸었다. 내가 달을 가리키면서 물었다.

"달의 몸체는 항상 둥근데, 햇빛을 받는 데 따라 이 땅에서 바라보면 차기도 하고 기울기도 하는 것이 아닐까요? 오늘 저녁에도 온 세상이 다같이 저 달을 바라볼 것인데, 보는 위치에 따라 달이 살찌게도 보이고 여위게도 보이며, 얕게도 보이고 깊게도 보이는 것이 아닐까요? 별은 달보다 크고 해는 지구보다 크지만, 보기에는 그렇지 아니한 것은 거리가 멀고 가까움에 따른 것이 아닐까요? 이 말이 옳다면 해와 지구와 달은 모두 허공에 둥실 떠 있는 다 같은 별이 아닐까요? 별에서 지구를 바라본다면 그 크기가 바늘 구멍만하게 빛날 것이 아닙니까? 해와 달은 동쪽에서 떠올라 서쪽으로 지는데, 해에서 지구를 바라보아도 역시 그럴까요? 또 지구와 해와 달을 한 줄로 잇는다면, 세 별이 깜박깜박 하고성(河鼓星)*89처럼 빛나지 않을까요?

---

*89 견우성 북쪽에 있는 삼태성.

땅 위에 있는 온갖 것들이 모두 둥글고 하나도 모난 것이 없으나, 방죽(方竹)과 익모초(益母草)만이 모가 났다고 하지만, 그것 역시 아주 네모 반듯한 것이 아니니, 네모 반듯한 물건은 아무데서도 찾아볼 수 없는 것 아닐까요? 그런데 어찌하여 홀로 땅만 네모나다고 하는 것일까요? 만약 땅이 네모가 졌다면 월식(月蝕) 때 달에 어둡게 비치는 땅의 그림자 가장자리가 왜 활등처럼 둥글게 보일까요? 땅이 네모졌다고 하는 사람은 모든 사물의 본의(本義)를 밝혀서 본체(本體)를 인정하려 함이요, 땅이 둥글다고 하는 사람은 실제의 형체를 믿고 본의를 잊어버린 것입니다. 땅은 그 형체는 둥글고 그 본의는 네모난 것이 아닌지요?

해와 달은 왼쪽으로 돌아 수레바퀴처럼 돌고 돕니다. 도는 둘레에 크고 작은 차이가 있고, 도는 속도에 빠르고 느린 차이가 있어서 한 해와 한 달에 각기 그 법도가 있는 것이지요. 해와 달이 땅의 둘레를 왼쪽으로 돈다는 것은 우물 안에서 내다보는 것과 같은 것이 아니겠습니까? 땅의 본체는 둥글고 허공에 걸려 있어서, 사방도 없고 꼭대기와 밑도 없으며 또한 문설주를 돌듯 돌다가 해가 처음 비치는 곳을 아침이 된다고 하는 것이 아닐까요? 땅이 더 돌아가서 처음 비치는 곳이 차차 달라지고 차차 멀어져서 중천에 오고, 다시 서쪽으로 기울어져서 낮이 되고 밤이 되는 것이 아니겠습니까?

비유하건대 창 구멍으로 햇빛이 녹두알만 하게 새어 들어오는데, 창문 아래 맷돌을 놓고 햇빛이 비치는 곳에 먹으로 표를 해 놓고 맷돌을 돌리면 그 햇빛이 표해 놓은 곳에 그대로 머물러 있겠습니까, 아니면 서로 떨어져 사이가 차차 멀어져 서로 모른 체하겠습니까? 맷돌이 한 바퀴 돌아서 다시 그 자리에 돌아오면, 햇빛과 먹은 만났다가 금방 도로 떨어질 것입니다. 지구가 한 바퀴 돌아 하루가 되는 것도 이러한 것이 아니겠습니까?

또 등불 앞에서 물레를 시험해 보면, 물레가 돌아가는 대로 모든 부분이 빛을 받는데, 그것은 등불이 물레를 도는 것이 아닙니다. 지구가 어두워졌다 밝아졌다 하는 것도 이러한 것이 아니겠습니까? 그러므로 해와 달이 본래 올라왔다 잠겼다 하는 것이 아니요, 본래 왔다 갔다 하는 것이 아닌데, 땅이 움직이거나 돌지 않는다고 굳게 믿는 것은 착각이 아닐까요?

분명한 이론을 찾지 못하면, 이 땅의 봄·여름·가을·겨울을 각기 그 방위에 따라 노는 것이라고 하는데, 그 논다는 것은 곧 나아가고 물러남이 있고,

올라가고 내려감이 있는 것이니, 그 노는 방위가 있다고 하면 어찌 회전이 없겠습니까? 착각하고 있는 사람이, '땅이 논다면 땅에 있는 모든 물건이 쓰러지고 엎질러지고 거꾸로 떨어지지 않는 것이 없을 것이니, 만일 떨어진다면 어디로 갈 것인가?' 하지만, 그렇다면 저 허공에 있는 별들과 은하수도 기(氣)에 따라 도는 것인데, 어찌하여 쓰러지고 떨어지지 않을까요? 움직이지도 돌지도 않고 따로따로 있는 것이라면, 그것은 죽은 것이니 어떻게 썩어 부서져서 흩어지지 않고 언제나 머물러 있을까요? 땅의 겉에 붙어 사는 생물이 다 땅에 발을 붙이고 하늘을 이고 있을 수 있는 것은, 비유하건대 벌이나 개미가 바닥이나 벽을 기어다니고 혹은 천장에 거꾸로 매달려 걸어다니는 것과 같은 것이니, 누가 이것을 벌이나 개미가 가로로 붙어 있고 거꾸로 걸어다닌다고 합니까? 이제 이 땅 밑에도 당연히 바다가 있을 것이니, 만약 생물이 쓰러지고 뒤집혀 떨어진다면, 저 땅 밑의 바다는 누가 둑을 막아 항상 물이 괴어 있게 할 것입니까?

저 모든 별들은 얼마나 크고 또한 겉면이 지구와 같을까요? 그리고 지구처럼 그 겉면에 생물이 붙어 살고 있고, 그 생물은 저마다 다른 세계를 차리고 새끼를 번식시키고 있지 않을까요? 지구는 둥글기 때문에 본래 음(陰)과 양(陽)이 없고, 해가 비쳐 불기운이 생기고 달이 비쳐 물기운이 생기는 것인데, 우리의 살림살이에서 불을 동쪽 이웃에서 구하고 물을 서쪽 집에서 얻는 것과 같은 것이니, 이 불과 물을 음양이라 하는 것이 아닙니까?

이것을 굳이 오행(五行)이라 하여 서로 낳고〔相生〕 서로 이긴다〔相克〕 하는데, 그렇다면 큰 바다에 풍랑이 일고 햇빛에 불꽃이 너울거리는 것은 무슨 까닭일까요? 얼음에 누에가 있고〔氷蠶〕*90 불에 쥐가 있고〔火鼠〕*91 물에 고기가 있어, 모든 벌레가 모두 있는 곳을 땅으로 여기고 있는데, 만약 달에도 다른 세계가 있다면, 어찌 오늘밤에 두 사람이 난간에 의지하며 이 지구의 빛을 바라보고 그 차고 기우는 것을 이야기하지 않으리라고 누가 말할 수 있겠습니까?"

기공이 크게 웃고 나서 말한다.

---

*90 깊은 산중 서리 눈 오는 데서 기르는 누에.
*91 중국 남쪽 깊은 산에 사는 쥐. 그 가죽은 화완포(火浣布) 만드는 데 쓰이는데 더러워졌을 때 불로 태우면 깨끗해진다고 함.

"참으로 신비한 이야기로군요. 땅이 둥글다는 것은 서양 사람이 처음 말했지만, 땅이 돈다는 말은 하지 않았습니다. 선생의 이 말씀은 스스로 깨달으신 것입니까, 아니면 어떤 스승께 배우신 것입니까?"

내가 대답했다.

"사람의 일도 모르는데 어찌 하늘의 일을 알겠습니까? 나는 본래 수학적 학문에 어둡습니다. 칠원옹(漆園翁)*92의 미묘하고 넓은 지혜로도 오히려 육합(六合)*93 밖의 일은 덮어두고 말하지 않았습니다. 내가 마음으로 터득한 것이 아니라 귀동냥해 얻은 것입니다. 내 친구 홍대용(洪大容)은 호가 담헌(湛軒)인데, 그의 학문은 어느 한 부분에 국한되지 않습니다. 일찍이 나와 함께 달을 구경하면서 장난으로 이런 말을 했었답니다. 대체로 황당하여 믿기 어려운 말이지만, 비록 성인의 지혜로도 그의 설을 뒤집기가 어려울 것입니다."

기공이 크게 웃으며 말한다.

"다른 사람은 꿈속에서도 미치지 못할 일입니다. 선생의 친구 담헌 선생은 저서가 몇 권이나 있습니까?"

"그 친구는 아직 저서가 없습니다. 선배 되시는 김석문(金錫文)*94이란 분이 전에 '세 개의 둥근 것이 허공에 떠 있다는 설(三丸浮空說)'을 말했었는데, 그 친구가 특히 장난삼아 이 학설을 부연하여 설명하였습니다. 역시 스스로 그러하다고 깨달아 안 것도 아니고, 또한 일찍이 나에게 그렇게 믿어달라고 한 적도 없었습니다. 나 역시 지금 이 시각에 달을 대하니 우연히 내 친구 생각이 나서 한바탕 늘어놓았을 뿐이지요. 마치 내 친구를 만난 것 같은 생각이 드는군요."

기공은 한인(漢人)과는 다르기 때문에, 담헌(湛軒)이 일찍이 항주(杭州) 선비들과 가까이 사귀었던 일을 내놓고 말할 수가 없었다. 기공이 다시 말한다.

"김석문 선생의 좋은 시 한두 구절을 듣고 싶습니다."

"나는 그에게 좋은 시가 있는지를 잘 모릅니다."

내가 대답하였다.

---

*92 장주(莊周)의 다른 이름.
*93 하늘과 땅과 사방.
*94 숙종(肅宗)때 학자. 호는 대곡(大谷), 역학(易學)에 통하여 역학도해(易學圖解)를 지었음.

기공이 나를 이끌고 그의 방으로 들어갔다. 이미 촛불 네 개를 켜 놓고 큰 탁자에 진수성찬을 차려 놓았다. 나를 위해 마련한 것이다. 떡 세 그릇, 여러 가지 사탕 종류 세 그릇, 용안육(龍眼肉)·여지(荔枝)·땅콩·생매자(生梅子)가 서너 그릇이다. 닭·거위·오리는 모두 부리와 발이 달린 채 요리하였고, 돼지는 통째로 가죽만 벗기고 용안육·여지·대추·밤·마늘·후추·호두·살구씨·수박씨를 섞어 함께 쪄서 떡처럼 되었다. 맛이 달고 기름졌으나 너무 짜서 먹을 수가 없다. 떡과 과자 등속은 높이가 한 자도 넘게 괴었다.

얼마 후에 음식을 모두 물리고, 다시 채소와 과일을 각각 두 그릇, 소주를 한 주전자 내어와서, 천천히 마시며 이야기를 계속했다. 닭이 두 홰째 우는 소리를 듣고, 자리를 파하여 사처로 돌아와 자리에 들었으나, 이리 뒤척 저리 뒤척 잠을 이루지 못하는데 벌써 하인이 와서 일어나라고 한다.

14일 경신(庚申)
맑다.

삼사(三使)는 날이 새기도 전에 대궐로 들어가고, 혼자서 잠을 푹 잤다. 아침에 일어나서 윤형산(尹亨山)을 찾아갔다가, 다시 왕곡정(王鵠汀)을 찾아가 함께 시습재(時習齋)에 들어가서 악기를 구경하였다. 거문고와 비파는 모두 길고도 넓적한 모양이다. 붉은 비단에 솜을 두어 주머니를 만들고 겉은 붉은 천으로 쌌다. 종(鐘)과 경(磬 : 옥이나 돌로 만든 아악기)은 모두 시렁에 걸고 역시 두꺼운 무명으로 덮어 놓았으며, 축어(柷敔)*95까지도 모두 이상한 비단으로 집을 만들어서 넣어놓았다. 거문고나 비파 따위는 대단히 크고 칠도 매우 두껍게 하였으며, 생황(笙簧)이나 통소 따위는 모두 궤짝 속에 넣어 단단히 잠가 놓아 보지 못했다.

곡정이 말했다.

"악기를 보관해 두기가 몹시 까다롭지요. 습기 있는 곳도 피해야 하고 너무 건조한 곳도 피해야 합니다. 거문고 위에 묻은 먼지는 사자학(獅子瘧)이라 하고, 거문고 줄에 묻은 손때는 앵무장(鸚鵡瘴)이라 하며, 생황의 부는

---

*95 축(柷)과 어(敔). 축은 음악의 시작을 신호하는 악기이고, 어는 끝남을 신호하는 악기임.

구멍에 말라붙은 침은 봉황과(鳳凰過)라 하고 종이나 경에 앉은 파리똥은 나화상(癩和尙)이라고 한답니다."

이때 한 미소년이 황급히 안으로 들어와서 눈을 부라리며 나를 보더니 손에 들고 있는 조그만 거문고를 빼앗아 급히 주머니에 넣는다. 곡정이 크게 두려워하면서 내게 일어나 나가자고 눈짓한다.

그러자 소년이 갑자기 웃음을 지으면서 나를 만류하고 청심환을 하나 달라고 한다. 나는 없다고 하고 곧 일어나 나오자 소년은 몹시 무안한 기색을 보인다. 나는 청심환을 여남은 개 허리에 지니고 있었지만 소년의 무례함이 괘씸하여 주지 않았다. 소년은 곡정에게 절을 하고는 가버린다.

"그 사람은 누구입니까?"

내가 곡정에게 물었다.

"윤대인(尹大人) 영감을 따라온 서울 아이입니다."

"그럼 그가 왜 악기에는 관여하는 것이지요?"

"그 아이는 조금도 이 일에 관계가 없습니다. 다만 조선의 청심환을 얻어내려고 염치없이 선생을 속이려 한 것입니다. 선생께서는 괘념치 마십시오."

내가 문을 나서자 그때 문 밖에 수백 마리 말떼가 지나간다. 목동 하나가 썩 큰 말을 타고 옥수숫대 하나를 들고 뒤따라간다. 또 소 3, 40마리가 지나가는데, 코를 꿰지 않았고 뿔도 붙들어매지 않았다. 뿔이 모두 한 자가 넘겠고 털빛은 푸른 것이 많다.

그 뒤를 나귀 수십 마리가 따라간다. 목동이 절구공이같이 굵다란 막대기로 맨 앞에 가는 푸른 소를 힘껏 후려치자, 얻어맞은 소는 씩씩거리며 천방지축 마구 달린다. 모든 소들이 그 소를 뒤따라 마구 달린다. 마치 줄을 지어 행군하는 것 같다. 아침 방목(放牧)을 하러 가는 것이었다. 천천히 걸으면서 살펴보니, 집집마다 문을 열고 말·나귀·소·양 따위를 밖으로 몰아낸다. 한 집에서 적어도 수십 마리씩 쏟아져 나온다.

돌아와서 태학관 밖에 매어 놓은 우리나라 말의 꼴을 보니 참으로 한심스럽다. 내가 일찍이 정석치(鄭石癡)*[96]와 우리나라 토산 말값에 대해 이야기를 나눈 적이 있다. 그때 내가 말했다.

---

*96 영조(英祖) 때의 화가 정철조(鄭喆祚). 석치는 그의 호임.

"몇십 년이 안 가서 담배통을 구유로 하여 베갯머리에서 말을 기르게 될 것일세."

그러자 석치가 묻는다.

"그게 무슨 말인가?"

내가 웃으면서 대답했다.

"계속 늦가을 병아리로 씨받이를 하다 보면 4, 5년 뒤에는 베개 속에서 울게 된다 하여 이를 침계(枕鷄)라 하지 않는가? 말도 마찬가지일세. 종자가 작은데 어찌 점점 더 작아져서 침마(枕馬)가 되지 않을 수 있겠는가?"

석치가 크게 웃고 나서 말한다.

"우리가 늙어 갈수록 차차 새벽잠이 없을 것이므로 곧 베개 속에서 닭 우는 소리를 들을 것이고, 또 그 침마라는 걸 타고 뒷간엘 다니게 되면 아주 좋겠구먼그래. 그런데 우리나라에서는 말 교미시키는 걸 몹시 싫어하니, 말들은 늙어서 죽을 때까지 정무(貞牡)·정빈(貞牝)*⁹⁷으로 살아야 하네. 지금 나라 안에 수만 마리의 말이 있지만, 교미를 시키지 않으니까 말이 번식하지 못하여 해마다 만여 마리씩 줄어들고 있지. 몇십 년 안에 침마까지도 종자가 마를 걸세."

이렇게 서로 웃으며 농담을 나눈 일이 있었다.

원래 내가 연암(燕巖)에 가서 살게 된 것은 뜻한 바가 있었기 때문이다. 연암은 산이 겹겹이 둘러싸고 있고, 양쪽이 편편한 골짜기인 데다가 수초가 잘 자라 말·소·노새·나귀 수백 마리를 치기에 충분한 곳이다. 일찍이 우리나라가 가난한 까닭은 다 목축을 할 줄 모르기 때문이다. 우리나라 목장은 제주도의 것이 가장 크고, 제주도 말은 모두 원(元)나라 세조(世祖)가 보내 온 종자로서, 4, 5백 년 동안 종자를 갈지 않고 내려오니, 용매(龍媒)*⁹⁸·악와(渥洼)*⁹⁹와 같은 좋은 말이라도 끝내는 과하(果下)·관단(款段)*¹⁰⁰ 같은 작고 느린 말이 되는 것은 당연한 이치이다. 그런 과하마나 관단마를 숙위장

---

*97 교미를 한 일이 없는 수컷과 암컷.

*98 날랜 말. 용마(龍馬).

*99 중국 한(漢)나라 무제(武帝) 때 감숙성(甘肅省) 악와(渥洼)라는 강에서 나왔다는 신마(神馬).

*100 걸음이 느린 말. 작은 말.

사(宿衛壯士)에게까지 주니, 고금 천하에 어느 장사가 과하마나 관단마를 타고 싸움터에 나가 적과 마주 싸울 수 있을 것인가? 이것이 첫째 한심스러운 일이다.

내구(內廐)*¹⁰¹에서 기르는 말에서부터 무장(武將)이 타는 말에 이르기까지 토산(土産)은 없고 요양(遼陽)·심양(瀋陽) 등지에서 사 오는 것으로서 한 해에 겨우 네다섯 마리 정도만 구해 오니, 만약 요양·심양 길이 끊긴다면 어디서 가져올 것인가? 이것이 둘째 한심스러운 일이다.

임금을 호종할 때 백관들은 대개 서로 말을 빌려 타거나 나귀를 타고 어가(御駕)를 호종하는데 그 꼴이 말이 아니다. 이것이 셋째 한심스러운 일이다.

문관(文官)으로서 종이품(從二品) 이상은 초헌(軺軒 : 종2품 이상 관리가 타던 외바퀴 수레)을 타므로 말을 탈 일이 없고 또 말을 기르기도 어려우므로 아예 말을 버리고, 그 자제들도 걷는 대신 겨우 조그만 나귀를 기를 뿐이다. 옛날에 백 리 정도 되는 나라 대부(大夫)는 수레 10대를 갖추어 놓는다 하였으니, 둘레가 몇천 리 되는 우리나라 대신들이라면 수레를 백 대쯤 갖추어야 할 것이다. 그런데 지금 우리나라 대부의 집에서 10대는 고사하고 몇 대나 나오겠는가? 이것이 넷째 한심스러운 일이다.

세 영(營)의 군관들이라면 군사 백 명의 우두머리들인데, 말 한 마리 가질 형편이 못 되니 한 달에 세 번 치르는 조련(調練) 때에 임시로 말을 세내어 탄다. 군사가 말을 세내어 타고 싸움터에 나간다는 것은 이웃나라에 알려져서는 안 될 일이다. 이것이 다섯째 한심스러운 일이다.

한양 병영(兵營)의 장관(將官)이 이러할진대, 팔도에 배치해 놓았다는 기병(騎兵)들은 이름만 있고 실상이 없을 것은 뻔한 노릇이다. 이것이 여섯째 한심스러운 일이다.

나라 안에 있는 역참(驛站)마다 토산말 중에서 좀 나은 말들을 배치해 두었다는데, 사신이나 손님이 한번 거쳐간 말은 죽지 않으면 병이 나니 그것은 무슨 까닭인가? 사신이나 손님이 앉는 쌍가마부터가 무거운 데다가, 반드시 하인 네 사람이 가마채를 잡고 좌우에서 몸을 기대어 흔들리지 않게 한다. 말은 이미 실은 것이 무거운 데다가 이렇게 네 사람의 무게가 더해지므로 부

---

*101 내사복시(內司僕寺). 곧 궁중에서 거마(車馬)에 관한 일을 맡아 보는 관아.

득이 앞으로 빨리 달리지 않을 수 없어서, 누르면 누를수록 더욱 달리게 되기 때문에 그 말은 결국 죽지 않으면 병들게 되는 것이다. 그래서 갈수록 말들은 많이 죽어가고 말 값은 비싸진다. 이것이 일곱째 한심스러운 일이다.

말 등에 물건을 싣는다는 것은 세상에 없는 일이다. 그런데 우리나라에서는 수레를 쓰지 않으므로, 관청이든 일반 백성이든 간에 오직 말 등에만 의지하여 짐을 나른다. 말의 힘은 헤아리지 아니하고 무거운 물건을 싣는 데만 욕심을 내기 때문에, 부득이 기운을 내라고 먹이는 것이 더운 여물죽을 먹이는 것이다. 이래서 말은 정강이가 약해지고 말굽이 연해져 한번 교미하고 나면 뒤를 못 가누게 된다. 그래서 또한 교미를 시키지 않는 것이니 말이 어디서 생겨날 것인가? 이는 다름이 아니다. 말을 다루는 방법이 잘못 되었고 먹여 기르는 방법이 옳지 못하여 좋은 종자를 받지 못하며, 관원이 망아지 거세하는 방법에 어둡기 때문이다. 그러고도 채찍을 잡기만 하면 으레 '우리나라에는 좋은 말이 없다'고 한다. 어찌 우리나라에만 좋은 말이 없으랴? 이처럼 한심스러운 일이 이루 손을 꼽아 헤아릴 수 없을 정도이다.

말 다루는 방법이 어째 틀렸다고 하는가? 모든 것의 성품 역시 사람과 같아서 힘들면 편안하기를 생각하고 답답하면 유쾌하기를 생각한다. 굽으면 펴이기를 생각하고, 가려우면 긁기를 생각한다. 먹고 마시는 것을 다른 사람이 마련해 주기를 기다리지만, 때로는 스스로 구하는 것을 유쾌하게 생각하기도 한다. 그러니 반드시 말도 때때로 그 굴레와 고삐를 풀고 물가에 놓아 주어, 답답함을 펴도록 해야 한다. 그것이 사물의 성품에 순응하여 그 뜻에 맞게 하는 길이다.

그런데 우리나라의 말 다루는 법은 오직 고삐가 단단히 매어졌는가에만 관심을 기울여 이를 단단히 졸라매고, 달릴 때에는 끈을 꽉 잡아당기는 괴로움을 떨치지 못한다. 쉴 때에도 땅에 구르면서 흙목욕하는 즐거움을 얻지 못하므로, 사람과 말 사이에 뜻이 서로 통하지 않는다. 사람은 걸핏하면 꾸짖고, 말은 항상 노여움을 품고 있다. 이것이 말 다루는 방법이 틀렸다는 것이다.

무엇을 보고 말을 먹여 기르는 방법이 옳지 못하다고 하는가? 목마를 때 물을 생각하는 것이 배고플 때 먹을 것을 생각하는 것보다 더 간절하다. 우리나라 말은 찬물을 먹이는 일이 거의 없다. 말은 익힌 것 먹기를 가장 싫어한다. 왜냐하면 더운 것이 병이 되기 때문이다. 콩이나 여물에 소금을 뿌리는 것은 짜게 해서 물을 마시게 하려는 것이고, 물을 마시게 하는 것은 물을 많이 마셔서 오줌을 잘 누게 하려는 것이며, 오줌을 잘 누게 하는 것은 몸의 열을 풀게 하려는 것이다. 그리고 찬 물을 마시게 하는 것은 그 정강이를 튼튼하게 하고 말굽을 단단하게 하려는 것이다. 그런데 우리나라의 말은 반드시 콩을 삶아서 먹이고 여물을 끓여서 먹이기 때문에, 하루만 달려도 저절로 열이 나서 병이 생기고, 한 끼니만 먹이지 않아도 이내 허약해져서 걸음이 느려진다. 이것은 익힌 것을 먹이기 때문이다. 전쟁에서 싸우는 말에게 죽을 먹이는 것은 더욱 잘못된 일이다. 이것이 말을 먹여 기르는 방법이 옳지 못하다는 것이다.

좋은 종자를 받지 못한다는 것은 무엇을 말하는 것인가? 말은 커야 하고 작아서는 안 되며, 튼튼해야 하고 약해서는 안 되며, 날랜 말을 구해야 하고 둔한 말을 구해서는 안 된다. 무거운 짐을 실어 먼 길을 가게 하려 하지 않는다면 모르지만, 만약 무거운 짐을 싣고 먼 길을 가게 하려 한다면 우리나라 말은 단 하루의 집안 일에도 쓸 수 없을 것이다. 군대에서 무력의 위용을 소홀히 하려면 모르거니와, 무력의 위용을 세우려 한다면 우리나라 말은 단 하루도 군사 일에 쓸 수 없을 것이다.

조선과 청나라가 서로 태평세월을 보내고 있는 요즘, 좋은 암말과 수말 수십 마리를 구한다면, 중국도 말 수십 마리를 아까워하지 않을 것이다. 만일 외국이 말을 구하여 기르는 것을 중국이 싫어한다면, 해마다 드나드는 사신들 편에 슬며시 사오게 할 수도 있을 것이다. 말을 사다가 한양 부근, 물과 풀이 좋은 땅에서 기르며 10년만 종자를 받아서 차차 제주도와 감목(監牧)*¹⁰²의 말 종자를 바꾸게 한다. 번식시키는 방법은 주례(周禮)*¹⁰³와 월령(月令)에 따르면 된다.

주례에 '말은 수컷이 4분의 1이 되게 한다'고 하였고, 주석에는 '그들의 비위에 알맞게 하려는 것이니, 생물은 기질이 같으면 마음도 같다'고 하였다. 정사농(鄭司農)*¹⁰⁴은 수컷을 4분의 1로 한다는 것은 암컷 넷에 수컷 하나를

─────────
*102 감영(監營)에 딸려 있는 목장.
*103 주(周)나라의 벼슬에 관한 제도를 적은 책, 주공(周公)이 지었다고 함.
*104 후한(後漢) 명제(明帝) 연간의 명신인 정중(鄭衆). 그의 아버지와 함께 주례(周禮)를 해설하는 대사농(大司農)이 되었으므로 그렇게 부른 것임.

둔다는 뜻이라고 하였다.

월령에 보면 '늦봄이 되면 누우(累牛)*105와 등마(謄馬)*106를 암컷의 목장에 놓아 주어야 한다'고 하였으며, 진혜전(秦蕙田)*107은 '유인(痍人)*108이 수말을 번갈아 교배시켜서 너무 피로하지 않게 하는 까닭은 기혈(氣血)을 안정시켜 주기 위해서이고, 교인(校人)*109이 여름에 수말을 거세하는 것은 암말이 새끼를 배었기 때문'이라고 하였다. 수말의 고환을 까서 새끼를 밴 암말을 가까이 하지 못하게 하는 것은 말을 번식시키는 데 근본이 되는 일이다. 이는 모두 옛 임금이 때를 맞추어 생물을 길러 생물의 제 특성을 다하게 하려는 뜻이다.

지금도 중국에서는 해마다 화창한 봄이 되어 풀이 푸르게 자라면, 수놈에게 방울을 달아 마음대로 교미하게 한다. 수놈의 주인은 한 번 교배하는 데은 5돈을 받고, 나중에 태어난 말이나 노새가 튼튼하고 날래면 또 은 5돈을 받는다. 태어난 말이나 노새가 좋지 못하고 털 빛깔이 좋지 않거나 성질이 잘 길들지 않으면 반드시 고환을 까서 씨를 받지 못하게 한다. 그와 동시에 수컷의 몸집이 크도록 하고 길들기 쉽도록 만든다.

그런데 우리나라의 감목(監牧)은 이런 생각을 하지 않고 그저 우리나라의 말에서만 씨를 받으므로 갈수록 점점 더 작아져서, 마침내 두엄이나 땔나무를 싣는 것조차 감당하지 못할 정도가 되고 만다. 그러니 어찌 한 나라의 군대나 전쟁 일을 감당할 수 있으랴? 이것이 좋은 종자를 받지 못한다는 것이다.

그러면 목축을 맡은 관원이 무식하다는 것은 무엇인가? 우리나라 사대부(士大夫)들은 모든 일을 가까이하려 하지 않는다. 옛날에 많은 사람이 모여 있는 자리에서 어떤 사람이 하인에게 말한테 콩을 더 주라고 하였다가 사람이 좀스럽다고 전랑(銓郎)*110에게 잘못 보인 일이 있었고, 최근에는 한 학

---

*105 발정한 수소.

*106 날뛰는 말, 곧 발정한 말.

*107 청나라 건륭제(乾隆帝) 때 사람. 벼슬이 형부상서(刑部尙書)를 거쳐 태자태보(太子太保)에 이르렀고, 오례통고(五禮通考)를 저술했음.

*108 말을 다루는 관원.

*109 주(周)나라 때 마정(馬政)을 맡아 보던 관리.

*110 조선 시대 이조(吏曹)의 정랑(正郎)과 좌랑(佐郎). 관리의 천거와 전형을 맡아 보는 벼슬이므로 극히 중요한 자리였음.

사(學士)가 말을 몹시 좋아하고 말을 알아보는 재주가 백락(伯樂)*111과 다름없었다고 한다. 그런데 사람들은 그를 비웃어,

"옛날에 양고기를 잘 굽는 도위(都尉)가 있었다더니, 지금에는 말을 잘 다루는 학사(學士)가 있구나."

하였다고 한다. 사대부들의 까다로운 처사가 이와 같았다.

우리나라 감목(監牧)들은 말을 관리하는 것이 나라의 큰일이라 생각하지 않고, 그러한 일에 관여하는 것을 수치로만 여겨 하인의 손에 맡긴다. 비록 감목이란 벼슬 자리에 앉아 있더라도 이따위 인물들은 목마(牧馬)의 방법을 전연 모른다. 그것은 못하는 것이 아니라 애초부터 배우려 하지도 않는 것이다. 이것이 바로 목축을 맡은 관원이 무식하다는 것이다.

옛날 당나라 초기에 섬서(陝西) 적안(赤岸)에서 암수 말 30마리를 구하여 감숙성 농우(隴右)*112로 옮긴 다음 태복(太儀)*113 장만세(張萬歲)에게 말을 관리토록 하였다. 정관(貞觀)*114 때부터 인덕(麟德)*115 연간까지의 사이에 말이 70만 마리로 불어났다. 무후(武后)*116 때에는 말이 많이 축이 났지만, 명황(明皇)*117 때에도 말이 24만 마리나 되었다. 왕모중(王毛仲)*118과 장경순(張景順)에게 시켜 10여 년 동안 기른 결과 43만 마리로 불어났다. 개원(關元) 13년 현종(玄宗)이 동쪽의 태산(泰山)에 제사를 지낼 때, 말 수만 마리를 빛깔에 따라 대열을 지어 놓은 것이 마치 비단 폭 같았다고 한다. 이것은 담당 관직에 적당한 사람을 얻었기 때문이다. 말을 진심으로 좋아하고 기르는 방법을 잘 아는 사람을 구하여 말 관리를 맡긴다면, 비록 말을 잘 다

---

*111 주(周)나라 때 말을 잘 알아보았다는 손양(孫陽).
*112 중국 감숙성(甘肅省) 농산(隴山)의 서쪽 지방. 옛 난주부(蘭州府) 및 공창부(鞏昌府) 지역. 또는 감숙성 농저(隴坻) 오른쪽 지방. 남으로 촉(蜀)과 서번(西番)으로 통함.
*113 가마와 말과 목축을 맡아 보는 벼슬.
*114 당나라 태종(太宗)의 연호. 627~649. 신라 진평왕(眞平王), 고구려 영류왕(榮留王) 때임.
*115 당나라 고종(高宗)의 연호. 664~666. 신라 문무왕(文武王), 고구려 보장왕(寶藏王) 때임.
*116 측천무후(則天武后). 당나라 태종(太宗)의 재인(才人)이었는데 뒤에 고종(高宗)의 황후가 되자 권력을 잡고 나중에는 스스로 황제의 위에 올라 측천황제라 일컫고 나라 이름을 주(周)라 하였는데 16년 만에 폐위됨.
*117 당나라 현종(玄宗).
*118 당나라 현종 때 말·낙타·매를 관리하는 일을 맡아 보았는데, 고려 사람이었음.

루는 학사(學士)라는 비웃음을 받는다 하더라도 태복(太僕: 궁중에서 수레와 말을 관리하던 관직)으로서 마땅한 사람을 얻었다고 할 수 있을 것이다.

어떤 사람이 와서 묻는다.

"연암(燕巖) 박 영감님이 어느 분이십니까?"

기공(奇公)의 하인이 나를 가리키자 그 사람은 나에게 절을 하고 옛 친구를 만난 듯이 몹시 기뻐하는 얼굴로 말한다.

"저는 광동(廣東) 안찰사(按察使) 왕(汪) 영감님의 비서올시다. 저희 영감님께서 전일에 선생님을 만나보시고 몹시 기뻐하셨는데, 내일 정오쯤 다시 찾아뵙겠다고 하십니다. 뵙고서 이금(泥金)으로 글씨를 쓰고 그림을 그린 절강성(浙江省)에서 나는 부채를 드리겠노라고 하셨습니다."

내가 말했다.

"전번에도 왕공(汪公)께 과분한 은혜를 입고 아직 아무런 보답도 못했는데, 또 값진 선물을 먼저 받는다는 것은 당치 않은 일인가 합니다."

그랬더니 그가 말한다.

"부채는 제가 지금 가져온 게 아닙니다. 왕 영감님께서 오실 때 직접 가지고 오실 것입니다. 나리께서는 내일 정오 무렵에 외출하지 마시기 바랍니다."

내가 고개를 끄덕이며 말했다.

"예, 삼가 그렇게 하겠습니다. 그런데 상공(相公)께서는 고향이 어디시고 성함은 어찌 되십니까?"

"저는 강소(江蘇)*119 사람입니다. 성은 누(屢), 이름은 일왕(一旺)이고, 호는 원우(鴛玗)올시다. 왕 영감님을 따라 광동(廣東)에 가서 있습지요. 나리께서 귀국을 떠나신 지는 몇 해나 되셨습니까?"

"금년 5월에 나라를 떠나 왔습니다."

"저희 광동에 비하면 귀국은 오히려 문 앞처럼 가깝지요. 그런데 귀국 황제의 연호는 무엇입니까?"

내가 어리둥절하여 물었다.

"무슨 말씀이신지요?"

---

*119 중국 장강(長江) 하류에 있는 성(省).

"즉위하신 원년(元年) 기호(紀號) 말씀입니다."

"우리나라는 중국의 정삭(正朔)*120을 받들고 있습니다. 어찌 따로 연호가 있을 수 있습니까? 지금은 건륭(乾隆)의 시대이지요."

"귀국은 어째서 중국과 대등한 천자가 아닌가요?"

"모든 나라가 다 함께 한 분의 황제를 받들고 있으므로 천하는 대청(大淸)의 세상이고, 세월은 건륭(乾隆)의 시대이지요."

"그렇다면 어찌하여 관영(寬永)·상평(常平)의 연호를 씁니까?"

"무슨 말씀인가요?"

"바다에서 표류해온 귀국의 배를 본 적이 있습지요. 관영통보(寬永通寶)를 가득 싣고 있었습니다."

"그것은 일본에서 쓰는 분수에 맞지 않는 연호입니다. 우리나라의 것이 아닙니다."

누씨는 고개를 끄덕였다.

누씨의 행동거지나 말하는 태도는 꽤 얌전했으나 지식은 별로 없는 것 같다. 맨 처음 따져 물은 것이 깊은 뜻이 있었던 것도 아니고, 외국의 돈을 중국에 가져가는 것이 금지되어 있기는 하지만 그렇다고 그가 물은 것은 금지되어 있는 일을 따지기 위한 것이 아니었다. 정말 우리나라가 천자의 나라인 줄 알고 있었으므로 지금의 연호를 물었고, 또 그가 '귀국의 황제'라고 한 것으로 보아도 이미 그의 무식함이 드러난 것이다. 관영·상평을 우리나라 연호로 알고 있었지만, 그것을 참칭(僭稱)이라고 생각하지는 않은 모양이다.

또 우리나라 표류한 배에 돈이 실려 있는 것은 그다지 이상한 일은 아니지만 어찌 관영통보(寬永通寶)를 배 가득히 실었을 리가 있는가? 그가 관영통보를 보고, 상평통보(常平通寶)를 본 것과 혼동하여 우리나라 돈으로 착각한 것이 틀림없다. 우리나라가 중국의 역법(曆法)을 그대로 시행하고 있음을 모르고, 단순히 돈만 보고 우리나라에도 역시 기년(紀年)*121이 있는 줄 안 것이지 잘못을 따져 물으려던 의도는 아니었던 것이다.

---

*120 정월(正月)과 삭일(朔日), 변하여 책력을 말함. 옛날 제왕(帝王)이 새로 나라를 세우면 세수(歲首)를 고쳐 신력을 천하에 반포하여 백성들이 이를 따르는데, 우리나라에서도 중국의 세수를 따랐음.

*121 기원(紀元).

누씨는 차를 다 마시고 나자, 다시금 내일 부디 외출하지 말아 달라고 신신당부한다. 내가 고개를 끄덕이자 그는 헤어지기가 몹시 서운한 듯 허리를 굽혀 인사를 하고 돌아갔다.

내가 수역(首譯)에게 도대체 돈을 금한다는 것은 무슨 말인가 하고 물었다.

"그런 약조(約條)는 없습니다. 다만 당전(唐錢)을 금하고, 또한 우리나라 사주전(私鑄錢)은 법에 어긋난다고 합니다."

내가 다시 말했다.

"옛날 제(齊)나라 태공(太公)은 돈과 재물을 관리하는 관아(官衙) 아홉을 두었지만, 주(周)나라 천자는 이를 금하지 않았지. 그리고 우리나라에서 처음으로 돈을 쓰기 시작한 것은 숙종(肅宗) 경신년(庚申年)*122으로, 이제 101년이 되었네. 청나라 초기의 두 나라 약조에는 그런 조항이 들어 있지 않았을 것일세. 우리나라에서 돈을 첫 번째로 만든 것은 세종(世宗) 때인데, 7, 8년을 쓰다가 민간에서 불편하다 하여 도로 저화(楮貨)*123를 썼고, 인조(仁祖) 때 두 번째로 돈을 만들었지만 이내 그만두었어. 이는 모두 백성들이 불편하다 하여 폐지한 것이지 결코 중국을 꺼려하여 그랬던 것은 아닐세. 그런데 지금 북도(北道)에서 돈의 유통을 금하고 포폐(布幣)*124를 쓰는 것은, 변방에 가깝기 때문이라고 하지만 관서(關西)*125에서 의주(義州)에 이르는 여러 강변 고을에서는 돈의 유통을 금한 일이 없으니, 이는 좀 아리송한 일이야. 그리고 우리나라의 표류한 배에 실렸던 돈은 무슨 까닭으로 금한다는 것인가?"

여러 역관(譯官)들이 말한다.

"그렇습니다. 지금 역원(譯院)*126에서 몇 해를 두고 해결할 방법을 강구해 왔지만, 당전(唐錢)을 쓰는 것이 가장 합당하다는 것 같습니다. 우리나라 은은 날로 귀해지고, 중국 물건 값은 그것대로 비싸지므로 역원에서는 손해를 본답니다. 은 한 냥쭝은 당전 7초(鈔)와 바꾸고 있으니 만약 당전을

---

*122 숙종 6년, 1680년.
*123 돈으로 쓰던 닥종이 화폐. 조선 태조(太祖) 때 이 종이 한 장이 쌀 한 되와 바꾸게 하였음.
*124 무명이나 삼베를 표준으로 하여 물건을 교환하여 화폐 대신 쓰던 제도.
*125 평안도 지방을 일컫는 말.
*126 사역원(司譯院)의 준말. 통역과 번역을 맡아 보는 관아.

쓴다면 우리나라에서 돈을 만드는 수고도 없어지고, 돈도 저절로 헐해져서 그 이익이 막대할 것입니다."

주(周) 주부가 말한다.

"조선통보(朝鮮通寶)는 한(漢)나라 오수전(五銖錢)*127보다도 더 오래되어 돈 중에서 가장 오래된 돈이기 때문에 귀신이 붙어 있어 점치는 데 쓰인다네."

"오래되어 귀신이 붙어 있다니?"

내가 물었다.

"그것은 기자(箕子)조선 때 돈으로, 중국 사람이 보면 아주 큰 보물로 여길 것이야. 그런데 아깝게도 구해 가지고 오지 못했네."

주 주부가 말하기에 내가 또 말했다.

"그것은 세종 때 만든 것일세. 기자 때 어떻게 해자(楷字)가 있었겠는가? 송(宋)나라 동유(董逌)가 지은 전보(錢譜)란 책에 우리나라 돈 네 가지가 실려 있네. 삼한중보(三韓重寶)*128·삼한통보(三韓通寶)*129·동국중보(東國重寶)*130 및 동국통보(東國通寶)*131 등 네 가지일세. 조선통보는 그 책에 실려 있지 않지. 이로 미루어 그 돈은 오래된 것이 아님을 알 수 있네."

오후에 세 분 사신이 대성전(大成殿)에 들어가 배알하였다. 주자(朱子)의 자리를 높여 10철(十哲)*132의 바로 아랫자리에 모셨다. 위패(位牌)는 모두 붉은 칠을 하여 반들반들한데 글자를 금으로 쓰고, 그 옆에 만주(滿洲) 글자를 썼다. 대성문(大成門) 밖의 벽에는 오석(烏石)에다가 강희(康熙)·옹정(雍正) 및 지금 황제의 훈유(訓諭)와 황제의 학규(學規)를 새겨서 끼워 놓았다. 뜰 가운데 서 있는 비석은 작년에 세운 것으로, 역시 황제가 내린 글

---

*127 한(漢)나라 무제(武帝) 때에 삼수전(三銖錢)이 너무 가벼워서 장난질하기 쉽다 하여 새로 만든 무게 5수(銖 : 24수가 1냥임)의 돈.

*128 고려 성종(成宗)·숙종(肅宗) 시절에 쓰던 주전(籌錢)의 한 가지. 둥글고 가운데 정사각 구멍이 있고, 그 좌우·상하에 '三韓重寶'란 글자가 있음.

*129 고려 성종(成宗)·숙종(肅宗) 시절에 쓰던 주전의 한 가지.

*130 미상.

*131 고려 시대에 쓰던 주전의 한 가지. 숙종(肅宗) 때 것으로 추정됨.

*132 공자의 수제자 열 사람. 곧 안연(顏淵)·민자건(閔子騫)·염백우(冉伯牛)·중궁(仲弓)·재아(宰我)·자공(子貢)·염유(冉有)·계로(季路)·자유(子遊)·자하(子夏).

을 새겼다. 대성전 뜰에 놓여 있는 향로는 높이가 한 길이 넘으며 조각이 아주 정묘하다. 전각 안에는 모든 위패 앞에 조그만 향로를 놓았다. 거기에는 건륭(乾隆) 기해년(己亥年)에 만든 것이라 새겨져 있고, 위패마다 앞 면에 붉은 운문단(雲紋緞) 휘장을 드리웠다. 전각 앞 양쪽 곁채의 신위 앞에 만들어 놓은 것도 전각 안의 것과 같았다. 모두가 숭엄하고 화려하여 이루 형용할 수가 없다.

삼사(三使)는 돌아오는 길에 각기 청심환 두어 개, 부채 두어 자루를 거인(擧人 : 과거에 응시하거나 합격한 사람) 추사시(鄒舍是)와 왕민호(王民皞)에게 보냈다. 그들은 숭정(崇禎) 갑술년(甲戌年) 6월 20일, 칙사(勅使) 노유령(盧有齡)이 우리 나라에 왔을 때의 환관(宦官)이었다. 24일 노 칙사가 성균관(成均館)에 알성(謁聖)*133할 때 전례에 따라 반열에 참여했던 성균관 유생(儒生)들에게 은 50냥을 기증한 적이 있다. 지금 우리 사신은 중국의 성묘(聖廟)*134에 참배하고 이곳에서 학문에 힘쓰고 있는 두 거인(擧人)에게 겨우 청심환 몇 개 부채 몇 자루를 선물하니 마음속으로 몹시 부끄럽다.

그래서 나는 두 사람 처소로 가서 말했다.

"이번에 갑자기 오게 되어 가지 온 것이 없어서 겨우 변변치 못한 청심환과 부채밖에 드리지 못하여 부끄럽습니다."

그러자 두 사람은 몸을 굽혀 사례한다.

"주인된 도리로서 인도해 드린 것을 무슨 수고라고 하십니까. 여러 대인께서 이처럼 진귀한 물건을 주시니 도리어 송구스럽습니다."

저녁을 먹은 뒤에 왕곡정(王鵠汀)이 학생 아이를 시켜 조그만 붉은 종이 쪽지를 보내 왔다. 그 글에는,

'왕민호(王民皞)는 연암 박 선생께 청합니다. 청심환 한 알을 이 천은(天銀)*135 두 냥과 바꾸어 주시면 고맙겠습니다.'

나는 은은 그대로 돌려보내고 진짜 청심환 두 개를 보내 주었다.

저녁 어두워질 무렵에, 사신은 곧 북경으로 돌아가라는 황제의 명령이 내렸다. 일행은 밤이 이슥하도록 행장을 수습하였다.

---

*133 임금이 문묘(文廟)에 참배함.
*134 공자(孔子)를 모신 묘당(廟堂).
*135 품질이 썩 좋은 은.

밤에 기여천(奇麗川)을 찾아가 작별 인사를 나누었다. 여천이 말했다.

"나는 18일에 열하를 출발하여 25일 북경에 들어갈 작정입니다. 26, 27, 28 사흘 동안 두루 작별 인사를 다니고, 9월 6일에는 서산에 성묘를 갔다가 9일에 집에 돌아와서 11일에 귀주(貴州)로 갈 예정입니다. 떠나기 전날 집에서 선생을 기다리겠습니다."

나는 그렇게 하기로 승낙하고, 다시 왕곡정에게 작별 인사를 하러 갔다. 곡정은 눈물까지 흘리면서 말한다.

"이밤에 여기서 천고의 이별을 하게 되었습니다그려. 오늘밤 저 밝은 달을 어찌하리까?"

전날 중추(仲秋) 보름날 밤에 명륜당(明倫堂)에서 만나 이야기를 나누기로 약속했기 때문이다.

다시 지정(志亭)의 처소로 갔으나 지정이 다른 곳으로 자러 가고 없어서 몹시 서운했다.

또 윤형산(尹亨山)을 찾아가 작별을 고했더니 형산이 눈물을 닦으면서 말한다.

"나는 늙어서 이제 아침 저녁을 기약할 수 없게 되었습니다만, 선생은 아직 한창 나이시라 다시 북경에 오시게 되면 오늘밤 생각이 떠오르시겠지요."

그는 잔을 잡고 달을 가리키면서 덧붙여 말한다.

"달 아래에서 서로 작별하니, 뒷날 만 리 밖에서 달을 보면 선생을 본 듯 생각날 것입니다. 보아하니 선생은 술을 좋아하시는지라 응당 여색도 좋아하시겠는데, 이제부터는 삼가시고 몸조심하시기 바랍니다. 나는 18일에 북경으로 돌아갑니다. 선생이 그때까지 귀국하지 않으시면 다시 한 번 만나뵙고 싶습니다. 동단패루(東單牌樓) 둘째 골목 둘째 집이 저의 집입니다. 대문 위에 대리시경(大理寺卿)이란 편액이 걸려 있습니다."

서로 악수를 하고 작별하였다.

북경으로 되돌아오는 길에서의 견문
환연도중록(還燕道中錄)

8월 15일 신유(辛酉)로부터 8월 20일 병인(丙寅)까지 엿새 동안 북경으로 되돌아오는 기록

8월 15일 신유(辛酉)
맑고 잠시 서늘하였다.

사신들이 의논하였다.
"이제 우리는 북경으로 돌아가야 하는데, 예부(禮部)에서 우리에게 물어보지도 않고 정문(呈文)*1을 몰래 고쳐서 올렸다니, 이는 있을 수 없는 일일 뿐 아니라, 이를 당장 바로잡지 않았다가는 앞으로 또 어떤 폐단이 생길지 모르니, 다시 정문을 예부로 보내어 몰래 고친 점을 따지고 난 다음에 길을 떠나야 할 것이다."
곧 담당 역관을 시켜 예부에 공문을 보냈더니, 제독(提督)은 무서워 벌벌 떨었다. 덕(德) 상서(尙書)에게 먼저 이 일을 알렸기 때문이다. 상서 등이 제독을 협박하여 말했다.
"이 일을 예부의 책임으로 떠넘기려는가? 예부가 죄를 짓게 되면 사신은 무사할 것 같은가? 저희들이 황제께 올리겠다고 보내 온 주문(奏文)의 뜻이 모호하고 도무지 사례하는 성의가 없기에, 내가 저들을 위해 사실에 의거하여 부족한 뜻을 완전하게 해 주었던 것인데, 도리어 이럴 수가 있는가? 제독의 죄가 더욱 무겁다!"
그러고는 아예 공문을 떼어 보지도 않고 물리쳤다. 사신이 제독을 불러 예부에서 했다는 말을 자세히 물어보았으나, 그의 말이 장황하고 횡설수설하

---

*1 바치는 공문(公文).

여 도무지 이해할 수가 없었다. 마음만 놀라게 한다.

한편 예부에서는 사람을 보내 곧 떠나라고 독촉한다. 사신 쪽에서는 떠나는 시각을 곧 알리겠다고 했다. 이처럼 출발을 성화같이 독촉하는 것은 우리로 하여금 올리는 글을 더 고치지 못하게 하려는 것이었다.

아침을 먹고 곧 길을 떠났다. 해는 이미 한낮이 지났다. 뽕나무[*2] 아래에서 사흘 밤을 묵고도 오히려 미련을 둔다 하는데, 하물며 나는 공자를 우러러보며 사모하기를 엿새 밤이나 하였음에랴. 더구나 또 거처했던 숙소 건물들이 신선하고 정결하여 더욱 잊을 수 없음에랴.

나는 일찌감치 과거 공부를 그만두어 진사도 되지 못했고, 비록 국학(國學)에서 학문을 쌓고자 했으나 그것 역시 할 수 없었다. 이제 문득 이역 만리 외진 변방 태학관에서 엿새를 잘 지냈다. 이것이 진실로 당연한 일 같으니, 어찌 우연한 일이랴? 또한 우리나라 선비로서 멀리 중국에 와서 여행을 할 수 있었던 분으로는 신라의 고운(孤雲) 최치원(崔致遠)[*3], 고려의 익재(益齋) 이제현(李齊賢)[*4]이 있다. 그러나 이들은 비록 서촉(西蜀)과 강남(江南) 땅은 여행했으나, 북녘 변두리 땅까지는 오지는 못했다.

그 이후 1천 100년 동안 몇 사람이나 이 길을 다녔는지 알 수 없지만 이번 내가 오는 길에서 기정(沂鄭)[*5]과 영빈(潁濱)[*6]의 수레바퀴 자리, 말 발자국을 역력히 볼 수 있었다. 아! 사람이 세상에 나서 일정한 기약이 없음이 이와 같구나.

광인점(廣仁店)·삼분구(三盆口)를 지나 쌍탑산(雙塔山)에 이르렀다. 말을 멈추고 바라보니 경치가 참으로 교묘하다. 바위 빛깔이 우리나라 동선관(洞仙館)[*7]·사인암(舍人巖)[*8] 비슷하고, 탑의 모양은 금강산에 있는 증명탑(證

[*2] 중이 되려고 출가한 사람이 뽕나무 그늘에서 사흘을 자고 나서도 좀처럼 속세에 대한 그리움을 떨쳐버리지 못한다는 인연설. 다만 뽕나무 아래에서 쉬어 가는 것만도 은혜를 입는 것이라는 뜻.
[*3] 신라 말엽의 대학자. 저서에 계원필경(桂苑筆耕) 20권이 있음. 857~?.
[*4] 고려 말엽의 대학자. 저서에 역옹패설(櫟翁稗說)·익재난고(益齋亂藁)가 있음. 1287~1367.
[*5] 왕증(王曾)과 부필(富弼)을 말함.
[*6] 소철(蘇轍).
[*7] 미상.
[*8] 충청북도 단양(丹陽) 남한강 유역에 있는 단양팔경(丹陽八景)의 하나.

明塔)처럼 꼿꼿하게 마주 섰다. 위아래의 둘레에 차이가 없고, 서로 의지하지 않고 붙들어 주지도 않으며, 치우치지도 않고 기울지도 않았다. 똑바르고 곧으며 단정하고 엄숙하다. 교묘하고 화려하며, 웅장하고 뛰어난데 그 위에 햇빛과 뭉게구름이 수놓은 비단 같다.
난하(灤河)를 건너 하둔(河屯)에서 묵었다. 이날 40리를 왔다.

16일 임술(壬戌)
맑다.

해뜰 무렵에 길을 떠나 왕가영(王家營)에 이르러 점심을 먹고, 황포령(黃舖嶺)을 지날 때, 귀공자 같은 한 젊은이를 만났다. 나이는 20살 남짓해 보이는데 쓰고 있는 모자에 붉은 보석과 푸른 깃털을 달았다. 가라말(털빛이 검은 말)을 타고 훌쩍훌쩍 지나간다. 맨 앞에는 말 한 마리가 가고 그 뒤를 30여 마리가 따른다. 모두 금빛 안장을 한 준마를 탔는데 모자와 옷이 화려했다. 어떤 사람은 활과 화살을 차고, 어떤 사람은 조총(鳥銃)을 둘러메었다. 또 어떤 사람은 창을 들고, 어떤 사람은 연기가 모락모락 나는 향로를 떠받들고 번개처럼 달려간다. 벽제(辟除)*9 소리도 없이 말발굽 소리만 들릴 뿐이다.

따르는 사람에게 물으니, 황제의 친조카인 예왕(豫王)이라고 한다. 태평차(太平車)가 뒤따라가는데, 큼직한 나귀 세 마리가 끌고 간다. 수레는 녹색 천으로 둘러쳤고 사면에 유리 창문을 냈다. 지붕은 푸른 실로 뜬 그물을 덮었으며, 네 모서리에는 오색 술을 드리웠다. 귀인이 탄 가마나 수레는 언제나 이렇게 꾸며서 신분에 따른 위엄을 갖추게 한다.

수레 안에서는 부인의 목소리가 흘러나온다. 수레를 끄는 노새가 멈추어 서서 오줌을 싸니, 내가 탄 말도 오줌을 쌌다. 수레 안의 부인들이 북쪽 창문을 열고 서로 다투어 머리와 얼굴을 내민다. 구름처럼 틀어 올린 머리에 구슬 귀고리는 별이 반짝이는 듯, 노란꽃 푸른꽃 옥구슬은 요염하기가 꿈속 같다. 곱고 예쁘기가 낙수(洛水)의 놀란 기러기 같다. 이윽고 얌전히 창을 닫더니 훌쩍 지나쳐 버린다. 모두 세 사람으로 그들 다 예왕을 모시는 궁녀

---

*9 귀한 신분의 사람이 행차를 할 때 하인이 앞서 가면서 행인을 비켜 서게 하는 일.

들이라고 한다.

마권자(馬圈子)에 와서 묵었다. 이날 80리를 왔다.

17일 계해(癸亥)
맑고 날씨가 따뜻하다.

새벽에 출발하여 청석령(靑石嶺)을 지나는데, 황제가 계주(薊州) 동릉(東陵)*10에 행차할 예정이어서 이미 길과 다리를 잘 닦아 놓았고, 길 한가운데는 치도(馳道)*11를 따로 내었다. 각 군현(郡縣)에서 미리 부역(賦役)을 징발하여 높은 데는 깎고 깊은 데는 메웠으며, 맷돌로 갈고 흙손으로 바른 듯 피륙을 펼쳐 놓은 것 같고, 푯말을 세우고 줄을 쳐서 조금도 굴곡이 없고 조금도 기울지 않았다. 치도의 넓이는 두 발쯤 되고 좌우의 협로(夾路)는 넓이가 각각 한 발 남짓하다. 시경(詩經)에, '주(周)나라로 가는 길이 숫돌처럼 매끄러워라(周道如砥)' 하였다. 이 치도야말로 참으로 숫돌과 같으니 비용이 막대하게 들었을 것이다. 흙과 물을 져 나르는 사람들이 곳곳에서 무리를 이루어, 길이 무너지는 대로 보수를 해도 말이 한 번 지나가기만 하면 또 다시 길이 무너진다. 말뚝을 박고 새끼를 쳐서 치도 위를 못 다니게 하여 놓았건만, 우리나라 사람들은 기어코 말뚝을 쓰러뜨리거나 새끼를 끊고 그 위를 다닌다. 그러나 나는 마부에게 일러 치도 아래로 가도록 했다. 두려워 못 가는 것이 아니라 차마 갈 수가 없었다.

길 한편에는 반드시 몇 걸음에 하나씩 흙무더기를 쌓아 올렸다. 높이가 어깨까지 오고, 넓이가 6자쯤 되어 성벽에 성가퀴가 있는 것 같았다. 다리에는 모두 난간이 있다. 돌로 된 난간에는 천록(天祿)*12과 사자 같은 것들을 새겼다. 그 조각들은 입을 벌리고 있어 살아 있는 것 같고, 나무 난간에는 단청을 하여 오색이 영롱하다. 강물이 넓은 곳에는 나무로 둘레가 한 간, 길이가 한 발쯤 되게 광주리처럼 엮어 그 속에 자갈을 담아서 물 속에 넣어 다리

---

*10 동릉이 두 군데 있는데 여기 말한 것은 만주 심양 동북쪽 천주산(天柱山)에 있는 청나라 태조(太祖)의 능을 말함.
*11 황제나 귀인만이 다니는 길.
*12 사슴 비슷한데 외뿔 달린 짐승.

기둥을 삼았다. 난하(灤河)나 조하(潮河)*13 같은 데는 수십 척의 큰 배를 띄워서 부교(浮橋)를 만들었다.

삼간방(三間房)에서 아침밥을 지어 먹으려고 우리 일행이 점방에 들었다. 어제 길에서 만난 예왕(豫王)이 든 관제묘(關帝廟)와 우리가 든 점방과는 위아래 이웃집이다. 예왕의 하인들은 모두 다른 점방에 흩어져 각각 떡·고기·술·차를 사 먹고 있다.

내가 관제묘를 구경하려고 조용히 걸어 들어갔더니, 문에도 지키는 사람이 없고 뜰 안이 조용하여 아무도 없는 것 같았다. 처음에는 예왕이 그 안에 있는 줄도 몰랐다. 마당 가운데 있는 석류나무에는 석류가 주렁주렁 달려 있고, 키가 나지막한 소나무들이 용처럼 서려 있다.

이리저리 왔다 갔다 하며 살펴보다가 계단을 딛고 당(堂)으로 올라가려는데, 마침 준수하게 생긴 한 소년이 모자를 벗은 맨머리로 문 밖으로 달려나와서, 나를 웃으며 맞이한다.

"싱쿠(辛苦)!"

싱쿠란 '수고하십니다'라는 말이다. 그래서 내가, '하오(好)' 하고 대답하였다. 하오란 '좋습니다' '괜찮습니다' 하는 말이다. 그러니까 우리나라의 문안하는 말과 같은 것이다. 섬돌 위에는 난간을 둘렀고, 난간 아래 두 의자 사이에는 붉은 탁자를 펼쳐 놓았는데 나보고 그곳에 앉으라고 한다.

주인이 손님에게 '칭조어(稱造) 칭조어(稱造)' 하는 것은 '청좌(請坐) 청좌(請坐)' 하는 것이고, '조어저(造諸) 조어저(造諸)' 하는 것은 '좌착(坐着) 좌착(坐着)' 하는 것이다. 모두 '앉으십시오' 하는 말이며, 말을 거듭하는 것은 정중하고 친절하게 대하는 것이다. 오는 도중에 남의 집에 들어갈 때마다 주인이 이렇게 하지 않는 이가 없었으니, 이는 그들의 손님을 접대하는 격식인 것이다.

소년이 모자를 벗고 있었고 또 평상복이었으므로 나는 처음에는 사당의 승려인 줄 알았으나 자세히 보니 예왕 같았다. 나는 굳이 알아볼 체를 하지 않고 그냥 예사롭게 대했더니 그 역시 교만하고 귀한 체하는 태도를 보이지 아니한다. 얼굴이 발갛게 된 것으로 보아 묘주(卯酒)*14를 많이 마신 것 같

*13 백하(白河: 天津을 거쳐 바다로 들어가는 강)의 한 지류.
*14 묘시(卯時) 곧 오전 5시에서 7시까지에 마시는 술. 아침술.

앉다. 그가 손수 술 두 잔을 따라서 내게 권한다. 나는 연거푸 두 잔을 기울였다. 만주 말을 아느냐고 묻기에 나는 모른다고 대답했다. 그때 소년은 갑자기 난간 아래로 몸을 꾸부려 토한다. 술이 폭포처럼 쏟아진다. 문 쪽을 향하여 '량아(涼阿)'라고 외친다. 몸이 서늘하다는 말이다. 그러자 늙은 내시(內侍)가 집 안에서 담비 가죽옷을 가지고 나와 그의 등을 덮어 주고, 손을 저어 나에게 밖으로 나가라고 한다. 나는 얼른 일어나 나오다가 난간 쪽을 돌아다보니, 소년은 아직도 난간에 꾸부리고 있다. 행동이 경박스럽고 용모는 가냘프고 나약하여 위엄이라곤 전혀 없었다. 보통 사람과 다를 것이 없었다.

아침을 먹고 곧 길을 떠나 수십 리를 왔을 때였다. 등 뒤에서 말 탄 사람 백여 명이 멀리 산기슭을 달려가고, 어깨에 새매를 앉은 사람 10여 명은 흩어져 산골짜기를 누비고 있다. 그 중 한 사람의 어깨에 앉아 있는 큰 매는 다리가 개의 뒷다리만 하고 다리 전체에 누런 비늘이 덮였다. 검은 가죽으로 매의 머리를 싸고 눈을 가렸다. 매나 독수리의 눈을 가리는 것은 함부로 날다가 다리를 다치거나 성깔을 잃지 않게 하고, 또한 눈 정기를 기르기 위해서이다.

내가 말에서 내려 모래밭에 앉아서 대통을 털어 담배를 피우는데, 허리에 활과 화살을 찬 사람 하나가 역시 말에서 내려 담뱃대에 담배를 채우더니 나에게 불 좀 빌리자고 한다. 내가 물었더니 대답한다.

"황제의 조카 예왕(豫王)께서 15살과 11살 된 두 아드님을 데리고, 열하에서 북경으로 돌아가시는 길에 사냥을 하는 것이랍니다."

내가 다시 얼마나 잡았느냐고 물었다.

"사흘 동안 사냥을 했지만 메추라기 한 마리밖에 못 잡았습니다."

이때 갑자기 등 뒤에서 옥수숫대 꺾이는 소리가 나며 말 탄 사람이 밭 가운데서 뛰쳐나온다. 그는 화살을 메워 가지고 안장에 납작 엎드린 채 달려온다. 얼굴이 옥같이 희다. 함께 담배를 피우던 사람이 그를 가리키면서 말한다.

"저 분이 11살 되신 황제의 손자이십니다."

11살 손자는 토끼 한 마리를 쫓아 달려오면서 쏘려 했다. 그때 토끼가 모래밭으로 달려 와 벌렁 넘어져서 네 발을 모은다. 활을 쏘았으나 말이 너무 빨라 맞지 않았다.

그러자 토끼가 다시 산 밑으로 달아난다. 백여 명이 말을 달려 토끼를 포위한다. 온 들판에 먼지가 일어 하늘을 가리고 총소리가 연달아 났으나 그들은 갑자기 포위를 풀고 가 버린다. 먼지 속에서 그들은 이리저리 빙글빙글 돌더니 이윽고 종적을 감추었다. 토끼를 쫓아가 잡았는지도 알 수 없다. 말 달리는 법이 어른 아이 할 것 없이 모두 타고난 재주였다.

책문(柵門)을 들어선 이후 연산관(連山關)에 이르는 동안에는 높은 산과 험준한 고개가 많고 나무가 빽빽이 들어서서 어디에나 새 종류가 많았다. 그런데 요동(遼東)에 들어와서부터 북경에 이르는 2천 리 사이에는, 위로는 나는 새가 끊어졌고, 아래로는 기는 짐승이 없다. 마침 장마철이라 찌는 듯 더운 때였지만, 벌레나 뱀 따위가 숲 속이나 풀숲을 다니는 것을 볼 수 없고, 개구리 소리도 듣지 못했으며, 두꺼비 뛰는 것도 보이지 않는다.

벼가 누렇게 익었는데도 참새가 없고, 강물 가운데서나 모래톱에서 물새 한 마리 볼 수 없다가, 이제묘(夷齊廟)*15 앞 난하(灤河)에서 비로소 갈매기 두 쌍을 보았다. 까마귀·까치·솔개 따위는 항상 인가가 많은 도시로 모이는 것인데 북경에서는 이것도 아주 드문 일이었다. 우리나라 새들이 하늘을 덮고 날아다니는 것과는 아주 딴판이었다. 이런 변방 밖의 수렵하는 땅에는 반드시 새와 짐승이 많을 것이라 생각했으나, 이제 보니 변방 여러 산들은 더욱 민둥산이 많고, 게다가 새 한 마리도 볼 수 없다. 호인(胡人)들은 수렵으로 생명을 이어가는 것인데, 장차 어디로 가서 사냥을 할 것인가? 모두 잡아서 씨가 말랐을 리는 없다. 모두 어디 큰 늪이나 못으로 간 것일까?

강희 황제(康熙皇帝) 20년, 황제가 오대산(五臺山)을 순유(巡遊)할 때, 호랑이가 숲 속에서 뛰쳐나와 황제가 직접 쏘아 잡았다. 당시의 산서도어사(山西都御使) 목이새(穆爾賽)와 안찰사(按察使) 고이강(庫爾康)이 황제께 아뢰어 그곳 지명을 사호천(射虎川)이라 지었고, 호랑이 가죽은 대문수원(大文殊院)에 보관케 하여 지금도 그대로 있다고 한다. 황제는 또 화살 30대를 쏘아 토끼 29마리를 잡았고, 송정(松亭)에서 사냥할 때는 큰 호랑이 세 마리를 잡았다. 이를 모두 그림으로 그려 그 그림을 민간에서 서로 사고 팔고 한다니 참으로 귀신 같은 솜씨라 하겠다. 그리고 이제 여러 공자(公

---

*15 백이(伯夷)와 숙제(叔齊)를 모셔 놓은 사당.

子)들이 사냥터를 달리는 모습이 그처럼 경쾌하고 호방한지라, 그것은 그의 가풍인 것이다. 이때 만약 옥수수밭에서 호랑이가 뛰쳐나왔더라면, 그들에게도 좋은 기회였을 뿐 아니라, 만 리 타국에서 온 나그네에게도 얼마나 유쾌한 일이었겠는가! 참으로 한스러운 노릇이다.

이윽고 만리장성 밖에 이르렀다. 산줄기를 따라 성을 쌓았으므로 높아졌다 낮아졌다 하고 굽이굽이 돌아간다. 그 요긴한 자리에는 속이 빈 돈대(墩臺)를 쌓았다. 돈대의 높이는 예닐곱 길, 넓이는 열네댓 발쯤 된다. 또 중요한 목에는 4, 50걸음마다 누대 하나씩을 설치하고, 완만한 곳에는 2백 걸음에 하나씩 설치하였다. 망루마다 백총(百總:소대장급 장교)이 지키고, 열 개의 망루를 천총(千總:중대장급 장교)이 관할한다. 1, 2리마다 방울을 달아 놓아 한 사람이 무슨 일이 생기어 방울을 흔들리게 하면 좌우에서 횃불을 올려 양쪽으로 전해 나가므로, 수백 리 사이가 재빨리 대비할 수 있게 되어 있다. 이것은 척남궁(戚南宮:명나라 명장 척계광)이 마련해 놓은 제도라고 한다.

육국(六國) 시대에도 장성(長城)이 있었다. 조(趙)나라 장수 이목(李牧)*16이 흉노 10여만 기병을 격파하고 첨람(襜襤)*17을 멸망시켰다. 또 임호(林胡)*18·누번(樓煩)*19을 격파한 다음 장성을 쌓았다. 대(代)와 음산(陰山)에서 시작하여 고궐(高闕)까지를 변방(邊方) 요새로 만들고, 운중(雲中)·안문(雁門)·대군(代郡) 등의 고을을 두었다. 진(秦)나라가 의거(義渠)*20를 토멸하고 비로소 농서(隴西)·북지(北地)·상군(上郡)에 장성을 쌓아 오랑캐를 방어했고, 연(燕)나라가 동호(東胡)*21를 격파하여 천 리 밖으로 내쫓아 역시 장성을 쌓았다. 그리하여 조양(造陽)에서 양평(襄平)에 이르는 지역에 상곡(上谷)·어양(漁陽)·우북평(右北平)·요동(遼東) 등의 고을을 두었다. 진나라가 연나라·조나라와 함께 삼수(三垂)*22를 변방으로 삼아

---

*16 전국 시대 조(趙)나라 장수. 흉노를 크게 격파하고 진(秦)나라 군사도 격파하여 많은 공을 세웠으나 진나라의 이간책으로 조왕이 그를 목베고 조나라도 진나라에 멸망당했음.
*17 호국(胡國)의 하나. 대(代)의 북쪽에 있었음.
*18 한(漢)나라 때 흉노족의 하나.
*19 춘추(春秋) 시대 북적(北狄)의 한 나라. 산서성(山西省)에 있었음.
*20 서융(西戎)의 한 종족. 감숙성(甘肅省)에 있었음.
*21 춘추 시대 연(燕)나라 북쪽에 있어 항상 남쪽을 위협한 종족. 연나라 장수 진개(秦開)가 이를 격퇴하고 장성을 쌓아 방어했음.

오랫동안 장성을 쌓으니, 세 나라가 연이어 쌓은 성이 북·동·서로 만 리를 뻗어 나갔다.

진나라는 제후(諸侯)를 손아귀에 넣어 천하를 통일하자, 몽염(蒙恬)*23으로 하여금 장성을 쌓게 하였다. 지형에 따라 험한 곳을 이용해서 변방을 지켜냈으니, 장성은 임조(臨洮)에서 시작하여 요동(遼東)까지 만 리에 뻗쳤다. 이것은 몽염이 옛날 성을 의지하여 고치고 늘린 것이 아닐까? 그렇지 않으면 오랑캐를 막아낸 연나라·조나라의 옛 성에다가 새로 더 쌓은 것이 아닐까? 몽염은, 임조(臨洮)에서 시작되어 요동(遼東)까지 이어지는 이 성은 길이가 만여 리로서 이 사이에는 지맥(地脈)이 끊긴 곳도 있다고 하였다.

또 사마천(司馬遷)*24이 북쪽 변방에 갔을 때 몽염이 진나라를 위해 쌓았다는 장성을 둘러보고, 산을 깎고 골짜기를 메워 성을 쌓는 데 백성의 힘을 너무나 소모한 것을 책망하였다. 그렇다면 이 성은 진실로 몽염이 쌓은 것이고 연나라·조나라의 옛 성이 아니었던가?

성은 모두 벽돌로 쌓았다. 벽돌은 모두 하나의 틀로 박아낸 것이어서 두께나 크기에서 털끝만큼도 차이가 없다. 성 밑의 기초는 돌을 다듬어 쌓았다. 땅 속으로 다섯 층을 묻고 땅 겉으로 세 층을 쌓았다고 한다. 간혹 무너진 곳이 있어서 살펴보니 성 두께가 다섯 발은 되겠고, 속에는 전혀 흙을 섞지 않고 오로지 벽돌을 썼는데 벽돌 사이를 석회로 메꾸어 쌓았다. 석회의 두께를 종잇장처럼 얇게 하여 벽돌을 붙여 놓아, 마치 나무를 아교로 붙여 놓은 것 같다. 성 안팎은 먹줄을 놓아 깎아낸 것처럼 가지런하다. 아래는 넓고 위로 올라갈수록 좁아진다. 대포나 충차(衝車)로도 좀처럼 부술 수 없으니 혹시 겉의 벽돌이 깨어져 떨어지더라도 그 속에 쌓은 벽돌은 그대로 남아 있게 된다.

해수병 치료에는 흔히 천 년 묵은 석회에다가 초를 타서 떡을 만들어 붙인다. 오래된 석회로는 이곳 장성(長城)의 것만한 것이 없다고 하여, 옛날부터 사행(使行)이 떠날 때 으레 이 석회를 구해 달라고 한다. 이제 보니 내가

---

*22 북·동·남 삼면의 변방.
*23 진(秦)나라 시황(始皇)을 섬겨 천하를 통일하자 30만 대군으로 북적(北狄)을 몰아내고 크게 장성을 쌓았음.
*24 중국 전한(前漢) 무제(武帝) 때의 역사가. 사기(史記) 130권을 지었음.

젊었을 때 본 주먹만한 횟덩이가 절대로 진짜가 아니었음을 알겠다. 오는 길에 본 여러 곳의 성 제도가 모두 장성과 같은데, 어떻게 주먹만한 횟덩이를 얻을 수 있겠는가? 또한 어떻게 변방 밖까지 멀리 돌아가서 구해 올 수 있었겠는가? 그것은 우리나라 길가의 무너진 성에서 얻은 것일 것이다.

고북구(古北口)로 돌아왔다. 나는 장성 밖을 나갈 때는 밤이 깊어서 주위를 자세히 살펴볼 수 없었으나, 지금은 마침 한낮이다. 수역(首譯)과 함께 모래밭에서 잠시 쉬고 마침내 관문(關門)을 들어섰다. 수천 마리의 말떼가 성문이 미어지도록 들어간다. 제2관문에는 칼을 찬 군사 4, 50명이 늘어서 있고 또 두 사람은 의자에 마주앉아 있다.

내가 수역과 함께 말에서 내려 걸어서 지나가는데 의자에 앉아 있던 두 사람이 우리 앞으로 와서 반갑게 몸을 굽히고, 다정스럽게 수고한다고 인사를 한다. 한 사람은 모자에 수정을 달았고, 또 한 사람은 산호를 달았는데, 둘 다 관문을 지키는 참장(叅將)이라고 한다.

석진(石晉)*25 개운(開運)*26 2년에 거란 왕 덕광(德光)이 중국에 쳐들어왔다가 호북구(虎北口)로 돌아갈 때, 진(晉)나라가 태주(泰州)를 점령하고 군사를 거느리고 남쪽으로 내려온다는 소식을 들었다. 거란 왕은 자기가 탄 수레 안에 앉아서 철요(鐵鷂) 기병에 명령하여 말에서 내려 사면에서 공격하여 진나라 군사가 설치한 방어벽과 장애물을 무찌르며 들어갔다고 한다.

만리장성을 둘러싸고 있는 지명 중에는 구(口)라는 글자가 붙는 것이 무려 수백 군데가 있는데 태원(太原)·분수(汾水) 북쪽에도 호북구(虎北口)라는 지명이 있다. 그때 덕광(德光)의 군사가 쳐들어왔다가 역주(易州)의 북쪽으로 갔다고 하는 것으로 보아 태원과 분수 북쪽의 호북구가 아니라, 유주(幽州)와 단주(檀州)의 호북구가 바로 그 관문인 것이다.

그런데 당나라 선대의 이름자에 호(虎)자를 쓴 이가 있었으므로, 당나라에서는 범 호(虎)자를 예 고(古)자로 바꾸어 고북구(古北口)로 했던 것이다. 송(宋)나라 사람이 지은 사요행정록(使遼行程錄)에는 '단주(檀州)에서 북쪽으로 80리를 가고 다시 80리를 더 가서 호북구관(虎北口館)에 이르렀다'고 하였으니, 단주의 고북구(古北口) 역시 호북구(虎北口)라고 했던 것이다.

*25 오대(五代) 때 석경당(石敬塘)이 세운 후진(後晉)을 말함.
*26 후진(後晉) 출제(出帝)의 연호. 944~947. 고려 혜종(惠宗)·정종(定宗) 때임.

송나라 선화(宣和)*27 3년에 금(金)나라가 요(遼)나라 군사를 고북구에서 격파하였고, 가정(嘉定)*28 2년에 몽고(蒙古)가 금(金)나라를 침략하였는데 군사가 고북구에 이르자 금나라는 거용관(居庸關)*29으로 후퇴하였다. 원(元)나라 치화(致和)*30 원년에는 태정제(泰定帝)*31의 아들 아속길팔(阿速吉八)*32이 상도(上都)*33에서 따로 즉위하고, 길을 나누어 군사를 보내 연나라 철첩목아(鐵帖木兒)*34를 대도(大都)*35에서 무찔렀다. 그때 탈탈목아(脫脫木兒)는 고북구를 지키고 있다가 상도에 있는 군사와 의흥(宜興)에서 싸웠다.

명(明)나라 홍무(洪武)*36 22년에는 연왕(燕王)에게 명령하여 군사를 이끌고 고북구로 나가 내안불화(乃顏不花)를 이도(迤都)에 습격하게 하였다. 영락(永樂)*37 8년에는 고북구의 작은 관문과 큰 관문의 바깥 문을 폐쇄하여, 겨우 사람 하나 말 한 마리가 드나들 수 있게 하였다. 지금은 다섯 겹으로 되어 있는 고북구 관문이 하나도 폐쇄되지 않았다.

이곳 고북구 관문은 천고의 싸움터로서, 천하가 한 번 흔들리면 해골이 산처럼 쌓였으니 정말로 범의 아가리, 호북구(虎北口)라고 할 만하다.

이제 백여 년 동안이나 천하가 태평하여 아무데서도 전쟁 소리가 들리지 않는다. 뽕나무밭과 삼밭이 우거지고, 닭과 개가 이리저리 맘껏 뛰논다. 이처럼 편안하게 살아가기는 한(漢)나라 당(唐)나라 이래 일찍이 없었던 일이다.

이것이 어떤 덕에 의하여 이루어진 것인지는 알 수 없다. 무엇이든지 높아질 대로 높아지면 무너지는 것은 사물의 당연한 이치이다. 백성들이 난리를 보지 못한 지 오래되었으므로 이것이 우르르 무너지지나 아니할까 염려가

---

*27 송나라 휘종(徽宗)의 연호. 1119~1125. 고려 인종(仁宗) 때임.
*28 송나라 영종(寧宗)의 연호. 1208~1224. 고려 고종(高宗) 때임.
*29 하북성(河北省) 창평현(昌平縣) 서북쪽에 있는 관문(關門).
*30 원(元)나라 태정제(泰定帝)의 연호. 1328. 고려 충숙왕(忠肅王) 15년임.
*31 원나라 황제 도첩목이(圖帖睦爾).
*32 뒤의 천순제(天順帝).
*33 천자가 있는 서울, 또 섬서성(陝西省) 장안(長安).
*34 도첩목이(圖帖睦爾), 뒤의 태정제(泰定帝).
*35 지금의 북경(北京).
*36 명나라 태조(太祖)의 연호. 1368~1398. 고려 공민왕(恭愍王) 때부터 조선 태조 때까지임.
*37 명나라 성조(成祖)의 연호. 1403~1424. 조선 태종(太宗) 때임.

된다.

 관문은 산 위에 있어서 비록 백 개 천 개 산봉우리로 둘러싸여 있으나, 광활한 사막*38을 환히 바라볼 수 있다. 금사(金史)에 보면 '정우(貞祐)*39 2년에 홍수가 져서 고북구의 쇠로 싼 관문 문짝이 떠내려갔다'고 쓰여 있다.

 북방 오랑캐 족속들이 중국을 우습게 보고 업신여기는 것은, 그들의 땅이 강의 상류에 있어서, 그 형세가 병을 기울여 물을 쏟는 것과 같기 때문이다. 중국에는 큰 걱정거리가 두 가지 있다. 하나는 강물이고, 또 하나는 북방 오랑캐이다. 백곤(伯鯀 : 하(夏)나라 우(禹) 임금의 아버지)은 자신의 능력과 지혜로 북방 오랑캐가 무엇을 믿고 중국을 업신여기고 함부로 침범하는지를 알았다. 그래서 유주(幽州)와 기주(冀州)를 트고, 항산(恒山)과 대군(代郡)을 뚫어서 구주(九州)의 물을 끌어다가 사막에 대어, 중국이 도리어 오랑캐의 상류를 차지함으로써 북방 오랑캐를 제압하려고 했다.

 당시 사악(四岳)*40을 맡은 이들도 그의 의견을 옳다고 하여, 한번 시험해 보자고 했다. 서경(書經)에 '한번 시험해 보려다 그만두었다'라고 한 것은 이를 두고 말한 것이다. 요(堯) 임금은 물을 거꾸로 흐르게 하는 것을 바람직하게 여기지는 않았지만 백곤의 주장이 매우 강경하여 반박하지 못하였고, 우(禹) 임금 역시 물의 역류(逆流)를 합당치 않게 생각했지만 백곤의 재주와 지혜가 매우 뛰어나서 말리지 못했다. 서경에 '왕명을 어겨가면서 백성을 해친다'고 한 것은 이를 두고 말한 것이다.

 백곤은 성미가 급하고 고집이 세어 좀처럼 굽힐 줄을 몰랐다. 그는 북방 오랑캐의 근심을 중국의 영원한 골칫거리로만 여겼지 그로 말미암아 중국 산하가 물에 잠기게 되는 것은 둘째 문제로 생각했다. 그래서 지형을 헤아리지도 않고 공사 비용도 따져보지도 않은 채 기어코 땅을 파 헤치고 물을 거꾸로 흐르게 하려 했던 것이다.

 '물을 거꾸로 흐르게 하는 것을 이른바 홍수(洚水)라고 하는데, 홍수(洚水)라는 것은 바로 홍수(洪水)이다'라고 하였다. 그러나 땅을 파고 깎고 하

---

*38 고비 사막.
*39 금(金) 선종(宣宗)의 연호. 1213~1217. 고려 충선왕(忠宣王)·충숙왕(忠肅王) 때임.
*40 중국 사방에 있는 큰 산들. 동악 태산(泰山), 서악 화산(華山), 남악 형산(衡山), 북악 항산(恒山).

여 지세가 점점 높아지니 흙으로 메워지리라 생각지 않았으나 끝내 흙으로 도로 메워졌다. 이른바 서경에, '백곤이 흙을 메워 홍수가 나게 했다'고 한 것이 이를 두고 한 말이다. 그렇지 않을 것이 뻔한데도 백곤은 무슨 생각으로 혼자 우기고 홍수를 내게 하여 눈앞의 죄를 지었을까? 그리고 당시의 악목(岳牧)*41은 어찌하여 번갈아 가며 극구 백곤을 추천하였을까? 또한 요임금 역시 어떻게 9년이나 내버려두어 그가 실패하기를 기다렸을까?

아! 만약 백곤이 그 꿈을 활짝 이루었더라면, 중국은 골칫덩이 북방 오랑캐를 막고 강물을 막는 두 가지 일을 한꺼번에 성취하고 그 덕은 만세에 길이길이 남았으리라. 그의 큰 공로와 위대한 업적은 우(禹) 임금의 윗자리에 있게 되었을 것이다.

이상은 내가 어렸을 때 어느 어른한테서 들은, 백곤이 홍수를 다스리려 했다는 이야기이다.

그런데 지금 보니 지형이 전혀 그렇지 않다. 이백(李白)의 시에,

황하의 물은 하늘에서 오는 것
黃河之水天上來

이라 하였다. 지형이 서쪽이 높으므로 강물이 마치 하늘에서 흘러 나오는 것 같았던 것이다.

관문 안의 가게에서 점심을 먹었다. 가게 벽에 황제 어필(御筆)의 칠언절구(七言絶句) 한 수가 걸려 있다. 공민(孔敏)이란 사람에게 하사한 것이었다.

황제가 남쪽을 순수(巡狩)하고 바로 열하(熱河)로 돌아왔을 때, 산동(山東) 곡부(曲阜)에서 공씨(孔氏) 문중 사람들이 모두 나와서 환영하므로, 황제가 시를 지어 그들을 위로하고 격려하며, 공씨의 족장(族長)인 공민에게 하사한 것이었다. 공민이 발문(跋文)을 지었는데, 황제의 은총을 한껏 과장해 기리었다. 돌에 새긴 것을 많이 찍어내어, 이 가게 주인 손에도 한 벌 들어왔던 것이다.

시를 지은 솜씨는 서투르지만 글씨는 잘 썼다. 가게 주인이 나에게 사 가

---

*41 4악(岳)과 12목(牧).

라고 하기에, 시험삼아 값을 물으니 은 30냥을 내라고 한다.

　점심을 마치자 곧 떠나 제3관(第三關)으로 들어갔다. 양쪽 벼랑의 석벽(石壁)이 천야만야 깎아지른 듯하다. 그 가운데로 수레 한 대가 겨우 지나갈 만한 좁은 길이 있고, 그 아래에는 깊은 시냇물이 흐르는데 여기저기 큰 바위들이 울퉁불퉁 수없이 많다.

　일찍이 기공(沂公) 왕증(王曾)과 정공(鄭公) 부필(富弼)이 거란에 사신으로 갈 때에, 역시 이 길을 경유하였다. 그의 행정록(行程錄)에는,

　　고북구(古北口) 양쪽 험한 벼랑 가운데 길이 나 있는데, 수레가 겨우 지나갈 만하다.

한 것으로 보아, 그들이 이곳을 지나갔음을 알 수 있다.

　어느 절에서 잠시 쉬는데 그곳에 영빈(潁濱) 소철(蘇轍)의 시가 새겨져 있다.

　　높고 낮은 산 뒤얽혀 길 없는가 했더니
　　오솔길 개울 따라 이리 꼬불 저리 꼬불
　　꿈속에서 촉나라 길 찾아가는 듯
　　흥주 동쪽 골짜기, 봉주 서쪽이로다.

　　亂山環合疑無路　小徑縈回長傍溪
　　彷彿夢中尋蜀道　興州東谷鳳州西

　송사(宋史)에 보면, '원우(元祐) 연간에 소철(蘇轍)이 형 소식(蘇軾)을 대신하여 한림학사(翰林學士)가 되고, 이어 예부상서(禮部尙書)의 직함으로 거란에 사신으로 갔는데, 그의 관반(舘伴)[*42] 시독학사(侍讀學士) 왕사동(王師同)이, 소순(蘇洵)·소식의 글과 소철이 지은 복령부(茯苓賦)를 환히 외우고 있었다'고 하였다. 이 복령부는 소철이 사신으로 갈 때 이곳을 지나

＊42 외국 사신을 접대하는 임시 벼슬 이름.

가다가 지은 것이다.

절에는 중이 두 사람뿐이었다. 뜰 난간 아래에 오미자(五味子)[*43] 두어 섬을 널어 말린다. 나는 무심코 두어 알을 집어서 입에 넣어 보았다. 한 중이 바라보다가 갑자기 와락 성을 내며 눈을 부릅뜨고 호통을 친다. 거동이 매우 흉악하고 사납다. 나는 곧 일어나서 난간 가에 기대 섰다. 마침 이때 일행 중에서 마두(馬頭) 춘택(春宅)이 담뱃불을 붙이려고 들어왔다가, 이 모양을 보고 크게 화를 내며 중 앞으로 다가가서 꾸짖는다.

"우리 어르신께서 날씨가 더워 찬물 생각이 나시어 들어오셨다가 이렇게 많은 것 중에서 한두 알 입에 넣으시어 목마름을 덜고자 하신 것이다. 그런데 이 까까중놈아, 너는 한 점 양심도 없느냐? 하늘에는 하늘의 높음이 있고 물에는 물의 깊음이 있다. 높고 낮은 것도 분별하지 못하고 옅고 깊은 것도 헤아리지 못하는 이 당나귀 같은 놈! 참으로 무례하구나! 당나귀 같은 놈아, 세상에 그런 인정이 어디 있느냐?"

그러자 중은 모자를 벗어 휘두르고 입으로 거품을 내뱉는다. 어깨를 기우뚱기우뚱 까치걸음으로 다가오면서 대든다.

"너희 어르신인가 뭔가가 나한테 무슨 상관이 있단 말이냐? 아무리 너희는 하늘이 두렵다고 하더라도 나는 조금도 두려울 것 없다. 아무리 관운장이 신령스럽게 문 앞에 와서 있다 해도 무서울 게 뭐란 말이냐?"

춘택이 중의 뺨을 힘껏 후려갈기고, 우리나라 쌍스러운 욕을 마구 퍼부었다. 중이 볼을 움켜쥐고 비틀비틀 들어가 버린다. 내가 큰 소리로 춘택을 꾸짖었다. 춘택은 그래도 분을 참지 못하고 땅을 구르며 죽을 둥 살 둥 싸우려 든다.

다른 한 중이 부엌 문께에 서서 그저 빙그레 웃으면서 바라보고만 있다. 도우려고도 않고 말리려고도 않는다. 춘택이 또 그에게 달려들어 주먹으로 두들겨패고는 소리친다.

"우리 어르신께서 황제께 아뢰시기만 하면 네놈들은 대가리가 깨지고 말 것이고, 이놈의 사당은 자취도 없어질 거야!"

중은 벌떡 일어나 옷을 털면서 중얼거린다.

[*43] 오미자나무의 열매. 다섯 가지 맛이 있다고 하는 붉고 씨가 굵음. 차로 달여 마시기도 하고, 폐를 돕고 해수와 갈증을 멈추는 효과가 있어 약재로 씀.

"너희 나리는 오미자를 공짜로 먹고 게다가 네놈을 시켜 사발만한 주먹으로 나를 마구 때리게 하니 이게 무슨 도리냐?"

그러나 그 기색을 살펴보니 차차 움츠러든다. 춘택은 더욱 기가 나서 성을 풀풀 내며 외쳐댄다.

"공짜가 무슨 공짜야, 이놈아? 한 되를 자셨단 말이냐, 한 말을 자셨단 말이냐? 기껏 눈곱만 한 것 가지고 어르신네 위신을 떨어뜨리려 하는 거냐? 황제께서 이 이야기를 들으셨다간 네놈들 그 번들번들한 대갈통이 산산조각이 날 거야! 네놈들이 우리 어르신 무섭지 않다고 하지만, 그래 우리 어르신께서 이 일을 황제께 아뢰어도, 그래 황제도 두렵지 않단 말이냐?"

중의 기가 완전히 꺾여 다시 대꾸를 하지 않는다. 춘택은 연방 '황제께서 황제께서' 하고 황제를 팔면서 마구 때리고 욕을 퍼붓는다.

아마도 이때 황제는 양쪽 귀가 몹시 가려웠을 것이다. 춘택이 말끝마다 황제를 들먹거려 허세를 부리는 꼴이란, 사람들로 하여금 배를 움켜쥐고 웃게 한다. 그러니까 그처럼 사납게 굴던 중들도 황제란 말을 듣자, 마치 천둥 소리에 놀란 듯 귀신을 만난 듯 두려워하고 겁을 낸다.

이윽고 춘택이 벽돌 하나를 빼어 때리려고 하자, 두 중이 모두 히죽히죽 웃으면서 달아나 숨는다. 그러다가 이내 산사 열매 두 개를 들고 다가오더니 싱글거리며 내놓고 청심환을 달라고 한다.

그러고 보면 말썽을 일으킨 것은 애초부터 청심환을 얻기 위한 수작이었다. 나는 그들의 행동이 몹시 괘씸했지만 그래도 청심환 한 개를 꺼내 주었다. 중들은 수없이 머리를 숙인다. 참으로 부끄러움을 모르는 자들이다. 산사 열매는 크기가 살구만 한데 너무 시어서 먹을 수가 없다.

성인은 물건을 주고받는 것을 삼간다. 의리에 어긋나면 지푸라기 하나라도 남에게 주지 아니하고, 그것이 의리에 어긋나면 지푸라기 하나라도 남에게서 받지 않는다고 하였다. 하나의 지푸라기는 천하에서 지극히 작고 지극히 가벼운 것이다. 만물 가운데 끼지도 못하는 것이거늘 어찌 세상에 지푸라기 하나를 받거나 주는 데 도리가 있겠는가? 그러나 성인은 이에 대해 그처럼 심각하게 말씀하시었다. 마치 거기에 큰 결벽성과 큰 의리가 있는 것처럼 말씀하시었다. 이제 내가 오미자의 일을 겪고 보니, 성인이 지푸라기 하나에 대해 하신 말씀이 과연 심한 말씀이 아님을 알겠다.

아, 성인이 어찌 나를 속이셨으랴? 두어 알 오미자는 한낱 지푸라기와 같은 미미한 것인데, 저 포악한 중이 내게 저지른 무례는 참으로 도리에 어긋나는 해괴한 행동이었다. 그래서 이로 말미암아 싸움이 일어났고 심지어 주먹질까지 발전하였다. 싸움에 져서 분한 마음을 어찌할 수 없어 죽음까지도 무릅쓰고 싸울 지경에까지 이르렀다.

이에 이르고 보니 비록 몇 알 안 되는 오미자의 화(禍)가 이처럼 산더미같이 커졌었구나. 그러니 세상에서 지극히 작고 지극히 가벼운 것이라는 구실을 내세울 수 없는 노릇이로다.

중국 춘추전국(春秋戰國) 시대에 종리(鍾離) 땅에 사는 한 여자가 초(楚)나라 여자와 뽕나무를 놓고 다투다가, 마침내 두 나라가 전쟁을 하기에까지 이르렀다고 한다. 이 일과 비교해보아도 몇 알의 오미자는 성인이 말씀하신 지푸라기 하나보다 큰 것이다. 잘잘못을 다툰 것도 초나라 여자가 뽕나무를 두고 다툰 것과 다를 것이 없다. 만약 이 싸움이 목숨을 잃는 사태로까지 발전했다면, 어찌 군사를 일으켜 죄를 묻는 전쟁 상황이 벌어지지 않았으리라 장담할 수 있겠는가?

내 학문이 얕고 보잘것없어서 항상 오얏나무 아래에서 갓을 바로잡고 참외밭에서 신을 고쳐 신는 행위를 삼가 조심하지 못하였다. 그런데 지금 이렇게 공짜로 가졌다는 모욕을 스스로 초래하였으니, 참으로 부끄럽다.

연도(沿道)에는 열하로 들어가는 빈 수레가 하루에 몇천 몇만 대인지 헤아릴 수 없다. 황제가 준화(遵化)·역주(易州) 등지로 가게 되어 있어서, 짐을 실어 나르기 위해 가는 수레들이라고 한다.

짐을 실은 낙타 수백 수천 마리가 떼를 지어 나온다. 거의 모두 모양이 같다. 크거나 작은 놈이 없으며, 빛깔은 모두 누르스름하고 털이 짧다. 머리 생김새가 말 비슷하나 눈은 작아서 양과 같고 꼬리는 소와 같다. 걸을 때에는 목을 움츠리고 머리를 쳐들어서 그 모습이 날아가는 해오라기 같았다. 무릎은 두 마디이고 발굽은 두 쪽으로 갈라졌다. 걸음걸이는 학 같고 소리는 거위 같다.

옛날 가서한(哥舒翰) _{당나라 현종 때 서역 정벌에 공을 세운 장수}이 서하(西河)에 있을 때 그의 주사관(奏事官)이 장안(長安)에 올 때면 늘 흰 낙타를 타고 하루에 5백 리를 달렸다고 한다. 후진(後晉)의 개운(開運) 2년에 부언경(苻彦卿)이 거란의 철요

(鐵鷂) 군사를 대파하자 거란 왕 덕광(德光)은 하인들이 타는 수레를 타고 달아나다가 뒤쫓는 군사가 맹렬히 추격하므로 그는 다급하여 낙타 한 마리를 잡아 타고 달아났다고 한다. 지금 낙타의 걸음이 느리고 둔한 것을 보니 추격을 면하기 어려웠을 것 같다. 하기야 그 중에는 석계륜(石季倫: 계륜은 진(晉)나라 부호 석숭(石崇)의 자. 평소 소를 타고 다녔음. 그 소를 석승우라 했음)이 탔던 소처럼 날쌘 놈이 있었는지도 모를 일이다.

고려 태조(太祖) 때 거란이 낙타 40마리를 보내 왔다. 그런데 태조는 거란이 무도(無道)한 나라라 하여, 보내온 낙타를 다리 아래 매어 두어 열흘 만에 다 굶어죽었다고 한다. 거란이 비록 무도하다 하더라도 낙타에게는 무슨 죄가 있는가? 낙타는 하루에 소금 두어 말과 여물 10단을 먹어야 하는데, 우리나라는 목장이 빈약하고 목동이 서툴러서 기르기가 매우 어려운 처지였다. 낙타로 물건을 실어 나르려 해도 도회지 집이 낮고 좁으며, 출입문과 거리가 너무 비좁아서 낙타가 드나들기 어려우므로 그야말로 낙타는 아무 짝에도 쓸모가 없는 물건이다. 지금도 낙타가 굶어죽은 그 다리를 낙타교(駱駝橋)라고 한다. 유수부(留守府)*44에서 3리쯤 떨어진 곳으로 다리 옆에 비석을 세워 낙타교라고 새겨 놓았다. 그러나 이 지방 사람들은 낙타교라 부르지 않고 모두 약대달리(若大達利)라 부른다. 방언에 약대란 낙타이고, 달리란 다리(橋梁)이다. 이것이 다시 변하여 야달리(野達利)라고도 한다. 내가 개성에 놀러 갔다가 낙타교가 어디인가 물었으나, 아무도 아는 사람이 없었다. 사투리가 변하여 끝내는 이처럼 아무 뜻이 없게 된 것이다.

이날 80리를 왔다.

18일 갑자(甲子)

맑다가 늦게 가랑비가 오더니 이내 멎고, 오후에 큰 바람이 일면서 번개가 치고 소나기가 쏟아졌다.

먼동 틀 무렵에 길을 나섰다. 차화장(車花莊)·사자교(獅子橋)를 지나 행궁(行宮)이 있는 목가곡(穆家谷)에 와서 점심을 먹었다.

밥을 먹고 곧 떠나 석자령(石子嶺)을 넘어서 밀운(密雲)에 이르렀다. 청

---

*44 개성(開城)의 다른 이름. 유수가 다스렸음.

나라 종실(宗室)의 여러 왕들과 보국공(輔國公) 및 수많은 관원들이 흩어져, 북경으로 돌아가는 사람들로 길을 메웠다.

백하(白河) 나루터에 다다랐다. 서로 먼저 건너려고 아우성을 치고 다투어 좀처럼 건너갈 수가 없다. 이제 막 부교(浮橋)를 만드느라고 배들이 모두 돌을 나른다. 그 중 한 척만이 사람들을 건네 주고 있다.

전번에 이 강을 건널 때에는 군기대신(軍機大臣)이 나와서 우리를 맞아 주고 낭중(郎中)이 강을 건너게 해 주었으며, 황문(黃門)*45이 길을 안내해 주었다. 게다가 제독(提督)과 통관(通官)은 기세당당하게 강가에서 채찍을 휘둘러 지휘했다. 그 품이 산이라도 무너뜨리고 강이라도 메울 만한 형세였는데, 오늘 북경으로 돌아가는 길에는 근신(近臣)의 호송은커녕, 황제까지도 인사의 말 한 마디조차 없다. 이것은 우리 사신이 생불(生佛)을 만나보라는 권고를 받아들이지 않았기 때문으로서 권여(權輿)*46의 한탄을 금할 길이 없다.

그들의 기색을 살펴보니 갈 때와 올 때의 대우가 아주 딴판이다. 저 흐르는 백하로 말하자면 지난날 건너던 물이요, 저 모래언덕으로 말하면 전번에 서 있던 곳이다. 제독의 손에 있는 채찍이나 저 강 위에 떠 있는 배도 그대로였다.

그런데 제독은 아무 말이 없고, 통관은 고개를 떨어뜨리고 있구나. 강산은 변함이 없는데, 눈을 들어 보니 세상 인심은 판이해졌구나. 세력을 믿을 수 없음이 이와 같도다. 세력이 있는 곳에는 미친 듯이 몰려들지만, 눈 한 번 깜박할 사이에 형세가 변하여, 마치 진흙으로 만든 소*47가 바다 속으로 들어가듯이, 마치 빙산이 해를 만난 듯이 의지할 데가 없어진다. 이러한 풍조가 온 세상을 휩쓰니 이 어찌 슬픈 일이 아니랴.

갑자기 검은 구름이 일어 사방을 뒤덮고, 바람과 우레가 크게 진동한다. 그러나 갈 때처럼 그렇게 두렵지는 않다. 갈 때와 돌아올 때가 이처럼 판이하니 참으로 기묘한 일이다.

---

*45 내시(內侍).
*46 사물의 시초(처음에 잘못했음을 뜻한 것임).
*47 이우(泥牛)는 입춘(立春) 전날에 진흙으로 소를 만들어 입춘제를 지내는 것이니 춘우(春牛)라고도 하는데 물에 들어가면 풀려 버린다는 말.

명나라 천순(天順)*48 7년에 밀운현(密雲縣)과 회유현(懷柔縣)에 장마가 져서 백하(白河)가 여러 길이나 범람하고 밀운의 무기고(武器庫)와 문서고(文書庫)가 떠내려갔다고 한다. 이곳은 옛날에 전쟁이 벌어졌던 곳이다. 바람은 눈이 멀고 비는 미쳐서 시도 때도 없이 발작한다. 번개는 성을 내고 우레는 울분을 터뜨린다. 전쟁의 원통함이 아직도 그대로 맺혀 있어서 그러는 것이 아닐까?

이곳까지 오면서 살펴본 나룻배 제도는 모두 다르다. 이곳 백하의 나룻배 제도는 우리나라 나룻배와 같은 것도 있으나, 어떤 것은 톱으로 배의 허리를 잘라서 밧줄로 붙들어매어 한 배를 만든 것도 있다. 그렇게 세 개나 연결한 것도 있다.

글자를 만들어 쓰는 데는 상형(象形)을 많이 쓴다. 배에 대해서도 배주(舟)자 옆에 상형을 덧붙여 도(舠)니 접(艓)이니, 책(舴)이니 항(航)이니, 맹(艋)이니 정(艇)이니, 함(艦)이니 몽(艨)이니 하여, 모두 그 모양에 따라 글자를 만들어 이름을 붙인다. 모든 사물이 다 그렇다.

우리나라에서는 작은 배를 걸오(傑敖 : 거루), 나룻배를 날오(捏敖 : 나루)라 하고 큰 배를 만장이(漫藏伊), 관곡(官穀) 운반하는 배를 송풍배(松風排)라 하고, 바다로 나가 다닐 때는 당돌이(唐突伊), 강 상류에서는 물우배(物遇排)라 한다. 관서(關西) 지방에서는 배를 마상이(馬上伊)라고 한다. 배를 만드는 제도는 각각 다르지만 통틀어 '배(船)'라고 하는 하나의 글자로 일컫는다. 비록 도(舠)·접(艓)·작(舴)·맹(艋) 등의 글자를 빌려다가 쓰기는 하지만 이름과 실제가 맞지 않는다.

말 탄 사람 4, 50명이 바람을 일으키면서 달려온다. 그 기세가 꿋꿋하고 당당하다. 우리나라의 지쳐빠진 하인들이며 말들은 거들떠보지도 않는다. 일행이 한꺼번에 배에 오른다. 맨 뒤의 사람은 팔에 푸른 매를 앉히고 채찍을 들었는데, 훌쩍 뛰어 단번에 배에 오르려다가 그만 말이 뒷발을 잘못 디디어 안장과 매와 함께 뒹굴어 떨어져서 물에 빠졌다. 물장구를 치며 허우적허우적 일어나려다가 도로 가라앉곤 한다. 이윽고 가까스로 물에서 기어나와 기진맥진 배에 올랐다. 매는 등잔 기름에 빠진 부나비 같고, 말은 오줌통

---

*48 명나라 영종(英宗)의 연호. 1457~1464. 조선 세조(世祖) 때임.

에 빠진 쥐새끼 같았다. 비단 옷과 수놓은 채찍이 흠뻑 젖은 꼴이란 그야말로 말이 아니었다. 그는 부끄러워서 몸 둘 곳을 몰라 공연히 애매한 말과 매만 때린다. 말은 놀라서 뛰고 매는 날개를 펄럭인다.

스스로 뽐내고 남을 업신여긴 대가를 이처럼 당장에 받게 되니 교훈으로 삼아야 할 일이다. 강을 건넌 다음 뒤따르는 사람에게 묻자 말 위에서 몸을 굽힌 채찍으로 땅바닥에 글자를 써 보인다.

"저분은 사천장군(四川將軍)이십니다. 연세가 많아 전처럼 날래지 못하시지요."

부마장(駙馬莊)에 와서 묵었다. 숙소로 정한 점방은 성 밑에 있는데, 이 성이 회유현(懷柔縣) 성이었다. 밤에 문을 나서서 조금 돌아보는데, 2, 30명 또는 백여 명의 말탄 사람들이 떼를 지어 지나간다. 대오마다 맨앞에서 등불 하나가 길을 인도할 뿐이다. 모두 귀한 사람들인가 보다. 수레 소리와 말발굽 소리가 밤이 새도록 끊이지 않았다.

이날은 65리를 왔다.

19일 을축(乙丑)

맑고 간혹 빗방울을 뿌리더니 나중에는 활짝 갰다. 몹시 덥다.

새벽에 회유현(懷柔縣)을 떠나서 남석교(南石橋)에 이르러 점심을 먹었다. 처음으로 홍시를 맛보았다. 모양이 네 쪽으로 골이 지고 받침이 있어, 우리나라에서 반시라고 하는 것과 흡사하다. 맛이 달고 무르며 수분이 많다. 이 감은 계주(薊洲) 반산(盤山)에서 나는데, 그곳 산들은 모두 감·배·대추·밤 등으로 덮였다고 한다.

임구(林溝)를 지나 청하(淸河)에 와서 묵었다. 이쪽은 큰길로서 갈 때의 길이 아니었다.

묘당 한 곳을 들어가니, 강희제(康熙帝) 친필의 금자 편액(扁額)이 걸려 있다. '좌성우불(左聖右佛)'이라 하였다. 좌성이란 관운장(關雲長)을 말하는 것이다. 양쪽 주련(柱聯)에는 관운장의 도덕과 학문을 야단스럽게 찬양하였다.

관공(關公)을 숭상하기 시작한 것은 명나라 초기부터였다. 심지어 그의 이름도 함부로 부르지 않게 되어, 패관(牌官)이나 기서(奇書)에도 한결같이 관 아무개(關某)라 하였고, 명나라·청나라 무렵에는 공문서나 장부에까지도 관성(關聖)이니 관부자(關夫子)니 하고 높였다. 그 잘못을 세상의 사대부들이 이어받아 그를 정말 학문한 사람으로 여겨 왔던 것이다. 소위 학문을 한다는 것은 신중히 생각하여 밝게 분별하고, 자세히 물어서 지식을 넓히는 것인데, 덕성(德性)이 모자라는 사람을 함부로 높인다면 그것은 도(道)를 뒤엎어서 학문을 하는 것이 된다.

우(禹) 임금은 착한 말을 하는 사람에게는 절을 하고 아주 짧은 시간이라도 아껴 썼다. 안자(顏子)는 같은 잘못을 두 번 저지르지 않고 자신의 노여움을 남에게 옮기지 아니하였다. 그런데도 아직 그것만 가지고는 심성이 완전하다고 할 수 없을 터이니 이는 그들의 학문이 극치에 이르렀다 하더라도 아직도 객기가 조금이라도 남아 있기 때문일 것이다. 이 객기를 없애려면 모름지기 '자기'의 사사로운 욕망을 이기고 하늘의 이치로 돌아와야(克己復禮) 할 것이다. '자기'란 생각은 인간의 사사로운 욕심이다. 만약 털끝만큼이라도 자기에 집착하면, 성인은 이것을 마치 원수나 도둑처럼 여기며 기어코 잘라 없애고야 말려고 할 것이다. 그러므로 서경(書經)에는 '상(商)을 쳐서 기어코 이기고야 말겠다' 하였고, 역경(易經)에는 '고종(高宗)이 귀방(鬼方)*49을 쳐서 3년 만에 이겼다'고 하였다.

군사를 일으킨 지 3년이나 되어도 기어코 이기고야 말겠다고 한 것은, 진실로 이기지 못하면 나라가 나라의 구실을 할 수 없기 때문이다. 자기를 이기고 난 후라야 비로소 하늘의 이치로 돌아올 수 있는 것이다. 돌아온다는 것은 털끝만큼도 미진한 것이 없음을 말하는 것이다. 마치 해나 달이 일식이나 월식으로 이지러졌다가 다시 둥글게 되거나, 잃었던 물건을 도로 찾았을 때 그 무게가 조금도 줄지 않는 것과 같다.

세 가지 달덕(三達德)*50을 갖추지 않고서 학문을 이룬 사람은 없다. 비록 관공(關公)의 의리와 용기는 극기(克己)하기 전에 이미 천리(天理)로 돌아온 것이겠지만, 지금 관공을 학문한 사람이라고 치켜세우는 것은 그가 춘추(春秋)에 밝았기 때문일 것이다.

---

*49 옛날 먼 나라. 서융(西戎)이라 하기도 하고, 주(周)나라 형초(荊楚) 땅이라 하기도 하며, 적인(狄人)이라고 말하기도 함.
*50 슬기·어짊·용맹의 세 가지.

관운장은 오(吳)나라와 위(魏)나라를 향해 참람하게 왕을 사칭하는 역적이라고 엄격히 꾸짖었던 것이다. 그러니 이제 와서 자신을 관제라고 하는 제왕의 칭호를 어찌 스스로 달갑게 여기겠는가? 그의 영혼이 천년만년 살아 있다면 이런 도리에 어긋나는 존칭을 절대 받지 않을 것이고, 만약 영혼이 없다면 이런 아첨이 또한 무슨 소용이 있겠는가?

오경박사(五經博士)*51는 모두 성현의 뒤를 이은 사람들이므로, 주공(周公)의 후예 동야씨(東野氏), 주자의 후예 공씨(孔氏), 안회(顔回)의 후예 안씨(顔氏), 증삼(曾參)의 후예 증씨(曾氏), 맹자의 후예 맹씨(孟氏)를 모두 성현의 후예라고 하는 것이다. 그런데 관공의 후예인 관씨(關氏) 박사를 성현의 후예라고 하여 동야씨·공씨 반열에 끼어 넣는 것은 너무도 당치 않은 일이다. 운남성에는 왕희지를 신주로 모신 문묘가 있으니 이것은 명필인 왕희지를 서성(書聖)이니 필종(筆宗)이니 하고 떠받드는 잘못에서 나온 것으로 성인의 도를 점점 더 멀어지게 한다. 오랑캐들이 번갈아 중국의 주인이 되자, 제각기 온갖 방법으로 세상을 어지럽히다 보니 학문은 가느다란 띠처럼 겨우 명맥을 유지할 뿐이다. 이러니 어찌 천 년 후에는 수호전(水滸傳)으로 정사(正史)를 삼지 않으리라고 누가 장담할 것인가?

어떤 사람이 말했다.

"남쪽 오랑캐〔南蠻〕와 북쪽 오랑캐〔北狄〕들이 앞으로 계속 중국 황제 노릇을 하게 된다면, 문묘에는 왕희지를 모시는 것도 좋을 것이야. 수호전으로 정사를 삼는다고 해도 좋고, 공자·안자를 내쫓고 석가(釋迦)를 모셔 놓는다 하더라도 나는 조금도 섭섭할 것 없네."

그리하여 모두 한바탕 크게 웃고 일어섰다. 북경으로 돌아가는 관원들이 여기서는 더욱 많아져서 열하로 들어가는 빈 수레가 밤낮으로 끊이지 아니한다.

마두(馬頭)와 역졸(驛卒) 가운데 전에 이미 서산(西山)에 가 본 일이 있는 자가, 멀리 서남쪽 일대의 돌산을 가리키면서, '저게 서산이야' 하고 말한다. 구름과 아지랑이 속에 수많은 봉우리가 나타났다가 숨었다가 한다. 산

---

*51 한(漢)나라 무제(武帝) 때 다섯 경(經) 가운데 특히 그 경에 정통한 사람을 하나씩 뽑아 박사라 하였으나 당나라 때에는 한 사람이 다섯 경에 다 정통한 사람을 박사라 하였음. 오경은 주역(周易)·상서(尙書)·모시(毛詩)·좌씨춘추(左氏春秋)·예기(禮記).

위에는 흰 탑이 우뚝우뚝 솟아 있고, 병풍인 듯 푸른 산봉우리들이 빙 둘러서 있다. 둘러싸고 있는 푸른 산봉우리들이 한 폭의 그림처럼 아름답다. 다시 저희끼리 지껄이는 말이 귀에 들려온다.

"수정궁(水晶宮), 봉황대(鳳凰臺), 황학루(黃鶴樓)가 모두 이곳을 본떠서 만든 것이지."

강 남쪽으로 넓은 호수가 있는데 호수 복판에 흰 돌로 다리를 놓았다. 다리 이름을 수기(繡綺)니 어대(魚帒)니 십칠공(十七空)이니 붙였다. 다리 넓이는 모두 수십 걸음, 길이는 백여 발쯤 될 것 같다. 다리를 높다랗게 놓아 무지개가 걸려 있는 것 같고, 양쪽에는 돌난간을 설치했다. 다리 아래로는 용을 그린 배와 비단 돛을 단 배들이 드나든다.

강물을 40리나 끌어다가 이 호수를 만들었다. 바위 틈에서 샘이 솟아나는데, 이것을 옥천(玉泉)이라고 한다. 황제가 강남(江南)을 순유(巡遊)할 때나 막북(漠北)*52에 주필(駐蹕)*53해 있을 때라도 반드시 이 샘물을 마신다고 한다. 물맛이 천하 제일이라고 하여 연경팔경(燕京八景) 가운데 옥천수홍(玉泉垂虹)을 그 하나로 친다.

마부 취만(翠萬)은 전에 다섯 번이나 갔었다고 하고, 역졸 산이(山伊)는 두 번을 갔었다고 하여, 이 두 하인과 함께 서산 구경을 가기로 약속했다.

20일 병인(丙寅)

맑다. 새벽에 빗방울을 뿌리다가 멎었고, 날씨가 좀 서늘하다.

해뜰 무렵에 출발하여 20여 리를 와서 덕승문(德勝門)에 다다랐다. 문의 제도는 조양문(朝陽門)·정양문(正陽門) 등 여러 문과 같다. 아홉 개 성문이 모두 똑같은 제도이다.

흙탕이 심하여 한번 빠지면 혼자 힘으로는 빠져나오기가 어려울 것 같다. 양 수천 마리가 길을 메우고 가는데, 목동 두어 사람이 몰고 간다.

덕승문은 원나라 때는 건덕문(建德門)이라고 했다. 홍무(洪武) 원년에 대장군(大將軍) 서달(徐達)이 지금의 이름으로 고쳤다. 문 밖 8리쯤에 남아

---

*52 고비 사막의 북쪽. 외몽고(外蒙古)
*53 임금이 여행하는 도중에 잠시 머무르거나 묵음.

있는 옛 토성(土城) 자리는 원나라 시대에 쌓았던 흔적이다. 정통(正統 : $^{1436\sim}_{1449}$) 14년(1449) 10월 기미(己未)일에 야선(也先)이 상황(上皇 : 살아 있는 황제의 부친)을 모시고 이 토성에 올라가서, 통정사(通政司) 참의(參議) 왕복(王復)을 좌통정(左通政)으로 삼고, 중서사인(中書舍人) 조영(趙榮)을 태상시(太常寺) 소경(少卿)으로 삼은 다음 나와 토성에서 상황을 뵙도록 한 곳이 바로 이곳이다. 명사(明史)에는 이렇게 씌어 있다.

"야선이 상황의 위세를 업고 자형관(紫荊關)을 격파하고 곧바로 수도를 공격하려고 하자, 병부상서(兵部尙書) 우겸(于謙)은 석형(石亨)과 함께 부총병(副摠兵) 범광무(范廣武)를 이끌고 덕승문(德勝門) 밖에 진을 쳐 야선과 대치하였다. 우겸은 병부의 일을 시랑(侍郞) 오영(吳寧)에게 맡기고, 여러 성문을 모두 폐쇄한 다음 자신은 독전(督戰)에 나섰다. 그는 '싸움터에서 장수가 군사를 돌보지 않고 먼저 도망하는 자는 목을 벨 것이며, 또한 군사로서 장수를 돌아보지 않고 먼저 도망치는 자는 뒷 부대가 가서 목을 벨 것이다' 하였다. 그리하여 장수와 군사들은 모두 죽기를 각오하고 우겸의 명령을 따랐다.

경신(庚申)일에 적이 덕승문을 노리는 것을 알고 우겸은 석형에게 빈집에 복병을 두게 하고 기병 몇을 내보내 적을 유인토록 하였다. 이때 적의 기병 만여 명이 공격해 오므로 복병이 뛰쳐나와 이를 급습하여 야선의 아우 발라(孛羅)가 대포에 맞아 죽었다. 닷새를 서로 버티다가 야선이 화의를 청해 왔으나 응하지 않았다. 전세도 또한 불리하게 되자 야선은 끝내 목적을 이루지 못할 것을 알고 마침내 상황을 옹위하고 북쪽으로 가버렸다."

지금 성문 밖은 민가와 가게들이 번화하고 풍성하여, 정양문(正陽門) 밖이나 다름없다. 오랫동안 태평세월을 보내다 보니 어디를 가든 다 이러하다.

서관(西館)에 머물던 역관·비장들과 일행의 하인들이 길 왼쪽에 늘어서서 기다리고 있다. 말에서 내리자 서로 다투어 손을 잡고 수고했다고 치하한다. 그런데 내원(來源)만이 보이지 않는다. 그는 멀리까지 마중 나오려고 혼자서 일찍 아침을 먹고 동직문(東直門)으로 잘못 나갔기 때문에 길이 어긋난 것이라고 한다.

창대(昌大)는 장복(張福)을 보자마자, 떨어져 있던 동안의 정(情)도 말하지 않은 채 대뜸 묻는다.

"너 별상은(別賞銀)*54을 얼마나 가지고 왔느냐?"

장복 역시 안부를 묻는 말도 없이 얼굴에 웃음을 띠고 되묻는다.

"너는 상은(賞銀)을 몇 냥이나 받았느냐?"

그러니까 창대가 말한다.

"천 냥 가져왔다. 너와 절반씩 나누어 가지자꾸나."

"너 황제를 보았느냐?"

"그럼 보았지. 황제는 눈이 호랑이 늑대 같고, 코는 화로 같더라. 옷을 벗고 맨몸으로 앉아 있었다."

"관은 어떤 걸 썼지?"

"황금 투구를 썼어. 나를 불러 커다란 잔에 술을 가득 따라 주면서 '너는 험하고 먼 길을 싫다는 소리 없이 주인을 잘 모시고 왔다니 참으로 기특하구나' 하더라."

상사또(上使道)가 일품각로(一品閣老)라느니, 부사또(副使道)가 병부상서(兵部尙書)라느니, 창대가 주워 대는 말은 모두 허튼소리 아닌 것이 없다. 그런데 장복이만 속는 것이 아니라 하인들 중 좀 사리를 안다는 자까지도 그의 말을 믿지 않는 자가 없다.

변군(卞君)과 조(趙) 판사가 와서 반가이 맞이하여 함께 길가에 있는 술집 이층으로 올라갔다. 술집에 걸린 푸른 깃발에 '서로 만나 의기 맞으니 술 마시려고 다락 아래 수양버들에 말 매어 두네(相逢意氣爲君飮 繫馬高樓垂柳邊)'라 씌어 있다. 지금 말을 수양버들에 매어 놓고 누각에 올라 술을 마시게 되니, 옛 사람의 시 짓는 법이 실제의 사물을 그대로 묘사한 것에 지나지 않지만 그 가운데 참뜻이 완연히 들어 있음을 더욱 알 만하다.

누각 위 아래 40여 간에 조각한 난간, 그림 그린 기둥의 울긋불긋한 단청이 눈부시고, 분처럼 하얀 벽에 천으로 바른 창문이 신선 사는 곳을 연상케 한다. 양쪽으로 고금의 훌륭한 글씨와 이름 있는 그림을 많이 붙여 놓았고, 또한 술자리에 어울리는 시들도 많다. 조정에 출근했던 신하들이 공무를 마치고 퇴근하는 길이거나, 국내 명사들이 석양 비칠 무렵에 많이 모여드는 곳이다. 그들은 술잔을 기울이면서 시를 읊고 글씨와 그림을 논하며, 밤이 이

---

*54 특별히 상으로 주는 은.

슥하도록 돌아가기를 잊는다. 이처럼 좋은 시와 글씨·그림들을 남겨놓기를 날마다 거듭하는데, 어제 남겨놓은 작품이 오늘이면 다 팔린다고 한다.

이것이 이런 술집의 유행이 되어 술집에서는 서로 경쟁적으로 의자와 탁자, 그릇과 골동품 따위를 사치스럽게 마련해 놓고 꽃을 많이 꽂아 놓아 시를 짓는 소재로 삼게 한다. 게다가 고운 먹, 아름다운 종이, 진귀한 벼루, 좋은 붓 등 없는 것이 없다.

옛날 양무구(楊無咎)란 사람이 어떤 기생집에 놀러 갔다가 절지매(折枝梅) 한 폭을 그려 벽에 붙여 놓았더니, 오고가는 선비들이 이것을 구경하려고 이 집을 많이 찾아들어 영업이 크게 번창했는데, 그 뒤에 도둑이 들어 그 그림을 훔쳐가고부터는 아무도 찾아오지 않았다고 한다.

오대(五代) 시절 은사(隱士) 장일인(張逸人)은 언젠가 최씨네 술집 술 항아리에

> 무릉성 안 최씨네 집 술은
> 지상에는 없을 것이고 천상에나 있겠지
> 구름처럼 떠도는 도사 한 말 술 마시고
> 취하여 흰 구름 깊은 동구에 누웠네.
>
> 武陵城裏崔家酒 地上應無天上有
> 雲遊道士飮一斗 醉臥白雲深洞口

란 시를 지어 붙였더니, 그때부터 술 마시러 오는 손님이 더욱 많아졌다고 한다.

대개 중국의 명사나 선비들은 기생집이나 술집에 드나드는 것을 별로 꺼리지 아니하였으므로, 여씨가훈(呂氏家訓)에도 찻집이나 술집에 드나드는 것을 훈계했던 것이다.

우리나라 사람들은 술먹는 습성이 세상에서 가장 험악하다. 소위 술집이란 것도 모두 초라하기 짝이 없는데, 길가에 낸 조그만 문에다 새끼줄로 헌 쳇바퀴로 등을 만들어 단 집이면 틀림없이 술집이다. 우리 시인들이 푸른 주기(酒旗)라는 말을 흔히 쓰지만 그것도 실제로는 그렇지 않다. 우리나라 술

집에는 예로부터 한 폭의 깃발도 용마루에 나부껴 본 적이 없다.

술 마시는 사람들은 주량이 대단하여, 반드시 커다란 주발에다가 술을 가득 따라 이맛살을 찌푸리면서 단숨에 마셔 버린다. 이것은 들이붓는 것이지 마시는 것이 아니다. 배가 부르기를 바라는 것이지 아취(雅趣)를 즐기자는 것이 아니다. 그렇기 때문에 한번 술을 마셨다 하면 반드시 취하고, 취하면 반드시 주정을 하고, 주정을 하면 반드시 치고받아 싸움을 해서, 술집 항아리와 그릇들을 모조리 걷어차고 부수고 한다.

그러니 소위 풍류 모임이니 시 짓는 모임이니 하는 것이 어떤 것인지를 모를 뿐 아니라, 도리어 여기서처럼 사람들이 배부르게 술을 마시지 않는 것을 비웃는다. 비록 이곳의 술집을 압록강 동쪽(우리나라 쪽)으로 옮겨다 놓는다 하더라도 밤이 이슥해지기 전에 벌써 살림살이와 골동품을 두드려 부수고 꽃을 꺾어 짓밟아 놓을 것이니, 이 어찌 통탄할 일이 아니랴.

이주민(李朱民)이란 나의 친구는 풍류와 운치를 아는 멋진 선비이다. 평생에 중국을 배고프고 목마른 것처럼 사모하였지만, 오직 술 마시는 습관만은 중국의 옛 격식을 좋아하지 않았다. 그는 술잔이 크거나 작거나, 술이 맑거나 흐리거나 가리지 않고 손에 닿는 대로 입을 딱 벌리고 한꺼번에 쏟아 부었다. 그래서 친구들은 그에게 '복주(覆酒)'란 아호를 붙여 놀려 주었다. 이주민은 애당초 이번 사행(使行) 길에 함께 오기로 되어 있었는데, 어떤 사람이,

"그는 술주정이 심하여 함께 다니기 어려운 사람입니다."

하고 참소하여 오지 못했다.

그러나 나는 10여 년을 그와 함께 술을 마셔 왔다. 이주민은 얼굴이 붉게 단풍드는 일도 없고 입으로 거품을 뿜는 일도 없다. 마시면 마실수록 더욱 의젓해진다. 다만 술잔을 뒤집어 털어 넣는 것만이 그의 조그만 흠이었다. 그는 일찍이 말한 적이 있다.

"두자미(杜子美) *55도 역시 복주(覆酒)였지. 그의 시에 '아이야 이리 오너라, 술잔 엎질러 보자꾸나(呼兒且覆掌中杯)' 한 것이 있으니, 이 어찌 입을 벌리고 번듯이 누워 아이로 하여금 술을 입에 엎지르게 한 것이 아니겠는

---

*55 당나라 때 시인 두보(杜甫). 자미는 자이고, 호를 두릉포의(杜陵布衣)·소릉야로(少陵野老)라 하였음. 저서에 두공부집(杜工部集)이 있음.

가?"

이처럼 천연덕스럽게 말하여서 좌중이 한바탕 크게 웃었었다.

지금 갑자기 만 리 타향에서 내가 이 친구를 생각하니, 주민(朱民)은 지금 이 시각에 어떤 자리에 앉아서 왼손에 술잔을 들고 만 리 밖 이 나그네를 생각할 것인가……

먼젓번에 들었던 숙소로 돌아와 보니, 윗층 벽에 붙어 있는 두어 폭 주련(柱聯)과 옆자리에 놓여 있던 생황(笙簧)이며 철금(鐵琴)이 모두 그대로여서 꼭 고향에 돌아온 것만 같다. 이야말로 가도(賈島)*56의 시에 '병주가 고향인 듯 보이는구나(却望幷州是故鄕)' 한 것이 바로 이것을 말한 것이로구나 하는 생각이 들었다.

저녁을 먹고 나자 주부(主簿) 조명위(趙明渭)가 자기 방에 진귀한 물건이 있다고 자랑하여 나는 곧 그와 함께 그 방으로 갔다. 문 앞에 10여 개의 화초가 진열되어 있으나 하나도 이름을 모르겠다. 흰 유리 항아리는 높이가 두 자는 되겠고, 침향(沈香)으로 만든 가산(假山)도 높이가 두 자쯤 되겠으며, 석웅황(石雄黃)*57으로 만든 필산(筆山)은 한 자 남짓하고, 청강석(靑剛石)으로 만든 필산도 있다. 대추나무 뿌리가 자연적으로 커다란 강별(罡星)*58 같이 생겼는데 그것에는 흑단(黑檀)으로 받침을 만들어 놓았다. 그 값은 화은(花銀)*59 30냥이라고 한다. 희귀한 책도 수십 종이 있는데, 지부족재총서(知不足齋叢書)며 격치경원(格致鏡源) 등은 모두 값이 턱없이 비싸다.

조군(趙君)은 20여 번이나 북경에 드나들어서 북경을 마치 자기 집처럼 여겼고, 중국말을 썩 잘 하였다. 게다가 물건을 살 때에 심한 에누리를 요구하지 아니하기 때문에, 단골 상인이 많아서 으레 그의 숙소에 여러 가지 물건을 가져다 진열해 놓아 구경하게 하는 것이었다.

그런데 지난해 창성위(昌城尉 ; 黃仁點)가 정사로 왔을 때, 건어호동(乾魚衚衕)에 있는 조선관(朝鮮館)에 불이 나서, 여러 대상(大商)들이 맡겨 놓았던 물건들이 모두 잿더미로 되어 버렸다. 조군의 방은 다른 방보다 더욱 심

---

*56 당나라 때 시인. 호는 갈석산인(碣石山人), 저서에 장강집(長江集)이 있음.
*57 비소(砒素)의 화합물인 광물. 빛은 등황색 또는 황색. 염료(染料)·화약(火藥) 등에 쓰임.
*58 북두성(北斗星)의 다른 이름.
*59 아름다운 은. 좋은 은.

하여 사고파는 물건 외에도 희귀한 골동품과 서적들이 모두 불에 타서, 그 값을 친다면 화은(花銀) 3천 냥은 될 것이라 했다. 그것은 모두 융복사(隆福寺)와 유리창(琉璃廠) 물건들이었다. 물건 임자들은 방을 빌려 진열해 놓았던 것이라 어디 가서 값을 물릴 수도 없는 노릇이었다. 그런데 이런 일도 경계로 삼지 않고 지금 또 이렇게 자리를 빌려 물건을 늘어놓고 이전처럼 사람들의 마음을 즐겁게 해 준다. 대국의 풍도란 이처럼 푸근하고 시원하다는 걸 알겠다.

밤에 태학관(太學館)에서 묵었다. 여러 역관(譯官)들이 모두 내 방에 모여 간략하게 술자리를 가졌다. 모두들 고달픈 여행에 입맛을 잃었다.

사람들의 눈길이 계속 방 한쪽에 있는 보따리에 간다. 모두 그 속에 무엇이 들어 있을까 몹시 궁금한 모양이기에, 내가 창대를 시켜 보따리를 끌러 속속들이 헤쳐 보이게 하였다. 다른 것은 아무것도 없고, 가지고 간 붓과 벼루뿐이다. 두툼하게 보인 것은 모두 필담(筆談)을 휘갈겨 쓴 것과 구경한 것을 기록한 일기였다. 모두들 궁금증이 풀려 웃으면서 말한다.

"나는 이상하게 생각했네. 갈 때는 아무것도 가지고 가지 않았는데, 돌아올 때는 보따리가 아주 큼지막하기에 말일세."

장복은 서운한 듯이 창대에게 묻는다.

"특별상금은 어디 있지?"

열하에서 만난 중국 벗들
경개록(傾蓋錄)

머리글〔傾蓋錄序〕

나는 사신을 따라 북쪽으로 만리장성을 나가 열하에 이르렀다. 이곳은 본래 흉노(匈奴)*¹의 왕도(王都)로서, 여러 오랑캐 족속들이 뒤섞여 살고 있어 도무지 함께 이야기할 만한 상대가 없었다. 그러다가 태학관(太學館)*²에 묵으면서 보니, 중국 본토 사대부들도 태학관에 많이 들어 있었다. 그들 역시 하반(賀班)*³에 참석하러 온 사람들이었다.

한 건물에서 지내다 보니 아침저녁으로 서로 만나게 되고, 피차 나그네 신세이므로 서로가 손님이요 서로가 주인이었다가 엿새를 묵고 헤어지게 되었다. 옛 말에, '머리털이 희어지도록 사귀어도 마음이 통하지 않으면 새로 알게 된 것이나 마찬가지이고(白頭如新), 우연히 수레를 마주하더라도 서로 마음이 통하면 오래전부터 친해 온 것 같다(傾蓋如舊)'고 했으니, 한 마디 이상 이야기한 것은 모두 수록하여 경개록(傾蓋錄)*⁴이라 이르기로 하였다.

---

*1 중국 북쪽에 있던 한 종족. 몽고족 또는 터키족의 한 갈래라고 함.
*2 옛날 나라에서 세운 최고의 학부. 수기(修己)·치인(治人)의 도를 가르쳤음. 대학(大學)이라고도 하는데, 아득한 옛날 유우씨(有虞氏)는 상상(上庠), 하(夏)나라 때는 동서(東序), 은(殷)나라 때는 우학(右學), 주(周)나라 때는 동교(東膠)라 하였고, 한(漢)나라 때 비로소 대학이라 하였음.
*3 황제 탄신을 축하하는 의식에 참여한 반열(班列).
*4 우연히 길에서 만나 서로 수레를 멈추고 수레 일산을 맞댄 채 이야기를 나눈 것을 적은 기록이란 뜻.

왕민호(王民皡)는 강소(江蘇) 사람이다. 나이 54살이었는데, 사람됨이 순박하고 검소하여 겉치레가 별로 없었다. 지난해에 승덕부(承德府)*5의 태학(太學)을 황경(皇京)*6에 있는 태학과 똑같이 만들었다. 금년 봄에 건물 공사가 끝나 황제가 친히 석채례(釋菜禮)*7를 올렸다. 왕군(王君)은 거인(擧人) 자격으로, 태학 안에서 공부를 하고 있다고 하였다.

왕군은 금년 4월에 있었던 회시(會試)*8에 응시하지 않았고, 8월 중에도 황제의 칠순 큰 경사에 맞추어 황제의 특명으로 중시(重試)*9가 있었지만 역시 응시하지 않았다. 내가 물었다.

"무슨 까닭으로 과거에 응하지 않았습니까?"

그가 대답했다.

"나이가 많아서요. 늙은이가 과거에 나가는 것은 선비의 수치지요."

왕군은 덕망이 있는 사람이다. 호를 곡정(鵠汀)이라 하고 키가 7자가 넘었다. 뜻을 얻지 못하여 근심이 많은 듯, 마주 앉아 있는 동안에도 자주 탄식을 한다. 하인은 한 사람뿐으로 서로 의지하고 지낸다. 하루는 나를 청하여 함께 식사를 하였다.

따로 곡정필담(鵠汀筆談)과 망양록(忘羊錄)이 있다.

학성(郝成)은 안휘성(安徽省) 흡(歙) 땅 사람이다. 자는 지정(志亭)이고 호는 장성(長城)이다. 현재 산동도사(山東都司)에 임명되어 있어 비록 무인(武人)이기는 하지만, 학문이 넓고 식견이 높았다.

8척 장신에 붉은 수염, 눈동자가 유난히 빛나고, 골격이 매우 건장하여, 나와 밤낮으로 이야기해도 조금도 피로한 기색이 없다. 그의 저서는 모두 시(詩)에 관한 이야기들이다.

---

*5 열하성(熱河省)에 있는 부. 청나라가 부를 두었음.
*6 황제가 있는 서울. 연경(燕京) 곧 북경(北京)을 말함.
*7 학교에서 선성(先聖)·선사(先師)를 제사지내는 의식. 소나 말고기를 쓰지 않고 채소와 해초 따위만 쓰며, 음악도 쓰지 않음.
*8 지방에서 보는 시험에 합격한 사람을 중앙에 모아 치르는 과거시험.
*9 과거에 급제한 사람에게 다시 보이는 시험. 이 시험에 합격하면 당상(堂上) 정삼품(正三品)의 품계를 주었음.

윤가전(尹嘉銓)은 직례성(直隸省) 박야(博野) 땅 사람으로(옛날趙나라땅), 호는 형산(亨山)이다. 통봉대부(通奉大夫) 대리시경(大理寺卿)*10으로 벼슬에서 물러났다. 이때 나이 70살이었다.

금년 봄에 황제에게 글을 올려 물러가기를 청하니, 황제가 특별히 이품(二品) 벼슬의 모자와 옷을 하사하여 총애하였다.

윤가전은 시와 글씨와 그림에 모두 뛰어났다. 그의 시는 정성시산(正聲詩刪)에 많이 실려 있다. 대청회전(大淸會典)*11을 편찬할 때는 한림(翰林)으로 편수관(編修官)이 되었다. 황제와 동갑이므로 더욱 사랑받아 특별히 행재소(行在所)로 불려가서 연극을 구경할 때 구여송(九如頌)*12을 지어 바쳤다. 황제는 크게 기뻐하여 81가지 극본 중에서 이 구여송을 가장 먼저 상연하게 하였다고 하며, 황제의 평생의 시 동무가 되었다고 한다. 윤가전은 나에게 구여송 한 권을 주었는데 자비(自費)로 출판한 것이었다.

윤가전은 어느 날 상자 속에서 부채 한 자루를 꺼내더니 그 자리에서 괴상하게 생긴 바위와 우거진 대나무를 그리고 오언절구(五言絕句)를 써서 내게 주었다. 또 주련(柱聯)도 써 주었다.

어느 날 그는 양 한 마리를 통째로 쪄 놓고 왕 거인(王擧人)과 나를 청하여 함께 먹고, 그 밖에도 떡과 과일 등을 종일토록 내어놓았다. 이것은 오로지 나를 위해 마련한 것이었다.

윤가전은 키가 7자가 넘고 풍모가 깔끔하고 깨끗했다. 두 눈동자가 유난히 빛나 안경을 쓰지 않고도 잔 글씨를 잘 쓰고 그림도 잘 그렸다. 매우 건강하여 50살 남짓한 사람 같아 보였으나, 수염과 머리칼은 아주 하얗게 세었다. 항상 소탈하고 온화한 인물이었다.

윤가전은 나에게 북경으로 돌아가거든 꼭 서로 찾아보도록 하자고 부탁하면서 자기 집 주소를 써서 보여주었다. 동단패루(東單牌樓) 둘째 호동(衚衕)*13 첫째 골목 둘째 집, 문에 대경(大卿)이라는 편액이 걸려 있는 것이

---

*10 형옥(刑獄)에 관한 일을 맡아보는 관아. 대리시경은 그 우두머리임.

*11 건륭회전(乾隆會典)이라고도 함. 청조(淸朝)의 정사(政事)・고사(故事)를 모아 적은 책. 100권으로 되어 있음.

*12 송축하는 시. 시경(詩經) 천보(天保)의 시에 여(如)자가 아홉이 들어 있기 때문에 일컫는 말임.

*13 후통. 거리 또는 골목.

자기 집이라고 하였다. 그리고 그는 덧붙여 나에게 술을 끊고 여색을 멀리하라고 충고해 주었다.

나는 북경으로 돌아와서 윤가전에 대하여 남들이 하는 평을 들어 보았다. 모두들 그를 백부(白傅)*14에 견주었다.

그런데 윤가전은 황제를 모시고 역주(易州)로 간 이후 돌아오지 아니하여 끝내 다시 만나지 못했다.

고금의 악률(樂律)과 역대 치란(治亂)에 대하여 그와 논한 것은 따로 망양록(忘羊錄)에 자세하게 기록하였다.

경순미(敬旬彌)는 자가 앙루(仰漏)로서 몽고 사람이다. 강관(講官)으로 있으며 지금, 나이는 39살이다. 키는 7척이 넘고 얼굴이 희다. 길쭉한 눈에 짙은 눈썹, 손은 파뿌리같이 희어 미남자라고 할 만하다.

그와 엿새 동안 한 집에 머물러 있었지만, 한 번도 이야기 자리에 참여하지 않았다. 만인(滿人)이고 한인(漢人)이고 간에 누구 한 사람 친절하게 대하지 않은 사람이 없었는데, 유독 이 사람만이 몹시 오만하였다.

추사시(鄒舍是)는 산동(山東) 사람이다. 거인(擧人)으로 왕곡정(王鵠汀)과 함께 태학(太學)에서 공부하고 있는 중이었다. 이때 북경에서 중시(重試)가 있어 공부하는 선비 70명이 모두 과거를 보러 가고 왕(王)·추(鄒) 두 사람만이 가지 않고 있었다.

추사시는 비분강개를 잘하고 거침없는 성격이었다. 모습이 우락부락하고 행동이 거칠어서 모두 미친 사람이라고 손가락질하면서 싫어하는 사람이 많았다.

기풍액(奇豊額)은 만주 사람으로 자는 여천(麗川)이다. 현직은 귀주(貴州) 안찰사(按察使)이다. 나이는 37살이다. 본래 우리나라 사람이지만 중국에 들어간 지 4대째 되어, 이젠 본국에서의 문벌과 조상을 알지 못하고, 다만 그의 본래의 성이 황씨(黃氏)라는 것만 기억하고 있다.

---

*14 당나라 시인 백거이(白居易)를 말함. 그가 태자소부(太子少傅)를 지냈기 때문에 이렇게 부른 것임.

기풍액은 8척 장신으로 얼굴이 희고 모습이 준수하다. 위엄 있는 모습을 잘 꾸민다. 학문이 넓고 글도 잘하며 해학도 뛰어났다. 불교를 심하게 배척하고, 주장이 매우 엄정하였다. 그러나 위인이 몹시 교만 방자하여 세상이 안중에 없었다.

태학사(太學士) 이시요(李侍堯)가 운귀총독(雲貴總督)이 되었을 때, 귀주(貴州) 안찰사 해명(海明)이 2백 냥의 뇌물을 바친 일이 발각되었다. 이때 이시요는 구금되고 해명은 가까스로 사형은 면했으나 흑룡강(黑龍江)으로 귀양가서, 기풍액이 해명을 대신하여 안찰사가 되었다고 한다.

내가 우연히 기풍액의 처소를 돌아보다가 방 뒤에 누런 칠을 한 상자 수십 쌍이 쌓여 있는 것을 보았다. 모두 비어 있고 아무것도 들어 있지 않았다. 황제의 만수절(萬壽節)에 가지고 온 공물을 바치고 난 다음 남은 상자인 모양이었다. 기풍액은 나와 이야기하던 끝에 작별하는 이야기를 하게 되자 갑자기 눈물을 흘렸다. 어떤 이는 말하기를, 기풍액은 화신(和神)에게 아부하여 해명의 죄를 폭로하고 대신 안찰사가 된 것이라고 하였다.

나는 북경으로 돌아와서 그의 집을 찾아가 귀주로 가는 그와 작별인사를 나누었다.

왕신(汪新)은 자가 우신(又新)이다. 철강성(浙江省) 인화(仁和) 사람으로 지금 광동(廣東) 안찰사 벼슬을 하고 있다.

왕신은 내 이름을 여천(麗川)에게서 듣고, 여천과 함께 나를 찾아왔다. 여천이 마련한 자리에서 서로 만나자마자 마음을 쏟아 아주 오래된 친구처럼 굴었다.

키는 7자가 넘고 수염이 듬성듬성 났다. 얼굴이 거무튀튀하여 별로 위엄이 없고 도무지 꾸미는 일도 없다. 나와 같은 해 같은 달에 태어났으나 날은 나보다 열하루가 늦다.

내가 물었다.

"서림(西林)*15 오영방(吳穎芳)께서는 안녕하십니까?"

왕신이 대답한다.

---

*15 청나라 때 사람으로, 시를 잘 짓고 육서(六書)와 음악에 정통했음. 뒤에 불교를 믿어 유식론(唯識論)을 깊이 연구했음.

"오서림 선생은 오중(吳中)*16에서 학문과 덕이 높은 선비이십니다. 연세가 여든이 넘으셨는데 아직도 아주 건강하시어 책을 짓는 일을 쉬지 않으십니다."

"소음(篠飮)*17 육비(陸飛)께서도 안녕하신지요?"

다시 내가 묻자 그는 놀라며 되묻는다.

"존형(尊兄)께서는 오씨 육씨 두 분을 어떻게 아십니까?"

"소음이 건륭(乾隆) 병술년(丙戌年) 봄에 과거를 보기 위해 북경에 머물러 있을 때 우리나라 선비 한 분이 찾아가 만나본 일이 있어서, 그의 시문과 서화가 우리나라에서 많이 이야기되고 있습니다."

"소음은 좀 별난 선비입니다. 금년이 회갑인데, 뜻을 얻지 못하고 강호(江湖)를 떠돌아다니면서 시와 그림을 천명(天命)으로 여기고, 산과 물을 벗삼고 있습니다. 더욱이 크게 취하면, 미친 듯이 노래를 부르며 울분을 터뜨려 세상을 마구 꾸짖는답니다."

"무엇이 그렇게 분해 꾸짖는 것입니까?"

내가 물었으나 그는 대답하지 않는다.

그래서 내가 다시 물었다.

"그럼 구봉(九峯) 엄과(嚴果)*18는 어떻게 지내십니까?"

"내가 고향을 떠나 온 지 오래되어 그들이 어떻게 되었는지 모릅니다만, 서림은 제가 지극히 존경하는 분이지요. 사람들은 그를 당백호(唐伯虎)*19나 서문장(徐文長)*20에 견주지요. 서림은 서호(西湖)에서 30년 동안 나오지 아니하면서 부귀를 다하고 있습니다. 저는 고향을 떠난 지 10년이라 다만 풍문으로 들었을 뿐입니다만 차나 술을 그저 가까이하고 있다고 하니, 참으로 뜻을 얻은 사람이라 할 수 있겠지요. 저처럼 풍진(風塵) 속에 묻혀 있지는 않은 모양입니다."

왕신이 말한다.

---

*16 중국 강소성(江蘇省) 오현(吳縣) 지방.
*17 청나라 때 사람으로, 풍경과 꽃을 잘 그렸고, 시에도 뛰어났음.
*18 청나라 때 전당(錢塘) 사람으로 글씨를 잘 써 해서·행서·예서에 다 뛰어났음.
*19 명(明)나라 때의 문장가인 당인(唐寅). 백호는 자임.
*20 명나라 때의 문장가인 서위(徐渭). 문장은 자임.

"모레 다시 와서 실컷 이야기합시다."

그러자 여천(麗川)이 왕신에게 말한다.

"박공(朴公)께선 술을 좋아하시니 야자주(椰子酒)를 사야 할 것이오."

왕신이 고개를 끄덕이니까 여천이 또 말한다.

"연암(燕巖)께선 양고기를 별로 좋아하지 않으시고 땅콩을 잘 잡수십니다."

왕신이 또 고개를 끄덕인다. 문까지 따라가서 왕신을 배웅하는데 여천이 나를 돌아보면서 말한다.

"이분이야말로 해량(海量)이오."

주량이 대단하다는 말이다.

이튿날 왕신은 하인을 보내어 말을 전했다.

"내일은 아무 데도 가시지 말고 기다려 주십시오. 저에게 금으로 칠한 부채와 아주 좋은 글씨·그림이 있으니 가지고 가서 전송하겠습니다."

이렇게 당부했으나 이튿날 갑자기 북경으로 돌아오게 되어 다시 만나보지 못했다.

파로회회도(破老回回圖)는 몽고 사람이다. 자를 부재(孚齋)라 하고, 호를 화정(華亭)이라 하였다. 현재 강관(講官)으로 있는데, 나이는 47살이었다.

그는 강희제(康熙帝)의 외손(外孫)이다. 8척 장신에 수염이 길고 숱이 많으며, 얼굴은 수척하고도 누렇고, 광대뼈가 우뚝 솟아났다. 학문이 깊고 넓다.

나는 그를 술집에서 만났다. 사람됨이 점잖고, 데리고 있는 하인도 30여 명이나 되었으며, 옷과 모자와 말과 안장이 모두 몹시 호화롭고 사치스러웠다. 무관(武官)을 겸하고 있는 듯 싶었고 용모 역시 장군다웠다.

호삼다(胡三多)는 승덕부(承德府) 민가(民家 : 漢人을 민가라고 함)의 소년이다.

날마다 아침 일찍 책을 끼고 와서 왕곡정(王鵠汀)에게 글을 배웠다. 나이는 이제 12살인데, 용모가 맑고 깨끗하여 조금도 속된 기운이 없으며, 예절이 몸에 배고 행동이 우아하다.

부사(副使)가 복숭아를 두고 시를 지어 보라고 하니, 운자(韻字)를 청하여 그 자리에서 지어낸다. 문장과 이치가 다 원만하므로 상으로 붓 두 자루를 주었다. 다시 소년은 운자를 청하더니 그 자리에서 시를 지어 감사함을 표하였다.

어느 날 사신들이 모두 일찍 조정에 들어가고 나 혼자 방에 남아 있었다. 이때 삼다 군이 와서 이야기를 했다. 나는 마침 망건을 벗고 누워 있었는데, 삼다 군이 망건을 집어들어 자세히 보더니 몹시 번거롭게 캐어묻는다. 내가 우스갯소리로 말했다.

"한 명의 되놈도 많겠는데, 하물며 셋(소년의 이름인 호삼다/(胡三多)의 풀이)이나 되느냐?"

그러자 삼다가 서슴지 않고 대꾸한다.

"땅에는 두 임금이 없는데, 어찌하여 임금 한 명이 적다(王一少의 풀이)고 할 수 있겠습니까?"

그것은 왕일소(王逸少), 즉 왕희지를 말하는 것이었다(逸少의 逸자를/一자로 바꾼 것). 중국 사람들은 음만 같으면 흔히 같은 글자처럼 쓴다. 삼다의 말이 비록 완전하지는 못하나, 매우 민첩하고 조숙하다고 하겠다.

통관(通官)*21 박보수(朴寶樹)의 엄청나게 큰 노새가 뛰쳐나와 뜰을 돌면서 마구 날뛰었다. 삼다 군이 달려가서 턱 밑의 목줄띠를 거머잡아 끌고 가자 노새는 머리를 떨구고 순순히 굴레를 받는다.

하루는 정사(正使)가 빗질을 하며 앉아 있는데, 삼다가 허리를 굽히고 앞을 재빨리 지나가므로, 정사가 불러서 청심환과 부채를 주었다. 삼다는 절을 하며 고맙다고 하고 정사의 성명과 관품(官品)을 물었다. 그는 이처럼 당돌하였다.

조수선(曹秀先)은 강서성(江西省) 신건(新建) 사람이다. 자는 지산(地山)이며 현재 벼슬은 예부상서(禮部尙書)*22이다. 나이는 60이 넘어 보인다.

어제 내가 사신을 따라갔다가 조방(朝房)*23에서 조수선을 만났다. 다음 날엔 내가 우연히 새로 세운 관후묘(關侯廟)*24에 갔다가 동쪽 곁채에서 한

---

*21 중국에서 통역관을 이르는 말. 우리의 역관(譯官)과 같음.
*22 예부는 예조(禮曹), 상서는 판서(判書)와 같음.
*23 조신(朝臣)들이 조회(朝會) 때를 기다리는 대기실. 대궐 밖에 있었음.
*24 관제묘(關帝廟), 관왕묘(關王廟).

훈장이 네댓 명의 아이들을 가르치고 있는 걸 보고 물었다.
"이 안이 매우 넓은데, 경대부(卿大夫)가 몇 분이나 묵고 계십니까?"
훈장이 대답한다.
"지금 예부의 조(曹) 대인(大人)께서 여기 머물고 계십니다."
나는 그에게 종이와 먹을 빌려 명함을 써서 조 대인에게 면회를 허락해 달라고 하였다. 훈장은 곧 일어나 황급히 간다. 내가 멀리서 바라보고 있느라니까, 그는 섬돌 위로 나서서 손을 흔들어 나를 부른다. 내가 섬돌 아래로 갔다. 조공(曹公)이 문 밖에 나와서 나를 맞이하더니 손수 부축해서 의자에 앉힌다. 내가 머뭇거리며 굳이 사양했으나, 조공이 기어코 앉으라고 권한다.
내가 말했다.
"그대는 귀인이시고 저는 먼 나라에서 온 비천한 사람입니다. 이런 대접을 받으니 몹시 송구합니다."
그러자 조공이 말한다.
"당신은 공적인 일로 오셨나요?"
"아닙니다. 상국(上國)*25을 구경하러 왔습니다."
"벼슬은 몇 품이신가요?"
"나는 수재(秀才)*26입니다. 사신을 따라왔을 뿐 아무런 직책이 없습니다."
내가 대답하자 그는 황급이 나를 자리에 앉히고 말한다.
"아무런 직책이 없으시다니요! 선생은 나의 귀한 손님이십니다. 내게도 손님 대접하는 예의가 있으니, 선생은 굳이 사양치 마십시오."
한편으로 안경을 꺼내 귀에 걸면서 한편으로 재빨리 글씨를 쓴다.
"귀국의 선거(選擧) 제도는 어떻게 되어 있습니까? 대비(大比)*27 과거에서는 몇 사람이나 뽑고, 시험에는 어떤 과목(科目)을 봅니까?"
그때 갑자기 30여 명 사람들이 집 안으로 들어와 한일(一)자로 늘어서고, 그 중에서 수정 구슬 달린 모자를 쓴 사람이 한쪽 무릎을 꿇고 뭐라고 아뢴다. 그는 몹시 조심을 하여 거리가 10여 걸음이나 떨어져 있는 데도 말할 때

---

*25 명나라를 높여 일컬을 말.
*26 선비, 선생.
*27 과거, 또는 향시(鄕詩).

는 반드시 손으로 입을 가린다.

그래도 조공(曹公)은 아는 체도 하지 않고 부지런히 붓을 놀려 필담(筆談)을 한다. 입으로만 그가 아뢰는 말에 대답할 뿐이다. 수정 구슬 모자 쓴 사람은 일어났다 꿇어앉았다 하면서 모두 말하고 나서 의자를 끌어다가 멀찌감치 동쪽 벽 아래에 앉는다. 늘어섰던 사람들이 일제히 물러가고, 잠시 후에 일을 보고했던 자도 아무런 인사 없이 자리에서 일어나 나갔다. 집 안은 다시 아무도 없는 듯이 조용해졌다.

나는 조공과 마주 앉고, 훈장은 한쪽 구석에 앉았다. 훈장은 나이가 50여 살쯤 되었겠고, 머리에 풀로 엮은 모자를 썼다. 우리가 필담하는 것을 지켜보고 있다. 그때 갑자기 한 사람이 조공을 뵙겠다고 명함을 보내왔다. 명함에는 새로 임명된 호남(湖南) 무슨 어사 윤적(尹績)이라고 씌었으나 호남 밑의 몇 자는 소매에 가려져 안 보인다. 조공은 붓을 내던지고 일어나 달려 나갔다. 훈장이 내 소매를 끌어당긴다. 잠시 몸을 피하라는 눈치 같았다. 나는 훈장을 따라 나와서 그의 방으로 돌아왔다.

잠시 후 윤적이 조공과 함께 들어왔다가, 이내 윤적이 앞서고 조공이 뒤따라 나간다. 손님을 보내놓고 다시 돌아오겠지 생각하고 조용히 앉아 기다렸으나 한참을 기다려도 돌아오지 않는다. 이상하게 생각되어 훈장에게 물었더니 이미 대궐로 들어갔다고 한다.

조공은 용모가 늙은 데다가 못생겨서 위엄은 없으나 그래도 사람됨이 덕이 있고 온화한 성품이었다.

내가 북경으로 돌아와 보니, 중국 사대부들이 조공을 많이 칭찬한다.

'지산 선생(地山先生)의 문장과 학문은 당세의 으뜸'이라고 하면서 구양영숙(歐陽永叔)*28에게 견주었다. 장정옥(張廷玉)*29이 명사(明史)를 편찬하자 조공 역시 사국(史局)에 참여하였다. 두 사람은 오랜 친구였던 것이다.

그 뒤에 다시 관제묘(關帝廟)에 들렀으나 훈장이 없었다. 훈장의 이름은 잊어버려 기록하지 못하였다. 훈장 역시 한인(漢人)이었다. 문필이 매우 짧아 겨우 필담을 하기는 했지만, 오래 들여다보고 궁리해 보아야만 무슨 말인

---

*28 송(宋)나라 문장가 구양수(歐陽修). 당송팔대가(唐宋八大家)의 한 사람. 신당서(新唐書)·신오대사(新五代史)·모시본의(毛詩本義) 등 저서가 많음. 영숙은 그의 자임.

*29 청나라 때 사람. 50년이나 벼슬을 하여 태보(太保)·군기대신(軍機大臣)에 이르렀음.

지 알아 보는 형편이었다.

 왕삼빈(王三賓)은 민(閩)지방 사람으로, 나이는 25살이었다. 윤형산(尹亨山)의 하인이거나 또는 기여천(奇麗川)의 하인 같기도 하였다. 얼굴이 잘생겼을 뿐 아니라 글을 잘 알고 그림도 잘 그렸다.

라마교에 대한 문답
황교문답(黃敎問答)

머리글〔黃敎問答序〕

　남의 나라에 들어가는 사람이 흔히 '나는 적국(敵國)의 사정을 잘 엿볼 수 있다' 하기도 하고 혹은, '나는 그 나라의 풍습을 잘 관찰하여 알 수 있다'고 하지만, 나는 그러한 말을 믿지 않는다.
　남의 나라에 들어가서 어떻게 길 가는 사람을 붙들고 대뜸 중요한 일을 물어볼 수 있겠는가? 이것이 첫째 안 될 일이다. 말이 서로 다른데 어떻게 갑자기 의사가 서로 잘 통하겠는가? 이것이 둘째 안 될 일이다. 중국인과 외국인은 서로 입장이 달라 행동거지에 아무래도 표시가 날 우려가 있으니 이것이 셋째 안 될 일이다. 말이 겉돌다 보면 실정(實情)을 알 수 없고, 깊이 파고들면 그 나라에서 금하는 법에 저촉될 것이니 이것이 넷째 안 될 일이다. 묻지 않아야 할 것을 물으면 정탐하는 줄 알 터이니 이것이 다섯째 안 될 일이다. 그 직위에 있지 않으면 그에 대한 정치를 꾀하지 말라는 것이 자기 나라에서의 도리인데, 하물며 남의 나라에서는 어떠하겠는가? 그 나라에서 금하는 것이 무엇인지 먼저 알아보고 나서야 그 나라에 들어가 사는 것이 도리인데, 하물며 중국에서는 어떻겠는가? 이것이 여섯째 안 될 일이다.
　더구나 그 나라의 장수나 재상들의 어질고 어질지 못함이나, 풍속 습관의 좋고 나쁨이나, 만인(滿人)과 한인(漢人)의 등용되고 소외됨이나, 명(明)나라의 옛 사실 따위는 더욱 물어볼 수 없는 일일 뿐 아니라, 물어보아서도 안 되는 일이다. 그들 역시 대답할 수 없을 뿐 아니라, 함부로 대답해서도 안 되는 일이다.
　돈이나 곡식이나 군사나 산천 형세 같은 것은 별로 큰 문제가 안 될 것 같지만 이 역시 말할 수 없을 뿐 아니라, 그들은 반드시 의심을 하고 괴상하게 생각할 것이다.

왜냐하면, 돈과 곡식은 그 나라 국력의 허실(虛實)에 관계되는 것이고, 군사는 그 나라 국력의 강약(强弱)에 관계되는 것이고, 산천의 형세는 중요한 관문과 요충지에 관계되는 것이기 때문에, 함부로 묻고 대답할 수 없다고 하는 것이다.

옛날 사람들은 언제나 말을 주고받는 가운데 문답하는 내용과 관계 없는 정보를 얻었다고 한다. 가령 다리〔橋梁〕를 보거나 경고(更鼓)*1를 듣고 예절이 높은가 어떤가를 점쳐 알았으며, 시를 읽거나 음악을 듣고서 물건 값의 비싸고 싼 것을 미루어 알았다고 한다. 옛 사람과 같은 지혜와 재주가 없으면서, 한갓 되잖은 글이나 한두 마디 말로 어떤 정보를 얻으려 하는 것도 어려운 일인데 더구나 이 세상은 넓고도 커서 끝간 데를 볼 수 없음에랴.

내가 열하에 도착하여 아무 말도 하지 않는 가운데 세상 형세를 살펴본 것이 다섯 가지이다. 황제는 해마다 열하에 주재하게 되니 열하로 말하자면 만리장성 밖 황폐하고 외진 곳이다. 천자가 무엇 때문에 애써 이 새외(塞外)*2의 황폐하고 외진 곳에 와서 머물까? 피서한다는 명분을 내세우지만 사실은 천자가 직접 변방을 수비하는 것이다. 이렇게 하고 보니 몽고가 얼마나 강한가를 알 수 있다.

황제가 서번(西番)*3의 승왕(僧王)을 맞아다가 스승으로 삼고 황금 전각까지 세워서 그를 거처하게 하는데, 무엇 때문에 천자가 이처럼 애써 사치스러운 예우를 하는 것일까? 명분은 스승을 대접한다는 것이지만 사실은 황금 전각 안에 가두어 두어 하루라도 나라가 무사하기를 바라는 것이다. 그러니 서번이 몽고보다도 더 강하다는 것을 알 수 있다. 이 두 가지 일은 이미 황제의 심정이 괴롭다는 것을 보여 주는 사례이다.

이곳 사람들의 글을 보면, 비록 대단치 않고 몇 줄 안 되는 편지라 하더라도 반드시 청나라 역대 왕조의 공덕을 과장하고, 현재 황제의 은혜에 감격해 하는 말을 쓴다. 이것은 모두 한인(漢人)들의 글이다. 대개 한인들은 중국(中國)의 유민(遺民)으로 자처하여, 오랑캐인 청조(淸朝)에게 화를 당하지나

---

*1 밤에 시각을 알리기 위해 치는 북.
*2 만리장성 밖의 지방.
*3 중국 서쪽에 있는 여러 나라를 일컫는 말. 서번(西蕃)으로도 씀.

않을까 하는 근심을 항상 품고, 의심을 받지나 않을까 경계하지 않을 수가 없어 입만 열면 칭송하고 붓만 들면 아첨한다. 그들이 지금 세상에서 소외당하지 않으려고 애를 쓰는 것이다. 그러니 한인들도 마음이 괴로운 것이다.

　이곳 사람들과 이야기를 해 보면, 비록 대수롭지 않은 일에 대해 말을 주고받을지라도, 말을 한 다음에는 곧 필담한 것을 태워 버리고 한 조각도 남겨놓지 않는다. 이는 비단 한인만이 그러한 것이 아니라 만주 사람은 더욱 심하다. 만주 사람들은 황제 측근 벼슬자리에서 국가 기밀(機密)에 아주 가까이 있으므로 법의 가혹함을 더욱 잘 알고 있기 때문이다. 그러니 한인들의 마음만 괴로운 것이 아니라, 세상을 법으로 금하는 만인의 마음 또한 괴로운 것이다.

　가게에서 파는 벼루 하나 값이 백 냥 안에 드는 것이 없다. 아! 천하에 변란이 생기면 주옥(珠玉)이 땅바닥에 굴러다녀도 줍는 자가 없고, 천하가 태평하면 기와나 벽돌이 땅 속에 묻혀 있어도 기어코 캐내고야 만다. 부귀한 사람은 주옥을 예사로 보지만, 빈천한 사람은 눈을 부릅뜨고 주워 감춘다. 취미로 감상하는 사람은 어쩌다 한번 만져나 보지만, 어리석고 추잡한 사람은 발이 부르트도록 분주히 찾아 돌아다닌다. 밭갈다가 쟁기에 일구어져 나오고, 낚시질하다 낚시에 걸려 나오고, 무덤 속에서 나와 시체 냄새가 배어든 것까지도 덮어놓고 천하에 다시없는 보배로 여긴다. 그러니 천하의 보배로 여기는 그런 사람들의 마음 또한 괴로운 것이다.

　그렇다면 한 조각 돌을 가지고 천하의 대세(大勢)를 환히 짐작할 수 있는 것이니, 하물며 천하에는 돌보다 큰 것이 얼마든지 있음에랴.

　이제 반선(班禪 : 정치·종교 권리를 쥐고 있는 라마교 우두머리)에 관한 나머지 이야기 부스러기를 기록하여 황교(黃敎)*4문답(問答)이라고 한다.

---

*4 불교의 한 파, 티베트에 유포된 것으로 라마교(喇嘛敎)의 신파. 누런빛 옷을 입음. 교주 달라이 라마는 라사에 있음.

내가 찰십륜포(札什倫布)*5에서 먼저 북경의 숙소로 돌아오니, 지정(志亭: 학성의 자, 호는 長城)이 나를 맞이하면서 물었다.

"선생께서 만나보신 활불(活佛)*6의 모습이 어떻습디까?"

그래서 내가 되물었다.

"공(公)께서는 아직 못 보셨습니까?"

"활불은 어마어마한 곳에 거처하고 있어서 아무나 만나볼 수 없습니다. 게다가 신통한 술법이 있어서 사람들의 뱃속까지 환히 들여다본다고 하지요. 신통한 거울 하나를 걸어 놓고 있는데 간음(姦淫)하고자 하는 마음을 품고 있는 사람은 반드시 푸른빛으로 비치고, 탐내고 도둑질하고자 하는 마음을 품고 있는 사람은 반드시 검은빛으로 비치고, 위태로운 화를 품고 있는 사람은 반드시 흰빛으로 비친다고 합니다. 충성스럽고 효성스러우며 부처님을 한결같이 공경하는 사람이 가면 반드시 붉은빛 아지랑이에 누런빛을 띠어, 경운(慶雲)*7이나 담화(曇華)*8처럼 거울의 면에 서린다고 합니다. 그러니 이 오색 거울이야말로 얼마나 두려운 것입니까?"

"그것은 진시황(秦始皇)의 조담경(照膽鏡)*9을 본받아서, 활불을 신비스럽게 말하는 것입니다. 그러나 그 조담경도 정사(正史)에는 전해지는 것이 아니니 어떻게 믿을 수 있겠습니까?"

"활불이 있는 집 벽에 그 거울이 걸려 있지 않던가요?"

지정이 묻기에, 나는 '오색경가외(五色鏡可畏)'란 다섯 글자에 권점(圈點)을 치고 말했다.

"공이야 원래 청·흑·백 세 가지 마음이 없으신데 그 거울이 뭐 두렵습니까?"

지정이 말한다.

---

*5 티베트의 라사(拉薩) 서쪽에 있는 지명. 라마교의 반선라마(班禪喇嘛)가 살고 있는 곳임.
*6 살아 있는 부처. 도가 뛰어나다 하여 일컫는 말.
*7 경사스러운 일이 있을 때 뜨는 구름.
*8 우담화(優曇華)의 준말. 3천 년에 한 번씩 꽃이 핀다는 상상의 나무. 불교에서 쓰는 말로, 이 꽃이 필 때 금륜왕(金輪王)이 나온다고 함. 극히 드문 것을 비유하는 말임.
*9 함양궁(咸陽宮)에 있었던 거울로 오장(五臟) 곧 남의 속 생각을 환히 비추어 볼 수 있었다고 함. 진시황이 이 거울로 궁인들을 비추어 보아 쓸개가 부풀고 마음이 흔들리면 죽여 버렸다고 함.

"법화경(法華經)이나 능엄경(楞嚴經) 등 여러 경전의 게송(偈頌)*10은 모두 이 경을 공경하지 않으면 곧장 벌을 받는다고 사람들을 위협합니다. 이렇게 중생을 겁먹게 해서 억지로 선한 도(善道)로 돌아가게 하는데, 그 거울도 이와 비슷합니다. 거울(鏡)은 글자 없는 경전(經)이요, 경전은 구리(銅)로 만들지 않은 거울입니다. 내가 비록 열흘 동안 담박한 음식을 먹고 열흘 동안 목욕을 하여도, 혹시 간(肝)이나 폐(肺)에 털끝만 한 흠이 있다면 어떻게 세 가지 빛깔이 나타나지 않으리라고 장담할 수 있겠습니까?"

지정은 곧 필담한 종이를 찢어서 불 속에 던져 버리고 다시 말한다.

"활불은 과연 참으로 신통하지요. 활불에게 절을 하는 사람이 모자를 벗고 머리를 숙일 때, 활불이 손으로 그의 정수리를 쓰다듬으면서 얼굴에 웃음을 띠면 크게 복을 받고, 웃지 않으면 복이 그다지 많지 않다고 합니다. 활불이 눈을 감을 때에는 절하던 사람은 크게 겁이 나서 향불을 피우고 참회를 하면서 뼈저리게 참회를 하면 죄과(罪過)가 자연히 소멸되고 다시는 죄를 짓지 않게 된다고 합니다. 이는 활불이 말로써 가르쳐 훈계하지 않고도 손을 한 번 펴는 가운데 그 공덕은 이와 같습니다. 화석(和碩)*11친왕(親王)과 화석액부(和碩額駙)는 아침마다 머리를 숙여 활불을 예배하지만, 외부 사람이나 관리들은 좀처럼 없답니다."

그래서 내가 활불의 내력을 물었더니 지정이 설명한다.

"건륭(乾隆) 40년경 중국 서쪽 지방에서 활불 법왕(法王)이 세상에 나타났다고 소문이 자자하였는데, 어떤 이는 말하기를 이 법왕은 40대 이전의 전생까지도 환히 안다고 했습니다. 지금 몽고의 48부족이 모두 강하다고 하지만 티베트(西番)를 가장 무서워하고, 티베트의 여러 나라들은 활불을 가장 두려워합니다. 활불이란 곧 장리대보법왕(藏理大寶法王)입니다. 앞서의 명(明)나라 시대에 양삼보(楊三寶)와 중 지광(智光)·오향(吾鄕)·하객(霞客) 등 여러 사람이 서역(西域)의 여러 불교 나라들을 두루 돌아다녔습니다. 그 중 오사장(烏斯藏)*12이란 나라는 중국에서 1만여 리나 떨어져 있고, 그 나

---

*10 부처를 찬양하는 노래.

*11 만주어로 부락(部落)이란 말인데, 청나라 때 친왕(親王)이나 공주(公主) 등의 이름 위에 붙이는 미칭(美稱)이 되었음.

*12 티베트의 위장(衛藏) 지방. 중장(中藏)이라고도 했음.

라에는 대보법왕(大寶法王)과 소보법왕(小寶法王)이 있는데, 서로 번갈아가며 이 세상에 태어나서 모두 도법(道法)을 갖추었고, 나면서부터 신성(神聖)했습니다. 지금의 활불은 곧 옛날 원(元)나라 때 서천(西天)의 불자(佛子)로서 대원황제(大元皇帝)의 스승이 된 이의 후신(後身)이라고 합니다.

지난해 내각(內閣)의 영공(永公)은 제6황자를 모시고 가서 법가(法駕)*13와 의장(儀仗)을 갖추어 가지고 활불을 맞이해 왔습니다. 활불은 황제의 지위 높은 신하가 자기를 맞으러 올 것과, 북경을 떠날 날짜와 지위 높은 신하의 이름이 누구인지 (이름은 永貴인데 현재 내각 학사로서 황제의 총애를 받는 신하라고 함) 미리 다 알고 있었다고 합니다. 그가 거처하는 집은 모두 황금으로 지붕을 덮어 사치스럽고 화려하기가 중국보다도 더 하더라고 합니다. 오는 도중에서도 신통한 일이 여러 번 있었고, 거쳐 오는 여러 나라 번왕(番王)*14 중에는 심지어 몸을 불태우는 사람, 머리를 불사르는 사람, 손가락을 끊는 사람, 살갗을 베는 사람까지 있었다고 합니다. 또 어리석어서 부모에게 불효하던 자가 활불을 보자마자 문득 비심(悲心)*15을 일으켜서, 아버지가 괴상한 병에 걸리자 아들이 칼로 왼쪽 옆구리를 째고 자기의 간(肝) 한쪽을 떼어내어 구워서 아버지에게 먹이니, 병이 금방 낫고, 아들의 왼쪽 옆구리도 그 자리에서 말끔히 아물어 효자로 이름이 났답니다. 그래서 황제가 가상히 여겨 그의 마을에 효자정문(孝子旌門)을 세워 주고, 부역을 면제하여 주도록 했다고 합니다. 산서성(山西省)의 한 어리석은 사나이도 큰 부자인데도 몹시 인색하여 평생토록 한 푼의 돈에도 발발 떨었다고 합니다. 그런데 그는 길에서 활불을 멀찌감치 예배하고는 비심(悲心)이 일어나서, 마침내 10만 금을 들여 절을 세웠다고 합니다. 활불의 공덕이 대략 이러합니다. 그는 물을 만나도 다리로 건너지 않고 배도 타지 않았다고 합니다. 맨발로 물을 밟고 가는 데도 물결이 발목을 적시지 아니하고 남보다 먼저 저편 언덕에 가 있었다고 합니다. 한번은 큰 호랑이 한 마리가 길바닥에 엎드려 꼬리를 흔들고 있더래요. 그래서 황자(皇子)가 화살을 뽑아 활을 쏘려고 하자, 활불이 이를 말리고 수레에서 내려 호랑이를 타이르니까, 호랑이가 그의 옷깃을 물고 끌어당겨 무엇인지 호소하는 듯하

---

*13 천자가 타는 수레.
*14 서번(티베트)의 임금.
*15 남을 불쌍히 여겨 도와주고자 하는 마음.

더니 이내 남쪽으로 가더랍니다. 활불이 따라가보니 큰 바위굴 속에서 호랑이가 새끼에게 젖을 먹이고 있는데, 큰 뱀 두 마리가 호랑이 굴을 둘러싼 채 새끼를 잡아먹으려고 한 마리는 어미가 젖을 못 먹이게 하고, 한 마리는 수호랑이와 맞서 있었습니다. 호랑이는 날카로운 어금니와 발톱으로도 어찌할 수가 없어서 슬피 울부짖으며 기진맥진해 있었다고 합니다. 그때 활불이 지팡이를 들어 뱀을 가리키면서 주문을 외우니까, 두 마리 뱀은 스스로 머리를 바위에 부딪혀 죽고, 그 대가리 속에서 큰 구슬이 하나씩 나왔답니다. 그런데 구슬에서 나오는 광명이 밤을 낮처럼 환히 밝혀, 하나는 황자(皇子)에게 바치고, 또 하나는 학사(學士)에게 바쳤답니다. 그런데 호랑이는 열흘 동안이나 활불의 가마를 호위하여 따라오면서 공순하게 굴므로, 황자가 그 호랑이를 아주 데리고 가려고 우리에 가두려 하는 것을 활불이 그러면 안 된다고 하여 그만두었다고 합니다. 활불이 뭐라고 호랑이를 타이르자 호랑이는 머리를 숙여 절을 하고는 어디로인지 가 버렸다고 합니다. 그러니 그의 술법이 신통하지 않습니까? 나중에 두 개의 구슬은 황제에게 바쳐서 황제가 타는 수레 장식물이 되었답니다. 그것은 장마나 가뭄이 들고 또는 전염병이 돌 때마다 신비로운 제물이 되어 언제나 신기한 영험(靈驗)을 나타낸다고 합니다."

내가 말했다.

"활불의 전생(前生)에서의 일이란, 비유하건대, 회화나무 잎에 붙은 푸른 벌레가 꿀벌 집을 뚫고 들어가 벌의 새끼가 되고, 큰 송충이가 표범 같은 얼룩무늬를 벗고 범나비가 되고, 누에가 나방이 되고, 굼벵이가 매미가 되고, 비둘기가 매가 되고, 매가 꿩이 되고, 꿩이 조개가 되고, 닭이 뱀이 되고, 뱀이 거북이가 되는 것과 같은 것으로서, 변화하지 않는 것이 없고, 어느 것이나 모두 각성(覺性)*16이 있어서 그 전생의 일을 다 안다는 것입니까? 이러한 화신(化身)*17에 의거하여 얼마든지 전의 모습을 알 수 있다는 것입니까? 장주(莊周)*18가 호접(蝴蝶 : 나비)의 꿈에서 놀라 깨어난 것처럼, 꿈속과

---

*16 불성(佛性) 곧 부처가 될 수 있는 성품. 사람은 누구나 다 수양 여하에 따라 부처의 경지에 이를 수 있는 성품을 지니고 있다고 함. 여래성(如來性)이라고도 함.
*17 부처의 세 가지 몸의 하나. 일체중생을 구원해 주기 위해 여러 가지 모습으로 변하여 나타난 부처의 몸.

생시가 서로 달라 아무런 관련이 없는 것과 같이 새로 태어나는 것도 서로
아무런 관련이 없지 않겠습니까? 만약 활불처럼 전생의 일을 환히 알아서,
전생에 이 몸이 어느 곳 아무개의 아들이 되어 있다가, 이번 생에는 이 몸이
다시 어느 곳 아무개의 아들로 태어났다는 것을 안다면, 전생의 부모와 금생
의 부모가 지금도 모두 별 탈 없이 있어서 크나큰 자비심으로 역력히 서로
알아보고 각기 서로 누구라고 부를 것이니, 그렇다면 누구를 원망하고 누구
를 은혜롭게 여길 것이며, 슬퍼할 것이 무엇이고 즐거워할 것이 무엇이겠습
니까?"

이렇게 물었더니, 지정이 갑자기 눈물을 주르르 흘리면서 '슬퍼할 것이 무
엇이고 즐거워할 것이 무엇인가(哀樂何居)'란 구절에 방점을 쳤다.

이때 문을 여는 소리가 들리자, 지정이 급히 그 종이를 꾸겨서 손에 거머
쥐었다. 문을 열고 들어오는 사람은 함께 묵고 있는 왕민호(王民皞)이고,
뒤따라 들어오는 사람은 역시 왕군(王君)과 함께 묵고 있는 추사시(鄒舍是)
였다. 모두들 거인(擧人)으로 이 만리장성 밖에 와서 객지 생활을 하고 있
다. 지난해에 이곳 열하에 북경과 똑같이 태학(太學)을 새로 설치하였는데
두 사람은 지금 이 태학에서 공부를 하고 있는 중이며, 지금 나를 만나보기
위해 온 것이었다.

지정이 두 손님에게 무엇이라 자세히 설명해 주는데, 마치 글을 외우듯 한
다. 두 사람은 한편으로 듣고 한편으로 탁자 위의 방점 쳐 놓은 것을 손가락
으로 짚어 내려간다. 내가 한 말을 지정이 읽어서 알려주는 모양이었다.

왕(王) 거인(擧人)이 내 성명과 자와 호를 써서 추(鄒) 거인(擧人)에게
보여준다. 왕은 이미 구면이고, 추는 초면이기 때문이다.

추생(鄒生)이 묻는다.

"귀국에서는 불교가 언제부터 시작되었습니까?"

"소량(蕭梁) *19 대통(大通) *20 때에 아도(阿道)라는 승려가 처음으로 신라

---

*18 전국시대(戰國時代) 초(楚)나라 사람. 도가(道家)의 시조로 장자(莊子)라 일컬음. 그가
꿈에 나비가 되었다가 깨어나서, 원래 사람인 자기가 꿈에 나비가 된 것일까, 원래 나비
인 자기가 꿈에 사람이 된 것일까를 알 수 없어 고심했다고 함. 물(物)과 아(我)가 하나
인데, 현실은 그 분화(分化)라는 비유임.

*19 양(梁)나라 무제(武帝).

*20 무제의 연호. 527~529년, 신라 법흥왕(法興王) 14~16년, 고구려 안장왕(安藏王) 9~11년

(新羅)에 들어왔습니다."

내가 대답하였더니 그가 또 묻는다.

"귀국의 사대부들은 세 가지 교 중에서 어느 것을 가장 많이 숭상합니까?"

"신라·고려 때에는 비록 현명한 선비라 하더라도 서교(西敎)*21를 공부하지 않는 사람이 없었지만, 우리 조선이 건국되고부터는 4백 년 동안 비록 어리석은 선비라 하더라도 오직 공자(孔子)의 유교만 익히고 외운답니다. 국내 명산에는 전 왕조 시대에 세운 정사(精舍)·가람(伽藍) 들이 있기는 하지만, 이미 모두 황폐하고 퇴락하였습니다. 거처하고 있는 중들도 모두 보잘것없는 무뢰배들이어서 다만 종이를 만들고 짚신이나 삼는 것을 생업을 삼고 있습니다. 명색은 비록 중이지만 눈으로는 경전을 읽지도 못하므로, 남들이 배척할 것도 없이 불교는 저절로 없어져 버릴 것입니다. 그리고 우리나라에는 원래 도교(道敎)가 없었으므로 역시 도관(道觀)*22도 없습니다. 그러므로 이른바 이단(異端)이라는 종교는 금지하려 하지 않아도 저절로 나라 안에 설 수 없게 되었습니다."

추생(鄒生)이 말한다.

"천하에·다시없는 좋은 나라라 하겠습니다그려. 이미 이단(異端)의 폐해를 걱정한 성인(聖人)께서 장차 사람들이 서로 잡아먹게 되리라고 했지만 그 당시 이 말을 들은 사람들은 너무 지나친 말이라고 생각했습니다. 그러나 지금 산중에는 가끔 사람을 잡아먹는 도사(道士)가 있으니 어린아이를 기르기가 더욱 어렵게 되었습니다. 순양(純陽)*23의 동자(童子)를 쪄 먹는 것을 가장 좋아한다고 하여, 부모는 밤이면 아이를 궤짝 속에 숨겨 두고서도 잃어버릴까 보아 걱정합니다. 그래서 지방의 관가에서는 그들을 적발하여 체포하고 도관을 불태우는 데 힘쓰지만, 그러면 또다시 이름을 고쳐서 승적(僧籍)에 올리고 몸을 절간에 숨기고 있습니다. 심지어 여자를 다루는 방중비술(房中秘術)이니 나쁜 종기를 고치는 기이한 약이니 하는 것들이 모두 가난한 도사들이 만들어낸 것입니다. 사람들이 그들을 좇아다니는 것을 좋아하며 몰래 그런 술법을 배우기도 합니다. 그 해괴함을 일일이 말로 다할 수

---

*21 불교.
*22 도교(道敎)의 절.
*23 순수하고 깨끗함.

없습니다. 중국의 불교는 이미 그 본지를 저버리고 앙루(仰漏)가 말한 대로 '이름은 중인데 실상은 도교다(僧名道實)'라는 것은 바로 이것을 말한 것입니다."

앙루란 몽고 사람 경순미(敬旬彌)의 자(字)이다. 그가 나와 이야기할 때 그 승명도실(僧名道實)이란 말을 하여 내가 전일에 지정에게 말했더니, 지정이 이 말을 기억하고 있다가 추생에게 이야기했던 모양이다.

추생이 다시 묻는다.

"귀국에도 옛날부터 어떤 신통한 승려가 있었는지요? 이름을 알고 싶습니다."

"우리나라는 비록 바다 한쪽 구석에 있지만, 우리의 풍속은 유교를 숭상하여 옛날부터 지금까지 진실로 큰 유학자가 적지 않았습니다. 지금 선생은 이에 대해서는 묻지 않으시고 도리어 신통한 승려에 대해 물으시는데, 우리나라 풍속이 이단(異端)의 학문을 숭상하지 아니하여 원래 신통한 승려가 없으므로 진정 대답하기를 원치 않습니다."

그랬더니, 왕군(王君)이 말한다.

"이단 중에도 이단이 있어서 도리어 그 자신의 도까지도 해치는 자가 있습니다. 내 친구 추공이 귀국의 유교와 불교가 어떻게 다른가를 알고 싶어해서 하는 말이지요."

추생도 대답한다.

"예, 그렇습니다."

내가 또 말했다.

"비록 중의 이름을 듣는다 해도 어찌 유교와 불교의 같고 다른 점을 찾아낼 수 있겠습니까?"

추생이 다시 말했다.

"유학자들 중에서도 도학(道學)과 이학(理學)*24의 명색이 다른데, 귀국의 유학에서도 역시 이러한 분류가 있는지요?"

내가 말했다.

---

*24 성리학(性理學)의 준말. 송(宋)나라 때 인성(人性)과 우주와의 관계를 설명하여, 성명(性命)과 이기(理氣)와의 문제를 궁구하는 학문. 우리나라에서는 포은(圃隱) 정몽주(鄭夢周)를 종조(宗祖)로 침.

"우리 유학에는 성인의 가르침대로 사과(四科)*25가 있고 이 네 가지 과목을 일관해 있는 것은 오직 이치(理)일 뿐이지요. 이를 배우고 이를 묻고 하는 것이 곧 학문일 것입니다. 그런데 어찌 유학을 분류하여 도학이니 이학이니 할 수 있겠습니까?"

추생이 말한다.

"그렇습니다. 선생의 말씀이 지극히 옳습니다. 공자의 70명 제자들이 스승에게서 들은 것은 인(仁)과 효(孝)에 지나지 않습니다. 그런데 후세에 와서는 그렇지 아니하여, 제자가 처음 와서 책을 펴면 대뜸 이기설(理氣說)*26을 강(講)하고, 선생은 옷깃을 바로잡고 자리에 오르면 문득 성명설(性命說)*27을 말합니다. 지금의 학자는 학문이 하늘과 인간을 꿰뚫으면서도, 한 고을은 올바로 다스리지 못합니다. 또한 이치로는 솔개와 물고기를 잘 살펴 알면서도, 한 가지 사리(事理)조차 충분히 분별하지 못합니다. 이러한 학문을 하는 이를 이학 선생(理學先生)이라고 하지요. 시골 글방에서는 기품과 성질이 고루하고, 행동이 괴팍하여도 조금만 경전을 배우고 약간만 훈고(訓詁)*28를 알면, 어엿이 자리를 차지하고 앉아서 강론을 펼칩니다. 그래서 묵고 썩은 맛을 좋은 맛이라 하고, 기우고 꿰맨 누더기를 털가죽옷이라 하며, 고집불통의 고집을 도리어 정도(正道)를 굳게 지킨 것이라 하고, 호광(胡廣)*29의 처세를 스스로 중용(中庸)을 지킨 것이라고 합니다. 이러한 학문을 하는 이를 도학군자(道學君子)라고 하지요. 그러나 이러한 것은 오히려 약과입니다. 옛날의 이단(異端)은 묵가(墨家)*30에서 도망하여 유가(儒家)로 돌아오기도 하고, 유가에서 도망하여 양가(楊家)*31로 돌아가기도 해서, 서

---

*25 덕행(德行)·언어(言語)·정사(政事)·문학(文學)의 네 가지.

*26 송나라 정이천(程伊川)이 창도한 학설. 우주는 이(理)와 기(氣)의 이원(二元)으로 되어 있고, 만유(萬有)는 모두 음양(陰陽)의 교착(交錯)으로 말미암아 생긴다고 함. 이는 일체가 평등하고, 기는 각각 다르다고 함.

*27 만물이 지니고 있는 각자의 성질, 하늘이 준 성품을 궁구한 학설의 하나.

*28 경전(經典)의 자구 해석을 주로 하는 당나라 때의 학문. 훈은 숙어(熟語) 또 자구(字句)의 뜻이고, 고는 글자의 풀이.

*29 후한(後漢)의 정치가로서 처음에는 천하에 중용(中庸)을 지키는 이는 그 한 사람뿐이란 칭찬을 받았으나, 뒤에는 일을 잘못 처리하여 남의 웃음거리가 되었다고 함.

*30 중국 전국시대 구류(九流)의 하나. 묵적(墨翟)이 창시한 학파. 주(周)나라 이후의 허위허식을 일삼는 것을 개탄하고 겸애(兼愛)·비공(非攻)을 설했음(兼愛說).

로 반복하여 등을 지고 속으로 딴 생각을 했습니다. 그런데 지금의 유학자들은 죽을 때까지 제 고장을 떠나지 않고 한번 차지한 위치를 독점하면 더욱 육경(六經)*32만을 공부해서 그것으로 벽을 튼튼하게 쌓아 보루를 튼튼히 만들어 놓고는, 때가 바뀌면 여러 가지 학설을 뒤섞어서 새로운 학문이라고 내세웁니다. 반은 주자(朱子)*33의 학문을 따르고, 반은 그 반대 학파인 육상산(陸象山)*34의 학설을 따르면서 갈대숲 속에 숨은 도적놈처럼 머리를 내밀었다가 숨었다가 합니다.

책의 좀[蠹魚]*35 벌레나 뒤지던 사람을 길러 성이나 사직에 붙어사는 쥐새끼나 여우처럼 만들어서는 고증학(考證學)*36이란 학문을 붙들어 먹고 살게 합니다. 반대로 날랜 준마를 억눌러서 보잘것없는 둔마로 만든 다음 훈고학(訓詁學)이란 학문을 가지고 그 입에 재갈을 채워 아무 소리도 못하게 합니다. 때로는 용맹하게 깊이 들어가서 공격하는 일도 있지만, 그 형세가 불리하면 서슴없이 말에서 내려 두 무릎을 꿇고 결박을 받는 것이 지금의 유학자들입니다. 참으로 두렵고 또 두려운 일입니다. 그래서 저는 평생 유학을 배우기를 원치 않았습니다. 눈을 크게 뜨고 입을 열어 이단의 학문을 제창하는 이가 있다면, 저는 천 리도 멀다 하지 않고 양식을 짊어지고 찾아가 스승을 삼겠다 생각하고 있었습니다. 이제 선생의 말씀을 듣고 나니 분명히 정도를 지키는 일이라, 저는 한편으론 기쁘고 한편으론 슬픕니다."

추생을 살펴보니 용모는 의젓하나 말을 함부로 하여 나를 칭찬하는 것 같

---

*31 전국시대 양주(楊朱)가 제창한 학설의 한 갈래. 이기주의(利己主義)를 주장하여 맹자는 묵가·양가를 다 이단으로 배격했음.

*32 여섯 가지 경서(經書), 곧 역경(易經)·시경(詩經)·서경(書經)·춘추(春秋)·예기(禮記)·악경(樂經).

*33 송나라 때 학자 주희(朱熹). 그 학파를 고정학파(考亭學派)라 하고 그를 높여 주자라 일컬음. 저서는 주역본의(周易本義)·역학계몽(易學啓蒙)·논어혹문(論語或問)·맹자혹문(孟子或問) 등 수없이 많음. 도문학(道問學)을 위주로 했음.

*34 송나라 때 학자 육구연(陸九淵). 상산은 호임. 존덕성(尊德性)을 주로 하였고, 저서에 상산집(象山集)·어록(語錄) 등이 있음.

*35 공부벌레로, 배운 것을 제대로 활용하지 못하는 사람.

*36 중국 청나라 때, 송나라 성리학(性理學)에 대항하여 일어난 고전 연구의 한 학풍. 실사구시(實事求是)를 주로 하고 실증적(實證的) 방법으로 고의(古義)를 천명하려 하였음. 황종희(黃宗羲)·고염무(顧炎武)에게서 시작되었음.

기도 하고 비웃는 것 같기도 하다. 말을 이랬다 저랬다 종잡을 수가 없는 것이 꼭 나를 업신여기고 조롱하는 것 같다.

내가 말하였다.

"문득 이단의 학문을 배척하는 선생의 말씀을 들으니 참으로 탄복하겠습니다. 그런데 도리어 그처럼 조롱하는 말씀을 하시는 것은 무슨 까닭입니까? 저는 바다 한쪽 구석에서 태어나 보고 들은 것이 별로 없고 학문도 보잘것이 없어서 뛰어나신 분들의 웃음거리가 되는 것을 진실로 당연한 일이라 생각하지만 잘하는 것을 칭찬하고 못하는 것을 애석하게 여기는 것이 군자의 미덕이 아니겠습니까? 뿐만 아니라, 당신께서는 이같은 성묘(聖廟)에 몸을 의지하고 계시면서 이단의 학문을 배우고자 원하신다니, 그 말씀이 진정이신가요? 상국(上國)에서도 천하의 모범이 되어야 할 곳에 앉아 계신 분한테서 그러한 말씀이 나오는 것을 들으니 참으로 뜻밖의 일입니다. 만약 그 말씀이 농담이라면 외국의 한 변변찮은 선비를 조롱하시는 것이니 먼 데서 온 사람을 친절히 대하는 도리가 아닐 것입니다. 나는 부끄러워서 그만 물러가겠습니다."

추생이 말한다.

"그런 뜻으로 말씀드린 것이 아닙니다. 제가 마침 마음속에 격한 생각이 있던 참이라, 무의식 중에 말머리가 그렇게 돌아갔습니다. 말을 하다 보니 이렇게 되어 선생께 죄를 지었으니, 저는 감히 오래 선생을 모시고 앉아 있지 못하겠습니다."

그는 의자에서 일어나 머리를 숙이고 사과한다.

왕군이 말한다.

"이 친구는 솔직한 사람입니다. 그런 뜻으로 말한 것이 아닌데 선생께서 오해하신 것입니다. 이단에게 배우고 싶다고 한 말은 '오랑캐 땅에 가 살고 싶다'고 한 공자의 말과 같은 뜻으로 말한 것입니다."

그리하여 서로 크게 웃는다.

나 역시 따라 웃기는 했으나 마음이 끝내 개운해지지 않았다. '오랑캐 땅에 가 살고 싶다'고 하는 비유는 더욱 나에게 부끄럽고 한스러운 생각이 치밀게 하였다.

추생이 묻는다.

"선생이 이번에 오신 것은 오로지 서번(西番)의 부처를 뵈러 오신 것입니까, 아니면 황제의 탄신일을 축하하러 오신 것입니까?"
이때 지정은 잠시 문 밖에 나가 있었다. 나는 대답하였다.
"황제의 칠순 경절(慶節)을 축하하러 왔습니다. 황제의 분부가 없었다면 어떻게 이곳에 왔겠습니까? 열하에서 어제 활불(活佛)을 만나보았는데, 역시 황제의 분부에 의한 것이었습니다."
왕군이 말한다.
"박 선생은 사신이 아니시고, 집안 형님이신 정사(正使)를 따라 상국을 구경하시려고 오신 것이오."
그러자 추공이 이윽히 나를 바라보더니 한참만에 묻는다.
"선생은 이번에 오실 때 담인(噉人)*37이 무섭지 않으셨습니까?"
내가 되물었다.
"담인이란 무엇입니까?"
추생이 대답한다.
"양련진가(楊璉眞加)*38가 세상에 다시 태어났답니다."
왕생의 얼굴빛이 변하더니 추생과 말다툼을 하려는 듯했다.
나는 그들이 무슨 말을 하는지는 알 수 없었지만, 두 사람의 기색이 좋지 않은 것으로 보아 왕생이 추생을 책망하는 모양이었다.
이때 지정이 자리에 돌아와 앉아서 문답한 종이를 보자 황급히 손으로 찢어 입에 넣는다. 그것을 씹으면서 추생을 바라볼 뿐 한참 동안 아무 말이 없다. 지정은 내가 딴 곳을 보는 틈을 타서, 입으로 나를 가리키며 추생에게 눈짓을 한다. 그것이 우연히 내 눈과 마주쳤다. 지정은 몹시 부끄러워하는 기색이더니 이내 차를 내어오라 하고는 묻는다.
"귀국의 말은 어느 날 밤에 새끼를 낳습니까? (貴國馬生得何宵)"
"말 낳는 시간을 어떻게 알 수 있습니까?"
내 말에 모두 크게 웃는다.
지정이 또 말한다.

---

*37 사람을 잡아먹음. 활불을 욕하는 말임.
*38 원나라 세조(世祖) 때 사람. 석교총통(釋敎總統)에 임명되어 조(趙)·송(宋)나라의 능(陵)과 대신들의 무덤 101개를 발굴했음.

"밤 소(宵)는 소(小)와 음이 같으므로 소(小)자와 통한답니다."

이 나라 사람들은 글자의 발음이 같으면 같은 뜻으로 쓴다. 그제야 내가 대답했다.

"나라가 작으니까 가축도 역시 따라서 작은 것이지요."

나는 반선(班禪)*39의 내력을 자세히 알고 싶었으나, 추생이 한 말에 무슨 까닭이 있는 모양이고, 왕생과 지정 두 사람도 매우 꺼리는 것 같아서 좀처럼 물어 볼 수가 없었다. 추생은 차를 마시자 곧 돌아가고, 지정 역시 다른 일이 있었다. 나 역시 자리에서 일어나자 왕군도 나를 따라 나왔다.

어느 날 내가 형산(亨山 : 형산의 성은 尹씨, 이른은 嘉銓으로, 역시 太學 안에 머물러 있었는데, 벼슬은 大理卿, 금년 나이 70살이고, 올 봄에 벼슬에서 물러났음)을 찾아갔더니 대궐에 들어가서 아직 나오지 않았다. 그래서 다시 지정을 찾아갔으나 방이 텅 비고 아무도 없기에 그냥 발길을 돌려 나오는데, 지정이 막 돌아오는 것이었다. 그는 나를 보자 몹시 반가워하며 손을 잡고 방으로 들어갔다. 모자를 벗어 벽에 걸어 놓고는 차를 내어오라 이르고 말한다.

"추(鄒) 거인(擧人)은 미친 사람입니다. 선생은 다시는 그를 만나지 마십시오."

"왜 미친 사람이라고 하십니까?"

내가 물었다.

"그의 뱃속에는 분노가 가득 차 있어서 남과 의논할 때에는 좀처럼 지려하지 않고 곧잘 욕하고 흥분합니다. 혹시 어른께서 그의 거칠고 어리석은 성질을 잘 모르시고 그에게 주먹을 먹이시지나 않을까 걱정되었습니다."

내가 웃으면서 말했다.

"그의 광기에는 미치지 못하겠군요."

지정이 말한다.

"나같은 사람으로는 그의 어리석음에는 미치지 못하겠습니다."

그리하여 함께 크게 웃었다.

"활불(活佛)이 양련(楊璉)의 후신(後身)이라는 것을 무슨 까닭으로 그처럼 꺼리며 숨기셨습니까?"

내가 묻자 지정이 답한다.

---

*39 반선액이덕니(班禪額爾德尼)의 약칭.

"그것은 미치광이 추생이 양련을 끌어다가 활불을 욕했기 때문입니다."
나는 엉뚱한 질문을 했다.
"양련이란 대체 어떤 욕입니까?"
그러니까 지정은 침울하게 말한다.
"차마 말할 수도 없고 차마 들을 수도 없는 것입니다."
"왕팔(王八)*40이니 마박륙(馬泊六)*41이니 하는 따위와 같은 몹시 나쁜 욕인가요?"
내가 물었더니 지정은 손을 가로저으면서 말한다.
"아닙니다. 양련은 본시 서번(西番)의 중인데, 원(元)나라 때 중국에 들어와서 송조(宋朝)의 능(陵)들을 병화(兵禍) 때보다도 더 무자비하게 파헤쳐서 보물을 산더미처럼 모았다 합니다. 그는 술법을 써서 산을 쪼개는 보검(寶劒)을 가지고 있는데 주문을 외우고 한번 치면 아무리 깊이 묻혀 있는 남산(南山)의 석곽(石槨)이라도 당장 열리지 않는 것이 없다고 합니다. 그러면서 금으로 만든 물오리며 옥으로 만든 물고기가 땅을 헤치고 저절로 뛰쳐나오고, 구슬로 꾸민 윗저고리며 옥으로 만든 상자가 무수하게 흩어진답니다. 심지어 시체를 매달아 놓고 수은(水銀)을 짜내고, 볼을 후벼파서 입속에 넣어준 구슬까지 찾아냈다고 합니다. 그래서 강남 사람들은 원망하고 저주할 때면 반드시 '음식을 곰보 양련에게 바칠 놈'이라고 합니다. 지금의 활불이 서번 사람이므로 그를 끌어다가 욕한 것이지, 그가 양련의 후신이라서 한 말이 아닙니다."
내가 물었다.
"그는 무엇 때문에 활불을 그처럼 마구 욕하는 것입니까?"
"유학을 업으로 삼는 선비이기 때문에 활불에게 복종하지 않는 것이지요."
"유학을 업으로 삼는 선비가 앞서는 어찌하여 유학자를 욕했을까요?"
"그러니까 그가 미쳤다는 것이지요. 그래서 하늘의 천둥도 두려워하지 않고, 나라의 법도 무서워하지 않습니다. 성인을 욕하고 부처를 욕합니다. 자

---

*40 망팔(忘八)과 같은 음으로 '왕바'라 읽는데, 삼강(三綱)과 오륜(五倫)을 잊어버린 자, 또는 예(禮)·의(義)·염(廉)·치(恥)와 효(孝)·제(悌)·충(忠)·신(信)을 잊어버린 자라 욕하는 말.

*41 거간꾼. 뚜쟁이.

기 멋대로 하고 싶은 대로 실컷 욕을 하고 나야만 머리 꼭대기까지 치밀었던 성깔이 풀리는 모양입니다."

지정은 다시 묻는다.

"귀국의 무덤 제도는 어떻습니까?"

"옛날 예법을 따르기는 하지만 나라 풍속이 검소하여 보물 같은 것을 함께 묻지 아니합니다. 위로 공경(公卿)·귀인(貴人)으로부터 아래로 필부(匹夫)·서인(庶人)에 이르기까지 모두 상례(喪禮)와 장례(葬禮) 제도는 모두 문공(文公)*42의 가례(家禮)를 따릅니다. 또한 땅이 한쪽 구석 외딴 곳에 있어 병화(兵禍)가 자주 일어나지 아니하므로 자연히 도굴의 화도 별로 없습니다."

지정은 감탄하면서 말한다.

"참으로 살기 좋은 나라, 즐거운 땅에 즐겁게 나서 즐겁게 죽는군요. 주공(周公)이 효성스러운 마음에서 어버이를 후하게 장례 치르라고 만든 상례가 오히려 역사 이래로 도둑놈에게 도굴하는 심보를 안겨준 꼴이 되었습니다. 필부로 죽은 자야 무슨 죄가 있습니까? 무덤 속에서 구슬을 가지고 있는 것이 죄라면 죄이지요. 하물며 제왕가(帝王家)의 무덤이야 말할 필요가 있겠습니까? '세상의 물건을 아낀다고 죽은 어버이를 야박하게 보내서는 안 된다'고 한 성인의 말씀이 천고의 제왕에게 화를 끼치는 결과가 되고 말았습니다. 이 때문에 한번 상란(喪亂)을 겪고 나면 파헤쳐지지 않는 무덤이 없습니다. 북경의 유리창(琉璃廠)*43에서 파는 옛 골동품은 모두 역대 무덤 속에 있던 것으로서, 묻자마자 이내 발굴되고 맙니다. 묻힌 지 오랜 것일수록 발굴도 자주 당하여 더욱더 보배로운 것으로 일컬어지기 때문에, 그 중에는 열 번이나 묻혔다가 나온 것도 있다고 합니다. 이제 와서는 비록 석지(釋之)*44가 삽을 들고, 유향(劉向)이 삼태기를 가지고, 양후(楊侯)*45를 장사지낸다

＊42 주자(朱子 ; 朱熹)의 시호. 가례는 주자가례(朱子家禮).
＊43 청나라 때 공부(工部)에 딸려 있던 관아. 도자기의 제조를 맡아보았음. 지금은 골동품 파는 가게가 많음.
＊44 한(漢)나라 때 장석지(張釋之).
＊45 한나라 때의 명신 양진(楊震). 박학다식하여 관서(關西)의 공자라 일컬어졌음. 왕밀(王密)이란 사람이 밤중에 와서 몰래 금 10근을 주려고 하는 것을 사지(四知 : 하늘이 알고, 땅이 알고, 그대가 알고, 내가 안다)를 말하여 거절했다 함.

하더라도 도둑들은 보물을 함께 묻지 않았다고 믿지 않을 것입니다."

내가 말했다.

"무덤 속의 그릇들은 흉물스럽고 더러운 냄새가 나서 상서롭지 못한 것인데, 어찌하여 보물로 여기는 것입니까?"

지정이 대답한다.

"그렇습니다. 은(殷)나라 쟁반, 주(周)나라 술잔이 해독을 만고에 끼쳐서 후세의 호사가들이 글 읽는 방, 그림 그리는 방이나, 지체 높은 집, 장엄한 전각(殿閣)에 이런 상서롭지 못한 물건이 아니면 벌여 놓을 줄 모르게 되었습니다. 또 감상가(鑑賞家)들은 그런 것들을 확실하게 식별하는 것으로 박식하다 하고, 수장가(收藏家)들은 하나하나 부지런히 모아들이는 것으로 취미를 삼게 되었습니다."

내가 또 물었다.

"장군 댁에도 볼 만한 옛날 그릇들이 있습니까?"

"저는 무인(武人)이라 감히 그런 것을 사 모을 수도 없고, 조상 때부터 농사 지은 집안이라 옛 물건이 없습니다. 다만 손바닥만 한 옛 벼루 하나를 얻어서 가지고 있을 뿐입니다. 세상에 전하는 말로는 소동파(蘇東坡)가 손수 만든 것이라고 하는데, 원장(元章)*46의 관지(款識)가 있습니다. 또 하나 원풍(元豊)*47 때 구리로 만든 푸른 술잔이 있습니다."

내가 한번 구경하기를 요청했더니 지정이 말한다.

"그건 어렵지 않은 일입니다만, 지금은 객지에서 묵고 있는 형편이라 가지고 있지 않습니다."

"내가 듣기로 오중(吳中)에서 나는 글씨나 그림 또는 그릇 따위에는 솜씨 좋은 장인(匠人)이 만든 가짜가 많다던데 정말 그렇습니까?"

내가 물으니 지정이 대답한다.

"그렇답니다. 우리 집에 있는 두 가지도 창문(閶門)*48에서 아무렇게나 만들어진 것이 아니라고 누가 보장하겠습니까? 저는 본래 그런 것을 알아보는

---

*46 송나라 미불(米芾)의 자. 글씨를 잘 썼고, 산수화·인물화에도 뛰어났음.

*47 송나라 신종(神宗)의 연호. 1078~1085. 고려 문종(文宗) 32년~선종(宣宗) 2년.

*48 중국 강소성(江蘇省) 오현성(吳縣城)에 있는 성문. 이곳에서 가짜 글씨나 그림이 많이 만들어진 듯.

어리석음을 면치 못하고 있습니다."

"활불에게 정말 그러한 행적이 있었습니까?"

"무슨 행적 말씀입니까?"

내가 종이에 양(楊)자를 써 보였더니, 지정이 손을 저으면서 대답한다.

"아닙니다. 그는 참으로 신통합니다."

그러고 나서 이어 말한다.

"삼가시어 다시는 그를 찾아보지 마십시오."

그는 추사사를 위험인물로 여기는 듯했다. 나는 그렇게 하겠노라고 고개를 끄덕이고 다시 물었다.

"라마(喇嘛)란 무슨 종족입니까? 모두 몽고의 다른 부족인가요?"

"아니지요. 라마란 서번(西番) 말로 도덕(道德)을 일컫는 말입니다. 그러니까 소위 라마라고 하면 모두 중을 말하는 것입니다. 지금도 몽고에서는 중이 되면 라마의 옷을 입는답니다. 북경의 옹화궁(雍和宮)에 있는 중들도 모두 라마라고 부릅니다. 만주인이나 한인(漢人)들 중에도 라마교에 귀의하여 중이 되는 자가 많습니다. 먹고 입는 것이 여유 있고 풍족하기 때문입니다. 원(元)나라 명(明)나라 시대에는 번왕(番王)이 간혹 직접 조공하는 사신이 되어 왔는데, 그때 부하를 적어도 3, 4천 명이나 데리고 왔어요. 그들이 국경을 들어오면 항상 생기는 것이 많았으므로, 어떤 때는 국경에 그냥 머물러 있으며 얼른 돌아가지 않았습니다. 홍무(洪武)*49 초년에는 서번의 왕을 공경하고 존중하여 특별한 대우를 베풀었습니다. 영락(永樂)*50 연간부터 무종(武宗) 때까지가 더욱 대접이 융숭하여, 북경 여러 절에 머물러 있게 하고 뒷바라지를 잘 해 주었다고 합니다.

금년 봄에는 금으로 궁궐을 지어 활불을 맞이해 머물게 하였지만 옛날 원나라 명나라 때에 비한다면 그 뒷바라지가 훨씬 못할 것입니다. 서번의 법왕(法王)이 거처하는 궁전은 황금으로 기와를 이었고, 백옥으로 층계를 만들었으며, 문틀과 난간은 모두 침향(沈香)·강진향(降眞香), 오목(烏木)*51들로 만들었습니다. 문과 창문은 수정과 유리로 만들고, 벽은 모두 화제(火

---

*49 명나라 태조(太祖)의 연호. 1368~1398년. 고려 공민왕 때부터 조선 태조(太祖) 7년까지.
*50 명나라 성조(成祖)의 연호. 1403~1424년. 조선 태종(太宗) 4년부터 세종(世宗) 6년까지.
*51 흑단(黑檀)의 속 부분.

齊)*52·슬슬(瑟瑟)*53로 장식했습니다. 그러나 활불이 지금 거처하고 있는 집은, 그의 본토에 있는 집과 비교하면 흙으로 초라하게 만든 층계와 띠 이엉에 지나지 않습니다. 그래서 오래 머물러 있으려 하지 않고 돌아가겠다고 자꾸 말해 황제는 내년 오대산(五臺山) 유람을 갈 때 친히 산서(山西)까지 전송하겠다고 약속하고 이미 날짜까지 정했습니다. 활불은 음악을 잘 알고, 팔풍(八風)*54을 잘 점치고, 열 나라 말을 잘 할 줄 안다고 합니다."

"정말 열 나라 말을 할 줄 안다면 무엇 때문에 통역을 하게 합니까?"

"말소리를 안다 하더라도 어찌 그 자리에서 말뜻을 이해할 수야 있겠습니까? 그리고 그는 중국에 올 때 향내를 맡고 숲 속에서 신령스러운 나무 한 그루를 찾아 내어 그 나무를 뽑아서 분에 심어 가지고 왔답니다."

"신령스러운 나무라니요?"

"그 나무는 천자만년수(天子萬年樹)라고 하는데, 엇걸린 나뭇가지, 뒤얽힌 나뭇가지가 모두 '천자만년(天子萬年)'이란 글자 모양을 이루고 있답니다. 장주(莊周)가 말한 소위 3천 년은 봄으로 보내고, 3천 년은 가을로 보낸다는 나무로서, 어떤 이는 이 나무를 명령(冥靈)이라고 합니다."

"지금 전각 안에 있는 저 매화는 연한 가지를 억지로 붙들어 매어 옆으로 비스듬하게 만들었습니다. 이것은 사람의 교묘한 솜씨에 의한 것이지, 어찌 하늘이 만든 것이겠습니까?"

"아니지요. 그 나무 잎의 맥이 다 '천자만년'이란 글자 모양을 이루고 있답니다."

지정은 그 잎의 맥을 그려 보인다.

내가 다시 물었다.

"공은 전에 그 나무를 보신 적이 있습니까?"

지정이 이렇게 말한다.

"아직 모양은 보지 못했고 이름만 들었습니다. 요(堯) 임금의 뜰에 있었

───────────

*52 운모(雲母)의 한 가지. 자줏빛이고 가벼움.
*53 구슬의 한 가지. 투명하고 푸른빛임.
*54 동북·동·동남·남·서남·서·서북·북 여덟 방향의 바람. 여기서는 불교에서 말하는, 인심을 선동하는 여덟 가지, 곧 애(哀)·이(利)·훼(毁)·예(譽)·칭(稱)·기(譏)·고(苦)·낙(樂)을 말한 것인 듯.

던 명초(蓂草 : 달력으로 쓰였다는 풀. 1일부터 15일까지 한 잎씩 났다가 16일부터 말일까지 한 잎씩 떨어졌다 함)나 초(楚)나라에 있었던 영수(靈樹 : 장자(莊子)에 나오는 나무. 봄이 5백 년, 가을이 5백 년이었다 함)처럼 온 세상에 향내를 퍼뜨려 만국이 모두 평화스러워집니다. 사철 꽃이 피고 꽃잎이 열두 개인데, 꽃받침이 꽃잎을 토해 내기 시작하면 초하루임을 알게 되고, 달이 밝아옴에 따라 꽃잎이 하루에 하나씩 피어 모두 피면 보름임을 알게 됩니다. 달이 어두워지면 기울어짐에 따라 꽃잎이 하루에 하나씩 오므라드는데 다 오므라들고 꽃받침이 떨어지면 그믐임을 알게 되지요. 그래서 이 나무를 명수(蓂樹) 또는 영수(靈樹)라고 하는 것입니다. 활불이 어느 날 황제와 마주앉아 차를 마시다가 갑자기 남쪽을 향해 찻물을 뿌렸습니다. 황제가 놀라 그 까닭을 물으니, 활불이 공손히 대답하기를 '방금 7백 리 밖에 큰 불이 일어나서 많은 집이 불에 타기에 비를 보내서 겨우 불을 잡았습니다' 하였습니다. 이튿날 담당 부서의 신하가 보고하기를 '정양문(正陽門) 밖 유리창(琉璃廠)에 불이 나서 성루(城樓)까지 옮겨 붙는데, 불길이 하도 세어서 인력으로는 어찌할 수가 없었습니다. 이때가 정오 무렵이었고 하늘이 맑게 개어 구름 한 점 없었는데, 갑자기 동북쪽으로부터 맹렬하게 폭우가 쏟아져 와서 금시에 불이 꺼졌습니다' 하였습니다. 활불이 찻물을 뿌려 비를 보냈다는 시각이 바로 불길이 무섭게 번지던 때였습니다.”

그래서 내가 말했다.

"저도 북경에 들어오기 전 도중에서 그런 이야기를 들었습니다. 그러나 난파(欒巴)*55도 술을 뿜어 비를 만들었다고 하니 별로 신기한 일이라 할 수 없겠고, 또 황성(皇城)에서 여기까지는 4백여 리인데 어찌 7백 리라고 하는 것입니까?"

"그렇습니다. 이것은 그의 신통력이 영험하다는 걸 말한 것입니다. 이곳은 북경에서 7백여 리인데, 인조(仁祖:건륭황제)가 항상 이곳에 머물러 있다 보니, 황족인 친왕(親王)이나 각부의 대신들이 먼 이곳에 왕래하기를 꺼리므로, 인조가 일부러 역참(驛站)의 수를 줄여서 짐짓 4백여 리라 하여 언제나 말을 달려와 일을 보고하도록 하였던 것입니다. 이것은 성인은 편안할 때에도 위태로움을 잊지 않는다는 뜻입니다."

---

*55 후한(後漢) 촉군(蜀郡) 사람. 성질이 강직하고 정치에 밝았으나 두무(竇武)의 무리로 몰려 귀양갔다가 뒤에 자살했음.

내가 지정과 이야기할 때면 언제나 황제의 은덕이 우리나라까지 퍼지고 문화와 교육이 사방에 미친다고 칭송하였으므로, 그는 나와 환담하기를 좋아하였다. 그러나 추생(鄒生)은 쓸데없는 말을 하기도 하고 또 장황하게 말을 늘어놓아 나를 어리둥절하게 하는 것이었다.

어느 날 대궐 밖에서 혼자 걸어 숙소로 돌아오다가 우연히 한 누각에 올랐다. 누각 위에서 어떤 사람이 혼자서 밥을 먹고 있다가 나를 보자 젓가락을 버리고 마치 옛 친구를 만난 것처럼 의자에서 내려와 웃으면서 나를 맞이한다. 내 손을 잡아 이끌며 자기 의자에 앉으라 하고, 자기는 다른 의자를 끌어다가 마주 앉는다. 각기 이름을 써서 보였는데, 그는 이름이 파로회회도(破老回回圖)이고, 자는 부재(孚齋), 호는 화정(華亭)이며, 벼슬은 강관(講官)이었다. 나는 만주 사람인 줄 알고 물어 보았으나 그는 몽고 사람이었다. 그는 종이 다루는 솜씨가 민첩하고 빨리 쓰는 필법(筆法)이 매우 정밀했다.

내가 물었다.

"당신은 박명(博明)을 아시오?"

"내 아우나 다름없습니다."

"그럼 반정균(潘庭筠)도 아시오?"

"언제인가 무영전(武英殿)에서 만나본 적이 있습니다."

박명은 박학다식(博學多識)하고 글씨를 잘 썼다. 나는 수십 년 전부터 그의 필적을 많이 보아 왔는데, 그 역시 같은 몽고 사람이기에 물어본 것이다. 또한 자기의 벼슬이 강관이라고 하므로 반정균의 소식과 그의 집이 어디에 있는지 알고 싶었으나 서로 그다지 친하지 않은 모양이었다.

"세상에는 유, 불, 도 세 가지 교가 있는데, 귀국에서는 어느 교를 가장 숭상합니까?"

내가 물었더니 부재가 대답한다.

"중국 같은 큰 나라에 어찌 세 교만 있겠습니까? 도를 행하는 사람은 모두 교라고 일컬을 수 있지요."

"귀국 몽고를 말하는 것이오. 중국을 말하는 것이 아닙니다."

"저는 중국에서 자라 사막의 일은 모릅니다만, 몽고가 중국의 한 귀퉁이가 아닙니까? 거기에도 유교가 성행할 것입니다. 귀국에는 몇 가지 교가 있습니까?"

"오직 유교가 있을 뿐이오."

"사람이 살아가는 데 어찌 유교 아닌 것이 있겠습니까? 유교라고 부르면 벌써 이것은 구류(九流)*56의 영역으로 물러나게 됩니다. 하도 넓고도 커서 여기서 벗어날 수 없는 우리 유교를 가지고 세 가지 교라는 좁은 틈에 끼워 넣어 선비 유(儒)자 한 글자로 처리해 버리고 마니, 이것은 이단(異端)을 조장하는 까닭이 될 것입니다."

이때 마침 회족 사람 몇이 와서 술을 마시고 있기에 부재에게 물어보았다.

"저 사람들도 역시 서번 부락 사람이오?"

"아닙니다. 회족입니다. 곧 당나라 때 회흘(回紇)이라 불렸는데, 당나라에 공을 좀 세우긴 했지만 중국의 골칫거리이기도 했습니다. 이름을 회골(回鶻)이라고도 하지요. 오대(五代) 시대에 서쪽으로 돌궐(突厥)을 침략하여 한(漢)나라 옛 땅인 서역(西域) 땅을 점령하고 이른바 청진교(淸眞教)*57를 폈는데, 이 역시 이단(異端) 중의 하나입니다. 하늘과 땅 사이에는 오직 우리 교(教)가 있을 뿐인데, 우리 도(道)의 한 끝을 얻은 자가 스스로 그것을 하나의 교라고 말하는 것입니다. 우리의 도를 배운 사람은 그대로 우리 도[吾道]라고 해야지, 유교라고 하는 것은 옳지 않습니다."

내가 말했다.

"그렇지 않지요. '우리'라 하는 것은 내가 남을 대하여 나를 말하는 것이요, 내가 남을 대함으로써 '저'와 '내'가 성립되는 것이니, 나 혼자서 우리라고 하는 것이 아닙니다. 조그만 자기를 내세우면 남과 나 사이에 사(私)가 없을 수 없습니다. 도(道)는 천지간에 지극히 공정한 이치인데, 나 혼자의 것으로 만들고 남이 엿보지 못하게 한다면, 이는 오도(吾道)라는 두 글자는 분명히 공정 보편한 말이 못 됩니다. 유(儒)에 대해서는 이미 말씀을 들었습니다만, 교(教)란 도를 닦는 것이 아니겠습니까? 문교(文教)니 성교(聲教)*58니 명교(名教)*59니 하는 것이 모두 성인의 교화를 말하는 것이지요.

---

*56 불교 이외의 여러 유파(流派). 곧 유류(儒流)·도류(道流)·음양류(陰陽流)·법류(法流)·명류(名流)·묵류(墨流)·종횡류(縱橫流)·농류(農流)·잡류(雜流)의 아홉 가지.
*57 회교(回教).
*58 천자가 백성을 감화시켜 풍속을 아름답게 하는 덕화(德化).
*59 명분(名分)에 관한 가르침. 도덕상의 가르침. 유교를 말함.

이것도 교라 하고 저것도 교라고 한다면, 교가 이단과 혼동되는 것이 부끄러워서 장차 교(敎)자를 없애야 할 것입니다. 지금 우리가 오도(吾道)라고 부른다면 저들도 장차 오도라고 할 것이니, 정말 우리의 도까지도 없어지지 않겠습니까?"

"그런 뜻으로 말한 것이 아닙니다. 세상의 유학자들은 이단이 곧 우리 도 가운데 한 끄트머리인 줄을 모르고 분분히 그것을 배격하므로, 저들이 비로소 성을 내어 머리를 쳐들고 우리 도와 맞서는 것입니다. 양·묵(楊墨)*60 노·장(老莊)*61의 말이 다 우리 도에 있는 것이고, 심지어 불교의 인과설(因果說)*62은 우리 도가 강렬히 배척하는 것이지만, 실은 우리 유가에서 먼저 말한 것입니다."

"인과란 윤회*63가 아닌가요?"

내가 다시 물었다.

부재가 말한다.

"아니지요. 인과란 다만 어떤 원인에 의해 어떤 결과가 나타난다는 것입니다. 비유하건대, 밭을 갈아 씨를 심는 것은 원인이고, 거기서 생기는 것은 결과입니다. 밭을 가는 것은 원인이고, 수확하는 것은 결과입니다. 또 밤나무를 심는 것도 그 꽃이 피는 것도 원인이고, 열매가 열리는 것은 결과입니다. '선(善)으로 나아가면 길하고, 역(逆)을 따르면 흉하다'고 하는 것은 우리 도에서 말한 인과입니다. 선으로 나아감과 역을 따름은 원인이요, 길함과 흉함은 결과입니다. 길하다 또는 흉하다고만 말해서는 부족하므로, 그 결과가 그림자와 메아리가 따르는 것처럼 빠르다고도 했습니다. '선한 일을 쌓는 집에는 반드시 남는 경사가 있고, 선하지 못한 일을 쌓는 집에는 반드시 남는 재앙이 있다'고 하는 것은 우리 도에서 말한 인과입니다. 경사다 재앙이

---

*60 양자(楊子)와 묵자(墨子).

*61 노자(老子)와 장자(莊子).

*62 불교에서 좋은 원인에는 좋은 결과가, 나쁜 원인에는 나쁜 결과가 나타나서, 인(因)과 과(果)가 서로 응하여 어김이 없다는 설. 또는 과거의 인연에 의하여 지금의 결과를 가져온 것이고, 지금의 인연에 의하여 미래의 결과가 이루어진다는 설.

*63 불교에서 인간이 그 행하는 선악에 따라 지옥(地獄)·아귀(餓鬼)·축생(畜生)·수라(修羅)·인간(人間)·천상(天上)의 여섯 세계에 번갈아 가면서 태어나서, 수레바퀴처럼 생(生)과 사(死)를 끝없이 되풀이한다는 설.

다 라고만 말해서는 부족하므로, 반드시 남는 것이 있다고 했습니다. 그러나 그 남는 것을 본 이는 누구이겠습니까?

부처가 처음에 인과를 말한 것은 매우 고상하고 현명한 말이었지만, 우리 도의 보응(報應)이 반드시 자취가 있다는 말을 보고는 윤회(輪廻)의 설로 만들어 보충하였으므로, 이는 실로 우리 도의 근심거리가 되었습니다. '선한 일을 지으면 온갖 상서로움을 내리고, 선하지 않은 일을 지으면 온갖 재앙을 내린다'고 하는 것은 우리 도에서 말한 인과입니다. 그 복과 재앙을 내려 주는 이는 누구이겠습니까? 서양 사람들은 마음을 바르게 하여 품행을 닦는 이른바 거경(居敬)을 아주 독실하게 하고, 불교를 배척하는 일에 힘쓰면서도 오히려 천당·지옥 이야기를 말하고 있습니다. 그들은 우리 도에서 일심(一心)으로 천지신명(天地神明)을 대한다느니, 천지신명이 강림한다느니 내려다본다느니, 신의 말씀을 듣는다느니 하여, 분명히 한 주재자(主宰者)가 있다고 하며 재앙을 내리고 상서로움을 내린다는, 강(降)이라는 글자에 스스로를 기만하고 있는 것입니다.

원래 불가에는 윤회설이 없었는데, 경전을 번역할 때 말과 글이 서로 달라서 표현하기가 어려우므로 응보설(應報說)과 윤회설을 한꺼번에 인과(因果)로 번역하여 후세까지 누를 끼친 것입니다. 선가(禪家)에서도 인과에 대해 말하기를 부끄러워하여 마침내 불교의 찌꺼기로 여겼으니, 이는 잘 살펴야 할 일입니다."

그래서 내가 말했다.

"지금 법왕(法王)이 다른 사람으로 새로 태어난다고 하는 것이 곧 윤회하는 증거가 아닐까요?"

"아닙니다. 다른 사람의 몸으로 새롭게 태어난다는 것은 윤회가 아닙니다. 소위 윤회라는 것은 지금은 사나운 짐승이라도 홀연 불성(佛性)*64을 품으면, 좋은 갚음으로 내생에는 사람으로 태어나고, 지금은 사람이라도 짐승과 같이 나쁜 행동을 하면 앙갚음으로 내생에는 짐승으로 태어난다는 것입니다. 이는 비유해서 하는 말에 지나지 않지만 거칠고 천박한 말입니다. 시경(詩經)에 '어버이에게 효도하는 자는 끝이 없으니, 하늘은 길이길이 너 같

---

*64 부처가 될 수 있는 성품. 아무리 악한 사람이라도 불성을 타고나서 마음을 돌이켜 꾸준히 수양하면 부처의 경지에 이른다는 것이 불교의 근본 취지임.

은 사람을 주시리(孝子不匱 永錫爾類)' 하였으니 윤회의 증거는 본래 이러한 것입니다. 법왕이 새로 태어난다고 하는 것은 마치 때묻고 해어진 옷을 다른 옷으로 갈아입듯이 몸을 바꾼다는 뜻입니다."

"정말 그럴 수 있을까요?"

내가 되물었더니 그가 말했다.

"법왕이 주문을 외우고 조화를 부리는 술법은 도가(道家)의 술법이나 비슷하지만 실은 선가(禪家)에서는 마선(魔禪 : 불교 참선 중에서 정통이 아닌 참선)이라 일컫는 것입니다. 대체로 이런 일은 있을 것 같기도 하고 없을 것 같기도 한데, 자신이 중이 되어 보지 않고서야 어떻게 그것이 참인지 거짓인지를 알 수 있겠습니까? 전에 제가 운남(雲南)에서 휴가를 보낼 때 이 일을 지금의 태학사(太學士) 아계(阿桂)에게, '서장(西藏) 땅에 들어가 본 사람들은 지혜가 모자라서 이렇게밖에 알아보지 못한 모양인데 현철하신 장군께서는 이 일을 어떻게 생각하십니까?' 하고 물었어요. 그랬더니 공은 '그 일은 실제로 있고 없고를 물을 필요도 없소. 가령 우리집에 아주 총명한 아이가 태어났다고 합시다. 아이를 네댓 살 때부터 세상 일은 털끝만큼도 알지 못하게 하고, 나이 많은 스승과 덕이 높은 선비로 하여금 날마다 자리를 떠나지 않고 그의 마음에 오직 성현의 말씀만 주입시키고, 장성해서는 의식에 걱정이 없게 하여 금옥(金玉)·금수(錦繡) 등 인간이 욕심낼 만한 물건을 보아도 마음에 두지 않고 마치 신을 공경하듯 멀리하며, 날마다 자고 일어나는 대로 오직 도에만 향하게 한다면, 어찌 성인이나 현인이 안 될 수 있겠소? 또 그 아이를 어릴 때부터 오직 늙은 중이 기르도록 하면서 날마다 불법을 설해 주어 그 공덕(功德)을 알게 하고, 공덕을 짓고 부처를 극진히 존경하게 하며, 어릴 때부터 자란 후까지 세상의 사물을 가르쳐서 그의 마음을 성장시킨다면 어찌 부처가 되지 않을 수 있겠소?' 했었습니다."

저녁에 형산(亨山)을 방문하여 물어보았다.

"법왕이 남의 몸으로 새로 태어나는 것이 윤회와 어떻게 다릅니까?"

그는 말했다.

"그것은 다같이 몸을 바꾸는 것이지요. 다만 이 육신(肉身)은 바람·비와 추위·더위에 침해되어, 머리가 희어지고 살갗이 쭈그러져서 늙지 않을 수 없지요. 그래 결국 흙·물·바람·불로 화해 버리지만 밝은 정신과 영원히 죽지 않는 몸은 본래부터 젊고 늙음이 없는 것으로서, 땔나무가 다 타 버리면 다른 나무로 옮겨 붙는 것과 같은 것입니다. 비유하건대 천 리 길을 가는 사람이 자기 집을 지고 갈 수는 없는 일이고, 반드시 숙소를 번갈아들면서 가는 것과 같습니다. 그렇기 때문에, 비록 아무리 정이 많은 사람이라도 그 숙소에 연연하여 그냥 오래 머물러 있는 사람은 없습니다. 불은 땔나무를 인연으로 삼아 일어나 잠시 동안 서로 어울러 기뻐하다가도, 인연이 다하면 다른 나무로 옮겨 가서 다시는 이미 타고 남은 재에는 연연하지 않습니다.

법왕이 남의 몸으로 새로 태어난다는 것도 이러한 것이니 곧 불가(佛家)에서 지나치게 만든 형식적 법조문과 같은 것입니다. 옛날 한(漢)나라 두태후(竇太后)*65는 황로(黃老) 사상을 좋아하여 조관(趙綰)과 왕장(王藏)에게 '어찌하여 사공(司空)*66의 성조서(城朝書)를 말하느냐?' 하고 책망했습니다. 이 역시 유가(儒家)의 말을 율서라고 배격한 것으로서, 저들이 말하는 윤회도 그 당시의 왕이 제정한 제도와 같은 것이지요. 오복(五服)*67과 오형(五刑)*68에 모두 일정한 규범이 있고, 상을 내리고 사형에 처하는 것도 다 각각 그 근거가 있습니다. 이렇게 고찰해 본다면 공을 세우거나 죄를 지은 사람이 있기도 전에 먼저 법부터 갖추어 놓은 것입니다.

부처를 믿는 사람도 세상의 공과 죄에 대한 포상과 형벌이 마땅치 않다고 생각하고 믿을 수 없다고 여깁니다. 발로 밟고 눈으로 볼 수 있는 것만으로는 사람들이 소홀하게 여기기 쉽다고 생각합니다. 그리하여 저승이라는 헤아려 알 수 없는 곳을 만들어 놓고는, 들을 수도 없고 볼 수도 없는 가운데 행하고 피할 것을 권장하고 경계하게 하는 것이니, 이것이 옛 사람이 말하는 남몰래 임금의 권세를 조종한다는 것입니다.

그러나 우리 유가(儒家)에서는 그들을 오직 원수나 적처럼 공격하지는 아니합니다. 성인이 신성한 도로써 가르침을 베푸는 것이 그러한 것이겠지요.

---

*65 후한(後漢) 환제(桓帝)의 황후.
*66 도가(道家)에서 유가(儒家)의 글을 반박하는 글. 사공은 옥(獄)의 관리이고, 성조는 죄인으로 괴로운 일에 복종하는 자이니, 도교로서 본다면 유교의 글은 마치 율령(律令)처럼 딱딱하다는 것임. 본래 성단서(城旦書)인데 조선 태조의 이름을 피해 조(朝)자로 고친 것임.
*67 오형(五刑)에 대한 다섯 가지 처벌. 체형 대신 의복의 규제로 벌하는 것.
*68 다섯 가지 형벌, 주(周)나라 때는 자자〔墨〕·코벰〔劓〕·발꿈치벰〔剕〕·거세〔宮〕·사형〔大辟〕.

또한 천지는 한량없이 크고, 풍속은 저마다 달라서 기(氣)에는 바르고 편벽된 차이가 있고, 이(理) 또한 곳에 따라 달라서, 마치 물이 둥글고 모난 그릇에 따라 모양이 달라지는 것과 같습니다. 고금 천지에 윤회가 없지 않고, 남의 몸으로 태어나는 법도 없지 않으며, 화식(火食)을 끊는 사람도 없지 않고, 장생불사하는 사람도 없지 않습니다. 그런 이치가 있을 수 없다고 말하는 것도 미혹(迷惑)이고, 모든 이치가 다 그렇다고 말하는 것도 미혹입니다. 이러한 이치가 간혹 있을 수 있는데, 이 간혹 있을 수 있는 것을 가지고 모든 사물의 이치라 하여 천하를 뒤바꾸려 생각하는 것은 더욱 미혹한 것입니다."

내가 말했다.

"진(秦)·한(漢)나라 이래로 천하를 통치한 자는 모두 이단이었습니다. 진나라는 법가사상으로 천하를 차지하였고, 한나라는 노장사상으로 백성을 부유하게 만들었습니다. 성인은 이단이 인의(仁義)를 억누를까 봐 염려하였지만, 지금의 법왕이 주장하는, 남의 몸에 태어나는 술법으로 천하 국가를 통치한다 하더라도, 도리어 우리 유교의 도에 의존하여 인·의·예·지의 영역을 벗어나지 않고, 인간 윤리를 기본으로 삼은 사물의 법칙 안에서 행동하게 될 것입니다. 그러나 요컨대 요·순(堯舜)의 도에까지는 들어가지 못할 것입니다."

형산은 눈을 내려감고 한참 동안 입 속으로 웅얼웅얼 염불을 하는 듯하더니 이윽고 눈을 뜨고 미소를 지으면서 말한다.

"선생의 말씀이 옳습니다. 이단과 우리 도를 비교해보면 정도(正道)와 사도(邪道)의 차이, 순수하고 잡스러운 구별은 있지만, 그 이익을 일으키고 어짊을 행하며, 잔인한 자를 제거하고 살육을 없애려 하는 마음은 매한가지입니다."

내가 물었다.

"법왕의 술법을 무슨 도라고 합니까?"

"이른바 황교(黃敎)라는 것입니다."

"황교라면 황제와 노자의 도를 말하는 것인가요? 아니면 황백(黃白)*69이나 신선의 술법인가요?"

---

*69 선인(仙人)이 단사(丹砂)로 황금이나 백은(白銀)을 만드는 술법.

내가 물으니 형산이 대답한다.

"천지간에는 별스런 세상에 별스런 사람도 다 있어서 그 도야말로 명색 없는 것을 귀하게 여기고, 맑고도 참되고 즐겁게 지냄을 삶이라 하며, 때에 맞추어 순순히 따라 돌아감을 죽음이라고 합니다. 그들의 삶에는 즐거움이 없고, 그들의 죽음에는 두려움이 없습니다. 번갈아 새로 태어나서 억만 년을 변하지 않는다고 하며, 벼슬하기를 좋아하지 않습니다. 그들은 아는 것도 모르는 것 같고 모르는 것도 깨달은 것 같습니다. 어둡고 혼란스러워 말 없는 하늘을 본받고, 전쟁이나 살생을 싫어한답니다. 이 세상을 꿈속이나 환상처럼 여기고 모든 사물을 요망한 것으로 여깁니다. 모든 언어를 사악하고 간교한 것으로 간주하고, 이 세상을 살아가는 것을 허황한 것으로 여기며, 사랑이니 정이니 하는 것을 장애가 되는 것으로 여깁니다. 불(佛)도 아니고 선(禪)도 아닙니다. 생각도 없고 근심도 없습니다. 이야말로 이른바 천지간의 별세계요, 별난 학문이라고 할 수 있습니다. 옛날 지인(至人)*⁷⁰이나 신인(神人)의 도이며, 자아와 공리(功利)를 초월하는 학문입니다.

자휴(子休)가 '정신을 집중시키면 백성이 병이 없고 풍년이 든다'고 한 말과, 요(堯) 임금이 고야산(姑射山)*⁷¹ 분수(汾水)를 바라보고, 망연히 그 천하를 잊어버렸다고 한 것이 곧 이 도와 같은 도입니다. 서번(西番)의 여러 나라가 모두 그 교에 복종하고 있을 뿐 아니라, 몽고의 여러 부족들도 높이 받들지 않는 자가 없습니다. 지금 청(淸)나라의 정치와 교화가 당(唐)·우(虞)를 능가하여 천자의 덕화(德化)가 미치는 곳은 모두가 편안하고, 국경 밖의 병란(兵亂)이 항상 조용했습니다. 싸우고 죽이고 침략하고 도둑질하는 것은 서번 풍속에 꺼리는 것이기도 하지만, 또한 황교가 중국의 덕스러운 교화에 만분의 하나쯤은 도움이 되었다고 할 수 있겠습니다."

이때 마침 형산에게 무슨 다른 일이 있는 것 같아서 나는 곧 자리에서 일어나 여천(麗川: 기풍액의 자, 만주인)이 묵고 있는 곳으로 갔다. 여천은 사천어사(四川御史) 단례(端禮)가 지은 칠언절구 50수를 내보여 준다. 황제가 공작(孔雀) 깃을 하사한 데 대하여 지은 시이다.

무관(武官)이 사품(四品) 이상의 지위에 오르면 모자 꼭대기에 깃털을 달

---

*⁷⁰ 도를 닦아서 극치(極致)에 이른 사람.
*⁷¹ 신선이 산다는 산.

고, 문관(文官)도 깃을 하사받으면 모자에 달 수 있으므로 영광으로 여기는 것이었다. 이 시는 섬세하고 교묘하기가 만당(晚唐)과 원(元)나라 때의 시풍을 지니고 있다.

여천이 나에게 이 시의 비평을 청하는 것을 사양하였더니, 여천 역시 끈질기게 청한다. 나의 능력과 식견을 보기 위해 청하는 것이므로 나의 서투른 것을 내보이고 싶지 않아 끝내 사양했다.

여천은 염법(簾法)*72이 틀린 곳 세 군데를 지적하고 접어서 탁자 위에 놓고는, 형산(亨山)의 율시(律詩) 한 수를 내어 보이면서 붓으로 함련(頷聯)*73의 대구(對句)인 '연모(燕毛 : 제비털)'와 '웅장(熊掌 : 곰발바닥)'에다가 점을 찍고 웃으면서 말한다.

"이것은 개똥이로군. 그의 정치도 모호하기가 이 시와 같겠지요."

"어떻게 그리 가볍게 말씀하십니까?"

내가 이렇게 말하자 여천은 곧 개똥[狗屎]이란 두 글자를 찢어서 입에 넣어 씹기에 내가 크게 웃으면서 또 말했다.

"어른을 함부로 조롱하시더니 그 벌로 개똥을 자십니다그려."

여천도 크게 웃었다. 조금 뒤에 형산이 와서, 세 사람이 둘러앉아 이야기를 하다가 형산이 곧 가버린다. 우리는 서로 돌아보며 웃었다.

하루는 여천이 명륜당(明倫堂)을 산책하는데, 한 사람이 대야를 들고 그 뒤를 따랐다. 여천이 걸음을 멈추고 얼굴을 씻는다. 수건으로 얼굴을 닦은 다음 다시 걷다가 나를 발견하고 멀리서 부른다.

"박공(朴公)!"

내가 곧 여천에게로 갔다.

"아까 하사받으신, 누런 비단으로 봉했다는 것을 조금 맛봅시다."

곧 숙소로 돌아와 항아리를 기울여 보니 겨우 한 잔쯤 남았다. 내가 이것을 들고 여천에게로 갔더니 여천이 보고 웃으면서 말한다.

"이것은 여지(荔枝)*74 즙(汁)입니다. 여지는 나무에서 떨어져 하루만 지

---

*72 율시(律詩)에서 그 평측(平仄)을 보는 법칙.

*73 율시 8구 중의 다섯째 구와 여섯째 구.

*74 중국 복건(福建)·광동(廣東)·사천(四川) 지방에 나는 나무. 열매는 속살이 희고 달고 물이 많음.

나도 향기와 빛깔이 변해버리지요. 그래서 꿀에다 재어 두기도 하지만 그래도 열에 아홉은 빛과 맛이 변한답니다. 막 나무에서 땄을 때에는 입이 열이고 손이 열이라도 그 기막힌 맛을 표현하기 어렵습니다. 저도 북경에 와서 이것을 하사받은 일이 한두 번이 아니었고, 어제도 이것을 하사받았습니다."

여천은 한 잔을 내어다가 소주 대여섯 잔을 타서 나에게 권하였다. 한 잔을 받아 마셔 보니, 맑은 향기가 입에 가득 차고, 달고 시원하기가 비할 데 없다. 내가 잔을 여천에게 돌려주고 마시기를 권했으나 여천은 머리를 저으면서 굳이 사양한다. 내가 왜 그러느냐고 까닭을 물었더니 여천이 말한다.

"저는 이미 부처님의 계율을 따라 술을 끊은 지 오래입니다. '하루에 여지 3백 개를 먹게 된다면야, 항상 영남 사람이라 한들 어떠리(日食荔枝三百顆不妨常做嶺南人)'라고 한 것은 소동파의 시이지요. 저는 지금 안찰사로 있어서 언제나 먹고 있습니다."

여천은 다시 말한다.

"영남(嶺南)*75은 옛날에 귀양가는 곳이었지요."

어느 날 밤 달빛이 휘영청 밝아 여천과 함께 축대 위를 거닐었다. 밤이 깊고 이슬이 차가워 여천이 자기 방으로 들어가자 하여 들어갔더니 그가 묻는다.

"사신이 활불을 만나보지 않으려는 것은 무슨 까닭입니까?"

"황제의 분부를 받고 만나보러 갔습니다."

"사신이 도중에서 말에서 내려 못 가겠다고 해서 황제께서 다시 분부를 내려 그만두게 했다고 합니다. 무슨 까닭인지요?"

여천의 말투가 어딘지 까닭이 있어 사실을 캐물어 알아보려고 하는 것 같았다. 선뜻 무엇이라 대답할 수가 없어 잠자코 있으니까 여천이 다시 말한다.

"사신의 반열 순위에 대해 말들이 많습니다."

내가 말했다.

"도중에 말에서 내린 것은 가기 싫어서가 아니었습니다. 통관(通官)이 군기대신(軍機大臣)*76이 꼭 올 것이라면서 기다렸다가 함께 가는 것이 좋겠다고 했기 때문입니다. 그래서 궁성(宮城) 밖 나무 그늘 아래에서 말을 내려 더위를 피하며 군기대신이 오기를 한참 기다리고 있었던 것이지요. 그런데

---

*75 중국 오령(五嶺) 남쪽 지방, 곧 광동(廣東)·광서(廣西) 지방을 일컫는 말.
*76 청나라 때 군사(軍事)의 기밀을 맡아보는 군기처(軍機處)의 대신.

갑자기 황제의 조칙이 내려 중도에서 그만두고 돌아온 것이지, 고의로 지체한 것이 아닙니다."

"사신은 이 때문에 황제에게 불려가 나무람을 당할 뻔하였고 예부(禮部)의 여러 대인(大人)들은 이 일 때문에 겁이 나서 음식도 먹지 않고 풀이 죽어 있었지요. 그러던 중, 어제 다시 황제의 은전(恩典)을 받았습니다. 이것은 세상에 드문 융숭한 은전(恩典)입니다. 조선은 마땅히 더욱 사대(事大)*77의 성의를 다해야 할 것이고, 두 대인도 황제의 은총을 서로 치하하셔야 할 것입니다. 조금 전 조정에서 오덕대인(晤德大人)을 만났는데, 역시 기뻐서 어쩔 줄을 모르시더군요."

나는 놀랍고도 해괴하여 천천히 대답했다.

"우리나라가 귀국과 한집안처럼 지내고 있으니 지금 저와 공은 이미 안팎의 구별이 없게 되었지만, 법왕으로 말하자면 서번(西番) 사람인데 사신으로서야 어찌 선뜻 만나볼 수 있겠습니까? 이야말로 신하 된 사람으로서 사사로운 외교가 있을 수 없다는 의리 때문입니다. 그러나 여러 차례·황제의 조칙을 받들게 되니 사신 또한 어찌 감히 가 보지 않을 수 있겠습니까?"

여천이 다시 말한다.

"참으로 옳은 말씀입니다. 그런데 어제 사신은 활불에게 절을 하여 뵌 것입니까? 아니면 황제의 칙명을 받들고 절을 한 것입니까?"

사신은 실상 활불에게 절을 한 적이 없다. 또, 그가 묻는 말에 깊은 뜻이 있는 것 같아, '절을 하지 않았다'고 바로 말할 수가 없어서 붓을 쥔 채 머뭇거리고 있으니까 여천이 먼저 입을 연다.

"조칙을 받들고 갔으니 의당 성은에 절을 한 것이 아닙니까?"

다시 또 말한다.

"존형(尊兄)께서도 활불에게 절을 하셨습니까?"

"다만 바라보았을 뿐입니다."

내가 대답했다.

여천이 바라보았다(望見)는 두 글자를 가리키면서 말한다.

"바라보았다는 것은 이미 활불에게 아첨을 했다는 말입니다. 존형은 칙명

---

*77 약한 자가 강한 자에게 복종함. 작은 나라가 큰 나라에 복종함.

을 받지도 않으셨는데 어찌하여 황급히 달려가셨습니까?"

나는 부끄러운 생각이 들어 사과하였다.

"관광을 하도 좋아하여, 미처 그런 생각이 나지 않았습니다."

여천이 크게 웃으면서 말한다.

"그러셨겠지요. 어지신 분을 책망한 것이 되었으니 저의 죄를 용서해 주시기 바랍니다."

내가 말했다.

"나는 관광을 위해 이미 만 리 길을 왔는데, 그렇게 하지 않고서야 어떻게 그 황금 궁전과 옥 계단을 구경할 수 있었겠습니까?"

"그렇지요."

그는 대답하고 나서 다시 말한다.

"저는 전생에서 중이었습니다. 그 뒤에는 일찍이 한 번도……."

그러고는 필담 수십 자를 시커멓게 후려갈겨 써 놓았다.

나는 마침 촛불에다 담뱃불을 붙이느라고 미처 자세히 보지 못하여 다시 보려고 하였으나, 여천은 이미 촛불을 끌어당겨 불을 붙여서 온돌 아래로 던져 버린다.

"저는 본래 머리 기른 늙은 중입니다."

내가 물었다.

"공은 일찍이 활불을 뵌 적이 있습니까?"

여천이 대답한다.

"친왕(親王)이나 부마 또는 몽고 왕이 아니고는 만나볼 수 없습니다."

다시 말을 잇는다.

"그렇지만 저는 유생의 관을 쓰고 복장을 한 사람으로서 평생토록 흙으로 만든 옛 불상에조차도 절을 하지 않았는데, 어찌 육신이 있는 가짜 부처에게 절을 하겠습니까?"

나는 '머리 기른(有髮)'이니 '유생의 관(儒冠)'이니 하는 말을 보고 나도 모르게 웃음이 나와서, 그 글자에 커다랗게 권점(圈點)을 쳐 놓았다. 여천은 미처 내 뜻을 헤아리지 못한 듯, 역시 크게 웃고 곧 불태워 온돌 아래로 던져 버렸다.

"공은 스스로 자기를 유생이라 해놓고, 또 늙은 중이니 머리 기른 중이니

라마교에 대한 문답 455

하시니 어찌된 말씀입니까? 다른 이에게 활불에게 아첨을 한다고 책망하시는 걸 보면 내가 보기에는 공이야말로 가짜 부처의 제자가 아닌가 싶습니다. 힘써 불교를 배우셔야 하겠습니다."

여천이 크게 웃고 '가짜 부처의 제자(假佛弟子)'란 글자에 커다랗게 권점을 치고 다시 말한다.

"만약 존형께 재물이 많았더라면 나는 반드시 단골손님으로 삼았을 것입니다."

"그건 무슨 뜻입니까?"

내가 물었더니, 여천이 웃으면서 말한다.

"말빚을 잘 갚으시니까요."

그러고는 다시 말한다.

"한창려(韓昌黎)*78는 늘그막에는 마침내 참선의 가르침을 좋아했다고 합니다."

내가 말했다.

"양명(陽明)*79의 학문은 비록 치우치고 고집스럽기는 하지만, 창려처럼 모호하지는 않지요."

"신건백(新建伯)*80은 명분과 이론이 매우 뛰어나고 그가 불교를 배척한 이론은 뼛속 깊이 사무치지만, 그것은 사람의 마음과 눈을 통쾌하게 해 줄 뿐, 결국 창려의 용맹하고 웅장한 문장에는 미치지 못할 것입니다."

여천은 말을 잇는다.

"한창려가 고개 위의 구름을 보고 집을 그리워하고, 관문(關門)에 쌓인 눈을 보고 말을 염려한 것은, 이미 지나간 일을 후회한 것이지요."

내가 물었다.

"지금의 문장 대가로서 이 두 분에 비교할 만한 이가 있습니까?"

여천은 대답을 하지 않고, 장난으로, '공(空)이 곧 색(色)이요, 색이 곧 공이지요(空卽是色 色卽是空)'*81 하기에 내가, '나는 곧 그대요, 그대는 곧

---

*78 당나라 때 학자 한유(韓愈). 창려는 봉호(封號)임. 당송팔대가(唐宋八大家)의 한 사람.
*79 명나라 때의 학자 왕수인(王守仁). 양명은 호. 양명학(陽明學)의 창시자임.
*80 왕수인의 봉호.
*81 모든 형체 있는 물건(色)은 인연에 의해 생기는 것이므로 본래 실유(實有)가 아니다. 그

나이지요(我則是爾 爾則是我)'*82 하였더니, 여천이 앞으로 다가와 내 손을 잡고 한참을 말없이 있다가, 손가락으로 자기의 가슴을 가리키고 또 내 가슴을 가리킨다. 그러고는 묻는다.

"그 활불이란 중의 모습이 어떻습디까?"

"여래(如來)*83 존자(尊者)의 상과 비슷합디다."

내가 대답하자 여천이 말한다.

"아마도 살이 많이 쪘을 것입니다."

그러고는 탐할 탐(貪)자를 커다랗게 써 놓고 말한다.

"그는 구하지 않는 것이 없고, 가지지 않는 것이 없답니다."

"출가한 중 같지도 않고, 계율을 잘 지키는 것 같지도 않더군요."

"그는 잘 먹지 않는 것이 없답니다. 말·소·낙타·양·개·돼지·거위·오리 등 무엇이든지 다 먹거니와, 나귀를 통째로 먹으니까 그렇게 살이 찌는 것이지요."

"색도 탐냅니까?"

"그 한 가지만은 범하지 않는 모양입니다."

"술법이 신통한가요?"

"전혀 없지요."

여천은 또 말한다.

"완적(阮籍)*84의 후신이 안태사(顏太師)*85가 되었고, 안태사의 후신이 포염라(包閻羅)*86가 되었고, 포염라의 후신이 악무목(岳武穆)*87이 되었다고 합니다. 이것은 간사하고 천한 소인놈들이 하는 말입니다."

내가 학성(郝成)이 말한 오색 거울에 대해 물었더니 여천이 대답한다.

러므로 모든 것은 아무것도 없는 것이고(空), 없는 것 그것이 곧 모든 물건의 본연(本然)의 모습이라는 말이니, 불교의 본지(本旨)임.

*82 나와 네가 마찬가지이다. 아무런 차별이 없다, 곧 모든 사람이 다 평등하다는 말.
*83 부처의 존칭. 부처를 높여 일컫는 열 가지 이름 중의 하나.
*84 삼국(三國) 때 위(魏)나라 사람. 죽림칠현(竹林七賢)의 한 사람임. 노장학(老莊學)을 좋아하고 거문고도 잘 탔음.
*85 명필 안진경(顏眞卿).
*86 송나라 사람 포증(包拯). 매우 강직하고 씩씩했음.
*87 송나라 때 장군 악비(岳飛). 무목은 그의 시호임.

"정말 그런 것이 있다고 합디다. 옥의 일종인 화제(火齊)로 만든 거울이라고 합니다."

다시 만년수(萬年樹)에 대해 물었다.

"그건 아직 들어보지 못했습니다. 어떤 나무라던가요?"

오히려 여천이 되묻는다.

내가 학성에게서 들은 대로 대강 이야기하였다.

"만약 과연 그런 것이 있다면, 그것은 참으로 신령스러운 나무지요."

여천은 크게 웃으면서 말한다.

"존형(尊兄)께서는 그런 허망한 나무 이야기를 어디서 들으셨습니까?"

그리고 다시 말한다.

"그 활불들은 임종할 때 자기의 학문을 한 구절로 압축하여 전할 것이라고 말했답니다."

내가 북경으로 돌아와서 여러 사대부들과 교유하였지만, 아직까지 여천처럼 불교를 격렬히 배척하는 사람을 보지 못했다.

하루는 내가 방문 앞에 서 있느라니까 여천이 거울을 가지고 자기의 모습을 비추어 보고는 내게로 와서 내 얼굴을 비추어 본다. 그러고는 또 장난으로 내가 차고 있는 주머니 속에 있는 연주(聯珠)를 만져 보고는 웃으면서 말한다.

"이것은 유학자가 가질 물건이 아닌데요?"

"이것은 갓끈입니다."

"꼭 직접 살펴보아야만 믿겠습니다."

내가 곧 주머니 속에서 꺼내 보였더니, 또 한번 크게 웃는다. 그는 처음에 그것이 염주인 줄 알았던 것이다.

"저것은 무엇입니까?"

내가 벽에 걸어 놓은 조주(朝珠)를 가리키면서 묻자 여천이 말한다.

"이것은 나라에서 직위를 나타내는 물건이랍니다. 없어서는 안 되는 것이지요. 조복(朝服)을 입으면 목에 이 염주를 걸기 때문에 조주라고 하는데, 값이 천 냥도 하고 만 냥도 한답니다. 각로(閣老: 황제의 칙서를 작성하는 벼슬) 우민중(于敏中)은 자가 내재(耐齋)인데, 금년에 죽었답니다. 9월에 그의 재산을 몰수하여 관청에서 팔아버렸는데, 조주 네 개 값이 은 3만 7천 냥이나 되어 하도 비싸서 감히 사는 사람이 없었다고 합니다."

나 연암(燕巖)은 말한다.
천하에는 별의별 종족이 다 있다. 내가 열하에 이르렀을 때 왕이라 하면서 모여드는 사람을 많이 보았다. 몽고 사람으로 중국에서 자란 사람은 문장과 학문에서는 만주인이나 한인(漢人)과 비슷하지만 생김새는 건장하고 힘이 세어 보여 아주 딴판이었다. 그러니 더군다나 48부족 추장들이야 말할 것도 없다.

추장들은 제각기 왕의 호칭을 가지고 있었다. 좌현왕(左賢王)이니 곡려왕(谷蠡王)이니 하는 호칭을 가지고 있고 서로 예속되는 일도 없어서 세력이 분산되고 힘이 비슷하여 누구도 감히 먼저 준동하지 못한다. 이것이 바로 중국이 아무 탈 없이 지낼 수 있는 까닭인 것이다.

나는 찰십륜포(札什倫布)에서 몽고 왕 두 사람을 보았고, 산장(山莊) 문 앞에서도 두 사람을 보았다. 그 중 늙은 왕은 나이가 81살인데, 허리는 경쇠처럼 굽었고 피골(皮骨)은 검어 썩은 것 같았다. 또 얼굴은 나귀처럼 길고, 키는 거의 한 길(10자)이나 되었다. 젊은 왕은 괴강(魁罡)[88]이나 종규도(鍾馗圖)[89]와 같았다.

서번(西番 : 티베트) 사람들은 더욱 사납고 추악하게 생겨서 괴상한 짐승이나 기괴한 귀신 같았다.

더더욱 무섭기는 회족 사람들로서 이들은 곧 옛날의 회골(回鶻)이니 훨씬 더 사나웠다. 토사(土司)[90]는 서번이나 회골과 비교하여 건장하기가 비슷하였다.

악라사(鄂羅斯)[91]는 흑룡강(黑龍江)[92] 연안에 있는 부족으로 집집마다 개 한 마리씩을 기른다. 그리고 개는 크기가 모두 나귀만 하고, 목걸이에는 10여 개의 작은 방울을 단다. 그리고 턱 밑에는 여러 가지 끈으로 야단스럽

---

[88] 북두(北斗) 괴성(魁星)의 기운. 재앙을 끼친다고 함.
[89] 당나라 현종(玄宗)이 꿈에 본 귀신을, 오도현(吳道玄)을 시켜서 그린 그림.
[90] 중국 남쪽 묘족(苗族)의 우두머리의 칭호.
[91] 아라사, 곧 러시아.
[92] 만주와 소련의 경계를 흐르는 큰 강.

게 장식을 하고 수레를 끌게 한다.

개가 이처럼 크니 하물며 사람이랴. 그들은 외출할 때 반드시 개를 데리고 다니고 개를 곁눈질해 보면서 피리를 분다. 모자나 옷은 신분에 따라 모양이 달라서 쉽사리 분간할 수 있었다.

만주족은 비록 크게 번성했다고는 하지만 천하의 절반에도 이르지 못했다. 그들은 중국 땅에 들어온 지 이미 백여 년이 지나 이 땅의 풍토에 길들고 풍속에 익숙해졌다. 따라서 한인(漢人)과 다를 것 없이 말쑥하고 우아해짐과 동시에 저절로 유순하고 나약하게 되었다.

오늘날 천하의 형세를 돌아보면 그 중 두려워할 것은 언제나 몽고에 있지 다른 오랑캐에 있지 아니하다. 그것은 무슨 까닭일까? 몽고는 서번이나 회자만큼 강하거나 용맹스럽지는 않지만 제도(制度)와 문물(文物)은 중국과 서로 대항할 만하기 때문이다. 또 몽고는 중국과 겨우 1백 리밖에 안 되는 국경으로 접해 있고 가까이는 흉노·돌궐의 통치에서부터 멀리는 거란에 이르기까지 모두 대국의 영향 아래에 있었다.

한(漢)나라 때 위율(衛律)과 중항열(中行說) 같은 사람들이 한나라를 배신하고 도망가는 소굴로 삼았으며, 더구나 그들의 제도와 문물에 오히려 옛날 원(元)나라의 유풍(遺風)이 남아 있음에랴?

게다가 몽고의 군사와 말이 굳세고 건장한 것은 본디 사막에 사는 나라가 타고나는 본성이다. 천하의 기강이 한번 느슨해지고 형세가 잠시라도 급해지기만 하면, 몽고 48부족의 왕들이 어찌 헛되이 변방에서 활을 쏘고 말을 달려 여우·토끼 따위나 쫓고 있을 수 있겠는가? 내가 본 추장들이 이미 그러하고 그곳에서 내가 만나 이야기한 몽고인 부재(孚齋)·앙루(仰漏) 같은 사람들이 한결같이 문학에 뛰어난 선비였다.

옛날 유연(劉淵)[*93]이 만리장성 안에 들어와 살 때, 유주(幽州)·기주(冀州)의 명사들이 많이 찾아와 그를 따랐다. 유연의 아들 총(聰)은 경서와 사서에 박식하여, 약관(弱冠)에 북경에 갔을 때 서울 명사들은 누구나 그와 교제하지 않는 이가 없었다.

아! 천하가 한번 흔들려 풀이 움직이고 바람이 일어난 뒤에, 어찌 연

---

*93 오호(五胡) 때 전한(前漢)을 세운 사람. 흉노(匈奴) 출신임.

(淵)·총(聰)의 무리가 그 가운데 끼지 않았다고 말할 수 있으랴? 이것은 내가 직접 본 몇 사람이거니와, 하물며 내가 보지 못한 자가 몇이나 될지 어떻게 알겠는가!

이번에 내가 열하의 지세를 살펴 보니 열하는 천하의 정수리 같았다. 황제가 북쪽으로 거둥하는 것은 다름 아니라, 골통을 깔고 앉아서 몽고의 숨통을 움켜잡자는 것이다. 그러지 않았더라면 몽고는 날마다 나와서 요동(遼東)을 뒤흔들었을 것이다. 요동이 한번 흔들리면 천하의 왼쪽 팔이 끊어질 것이고, 천하의 왼쪽 팔이 끊어지면 천하의 오른쪽 팔인 하황(河湟 : 청해성(靑海省)) 지방만으로는 어찌할 수 없을 것이다. 내가 보기에는 서변의 여러 오랑캐들이 슬금슬금 나오기 시작하여 감숙성과 섬서성 지방을 엿보게 될 것이다.

우리나라는 다행히 바다 한쪽 외딴 구석에 있어서, 천하의 대세에 아무런 관계가 없다. 나는 이미 머리털이 희어져서 뒷날의 일을 볼 수는 없겠지만 30년이 못 가서 천하 일을 걱정하는 사람이 있다면, 틀림없이 내가 오늘 한 말을 다시 생각하게 될 것이다. 그러므로 내가 본 오랑캐와 여러 종족에 관한 소견을 위와 같이 기록해 두는 것이다.

황교문답(黃敎問答)에 대한 이재성(李在誠 : 연암의 처남, 자는 중존(仲存), 호는 지계(芝溪))의 논평

연암이 심세편(審勢篇)에서 말한 '5가지 망령된 노릇'과 여기서 말한 '6가지 안 될 일(六不可)'이라는 것은 모두 예기(禮記) 곡례(曲禮)에 있는 3천 가지 금지 조항에 들어 있다고는 할 수 없으나, 대체로 예절을 아는 사람은 자연 이런 과오를 범하지 않을 것이다. 이것은 비단 외국을 여행하는 사람만이 그런 것이 아니라 집에 앉아서 한 가지 사물 또는 한 사람의 손님을 대접할 때에도 모두 그렇지 않을 수 없는 것이다.

이른바 말이 진실하지 못하고 행동이 미덥지 못하면 제 동네에서도 살 수 없다는 것이 바로 이것이다. 이것을 이해하지 못하는 사람들은 연암이 세상 사람들에게 행세하는 비결이나 가르쳤다고 하겠지만, 나로서는 누구를 막론하고 마음을 사로잡고 행동을 옳게 하는 방도는 당연히 이렇게 해야만 할 것이라고 생각한다.

반선(班禪)이란 것은 처음 듣고 처음 보는 것으로서 그 기괴망측한 것은 말을 한다 하더라도 그것의 실태를 가늠할 수는 없는 것이며, 보았다 하더라도 그것의 행동이 어떠하다고 결론을 내릴 수 없는 것이다. 더욱이 그에 대한 발언은 한날 한자리에서 한 것도 아니고, 모두 제각기 듣고 전하는 말을 근거하여 말한 것이어서 활불에 대한 이야기의 깊고 얕음과 자세하고 소략함이 이처럼 알쏭달쏭하다.
　그러나 대체로 그들이 하는 말은 놀랍고 이상하여 활불을 칭찬하는 것 같기도 하고 조롱하는 것 같기도 하며, 이상야릇 허망해서 도무지 믿을 수가 없다. 여기서 이것저것들을 끌어모으고 묶어서 이 황교문답(黃教問答) 한 편을 기술한 것이다.
　신비스럽고 환상적이며 웅대하고도 화려 섬세한 아주 특이하고 이색적인 글이 되었다. 이른바 활불이란 자의 술법이나 내력을 밝혔을 뿐 아니라 함께 만나서 이야기를 나눈 여러 사람들의 성격이나 학식, 용모와 말버릇까지 모두 펄떡펄떡 뛰듯이 생동감 있게 묘사하였다.

반선의 역사적 내력
반선시말(班禪始末)

반선(班禪) 액이덕니(額爾德尼)는 서번(西番 : 고대 중국의 서역과 서부 변경 지역의 통칭) 오사장(烏斯藏 : 티베트 지역)의 대보법왕(大寶法王)이다. 서번은 사천(四川)과 운남(雲南)의 경계 밖에 있고, 오사장은 청해(靑海)의 서쪽 밖에 있다. 당나라 때 토번(吐蕃)*1의 옛 땅을 거쳐, 황중(湟中)*2에서 5천여 리 되는 곳이다.

반선을 장리불(藏理佛)이라고도 한다. 소위 삼장(三藏)이 그 땅을 말하는 것이다. 반선 액이덕니란 서번 말로서 광명, 지혜의 법승(法僧)이라는 뜻이다. 법승은 스스로 말하기를, 자기의 전신은 파사팔(巴思八)*3이라고 한다. 그의 말은 황당하고 괴상하며 이치에 맞지 않는 것이 많으나, 도술이 뛰어나서 때로는 영험이 있다고 한다.

대개 파사팔에 대해서는 다음과 같은 이야기가 전해진다. 토파(土波 : 토번 곧 티베트)의 한 여인이 새벽에 물을 길으러 나갔다가 물 위에 웬 수건이 떠 있는 것을 보고 건져서 허리에 찼는데, 오래되니 차차 변하여 기름덩이가 되었다. 이상한 향내가 나고 먹으면 맛이 달더니 마침내 사나이의 느낌이 있고 나서 파사팔을 낳았다. 파사팔은 나면서부터 신성(神聖)했다고 한다.

원(元)나라 세조(世祖)는 사막에서 어린아이가 능가경(楞伽經) 등 여러 경전 만 권을 외운다는 소문을 듣고 사신을 보내 아이를 맞아 왔다. 아이는 참으로 지혜롭고 원만하며 명랑했다. 파사팔은 온몸에서 향기가 나고, 걸음걸이가 마치 천신(天神) 같았다. 또 그의 목소리는 음률에 맞았다. 황제는 여래(如來)를 만난 듯 크게 기뻐하였고, 당시의 이렇다 하는 인물들도 모두

---

*1 지금의 티베트에 있던 나라. 청나라 세종(世宗) 때 속국이 되었음.
*2 한나라 때 강인(羌人)들이 있던 곳으로 지금의 청해성(靑海省) 동남부.
*3 팔사파(八思巴)라고도 함. 원나라 때 라마교의 중으로, 몽고 글자를 지었고, 쿠빌라이로부터 후한 대우를 받았음.

자신들이 그에 미치지 못한다고 하였다. 그가 소리에 맞추어 몽고의 새 글자를 만들어 천하에 반포하니, 왕은 대보법왕(大寶法王)이란 호를 하사하였다. 이것은 부처의 존호(尊號)이지, 국토를 가진 왕의 작호(爵號)가 아니다. 법왕의 이름이 이에서 시작되었던 것이다.

파사팔이 죽자 왕은 황천지하 일인지상 선문대성 지덕진지 대원제사(皇天之下一人之上宣文大聖至德眞智大元帝師)라는 호를 하사하였다.

그 뒤 청산압마(請繖壓魔 : 산을 맞아서 악귀를 누름)라는 놀이가 생겼다. 이 놀이는 군사 수만 명을 동원하여 모두 비단 바지와 수놓은 도포를 입히고, 수레와 말, 당번(幢幡)*4과 보개(寶蓋)*5를 모두 금주(金珠)·보옥(寶玉)과 수놓은 비단, 무늬 있는 비단으로 장식하여 황성(皇城)을 둘러싸고 네 성문을 모조리 지나게 하였다. 그리고 다시 서번과 한(漢)나라 음악에 맞추어 일산(日傘)을 대궐 안으로 맞아들인다. 이것을 파사팔교(巴思八敎)라고 이르게 되었다.

그러나 이 교는 본래의 교지(敎旨)와는 크게 어그러져서, 귀신의 도가 뒤섞여 요란하고 괴상하게 되었다. 대궐에서는 황제와 후비(后妃)와 공주들이 모두 채식만 하면서 일산을 맞아들여서 막배(膜拜)*6를 하고 억조창생의 복을 빈다. 이것이 이른바 '타사가아(打斯哥兒)가 파사팔을 만나 노는 날'이라는 것으로, 집안을 망치고 재산을 탕진해가면서 만 리 밖에서 구경오는 자까지 있다고 한다. 원(元)나라 말까지 해마다 이렇게 연중 행사로 치러 그 교를 떠받들었다.

파사팔과 같은 시대에 담파(澹巴)라는 승려가 있었다. 그 뒤에 가린진(珈璘眞)이라는 승려가 있었는데, 모두 서번의 중(番僧)으로 술법에 뛰어났다. 그러나 모두 파사팔교와는 달리 그들은 남의 마음을 환히 알아보고 황제의 마음속 일도 알아맞히었으므로, 황제는 그들을 스승으로 섬겼다. 그 당시에도 아직 남의 몸에 새로 태어난다는 환생법에 대한 말은 없었다고 한다.

홍무(洪武)*7 초에 황제는 서번 여러 나라에 포고령을 내렸다. 그러자 오사장(烏斯藏)에서 맨 먼저 사신을 파견하여 중국에 조공을 바쳤다. 그들의

---

*4 기(旗). 장식한 깃대에 길다랗게 비단을 늘어뜨린 기.
*5 보석으로 장식한 덮개.
*6 무릎을 꿇고 손을 들어서 하는 절.
*7 명나라 태조(太祖)의 연호. 1368~1398년.

왕 난파가장복(蘭巴珈藏卜)은 승려였는데 그는 자기가 황제의 스승이라고 자칭했다고 한다.

이때 서번 여러 곳에 있는 황제의 스승(帝師)과 대보법왕(大寶法王)은 이미 나라를 차지한 칭호가 되었으니, 마치 한나라 당나라 시대에 주변의 오랑캐들이 자신의 국왕을 선우(單于)니 가한(可汗)이니 하던 칭호와 같은 것이었다.

황제는 제사(帝師)라는 호칭을 국사(國師)로 고치고 옥으로 만든 도장을 하사하였다. 왕이 친히 옥의 품질을 심사하여 아름다운 옥으로 만들어 주었다. 도장에 새긴 글자에는 출천행지 선문대성(出天行地宣文大聖) 등의 호칭이 있었다. 사관(史官)은 역사에서 이런 사실을 생략하였다. 하사한 도장은 천자의 옥새처럼 쌍룡(雙龍)을 새기고 끈을 맨 것이었다.

그 뒤로 서번의 여러 나라들은 스스로 법왕이니 제사니 하면서, 더욱 사신을 많이 보내 자기의 명성과 호칭이 천자의 조정에 알려지게 하는 자가 무려 수십 나라에 이르렀다. 황제는 그들을 모조리 국사(國師)로 바꾸어 봉하고, 혹은 대국사(大國師)라는 호칭을 덧붙여 특별히 대우하였다.

성조(成祖) 때에는 부마(駙馬)를 보내 서번의 승려 탑립마(嗒立麻)를 맞이하여 왔다. 이때 하사한 법가(法駕)와 의장(儀裝)이 참람되게 천자의 절반이 되었고, 하사한 금은보화와 비단은 이루 다 기억할 수 없었다. 탑립마는 고제(高帝)와 고후(高后)를 위해 절을 세워서 복을 빌었다. 이때 경운(慶雲)과 감로(甘露), 조수(鳥獸)와 화과(花果) 등의 상서로운 조짐이 나타나, 성제는 크게 기뻐하고 마침내 탑립마를 만행구족시방최승등여래대보법왕(萬行俱足十方最勝等如來大寶法王)에 봉하고, 금으로 짜고 구슬을 꿰어서 만든 가사(袈裟)를 하사하였다. 그리고 그의 무리들을 모두 대국사(大國師)로 봉하였다.

탑립마의 비법과 신통력은 환술(幻術)과 같은 것이 많았다. 작은 귀신을 부려 삽시간에 만 리 밖에 있는, 제철이 아니어서 얻기 어려운 물건을 가져오게 하는 등, 변화무쌍하고 기괴망측하여 사람의 생각으로는 헤아릴 수 없었다.

당시 서번의 여러 나라들은 흔히 대승(大乘)이니 대자(大慈)니 하는 법왕의 칭호를 받았고, 또 천교(闡敎)·천화(闡化) 등 다섯 교왕(敎王)이 있었다. 그들 다섯 교왕들은 공물을 바치는 사신을 보내어 서녕(西寧)과 조황(洮潢) 사이를 자주 오고 가므로, 중국에서는 일찍부터 그들을 접대하는 것을 번거롭게 여기고 많은 비용을 괴롭게 생각하였다. 그러면서도 실상은 후한 대접으로 그들을 어리석게 만들고, 널리 왕호를 봉하여 각기 조공하게 함으로써 은밀히 그 세력을 분산시키려 꾀하였다. 서번 사람들은 그것을 깨닫지 못한 채 중국에서 주는 상을 탐내어 조공하는 것을 유리하다고 여겼다.

정덕(正德)*8 연간에 궁중 관리를 보내 오사장(烏斯藏)의 활불(活佛)을 맞아 왔다. 이때 대궐 안의 황금을 모두 내어 공물을 바칠 때 쓰는 기구를 만들었다. 황제 황후와 왕비 공주가 다투어 패물과 목걸이·귀고리 등을 내놓고 당번(幢幡)·산개(繖蓋) 등을 만들게 하니 그 비용이 몇 만금인지 알 수가 없다. 10년을 기한하였다가 돌아갈 때가 되었는데도 활불은 피신하여 숨어서 찾아볼 수가 없었다. 그러다가 가지고 있던 보물도 다 날리고 빈손으로 도망해 돌아갔다고 한다.

만력(萬曆)*9 연간에도 쇄란견조(鎖蘭堅錯)라는 신통한 승려가 있었는데, 역시 중국과 교통하여 활불이라 일컬었다.

이상이 서번 지방에 대한 이야기의 대략이다.

이것은 한림(翰林) 서길사(庶吉士) 왕성(王晟)이 일찍이 나를 위해 말해 준 서번에 관한 이야기였다.

왕성은 집이 영하(寧夏)이고 본래는 채씨(蔡氏)의 아들이다. 그는 스스로 말하기를, 그의 숙부가 일찍이 차(茶)를 팔러 국경 밖을 자주 왕래하여 서번의 일을 많이 알게 되었고, 같은 왕씨가 대대로 서쪽 변방의 관리로 있었기 때문에 어릴 때부터 여러 오사장(烏斯藏)의 일을 자세히 알게 되었다고 하였다.

왕성은 금년 초에 평생 처음으로 북경에 와서 4월에 회시(會試)에 몇째 안 가게 합격했고, 전시(殿試)*10에는 13번째로 합격했다고 하였다. 그는 경전과 사서를 널리 알고 기억력이 남달리 뛰어났다.

---

*8 명나라 무종(武宗)의 연호. 1506~1522년, 조선 중종(中宗) 때임.
*9 명나라 신종(神宗)의 연호. 1573~1620년, 조선 선조(宣祖)·광해군(光海君) 때임.
*10 임금이 친히 보이는 과거 시험.

나는 우연히 왕성을 유리창(琉璃廠)에서 만났는데 그의 뜻을 살펴보니 그 역시 우리와 만난 것을 매우 신기하게 생각하는 모양이었다. 그는 또 처음으로 북경에 온 것이어서 교유(交遊)가 넓지 못하였고, 매사에 아직 서툴렀다.

이튿날 왕성은 천선묘(天仙廟)로 나를 찾아와서 서번의 승려에 대해 매우 자세히 이야기해 주었다. 필담이 물 흐르듯 유창하다. 아는 것이 많고 문장의 아름다움을 자랑하는 듯하였다. 그의 말을 역사와 전기에서 찾아보면 실제로 기록이 되어 있을 것 같았다. 그는 또 이렇게 말했다.

"파사팔(巴思八)을 비롯하여 중국에 들어온 사람들은 현명한 사람도 있었지만, 그렇지 못한 사람도 있어서 활불이란 칭호를 가지지 못했지요.

활불이란 칭호는 명(明)나라 중엽에 시작되었어요. 승왕(僧王)이라 불렸지만 다 처자가 있고, 그 아들로 하여금 대를 잇게 했습니다. 중국의 예우(禮遇)가 미치지 않는 데가 없었지만, 그들의 아내는 일찍이 중국 봉작(封爵)을 청한 일이 없으므로, 예우를 받지 못했습니다. 왕들이 모두 중이었기 때문이지요.

그 중에도 다만 오사장의 법승(法僧)만은 대를 이어 스스로 그 땅의 왕이 되었습니다. 명나라 중엽 이후부터 오래도록 중국으로부터 번거롭게 절차를 거치지 않았습니다.

봉호에는 항상 대·소 두 가지 법왕이 있지요. 대법왕이 죽을 때면 소법왕에게 '어느 곳 아무개의 집에 아이가 태어나면 이상한 향기가 있을 것이니 이 아이가 곧 나이다' 하고 부탁한다고 합니다. 그리하여 대법왕이 죽은 다음 어느 곳에서 태어날 것이라고 했던 아이가 태어나는데, 과연 아이의 살에서 향기가 나면, 당번(幢幡)·보개(寶蓋)·구슬 양산·옥 가마·금 수레 등을 갖추어 가지고 가서 아이를 수건으로 싸서 맞아 옵니다. 그것은 파사팔이 향기로운 수건에 감응되어 태어났기 때문이지요.

이렇게 맞이해 온 아이를 길러서 소법왕으로 삼고, 전의 소법왕은 대법왕이 되는 것입니다. 지금의 반선은 그렇게 해서 탄생한 대보법왕입니다. 이미 14대째 남의 몸을 빌려 새로 태어난 것이라고 합니다. 원나라나 명나라 때에 있었던 신통한 승려들은 모두 그의 전신이었다고 합니다. 반선이 중국으로 오는 도중에 원나라 때 타사가아의 고사, 곧 파사팔교를 맞은 때의 일을 또렷하게 이야기하고, '이번에 나를 맞이하는 의식은 의장과 음악이 간소하여

위엄을 갖추지 못하였다'고 투덜거렸어요. 그래서 운휘사(雲麾使)와 난의십
이사(鑾儀十二司)*11의 의장을 모조리 내고, 태상시(太常寺)*12의 법악(法
樂)·청진악(淸眞樂)과 흑룡강(黑龍江) 고취(鼓吹), 성경(盛京) 고취를 모
두 연주하여 교외에 나가 그를 맞이했습니다."

내가 물었다.

"태상시의 법악(法樂)이란 무엇입니까?"

"자세히 모릅니다."

"그럼 청진악이란 어떤 것인가요?"

"회족(回族)들이 타는 70줄로 된 커다란 현악기입니다."

내가 다시 물었다.

"흑룡강 고취란 무엇입니까?"

"12개의 구멍이 있는 용적(龍笛)이라는 피리입니다. 자와가등(剌窩哥登)
이라고도 하는데 그 구조는 잘 모릅니다."

내가 또 물었다.

"운휘사(雲麾使)와 난의(鑾儀)는 무엇이지요?"

"노마(路馬)*13와는 비교가 안 됩니다."

이때 주(周) 거인(擧人)이 옆에 있다가, 훈상(訓象)·훈마(訓馬)·정편(靜
鞭)·골타(骨朶)·종천(椶薦)·비두(篦頭)·선수(扇手)·반검(班劍) 등을 잇달
아 쓰는데, 그 항목이 수없이 많았지만 쓰는 대로 그가 곧 먹으로 지워버려
알아볼 수 없었다.

한림(翰林) 왕성(王晟)은 자가 효정(曉亭)이다. 효정이 다시 말했다.

"반선(班禪)은 길을 오는 도중에 중국의 내각(內閣)에게 말하기를 '조왕
(趙王)이 보운전(寶雲殿) 동편 곁채 아래에서 나를 위해 금강경(金剛經)을
쓰는데, 겨우 29자를 썼을 때 갑자기 가경문(嘉慶門)에 불이 났다. 조왕이
놀라고 정신이 산란하여 다시 더 쓰지는 못했으나 그 글씨가 천하의 보배가
되었다고 하는데, 지금 그것이 어디에 있느냐' 하고 물었는데, 같이 오던 학

---

*11 청나라 난의위(鑾儀衛)에 딸린 벼슬. 황제가 거둥할 때 호위하고 위의를 갖추는 임무를
맡음.

*12 한나라 때 종묘(宗廟) 예의(禮義)를 맡은 관아.

*13 천자·제후(諸侯)들이 타는 말. 또는 그 수레를 끄는 말.

사(學士)가 이 말을 황제께 아뢰었다고 합니다. 조왕이란 조맹부(趙孟頫)*14를 말한 것입니다. 그는 옻〔漆〕으로 29자를 썼어요. 그런데 세상에서는 어찌하여 이 29자만 있는지를 알지 못합니다. 처음에는 이 글씨를 성안사(聖安寺)의 불상 뱃속에 감추어 두었지요. 그런데 명나라 천계(天啓)*15 때 강남(江南)의 큰 상인인 축씨(祝氏)가 불상을 고쳐 만들다가 이 글씨를 얻어 몰래 가지고 돌아갔다고 합니다. 청나라 강희(康熙)*16 때 황제가 남쪽을 유람하는데, 이과(李果)라는 늙은 선비가 그 글씨를 가져다 황제에게 바쳤다고 합니다. 그것을 궁중 서고에 소중히 간직해 두게 되었고, 무근전(懋勤殿)에는 황제가 이것을 본떠 쓴 것을 갖추어 놓았습니다. 반선이 창정(滄亭)에 와서 글씨를 보게 되어 탁본한 것을 보여주었더니 반선(班禪)은, '이것은 진짜가 아니야, 글씨의 힘이 고르지 않아' 하였습니다. 그래서 마침내 패엽(貝葉)*17에 쓴 진짜를 보였더니 그제야 기뻐하면서 '이 글씨가 진짜야. 바로 이것이야' 하는 것이었습니다. 그리고 다시 말하기를, '영락천자(永樂天子)*18께서 나와 함께 영곡사(靈谷寺)에 가서 향을 피우는데, 천자의 아름다운 수염을 거두어 품 속에 넣다가 영락(瓔珞)*19을 건드려 구슬 두 개가 떨어져 없어지니, 천자가 노하여 태감(太監) 위방정(魏方庭)을 꾸짖었다. 이때 유리국사(琉璃國師)가 흰 코끼리를 타고 뒤따라 와서 육환장(六環杖)*20으로 중을 치니, 중이 두려워서 부들부들 떨며 울었다. 국사가 손바닥으로 그 중의 눈물을 받으니 구슬 두 개가 도로 나왔으므로, 태감은 꾸지람을 면했다'고 했습니다.

내가 알게 된 이런 일들은 유걸(劉傑)의 오운비기(五雲秘記)에 실려 있는 것입니다. 그 책은 역대의 재앙이나 길흉, 제왕들이 장수하고 요절한 일들을 모두 앞질러 예언한 내용들입니다. 아무도 읽지 못하도록 오직 비부(秘

---

*14 원나라 때 대학자. 본래 송나라 종실(宗室). 글씨와 그림에도 뛰어났음.
*15 명나라 희종(熹宗)의 연호. 1621~1627년. 조선 광해군·인조 때임.
*16 청나라 성조(聖祖)의 연호. 1662~1722년. 조선 현종(顯宗)·숙종(肅宗)·경종(景宗) 때임.
*17 패다라(貝多羅) 나무의 잎. 인도에서 이 잎에 불경을 썼다고 하며, 그래서 불서(佛書)를 패엽이라고도 함.
*18 명나라 성조(成祖)를 일컫는 말. 영락은 그의 연호임.
*19 구슬을 꿰어 만든 목걸이.
*20 꼭대기에 고리 여섯 개를 단, 나이 많고 덕이 높은 승려가 짚는 지팡이.

府)*²¹에만 보관하여 민간에서는 아무도 구해볼 수 없는데, 반선은 이것을 어떻게 알았을까요?

반선은 또 '정덕천자(正德天子)*²²는 나를 표방(豹房)*²³에서 만났다'고 말했습니다. 정덕 연간에는 소위 활불이 아직 중국에 들어오지 않았습니다. 그 일은 여러 가지로 증거가 있고 옛 사람들의 기록에도 그렇게 적혀 있습니다. 수백 년 동안 자취가 사라졌으니 참으로 어리둥절합니다. 이로써 반선을 파사팔의 후신이라고 하고, 혹은 탑립마(嗒立麻)라고 하고, 혹은 전대(前代)에 있었던 활불은 다 이 윤회에 의한 것이라고도 합니다. 그것이 사실인지 아닌지는 단정할 수 없습니다."

내가 열하에 있을 때 몽고 사람 경순미(敬順彌)가 나에게 이런 말을 해주었다.

"서번은 옛날 삼위(三危) 땅입니다. 순(舜) 임금이 삼묘(三苗)를 삼위로 귀양보냈다는 곳이 바로 이 땅입니다. 이 땅은 세 나라로 되어 있습니다. 하나는 위(衞)이니 달뢰라마(達賴喇嘛)가 사는 곳으로 옛날의 오사(烏斯)요, 다른 하나는 장(藏)이니 반선라마(班禪喇嘛)가 사는 곳으로 옛날에도 역시 장이라 하였고, 또 다른 하나는 객목(喀木)이니 더욱 서쪽에 있으며 이곳에는 대라마(大喇嘛)가 없고 옛날에는 강국(康國)이라 하였습니다. 그 땅들은 사천성(四川省) 마호(馬湖)의 서쪽에 있어, 남으로는 운남성(雲南省)으로 통하고, 동북으로는 감숙성(甘肅省)으로 통하여, 당나라 현장법사(玄奘法師)*²⁴가 삼장(三藏)으로 들어갔다는 곳이 바로 이 땅입니다. 현장법사가 이곳에 갈 때는 사람이 살지 않았고, 큰 물만 졌지요. 돌아올 때는 물은 모두 빠지고 사람 사는 마을이 생겼다고 합니다.

당나라 중엽에 와서는 갑자기 토번(吐蕃)이란 큰 나라가 생겨 중국의 우환거리가 되었습니다. 그러나 그때까지도 불교를 숭상할 줄 모르다가, 원

---

*21 귀중한 물건을 간직하는 창고, 또는 대궐의 도장·비기(秘記) 등을 간직하는 서고.
*22 명나라 무종(武宗)을 일컫는 말. 정덕은 그의 연호임.
*23 명나라 무종이 세운 표범 기르는 곳.
*24 당나라 때 승려. 삼장법사(三藏法師)라고도 함. 태종(太宗) 정관(貞觀) 3년(629)에 떠나 7년에 중인도(中印度)에 이르러 불법을 닦고, 19년에 당나라로 돌아와 여러 가지 불서를 태종에게 바치고, 많은 불경을 번역했음.

(元)나라 초에 와서 불교가 북쪽으로 흘러갔습니다. 이곳 토번에 승려가 생겨서 파사파(巴思巴 : 巴는 八파 음이 같으니 곧 巴思八임)라고 불렸으나 이것은 호(號)이지 이름이 아닙니다. 이 승려는 대단한 신통력을 갖고 있어서, 원나라 초에는 황제의 스승으로 삼아 대보법왕(大寶法王)에 봉하고, 죽으면 그의 조카로 뒤를 잇게 하였습니다.

명(明)나라 초에는 여러 법왕이 중국으로 왔습니다. 성조(成祖)는 당나라 때를 참고하여 이들을 모두 후하게 대우해 주었습니다. 그 중들도 역시 신비한 술법을 가지고 있어서 더욱 융숭한 대우를 받았습니다.

지금의 라마(喇嘛)는 대략 명나라 중엽에 시작된 것입니다. 이상한 승려가 한 사람 있었습니다. 그를 종객파(宗喀巴)라고 불렀습니다. 역시 먼 지방으로부터 서장 지방으로 들어간 사람으로, 이상한 술법을 가지고 있어서, 한번 보면 사람들로 하여금 놀라 자빠지게 했다고 합니다. 또한 그는 남의 몸에 다시 태어난다는 주장을 폈다고 합니다.

여러 법왕들은 스스로 몸을 낮추어 그를 스승으로 삼아서 제자가 되었습니다. 종객파는 두 제자에게 법을 전했습니다. 첫째는 달뢰라마(達賴喇嘛)이고 둘째는 반선액이덕니(班禪額爾德尼)였습니다. 달뢰라마는 지금 7대째 환생하였고, 반선라마는 4대째 환생했답니다.

우리 청나라 천총(天聰)*25 연간에 반선이 대사막(大沙漠)*26을 건너 사신을 보내 조공을 해 왔는데, 동방에 성인이 나신 것을 알고 이때부터 해마다 사신을 보내 조공을 해 왔습니다. 강희(康熙) 시대에 인조(仁祖)는 그를 중국에 모셔오려 했으나 오지 않다가, 작년 만수절(萬壽節 : 그는 스스로 주석하기를 금년이라 하였음)에야 입조하기를 청했으므로, 황제는 그를 매우 극진하게 대접했습니다.

대체로 그 교는 이름은 불교라 하지만 실은 도가(道家)입니다. 그 묵상(默想)하는 법이라든지, 점치는 방식, 주문 외우는 격식이 모두 도가와 비슷하고, 글의 넓고 깊음을 과장하는 정도는 도가보다 더합니다.

이 두 사람 외에 또 호도(胡圖)·극도(克圖) 두 사람이 있는데 모두 그의 제자들입니다. 역시 대여섯 세대를 환생했다고 합니다. 국왕의 스승으로서 신통력은 없고, 다만 선(禪)의 이치를 잘 해설한답니다."

---

*25 청나라 태종(太宗)의 연호. 1627~1636년, 조선 인조(仁祖) 때임.
*26 고비 사막.

다시 말을 이었다.

"이름은 불교이고 실상은 도교라고 하는 것은 곧 이 때문입니다."

그의 말이 도무지 분명치가 않다. 그래서 내가 말했다.

"왕성(王晟)이 한 말과는 많이 다르군요. 왕성은 '말하기를 '명나라 중엽에 이상한 중이 있어 종객파라고 했는데, 그의 첫째 제자는 달뢰라마이고 둘째는 반선액이덕니라고 하였습니다' 하고 그는 또 '천총 때 반선이 대사막을 건너 조공왔습니다' 하였으니, 천총은 명나라 중기로부터 백여 년 뒤이고, 지금은 천총으로부터 다시 백여 년이나 되었으니, 한 사람이 지금까지 살아왔다는 것인가요? 아니면 네 세대를 다시 태어나 번번이 똑같은 이름을 계속해 쓴 것인가요? 이른바 호도니 극도니 하는 사람들은 누구의 제자란 말인가요?"

묻고 나서 나는 말을 이었다.

"국왕의 스승으로서 선(禪)의 이치를 잘 설했다는 것은 누구를 가리키는 것인가요?"

순미는 이에 대답하지 않고 끝내 다른 소리만 하였다.

열하에서 돌아오는 길에 새내(塞內)*27에 들어섰을 때, 장성(長城) 아래에서 어떤 나그네와 이야기를 하였는데, 내가 서번(西番)에 대해 물었더니 그 나그네가 이렇게 대답했다.

"서번은 옛날 토번(吐蕃) 땅입니다. 장교(藏敎)를 신봉하고 있는데, 이를 황교(黃敎)라고도 합니다. 이것은 본래부터 그 나라의 풍속이 그러한 것이고, 중이란 명칭은 그들이 만들어 붙인 것이 아니라, 중국 사람들이 그들을 중이라고 한 것이지요. 실상은 불교와는 크게 다릅니다. 지금 중국의 불교는 없어진 지 오래입니다."

내가 열하에 있을 때, 조정의 고관이라는 사람들이 도리어 내게 반선의 모습에 대해 물었으니, 친왕(親王)이나 부마 및 조선의 사신이 아니고는 좀처럼 반선을 만나볼 수 없기 때문이었다.

북경으로 돌아와서 날마다 유황포(兪黃圃)·진립재(陳立齋) 등 여러 사람들과 어울려 시간을 보냈다. 아무도 반선에 대하여 한 마디도 말하지 않았

---

*27 만리장성 안쪽.

고, 어쩌다 내가 물으면 번번이 이렇게 대답한다.

"원나라 명나라 때에 있었던 것이지요."

또는 이렇게 말한다.

"우리야 자세히 알 수 있습니까?"

끝내 한 마디도 말해 주려 하지 않았다.

하루는 내가 태사(太史) 고역생(高棫生)과 함께 단가루(段家樓)에서 술을 마셨다. 그때 태사가 막 반선의 일을 이야기하려고 하자 그 자리에 함께 있던 풍생(馮生)이란 자가 눈짓을 하여 말을 하지 못하게 한다. 나는 몹시 이상했다. 얼마 후에 들으니, 산서성(山西省)의 한 선비가 일곱 가지 조목을 들어 상소한 글 중에 반선에 대해 치열하게 논쟁한 조목이 있어서 황제가 크게 노하여 그 선비를 극형에 처하라고 명했고, 우리나라의 역졸들도 선무문(宣武門) 밖에서 그 선비가 처형되는 장면을 보았다고 한다. 그래서 그 뒤부터 나도 비록 유황포나 진립재 두 사람처럼 서로 친한 사이라 해도 좀처럼 반선의 일을 다시 물어 보지 못했다. 또 산서성 선비의 이름을 알 수 없었는데, 어떤 이의 말로는 거인(擧人) 장자여(張自如)라고 하였다.

서번의 내력은 대체로 왕효정(王曉亭)이 한 말보다 자세한 것을 들을 수 없었다. 찻물을 뿌려 불을 끄고, 파도를 거슬러 강을 건너는 것과 같은 일들은 모두 난파(欒巴)나 달마(達摩)의 행적 중에도 있으므로 여기에는 기록하지 않는다.

넌지시 짐작하건대, 옛날의 제왕은 능히 배우고 난 뒤에 그를 자신의 신하로 삼았기 때문에 자신은 더욱 존엄해졌고, 자신의 신분이 천자이면서도 필부(匹夫)와 벗삼는 것을 자신의 존엄을 떨어뜨린다고 생각지 않았기 때문에 더욱 위대해졌다. 후세에 와서는 그런 도리가 없어지고 서슴없이 호승(胡僧)[*28]·방술(方術)이라든가 좌도(左道)[*29]·이단(異端)의 무리에게 자기 몸을 낮추는 것을 부끄럽게 여기지 않는 것은 무슨 까닭일까? 나는 이제 그러한 일을 목격하였거니와, 저 반선이 과연 어진 사람일까? 황금으로 지은 집은 지금의 황제로서도 거처하지 못하는 것인데, 도대체 저 반선은 어떤 사람

[*28] 오랑캐 승려.
[*29] 삿된 도. 유교에서 유교 이외의 도를 일컫는 말. 불교에서 불교 이외의 도를 일컫는 말.

이기에 태연하게 차지하고 있는 것일까?

어떤 사람은 이렇게 말하기도 했다.

"원나라·명나라 이래로 당나라 때의 토번(吐蕃)의 난리를 경험삼아서 반선이 오기만 하면 곧 법왕으로 봉해줌으로써 그 세력을 갈라놓고 그를 신하로 대우하지 아니하였으니, 유독 지금에 와서 그렇게 된 것이 아닙니다."

그러나 이것은 그런 것이 아니다. 당시는 천하가 처음으로 안정된 때라 생각이 그렇지 않을 수 없었던 것이다. 그러나 원나라에서 황제의 스승에게 호를 주어 황천지하 일인지상 선문대성 지덕진지(皇天之下一人之上宣文大聖至德眞智)라 하였다. 여기서 일인(一人)이란 천자를 가리키는 것으로서 천자는 모든 나라가 다같이 임금으로 받드는데, 천하에 어찌 천자보다 더 높은 이가 있을 수 있는가? 선문대성 지덕진지는 공자(孔子)를 말하는 것으로, 세상에 인간이 생긴 이래로 어찌 공자보다 더 어진 이가 있을 수 있는가?

원나라 세조(世祖)는 사막에서 일어났으니 그렇게 한다고 해도 괴상하게 여길 것이 없지만 명나라 초기에도 맨 먼저 이상한 중을 찾아 귀족 자제들의 스승으로 섬기게 하고, 널리 서번의 중을 불러다가 높이 대우하여 스스로 중국을 낮추고 천자의 체면을 깎아내리며 공자를 모욕하여 참다운 스승을 억압하는 줄을 깨닫지 못하였다. 나라를 세운 시초부터 자제들을 이렇게 가르쳤으니, 이 얼마나 천박한 짓인가?

술법이란 것은 오래 살고 늙지 않는 방법이란 것이니, 곧 세상에 다시 태어남을 말한 것으로서, 이것으로 세상 임금들의 마음과 귀를 흐리게 한 것이었다. 어떤 이는 이렇게 말한다.

"양(梁)나라, 진(陳)나라의 제왕들은 자기 몸을 버려 불가(佛家)의 종이 되었으니, 승려가 천자보다 높아진 지는 이미 오래되었지만, 황금 궁전을 지어 살게 했다는 말은 아직까지 들어 보지 못했다."

중존 이재성의 반선시말 논평

이상은 대체로 의심스러운 전설에 지나지 않는 글이다. 그러나 뒷날 중국이 한 시대의 역사를 기술하려 할 때면 부득이 반선의 전기를 쓰지 않을 수 없을 것이다. 그런데 세월은 흐르고 일은 지나감에 따라 연암의 이 글처럼 자세하게 쓴 기록도 얻기 어려울 것이다. 다만 연암의 이 글은 외국인의 개인적 기록이고 보니 중국 역사서를 편찬하는 사람이 참고할 방법이 없겠구나. 참으로 안타까운 일이 아닐 수 없다.

활불 반선을 만남
찰십륜포(札什倫布)

반선(班禪) 액이덕니(額爾德尼)를 찰십륜포에서 보았다. 찰십륜포란 티베트(西番) 말로 대승(大僧)이 살고 있는 곳이라는 뜻이다.

열하의 피서산장(避暑山莊)에서 궁성을 끼고 오른편으로 돌아 반추산(盤捶山)을 바라보면서 북쪽으로 10여 리를 가 열하를 건너니, 산을 의지하여 동산을 만들어 놓았다. 언덕을 뚫고 산기슭을 끊어 산의 뼈대가 드러나서 저절로 언덕이 찢어지고 석벽이 잘려서 바윗돌이 울퉁불퉁 뒤섞여 십주(十洲)·삼산(三山)의 모습을 이루었다. 마치 짐승이 입을 벌리고 새가 날개를 편 듯, 구름이 무너지고 우레가 울부짖는 것 같다.

교각이 다섯 구멍으로 뚫린 다리가 놓여 있고, 다리에서부터 길은 여러 층으로 되어 있다. 평평한 곳에는 모두 용과 봉황을 새겼고, 길을 따라 흰 돌로 만들어진 난간은 이리저리 꺾이고 구부러져 문에까지 이어졌다. 문에는 또 한두 개의 협문이 딸려 있는데, 모두 몽고 군사들이 지키고 있다.

문을 들어서니 벽돌을 깔아 지계(地階)*1를 만들었다. 세 갈래 길의 흰 돌 난간에는 구름과 용을 새겼는데 길이 하나의 다리로 합쳐진다. 다리는 교각이 다섯 구멍이고 대(臺)는 높이가 다섯 길이나 되겠다. 대에는 무늬 있는 돌로 난간을 둘렀다. 거기에는 해마(海馬)*2·천록(天祿)*3·각단(角端)*4 등을 새겼는데, 비늘과 뿔과 갈기와 발굽은 모두 돌의 무늬와 빛깔을 이용해 만들었다. 대 위에는 전각 두 채가 서 있다. 처마가 모두 겹으로 되었고, 황

---

*1 여러 층 되는 건물의 첫째 층으로, 앞뒤로 통해 있어 지나다니게만 되어 있는 층.
*2 머리 생김새가 말의 머리 같은, 꼿꼿이 서서 헤엄쳐 다니는 바닷물고기. 또는 몸길이가 10여 자 되는 푸른 회색의 바다 짐승.
*3 뿔이 하나인, 사슴 비슷한 상상의 짐승. 건축·기구 등에 많이 새겼음.
*4 코 위에 뿔이 있고 사람의 말을 한다는 상상의 짐승.

금으로 기와를 만들어 이었다. 집 위에는 여섯 마리 용이 걸어다니는 모습을 만들어 놓았다. 모두 몸뚱이가 황금으로 되어 있다.

둥근 정자, 굽은 집, 겹겹의 다락으로 된 전각들은 모두 청색·녹색·자색·남색 등의 유리 기와로 이어 그 비용이 얼마나 들었는지 모르겠다. 채색은 오히려 신기루(蜃氣樓)*5를 꾸짖을 만하고, 조각은 귀신도 부끄럽게 한다. 신령스러운 기운이 우레를 억누르는 것 같고, 넓고 아득하기가 새벽녘이나 저녁녘처럼 가물가물하다.

동산은 어린 소나무를 새로 심어서 산골짜기까지 이어졌다. 모두 곧고 크기가 한 길 남짓하다. 종이쪽지를 매달아 언제 심은 것인가를 알아보게 하였다. 온갖 아름다운 풀과 꽃을 섞어 심었는데, 모두 처음 보는 것이라 그 이름을 모르겠다. 이때 마침 죽도(竹桃)가 만개하였다.

라마교 승려 수천 명이 모두 붉은 승려복을 걸치고 누런 상투관을 쓴 채로, 어깨를 걷어 올리고 맨발로 꾸역꾸역 모여든다. 얼굴이 모두 깎아 만든 것 같다. 얼굴빛이 검붉고, 코는 높고 눈은 움푹 들어가고, 넓은 턱에 곱슬 수염이다. 손발에 모두 사슬을 채웠고, 머리는 모두 까까머리이며 귀에는 금 고리를 달고, 팔에는 용 문신을 새겼다.

전각 안 북쪽 벽 아래에 침향(沈香)으로 만든 연꽃 모양의 탁자가 있는데, 높이가 어깨에 닿는다.

반선이 남향하여 가부좌(跏趺坐)*6를 하고 앉았다. 누런 우단으로 만든 관을 썼는데, 말갈기 같은 것이 달렸고 가죽신처럼 생겼다. 높이가 두 자 남짓하다. 금으로 짠 승려복을 입었다. 소매가 없고 왼쪽 어깨에 걸쳐 전신을 둘러쌌다. 오른편 겨드랑이 아래 옷깃 밑으로 오른팔을 드러냈는데, 길고 굵기가 허벅다리만 하고 금빛이다.

얼굴빛은 짙은 황색이고 얼굴 둘레는 거의 예닐곱 뼘은 되겠다. 수염은 흔적도 없다. 쓸개를 매달아 놓은 것 같은 코에 눈꼬리는 두어 치나 찢어졌고, 눈알은 희고 눈동자는 겹으로 되어 매우 음침하고 컴컴해 보인다.

---

*5 바람이 없고 따뜻한 날 공기의 밀도가 층층이 달라, 땅에 있는 집이나 산천의 모습이 빛살의 굴절로 바다에서는 공중에, 모래 위에서는 지평선 아래에 비쳐 나타나는 현상.
*6 책상다리를 하고 앉음. 부처의 앉는 방법으로 책상다리를 하되 두 발바닥이 모두 위로 올라오게 함.

왼쪽에 낮은 상이 두 개가 놓여 있고 그곳에 두 명의 몽고 왕이 무릎을 맞대고 앉았는데, 얼굴이 모두 검붉다. 한 사람은 콧등이 날카롭고 이마가 높직하고 수염이 없으며, 한 사람은 얼굴이 깎아 만든 듯하고 용의 수염을 하였으며 누런 옷을 입었다. 서로 바라보면서 무엇이라 중얼거리다가는 다시 고개를 쳐들어 반선을 쳐다보며 무슨 말을 듣는 것 같다.

오른편에는 두 라마승이 우뚝 서 있고, 군기대신(軍機大臣)은 라마승의 아래에 서 있다. 군기대신은 황제를 모실 때에는 누런 옷을 입고, 반선을 모실 때에는 라마의 옷으로 바꾸어 입는다.

내가 밖에서 황금 기와가 햇빛에 번쩍이는 것을 보다가 전각 안으로 들어왔더니 집 안이 컴컴하게 보인다. 반선이 입고 있는 옷이 모두 금으로 짠 것이어서 살갗까지 짙은 황색으로 보여 마치 황달병 걸린 사람 같고 금빛으로 통통 부어 꿈틀거린다. 살은 많고 뼈는 적어서 도무지 맑고 영특한 기상이 없다. 그래서 몸뚱이가 온 방 안에 가득해도 위엄이 없고 흐리멍덩하여, 마치 물귀신이나 바다귀신을 그려 놓은 것만 같았다.

황제가 내무관(內務官)을 시켜 조서를 전하는데, 내무관이 옥색 비단 한 필을 가지고 반선을 보도록 하였다. 내무관은 손수 그 비단을 세 쪽으로 나누어 사신에게 주었다. 이것은 합달(哈達 : 라마교에서 쓰는 비단)이라 하는 것이다. 반선이 스스로 말하기를, 자기의 전신은 파사팔(巴思八)이고, 파사팔은 그의 어머니가 향내 나는 천을 삼키고 파사팔을 낳았다고 하여 반선을 만나보는 사람은 반드시 천을 손에 드는 것이 예로 되어 있다. 황제도 그를 만나볼 때마다 역시 누런 천을 손에 든다고 한다.

군기대신이 처음에 말하기를,

"황상(皇上)께서도 반선에게 머리를 숙이고, 황육자(皇六子)도 머리를 숙이고, 부마들도 머리를 숙이니, 이번에 사신도 머리를 숙여 절을 하셔야 합니다."

하여 사신은 아침에 이미 예부(禮部)에 말하기를,

"머리를 조아려 하는 예는 천자께나 하는 것인데, 어찌하여 천자를 공경하여 하는 예를 서번의 중에게 한단 말입니까?"

하고 다투니 예부는,

"황상께서 그를 스승의 예로 대우하시고, 사신은 황상의 조칙을 받드셨으니, 마땅히 황상과 같이 절을 하셔야 할 것이오."
하였다.
　그러나 사신은 꼼짝도 않고 서서 완강히 버티었다. 상서(尙書) 덕보(德保)가 화가 나서 모자를 벗어 땅바닥에 내동댕이치고 방바닥에 벌렁 누워 큰 소리로 외친다.
　"빨리 가, 빨리들 나가!"
　손을 내저어 사신에게 빨리 나가라 했었던 것이다.
　지금 군기대신이 뭐라고 하였으나 사신은 못 들은 것 같다.
　제독(提督)이 사신을 안내하여 반선의 앞으로 나아갔다. 군기대신이 두 손으로 수건을 받들고 섰다가 사신에게 준다. 사신이 수건을 받아서 고개를 쳐들고 반선에게 주는데, 반선은 앉은 채 조금도 몸을 움직이지 않고 수건을 받아서 무릎 앞에 놓는다. 수건 자락이 탁자 아래까지 드리워진다. 차례차례 수건을 다 받더니 반선은 그 수건을 군기대신에게 준다. 군기대신은 수건을 받들고 반선의 오른편에 공손한 태도로 선다.
　사신이 막 돌아서서 나오려 하자 군기대신이 오림포(烏林哺)에게 눈짓하여 사신을 멈추게 했다. 사신이 절을 하도록 하려 했던 것이지만 사신은 그것을 눈치채지 못하고 주춤주춤 물러났다. 그리하여 수놓은 검은 비단 요가 깔린, 몽고 왕 아랫자리에 앉았다. 앉을 때 허리를 약간 구부리고 소매를 들었다가 그대로 앉았다. 그러자 군기대신은 당황하여 얼굴빛이 변했지만 사신은 이미 앉은 뒤였으니 어찌할 수 없어 못 본 체하였다.
　제독이 수건을 나눌 때 얻은 한 자 남짓한 자투리를 가지고 앞으로 나아가 반선에게 공손히 머리를 숙이고 이를 바치자 오림포 이하 모두가 머리를 숙였다.
　차를 몇 순배 돌린 다음 반선은 소리를 내어 사신에게 온 까닭을 물었다. 말소리가 전각에 쩡쩡 울려 독 속에서 소리를 지르는 것 같다. 반선은 빙그레 웃으면서 고개를 숙여 좌우를 두루 돌아본다. 두 눈썹 사이엔 주름이 잡혔고 눈동자는 반쯤 튀어나와 있다. 눈썹 속에서 가늘게 뜨고 보는 품이 시력이 나쁜 모양이다. 눈자위가 희어지고 흐릿하여 더욱 생기가 없어 보인다.
　라마가 반선의 말을 받아 몽고 왕에게 전하고, 몽고 왕은 군기대신에게 전하고, 군기대신은 오림포(烏林哺)에게 전하여 오림포가 우리 역관에게 전하니, 곧 오중(五重) 통역을 거친다.

상판사(上判事) 조달동(趙達東)이 벌떡 일어나 팔을 휘두르면서 소리친다.

"만고(萬古)에 흉측한 사람이로군! 반드시 제 명에 죽지 못할 것이다."

내가 그에게 눈짓하여 못 하게 했다.

라마승 수십 명이 적색·녹색 등 여러 가지 빛깔의 모직물과 붉은 담요, 서번 향과 조그만 금불상을 메고 와서 등급대로 나누어 주었다. 군기대신은 받들고 있던 비단천으로 불상을 쌌다.

사신은 차례로 일어나 나왔다. 군기대신은 반선이 하사한 여러 가지 물건들을 펴 보고 기록해서 황제에게 보고하기 위해 말을 타고 갔다.

사신들은 문을 나와 5, 60걸음쯤 떨어진, 벼랑을 등진 소나무 그늘 아래 모래밭으로 가서 둘러앉아 밥을 먹으며 말했다.

"우리가 반선을 만나는 예절을 몰라 좀 소홀하고 서툴러 예부(禮部)의 지시를 어겼으니, 반선으로 말하면 만승천자(萬乘天子)의 스승인지라 앞으로 득(得)은 없어도 실(失)이 있을 것이오. 그가 준 물건을 물리치면 공손치 아니하다 할 것이고, 그대로 받자니 명분이 서지 않으니 이 일을 어찌하면 좋겠소?"

당시의 일은 창졸간에 벌어진 터라, 사양하고 받는 것이 옳은지 그른지를 미처 헤아릴 틈도 없었다. 모든 일이 다 황제의 분부에 관계되는 것인 데다가, 저들의 일 처리가 번개같이 빨랐다. 우리 사신은 나아가고 물러나고, 앉고 서기를 오직 저들의 지시에 따를 뿐이어서 흙이나 나무로 만든 허수아비 같았고, 또한 통역은 번역한 말을 다시 또 번역하니 피차의 통역관이 도리어 귀머거리, 벙어리가 되어, 마치 벌판을 가다가 갑자기 괴상한 귀신을 만난 것 같아서 어떻다고 형용할 수가 없었다. 사신은 비록 말을 잘하고 행동도 능란했지만, 장황하게 뭐라고 말할 여유가 없었고, 저들 역시 자세하게 지시하지 못했으므로 정말로 어쩔 수 없는 형편이었다.

정사가 말하였다.

"지금 묵고 있는 곳이 태학관(太學館)이라 불상을 가지고 들어갈 수 없으니, 우리 역관으로 하여금 불상을 갖다 둘 곳을 찾아보게 하오."

이때 서번인(西番人)·한인(漢人) 구경꾼들이 성처럼 둘러서서 군뢰(軍牢)[7]들이 몽둥이를 휘둘러 쫓아도 흩어졌다가는 다시 모여들곤 한다. 이들

중에는 모자 꼭대기에 수정(水晶)을 단 사람, 푸른 깃털을 꽂은 사람 등 내신(內臣)들이 섞여서 염탐하고 있는 줄을 우리는 미처 모르고 있었다.
　영돌(永突)이 큰 소리로 나를 불러 말한다.
　"사신께서 좋지 않은 기색으로 한데에 나와 앉아 오랫동안 수군수군 의논을 하시면 저 사람들에게 공연한 의심을 받지 않겠습니까?"
　내가 주위를 둘러보니, 전날 황제의 조서를 전했던 소림(素林)이란 자가 내 뒤에 서 있다.
　그러자 소림은 군중을 헤치고 나가 말을 타고 달려간다. 또 군중 가운데 두 사람이 말을 타고 달려갔다. 자세히 보니 그들은 모두 환관(宦官)의 무리였다.
　박불화(朴不花)*8가 원나라에 들어가고부터 원나라의 내시들이 우리나라 말을 많이 배웠고, 명나라 때에는 얼굴이 잘생긴 조선의 고자들을 뽑아다가 내시들에게 조선말을 가르치게 하였으니, 지금 우리를 엿보고 간 두 환관이 어찌 우리나라 말에 능숙하지 않다고 할 수 있으랴?
　소림이 또 푸른 깃털을 꽂은 자와 함께 오더니 말을 세우고 한참 동안 있다가 간다. 오고 가는 동작이 어찌나 빠른지 마치 나는 제비와 같았다.
　사신과 통역을 맡은 이들은 이제야 그들이 와서 엿보고 간 것을 깨달았다. 그러나 반선에게서 받은 금불상을 미처 처리하지 못했으므로 의논을 파하고 돌아갈 수도 없었다. 모두 그냥 묵묵히 앉아 있는데, 그때 황제가 대궐 안 동산에서 매화포(梅花砲)*9 불꽃놀이를 놓는다고 사신을 불러 들어오라고 하였다.

　전각은 처마가 이층으로 되어 있고, 뜰 가운데에는 누런 장막을 쳐 놓았다. 전각 위에는 해와 달, 용과 봉을 그린 병풍을 둘러치고, 보의(寶扆)*10를 쳐 놓아 매우 엄숙한 분위기였다. 1천 명 정도의 관원들이 차례대로 늘어

---
*7 군대에서 죄인을 다루는 군졸.
*8 고려 공민왕(恭愍王) 때 원나라에 들어가 환관이 되어 순제(順帝)의 황후로부터 총애를 받은 사람.
*9 종이로 만든 딱총의 한 가지. 불똥이 마치 매화 떨어지는 모양과 같음.
*10 도끼를 수놓은, 천자의 자리에 치는 병풍.

섰다.
 이때 반선은 혼자 먼저 와서 평상 위에 앉았다. 일품(一品) 보국공(輔國公)과 조정의 고관들이 모두 아래로 나아가 모자를 벗고 머리를 조아린다. 반선이 손수 한 번씩 머리를 어루만져 주자, 그들은 일어나 나가며 다른 사람들에게 자랑스러운 표정을 짓는다.
 잠시 후 황제가 조그만 가마를 타고 나온다. 칼을 찬 대여섯 쌍의 시위(侍衛)가 가마를 인도하고, 풍악은 피리 한 쌍, 젓대 한 쌍, 징 한 쌍, 거문고·생황·비파·호가(胡笳)·구라파(歐邏巴)의 철금(鐵琴) 등이 두세 쌍, 단판(檀板)이 한 쌍이다. 의장(儀仗)은 없이 따르는 자 백여 명에 이르렀다.
 황제가 탄 가마가 도착하자 반선이 천천히 일어나서 걸음을 옮겨 평상 위에 올라 동쪽을 향해 반갑게 웃는 얼굴을 짓는다. 황제가 네댓 칸 떨어진 곳에서 내려 빨리 걸어가 두 손으로 반선의 손을 잡고 서로 흔들면서 마주 보고 웃고 이야기한다.
 황제가 쓴 관은 정수리가 없고, 붉은 실로 짜서 만든 것이다. 검은 옷을 걸치고, 금실로 짠 두꺼운 보료 위에 다리를 펴고 앉았다. 반선은 금으로 만든 갓을 쓰고 누런 옷을 입었으며 금실로 짠 두꺼운 보료 위에 가부좌를 틀고 약간 동쪽을 향해 앉았다. 한 평상 위 두 보료에 앉으니 무릎이 서로 닿을 지경이다. 두 사람은 자주 몸을 기울여 가며 이야기를 하는데, 말을 할 때에는 반드시 서로 웃음을 띠고 즐거워한다.
 자주 차를 올리는데, 호부상서(戶部尙書)*11 화신(和珅)은 황제에게 올리고, 호부시랑(戶部侍郎) 복장안(福長安)은 반선에게 올린다. 복장안은 병부상서(兵部尙書) 융안(隆安)의 아우로서, 화신과 함께 총애받는 내관(內官)으로 명성이 조정에 떨쳤다.
 해가 저물자 황제가 자리에서 일어난다. 반선도 따라 일어나 황제와 마주 서서 서로 악수하고 잠시 후 등을 지고 돌아서서 평상에서 내려온다. 황제는 안으로 돌아갈 때 의식은 나올 때와 같고, 반선은 황금 가마를 타고 찰십륜포(札什倫布)로 돌아갔다.

---

*11 호부는 지금의 재무부(財務部)와 같은 관서. 상서는 그 장관.

중존 이재성의 찰십륜포 논평

　목천자전(穆天子傳 : 주나라 목왕이 서역을 여행한 내용을 기록한 것으로 저자는 미상)으로부터 시작하여 그 이후 한나라의 동방삭전(東方朔傳 : 한나라 무제 때 동방삭의 재담을 모은 책. 저자 미상)·비연외전(飛燕外傳 : 한나라 성제의 황후가 된 미인 조비연 자매 이야기)·서경잡기(西京雜記 : 한나라 장안의 잡사를 기록한 책) 등 궁중의 비밀을 기록한 서적들은 궁 밖의 사람들은 참견할 것이 못 되는 궁녀들이 쓴 것이므로 모두 패관(稗官) 소설 정도로 취급하지만, 그래도 이 책들을 통하여 제왕들의 취미와 행동거지를 살펴볼 수 있는 것이다. 그런데 여기 연암이 쓴 이 한 편의 글은 무엇이라 불러야 할까? 패관이라 할까, 역사라고 할까?

　중국의 사대부들로서 반선을 만나지 못했던 사람들은 오히려 우리 사람들에게 반선이 어떠하더냐고 물었다. 이것은 반선을 봄으로써 자기들의 눈과 귀가 더럽혀진다는 것을 피하려는 것인데, 우리 사람들은 부끄러운 줄도 모르고 멋대로 보고 다녔으니 대단히 수치스러운 일이로다.

열하에서의 이러저러한 기록
행재잡록(行在雜錄)

머리글〔行在雜錄序〕

아아, 명(明)나라는 우리의 상국(上國)이었다. 상국이 우리나라에 내린 물건은 그것이 비록 실오라기처럼 하찮은 것이라 하더라도 하늘이 내려준 것처럼 여겨, 그 영광은 온 나라에 떨치고 그 경사스러움은 만대에 걸쳐 길이길이 전해질 것이다. 또 그 온화하고도 기품 있는, 황제가 내리는 문서는 비록 두어 줄밖에 안 되는 글이라 하더라도 운한(雲漢)*1처럼 높이 받들고, 번개나 우레처럼 놀라워하며 가뭄의 단비처럼 여긴 것은 무슨 까닭인가? 그것은 상국이기 때문이다.

어찌하여 상국이라 하고 중화(中華)라 하였는가? 우리의 선왕(先王)들이 그 열조(列朝)의 명(命)을 받았기 때문이다.

그러므로 명나라가 도읍한 연경(燕京)을 경사(京師)라 하고, 그 황제가 여행하여 머무르는 곳을 행재(行在)라 하고, 우리나라가 토산품을 바치는 의식을 직공(職貢)이라 하였다. 그리고 당대의 임금을 천자(天子)라 하고, 그 조정을 천조(天朝)라 하였으며, 우리나라에서 명나라로 사신이 가는 것을 조천(朝天)이라 하고, 우리나라로 오는 명나라 사신을 천사(天使)라 하였다. 부인이나 어린아이들까지도 상국을 말할 때는 하늘 천(天)자를 붙여 4백 년 동안을 하루같이 높여 온 것은 명나라의 은혜를 잊을 수 없기 때문이었다.

옛날 왜구(倭寇)가 우리나라에 쳐들어오자*2 명나라 신종황제(神宗皇帝)는 천하의 군사를 동원하여 우리를 구원하게 하고, 황실의 재물까지 다 군비

---

*1 은하수(銀河水). 천하(天河).
*2 임진왜란(壬辰倭亂)을 말함.

로 제공하였다. 그리하여 우리의 삼도(三都)*³를 회복하고 팔로(八路)*⁴를 되찾아 우리 조종(祖宗)은 잃었던 나라를 되찾았고, 우리 백성들은 이마에 문신(文身)을 하고 풀옷을 입는 오랑캐의 풍속을 따르지 않아도 되었다. 그리하여 그 은혜가 뼛속까지 스며들어 만세가 다하도록 영원히 힘입게 되었으니, 이는 모두 상국의 은혜이다.

지금 청(淸)나라는 명나라의 옛 신하들을 어루만지고 사해(四海)를 하나로 여겨, 여러 대를 내려오면서 우리나라에 혜택을 주어 왔다.

우리나라에서 바치는 공물 중에서 금은 본래 우리나라에서 나는 물건이 아니라 하여 면제해 주고, 타는 말은 너무 작고 약하다 하여 면제해 주었으며, 쌀·모시·종이·돗자리 등도 해마다 그 수량을 줄여 주었다. 근래에 와서는 칙사(勅使)를 보내야 할 일이 있어도 관례대로 적당히 문서로 처리하여 칙사를 맞이하고 보낼 때 생기는 폐단을 없애 주었다.

이번에 우리나라 사신이 열하(熱河)에 들어갔을 때는 특별히 군기대신(軍機大臣)이란 측근 신하를 중도에 보내어 맞이하게 하였으며, 조정에 들어가서는 청나라 대신들과 같은 반열에 서게 하고, 연극을 구경할 때나 연회를 베풀 때도 대신들과 동등하게 대우하였다.

또 조서를 내려, 지정되어 있는 공물 이외에 따로 토산품 바치던 관례를 아주 없애주었다. 이는 전에 없던 특전으로서 명나라 시절에도 없었던 일이다.

그런데도 우리나라에서는 이것을 다만 혜택을 베풀어 주는 것으로만 여길 뿐 은혜로 생각하지 아니하고, 근심거리로 여길 뿐 영광으로 생각하지 않는 것은 무슨 까닭인가? 그것은 청나라가 상국(上國)이 아니기 때문이다.

지금 나도 황제가 머물러 있는 곳을 행재(行在)라 한다고 하면서도, 여기에서 있었던 일을 기록할 때 상국이라 쓰지 않는 것은 무슨 까닭인가? 그것은 중국이 아니기 때문이다.

우리나라는 힘이 모자라서 저들의 힘에 굴복한 것이니 저들을 대국(大國)이라고 말한다. 그러나 이것은 큰 나라가 힘으로 굴복시킨 것이지 우리나라를 처음부터 나라로 인정해 준 천자의 나라는 아닌 것이다. 이제 그들이 베풀어 주는 대우와 공물을 탕감해 주라는 명령은 대국의 입장에서 작은 나라

---

*3 한양(漢陽: 서울)·개성(開城)·평양(平壤).
*4 팔도(八道) 곧 전국.

를 동정하고 먼 나라를 회유하려는 정책에 불과한 것이다. 따라서 비록 세대마다 공물 수량을 감해 주고 해마다 한 가지씩 면제해 준다 하더라도, 그것은 혜택일 뿐이지, 우리가 말하는 은혜는 될 수 없는 것이다.

아아, 오랑캐의 성품은 끝없는 탐욕 때문에 만족할 줄을 모른다. 피폐(皮幣)*5가 마음에 차지 않으면 개나 말을 요구하고, 개나 말이 마음에 차지 않으면 주옥(珠玉)을 요구한다.

그런데 지금 청나라는 그렇게 하지 않는다. 자애롭고도 관대하며, 너그럽고도 자상하다. 또 번거롭고 가혹한 일은 시키지 아니하고, 어떤 요구도 거절하지 아니한다. 그것은 저들을 받드는 우리나라의 정성이 저들을 감복케 하여 그 성질을 바로잡은 때문이라고도 할 수 있으나, 저들 역시 우리를 하루도 잊지 않았기 때문이기도 하다. 왜냐하면 저들은 천하를 통일하고 중국을 차지한 지 백여 년 동안에, 아직까지 중국을 객지로 생각하지 않은 적이 없고, 아직까지 우리나라를 이웃으로 여기지 않은 적이 없었기 때문이다.

지금처럼 천하가 태평한데도 은근히 우리에게 친절히 구는 사람이 많은 것은 미리 후하게 대우하여 우리에게 그 덕을 팔고자 하는 것이고, 또한 굳게 우의를 맺어놓아 우리의 방비를 허술하게 하고자 하는 것이다.

그리하여 뒷날 혹시 그들이 만주(滿洲)로 되돌아가게 되었을 때 우리의 국경을 위압하고 앉아서, 지난날에 돈독했던 군신(君臣)의 예를 내세워 양식 마련을 요구하고 군사 동원을 강요하지 않는다고 단언할 수 있겠는가? 오늘의 하찮은 종잇장이나 돗자리 따위의 감면이, 훗날 개나 말, 나아가 구슬까지 요구하는 구실이 될 수 있을지도 모른다. 그러므로 이것은 우려할 일이지 결코 영광으로 생각할 일이 아니라는 말이다.

지금 황제의 뜻이 꼭 그런 생각에서 나온 것이라고 단언할 수는 없다. 그러나 우리나라가 큰 나라의 환대를 받아 온 지 이미 오래되었고, 따라서 인심이 안일해져서 이런 일을 소홀히 생각하기 쉬울 것 같아 내가 여기 몇 자를 쓰고, 아울러 우리가 황제에게 올린 글과 황제가 내린 칙유(勅諭)를 기록하여, 천하의 근심거리를 자신의 일처럼 걱정하는 이들에게 드리고자 한다.

---

*5 가죽. 모피(毛皮).

예부(禮部)에서 대사(大使) 장문금(張文錦 : 회동사역관(會同四譯館) 대사. 자는 환연(煥然). 순천(順天) 대흥(大興) 사람으로, 몸집이 작고 날카롭고 사나워 보였음)에게 내린 문건

'이제 황제의 교지를 받들어 이르노라. 조선에서 온 정사(正使)와 부사(副使)는 열하로 와서 하례(賀禮)의 예를 행하게 하라 하셨으니, 곧 이 뜻을 조선 사신에게 전하고, 열하로 데리고 갈 관원(官員)과 수행원 명단을 써서 즉시 정선사(精饍司)*6로 보내고, 내일 길을 떠나게 하라.'〔8월 초 4일 초저녁〕

예부에서 다시 대사 장문금에게 내린 문건

'황제의 뜻을 받들어 조선의 사신 등을 열하로 데리고 가서 하례의 예를 행하게 할 것을 이미 명하였거니와, 곧 사신의 성명과 수행할 관원과 시종들의 명단을 예부로 보내게 하라 하고 보고가 오기를 기다리고 있는데, 아직까지 보내 오지 아니하였다. 이 일은 황제의 칙지를 받들어 하는 것인데 어찌 지체할 수 있느냐? 즉시 명단을 예부로 보내게 하라. 또한 딸려 보낼 통관(通官)*7 오림포(吳林哺)·서종현(徐宗顯)·박보수(朴寶樹) 등 세 사람에게도 이 분부를 전하고, 그들로 하여금 내일 사시(巳時)*8에 조선 사신들을 데리고 떠나 임구(林溝)에서 묵게 하라. 또한 장 대사는 따로 만나 이를 일이 있으니, 내일 묘시(卯時)*9에 아문(衙門)에서 기다리도록 하라.'〔8월 초 4일〕

열하의 행재로 갈 조선국 진하 겸 사은사(朝鮮國進賀兼謝恩使) 일행의 명단

정사(正使) 금성위(錦城尉) 박명원(朴明源)
부사(副使) 이조판서(吏曹判書 : 임시 벼슬) 정원시(鄭元始)
서장관(書狀官) 겸 장령(掌令) 조정진(趙鼎鎭)
대통관(大通官) 홍명복(洪命福)·조달동(趙達東)·윤갑종(尹甲宗)
종관(從官) 주명신(周命新 : 정사의 비장)·정창후(鄭昌後)·이서구(李瑞龜 : 부사의 비장)·조시학(趙時學 : 서장관의 비장)
수행원 64명

---

*6 예부(禮部)에 딸린, 연회·의식 등을 맡아 보는 관아.
*7 중국에서 통역관을 이르는 말.
*8 오전 9시부터 11시까지.
*9 오전 5시부터 7시까지.

이상 모두 74명이고 말이 55마리.

상서 조수선(曹秀先)과 덕보(德甫) (조수선은 한족 상서이고, 덕보는 만주족 상서임. 청국 예는 6부에 모두 한인·만인의 상서·시랑을 두고 있음) **가 황제에게 아뢴 문건**

'조선국에서 만수절(萬壽節)을 축하하러 온 정사 금성위 박명원과 부사 이조판서 정원시 및 수행원 등이 이달 초 9일에 열하에 도착하였으므로, 신 등이 따로이 거처를 주선하여 주었음을 아뢰옵니다.'〔건륭(乾隆) 45년 8월 초 9일〕

이에 황제가 '알았노라' 하였다.

또 상서 조수선과 덕보가 황제에게 아뢴 문건

'조선국 사신 금성위 박명원, 이조판서 정원시 등이 공손히 천자의 은혜에 사례한 일을 그대로 아룁니다. 「삼가 아룁니다. 저희 국왕이 황제께서 칠순 탄신을 맞으심에 그 기쁨을 이기지 못하여 저희로 하여금 하표(賀表)*10를 받들고 가서 하례하게 하였으므로, 저희는 열하로 와서 하례를 올리게 되어 이미 큰 영광인데다가 성은으로 소국의 배신(陪臣)들이 천조(天朝)의 이품(二品)·삼품(三品) 대신들의 끝 자리에서 하례를 드리게 하시니 이는 격식에 넘치는 은혜를 베푸신 것으로 예로부터 없었던 일입니다. 삼가 귀국하여 국왕께 아뢰면 국왕께서도 황제의 은혜에 감격할 것이요, 춤이라도 추고 싶은 저희의 이 기쁨을 예부(禮部)의 대인(大人)께서 황제께 대신 아뢰어 주시기 바랍니다」 하고 그 간곡한 정을 갖추어 청해 왔으므로, 갖추어 아룁니다.'〔건륭 45년 8월 10일〕

이에 황제는 '알았노라' 하였다.

예부에서 황제에게 아뢴 문건

'이달 12일에 신 등이 분부를 받들어 회동이번원(會同理藩院)*11의 관원들을 보내어 조선 사신 정사 박명원, 부사 정원시, 서장관 조정진(趙鼎鎭) 등을 데리고 찰십륜포(札什倫布)*12로 가서 액이덕니(額爾德尼)*13를 예배하도

---

*10 축하하는 글.
*11 예부 소속의 관청. 중국 주변 나라의 사신이 방문할 때의 일을 담당함.

록 하였습니다. 예가 끝나자 액이덕니가 자리에 앉아 차를 마시라 하고 '그 나라는 여기서 거리가 얼마나 되고, 무슨 일로 조공을 왔소?' 하고 물으니, 사신이 대답하기를 '황제의 칠순되시는 큰 경사에 표(表)를 올려 하례하고, 또한 천은을 사례하러 왔습니다' 하니 액이덕니가 몹시 기뻐하면서 '영원히 공순(恭順)하면 자연히 복을 받을 것이오' 하고 당부하고는 이어 사신에게 동불(銅佛)·향·보료 등을 주니 조선 사신들은 머리를 조아려 사례하였습니다. 사신에게 준 동불 등 물건의 명단을 갖추어 아룁니다.'〔건륭 45년 8월 12일〕

이에 황제는 '알았노라' 하였다.

우리 사신이 반선(班禪)*14을 만나본 일은 이미 찰십륜포(札什倫布) 기록에 자세히 실었다. 지금 예부(禮部)에서 황제에게 올린 글에서, 액이덕니를 예배케 하였다느니 사신에게 물건을 하사하자 사신들은 머리를 조아려 사례하였다느니 하는 것은 모두 거짓말이다. 그러나 예부로서는 황제에게 보고하여야 했으니 그렇게 아뢰지 않을 수 없었을 것이다. 나는 본 대로 자세히 기록하여 나중에 연암 산속에 돌아가면 소일거리로 삼아 가끔씩 웃고자 하니, 이 글을 읽는 이는 잘 알아두어야 할 것이다.

반선이 준 선물 목록

정사가 받은 물건은 구리 부처 하나, 보료 18장, 얇은 비단(哈達) 1필, 성성이(猩猩) 털가죽 담요 2장, 티베트 향(藏香) 24묶음, 계협편(計夾片: 무엇에 쓰는 물건인지 알 수 없음) 1주머니이다.

부사가 받은 물건은 구리 부처 하나, 보료 14장, 얇은 비단 1필, 성성이 털가죽 담요 1장, 티베트 향 20묶음이다.

서장관이 받은 물건은 구리 부처 하나, 보료 10장, 얇은 비단 1필, 성성이 털가죽 담요 1장, 티베트 향 14묶음이었다.

---

*12 티베트 라사(拉薩) 서쪽에 있는 도시. 반선라마가 있는 곳임.
*13 티베트의 반선라마(班禪喇嘛: 달라이라마의 다음 가는 라마)의 명호(名號).
*14 반선라마의 준말.

여기서 말한 구리 부처는 높이가 1자 남짓 한 것으로 호신불(護身佛)이다. 중국에서는 흔히 주고받는 것으로서, 멀리 여행하는 사람은 반드시 이것을 가지고 다니면서 아침저녁으로 예불한다. 티베트의 풍속에서는 해마다 진상하는 공물 중에서 으뜸으로 삼는 토산품이 바로 이 불상이다. 이번의 이 구리 부처도 법왕(法王)이 우리 사신들의 여행이 무사하기를 비는 뜻으로 준 선물이었다. 그러나 우리나라에서는 부처와 한번 인연을 짓고 나면, 평생 누가 되는 판인데, 하물며 이것을 준 사람이 티베트 승려임에랴.

사신들은 북경으로 돌아오자 그 선사받은 물건들을 모조리 역관(譯官)들에게 내어주고, 역관들 또한 그것을 똥거름처럼 더럽게 여겨 은 90냥에 팔아서 술 한 잔도 사 마시지 않은 채 모두 함께 간 마부(馬夫)들에게 나누어 주었다. 이것은 결백하기는 한 일이지만 외국의 풍속으로 따져 본다면 고루한 시골티를 벗어나지 못할 것이다.

예부(禮部)에서 내린 문건

'조선국에 발송하는 공문이나 편지 한 장이라도 일단 병부(兵部)로 보내어 거기서 예부로 전송(轉送)하게 해야 한다.'

주객사(主客司)*15에서 내린 문건

정문(呈文)*16으로 예부에 준행(準行)*17할 일을 통지하였다.

'본부(本部)에 아룁니다. 조선 사신이 열하에 도착하였음을 보고한 문서 1건, 도착한 조선 사신이 천자의 은혜를 공손히 사례하였다는 문서 1건, 반선 액이덕니(額爾德尼)가 사신에게 물건을 준 목록을 보고한 문서를 따로 베끼고 각각 공문을 갖추어 통지하시오. 보내온 문건들은 각각 원본대로 베낄 것이고 아울러 황제의 뜻도 받들어서 상사(上謝)*18 사건은 찰방(察訪)*19·예과(禮科)*20·절강(浙江)에도 통지하시오.'

---

*15 예부(禮部)에 딸려 있는, 여러 변방 국가의 조공과 접대·급사(給賜) 일을 맡아 봄.
*16 하급 기관이 상급 기관에 올리는 공문서.
*17 준해서 행함. 허락함.
*18 사례하는 말을 아룀.
*19 조선 시대 각 도(道)의 역참(驛站)을 관할한 외직(外職). 고려 때에는 역승(驛丞)이라고 했음.

예부(禮部)에서 황제에게 보고하는 문건

'삼가 하례(賀禮) 의식에 관하여 아룁니다. 건륭 45년 8월 13일 황상(皇上)의 칠순 만수성절(萬壽聖節) 하례를 거행하게 되옵니다. 이날 난의위(鑾儀衛)*21에서 미리 황상의 법가노부(法駕鹵簿)*22를 담박경성전(淡泊敬誠殿)*23 뜰에 차리고, 중화소악(中和韶樂 : 음악이름)을 담박경성전 처마 아래 양쪽에 베풀며, 단폐대악(丹陛大樂 : 음악이름)을 두 궁문(宮門) 안 양쪽 정자 안에 마련하여, 모두 북쪽을 향하게 하겠습니다.

황제를 호위하며 따르는 화석친왕(和碩親王) 이하 여덟 분 및 몽고의 왕공(王公) 토이호특(土爾扈特) 등은 모두 망포(蟒袍)*24 보복(補服)*25을 입고 담박경성전 앞 양쪽에 죽 늘어서게 하고, 문무 대신들은 조선국 정사(正使) 및 토사(土司)*26와 함께 두 궁문 밖에 각각 품계에 따라 늘어서게 하고, 삼품(三品) 이하 여러 관원들은 조선의 부사(副使)·번자(番子)·두인(頭人)*27들과 함께 피서산장(避暑山莊) 문 밖에 각각 품계를 따라 늘어서도록 하겠습니다.

예부의 장관(長官)이 황상께, 곤룡포를 입으시고 담박경성전의 보좌에 오르십사 하고 아뢰면 중화소악이 건평지장(乾平之章)을 연주하고, 황상께서 자리에 오르시면 음악이 그칩니다.

다음 난의위의 관원이 명편(鳴鞭)*28을 치라 외치면, 뜰 아래에서 세 번을 치고, 명찬관(鳴贊官 : 의식을 주도하는 관리)이 품계에 따라 늘어섭니다. 단폐대악이 경평지장(慶平之章)을 연주하면 홍려시(鴻臚寺)의 관원이 제왕(諸王)과 문무관원을 인도하여 저마다 서열에 따라 늘어섭니다. 명찬관이 무릎을 꿇으라 외

---

*20 도찰원(都察院). 6과의 하나. 전례(典禮)에 관한 일을 감찰했음.
*21 청나라 때 노부(鹵簿)·의장(儀仗) 등을 맡아 본 관아.
*22 천자의 행렬에 쓰는 수레.
*23 열하의 피서산장 안에 있는 건물 이름.
*24 의식 때 입는 용 무늬 예복. 용의 숫자는 벼슬의 높고 낮음에 따라 차이가 있음.
*25 문무관 예복의 하나. 가슴과 등에 보자(補子)라는 것을 붙였는데 문관은 새 종류, 무관은 짐승 종류를 수놓았음.
*26 남방 만족들의 추장.
*27 번자·두인 모두 만주의 관직임.
*28 조용히 하라는 신호 또는 어떤 지시 신호로 채찍을 울림. 또 그 채찍.

치면 왕 이하 모든 관원이 앞으로 나아가 무릎을 꿇고, 머리를 조아리라 외치면 왕 이하 모든 관원이 세 번 무릎을 꿇고, 아홉 번 머리를 조아리는 예를 합니다. 일어나라 외치면 몸을 일으키고, 명찬관이 다시 물러가라 외치면 왕 이하 모든 관원이 다 물러나 본디의 자리로 돌아가 서고 음악도 그칩니다. 난의위의 관원이 명편을 치라 외치고 뜰 아래에서 세 번 명편을 치면 예부의 장관이 행례가 끝났음을 아뢰게 됩니다. 중화소악이 태평지장(太平之章)을 연주하면 황상께서는 난가(鑾駕)*29로 환궁하시고 음악이 그칩니다. 그러면 왕공(王公) 이하 모든 관원이 다 나갑니다.
　내감(內監)이 황상께 내전(內殿)으로 듭시라고 아뢰어 자리에 오르시면, 비빈(妃嬪)들이 곤룡포를 갖추어 가지고 황상 앞으로 나아갑니다. 그리고 여섯 번 머리를 숙이며 세 번 무릎을 꿇고 세 번 절하는 예를 올립니다. 행례가 끝나면 황상께서는 자리에서 일어나시고 비빈들은 궁으로 돌아가십니다. 이어 황자(皇子)·황손(皇孫)·황증손(皇曾孫) 들이 예를 올립니다.'

주객사(主客司)에서 정문(呈文)으로 예부에 알린 문건
　'건륭 45년 8월 12일 내각(內閣)은 다음과 같은 황제의 유시(諭示)를 받들었습니다.
　「조선은 대대로 신하 된 나라로서 성의를 다해 왔으므로 옛날부터 공순하다 일컬어 왔는데, 세시(歲時)마다 공물을 바쳐 정성을 다하는 것은 가상한 일이다.
　간혹 특별히 칙명을 내리거나 하사품을 주어 귀국시킬 때면, 유구(琉球) 같은 나라에서는 글을 올려 사례할 뿐이지만 오직 조선국만은 반드시 토산물과 함께 글을 갖추어 바쳐 그 정성스러운 마음을 표시한다. 얼마 전에도 조선의 사신이 왔는데 멀리서 특별히 가지고 온 물품을 그대로 돌려 보낸다면 수고만 더할 뿐이어서 여러 번 이를 그대로 정공(正貢)*30으로 삼아서 우대하는 뜻을 보여 왔다. 그 나라가 깍듯이 신하 된 나라의 성의를 다하여 때에 따라 정공을 바치면서 다시 때때로 토산품을 마련하여 바치고 있다. 그러나 이것은 왕래하는 데 몹시 힘들고 복잡할 터이므로 이야말로 허례허식이

＊29 천자의 수레.
＊30 정식으로 바치는 공물.

하나 더 없어진 셈이다. 우리 두 나라는 서로 성심성의를 다하여 한몸과 같은데, 어찌 반드시 그런 번거로운 절차를 차릴 필요가 있겠느냐.

올해는 짐(朕)의 칠순 만수절(萬壽節)이라 하여 조선국에서 표문(表文)을 갖추어 하례하러 왔다고 하기에 이미 조선의 사신들을 열하의 행재(行在)로 불러서 조정 신하들과 똑같이 예를 행하고, 연희를 베풀라 하였다. 가지고 온 표문과 공물은 이번만은 그대로 받아서 그 나라의 성의를 펴도록 하거니와, 이후로는 세시와 경사스러운 일에 바치는 정공(正貢)만 전례에 따라 받고, 그 밖의 사례에는 글만 바치고 공물은 바치지 말게 하라. 그리하여 짐이 먼 나라를 편안하게 하려는, 실리를 중시하고 허식을 바라지 않는 지극한 뜻에 부합되도록 하라.」'

덕보와 조수선이 황제에게 보고한 문건

'우리 사신은 황제의 은혜에 공손히 사례한다는 보고를 사정에 의하여 대신 아뢰나이다. 조선국 사신 금성위 박명원과 이조판서 정원시 등이, '엎드려 공손히 황상의 만수절을 맞이하여 온 나라가 온통 경축으로 들끓고 있고, 본국도 기쁨을 이기지 못하여 간략하게나마 하례하는 정성을 올렸는데 (예부에서는 '라마 선승을 뵙고 복을 받았다는 내용을 덧붙였음), 이에 황제께서는 격식에 넘치는 상을 우리나라에 베푸시니 미천한 신하들에게까지 은총이 미쳐(예부에서는 이 절을 '국왕과 사신, 그 수행원 들에게까지 비단과 은을 상주었다'로 고쳤음), 그 영광이 전무후무합니다. 돌아가 국왕께 아뢰면(예부에서 '감사하는 뜻을 따로 문서로 갖추어 사례하는 말을 했다'고 덧붙였음) 황제의 은혜에 감격하실 것입니다. 예부의 대인께서는 저희 뜻을 황제께 대신 아뢰어 주십시오' 하여 왔으므로 이에 삼가 아룁니다.〔건륭 45년 8월 14일〕'

이에 황제가 "알았노라" 하여 그 뜻을 우리에게 알려 왔다.

필첩식(筆帖式)*31이 가지고 있는 문서 가운데는 우리나라에 이러한 뜻의 글을 내렸다고 되어 있는데, 이것은 원본과 많은 차이가 있다. 그것은 예부에서 황제에게 보고할 때 보태거나 고쳤기 때문이다.

사신이 크게 놀라 번역을 맡은 관원에게 시켜서 먼저 예부에 가서 그 까닭을 따지게 했다.

---

*31 문적(文籍)을 번역하는 관원.

"무엇 때문에 의논도 없이 정문(呈文)을 몰래 고쳤소?"
그러자 낭중(郎中)이 크게 성을 내며 말했다.
"당신네가 올린 정문은 도무지 사실과 맞지 않는 것이었소. 예부의 대인이 당신네 나라를 위해 그렇게 주선하여 이미 황제께 아뢰어 재가까지 났소! 당신네에겐 덕이 되는 일인데 도리어 기세등등해서 화를 내고 따진단 말이오?"

중국의 6부(部) 중 예부에서 하는 일이 가장 많다. 천지와 산천에 대한 제사, 황제의 기거에서부터 출입, 여러 외국에 관한 일에 이르기까지 관여하지 않는 일이 없다.
내가 열하에 있을 때, 예부에서 우리나라에 관한 일을 실행하는 것을 보고 천하의 일을 모두 짐작할 수 있었다. 황제가 우리 사신에게 어떤 은혜로운 특전을 내리면, 예부에서는 즉시 우리 사신에게 정문을 올려 사례하라고 독촉한다. 그것을 곧 황제에게 아뢰는 것이었다. 사례를 하거나 하지 않는 것은 오로지 사신의 재량에 달린 것이다. 대국의 체통으로서는 비록 외국의 사신이 사례하기 위해 황제에게 아뢰기를 청한다 하더라도 당연히 사소하고 번거로운 일이라고 물리쳐야 할 것인데 이와는 반대이다. 사례하는 글을 올리는 시기를 놓쳐 황제에게 아뢰지 못하게 될까 두려워하고, 심지어 사신과 의논하지도 않고 몰래 멋대로 글을 고치는 등 대국의 체통은 생각하지도 않는다. 다만 잠깐 황제를 즐겁게 할 것만 생각하니 스스로 황제를 속이는 죄를 짓게 되고 외국의 모멸을 달게 받을 수밖에 없다. 예부가 이러할진대, 다른 여러 부도 넉넉히 짐작할 만하다.
또한 사신이 며칠 안에 귀국하게 되는 경우에는 공문을 직접 받아 가지고 가도 무방하건만, 급히 서둘러 파발(把撥)로 보내니 비굴한 소인이 자신의 공덕(功德)을 생색내려고 하는 것과 다를 게 없다. 대국의 처사가 어쩌면 그렇게도 천박할까? 그러고서야 어찌 천하에 모범이 될 수 있겠는가?
또 크게 걱정스러운 일은, 예부가 우리나라 일로 분주한 이유는 우리가 두려워서가 아니라, 황제의 엄명이 두려워서 그런다는 점이다. 우리 사신은 가만히 앉아서 독촉만 받고, 예부는 어렵거나 쉬운 일 가릴 것 없이 오직 빨리 밀어붙이려 서두른다. 이것은 다름 아니라, 그들도 모르는 사이에 예부가 사신을 후하게 대우한다는 것을 보이려는 것이다. 이것은 어느새 통례(通例)가 되어버렸다. 그러는 동안 통관(通官)이나 서반(序班)*32들은 우리 사신에게 손을 쓸 수 없게 된 지가 오래이므로, 우리에 대한 그들의 불평이 이미 쌓이고 쌓여 왔다. 그러니까 만약 황제가 하루아침에 정사를 보지 못하게 되어 예부의 보살핌이 조금이라도 소홀해진다면, 한낱 서반(序班)이라도 충분히 우리 사신의 행동을 제압할 수 있을 것이다. 하물며 예부가 저렇게 분주히 힘쓰는 까닭이 본래 황제를 기쁘게 하려는 미봉책(彌縫策)에서 나온 것임에랴. 사신으로 가는 사람은 이 점을 자세히 살펴야만 할 것이다.

외국 사신에 관한 일은 오로지 예부에서 맡아보고 있다. 우리 사신이 일의 성취를 위해 독촉할 수 있는 사람은 담당 역관(譯官)뿐이고, 역관이 상의하고 독촉할 수 있는 상대는 통관(通官)뿐이며, 통관이 상의하고 독촉할 수 있는 곳은 아문(衙門)뿐이다.

이른바 아문이란 곧 회동사역관(會同四譯館)의 제독(提督) 및 대사(大使)를 말하는 것인데, 제독과 대사의 지위는 예부의 장관과 같으므로 좀처럼 일을 부탁할 수가 없다. 그래서 일이 여의치 않으면 사신은 의심과 노여움을 역관에게만 퍼붓는다. 말이 서로 통하지 아니하니 모든 일이 양쪽 역관의 입에 달려 있기 때문이다.

역관이 자신을 속인다고 사신이 의심하면 역관은 이를 원망하면서 또 이것을 해명하려고 한다. 그러다 보면, 상하의 사이가 벌어져 서로 의사가 통하지 않게 된다. 사신이 역관을 다급하게 독촉하고 추궁할수록 서반이나 통관들의 농간이 더욱 심해져서, 일이 되고 안 되고 빠르고 느림이 모두 그들 손아귀에 쥐어져 있어서 걸핏하면 뇌물을 요구하는 것이 해마다 심해졌다. 마침내는 그것이 관례가 되고야 말았다. 이제 와서 저들에게 끌려다니는 것은 다만 돌아갈 날짜가 좀 지체되거나 문서 접수가 뒤로 좀 밀리는 것에 불과하다.

그러나 만일 급한 일이 일어나면 대국이 우리 사신을 접대하는 것이 항상 전과 같으리라고 보장할 수는 없는 노릇이다. 그렇다면 객관(客館) 안에 깊

---

*32 홍려시(鴻臚寺)에 소속되어 백관의 반차(班次)를 맡아 보는 벼슬아치.

숙이 들어앉아 있는 외국의 사신으로서는 앞으로 누구를 의지할 것인가? 오직 서반(序班)이나 쳐다보고 있을 수밖에 없을 것이니 예부에 관계되는 일은 비로소 그들이 자기네 마음대로 할 수 있게 되어 공공연하게 농간을 부리게 될 것이다. 그러니 사신으로 가는 사람은 반드시 이 점을 생각해야 하겠다.

청나라가 건국한 지 140여 년이 되었는데도 우리나라 선비나 사대부들은 중국을 오랑캐로 여겨 접촉하는 것을 부끄럽게 여긴다. 비록 마지못해 사신으로 가기는 하지만, 문서를 주고받는 일이나 청나라의 허실(虛實)을 알아보는 일 등을 모두 역관들에게 맡겨, 압록강을 건너와서 북경에 들어오기까지 2천 리를 거쳐 오는 사이에 그 고을을 다스리는 관원이나 요해처(要害處)를 지키는 장수의 얼굴을 직접 보지 못했을 뿐 아니라, 그 이름조차 모르고 지나왔다.

그래서 통관들이 공공연하게 뇌물을 요구해 와도 우리 사신은 그들의 농간을 달게 받지 않을 수 없었고, 역관들은 갈팡질팡하며 그들의 요구를 들어주기에 바쁘다. 이는 모두 사신들이 잘난 체하는 잘못에서 오는 것이다. 사신이 역관을 너무 의심해서도 안 되지만 지나치게 믿는 것도 옳지 않다. 만약 갑자기 뜻밖의 일이라도 생기면, 삼사(三使)는 잠자코 서로 돌아보고 역관의 입만 쳐다보고 있을 수밖에 없게 될 것이니, 사신으로 가는 사람은 이에 대해 대책을 강구해야 할 것이다.

연암이 쓰다.

천하의 형세를 살피다
심세*1편(審勢編)

연암은 말한다.

중국을 여행하는 사람으로서 다섯 가지 망령된 생각이 있다. 신분이나 문벌을 가지고 서로 높은 체 거들먹거리는 것은 본디 우리나라의 풍속에서도 천박한 습속이다. 식견이 있는 사람은 나라 안에서도 양반이란 말을 들먹이기를 부끄럽게 여기는데, 하물며 변방 국가의 토성(土姓)으로서 도리어 중국의 오래된 명문세족을 업신여길 것인가? 이것이 첫째 망령된 생각이다.

중국의 붉은 모자며 말발굽처럼 생긴 옷소매는 비단 한인(漢人)만이 부끄럽게 여기는 것일 뿐 아니라, 만주인도 역시 부끄럽게 여기는 것이다. 그러나 그들의 예절 풍속과 문물은 사방의 오랑캐로서는 당할 수 없고, 아무리 살펴보아도 우리가 중국과 겨루어 한 치도 나을 것이 없다. 단지 한 움큼밖에 안 되는 상투를 가지고 스스로 천하에 뽐내려 하니 이것이 둘째로 망령된 생각이다.

옛날 월정(月汀) 윤근수(尹根壽)*2 공이 중국에 사신으로 갔다가 길에서 어사(御使) 왕도곤(王道昆)을 만나 길을 피하여 숨을 죽이고 그의 일행을 바라보는 것만으로도 오히려 영광으로 생각했다고 한다. 이제 중국은 비록 오랑캐의 세상으로 변하기는 하였지만, 천자라는 칭호는 고치지 않았으니, 각부(閣部)의 대신들은 그대로 천자의 공경대부들이다. 반드시 옛날이라 해서 높이고 지금이라 해서 떨어뜨릴 이유는 없다. 사신으로 간 사람은 그 나

---

*1 형세를 살펴봄. 이 심세편은 원서에서 다음에 실린 망양록(忘羊錄) 다음에 수록되어 있으나 내용으로 보아 순서를 바꾸는 것이 타당하다고 보아 앞에 싣는다.

*2 조선 중종(中宗)·광해군(光海君) 때의 문신·학자. 성절사(聖節使)·문안사(問安使)·원접사(遠接使)·주청사(奏請使) 등 여러 번 명나라에 사신으로 갔었고, 성리학(性理學)에 밝았음. 사서토석(四書吐釋)·송도지(松都志) 등 저서가 많음.

라의 관리들을 만나볼 때 일정한 예절을 지켜야 할 것인데, 공석에서 절하고 읍하는 것을 부끄럽게 여겨, 걸핏하면 이를 모면하려 하니 이것이 드디어 하나의 관례가 되었다. 때로 그들을 만나면 거만하게 구는 것을 고상한 운치로 삼으며 공손하게 구는 것을 치욕으로 여긴다. 그들이 비록 매몰차게 책망하지 않는다 하더라도 어찌 우리의 무례함을 경멸하지 않는다 하랴? 이것이 셋째로 망령된 생각이다.

우리나라 사람은 문자를 안 뒤로부터 빌려 읽지 않은 중국의 글이 없었기 때문에, 그들의 역대(歷代)를 이야기하는 것이 모두 꿈속에서 꿈을 풀이하는 것과도 같다. 그런데도 과거 공부하던 습관을 가지고 억지로 운치 없는 시문을 지으면서, 갑자기 '중국에서는 제대로 된 문장을 볼 수 없다'고 하니, 이것이 넷째 망령된 생각이다.

중국 땅의 인사들은 강희(康熙) 이전에는 모두 명(明)나라의 유민(遺民)이었지만, 강희 이후에는 곧 청(淸)나라 백성이 되었으니 당연히 지금 왕조에 충성을 다하고 법제를 준수해야 할 것이다. 만약 갑자기 무슨 이야기를 하는 중에라도 본국의 사정을 변방 국가에 누설한다면 그는 당연히 반역자로 볼 수 있을 것이다. 그런데 우리나라 사람들은 한번 중국 인사들을 만나, 그들이 나라의 은혜를 과장하여 칭송하는 것을 보고는, '춘추(春秋)는 조금도 읽을 필요가 없군' 하면서 말끝마다 연(燕)나라 조(趙)나라 거리에는 현실을 비분강개하여 노래를 부르는 인사를 볼 수 없다고 탄식한다. 이것이 다섯째 망령된 생각이다.

중국의 선비에게는 세 가지 어려운 일이 있다. 한번 거인(擧人) 곧 과거 시험 합격자가 되면 모든 사서와 경전을 사건에 따라 명쾌히 변증하고, 제자백가·구류(九流: 중국 고대에 유행한 9가지 학파)까지도 본말을 대강은 섭렵하여 물 흐르듯 빠르게 묻고 응답해야 하고, 그렇지 못하면 선비라고 할 수 없다. 이것이 첫째 어려움이다. 너그럽고 점잖고 예절에 밝고 의젓하며, 교만한 태도를 나타내지 아니하며, 허심탄회하게 사물을 대하여 대국의 체모를 잃지 않아야 한다. 이것이 둘째 어려움이다. 작은 것, 큰 것이나 먼 일, 가까운 일이나를 막론하고 법을 존중해야 한다. 법을 존중하므로 관직을 조심하고 관직을 조심함으로써 제도는 한결같으며, 사민(四民)*3이 저마다 분업을 똑똑히 하여 힘쓰지 않는 이가 없어야 한다. 이것이 셋째 어려움이다.

그런데 조선 사람들의 다섯 가지 망령된 생각도 실상은 중국 사람들이 스스로를 업신여긴 데서 나온 것이다. 그러나 그들이 스스로를 업신여기게 된 것은 중국의 죄도 아니다. 그들이 본래부터 지니고 있는 세 가지 어려운 일이란 것 또한 우리나라 사람으로서는 업신여길 수 있는 것이 아니다.

옛날 진경지(陳慶之)*4가 위(魏)나라에서 남쪽으로 돌아오자 북쪽 사람을 매우 존중하였다. 주이(朱异)*5가 이상하게 생각하여 까닭을 물으니 경지는 이렇게 대답하였다.

"진(晉)나라·송(宋)나라 이후로는 낙양(洛陽)을 황폐한 중원(中原)이라 일러 왔는데, 그것은 장강(長江)*6 이북이 모조리 오랑캐의 차지가 되었기 때문입니다. 그러나 전번에 낙양에 가서야 비로소 의관(衣冠)을 갖춘 사족(士族)들이 모두 중원에 있는 것을 알았습니다. 그들은 예의가 바르고 인물이 번성하여, 눈으로 보고 귀로 들어 알게 된 것을 이루 다 말로 전할 수가 없습니다."

이로써 볼 때 망양(望洋)*7의 탄식은 예나 이제나 마찬가지인 것을 알겠다.

나는 열하(熱河)에서 많은 중국인들과 사귀었다. 예사로 이야기하는 중에도 날마다 모르던 것을 알게 되었지만, 그 당시 정치의 잘못이나 민심이 따르고 등지는 것에 대해서는 도무지 알 도리가 없었다. 옛 글에, '그 나라의 예의를 보면 그 나라 정치를 알 수 있고, 그 나라의 음악을 들으면 그 나라 도덕을 알 수 있다. 이는 백세를 지낸 뒤에도 백세의 이전 왕들을 비교해 보아도 틀리지 않는다'(맹자에서 인용한 구절) 하였다. 자공(子貢)의 재주와 계찰(季札)의 지혜가 없었더라면, 비록 온갖 악기와 온갖 춤이 눈앞에 항상 펼쳐진다 하더라도, 그것이 정치와 도덕이 나온 근본을 알지 못했을 것인데, 더구나 옛날의 음악을 건성으로 토론해서 어떻게 당시의 성쇠를 알 수 있으랴? 그런데도 그 너절하고도 번잡한 혐의를 헤아리지 않고 짐짓 이런 이치에도 닿지 않는 허황한 질문을 하는 것은 무슨 까닭인가? 대개 중국의 선비들은 천성이 자

---

*3 선비〔士〕·농민〔農〕·공장〔工〕·장사〔商〕 네 종류의 백성.
*4 양(梁)나라 사람. 위(魏)나라와 싸워 공이 있었음.
*5 양나라 사람. 예(禮)와 역(易)에 정통했으나 재물을 탐내어 비난받았음.
*6 양자강(揚子江). 대강(大江)이라고도 함.
*7 위대한 인물이나 심원한 학문에 대해, 자신의 용렬하고 모자람을 탄식함.

랑하고 뽐내기를 좋아하고, 학문이 해박한 것을 귀하게 여겨, 항상 경서와 사서에 몰두하고, 고상한 이야기를 잘한다. 그런데 우리나라 사람들은 대개 말솜씨가 아름답지 못한데다가, 질문하기에 급급하여 대뜸 요즘 시국에 관해 이야기하려 하고, 또는 스스로 우리의 의관(衣冠)을 자랑하여 저들이 부끄러워 수그러지는 것을 보려 하고, 또는 덜컥 한(漢)나라 시절을 생각하느냐고 물어 그로 하여금 말문이 막히게 한다. 이런 일들은 저들이 싫어할 뿐 아니라 우리에게 있어서도 큰 실수이고, 또한 우리 스스로도 세심하지 못한 것이다. 그러므로 그들의 환심을 사려면 반드시 대국의 명성과 교화를 칭찬하여, 우선 그들의 마음을 안심시키고, 은근히 중국과 우리나라가 일체(一體)라는 것을 보여 그들의 혐의를 피해야 한다.

한편으로는 말하는 뜻을 그들의 예악(禮樂)에 두어 예악의 전아(典雅)함을 좋아하는 듯이 하고, 한편으로는 역대의 역사를 들어 이야기하되 최근의 일은 들추어 공박하지 말아야 한다. 뜻을 공손히 가다듬어 배우기를 청해서 그로 하여금 마음놓고 이야기하도록 이끌고, 겉으로는 모르는 체하여 그의 마음을 울적하게 하면, 그의 얼굴에 진실인지 허위인지 나타나 보일 것이다. 예사로 웃고 이야기하는 사이에 그의 실정(實情)을 탐지할 수 있을 것이다. 이것은 내가 필담을 하는 가운데 글자를 떠나서 그들의 그러한 뜻을 눈치채게 된 것이다.

아! 중국의 유학(儒學)이 차차 쇠퇴하여 천하의 학문이 한 갈래에서 나오지 못하게 되었다. 주희(朱熹)·육구연(陸九淵) 두 갈래로 나누어진 지 이미 수백 년이 되어 서로 원수처럼 헐뜯고 미워하였다. 이것이 명나라 말기에 이르자 천하의 학자들은 모두 주희를 종주(宗主)로 삼아 육구연을 따르는 자는 드물었다. 그러다가 청나라 사람이 중국의 주인이 되자, 그들은 슬그머니 학문의 종주가 어느 쪽인지, 따르는 수효가 어느 쪽에 많은지를 살폈다. 그리하여 많은 편을 힘껏 숭배하고, 주희를 주자(朱子)라 높이고 십철(十哲)*8과 동렬(同列)로 모시고는 천하에 호령하기를, '주자(朱子)의 도는 곧 우리 황실의 가학(家學)이다' 하였다. 마침내 세상은 주자의 학문에 만족하여 기쁘게 수긍하는 사람도 있고 이것을 인연으로 출세하기를 바라는 사람

―――――――――――――

*8 공자의 10사람의 큰 제자. 곧 안연(顔淵)·민자건(閔子騫)·염백우(冉伯牛)·중궁(仲弓)·재아(宰我)·자공(子貢)·염유(冉有)·계로(季路)·자유(子遊)·자하(子夏).

도 있어 이른바 육씨(陸氏)의 학문은 거의 끊어지게 되었다.

아! 그들이 어찌 참으로 주자의 학문을 알아서 옳고 그른 것을 분별하였겠는가? 이는 천자의 높은 지위 때문에 겉으로만 주자를 사모하는 시늉을 한 것이다. 속뜻은 중국의 대세를 살펴서 재빨리 차지하고, 천하 사람들의 입에 재갈을 물려 함부로 자신들을 오랑캐라 부르지 못하게 하려는 것이었다. 그것을 어떻게 알 수 있었겠는가.

주자는 중국을 떠받들고 오랑캐를 배척하였다. 황제는 일찍이 자신의 저술을 통해 송나라 고종(高宗)이 춘추의 대의를 몰랐다고 배척하고, 진회(秦檜)*9가 강화(講和)를 주장한 죄를 성토하였다. 주자가 많은 책에 주석한 것을 보고, 황제는 곧 천하의 선비들을 모으고 천하의 도서들을 거두어 들여, 도서집성(圖書集成)*10·사고전서(四庫全書)*11를 만들고는 온 천하 사람들에게 외치기를 '이것은 곧 주자가 남기신 말씀이요, 주자가 끼치신 뜻이다' 하였다.

그들이 걸핏하면 주자를 들먹여 높이는 까닭은 다름이 아니다. 천하의 학자와 고관들의 목덜미를 타고 앉아서 그 목을 움켜잡고 등을 어루만져, 천하의 학자와 고관들이 모조리 회유와 협박에 굴복하여 구구하게 번잡한 형식적인 학문에 빠진 것도 깨닫지 못하게 하는 것이었다.

어떤 사람은, '청나라 사람은 이미 중국의 예절과 문화를 숭상하면서도 만주(滿洲)의 묵은 습속을 고치지 않는 것은 무슨 까닭인가?' 묻기도 하지만 그것으로 충분히 그들의 속셈을 알 수 있지 않은가?

그러나 청나라 사람은 이렇게 말할 것이다.

"우리는 천하의 이익을 차지하려는 것이 아니다. 우리는 명나라 황실을 위해 큰 원수를 갚고 큰 치욕을 씻어 주려는 것이다. 천하가 언제까지고 비어 있을 리가 없으니, 우리는 천하를 위해 중원을 지키다가 만약 중원의 임자가 나타나면 내 것을 거두어 가지고 동쪽으로 돌아가려고 하기 때문에, 함

---

*9 송나라 때 사람. 송나라의 휘종(徽宗)과 흠종(欽宗)이 금(金)나라에 잡혀가자 따라갔다가 돌아와 재상이 되어 화의(和議)를 주장하고 악비(岳飛) 등을 죽였음. 성질이 몹시 음흉하고 잔인했음.
*10 고금도서집성(古今圖書集成). 명나라 영락대전(永樂大全)을 증보한 것으로 1만 권.
*11 3,457부(部), 7만 9,556권. 7질을 만들어 각지에 보존했음.

부로 조종(祖宗)의 옛 제도를 고치지 않는 것이다."

또 어떤 사람은 말하기를 '저들이 옛 풍습을 지키는 것은 당연하지. 하지만 어떻게 천하를 들어 강제로 그네의 법을 좇게 할 수 있겠는가?' 하기도 하지만 그것으로 환히 그들의 속셈을 알 수 있지 않은가?

그러나 청나라 사람들은 또 이렇게 대답할 것이다.

"제왕(帝王)이란 문자와 수레바퀴의 간격 등 모든 제도를 통일할 따름이다. 청나라 신하가 된 자는 마땅히 청나라 임금의 제도를 따라야 할 것이고, 청나라의 신하가 되지 않은 자는 청나라 임금의 제도를 따르지 않을 뿐이다."

중국의 동남쪽 지방은 어느 곳보다 발달하여, 천하에서 제일 먼저 사건을 일으킬 염려가 있을 뿐 아니라, 그곳 백성들의 성품은 경박하고 논란하기를 좋아하므로, 강희제(康熙帝)는 강소·절강 지방을 여섯 번이나 순회하여 은근히 호걸들의 마음을 억눌러 막았다.

지금의 황제도 강희제의 뒤를 이어 다섯 번이나 순회하였다. 천하의 우환은 항상 북쪽 오랑캐에 있으므로, 조공을 받게 된 뒤에도 강희제 때부터 열하(熱河)에 대궐을 지어 몽고의 대군(大軍)을 주둔시켰다. 이는 중국의 군사를 번거롭게 하지 않고 오랑캐로 오랑캐를 방어하는 전략이었다.

이렇게 하고 보니 군비는 크게 절약되고 변방의 방비는 튼튼해져서 지금의 황제는 친히 군사를 통솔하여 변방을 지키는 셈이었다. 또 서번(西藩)은 억세고 사납지만 황교(黃敎)를 몹시 두려워하기 때문에 황제는 곧 황교의 풍습을 좇아, 몸소 법사(法師)를 맞이하여 집을 찬란하게 장식하여 주어 그들의 마음을 즐겁게 해 주고, 여러 사람을 명색뿐이지만 왕(王)으로 봉하여 그 세력을 분산시켰다. 이것은 바로 청나라 사람들이 이웃 사방을 제압하는 교묘한 술책이다.

그들은 중국 땅에 대하여 아주 무관심한 척한다. 그러나 마음속으로는 천하의 무지한 백성들은 세금만 적게 바치면 좋다고 할 뿐 청나라의 의관 제도를 문제삼지 않는 것을 어찌 알지 못하랴. 그러나 천하의 식자들을 안정시킬 방법이 없으니, 우선 주자의 학문을 존중하여 벼슬하지 않은 선비들의 마음을 크게 위로한다면, 그들 가운데 호걸은 노여워할지언정 감히 말은 하지 못할 것이다. 또 그들 가운데 야비하고 아첨 잘 하는 자는 시대의 뜻을 좇아 일신의 이익을 꾀할 것이니, 한편으로는 은연중에 중국 선비들의 생각을 허약하게 만들고, 한편으로는 드러내놓고 문교(文敎)라는 명성을 받게 하였다.

진(秦)나라의 갱유(坑儒)와 같은 것을 취하지 않고서도 글을 교정하는 일로 정신을 빼앗고, 진나라의 분서(焚書)와 같은 짓을 하지 않고서도, 모든 책을 취진국(聚珍局 : 건륭 때 사고전서의 판명을 취진판이라 하였음)으로 모아들일 수 있을 것이라고 생각하였던 것이다. 아! 그 천하를 우롱하는 술책이야말로 참으로 교묘하고도 의뭉하구나. 이른바 책을 끌어모으는 화(禍)가 책을 태우는 화보다도 심하다는 것이 바로 이것을 가리키는 말이다.

그러므로 중국의 선비들 중에는 간혹 주자를 반박하는 자들이 있었으니 모기령(毛奇齡) 같은 자가 있었다. 모기령을 두고 어떤 사람은 주자의 충신이라 하고, 어떤 사람은 또 그가 도를 호위한 공이 있다고 하고, 또 어떤 사람은 그가 은인에 대해 원한을 맺었다고 하였다. 모기령에 대한 이러한 평가를 통해 청나라 사람들의 미묘한 뜻을 알아볼 수 있는 것이다.

아! 주자의 도는 마치 해가 중천에 떠 있는 것과 같아서 세계 모든 나라들이 다 우러러보는 바이므로, 황제가 사사로이 숭배한다고 해서 주자에게 무슨 탈이 될 것인가. 그런데도 중국의 선비들이 그처럼 수치로 여기는 것은, 그들이 주자를 겉으로만 존경하는 척하여 세상의 여론을 막는 자료로 삼으려는 데 격분하는 것일 뿐이다. 그러므로 때로는 한두 군데 집주(集註)의 틀린 부분을 가지고 수백 년 동안 품어 온 울분을 씻으려는 것이니, 오늘날 주자를 반박하는 자는 과연 옛날 육씨(陸氏)의 학문을 따르던 사람들과는 목적이 다르다는 것을 증명할 수 있을 것이다. 그런데 우리나라 사람들은 이 뜻을 모르고 잠시 중국 인사와 접촉할 때는 대강대강 서둘러 이야기를 하다가 조금이라도 주자를 건드리기만 하면 놀라 눈을 둥그러니 뜨고, 그를 상산(象山)의 무리라고 배척하고, 우리나라 사람을 만나는 대로 이렇게 말한다.

"중국에는 상산의 학문이 굉장히 유행하고 사특한 학설이 그칠 날이 없더군."

이 말을 들은 사람은 본말(本末)을 알아보지도 않고 이런 말을 직접 들은 듯이 대뜸 노발대발하는 것이다.

아! 사문난적(斯文亂賊)[*12]에 대한 공격을 비록 먼 중국에까지는 퍼붓지 않는다 하더라도, 이단을 용납하고 묵인한 잘못은 일반 선비들 사이에서 용서받을 수 없을 것이다.

　엄계(嚴溪) 꽃나무 아래에서 술을 조금 마시고, 망양록(忘羊錄)과 곡정필담(鵠汀筆談)을 교열하다가 문득 생각이 나서, 붓을 꽃이슬에 적셔서 이 글을 쓴다.
　뒷날 중국에 놀러 가는 사람은 만약 거리낌 없이 주자를 반박하는 인사를 만나거든 그가 범상치 않은 선비인 줄을 알아차리고 부질없이 이단이라고 배척하지 말아야 할 것이다. 그리고 외교적 언사를 잘 구사하여 깊이 캐물으면 그로 말미암아 천하의 대세를 엿볼 수 있게 될 것이로다.

＊12 유교에서, 유교사상에 어긋나는 말이나 행동을 하는 사람을 일컫는 말.

양고기 먹는 일조차 잊게 한 음악 이야기
망양록(忘羊錄)

머리글〔忘羊錄序〕

 아침에 형산(亨山) 윤가전(尹嘉銓)과 곡정(鵠汀) 왕민호(王民皡)를 따라 수업재(修業齋)에 들어가 악기를 구경하고 돌아나와서 형산의 처소에 들렀다. 윤공이 양 한 마리를 통째로 쪄 놓았다. 오로지 나를 위해 차린 것이다.
 악기와 음률(音律)에 대해 옛날과 오늘의 같고 같지 않은 점을 이야기하느라고, 음식 차려 놓은 지가 오래건만 서로 먹기를 권하지조차 못했다. 문득 윤공이 묻는다.
 "양은 아직 쪄지지 않았느냐?"
 시중드는 사람이 답한다.
 "차려 놓은 지가 오래되어 다 식었습니다."
 "정신이 없어서 두서가 없게 되었습니다."
 윤공이 사과한다. 내가 말했다.
 "옛날 공자는 소(韶)를 듣느라고 고기 맛을 몰랐다는데, 이제 나는 '대아(大雅)'*1의 이야기를 듣느라고 양 한 마리를 통째로 잊어버렸군요."
 "이른바 장(臧)과 곡(穀)*2이 모두 양을 잊은 꼴이지요."
 윤공의 말에 서로 크게 웃었다. 이제 그 필담(筆談)한 것을 적어 망양록(忘羊錄)이라는 이름을 붙인다.

---

*1 학식이 많고 우아하다는 뜻으로 상대방을 존경해 일컫는 말.
*2 장과 곡 두 사람 모두 양을 치는데 장은 글을 읽느라고 양을 잃었고, 곡은 노름을 하다가 양을 잃었다는 장자(莊子)의 말.

내가 말했다.

"오음(五音)*3으로 정명(正名)*4을 삼고 육률(六律)*5로 허위(虛位)*6를 삼아서 소리가 나면 그 소리를 헤아려서 어울리면 율(律)이라 하고, 어울리지 않으면 율이 아니라고 한다면, 마땅히 예와 지금이 다르지 않을 것이고, 아악(雅樂)과 속악(俗樂)의 구별이 없을 것입니다. 그런데 시대에 따라 각각 달리 음악과 풍류가 변천한 것은 무엇 때문일까요? 혹시 악기를 만드는 데 예와 지금이 차이가 있어 소리와 음률이 그에 따라 변한 것이 아닐까요?"

곡정이 말한다.

"아니지요. 저는 본래 이 학문에 어둡습니다만 한두 가지 좁은 소견이 없지 않아서, 항상 훌륭한 군자에게 한번 시정을 받고자 생각해 왔었습니다. 소리는 목구멍·혀·입술·이에서 나오는데, 그 모양이 각각 다르면 그 음도 역시 따라서 다르기 때문에, 억지로 이름을 붙여 소리를 따라 분배해 놓은 것입니다. 오직 정해진 이름이 있은 뒤에야 그 변하는 바를 알 수 있을 것이고, 오직 그 변하는 바를 안 뒤에야 온갖 것을 불어도 다 소리가 같지 아니한 것을 닮은 소리끼리 음의 이름에 맞추어 표준을 삼을 것입니다. 이것이 오음(五音)의 이름이 생긴 유래입니다. 그러나 그 변하는 것으로서 본다면 음이 어찌 다섯 가지뿐이겠습니까? 백 가지 음이라 해도 좋을 것입니다.

그리고 율(律)이란 법률의 율과 같은 것입니다. 입에서 나오는 소리가 이미 높고 낮음과 맑고 흐림과 굵고 가는 구분이 있는데, 귀로 들을 수 있는 범위에서 비로소 악기를 만들어 일정한 규칙을 마련했던 것입니다. 비유하자면 문법(文法)에는 차등이 있지만 각각 그 법칙에 맞는 것과 마찬가지입니다. 오직 소리가 나기를 기다려서 그 소리에 맞추어야만 비로소 준칙을 마련할 수 있으므로, 육률(六律)을 자리가 정해지지 않은 허위(虛位)라고 하는 것입니다.

그러나 차등에서 헤아려 본다면 율이 어찌 여섯 가지에 그치겠습니까? 천

---

*3 음악의 궁(宮)·상(商)·각(角)·치(徵)·우(羽)의 5가지 음.
*4 대의명분.
*5 12율 중 양(陽)의 소리에 속하는 여섯 가지 소리. 곧 황종(黃鐘)·태주(太簇)·고선(姑洗)·유빈(蕤賓)·이칙(夷則)·무역(無射). 음(陰)의 소리인 육려(六呂)의 대(對)임.
*6 헛된 이름.

가지 율이라 하여도 좋을 것입니다. 저는 비록 무엇이 궁(宮)이고 우(羽)인지, 무엇이 종(鐘)이고 여(呂)인지를 모릅니다만. 그러나 만약 기장 알*7 로 하나하나 치수를 재고, 갈대 재로 후기(候氣)*8를 헤아리려 애쓴다면 그것은 또한 의혹만 사는 일입니다."

다시 내가 말했다.

"비유하건대 악기는 산골짜기와 같고 소리는 바람과 같습니다. 산골짜기는 고칠 수 없는 것임을 안다면 바람도 부는 데 변함이 없을 것이고, 다만 거센 바람, 온화한 바람, 회오리바람, 찬 바람 등의 차이가 있을 뿐입니다. 이로써 논해 본다면, 음률이 고금에 차이가 나는 까닭은 그 악기를 고친 데 있는 것이 아니라, 소리가 변한 것이 아니겠습니까?"

그랬더니 곡정이 말한다.

"옳습니다. 율(律)이 이어져서 조(調)가 되고, 조가 어울려서 강(腔)이 되고, 강이 합해져서 곡(曲)이 되는데, 율에는 간사한 소리가 없어도 조에는 비뚤어진 소리가 있으니, 과연 한 산골짜기의 바람도 거센 바람, 온화한 바람, 회오리바람, 찬 바람 등이 같지 않고, 새벽·밤·아침·낮의 변화가 있는 것과 같습니다. 이것은 그 곡조의 정취가 달라지고 듣는 자가 달라지는 데 따라 때로는 높아지고 때로는 낮아져서 비로소 고금의 차이가 생기고 정성(正聲)과 음성(淫聲)의 구별이 생기는 것입니다.

아득한 옛날 당·우(唐虞)*9 시대, 백성의 풍속이 화평할 때에는 귀를 즐겁게 하는 음악은 소(韶)·호(濩)*10 같은 곡조였으니 또한 그들에게 배척당한 것이 무엇인가를 알 수 있고, 유·여(幽厲)*11 시절 백성의 풍속이 음탕할 때에는 귀를 즐겁게 하는 것은 상(桑)·복(濮)*12 같은 곡조였으니 또한 그들에

---

*7 옛날 악기의 치수를 정확히 맞추기 위해, 자연물로서 크기가 가장 고르다는 검정 기장으로 악기의 크기를 헤아렸다고 함.

*8 갈대 줄기 속의 얇은 막을 태운 재를 악기의 관 속에 넣고 방 안에서 불어 재가 날리는 것을 보고 악기의 정확성을 실험하는 방법.

*9 도당(陶唐)과 유우(有虞)이니, 당은 요(堯) 임금의 호이고, 우는 순(舜) 임금의 호임. 성왕(聖王)을 일컫는 말이기도 함.

*10 순(舜) 임금 때의 음악. 탕(湯) 임금 때의 음악.

*11 주(周)나라 말엽의 유왕(幽王)과 여왕(厲王)이니, 악한 왕을 일컫는 말이기도 함.

*12 뽕나무 숲과 복수(濮水) 강변. 여기서 음탕한 음악이 유행했다고 함.

게 배척당한 것이 무엇인가를 알 수 있습니다. 그런데 근세(近世)에 와서는 잡극(雜劇) 서상기(西廂記)*13를 상연하면 지루해서 졸음이 오지만, 모란정(牡丹亭)*14을 상연하면 정신이 번쩍 들어 귀를 기울여 듣습니다. 이것은 비록 시정(市井)의 하찮은 일이기는 하지만 족히 민속(民俗)의 취향이 때에 따라 달라진다는 것을 확인할 수 있습니다. 사대부들은 옛 음악을 부흥시킨다 하여 강(腔)을 고치고 조(調)를 바꿀 줄은 모르고, 대번에 종(鍾)을 부수고 관(管)을 고쳐서 본래의 소리를 되찾으려고 한다면, 이는 사람과 악기를 모두 망치는 것입니다. 이것은 화살을 따라다니며 과녁을 그리고, 취하는 것을 싫어하면서 억지로 술을 마시는 것과 무엇이 다르겠습니까?"

내가 말했다.

"제가 심양(瀋陽)에 이르렀을 때 생황을 부는 사람이 있기에 그것을 한번 불어 보았습니다. 과연 우리나라 음에 맞고, 음의 연계와 기조(起調)되는 것 역시 우리나라 음율에 맞았습니다. 그러고서 북경에 들어와 유리창(琉璃廠)에 갔다가 또 한번 불어 보았지요. 그런데 지금 남아 있는 생황도 그 소리 나는 구멍이나 부는 구멍의 금엽(金葉)*15이, 여왜씨(女媧氏)*16 때의 옛 제도와 변함이 없는지 모르겠는데 어떻습니까?"

곡정이 대답한다.

"그것은 만드는 사람의 솜씨에 달린 것이겠지요. 저는 아직 생황을 자세히 살펴본 적이 없습니다."

형산이 말한다.

"어찌 변하지 않았겠습니까? 팔음(八音)*17의 포(匏)라는 것이 곧 생황인데, 이미 오래전부터 바가지 대신 대나무 뿌리를 깎아서 만듭니다."

곡정이 다시 말한다.

"율려(律呂)가 변하는 것은 악기의 죄가 아닙니다. 상·복(桑濮 : 위나라의 지방 이름)의 음악도 관약(管籥)*18을 불어서 하는 것이 아니라면 모르거니와, 반드시 관

---

*13 원(元)나라 왕실보(王實甫)가 지은 희곡.
*14 명나라의 전기소설(傳奇小說) 모란정환혼기(牡丹亭還魂記).
*15 부는 악기에 끼워서 소리를 내는 얇은 막.
*16 중국 고대에 음악을 지었다는 사람. 복희씨(伏羲氏)의 누이동생이라고 함.
*17 금(金 : 鏡)·석(石 : 磬)·사(絲 : 絃)·죽(竹 : 管)·포(匏 : 笙)·토(土 : 壎)·혁(革 : 鼓)·목(木 : 柷敔)의 여덟 가지 악기 소리.

약을 불어서 하는 것이라면, 제도는 마땅히 당·우(唐虞) 시절의 옛 것일 것이고, 종·경(鐘磬: 쇠와 돌로 만든 타악기)을 쳐서 하는 것이 아니라면 모르거니와, 반드시 종·경을 쳐서 하는 것이라면 그 음률은 말할 것 없이 소·호(韶濩) 시절의 묵은 음률일 것입니다. 그러나 시작되는 조(調)는 어느 한 음에서부터 나와서 음이 이어지고 율에 조화되어야만 정음(正音)과 간음(姦音)이 비로소 구분될 것입니다. 합쳐진 강(腔)이 어떤 심정에 감동되고 마음에 인연하여 곡이 이루어진 뒤에야 예와 지금의 음악이 뚜렷이 달라지게 될 것입니다. 음률이 잘 맞아서 어울린 것이 정음이고, 음탕하고 슬픈 것은 간음(姦音)입니다. 그러니 그것이 한 가지 음, 한 가지 율일 때에는 어찌 소·호를 논할 수 있고, 어찌 상·복이 있을 수 있겠습니까?"

내가 말했다.

"오음(五音)의 소리를 한번 들어 볼 수 없을까요?"

곡정이 말한다.

"저는 입으로 소리는 내지 못합니다만, 그 소리의 모습에 대해서는 들어 본 일이 있습니다. 웅장하고 깊은 음은 옛날의 이른바 궁음(宮音)이고, 날카롭고 가라앉는 음은 옛날의 이른바 상음(商音)이며, 또렷하고 뚝 그치는 음은 옛날의 이른바 각음(角音)이고, 빠르고 격한 음은 옛날의 이른바 치음(徵音)이며, 가라앉고 가는 것은 옛날의 이른바 우음(羽音)입니다. 소리가 나는 것은 모두 칠정(七情)*19으로 말미암아 나지 않는 것이 없습니다. 또 변궁(變宮)·변상(變商)·변각(變角)·변치(變徵)·변우(變羽)의 소리가 있습니다. 율은 소리에 의해 어울리게 됩니다. 사람의 마음에 느끼는 바가 옳고 그름에 따라서 음이 따라서 움직이고, 음률은 그에 따라 조화되며, 곡조는 그에 따라 이루어진답니다."

내가 물었다.

"오음에는 또 선(善)과 악(惡)이 있지 않을까요?"

"무슨 뜻입니까?"

---

*18 관악기. 퉁소·피리 따위.
*19 기뻐함(喜), 성냄(怒), 슬퍼함(哀), 두려워함(懼), 사랑함(愛), 미워함(惡), 욕심냄(欲)의 일곱 가지 감정. 불교에서는 기뻐함(喜), 성냄(怒), 근심함(憂), 두려워함(懼), 사랑함(愛), 미워함(惡), 욕심냄(欲)의 일곱 가지를 말함.

곡정이 되묻기에 내가 다시 말했다.

"궁음(宮音)같이 웅장하고 깊은 것은 선이고, 상음(商音)같이 가라앉는 것이나 치음(徵音)같이 빠르고 격한 것은 불선(不善)이 아니겠습니까?"

곡정이 대답한다.

"아니지요. 오음은 다 정성(正聲)입니다. 이른바 웅장하고 웅숭깊다거나 가라앉는다거나 빠르고 격하다는 것은 다만 각 소리의 본체(本體)를 형용한 것일 뿐이지요. 덕성(德性)은 바르지 않은 것이 없습니다. 궁도 상도 아니고 각·치·우도 아닌 이른바 간음(間音)이란 것은, 오음의 사이에 끼여 있으므로 이것을 간성(姦聲)이라고 하는 것입니다. 오음은 변하여 반음(半音)이 되고, 다시 반으로 나뉘어 반의 반음이 됩니다. 그러고도 본래의 율을 잃지 않으면, 청음(淸音)·탁음(濁音)이 서로 조화되고, 고음(高音)·저음(低音)이 서로 어울리므로 음이 서로 이어져서 곡조가 생긴 뒤에야 음악의 선악을 이야기할 수 있을 것입니다.

이는 한 가지 일에서 증명할 수 있습니다. 궁음(宮音)은 오음 중 맨 먼저 나오는 정음으로 임금의 상이 되었습니다. 비파(琵琶)를 연주하여 궁성(宮聲)을 냈으나 궁성이 가서는 되돌아오지 않자 왕영언(王令言)[20]은 양제(煬帝)[21]가 다시 대궐로 돌아오지 못할 것을 미리 알았다고 합니다. 그러니 어찌 궁성이 불선하다 하겠습니까? 이처럼 한번 가서 되돌아오지 않는 음은 음이 이어져서 곡조를 이루는 탓입니다.

또 왕망(王莽)[22]이 새 악곡을 만들어 황제가 조회를 받는 명당(明堂)에 바쳤더니, 그 소리가 애달프고도 거칠어서, 듣는 사람이 나라를 번성하게 할 음악이 아니라고 하였습니다. 진(陳)나라 후주(後主)는 무수곡(無愁曲)을 지었는데, 듣는 사람이 슬퍼하고 원망하는 듯 눈물을 흘리지 않는 이가 없었습니다. 수나라 개황(開皇)[23] 초기에 만보(萬寶)라는 새 악곡이 나왔는데 이 음

---

*20 수(隋)나라 때 악공(樂工).

*21 수나라 황제 양광(楊廣). 고구려를 침범하였다가 살수(薩水)에서 을지문덕(乙支文德) 장군에게 완패하고 겨우 도망쳤음.

*22 한(漢)나라 때 사람. 한나라를 빼앗아 국호를 신(新)이라 했으나, 법이 가혹하여 인심을 잃어 재위 15년 만에 광무제(光武帝)에게 패하여 죽었음.

*23 수(隋)나라 문제(文帝)의 연호. 581~600년. 신라 진평왕(眞平王), 고구려 평원왕(平原王)·영양왕(嬰陽王) 때임.

악은 언제나 음탕하고 거칠며 슬프더니 오래지 않아 나라가 망했습니다.
 대개 악곡이 이루어지는 것은 언제나 궁에서 곡조가 시작된다고 하는데, 궁에서 곡조가 시작된다고 하는 것은, 음이 상(商)에서 시작되면 상이 궁음(宮音)이 되고, 각(角)에서 시작되면 각이 궁음이 되고, 치(徵)에서 시작되면 치가 궁음이 되고, 우(羽)에서 시작되면 우가 궁음이 되는 따위가 그것입니다."
 형산이 말한다.
 "유송(劉宋)*24의 순제(順帝) 때 상서령(尙書令) 왕승건(王僧虔)은 순제에게 아뢰기를 '지금의 청상(淸商) 음악은 실은 동작삼조(銅爵三祖)*25의 풍류에서 나온 음악으로서, 그 음악이 남겨 놓은 음은 매우 아름다워서 귀에 넘치다시피 흘러 그 소리가 알맞고 온화하며 우아하기가 이보다 더한 것이 없습니다. 그러나 십여 년 동안에 없어진 악곡이 절반이나 되고, 민간에서 서로 다투어 새로운 음, 잡된 곡조를 만들어 내어서 번잡하고 음탕하기가 한이 없습니다. 유사(有司)에 명하여 모두 고치게 하시기 바랍니다' 하였습니다.
 대체로 위(魏)나라 음악은 한(漢)나라 음악을 계승하고, 한나라 음악은 진(秦)나라 음악을 계승하였습니다. 진나라 수도인 함양(咸陽)은 주(周)나라 수도 호경(鎬京)에서 멀지 않은 데다가, 진나라 음악 하(夏)*26는 여러 나라 음악 중에서 으뜸이 되었으니, 당연히 그 풍속과 여운이 오히려 남아 있었을 것입니다.
 진서(晉書)의 악지(樂志)에 말한 비무(鼙舞)는 한(漢)나라 때에 잔치에 썼던 춤이고, 양자강 북쪽 지역에는 옛날에 아악(雅樂)이 없었습니다. 양홍(楊泓)은 말하기를 '처음으로 강남(江南)에 와서 백부무(白符舞)를 보았는데, 혹은 백부구무(白鳧鳩舞)라고도 하는 것으로, 오(吳)나라 사람이 손호(孫皓)*27의 학정(虐政)을 근심하여 지은 노래이다' 하였는데, 그 곡에는 백구(白鳩)·제제(濟濟)·독록(獨祿)·갈석(碣石) 등의 가사가 있습니다.
 또 어떤 사람은 말하기를 '백부무는 백부(伯符)*28가 창춤을 잘 추어 아무

---

*24 유유(劉裕)가 세운 남송(南宋). 420~478.
*25 위(魏)나라의 대표적인 음악.
*26 우(禹) 임금이 지은 음악 이름. 대하(大夏)라고도 하는데 하(夏) 역시 크다(大)는 뜻임.
*27 오(吳)나라 마지막 임금.

도 당할 자가 없었다는 데에서 붙인 이름으로, 강동(江東)*29 사람들은 손랑(孫郞)*30이 온다는 말을 듣고 모두 넋을 잃었다가, 손랑이 나라를 정하자 강동의 어린아이들이 이 노래를 지어 전한 것이다'라고 합니다.

동작삼조(銅爵三祖)란 위(魏)나라 무제(武帝)*31가 수도 업성(鄴城)에 동작대(銅爵臺)를 세우고 스스로 악부를 지어 악곡을 붙였다고 하며, 문제(文帝)·명제(明帝) 때에는 마침내 청상령(淸商令 : 음악을 담당한 관청)을 두어 이를 맡아보게 하였다. 비록 왕승건(王僧處)의 말처럼, 곡이 올바르고 온화하고 우아하지는 못하다 하더라도, 지나간 옛날이 그리 멀지 아니하여 남겨놓은 악곡이 귀에 넘쳐난다고 한 것은 이를 말한 것입니다.

진씨(晉氏)*32가 도읍을 옮겨간 뒤로부터 중원(中原)의 옛 음악은 자연히 사방으로 흩어져서, 부견(苻堅)*33이 한나라·위나라의 청상악(淸商樂)을 얻어 전진(前秦)*34·후진(後秦)*35에 전하고, 송(宋)나라 무제(武帝)가 관중(關中)*36을 차지하자 관중의 악공(樂工)과 악기를 모조리 강남(江南)*37으로 옮겨갔습니다. 수(隋)나라가 진(陳)나라를 평정하자 진나라 악공과 악기들을 도로 중원으로 들여왔습니다. 이것이 예로부터 지금까지 악기가 걸어온 연혁(沿革)입니다. 수나라에서는 강남에서 얻어 온 악공과 악기가 본시 화하(華夏)*38의 정성(正聲)이라 하여, 청상(淸商)이란 옛 칭호에 따라 관아(官衙)를 두었으니, 이것을 통틀어 청악(淸樂)이라 했었습니다.

---

*28 오나라 손책(孫策)의 자.
*29 양자강(揚子江) 하류 남쪽 지방. 강좌(江左)라고도 함.
*30 손책(孫策)을 말함.
*31 위나라 황제 조조(曹操).
*32 사마염(司馬炎)이 세운 서진(西晉).
*33 전진(前秦)의 임금. 업(鄴)에 도읍하여 대진천왕(大秦天王)이라 하였는데, 5호(胡) 16국 중 가장 뛰어난 명군(明君)이라 일컬어졌음. 고구려 소수림왕(小獸林王) 2년(372)에 중 순도(順道)를 보내 우리나라에 처음으로 불경과 불상을 전해 왔음.
*34 16국의 하나. 부홍(苻洪)이 세운 나라.
*35 16국의 하나. 요장(姚萇)이 반란을 일으켜 전진(前秦)의 부견(苻堅)을 죽이고 세운 나라.
*36 지금의 섬서성(陝西省) 땅. 동은 함곡관(函谷關), 남은 무관(武關), 서는 산관(散關), 북은 소관(蕭關). 이 네 관 안에 있기 때문에 관중이라 하였음.
*37 양자강(揚子江) 남쪽 지방.
*38 중국 사람이 자기 나라를 일컫는 말.

태산(太山)에 사는 내 옛 친구인 비불(費黻)은 자가 운기(雲起)이고 호는 노재(魯齋)인데, 율려(律呂)에 정통하여 삼뢰정의(三籟精義) 30권과 청상이동(淸商理董) 30권을 지었습니다. 제가 대청회전(大淸會典) 편찬에 참여했을 때 비불이 찬국(纂局)에 와서 글을 쓰고 아울러 그가 저술한 악학(樂學)에 관한 여러 가지 책을 바치고, 소리와 악기에 관하여 그림으로 그리고 글로 써서 이야기했습니다. 역대 아악의 변천에 대하여 하나도 빠뜨림 없이 마치 손금을 헤아리듯 하였습니다. 그러나 그것은 자기 혼자만이 알 뿐 다른 사람은 도무지 이해할 수가 없었고, 또 그의 글 중에는 대신들에게 거슬리는 말이 많을 뿐 아니라 비군(費君)을 좋아하지 않는 이들도 있었습니다. 그리하여 그의 글이 끝내 위에 알려지지 않았던 것입니다. 생각 있는 사람은 지금도 그것을 애석하게 여깁니다. 저는 젊을 때 한번 그의 글을 보았지만 자세히 이해할 수 없었고, 그 뒤로 오랜 세월이 흘러 모두 잊어버려 더욱 애석하게 여기고 있습니다(형산이 이 글을 써서 곡정에게도 보이니, 곡정이 연방 머리를 끄덕이면서 이 글을 써서 오랫동안 말을 주고받고 하는데, 아마도 비불의 이야기를 하는 모양이었다)."

내가 물었다.

"유럽의 구리줄 소금(小琴)은 언제부터 중국에 유행했는가요?"

곡정이 대답한다.

"언제부터인지는 알 수 없으나, 아마 백여 년 전의 일일 것입니다."

형산이 말한다.

"명나라 만력(萬曆) 때 오군(吳郡 : 소주에 있는 군)에 사는 풍시가(馮時可)라는 사람이 북경에 왔다가 서양 사람 이마두(利瑪竇)*39를 만나보았을 때 비로소 양금 소리를 들었고, 또 가지고 있는 자명종(自鳴鍾)*40을 보았다는 기록이 있으니, 대개 만력 때에 처음으로 중국에 들어왔을 것입니다. 서양 사람은 모두 역법(曆法)*41에 정통하고 기하학(幾何學)은 아주 세밀하여, 무슨 물건을 만드는 데나 이 방법을 썼습니다. 중국에서 기장 알을 연이어 놓아 물건

---

*39 이탈리아 선교사 마테오리치의 중국식 이름. 1580년에 중국에 와서 천주교를 펴고, 서양의 여러 가지 문물을 소개했음.

*40 시각이 되면 저절로 종을 쳐서 몇 시임을 알리는 시계. 벽시계·탁상시계 따위.

*41 책력(천체와 지구의 운행)에 관한 학문.

을 재는 것은 저들의 방법에 비하면 매우 부정확한 것입니다. 또한 그들의 문자는 소리로 뜻을 삼아서, 새와 짐승의 소리나 바람과 비의 소리까지도 귀로 들어 분별하지 못하는 것이 없도록, 혀로 다 형용합니다. 그들은 스스로 말하기를 '우리는 팔방의 풍속을 다 알고, 만국의 말에 다 통한다'고 하며, 이 양금을 천금(天琴)이라고 한답니다."

내가 다시 물었다.

"거문고에 쓰인 붉은 글씨는 무엇을 뜻하는 것입니까?"

곡정이 대답한다.

"이것은 줄을 고르는 부호입니다. 귀국에도 이 거문고가 있습니까?"

내가 말했다.

"중국에서 들어온 것이지요. 처음에는 줄을 맞출 줄을 몰라, 다만 그 줄마다 나는 디리링 소리가 소반에 구슬을 굴리는 것 같아, 노인들이 잠이 안 올 때나 어린아이 울음 그치게 하는 데 아주 좋았답니다."

두 사람은 크게 웃는다.

"귀국의 거문고는 어떻게 생겼습니까?"

내가 말했다.

"거문고도 비파도 다 있습니다. 제 친구 홍대용(洪大容)*42은 자가 덕보(德保)이고 호는 담헌(湛軒)인데 음악에 뛰어난 재주가 있어서 거문고와 비파를 모두 잘 탑니다. 우리나라 거문고의 제도는 중국의 것과 다르고 타는 법도 역시 다릅니다. 옛날 신라 시대에 이미 거문고를 만들어 타자 검은 학이 날아와서 춤을 추었다고 합니다. 그래서 이 거문고를 현금(玄琴)이라고도 합니다. 또 가야금(伽倻琴)이라는 것이 있습니다. 크기가 큰 거문고의 절반만 하고 줄은 열두 가닥이지요. 타는 법은 중국의 거문고를 타는 법과 비슷합니다. 담헌이 처음으로 동현금(銅絃琴)의 조율(調律) 방법을 알아 와서 가야금에 맞추었더니, 지금은 모든 거문고와 가야금을 타는 악사들이 그를 본받아 현악기와 관악기를 모두 이에 맞출 수 있게 되었습니다."

나는 다시 말을 이었다.

---

*42 조선 영조(英祖)·정조(正祖) 무렵의 학자. 1765년 북경에 가서 서양 문물을 많이 문견(聞見)하고, 천문에 밝아 지구의 자전설(自轉說)을 말했고, 경제에 깊은 관심을 가져 북학파(北學派) 학자들과 교유하였음. 편저서가 많음. 1731~1783년.

"중국에는 아직도 소(韶)·호(濩)의 곡조가 남아 있습니까?"
내가 물었더니 형산이 대답한다.
"하나도 남아 있지 않습니다."
곡정이 말한다.
"도대체 소·호의 시대란 어떤 세상이었을까요? 그 시대 사람들이 지킨 떳떳한 도리와 법칙, 당시의 유행과 좋아했던 것을 보면 이를 알 수 있을 것입니다. 요(堯)를 임금으로 하고, 순(舜)을 신하로 하고, 고요(皐陶)를 스승으로 하여, 당시 사대부 집안의 총명하고 재주 있는 맏아들을 뽑아서 학관(學館)에 넣었으니, 이것이야말로 환경으로 마음을 고치고 수양으로 몸을 변화시킨다는 것이지요. 또 가르치는 것은 무엇이었겠습니까? 너그럽고 간소하고 온순하고 정직함으로써 성정(性情)을 도야하고 신기(神氣)를 고무(鼓舞)시킴으로써 심령(心靈)을 열리게 해서, 어릴 때부터 깨달음을 얻게 하였습니다. 또한 기(夔)와 같이 음악의 이치에 통한 사람이 있으면 그를 음악을 관장하는 관리에 임명하여, 천하의 교양 있는 자제들을 거느리고 한 시대의 음악을 만들어 냈던 것입니다. 이는 그 임금의 덕정(德政)을 상징한 것이요, 그 백성의 취향에 맞는 것이었으니, 이것으로 상제(上帝)께 제사를 드리면 천신(天神)이 기뻐하고, 이것으로 종묘(宗廟)에 제사를 드리면 조상이 감응하며, 이것으로 사방을 감화하면 백성이 즐거워했을 것입니다. 한 가지 일도 거슬리는 법이 없고 한 가지 물건도 억눌리는 법이 없이, 하늘과 땅 사이에 가득 차 있는 것이 모두 일단(一團)의 평화스러운 기운뿐이었을 것이니, 그런 음악이 여기에까지 퍼지는 것은 당연한 일이라 하겠습니다.

그리고 1천1백 년이 지나 우리 공자 같은 분이 나서, 한번 그 음절의 가락과 곡조의 여운을 들어 보고는 멀리 그 옛날을 상상하여 세 달 동안이나 고기 맛을 잊은 줄도 깨닫지 못했다고 하니, 하물며 당시에 직접 음악을 듣고 봉황이 춤추는 것을 본 사람은 어떠했겠습니까? 그들이 손으로 춤추고 발로 뛰놀았을 것을 넉넉히 짐작해 알 수 있을 것입니다.

무왕(武王) 시절은 또 어떤 세상이었습니까? 당시의 백성들을 주지육림 속에서 꺼내어 일단 나쁜 풍습을 씻어 버리기는 했지만, 예전에 더럽게 물든 습속이 그대로 남아 있었습니다. 오래된 버릇은 하루아침에 말끔히 고쳐질 것이 아니었습니다. 그러므로 '방패가 산처럼 섰다(總干山立)'[*43]는 것은, 순리로 나라를 물려받은 것만 같지 못하고, 거칠고 험악한 기풍을 추켜세웠으니 이는 너그럽고 간소하고 온순하고 정직한 것에 비할 것이 아닙니다. 이로써 말한다면, 대무(大武)*44가 완성된 것은 성왕(成王)·강왕(康王) 시대였으니 이 악곡을 오히려 무(武)자로 이름 지은 것은 공자의 비평을 기다릴 것도 없이 그것은 진선미가 아님을 알 수 있습니다. 주(周)나라는 크게 번영하여 비록 후기(后夔)*45로 하여금 음악을 맡게 했지만, 그가 이루어 놓은 성과라는 것은 그런 것에 지나지 않았습니다.

그런데 황우(皇祐)*46·원풍(元豊)*47 연간에는 범중엄(范仲淹)*48·사마광(司馬光)*49 등 여러 군자들이 옛날부터의 율려(律呂)를 환히 깨우치지는 못하고, 비슷하게 옛 음악의 이치를 이야기하여 '소소(素韶)의 구성(九成)'*50 같은 옛 음악을 다시 일으키려 했지만, 당시의 도덕과 정치가 하늘과 사람의 마음에 맞는지 어떤지를 몰랐습니다. 더욱 우스운 것은 채원정(蔡元定)의 신서(新書)에는 반드시 기본표준음인 원성(元聲)을 찾아낼 수 있다고 하였지만, 찾아낼 수 있다고 한 원성이 그 본율(本律)을 버리고 어디에 있다는 것인지 알 수 없습니다. 설혹 채씨의 말처럼 원성을 찾아내어 구성(九成)을 본떠 만들어 낸다 하더라도, 당시의 임금이 진실로 백성을 중화(中和)하는 덕과 육성하는 공이 없으면, 비유하건대 제목 없는 과거 시험이요, 시동(尸童)*51 없는 제물과 같은 것입니다."

내가 말했다.

"우(禹) 임금은 목소리가 그대로 음률(音律)이 되고 몸이 그대로 척도(尺度)가 되었다고 합니다. 옛날에는 태자(太子)가 태어나면 태사(太史)는 율

---

*43 주(周)나라 무왕(武王)이 무력으로 은(殷)나라를 토멸한 것을 말한 것임.
*44 주나라 무왕이 지은 음악 이름.
*45 순(舜) 임금 때 음악을 맡은 신하.
*46 송나라 인종(仁宗)의 연호. 1049~1054년. 우리 고려 문종(文宗) 때임.
*47 송나라 신종(神宗)의 연호. 1078~1085년. 우리 고려 문종(文宗)·선종(宣宗) 때임.
*48 송나라 때 정치가·학자. 저서에 단양집(丹陽集)이 있음. 시호는 문정(文正).
*49 송나라 때 정치가·학자. 왕안석(王安石)의 신법(新法)을 반대하였음. 자치통감(資治通鑑)의 저자임.
*50 소소는 소악(韶樂)인데, 이 음악을 아홉 번 연주하자 봉황이 날아와 춤을 추었다고 함.
*51 고대 중국에서 신주(神主) 제도가 생기기 이전에 제사 때 신위 대신 앉히던 동자.

(律)을 가르치고, 소경으로 하여금 만져보게 하였다고 합니다. 아마도 한 시대의 음악을 이루는 데는 임금의 소리가 그대로 음률이 되었던가 봅니다. 성인(聖人)은 원기(元氣)가 모여 태어난 사람이라, 소리를 내면 반드시 광대하고 화평하여 음률에 어긋난 것이 없을 것이니, 옛날의 성왕(聖王)도 우 임금과 마찬가지로 목소리만 일컫는 것입니까?"

곡정이 말한다.

"제왕들이 천하를 집으로 삼은 지가 오래되었습니다. 태어나자마자 승냥이 소리를 내는 이도 있었다는데, 그 소리는 무슨 음률에 속하겠습니까? 사간(斯干)*52에 이른바 황황(喤喤)의 울음소리와, 하(夏)나라 계(啓)*53의 고고(呱呱)의 울음소리가 모두 꼭 음률에 맞아서 제후가 되고 제왕이 된 것일까요?"

형산이 말한다.

"옛 기록에, 소리가 일어나는 것은 그 사람의 마음속에서 울려나오는 것이어서, 아주 고귀하고 장수하는 사람의 목소리는 큰 종소리와 같이 웅장하고 화창하여, 때로는 황종(黃鐘)의 음률(6율의 기본 표준음)에 맞을 수 있습니다. 그러나 몸이 곧 척도가 되고 목소리가 곧 음률이 된다는 것은, 우(禹) 임금의 말과 행동이 털끝만큼도 어긋남이 없어 움직이는 대로 곧 법도에 맞았던 것을 극구 찬양한 것이요, 그 목소리의 맑고 흐린 것이 음률에 맞고 몸의 길고 짧음이 척도에 맞는다는 것이 아닐 것입니다. 몸소 앞장서서 천하에 인간의 윤리 도덕의 표준이 되면, 저절로 사방의 억조창생(億兆蒼生)이 법으로 삼을 것입니다."

곡정이 말한다.

"윤대인(尹大人)의 말씀이 참으로 옳습니다."

형산이 말한다.

"귀국의 악률(樂律)은 어떻습니까? 혹시 성신(聖神)이 임금의 스승이 되어 마음과 이목(耳目)의 힘을 다하여 음률을 만들었습니까? 아니면 중국의 것을 본떠서 만든 것입니까? 그리고 종묘(宗廟)의 제사나 국내 산천의 제사에도 음악을 씁니까? 춤은 몇 일(佾)*54로 춥니까?"

---

*52 시경(詩經)의 편 이름.
*53 우(禹) 임금의 아들. 천자가 되었음.

내가 말했다.

"우리나라 삼국(三國) 시대에는 비록 성악(聲樂)이 없지 않았으나 모두 한 지방의 향악(鄕樂)에 지나지 않았습니다. 당나라 중종(中宗) 때 신라에 악부(樂府)*55가 있었고, 측천무후(則天武后)*56 때에 양재사(楊再思)가 자줏빛 도포를 입고 구려무(句麗舞)를 추었다고 합니다. 아마도 우아하지는 못했을 것이고, 송(宋)나라 휘종(徽宗) 때에 고려에 대성악(大晟樂)*57을 보내 왔다고 하나 오래된 일이라 상고할 수가 없습니다.

전조(前朝) 명(明)나라 홍무(洪武) 연간에 우리나라에 팔음(八音)을 전해 주어 춤은 육일(六佾)을 써서 선왕(先王)의 제사에 썼습니다. 악기는 처음에 중국에서 들어왔으나 그 뒤에 국내에서 그것을 모방하여 많이 만들었습니다. 그러나 향음(鄕音)은 변하기가 쉽고 옛날의 척도는 표준삼기가 어렵습니다. 선왕 장헌왕(莊憲王)*58은 성덕(聖德)이 있으시어, 상서로운 검은 기장〔黑黍〕과 고옥(古玉)을 얻어서 아악(雅樂)을 제정하셨습니다. 하지만 그 당시 중국의 악기가 모두 옛날 음률에 맞았고, 조선의 기장 알로 헤아려 보아 과연 옛날의 기록에 조금도 착오가 없었는지 어떤지는 모르겠습니다."

형산은 의자에서 일어나 몸을 굽히고 말한다.

"동방의 덕이 높은 군왕(君王)이시군요. 귀국의 노래 몇 가지를 들어 보았으면 합니다."

나는 몽금척(夢金尺)*59이니 용비어천가(龍飛御天歌)*60이니 하는 노래들을

---

*54 행렬·줄. 주(周)나라 제도에 천자의 앞에서는 여덟 줄로 늘어서서 춤을 추고 제후 앞에서는 여섯 줄로 추었다고 함.

*55 음악을 관장하는 관청으로 한(漢)나라 혜제(惠帝) 때 처음 두었는데, 무제(武帝) 때 널리 사방의 풍요(風謠)를 수집하고, 새로이 시부(詩賦)를 짓게 하여 함께 악부에 보존하게 하고부터는 이곳에 보존되어 있는 시를 악부라고 했음.

*56 당나라 태종(太宗)의 재인(才人)이었는데, 뒤에 고종(高宗)의 황후가 되어 정권을 전횡(專橫), 고종에 이어 즉위한 중종(中宗)·예종(睿宗)을 폐위하고 제위에 올라 측천황제(則天皇帝)라 일컫고 나라 이름을 주(周)라 하였다가 16년 만에 폐위됨.

*57 송나라 시대 설치한 대성부(大晟府)에서 지은 악곡(樂曲).

*58 조선 세종(世宗)의 시호.

*59 조선 시대 궁중의 연회에 쓰던 무악(舞樂)의 한 가지.

*60 조선 세종(世宗) 때 훈민정음이 창제되자, 정인지(鄭麟趾) 등으로 하여금 짓게 한 조선조 창업을 찬양하는 노래.

말해 주고 싶었으나, 급작스럽게 그 가사를 외워서 대답할 수가 없고, 또한 조심해야 할 것인지 어떤지를 알 수가 없어서 딴 이야기로 말을 돌렸더니 형산도 다시 묻지 않았다.

곡정이 말한다.

"귀국의 음조(音調)는 어떠한지 한번 들려 주실 수 있겠습니까?"

"저는 본래 입재주가 없어서 들려 드리지 못하겠습니다만, 다만 그 음조가 느리고 박자가 드물다는 것을 알 뿐입니다."

형산이 말한다.

"참으로 군자의 나라입니다그려."

내가 다시 말했다.

"제가 처음 요동(遼東)에 들어왔을 때 길에서 노래하고 악기 연주하는 소리를 듣고, 그 소리를 따라 찾아 들어가서 보았습니다. 피리 하나, 퉁소 하나, 대금 하나, 비파 하나, 월금 하나로 노래에 반주하고, 사발만한 북을 쳐서 박자를 맞춥디다. 피리 소리는 우리나라 태평소 비슷하고, 대금은 우리나라 우조(羽調)*61보다 청(淸)*62이 갑절이나 높았습니다."

그러자 곡정이 말한다.

"무슨 말씀인지 잘 모르겠습니다."

내가 다시 말했다.

"이른바 우조라고 하는 것은 오음(五音)의 우(羽)가 아니라 곡조의 이름입니다. 그래서 우조(雨調)라고도 하지요. 우리나라의 속악(俗樂)에는 또 계면조(界面調)*63라는 것이 있는데, 이것은 우조를 뒤집은 음입니다. 청이 갑절이나 높다고 한 것은, 대개 율(律)을 이를 때 청이라 하는 것이니 이때의 청(淸)은 청(淸)·탁(濁)의 청이 아닙니다. 또 청이 갑절이나 높다는 말은 본율(本律)보다 청, 곧 율이 갑절로 높다는 말입니다."

곡정이 말한다.

"그러면 본율의 절반이군요?"

"어제 황제의 어전에서 연주하는 고악(鼓樂)을 들으니, 역시 요동에서 들

---

*61 우리나라의 웅장하고 장쾌한 우성(羽聲)의 곡조. 장조(長調) 계통임.
*62 우리나라 음악에서의 음정(音程).
*63 우리나라의 우아하고 애조를 띤 곡조. 단조(短調) 계통임.

은 것과 비슷하고, 또 징과 바라로 박자를 맞추더군요. 그것이 아악인가요?
그런데 그 음조(音調)가 왜 그렇게 높고 박자가 그렇게 빠릅니까?"
내가 말하였더니 형산이 묻는다.
"선생께선 어제 대궐에 들어가셨던가요?"
"들어가지 않았습니다. 담 밖에서 들었습니다."
"그것은 아악이 아니라 연극을 할 때 하는 음악의 하나입니다. 아악에는 징과 바라를 쓰지 않지요."
"아악이란 어떤 것인가요?"
내가 물으니 형산이 대답한다.
"지난날의 명나라 제도를 따라서 큰 조회 때에는 악공 64명*64을 쓰는데, 인악(引樂)*65이 두 사람, 퉁소 네 사람, 생황 네 사람, 비파 여섯 사람, 공후(箜篌) 네 사람, 진(秦) 여섯 사람, 방향(方響)*66 네 사람, 두관(頭管)*67 네 사람, 용적(龍笛)*68 네 사람, 장고 스물네 사람, 대고(大鼓) 두 사람, 판(板)*69 두 사람입니다. 협률랑(協律郞)*70이 먼저 모든 악기를 대궐 뜰에 배열해 놓았다가, 천자의 수레가 막 보이면서 운휘사(雲麾使)가 의장(儀仗)을 움직이면, 협률랑은 상기(常旗)*71를 들어 신호하여 비룡인지곡(飛龍引之曲)을 연주합니다. 황제가 좌정하기를 기다려 상기를 치우고 음악을 멈추면, 찬관(贊官)*72이 국궁(鞠躬)*73을 외치고 협률랑이 신호하여 풍운회지곡(風雲會之曲)을 연주합니다. 음악이 계속되는 가운데 백관이 머리를 조아려 절하고 일어나면 음악은 그칩니다. 그러면 화석친왕(和碩親王)이

---

*64 66명이 옳음.
*65 음악을 처음 인도하는 사람.
*66 타악기의 한 가지. 옛날에는 돌 또는 옥으로 만들었는데, 뒤에는 쇠 또는 구리로 만들었음. 종류와 모양은 여러 가지임.
*67 악기의 한 가지. 본래 구자국(龜玆國)에서 중국에 전해 왔다고 함. 대나무로 만들고 아홉 구멍이 있음. 취악기.
*68 큰 젓대.
*69 박판(拍板). 널빤지를 겹쳐 한 끝을 가죽 끈으로 매어 박자를 치는 타악기의 한 가지.
*70 후위(後魏) 시대 음악을 맡아보던 벼슬아치.
*71 해와 달 또는 황룡(黃龍)을 그린 기.
*72 의례를 집행할 때 창홀(唱笏)하는 관원.
*73 허리를 굽혀 공손히 존경하는 뜻을 표하는 일.

전각 위로 올라가고, 보국공(輔國公)들과 각로(閣老)들이 뒤따라 올라가면, 협률랑이 신호하여 경황도희승평지악(慶皇都喜昇平之樂)을 연주합니다. 지금은 그 이름이 달라졌지만 악기들은 바뀌지 않았고, 음조(音調)도 바뀐 것이 없습니다."

내가 물었다.

"악공들의 복색은 어떻습니까?"

형산이 대답한다.

"갈래가 꼬부라진 두건을 쓰고, 붉은 항라에 꽃을 그린 큰 소매의 웃옷을 입지요. 그리고 금칠을 한 띠를 띠고, 붉은 항라를 머리에 둘러 매듭을 맺으며, 검정 가죽신을 신습니다."

내가 말했다.

"그것은 한인(漢人)의 제도와 같습니다그려."

형산이 말한다.

"아니지요, 아악에는 비단이나 수놓은 망포(蟒袍)*74를 쓰지 않고, 또한 번족의 모자도 쓰지 않습니다.

태상시(太常寺)의 아악은 구주(九奏)·팔주(八奏)·칠주(七奏)·육주(六奏)의 네 등급이 있는데, 소란하고 음란하고 흉하고 거만한 소리는 금합니다. 큰 제사 때에는 악생(樂生)이 72명, 무생(舞生)이 172명인데, 제사에 앞서 신악관(神樂觀)*75과 태화전(太和殿)에서 연습을 합니다. 한(漢)나라 때에는 태상관(太常官)을 매우 중히 여겨, 나라에 큰 정사(政事)가 있어서 승상(丞相)·열후(列侯)·구경(九卿)*76들이 의논을 하게 되면, 박사(博士)도 이에 참여하지 않은 일이 없었습니다. 또 공경(公卿)·장상(將相)들이 연명(連名)하여 태후(太后)에게 창읍왕(昌邑王)*77을 폐할 것을 아뢸 때에도 '신 창

---

*74 용을 그린 웃옷.

*75 신에게 제사지낼 때 음악을 연주하는 곳.

*76 아홉 대신. 구사(九司)·구품(九品)·구빈(九賓)이라고도 함. 시대에 따라 명칭이 각각 다른데, 명나라 때는 이부(吏部)·호부(戶部)·예부(禮部)·병부(兵部)·형부(刑部)·공부(工部)의 각 상서(尙書)와 도찰원도어사(都察院都御史)·통정사사(通政司使)·대리시경(大理寺卿)의 아홉이고, 청나라 때는 6부 상서와 태자태사(太子太師)·태자태부(太子太傅)·태자태보(太子太保)의 아홉이었음.

*77 한(漢)나라 무제(武帝)의 여섯째 아들. 유박(劉髆).

(敵) 등이 삼가 박사와 함께 의논하였습니다······' 하였으니, 그것이 천하에 무슨 큰일이라고 반드시 먼저 박사의 말을 듣고서야만 했겠습니까? 지위가 낮고 사람은 미천하지만 이처럼 중히 여긴 까닭은, 대개 그가 천지신명과 종묘(宗廟)에 제사지내는 예악(禮樂)의 근본을 맡아보기 때문이었습니다.

전조 명나라 시대의 찬례(贊禮)라는 관직은 곧 송나라 시대의 대축(大祝)과 같은 것입니다. 송나라에서도 그 관직을 중히 여겨, 반드시 재상(宰相)의 임자(任子)[*78]만으로 임명하였으니, 그것은 역시 옛날 귀족의 맏아들을 뽑아 가르친 옛 제도일 것입니다. 명나라 초기에도 문학하는 선비를 그 직위에 있게 하였다가, 뒤에는 누런 모자를 쓴 우류(羽流)[*79]로 그 자리를 보충하였는데 이것은 잘못이었습니다.

옛날에는 관리를 뽑아 쓸 때 각자가 가진 재주를 바꾸지 않았으며, 겸직을 삼가고 예절을 맡은 관리와 음악을 맡은 관리가 구별되어 각각 한 가지 직분에 정신을 기울여 평생 익히는 것입니다. 그리하여 그 관직에 종신토록 있게 했을 뿐 아니라, 대를 이어 그 직책에 있는 것도 옳게 여겼습니다. 특히 태사(太史)와 음악을 맡은 관리가 그러했습니다.

그러나 후세에 와서는 그 직책이 언제나 그렇지는 못하여, 위로는 기(夔)와 같은 사람에게 미치지 못하고 아래로는 광대에도 미치지 못하는 자가 급작스럽게 등용되어, 마치 새색시가 처음 시댁에 와서 유모에게 의지하듯 대궐 뜰에서 깃대를 들고 있는 거동이 마치 저 관청의 섬돌 앞에 우두커니 서 있는 나무와 같아서 참으로 우스웠답니다. 귀국의 음악을 맡은 관리도 아마 그렇겠지요?"

내가 말했다.

"저의 이번 길을, 계찰(季札)[*80]의 주(周)나라 옛 음악을 감상한 것에 비하면 부끄러운 일입니다."

형산이 말한다.

"저의 옛 친구 도규장(陶逵章)은 제(齊) 땅 사람입니다. 일찍이 태상시

[*78] 2천 섬 이상의 벼슬아치가 3년의 임기가 차면 자기와 등급이 같은 사람의 아들을 추천하여 낭(郎)을 삼고 이를 임자라 하였음.
[*79] 선술(仙術)을 닦은 사람.
[*80] 전국(戰國) 시대 오(吳)나라의 어진 왕자.

(太常寺)에서 근무하고 있을 때 저에게 편지를 보내 우스갯소리로 스스로를 조롱하여 말하기를,

'음악 지식이 없고 보니 일어서라는 말에도 부끄러워하고, 늘 농부가 왼쪽으로 가라고 속였을까 의심하게 됩니다'*81 했습니다. 이야말로 숲 속의 개구리가 음악을 논하고,*82 대들보 위의 제비가 뜻을 가르쳐 주는 것(誨知)이 아니겠습니까?"*83

그리하여 모두 한바탕 크게 웃었다.

형산이 말했다.

"홍무(洪武) 초년에 천단(天壇)*84 서쪽에 신악관(神樂觀)을 설치하여 음악과 춤을 가르쳤습니다. 고황제(高皇帝)는 친히 원구단(圓丘壇)*85과 지단(地壇)*86을 나누어 분사(分祀)하는 악장(樂章)을 지었고, 그 뒤에 합쳐서 제사지내기로 하여 다시 합사(合祀)하는 악장과 의식이 끝나면 부르는 노래 등 9장(章)을 지었습니다. 그러나 생각 있는 사람들은 그 음률이 아직 옛날처럼 회복되지 못했음을 아쉽게 여겼습니다. 황제는 상서(尙書) 도개(陶凱)와 협률랑(協律郞) 냉겸(冷謙)에게 명하여 아악을 제정하게 하고, 또 학사(學士) 송렴(宋濂)에게 명하여 악장을 만들게 했습니다. 모든 원(園)이나 능(陵)에서 거행하는 제사에는 음악이 없고, 교(郊)나 종묘(宗廟)의 제사에 쓰는 악기는 옮기지 않았습니다.

홍무 6년에, 황제가 제사를 마치고 환궁할 때에는 반드시 악생(樂生)과 무생(舞生)이 앞장서서 길을 안내하게 하고, 한림(翰林)과 유신(儒臣)들에게 명하여 음악의 가사를 짓게 해서 공경하고 경계하는 뜻을 보존하도록 했

---

*81 초(楚)나라 항우(項羽)가 해하(垓下)에서 패하여 강동(江東)으로 가다가 농부에게 길을 물으니, 농부는 항우가 강동으로 갈 면목이 없는 사람이라 하여 다른 길을 가르쳐 준 일.
*82 제(齊)나라 공규(孔珪)가 숲을 깎지 않고, 개구리 소리로 고취(鼓吹) 소리를 대신했다는 고사.
*83 공자가 자로(子路)에게 '너에게 안다는 것을 가르쳐 주겠다. 아는 것을 안다고 하고 모르는 것을 모른다고 하는 것이 곧 아는 것이다' 하였는데, 여기서는 그 지지위지지(知之爲知之) 부지위부지(不知爲不知)가 제비 우는 소리 같다 하여 한 말임. 회지(誨知)는 회여지지(誨汝知之)의 준말.
*84 하늘에 제사지내는 단. 천제(天祭)는 천자만이 지낼 수 있다고 하였음.
*85 하늘과 땅에 제사지내는 단.
*86 땅에 제사지내는 단.

습니다. 황제는 말하기를 '짐(朕)이 일찍이 후세에 와서 악장(樂章)이 아름다운 말로 헛되이 꾸며진 것을 한스럽게 여겨 왔다. 이것은 귀신에게 아첨하는 것이냐? 당시 임금에게 아첨하는 것이냐?' 하였습니다. 이에 유신(儒臣)들은 황제의 뜻을 받들어 감주(酣酒)·준우(峻宇)·색황(色荒)·금황(禽荒)*87 등 여러 악곡을 분담해 지었는데 모두 39장으로 이름을 회란가(回鸞歌)라고 했습니다. 이것은 음악의 근본을 알았다고 할 수 있겠으나, 오히려 글에만 치중한 결과가 되고 말았음을 면하지 못했고, 성률(聲律)에 있어서도 당시의 식자들은 오히려 온전하지 못하다고 했습니다.

홍무 12년에도 황제는 조서를 내렸습니다. '짐은 한미(寒微)한 집안에서 일어나서 천하에 군림하여 천지의 신령들을 받들어 모시고 있으니, 혹시라도 정성스럽지 못하면 백성을 위해 복을 비는 것이 되지 못할 것이다. 옛날 성숙공(成肅公)*88이 제물을 받고도 게으름을 피우자 군자들은 그의 지위가 오래가지 못할 것을 예견하였다. 행동거지나 위엄의 법도가 운명을 결정짓는 것이 이와 같거든, 하물며 목소리가 지성의 감동됨에서 나오는 데 있어서랴. 신이 없다고 하여 믿지 않는 것도 거짓이요, 신에게 아첨하여 복을 비는 것도 미혹(迷惑)이다. 짐이 신악관(神樂觀)을 설치하고 음악을 갖추어 놓은 것은 천지신명과 종묘의 신령께 제사를 드리기 위함이요, 구차스럽게 앞 세대의 제왕을 본받아 겉을 꾸며 허황되게 오래 사는 길을 맞이하고자 하는 것이 아니다. 설혹 그러한 길이 있다고 하더라도 그것은 마음을 청정하게 닦아 빨리 가고 빨리 와서 어려움과 장애가 없도록 하는 데 불과할 것이다. 과연 오래 사는 길이 있다면, 은·주(殷周) 시대를 산 부로(父老)들은 어디로 갔으며 한·당(漢唐) 시절의 늙고 덕이 높은 이들은 모두 어디에 있느냐?' 하면서 그 조서를 돌에 새겨 신악관 안에 세워 놓았습니다. 이 비석을 보건대 황제는 음악의 이치에 밝고 도리를 꿰뚫었다고 할 수 있습니다. 그러나 제점(提點)*89들은 본래 옛날의 뜻을 받들지 못하였으니, 우리 성조(聖朝) 인황제(仁皇帝)께서는 예를 갖추어 천지에 제사지내는 음악, 만국을 화합케 하

---

*87 감주는 맛있는 술, 준우는 집을 웅장하고 화려하게 짓는 것, 색황은 여색에 음탕한 것, 금황은 사냥에 방탕한 것.
*88 주(周)나라 문왕(文王)의 아들 성백(成伯).
*89 신악관(神樂觀)의 신악을 점검·조사하는 관리. 도사(道士)에게 주었음.

는 성대한 의식을 누린 관을 쓴 도사들에게 맡기는 것은 옳지 않다고 하여, 그 일이 모두 태상시(太常寺)로 돌아가게 되었습니다. 또한 정세자(鄭世子)와 같은 음악에 밝은 사람이 당시에 쓰이지 못했음을 몹시 애석하게 여겨 지금의 율려정의(律呂精義)와 같은 책을 써 성인의 덕을 세우니, 음악이 청 왕조에 들어와서야 비로소 대아(大雅)를 바로잡게 된 것입니다."

곡정이 말한다.

"귀국의 악기와 악공은 필연 고려의 옛것일 것이니, 그것은 아마도 숭녕(崇寧)*90 때 반포된 대성악(大晟樂)이겠지요."

내가 말했다.

"지금 우리나라에서 쓰고 있는 것은 홍무(洪武) 때에 보내온 음악입니다."

곡정이 말한다.

"홍무 때 보냈다는 것은 대성악의 나머지 부분입니다. 주자(朱子)는 말하기를 '숭녕 말년에 간사하고 아첨하는 무리와 죄인 찌꺼기 무리 같은 것을 가지고 어찌 천지의 화합이라 말할 수 있으랴?' 하였습니다. 그러나 송나라가 이미 강남(江南)*91으로 옮겨간 후로 금(金)나라 태종(太宗)은 변경(汴京)*92에 있는 악기와 악공을 모조리 거두어 북쪽으로 옮겨가고, 이름을 태화악(太和樂)이라 고쳤으니 이것이 실은 대성악이었습니다. 금나라가 망하자 또다시 남쪽 변채(汴蔡)로 옮겨갔다가, 변채가 함락되자 중국의 옛 물건이 모조리 원(元)나라로 들어갔습니다. 원나라 사람 오래(吳萊)가 태상(太常)이 되어 채택한 악곡은 본시 대성악이 남긴 법식으로서, 옛날 악공들로 하여금 교습(敎習)하게 하여 종묘 제사에 썼으므로, 원나라 악호(樂戶)*93의 자손들은 지금도 대대로 하변(河汴) 지방에 살고 있습니다.

명나라는 원나라를 쫓아내고 그 악공과 악기를 모두 얻었으므로, 태상시(太常寺)의 아악과 악관(樂官)들이 익히던 음악을 오히려 대성악(大晟樂)이라 일컫고, 심지어 군무(群舞)나 온갖 놀이까지 모두 원나라의 옛 제도를

---

*90 송나라 휘종(徽宗)의 연호. 1102~1106년. 고려 숙종(肅宗)·예종(睿宗) 때임.
*91 송나라 군사가 금(金)의 군사에게 크게 패하여 양자강으로 쫓겨가니, 이후를 남송(南宋)이라고 함. 이를 정강(靖康)의 화(禍)라고 함.
*92 송나라의 수도. 지금의 하남성(河南省) 개봉현(開封縣).
*93 죄인의 처자를 적몰하여 만든 악공(樂工)들을 이르는 말.

따르게 되었습니다. 명나라 태조는 원나라의 정치를 깨끗이 개혁하였지만, 대성악만큼은 금(金)나라 송(宋)나라를 따르고, 원(元)나라는 금나라를 따랐으니 이런 전통은 중국의 유풍을 그대로 지키는 것이라 하여 다시 새로 만들지 않았습니다. 이로써 홍무 때에 반포된 것이 본래의 대성악이었음을 알 수 있습니다."

내가 다시 말했다.

"옛날 말에는 천자의 가운뎃손가락 만한 길이로 율(律)을 만들어 땅에 묻어서 후기(候氣)*94를 했다고 하는데, 그 이치는 어떤 것입니까?"

곡정이 말한다.

"그것은 방사(方士) 위한진(魏漢津)*95이 휘종(徽宗)의 손가락을 재어 대성악을 만들었다는 것입니다. 한진은 본래 촉(蜀)나라의 경졸(黥卒)*96이었습지요. 그가 '거룩한 임금의 타고난 성품은 천지·음양과 일체이므로, 목소리는 음률(音律)이 되고 몸은 척도(尺度)가 된다' 말하고, 휘종에게 청하여 가운뎃손가락 세 마디의 길이를 황종(黃鐘)의 율로 정했습니다. 이로써 천지의 이치에 맞추고 음양의 조화를 갖춘다고 하였습니다. 채경(蔡京)이 유독 그의 말을 솔깃하게 듣고 황제께 알랑거려 가마솥(鼎) 여덟 개를 만들었으니, 이는 참으로 우스운 일입니다. 아득한 옛날 성스러운 임금이 세상에 처음 나와 최초로 말(斛)과 자(尺)라는 척도를 만드는 데 근거가 될 만한 것이 아무것도 없어서, 궁리 끝에 손가락 마디로 기준을 삼고, 율관을 재는 데는 기장 알 몇 개로 표준을 삼았습니다.

또 당시 사계절 기후가 때를 잃지 않았으니, 이른바 '바람은 나뭇가지에 불지 아니하고, 바다는 파도를 일으키지 않았다'*97고 하는 것이 그 말입니다. 절기가 사계절의 기후를 얻었다는 것은 이치로 보아 이상할 것이 없지만, 그 뒷세상에 와서는 임금의 정치가 비뚤어지지 않고 조화되어야만 천지기후가 고르고 만물이 잘 자란다는 이치는 생각하지 않고 다만 손가락으로

---

*94 기(氣)의 길흉과 시기(時氣)의 변화를 미리 알아봄.
*95 송나라 사람. 본래 촉(蜀)의 경졸(黥卒)이었는데, 음악에 정통하고 음양 술수(術數)에 뛰어났음. 구정(九鼎)·대종(大鐘) 및 24기(氣)의 종을 만들기를 청하여 그대로 되었음.
*96 죄를 지어 얼굴에 문신하고 군사가 된 사람.
*97 세상이 태평함을 비유하는 말. 태평시대에는 나뭇가지를 흔들 만한 바람도 불지 않는다고 함. 어질고 능력 있는 임금이 나서 천하가 잘 다스려짐을 말하는 것임.

써 율판을 가늠하고 갈대 태운 재를 묻는 방식으로 좋은 기후를 갖고 싶어했으니 이는 그림을 그리려면 먼저 '알맞은 바탕을 마련해 놓고 나서 채색을 해야 한다'는 것을 알지 못하는 격입니다. 그러니 이것은 이른바 근본은 헤아리지 않고 끝만 가지런하게 하려고 드는 격이니, 설사 사계절에 맞는 기후를 얻었다 하더라도 그것은 기후가 무엇에 속해 있는 것인지도 모를 것입니다. 게다가 사람의 손가락 마디는 길고 짧은 것이 일정하지 않습니다. 숭녕(崇寧)의 손가락 길이가 길어서 악률이 높아졌습니다. 한진이 이를 크게 두려워하여 몰래 그의 무리 임종요(任宗堯)에게 말하기를 '악률이 높은 것은 북방 변두리의 음악이다. 북방 변두리가 소란스러우니 장차 천하에 변이 일어나려는 것이 아니겠는가?' 하였습니다. 음악이 만들어지자 드디어 '정강(靖康)의 화(禍)'[98]가 일어났으니, 음악이란 거짓이 없는 것입니다. 위 한진 같은 소인이 비록 음률을 아는 재주는 있었다 하더라도 음악을 지을 만한 덕은 없었고, 당시의 사대부들 또한 한진에 비할 만한 재주를 가진 이가 없으니 허둥지둥 그에게 아부하였던 것입니다. 주자(朱子)가 '간사하고 아첨하는 무리와 죄인의 찌꺼기들'이라 하여 배척한 것이 바로 이것입니다."

그러자 형산이 말한다.

"그렇지 않지요. 명나라 냉겸(冷謙)이 정했다는 음악과 춤은 홍무 6년에 제정한 것으로서 대성악(大晟樂)과는 크게 다릅니다. 대성악은 신을 맞이하는 첫 번째 연주에서 남려(南呂)[99]의 각음(角音)으로 하는데, 이것이 대려(大呂)[100]의 변조(變調)입니다. 홍무 때 만든 것은 태주(太簇)의 우음(羽音)으로 하는데, 이것은 중려(中呂)[101]의 음조(音調)입니다. 냉겸이 만든 칠균(七勻)은 태주(太簇)로부터 이칙(夷則)·협종(夾鐘)·무역(無射)·중려(中呂)가 다 정조(正調)인데, 오직 청황종(淸黃鐘)·청임종(淸林鐘)만이 변조입니다. 본래의 소리는 무겁고 커서 임금이 되고 아버지가 되며, 이에 응하는 소리는 가볍고 맑아서 신하가 되고 자식이 되기 때문에 네 청성(淸聲)

---

*98 송(宋)나라가 금(金)나라에게 쫓겨 양자강 남쪽으로 달아난 일. 정강은 송나라 흠종(欽宗)의 연호. 1126년.
*99 12율(律)의 하나. 8월의 다른 이름.
*100 12율의 하나. 12월의 다른 이름.
*101 12율의 하나. 4월의 다른 이름.

이라고 합니다. 실로 이 네 청성을 쓰지 않으면 이에 감응하는 소리가 없어서, 임금의 덕은 가려지고 신하의 도리는 끊어지며, 아버지의 도리는 없어지고 자식의 직분은 무너집니다.

한진(漢津)의 음률은 첫 음률에서 두 율씩을 낮추어 임종(林鐘)을 궁음(宮音)으로 하면 상음(商音)과 각음(角音)은 정조(正調)가 되고, 나머지는 다 변조(變調)에 속합니다. 남려(南呂)를 궁음으로 하면 오직 상음 하나만이 정조가 되고 그 나머지는 다 변조에 속합니다. 이것은 칠균(七勻) 중에 변조가 다섯을 차지하는 형국이니 이를 논하는 사람들은, 이것 때문에 임금의 도가 미미해지고 백성과 신과 일과 물건이 모두 떨치지 못하게 됩니다. 이는 참으로 나라를 망칠 음률로서 슬프고 음란하고 원망하고 흐느끼게 하여 오래 들을 수가 없다고 하였습니다. 송잠계(宋潛溪)*102가 말한, 한진이 만든 음악은 난세(亂世)의 음률이라고 한 까닭은 이 때문이지요.

주자는 건양(建陽)의 채원정(蔡元定)의 균조(勻調)와 후기(候氣)의 법이 치밀하고 조리가 매우 밝다고 칭찬하였습니다. 또 그가 예서(禮書)의 악제(樂制)·악무(樂舞)·종률(鐘律) 편(篇)의 고증은 대체로 채씨의 신서(新書)에 의거하여 부연 설명했습니다. 그리고 주자는 음률에 대해서도 그다지 명백하게 이해하고 있지 못했으므로, 오로지 채씨를 믿고, 이른바 선입견으로 한진을 배척한 것입니다. 또한 음률을 잘 알아서 옳고 그름을 판단하여 배척한 것이 아니라, 다만 채경(蔡京)이 주장했기 때문에 온 힘을 다해 한진을 공격한 것이었습니다.

채원정의 저서는 아직 행사에서 실제로 시험해 보지 못했고, 위한진의 악곡은 당시에 분명히 시험해 보았기 때문에, 뒷날에 이를 논하는 사람들이 한진의 악곡을 쉽사리 지적할 수가 있었습니다. 실제로 채씨가 고정(考亭)*103 보다 음악에 더 밝았지만 너무 집요하게 깊이 파고든다는 평을 면치 못했고, 위한진은 음악을 알아보는 재주가 채원정보다 정밀하였지만 억지로 끌어다 맞추고 아첨하는 데서 나온 것이었으며, 냉겸은 악곡을 제정할 때 비록 옛 제도를 정성들여 답습했지만 그 소리는 송(宋)나라·원(元)나라 음률이 아니

---

*102 명나라 송렴(宋濂). 잠계는 그의 호임. 성학(聖學)에 밝고 예악(禮樂)의 제정에 많이 공헌했으며, 송학사전집(宋學士全集) 등 저서도 많음.

*103 주희(朱熹)의 다른 이름.

었습니다.

 제가 회전(會典)을 편찬하는 데 참여했을 때 여러 대가들의 글을 연구해 보았습니다. 홍무(洪武) 때 제정한 음악은 실상 대성악과는 크게 달라서 왕노야(王老爺 : 곡정)가 말씀하신, 홍무 때 귀국에 보내진 대성악이 옛날 것이라는 말은 사실이 아닌 것 같습니다."

 그러니 곡정이 말한다.

 "어찌 그럴 리가 있겠습니까?"

 형산이 웃으면서 말한다.

 "아마도 그럴 것입니다."

 형산은 다시 말을 잇는다.

 "대체로 말하여 중국의 악공은 진(晉)나라 때에 망하였고, 악기는 수(隋)나라 때에 망하였습니다. 여러 가지 연극과 백 가지 놀이가 아악을 어지럽힌 죄는 당나라 현종(玄宗)이 마땅히 책임져야 할 것입니다."

 내가 말했다.

 "그 이야기를 듣고 싶습니다."

 형산이 설명한다.

 "춘추(春秋) 시대에 세상은 비록 어지럽기는 했지만 지나간 옛날의 태평성대로부터 그다지 멀지 않은 때였습니다. 진(秦)나라·한(漢)나라 이래로 큰 난리가 자주 일어났으나 모두 나라 안에서 일어났기 때문에 악공과 악기가 다른 곳으로 옮겨지지 않았고, 제도도 그대로 남아 있습니다. 나라를 차지한 사람도 창과 칼을 버리고 먼저 악기를 찾게 되었습니다. 따라서 악사(樂師)가 반드시 대를 이어 일어났으며, 난리가 좀 가라앉으면 서로 다투어 악기를 안고 관직에 나아가서 자손들에까지 그 업을 전하여, 악기를 다루고 노래를 부르는 일을 마음대로 보고 듣고 익히게 했습니다. 그런데 진씨(晉氏)[104]가 도읍을 옮기자 다섯 가지 성(五姓)[105]이 뒤섞여 어지러워지고, 천하가 분열되고 무너지니 태악(太樂)[106]의 세밀한 기술을 가진 이들은 흩어져 도탄에 빠졌습니다. 석씨(石氏)[107]가 업(鄴)에 도읍하자 동작(銅爵) 청

---

*104 동진(東晉)을 말함.

*105 오호(五胡).

*106 태악서(太樂署). 음악을 가르치고 악인(樂人)의 부적(簿籍)을 맡아보았음.

상(淸商) 같은 음악은 모두 스러져 없어졌으며, 모용초(慕容超)*108가 태악
(太樂) 이불(李佛)을 잡아온 대신 어머니를 요진(姚秦)*109에 바쳤으나 옛날
악공들은 다 없어지고 말았습니다. 송나라 무황제(武皇帝)는 관중(關中)으
로 들어왔으나 그가 얻은 악공과 악기는 뻔한 것이었고, 그는 또 황급히 동
쪽으로 돌아갔으니 그가 가지고 갈 수 있는 악공·악기도 뻔한 것이었습니
다. 그래서 저는 일찍이 중국의 악공은 진(晉)나라 때에 망했다고 말했던
것입니다.

　수서(隋書)에 실려 있는 역대의 동척(銅尺 : 구리자)은 15가지입니다. 그 중
주나라의 주척(周尺)을 비롯하여 한(漢)나라 유흠(劉歆)이 만든 동곡척(銅
斛尺), 동한(東漢) 건무(建武)*110 때의 동척(銅尺), 진(晉)나라 순욱(荀
勗)이 만든 율척(律尺), 조충지(祖沖之)가 만든 동척 등이 있었으나 모두
쓸모가 없었습니다. 이른바 주척이란 것은 그 중에서도 가장 믿을 것이 못
됩니다. 신망(新莽)*111 15년 동안에 만든 물건은 무엇이나 주(周)의 것을
모방하여 이름을 붙였으나 대부분 위조가 많았고, 또 자기 멋대로 아침에 만
들었다가 저녁에 부숴버려 그 척도가 일정하지 않았습니다. 후세에 와서 주
척이라 불린 것은 왕왕 유흠이나 왕망의 무리가 위조한 것으로서, 우문씨
(宇文氏)*112가 가짜 주(周)나라인 북주(北周)를 세우자, 그가 간직하고 있
던 보물들은 그대로 수나라의 소유로 돌아갔습니다. 수나라 문제(文帝)는
본래 학문을 좋아하지 않았고, 또 음악을 좋아하지 않는 성품이었으나 천하
를 차지하자 부득이 음악을 세우지 않을 수 없었습니다. 당시 패국공(沛國
公) 정역(鄭譯)이란 사람은 음악 감식에 정통하여, 고악(古樂) 12율(律)을
말하면서 궁음(宮音)을 찾아내어 각각 칠성(七聲)을 사용했으나, 세상 사람
들은 그것을 이해하지 못했습니다.

　이보다 앞서 북주(北周) 무제(武帝) 때에 백소지파(白蘇祗婆)라는 구자국
(龜玆國)*113 사람이 비파를 잘 탔습니다. 그가 연주하는 소리에는 한 운

＊107 석륵(石勒)이 세운 후조(後趙). 16국 중에서 가장 강했음.
＊108 남연(南燕)의 임금.
＊109 요장(姚萇)이 세운 후진(後秦)을 일컫는 말.
＊110 후한(後漢) 광무제(光武帝)의 연호. 25~56년, 신라 유리왕(儒理王) 때임.
＊111 왕망(王莽)이 한(漢)나라를 빼앗아 세운 나라 신(新). 15년 만에 망했음.
＊112 우문각(宇文覺)이 세운 북주(北周).

(韻) 가운데 칠성(七聲)*114이 들어 있었습니다. 이른바 파타력(婆陀力)이란 중국말로 궁성(宮聲)이란 뜻입니다. 계식(鷄識)이란 중국말로 남려(南呂)이고, 사식(娑識)이란 중국말로 각성(角聲)이고, 후가람(侯加藍)이란 중국말로 응성(應聲)이니 곧 변치(變徵)이고, 사렵(沙獵)이란 중국말로 치성(徵聲)이고, 반섬(般瞻)이란 중국말로 우성(羽聲)이고, 이건(利筳)이란 중국말로 변궁(變宮)이랍니다.

정역은 그 법을 자세히 펼쳐 12운(韻), 84조(調) 만들었으며, 또 칠음(七音) 밖에 다시 한 음을 세워서 응성(應聲)이라고 했습니다. 정역은 본래 무뢰한에다 사기꾼이어서 문제(文帝)는 처음에는 그를 좋아했다가 나중에는 미워하였습니다. 정역의 법은 비록 성공한 것 같았으나 그 근본이 이악(彛樂)*115에서 나와 만들어진 것이어서, 음률이 약간 높고 거칠었습니다. 만보상(萬寶常)이라는 음악가가 만든 여러 악기는 모두 정역의 것보다 두 음률이 낮아서 그 소리가 맑고 우아하였으나, 세속 사람들은 좋아하지 않았습니다. 그래 두 사람 모두 자기의 기술을 가지고 당세에 뜻을 얻지 못했습니다.

하타(何妥)·소기(蘇夔)·우홍(牛弘) 등이 각기 무리를 모았습니다. 하타는 황제에게 아첨하기를 '황종(黃鐘)은 임금의 덕을 상징한 것입니다' 하여 황제는 그의 말을 듣고 기뻐하여 황종 한 궁음(宮音)만 쓰고 다른 음률은 쓰지 않았습니다. 우홍 등은 다시 순제(順帝)의 뜻에 아부하여 선궁음(旋宮音)을 쓰지 않고 또 전대의 금석(金石) 악기들을 부수고 없애 버려, 이로부터 역대 악기의 제도를 고증할 길이 없게 되었습니다. 그래서 저는 중국의 악기는 수나라에서 망했다고 하는 것입니다.

당나라 초기에 조효손(祖孝孫)에게 명하여 아악을 제정하게 하였습니다. 효손은 일찍이 하타·소기 등의 무리와 의견이 맞지 않아 수나라 때에는 배척당하다가 당나라에 들어와 뜻을 펴게 되었습니다. 그는 장문수(張文收) 등과 의논하여 아악을 제정함으로써 그 음악이 법도에 맞고 우아하다는 말

---

*113 지금의 중국 신강성(新疆省) 고차(庫車) 지방에 있던 나라. 서역(西域) 36국의 하나. 구자(丘玆)로도 씀.
*114 궁·상·각·치·우 오음(五音)과 변치(變徵)·변궁(變宮). 후세에는 상(上)·척(尺)·공(工)·범(凡)·육(六)·사(四)·을(乙)로 나누었음.
*115 동이(東夷)의 음악.

을 들었지만, 태종(太宗)*¹¹⁶은 공리(功利)에만 급급하고 본래 음악을 좋아
하지 않아 음악은 정치와 관계가 없다고 잘랐습니다. 그러나 이것은 옳은 것
같지만 실은 고루한 생각으로, 예악(禮樂)이 정치의 근본이 되는 줄을 모르
는 처사였습니다. 연극배우를 단순히 남의 귀를 즐겁게 해 주는 도구로만 안
것입니다.

　장문수는 또 세속에 아첨하여 하청경운가(河淸景雲歌)를 지어, 주안(朱
雁)·천마(天馬)*¹¹⁷를 본떠서 연회악(宴會樂)·조회악(朝會樂)이라 하였으
니, 당나라 때의 아악은 문헌에 따라 그 수효만 채워 놓는 데 지나지 않았습
니다.

　현종(玄宗) 때에 이르러는 그 자신이 음악을 잘 알고 있었으므로, 다시
좌우(左右) 교방(敎坊)을 두어 황제의 이원제자(梨園弟子)라 하고, 친히 악
공과 궁녀들을 거느리고 직접 가르쳐 주었습니다. 천보(天寶)*¹¹⁸ 연간의 전
성기에는 연회 때마다 여러 가지 음악을 베풀었고, 고창(高昌)*¹¹⁹·고려(高
麗)·천축(天竺)·소륵(疏勒)*¹²⁰ 등 여러 나라 부(部)를 두었으며, 심지어 코
끼리춤 말춤까지 등장했습니다. 이로써 역대로 내려오던 음악 제도는 깨끗
이 없어져 버렸습니다. 그런데 얼마 안 되어 안녹산(安祿山)*¹²¹의 난리로
마침내 음악이 도탄에 빠졌으니, 이는 당나라 현종이 음악을 잘 알았던 탓이
기도 했습니다."

　내가 물었다.

　"예상우의곡(霓裳羽衣曲)이란 것은 요즘에 볼 수 있는 서상기(西廂記) 같
은 잡극(雜劇)입니까?"

　형산이 대답한다.

＊116　당나라 시조 이세민(李世民).
＊117　주안(朱雁)은 한나라 무제(武帝)가 동해 가에 거둥했을 때 기러기를 얻고 지은 노래이고,
　　　천마(天馬)는 한나라 무제 때 악와(渥洼)란 강에서 말이 나와 이 노래를 지었다고 함.
＊118　당나라 현종(玄宗)의 연호. 742～755년. 신라 경덕왕(景德王) 때임.
＊119　한나라 때 차사(車師) 전부(前部). 지금의 신강성(新疆省)에 있던 나라.
＊120　한나라 때 36국의 하나. 사륵(娑勒)이라고도 함. 뒤에 당나라가 병합하였음.
＊121　당나라 현종(玄宗)의 총애를 받게 된 것을 기화로 양귀비(楊貴妃)의 양자가 되고 역모를
　　　꾀하여 마침내 군사를 일으켜 수도를 함락시키고 나라를 연(燕)이라 하고 웅무황제(雄武
　　　皇帝)라 일컬었으나, 이듬해 맏아들 경서(慶緒)와 이저아(李豬兒)에게 살해당했음.

"그렇습니다. 예상우의 12편이 세상에 전해지게 된 것은, 하서(河西)의 절도사(節度使) 양경술(楊敬述)이 황제에게 바친 것으로, 황제는 크게 기뻐하여 스스로 이것을 연출하였다고 합니다. 이것이 후세 잡극의 시초이지요. 소리가 느리고 슬프고 가냘프고 곱습니다."

내가 또 말했다.

"송나라는 어질고 후덕함을 바탕으로 하여 나라를 세웠으니, 숭녕(崇寧) 이전의 아악에서도 볼 만한 것이 있었겠지요?"

형산이 말한다.

"그것은 화현(和峴)이 제정한 아악으로서, 송나라 태조(太祖) 때 주왕박(周王朴)이 만든 율척(律尺)에 따른 것입니다. 그런데 서경(西京)에 있는 옛 석척(石尺)과 비교하면 조금 짧으므로 악성(樂聲)이 좀 높아서 중화(中和)에 맞지 않았습니다. 건덕(乾德)*122 4년에 황제가 화현에게 명하여 옛날 제도를 본떠 자를 만들었습니다. 역사에는 '화현의 아악은 음조(音調)가 화창하기는 하지만 이는 세속에 아첨하고 시세를 좇은 말이다. 나라를 얻고서 겨우 한 해밖에 안 되었는데, 어찌 깊고 후덕한 덕택이 사방을 덮어 그 백성들을 화락하게 할 수 있었으랴?' 하였습니다. 화현은 이른바 겸양(謙讓)의 덕으로 천하를 얻었다 하여 현덕승문(玄德升聞)의 춤을 만들었다고 합니다. 이 춤은 한 줄에 16사람씩 8줄로 하여 팔일(八佾)의 갑절로 만든 것은 더욱 가소로운 일입니다. 현덕승문이라니 우빈(虞賓)*123이 도대체 어디에 있습니까?"

그러자 곡정도 크게 웃고 붓을 들어 재빨리 쓴다.

"방 안에 있겠지요."

형산이 말한다.

"대개 제왕은 음악을 몰라서는 안 되지만, 또한 음악을 알아도 안 됩니다. 음악을 모르면 수나라 문제(文帝)나 당나라 태종(太宗)처럼 정치를 잘한 임

---

*122 송나라 태조(太祖)의 연호. 963~968년. 고려 광종(光宗) 때임.
*123 우빈은 요(堯) 임금의 아들 단주(丹朱)를 이르는 말. 아들 단주가 임금감이 못 된다 하여 요 임금이 천자의 위를 순(舜)에게 물려주자, 순 임금은 단주를 국빈으로 대우하였다. 송나라 태조(太祖)는 누구의 제위를 물려받은 것이 아니니 여기에서 요 임금이 순 임금에게 양위한 고사에서 나온 현덕승문(玄德升聞)의 춤이란 당치 않은 것이다.

금이라 하더라도, 부득이 음악을 세우기는 세웠지만 그의 근본 바탕은 몹시 초라했습니다. 그리고 당나라 명황(明皇)*124이나 송나라 도군(道君)*125 같은 이는 본래 음악을 잘 안다고 알려졌지만 천보(天寶)·정강(靖康)의 난리를 불러일으킨 것은 무슨 까닭이겠습니까? 대체로 음악의 덕은 철따라 나타나는 벌레나 새와 같은 것이고, 음악의 재주는 시정(市井)과 같은 것이며, 음악의 일은 역사와 같은 것이고, 음악의 이름은 시호(諡號)와 같은 것입니다."

내가 말했다.

"철따라 나타나는 벌레와 새란 무슨 말씀입니까?"

형산이 말했다.

"메뚜기와 베짱이는 본래 같은 벌레요, 황조(黃鳥)와 꾀꼬리는 원래 같은 새입니다. 다만 시절에 따라 몸이 변화하고 우는 소리가 달라진다는 말입니다."

"시정이란 무엇을 말하는 것입니까?"

"장터〔市〕에서는 화합을 볼 수 있고, 우물(井)에서는 질서를 볼 수 있습니다. 물건을 사고파는 양쪽 뜻이 맞아서 거래하는 것이 저자에서의 정도(正道)입니다. 또한 나중에 온 사람이 먼저 온 사람을 원망하지 않고, 물동이를 내려 놓아 차례를 기다려서 자기의 뜻을 채우면 돌아가는 것이 우물에서의 정도입니다. 역사의 본체는 바르고 곧아야 하고, 시호는 잘잘못을 드러내는 것입니다."

형산이 일어나더니 조그만 가죽 상자를 열어 검은 종이로 만든 작은 부채를 꺼내 내게 보인다. 그의 표정이 매우 유쾌해 보였다.

형산은 또 사기로 된 아주 작은 함을 꺼내어 탁자 위에 늘어 놓는다. 그러나 어쩌려고 그러는 것인지 그의 뜻을 얼른 알 수가 없다. 그는 마침내 함을 열어 보인다. 석록색(石綠色)·수벽색(水碧色)·유금색(乳金色)·이은색(泥銀色) 등의 물감이 가득가득 들어 있다. 그는 탁자에 부채를 펴 놓고 이끼 낀 바위와 어린 대나무를 그린다.

내가 말했다.

---

*124 당나라 현종(玄宗)을 일컫는 말.

*125 송나라 휘종(徽宗)이 스스로 자기를 일컬은 말.

"저는 선생께서 용면(龍眠)*126의 높은 솜씨를 가지고 계신 줄을 미처 몰랐습니다."

형산이 말한다.

"그저 내키는 대로 그려 본 것뿐입니다. 어떻습니까?"

내가 말했다.

"뱀의 비늘과 말매미의 날개처럼 금방이라도 천 길을 뻗어나갈 형세로군요."

형산이 크게 웃고, 오언사구(五言四句)의 시를 지어 화제(畵題)로 쓰고, 또 이름과 자(字)를 새긴 도장을 다른 종이에 찍어서 오려내어 왼쪽 옆에 붙이고는 접어서 내게 주었다. 형산의 시는 다음과 같았다.

푸른 대나무 군자의 풍채 우러러보이는데
저 언덕 모퉁이에서 임의 소리 들려오네
부채 펼쳐 그림 한 폭 그려내어
두 손 맞잡으니 서로가 한마음일세.

綠竹瞻君子 卷阿矢德音
揮毫開便面 握手得同心

내가 물었다.

"옛 음악은 끝내 회복되지 못할까요?"

곡정이 웃으면서 말한다.

"선생은 참으로 옛것 이야기 하기를 좋아하시는군요. 대개 세상에서 음악을 말하는 사람은, 음률을 말하면서 시는 말하지 않고, 시를 말하면서 덕(德)을 말하지 않고, 덕을 말하면서 시세(時勢)는 말하지 않고, 시세를 말하면서 풍속은 말하지 않고, 풍속을 말하면서 운수는 말하지 않습니다. 이론만 분분할 뿐 헛되이 상당(上黨) 양두산(羊頭山)*127에서 검정 기장을 찾는다거나, 진회(秦淮)*128 가에서 갈대 태우는 법*129을 행한다거나 하여 음악

---

*126 송나라 화가 이공린(李公麟). 용면은 그의 호.
*127 산서성(山西省) 상당에 있는 산으로 그곳에서 악기의 크기를 재는 검은 기장이 난다고 함.
*128 강서성(江西省)에 있는 강. 그곳에서 좋은 갈대가 난다고 함.

은 끝내 옛날의 우아함을 얻지 못하고 맙니다. 선궁(旋宮)·기조(起調)의 법에 대한 제 소견은 앞에서 이미 그 대강을 말했습니다만, 노래와 시에 관해서는 고인의 마음속에서 우러나온 것이기 때문에 이는 남이 어찌할 수 없는 일입니다. 기쁘고 유쾌한 사람이 웃지 않을 수 없고, 슬프고 감정 복받치는 사람이 울지 않을 수 없으며, 배고픈 사람이 먹을 것을 찾지 않을 수 없고, 목마른 사람이 물을 달라지 않을 수 없는 것과 같이 허위와 가식이 없으며, 억지로 시켜서 하거나 구차스럽게 하거나 하는 일이 없이 그 마음에 느낀 대로를 표현한 것입니다. 즐거움이 지나치면 음탕해지고, 지나치게 슬프면 병이 나는 폐단이 있지만 모두 마음속에서 우러나오는 것이고 보니 이른바 시경(詩經) 3백 편은 한마디로 말해서 '생각에 간사함이 없다(思無邪)'고 하는 것이 바로 이것입니다.

장터[市井]의 비유는 참으로 음악의 정황을 잘 파악한 것입니다. 물건 흥정에 두 사람이 서로 값을 다투어 뜻이 맞지 않으면 흥정은 성립되지 않습니다. 남을 협박하여 억지 흥정을 하는 자가 없어야만 완전한 화합이 되는 것입니다. 그러므로 시경 3백 편은 다 마음에 느낀 바가 우러나오는 대로 지은 것일 것입니다(이상은 시를 논한 것임).

그렇기는 하지만 유천(維天)*130과 집경(執競)*131을 칙천(勅天)*132과 갱재(賡載)*133에 비하면, 진실하고 소박하기는 좀 못하더라도 문장의 화려함은 월등히 뛰어납니다. 한나라·위나라의 악곡과 노래에 이르러서는 안세방중가(安世房中歌)를 비롯하여 주안(朱雁)·천마(天馬)·삼조(三祖)들의 가사들은 지나치게 과장되어 있으니, 과연 유천과 집경에 비교할 수 있겠습니까? 비유하자면 재판을 하는 것과 같아서, 이치가 바른 사람은 태도가 의연하고 기색이 충실하며 말이 간결하고 말소리가 쾌활하지만, 이치가 닿지 않는 사람은 태도가 수줍고 기색이 거칠며 말이 많고 목소리가 요란합니다.

─────────

*129 *8 참조.
*130 주(周)나라 무왕(武王)의 제사 때 부르는 노래의 한 구절인 유천지명(維天之命). 천하가 태평함을 문왕(文王)에게 고함을 읊은 것임.
*131 주나라 무왕·성왕(成王)·강왕(康王)의 제사 때 부르는 노래의 한 구절인 집경무왕(執競武王). 무왕이 스스로 힘써서 쉬지 않는 마음을 찬송한 것임.
*132 순 임금의 노래 중의 한 구절인 칙천지명(勅天之命).
*133 고요(皐陶)가 순 임금의 노래에 대해 화답한 노래.

후세에 와서 사신(詞臣)*¹³⁴들이 짓는 가사는 오로지 아첨하며 간사하게 거짓을 만들어내는 데서 나온 것이니, 이미 그 노래 속에서 칭송되어야 할 덕이 부끄러움을 이기지 못하여 목소리가 어색한 것입니다. 신이 내리거나 사람이 화합할 때는 말할 것도 없고, 노래를 부를 때 기쁘지도 않은데 억지로 웃고, 슬프지도 않은데 억지로 우는 것과 다름없으니 이러고서 마음에서 우러나온다는 목소리가 화창하다 하겠습니까, 비굴하다 하겠습니까?

그 생각을 읊는 가사가 이러할진대 음률의 소리는 말할 나위도 없고, 음률의 소리가 이러할진대 소리와 조화된 음률 또한 말할 나위도 없습니다. 저는 또한 산서성(山西省) 채씨(蔡氏)의 이른바 원성(元聲)이란 것을 어디에 근거하여 찾을 것인지는 모르지만 그 원성이란 것이 음률에 있는 것입니까, 덕에 있는 것입니까? 이것은 덕을 근본으로 하여 시를 이에 배합한 것이고, 소리를 주로 하고 음률을 다음으로 삼았을 것입니다(이상은 덕을 논한 것임).

군자가 나라를 세울 때는 오래오래 대를 이어 나가도록 만세에 걸쳐 무너지지 않을 터전을 닦아 후손에게 물려줍니다. 주공(周公)이 노(魯)나라를 다스리고, 태공(太公)이 제(齊)나라를 다스린 것이 또한 그러하였지만, 후손이 못났으니 어찌하겠습니까. 그 두 사람은 모두 그들의 계통이 백세(百世)를 못 가서 무너질 것*¹³⁵을 예언하였습니다. 음악도 역시 그러하여 변천하지 않을 수 없었을 것입니다(이상은 세상을 논한 것임).

더욱이 풍속에 이르러서는 지방마다 그 풍속이 달라서 이른바 백 리만 떨어져도 습관이 같지 않고, 천 리만 떨어져도 풍속이 다르다는 것이 곧 이것입니다. 그러므로 법으로 다스려도 할 수 없고 말로도 설득하기 어려운 곳이라도, 오직 음악만은 귀신 같은 효과를 낼 수 있습니다. 음악의 감화가 널리 퍼져서 알지 못하는 사이에 사람들을 고무시키고, 그 효과 역시 매우 빨라서, '두 섬돌에서 우(羽)춤을 춘 지 70일 만에 오랑캐가 감화되었다'고 합니다. 이런 것을 일러서 풍속을 바꾸어 도(道)에 이르렀다고 하여도 좋을 것입니다. 그러나 사실은 그렇더라도 남쪽의 부드러움과 북쪽의 억셈을 바꿀

---

*134 문학에 관한 일로 시종(侍從)하는 신하.
*135 주공(周公)은 노(魯)나라를 다스리고, 태공(太公)은 제(齊)나라를 다스렸다. 주공은 문치(文治)를 주장하였으나 후손이 문약(文弱)에 빠질 것을 예측했고, 태공은 무치(武治)를 주장하였으나 후손이 무단(武斷)에 흐를 것을 예측한 것.

수 없었고, 정(鄭)나라 음악의 음탕함과 진(秦)나라 음악의 허세는 변경할 수 없었습니다. 이것은 곧 향토의 소리마다 그곳 백성의 기품을 타고나는 것이기 때문이니, 성인도 각기 다른 풍속을 어찌하지 못하고, '정나라 음악을 추방하라'고만 말했을 뿐입니다(이상은 풍속을 논한 것임).

성인도 어쩔 도리가 없는 것이 운수입니다. 차고〔盈〕이지러지는〔虧〕것이나, 쇠하고〔消〕성함은〔長〕하늘의 운이고, 방위를 얻고 잃음이나, 때를 얻고 잃음은 땅의 운수입니다. 오래되면 변화를 생각하고, 묵으면 새것을 생각하고, 궁하면 통하기를 생각하게 되는 것은 운수의 만남입니다. 불교에서 말하는 칠일겁(七日劫)은 우리 유교에서 5백 년에 한 번 돌아오는 시기와 같은 것입니다. 성인이 이 시기에 탄생하면 그 시운(時運)에 잘 따라서 모든 일이 잘 이루어지는 것입니다.

하(夏)나라가 충성을 숭상하고, 은(殷)나라가 검소를 숭상하고, 주(周)나라가 문치(文治)를 숭상한 것이나, 영씨(嬴氏)가 봉건제(封建制)를 없애고 정전법(井田法)을 무너뜨려 천고에 큰 죄를 지은 것이나 모두 그 시운에 따라 그렇게 해야만 했던 것입니다. 기름진 고기는 누구나 좋아하는 것이지만 병들어 오래 앓고 있는 사람에게는 비록 고깃국이 한 솥 가득히 앞에 있어도 냄새만 맡고도 헛구역질이나 할 것입니다. 오히려 돌뿌리나 나무 열매는 맛있게 먹을 수도 있습니다. 비록 노래를 잘 부르는 사람이라도 하나의 노래만 자꾸 부르면 사람들은 다 자리에서 일어나 떠나갑니다. 법이 오래되면 폐단이 생기는 법입니다. 그것을 고칠 줄 모르는 것을 교주고슬(膠柱鼓瑟)[136]이라 합니다. 이는 인간의 정이 다 그러한 것입니다. 그러므로 정치가 요·순과 같이 어질지 않고서는, 비록 소무(韶舞) 같은 음악이 있다 하더라도 찬성과 반대의 틈바구니에서 신과 사람이 화합하기는 어렵습니다. 이는 성인이라 하더라도 세상 운수의 돌아감을 어찌하지 못한다는 것입니다(이상은 운수를 논한 것임).

글자가 생기고 나서 오랜 뒤에 공자는 역사를 정리하여 춘추를 지었으니 이것은 곧 천지 시운(時運)의 일대 변화라 할 것입니다. 공자도 어찌할 수 없는 일이라 생각한 것이었을 것입니다. 공자가 돌아가신 뒤로 백가(百家)

---

[136] 거문고 줄을 받치는 기러기 발〔雁足〕을 아교로 붙여 거문고를 조절할 수 없음. 고지식하고 융통성이 없다는 뜻.

의 주장이 그 사이에 분분히 나오고, 그들이 저술한 책도 매우 많았습니다. 그리하여 사람들이 제각기 자기 생각대로 조그만 어린아이까지도 곧바로 천성(天性)이 어떠니 인명(人命)이 어떠니 큰소리나 치는 구렁텅이로 몰아넣고 육예(六藝)*137 학문을 헌 갓처럼 여겨 마침내는 스승의 도가 없어졌습니다. 스승의 도가 없어지니, 옛날 사도(司徒)*138의 직책이나 전악(典樂)의 관직은 헛되이 자리만 만들어 놓을 뿐이었습니다.

이로 말미암아 음악은 광대나 천한 장인바치에게로 돌아가고, 총명하고 준수한 젊은이들은 무작(舞勺)·무상(舞象)*139의 나이를 헛되게 보내어, 비록 위아래로 현악기와 관악기를 늘어놓고 팔음(八音)이 잘 맞는다 하더라도 진실로 어떤 것이 궁음(宮音)이 되고 우음(羽音)이 되는지를 모르고, 어떤 것이 종(鐘)이 되고 여(呂)가 되는지를 알지 못합니다.

민간에 혹시 음악을 몹시 좋아하여 거문고를 잘 타고 퉁소를 잘 부는 사람이 있다고 하더라도, 모두 부랑자나 파락호(破落戶)*140의 신세가 됨을 면치 못하므로, 자제들이 이를 부끄러움으로 여기고, 부모가 이를 금하며, 일반이 이를 천하게 여기게 되었습니다. 옛 성인들은 음악을 교육과 정치의 신기한 계기가 되고 미묘한 작용을 하는 것으로 중히 여겼는데, 이제 와서 오로지 광대와 천한 장인바치의 직책으로 전락해 버린 것은 절대로 있을 수 없는 일입니다."

형산이 말한다.

"옳은 말씀입니다. 주(周)나라 때에는 국자(國子)*141에게 춤을 가르치는데 대서(大胥)*142를 시켜서 춤추는 자리를 바로잡게 하고, 소서(小胥)*143를 시켜서 춤추는 대열을 바로잡게 하였습니다. 이 법은 한(漢)나라 때까지도 남아 있었지요. 비천한 사람의 자식은 종묘 제사의 춤에 참여하지 못했고,

---

*137 선비가 배워야 하는 여섯 가지 기예(技藝). 곧 예(禮)·악(樂)·사(射)·어(御)·서(書)·수(數).
*138 육경(六卿)의 하나로서, 예교(禮敎)로 백성을 인도하는 일을 맡아보는 직책.
*139 주공이 지은 춤의 명칭. 무작은 10살, 무상은 13살부터 익힌다.
*140 행세하는 집 자손으로 허랑방탕하여 결딴난 사람.
*141 공경(公卿)·대부(大夫)의 자제.
*142 주나라 때 악관(樂官)의 하나.
*143 주나라 때 악관의 하나.

춤추는 무생(舞生)은 모두 지방 장관과 방백들, 대부(大夫)와 관내후(關內侯)*144의 적자(嫡子)들로만 뽑았습니다. 이것은 그다지 오래지 않은 시대였으므로 그 선출 방법은 이처럼 엄격하였고, 교육을 위한 준비가 이러했던 것입니다."

내가 물었다.

"7균(勻)이니 12균이니 하는 것은 무엇입니까?"

형산이 대답한다.

"균이란 가지런한 것이고 고른 것입니다. 말하자면 운(韻)과 같은 것이지요. 시를 짓는 이들이 말하는 4운(韻)·8운·10운과 같은 것입니다. 7균이란 7성(聲)의 한 운이요, 12균이란 12율(律)의 한 운입니다. 옛날에는 운(韻)이라는 글자가 없었으므로 균이라고 했었습니다."

형산이 말한다.

"귀국에는 악경(樂經)이 있다고 들었는데 그렇습니까?"

내가 말했다.

"그것은 떠도는 말입니다. 중국에도 없는 것이 어찌 외국에 있겠습니까?"

그러자 곡정이 말한다.

"그것은 있을 수 없는 일이겠지요. 세상에서는 아직도 악경이 진(秦)나라 때 분서(焚書)에 들어갔다고 한탄하지만, 저는 중국에도 처음부터 악경이 없었다고 생각합니다."

내가 말했다.

"사전(史傳)에는, 기자(箕子)가 조선으로 피신해 올 때 시(詩)·서(書)·예(禮)·악(樂)과 의(醫)·무(巫)·복(卜)·서(筮)의 책을 가지고, 기공(技工)의 무리 5천 명을 데리고 함께 동쪽으로 나왔다고 하였으므로, 육예(六藝)가 진나라의 분서를 모면하고 우리나라에 전해졌다고 했습니다."

곡정이 웃으면서 말한다.

"그것은 본래 중국의 호기심 많은 사람들이 꾸며낸 말입니다. 풍희(馮熙)*145의 고서세본(古書世本) 같은 것도 그러한 것입니다. 이른바 기자조선

---

*144 관(關) 안의 제후. 관은 주로 함곡관(函谷關)을 말함.

*145 후위(後魏) 문명태후(文明太后)의 오빠. 용감하고 활쏘기, 말타기에 뛰어나고, 음양·병법에 밝았으며, 불법을 깊이 믿어 절과 탑을 많이 세웠음.

본(箕子朝鮮本)이라는 것은 기자를 조선에 봉하고부터 전해 오는 고문(古文)이라는 것으로서, 제전(帝典)*146으로부터 미자(微子)*147까지를 말합니다. 그 아래에 다만 홍범(洪範)*148 한 편을 붙이고, 팔정(八政)*149 아래에는 52자를 첨가한 것입니다. 고정림(顧亭林)*150이 일지록(日知錄)에서, 왕추간(王秋澗)의 중당사기(中堂事記)를 근거로 하여 이미 그것이 거짓 저술임을 밝혔습니다."

내가 말했다.

"제가 심양(瀋陽)에 들어온 후부터 만나는 수재(秀才)들마다 묻는 말이, 우리나라에 고문상서(古文尙書)*151가 있느냐는 것이었습니다. 대개 기자가 조선으로 나올 때 가지고 왔거나, 혹은 위만(衛滿)이 가지고 나왔을 것이라는 것이었습니다. 위만은 비록 자신은 상투를 틀고 오랑캐 옷을 입었어도 역시 호걸이었는지라, 그를 따라 들어온 수천 명 중에는 선비가 없지 않았을 것이고 또한 경서(經書)를 안고 진나라를 피해 따라 나온 이가 있었을 것이라 생각하는 것도 이치상 그럴 듯하다 하겠습니다. 그러나 고구려는 본래 무력을 숭상하였으니, 설혹 경서가 있었다 하더라도 그것을 소중히 여길 줄을 몰랐을 것이고, 또한 여러 번 난리를 겪었으니 없어졌을 것입니다. 우리나라에서는 천여 년 이래로 고문상서가 있다는 말을 듣지 못했습니다."

곡정이 말한다.

"선배 주석창(朱錫鬯)*152이 그 일에 대해 이미 고증하였습니다. 주서(周書)에 실려 있는 공안국(孔安國)*153의 서문에 성왕(成王)이 동、(東、: 이 한 점은 夷字인데, 그가 나(연암)를 상대하고 있으므로 그 글자를 피한 것으로, 그는 대체로 오랑캐를 뜻하는 胡·虜·夷·狄 등의 글자를 모두 피했음)를 치자 숙신(肅愼)*154이 와서 축

---

*146 서경(書經)의 요전(堯典)과 순전(舜典).
*147 서경의 편 이름.
*148 서경 주서(周書)의 편 이름.
*149 나라를 다스리는 8가지 정책, 곧 식(食)·화(貨)·사(祀)·사공(司空)·사도(司徒)·사구(司寇)·빈(賓)·사(師). 부부·부자·형제·군신을 팔정이라고도 함.
*150 고염무(顧炎武). 정림은 호임.
*151 한나라 경제(景帝) 시절, 공자의 구택(舊宅) 벽 속에서 나왔다는 책.
*152 청나라 학자 주이존(朱彛尊). 고증학(考證學)에 밝고 시에도 뛰어났음.
*153 한나라 시대의 학자, 공자의 12세손. 시에 뛰어났고, 공자의 옛집 벽에서 나온 상서(尙書)가 과두문자(科斗文字)로 되어 있어 아무도 해득하지 못하는 것을 해득했다고 함.
*154 만주·연해주(沿海州) 지방에 있던 퉁구스 족의 다른 이름.

하니, 왕이 영백(榮伯)*¹⁵⁵을 시켜 숙신에 내리는 칙서를 짓게 하였다고 했습니다. 그 글에 따르면 '해동(海東)의 구려(句驪)*¹⁵⁶·부여(扶餘)·간맥(馯貊)*¹⁵⁷ 등 여러 종족은 무왕(武王)이 상(商)을 쳐서 이겼을 때부터 주나라와 교통하였다' 했습니다. 주석창은 주서(周書)의 왕회편(王會篇)에, 직(稷)*¹⁵⁸·신(愼)·예(濊)·양(良)*¹⁵⁹ 같은 나라는 처음으로 보이지만 구려·부여 등의 이름은 없다고 하여, 동국사(東國史)에서 인용하기를 '구려의 건국이 한(漢)나라 원제(元帝) 건소(建昭)*¹⁶⁰ 2년에 시작되었다면 공안국(孔安國)이 황제의 명을 받들어 이 글을 쓸 때는 구려와 부여는 아직 중국과 교통하지 않았을 것인데, 더구나 주(周)나라가 상(商)을 이겼을 때부터 구려와 부여가 중국과 교류를 할 수 있었겠느냐' 하였습니다.

주자(朱子)는, 사람이 나서 여덟 살이 되면 모두 소학(小學)에 들여보내어 예절〔禮〕·활쏘기〔射〕·말타기〔御〕·글씨〔書〕·수학〔數〕에 관한 글을 가르쳤다고 했지만 이 말은 옛날 세상의 학교를 말한 것이지 옛날에 어디 이런 글이 있었겠습니까? 이른바 마당에 물 뿌리고 쓸며 어른을 모셔 받드는 것이 곧 예의요, 노래 부르고 춤추는 것이 곧 음악이요, 활쏘기나 말타기와 글씨나 수학이라는 것도 이로 미루어 짐작해 볼 수 있는 것입니다. 그러니 육예(六藝)의 가르쳤다고 해야 옳고, 육예의 학문을 글로 가르쳤다고 하는 것은 후세 사람들의 억지 주장에서 나온 것입니다. 옛날 세상에서는 과녁을 맞힘으로써 밝게 보이도록 훈련하고, 채찍질하여 깨닫게 했을 뿐이었습니다. 공자가 '예술을 배운다(遊於藝)'고 한 것이 이것입니다. 또 '나이 열다섯 살이 되면 천자의 맏아들과 그 밖의 여러 아들에서부터 공경(公卿)·대부(大夫)·원사(元士)의 적자(嫡子)와 일반 백성들 중에서 지혜와 재주가 뛰어난 사람에 이르기까지 모두 대학(大學)에 들여보낸다'고 하였습니다. 그것은 옳은 말입니다. 또 '사물의 이치를 탐구하고 마음을 바르게 가져서 자기의 덕을 닦고 남을 다스리는 도리를 가르친다'고 하였습니다. 이것은 후세의 억지 주

*155 주(周)나라 종실로 정치가였음.
*156 고구려의 약칭.
*157 예맥(濊貊)의 다른 이름. 동이(東夷)의 별칭이라고도 함.
*158 지금의 중국 산서성(山西省) 지방인 듯.
*159 지금의 중국 강소성(江蘇省) 지방인 듯.
*160 한나라 원제(元帝)의 연호. 그 2년은 기원전 36년, 신라 혁거세왕(赫居世王) 2년임.

장에서 나온 것입니다. 육예(六藝)를 강습하는 것은 모두 사물의 이치를 탐
구하고 마음을 바르게 가지는 일이니, 옛날 사람들은 성실하게 몸으로 행하
면 저절로 터득하였을 것입니다. 그런데 15살 전에 어찌 서둘러서 육예의
학문을 배우고, 15살 뒤에는 육예를 버리고 먼저 자기의 덕을 쌓고 남을 다
스리는 도리를 알아야만 하겠습니까? 옛날에 어떤 도학선생(道學先生)이 고
을의 학교나 마을의 서당에 앉아서 무슨 이학전서(理學全書)를 펴 놓고, 이
러한 것은 형이상의 이론이요, 이러한 것은 형이하의 실제라고 가르쳤을까
요? 13살에 작무(勺舞)를 추고, 15살에 상무(象舞)를 추고, 20살에 대하무
(大夏舞)를 춘다고 한 것은, 아마도 옛날 세상의 소학·대학의 과목 순서가
그러하였음에 지나지 않았을 것입니다. 그런데 후세 선비들은 옛날 육예에
관한 학문이 없었던 것을 알지 못하고, 입만 벙끗하면 진나라 시황을 욕하
고, 불타기 전의 완전한 경서가 외국으로 흘러가지나 않았을까 의심했던 것
입니다.

송나라의 구구(歐九)*161가 지었다는 일본도가(日本刀歌 : 일본 풍물을 묘사한 시로 진시황 때 서복(徐福)이 일본에 갔을 때 중국에서 없어진 책 100여 편이 있었다는 구절)에 나오는 '중국에서 사라진 책 백여 편이 일본에 있었다'는 구
절 같은 것은 더구나 가소로운 것입니다. 대개 하늘과 땅 사이에 가득 차 있
는 모든 사물은 형체와 빛깔과 형태와 환경을 떠나 있을 수 없는 것입니다.
시험삼아 육예를 두고 보더라도 예(禮)란 실천하는 것이고, 실천은 반드시
그 자취가 있습니다. 사(射)도 자기의 몸을 바르게 하고서 쏘는 것입니다.
이것이 활쏘는 모양입니다. 말고삐를 꼬나 잡고 양참(兩驂)*162이 춤추듯이
달리게 하는 것이 말을 모는 방법입니다. 하나와 둘을 더하면 셋이 됩니다.
이것으로 시작하여 1천 년의 날짜도 헤아릴 수 있습니다. 이것이 수학의 기
술입니다. 글씨의 육의(六義)*163에는 사물의 상형(象形)이 가장 많습니다.

그러나 음악만은 형태와 환경은 있지만 형체는 없습니다. 형체가 있다는
것은 뚜렷한 자취를 보이는 것으로서, 모두 말로 형용하고 글자로 기록할 수
있는 것이고, 형체가 없다는 것은 신비로운 작용입니다. 아득한 가운데 깨달

---

*161 구양수(歐陽修)를 일컫는 말. 그는 형제 중에서 아홉째였기 때문임.
*162 수레에 맨 네 마리 말 중에서 좌우 양쪽 끝의 말 두 마리를 말함.
*163 육서(六書). 한문 글자를 구성하는 여섯 가지 법이니, 상형(象形)·지사(指事)·회의(會
　　 意)·형성(形聲)·전주(轉注)·가차(假借)의 여섯 가지.

게 되고, 황홀한 가운데 활동하게 됩니다. 감추면 고요하고, 소리를 내면 원만하게 화합합니다. 소리가 아름답게 조화하면 예절에 맞고, 소리가 알맞으면 활쏘기와 같습니다. 조절하는 것은 말을 부리는 것과 같고, 음을 빌리는 것은 글씨를 가차(假借)*164하는 것과 같고, 음을 갑절로 내어 더하는 것은 수학과 같아서, 머리카락이 달라붙듯 엉기고, 핏줄이 살갗 속을 돌듯 퍼집니다. 들려올 때에는 어렴풋하여 마중하고 싶고, 갈 때에는 아득하여 뒤따르기 어렵습니다. 어루만져도 아무것도 얻어지는 것이 없고, 살펴보아도 보이는 것이 없습니다. 음악은 사람으로 하여금 뼈가 녹아나게 하고, 창자가 달콤하게 합니다. 가다가도 되돌아와서 못 잊어하는 것 같고, 끊어졌다가도 다시 이어져서 달리 생각하는 바가 있는 듯합니다.

음악은 지극히 맑으므로 향기가 없고, 지극히 미세하므로 그림자가 없으며, 지극히 치밀하므로 틈이 없고, 지극히 크므로 그 밖이 없으며, 지극히 화목하므로 흩어지지 않고, 지극히 우아하므로 빛깔이 없으며, 지극히 신비하므로 마음이 없고, 지극히 미묘하므로 말이 없습니다. 말의 가볍고 민첩함으로도 음악을 형용할 수가 없는데, 하물며 글자 나부랭이를 가지고 어찌하겠습니까? 그러므로 저는 삼대(三代) 이래로 처음부터 악경(樂經)이란 것이 없었다고 생각합니다."

형산이 수없이 권점(圈點)을 찍고는 말한다.

"이야말로 앞서의 사람들이 미처 알지 못했던 것을 알아내신 것입니다. 악기(樂記)라는 글 한 편은 마구 지어낸 것으로 악기는 본래 한(漢)나라 선비의 근거 없는 글입니다."

내가 말했다.

"성인의 저서는 그 전의 성인의 도를 계승하고 후학(後學)의 길을 열어주는 것입니다. 공자는 위(衛)나라에서 노(魯)나라로 돌아와서 시를 정리하고 예를 바로 잡았는데, 어찌하여 음악에 대해서만 아무런 저술이 없었을까요?"

곡정이 한참 생각에 잠겨 있다가 말한다.

---

*164 육서(六書)의 하나. 다른 글자의 음이나 뜻을 빌려 대신하는 것. 가령 영(令)은 호령(號令)한다 하는 것이 그 본뜻인데, 이를 빌려 백성을 호령하는 장관을 영(令)이라 함과 같은 것임.

"그런 저술은 단정하건대 있을 턱이 없습니다. 공자가 시를 정리하고 예를 바로잡은 것이 바로 악학(樂學)이지요. 음악의 본체는 시에 딸려 있고, 음악의 활용은 예에 깃들어 있습니다. 말로 사람을 가르치는 것은 물정(物情)을 그르치기 쉽고, 글자로 남을 가르치는 것은 천기(天機)가 엷어지기 쉽습니다.

그러나 음악은 사람을 빨리 감동시키면서도 조급하게 나타내지 않고, 깊숙하면서도 드러내지 않고, 조촐함을 숨기지 않습니다. 의연하고 곧으면서도 능히 굽힐 수 있고, 굽어보고 쳐다보아 감격스러우며, 흐느껴 울어 간절합니다.

사람이 이러한 음악을 들으면 송구하고 두려우며, 떨리고 놀랍습니다. 평온히 텅비게 하고, 유연히 생각하게 합니다. 이것은 말이나 글자 밖에 따로 말로 하기 어려운 말, 글자 아닌 글자를 열어서, 높게는 하늘에 따르고 낮게는 땅에 따릅니다. 굽히고 펴는 일은 귀신에 따르고, 순환하는 것은 세시(歲時)에 따릅니다. 물건을 윤택하게 하기 위해 비와 이슬을 빌릴 필요가 없고, 사람을 깨닫게 하기 위해 해와 달의 빛을 기다릴 필요가 없습니다. 고무시키기 위하여 바람이나 우레와 빠른 것을 다툴 필요가 없고, 차츰차츰 적시는 데에는 강과 냇물의 침수를 본받을 필요가 없습니다.

쇠〔金〕·돌〔石〕·실〔絲〕·대나무〔竹〕·박〔匏〕·흙〔土〕·가죽〔革〕·나무〔木〕의 소리는 효제(孝悌)·충신(忠信)·예의(禮儀)·염치(廉恥)의 행실은 아니지만, 입으로 불고 손가락으로 타고 팔로 춤추고 발로 뛰는 것은 모두 사단(四端)*165이 흐뭇하고 칠정(七情)이 윤택한 것입니다. 이것은 누가 그렇게 하는 것이겠습니까? 사람의 온몸을 말없이 깨우쳐 준다는 것이 바로 이러한 것을 말하는 것입니다.

옛날에는 글과 글씨가 널리 펴지지 못하여, 항간에서 부르는 노래를 학교에 끌어들여 글자로 구절을 만들고 이것을 악기에 맞추었습니다. 그래서 옛날에는 대학(大學)에서 사람을 가르칠 때 반드시 책으로만 한 것이 아니라, 노래 부르고 춤추는 것까지 곧 학문하는 것으로 삼았습니다. 점슬(點

---

*165 사람의 본성에서 우러나오는 네 가지 마음. 곧 인(仁)에서 우러나오는 측은하게 여기는 마음, 의(義)에서 우러나오는 부끄러워하고 미워하는 마음, 예(禮)에서 우러나오는 사양하는 마음, 지(智)에서 우러나오는 잘잘못을 분별하는 마음.

瑟)*166·회금(回琴)*167이 유상(遺像)*168을 모셨고, 청묘(淸廟)*169에서 세 번 읊으면 문왕(文王)을 보는 듯하다고 했습니다.

그러므로 오음(五音)이란 소리의 문리(文理)이고, 육률(六律)이란 소리의 의지일 것입니다. 본체는 각각 다른데 하나로 어울리는 것은 소리의 덕행입니다. 순수하고 잡것이 섞이지 아니하여 밖으로 드러나는 것을 아(雅)하다고 하는데, 아(雅)라는 것은 곧 소리의 광휘(光輝)입니다. 그러므로 성인은 특히 이러한 저술하지 않은 책과 말하지 않은 뜻에 유의하여, 사람들이 스스로 깨닫도록 하여, 지혜가 뛰어난 사람은 덕을 알게 되고 지혜가 낮은 사람은 음만 알게 되는 것입니다. 이것이 곧 성인의 도를 계승하고 후학의 길을 열어 준다는 뜻입니다. 그러므로 저는 애초부터 악경(樂經)이란 것은 없었다고 주장하는 것입니다."

내가 물었다.

"육예(六藝) 중 악서(樂書)가 없었다는 것은 잘 알겠습니다만, 악보도 없었습니까?"

형산이 말한다.

"아깝게도 옛날 악보는 모두 불타버리고 지금은 전해지는 것이 없습니다."

내가 다시 물었다.

"진(秦)나라 때 불탄 것입니까?"

형산이 대답한다.

"아니지요. 수나라 만보상(萬寶常)이 악보 64권을 지어, 팔음(八音)이 서로 돌아가며 궁음(宮音)이 되는 것과, 줄[絃]을 갈고 지주(支柱)를 바꾸는 변화로 84조(調) 144율(律)이 되고, 마지막에는 1천800소리[聲]가 되는 것을 자세히 논했습니다. 그러나 당시의 사대부(士大夫)들이 이를 배척하여 만보상은 마침내 굶어 죽게 되자 그는 스스로 분개하여 그 책을 모조리 불태워 버렸습니다.

명나라 가정(嘉靖)*170 연간에 태복승(太僕丞) 장악(張鶚)이 악서를 지었

---

*166 증점(曾點)의 비파(瑟). 공자의 제자 증점은 비파를 잘 탔음.
*167 안회(顔回)의 거문고[琴]. 안회는 거문고를 잘 탔음.
*168 공자의 초상.
*169 주(周)나라 문왕(文王)의 사당.

습니다. 그 하나는 대성악무도보(大晟樂舞圖譜)라 하여 거문고를 비롯한 여러 악기의 악보를 지은 것이고, 또 하나는 고아심담(古雅心淡)이라는 것이었습니다. 같은 시대에 요주동지(遼州同知) 요문찰(姚文察)이 지은 악서에 사성도해(四聲圖解)·악기보설(樂記補說)·율려신서보주(律呂新書補註)·흥악요론(興樂要論)이 있었고, 그 뒤에도 율려정의(律呂精義)·오음정의(五音正義)·악학대성지결(樂學大成旨訣) 등이 있었습니다. 모두 소리와 악기의 도수(度數)를 논한 것입니다.

거문고 악보에는 조현(調絃)·농현(弄絃)·수법(手法)·수세(手勢) 등이 있고, 당랑포선(螳螂捕蟬)이니 평사낙안(平沙落雁)이니 일간명월(一竿明月)이니 감군은(感君恩)이니 하는 것은 모두 거문고 타는 이들이 입으로 전하는 비결입니다."

곡정이 말한다.

"대체로 음악이란 악보가 없을 수도 있으니, 귀신에 통할 만하고 조화로우면 주역(周易) 한 권도 그대로 악보라 할 수 있을 것입니다. 또한 음악이란 비결이 없을 수도 있으니, 악기 종류에 따라 뜻을 붙이면 우소(虞韶) 한 권도 그대로 천지간에 저절로 존재할 것입니다. 옛날 사람들은 같은 글자를 겹쳐 쓰기를 잘 했습니다. 이것이 모두 음악의 비결이었습니다. 바람 소리 쇄쇄〔習習〕하고, 빗소리 주룩주룩〔淒淒〕하고, 사슴 소리 낄낄〔呦呦〕하고, 새 소리 잭잭〔嚶嚶〕하고, 기러기 소리 기룩기룩〔邕邕〕하고, 여우 소리 캥캥〔綏綏〕하고, 징경이 소리 콱콱〔關關〕하고, 벌레 소리 웅웅〔薨薨〕하고, 날갯소리 슥슥〔肅肅〕하고, 사냥개 소리 컹컹〔슈슈〕하고, 말방울 소리 짤랑짤랑〔將將〕하고, 얼음 뜨는 소리 쿵쿵〔沖沖〕하고, 나무 찍는 소리 쩡쩡〔丁丁〕하는 것이 모두 소리를 흉내낸 것이니 이로써 음악의 비결로 삼을 수 있을 것입니다."

내가 말했다.

"중국의 악성(樂聲)은 한 글자에 하나의 율(律)이 아닙니까?"

곡정이 말한다.

"아닙니다. 한 글자에도 청탁(淸濁)과 억양(抑揚)의 법이 있고, 평성(平聲)·상성(上聲)·거성(去聲)·하성(下聲)이 있습니다. 더구나 노래란 길게

---

*170 명나라 세종(世宗)의 연호. 1522~1566년. 조선 중종(中宗)·명종(明宗) 때임.

하는 말을 읊는 것이 아니겠습니까?"

내가 말했다.

"공자가 백어(伯魚)*¹⁷¹에게 '너는 주남(周南)과 소남(召南)*¹⁷²을 하느냐?' 한 것도, 후세에 와서 논의해 본다면 그까짓 것 하루아침에도 외울 수 있을 것이니, 꼭 아들에게 물어볼 필요는 없을 것이라고 할 것입니다. 그런데 공자가 읽었느냐고 묻지 않고 하였느냐고 물었으니, 이는 음악을 하는 것을 말한 것이 아니겠습니까?"

곡정이 말한다.

"선생의 말씀이 옳습니다. 그것은 옛날 사람들이 발견하지 못한 것을 발견하신 것입니다. 옛날의 음악은 곧 후세의 독서와 같은 것이었습니다. 옛날의 서적은 역경[易]·서경[書]·시경[詩]·예기[禮]에 불과한데 이것은 모두 천자가 있는 수도에나 있었던 책들입니다. 그러니 공자가 주(周)나라에 가서 노담(老聃)*¹⁷³에게 예(禮)를 물었다는 것도 이 때문입니다. 공자 같은 성인도 50살에 비로소 역경을 읽었고, 70명의 제자들도 일찍이 역경에 대해 말한 사람이 없었습니다. 말한 것은 언제나 시와 예에 불과했으니 그것도 모두 입으로 전한 것이었습니다. 이것은 후세에 점점 늘어가는 번거로운 글을 배우는 것과는 달라서, 당시에 배운다는 것은 제사 지내고 인사하고 하는 가운데 문인은 우(羽)*¹⁷⁴를, 무인은 척(戚)*¹⁷⁵을 들고서 아침저녁으로 거문고를 타고 노래를 부를 뿐이었습니다.

공자가 말하기를 '하(夏)나라의 예를 내가 말할 수는 있으나, 기(杞)*¹⁷⁶나라에 대해서는 실증할 수 없으며, 은(殷)나라의 예에 대해 내가 말할 수 있으나 송(宋)*¹⁷⁷나라에 대해서는 실증할 수 없다. 그것은 문헌이 부족하기 때문이다' 하였으니, 예 역시 입으로 전해진 것임을 알 수 있습니다. 이른바

---

*171 공자의 아들 이(鯉)의 자(字).
*172 주남·소남 모두 시경(詩經) 국풍(國風)의 편 이름.
*173 도가(道家)의 시조. 노자(老子).
*174 문악(文樂)에 쓰는 기구. 장대 끝에 깃을 달아 손에 들고 춤을 춤.
*175 무악(武樂)에 쓰는 기구. 나무로 도끼처럼 만들어 오른손에 들고 춤을 춤.
*176 은(殷)의 후손.
*177 주(周)나라 무왕(武王)이 은(殷)나라 주왕(紂王)을 쳐 죽이고, 은나라 제을(帝乙)의 서장자(庶長子) 미자계(微子啓)를 세워서 탕(湯)나라를 계승하게 한 나라.

'배워서 때때로 익힌다(學而時習)'고 한 것은 곧 이것을 두고 말한 것입니다. 그러므로 공자가 백어에게 그렇게 말하고서 다음 장(章)에는 '예(禮)에 이르기를, 악(樂)에 이르기를'이라고 말하였습니다. 그 근본이 제사 지내고 노래 부르는 것에 있음을 일깨워 준 것이라 하겠습니다.

관저장(關雎章)*178의 내용과 품격이 간절하게 거듭 반복하여 지극한 정성에서 우러나오고, 애끊는 측은함이 마음의 덕에서 흘러나오는 것은, 그 가사의 뜻이 그러하기 때문입니다. 즐거우면서도 음탕하지 않고 슬프면서도 마음을 상하게 하지 않는 것은 그 성음(聲音)이 그러하기 때문입니다. 그러므로 '태사(太師) 지(摯)가 처음으로 음악을 맡아보게 되자, 관저의 마지막 장까지 귀에 한없이 넘쳐난다' 한 것이 이것입니다.

그런데 후세의 시 공부에는 음악을 없애고 책에만 매달리게 되었으니 이 때문에 소리와 시가 둘로 나누어졌습니다. 그리하여 주자(朱子)가 시경(詩經)을 주석(註釋)할 때, 정풍(鄭風)·위풍(衛風)*179 등의 시를 모조리 음란한 것으로 돌려버렸습니다. 이는 그 뜻만 알고 소리 탓인 줄을 알지 못했기 때문입니다. 남녀 사이의 사사로운 즐거움은 남이 알까 보아 두려워하는 것인데, 어찌 한길 바닥에서 노래하여 스스로 추잡하고 음란한 행동을 드러내겠습니까? 그런데 공자가 안연(顏淵)에게 대답할 때, 어째서 정나라의 시를 멀리하지 말고 정나라의 소리를 멀리하라고 하지 않았습니까? 그러므로 만약 정나라의 소리로 노래한다면 표매(摽梅)·야균(野麕)*180 등도 마땅히 음란한 시에 속한다고 해야 할 것입니다. 또한 소리란 눈으로 알아보는 것이겠습니까, 귀로 알아보는 것이겠습니까? 학사(學士)나 대부(大夫)들은 그 근원을 밝히려고 음악을 만드는 이치에만 매달렸기 때문에, 끝내 엉뚱한 데서 눈으로만 억지로 찾아내려고 한 것입니다.

옛날 성인들은 귀로 듣는 데에 힘을 기울였으나 지금의 군자들은 하루아침에 눈으로 보는 데서 갑자기 얻어내려고 합니다. 이는 아침저녁으로 음악을 하는 것이 어떤 공부가 되는 것인지 몰라서, 소리와 음률을 버리고 쓸데없이 책만 읽는 것입니다. 그리하여 송나라의 여러 큰 선비들은 입만 열면

---

*178 시경(詩經)의 장 이름.
*179 시경의 편 이름들.
*180 시경의 장 이름들.

음률을 말하지만 실상 소리를 감상할 줄 모르니 도리어 악공들의 웃음거리가 되고 끝내는 음악이 고루해짐을 면치 못했습니다."

내가 말했다.

"진(秦)나라 한(漢)나라 이래로는 옛날 음악을 회복하기가 어려웠을 뿐 아니라, 앞으로 비록 좋은 시운(時運)이 돌아온다 하더라도 좋은 음악을 지을 만한 사람은 나오지 못할까요?"

곡정이 말한다.

"어찌 그렇기야 하겠습니까? 주(周)나라가 쇠하여 무너질 무렵 문치(文治)의 폐단은 극도에 이르렀습니다. 그리고 제후들이 강대해지자 서로 다투어 무력을 숭상하였습니다. 태학관(太學館)의 자리는 텅 비워 놓고 뜰 안에서 제각기 자리를 나누어 차지하고 세력을 높인 자들은 모두가 권모술수에 뛰어난 사람들이었습니다.

이로 말미암아 백 가지 학설이 종횡하게 되고 제각기 자기의 주장이 옳다 하고 자기의 학문을 내세웠습니다. 그러나 요컨대 그 여러 학설들의 취지는 결국 모두 인(仁)과 의(義)에 근본을 두고 유학(儒學)을 빌려다가 내세운 것입니다. 몸은 학교를 떠나 뒤죽박죽이 되고 예와 악의 이치를 헛되이 입으로만 떠들어 댈 뿐 몸으로는 익히지 않아, 예의의 모습은 날로 눈앞에서 사라져 가고, 음악 소리는 날로 귀에서 멀어져 갔습니다. 잠시도 몸에서 떨어져서는 안 될 보물이 쓸데없는 헛된 도구가 되어 버려 다시는 익힐 수 없게 되었으니, 이는 진실하지 못한 글로 이치를 밝히려는 사람들의 잘못입니다.

이러고 보니 사람의 마음은 허식을 싫어하고 질박한 풍습을 찾게 되며, 겉치레를 미워하고 실속을 취하며, 사치를 꺼리고 검소함을 숭상하며, 번거로운 것을 미워하고 간소한 것을 생각하게 됩니다. 그런데 천하를 다스린다는 자는 백성들을 몰아다가 암흑과 우매의 경지에 들게 하였습니다. 이는 반드시 옛날 성인의 정치하는 요체가 아니라고만 말할 수 없는 것이니, 책을 불태우고 선비를 땅에 묻어 버린 짓이 진(秦)나라로서는 큰 실책이었음을 면할 수 없지만, 한(漢)나라로서는 모두가 다행한 일이었습니다.

또 유방(劉邦)*181과 항적(項籍)*182이 싸우는 사이에 천하의 젊은이들은

---

*181 한(漢)나라 시조인 고조(高祖). 진(秦)나라가 기울어지자 군사를 일으켜 패공(沛公)이 되어 스스로 한왕(漢王)이라 일컫고 항적(項籍)과 천하를 다투어 마침내 항적을 쓰러뜨

모두 도탄에 빠졌다가, 다행히 칼과 화살 아래에서 벗어나 비로소 자신의 총명을 가지고 타고난 천품을 완전히 발휘할 수 있게 되었습니다. 이는 곧 시운(時運)이 돌아와 좋은 기회가 되었던 것입니다. 이때에는 형벌이란 세 가지 약법(約法)*183에 지나지 않아서 당시의 법은 그다지 엄밀하지도 않았습니다. 여러 신하들이 자신의 공을 다투며 술에 취하여 왕의 이름을 함부로 부르고 칼을 빼어 기둥을 치기도 하였습니다. 조정에는 소박하고 입이 무거운 어른들이 많아서 남의 잘못을 말하는 것을 부끄럽게 여기는 등 풍속은 그다지 각박하지 않았습니다. 논밭을 많이 차지한 부자들이 죽고 흩어져서 농토는 일정한 임자가 없어짐으로 해서 비로소 천하의 논밭을 다시 정리하게 되었습니다.

문제(文帝)·경제(景帝) 시절에는 이미 한(漢)나라가 일어난 지 40여 년이 되어 백성들이 숨을 한 번 돌린 뒤라 들판에는 말들이 떼를 이루었고, 나라 창고에는 쌀이 쌓여 묵어가니 고을마다 학교를 세울 수 있었고, 학사(學士)·대부(大夫)들은 박사(博士)의 집에 가서 머리를 숙이며 교육을 할 수 있게 되었습니다. 이는 다름 아니라, 한(漢)나라 초에 책*184을 끼고 다니는 것을 금한 법률이 오래도록 풀리지 않아, 천하의 책들이 모두 정부에만 몰려 있었으므로, 백성들은 고을 관리의 말만 믿게 되고 관직에 나가지 못한 선비들은 함부로 정치를 말하지 못하게 되었기 때문이었습니다."

내가 웃으면서 말했다.

"이는 곧 선사(禪師)인 단선본(段善本)이 강곤륜(康崑崙)에게 10년 동안 악기를 만지지 못하도록 하여 음악의 본래 특성을 잊어버리게 했다는 고사(故事)와 같습니다그려."

곡정이 말한다.

리고 황제의 자리에 올랐음.
*182 진나라 말에 군사를 일으켜 초(楚)나라를 일컫고 유방과 천하를 다투다가 해하(垓下)에서 크게 패하여 오강(烏江)에서 자살했음. 초패왕(楚霸王), 항우(項羽).
*183 약법삼장(約法三章). 한나라 고조(高祖)가 관중(關中)에 들어가서 진나라의 가혹한 법을 모두 없애고 백성들에게 다만 세 가지 조목만을 약속하였다. 그것은 남을 죽인 자는 사형에 처한다, 남을 상하게 한 자와 도둑은 처벌한다 하는 것이었음.
*184 진시황(秦始皇)이 백성은 책을 가지고 책을 공부해서는 안 된다고 한 법률을 내렸었음(挾書律).

"그렇습니다. 세상에 드문 숙손통(叔孫通)*185 같은 이도 멀리 배척당하는 잘못이 있었고 나이 젊고 총명한 조조(鼂錯)*186·가의(賈誼)*187 등 110여 명 인사들은 눈을 가리고 다른 책은 보지 못하도록 하여, 음악으로써 문학을 대신 삼게 하고 노래와 악기로써 행실을 깨우치게 했습니다. 그리하여 손발로 춤을 추는 것으로 멀리는 임금을 섬기고 가까이는 아버지를 섬기게 하였습니다.

그렇게 한 뒤에, 노(魯)나라의 두 선비를 세워 사도(司徒)로 삼았으니 반드시 음악을 지을 줄 아는 사람이 없지 않았을 것이고, 또 두 마(馬)*188를 최고 학부에 등용한 것으로 보아 반드시 노래를 지을 줄 아는 사람이 없지 않았을 것입니다. 그러나 그들이 어떠한 공을 기록하고 어떠한 덕을 찬양하였는지는 알 수 없으나, 그래도 당나라 송나라의 터무니없는 가사보다는 나을 것입니다."

내가 말했다.

"사마상여와 사마천은 그들의 문학을 취한 것이 아닐까요? 가의나 조조도 역시 어째서 두 사람만 못했겠습니까?"

곡정이 말한다.

"비단 그들의 문학만 취한 것이 아닙니다. 옛날에는 율학(律學)과 역학(曆學)이 모두 태사(太史)에게 속해 있어서 한(漢)나라 율서(律書)에는 먼저 음악에 대하여 말하지 않고 군사를 말했습니다. 그것도 군사 쓰는 법을 말한 것이 아니라 군사를 휴식시키는 법을 말했습니다. 음악과 군사는 거리가 멀지만, 천하가 부유해지고 백성이 즐거이 놀게 되는 근본이 화락(和樂)이니, 음악을 제정하는 뜻을 깊이 알았다고 할 것입니다."

내가 말했다.

"한나라가 천하를 통치할 때가 그처럼 번성했습니까?"

곡정이 말한다.

---

*185 한나라 박사(博士). 유방(劉邦)이 나라를 세우고 황제의 위에 오르자 진나라 법을 없애고 숙손통의 의견을 좇아 노(魯)나라의 여러 유생을 징발하여 조의(朝儀)를 일으켰음.
*186 한나라 경제(景帝) 때의 충신.
*187 한나라 박사. 어려서부터 영특하여 20살에 박사가 되었음. 신서(新書)·가장사집(賈長沙集) 등의 저서가 있음.
*188 한나라 때의 학자 사마상여(司馬相如)와 사마천(司馬遷) 두 사람을 동시에 일컫는 말.

"선생은 그게 무슨 말씀이십니까? 어찌하여 선생은 한나라를 그렇게도 과소평가하십니까? 저는 한나라 고조(高祖)의 공로는 주나라 무왕(武王)보다 못하지 않고, 고조의 덕은 주나라 왕실에 비하여도 부끄럽지 않다고 생각합니다. 다만 부족하다면 서백(西伯)*189과 같은 전통 있는 가문이 아니었던 것과, 주공(周公)과 같은 숙부와 소공(召公)과 같은 신하가 없었던 것과, 천록(天祿)*190이 주나라와 같이 8백 년이 못 된 것과 공자와 같은 후손이 없었을 뿐입니다. 하·은·주 삼대(三代) 때에는 천자가 다스리는 땅이 천 리를 넘지 못했습니다. 수많은 제후들이 각기 땅을 나누어 다스려서, 아주 큰 악인만 아니면 천자로서는 관계하지 않았습니다. 천자로서는 5년에 한 번씩 천하를 순회하고, 음률(音律)·척도(尺度)와 말〔量〕·저울〔衡〕을 바로잡을 뿐이고, 큰 반역이 없으면 자신이 거처하는 궁전에 조용히 팔짱을 끼고 들어앉아 있었으니 여기서 별달리 무슨 할 일이 있었겠습니까? 상하가 서로 지탱하고 강약이 서로 견제하여, 이른바 발이 많은 벌레는 죽어도 쓰러지지 않는다는 것과 같은 이치였습니다.

진나라와 한나라 이래로는 영토는 만 리나 되고, 일반 백성들의 굶주리고 배부른 것, 춥고 따뜻한 것이 모두 천자의 생각 하나에 달려 있어서, 천자가 한 번만 잘못 생각해도 나라는 와르르 무너져 국경도 사라지고 말 것입니다. 비록 부견(苻堅)*191의 강력한 힘과 두건덕(竇建德)*192의 꾀로 그들은 한때 천하의 절반을 얻었으나 하루아침에 몸이 사로잡혔으니 흥망이 덧없어서 한 치의 땅과 한 사람의 백성까지도 반드시 천자 한 사람에게로 되돌아갔습니다. 뛰어나게 큰 운수가 아니고는 천자의 지위를 오래 누리지 못하고, 뛰어나게 큰 제도가 아니고는 어떻게도 난리를 진정시킬 수가 없었으니 천자 노릇 하기의 어렵고 쉬운 것도 고금의 형세에 따라 달랐습니다.

주(周)나라가 일어날 때에는 백이(伯夷)·숙제(叔齊) 이전에 태백(太伯)·중옹(仲雍)*193이 있었고, 백이·숙제 이후에는 관숙(管叔)·채숙(蔡叔)*194이

---

*189 주(周)나라 문왕(文王)이 은(殷)나라를 섬길 때의 칭호.
*190 하늘이 내려 준 복록(福祿). 여기서는 나라를 유지하게 하는 것을 말함.
*191 전진(前秦)을 세운 임금.
*192 수나라 말에 하북(河北) 지방에 웅거하여 스스로 장락왕(長樂王)이라 일컬었음.
*193 태백은 형이고 중옹은 아우로서 주나라 태왕(太王)의 아들인데, 막내 아우 계력(季歷)이 임금 자리를 맡게 하기 위해 함께 형만(荊蠻)으로 달아났음.

있었습니다. 한(漢)나라가 일어날 때에도 역시 그러했습니까? 고제(高帝)는 공은 있었지만 심덕이 없었고, 문제(文帝)는 덕행은 있었지만 학문이 없었으며, 무제(武帝)는 야망은 있었지만 식견이 없었습니다.

아깝게도 미앙궁(米央宮)*195은 터도 채 온전히 자리잡지 못하고, 지평도 바로잡지 못한 채로 흙덩이 하나 돌덩이 하나도 직공에게 맡기지 않고 부지런히 두어 길의 흙담을 쌓아서 4백 년 동안을 그럭저럭 지탱해 왔습니다. 비유하건대 시골 늙은이가 보리밥에 오이김치가 입에 맞아 이것으로 배를 채울 뿐 도무지 홍운사(紅雲社)*196의 산해진미를 모르는 것과 같습니다. 그러나 삼로(三老)*197 동공(董公)*198이 여상(呂尙)*199보다 어질고, 호소(縞素)*200의 격문 하나가 태서(泰誓)*201보다 나을 것입니다."

내가 말했다.

"선생의 한나라 공덕에 대한 말씀이 너무 지나친 것 같습니다. 처음에 고조(高祖)는 백성을 구원하려는 마음도 없이, 취한 김에 망령되게 함부로 고함치다가 아방궁(阿房宮)*202을 보고는 뜻을 일으킨 데 지나지 않았으니, 그러한 도둑떼 중에서도 흉물스러운 자를 어찌 덕으로 일어난 주나라에 비유

---

* 194 관숙은 형이고 채숙은 아우로서 문왕(文王)의 아들인데, 주공(周公)과 성왕(成王)의 사이를 이간질하다가 관숙은 처형당하고 채숙은 추방당했음.
* 195 한나라 궁전 이름. 섬서성(陝西省) 장안현(長安縣) 서북쪽에 있었는데, 둘레가 28리. 극히 화려하고 웅장했다고 함.
* 196 꽃이 울긋불긋 만발한 가운데 베푼 연회.
* 197 한나라의 제도에 100리에 한 정(亭)을 두고, 10정에 한 향(鄕)을 두어, 향에 한 장로(長老)를 두어 삼로라 하여 교화를 맡아보게 했음.
* 198 한나라 고조(高祖)가 낙양(洛陽) 신성(新城)에 갔을 때 만난 삼로(三老).
* 199 주(周)나라 사람, 문왕(文王)의 스승. 본래의 성은 강(姜)인데 그의 조상이 여(呂)에 봉해졌으므로 여상이라 했고 강태공(姜太公) 또는 태공망(太公望)이라고도 했음. 무왕(武王)을 도와 은(殷)나라 주왕(紂王)을 쳐서 천하를 통일했음.
* 200 백색의 상복(喪服). 한나라 고조 유방이 항우를 치려고 하자, 명분 없는 군사를 내서는 안 된다는 동공(董公)의 의견을 좇아 의제(義帝)를 죽인 항우의 죄를 묻는 군사를 일으킨다 하고 모두 상복을 입고 출정했다고 함.
* 201 서경(書經)의 한 편 이름. 주나라 무왕(武王)이 은나라를 치기 위해 맹진(孟津)에 이르렀을 때, 제후와 군사들에게 맹세한 글임.
* 202 진시황(秦始皇)이 함양(咸陽)에 세운 대궐. 매우 웅장하고 화려했는데 나라가 망할 무렵 항우가 불을 질러 세 달 동안 탔다고 함.

할 수 있겠습니까? 만약 이루어 놓은 업적만 가지고 공덕을 논한다면, 예로부터 어지러운 세상의 간웅(姦雄)들이 모두 후세에 할 말이 있을 것입니다. 천하가 이미 정해진 다음에야 비록 한두 가지 드러낼 만한 것이 있었다 하더라도 그것 또한 때에 따라 이해(利害)를 취하고 편의(便宜)를 차지한 데 지나지 않습니다. 이른바 존귀한 집의 인의(仁義)는 귀한 것으로 칠 것이 못된다 하는 것 아니겠습니까? 항우(項羽)가 한나라를 위해 의제(義帝)를 죽여 없앤 것은 하늘이 한나라를 도운 것입니다. 만약 하늘이 항우로 하여금 이런 난처한 일을 하게 하지 않았더라면 한 고조가 어찌 천하의 3분의 2를 차지하여 머리를 숙이고 숨을 죽이고서 의제의 뜰에 옥과 비단과 희생양을 바칠 수 있었겠습니까?"

곡정이 크게 웃고 말한다.

"청컨대 선생은 노여움을 멈추십시오."

나도 크게 웃으면서 말했다.

"저야 본래부터 성을 낼 일이 아니지요."

곡정이 말한다.

"하늘이 한 고조로 하여금 의제를 섬기게 했어야 한다는 것은 선생께서 지극한 의리를 유추하여 하시는 말씀입니다. 삼대(三代) 이전은 부득불 덕행을 따져야 할 것이고, 삼대 이후는 부득불 공적을 따져야 할 것입니다. 하늘의 배려가 두터운지 여부를 보아 왕조의 길고 짧은 것을 알 수 있을 것입니다. 주나라와 한나라의 덕행이 비록 같다고 말할 수는 없겠지만, 그러나 이를 외롭고 어린 임금을 속여서 천하를 차지한 다른 왕조에 비한다면, 어찌 하늘과 땅의 차이라고 아니 하겠습니까? 그러므로 왕조(王朝)의 길고 짧은 것은 공덕의 많고 적은 것에 달렸습니다.

위(魏)나라·진(晉)나라가 부정한 방법으로 나라를 얻었다가 같은 방법으로 나라를 잃은 일에 대해서는 이전부터 선배들의 논란이 있었지만, 당나라·송나라가 천하를 차지하고는 몇 대가 못 가서 왕실이 크게 어지러워져서, 천보(天寶)[203] 이후로는 진정 나라라 할 수 없고, 임금은 임금이라 할 수 없었습니다. 양한(兩漢)[204]을 여기에 비교한다면 애제(哀帝)·영제(靈帝)

---

[203] 당나라 현종(玄宗)의 연호. 742~756년. 신라 경덕왕(景德王) 때임.
[204] 전한(前漢, 西漢)과 후한(後漢, 東漢).

같은 이들도 오히려 임금의 기강을 잡고 있었고, 외적의 침입도 없었으니, 이로써 나라를 정당하게 얻었는가 부정하게 얻었는가에 따라 천명(天命)이 돈독하고 돈독하지 않다는 것을 넉넉히 증거할 수 있었던 것입니다.

또한 의제(義帝)의 존재에 의해 한나라의 공적이 더욱 빛나게 된 것입니다. 당시에 의제를 받들어 세운 것은 항우 가문의 한때의 편의를 위한 것에 지나지 않는 것으로, 거소노인(居巢老人)*205의 졸렬한 계교에서 나온 것입니다. 어지러운 난리판에 갑자기 내세운 명분을 혼란 속에 일어난 영웅들에게서 기대할 수는 없었을 것입니다. 유방이 소복을 입고 항우를 성토(聲討)한 것은, 비유하건대 두 사람이 맞고소를 하여 억지로 서로의 탈을 잡는 것과 같습니다. 가령 한나라 고조가 수수(濉水)에서 패하여 죽었더라면 역사 기록에는 전례대로 '의제(義帝) 원년에 한왕(漢王) 유방이 군사를 일으켜 항우를 치다가 패하여 죽었다'고 쓰는 정도에 지나지 않았을 것입니다. 형식적 의리로 따져 본다면, 은나라가 미자(微子)에게 했던 것처럼 무왕(武王)이 기자(箕子)를 봉하여 물러나 번방(藩邦)*206으로 있게 했더라면 그가 은(殷)나라 왕실의 순충(純忠)한 신하가 되는 데 아무 문제도 없었을 것입니다. 잠자리에서 눈물을 흘리며*207 끝까지 하늘의 위엄을 두려워했더라면, 그가 경시(更始)*208의 어진 종실(宗室)이 되는 데 해롭지 않았을 것입니다. 그런데 사마소(司馬昭)가 청궁(淸宮)*209을 차지하고 거처하는 것은 책망하지 않고, 도리어 사마소의 죄를 성제(成濟)*210에게 뒤집어씌웠습니다. 마음을 편안히 하여 조용히 궁리한다면, 항우 가문이 높이 떠받드는 의제가 한나라에 무슨 관계가 있겠습니까?

---

*205 항우의 모사(謀士) 범증(范增). 거소는 그가 살던 곳이고, 노인은 그가 세상에 나설 때 이미 70살이 되었기 때문에 그렇게 부른 것임.
*206 제후의 나라.
*207 한나라 광무제(光武帝)가 경시제(更始帝)의 부하로 있을 때, 그의 형 연(縯)을 죽였는데, 광무제는 상복도 입지 않고 태연한 체했으나 잠자리에 들어서는 형을 생각하고 울었다고 함.
*208 서한 말기, 군인들이 임시로 내세운 황제 유현(劉玄)의 연호.
*209 더러움이 없는 대궐. 위(魏)나라 대궐.
*210 성제는 위(魏)나라 신하로서, 사마소(司馬昭)에게 의탁하고 있었는데 사마소는 그를 시켜 위나라 황제 조모(曹髦)를 죽이고는 그 죄를 도리어 성제에게 돌렸음.

의제를 강상(江湘 호남성지방) 백 리 되는 나라에 봉하여 한나라의 손님으로 대접하였더라면 한나라 4백 년 동안 제일 가는 성덕(盛德)이 되는 데 아무 문제도 없었을 것이고, 또 의제를 처리하는 데에도 아무 어려움이 없었을 것입니다. 또한 후세의 군자들은 의논을 할 때, 힘써 높은 체하고 한나라·당나라에 대해 말하기를 부끄럽게 여겨, 마침내 한나라의 덕이 비천해져서 아무도 칭송하는 이가 없게 되었을 것입니다. 그러나 한나라의 여러 황제들은 모두 당당히 대를 이어가며 효도하고 우애했고, 사람을 쓸 때 선량하고 성실한 이를 먼저 쓰고 백성을 이끌어 주기 위해 농사를 권장하였습니다. 이 세 가지는 천하의 대본(大本)으로서, 역대에 드문 일입니다.

급암(汲黯)*211의 정직과, 곽광(霍光)*212이 어린 임금을 도와 깨끗하게 봉사한 것이라든가, 자릉(子陵)*213의 고상했던 지휘나, 황헌(黃憲)*214의 모범적인 언행이나, 제갈량(諸葛亮)의 떳떳한 출처(出處)*215나, 하간(河間)*216의 예절을 좋아했던 점이나, 동평(東平)*217의 선행을 즐겼던 사실들 모두가 천하의 근본되는 섭리로서 역대에 걸쳐 따르지 못할 일입니다. 이러한 사실들은 질박하고 정직하고, 충성되고 간절하고 참다운 뜻에서 피어나는 것입니다. 이른바 마음의 덕성에 합치되고, 사랑의 원리를 잃지 않는다는 것입니다. 이는 모두 음악을 만들 수 있는 실체로서, 노래하고 감탄할 만한 것이라, 대아(大雅)에 맞세우더라도 의당 부끄러운 빛이 없을 것입니다.

온 세상 사람들은 한나라의 문물에 젖어 오래도록 두고두고 생각하게 되었습니다. 유연(劉淵)*218은 한나라의 이름을 빌려 안락공(安樂公)*219에 이

---

*211 한나라 경제(景帝)·무제(武帝) 때 사람. 그의 정치는 청정(淸淨)하고 어디서나 바른말을 주저하지 않았음.

*212 한나라 무제 때 대사마(大司馬)·대장군(大將軍)에 임명되고 20여 년 동안 정권을 잡았음.

*213 후한(後漢) 때의 엄광(嚴光), 자릉은 자임. 어릴 때 광무제(光武帝)와 함께 공부했는데 광무제가 즉위하여 그를 불렀으나 벼슬에 응하지 않았음.

*214 후한 때 사람으로 효렴(孝廉)으로 천거되었으나 끝내 벼슬하지 않았음. 세상에서 그를 징군(徵君)이라 일컬었음.

*215 벼슬에 나아가고 물러나 집에 있음. 진퇴(進退).

*216 하간효왕(河間孝王). 후한 장제(章帝)의 아들. 법도를 준수하여 모든 사람에게 존경받았음.

*217 동평헌왕(東平獻王). 후한 광무제(光武帝)의 여덟째 아들. 표기장군(驃騎將軍)에 이르렀음. 수염이 멋있었다고 함.

어 종묘를 세웠고, 유유(劉裕)*²²⁰가 관내(關內)로 들어오자 백성들은 그에게 십릉(十陵)*²²¹을 설명해 주었으며, 유지원(劉知遠)*²²²·유엄(劉龑)*²²³들도 오히려 유(劉)자를 팔아서 황제까지 되었습니다. 이는 비록 한나라와 아무런 관계가 없었던 것이지만, 백성들의 양심은 다른 왕조가 하루아침에 여지없이 망한 것과는 달리 생각했습니다."

이때 이미 해가 저물었다. 종일토록 저마다 술을 10여 잔이나 마셔, 형산은 한낮부터 의자 위에서 깊이 잠이 들었고, 곡정은 연방 칼을 들어 양고기를 큼직큼직하게 베어 먹으면서 나에게도 자주 권하였다. 그러나 나는 노린내가 아주 싫어서 떡과 과일만 집어 먹었다.
곡정이 묻는다.
"선생은 제(齊)나라와 노(魯)나라 같은 큰 나라를 좋아하지 않으십니까?"
나는 웃으면서 말했다.
"큰 나라는 노린내가 나니까요."*²²⁴
그러자 곡정은 부끄러워하는 기색이었다. 나도 역시 내가 꺼려야 할 것을 건드렸음을 깨닫고, 곧 먹으로 그 글자를 지워 버린 다음 사과하였다.
"저는 자공(子貢)*²²⁵처럼 양을 사랑하진 않지만 마음은 왕숙(王肅)과 같습니다."
제(齊)나라 왕숙(王肅)은 처음 위(魏)나라에 들어갔을 때 양고기를 먹지 않고 항상 밥과 생선만 먹었다. 고조(高祖)가 '양고기가 생선국과 비교하여 어떠한가?' 하고 묻자 왕숙은 '양고기가 제나라·노나라 등 큰 나라와 같다

───────────
*218 전조(前趙) 사람. 흉노(凶奴) 모돈(冒頓)의 자손.
*219 후한(後漢) 유비(劉備)의 아들 후주(後主) 유선(劉禪)이 위(魏)나라에게 망한 뒤에 일컬은 칭호.
*220 남송(南宋)의 무제(武帝).
*221 한나라 역대의 능.
*222 오대(五代) 때 한(漢)의 고조(高祖).
*223 남한(南漢)의 고조(高祖).
*224 한족(漢族)이 북방 호족(胡族)을 노린내가 난다고 한 것으로 청(淸)에게 통치받고 있는 대국은 노린내가 난다고 풍자한 것임.
*225 공자의 제자 단목사(端木賜). 자공은 자(字)임. 말재주가 있고 일을 잘 요량하며 재산을 잘 늘려 노(魯)나라·위(衛)나라의 재상이 되었음.

면, 물고기는 주(邾)나라·거(莒)나라 등 작은 나라와 같습니다' 하고 대답하였다. 팽성왕(彭城王) 협(勰)이 '경(卿)은 제나라·노나라 같은 큰 나라를 중히 여기지 않고, 주나라·거나라 같은 작은 나라를 사랑하는구려. 내일 경을 위해 주나라·거나라의 음식을 마련하여 보겠소' 하였다.

곡정은 내가 양고기를 먹지 않는 것을 보고, 내가 작은 나라에서 태어나 큰 나라의 맛을 모른다고 농담을 한 것이다. 그런데 큰 나라는 노린내가 난다고 한 나의 대답은 오히려 감추고 싶어하는 것을 건드린 셈이어서 곡정이 부끄러워하는 기색을 보였던 것이다.

곡정이 묻는다.
"박공께서는 고려공안(高麗公案)을 아십니까?"
내가 말했다.
"그것은 동파(東坡) 소식(蘇軾)이 지은 동파지림(東坡志林)에 실려 있지요. 고려는 아무런 잘못이 없는데 소동파는 고려를 몹시 미워했습니다. 고려의 명신에 김부식(金富軾)*226과 김부철(金富轍) 형제가 있었지요. 이들은 소동파를 사모하여 소식(蘇軾)·소철(蘇轍) 형제의 이름자를 따서 이름까지 그렇게 지었으나 동파는 그것을 알지 못했습니다."
곡정이 말한다.
"자첨(子瞻)*227이 임금에게 글을 올려, 고려의 조공은 털끝만큼도 이익이 없고 도리어 다섯 가지 해악만 있다고 하면서 책을 사 가는 것을 허락하지 말라고 말하긴 했지만, 책부원귀(册府元龜)*228는 그때 나온 책으로 귀국에서도 널리 찍어내지 않았습니까?"
내가 말했다.
"소동파가 황제께 올린 건의는 실언임을 면치 못합니다. 작은 나라가 중국을 사모하여 사신을 보내온 것을 큰 나라가 하필이면 이해로 따질 일이었겠습니까?"
곡정이 말한다.

---

*226 고려 의종(毅宗) 때 문신·학자. 삼국사기(三國史記)의 저자.
*227 소식(蘇軾 ; 東坡)의 자.
*228 송나라 때 왕흠약(王欽若) 등이 지은 책. 1,000권. 역대 군왕의 사적을 모아 수록했음.

"옳습니다. 송(宋)나라 정화(政和)*229 연간에 고려의 사신을 승격시켜 국신(國信)*230으로 하고, 예우하여 하국(夏國)*231의 윗자리에 있게 하였으며, 인반(引伴)*232·압반(押伴)*233을 고쳐 접송(接送)·관반(館伴)이라 일컬었습니다. 고려는 요(遼)나라를 섬기다가 금(金)나라를 섬기는 등 중국에 대해 예의를 많이 저버렸기 때문에, 송나라 고종(高宗)은 이를 몹시 유감으로 여겼습니다.

고려가 조공하던 길은 항상 명주(明州)·명월(明越) 지방을 경유해야 하므로 공급이 매우 곤란했습니다. 중국에서 맞이하여 접대하는 비용이 여러 만 냥이라, 회수(淮水)*234·제하(濟河)*235 지방이 시끄러웠습니다. 옛날 형남(荊南)*236의 고계흥(高季興)은 오대(五代) 시대의 절도사(節度使)였습니다. 당시 한 고을을 차지한 자는 모두 그 지방의 패권을 잡지 않은 자가 없었지만 고씨는 스스로 겸손하고 자기를 낮추어, 나라에서 내려주는 하사품을 이롭게 생각하며 언제나 외번(外藩)*237이라 일컬었습니다. 당시 사람들은 그를 지지리 못난이라 하여 고무뢰(高無賴)라고 했습니다. 송나라 때 회수·제하 지방 사감들도 역시 고려를 고무뢰(高無賴)라고 하였는데, 이는 그 비용을 부담하기가 괴로웠기 때문입니다. 소동파의 다섯 가지 해로움이란 말도 그 때문이었습니다. 그러므로 어사(御史) 호순척(胡舜陟)과 시어사(侍御史) 오불(吳芾) 등도 모두 이것에 대해 말했습니다. 그러나 다만 이런 폐단 때문에 그것을 말한 것이 아니라, 중국의 허실(虛實)을 엿보아 금나라의 간첩이 되지나 않을까 염려하였던 것입니다."

내가 말했다.

---

*229 북송(北宋) 휘종(徽宗)의 연호. 1111~1118년. 고려 예종(睿宗) 6~13년.
*230 나라의 사신. 지금 대사(大使)와 같은 것임.
*231 조원호(趙元昊)가 서역(西域)에 세운 나라. 서하(西夏)라고도 함.
*232 외국 사신을 맞이하고 전송하는 일을 맡은 관원. 접송(接送).
*233 외국 사신을 안내하고 접대하는 일을 맡은 관원. 관반(館伴).
*234 하남성(河南省) 동백산(桐柏山)에서 시작되어 동으로 흘러 안휘성(安徽省)·강소성(江蘇省)을 거쳐 대운하에 합류됨. 사독(四瀆)의 하나.
*235 강 이름. 우(禹) 임금의 치수(治水)가 이 강에까지 미쳤다고 함.
*236 남쪽 형주(荊州) 땅이란 말임. 남쪽 땅 초(楚)나라 땅을 말함.
*237 변방의 제후(諸侯).

"이것은 참으로 원통하고 억울한 일입니다. 우리나라가 중국을 사모하는 것은 곧 천성(天性)입니다. 21대 역사를 통하여 국호를 신라라 하고 또 고려라고 했던 수천 년 동안에 단 한 번이라도 중국의 국경을 놀라게 한 적이 있었습니까? 조선이 한나라 사신을 죽였던 것은 곧 위만(衛滿) 조선이요, 기자(箕子) 조선이 아니었습니다. 수(隋)나라·당나라에 항거한 것은 곧 고씨(高氏)의 고구려요, 왕씨(王氏)의 고려가 아니었습니다. 중국의 역사책에는 언제나 다 구(句)자를 빼고, 마(馬) 변을 없애어 고려(高麗)라 통칭하였습니다. 이것은 왕씨가 건국하기 이전부터 있었던 이름입니다. 앞뒤가 뒤바뀌고 이름과 실제가 혼동된 것이니, 참으로 한심한 노릇입니다.

우리나라 삼국 시대에는 신라가 맨 먼저 당나라를 사모하여 뱃길로 중국을 오가며 의복과 관, 문물제도에서 모조리 당나라를 본받아서, 이(夷)가 변하여 하(夏: 中華)가 되었다고 말할 만하게 되었습니다. 예기(禮記) 왕제(王制)에는 동방을 이(夷)라고 하였습니다. 이(夷)란 뿌리박는다〔柢〕는 뜻이니, 마음이 어질어서 만물이 땅에 뿌리박고 사는 것을 좋아하였습니다. 타고난 성품이 유순하다는 것은 바로 이것입니다.

고려는 신라를 이어받아 5백 년 동안 왕위를 계승했습니다. 예닐곱 번의 흠이 있기는 했으나, 중국을 사모하는 정성은 바뀌지 않아 몽매한 중에도 지극하였습니다. 중국에서 좋은 글을 얻으면 반드시 손을 씻고 읽었으며 두 명의 의원이 돌아갈 때 은밀한 주의사항을 가지고 갔습니다.*238 이런 몇 가지 일들은 역사에 끊임없이 기록되어 왔으니, 이는 곧 마음으로 중국을 위해 존화양이(尊華攘夷)*239의 정성이 절절함을 나타내 보인 것입니다. 그런데 당시 중국의 사대부들은 고려의 본심을 알아보지 못하고 도리어 이웃나라의 간첩으로 의심하였으니, 또한 원통한 일이 아니겠습니까?

건염천자(建炎天子)*240는 송나라가 금나라의 침입으로 양자강 남쪽으로 수도를 옮겼으면서도 이에 대한 설욕(雪辱)의 대의(大義)는 잊어버리고, 양

---

*238 송나라 휘종(徽宗) 때 고려가 의원을 보내 달라고 청하여 휘종이 의원 두 명을 보냈는데, 실상은 그들이 귀국하는 편에 당나라는 거란보다도 오히려 여진을 경계해야 한다는 밀서를 보내기 위한 것이었음.
*239 중국을 존중하고 오랑캐를 물리침.
*240 송나라 고종(高宗)을 가리킴.

응성(楊應誠)의 졸렬한 계책을 경솔하게 믿고, 고려에 지름길을 빌려서 금나라에 잡혀 있는 황제*241를 업고 몰래 도망하려다가, 마침내 그 계책이 불가하다고 반대했던 적수(翟帥)의 예견이 들어맞아, 도리어 약한 나라에 원한을 사게 되었습니다. 그래서 저는 이것이 고려의 공안(公案)이 아니요, 고려의 원안(冤案)*242이라고 하는 것입니다.

고려는 본래 거란 때문에 중국으로 가는 통로가 끊기어, 중국에 조공하는 사신을 보내지 못했습니다. 그렇다고 해서 송나라의 문물을 가만히 앉아서 얻으려 하지는 않았습니다. 험하고 머나먼 뱃길 만 리를 꺼리지 않고, 신라가 다니던 옛 자취를 찾아서 사나운 고래와 악어를 밟다시피 하면서, 앞 배의 돛대가 꺾여 엎어지면 뒷배가 그 뒤를 따랐습니다. 이처럼 수없이 많은 죽을 고비를 겪어 가면서 성의를 다했습니다. 이것은 변방 작은 나라의 떳떳한 직책일 뿐 어찌 감히 큰 나라에 대해 이익을 노리는 짓이라고 하는 것입니까? 변변치 못한 토산물이야 천자의 뜻에 갖추기에 부족한 것이긴 했지만, 그래도 지금에 와서 옛날을 생각해 보면 지켜야 할 예의를 어기지 않고, 울긋불긋 광주리에 담고 보자기에 싸서 천자의 뜻을 가져다 바쳐 중국을 사모하는 정성을 꾸밈없이 다한 것인데, 어찌 이것을 상국(上國)에 잘 보이려 한 것이라고 하는 것입니까? 고려가 비록 나라가 작고 백성이 가난하기는 하지만, 기름진 벼는 제삿상에 올리기에 족하고, 옷감은 제사 의복을 갖추기에 충분했습니다. 모든 물자를 다른 나라에 의지하는 것이 없는데 어찌 감히 상국의 재물을 욕심내고 천자의 관리들을 소란하게 했겠습니까?

송나라의 여러 황제들은 나라 곡식의 소비를 아까워하지 않고, 멀리서 수고롭게 찾아온 뜻을 가상히 여겨 다른 나라보다 후하게 대우하였습니다. 오래도록 기자(箕子)의 가르침을 전하여 일찍부터 '예의의 나라'라고 일러왔기 때문에 대우가 극진했던 것입니다. 중국이야말로 부유하고 포용력이 큰 터에 이처럼 천하의 부(富)를 가지고 어찌 한낱 사신의 비용을 아까워하겠습니까. 천자의 존엄하고 존귀한 처지에 국제 외교 무대에서 어찌 이해를 따지겠습니까?

---

*241 금(金)나라에 포로가 된 흠종(欽宗)과 휘종(徽宗)을 몰래 고려를 통해 구출하려는 계책을 세웠음.
*242 원통한 사건. 억울한 사건.

소동파는 학식이 얕고 짧아서 후하게 주고 박하게 받는 뜻은 모른 채, 깊이 생각해보지도 않고 실오리만 한 이익과 다섯 가지 손해를 말한 것은, 마치 장사꾼들이 서로 잇속을 다투는 것과 같은 것이었습니다. 그리하여 송나라 길이 사방으로 뻗어 있는데도 모든 나라 왕들이 조회하러 오려는 마음을 끊어 놓았습니다. 그래서 저는 일찍이 소동파의 이 상소는 당시의 조정을 수치스럽게 한 것이라고 말했었습니다."

곡정이 말한다.

"선생의 말씀이 옳습니다. 그러나 후세에 와서 말할 때는 대체로 어긋난 일이라고 할 수 있지만, 그 당시를 헤아려 볼 때에는 생각이 매우 깊었던 것입니다. 주자(朱子)는 촉(蜀)*243과·낙(洛)*244 때문에 소동파를 극구 비방하였는데, 오히려 공문중(孔文仲)*245이 정자(程子)*246를 비방한 것보다 심하여, 그를 다섯 귀신의 괴수라고까지 했습니다. 진관(秦觀)*247·이천(李薦)*248의 무리를 황당하고 경박한 무리라고 하면서도, 남헌(南軒)*249과 교분이 도탑다 하여 장준(張浚)*250을 추존(推尊)하였으니, 군자도 당파에 편들지 않기가 어려운 모양입니다. 이제 선생께서 주자(朱子)의 정론을 끼고 소동파를 배척하시는 것이 오히려 주자보다 더 엄하시니, 그것은 고려를 위한 분풀이라는 걸 면치 못하실 것 같습니다."

그러면서 크게 웃어, 나 역시 웃으면서 말했다.

"원통함을 호소했다고 하면 그럴 듯하지만, 어찌 분풀이라고야 할 수 있겠습니까?"

---

*243 송나라 철종(哲宗) 연간의 세 학파(學派) 중 하나. 소식(蘇軾)이 영수(領袖)이고 여도(呂陶) 등이 그를 보좌했음. 촉당(蜀黨).

*244 송나라 철종 연간의 세 학파 중 하나. 정이(程頤)가 영수였고, 가이(賈易) 등이 보좌했음. 정이가 낙양(洛陽) 사람이기 때문에 낙당(洛黨)이라고 한 것임.

*245 촉당(蜀黨)의 한 사람. 왕안석(王安石)의 학설을 지지했음.

*246 송나라 학자 정호(程顥;호 明道)와 정이(程頤;호 伊川) 형제를 존경하여 일컫는 말. 이정자(二程子)라고도 함.

*247 촉당의 한 사람.

*248 촉당의 한 사람.

*249 송나라 철학자인 장식(張栻)의 호.

*250 주자가 남헌 장식(張栻)과 친교가 있어 그의 아버지 장준의 행장(行狀)을 지었는데, 뒤에 이를 후회했다고 함.

곡정이 말한다.

"농담이었습니다. 천고(千古)의 공평하고 공평하지 않은 것에 대한 인정은 대체로 같은 것인데, 누가 권하고 누가 그만두게 하겠습니까?"

내가 웃으면서 말했다.

"주자와 같은 당(黨)이라 하는 것은 정말로 마음에 흐뭇합니다만, 마주 대면해서 착오를 하시니, 아주 지독한 촉당(蜀黨)이시군요."

곡정은 크게 웃으면서 말한다.

"아닙니다. 아니에요. 민호(民皡)는 주자 문하에서도 자로(子路)입니다."

내가 말했다.

"그렇다면 스승*251의 문 앞에까지 이른 모양이니 불러들일까요?"

곡정이 말한다.

"주자와 같은 당이면 세상에 드문 한아(漢兒)*252이겠습니다그려. 한아가 문약(文弱)한 것은 주자의 잘못입니다."

내가 말했다.

"주자는 천고에 의리(義理)를 지키는 인물입니다. 의리가 이기는 곳이면 천하에서 막강할 텐데 문약함이 무슨 걱정이겠습니까?"

그러자 곡정이 '세상에 드문 한아'란 부분을 찢어서 화로 속에 던지고는 말한다.

"말을 일부러 찾아내서 따질 것이 아니라, 스스로 깨달아서 알게 되겠지요."

곡정이 다시 말한다.

"홍간록(弘簡錄) 군서목(群書目)에는 정인지(鄭麟趾)가 지은 고려사(高麗史)가 들어 있지요. 선배 고영인(顧寧人)*253은 이 책이 역사가의 문체(文體)를 잘 갖추었다고 칭찬을 하였으나, 나는 아직 얻어 보지 못하여 유감입니다. 무석(無錫) 사람 왕안(王晏)이 지은 고려기략(高麗紀略)에는, 고려가 중국을

---

*251 자로(子路)의 학문이 공자의 방에까지는 들어오지 못했으나, 그 문 앞에까지는 이르렀다는 공자의 말을 인용하여 한 말임.
*252 한나라 무제(武帝)가 20년이나 흉노를 토벌했기 때문에 한병(漢兵)이란 말만 들어도 벌벌 떨고 한아(漢兒)라고 했는데, 이것이 변하여 강한 남자를 뜻하는 말이 되었음.
*253 고염무(顧炎武). 영인은 그의 호임.

정통으로 삼는 대의를 알지 못하고, 고려 건국 초기에 연호를 쓰면서 도적의 나라인 양(梁)나라의 거짓 연호를 썼다고 하여 고려사를 배척하였습니다."

내가 말했다.

"고려가 처음 일어난 것은 주량(朱梁)*254 정명(貞明)*255 4년으로, 당시 중국에는 아직 국가를 통일한 천자가 없었습니다. 그러니 이때 외국에서 연호를 무엇이라 붙이겠습니까?"

곡정이 말한다.

"난신적자(亂臣賊子)가 어느 시대인들 없겠습니까마는, 한때나마 거짓 나라를 세웠던 이런 자들은 오히려 선왕(先王)을 모두 본뜬 것으로, 주온(朱溫)*256은 처음부터 끝까지 순전한 도둑이었습니다. 그런데도 주온이 제위(帝位)를 찬탈한 것을 순서에 따른 황제의 정통이라고 높인 자는 오직 사마광(司馬光) 한 사람뿐이었습니다.

제갈공명은 광명정대한 식견으로 유예주(劉豫州)*257를 한나라 황실의 후예라 하였는데, 당시에 공명의 확실한 견해를 어찌 뒷날 세상에서 계보만 따지는 것에 비하겠습니까? 그런데 후세에 역사를 쓰는 사람은 공명의 말을 믿지 않고 어디에서 대의를 취하려고 하였던가요? 구(寇)*258란 몰래 남의 집에 들어가서 물건을 훔쳐 가는 것을 말합니다. 공명은 제실(帝室)의 종신(宗臣)으로서 스스로 자기 집에 들어가 다른 도둑을 몰아 잡으려고 한 것입니다. 천하에 어느 누가 이것을 잘못이라 말할 수 있습니까? 만약 제갈자(諸葛子)*259를 구(寇)라고 한다면, 천하의 모든 문헌에서 옳을 의(義)자를 모조리 깎아 버려도 무방할 것입니다.

사마광의 말을 한번 되새겨 봅시다. '소열(昭烈)*260은 비록 중산정왕(中

---

*254 오대(五代) 때 주전충(朱全忠)이 세운 양(梁)나라. 후량(後梁).
*255 오대(五代) 양나라 말제(末帝)의 연호. 915~921년. 신라 신덕왕(神德王)·경명왕(景明王) 때임.
*256 후량(後梁)의 태조(太祖) 주전충(朱全忠).
*257 촉한(蜀漢)의 임금 유비(劉備). 일찍이 예주목(豫州牧)으로 있었기 때문에 이렇게 일컫는 것임.
*258 사마광이 자치통감을 지을 때 삼국시대의 정통성을 조조가 세운 위나라에 두어, 유비가 조조를 정벌한 것을 '구(寇)'라 표현했다.
*259 제갈량(諸葛亮)을 존칭하는 말.

山靖王)*261의 후손이라 말하지만'이라고 한 말은 더욱 사람들로 하여금 기가 막히게 합니다. '비록 말하지만'이란 말은 횡설수설하여 결정을 짓지 못할 때 쓰는 말입니다. 누가 '비록 말하지만'이란 말을 하였겠습니까? 주온(朱溫) 같은 자나 그런 말을 했을 것입니다.

이변(李昇)*262은 본래 권신(權臣)의 양아들로서 교묘하게 양아버지인 양행밀(楊行密)*263과 서온(徐溫)*264의 왕위를 교묘하게 빼앗으려고 꾀하여, 그 뜻을 이루고 나서는 찬탈한 행적이 부끄러워서 이미 죽은 의부(義父)를 배반하고, 자신의 조상을 문황(文皇)*265에게 갖다 붙였습니다. 천하의 이씨(李氏)가 농서(隴西)에만 있는 것이 아닌데, 황제의 관 앞에서 이씨 왕조를 계승한다고 칭탁했습니다. 막길렬(邈佶烈)*266 역시 그런 부류의 사람입니다.

사마광은 역사를 쓸 때 역적 양나라에게 정통을 내어주면서 당당한 제실의 후예인 유비를 이변이나 막길렬 등과 비교하였습니다. 그는 또 무슨 배짱으로 주온(朱溫)의 양나라가 당나라를 대신했다고 했을까요? 사방이 분열할 때에 주사(朱邪)*267가 변경(汴京)에 쳐들어온 것을 궁신(窮新)*268에 비하여 국운이 끊어졌다고 한탄한 것입니까? 강목(綱目)*269에서 연대를 기록할 때 '갑자'만 쓰고 연호를 쓰지 않는 방식은 정당하다고 하겠으나, 아직 익도(益都)*270의 종상서(鍾尙書) 우정(羽正)의 합리적인 정통론만 못할 것입니다.

종상서의 정통론(正統論)만은 사마광과 구양수(歐陽修)의 잘못을 준열하게 배척하고, 삼대(三代)와 한(漢)나라·당(唐)나라·송(宋)나라를 정통 왕조라고 하였습니다. 역사에서 왕조의 왕통은 정당한 데도 불구하고 정통을 행하지 못한 이는 동주군(東周君)과 촉한(蜀漢)*271의 소열제(昭烈帝), 진

*260 유비(劉備)의 묘호(廟號).
*261 한나라 경제(景帝)의 아들. 주색을 좋아했음.
*262 남당(南唐)의 열조(烈祖). 오(吳)나라에 벼슬하여 뒤에 양위받아 황제를 일컬었음.
*263 오대(五代) 오(吳)나라의 시조.
*264 오대 오나라 때 사람. 오나라에서 벼슬하다가 스스로 임금이 됨.
*265 당나라 문종(文宗).
*266 후당(後唐) 명종(明宗)의 다른 이름.
*267 후당 장종(莊宗)의 본래 성. 돌궐족인데 뒤에 당나라에 귀순하여 이(李)성을 하사받았음.
*268 하(夏)나라를 찬탈한 유궁씨(有窮氏)와, 한(漢)나라를 찬탈한 왕망(王莽)의 신(新)나라.
*269 통감강목(通鑑綱目)의 준말.
*270 산동성(山東省) 청주(靑州).

(晉)나라 원제(元帝), 송(宋)나라 고종(高宗)이고, 통일은 했지만 왕통이 정당하지 못한 자로는 진(秦)나라 시황(始皇), 진(晉)나라 무제(武帝), 수(隋)나라 문제(文帝)라 하였습니다. 비록 정통이 아니라도 천하를 오래 비워 둘 수는 없는 노릇이므로, 역사를 꾸미는 사람은 부득이 제(帝)의 지위를 주게 되었습니다. 그러나 그는 조비(曹丕)*272·왕망(王莽), 주온(朱溫) 같은 자들은 벌써 의리도 정당하지 못할 뿐 아니라 형편 또한 같지 않다고 하였습니다.

그러나 이상의 논평도 오히려 장주(長洲) 송실영(宋實穎)*273이 양(梁)나라 연호를 엄격하게 배척한 논평만은 못했습니다. 송실영은 왕망에게는 신(新)이란 국명을 붙일 수 없고, 안녹산(安祿山)에게는 연(燕)이란 국명을 쓸 수 없다고 하였으니, 주전충(朱全忠) 같은 흉악한 역적에게 누가 감히 양나라라는 국명을 써줄 것인가 하였으며, 더구나 당시에 진(晉)·기(岐)·오(吳)·촉(蜀) 등 여러 왕들이 격문(檄文)을 돌려 당나라를 회복하려고 하였더라면 당나라 왕실은 멸망하지 않았을 것이고, 모든 나라가 당나라 연호인 천우(天祐)*274를 20년 동안이나 써 왔으니 당의 왕실이 아직 그대로 있었던 것이라고 하였습니다. 진(晉)나라는 비록 당나라가 성을 하사한 일가 나라이지만, 제후들 중에서 수석으로서 임금의 원수이자 나라의 도둑을 자기 손으로 베어 소탕하였으니, 천하에는 일찍이 주전충의 양(梁)나라란 없었다고 하였습니다.

당시 변방 국가들은 중국이 여러 나라 공동의 임금인지 아닌지를 모르고, 중국을 사모하는 마음으로 정성을 다하기 위해서, 또는 자기 나라의 땅을 방위하기 위해서, 또는 큰 나라와 결탁하여 무리를 진압하기 위해서 굽실거리며 변방 국가로 자처하고, 그 연호를 받든 것은 사리(事理)로 보아 이상할 것이 없습니다. 다만 후세의 역사를 짓는 사람으로서 논한다면, 그 진짜와 가짜가 분명해지고, 득실이 뚜렷해질 것입니다. 중국 땅으로부터 문헌들이

---

*271 삼국(三國) 시대 유비(劉備)가 스스로 한나라 종실이라 하여 촉 지방에 웅거하여 한(漢)나라를 일컬었음. 그를 소열황제(昭烈皇帝)라 함.
*272 조위(曹魏)의 문제(文帝), 조조(曹操)의 아들.
*273 청나라 시대의 학자. 경사(經史)에 정통했음.
*274 당나라 소종(昭宗)의 연호. 904~907년. 신라 효공왕(孝恭王) 때임.

해마다 압록강을 건너가서, 일반 교화(敎化)는 태사(太師)*275를 따르고, 학문은 자양(紫陽)*276을 근본으로 삼아서, 예의가 뛰어남을 일컬어 오는 터이니, 천 년 춘추대의(春秋大義)는 지성인의 책임을 무겁게 하게 마련입니다."

내가 말했다.

"비록 온공(溫公)*277 같은 명철한 지식인도 역사를 평가할 때 오히려 그런 실수를 저질렀는데, 하물며 외국 사람이겠습니까? 우리나라는 중국과 비록 한집안처럼 지내지만 오히려 담벼락을 뚫어 불빛을 빌리고 얼굴을 가린 채 물건을 찾는 격인데, 하물며 식견이 이에 이르지 못한 나라는 어떠하겠습니까? 지금 선생의 양(梁)나라 배격론을 들으니 마음이 아주 후련합니다. 그러면 고려사의 연호는 어디에 표준해야 하겠습니까?"

곡정이 말한다.

"그것은 당시의 진(晉)·기(岐)·오(吳)나라 등 제후국들을 예로 상고하여 보면 쉽사리 결정할 수 있을 것입니다."

그러고는 일어나서 탁자 위의 조그만 가죽 상자를 열었다.

형산은 우레처럼 코를 골면서 가끔 머리로 병풍을 건드린다. 곡정이 웃으면서 큰 소리로 말한다.

"무츤시즈리예(木枕十字裂)*278!"

그러자 형산은 코 골던 것을 멈추었다가 이내 도로 드르릉드르릉 곤다.

나도 큰 소리로 말했다.

"무츤시즈리예!"

곡정은 손에 책을 들고 눈이 둥그레서 말한다.

"알아들으시는군요?"

내가 중국말을 알아듣는다는 말이다.

곡정이 가지고 있는 작은 책은 과거볼 사람들이 보는 역대 연대표를 뽑아 적은 편람 책이다. 곡정은 후당(後唐) 장종(莊宗)의 연호, 동광(同光)*279

---

*275 기자(箕子)를 가리킨 말.
*276 주희(朱熹 : 주자)의 호.
*277 사마광(司馬光)의 봉호.
*278 목침이 십(十)자로 갈라질 정도로 코를 심하게 곤다는 뜻.
*279 장종(莊宗)의 연호. 923~926년. 신라 경애왕(景哀王)·경순왕(敬順王) 때임.

원년 갑신(甲申)부터 거슬러 올라가 양(梁)나라 균왕(均王) 주우정(朱友貞)의 정명(貞明) 4년까지를 훑어보고 나서 말한다.

"고려의 건국은 아마도 당나라 소선제(昭宣帝) 천우(天祐) 15년 무인(戊寅)인 것 같습니다. 천우 4년에 전충(全忠)이 황제를 폐하여 제음왕(濟陰王)이라 하였다가 이듬해 무진(戊辰)에 시해하였지만, 당의 정삭(正朔)은 오히려 당시의 제후들이 16년 동안이나 계속해 받들었으니, 이 역시 '공(公)은 건후(乾侯)에 있다'*280는 뜻이 아니겠습니까?"

내가 말했다.

"지금 중국에서는 학문적으로 주(朱)*281·육(陸)*282 중에서 어느 편을 더 숭상합니까?"

내 물음에 곡정이 대답한다.

"모두들 자양(紫陽 : 주자의 다른 이름)의 학문을 더 숭상합니다. 모신(毛甡)*283 같은 사람은 글자마다 따지면서 주자를 반박했으나, 그의 타고난 천성은 왕법(王法)이고 뭐고 두려워하지 않았던 인물입니다. 그가 주자를 반박한 것은 합리적인 것은 적고 억지스러운 것이 많았던 바, 그 합리적인 것이라는 것도 반드시 유가(儒家)에 공적이 있었던 것도 아니요, 그 억지스러운 것은 도리어 사회의 교화에 해가 되었습니다. 죽이려 하던 자가 도리어 친구가 되고, 때리지 않으면 정이 들지 않는다 하며, 조사(祖師)*284를 욕하고 부처를 욕하는 것이 도리어 근본을 사랑하는 것이라고 하기도 했습니다. 비록 모신은 그가 주자를 반박한 것을 두고 스스로 공신이라 자처하지만, 때리면 피를 보게 되는데야 그 누가 그것을 사랑한 것이라고 믿겠습니까?

주자 문하의 학파들은 서로 패를 지어서 빨리 임안부(臨安府)*285로 달려

---

*280 공이란 제 소공(齊昭公)이고, 건후는 하북성(河北省)에 있는 지명인데, 소공이 임금의 자리에서 쫓겨나 건후에 가 있었지만 모두들 그의 연호를 그대로 쓰고 있었음.

*281 주자(朱子). 도문학(道問學)을 주로 했음.

*282 상산(象山) 육구연(陸九淵). 존덕성(尊德性)을 주로 하여, 주자와 학문에 대해 많이 논변했음.

*283 명나라 말 청나라 초의 학자. 모기령(毛奇齡)의 본래 이름. 호는 전시재(傳是齋)로 서하선생(西河先生)이라 일컬었음. 저서는 청사고(淸史稿)·국조기헌유징(國朝耆獻類徵) 등 234권.

*284 불교의 한 종파를 연 승려나 학문의 한 계통을 연 스승을 이르는 말.

*285 남송(南宋)의 서울.

가 고소장(告訴狀)을 올렸습니다. 포염라(包閻羅)*²⁸⁶는 불문곡직하고 모신(毛甡)을 잡아다가 우선 대나무 곤장 30대를 때릴 것입니다. 모신은 꾹 참고 눈썹 하나 까딱하지 않고 자꾸만 더 때리라고 소리소리 지를 것이고, 포공(包公)은 더욱 노하여 다시 장정들을 불러다가 더욱 힘껏 때려도, 그는 끝내 항복하지 않을 것입니다.*²⁸⁷ 모신은 평생에 자기의 죄는 자기가 주자를 반박한 데 있음을 스스로 잘 알고 있었습니다.

주자는 춘추(春秋)*²⁸⁸에 대해서만은 도무지 손을 대지 않았습니다. 그는 크게 통달한 사람이었지만 보망(補亡)*²⁸⁹ 한 장으로 인하여 소인배들의 숱한 말썽이 되었고, 소서(小序)*²⁹⁰를 모조리 없애 버린 일로 말미암아 모신의 독한 주먹을 피할 수 없었던 것입니다. 참동계(參同契)*²⁹¹의 주(注)에는 ……." (날이 저물어 자리를 파하고 일어나서 끝을 맺지 못하였다)

송(宋)나라 고종(高宗) 2년에 절동로(浙東路) 마보도총관(馬步都總官) 양응성(楊應誠)이 황제에게 글을 올려

'고려를 거쳐 여진(女眞)으로 가는 길이 매우 가깝습니다. 청컨대 제가 삼한(三韓)에 사신으로 가서 신라와 맹약하여 두 임금(흠종과 휘종)을 모셔 오겠습니다!'

하여, 양응성을 임시로 형부상서(刑部尙書)로 하고 국신사(國信使)에 임명하였다. 절동수신(浙東帥臣) 적여문(翟汝文)이 말하기를

"만약 고려가 금(金)나라 사람과의 관계로 거절하거나 또는 길을 묻는다는 핑계로 오(吳)·월(越) 지방을 엿보려 한다면 어떻게 대처할 것인가?"

하였는데, 양응성이 고려에 이르자 과연 적여문의 말과 같았다고 한다.

*286 송나라 인종(仁宗) 연간에 신하 포증(包拯)을 일컫는 말. 강직하고 엄격하여 염라대왕 같다는 뜻.
*287 모신은 포염라보다 백여 년 뒤의 인물로 이 일은 실제 일어났던 일이 아니라 빗대어 말한 것임.
*288 공자가 노(魯)나라 기록을 첨삭하여 지은 역사책. 노나라 은공(隱公) 원년부터 애공(哀公) 14년까지 242년 동안 열국에 일어난 천재·지변·정벌·회맹(會盟) 및 국군(國君)·경대부(卿大夫)들의 생사 등에 대해 그 선악을 분별하고 대의를 밝혔음.
*289 주자(朱子)가 대학(大學)에 한 장이 누락되었다 하여 스스로 한 장을 지어 보충한 것.
*290 시경(詩經)의 해제(解題). 복상(卜商)이 지었는데 주자는 이것을 모두 삭제하였음.
*291 한나라 위백양(魏佰陽)이 지은 주역참동계(周易參同契). 3권.

곡정 왕민호와 나눈 필담
곡정필담(鵠汀筆談)

머리글〔鵠汀筆談序〕

어제는 윤공(尹公)의 처소에서 해가 저무는 줄도 모르고 곡정과 이야기를 나누었다. 윤공이 꾸벅꾸벅 졸면서 머리로 병풍을 받는다. 내가 말했다.
"윤대인(尹大人)이 몹시 피곤하신 모양이니 그만 물러가겠습니다."
그러자 곡정이 말한다.
"자는 사람은 자고 이야기하는 사람은 이야기합시다. 상관없습니다."
윤공은 잠결에 그 말을 어렴풋이 들었는지 곡정더러 뭐라고 두어 마디 하니, 곡정은 머리를 끄덕이고는 곧 필담하던 종이를 거두어 가지고 내게 읍을 하기에 나도 함께 나왔다. 윤공은 노인인 데다가 나 때문에 일찍 일어나서 한낮이 지나도록 이야기를 하였으니, 피곤하여 조는 것이 조금도 이상할 것이 없다.
곡정이 말한다.
"내일 조반을 내가 마련하겠으니 함께 자십시다."
그리하여 나는 그렇게 하자고 대답하였다.
"이야기 자리가 벌어질 때마다 늘 해가 짧은 것이 한이 됩니다. 내일은 아주 일찌감치 가겠습니다."
"그렇게 하시지요."
이튿날 오경(五更)[*1]에 일어나서 사신은 조정으로 들어가고 나는 바로 곡정에게로 갔다. 곡정은 촛불을 밝혀 놓고 도사(都司) 학성(郝成)과 이야기를 하고 있다. 윤공은 이미 새벽에 입궐하였다. 밥을 먹으면서 이야기를 나

---

*1 하룻밤을 다섯으로 나눈 마지막 부분이니, 새벽 4시 전후임.

눈 것이 종이 바꾸기를 30여 장, 인시(寅時)부터 유시(酉時)*²까지 자그마치 16시간이나 되었다. 학공(郝公)은 늦게 와서 좀 일찍 돌아갔으므로, 이 이야기를 나눈 종이를 교열하여 이름을 곡정필담(鵠汀筆談)이라 한다.

---

*2 인시는 오전 3시부터 5시까지이고, 유시는 오후 5시부터 7시까지임.

내가 말했다.

"윤대인(尹大人)은 어제 몹시 피곤해하시어 손님인 제 마음이 몹시 불안했습니다. 너무 이른 시간에 와서 너무 늦게까지 있었던 것이 좀 못마땅했을지도 모르겠습니다."

곡정이 답했다.

"그렇지 않습니다. 윤공은 늘 한낮이 되면 잠깐 눈을 잘 붙이십니다. 자기의 꼴을 남에게 보이지 않으려고는 하지만, 결코 손님이 와 있는 것이 싫어서 그러는 뜻은 없습니다."

그러고는 다시 말한다.

"윤공이 어떤 사람으로 보이십니까?"

"윤공은 참으로 신선 같으신 분입니다. 선생은 윤공과 사귀신 지가 오래되셨습니까?"

"부수수한 다북쑥과 산뜻한 복사꽃·자두꽃이 다른 것만큼 문벌이나 하는 일이 전혀 다릅니다. 이번에 여기 와서 사귄 지 겨우 10여 일밖에 안 됩니다."

곡정이 다시 말한다.

"공께서는 기하학에 정통하시다고요?"

"그건 어떻게 아셨습니까?"

내가 되물으니 곡정이 말한다.

"저 첫방에 묵고 있는 기(奇) 안찰사가, '고려의 박공자(朴公子 : 우리나라를 고려라고 불러, 마치 우리나라 사람들이 중국을 한나라니 당나라니 하는 것과 같고, 모두들 나를 혹 공자라고 불렀음)가 기하학에 정통하시어 말하시기를, 달 가운데 세계가 있다면 이 세상과 같을 것이라고 하고, 지구가 허공에 걸려 있으니 한 조그마한 별일 것이라고 하고, 지구에 빛이 있어서 그 빛이 달 가운데 가득할 것이라고 하십디다' 하더군요. 그러니 그것이 모두 기이한 이론으로서 온 천하를 경륜하여 다스릴 만한 재주가 아니겠습니까?"

그래서 내가 말했다.

"솔직히 말해서 저는 일찍이 기하란 글자 반 자도 들여다본 적이 없습니다. 요전날 밤에 우연히 기공(奇公)과 함께 앞채에서 달을 구경하다가, 저도 모르게 이상한 흥취가 문득 일어나서 입에서 나오는 대로 지껄였던 것입니다. 한때의 우스갯소리였습니다. 그리고 그것은 제 억측으로 한 말이지 기하학으로 미루어 보아 그렇다고 말한 것은 아닙니다."

그러자 곡정이 말한다.

"그렇게 지나치게 겸손하실 것은 없습니다. 그런데 그 지구의 빛에 대해 말씀을 좀 듣고 싶습니다. 만일 지구에 빛이 있다면 햇빛을 받아서 빛나는 것일까요, 아니면 지구 자체에서 빛이 생겨나는 것일까요?"

"마치 꿈속에서 푸른 글씨를 읽은 것 같아서 지금은 벌써 다 잊어버렸습니다."

곡정이 말한다.

"저도 평소에 혼자서 발견한 것이 있지만 감히 남에게 이야기하지 못했습니다. 나라 안 사람들이 놀라고 괴상하게 여길까 봐 겁이 나서 말이지요. 그래서 뱃속에 탯덩이처럼 무엇이 뭉쳐 있어서, 겨울과 여름에는 더욱 괴롭습니다. 선생도 속으로 깨달으신 것이 이런 병이 되지나 않을까 걱정입니다."

내가 말했다.

"그렇다면 지금 이 시각에 모두 말해 버려 여러 해 동안의 병에 약을 쓰지 않아도 되는 효과를 거두도록 합시다."

내가 이렇게 말하였더니, 곡정이 손을 내젓고 웃으면서 말한다.

"아니요, 아닙니다!"

"손님이 먼저 말을 꺼내는 것은 예의가 아닌가 보군요."

잠시 후 아침상이 들어왔다. 맨 먼저 과일과 채소가 오르고, 다음에는 차와 술이 오른다. 그 다음에는 떡이, 또 그 다음에는 볶은 돼지고기와 지진 달걀이 오른다. 밥은 마지막에 들여오는데 하얀 멥쌀로 지었고 국은 양 곱창으로 끓였다.

중국 음식은 모두 젓가락을 써서 먹는다. 숟가락이 없다. 권커니 잣거니 작은 잔으로 술을 마시어 즐거움을 돋우었다. 긴 숟가락이 없으니 밥을 수북히 떠서 먹는 일이 없다. 때때로 작은 국자로 국을 떠 먹었다. 국자는 숟가락 비슷하나 자루가 없고, 술잔 같기도 하나 발이 없다. 모양이 꼭 연꽃 꽃잎처럼 생겼다. 시험삼아 국자로 밥을 떠 먹어 보았더니, 국자 바닥이 깊어서 밥이 핥아지지 않는다. 나도 모르게 웃음이 터져 나왔다.

"빨리 월왕(越王)을 불러 오십시오!"

내가 외쳤더니 지정(志亭)이 묻는다.

"무슨 말씀인가요?"

"월왕은 생김새가 목이 길고 입부리가 까마귀처럼 생겼다고 합니다."

내가 말하자 지정은 곡정의 팔을 잡고서 입속의 밥알을 내뿜으며 재채기를 수없이 한다.

"귀국에서는 밥을 무엇으로 뜹니까?"

지정이 묻기에 내가 대답했다.

"숟가락을 씁니다."

그러자 지정이 말한다.

"모양이 어떻게 생겼습니까?"

"조그만 가지 잎처럼 생겼습니다."

그러고는 내가 탁자 위에다 그림을 그려 보였더니, 두 사람은 더욱 배를 움켜쥐고 웃는다.

지정이 읊는다.

어떻게 생긴 가지 잎 숟가락이기에
혼돈한 저 뱃속의 구멍 뚫어 깨뜨렸을까.

何物茄葉匕 鑿破混沌竅

이번에는 곡정이 읊는다.

영웅들의 손길은
젓가락을 잡기에 바빴다네.

多少英雄手 還從借箸忙

이번에는 내가 읊었다.

기장밥 먹을 때는 젓가락 쓰지 않고
밥을 함께 먹을 때는 손을 적시지 않네.

飯黍毋以箸 共飯不澤手

그러고 나서 이어 내가 말했다.

"제가 중국에 들어온 이래 아직까지 숟가락을 못 보았습니다. 옛날 사람들은 기장밥을 먹을 때 손으로 움켜 먹었나요?"

나의 물음에 곡정이 대답한다.

"숟가락이 있기는 하지만 길지가 않습니다. 기장밥이거나 쌀밥이거나 젓가락을 쓰는 것이 습관이 되어 버렸지요. 이른바 행동이 습관이 된다는 것은 옛날과 지금이 같지 않은가 봅니다."

내가 말했다.

"곡정 선생께서는 가슴속에 가득 차 꿈틀거리는 것을 끝내 풀어내기 어려우실까요?"

지정이 의아해서 묻는다.

"그게 무슨 말씀인가요?"

"사람들이 크게 놀라고 괴상하게 여길 그 탯덩이 말씀입니다."

내가 말하자 곡정이 웃으면서 말한다.

"거기엔 두라금탕(兜羅錦湯)*3이 가장 잘 들을 것입니다."

지정이 말한다.

"그야말로 대추 삼키듯 우물쭈물 얼버무려 넘기시려는군요."

내가 말했다.

"만약 안기생(安期生)*4의 대추가 아니라면 위왕(魏王)의 바가지*5일 것입니다."

곡정이 크게 웃으면서 말한다.

"그런 것쯤 되겠지요."

"저는 이야기가 궁금해서 아직도 온몸이 가려워서 못 견디겠습니다."

내가 말했더니 곡정이 말한다.

---

*3 두라금은 사라수(娑羅樹) 열매에서 나오는 목화 같은 것으로 짠 천.
*4 진(秦)나라 때의 방사(方士). 오이만 한 대추를 먹고 신선이 되었다고 함.
*5 전국 때 위나라 임금이 다섯 섬이나 담기는 큰 바가지를 얻었으나 너무 커서 쓸모가 없었다고 함.

"그러시다면 어디서 마고(麻姑)*6의 손톱을 구해 와야겠군요."

지정이 다시 지구의 빛에 대해 이야기해 달라고 청한다. 내가 말했다.

"그럼 제가 그저 망령된 말씀을 드리겠소이다. 선생께서도 역시 망령된 말로 들어 주시지요."

곡정이 말한다.

"그것도 무방하겠습니다."

내가 말했다.

"낮에는 모든 것이 환히 보이지만 밤이 되면 모든 것이 새까맣게 되어 보이지 않는 것은 무슨 까닭일까요?"

그러자 곡정이 말한다.

"그거야 햇빛을 받아서 환하게 밝은 것이지요."

내가 말했다.

"일체 만물 자체에는 밝음이 없습니다. 물건의 본질은 모두 어두운 것입니다. 예컨대 캄캄한 밤에 거울을 보면 나무나 돌과 조금도 다를 것이 없습니다. 비록 물건을 비추는 성질을 품고는 있지만 그 자체가 스스로 빛을 내지는 못한다는 것을 알 수 있습니다. 햇빛을 빌려야만 비로소 빛을 낼 수 있는 것입니다. 빛은 그것이 반사되는 곳에 다시 밝기가 생기는 것이니, 물에 그림자가 비치는 것도 역시 그러한 이치입니다.

지구의 겉에 바다가 둘려 있는 것은 비유하건대 하나의 큰 유리 거울과 같은 것입니다. 만약 달 한복판에서 지구의 빛을 바라본다면 지구 역시 반달이니 보름달이니, 그믐이니 초하루니 하는 모양이 있을 것입니다. 또 해와 마주 대하는 면에는 물과 땅덩이가 서로 어울리고 서로 비칠 것이고, 지구가 그 빛을 받아 반사시켜 밝은 데 어두운 데를 번갈아 비치는 것이 마치 저 달빛이 대지에 고루 비치는 것 같을 것입니다. 햇빛을 받지 못하는 곳은 당연히 어둡고 마치 초승달 전의 달이 빈 윤곽만 허공에 걸려 있듯이 윤곽만 보이고, 흙이 두터운 곳은 마치 달 가운데 희끄무레한 그림자 부분처럼 보일 것입니다."

곡정이 말한다.

---

*6 선녀 이름. 손톱이 새의 발톱처럼 생겼다고 함.

"저 역시 일찍부터 지구에도 빛과 그림자가 있다는 망상을 했었는데, 선생 말씀과는 좀 달랐습니다."

"반드시 서로 같아야 할 이유가 없지요. 선생의 말씀을 듣고 싶습니다."

내가 말했다.

지정이 곡정을 돌아보고, 잇달아 산하(山河)의 그림자가 어쩌니 몇 마디를 하자 곡정이 연방 머리를 가로젓는다.

"아니, 그렇지 않지요."

그래서 내가 물었다.

"무엇이 그렇지 않다는 말씀입니까?"

곡정이 말한다.

"선생께서 지금 말씀하신 지구의 빛을, 학공(郝公)은 산하의 그림자로 잘못 알아들은 것입니다."

그래서 내가 말했다.

"불교에서는 저 달 가운데 아물아물 보이는 것은 산하의 그림자라고 하였습니다. 이는 곧 달은 하나의 둥그런 텅 빈 물체로, 마치 거울이 물건을 비추는 것처럼 대지에 내리비쳐지는 것이라고 생각한 것이 아니겠습니까? 이른바 달의 울퉁불퉁한 표면도 역시 산과 물의 높고 낮은 것으로서, 마치 그림의 모사본처럼 달 가운데 지구의 모습을 다시 그린 것과 같은 것입니다. 그러니 모두 땅과 달의 본분(本分)이 아닐 것입니다. 제가 말씀드린 달 속의 세계란 정말 다른 세계가 있다는 것이 아닙니다. 본래는 지구의 빛을 설명하자니 마땅하게 나타내 보일 데가 없어서 달 가운데다가 다른 세계를 만들어 넣어 이야기한 것입니다. 다시 말하면, 자리를 바꾸어 말한 것으로, 가령 우리가 달 가운데서 지구덩이를 쳐다본다면, 마땅히 이 땅 위에서 저 달을 바라보는 것과 같을 것이라는 말씀입니다."

곡정이 말한다.

"그렇습니다. 저는 선생의 그 말씀을 명백히 알아듣겠습니다. 달 가운데 다른 세계가 있다면 마땅히 산과 물이 있을 것이고, 산과 물이 있다면 불룩한 곳 우묵한 곳이 있을 것이란 말씀이지요. 멀리서 서로 바라본다면 응당 그러할 것입니다. 대지(大地)를 빌리지 않더라도 그 그림자는 비쳐 보일 것입니다. 제가 이 지구의 빛 어쩌고 한 것은, 햇빛을 빌려서 그림자가 나온다는 것이 아니라, 지구 자체에서 빛이 비쳐 나오는 것이라고 생각하는 것입니다. 대개 물건이 크면 신이 그것을 지키고, 물건이 오래되면 정기(精氣)가 어리는 법입니다. 곧 늙은 조개가 토해낸 구슬의 빛이 대낮같이 밝은 것은 곧 정기가 오랫동안 뭉쳤기 때문이 아니겠습니까? 지구는 크고도 아주 오래된 영롱한 보물 구슬입니다. 아주 큰 신과 정기가 응결되어 저절로 밝게 빛날 것입니다. 비유하건대 군자는 온화한 가운데 덕이 쌓여서 화려한 빛을 겉으로 나타내는 것과 같다고 하겠습니다. 저 하늘에 가득한 별들도 모두 그 몸에서 빛을 내고 있지 않습니까?"

지정은 한편으로는 읽고 한편으로는 웃으면서 내가 말한 '달 속 세계에서 이 지구의 빛을 바라본다(月中世界 望此地光)'란 구절과 곡정이 말한 '지구는 영롱한 보물 구슬(地是嵌空寶珠)'이란 구절에 권점(圈點)을 치고는 말한다.

"두 분 선생은 월궁(月宮)으로 달려가셔서 항아낭랑(姮娥娘娘)*7에게 재판을 하여 시비를 밝히셔야 할 것 같습니다. 그때 이 학성(郝成)에게 증언을 서라고 하지는 마십시오."

그리하여 곡정이 크게 웃고 '항아낭랑에게 재판하여 밝히라(訟明姮娘)'라는 구절에 권점을 쳤다.

"만약 달 가운데 세계가 있다면, 그 세계는 어떤 것일까요?"

곡정이 말하기에 내가 웃으면서 설명했다.

"아직 월궁(月宮)에는 한 번도 가 보지 못했으니, 그곳에 어떤 세상이 벌어져 있는지 어떻게 알 수 있겠습니까? 다만 우리의 이 티끌 세상으로 미루어 저 달 세계를 상상해 보면, 역시 저 달 속 세계에도 무슨 물건이 모이고 쌓여서 엉긴 것입니다. 마치 지금의 이 대지가 한 점의 티끌이 모이고 쌓여서 된 것과 같을 것입니다. 티끌과 티끌이 서로 엉기면 흙이 되고, 티끌이 굵으면 모래가 되고, 티끌이 단단하면 돌이 되고, 티끌의 진액은 물이 되고, 티끌이 더워지면 불이 되고, 티끌이 맺히면 쇠가 되고, 티끌이 번성하면 나무가 되고, 티끌이 움직이면 바람이 되고, 티끌이 찌는 듯 기운이 막히면 여러 가지 벌레가 되는 것입니다. 지금의 우리 인간은 곧 여러 가지 벌레 중의

---

*7 달나라에서 선약(仙藥)을 찧고 있다는 선녀.

한 족속입니다. 만약 달 세계가 음(陰)의 성질로 땅이 되어 있다면, 돌은 티끌이고 눈은 흙이고 얼음은 나무일 것입니다. 불은 수정이요, 쇠는 유리일 것입니다.

달 세계가 꼭 이러하다는 것은 아닙니다. 비록 제가 추측해서 가설로 한 말입니다만, 저렇게 큰 물체를 이루어 그 덕은 양(陽)에 비할 만하고 몸체는 태양에 필적할 만한데도 어찌 하나의 물질이나 기가 모여서 벌레처럼 꿈틀거리고 생명으로 변화하는 것이 없겠습니까? 지금의 우리 인간은 불에 들어가면 타고 물에 들어가면 빠집니다. 그러나 아직 불을 떠나고 물을 떠나지 못하니, 다른 세계에서 이것을 바라본다면 물에서 살고 불에서 산다고 해도 틀린 말이 아닐 것입니다. 지금 물에서 살고 있는 것이 물고기나 자라만이 아닙니다. 비늘이 있고 껍질이 있는 것이 주가 되고는 있지만 날개가 있고 털이 있는 여러 족속 또한 물에서 살고 있습니다. 물고기나 자라 따위는 육지에 놓아 두면 죽는다고는 하지만, 때로는 깊숙이 진흙탕 속에 들어가 놀기도 합니다. 이 비늘 있고 껍질 있는 족속도 역시 흙에서 떠날 수 없다는 것을 말하는 것입니다. 과연 직방(職方)*8 이외에 또 몇 개의 세계가 있을까요?"

지정이 말한다.

"서양 사람들의 기록을 믿는다면, 정말 구국(狗國)이니 귀국(鬼國)이니, 비두국(飛頭國)이니 천흉국(穿胸國)이니, 기굉국(奇肱國)이니 일목국(一目國)이니 하는 여러 가지 괴상한 나라들이 있는데, 이는 도무지 상상조차 할 수 없는 것들입니다."

곡정이 말한다.

"그것은 서양 사람들의 기록에만 있는 것이 아니라, 경(經)에도 있지요."
"무슨 경에 있습니까?"
내가 물으니 곡정이 말한다.
"산해경(山海經)*9입니다."
내가 말했다.

---

*8 주례(周禮) 하관(夏官)에 딸린 벼슬로, 천하 구주(九州)의 지도를 관장했으므로, 중국 전역(全域)과 그 둘레의 지역을 말한 것임.

*9 우왕(禹王)이 지은 것이라고도 하고 백익(伯益)이 지은 것이라고도 하는 옛날 지리책. 18권.

"그렇다면 이 지구를 둘러싸고 있는 인황(鱗皇)*10이 몇인지 모제(毛帝)*11가 몇인지도 알 수 없으니, 지구를 미루어 달을 추측하여 본다면 거기에도 세계가 있으리라는 것도 괴상할 것이 없습니다."

곡정이 말한다.

"달 속에 세계가 있고 없는 것이야 우리 세상과는 아무런 관계가 없습니다. 이것은 이른바 월(越)나라 사람이 살찌고 여윈 것이 진(秦)나라 사람과는 아무런 관계가 없다는 것과 같기 때문에, 옛날 성인들도 논하지 않은 것입니다. 그런데 지금 선생의 말씀을 듣고 보니, 제가 가졌던 티끌 세상의 모든 번뇌가 갑자기 사라지고, 마치 광한궁(廣寒宮)*12에 앉아 얼음 옷을 입고 찬 술을 마시면서 백이(伯夷)와 오릉(於陵)*13과 함께 주거니 받거니 서로 권하는 것만 같습니다. 뗏목을 타고 바다로 나간다 하는 것(논어에 나오는 말)은 곧 공자의 별세계에 대한 망상이지만, 만약 선생이 막상 바람을 타고 가신다(열자의 고사(故事))면, 이 왕민호는 중유(仲由)*14에게는 뒤떨어지지 않겠습니다."

지정이 '별세계에 대한 망상(別界忘想)'이란 구절에 권점을 치고 말한다.

"그렇다면 나도 토끼처럼 팔짝팔짝 뛰거나 두꺼비처럼 펄쩍펄쩍 뛰어서라도 뒤따르기를 사양하지 않겠습니다."

그리하여 서로 왁자하니 한바탕 크게 웃었다.

곡정이 말한다.

"우리 유학자 중에는 근래에 와서 땅이 둥글다는 의견을 믿는 사람이 꽤 많아진 것 같습니다. 땅은 모나고 고요하며 하늘은 둥글고 움직인다는 것이 우리 유학의 생명줄 같은 학설인데, 서양 사람들이 이를 혼란스럽게 만들어 놓았습니다. 선생은 어느 의견을 좇으십니까?"

"선생은 어느 쪽을 믿으십니까?"

내가 되물었다.

곡정은 말한다.

---

*10 물고기 황제. 물고기의 세계.
*11 짐승의 황제. 짐승의 세계.
*12 달나라에 있는 궁전.
*13 전국(戰國) 시대 제(齊)나라 땅 이름이지만, 여기서는 진중자(陳仲子)를 가리킴. 진중자의 이름은 자종(子終)인데 오릉에 은거해 있었기 때문에 성을 오릉이라 했음.
*14 공자의 제자 자로(子路). 여러 제자 중에서 용감하기로 유명했음.

"비록 손으로 육합(六合)*15의 등을 어루만져 보지는 못했지만 지구가 둥글다는 것을 믿습니다."

내가 말했다.

"하늘이 만든 것에는 모난 것이 없습니다. 비록 모기 다리, 벼룩 궁둥이며 빗방울·눈물·침 따위까지도 둥글지 않은 것이 없습니다. 저 산과 물, 대지와 해·달·별 등도 모두 하늘이 만든 것으로서, 우리는 아직 모난 별을 보지 못했습니다. 땅덩이가 둥글다는 것은 의심할 것도 없습니다. 저는 아직 서양 사람들의 저서를 읽어 본 적이 없지만, 일찍부터 땅이 둥글다는 것은 의심할 것이 없다고 생각해 왔습니다. 땅은 그 모양은 둥글지만 그 덕(德)은 모가 나고, 일의 보람은 움직임에 있지만 성질은 고요함에 있는 것입니다. 만약 이 땅덩이를 하늘에 고정시켜 움직이지도 못하고 구르지도 못하도록 매달려 있게 한다면, 물은 곧 썩고 흙도 죽어 모두가 당장에 썩어 문드러지고 부스러져 흩어져 버릴 것입니다. 그렇게 되면 어찌 오래오래 머물러 있으면서 허다한 물건을 지고 이고 있을 수 있으며, 강물과 바닷물이 새지 않을 수 있겠습니까? 지금 이 지구의 군데군데가 열려서 온갖 만물이 하늘로 머리를 내밀고 땅을 디디고 서 있는 것은 우리 사람과 마찬가지일 것입니다. 서양 사람들이 땅이 둥글다고 인정하면서도 공처럼 구른다는 말은 하지 않았는데, 이는 지구가 둥글다는 것만 알지 둥근 것은 반드시 구른다는 것은 몰랐기 때문입니다.

저의 망령된 생각으로는, 지구가 한 바퀴 돌아가면 하루가 되고, 달이 지구를 한 바퀴 돌면 한 달이 되며, 해가 지구를 한 바퀴 돌면 한 해가 되고, 세성(歲星)이 지구를 한 바퀴 돌면 한 기(紀 : 12년)가 되고, 항성(恒星)이 지구를 한 바퀴 돌면 한 회(會 : 1만 8백년)가 됩니다. 저 고양이의 눈동자로도 지구가 돈다는 것을 알 수 있으니, 고양이의 눈동자는 12시간에 따라 변합니다. 그것이 한 번 변하는 동안에 지구는 7천여 리를 갑니다."

지정은 크게 웃으면서 말한다.

"그야말로 토끼 주둥이에 물린 건곤(乾坤)이요, 고양이 눈으로 돌아가는 대지(大地)로군요."

---

*15 하늘·땅과 동·서·남·북.

내가 말했다.

"우리나라 근세의 선배이신 김석문(金錫文)*16이란 분은 세 개*17의 크고 둥근 것이 허공에 떠 있다는 학설을 말했고, 제 벗 홍대용(洪大容)도 처음으로 지전론(地轉論)을 말했습니다."

그러자 곡정이 붓을 멈추고 지정에게 무엇이라 말하는데, 아마도 홍대용의 자와 호를 일러 주는 것 같았다.

지정이 말한다.

"담헌(湛軒)*18 선생은 김석문 선생의 제자이십니까?"

나한테 묻기에 내가 말했다.

"김석문 선생은 돌아가신 지 이미 백 년이나 되었으니 홍대용이 그에게 배웠을 리가 없습니다."

곡정이 묻는다.

"김 선생의 자와 호는 무엇이고 저서는 몇 편이나 있습니까?"

"그분의 자와 호는 기억하지 못하겠고, 또 저서도 없었습니다. 홍대용 역시 아직 저서가 없습니다. 저는 일찍이 홍대용의 지전론을 믿어 의심치 않았고, 또한 그는 자기 대신 저에게 그 이론에 대한 저술을 하라고 권하기도 했습니다. 그러나 저는 본국에 있을 때 이럭저럭 바빠서 미처 쓰지 못했습니다. 어젯밤에 우연히 기공(奇公)과 함께 달을 구경하다가, 달을 대하니 문득 친구 생각이 났습니다. 장소에 따라 흥이 일어나는 법이라, 저도 모르게 친구 생각을 억제하지 못했습니다. 서양 사람들이 지구가 돈다는 것을 함부로 말하지 않은 것은, 만약 지구가 한번 돈다고 말했다가는 해와 달, 별의 모든 전도(躔度)*19가 더욱 추측하기 어렵게 되므로, 마치 말뚝을 박아 놓은 듯이 땅덩이를 한곳에다 고정시켜 놓음으로써 전도의 추측을 편리하게 하려는 것이 아닌가 제나름대로 생각해 봅니다."

곡정이 말한다.

"저는 본래 이런 학문에는 어두워 일찍이 한두 번 알아보기는 했지만 마

---

*16 학자로 호는 대곡(大谷). 역학(易學)에 정통했고 숙종(肅宗) 때 유일(遺逸)로 천거되었음.
*17 해·달·별.
*18 홍대용(洪大容)의 호.
*19 해·달·별의 운행(運行) 도수(度數). 주천(周天)을 360도에 나눔.

치 차를 일곱*20 잔이나 마시는 것 같아 다시는 정신을 쓰지 않았습니다. 지금 선생이 하신 말씀이 서양 사람이 말한 것이 아니므로, 나는 갑자기 그렇다고 믿을 수도 없고, 또한 갑자기 그렇지 않다고 배척할 수도 없습니다. 요컨대 까마득하여 상고하기가 어렵습니다. 그러나 선생께서 하신 말씀은 참으로 정교하여, 마치 고려 승려복의 바늘땀처럼 갈피가 하나하나 분명합니다."

지정이 묻는다.

"세 개의 크고 둥근 것이란 무엇이고, 한 개의 작은 별이란 무엇입니까?"

내가 말했다.

"공중에 떠 있는 세 개의 둥근 것이란 해와 지구와 달입니다. 지금 이에 대해 논란하는 사람은 별은 해보다 크고, 해는 땅보다 크고, 땅은 달보다 크다고 말합니다. 이 말을 믿는다면 저 하늘에 가득한 별들은 이 땅과는 아무런 상관이 없는 것입니다. 다만 이 세 가지 둥근 것만이 서로 이웃하고 있어 그 중 지구의 소유물처럼 된 두 가지를 해와 달이라 이름 붙이고서, 해를 양(陽)이라 하고 달을 음(陰)이라 합니다. 비유하자면 마치 어떤 사람이 불은 동쪽 이웃에서 구하고, 물은 서쪽 집에서 얻는 것과 같습니다. 저 하늘에 까마득한 별들에서 이 세 개의 둥근 것을 바라본다면, 그것은 우주 공간에 점점이 널려 있는 자질구레한 작은 별에 지나지 않을 것입니다. 지금 우리 사람들이란 한 덩이의 물과 흙 짬에 앉아 있어서, 시야도 넓지 못하고 상상력도 한계가 있고 보니, 또한 함부로 별들을 구주(九州)로 쪼개어 나누고 있습니다. 지금 우리 세상에 자리잡고 있는 구주란 것은 얼굴에 찍힌 검은 사마귀 한 개와 무엇이 다르겠습니까? 이른바 '큰 못에 뚫린 작은 구멍'(장자가 말한 아주 작은 것)이란 이런 것입니다. 그러니 성좌(星座)가 저마다의 분야(分野)를 맡고 있다는 학설이 어찌 의심스럽지 않습니까?"

지정은 '이 말을 믿는다' 구절부터 '자질구레한 작은 별'이란 구절까지 어지럽게 권점을 친다. 곡정이 극구 칭찬을 하여 말한다.

"참으로 신기한 이론이고 명쾌한 이론입니다. 앞 사람들이 밝히지 못한 것을 밝혀 낸 것입니다."

---

*20 당나라 시인 노동(盧仝)의 시 칠완다흘부득(七碗茶吃不得)이란 구절에서 나온 것으로 될 수가 없다는 뜻임.

내가 말했다.

"저는 만 리 험한 길을 귀국에 관광하러 왔습니다. 우리나라는 극동(極東)에 있고 유럽은 맨 서쪽입니다. 맨 동쪽 사람이 맨 서쪽 사람을 한번 만나보고 싶습니다. 갑자기 열하에 들어오느라 미처 천주교회엘 가 보지 못했습니다. 여기서 황제 명령을 받들고 우리나라로 돌아가게 되면 다시는 북경에 들를 수 없습니다. 지금 다행히 여러분 선생들과 교유하여 많은 가르침을 받아 비록 제 큰 소원을 이루기는 했으나 서쪽 끝의 먼 나라 사람을 만날 수 없었던 것은 유감입니다. 그런데 이제 들으니 서양 사람들도 어가(御駕)를 따라 이곳에 와 있다고 합니다. 가르침을 받고자 하니 혹시 아시는 사람이 있거든 소개해 주시기 바랍니다."

그러자 곡정이 말한다.

"그런 일은 원래 관청에 매여 있습니다. 칙명을 받드는 길이 같지 않으면 서로 통할 수가 없고, 또한 황제가 머무르시는 곳은 아무래도 수도인지라 인산인해를 이루어 그들을 찾아보기가 매우 어려우니 헛수고하실 필요는 없을 것 같습니다."

지정이 말한다.

"저는 저녁에 일이 좀 있어서 가 봐야겠습니다."

지정은 먼저 일어나 필담하던 종이 대여섯 장을 거두어 가지고 갔다.

곡정이 말한다.

"홍담헌(洪湛軒) 선생은 건상(乾象)*21 점을 잘 치십니까?"

내가 말했다.

"아니오, 아닙니다. 역상가(曆象家)*22와 천문가(天文家)는 다르지요. 햇무리 달무리가 지고, 꼬리별이 흐르고, 별빛의 끝이 흔들리는 것을 관찰하여 길흉을 미리 판단하는 이는 천문가이니, 장맹(張孟)*23·유계재(庾季才)*24 같은 사람들입니다. 선기옥형(璿璣玉衡)*25을 가지고 해·달·별의 운행을 살

---

*21 하늘. 천상(天象). 천후(天候).
*22 천체의 운행을 구명하여 책력을 엮는 사람.
*23 한(漢)나라 때 역상가(曆象家).
*24 수(隋)나라 사람. 천문에 밝았고, 저서에 영대비원(靈臺秘苑) 등이 있음.
*25 천체를 관찰하는 기계. 혼천의(渾天儀).

펴 칠정(七政)*26을 다스리는 이는 역상가이니, 낙하굉(洛下閎)*27·장평자(張平子)*28 같은 사람입니다. 한서(漢書) 예문지(藝文志)에 보면 천문가 20여 명이 있고 역법가(曆法家) 10여 명이 있다고 분명히 둘로 나누었지요.

제 친구 홍대용도 기하학에 몹시 관심을 가지고 있어서 천체의 궤도와 그 속도를 알아내려 했으나 뜻을 이루지 못하고 있습니다. 그는 일찍이 '송(宋)나라 경공(景公)의 세 마디 말에 형혹성(熒惑星)이 물러가고',*29 '처사(處士)가 임금의 몸에 발을 올려놓자 객성(客星)이 황제의 자리를 범했다'*30고 한 말을, 역사가가 억지로 지어낸 말이라고 배척했습니다."

그러자 곡정이 말한다.

"옛날 혼천의에 정통했다고 알려진 사람으로는 낙하굉·장평자 이외에도 동한 때의 채백개(蔡伯喈)*31와 오(吳)나라 왕번(王蕃)*32이 있었고, 유요(劉曜)*33가 세운 전조(前趙) 광초(光初)*34 때의 공정(孔定)과 위(魏)나라 태사령(太史令) 조숭(晁崇)*35 등도 모두 선기옥형의 남겨진 법제를 잘 알았습니다. 송(宋)나라 원우(元祐)*36 때의 소자용(蘇子容)은 종백(宗伯)*37이

---

*26 해·달과 수(水)·화(火)·금(金)·목(木)·토(土)의 다섯 별. 천(天)·지(地)·인(人)과 봄·여름·가을·겨울의 네 계절.

*27 한나라 때 사람. 천문에 통달하여 무제(武帝) 때 전욱력(顓頊曆)을 태초력(太初曆)으로 고쳐 만들었음.

*28 후한(後漢) 시대의 천문가 장형(張衡). 육예(六藝)에 고루 통하고 천문·역법에도 정통하여 혼천의(渾天儀)·후풍지동의(候風地動儀)를 만들었음.

*29 전국 시대 송나라 경공 때 불길한 징조인 형혹성이 나타나 모두 걱정을 했으나 경공은 천문가의 권고를 듣지 않고 임금다운 세 마디 말을 하니 형혹성이 사라졌다고 함.

*30 동한(東漢) 시대 엄광(嚴光)은 광무제(光武帝)의 친구였다. 엄광이 광무제와 함께 자다가 천자의 몸에 발을 올려놓았더니, 태사(太師)가 객성(客星)이 자미성(紫微星)을 범했다고 말하였음.

*31 후한(後漢) 때의 채옹(蔡邕). 백개는 자. 천문에 밝고 음악에도 조예가 깊었으며 거문고를 잘 탔음.

*32 삼국 시대 오(吳)나라 사람. 견문이 넓고 예술에 능숙했음.

*33 전조(前趙) 때 사람. 장안(長安)에 자리잡고 국호를 조(趙)라 하였으나 석륵(石勒)에게 살해당했음.

*34 전조(前趙) 유요(劉曜)의 연호. 318~329년. 신라 흘해왕(訖解王), 고구려 미천왕(美川王) 때임.

*35 후위(後魏) 때 사람. 대대로 사관(史官)을 지냈으며, 조숭은 천문·술수(術數)에 뛰어났음.

*36 송나라 철종(哲宗) 때의 연호. 서기 1086~1094년. 고려 선종(宣宗) 때임.

되면서 옛날 기계를 참고로 하여 여러 해 만에 성공을 거두었습니다. 서양 기술이 중국으로 들어오자 중국의 천문 기계는 모두 쓸모 없는 것이 되었습니다.

그러나 그들의 학술은 얕으며 고루하여 가소로운 것이었습니다. 그들이 말하는 야소(耶蘇:예수)란 말은 마치 중국말로 어진 사람을 군자(君子)라고 하는 것과 같고, 티베트 풍속에 승려를 라마*38라고 하는 것과 같은 것이었습니다. 야소는 일심으로 하느님을 공경하고 팔방에 교를 세웠으나 나이 서른 살에 극형을 당했습니다. 그러자 백성들이 슬퍼하고 사모하여 예수교회라는 것을 세웠습니다. 공경하는 신을 천주(天主)라 하였는데, 그 교회에 들어간 사람은 반드시 눈물을 흘리며 슬퍼하여 천주를 잊지 않습니다. 어릴 때부터 네 가지 서약을 내세워 믿도록 하였으니, 그것은 색(色)에 대한 생각을 끊을 것, 벼슬할 욕심을 끊을 것, 팔방을 돌아다니며 전도를 하되 다시 고국으로 돌아올 미련을 갖지 않을 것, 명성에 연연하지 말 것 등이었습니다. 비록 불교는 반대하지만 윤회설을 독실하게 믿었다고 합니다.

명나라 만력(萬曆) 연간에 서양 사람 사방제(沙方濟)*39라는 자가 월동(粵東)*40에 왔다가 죽고, 뒤이어 이마두(利瑪竇:마테오리치) 등 여러 사람이 중국에 들어왔습니다. 그들의 교지는 사리를 소상히 밝히는 것을 으뜸으로 삼고, 몸 닦는 것을 요체로 삼고, 충효와 자애를 목표로 삼고, 개과천선하는 것을 입문(入門)으로 삼고, 생사의 큰일에 대비하여 걱정 없게 하는 것을 최종 목적으로 삼는다고 합니다. 서방의 여러 나라들은 그 교를 신봉한 이래 1천여 년 동안 나라가 잘 다스려져 아주 편안해졌다고 했습니다. 하지만 그 말이 하도 허황하여 중국 사람들은 믿는 이가 거의 없습니다."

내가 말했다.

"만력(萬曆) 9년에 이마두가 중국에 들어와 29년 동안이나 북경에 머물렀는데, 그가 말하기를, 한(漢)나라 애제(哀帝) 원수(元壽) 2년*41에 야소가

---

*37 주관(周官) 육경(六卿)의 한 가지. 예의(禮儀)와 제사(祭祀)를 맡아보았음.
*38 불교의 한 갈래인 라마교(喇嘛教)의 승려. 티베트 말로, 무상자(無上者) 또는 최상자(最上者)란 뜻임.
*39 프랑스 선교사. 1833년 마카오로 들어와 중국에서 포교, 1837년 서울에 와서 포교하다가 1839년(현종 5)에 체포되어 새남터에서 처형당했음.
*40 중국 광동(廣東)의 다른 이름.

대진국(大秦國)*42에서 태어나 서해(西海) 밖에까지 교를 전했다고 하였습니다. 하지만 한나라 원수 때로부터 명나라 만력 때까지는 1,500여 년이나 되는데도 야소라는 두 글자가 중국의 문헌에 보이지 않습니다. 야소가 멀리 떨어진 바다 밖에서 태어났으니 중국의 선비들이 어찌 알 수 있었을 것이며, 혹시 오래전에 들어 알았다 하더라도 그것을 이단이라 하여 역사에 기록하지 않은 것이 아니겠습니까? 대진국은 일명 불림(拂菻)이라고도 하는데, 이른바 구라파라는 것은 서양 전체를 말하는 것인가요?

홍무(洪武) 4년에 날고륜(捏古倫)이라는 사람이 대진국으로부터 중국에 들어와 고황제(高皇帝)를 배알했지만 야소교에 대해서는 말하지 않은 것은 무슨 까닭이었을까요? 대진국에는 애초부터 야소교란 것이 없었는데, 이마두가 처음으로 천신(天神)을 빙자하여 중국을 미혹시킨 것이 아닐까요? 윤회설(輪廻說)을 깊이 믿으면서 천당·지옥설을 주장하고 불교를 비방하며 원수처럼 공격하는 것은 무슨 까닭일까요?

시경(詩經)에, '하느님이 사람을 내시니 만물이 있고 법칙이 생겼네(天生烝民 有物有則)'라고 하였는데, 불교에서는 모든 물건은 환상이요 터무니없는 것이라고 합니다. 이는 곧 백성에게 만물과 법칙이 없다는 것이나 마찬가지이지요. 이제 야소교에서는 이(理)를 기수(氣數)로 삼았습니다. 시경에는, '하느님 하시는 일은 소리도 없고 냄새도 없네(上天之載 無聲無臭)'라고 하였습니다. 그런데 야소교(耶蘇敎)에서는 신이 배치하고 펼쳐놓았다 하면서 그래서 소리와 냄새가 있다는 셈이니, 이 두 교 중에서 어느 것이 낫겠습니까?"

내가 물었더니 곡정이 말한다.

"서양 학문이 어찌 불교를 비방할 수 있겠습니까? 불교는 매우 고상하고 오묘합니다. 하지만 숱한 비유의 이야기들이 끝내 귀결되는 데가 없습니다. 겨우 깨달음을 얻었다고 하는 것이 결국 허망한 환(幻)자 한 글자뿐입니다. 저 야소교는 본디 그럴싸하게 불교의 찌꺼기를 빌려 가진 것으로, 중국에 들어와서 중국의 글을 배우고 나서야 비로소 중국이 불교를 배척하는 것을 알게 되었습니다. 그래서 언뜻 중국의 불교 배척을 본떠서 도리어 중국의 글에서 상제(上帝)니 주재(主宰)니 하는 말을 찾아내어 우리 중국 유학에 아부를

---

*41 원수 2년은 기원전 1년. 신라 혁거세왕(赫居世王) 57년.
*42 로마 제국을 말함.

했습니다. 그러나 그 본령은 사물의 이름이나 이치를 따지거나 운수나 따지는 범위에서 벗어나지 못하는 것으로, 우리 유학에서도 별로 중요치도 않은 이차적인 부분에 떨어지는 것들입니다. 그들 역시 이치라는 것을 알아보지 못한 것 같습니다.

이(理)가 기(氣)를 이기지 못한 지가 이미 오래되었습니다. 요(堯) 임금 시절의 장마와 탕(湯) 임금 시절의 가뭄도 기수(氣數) 때문이라고 합니다.

저의 친구 개휴연(介休然)도 기수의 이론을 깊이 믿어, 기수는 본래 하나의 이(理)라고 말했습니다. 개휴연의 호는 희암(希庵)이고 자는 태초(太初), 또는 북궁(北宮)·옹백(翁伯)입니다. 학문은 천리(天理)와 인사(人事)에 통달하여 저서에 옹백담수(翁伯談藪) 100권, 북리제해(北里齊諧) 100권이 있고, 또 양각원(羊角源) 50권이 있습니다. 올해에 60여 살인데 아직도 저술을 하고 있습니다. 양각원은 천지 자연의 이치를 더욱 깊이 파고든 것이라고 하니, 지구가 돈다는 이야기도 거기 있을는지 모르겠습니다. 그의 해설에 따르면, 솔개가 하늘로 날아 올라갈 때에는 발을 믿고 뒤로 제쳐 뻗으며, 물고기가 연못에서 뛰놀 때에는 부레를 믿고 한껏 부풀리는 것처럼, 만물은 땅의 중심을 믿고 몸을 붙이지 않는 것이 없다고 하였습니다. 땅의 중심이란 우박이 제 몸을 스스로 싸고 있는 것과 같고, 그 움직이지 않는 것은 수레바퀴의 굴대와 같다고 하였으니, 이러한 것들이 모두 그의 오묘한 이론이었습니다. 저는 나이 어렸을 때 세심하게 읽어 보려 하지 않고, 여러 제목만을 훑어보았는데, 지금에 와서는 그나마 대강의 뜻마저 잊어버렸습니다."

내가 말했다.

"희암(希庵) 개 선생을 지금이라도 당장 만나뵙고 싶습니다. 선생께서 주선해 주셨으면 합니다."

그랬더니 곡정이 말한다.

"개휴연은 이곳에 살고 있지 않습니다. 그는 본래 촉(蜀) 땅 사람으로, 지금은 역주(易州) 이가장(李家莊)에서 차(茶) 파는 일을 생업으로 삼고 있습니다. 그곳은 북경에서 2백여 리나 되어, 저 역시 서로 만나본 지가 7년이 넘었습니다."

내가 물었다.

"희암 선생은 모습이 어떻게 생겼습니까?"

곡정이 대답한다.

"깊숙한 눈에 광대뼈가 튀어나왔습니다. 각로(閣老) 조혜(兆惠)공이 그를 조정에 천거하여 특명으로 강서교수(江西敎授)에 임명되었으나, 병들었다 핑계를 대고 부임하지 않았습니다. 본디 수염이 매우 멋있었는데, 하루아침에 자기 손으로 그 수염을 깎아 버려 조혜공이 자기를 잘못 천거하였다는 것을 밝혔습니다. 그래도 나라에서는 칠품(七品) 지위의 모자와 관복을 내렸다고 합니다. 그때 한 고관이 그의 여러 저서를 나라에 천거하겠다고 하여 선생이 흔쾌히 이를 승낙하였으나, 어느 날 밤 집에 불이 나서 책이 모두 타버려 마침내 황제에게 추천을 못했답니다."

내가 말했다.

"선생의 가슴속에 뭉쳐 있는 것을 이제는 털어놓으시는 것이 좋지 않겠습니까?"

곡정이 말한다.

"저는 본래 그런 증세가 없습니다. 늙은이가 간사스러움이 많아져서, 삶은 고기*43가 기운차게 헤엄쳐 갔다고 선생을 속인들 군자 노릇에 무엇이 해롭겠습니까?"

그리하여 서로 한바탕 웃었다.

곡정이 말한다.

"희암의 저서는 실상은 불타지 않았을 것입니다. 그의 친구 동정(董程)·동계(董稽)에게 숨겨 두었다가 반드시 후세에 전하게 했을 것이 틀림없습니다. 공은 외국인이시라, 저는 흉금을 터놓고 말씀드리는 것입니다."

내가 말했다.

"그럼 개 선생의 저서에는 꺼릴 만한 내용이 많단 말씀이신가요?"

곡정이 말했다.

"금기시될 것은 아무것도 없습니다."

"그렇다면 어째서 숨겼을까요?"

―――――――――――――

*43 정(鄭)나라의 공손교(公孫僑)가 잉어를 선사받았으나 차마 잡아먹기가 어려워, 하인을 시켜 잉어를 물에 놓아 주라 하였다. 하인이 잉어를 삶아먹고 돌아와서는 잉어가 기운차게 헤엄쳐 가더라고 보고하여 공손교가 그 말을 그대로 믿었다. 맹자가 이 일을 논평하기를 "군자는 이치에 어긋나지 않는 방법으로 속일 수 있다"고 했음.

"해마다 금지당하는 책이 3백여 종이나 됩니다. 그것은 모두 삼군(三君)·공(公)·팔고(八顧)*44·팔주(八厨)*45와 같은 이들의 책이지요."

"금서(禁書)가 왜 그렇게 많습니까? 모두 최호(崔浩)*46의 사기(史記)를 비방한 것과 같은 책들인가요?"

"모두가 뒤틀린 선비들의 비뚤어진 학문입니다."

"금서의 제목은 어떤 것들입니까?"

내가 물으니, 곡정은 정림(亭林)·서하(西河)·목재(牧齋)의 문집(文集) 수십 가지를 써 보이고는 이내 찢어 버린다.

내가 말했다.

"영락(永樂) 때 천하의 모든 책들을 모아들여 영락대전(永樂大全)*47 등의 책을 만들면서, 선비들로 하여금 머리가 희어지도록 쉴 새 없이 붓을 놀리게 했다더니, 지금 도서집성(圖書集成) 등의 책도 그런 뜻으로 만드는 것인가요?"

곡정은 황급히 손을 놀려 지워 버리고 말한다.

"지금의 왕조가 학문을 숭상하는 것은 그 어느 때 왕조보다도 뛰어납니다. 그러니까 사고전서(四庫全書)에 들지 못하는 글은 아무짝에도 쓸모가 없는 것이지요."

"전번에 선생께서는 조송(趙宋)*48을 왜 그토록 깎아 내리셨는지요?"

내가 물으니 곡정이 대답한다.

"조송은 왕통(王統)*49이 돼먹지 못했습니다. 태조는 큰 공이나 위대한 업

---

*44 후한(後漢) 영제(靈帝) 때의 덕행 높은 여덟 사람. 곧 곽태(郭泰)·범방(范滂)·윤훈(尹勳)·파숙(巴肅)·종자(宗慈)·하복(夏馥)·채연(蔡衍)·양척(羊陟)의 여덟 사람. 또 전임(田林)·장은(張隱)·유표(劉表)·설욱(薛郁)·왕방(王訪)·유기(劉祇)·선정(宣靖)·공서공(公緒恭)의 여덟 사람.

*45 후한 때 재물로 남을 많이 구원해 준 여덟 사람. 곧 도상(度尙)·장막(張邈)·왕고(王考)·유유(劉儒)·호모반(胡母班)·진주(秦周)·번향(蕃嚮)·왕장(王章)의 여덟 사람.

*46 후위(後魏) 시대 학자. 국서(國書)라는 책을 지어서 사기(史記)를 비방하여 처형당했음.

*47 명나라 성조(成祖) 때에 많은 학자들을 동원하여 편찬한 방대한 유서(類書).

*48 송나라. 시조가 조광윤(趙匡胤)이기 때문에 조송이라 하였음.

*49 송나라 태조 조광윤이 천자의 위에 오른 뒤에 맏아들에게 제위를 넘겨주려 했으나 둘째 아들 태종(太宗)이 제위를 빼앗았음.

적을 세운 것도 없이 우연히 나라를 얻었으므로, 당시로 보면 판에 박아낸 듯 만들어진 천자에 불과했습니다. 경륜을 세우고 기강을 정비하는 것이 언제나 고성묘(顧成廟)*50에 그쳤고, 태종(太宗)*51은 집안에서도 배신한 사람이라는 평가를 면치 못했습니다."

내가 다시 말했다.

"촛불 그림자 사건*52이 만약 진실이라면, 어찌 꼭 태종이 배신했다고만 말할 수 있겠습니까?"

곡정이 말한다.

"그것은 참으로 천고에 억울한 누명입니다. 그때 태조는 이미 생명이 위급하여 아침저녁을 다툴 지경이었는데 태종이 무엇 때문에 구차스럽게 그런 큰일을 저질렀겠습니까? 다만 그가 행한 일을 더듬어 보면 마땅히 이런 비방을 받을 만합니다. 이 사건은 원래 호일계(胡一桂)*53와 진경(陳桱)*54의 사사로운 역사 기록에서 나와, '이도(李燾)*55가 편찬한 자치통감장편(資治通鑑長篇)에 처음으로 기록되었는데, 이는 오중(吳中) 지방의 승려 문영(文瑩)이 지은 상산야록(湘山野錄)이 열어 준 것입니다. 한낱 중이 어디서 그런 엄청난 비밀을 알아냈겠습니까? 이 글은 조심해서 쓴 것이기는 하지만, 그 가운데 '멀리 촛불 그림자가 붉게 흔들리고, 잘 하라는 큰 소리가 들렸다'는 10여 자에 지나지 않는 구절이 천고에 한량없는 의문을 던지는 실마리가 되었습니다. 촛불이란 어두운 밤에 쓰이는 것이고, 그림자란 희미한 것이

---

*50 후한(後漢)의 문제(文帝)가 섬서성(陝西省) 장안현(長安縣) 동쪽에 세운 사당. 규모가 아주 작아서 잠시 뒤를 돌아보는 사이에 지어졌다고 하여 이런 이름이 생겼다. 무엇이든 규모가 작음을 일컫는 말로 씀.

*51 송나라 태조는 평소에 태종을 지극히 사랑하였다. 태종이 병이 들어 쑥으로 뜸을 뜰 때 그 쑥을 나누어 자기도 뜸을 떠서 괴로움을 함께 나누었다. 태종은 정권을 잡자 조카들을 모두 죽였음.

*52 송나라 태조가 병으로 누워 있을 때, 태종이 좌우를 물리치고 태조와 무슨 말을 나누었다. 나누는 말은 잘 들리지 않았으나 멀리서 보니 촛불 그림자 아래 태조가 자리에서 일어나려다가 도끼를 내던지면서 큰 소리로 "잘 해 보아라" 하고는 그 자리에서 죽었다고 한다. 후세에 이 기록을 보고 태종이 태조를 죽였다고 함.

*53 원(元)나라 시대의 학자.

*54 명나라 시대의 학자.

*55 송나라 시대의 학자. 자치통감장편(資治通鑑長編)·역학(易學) 등 저서가 많음.

며, 붉게 흔들린다는 말은 불빛이 껌벅거리는 것입니다. 큰 소리란 화평스럽지 못한 소리이고, 잘 하라는 말은 그 뜻이 분명치 못합니다. 멀리서 보고 멀리서 듣는다는 것 또한 분명하지 못한 말입니다. 이 일은 참으로 천고에 의아한 사건이요, 이 글은 남을 해치는 글입니다.

당시의 인사들은 첫째로 태종이 해를 어기지 않고 연호를 고친 것을 마땅치 않게 여겼고,*56 둘째로 형수를 핍박하여 여승이 되게 하고 형수가 죽었을 때는 상복조차 입지 않은 것을 옳지 않게 여겼고, 셋째로 정미(廷美)와 덕소(德昭)*57의 죽음을 좋지 않게 생각했습니다. 그러니 어떻게 천하의 인심을 억누를 수 있었겠습니까? 전국시대 여섯 나라의 선비들은 진(秦)나라에 대한 노여움이 쌓여, 기어코 진나라가 6국보다 먼저 망하기를 바라는 마음에서 여불위(呂不韋)*58의 사건을 교묘하게 지어내기도 했습니다. 하물며 진시황이 책을 불사르고 선비를 묻어 죽인 뒤였으니 그 비난이 어떠했겠습니까? 한(漢)나라의 책사(策士)들이 진나라를 꾸짖으려 하였기 때문에 이상한 글을 지어냈으니, 촛불 그림자 사건도 그런 의도에서 나온 것일 것입니다.

송나라 인종(仁宗)의 영특한 성품은 한나라 문제(文帝)와 비슷하지만 학식은 그보다 위였고, 신종(神宗)은 정치를 도모하는 일에서는 한나라 무제(武帝)보다 나았으나 재략은 그에 미치지 못했습니다. 건염(建炎)*59 이후는 특별히 이야기할 것도 없거니와, 더욱 통탄할 일은 원수*60를 잊고 어버이라 일컬었으니 천륜(天倫)이 아닌데 어떻게 조카라 일컬을 수 있습니까? 힘이 모자라 굴복한 끝에 신하로 불리는 것은 하늘이 마련한 것이니 어찌할 수 없는 노릇이지만, 조카나 손자라고 자칭하는 것은 더없이 큰 치욕입니다. 당시

---

*56 송나라 태조(太祖)가 나라를 세우고 연호는 남당(南堂)·오월(吳越)과 더불어 건륭(建隆 : 960~962), 건덕(乾德 : 963~967), 개보(開寶 : 968~975), 태평흥국(太平興國 : 976~978) 등을 계속해서 19년 동안 같이 썼음.
*57 정미는 송나라 태종의 아우인데 살해당했고, 덕소는 태종의 아들인데 자살했음.
*58 진(秦)나라 장양왕(莊襄王)이 조(趙)나라에 인질로 잡혀 가 있을 때, 여불위의 계략으로 돌아와 왕위에 올랐으므로 여불위를 재상에 임명했다. 여불위는 한단(邯鄲)의 여인을 가까이하여 임신하자 장양왕에게 바쳐 그녀가 낳은 아이가 곧 뒤의 진시황이라고 함.
*59 남송(南宋) 고종(高宗)의 연호. 127~1130년. 고려 인종(仁宗) 때임.
*60 송나라가 북쪽 금(金)나라에 크게 패하여 휘종(徽宗)과 흠종(欽宗)이 잡혀가 항복하고, 조카뻘 되는 나라라는 명목으로 강화조약을 맺음.

의 조정 관리들은 속국의 신하라는 치욕만 모면하기 위해 신하라는 명목을 조카로 바꾸어, 임금으로 하여금 인륜을 무시하는 지경에 빠지게 하였습니다. 그러니 오륜(五倫)과 오상(五常)을 깨뜨려 없앤 것이 석진(石晉)*61과 다를 것이 무엇이겠습니까? 자신들의 벼슬만 소중히 여기다가 오히려 가만히 앉아서 난데없는 아비를 불러들이게 되었는데도, 임안(臨安)*62의 임금과 신하들은 부끄러운 줄도 모르고 축하까지 했으니 참으로 비할 데 없는 무식한 일이었습니다. 눈앞의 급한 일에는 대책을 강구하지 않고 허황된 이야기와 쓸데없는 일만 하였으니 참으로 답답한 노릇이었습니다.

이종(理宗)은 40년이나 격물(格物)*63과 치지(致知)*64를 공부하여, 죽은 후에 겨우 이(理)라는 한 글자를 얻었습니다. 참으로 가소로운 일입니다. 평생을 두고 연구한 이치가 과연 무엇인지 모르겠습니다. 옛날부터 신하된 자가 누구나 자기의 임금의 학문을 위해 애쓰지 않은 자가 없지만, 천 년을 내려오면서도 허허벌판이다가 겨우 송나라 이종(理宗) 한 사람을 얻었습니다. 그러나 그의 학문도 나라의 승패나 존망의 운수에는 아무런 도움이 되지 못했습니다. 이종을 구산(龜山)*65의 문하에 두었더라면 높은 제자가 되었을지 모르지만, 그의 학문에서는 까막눈으로 일자무식인 석세룡(石世龍)이나 막길렬(邈佶烈)에도 미치지 못할 것입니다.

천하의 일은 보리 떠내려 가는 것도 모르는 것*66처럼 해서는 안 될 것입니다. 구사량(仇士良)*67은 벼슬에서 물러나면서 그 추종자들에게 글을 읽지 말라고 훈계했다고 합니다. 그러나 보경(寶慶)*68·경정(景定)*69 연간에는 40년 동안이나 천지가 어둡고 안개가 자욱하게 끼었는데도, 글방 문을 닫고

---

*61 오대(五代) 때 석경당(石敬塘)이 세운 나라. 석경당은 당나라를 치기 위해 거란에 군사 지원을 요청하면서 아비의 예로 모시겠다고 약속했음.
*62 남송(南宋)의 임시 수도. 지금의 항주(杭州).
*63 유형한 사물의 이치를 구명함.
*64 무형한 사물의 도리를 구명하여 지식을 밝힘.
*65 송나라 때의 학자 양시(楊時). 구산 선생이라 일컬었음. 정자(程子)의 제자.
*66 후한(後漢) 때 유명한 학자인 고봉(高鳳)이 젊어서 공부에 열중하여, 마당에 널어 놓은 보리가 소나기에 떠내려 가는 줄도 몰랐다고 함.
*67 당나라 무종(武宗) 때의 악독했던 환관. 두 명의 왕, 한 명의 왕비, 네 명의 재상을 죽였음.
*68 송나라 이종(理宗)의 연호. 1225~1227년. 고려 고종(高宗) 때임.
*69 송나라 이종의 연호. 1260~1264년. 고려 원종(元宗) 때임.

들어앉아 고금의 이치를 연구하느라 이틀갈이 논이 절반이나 묵었다고 말하던 때는 바로 그 시절을 말한 것인가 봅니다.

도군황제(道君皇帝)*70는 참으로 명사(名士)라고 할 수 있었습니다. 비록 소동파의 송죽(松竹) 같은 의기와 절조에는 비할 수 없었지만, 그의 풍류와 사물을 감상하는 안목은 송나라 진사도(陳師道)*71나 황정견(黃庭堅)*72 등에게도 뒤떨어지지 않을 것입니다(형산이 뒤에 와서 이 필담한 종이를 보고 웃으면서 뒤떨어지지 않는 정도가 아니라 훨씬 낫다고 하였다). 그는 한(漢)나라 성제(成帝)에 비한다면 좀 방탕했을 것입니다.

건륭 황제가 초여름에 태학의 강관(講官)에게 조서를 내려 '내가 옛날 역사를 읽어 보니, 신하는 아첨하고 임금은 교만하였다' 하였으니 태학의 대성문(大成門) 오른편 담장에 붙여 놓은 방이 바로 그것이랍니다."

내가 말했다.

"위(衞)나라 무공(武公)이 여왕(厲王)을 풍자하고 자신을 경계하기 위해 지었다는 시경의 억(抑)과 계(戒) 편도 그보다 더 나을 것이 없었겠습니다."

곡정이 말한다.

"참으로 그렇겠군요."

어제 내가 세 사신을 따라 공자 사당에 들어가 배알할 때 왕곡정(王鵠汀)과 거인(擧人) 추사시(鄒舍是)가 주인이 되어 앞서서 안내하였다. 대성문(大成門) 앞 담장에 오석(烏石)을 겹겹이 쌓아 놓았는데, 거기에는 강희(康熙)·옹정(雍正) 및 지금 황제의 훈유(訓諭)를 새겨 놓았다. 오른편 담장에는 새로 방을 붙여 놓았는데, 그것은 황제가 강사들에게 내리는 칙유의 글이다. 그 내용인즉 자기 집안의 학문을 굉장히 자랑하고, 전시대에 학문에 힘쓴 옛 임금들을 모조리 비방하였다. 실속은 없이 함부로 허식만 늘어놓아 전각 위에서는 만세를 부른다느니, 조정에 앉아서는 감탄만 한다느니 하는 것들이 칙유의 내용들이다. 대체로 신하들이 글 뜻을 꾸며대어 임금에게 아첨

---

*70 송나라 휘종(徽宗)의 다른 이름.
*71 송나라 때 학자. 안빈낙도(安貧樂道)하여 추운 겨울에 솜옷이 없어서 병을 얻어 죽음. 왕안석(王安石)의 경학(經學)을 배척했고 시에도 뛰어났음.
*72 송나라 때 학자. 특히 시에 뛰어나고 행서·초서도 잘 썼음. 저서에 산곡집(山谷集)이 있음.

을 하고 임금된 이는 쓸데없이 자기 잘난 것만 믿고 아랫사람을 업신여긴다는 내용이다.

내가 곡정과 함께 자그마치 1천여 자(字)나 되는 글을 읽어 보니, 모두가 자기 자랑뿐이었다. 내가 '전각 위에서 만세를 부른다는 말은 무슨 뜻입니까' 하고 곡정에게 물었더니, 곡정은 '경연(經筵)에서 강론(講論)할 때 임금이 글 뜻을 알아맞히면 좌우가 모두 머리를 조아리고 만세를 부르며, 강의하는 이가 글 뜻을 훌륭하게 설명하여 임금이 칭찬하면 역시 좌우가 만세를 불러, 좋은 영광은 모두 임금에게로 돌리는 법입니다. 이것은 이른바 임금의 옳은 견해를 따르고, 신하의 좋은 말을 치하한다는 것입니다. 한(漢)나라 육가(陸賈)*73가 임금 앞에서 글을 읽을 적마다 칭찬을 받지 않은 적이 없고 그때마다 만세를 불렀다는 것이 바로 이것입니다' 하고 대답했다.

내가 말했다.
"이종(理宗)은 송나라가 망할 무렵의 임금이므로 본래 그가 학문을 잘 했는지 못했는지에 대해 말할 바가 못 되지만, 임금이 학문을 좋아하는 것만 가지고 그의 자질이 총명하다고 말씀하시는 것은 선생의 잘못이라고 생각합니다. 만약 한나라 문제나 송나라 인종의 아름다운 자질과 한나라 무제나 태종의 영특한 자질에다가 정자(程子)·주자(朱子)의 학문을 겸한다면, 정말 요 임금이나 순 임금에게도 뒤지지 않을 것입니다. 그런데 하필이면 그 시문을 짓는 변변치 못한 재주와 기억해 외우는 폐단만을 미리 걱정하여 경솔하게도 임금의 학문이 적다고 할 수 있겠습니까?"

곡정이 고개를 저으면서 말한다.
"아니, 그렇지 않습니다. 나는 본래 송나라 이종을 말한 것이 아닙니다. 송사(宋史) 형법지(刑法志)를 보면, 이상하게도 사람을 심란하게 하는 것이 있습니다. 제 말은 학문하는 폐단의 대강을 말한 것이고, 옛날의 총명 영특한 임금으로 한나라 무제나 당나라 태종을 들어 말한 것뿐입니다. 선생께서 이른바 정자·주자의 학문을 겸했다면…… 하신 말씀은 말하자면 가설(假說)입니다. 이 가설이란 것은 천고의 뜻있는 인사들로 하여금 참으로 한량없는

---

*73 한(漢)나라 고조(高祖)를 도와 천하를 정함. 고조 앞에서 자주 시서(詩書)를 강의했고, 명에 의해 진(秦)나라 한(漢)나라 흥망의 까닭을 저술하여 신서(新書)라 했음.

원한을 품게 합니다."

내가 다시 물었다.

"한량없는 원한을 품게 한다는 것은 무슨 뜻입니까?"

곡정이 말한다.

"옛 시에,

군사를 내어도 이기지도 못하고 몸 먼저 죽으니,
영웅들로 하여금 두고두고 눈물짓게 하네.

出師未捷身先死　長使英雄淚滿襟

한 것이 바로 한량없는 원한을 품게 한다는 것입니다."

내가 다시 물었다.

"그건 무슨 의미인가요?"

곡정이 말한다.

"만약 조맹덕(曹孟德 : 삼국시대의 조조(曹操))이 두통을 앓다가 그대로 죽었더라면 그는 한(漢)나라의 제 환공(齊桓公)이 되었을 것 아닙니까?"

내가 다시 말했다.

"그건 무슨 이야기입니까?"

곡정이 웃으면서 말한다.

"선생이 말씀하시는 '만약'이라든가 '설혹'이라든가 하는 말들은 가설이나 비유로 하시는 것이지 사실이 아닙니다. 만약에 제갈량(諸葛亮)이 사마중달(司馬仲達)*74을 죽이고 군사를 몰아 중원(中原)으로 들어갔더라면 얼마나 통쾌했겠으며, 가령 당나라 현종이 마외역(馬嵬驛)*75에 돌아와서 양귀비(楊貴妃)를 만나 빙그레 웃으며 눈길을 주었더라면, 얼마나 통쾌하였겠습니까. 또한 만약 송나라 고종(高宗)이 진회(秦檜)의 목을 베었더라면 얼마나 통쾌

---

*74 위(魏)나라 사마의(司馬懿). 중달은 자임. 조조의 아래에서 제갈공명과 자주 싸웠고, 후에 승상이 되었는데, 손자 염(炎)이 위나라를 전복했음.

*75 중국 섬서성(陝西省)에 있는 지명. 당나라 현종(玄宗)이 안녹산(安祿山)의 난을 피하여 촉 땅으로 가는 도중 이곳에서 군사들의 간청에 따라 양귀비(楊貴妃)를 죽였음.

하였겠습니까? 만일 정자·주자 두 분이 임금의 자리에 앉아 날마다 온갖 나라 일을 볼 때에, 또 다른 정자·주자 같은 분이 옆에서 모든 일에 요·순의 도로써 섬긴다면 무슨 여한이 있었겠습니까. 이부인(李夫人)*76이 영혼으로라도 한번 무제(武帝)에게 나타났더라면 무슨 여한이 있었겠습니까?

대체로 한 시대의 임금이 된 자로서 아주 어리석고 졸렬하여 큰 잘못을 저지른 자를 제외하고는 중원의 주인이라고 했던 사람이면 당대의 이름난 석학(碩學)보다는 나았을 것이고, 또한 당대의 석학과 임금의 처지를 바꾸어 본다 하더라도 도리어 석학들은 임금만 못했을 것입니다."

내가 다시 말했다.

"옛날부터 제왕들은 신하들에게 가르쳐 주기만 좋아하여 '군자(君子)를 가까이 하고 소인을 멀리하지' 못했기 때문에, 임금 아래에 모여드는 사람은 모두 부귀영화에 탐닉하고 녹봉을 탐내는 무리들이라, 그 임금을 따라가지 못한 것은 당연한 일입니다. 만약 밝은 임금과 어진 신하가 서로 만난다면 반드시 이렇지 않을 것입니다. 밝은 덕을 갖춘 사람을 내세우고 어진 이를 쓰는 데 지위를 가리지 않는다면, '담 쌓는 사람을 꿈에서 얻고',*77 '낚시질하는 사람을 점을 쳐서 얻을 수도 있어서',*78 얼마든지 뜻을 하나로 모아 함께 일을 할 수 있는 것입니다. 만약 저들 제왕들이 그런 어진 신하를 구하지 않았다면 어찌 하늘이 내려주는 뛰어난 인재를 받을 수 있었겠습니까?"

곡정이 말한다.

"아니지요, 그렇지 않습니다. 일을 할 때는 말로 할 때와 다릅니다. 옆에서 구경하는 사람은 바둑 두고 있는 사람보다 훨씬 가벼운 법입니다. 이것이 이른바 맹공작(孟公綽)*79이라는 사람은 조(趙)나라 위(魏)나라의 장로(長老)로서는 넉넉하다 할 수 있으나, 등(滕)나라 설(薛)나라의 대부(大夫) 노릇은 감당하지 못한다는 것입니다. 이것은 제가 역사를 읽어 보고 냉정한 마음으로 구명한 문제입니다.

---

*76 한나라 무제(武帝)의 부인. 죽은 후 무제가 다시 부인을 보고 싶어하므로 방사(方士)가 그의 영혼을 만나보게 해 주려고 했으나 실패함.
*77 은(殷)나라 고종(高宗)이 꿈을 꾸고 나서 담을 쌓는 부열(傅說)을 얻었다고 하는 고사.
*78 주(周)나라 문왕(文王)이 점을 쳐서 낚시질하는 태공망을 얻었다고 하는 고사.
*79 매우 점잖은 사람이었다고 함.

만약 송나라 인종(仁宗)이 염계(濂溪)*⁸⁰나 낙양(洛陽)*⁸¹에서 태어났더라면, 그의 뛰어난 도학(道學)은 다른 어떤 현자(賢者)에게도 뒤지지 않았을 것입니다. 자양(紫陽 : 주자의 고향으로 주자를 이르는 말)은 평생 사서(四書)에 정력을 기울였지만, 실상은 인종이 먼저 일깨워 놓았던 것입니다. 왕요신(王堯臣)*⁸²이 과거에 급제하자 인종은 대기(戴記 : 일명 예기) 중에서 중용(中庸) 한 편을 그에게 하사하였고, 여진(呂溱)이 급제하자 또 대학(大學) 한 편을 하사하였습니다. 인종의 학식이 고명한 정도는 당시 선비들 중에서도 가장 뛰어났고, 중용·대학 두 편을 따로 뽑아낸 공로는 이미 범문정(范文正)*⁸³보다 앞섰다고 할 수 있습니다.

후세의 유학자들은 한(漢)나라 문제(文帝)가 가의(賈誼)를 재상으로 쓰지 않아서 한나라의 정치에 헤아릴 수 없이 많은 손실을 가져왔다고 책망을 하고, 또 장석지(張釋之)*⁸⁴의 뛰어난 이론을 배척했다고 해서 문제를 얕잡아 판단했지만, 실은 문제가 가의보다는 훨씬 현명했던 것입니다.

문제는 가생(賈生)을 보기까지는 자기가 가생보다 낫다고 생각했는데 이제는 가생을 따라갈 수도 없다고 하였으니, 이는 문제의 진심에서 나온 말이요, 구차스럽게 자기와 가생의 어질고 어질지 않은 것을 비교하려 한 것은 아닙니다. 문제는 큰일을 하기 위해 자신을 헤아리고 남을 세심히 짐작해 본 것입니다. 선제(先帝) 때부터 내려오는 장상(將相)과 대신들은 어떻게 하고, 하루아침에 아무런 경험도 없고 보잘것없는 일개 서생(書生)으로 하여금 그들을 탄압하고 억누르게 했겠습니까? 선실(宣室)*⁸⁵의 앞자리에서 가의가 가졌던 포부는 이미 기울어졌습니다. 요컨대 문제는 그의 재주를 길러서 쓰라는 것이었습니다.

가생의 아량은 이업후(李鄴侯)*⁸⁶를 따르지 못합니다. 업후는 백두로 재상까지 되었다가 강서판관(江西判官)으로 좌천된 일이 있었지만 일찍이 이것

---

*80 송나라 학자 주돈이(周敦頤). 염계는 그의 호로 그가 살던 곳의 지명이기도 하다.
*81 송나라 학자 정이(程頤)·정호(程顥)의 출생지이므로, 그들의 학파를 낙당(洛黨)이라고 함.
*82 송나라 때 학자. 저서에 숭문총목(崇文總目)·문집(文集) 등이 있음.
*83 범중엄(范仲淹), 문정은 시호임.
*84 한나라 시대의 법관(法官).
*85 한나라 미앙궁(未央宮) 전전(前殿)의 정실(正室).
*86 당나라 중신(重臣) 이필(李泌). 업후는 봉호(封號)임.

을 한 번도 원망하는 일이 없었습니다. 가생은 항상 가슴속에 쌓인 생각을 토해 내고자 답답해 하였으며, 문제는 자기의 재능을 잘 간직하였다가 적절히 쓰고 아무런 객기도 부리지 않았으니 이것이 문제의 장점이었습니다.

문제는 세 명의 서자에게 천하의 절반을 나누어 주었습니다. 그리고 당시 부귀를 누리는 여러 공경대부들은 전쟁의 날카로운 칼날 사이를 뚫고 나와 이제 편안히 앉아 부귀를 부리고 있는데, 그 누가 앞장서서 열을 올려 무슨 사업을 하려고 했겠습니까? 문제는 가생보다 앞서 통곡하고 탄식하였을 것입니다. 가생은 조급한 것을 참지 못하고 이내 분개하여 어느 한 사건을 통렬하게 지적하고는 통곡*87하고 탄식했습니다. 이야말로 잠시 이야기하는 사이에 갑자기 남을 통곡하게 하는 격이니, 과연 이렇게 하고서 얼마나 남을 놀라고 의혹을 갖게 할 수 있겠습니까? 양(梁)나라·초(楚)나라의 자객들은 먼저 원앙(袁盎)*88의 배를 찌르고, 하삭(河朔)*89의 결사대는 배도(裵度)*90의 머리를 부수는 것 같은 일이 일어날 것을 미리부터 염려했는데, 그렇게 되어 버렸습니다."

내가 다시 말했다.

"나라를 다스리는 것은 바둑을 두는 것과 같습니다. 임금은 바둑을 두는 당사자이고 백성과 신하는 옆에서 보는 구경꾼입니다. 선생이 말씀하신 '구경하는 사람이 바둑 두는 사람보다 낫다'고 하는 것입니다. 바둑을 두는 사람이 판단을 못할 때 옆에서 구경하는 사람의 훈수를 듣지 않을 수 없습니다."

곡정이 말한다.

"아닙니다, 그렇지 않지요. '말 위에서 천하를 얻으면'*91 언제나 열 손가락에서 피가 났었다고 으스대며 자랑하고, 대를 이어 나라를 지켜 나가면 아름다운 옷과 계집에 빠지는 것은 보통입니다. 그래서 천하의 모든 일은 이미

---

*87 가의(賈誼)가 문제(文帝)에게 올린 글에 나오는 말로서, 통곡할 일이 한 가지요, 눈물지을 일이 두 가지요, 한숨 쉴 일이 여섯 가지라 했음.
*88 한나라 시대 사람. 임금에게 직간(直諫)을 잘하여 종실(宗室) 양왕(梁王)에게 살해당했음.
*89 하북 지방. 곧 황하 북쪽 지방.
*90 당나라 시대 사람. 정치를 잘 했으나 조정에서 또한 바른말을 잘 하여 자주 좌천당했음.
*91 한나라 고조(高祖)가 숙손통(叔孫通)에게 한 말로서, 자기가 직접 말 타고 싸움터에 나가 싸워 천하를 얻었다는 뜻임.

황제의 집안일로 된 지가 오래되었으니 이는 천고에 변하지 않는 법칙입니다. 만약 짐(朕)이란 글자 한 자를 지워 버리고 자기가 한번 천자가 된다면 당장에 요·순 같은 임금이 될 것 같기도 할 것이요, 만약 짐이라는 글자를 없애지 못했다면 누가 감히 그 앞에서 소매 속의 손을 꺼낼 수 있겠습니까? 그러므로 공자가 소정묘(小正卯)*92를 죽인 것은 임금까지 두려워 떨게 한 지나친 위엄이라는 비난을 면치 못했으며, 주공이 낙양(洛陽)으로 도읍을 옮기려 할 때에도 도리어 그가 모반하려 한다는 의심을 받았습니다. 삼대(三代) 이후로는 유교 경전에 통달한 대신으로 왕망(王莽)만한 이가 없었을 것입니다. 그러나 왕망은 처음부터 천하를 유익하게 하려 한 것이 아니라, 성인을 독실하게 믿어 평생에 배운 바를 시험해 보고자 하였던 것입니다. 그는 자기가 천하의 중한 책임을 맡았다고 자임하였으니, 어떻게 임금을 즐겁게만 할 수 있었겠습니까? 다만 그의 성품이 조급하여, 가만히 앉아서 요·순의 도를 이야기만 하고 있을 것이 아니라, 당장에 시행하고 실험하여 기어코 자기가 직접 보고자 했던 것입니다."

내가 웃으면서 말했다.

"성인이 언제 사람들을 도둑이 되라고 가르친 적이 있습니까?"

곡정이 마찬가지로 크게 웃으면서 말한다.

"이것은 신하로서 일을 할 때는 아무래도 한 시대의 제왕만은 못하다는 증거를 말한 것입니다. 황로(黃老)*93의 학문으로 천하를 다스릴 때는 혹시 한때의 효과를 거둔 일이 있었지만 유교 경전으로 세상을 다스릴 때는 아닌 게 아니라 나라를 파괴하고 백성을 도탄에 빠뜨린 적이 없지 않았습니다. 왕개보(王介甫)*94의 학술은 범중엄(范仲淹)·한기(韓琦)*95 같은 이도 따르지 못할 바이지만, 요컨대 가의·왕망·왕개보나 방손지(方遜志)*96 같은 인물들은 한결같이 조급하게 서두르는 사람이었습니다."

---

*92 춘추시대 노나라의 대부. 공자에게 주살당함.
*93 황제(黃帝)와 노자(老子). 은둔사상(隱遁思想)을 주장하여 유교와 대립했음.
*94 왕안석(王安石). 개보는 자(字)임.
*95 송나라 시대 사람. 타고난 성품이 질박하고 충성스러웠으며, 학식이 많고 도량이 넓어 나라에 공을 많이 세웠음.
*96 명나라 때 학자 방효유(方孝儒). 손지는 호임. 연(燕)나라 성조(成祖)에게 잡혔다가 조서를 지으라는 명령을 듣지 않아 처형당했음.

망포(蟒袍: 관원들의 예복. 이무기를 수놓음.)를 입은 사람이 주렴을 헤치고 들어와 의자에 앉는데 보복(補服)*97도 입지 않았고 모자도 쓰지 않았다. 그는 나를 물끄러미 바라보다가 뭐라고 말을 건다. 내가 알아듣지 못하겠다고 하자 그는 곡정과 귓속말로 두어 마디 하더니 그냥 일어나 가버렸다.

"그분은 누구입니까?"

내가 물었더니 곡정이 대답한다.

"제남(濟南) 사람으로 이름은 등수(鄧洙)라고 하지요. 지금 호부주사(戶部主事) 자리에 앉아 있습니다. 그런데 그 변변치 못한 자가 무엇을 보러 왔다가 무엇을 보고 갔는지 모르겠군요."

"선생의 친구이십니까?"

"아닙니다. 다만 그 이름이 등수라는 것만 알고 있을 뿐입니다. 아까 보셨지요? 그는 귀국이 우리 중국과 같은 문자를 쓰고 있는 줄도 모르고 있지 않습디까?"

"말이 나온 김에 묻겠는데 제남에는 지금도 백설루(白雪樓)가 그대로 남아 있나요?"

"백설루는 원래 우린(于麟)*98의 누각이지요. 처음에는 한창점(韓倉店)에 있었는데, 뒤에 백화주(百花洲) 물가에 다시 지어서 벽하궁(碧霞宮) 서쪽에 있었습니다. 지금 표돌천(趵突泉) 동쪽에 백설루라는 누각이 있지만 이것은 후세 사람이 세운 것으로 본래의 백설루가 아닙니다."

내가 말했다.

"선생은 황제·노자의 사상을 귀하게 여기시고 유학을 천하게 여기시며, 나라를 제멋대로 농락한 도둑이 독실하게 성인을 믿었다고 하셨습니다. 또 왕개보를 칭찬하여 범중엄보다 어질다고 하셨으니 비난하고 칭찬하는 말씀이 너무 지나치지 않습니까? 유학을 가져다가 천하를 파괴하는 도구라고 하신 말씀은, 저를 시험해 보시려는 것 아닙니까?"

"선생이 그처럼 나무라시니, 제가 어떻게 함부로 말하겠습니까?"

"선생이 하신 말씀은 모두 높고 아득하여 선비의 좁고 고루한 소견으로는

*97 겉에 입는 문무관(文武官)의 예복. 가슴과 등에 문관은 새, 무관은 짐승을 수놓았음.
*98 명나라 학자 이반룡(李攀龍). 우린은 그의 자임.

이해하기도 어렵습니다. 실로 엄청난 놀라움이 아닐 수 없습니다. 어떻게 선생의 말씀을 처사들의 그릇된 생각이라 할 수 있겠습니까?"
 곡정이 말한다.
 "더러운 것도 용납하시는 선생의 아량에는 참으로 감격했습니다. 대체로 천하의 일이란 정리(正理)와 공도(公道)를 밟아서 이루지 않으면 안 되고, 또한 '굽은 자로 곧은 것을 재어서는' 안 됩니다. 모든 일을 이와 같이 처리한다면 더 이상 아무 말도 할 필요가 없는 것입니다. 공자의 문하에서는 삼척동자라도 오패(五霸)*99를 입에 올리는 것을 부끄러워했습니다. 모든 일을 이와 같이 이론을 세우면 도무지 아무 일도 없을 것입니다. 한창려(韓昌黎)*100가 말한 대로 사람은 사람대로 대우하고 쓸모없는 그의 글은 불태워 버린다면 마땅히 천하가 태평할 것이요, 동중서(董仲舒)*101가 말한 대로 행동을 바르게 하고 이익을 꾀하지 않는다면 천하 사람들은 길에 떨어져 있는 물건도 줍지 않을 것입니다. 또한 선생이 말씀하신 삼대(三代) 이후에 유학으로 정치를 편 이가 몇 사람이나 되겠습니까?
 창공(倉公)*102이 사람의 병을 고칠 때에는 화제탕(火齊湯)에 대황(大黃) 네 근을 넣어 달이게 했으나, 그 뒤 2백 년을 지나 장중경(張仲景)은 팔미탕(八味湯)에 부자(附子) 다섯 냥을 넣어 쓰라고 했으니, 얼마 안 되는 동안에 이처럼 달라졌습니다. 백이·숙제가 무왕(武王)이 주(紂)를 치러 가는 것을 보고 말 머리에서 옳지 못한 일이라고 만류했을 때, 이를 옳다고 여긴 태공망(太公望)이 있었으니, 천하에 양편이 다 옳고 양편이 다 틀렸다는 법칙이 없을 바에는 백이·숙제나 태공망 중의 한쪽은 마땅히 흑룡강(黑龍江)으로 귀양가는 자가 있었어야 할 것입니다.
 비유하건대, 천하의 일이란 양쪽에서 줄다리기를 하는 것과 같습니다. 줄

---

*99 다섯 사람의 패자(霸者). 춘추(春秋) 때의 오패는 제(齊)나라 환공(桓公), 진(晉)나라 문공(文公), 초(楚)나라 장왕(莊王), 오(吳)나라 합려(闔閭), 월(越)나라 구천(勾踐), 또는 구천 대신 진(秦)나라 목공(穆公). 또는 환공·문공·목공과 송(宋)나라 양공(襄公), 오나라 부차(夫差)를 지칭하기도 함.
*100 당나라 때의 학자, 당송팔대가(唐宋八大家)의 한 사람인 한유(韓愈). 창려는 그의 자임.
*101 한나라 때의 학자. 그에 의해 유교가 국교(國敎)로 되었고, 조정에 큰 문제가 있을 때마다 그에게 사람을 보내 문의했음. 저서에 춘추번로(春秋繁露)·동자문집(董子文集) 등이 있음.
*102 한나라 때의 명의(名醫).

다리기를 하다가 줄이 끊어지면 끊어진 곳에서 가까운 사람이 먼저 넘어지는 것은 당연한 일입니다. 처음에는 양쪽의 힘이 비슷하기 때문에, 천하에 역(逆)과 순(順)이 있고 옳고[是] 그름[非]은 없습니다. 그러다가 성패가 분명히 결판난 다음에는 역·순 두 글자는 도리어 등잔불 뒤의 귓속말이 되고 마는 것입니다.

대체로 보아 도(道)를 말하는 사람은 까마귀가 고기를 감추는 것과 같습니다. 까마귀가 고기를 감출 때는 구름을 표적으로 삼습니다. 구름이 지나가 버리면 감추어 둔 고기를 잃어 버립니다. 그러므로 세상에 처할 때는 뚫어 놓은 구멍같이 요지부동인 의리는 없는 법이요, 때에 따라 달라지는 법입니다. 선비들이 일을 처리하는 법도 구름을 표적으로 삼는 것과 같습니다."

내가 말했다.

"구름은 가 버려도 고기는 달아나지 않을 것 아닙니까? 시간은 흐르고 일은 지나가서 과거와 현재가 같지 않습니다. 그러나 의리는 언제나 그대로 머물러 있건만 사람들은 이것을 찾지 않습니다."

곡정이 말한다.

"의리고 뭐고 먼저 관중(關中)에 들어가 차지하는 자*103가 임금이 되는 것이지요."

내가 말했다.

"유학이 나라를 파괴한다고는 하지만 그것이 어째 유학의 죄이겠습니까? 못된 선비들이 유학의 명분을 도둑질했기 때문입니다. 천하를 어지럽히는 것은 모두 유학의 찌꺼기입니다. 만약 유학을 올바르게 썼다면, 천하의 밭이란 밭은 모두 정전(井田)이 되었을 것이고, 천하의 제후들은 모두 다섯 등급으로 질서를 바로잡을 수 있었을 것입니다."

곡정이 말한다.

"선생은 정말 제가 대담하게 유학을 배척하는 줄로 아시는 것입니까? 옛날부터 말은 반드시 그 사람의 마음만을 말하는 것이 아니고, 글은 반드시 그 사람의 말만을 쓰는 것이 아닙니다. 일부에는 허위의 세계가 있기도 한 것입니다. 선생의 말씀도 단가(丹家)*104의 상투적인 말에 지나지 않습니다."

───────────

*103 한(漢)나라 패공(沛公)과 초(楚)나라 항우(項羽)가 진(秦)나라를 쳐들어갈 때 먼저 관중(關中)에 들어가는 사람이 천하를 차지한다고 했음.

내가 물었다.

"단가의 상투적인 말이란 무엇을 뜻합니까?"

"문성 장군(文成將軍)*105이 말의 간(肝)을 먹고 죽었다는 것입니다."

내가 말했다.

"성인도 역시 무엇이든 작은 것에 손을 대기를 좋아하지 않지만 이 역시 과거와 현재가 다른 것 같습니다. 은나라 탕왕(湯王)은 나라가 70리, 주나라 문왕(文王)은 100리의 땅을 가지고 일어났습니다. 맹자(孟子)는 걸핏하면 이 은(殷)나라와 주(周)나라를 인용하여 당시의 임금들에게 유세했습니다. 그러나 문공(文公)*106은 천하의 어진 임금으로 등(滕)나라 임금이 되었고, 허행(許行)과 진상(陳相) 같은 인물은 천하의 호걸들이었지만 그의 신하가 되었습니다. 맹자는 문공에게, 나라의 제도와 전제(田制)에 대해서는 이미 그 대강을 들어 말했지만 아직 한 번도 등나라에 대하여 미련을 가지지 않았으니, 이른바 '긴 것을 끊어 짧은 것에 보탠다' 하더라도 등나라는 기껏 50리에 지나지 않는지라, 큰 나라의 장관이 될지언정 하잘것없는 조그만 나라는 그의 경륜(經綸)을 펴기에 부족했던 것입니다. 당시의 제(齊)나라·위(魏)나라 임금들은 지극히도 어질지 못했으나 그래도 이를 돌보아주기 위해 뒤돌아보고 머뭇거리며 차마 발길을 떼지 못한 것은, 그 나라 땅이 넓기 때문이었고, 백성이 많았기 때문이었고, 군사가 강했기 때문이었고, 재물이 많았기 때문이었습니다. 그러한 형세가 경륜을 펴기에 큰 힘이 되어, 이른바 제나라의 왕 노릇하기란 손바닥 뒤집는 것처럼 쉽다고 생각했던 것입니다."

곡정이 말한다.

"공자는 1년이면 등나라를 바로잡을 수 있다고 말했고, 맹자는 5년이나 7년이면 제나라를 바로잡을 수 있다고 하였습니다. 이는 제나라를 높여 말하고 등나라를 낮추어 말한 것이 아니라, 고금의 형세가 각기 다르고, 크고 작

---

* 104 선가(仙家).
* 105 한나라 때 장군. 본래는 방사(方士) 소옹(少翁). 무제(武帝)가 신선을 좋아하여, 소옹이 죽은 이부인(李夫人)을 만나게 해 준다고 술법을 썼으나 효과가 없어 사형을 당한 뒤에 오리장군(五利將軍)이 역시 방술로 문성 장군을 애도하자 무제는 문성 장군이 말의 간을 잘못 먹고 죽었다고 거짓말을 했음.
* 106 전국 시대의 명군(明君). 아버지가 죽자 그 예의를 공자에게 물었다고 함.

은 형세가 각기 다르기 때문입니다. 맹자는 결코 제왕의 이야기를 먼저 꺼내어 사람들로 하여금 싫증나고 졸음이 오게 하지는 않았습니다."

내가 다시 물었다.

"위앙(衞鞅)*107이 먼저 말했다는 이는 어느 제왕이었습니까?"

곡정이 대답한다.

"황제(黃帝)와 요·순의 호칭을 빌려다가 쓸데없는 말을 함으로써 사람들로 하여금 싫증을 내게 하였으니, 이는 손무자(孫武子)의 삼사술(三駟術)*108이라는 것입니다."

곡정이 고금의 인물·학술·의리(義理) 등에 대해 논변함에 있어서 말에 억양이 많고 거침없이 말을 잘 하였다. 대개 내 속을 떠보려는 뜻이 있는 것 같았으나 나는 처음에는 그것을 깨닫지 못하고 오히려 웃음거리나 되지 않을까 두려워서 많은 문답을 하는 동안 가까스로 원칙을 지켰다. 곡정은 붓을 들기만 하면 몇 장씩을 내리 쓰다가 무슨 말을 하려다가는 곧 얼버무리고 말았다. 나는 늦게야 그것을 깨닫고 맹자의 이야기를 꺼내어 시험해 보았는데, 곡정의 주장은 역시 순수하고 옳은 것 같았다.

여기서부터 아래로 몇 대목은 잊어버려서 말이 서로 이어지지 않는다.

곡정이 말한다.

"제갈무후(諸葛武侯)의 학문이 신불해(申不害)*109나 한비(韓非)*110에게서 나왔다고 하는 것은 매우 원통한 말입니다. 그가 후세의 선비들처럼 세심하게 독서를 못했다 하더라도, 맹자(孟子)에 대하여는 대의(大義)를 터득하

---

*107 진(秦)나라 때의 정치가 상앙(商鞅). 위는 봉호(封號)임. 혜문왕(惠文王)이 지난날 처벌받은 일을 보복, 상앙을 사형시키고 사지를 찢는 거열형(車裂刑)에 처했음.

*108 제(齊)나라 장수 전기(田起)가 왕이나 공자(公子)들과 경마를 할 때 손무자(孫武子)가 그에게 일러준 경마에 이기는 방법. 곧 처음에는 자기가 제일 나쁜 말을 가지고 상대에게는 제일 좋은 말을 주며, 다음에는 자기는 제일 좋은 말을 가지고 상대에게는 중간되는 말을 주며, 마지막에는 자기는 중간 되는 말을 가지고 상대에게는 나쁜 말을 주어, 한 번 지고 두 번 이겨 결국 자기가 이기는 방법.

*109 전국 시대 사람. 한(韓)나라 재상이 되어 15년 동안에 나라가 잘 다스려지고 군사가 강해져서 그 나라를 침범하는 나라가 없게 되었음. 법가(法家)의 시조라 함.

*110 전국 시대 한(韓)나라 사람. 형명가(刑名家). 저서에 한비자(韓非子)가 있음. 20권.

여, 그의 가슴속에 분명히 공(公)이라는 글자 하나를 아로새겨, 그의 안중에는 이 공(公)자 이외에 도무지 성공과 실패란 찾아볼 수 없었습니다. 그리하여 삼대(三代) 이후로 홀로 공명(孔明) 한 사람만이 대신의 직책을 감당할 수 있었습니다. 공명의 이론은, 나라를 다스리는 데는 궁중과 조정이 일체가 되어야 한다고 하였고, 임금이 덕을 힘쓰게 하는 데는 임금이 스스로를 낮추어 재주가 없고 덕이 모자란다고 하거나 비유를 끌어대어 의리를 잃지 말아야 한다고 하였습니다. 또 스스로 천하의 무거운 책임을 맡는 데는 나라에 충성하는 마음을 가진 사람은 오직 자신의 모자람을 부지런히 닦아야 한다고 하였으니, 그는 참으로 만 년 뒤에도 그 누구도 그 자리를 채울 수 없는 대승상(大丞相)이라 하겠습니다."

내가 말했다.

"그렇지만 유장(劉璋)*111의 땅을 빼앗은 것은 '열 자〔尺〕를 바로잡는다고 한 자를 구부린 것'이 아니겠습니까?"

곡정은 말한다.

"공명이 꼭 유비에게 유장의 땅을 빼앗으라고 가르치지는 않았을 것입니다. 유장을 성토(聲討)하는 것은 합당한 일이지만, 사마귀가 매미를 잡듯이 불의에 습격을 한 것은 옳지 않습니다. 유장은 그의 아버지 언(焉) 시절부터 비옥한 촉(蜀)나라 땅을 차지하고 있으면서, 제후들을 도와 국적(國賊) 조조(曹操)를 치지 않았으니 그 뜻이 어디에 있겠습니까? 유표(劉表)는 형주(荊州)의 아홉 고을을 차지하여 학교를 세우고 아악(雅樂)을 베풀었습니다. 그때가 어떤 때인데 그렇게 편안히 앉아 있었습니까? 만약 한(漢)나라에 대한 충성심이 없는 것을 추궁한다면, 무엇보다 먼저 같은 유씨(劉氏)네 제후들의 죄를 바로잡아야 할 것입니다. 이는 공명이 초려(草廬)에 한가로이 누워 있던 그때부터 유표(劉表)나 유언(劉焉) 같은 자들에 대한 분노가 치밀어 오른 지 이미 오래였습니다. 만약에 한나라 황실에 신의가 뛰어난 후손이 있었다면, 반드시 손권(孫權)*112이나 조조보다 먼저 저들을 쳤을 것입

---

*111 삼국 시대 촉(蜀)나라 사람. 조조(曹操)의 아래에서 장군이 되었다가 뒤에 유비(劉備)에게 항복했음.

*112 삼국 시대 오(吳)나라 임금. 유비를 도와 조조를 적벽(赤壁)에서 대파하고 건업(建業)에 도읍하고 나라 이름을 오(吳)라 했음.

니다.

정자(程子)나 주자(朱子)는 항상 공명의 학문이 순수하고 바르지 못한 것을 한스럽게 생각하여 그가 촉(蜀) 땅을 빼앗은 것을 애석하게 여겼습니다. 그러나 공명으로서는 형주(荊州)와 익주(益州)에 걸친 지역을 차지해야 한다는 것은 초려(草廬)에 있을 때부터 첫째로 삼은 전략이니, 이야말로 공명의 안목이 국적(國賊)에 대해 밝고, 학문이 정대(正大)하였던 점입니다. 다만 유언에 대해서는 역적을 치지 않은 것을 들어 성토(聲討)할 수 있다고는 하지만, 유장(劉璋)에 대해서는 그를 속여서까지 그 땅을 빼앗을 이유는 없었습니다. 형주 땅은 웅거할 만한 지세는 못 되지만, 유종(劉琮)에 대하여는 그를 속여서까지 빼앗을 기회가 있었습니다. 유종은 분명히 국토를 국적인 조조에게 바쳤고, 소열(昭烈)은 틀림없이 이를 대의로써 빼앗았으니, 천하의 어느 누가 그를 그르다고 할 것입니까? 그런데 소열은 형주에서는 한사코 신의를 지키다가 익주에서는 갑자기 간사한 영웅의 버릇을 드러내어 먹으라는 것도 먹지 않다가, 결국은 빼앗아 갔다는 비난을 면치 못했습니다."

내가 말했다.

"그야말로 원앙각(鴛鴦脚)으로 지리소(支離疏)를 걷어차 쓰러뜨린 격*113이로군요."

곡정이 크게 웃으면서 말한다.

"선생은 역시 관화(官話)*114를 쓰실 줄 아십니다그려."

우리나라 속담에 약한 자를 업신여겨 물건을 빼앗는 것을 '어린아이 눈물 묻은 떡 빼앗는다'고 하고, 또 '난쟁이 턱 걷어찬다'고도 한다. 내가 오는 길에 통역관 쌍림(雙林)이, 그의 하인이 남과 싸우는 것을 꾸짖을 때 원앙각이 어쩌고 하며 나무라는 것을 들었다. 그런데 그 뜻이 대략 난쟁이 턱 걷어찬다는 말과 같고 재미있어서 지금 한번 중국어로 그 말을 해 보았으나, 입이 둔하여 제대로 말이 되지 않았다. 곡정이 무슨 말인지 알아듣지 못하기에 내가 글자로 써 보였더니 곡정이 크게 웃고 나를 그렇게 놀린 것이다.

*113 한 쌍의 원앙새처럼 양쪽 다리가 성한 자가 도리어 지리소라는 불구자를 걷어차 쓰러뜨림.
*114 중국의 표준말. 북경어(北京語)와 남경어(南京語)가 관화로 되어 있음.

곡정이 말을 이었다.

"만약 성왕(成王)*115이 주공(周公)*116을 죽였다면, 소공(昭公)*117이 어째서 감히 집에 있으면서도 몰랐다고 할 수 있겠습니까? 주자는 위원리(魏元履)*118에게 글을 보내 역시 소열(昭烈)을 논하면서, 유종이 조조를 맞아들이던 날 형주를 빼앗지 않아 근거지를 잃고 낭패를 보아 도둑의 계교가 이루어지게 하였으니, 이는 정도(正道)와 권도(權道)를 다 잃은 것이라고 했습니다. 그러나 저는 그때 소열이 비록 형주를 차지했다 하더라도, 역시 그대로 지키지 못했을 것이라고 생각합니다. 조공(曹公)*119이 이미 80만 대군으로 경계를 위협하고 있는 상황에서, 어떻게 변변치도 않은 새로 마련한 형주를 가지고 그를 막을 수 있었겠습니까? 오히려 청렴하고 겸손한 절조나 굳게 지켜서 신의가 두텁다는 천하의 명성을 듣는 것만도 못할 것이니, 유종이 조조를 맞아들이던 날 소열이 형주를 빼앗지 않은 것은 정도와 권도를 다 얻은 기회라고 할 수 있습니다. 유장(劉璋)은 겁이 많고 군사와 백성들을 잘 살피지 않는지라, 공명과 소열이 초려에서 처음 만났을 때, 이미 나약하고 우매한 그를 쳐서 빼앗을 계획에 합의했던 것이지 반드시 그를 속여서 빼앗으라고 지시하지는 않았을 것입니다.

치당(致堂)*120 호씨(胡氏)의 정신 빠진 소리를 들으면 현덕(玄德)은 노식(盧植)*121·진원방(陳元方)*122·정강성(鄭康成)*123 같은 이들과 교유하여 진정 유학을 한 선비라고 떠받들었는데, 이것은 참으로 가소로운 일입니다. 이때 현덕은 구름을 끼고 하늘로 올라가는 용과 같은 형세라, 사람을 씹어먹어

---

*115 주(周)나라 제2대 왕. 무왕(武王)의 아들. 나이가 어려 주공(周公)이 잘 보좌해 주었음.
*116 주나라 문왕(文王)의 아들. 무왕(武王)을 도와 주왕(紂王)을 쳤고, 무왕이 죽자 어린 조카 성왕(成王)을 도와 예악(禮樂)을 정하고, 관혼상제(冠婚喪祭)의 의식을 마련했음.
*117 주나라 성왕 때 주공(周公)과 함께 삼공(三公)이 되어 섬서(陝西) 지방을 잘 다스려 모든 백성이 편안하게 살아갈 수 있게 하였음.
*118 송나라 때의 학자.
*119 조조(曹操)를 일컫는 말.
*120 송나라 때의 유학자 호인(胡寅). 치당은 호임.
*121 후한(後漢) 때의 학자.
*122 후한 때의 학자 진기(陳記). 원방은 자임.
*123 후한 때의 학자 정현(鄭玄). 강성은 자임. 저서에 모시전(毛詩箋)·주례(周禮)·예기(禮記) 등의 주(註)가 있음.

도 눈썹 하나 까딱하지 않을 사납고 용맹한 영웅이었습니다. 아무 일이 없으면 오히려 근심이 가득하여 울려고나 하고 무슨 소리가 들리면 벌떡 일어나서 무슨 변이 일어났느냐 묻고, 천지간에 자기 한 몸이 없어지지나 않을까 근심하여 다급하면 처자까지도 버리고 달아나는 사람이었습니다. 그런 현덕이 원숭이 새끼 같은 유장에게 무슨 생각을 두었겠습니까? 그러니 당시 공명은 결코 서쪽으로 가서 유장의 땅을 빼앗으라고 권하지 않았을 것입니다.

그럼에도 불구하고 후세의 선비들은 그 결과만 가지고 선주(先主)에게 흠이 없고 완전하기만을 요구하여 유비를 탕왕(湯王)*124·무왕(武王)보다 높은 자리에 떠받들고 있습니다. 이 역시 후세 사람들의 잘못된 생각입니다. 탕왕이나 무왕의 한두 가지 실책에 대하여 속으로는 분노하면서도 감히 말은 못하고, 그들을 보필한 이윤(伊尹)*125이나 여상(呂尙)에게 대하여는 으레 그들을 두둔하고 편을 듭니다. 진실은 천고(千古)에 도도히 흘러서 명나라 동림당(東林黨 : 명나라 시대 무석(無錫)의 동림 서원에서 서생들이 맺은 모임)은 아주 견고하여 깨뜨릴 수 없었습니다. 백금(伯禽)*126이 종아리를 맞은 것은 무슨 죄 때문이었습니까? 이는 주공(周公)의 실수가 아닌가 두렵습니다. 한 가지 일의 결과만 가지고 그의 처음 생각을 엉뚱하게 판단하는 것은 후세 선비들의 파당(派黨)에 의한 나쁜 버릇입니다.

공명을 이윤과 여상과 백중 사이에 두겠다고 한 것은 옳은 평입니다. 대체로 보면 옛날부터 모든 임금이나 신하들에 대하여 하나씩의 판단이 있습니다. 한 지아비 한 지어미라도 살 곳을 얻지 못하면, 그 나라 임금은 자기가 그들을 구렁텅이에 밀어넣은 것과 같이 여긴다고 하였습니다. 임금 된 이가 모두 그러한 마음을 가지고 한 마음으로 저들을 다스린다면, 한 사람이라도 죄 없는 사람을 죽이거나 한 가지 일이라도 불의를 행함으로써 천하를 얻는다고 할지라도 결코 그렇게 하지 않았을 것입니다.

그러나 그러한 마음을 가진 이가 한 사람도 없었다는 것이 후세 사람들의

───────────────

*124 은(殷)나라 시조 이(履). 처음에는 나라 이름을 상(商)이라 했는데, 반경(盤庚) 때 은(殷)으로 고쳤음.
*125 은나라 탕왕을 도와 왕이 되게 하고 많은 업적을 남긴 어진 재상.
*126 주나라 주공(周公)의 아들. 주공은 어린 조카 성왕(成王)이 잘못을 저지르면 자기 아들 백금의 종아리를 쳤다고 함.

일치되는 결론입니다. 아무리 포악하고 우매한 임금이라 하더라도, 오히려 때로는 충성스러운 말을 받아들이고, 바른 일을 권장하는 수가 있습니다. 비록 일대의 어진 신하라 해도 자기에 대한 공격을 달게 받아들이고 누구나 말할 수 있는 길을 열어 놓았다는 말은 듣지 못했습니다. 임금 된 처지로서는 비록 옹치(雍齒)*127같이 미운 자라도 때로는 마음을 놓고 안심하도록 할 수 있지만, 신하 된 처지에서는 비록 한기(韓琦)·부필(富弼)*128같이 어진 사람으로도 자기의 몸이 죽어가면서도 자신에 대한 의혹을 풀지 못했으니 이는 천고를 통하여 남의 신하된 처지에 대한 하나의 결론입니다."

나는 닷새를 곡정과 함께 있었는데, 이야기를 할 때마다 그는 자주 탄식하는 소리를 냈다. 그 소리가 '후우―' 하여 옛날부터 말하는 위연(喟然)이란 이런 것을 말하는 것이로구나 싶었다.

내가 물었다.
"선생은 어째서 어찌 그렇게 자주 탄식을 하십니까?"
"나의 고질병입니다. '후유' 하고 한숨짓는 것이 어느새 탄식으로 굳어 버렸습니다. 평생토록 글을 읽어 보아도 뜻대로 안 되는 일이 열에 여덟아홉이니, 어찌 이런 고질병이 안 생길 수 있겠습니까?"
"글을 읽으실 때마다 세 번씩 탄식하셨다면, 선생의 탄식은 가태부(賈太傅)*129의 탄식보다 여섯 번은 더 많겠습니다그려?"
그러자 곡정이 웃으면서 말한다.
"천하의 일이란 매양 강물 하나를 사이에 두고서 건너느냐 못 건너느냐 싸우는 것일 뿐이지요. 그런데 저는 글을 읽다가 공자가 하수(河水) 가에 이르러 '내가 이 물을 건너지 못하는 것은 천명이다'라고 한 구절에서 세 번 탄식했고, 항우(項羽)가 오강(烏江)*130을 건너지 못했다는 대목에서 세 번 탄식

---

*127 한나라 고조(高祖) 때의 장수. 고조가 천하를 차지하고 논공행상을 하는데 평소에 가장 미워하던 옹치를 제일 먼저 공신으로 봉하여 모든 장수들의 마음을 안정시켰음.
*128 송나라 시대의 재상. 거란에 사신으로 두 번 갔음.
*129 한나라 때 학자 가의(賈誼). 장사왕(長沙王)의 태부로 있었음.
*130 지금의 안휘성(安徽省) 화현(和縣) 동북쪽을 흐르는 강. 항우(項羽)가 패공(沛公)에게 크게 패하여 여기서 자살하였다고 함.

했으며, 종유수(宗留守)*¹³¹가 '강을 건너라'고 세 번 소리친 데 이르러 세 번 탄식을 했으니, 이만 해도 가태부의 여섯 번 한 탄식보다는 많습니다."

그리하여 서로 크게 웃었다. 내가 다시 말했다.

"머리 깎는 봉변을 당하셨으니 지사(志士)께서는 만 번은 탄식하셨겠지요?"

곡정의 얼굴빛이 변했는데 곧 표정을 바로잡고는 '머리 깎는 봉변'이라 쓴 것을 찢어서 화로에 던지며 말한다.

"노(魯)나라 사람들이 사냥 경쟁을 하자 공자가 '나도 사냥 경쟁을 하겠다'고 하였으니, 이것은 성인도 시속을 따른다는 말이 아니겠습니까? 이탁오(李卓吾)*¹³²는 갑자기 자진하여 머리를 깎았으니, 이것은 흉악한 성품이지요."

내가 말했다.

"듣자 하니 절강(浙江) 지방에서는 머리 깎는 이발소에, '좋은 세상, 즐거운 일'이라는 뜻의 '성세낙사(盛世樂事)'라는 간판을 걸어 놓는다던데요?"

곡정이 말한다.

"그런 말은 들어 본 적이 없습니다. 그것은 석성금(石成金)*¹³³의 쾌설(快說)처럼 반어법으로 쓴 뜻이겠군요."(전날 곡정과 함께 머리·입·발에 세 가지 재액(災厄)이 있다는 이야기를 한 적이 있었다).

내가 또 물었다.

"명(明)나라 건국에 대해서는 어떻게 생각하십니까?"

"주례(周禮)에 승국(勝國)*¹³⁴이라고 한 것이 바로 이것이니 더 말할 필요가 없습니다. 공자도 '은(殷)나라에는 어진 임금이 예닐곱 명이나 있었다'고 칭찬했습니다. 송(宋)나라 시대에는 이렇다 할 것이 없었습니다. 이처럼 무

---

*131 송나라 동경(東京) 유수(留守)로 있던 충신 종택(宗澤)이 임금에게 황하(黃河)를 건너야 한다고 20여 번이나 요청했으나 듣지 않아 병을 얻어 죽을 때 다시 '하수를 건너십시오' 하고 세 번을 외쳤다고 함.
*132 명나라 때 학자 이지(李贄). 탁오는 그의 자임. 가려운 병에 걸려 머리를 깎았다가 파면 당했음.
*133 청나라 때의 학자. 저서에 전가보사집(傳家寶四集)이 있음.
*134 지금의 왕조가 바로 앞 왕조를 가리키는 말. 앞의 왕조가 현재 왕조에게 승리를 안겨준 나라라는 뜻.

력이 강하지 못했던 것은 범중엄(范仲淹)·한기(韓琦) 두 사람에게 책임이 있었습니다. 나라를 세운 규모는 대대로 이어 온 선비 집안과 같았다고 할 수 있습니다. 자제들은 편안히 제사나 지내고, 말을 빨리 하거나 갑자기 얼굴빛을 고치는 일도 없었으며, 하인들은 조심조심 걸어다녀 뜰에서는 빠른 걸음소리나 큰 기침소리조차 들을 수 없었습니다. 그야말로 절이 채 끝나기도 전에 제사 음식은 썩고, 사당이 타버린 뒤에 축관(祝官)을 불러 오는 격이었습니다."

내가 말했다.

"따로 예악(禮樂)은 만들 수 있었습니까?"

"사실 여러 면으로 한(漢)나라 제도를 많이 본받으려 했지만 한나라 때에는 모두들 섬라(暹羅)*135 소주 같은 독주를 많이 마셔서 기가 거칠고, 곤드레만드레가 되면 노래하는 놈, 우는 놈, 춤추는 놈, 욕설을 퍼붓는 등등 모두가 천진하게 행동했습니다. 그러나 송조(宋朝)에 와서는 한나라의 술찌끼를 마시면서도 서로 돌아보면서 술맛이 참 좋다고 말하고 종일토록 마셔도 단정히 앉아 조금도 헝클어지지 않았습니다. 그러나 그 본디의 천진스러운 본성은 실오라기만큼도 없었습니다. 종실(宗室)과 대신들 중에서는 한 명의 하간헌왕(河間獻王)*136 같은 사람도 찾아볼 수가 없었으니, 정재육(鄭載堉) 같은 인물이 있을 수 없었지요."

"정재육은 어느 때 사람입니까?"

"명나라 종실 정왕(鄭王)의 세자(世子)입니다. 이름이 재육이지요. 그는 율려정의(律呂正義)를 저술했습니다. 명나라야말로 금성(金聲)*137이요 옥진(玉振)*138이었습니다."

"그것은 무슨 말씀입니까?"

"명나라는 처음부터 끝까지 광명으로 일관하여 조금도 군색한 점이 없었

---

*135 샴, 지금의 태국.

*136 한나라 경제(景帝)의 아들 유덕(劉德). 하간은 봉호(封號). 헌은 시호임. 실사구시학(實事求是學)의 창시자.

*137 종소리. 종(鐘).

*138 옥소리. 경(磬). 팔음(八音)을 합주할 때 먼저 박종(鎛鍾)을 쳐서 그 소리를 펴고, 마지막으로 특경(特磬)을 쳐서 그 소리를 거두어 음악을 마친다. 여기서는 그와 마찬가지로 처음과 끝을 온전하게 함을 말함.

다는 말씀입니다."

"과연 그러했을까요?"

"태조(太祖)가……(그는 붓으로 점만 꾹꾹 찍으면서 나에게 뭐라고 하면서도 글로 쓰려고는 하지 않는다. 아마도 명나라가 오랑캐인 원나라를 깨끗이 몰아낸 것을 정당하고 광명하다고 평가하는 모양이다) 건문(建文)이 대궐 안에서 편안히 살다가 죽은 것은 참으로 이상한 일이고, 당나라 현종(玄宗)은 마침내 머리에 구리철사 테를 쓰는 것을 면치 못했습니다."*139

"그건 또 무슨 말씀인가요?"

"이보국(李輔國)은 장양제(張良娣)*140를 몽둥이로 쳐 죽이고 늘 숙종(肅宗)에게 머리가 흐려지고 오래 취하는 독주를 바쳐 벙어리로 만들었습지요. 천순(天順)*141의 복위(復位)는 그야말로 천고에 다시 없는 큰 기적이었습니다. 천자라 하더라도 일단 적에게 잡혀 가면 누가 적국의 왕에게 술잔*142을 올리고 일산을 받드는 모욕을 면할 수 있겠습니까? 숭정(崇禎)*143 17년 동안에 재상을 50명이나 갈아 썼으니, 사람을 쓰는 일이 이렇게 뒤죽박죽해서야 보나마나 일 처리도 말이 아니었을 것은 뻔한 일입니다. 군자는 차라리 옥으로 부서질지언정 멀쩡한 기왓장으로는 남아 있지 않는 법입니다. 이것이야말로 원칙에 따라 공명정대하게 실행하는 것입니다. 명나라의 흥망은 천고에 짝이 없는 본보기라 하겠습니다."

곡정이 이렇게 대답하였다.

이때 나는 잔 글씨로 '천하에 남은 명나라 백성들'이라 쓰고 있었는데 곡

---

*139 명나라 건문(建文 : 혜제)은 숙부 영락제(永樂帝)에게 자리를 빼앗겼어도 제 명을 다했지만, 당나라 현종(玄宗)은 아들 숙종(肅宗)에게 제위를 빼앗겼을 뿐 아니라 감금당하다시피 하고, 그가 두통이 있다고 하자 숙종은 그의 머리에 철사테를 씌워서 제 명에 죽지 못하게 했음.

*140 당나라 숙종의 황후. 장양제가 태자인 대종(代宗)에게 이보국을 죽여 없애기를 부탁한 것이 탄로나, 숙종이 죽은 뒤에 이보국은 장씨를 때려죽였음.

*141 천순(명나라 영종)이 북방에 가 전쟁을 하고 있는 중에 아우 경제(景帝)가 제위를 빼앗았다. 8년 만에 경제를 폐하고 다시 제위에 올랐으니, 이로써 명나라 왕통이 바로잡혔다는 것임.

*142 진(晉)나라 민제(愍帝) 사마업(司馬業)이 유요(劉曜)에게 항복하였다. 그리하여 그는 청의(靑衣)를 입고 술잔을 올렸으며 일산을 받쳐 주었다고 함.

*143 명나라 마지막 황제 의종(毅宗)의 연호. 1628~1644년. 조선 인조(仁祖) 때임.

정이 갑자기 말한다.

"청 왕조가 나라를 얻은 것은 어디까지나 공명정대하여 천지에 아무런 유감이 없었습니다. 나라를 창건한 자가 혁명을 일으킬 때 전 왕조와 원수가 되지 않은 사람이 없지만, 청 왕조는 도리어 나라를 세우는 큰 은혜를 베풀었으니, 전 왕조를 위해 원수를 갚아 준 것은 우리 청 왕조밖에 없을 것입니다.

여덟 살밖에 안 되는 어린 아이(청나라 세조)로서 중국을 통일한 것은 백성이 생겨난 이래로 아직 없었던 일입니다. 우리 세조(世祖) 장황제(章皇帝)는 처음에는 천하를 차지할 마음이 없이 다만 천하를 위해 대의를 밝히고, 명나라의 원수를 갚고, 천하의 백성들을 유혈의 참화 속에서 구해 내고자 했던 것입니다. 그래서 하늘과 백성들이 다 그에게로 돌아간 것입니다.

지난해에 황제는 맨 먼저 순국한 신하 범경문(范景文) 등 20명에 뒤이어 다시 숭정 때 나라를 위해 목숨을 바친 신하들을 조사하여 모두 충민(忠慜)이니 민절(愍節)이니 하는 시호를 내렸습니다. 그 수가 1천 6백여 명에 이르렀습니다. 이처럼 공명정대하게 강상(綱常)을 바로잡은 일은 삼황(三皇)·오제(五帝) 이래로 아직 들어본 적이 없습니다. 천하를 차지하고 있는 사람은 집안에 부끄러운 일이 없어야 나라를 오래오래 유지할 수 있을 것입니다."

나는 숭정황제의 순국 때 나라를 위해 죽은 여러 신하들의 충절(忠節)을 장려하여 을미년 11월 내각에 내린 황제의 조서(內閣奉諭崇禎死事諸臣獎忠詔)를 좀 보자고 하였다. 곡정은 밤에 베껴서 보여주겠다고 승낙하였다.

내가 물었다.

"앞서 선생이, 백이·숙제 이전에는 태백(泰伯)과 중옹(仲雍)이 있었고, 백이·숙제 이후에는 관숙(管叔)과 채숙(蔡叔)이 있었다고 하신 것은 무슨 말씀입니까?"

곡정이 빙그레 미소를 지으면서 대답을 않기에, 내가 다시 대답을 재촉했다. 곡정이 말한다.

"옛날부터 의리(義理)라고 하는 것은 비유하자면 쇠를 녹여 거푸집에 붓는 것과 같은 것이어서, 쇠가 스스로 무엇이 되는 것이 아니라, 거푸집의 모양에 따라 어떤 그릇이든 되는 것입니다. 또 조개껍데기를 보는 것 같기도 하지요. 조개껍데기는 일정한 빛깔이 있는 것이지만, 보는 사람이 똑바로 보는가 옆으로 보는가에 따라 빛깔이 다르게 보입니다. 동쪽으로 물길을 트면 물이 동쪽으로 흐르고, 서쪽으로 물길을 트면 서쪽으로 흐르는 이치는 오직 물 자체가 지닌 본성입니다."

내가 물었다.

"물길을 터서 산꼭대기까지 끌어 올린다면 이것을 어떻게 물의 본성이라고 하겠습니까?"

"정말 세상 일은 거꾸로 되는 수도 많기는 합니다. 공자는 말하길 '태백(泰伯)은 세 번이나 천하를 사양했다'고 했지만 은(殷)나라 주왕(紂王)을 태백 시대에 비해 본다면 주왕은 아직 뱃속에도 들어 있지도 않았을 때요, 당시 고공단보(古公亶父)의 영지(領地)를 제후들의 나라에 비교해 본다면 변방의 한 속국에 지나지 않았으니, 당시의 천하는 결국 누구의 것인지 알 수 없는 판입니다. 그러한 때에 태백이 세 번을 사양했다는 것은 과연 누구를 향해 사양했다는 것인지 모르겠습니다.

주자(朱子)는 말하기를 '계력(季歷)이 아들 창(昌)*144을 낳으니 거룩한 덕이 있어 태왕(太王)*145이 이 때문에 은(殷)나라를 없앨 생각을 갖게 되었다'고 하였지만, 이는 잘못된 것입니다. 말하자면 계획이 지나치게 빨랐던 것입니다. 자기 집안을 번창하게 하려는 것은 있을 수 있는 일이라 해도 어떻게 헛되이 분수에 넘치는 것을 바란단 말입니까? 주자는 또 말하기를 '그러한 생각은 지극히 공정한 마음에서 나왔다'고 했지만, 이 역시 잘못된 말입니다. 지극히 공정한 마음이란 과연 어떤 것인지 모르겠습니다. 그러니 주(周)나라가 나라를 창건한 데에는 반드시 무슨 까닭이 있었겠으나 후세에 전하는 것은 없습니다. 공자가 돌연 태백(泰伯)의 신상(身上)에 대해 감탄한 것을 보면, 은연중 주나라 건국에 무슨 일이 있었음을 말한 것이 아닌가 합니다. 이에 대해 뇌공(雷公)이 주자를 공박한 것은 교활한 백성이 고소를 한 것과 같습니다."

내가 물었다.

"뇌공이란 누구입니까?"

곡정이 말한다.

---

*144 주나라 문왕(文王).
*145 고공단보(古公亶父).

"모기령(毛奇齡)입니다. 국초의 대가(大家)였지요."

내가 웃으면서 말했다.

"털보 뇌공 말씀이군요."

"그렇습니다. 또 고슴도치 공(公)이라고도 한답니다. 온몸이 모두 가시였으니까요 (주자를 논박한 모기령의／문장이 독설로 가득했음)."

"저는 서하집(西河集)을 한번 훑어본 일이 있습니다. 그의 경전 뜻을 고증한 데는 간혹 그럴듯한 데가 있더군요."

"아주 망발을 했지요. 그의 문장 역시 말썽꾼이 만든 고소장과 같았습니다. 모기령은 소산(蕭山) 사람으로, 그 지방에는 글하는 아전배들이 많아 글장난을 잘 하므로, 안목 있는 사람들은 모기령을 가리켜 소산의 티를 벗지 못했다고 합니다."

내가 말했다.

"문왕(文王)은 말하자면 태왕(太王)의 막내아들의 아들입니다. 태왕이 어린 손자의 갸륵한 덕을 보았다면 그때 태왕의 나이는 아무래도 백 살은 되었을 것입니다. 그리고 기(歧)나 옹(雍) 지방에서 형만(荊蠻)*146까지는 만 리는 될 것인데, 백 살이나 된 어버이를 집에 두고, 만 리나 되는 먼 곳으로 약을 캐러 갔다는 것은, 이른바 3년 된 병에 7년 묵은 쑥을 구하는 격입니다. 그런데 공자는 태백을 지극히 덕이 높다 하였고, 주자는 태왕을 지극히 공정하다고 하였습니다. 그러나 이것은 서로 거역하지 않은 백이(伯夷)와 태공(太公) 사이와는 다른 것입니다. 태백의 처지로서 말한다면 태왕이 지극히 공정하다고 하지 않았을 것이고, 태왕의 처지로서 말한다면 태백이 지극히 덕이 높다고 하지 않았을 것입니다. 성현들이 말씀한 한없이 그윽하고 한없이 정교한 뜻은 천박한 학문이나 지식으로는 도저히 추측할 수 없지만, 저로서도 그 일에 대해서는 의아한 생각이 좀 듭니다."

곡정이 말한다.

"선생의 말씀이 옳습니다. 그렇지만 사람을 막다른 골목으로 몰아넣을 것은 아니지요. 소자첨(蘇子瞻 : 소동파)은 겉으로만 얼핏 보고 무왕(武王)을 성인이 아니라고 배척했습니다. 그것은 자첨의 공부가 소홀했기 때문이었습니

━━━━━━━━━━
*146 형은 초(楚)나라, 만은 월(越)나라이니 통틀어 남만(南蠻)이라 일컫는 지역.

다. 논어(論語)에는 문왕(文王)의 높은 덕을 칭찬하여 천하를 삼분(三分)해서 그 둘을 차지하고도 오히려 은(殷)나라를 섬겼다고 하였고, 그 집주(集註)에는, 형주(荊州)·양주(楊州)·옹주(雍州)·예주(豫州)·서주(徐州)·양주(梁州) 등 여러 고을은 주(周)나라가 차지하고, 은(殷)나라 주왕(紂王)에게 소속된 고을은 오직 청주(淸州)·연주(兗州)·기주(冀州)뿐이었다고 하였지만 이것은 잘못입니다. 저는 천하를 삼분했다는 것은 촉한(蜀漢)·오(吳)·위(魏) 세 나라처럼 정립(鼎立)한 것이 아니라고 생각합니다. 마치 우(虞)와 예(芮)가 송사(訟事)를 그만두고 물러간 것처럼,*147 3분의 2나 되는 천하의 인심이 주나라로 돌아간 것이 아닌가 합니다.

왕망(王莽)·조조(曹操) 같은 자들은 천하의 3분의 2를 차지하자 문왕을 섬기던 예를 그만두었지만, 문왕은 천하의 삼분의 둘을 얻고도 자기의 존재를 잊고 주왕의 죄악을 모른 체하여, 마치 자제들이 그 부형에게 복종하고 애쓰는 것처럼 아침 저녁으로 신하의 도리를 스스로 다했습니다. 주자가 말한 것처럼 문왕이 9주(州) 가운데 6주를 차지하여 그의 세력이 상(商)나라를 뺨칠 만했는데도 일부러 신하의 도리를 공손히 다한 것은 아니었습니다. 정말로 주자의 말과 같다면 조조 같은 행동을 한 주나라 문왕(文王)이 어떻게 높은 덕이 있었다고 말했겠습니까?

삼분(三分)의 분(分)은 무엇을 나누었다는 뜻이 아니라 자기에게 맞는 분수의 분(分)이고, 높은 덕이란 바로 문왕이 어리석어서 도무지 시비를 가리지 못하는 것처럼 보인 것을 말하는 것입니다. 후세에 이른바 '하늘이 임금의 지위를 주고 인심이 돌아온다 한들 무엇하랴' 한 것이 문왕을 두고 한 말입니다. 주자가 문왕을 무왕보다 높인 것이 바로 이것입니다. 세상 사람들은 그를 보고 거북 등에 털이 나고 토끼 머리에 뿔이 돋은 듯, 천하에 큰일이나 난 듯이 시끌시끌 떠들어 대지만, 그것은 초소(鷦巢)*148나 언음(鼴飮)*149에

---

*147 주나라 문왕 때 우나라와 예나라가 땅의 경계를 다투다가 주나라 문왕에게 판결을 내려 달라고 왔다. 그때 주나라에서는 백성들이 밭두렁을 서로 양보하는 것을 보고 그만 그대로 돌아가 서로 양보했다고 함.

*148 뱁새의 집. 뱁새는 넓은 숲 속에 둥지를 짓지만 나뭇가지 하나를 차지하는 데 지나지 않음을 말함.

*149 두더지의 물마심. 두더지가 아무리 물을 많이 마신다 해도 개울물에는 흔적도 나지 않음을 말함.

지나지 않는 것입니다.

옛날에는 정말 이러한 학문이 적지 않았습니다. 그러니 공자도 태백을 지나치게 평가했다고만 말할 수는 없을 것입니니다. 태백은 머리를 하늘로 두고 발을 땅에 붙인 한 사나이에 지나지 않았고, 태왕이야말로 굳센 정신력에 치욕까지도 잘 참는 위인이었을 것입니다."

내가 말했다.

"사기(史記)에는 오자서(伍子胥)*150를 굳세고 치욕을 잘 참는 뱃심 좋은 인물이라 하였고, 장주(莊周)는 은(殷)나라 탕왕(湯王)을 굳세고 치욕을 잘 참는 인물이라고 했지요."

곡정이 말한다.

"그렇습니다. 어질면서도 죽일 줄도 알고, 예절을 잘 지키면서도 무력을 쓸 줄도 알며, 지혜로우면서도 남에게 물을 줄도 알고, 용맹스러우면서도 남에게 머리 숙일 줄 알며, 신의가 있으면서도 변통할 줄 아는 것이 굳세고 치욕을 참을 수 있는 성품입니다. 그렇지 않고서는 도저히 반란을 진정시키거나 혁명을 일으키지 못합니다. 대체로 나라를 처음 세우는 인물은 온갖 풍상을 다 겪지 않고서는 하늘을 맑게 하고 땅을 평온하게 하지 못합니다. 천지의 기후가 바뀔 때는 바람·서리와 천둥·우박이 없이는 한 해를 이루지 못합니다. 10월 무렵은 곧 천지 자연이 한 번 크게 바뀌는 때이니, 어째서 세상에 큰 변화가 없겠습니까?

주공(周公)이 선대의 아름다운 덕을 기술한 것은 한 편의 훌륭한 신도비(神道碑)를 이룰 만합니다. '영롱한 중추의 달 함께 구경했는데 그 누가 간밤에 빗발이 창 두드렸다 하는가?(玲瓏共玩仲秋月 誰道前宵雨打窓)'라 한 시로 말미암아 후세에 와서 태왕이 천하를 얻는 데 무심했다는 것을 정말로 인정하게 된 것입니다. 또, '점검이 술에 취해 졸아 아무것도 몰랐네(點檢醉睡渾不知)'*151라고 한 것은 어찌 백정이 칼을 갈면서 염불하는 것과 다르겠습니까? 또 '침대 근처에서 다른 사람이 코 고는 소리를 용납할 수 없다(不容榻外他人睡)'*152고도 했으니 어찌 막사 안에서 술에 취해 자고 있었다 하

---

*150 오나라의 정치가 오원(伍員). 자서는 자임.

*151 송나라 태조(太祖)가 천자가 되기 전에 점검(點檢)이란 군직(軍職)에 있을 때 술에 취해 군영 안에서 잠들어 있는 동안에, 부하들이 그를 임금으로 추대하기로 결정했다고 함.

겠습니까?

　태백의 높은 덕은 천하를 양보한다는 데 있는 것이 아닙니다. 천하를 양보한다는 말은 공자가 장래의 일을 거꾸로 말한 것이고, 그의 높은 덕은 바로 백성들이 뭐라고 꼬집어 칭찬할 수 없는 데 있을 것입니다. 태백은 바보가 아니면 귀머거리였을 것입니다. 그는 은나라 왕실에 어떤 패악한 천자가 태어났는가도 몰랐을 것이고 또 자기 집안에 어떤 거룩한 덕을 갖춘 아이(문왕)가 태어났는가도 알지 못했을 것입니다. 그러니 그는 큰 천치이거나 바보임을 면치 못할 것입니다. 사람들이 우리 태백이 천하를 잊어버렸다고 말한 것이 아니라, 천하가 도무지 우리 태백을 몰랐기 때문에 백성들이 뭐라고 꼬집어 칭찬할 수 없었던 것입니다. 주자가 그를 문왕보다 높이 여긴 까닭도 그것입니다. 춘추전(春秋傳)에는 태백이 태왕의 말을 듣지 않았기 때문에 왕위를 잇지 못했다고 했는데 이는 잘못된 말입니다. 태왕이 양위에 관해 의논을 계속하고 있는데 태백이 어찌 강경하게 간할 수 있었겠습니까? 만약 천하가 태백의 이같은 태도를 높은 덕이라고 칭찬한다면, 태왕은 도리어 공사(公事)에 낭패했을 것입니다. 이것이 제가 태백을 일러 머리를 하늘로 두고 발을 땅에 붙이고 있는 한 사나이에 지나지 않는다고 한 것입니다. 앞서 말한 백이·숙제 이전에 태백·중용이 있었다고 한 것은 다만 논어의 집주를 따라서 한 말이고, 지금 이 이야기와는 그 뜻이 다릅니다."

　내가 물었다.

　"백이·숙제 이후에 관숙(管叔)·채숙(蔡叔)이 있었다면, 선생은 또한 관숙·채숙의 덕을 태백에게 비교하실 참이신가요?"

　곡정이 말한다.

　"제 말의 본뜻은 그와 다릅니다. 다만 한(漢)나라의 건국이 광명정대하다는 것을 밝힌 것뿐이지, 관숙·채숙에게 높은 덕이 있었다는 말씀은 아닙니다. 관숙·채숙은 은(殷)나라의 충신이고 문왕의 효자라고 말하는 이도 있지만, 그것이 비록 비뚤어진 학문으로 세상에 아첨하는 데에 분개하고, 썩은 선비들이 함부로 남의 말에 따르는 것을 공격해서 하는 말이라 해도, 이러한 주장을 어찌 못된 주장이라 않을 수 있겠습니까. 저는 다만 사람들이 역사상

＊152 송나라 태조가 임금이 된 뒤에 서북 변방이 아직 평정되지 않은 것을 마치 자기 침대 옆에서 남이 코 고는 소리를 듣는 것처럼 마음이 쓰인다고 한 말.

인물들의 성공과 실패의 자취만을 보고는, 의리를 굽히고 그 위에다가 다시 의리를 덮어씌워서 치켜세울 때는 푸른 하늘 높이 올려놓고, 억누를 때는 황천(黃泉)에까지 몰아넣는 것을 개탄하는 것입니다. 우리 선비들도 자기 멋대로 하는 버릇이 없지 않으니, 치켜세우고 억누르는 버릇이 너무 심한 것도 자기 멋대로 하는 것입니다.

한(漢)나라 건평(建平)*153·원시(元始)*154 연간에 왕망(王莽)이 신야(新野)*155의 밭을 받지 않자 관리와 백성들이 대궐 앞으로 몰려오고 왕망을 칭송하는 글을 올린 사람만 48만 7천5백72명이었습니다. 제후(諸侯)·왕공(王公)과 열후(列侯)·종실(宗室) 들이 일제히 머리를 조아려 안한공(安漢公)*156에게 구석(九錫)*157을 더 내리기를 청했습니다. 그 당시의 형편으로 말하면, 적의(翟義)*158·진풍(陳豊)*159 등은 어찌 주(周)나라 때 주공(周公)이 모반하려 한다는 유언을 퍼뜨린 관숙(管叔)·채숙(蔡叔)과 같은 사람이 아니겠습니까? 만약 관숙·채숙이 성공하여, 주공의 처벌을 시행할 안건이 확정되었더라면, 비록 천수관음보살(千手觀音菩薩)*160이라 하더라도 주공을 구원해 내지는 못했을 것입니다."

내가 말했다.

"왕안석(王安石)*161의 시에, '만약 그해에 그 한 몸이 죽었더라면 평생의 참과 거짓 그 누가 알았을까? (假使當年身便死 一生眞僞有誰知)'라고 한 것이 있는데, 주공이 죽지 않아 성인과 도둑이 밝혀지게 된 것은 어찌 하늘의

---

*153 한(漢)나라 애제(哀帝)의 연호. 기원전 5~2년. 신라 박혁거세(朴赫居世) 때임.
*154 한나라 평제(平帝)의 연호. 1~5년. 신라 박혁거세·남해왕(南解王) 때임.
*155 지금의 하남성(河南省) 남양현(南陽縣) 남쪽 백하(白河)의 연안에 있던 고을.
*156 신(新)나라를 세운 왕망(王莽)이 스스로 일컬은 칭호.
*157 특별한 공이 있는 사람에게 천자가 내려주는 아홉 가지 물건, 곧 거마(車馬)·의복(衣服)·악기(樂器)·주호(朱戶: 붉게 칠한 문)·납폐(納陛: 겉으로 드러나지 않도록 만든 전각의 계단)·호분(虎賁: 호위 군사)·궁시(弓矢)·부월(斧鉞)·거창(秬鬯: 울금초와 검은 기장으로 빚은 제사에 쓰는 술).
*158 한나라 때 군사를 일으켜 왕망을 쳐서 무찌른 다음 유신(劉信)을 천자로 세우고 스스로 대사마(大司馬), 계천대장군(桂天大將軍)이라 일컬었으나 얼마 안 가 패하여 죽었음.
*159 한나라 때 장수. 왕망이 모반할 것을 알고 군사를 일으켰으나 실패했음.
*160 관세음보살은 자비심이 많아 모든 사람을 다 구원해 주기 위해 손이 많다고 함.
*161 송나라 시대의 학자이며 정치가.

뜻이 아니겠습니까?"

"그것은 형공(荊公)의 시가 아니라, 낙천(樂天)이 지은 시이지요. 주나라 왕실은 참으로 변고가 많은 집안이고, 주공은 또 남의 비방을 많이 받은 성인이었습니다. 말(斗)을 부수고 저울을 꺾고, 도둑을 풀어준다는 말은 비록 엉뚱한 이론이지만, 참으로 백대(百代)에 걸쳐 폐단이 되는 근원을 환히 내다본 말입니다.

공자는 춘추(春秋)를 짓고 나서 스스로 춘추를 지은 공과 죄를 말했거니와, 주공도 자기가 마련한 제도가 장래에 어떤 화근이 될 것을 스스로 마음 아파했을 것입니다. 근세에 와서 먹을 만드는 사람은 모두 첨성규(詹成圭)의 먹 만드는 법을 본받아서 만들고, 붓을 만드는 사람은 모두 이공도(李公道)의 이름을 빌려서 붓을 만듭니다.

당나라 태종(太宗)이 제(齊)나라 환공(桓公)*162의 흉내를 내려고 관이오(管夷吾)*163와 같은 사람을 구하려 하자, 천하의 간사한 인간 위징(魏徵)*164이 말이 떨어지기가 무섭게 재빨리 나서서 온 천하를 감당할 듯이 큰 소리로 '관중(管仲)이 여기 있습니다' 하고 뽐낸 것과 같습니다. 그때 어떤 사람이 그에게 '당신이 관중이라면, 어찌하여 공자(公子) 규(糾)와 함께 죽지 않았소?'*165 하고 묻는다면, 위징은 하늘의 해를 쳐다보면서 '성인이 나를 죽지 말라고 하셨습니다' 했을 것이고, 다시 '어느 성인이 당신을 살려 주었소?' 하고 물으면, 그는 '노(魯)나라 공자는 견문이 넓고 박식하고 대단히 공정한 성인이시어 만세의 스승이십니다. 말 한 마디가 금석(金石)처럼 명백해서 귀신에게 물어보아도 의심이 없고, 세상에 내세워도 어긋남이 없으며, 백대 후까지 성인을 기다려 물어보아도 의혹이 없을 것입니다' 했을 것입니다. '공자가 어찌하여 당신에게 죽지 말라고 했소?' 하고 물으면, 위

---

*162 오패(五霸)의 한 사람.
*163 춘추 시대 제(齊)나라 사람. 정치를 잘하여 환공(桓公)으로 하여금 오패(五霸)의 한 사람이 되게 하였음. 대개 관중(管仲, 그의 자)으로 일컬음.
*164 위징은 당나라 태종의 형 건성(建成)의 부하로 있을 때 이세민(李世民 : 태종이 되기 전)을 죽여 없애라고 권한 일이 있었다. 그러나 이세민은 황제가 되자 그 일을 탓하지 않고 그를 등용했음.
*165 관중은 본래 환공(桓公)의 아우 규(糾)의 부하로서 환공을 죽이라고 권했으나, 규가 죽은 뒤에는 온 힘을 다하여 환공을 도와 패자가 되게 했음.

징은 목소리를 길게 빼고 읊기를 '어찌 명색 없는 남녀가 신의를 지키듯 개천에서 목매어 죽어도 아무도 모르는 신세가 되겠는가 했으니, 이것이 바로 공자께서 나에게 죽지 말라고 하신 것이 아니겠습니까?' 했을 것입니다. 이것은 위징이 스스로 곤란한 상황을 모면하는 방법일 뿐 아니라, 그가 태종에게 붙어 평생을 아첨으로 보낸 수단이었습니다. 만약 이 사실을 그 동네의 이웃들에 통문이라도 돌렸더라면 하후영녀(夏候令女)*166는 아마도 귀를 베이지 않았을 것입니다."

내가 다시 물었다.

"어찌하여 위징에게 다시 '소백(小白)*167은 형이고 자규(子糾)는 아우인데, 관중은 올바른 신하라고 할 수 없지 않으냐' 하고 묻지 않았을까요?"

곡정이 말한다.

"옳습니다. 위징과 진왕(秦王)*168 세민(世民)은 모두 당나라 태자 건성(建成)의 신하였고, 위징은 원래 도사(道士) 출신으로, 허황스런 도를 믿고 있었습니다. 그가 당 태종에게 올렸다는 십점(十漸)*169의 상소는 세세히 일러주는 것 같아도 거리에 떠돌아다니는 수수께끼 같은 말이었습니다. 위징은, 자기는 절대로 중부(仲父)*170를 죽인 일이 없으니, 정관천자(貞觀天子)*171가 촌 늙은이 같은 자기를 죽일 리가 없다고 생각했을 것입니다.

임금과 신하가 거간꾼이나 장사치처럼 굴고 상하가 모두 이문만 따지는 것은, 옛날이나 지금이나 성패(成敗)를 좌우하는 일대 요소가 됩니다. '성패' 두 글자는 선비들이 입에 올려 형용할 것이 아니고, 제후(諸侯)의 문에는 인의(仁義)라는 두 글자가 붙어 있어야 할 것입니다. 제범(帝範)*172이란 책은 실로 요(堯) 임금을 본뜨고 순(舜) 임금으로 포장한 것일 뿐입니다.

---

*166 삼국시대 위나라의 열녀. 개가하지 않으려고 처음에는 머리를 깎고 다음에는 두 귀를 베었음.
*167 제나라 환공(桓公).
*168 당나라 태종이 아직 나라를 세우기 전의 봉호.
*169 당나라 태종이 점점 수신과 정치에 게으름을 피우자 위징이 10조목을 들어 그것을 지적하면서 고치도록 한 상소.
*170 관중(管仲).
*171 태종. 정관은 그의 연호임.
*172 당나라 태종이 지은 책. 제왕으로서 지켜야 할 도리를 썼음.

우리 유학자들이 말하는 천명(天命 : ᴴ⁴⁶)이란 운수 두 글자에서 벗어나지 못하는 것이니, 이 운수 두 글자 역시 성패의 자취만 가지고 말하는 것입니다. 그러니 하늘이 지위를 주고 백성의 마음이 돌아온다는 말은 되지도 않는 말입니다.

옛날부터 역리(逆理)로 나라를 빼앗은 뒤에 순리(順理)로 지킨다는 자는 어떤 사람이든 천명(天命)이 돌보지 않을 것이지만, 후직(后稷)*173의 방법으로 농사를 짓는다면 어떤 신이든 그 제사 음식을 흠향할 것입니다. 백성들이 편안하면 날마다 왕망(王莽)의 공덕을 찬양하는 한(漢)나라 백성들의 소리가 들릴 것이고, 우(虞)나라의 조상 신이 진(晉)나라에서 올린 음식이라 하여 토했다는 말은 들어 보지 못했습니다."

곡정의 이 말은 무엇인가를 은밀히 가리키는 것이지, 역대 역사를 아무렇게나 말하는 것은 아니었다. 곡정은 언제나 청나라 건국의 정당함을 입버릇처럼 말하지만, 말하는 가운데 때로는 본심을 드러내기도 한다. 특히 역대 왕조의 역리와 순리, 성패(成敗)의 자취를 빌려 자기의 속마음을 나타내는 것이었다.

내가 말했다.

"다만 운수로만 돌린다면 세상에는 아무것도 손을 쓸 일이 없지 않겠습니까? 성인은 천명(天命)이란 말을 별로 하지 않았습니다. 그것은 세상을 위해 가르침을 세우려면 그렇게 하지 않을 수 없기 때문입니다. 그렇지만, '때가 오니 등왕각에 바람이 불어오고*174 운이 가니 천복비에 벼락이 떨어졌네*175(時來風送滕王閣 運去雷轟薦福碑)' 하였으니, 세상 일이란 모두

---

*173 순 임금 때 농사짓는 일을 맡아보던 벼슬 이름.

*174 당나라 왕발(王勃)이 강서성(江西省) 등왕각에서 열리는 문회(文會)에 도착하기가 어렵게 되었다. 이때 마침 바람이 불어 마당(馬當)에서 남창(南昌)까지 하루 만에 달려가서 등왕각시서(滕王閣詩序)를 지어 명성을 떨쳤음.

*175 범중엄(范仲淹)이 요주(饒州)에 있을 때 한 서생이 굶주림과 추위를 견디다 못해 천복사 비문을 탁본하여 팔려고 하였다. 그러자 범중엄이 1천 벌을 박아낼 종이와 먹을 마련해 서생에게 주었다. 그런데 그날 밤 벼락이 그 천복사 비에 떨어져 비석이 깨져버렸다고 함.

때가 따르는 것인가 봅니다."

곡정이 말한다.

"그렇습니다. 이른바 잘못을 억제하고 부족한 점을 보충하며(財成補相), 하늘이 할 일을 사람이 대신한다(天工人代) 하는 것입니다. 세상을 교화하는 면에서 본다면 비록 순리라고 할 수 있는 것도, 하늘의 뜻으로서 본다면 도리어 흠이 되고 거역하는 것이 되는 수도 있을 것입니다."

내가 말했다.

"사람들은 흔히 하늘은 거짓을 용납하지 않는다고 하지만, 잘되는 사람에게는 반드시 그렇지도 않습니다. 왕패(王霸)*176는 물이 굳게 얼었다고 새빨간 거짓말을 했지만 하늘은 그의 거짓말을 따랐습니다. 정성을 다해 기도를 한다 하더라도 소원대로 되는 것은 아니지만 앞으로 망하려는 사람에게는 꼭 그렇지도 않습니다. 장세걸(張世傑)*177이 향을 피우고 축원하자, 하늘은 흔쾌히 그의 정성에 응해 주었습니다.

천하에서 가장 정확한 것은 닭 우는 소리입니다. 맹상군(孟嘗君)*178을 호랑이 굴에서 벗어나게 하려 할 때 한 사람이 닭 우는 소리를 흉내내자 모든 동네 닭이 따라서 울었습니다. 천하에서 첫째로 믿을 수 있는 것은 바다의 밀물과 썰물입니다. 그런데 송(宋)나라가 더는 버티어 나갈 수 없게 되었을 때, 전당강(錢塘江)*179의 조수는 사흘 동안이나 들어오지 않았습니다.

흥하거나 망할 때에는 신의 조화마저 거짓과 진실을 번갈아 쓰고, 성실함

---

*176 후한 광무제(光武帝)가 왕랑(王郞)의 군사를 피하여 호타하(滹沱河)로 향하는데, 왕패에게 명하여 물을 건널 수 있는지 알아보게 했다. 왕패는 얼음이 얼었다고 슬쩍 거짓말을 했다. 군사들이 물가에 이르러 보니 과연 물이 얼었다. 모두 건너가자마자 얼음은 도로 풀렸다고 함.

*177 장세걸이 몽고 군사에게 쫓겨 달아나면서도 송나라를 유지하기 위해 조씨 혈육을 찾아서 두 번이나 추대했으나 모두 죽어 버려 세걸은 다시 경애(瓊崖)로 달아났다. 그는 분향하고 하늘을 우러러보며, 다시 한 번 조씨의 왕통을 세우는 것을 허락하지 않거든 차라리 내가 탄 배를 뒤집어엎으라고 빌었다. 마침내 바람은 배를 엎고 그는 물에 빠져 죽었다고 함.

*178 전국 시대 제(齊)나라 전문(田文)의 호. 전문은 제나라 재상. 진(秦)나라에 갔다가 소왕(昭王)이 그를 죽이려 하여 밤중에 도망쳐 함곡관(函谷關)에 이르렀다. 아직 관문을 열 시각이 안 되었는데 데리고 간 식객이 닭 우는 소리를 내자 모든 닭이 따라 울어 문이 열렸다고 함.

*179 항주만(杭州灣)으로 들어가는 절강(浙江)의 하류. 굴곡이 심하며 경치가 매우 아름다움.

과 간사함을 아울러 보여 주게 마련입니다. 어느 사람에게 천하를 주려고 할 때에도 하늘은 반드시 그 사람이 좋아서 주는 것은 아니지만, 몰래 보호해 주어 마치 간절히 은혜를 베풀고 사랑하는 것처럼 합니다. 천하를 빼앗고자 할 때에도 하늘은 반드시 그를 미워하여 빼앗는 것이 아니건만, 잔인하고 가혹하게 빼앗는 것이 마치 철천지 원수를 갚는 것 같은 까닭은 무엇입니까?"

곡정이 말한다.

"우리 청나라 패륵(貝勒)*180 박락(博洛)이 군사를 이끌고 절강(浙江)의 군영(軍營)으로 가다가 강 언덕에 이르렀습니다. 이때도 강의 조수가 연일 밀려오지 않았다고 합니다."

내가 물었다.

"중국에서 이른바 섭정왕(攝政王)이라 일컫는 이는 누구를 말하는 것입니까?"

곡정이 대답한다.

"예친왕(睿親王)입니다. 이름은 다이곤(多爾袞)이지요. 우리 청나라의 주공(周公)이라 할 만한 분입니다. 순치(順治)*181 원년 4월에 예친왕이란 칭호를 내리고, 황제 앞에서도 수레를 타고 일산(日傘)을 받게 하였답니다. 성경(盛京)으로부터 대군을 거느리고 막 영원(寧遠)을 향해 진군하려고 할 때에, 떠돌이 도둑*182이 이미 북경을 함락시켰습니다. 그래서 평서백(平西伯) 오삼계(吳三桂)*183는 우리 군사를 산해관 내로 맞아들여, 원수를 갚고 흉악한 도둑을 물리치게 하였습니다. 예친왕은 관민(官民)에게, 도둑만 잡고 백성은 죽이지 않을 것이요, 다 함께 태평을 누리게 할 것이라는 뜻을 유시(諭示)하여, 백성들이 크게 기뻐했습니다. 5월 예친왕이 조양문(朝陽門)으로 나갈 때 그가 탄 수레는 명나라 의장 행렬의 격식을 차리고, 무영전(武英殿)에서 명나라 문무백관의 의식으로 조회와 하례를 받았습니다.

---

*180 다라패륵(多羅貝勒)의 준말. 만주어로 부장(部長)을 뜻하며 군왕(郡王)의 아래 직책임. 만주·몽고 출신에게 줌.
*181 청나라 세종(世宗)의 연호. 1644~1661년. 조선 인조(仁祖)·효종(孝宗)·현종(顯宗) 때임.
*182 명나라 때 도둑의 두목 이자성(李自成). 세력이 커져 여러 성읍(城邑)을 함락시키고 서안(西安)에서 스스로 왕이라 일컬었음.
*183 청나라 때 장군. 이자성(李自成)이 북경을 함락시키자 청병(淸兵)을 거느리고 나가 이자성을 격파. 뒤에 모반하여 주제(周帝)라 일컬었음.

내가 말했다.

"그때의 천하는 온통 예친왕이 차지한 셈인데, 어째서 자기가 천자가 되지 않았을까요?"

곡정이 말한다.

"그러기에 우리 청나라의 주공(周公)이라고 하는 것이지요. 또한 당시 사정으로는 그렇게 할 수 없는 점도 있었습니다. 당시의 여러 친왕(親王)들은 모두 하나같이 영특하고 용감하였습니다. 우리 태조(太祖)는 9월에 북경으로 들어왔습니다. 밖으로는 양자강(陽子江) 이남이 아직 평정되지 않았으나, 안으로는 어진 이들이 가까이 있어 그를 잘 보좌해 주었습지요."

내가 또 물었다.

"당시 여러 친왕들 중에서 공덕이 섭정왕(攝政王)과 같은 이가 몇 분이나 있었습니까?"

곡정이 대답한다.

"열성실록(列聖實錄)이 아직 중국과 주변 나라들에 두루 퍼지지 않았으니, 선생은 당연히 잘 모르시겠지요. 명나라가 멸망한 후에 복왕(福王)*184이 강녕(江寧)에서 황제라고 일컫고 연호를 홍광(弘光)*185으로 고쳤단 말입니다. 그런데, 순치(順治) 2년 5월에 예친왕(豫親王)*186은 군사를 이끌고 남쪽으로 내려갔습니다. 그는 승승장구하여 양자강을 건너고 바로 강녕을 공격했습니다. 그러자 복왕은 달아나 무호(蕪湖)로 들어갔다가, 6월에 총병(總兵) 전웅(田雄)·마득공(馬得功)에게 사로잡혀서 항복을 했습니다."

내가 또 물었다.

"예친왕(豫親王)은 이름이 무엇입니까?"

"다탁(多鐸)이라고 했습니다. 그는 영특하고 용감하기가 예친왕(睿親王)만 못지않았습니다. 영친왕(英親王)은 이름이 아제격(阿濟格)으로 이자성을 추격하여 소탕했고, 숙친왕(肅親王)은 장헌충(張獻忠)을 손수 쏘아 죽여서 신과 사람들의 분노를 통쾌하게 씻어 주었습니다. 그의 이름은 호격(豪格)입니다. 모두 하늘이 세운 사람이니 누가 감히 당해내겠습니까?"

---

*184 당나라 신종(神宗)의 손자.
*185 명나라 말 복왕(福王)의 연호. 1745년. 조선 영조(英祖) 21년임.
*186 청나라 태조(太祖)의 15번째 아들. 병자호란 때 태조를 따라 조선에 왔었음.

내가 말했다.

"복왕이 만약 마사영(馬士英) 같은 자들을 물리치고 사가법(史可法) 같은 어진 이들을 믿고 뽑아썼더라면, 강남 땅을 어찌 대대로 지켜내지 못했겠습니까?"

그러자 곡정이 슬프게 탄식하면서 말한다.

"하늘이 무너뜨린 것인데, 누가 다시 일으켜세우겠습니까? 그의 행적을 보면 전날의 유왕(幽王)·여왕(厲王)*187이나 환제(桓帝)·영제(靈帝)*188에게서도 일찍이 볼 수 없었던 점이 있습니다. 예친왕이 사가법에게 보낸 글에 춘추(春秋)의 대의(大義)를 인용하여 '임금이 시해당했는데 역적을 토벌하지 않고 새로 임금을 세우는 것은 부당하다'고 책망하고, 또한 말하기를 '도둑이 쳐들어와서 임금과 어버이를 죽였는데도 중국의 신민(臣民)들은 화살 하나도 쏘아 보지 않았다. 우리 조정은 오랜 혐의를 모두 버리고 군사를 갖추어 흉악한 도둑을 소탕해서 천하를 위해 임금과 어버이의 원수를 갚았다. 먼저 회종(懷宗: 숭정황제)과 황후를 모두 나라의 예법대로 융숭하게 장사지냈고, 국가의 수도로 정한 북경은 폭도 이자성에게서 얻은 것이요, 명나라로부터 빼앗은 것은 아니다. 마땅히 황제란 칭호를 깎아 버리고, 변방의 제후국이 되어 길이 복 받은 땅이 되고자 한다면, 우리 조정에서는 우빈(虞賓)*189으로 대우할 것이다' 하고 말했습니다.

사가법은 여기에 대답하기를 '나라는 망하고 임금은 죽었어도 사직(社稷)이 중하므로 지금의 임금(곡정이 스스로 명나라 복왕이라 주를 붙였다)을 맞이하여 세운 것이니, 이는 하늘이 준 것이요, 백성이 귀의한 것입니다. 전하께서 북경에 들어가셔서 우리 황제와 황후를 위해 발상(發喪)하고 상복을 입게 하셨으니, 무릇 대명(大明)의 신하 된 이로서 누가 감격하여 은혜를 갚으려 하지 않겠습니까? 그런데 이제 춘추의 대의를 인용하여, 일통(一統)의 뜻을 모른다고 꾸짖으려 하시니, 장차 거칠어지는 인심을 어떻게 붙들려 하십니까? 왕망(王莽)이 한(漢)나라 제위를 빼앗자 광무제(光武帝)가 중흥하였고, 조비(曹丕)가 산양(山陽)을 폐하자 소열(昭烈)이 제위에 올랐으며, 회제(懷帝)·민제(愍帝)*190

---

*187 모두 주(周)나라의 폭군.
*188 모두 한(漢)나라의 어리석었던 임금들임.
*189 순(舜)임금의 손님. 요(堯)임금의 아들 단주(丹朱). 변하여 망국(亡國)의 임금을 이름.

가 북으로 달아나자 원제(元帝)가 뒤를 이었고, 휘종(徽宗)·흠종(欽宗)이 피란하자 강왕(康王)이 계통을 이었습니다. 이는 다 나라의 원수를 갚기 전에 급히 나라의 위호(位號)를 바로잡은 것이니, 주자(朱子)도 강목(綱目)에서 이것을 그르다고 배척하지 않았습니다'라고 했습니다.

건륭제(乾隆帝)*191는 친히 쓴 글에서 옳고 그름을 분명히 밝혔고, 또 황제가 비평하여 펴낸 통감집람(通鑑輯覽)도 지극히 공정한 것입니다. 황제는 복왕이 웬만큼 분발하여 쓸모가 있게 될까 기대하여 송나라 고종(高宗)처럼 남쪽으로 건너가 한쪽에서 편안히 자리잡을 것을 허락하였습니다. 그런데 복왕은 마사영(馬士英)·완대성(阮大鋮) 같은 간사한 자들을 임용해서 옳고 그른 것이 거꾸로 뒤바뀌고 말았습니다. 비록 사가법이 혼자서 온 힘으로 충성을 다했으나, 기울어져 가는 큰 집을 나무토막 하나로 어찌할 수 없었습니다. 황제의 유칙(諭勅)은 하늘과 땅 같이 큰 것이라 하겠습니다만, 흥망은 운수에 딸린 것이니 어찌하겠습니까?"

내가 말했다.

"사가법의 회답에는 또 말하기를 '귀국(貴國: 나도 역시 원서에서 귀국이라 한 것은 지금의 청나라를 말한 것이라 주를 붙였다)은 일찍이 명나라로부터 국호의 승인을 받았고, 이제 흉악한 역적을 없애버렸으니 가히 대의를 펼쳤다 하겠는데 도리어 강토를 규정함으로써 끝까지 덕을 펴지 못하니, 이는 이른바 의리로 시작했다가 이익으로 끝을 낸다는 것이다' 하였으니, 이 글이야말로 해나 달과 더불어 빛을 다툴 만하다 하겠습니다."

그러자 곡정이 크게 놀라서 말한다.

"공은 외국인이신데 그 글을 어디서 읽으셨습니까?"

(이 두 편의 글은 모두 이현석(李玄錫)의 명사강목(明史綱目)에 실려 있다. 곡정의 짐작으로는 내가 외국인인지라, 응당 명나라와 청나라 사이의 일을 자세히 모를 것이라 싶어서, 사가법의 답서까지 말한 다음, 그 하단(下段)에 일찍이 봉호를 받았다는 등의 말에 주석을 달아가며 이야기한 것이다. 곡정은 섭정왕(攝政王)이 관내(關內)에 들어온 일을 무슨 동맹국의 환난을 서로 구원해 주기 위한 것이었다는 뜻으로 말하기에, 내가 그 글을 계

---

*190 모두 서진(西晉)의 황제.
*191 청나라 고종(高宗).

속해서 외워서 쓰니, 곡정은 내가 그것을 이미 잘 알고 있었음에 놀란 것이
었다.)

"사가법의 그 글은 역시 금서(禁書)로 되어 있습니까?"
내가 물으니 곡정이 대답한다.
"금서는 아닙니다. 황제가 손수 지은 글 여러 편 가운데 이 글도 실려 있습니다. 우리 청 왕조의 관대하고도 아무것도 꺼리지 않은 점은 전대에도 보기 어려웠던 일입니다."
내가 물었다.
"이 두 가지 글은 어느 쪽이 옳습니까?"
곡정은 빙그레 미소를 지으면서 말한다.
"다 같이 춘추를 인용하여 말한 것이지만 그 춘추가 산산조각이 난 지 이미 오래이고, 모두들 천명이라고는 하지만 하늘이 간곡히 말하는 것을 누가 들었겠습니까?"
곡정은 곧 그 대목을 붓으로 지워 버렸다.
내가 말했다.
"예친왕이 죽은 다음에 무엇 때문에 그의 재산이 몰수되었습니까?"
곡정이 손을 내저으면서 말한다.
"이야기하자면 말이 길어집니다. 그 때문에 치효(鴟鴞)*192의 시가 지어진 것이지요. 정자(程子)는 서경(書經)의 금등(金縢)*193편을 두고 요즘 세상의 축문(祝文)과 같은 것으로 으레 태워서 땅에 묻어 버리는 법이었지만, 그 일이 너무나 중요하기 때문에 '금등'에 넣어 간수하였다고 한 것이 공교롭게도 주공(周公)의 고사와 부합되었습니다. 만약 그렇다면 이신비(李宸妃)*194

---

*192 주공(周公)이 주나라 동쪽 서울에 머물고 있을 때 모반을 꾀한다는 소문을 지어낸 자가 있어, 주공 자신이 치효라는 새가 되어 성왕(成王)에 대한 충성심을 읊은 시임. 치효는 시경의 편명임.
*193 무왕(武王)이 병들었을 때 주공이 천지신명에게 자기 몸이 대신 죽게 해 달라는 축문을 읽고, 그것을 금등 궤짝에 간직해 두었다. 후에 주공을 모함하는 풍문이 돌자 성왕(成王)이 그 궤짝 속의 축문을 읽어 보고 주공의 억울함을 알았음.
*194 송나라 진종 황후의 시비로서 진종의 총애를 받아 아들(뒤의 인종)을 낳았다. 황후는 이 아들을 자신의 아들로 삼고 이신비에게는 비밀을 지키도록 하였다. 이신비가 갑자기 급

의 수은(水銀) 염습도 역시 하나의 금등이라 하겠습니다.

화림(華林)*195에서 들리는 개구리 울음소리는 공(公)을 위해 우는 것입니까, 사(私)를 위해 우는 것입니까? 대개 세상을 교화하기 위한 공론은 어쩔 수 없이 그럴듯하게 끼워맞추다 보니, 제각기 자기가 들은 바를 제일이라 하고, 또한 이에 따라 다시 말이 만들어지는 것입니다.

송나라 사대부들은 이학(理學)*196을 말하기 좋아했으나, 그 중에는 마음을 불교(佛敎)에 쓰는 사람도 있고, 몸으로 도교(道敎)를 행하는 사람도 있었습니다. 그런데 21대의 역사는 모두 재미있게 꾸며낸 것이고, 십삼경(十三經)*197 주소(注疏 : 주석,주해)는 태반이 억지로 끌어다가 맞춘 것이며, 제자백가(諸子百家)의 말은 거의가 우언(寓言)들입니다. 이처럼 저마다 구구하게 뽐내는 말들은 임금에게 바쳐서도 안 되고, 어른이 자손들에게 전해 주어서도 안 되며, 동료에게 억지로 변론해서도 안 되는 것입니다. 지금 이렇게 바다 밖의 이인(異人 : 연압을 말함)을 만났으나 이제는 죽는 날까지 다시 만날 기약이 없으니 어찌 저의 충정(衷情)이 격해지지 않을 수 있겠습니까?"

그러고는 소리 없이 눈물을 흘린다. 이윽고 곡정은 다시 크게 웃고 말한다.

"소요부(邵堯夫)*198는 무슨 일에든지 사주(四柱)로 풀이하였으니, 그는 크게 속이 막힌 사람이라 하겠습니다."

    병으로 죽자 이 내용을 알고 있던 한 신하가 황후 모르게 이신비를 황후의 예로 장사지냈다. 황후가 죽은 후에 인종은 이신비가 자기의 생모임을 알고 무덤을 파 보니 그때의 모습이 산 사람 같았다고 함.

*195 진(晉)나라 혜제(惠帝)가 화림원(華林園)에서 개구리 우는 소리를 듣고 '저 개구리는 관(官)을 위해 우는 것이냐, 사(私)를 위해 우는 것이냐'고 물으니, 시중(侍中) 가윤(賈胤)이 '관지(官池)의 개구리는 관을 위해 울고, 사지(私池)의 개구리는 사를 위해 울 것입니다'고 대답했음.

*196 송나라 때 원시유학(原始儒學)에서 한 걸음 나아가 인성(人性)과 우주(宇宙)와의 관계를 설하여, 성명(性命)과 이기(理氣)와의 문제가 논의의 주조를 이룬 학설인 성리학(性理學).

*197 13가지 유학의 경전(經典). 곧 주역(周易)·상서(尙書)·모시(毛詩)·주례(周禮)·의례(儀禮)·예기(禮記)·춘추좌씨전(春秋左氏傳)·춘추공양전(春秋公羊傳)·춘추곡량전(春秋穀梁傳)·논어(論語)·효경(孝經)·이아(爾雅)·맹자(孟子)의 13가지.

*198 송나라 때의 학자 소옹(邵雍). 강절선생(康節先生). 요부는 자임. 역(易)에 정통하여 그 학파를 백원학파(百源學派)라 했음.

내가 말했다.

"예를 들어서 항아리 하나를 사는 데에도 그것이 성한지 깨어졌는지를 점쳐 보았다지요?"

곡정이 말한다.

"그의 춘(春)·하(夏)·추(秋)·동(冬)과 인(仁)·의(義)·예(禮)·지(智)와 황(皇)·왕(王)·제(帝)·백(伯)과 금(金)·목(木)·수(水)·화(火) 등 그의 학술이란 것은 인정(人情) 기미(機微)에 응한 것이 없고, 정밀한 듯하면서도 거칠었습니다. 그래서 주자(朱子)는 강절(康節)*199이 장자방(張子房)*200에 미치지 못한다고 평하였고, 또 그의 간사한 수단은 장주(莊周)에 열 갑절이나 못하다고 평했습니다. 그는 주자의 밝은 안목으로부터 도망칠 수 없었던 것입니다. 주자는 장주를 평하기를, 그가 천도(天道)·인도(人道)의 본체를 논한 것은 매우 훌륭하다고 하였고, 그의 뛰어난 이론은 후세 유학자들이 미칠 바가 아니라고 했습니다. 이는 주자의 공정하고 명철한 점이라 하겠습니다."

내가 말했다.

"하늘과 땅 사이에 가득 차 있는 만 가지 사물이 주자가 생각하여 규정지은 것이 아니면 말할 것도 없이 가짜이겠지요?"

그러자 곡정이 나를 눈여겨보더니 이윽고 말한다.

"주자 이후에 태어난 자들은 모두 흙이나 나무로 만든 등신이란 말입니까? 주자도 덮어놓고 진량(陳亮)*201의 말만 듣고 보니, 당중우(唐仲友)*202가 너무나 혹독한 탄핵을 당했던 것이고, 통서(通書)*203를 잘못 해석하여 역사 기록 기관을 공격하는 글을 써서 속인 것 같습니다. 이른바 '무극(無極)*204이 태극(太極)을 낳았다'는 이 한 구절은 무슨 말인지 모르겠으니 지

───────
*199 소옹(邵雍). 소요부(邵堯夫).
*200 한나라 때 사람. 장량(張良). 자방은 자임. 조상이 한(韓)나라를 섬겨 5대에 걸쳐 재상에 임명되었음. 진왕(秦王, 始皇)을 죽여 한(韓)나라의 원수를 갚고자 진왕을 저격했으나 실패하고, 한(漢)나라 고조를 도와 항우를 토멸하고 천하를 평정했음.
*201 송나라 때의 학자.
*202 송나라 때의 학자. 주자(朱子)의 탄핵으로 파면당했음.
*203 주돈이(周敦頤)의 저서.
*204 주돈이는 무극은 태극의 다른 이름이라 하고, 우주의 본체는 맛도 없고 냄새도 없고, 소리도 없고 빛도 없으며, 시작도 없고 끝도 없으므로 무극이라 한다고 했음. 무극이란 우주의 본체를 정적(靜的) 견지에서 이름지은 것임.

워 버리는 것이 좋겠습니다."

내가 말했다.
"귀국의 문화는 온 세상으로 퍼져서, 우리나라도 말하자면 동으로 번져 오는 교화를 입고 있기는 하지만 중국과 외국은 다른지라, 나라를 세운 규모나 전수되는 정신 같은 것은 알 수가 없습니다. 그래서 저는 같은 글자를 쓰는 중국에 대해 서운한 생각이 없지 않습니다."

곡정이 묻는다.
"나라를 세운 규모란 무엇을 가리키는 말입니까?"
"오제(五帝 : 중국 상고 시대의 이상적 제왕 5명)의 음악이 각각 다르고, 삼왕(三王 : 중국 삼대의 저명한 군주 곧 우(禹)·탕(湯)·무(武)왕)의 예의가 각각 다르니, 곧 하(夏)나라는 충성을 숭상하고, 은(殷)나라는 질박함을 숭상하였으며, 주(周)나라는 문덕(文德)을 숭상했음과 같은 것이지요."

곡정이 말한다.
"만약 그 원인을 캐어 본다면, 비록 백세(百世) 동안이라도 잘잘못과 이해득실을 알 수 있을 겁니다. 옛날 사람들은 한 번도 외적의 침입을 받지 않은 천하를 금그릇[金甌]에 비유했지만, 지금의 금그릇은 잘 익은 수박과 같은 것입니다."

내가 말했다.
"금그릇은 흠이 나지 않지만, 수박은 깨지기가 쉽지 않습니까?"
곡정이 손을 내저으면서 말한다.
"아닙니다. 수박은 겉은 푸르지만 속은 누렇고 씨가 많지만 맛이 시원하여, 천하 속에 또 하나의 천하를 간직하고 있는 셈입니다. 전 왕조의 떠돌이 도둑 이자성 같은 자의 반란 사건을 따져봅시다. 가난한 백성을 구제하는 정책도 지극하여, 밖으로는 삼왕(三王)을 겸하고, 안으로는 유교와 불교를 펴서, 천하의 사대부들을 휘몰아 문교(文敎)와 명분(名分) 속에 들게 하고, 서민들은 스스로 그 생업에 힘쓰게 되었습니다.

전대(前代)의 근본[왕실]을 강하게 하고 지엽(枝葉 : 백성)을 약하게 하는 정책이란 고작 큰 도시를 허물어 버리고 호걸들을 죽이는 데 지나지 않았습니다. 그렇지 않으면 전씨(田氏)·굴씨(屈氏)·소씨(昭氏)[205]들을 관중(關

中)으로 옮겨놓을 뿐, 그들을 어루만져 편안하게 해 줄 방법을 몰랐습니다.
 그러나 지금 왕조는 문화와 무력이 전대보다 훨씬 뛰어납니다. 유교를 존중하고 숭상하여 그것을 중국 안에 펴서 호걸들의 불평을 슬그머니 누그러뜨리고, 작위(爵位)와 명호(名號)를 널리 베풀어 몰래 결탁하려는 오랑캐 세력을 분열시킵니다. 만주(滿洲)를 억눌러 군사(軍事) 국방에 관한 사업을 맡겨서 청 왕조의 근본이 되는 땅을 튼튼하게 하고, 자주 치수(治水) 공사를 벌이며, 천하의 신기한 재주를 가진 사람들을 모아 놀고먹는 이들을 위로하고, 몸을 바로잡고 공손히 천자의 직책을 다할 뿐이니, 천하에 무슨 걱정거리가 있겠습니까? 요순(堯舜)은 옷만 걸치고 있어도 천하가 다스려졌다고 합니다. 대개 천하를 차지하였으면 백성은 일을 시켜서 일만 하게 할 뿐이요, 그 까닭을 알게 해서는 안 된다고 합니다. 이것은 요순의 뜻으로, 공자도 이것을 말했고, 진(秦) 시황은 이것을 실천했었습니다."
 내가 말하였다.
 "그것은 참으로 이상한 이론이로군요. 자세히 듣고 싶습니다."
 "백성들이 밭 갈고 우물 파서 먹고 사는 것은 본분을 따르는 것으로 도대체 황제의 힘이 내게 무슨 상관이 있느냐는 말은, 요(堯) 임금이 미복(微服)으로 거리에 나갔다가 들은 말이었습니다. 요 임금은 이 말을 듣고서 마음속으로 몹시 기뻐했다는 것입니다. 공자가 위(衛)나라로부터 노(魯)나라로 돌아와 시(詩)와 서(書)를 고쳐 편찬하고, 예(禮)와 악(樂)을 바로잡은 것은 이야말로 그때 세상 형편으로는 부득이 하지 않을 수 없던 일이었습니다. 봉건(封建)을 깨뜨리고 정전(井田)을 폐지하며, 시·서를 불사르고 선비들을 묻어 죽인 것은, 천하를 통일한 천자로서 크게 한번 해 볼 만한 일이었습니다.
 예로부터 제왕들은 자기의 덕을 요·순에 비하면 기뻐하고 진시황에 비하면 노하지만, 아직까지 요·순을 배운 이가 있다는 말을 듣지 못했습니다. 그러나 진시황의 행적을 본받아 밝히면서도 한 시대의 군주로서 천하에 명할 때, 이것은 요·순이 한 일이니 행할 것이고 이것은 망한 진나라의 일이니 하지 말라고 했다는 말을 아직 듣지 못했습니다. 이는 이른바 십삼경(十三經)

＊205 전씨는 제(齊)나라의 명문이고, 굴씨·소씨는 초(楚)나라의 명문이었음.

이나 이십일사(二十一史)*206 같은 책의 어느 곳을 펼쳐 보아도 없습니다.

재상(宰相)이 된 사람을 비교해 보아도 그렇습니다. 한나라 소하(蕭何)*207나 조참(曹參)*208 같은 이에게 비교하면 머뭇거리면서 감히 비교하지 못한다고 하고, 상앙(商鞅)이나 이사(李斯)*209에 비교하면 잡아먹을 듯이 달려듭니다. 소하·조참과 방현령(房玄齡)*210·두여회(杜如晦)*211 같은 이는 한 시대의 훌륭한 재상이라 칭송받은 사람들이지만, 그들은 모두 상앙이나 이사에게 죄를 지은 사람들일 뿐입니다.

상앙이나 이사는 오히려 능히 공(公)에 강하고 사(私)를 막아 상하가 서로 믿게 되었는데도, 그들의 공로를 그처럼 낮춘 죄는 그들의 학문이 유학이 아닌 데에 있었습니다. 소하나 조참은 원래 죄를 줄 만한 학문이 없었으니 겨우 스스로 그 몸만 죄를 면할 수 있었던 것입니다. 임금에게 잘 보이면 백성에게 인심을 잃고, 백성에게 아첨하면 임금에게 의심을 사게 마련입니다. 일대의 임금을 도와 정치를 한다는 것이 무엇이겠습니까? 시렁을 사이에 두고 난간을 둘러친 것과 같아서, 한번 실수하면 넘어져 아래로 떨어지게 되는 것입니다."

윤형산(尹亨山)이 조회를 마치고 나오면서 바로 우리가 이야기하는 곳으로 왔다. 나와 곡정이 의자에서 내려와 공손히 읍하였더니, 윤공(尹公)이 황급히 나를 부축하여 의자에 앉히고, 품에서 코담배통을 꺼내 보인다. 자줏

---

*206 중국의 21가지 정사(正史), 곧 사기(史記)·전한서(前漢書)·후한서(後漢書)·삼국지(三國志)·진서(晉書)·송서(宋書)·남제서(南齊書)·양서(梁書)·진서(陳書)·위서(魏書)·북제서(北齊書)·주서(周書)·수서(隋書)·남사(南史)·북사(北史)·당서(唐書)·오대사(五代史)·송사(宋史)·요사(遼史)·금사(金史)·원사(元史).

*207 한나라 때의 명신. 패공(沛公)을 도와 한나라 개국에 크게 공헌하여 장량(張良)·한신(韓信)과 함께 삼걸(三傑)이라 일컬어졌음.

*208 한나라 때의 재상. 소하와 함께 고조를 도와 천하를 평정하는 데 힘썼음.

*209 진(秦)나라 사람. 진시황이 천하를 차지하자 승상이 되어 군현(郡縣)의 제도를 정하고 금서령(禁書令)을 내렸으며, 진시황이 죽자 조고(趙高)의 계략에 찬동해서 유조(遺詔)를 고쳐 태자 부소(扶蘇)를 폐하고 이세(二世)를 세웠는데, 조고의 모함으로 처형당했음.

*210 당나라 때의 재상. 두여회(杜如晦)와 함께 국정을 처리하여 방모두단(房謀杜斷)이라 일컬어졌음. 칙명으로 진서(晉書) 130권을 지었음.

*211 당나라 때의 재상. 당나라 창업 공신. 방현령(房玄齡)과 함께 국정을 잘 처리했음.

빛 마노석으로 만든 것이었다. 윤공은 또 품에서 누런 보자기로 싼 색다른 비단 두 필을 꺼내 내게 풀어 보인다. 곡정이 연신 황제가 하사한 것이라고 치하하니 윤공은 만면에 희색이 가득하다. 하나는 검푸른 우단(羽緞)에 복숭아꽃을 수놓았고, 또 하나는 고동색 구름무늬 비단에 금실로 신선과 부처를 수놓았다.

윤공은 부지런히 우리가 이야기한 글을 읽어 보더니, 곧 붓을 들어 쓴다.

"건문황제(建文皇帝)가 대궐 안에서 천수(天壽)를 마쳤다는 것은 본래 없는 일인데, 왕곡정 선생이 잘못 들으신 것 같습니다."

곡정이 말한다.

"의심쩍은 것을 전하는 것도 역사가가 하는 본연의 임무 중 하나이지요."

내가 말했다.

"건문제가 오량(吳亮)에게 산적 고기를 내던진 고사(故事)는 어찌 사실이 아니겠습니까?"

곡정이 말한다.

"진실로 예전 사람들의 변설에는 차이가 많으니, 그러한 것들을 낱낱이 따질 필요가 없습니다. 만일에 이것이 사실일 때에는 어찌 천고에 기이한 일들이 아니겠습니까? 백룡암(白龍庵)의 고사도 비록 이락와피(籬落臥被)*212와 같은 글에 속하지만 역시 망사대(望思臺)*213 내력과도 같은 것으로서 이런 시가 있지요.

　　붓끝마다 떨어지는 핏방울
　　떨어지는 천지를 물들이네.

　　筆筆心頭血　一落染天地

내가 말했다.

"사중빈(史仲彬)의 치신록(致身錄)*214도 후세 사람이 모방해 지은 것이

---

*212 신선전(神仙傳)이란 책에 나오는 기이한 이야기 제목 중 하나.
*213 당나라 무제(武帝)가 죽은 아들을 생각하여 세운 대.
*214 건문황제의 신하인 사중빈이 건문황제가 도망다니던 때의 일을 모아 엮은 기록.

아닐까요?"

곡정이 말한다.

"그 책에 '패옥을 두르고 헛되이 돌아오는 달밤의 영혼, 해마다 두견새만 사철나무에 우네(環佩空歸月夜魂 年年杜宇哭冬靑)'라고 한 것은 애타는 사람들의 망령된 생각일 것입니다."

형산이 말한다.

"어제 왕 선생의 말씀 중에 한(漢)나라 건국에 있어서 부끄러울 만한 결함이 없었으므로 충분히 예악(禮樂)을 창제할 만하였다고 하신 말씀은 옳다고 할 수 없겠습니다. 호령이 조정에서 우레처럼 울리고 바람처럼 행해질 때에는, 인(仁)을 행한다는 명성이 사방에 알려져, 모든 백성이 다 그 득실을 헤아려 알 수 있지만, 안방에서 사사로이 이야기되는 은밀한 행실이나 자질구레한 덕은 바깥 세상에서는 알 수가 없습니다. 그러므로 반드시 하간헌왕(河間獻王) 같은 어진 종실(宗室)이 있어서, 그와 같은 사실을 노래로 지어 부르고, 또한 미묘한 음률(音律)까지도 잘 알아볼 수 있게 된 다음에야 그 덕행에 맞는다고 할 수 있을 것입니다. 이것이 이른바 '금슬(琴瑟)이 잘 맞으니 사시(四時)가 평화스럽고, 음률이 고루 어울리니 만물이 통합된다' 하는 것이지요."

한나라의 노래로는 안세(安世)·방중(房中)이 가장 이에 근사하다고 하지만, 혼자 한 환관(宦官)의 다리를 베고 누워 미앙궁(未央宮)의 서까래를 헤아린다는 노랫말은 일국의 임금이 부르는 노래치고 너무나도 좀스러우니, 한때 불렀던 대풍(大風)*215의 노래와 같은 씩씩함이 땅에 떨어진 꼴입니다. 심지어 한 고조가 벽양(辟陽)*216과 동성애를 벌였다는 수치는 궁궐 밖에도 숨기기 어려운 일이요, 인체(人彘)*217의 참혹함은 하늘과 사람이 다 같이 분개할 일이었습니다. 황제와 황후 곧 부부 사이의 도의가 이 모양이니 가히 나라 돌아가는 꼴을 알 만합니다.

---

*215 한나라 고조(高祖)가 고향인 풍패(豊沛) 지방에 갔을 때 부른 노래.

*216 심이기(審食其)의 봉호임. 그는 얼굴이 여자처럼 고와서 한 고조의 추잡스런 총애를 받는 한편으로 고조의 아내인 여후와도 불륜 관계를 맺었다고 함.

*217 한나라 고조의 여후(呂后)는 고조가 총애하는 척부인(戚夫人)을 몹시 시샘했다. 고조가 죽자 여후는 척부인의 손발을 자르고 눈알을 후벼뽑고 귀를 베고 벙어리를 만들어 뒷간에 처박아두고 인체(人彘), 곧 '사람돼지'라 불렀음.

박희(薄姬)*²¹⁸란 여성은 본래 위왕(魏王) 표(豹)의 여자였고, 효경제(孝景帝)의 왕(王) 황후*²¹⁹는 김왕손(金王孫)에게서 빼앗은 여자인데, 자나깨나 음려화(陰麗華)*²²⁰를 사모했다는 이런 추잡한 일들을 누가 노래로 지어 불렀습니까? 왕실의 지친(至親)으로는 어질기가 하간헌왕(河間獻王) 만한 이가 없었으니, 관저(關雎)*²²¹에서 표현하고 있는 교화나 이강(釐降)*²²²의 아름다움 같은 것은 따져 볼 것도 없었습니다. 그러므로 음악은 음악대로, 덕행은 덕행대로라는 건 이것을 보아 알 수 있겠습니다."

내가 물었다.

"백등(白登)*²²³의 기묘한 계교란 어떤 계교입니까?"

곡정이 대답한다.

"그 계교는 세상에 비밀로 하여 전해지지 않고 있습니다."

그래서 내가 다시 물었다.

"그 기묘한 계교라는 것은 적의 성 아래에서 무릎을 꿇고 항복한 일이 아닐까요? 부끄러운 일이 아니라면 무엇 때문에 숨겼겠습니까?"

그러자 윤공이 크게 웃으면서 말한다.

"앞 시대 사람들이 미처 하지 못한 말을 하시는군요."

내가 다시 말했다.

"그때 흉노의 두목 모돈(冒頓)은 '구슬을 입에 물고 관(棺)을 등에 지는'*²²⁴ 등 여러 가지 의식을 몰랐던 모양입니다."

---

*218 위왕(魏王) 표의 애인. 한나라 고조는 위왕을 포로로 잡고 그의 애인 박희를 빼앗아 문제(文帝)를 낳았음.

*219 본래 연왕(燕王) 장다(藏荼)의 손녀 장아(藏兒)의 딸이다. 처음 김왕손(金王孫)에게 시집보냈으나, 점을 쳐 보니 그가 낳는 딸이 귀하게 되겠다고 하므로 김왕손에게서 빼앗아 궁녀로 바쳐 경제(景帝)의 왕후가 되었음.

*220 후한(後漢) 광무제(光武帝)는 황제가 되기 전에 음려화라는 아름다운 여인을 보고는 여자를 얻으려면 음려화를 얻을 것이요, 벼슬을 하려면 집금오(執金吾)가 될 것이라고 탄식했다. 후에 결국 음려화를 차지했음.

*221 시경(詩經)의 한 장. 어진 후비(后妃)의 덕을 칭송한 노래라고 함.

*222 요(堯)임금의 두 딸을 순(舜)임금에게 시집 보낸 일. 이(釐)는 행장을 차리는 것이고, 강(降)은 시집보내는 것임.

*223 한나라 고조가 산서성(山西省) 백등산에서 흉노(凶奴) 모돈(冒頓)에게 이레 동안 포위당했을 때 모사 진평(陳平)의 계교대로 미인계를 써서 포위를 벗어났는데, 창피하여 역사에는 기록하지 않음.

곡정이 말한다.

"옛날부터 중국에서는 오랑캐가 성공한 일이 없어서, 강거(康居)*225가 항복을 하고 돌궐족 추장 힐리(頡利)가 당나라 태종의 대궐에 와서 춤을 춘 것은, 마침 울고 싶은 때에 때려 준 것과 같은 일이었습니다."

내가 다시 말했다.

"천하의 근심거리를 누구보다 먼저 근심해야 하는 천자의 지위는 참으로 괴로운 자리일 것입니다. 한나라 고조가 환관의 다리를 베고 서까래를 쳐다볼 때까지야 8년 동안 경영해서 얻은 것이 무엇이라 생각했겠습니까? '서리가 내리고 물이 마를 때(늙었음을 뜻함)' 지난 일을 돌이켜 생각하면 이가 시릴 정도로 슬프겠지요. 응당 천하의 일이 계륵(鷄肋)*226과도 같았을 것입니다."

그러자 형산이 말한다.

"재상도 역시 그렇습니다. 술과 여색과 재물에도 질려버릴 때, 찬란했던 명성을 회상해 본다면 정말 그 심사가 어떠했겠습니까?"

곡정이 말한다.

"어르신께서야 경치 좋은 물가에 밭뙈기나 마련하고 책이나 쓰시면 그만 아닙니까?"

형산이 크게 웃으면서 말한다.

"눈앞의 일에 급급한 것은 모두가 자기의 죽은 후의 일을 계획하는 것이겠지요. 누에가 늙어서 고치를 짓는 것은 제 몸을 위한 것이지 사람에게 비단 옷을 입히기 위해 하는 것이 아닙니다."

내가 물었다.

"곡정은 아직도 과거를 단념하지 않고 계십니까?"

"나는 이미 등우(鄧禹)*227가 남의 쓸쓸함을 비웃었던 것처럼 포기하였습니다. 선생은 어떠하십니까?"

"저도 마찬가지입니다."

---

*224 전쟁에 져서 항복할 때는 스스로 죽은 사람의 모습을 하여 사죄(死罪)를 받을 뜻을 보임.

*225 모두 신강성(新疆省) 북쪽에 있던 흉노족의 나라 이름.

*226 먹을 만하지도 못하면서 버리기는 아까운 것을 말함.

*227 후한(後漢) 때 장군. 광무제와 친하여 여러 가지 계략을 진언하였고, 왕광(王匡)·유균(劉均)·적미(赤眉) 등을 쳐서 많은 공을 세우고 천하가 통일되니 논공(論公)이 첫째였음. 비웃었다는 말은 단념했다는 뜻임.

내가 대답하였더니 곡정이 말한다.
"머리가 허연 늙은이가 과거를 본다는 것은 선비의 수치입니다."
형산이 붓을 들어 쓰려다가 혼자서 크게 웃고 곡정을 향해 뭐라 말하자 곡정 역시 크게 웃는다.
내가 말했다.
"두 선생께서 그처럼 웃으시니 필경 아주 괴상한 일이 있으신 모양인데, 저는 그 까닭을 모르니 배를 거머쥐고 웃으면서 즐거움을 도와 드릴 수가 없군요."
그러자 두 사람은 또 크게 웃으며 몸을 가누지 못한다.
형산이 말한다.
"강희(康熙) 기묘년(己卯年) 과거에 102살 된 과거꾼이 있었습니다. 성은 황(黃), 이름은 장(章)으로, 광주(廣州) 불산(佛山) 사람이었지요. 그는 말하기를 '이번 과거에 급제를 못 하면 임오년(壬午年) 과거에 올 것이고, 그때도 급제하지 못하면 다시 을유년(乙酉年), 내 나이 108살 때에는 틀림없이 급제할 것이다. 많은 사업을 해서 나라에 봉사하겠다'고 했다 합니다."
나도 무의식 중에 크게 웃고 나서 말했다.
"그 황장이란 사람은 과연 을유년 과거에 급제했나요?"
내가 묻자, 두 사람은 머리를 저으면서 더욱 웃음을 참지 못한다.
곡정이 말한다.
"그가 급제를 못함으로 해서 세상의 결함을 알 수 있게 되었지만, 그의 말대로 급제했다면 아무런 재미도 없을 일이지요."
형산이 묻는다.
"선생은 오실 때 천산(千山)을 구경하셨습니까?"
"천산을 구경하려면 백여 리를 돌아야 하고, 또한 길이 바빠, 멀리 하늘 밖으로 두어 점 푸른 봉우리만 바라보았을 뿐입니다."
그러자 형산이 다시 말한다.
"저는 일찍이 무인년(戊寅年) 의무려산(醫巫閭山) *228 강향(降香) *229 때에 간 적이 있습지요. 거기에 조선 사람들의 이름을 먹물로 써놓은 것이 있

＊228 요령성(遼寧省) 북진현(北鎭縣)에 있는 산. 음산산맥(陰山山脈)의 한 갈래임.
＊229 산천에 제사를 지낼 때 임금이 향을 내려줌.

더군요.

"어떤 이름들이었습니까?"

내가 물으니 형산이 대답한다.

"예닐곱 명 되었는데 누구였는지는 기억하지 못합니다."

내가 다시 말했다.

"우리나라 선배 김창업(金昌業)*230이라는 분은 자가 대유(大有)이고 호는 노가재(老稼齋)입니다. 그분은 일찍이 강희(康熙) 계사년(癸巳年)에 천산을 구경했으니, 의무려산에도 응당 그의 이름을 적어 놓은 데가 있을 것 같습니다."

형산이 말한다.

"저는 천산 구경할 인연은 없었던 것 같습니다. 혹시 노가재 김공(金公)께서 남겨놓으신 좋은 시가 있습니까?"

"문집이 몇 권 있습니다만, 그분의 글귀를 기억하고 있는 것이 없습니다. 노가재 역시 창춘원(暢春苑)*231에서 이용촌(李榕村) 선생을 만나보았다고 했습니다. 선생은 당시에 각로(閣老)였지요?"

형산이 말한다.

"이용촌 선생은 강희 계사년 무렵에는 아마 남쪽으로 돌아가 계셨을 터인데 어떻게 서로 만났을까요?"

내가 말했다.

"이용촌 선생의 성함은 이광지(李光地)*232이지요?"

두 사람은 머리를 끄덕였다. 형산이 '어리석게도 아교 달여서 해와 달을 붙여 놓으려 하네(癡欲煎膠粘日月)'라는 시를 읊는다. 이때 이미 해가 저물어 방 안이 침침해지자 하인에게 촛불을 가져오라고 한다.

내가 '인간이 촛불로 세상을 밝히지 않아도 쌍으로 걸린 해와 달이 천지를 비추는구나(不須人間費膏燭 雙懸日月照乾坤)' 하고 읊었더니, 곡정이 손을

---

*230 조선 시대 효종(孝宗)·현종(顯宗)·숙종(肅宗) 때의 문인. 숙종 38년(1712) 형 창집(昌集)이 사은사(謝恩使)로 갈 때 따라 갔었음. 그림에도 뛰어났음. 저서에 노가재집(老稼齋集)·연행일기(燕行日記)가 있음.

*231 북경 서직문(西直門) 밖 바닷가에 있는 동산.

*232 청나라 때의 학자. 성품이 신중하여 말이 적고 학문이 깊어 정자(程子)·주자(朱子)를 받들었음. 저서는 주역통론(周易通論)·상서해의(尙書解義)·효경전주(孝經全注)·고악경(古樂經) 등 다수.

내저으면서 먹으로 '쌍으로 걸린 해와 달(雙懸日月)'이란 구절을 지워 버린다. 날 일(日)자와 달 월(月)자를 나란히 붙여 쓰면 밝을 명(明 : 명나라를 말함)자가 되기 때문이었다. 그러나 나로서는 교점일월(膠粘日月)이라는 구절의 대구로 쓴 것인데, 곡정은 이 쌍현일월(雙懸日月)이라는 구절을 몹시 꺼리고 두려워하는 것이었다.

내가 말했다.

"어제 공자 사당을 참배할 때 보았더니 주자(朱子)를 높여서 전각 위에다 모셨더군요. 그러면 10철이 아니라 11철(哲)이 되는 것 아닌가요? 언제부터 승격시켜 모셨습니까?"

형산이 말한다.

"강희(康熙) 때 승격시켜 모셨습니다. 10철(哲)이란 원래 공자의 문하에서 합당하게 내린 정론이 아닙니다. 그 열 사람은 공자가 한때 진(陳)나라와 채(蔡)나라 사이에서 함께 했을 뿐입니다. 당나라 때부터 오늘에 이르기까지 아무도 감히 이에 대해 말하는 사람이 없었습니다.

유약(有若)*233과 같은 제자에 대해서는 논어(論語)에 네 번이나 보이는데, 그가 공자와 비슷하게 생겼다고 하여, 자하(子夏)*234·자장(子張)*235의 무리는 공자 사후에 공자를 섬기던 대로 그를 섬기려고까지 하였으니, 그가 얼마나 어질었는지를 알 수 있습니다. 공서적(公西赤)*236이라는 제자는 예악(禮樂)에 뜻을 두고 나라를 위해 일할 만한 재주가 있었으니, 역시 재아(宰我)*237나 염구(冉求)*238보다 훨씬 뛰어나지 않았겠습니까? 재아나 염구의 언행(言行)은 여러 역사 문헌을 살펴볼 것도 없이 논어만 상고해 보더라도 우열이 크게 차이가 납니다. 그래서 선배 정단간(鄭端簡)*239·왕이상(王

---

*233 공자의 제자. 생김새가 공자와 비슷하여 공자가 세상을 떠난 뒤에 공자의 제자들이 그를 스승으로 삼았음.
*234 공자의 제자 복상(卜商). 자하는 자임.
*235 공자의 제자 전손사(顓孫師). 자장은 자임. 용모가 뛰어나고 자질이 너그러웠음.
*236 공자의 제자. 자는 자화(子華).
*237 공자의 제자 재여(宰予). 재아는 자임.
*238 공자의 제자. 자는 자유(子有). 10철의 한 사람임.
*239 명나라 때의 학자 정효(鄭曉). 단간은 시호임. 경술(經術)에 정통하고 국가의 전고(典故)에 밝았음.

貽上)*240같은 이들은 유약과 공서적 두 분을 본전에 올려다 모시고, 재아와 염구는 행랑채로 내려다 모셔야 한다고 하였습니다. 그리고 왕이상은 자신이 국자좨주(國子祭酒)로 있을 때 상소하여 이를 고치려고 하였으나, 다른 사람들에게 저지당하여 상소가 황제에게 올라가지도 못했습니다. 이것은 만세에 통하는 공론(公論)이라, 선비들이 지금까지도 애석하게 여기고 있습니다."

형산이 나에게 말한다.

"박 선생은 지금 저서가 몇 권이나 있으십니까? 그리고 혹시 저술하신 아름다운 문집을 중국에 가지고 오셨는지요?"

"평생에 배운 학문이 보잘것없어 아직 몇 권의 저서도 쓰지 못했습니다."

형산이 말한다.

"비록 주공(周公)과 같은 훌륭한 재주가 있다 하더라도 만약 교만하고 인색하다면 그 밖의 것은 말할 것이 못되지요. 선생은 마치……〔이하는 미처 다 쓰지 못했는데 기풍액(奇豊額)이 들어와서, 황제가 하사한 코담배통을 내게 보여 주어, 그럭저럭 자리를 파하고 일어섰다.〕

내가 입은 흰 모시 옷은 해가 저물자 약간 서늘하다. 이때 달이 처마 끝에 걸려 있다. 함께 섬돌 위를 산책하는데, 형산이 내 옷을 만지면서 한 마디 한다.

"좌중이 모두 맑고 시원합니다그려."

나는 곡정과 이야기를 제일 많이 나누었다. 엿새 동안 창문을 마주하고 밤을 새워 가면서 이야기를 했으므로, 그와는 마음을 터놓고 지낼 수 있게 되었다. 그는 참으로 큰 선비요 걸출한 호걸이었다. 그의 이야기는 거침이 없고 이리저리 얽혀 걷잡을 수가 없었다.

내가 한양을 떠나 여드레 만에 황주(黃州)에 이르렀을 때 말 위에서 생각하기를, 본래 학식이 없는 내가 중국에 들어가 중국의 큰 학자를 만나면 무슨 의견을 주고받을 것이며, 무엇을 물어보아야 할 것인지……? 이에 대해 번민한 적이 있다.

─────────
*240 청나라 시대의 시인 왕사진(王士禛). 호는 완정(阮亭). 저서에 대경당집(帶經堂集)·어양시문집(漁洋詩文集) 등이 있음.

그리하여 마침내 예전에 남에게서 주워 들은 것 중 지전설(地轉說)과 달
속 세계에 대한 이야기를 찾아내어 안장에 올라앉은 채 말고삐를 잡고 있을
때마다 졸면서도 수십만 마디 말을 내 나름으로 풀어내었다. 그리하여 가슴
속의 글자 아닌 글과 허공의 소리 없는 글이 하루에도 몇 권 분량이 되었다.
말은 비록 근거가 없다 해도 이치는 끌어다 붙일 만하였으나 이제, 말 타기
도 점점 피로해졌고 붓과 벼루도 손에 들 틈이 없었다. 그래서 기묘한 생각
들도 하룻밤을 지나고 나면 자취 없이 스러지고 말지만 이튿날 다시 풍경을
바라보면 새로운 생각이 기이한 봉우리처럼 떠올랐다. 이야말로 또다시 돛
을 따라 갈라지고 겹쳐지듯이 변화무쌍하여 먼 길에 좋은 길동무가 되고 먼
유람 길에 더없는 즐거움이 되었다.

열하(熱河)에 들어간 후에는 먼저 이 이야기를 가지고 안찰사 기풍액(奇
豊額)에게 물었더니, 그는 비록 고개는 끄덕거렸으나 제대로 이해하지 못하
는 것이었다. 곡정과 지정(志亭)에게도 얘기해 보았지만 역시 정확하게 알
아듣지는 못했다. 그래도 곡정은 내가 말하는 학설이 그다지 틀린 것은 아니
라고 하였다.

곡정은 말을 주고받는 데 민첩하고, 종이를 잡으면 삽시간에 수천 마디 말
을 거침없이 써 내려간다. 천고의 경(經)·사(史)·자(子)·집(集)을 척척 들
추어 내고, 아름다운 글귀와 미묘한 시 구절들이 입에서 술술 흘러나온다.
모두 조리가 있고 한 가지도 맥락이 헝클어지지 않는다. 이따금 동쪽에서 소
리를 내다 서쪽을 치듯 의외의 말을 하기도 하고, 때로는 궤변을 펼쳐 내 행
동을 살펴보기도 한다. 나의 말을 이런 방식으로 다양하게 이끌어내기도 하
는 것이었다. 참으로 박식하고 말을 잘하는 선비이다. 그러나 벼슬길에 나서
보지도 못한 채 궁벽한 시골에서 불원간에 초목 사이에 묻히려 하니 정말 서
글픈 일이다.

나는 북경으로 들어가서도 사람들과 필담을 해 보았다. 하나같이 능란했
지만, 그들이 지은 글들은 모두가 필담만도 못했다. 그제서야 나는 비로소
우리나라의 글짓는 방법이 중국과 다르다는 것을 알았다. 중국은 문자가 곧
바로 말이 되기 때문에, 경·사·자·집이 그 입 속에서 말이 되어 나온다. 그
것은 기억력이 남달리 좋아서가 아니었다. 억지로 생각하여 글을 지으려 하
니 이미 본래의 생각은 다 잃어버리고, 말과 글이 아예 다른 것이 되기 때문

이었다. 그러므로 우리나라에서 글을 짓는 사람은 알쏭달쏭 틀리기 쉬운 옛 글자를 가지고, 다시 알기 어려운 우리 말로 번역을 해야 하니 그 글 뜻이 캄캄하고 말이 모호하게 되는 것이 아니겠는가?

  나는 귀국해서 여러 사람들에게 두루 이 이야기를 하였더니, 대개는 그렇지 않다고 말하였다. 참으로 개탄할 일이다.

  연암 계곡의 엄계(罨溪) 물가에서 비 내리는 날, 붓 가는 대로 쓴다.

산장에서 쓴 여러 편의 글들
산장잡기(山莊雜記)

한밤에 고북구를 빠져나간 이야기 (야출고북구기(夜出古北口記))

북경에서 열하에 이르는 길은, 창평(昌平)*¹ 쪽으로 가면 서북쪽 거용관(居庸關)*²으로 빠지고, 밀운(密雲)*³ 쪽으로 가면 동북쪽 고북구(古北口)로 나가게 된다. 고북구에서 만리장성을 따라 동쪽으로는 산해관(山海關)까지가 700리요, 서쪽으로는 거용관까지가 280리인데, 거용관과 산해관 사이에 자리잡은 장성의 험준한 요새로는 고북구만한 데가 없다. 몽고 사람들이 중국에 드나들 때는 여기가 언제나 중요한 길목이 되므로, 겹으로 된 관문을 설치하여 그들을 제압하는 견고한 요새로 삼았다.

나벽(羅壁)*⁴이 지은 지유(識遺)라는 책에, '북경 북쪽 100리 밖에 거용관이 있고, 거용관 동쪽 200리 밖에 호북구(虎北口)가 있다'고 했으니 호북구는 곧 고북구이다. 당나라 때부터 지명을 고북구라고 했다. 중국인들은 장성 밖을 모두 구외(口外)라 일컬었는데, 구외는 모두 당나라 때 해왕(奚王)*⁵의 근거지였다. 금사(金史)에 의하면, 금나라 말로 유알령(留斡嶺)이라 부르는 곳이 곧 고북구라 하였다.

장성 둘레에 구(口)라고 일컫는 곳이 1백 군데에 이른다. 산을 따라 성을 쌓았는데, 깎아지른 낭떠러지와 깊은 골짜기는 짐승이 아가리를 벌린 듯 무

---

*1 하북성(河北省)에 있던 주(州), 지금은 현(縣)임.
*2 창평현(昌平縣) 서북쪽에 있는 관문(關門). 두 산 사이에 있어 매우 험함. 군도관(軍都關)·계문관(薊門關)이라고도 함. 권4 구외이문(口外異聞) 자규(子規)편 참조.
*3 하북성(河北省)에 있는 현.
*4 송(宋)나라 때의 학자. 호는 묵경(默耕). 저서에 지유(識遺)가 있음.
*5 돌궐족(突厥族)의 왕. 해(奚)는 지금의 열하성(熱河省) 난평(灤平)·승덕(承德) 등지로서 수(隋)나라 때부터 해라고 했음.

섭게 파였고, 흐르는 물이 부딪쳐 깊이 패인 곳은 성을 쌓는 대신 정장(亭
鄣)*6을 설치하였다. 명나라 홍무(洪武)*7 때 수어천호(守禦千戶 : 무관의
관직)를
두어 겹겹이 관문을 지키게 하였다.

나는 무령산(霧靈山)을 끼고 돌아 배로 광형하(廣硎河)를 건너 밤중에 고
북구를 나섰다. 이때는 밤이 깊어 이미 삼경(三更)이었다. 겹으로 된 관문
을 나서서 장성 아래 말을 세우고, 성의 높이를 헤아려 보니 10여 길은 되겠
다. 붓과 벼루를 꺼내 술을 부어 먹을 갈아서 성벽을 어루만지며,

'건륭(乾隆)*8 45년 경자(更子) 8월 7일 밤 삼경에, 조선 박지원(朴趾源)
이 이곳을 지나다'라고 써 놓고는 큰 소리로 웃고 나서 '나는 한낱 서생(書
生)으로 머리털이 희끗희끗해져서 장성 밖에 나와 볼 수 있었구나' 하고 혼
자서 중얼거렸다.

옛날 몽(蒙) 장군(將軍)*9이 말하기를, '나는 임조(臨洮)*10에서 시작하여
요동(遼東)에 이르기까지 잇달아 만여 리의 장성을 쌓았는데, 그 중에는 지
맥(地脈)을 끊지 않을 수 없는 곳도 있었다'라고 하였다. 지금 그 산을 무너
뜨리고 골짜기를 메운 자취로 보아 그 말은 믿을 만하다.

아! 여기 고북구는 옛날부터 수없이 많은 싸움이 벌어진 곳이로다! 후당
(後唐)*11의 장종(莊宗)이 유수광(劉守光)을 잡은 것도 별장(別將) 유광준
(劉光濬)이 고북구에서 이겼기 때문이었고, 거란(契丹)*12의 태종(太宗)이
산남(山南)*13을 빼앗은 것도 먼저 이 고북구를 차지했기 때문이었다. 여진

---

*6 요새처럼 만들어 사람의 출입을 검문하는 곳.
*7 명나라 태조(太祖)의 연호. 1368~1398년. 고려 공민왕(恭愍王) 때부터 조선 태조(太祖)
때까지에 해당함.
*8 청나라 고종(高宗)의 연호. 45년은 1780년. 조선 정조(正祖) 4년임.
*9 몽염(蒙恬). 진시황(秦始皇)을 섬겨 30만 대군으로 융적(戎狄)을 몰아내고 만리장성을 쌓
았음.
*10 감숙성(甘肅省)에 있는 현(縣).
*11 오대(五代)의 하나. 진(晉)나라가 당나라의 뒤를 이어 당(唐)이라 했다가 다시 후당이라
했음. 923~933년. 고려 태조(太祖) 때임.
*12 몽고 계통의 한 부족. 처음 요하(遼河) 상류 지방에 있다가 뒤에 노합하(老哈河) 유역까지
퍼져서 고구려·당(唐)·돌궐(突厥) 세 세력 사이를 전전, 마침내 요(遼)나라를 세웠음. 고려
성종(成宗) 12년~현종(顯宗) 10년(993~1019) 사이에 고려를 세 번 침공해 왔음.
*13 태화산(太華山)과 종남산(終南山)의 남쪽 지방.

(女眞)*14이 요(遼)나라를 토멸할 때 희윤(希尹)이 요나라 군사를 크게 격파한 것도 이곳이었으며, 여진이 북경을 함락시킬 때 포현(蒲莧)이 송(宋)나라 군사를 패퇴시킨 곳도 여기였다. 원(元)나라 문종(文宗)이 즉위하자 당기세(唐其勢)가 이곳에 군사를 주둔시켰고, 여진 장수 살돈(撒敦)이 상도(上都)*15의 군사를 추격한 곳도 여기였다. 몽고의 독견첩목아(禿堅帖木兒)가 관내(關內)*16로 쳐들어오자, 원나라 태자가 흥송(興松)으로 달아난 것도 이 관문이었고, 명나라 가정(嘉靖)*17 연간에 엄답(俺答)이 북경을 침범할 때도 언제나 고북구 관문으로 드나들었다.

이처럼 고북구 장성 아래는 날고 뛰고 치고 베는 처참한 싸움터였다. 이제는 천하가 잠잠한데도, 오히려 겹겹이 둘러싸인 사방의 산과 골짜기는 음산하기만 하다.

때마침 초승달이 고갯마루에 걸려 막 넘어가려 하는데, 그 빛이 마치 날카롭게 간 칼날의 빛처럼 파랗고 차갑다. 달은 이내 고갯마루 너머로 내려갔다. 그러나 오히려 양쪽 끝의 빛이 남아서 갑자기 새빨갛게 변하면서 마치 두 개의 횃불을 산 위에 세워둔 것처럼 느껴진다. 북두칠성은 관중(關中)*18으로 반쯤 기울어졌다. 여기저기서 벌레 우는 소리가 들려오고, 멀리서 불어오는 바람에 숲과 골짜기가 함께 운다. 짐승같이 생긴 바위, 귀신 같은 절벽은 창과 칼을 들고 막아선 듯, 시냇물은 양쪽 산 사이에서 쏟아져 나와 울부짖으며 싸우는 듯, 마치 큰 전쟁이라도 벌어진 것만 같다. 하늘 저쪽에서 대여섯 차례 들려오는 학 우는 소리가 맑고 아련하여 마치 청승맞게 부는 피리 소리 같다. 어떤 사람은 군용 나팔 소리라고도 말했다.

---

*14 만주(滿洲)의 송화강(松花江)·목단강(牧丹江)·흑룡강(黑龍江) 유역에 살던 종족. 요(遼)나라 때에는 국경 지방인 두만강 유역과 함경남북도에까지 이동해 와서 고려에 조공(朝貢)을 바쳐, 흑수여진(黑水女眞) 또는 동여진(東女眞)으로 불렸는데, 고려를 괴롭혀 예종(睿宗) 2년(1107) 윤관(尹瓘)이 이들을 물리치고 9성(城)을 쌓았음.

*15 천자의 도읍지. 경도(京都).

*16 함곡관(函谷關) 안쪽. 섬서성(陝西省) 땅임.

*17 명나라 세종(世宗)의 연호. 1522~1566년. 조선 중종(中宗) 17년~명종(明宗) 21년.

*18 지금의 섬서성(陝西省) 땅. 동은 함곡관(涵谷關), 남은 무관(武關), 서는 산관(散關), 북은 숙관(肅關)이니, 네 관 한가운데 있기 때문에 관중이라는 이름이 생겼음.

우리나라 선비들은 세상에 태어나서 늙고 병들어 죽을 때까지 좀처럼 나라를 떠나 보지 못하는데, 근세의 선비 김가재(金稼齋)*[19]와 내 친구 홍담헌(洪湛軒)*[20]은 중국 땅 한 귀퉁이를 밟아 보았다. 그곳은 전국시대(戰國時代) 일곱 나라 중 하나인 연(燕)나라 땅이고, 우공(禹貢)*[21]에 나오는 구주(九州)*[22]의 하나인 기주(冀州) 땅이다. 넓은 천하로 본다면 그야말로 한 귀퉁이라 할 만하다. 북경은 원(元)나라 때부터 명(明)나라를 거쳐 지금 청(淸)나라에 이르기까지 천하를 통일한 천자의 도읍이 되었으니, 옛날의 장안(長安)*[23]이나 낙양(洛陽)*[24]과 마찬가지이다.

소자유(蘇子由)*[25]는 중국의 명사이지만 북경에 와서 천자의 궁궐이 웅장하고 화려한 것과, 창고와 부고(府庫),*[26] 성곽·연못과 원유(苑囿)*[27]가 뛰어

---

*[19] 숙종(肅宗) 때의 학자 김창업(金昌業). 가재(稼齋)는 그의 호 노가재(老稼齋)에서 노(老)를 생략한 것임. 도학(道學)과 문장으로 이름을 떨쳤고, 그림도 뛰어났음. 숙종 38년(1712) 사은사(謝恩使)로 청나라에 간 큰형 창집(昌集)을 따라가서 연행일기(燕行日記)를 남겼음.

*[20] 영조(英祖)·정조(正祖) 때의 실학자(實學者) 홍대용. 담헌은 호인데 홍지(洪之)라고도 했음. 영조 41년(1765) 서장관(書狀官)으로 청나라에 가는 숙부 홍억(洪檍)의 군관(軍官)으로 따라가, 북경에서 반정균(潘庭均) 등 중국 학자들과 교유하고 천주교회에 가서 서양 문물을 견문했음. 전제(田制)·교육 제도 등에 혁신적 정책을 제창했고, 저서에 담헌설총(湛軒說叢)·담헌연기(湛軒燕記) 등이 있음.

*[21] 서경(書經)의 한 편(編). 10년 동안 구주(九州)를 두루 살펴 경계·산과 못·강하(江河)·수리(水利)·도리(道里)·지질·산물(産物) 등을 기록한 중국에서 가장 오래된 지리서(地理書)임.

*[22] 옛날 중국의 전체를 9주로 나눈 것. 시대에 따라 차이가 있는데 당요(唐堯) 때에는 기주(冀州)·연주(兗州)·청주(靑州)·서주(徐州)·양주(揚州)·형주(荊州)·예주(豫州)·양주(梁州)·옹주(雍州)의 아홉이었음.

*[23] 천자의 도읍한 곳을 장안이라 일컫는 말인데, 한(漢)나라 혜제(惠帝) 때 지금의 섬서성(陝西省) 장안현(長安縣) 서북쪽에 성을 쌓고 도읍지로 한 것이 그 시초임. 그 뒤 전조(前趙)·전진(前秦)·후진(後秦)·서위(西魏)·북주(北周)·수(隋)·당(唐) 등이 다 이곳에 도읍했음.

*[24] 낙수(洛水) 북쪽이란 뜻인데, 주공(周公)이 이곳에 성을 쌓고 동주(東周)가 도읍한 이래, 후한(後漢)·서진(西晉)·후위(後魏)·오대(五代) 등이 이곳에 도읍했음. 지금의 하남성(河南省) 낙양현(洛陽縣) 동쪽임.

*[25] 송나라 때 학자. 소식(蘇軾 : 소동파)의 아우 소철(蘇轍). 자유는 자이고 호는 영빈유로(潁濱遺老). 저서가 많음.

*[26] 나라의 문서와 보물 등을 보관하는 창고.

*[27] 나라의 동산. 식물원과 동물원. 큰 것을 원(苑), 작은 것을 유(囿)라고 함.

나고 큰 것을 보고서야, 비로소 천하의 거대한 아름다움을 알게 되었다 하고 이를 자신의 행운으로 여겼다고 한다. 하물며 우리나라 선비로서 한번이라도 이 크고 아름다운 경관을 본다면 얼마나 행운으로 여길 것인가.

이제 내가 이번 여행을 더욱 행운으로 여기는 것은, 장성을 빠져나와 막북(漠北)*28까지 가본 길은 선배들이 아직 아무도 와 보지 못한 곳이기 때문이다. 그러나 깊은 밤에 길만 따라 눈을 감고 걸은 셈이다. 그만 장님의 꿈속처럼 지나쳐서 산천의 빼어난 경치와 요새의 웅장하고 기기묘묘한 모습을 두루 살펴보지 못했다. 이때 희미한 달빛이 관문 안을 어렴풋이 비추었다. 양쪽 벼랑이 천야만야 깎아지른 듯한 가운데로 길이 나 있었다.

나는 어릴 때부터 담력이 약하고 겁이 많았다. 혹 대낮이라도 빈집에 들어가거나 밤에 희미한 등불이라도 만나면, 머리털이 곤두서고 가슴이 두근거리곤 했다. 지금 내 나이 마흔넷이건만 그 두려워하는 성격은 어릴 때와 마찬가지이다. 지금 한밤중에 홀로 만리장성 아래에 서 있다. 달은 넘어가고 냇물은 울부짖으며, 바람은 스산하고 반딧불은 깜박거린다. 모든 것이 놀랍고 두렵고, 기이하고 괴상하지 않은 것이 없는데도, 홀연 두려운 마음이 없어지고 호기심이 무럭무럭 일어난다. 공산(公山)의 초병(草兵),*29 북평(北平)의 호석(虎石)*30까지도 내 마음을 동요시키지 않으니 이는 더욱 다행스러운 일이다. 다만 유감인 것은 붓이 가늘고 먹이 모자라서 글씨를 서까래처럼 크게 쓰지 못하고, 또한 장성(長城)의 고사(故事)에 대해 시 한 수도 짓지 못한 일이다.

뒤에 귀국할 적에 마을 사람들이 앞다투어 술을 가지고 와서 나를 위로하고 열하 여행에 대해 묻는다면, 나는 이 기록을 내어 보여 모두들 머리를 맞대고 함께 읽고 나서 서로 책상을 치며 신기한 일이라고 떠들어 보리라.

---

*28 고비 사막 북쪽 지방. 곧 외몽고(外蒙古) 지방을 일컫는 말.
*29 공산(公山)은 안휘성(安徽省)에 있는 팔공산(八公山). 북산(北山)이라고도 함. 동진(東晉)의 효무제(孝武帝) 태원(太元) 8년(383)에 전진(前秦)의 부견(苻堅)이 패하여 이 산의 초목(草木)이 바람에 일렁이는 것을 바라보고 적 동진의 군사인 줄 알고 당황했었다는 고사.
*30 한(漢)나라 때 이광(李廣)은 사냥을 나갔다가 풀 속에 있는 바위가 호랑이인 줄 알고 활을 쏘았는데 화살이 박혔다. 가까이 가보니 호랑이가 아니고 바위였으므로, 그 뒤에 여러 번 다시 화살을 쏘아 보았으나 끝내 화살은 더 이상 바위에 박히지 않았다는 고사.

하룻밤 아홉 번 강건너기 (일야구도하기 (一夜九渡河記))

강물이 양쪽 산 사이에서 흘러나와 바위에 부딪쳐 사납게 싸우면서, 놀란 듯 성난 듯 마구 날뛰는 물결, 애원하고 원망하는 여울이 좌충우돌 울부짖으며, 당장 만리장성을 무너뜨릴 것만 같은 형세다. 일시에 1만 대의 전차를 휘몰아가고, 1만 명의 기병이 달리고, 1만 문의 대포를 쏘고, 1만 개의 북을 친다 하더라도 성나 날뛰며 마구 무너뜨리고 밀어붙이는 물소리에는 비교가 되지 않겠다. 모래 위에는 큰 바위가 외따로 우뚝 서 있고, 강 언덕에 서 있는 버드나무들은 저 멀리 어렴풋하여, 마치 물귀신과 강 도깨비가 앞다투어 나타나서 사람을 놀리고, 좌우로 용이 달려들어 잡아가려는 듯하다. 어떤 사람은 이곳이 옛날의 전쟁터였기 때문에 강물이 그렇게 우는 것이라고 하지만, 그렇지가 않다. 강물 소리는 듣기에 따라 다른 법이다.

내가 사는 연암 산골 문 앞에는 큰 시냇물이 흐른다. 여름철에 소나기가 한번 지나가면 시냇물이 갑자기 불어나 그때마다 수레·말·대포·북소리 같은 소리를 듣게 되어 나중에는 이 소리에 젖어버렸다.

하루는 내가 문을 닫고 누워 그 물소리를 이리저리 사물과 비교해 가면서 들어 보았다. 우거진 소나무 숲에서 퉁소 소리 같은 것은 우아하게 들리고, 산이 갈라지고 벼랑이 무너지는 듯한 소리는 분노하는 소리처럼 들리고, 뭇 개구리가 다투어 우는 소리 같은 것은 교만하게 들리고, 1만 개 축(筑)[*31]을 일시에 부는 듯한 소리는 성난 소리처럼 들리고, 천둥번개가 치는 소리 같은 것은 겁나게 들리고, 차 끓이는 물이 약하게 또는 세게 끓는 듯한 것은 아취(雅趣) 있게 들리고, 거문고의 궁음(宮音)[*32]·우음(羽音)[*33] 같은 것은 애절하게 들리고, 종이 문풍지가 바람에 우는 듯한 소리는 의심스럽게 들렸다. 어느 것이든 모두 제 소리를 올바르게 들은 것이 아니라, 내 가슴속에 품고 있던 생각이 그런 소리로 들렸을 뿐이었다.

오늘 나는 한밤중에 한 가닥 강물을 아홉 번이나 건넜다. 이 강물은 새외

[*31] 현악기의 한 가지. 거문고 비슷하며 줄이 5, 13, 또는 21개임.
[*32] 오음(五音)의 하나. 중앙 토(土)의 소리. 율(律)은 황종(黃鐘)에 해당함. 음의 기초가 되는 것임.
[*33] 오음의 하나. 북방 수(水)의 소리. 오음 중에서 가장 맑음.

(塞外)*34에서 흘러나와 만리장성을 뚫고, 유하(楡河)·조하(潮河)와, 황화(黃花)·진천(鎭川) 등지의 여러 가닥 강물을 합치고, 밀운성(密雲城) 아래를 거쳐 백하(白河)*35가 된다. 내가 어제 두 번 건넌 백하는 이 강의 하류였다. 내가 아직 요동(遼東)에 들어서기 전은 한여름이라 뜨거운 햇볕 아래 길을 갔다. 그때 갑자기 큰 강이 앞에 나타나는데 붉은 흙탕물이 산더미처럼 밀려와서 끝이 보이지 않았다. 이런 경우는 대체로 천리 밖에 폭우가 내렸기 때문이었다.

강물을 건널 때 사람들이 모두 고개를 쳐들어 하늘을 바라보기에, 나는 속으로 모두 고개를 쳐들어 하늘에 기도를 드리는가 하고 생각하였다. 그런데 얼마 뒤에 알게 되었지만, 물을 건너는 사람들이 소용돌이치고 사납게 물결치는 물을 내려다보면, 자기 몸이 마치 강물을 거꾸로 거슬러 올라가는 것 같고 눈은 물을 따라 내려가는 것 같아서 금세 현기증이 나서 물에 빠지기 때문이다. 고개를 쳐드는 것은 하늘에 기도하는 것이 아니라 물을 내려다보지 않으려는 것이었다. 하기야 목숨이 경각에 달린 판국에 기도를 드릴 경황이 어디에 있으랴.

강물 건너기가 이처럼 위험한지라 아무도 물소리를 들을 겨를이 없다. 모두들 말하기를, '요동 벌판은 평평하고 넓기 때문에 강물이 울지 않는다'고 하지만, 이는 강을 모르고 하는 말이다. 요하(遼河)는 울지 않는 때가 없다. 단지 밤에는 강을 건너는 일이 없기 때문이다. 또 낮에는 물이 보이기 때문에 눈길은 오로지 위태로운 곳에만 쏠려 몸을 벌벌 떨게 되니, 이런 서슬에 어찌 귀에 무슨 소리가 들리겠는가.

내가 오늘 밤 강을 건널 때는 눈에 위험한 것이 보이지 않아, 위험은 오로지 귀로 듣는 데로만 쏠려서 몸을 벌벌 떨고 두려움을 걷잡을 수가 없었다.

나는 오늘에서야 도(道)란 무엇인가를 깨달았다. 마음이 깊은 사람은 귀에 들리거나 눈에 보이는 것에 구애되지 않는다. 귀와 눈을 믿는 사람일수록 보고 듣는 것이 더욱 밝아져서 더욱 병폐가 되는 것이다.

오늘 마부인 창대(昌大)가 발을 말발굽에 밟혀서 뒤따라오는 수레에 실렸

---

*34 만리장성의 바깥.
*35 하북성(河北省)에 있는 강. 만리장성 밖 찰합이성(察哈爾省)에서 시작되어 장성 안으로 들어와 북운하(北運河)가 되어 천진(天津)에 이르러 여러 강물을 합쳐서 바다로 들어감.

다. 나는 하는 수 없이 고삐를 잡고 강물에 들어섰다. 무릎을 오그리고 발을 모아 안장 위에 올려놓았다. 한번 까딱하면 바로 강물인지라, 강물을 내가 설 땅으로 여기고, 강물을 내 옷으로 여기고, 강물을 내 몸으로 여기고, 강물을 내 성정(性情)으로 여기니, 이에 마음이 안정되어, 내 귀에는 강물 소리가 들리지 않았다. 강물을 아홉 번이나 건너도 아무런 근심 걱정 없이, 마치 평상 위에서 앉고 눕고 생활하는 듯했다.

옛날 우(禹) 임금이 배를 타고 강을 건너는데 황룡(黃龍)이 등으로 배를 엎으려고 하여 매우 위태로운 순간을 맞았다. 그러나 우 임금은 생사에 대한 마음이 확고하게 정해져 있었기 때문에 용이든 도마뱀이든 크고 작은 것이 문제가 아니었다.

소리와 빛깔이란 사람의 마음 밖에서 생기는 현상이다. 이 마음 밖에서 생기는 현상이 항상 우리의 귀와 눈을 번거롭게 한다. 이처럼 사람으로 하여금 올바르게 보고 듣는 힘을 잃도록 하니, 인생이 한 세상을 살아간다는 것은 그 험하고 위태로운 것이 강물보다 훨씬 심하여, 보고 듣는 것이 바로 병이 되는 것이 아닐까?

나는 산골 내 집으로 돌아가 다시 내 집 앞의 시냇물 소리를 들으면서 이를 시험해 보려고 한다. 또한 교묘하게 처신하면서 자신의 총명만을 믿는 자들에게 이것으로써 경고하는 바이다.

거북 탄 신선이 비뿌리기 (승귀선인행우기(乘龜仙人行雨記))

8월 14일에 피서산장(避暑山莊)에 들어가 멀찍감치서 황제를 바라보니, 전각 안에 누런 휘장을 둘러치고 깊숙이 들어앉아 있었다. 뜰에는 반열에 올라 황제를 모시고 있는 신하가 몇 사람 안 된다.

뜰 가운데 웬 노인이 상투에 선도건(仙桃巾)을 쓰고 누런 장삼을 입었는데, 깃이 검고 네모졌으며 소매 가장자리에 검은 선을 둘렀다. 붉은 비단 표대(飄帶: 좁고 긴 형겊 띠)를 허리에 달았고, 붉은 신을 신었다. 반백(半白)의 수염은 가슴 아래까지 내려왔다. 지팡이 끝에는 금으로 만든 호리병과 비단 권축(卷軸)*36을 매달았고, 오른손에는 파초선(芭蕉扇)*37을 들었다. 늙은이는 커다란 거북 등에 올라서서 뜰을 이리저리 돌아다녔다.
 거북은 고개를 쳐들고 물을 뿜는데, 그 광경이 마치 무지개가 드리워진 것 같았다. 거북 빛깔은 검푸르고 크기는 맷방석만 하다. 처음에는 가랑비처럼 물을 뿜어서 전각의 처마 기왓골을 촉촉이 적시는데, 작은 물방울이 자욱하게 엉겨 안개비가 내리는 것 같았다. 화분을 향해 뿜어대기도 하고 돌로 만든 가산(假山)에도 뿌린다. 잠시 후에는 내뿜는 힘이 더욱 세어져서 처마의 낙숫물이 쏟아져 내린다. 그래서 전각 모퉁이로 비쳐 오는 햇빛에 마치 수정 주렴을 드리운 것 같고, 전각 위의 누런 기왓장들이 둥둥 떠내려올 것만 같았다. 동쪽 동산에 있는 나뭇잎들은 더욱 선명해진다. 맑은 물이 온 뜰을 흥건하게 적시자, 노인은 오른편 장막 안으로 들어간다.
 환관 수십 명이 저마다 대나무 빗자루를 들고 나와 뜰의 물을 쓸어 낸다. 거북의 뱃속에 백 섬의 물을 채웠다 하더라도 이처럼 넓은 뜰에 흥건하게 괴도록 물을 뿜을 수는 없을 것이고, 또한 사람들의 옷은 한 방울도 적시지 않았으니, 비를 내리는 방법이 참으로 교묘하여 가히 귀신 같다고 하겠다. 그러나 비가 내리기를 온 천하가 바랄 때, 이렇게 뜰 하나를 적시는 데 그치고 만다면 무슨 소용이 있겠는가(온 세상이 착한 정치를 가뭄에 비 기다리듯 하는데 비가 천자의 뜰에만 조금 내리면 무슨 소용이냐는 뜻).

등불이 글자가 되고 용이 되고 (만년춘등기 萬年春燈記)

 황제가 동산 동쪽에 있는 별전(別殿)으로 옮겨갔다. 모든 벼슬아치들도 피서산장을 나와 말을 타고 궁성 담을 끼고 돌아 5리 남짓 가서 동산문으로 들어갔다. 좌우에 높이 6, 7길이나 되는 부도(浮屠)*38가 있고, 불당과 패루(牌樓)*39가 몇 리에 걸쳐 연이어 들어섰다.
 전각 앞에는 누런 휘장이 하늘에 닿을 듯하고, 휘장 앞에는 흰 장막을 수없이 둘러쳤고, 채색한 등을 셀 수도 없이 많이 달아 놓았다. 그 앞에 다시

---

*36 막대기에 종이나 천을 만 두루마리 책.
*37 파초 잎 모양으로 크게 만든 부채.
*38 명승(名僧) 대덕(大德)의 사리(舍利)를 넣어 두거나 기념하는 탑.
*39 현판을 단 문루(門樓).

붉은 천을 둘러친 전각 셋이 서 있는데, 높이가 모두 8, 9길은 되겠다.

음악이 연주되고 연극이 펼쳐진다. 해는 이미 저물어간다. 붉은 전각에 매달아 놓은 누런빛 커다란 궤짝 밑바닥에서 갑자기 등 하나가 떨어지는데 그 크기가 북만 하다. 등은 밧줄에 매어 있었다. 갑자기 밧줄 끝에 불이 붙더니 불길이 밧줄을 따라 위로 타 올라가서 궤짝 밑에 이른다. 궤짝 밑에서 또 둥근 등이 하나 드리워지고 밧줄에 붙었던 불이 그 등을 태워 땅에 떨어뜨린다.

궤짝 속에서 또 쇠로 엮은 채롱 모양의 주렴이 내려온다. 주렴에는 온통 전자(篆字)로 수(壽), 복(福)자를 써서 붙였다. 푸른빛 불이 글자에 붙어 잠시 타다가 저절로 꺼져 땅에 떨어진다. 그러자 또 궤짝 속에서 꿴 구슬처럼 이어진 등 백여 줄이 드리워진다. 한 줄에 등이 4, 50개씩이나 달렸는데, 등 속에서 저절로 불이 당겨져 일시에 일대가 환히 밝아온다.

다시 미모의 남자 1천여 명이 나왔다. 모두 수염이 없고 비단 도포를 입었으며 수놓은 머릿수건을 썼다. 제각기 정(丁)자 모양의 지팡이를 들었는데, 양쪽 끝에 작은 홍등(紅燈)을 달았다. 앞으로 나아갔다가 뒤로 물러섰다가 빙빙 돌아 군사의 진(陣)을 짜는 형상인가 싶더니 갑자기 세 무더기의 오산(鰲山)*40으로 변하고, 돌연 누각으로 변하는가 싶더니 다시 갑자기 네모난 진영을 이룬다.

황혼이 짙어지면서 등불이 한층 밝아진다. 갑자기 등불 모양이 변하여 '만년춘(萬年春)' 세 글자가 되고, 또 변하여 '천하태평(天下太平)' 네 글자가 되더니, 다시 두 마리 용으로 변한다. 비늘이며 뿔, 발톱이며 꼬리가 그대로 허공에서 꿈틀거리는 것 같다. 금시에 변했다가 순식간에 없어지고, 서로 떨어졌다가 합쳐지는데도 조금도 착오가 없고 글자 획이 또렷하다. 다만 수천 명의 신발 소리만 들릴 뿐이다.

이것은 잠시 동안의 놀이인데도 질서가 이처럼 엄격하다. 만약 이러한 법으로 전쟁을 벌인다면, 천하에 누가 감히 대항할 수 있겠는가? 그러나 천하를 좌우하는 것은 덕(德)에 있는 것이지 법에 있는 것이 아니다. 하물며 이런 놀이의 법으로 어찌 천하를 다스릴 수 있으랴?

---

*40 커다란 거북이 등에 지고 있다는 바다 속의 신선이 산다는 산.

밤하늘의 불꽃놀이 (매화포기(梅花砲記))

날이 저물자 동산에서 수많은 매화포 쏘는 소리가 천지를 진동한다. 매화꽃 같은 불꽃이 사방으로 흩어지는 것이 마치 부채로 숯불을 부쳐 불똥이 튀어 흐르는 것 같다.

불꽃은 여인이 거울을 들여다보며 애교 있게 방긋 웃거나 살랑거리는 바람에 옷깃을 나부끼는 것 같고, 옛 엽전이 희미해지는 것 같은 모양, 토끼 주둥이가 아직 벌어지지 않은 모양 같기도 하다. 병사(瓶史)*41에서 말하는 꽃받침, 꽃술, 볼우물 같다. 날리는 불꽃은 섬세하여, 새·짐승·벌레·물고기 모양을 한 불꽃들이 날고 달리고 꿈틀거리고 뛰는 듯, 모두 모양을 갖추고 있다. 새 모양의 불꽃은 날개를 펴거나 부리로 깃을 쪼기도 하고, 발톱으로 눈을 가리거나 벌과 나비를 쫓기도 하고, 꽃과 열매를 입에 물기도 한다. 짐승 모양의 불꽃은 뛰고 달리고, 먹이를 잡고 움켜쥐며, 입을 벌리고 꼬리를 쳐들고 하여, 그야말로 천태만상(千態萬狀)이다.

불꽃들은 활짝 펴져 허공으로 날아 올라갔다가 부드러운 선을 그으면서 내려와 서서히 사라진다. 대포 소리가 커질수록 불빛은 더욱 밝아져서, 수많은 신선과 셀 수도 없는 부처가 튀어나와 하늘로 올라간다. 어떤 것은 뗏목이나 조각배를 타기도 하고, 어떤 것은 고래나 학을 타기도 했다. 또는 호리병을 들거나 보검(寶劍)을 옆구리에 차고 석장(錫杖)*42을 휘두르기도 했다. 또는 맨발로 갈대를 밟기도 하고, 손으로 호랑이 머리를 쓰다듬기도 했다. 별의별 것이 다 허공에 둥실둥실 떴다가 서서히 흘러 사라진다. 미처 다 눈으로 볼 겨를도 없이 눈부시다.

정사(正使)가 말한다.

"매화포를 양쪽으로 벌여 놓았는데, 그 통이 어떤 것은 크고 어떤 것은 작네그려. 길이도 긴 것은 3, 4발이나 되고, 짧은 것은 3, 4자밖에 안 되는군. 모양이 우리나라 삼혈총(三穴銃) 비슷하고, 불꽃이 허공에서 가로로 널리 퍼지는 모양새가 꼭 우리나라 신기전(神機箭)*43 같네그려."

---

*41 명나라 때 원굉도(袁宏道)라는 사람이 쓴 꽃꽂이에 관한 책.
*42 나이가 많고 덕이 높은 승려가 짚는 기다란 지팡이. 끝은 뿔로, 중간은 나무로 만들고 머리는 탑 모양이다. 여러 개의 쇠고리를 달았음.

불꽃놀이가 채 끝나기도 전에 황제는 일어나서 반선(班禪)*44을 돌아보고 잠시 말하더니 이윽고 내전(內殿)으로 들어간다. 이때는 이미 아주 캄캄한데도 앞에서 안내하는 등불 하나 없다.

대략 81가지 놀이를 하고, 매화포 불꽃놀이를 마지막으로 끝이 났다. 이것을 일러서 구구대경회(九九大慶會)라고 한다.

부리가 밀랍 같은 납취조 이야기 (납취조기 蠟嘴鳥記)

납취조*45는 비둘기보다는 작고 메추리보다는 큰 새이다. 빛깔은 회색이고 깃은 푸르다. 커다란 부리가 밀랍(蜜蠟) 같기 때문에 그런 이름으로 부르는데, 또는 오동조(梧桐鳥)라고도 한다. 이 새는 사람의 말을 알아들어, 무엇이든 시키면 시키는 대로 한다. 이 새를 길들여 장터에서 팔기도 한다.

이 새를 파는 사람이 골패(노름기구) 32개를 그릇에 담아 손으로 휘저어 놓고는, 구경꾼 가운데 한 사람에게 하나만 집어서 무슨 패인가를 똑똑히 보게 한다. 구경꾼이 보고 나서 그것을 새 길들이는 사람에게 주면, 그는 그 골패를 받아서 자기는 보지 않고 여러 구경꾼들에게만 두루 보여준 다음에 도로 그릇에 넣어 다시 휘저어 섞어 놓는다. 그러고는 납취조를 불러 집었던 그 골패를 찾아내게 한다. 새는 곧 그릇으로 가서 부리로 그 골패를 찾아 물고 날아가 가름대 위에 앉으면, 새 길들이는 사람이 그 골패를 받아서 여러 사람들에게 보여준다. 그러면 틀림없이 구경꾼이 골라냈던 바로 그것이다.

또 오색 깃발을 꽂아 놓고 새에게 무슨 빛깔의 깃발을 뽑아 오라고 하면, 역시 지시한 대로 그 빛깔의 깃발을 뽑아다가 사람에게 준다.

처마가 겹겹인 누런빛 종이 수레를 코끼리 인형에게 메어서 납취조가 그 수레를 몰게 하면, 새는 머리를 숙이고 코끼리 배 밑으로 들어가 코끼리의 양쪽 다리 사이를 왔다갔다하면서 부리로 쪼아 수레를 민다. 그리고 맷돌을

---

*43 화약을 달아 신호로 쏘거나 불놀이에 쓰는 화살.
*44 반선라마(班禪喇嘛)의 준말. 라마교(喇嘛敎)에서 달라이라마 다음가는 지위로 티베트(西藏國)를 통치하는 법왕(法王). 반선은 대학자, 라마는 지혜와 덕이 원만하다는 뜻임.
*45 고지새 혹은 밀화부리라고 하는데, 되샛과의 새이다.

돌리거나, 말을 달리며 활을 쏘거나, 호랑이 춤과 사자 춤을 추는 등 사람이 시키는 것은 무엇이든 틀리지도 않고 척척 해낸다.

또 종이로 만든 조그만 전각에 문을 겹겹이 만들어 놓고, 납취조에게 그 안에 들어가서 무엇을 내어오라고 하면, 새는 말이 떨어지기가 무섭게 즉시 날아 들어가서, 그 물건을 물어다가 탁자 위에 늘어놓는다. 비록 앵무새처럼 말을 흉내내지는 못해도 그 교묘한 꾀는 오히려 앵무새보다 낫다.

한참 재주를 부리고 난 새는 몸에 열이 올라 입을 벌리고 혀를 빼물며 헐떡이게 된다. 새의 깃털이 땀으로 흠뻑 젖었다. 한 가지 재주를 시키고 나면 삼씨 한 알씩을 먹이는데, 새를 놀리는 사람은 삼씨를 언제나 입 속에서 꺼내어 준다.

여러 나라에서 바치는 진상품 (만국진공기 (萬國進貢記))

건륭(乾隆) 45년 경자(庚子) 해에 황제의 나이는 70이다. 황제는 남쪽 지방을 순찰하고는 바로 북쪽 열하로 돌아왔다. 이해 가을 8월 13일 황제의 천추절(千秋節 : 황제의 생일)을 맞이하여 황제는 특별히 우리 사신을 행재소로 불러 하례하는 축하 의식에 참석토록 하였다.

나는 사신을 따라 북쪽으로 만리장성을 빠져나가 밤낮으로 길을 재촉하였다. 길에서 보니 사방에 공물 바치러 가는 수레가 1만 대는 되었다. 또는 사람이 등에 짊어지거나 가마에 싣고 가기도 하는데, 그 달려가는 형세가 흡사 질풍 같았다. 그 중에서도 들것으로 운반해 가는 물건들은 아주 정교하여서 부서지기 쉬운 것이라고 한다.

수레마다 말이나 노새 6, 7마리를 메웠고 가마에는 노새 4마리를 메웠다. 수레나 가마 위에는 한결같이 작고 누런 깃발을 꽂았는데, 모두 '진공(進貢)'이란 두 글자를 썼다. 진상품들은 모두 겉에 붉은 천이나 여러 빛깔의 양탄자 또는 대나무 발이나 등나무 자리로 감쌌다. 모두 옥그릇이라고 한다.

수레 하나가 길에 넘어져서 짐을 다시 싣고 있다. 등나무 자리로 싼 물건이 떨어져서 속의 궤짝이 조금 드러나 보인다. 궤짝은 누런 칠을 했고 크기는 한 칸의 조그만 정자만 하다. 한가운데 '자유리보일좌(紫琉璃普一座)'라고 써 있다. 보(普)자와 일(一)자 사이에 두세 글자가 더 있으나 등나무 자리 끝에 가려져 보이지 않는다. 무슨 유리그릇이 그처럼 큰지 모르겠지만 이것으로 보아 다른 수레에 실려 있는 짐들도 대강은 짐작이 간다.

해가 이미 저물어 황혼이 짙어지자 수레와 말들은 더욱 갈 길을 재촉하여 바삐 움직인다. 횃불과 등불이 대낮 같다. 말방울 소리가 지축을 진동하고, 채찍 소리가 들판을 뒤흔든다. 호랑이와 표범을 우리에 가두어 싣고 가는 수레가 10여 대이다. 우리마다 창문이 나 있고, 그 우리는 겨우 호랑이 한 마리씩 들어갈 만하다. 갇힌 호랑이는 모두 목에 쇠사슬을 매었다. 눈에서는 누렇고도 시퍼런 불꽃이 철철 흐른다. 바닥을 뒹구는 몸뚱이는 늑대같이 아주 날렵하고, 털은 북슬북슬하며 꼬리는 탐스럽다.

이 밖에 곰·여우·사슴 따위는 이루 다 기록할 수가 없다. 사슴 가운데 붉은 고삐를 매어 말처럼 물건을 끌게 하는 것이 있는데, 이것이 순록이다. 악라사(鄂羅斯)*46 개는 키가 거의 말만 하다. 몸통 뼈가 가늘고 털이 짧다. 가볍게 성큼성큼 빨리도 달린다. 날렵하게 우뚝 서면 정강이가 가늘어서 마치 학의 다리 같고, 휘휘 내젓는 꼬리는 뱀 같다. 허리와 배도 홀쭉하니 길고, 귀에서 주둥이까지가 거의 한 자는 되겠는데 그것이 모두 입이다. 이 개는 혼자 호랑이나 표범을 쫓아가 죽일 수 있다고 한다. 또 아주 큰 닭이 있다. 모양은 낙타 같은데 키가 서너 자는 되겠고, 발 역시 낙타 발굽 같다. 날개를 치며 하루에 3백 리를 달린다고 한다. 이것은 타계(駝鷄 : 탉)라는 것이다.

온종일 본 것이 모두 이런 것들이다. 그러나 모두 갈 길이 바쁜지라 무심히 지나쳐 버렸다. 마침 해가 저물자, 하인 가운데 표범 우는 소리를 들었다는 자가 있었다. 부사(副使)·서장관(書狀官)과 함께 호랑이를 실은 수레에 가 보고서야 비로소 종일토록 보았던 수많은 수레에 옥그릇이나 골동품만 실은 것이 아니라 천하의 기묘한 새와 괴상한 짐승들도 많이 실려 있는 것을 알았다.

연극을 구경할 때, 아주 작은 말 두 마리가 산호수(珊瑚樹)를 싣고 전각 안에서 힘차게 뛰쳐나오는 것을 보았다. 말의 키는 겨우 두 자밖에 안 되고,

---

*46 아라사 곧 러시아.

빛깔은 황백색이다. 갈기는 땅에 질질 끌릴 만큼 길고, 울고 달리는 모습이 제법 준마(駿馬)의 체통을 갖추고 있다. 산호수의 줄기와 가지는 엉성했지만 그 높이는 말보다도 크다.

아침에 행재소(行在所) 문 밖에서부터 혼자 걸어서 숙소인 태학관(太學館)*47으로 돌아오다가, 길에서 어떤 여인이 태평차(太平車)*48를 타고 가는 것을 보았다. 얼굴에는 분을 뽀얗게 발랐고, 수놓은 비단옷을 입었다. 수레 옆에서 맨발의 사나이가 채찍을 휘둘러 수레를 모는데 굉장히 빠르다. 사나이의 짧은 머리털은 어깨를 덮었는데, 끝이 양털처럼 모두 꼬불꼬불하다. 쇠로 만든 테를 이마에 둘렀고, 얼굴빛은 붉고 살이 쪘다. 눈은 고양이 눈처럼 동그랗다. 수레를 따라가며 구경하는 사람이 하도 많아서 먼지가 하늘을 덮을 정도였다.

처음에는 수레를 모는 사나이의 모습이 하도 괴상해서 이놈을 바라보느라고 수레 위의 여인은 잘 살펴보지 못했다. 그래서 다시금 자세히 보니 여인이 아니라 사람을 닮은 짐승이었다! 손은 원숭이 같고 쥐고 있는 것은 절부채 같았다. 얼핏 보면 모습이 매우 아름다웠으나, 자세히 보면 요망한 노파 같았다. 키는 겨우 두어 자밖에 안 되는데, 수레의 휘장을 걷고 이곳저곳 둘러보는 눈이 잠자리 눈 같았다. 이 짐승은 남방에서 태어나는 것으로 사람의 뜻을 잘 알아차린다고 한다. 어떤 사람은 이것을 산도(山都)*49라고 하였다.

내가 몽고 사람 박명(博明)에게, 저것이 무슨 짐승이냐고 물었다. 그가 말했다.

"옛날 풍승액(豊昇額) 장군을 따라 옥문관(玉門關)*50을 나가서 돈황(燉煌)*51까지 4천 리나 떨어진 산골짜기에서 묵은 일이 있습지요. 그런데 아침

---

*47 태학은 옛날 최고(最高)의 국립대학, 태학관은 그 건물.
*48 네댓 사람까지 탈 수 있는 수레. 대개 소가 끈다.
*49 비비(狒狒)의 다른 이름. 원숭이과에 속하며 아프리카 원산임.
*50 감숙성(甘肅省) 돈황현(敦煌縣) 서쪽, 양관(陽關) 서북쪽에 있는 관문(關門). 옛날 서역(西域)으로 통하는 길목이었음.
*51 감숙성에 있는 지명. 시가지 동남쪽 명사산(鳴沙山) 동쪽 기슭에 있는 돈황 석굴(石窟)은 천불동(千佛洞)·돈황석실(敦煌石室)이라고도 한다. 이 석굴에는 수많은 불상이 있고, 또 이 석굴에서 수많은 옛 책과 그림이 발견되었음.

에 일어나 보니 장막 안에 있던 나무 궤짝과 가죽 상자가 없어졌지 뭡니까. 함께 갔던 막료(幕僚)가 잠시 방심했다가 잃어버린 것인데, 군사들은 야파(野婆)*52가 훔쳐 간 것이라고 말했지요. 그래서 군사를 풀어 야파들을 포위했는데 이놈들이 모두 나무 위로 올라가는 거예요. 빠르기가 나는 원숭이 같았지요. 궁지에 몰린 야파는 구슬피 울면서도 잡히지 않으려고 필사적으로 저항하다가 모두 나뭇가지 끝에 목매어 죽었어요. 그래서 우리는 잃었던 궤짝과 상자를 다 찾았답니다. 나무 궤짝과 가죽 상자들은 모두 본래대로 봉해져 있는데, 뚜껑을 열고 보니 기물(器物) 역시 없어지거나 파손된 것이 없었지요. 붉은 연지분과 머리장식 등 장신구가 가득했습니다. 좋은 거울, 바늘, 실, 가위, 자까지 있었습니다. 야파는 짐승이지만 부인들을 흉내내어 몸을 단장하고 혼자 좋아한다고 합니다."

유황포(兪黃圃)가 나에게 막북(漠北)에서 본 신기한 구경거리를 묻기에, 내가 타계(駝鷄) 이야기를 해 주었더니, 황포가 말했다.

"그것은 아주 먼 서쪽 지방의 기이한 짐승으로, 중국에서 태어난 사람들도 말만 들었지 아직 보지 못했습니다. 그런데 공께서는 외국 사람인데도 용케 그걸 보셨습니다그려."

산도(山都)에 대한 이야기도 했지만, 그것을 본 사람이 아무도 없었다.

내가 열하에서 북경으로 돌아올 때 청하(淸河)의 한 거리에서 난쟁이 하나를 보았다. 키가 겨우 2자 남짓하고, 배는 커다란 북처럼 볼록하였다. 마치 그림에서나 보는 포대화상(布袋和尙)*53 같았다. 입과 눈이 모두 아래쪽으로 처졌고, 팔뚝도 정강이도 없이 손과 발만 있는 듯했다. 담뱃대를 뻗쳐 물고 뿜으며 걸어가는데 손을 한껏 휘젓는 품이 마치 춤추는 것 같았다. 보는 사람들이 모두 크게 웃었다. 그는 중국 사람인데도 변발을 하지 않고 뒤통수에다 상투를 틀고, 선도건(仙桃巾)*54을 썼다. 베로 만든 도포는 소매가 넓은 데다가, 태연히 배를 드러내 놓고 있어 그 모습이 몹시 땅딸막하다. 괴이한 그 모습을 말로는 다 형용할 수가 없다. 조물주는 장난을 몹시 좋아하

---

*52 성성(猩猩)의 한 종류. 돼지 같기도 하고 개 같기도 하고 원숭이 같기도 하다고 함.
*53 후량(後梁) 때의 고승(高僧). 호는 정응대사(定應大師). 항상 자루 하나에 모든 공양구(供養具)를 넣어 가지고 지팡이에 꿰어 둘러메고 다녔음.
*54 송(宋)나라 때 도사(道士)가 쓴 두건(頭巾).

는가 보다.

내가 이것도 유황포에게 이야기했더니, 황포를 비롯하여 모두들 말한다.

"그런 것을 가리켜 '하늘이 만들어 낸 괴이한 물건(天生異物)'이라고 합지요. 자라처럼 생긴 사람으로, 거리에서 흔히 볼 수 있답니다."

내가 평생 본 괴이한 것 중에서 열하에 있을 때 본 것보다 더 괴이한 것은 없었다. 그러나 그 이름조차 모르는 것이 많고, 글자로 형용할 수 없는 그런 것들은 모두 빼고 기록하지 못했으니 그저 안타까울 따름이다.

평계(平溪)에서 비 오는 날 연암(燕巖)이 쓰다.

연극 대본 이름들 (희본명목(戲本名目))

구여가송(九如歌頌)　광피사표(光被四表)
복록천장(福祿天長)　선자효령(仙子效靈)
해옥첨주(海屋添籌)　서정화무(瑞呈花舞)
만희천상(萬喜千祥)　산령응서(山靈應瑞)
나한도해(羅漢渡海)　권농관(勸農官)
첨포서향(簷蔔舒香)　헌야서(獻野瑞)
연지헌서(蓮池獻瑞)　수산공서(壽山拱瑞)
팔일무우정(八佾舞虞庭)　금전무선도(金殿舞仙桃)
황건유극(皇建有極)　오방정인수(五方仁壽)
함곡기우(函谷騎牛)　사림가악사(士林歌樂社)
팔순분의권(八旬焚義券)　이제공당(以躋公堂)
사해안란(四海安瀾)　삼황헌세(三皇獻歲)
진만년상(晉萬年觴)　학무정서(鶴舞呈瑞)
복조주중(復朝舟中)　화봉삼축(華封三祝)
중역래조(重譯來朝)　성세숭유(盛世崇儒)
가객소요(嘉客逍遙)　성수면장(聖壽綿長)
오악가상(五嶽嘉祥)　길성첨요(吉星添耀)
구산공학(緱山控鶴)　명선동(命仙童)
수성기취(壽星旣醉)　낙도도(樂陶陶)
인봉정상(麟鳳呈祥)　활발발지(活潑潑地)
봉호근해(蓬壺近海)　복록병진(福祿幷臻)
보합대화(保合大和)　구순이취헌(九旬移翠巘)
여서구가(黎庶謳歌)　동자상요(童子祥謠)
도서성칙(圖書聖則)　여환전(如環轉)
광한법곡(廣寒法曲)　협화만방(協和萬邦)
수자개복(受玆介福)　신풍사선(神風四扇)
휴징첩무(休徵疊舞)　회섬궁(會蟾宮)
사화정서과(司花呈瑞菓)　칠요회(七曜會)

오운롱(五雲籠) 용각요첨(龍閣遙瞻)
응월령(應月令) 보감대광명(寶鑑大光明)
무사삼천(武士三千) 어가환음(漁家歡飮)
홍교현대해(虹橋現大海) 지용금련(池湧金蓮)
법륜유구(法輪悠久) 풍년천강(豊年天降)
백세상수(百歲上壽) 강설점년(絳雪占年)
서지헌서(西池獻瑞) 옥녀헌분(玉女獻盆)
요지묘세제(瑤池杳世界) 황운부일(黃雲扶日)
흔상수(欣上壽) 조제경(朝帝京)
대명년(待明年) 도왕회(圖王會)
문상성문(文象成文) 태평유상(太平有象)
조신기취(灶神旣醉) 만수무강(萬壽無疆)

8월 13일은 곧 황제의 생신인 만수절(萬壽節)이다. 이날을 전후로 하여 사흘 동안 연극을 상연하였다. 백관들이 오경(五更)에 대궐로 들어가 황제에게 문안을 드리고 나서 묘정(卯正)*55에 반열에 들어 연극을 구경하고, 미정(未正)*56에 구경을 끝내고 대궐에서 나왔다.

희극 대본은 모두 조정의 신하들이 황제에게 바쳐 찬송하는 시(詩)나 부(賦), 사(詞)로 만든 것이다.

무대는 행궁(行宮) 동쪽에 따로 세운 누각(樓閣)이다. 모두 겹처마로, 높이는 다섯 길 되는 깃대를 세울 만하고, 넓이는 수만 명까지 수용할 수 있다. 이 무대는 아주 손쉽게 설치하고 철거할 수 있도록 되어 있다. 무대 양쪽에 나무로 만들어 놓은 가산(假山)의 높이는 누각의 높이와 엇비슷하다. 그 위에 온갖 아름다운 나무를 가득 꽂아 놓고, 오색 비단을 오려서 꽃을 만들었으며, 구슬을 과일처럼 주렁주렁 매달아 놓았다.

한 가지 연극에 등장하는 배우들이 무려 수백 명에 이른다. 모두 수놓은 비단옷을 입으며 대본에 따라 때때로 바꾸어 입는다. 모두 한인(漢人) 벼슬아치의 관복이다. 연극을 시작할 때는 비단 막으로 무대를 잠시 가린다. 무

---

*55 묘시(卯時)의 한가운데, 오전 6시.
*56 미시(未時)의 한가운데, 오후 2시.

대 위에서는 인기척이 전혀 없고, 다만 신발 소리만 들려온다.
 잠시 후 막을 올리면, 무대 안에는 산이 솟아 있고 바다가 출렁이며, 소나무가 우뚝 서고 햇빛이 찬란하다. 이른바 구여가송(九如歌頌)이란 연극이 이것이다.
 노래 소리는 모두 우조(羽調)의 높은 음으로서 한결 맑고, 악기의 곡조는 모두 높고도 맑아서 마치 높은 하늘에서 들려 오는 것 같으나, 청음(淸音)·탁음(濁音)이 서로 잘 조화되지 않는다. 악기는 생황·통소·저·피리·종·경쇠·거문고·비파 등이다. 유독 북소리는 들리지 않고, 간간이 징 소리가 섞여 나온다. 삽시간에 산이 옮겨지고 바다가 움직인다. 무엇 하나 어긋남이 없고 무엇 하나 뒤바뀌지 않는다.
 의복은 고대의 황제(黃帝)·요(堯)·순(舜) 때의 것부터 없는 것이 없으며, 연극의 제목에 따라 바꾸어 입는다.
 왕양명(王陽明)*57이 말하기를,
 "소(韶)는 순(舜)임금에 대한 연극이고, 무(武)는 무왕(武王)에 대한 연극이니, 걸왕(桀王)·주왕(紂王)과 유왕(幽王)*58·여왕(厲王)*59 같은 폭군들에게도 마땅히 연극이 있었을 것이다."
하였는데, 그렇다면 지금 연출하는 것은 바로 오랑캐의 연극이 아닐까?
 나는 계찰(季札)*60의 지혜가 없어 함부로 그들의 덕정(德政)을 말할 수는 없다. 그러나 대개 음악이란 너무 높고 외로우면 윗사람이 아랫사람과 어울리지 않으며, 노랫소리가 맑고 격하면 아랫사람이 의지할 데가 없다고 한다. 중국 선왕(先王)들의 훌륭한 음악들은 이렇지 않았을 것이다.

---

*57 명나라 학자 왕수인(王守仁). 양명은 그의 칭호. 양명학(陽明學)의 창시자이고, 시에도 뛰어났음.
*58 주(周)나라 왕. 미녀 포사(褒姒)를 총애하여 태자를 제쳐놓고 포사의 소생으로 왕을 삼았다가 죽음을 당했음.
*59 주나라 왕. 포악하고 사치를 좋아하여 쫓겨났음.
*60 춘추 시대 오(吳)나라 왕자. 왕위를 사양했음.

코끼리 이야기 (象記)

괴상하고 기이하며 우습고도 거대한 짐승을 구경하려거든 먼저 선무문(宣武門) 안의 코끼리 우리인 상방(象房)으로 가 보아야 할 것이다. 나는 북경에서 코끼리 열여섯 마리를 이미 보았다. 그런데 모두 쇠사슬로 발을 묶어 놓아 그놈들이 움직이는 것을 보지 못하다가, 이제 열하 행궁(行宮)*61의 서쪽에서 코끼리 두 마리가 몸을 뒤뚱거리면서도 폭풍우처럼 빨리 걸어가는 것을 보았다.

내가 일찍이 우리나라 동해 바닷가를 새벽녘에 거닐 때, 파도 위에 말처럼 보이는 것이 수없이 서 있는 것을 보았다. 모두 윗부분이 둥그스름하고 크기는 집채만 하여 그것이 물고기인지 짐승인지 알 수 없었다. 해가 뜨기를 기다렸다가 자세히 보려고 했으나 해가 수면 위로 떠오르자마자, 물결 위에 말같이 서 있던 것들은 바다 속으로 숨어 버렸다.

그런데 지금 코끼리를 열 걸음 정도에서 바라보니, 지난날 동해에서 보았던 것이 떠오른다. 몸뚱이는 소 같고, 꼬리는 나귀 같으며, 무릎은 낙타 같고, 발굽은 호랑이 같은데, 짧은 털은 회색이다. 모습은 아주 순해 보이고 울음소리는 몹시 처량하다. 귀는 구름장이 드리워진 것 같고, 눈은 초승달같이 매우 작다. 두 개의 어금니인 상아는 굵기가 두 위(圍)*62쯤 되고 길이는 한 발이 넘겠다. 코는 어금니보다 길며, 마치 자벌레처럼 오그렸다 폈다 하고 굼벵이처럼 똘똘 말기도 한다. 코 끝은 마치 누에 꽁무니같이 생겨서 물건을 족집게처럼 집어 뚜르르 말아 입으로 가져다 집어넣기도 한다.

어떤 사람들은 코를 주둥이로 잘못 알고 코끼리의 코가 어디에 있는지 찾다가 뜻밖에도 코가 그렇게 생겼음을 알게 된다. 어떤 사람은 코끼리의 다리가 다섯이라고도 하고, 코끼리의 눈이 쥐눈 같다고도 한다. 그것은 코끼리의 큰 코와 어금니에만 정신이 팔렸다가, 전체 몸뚱이에서 가장 작은 것을 발견하고는 그렇게 어처구니없는 비교를 하게 되는 것이다. 코끼리 눈은 아주 가늘어서 마치 간사한 사람이 아첨할 때 먼저 눈웃음 치는 것과 같지만, 코끼리의 온순한 성질은 바로 눈에 있다.

*61 임금이 거둥하여 임시로 거처하는 대궐.
*62 1위는 직경이 5치 또는 둘레 1자.

강희(康熙) 연간에 남해자(南海子)*63에 있는 호랑이 두 마리가 몹시 사나워서 시간이 오래 지나도 도무지 길들지 않았다. 끝내 황제가 노하여 그 호랑이를 코끼리 우리에 몰아넣으라고 했다. 그랬더니 코끼리는 크게 겁이 나서 그 큰 코를 휘둘러 두 호랑이를 대번에 때려 죽여버렸다. 그런데 실은 코끼리가 호랑이를 죽이려고 한 것이 아니라 호랑이 냄새가 싫어서 코를 한번 휘두른 것인데, 그만 호랑이가 거기에 잘못 맞은 것이었다.

아! 세상의 모든 것은 아무리 작은 것이라도 모두 하늘의 덕이라고 하지만, 어찌 하나하나 모두 하늘이 명하여 생겨났을 것인가? 하늘은 형체로 말하면 천(天)이고, 성품으로 말하면 건(乾)이고, 주재(主宰)하는 면으로 말하면 상제(上帝)이고, 미묘한 작용의 면으로 말하면 신(神)이라 하여 그 일컫는 이름도 많아서 이루 다 들기가 번거로울 지경이다. 요컨대 이(理)와 기(氣)를 하늘의 화로와 풀무로 삼아 널리 펴서 만물을 만들어낸다는 것이니, 이것은 하늘을 망치와 끌과 도끼로 물건을 만들어내는 솜씨 좋은 기술자에 비유한 것이다. 그러므로 역경(易經)에 이르기를, '하늘이 초매(草昧)*64를 만들었다'고 하였다. 초매란 빛깔은 검고 모양은 흙비[土雨]와 같아서, 비유하자면 날이 막 새려 할 때처럼 자욱하여 사람이고 물건이고 분별할 수 없는 그런 상태를 말한다. 나는 하늘이 검은 흙비같이 침침한 속에서 과연 무엇을 만들어냈다는 것인지 알 수가 없다.

국숫집에서 맷돌로 밀을 갈면 크고 작고, 가늘고 굵고, 곱고 거친 가루가 뒤섞여 바닥에 흩어진다. 맷돌은 그저 돌아가기만 할 뿐이지 맷돌이 어찌 곱게 갈거나 거칠게 갈 생각을 가지고서 그러겠는가? 그런데도 말하기 좋아하는 사람들은, '뿔을 가진 놈에게는 날카로운 이빨을 주지 않았다' 하여, 마치 조물주가 일부러 그렇게 무슨 결함이나 있게 만든 것처럼 생각하는데, 이는 잘못된 생각이다.

나는 감히 묻는다.

"그 이빨은 누가 주는 것이오?" 그러면 그는,

---

*63 북경 숭문문(崇文門) 남쪽에 있는 동물원.

*64 천지가 처음 생겨날 때, 아직 만물이 분명한 형체를 이루지 못했을 때, 또는 사물이 처음 생겨서 아직 질서가 잡히지 않은 상태. 국가가 창건되어 아직 자리가 잡히지 않았을 때를 이르는 말.

"그야 하늘이 주는 것이지요" 할 것이다. 다시 내가,
"하늘이 왜 이빨을 주는 것이오?" 하고 물으면 그는,
"먹이를 씹어 먹으라고 주는 것이지요" 할 것이고,
"먹이를 씹도록 한 것은 무슨 까닭일까요?" 내가 물으면,
"그것은 천리(天理)입니다. 새나 짐승은 손이 없기 때문에 목을 구부려 부리와 주둥이로 땅에 있는 먹이를 찾아 쪼거나 씹어먹게 한 것이지요. 학은 다리가 길어 입이 높이 있기 때문에 부득이 목을 길게 해 준 것인데, 그래도 땅에 닿지 않을까 염려해 부리도 길게 해 준 것입니다. 닭의 다리가 학처럼 길다면 닭은 꼼짝없이 뜰에서 굶어죽을 것입니다" 할 것이다.
그러면 나는 한바탕 크게 웃고 나서,
"당신이 말하는 하늘의 이치란 말·소·닭·개에게나 그럴듯한 것이고, 하늘이 이빨을 준 까닭이 반드시 목을 구부려 먹이를 씹어먹게 하는 것이라면, 코끼리에게는 아무짝에도 쓸모 없는 기다란 어금니는 왜 주었을까요? 구부리면 어금니가 먼저 땅에 닿을 것이니, 이른바 먹이를 씹어먹는 데 오히려 방해가 되지 않을까요?" 하면 그는,
"긴 코에 의지하게 하면 되지요" 할 것이고, 내가 다시,
"긴 어금니를 주고 코에 의지하게 할 게 아니라, 차라리 어금니를 없애고 짧은 코를 주는 것이 낫지 않겠소?" 하면, 그제서야 그는 다시 처음의 주장을 굳이 고집하지 않고 수그러질 것이다.
이러한 생각은 오직 소·말·닭·개 따위에만 해당되고 용·봉·거북·기린 같은 것에는 해당되지 않는 까닭이다.
코끼리가 호랑이를 만나면 코로 때려 눕히니, 그 코는 천하에 대적할 것이 없다. 그런데 쥐를 만나면 코를 땅에 내려놓지도 못하고 하늘을 쳐다보며 우두커니 서 있다. 이것을 가지고 쥐가 호랑이보다 무섭다고 한다면, 이는 앞에서 말한 하늘의 이치에 맞지 않는다.
코끼리는 우리가 눈으로 환히 볼 수 있는 동물인데도 이처럼 이치를 알 수 없는데, 하물며 코끼리의 만 배나 되는 천하의 온갖 사물들의 이치는 어떻겠는가? 그러므로 성인이 주역(周易)을 지을 때 코끼리 상(象)이라는 글자를 취하여 괘(卦)의 뜻을 밝힌 것은, 코끼리 형상(形象)을 보고 만물의 변화를 연구하라는 뜻이다.

요술놀이 구경
환희기(幻戱記)

머리글〔幻戱記序〕

아침나절에 광피사표패루(光被四表牌樓) 앞을 지나가는데, 패루 아래에서 수많은 사람들이 빽빽하게 둘러서서 거리가 떠나가도록 웃고 있었다. 그대로 지나가면서 얼핏 보니 싸우다 죽은 자가 길바닥에 쓰러져 있기에, 부채로 눈을 가리고 걸음을 재촉하였다.

나를 뒤따라 오던 종자가 급히 뒤쫓아오면서 아주 괴상한 구경거리가 있다고 소리친다. 내가 멀찌감치서 물었다.

"뭘 가지고 그러느냐?"

"어떤 사람이 하늘 위에서 복숭아를 훔치려다가 지키는 사람에게 들켜서 두들겨 맞고 땅으로 떨어졌답니다."

"예끼, 이놈! 별 해괴한 소리를 다 하는구나."

나는 종자를 꾸짖고는 돌아보지도 않고 왔다.

이튿날 또 그곳을 지나가게 되었다. 역시나 많은 사람들이 모여 있었다. 알고 보니 천하의 날고 뛰는 재주꾼과 교묘한 요술쟁이들이 천추절(千秋節)을 맞이하여 열하로 오라는 명령이 떨어지기를 기다리면서, 이렇게 패루 아래에 모여서 온갖 재주와 요술을 연습하고 있는 것이었다. 이제서야 나는 어제 종자가 보았다는 것이 바로 이 요술의 하나였던 것을 알았다.

오랜 옛날부터 이렇게 조그만 귀신을 부려 사람의 눈을 현혹시키는 자가 있었으니 이것을 일러 환술이라 한다.

하(夏)나라 시절에 유루(劉累)라는 사람은 용을 길들여 임금 공갑(孔甲)의 마음을 사로잡았고, 주(周)나라 목왕(穆王) 때는 언사(偃師)라는 사람이 산 사람과 똑같은 나무인형을 만들었으며, 전국시대의 묵적(墨翟)은 군자

(君子)였음에도 나무로 만든 연을 날렸다고 한다.

후세에 와서도 한(漢)나라의 좌자(左慈)·비장방(費長房) 같은 자들은 이런 술법을 써서 사람들을 놀렸으며, 연(燕)나라·제(齊)나라 시절에도 요망하고 괴벽스런 자들이 신선 이야기 따위를 가지고 임금을 호리기도 하고 속이기도 하였다. 이런 것들은 모두 환술이었지만 당시 사람들은 아무도 이것을 깨닫지 못했다. 이러한 술법은 서역(西域)에서 나온 것이므로, 구마라십(鳩摩羅什)*1이니 불도징(佛圖澄)*2이니 달마(達磨)*3 같은 사람들이 특히 환술에 뛰어나지 않았을까?

어떤 사람이 나에게 물었다.

"이런 술법을 팔아 생계로 삼는 것은 왕법(王法)에 벗어나는 것인데도, 처벌해서 근절시키지 않는 것은 무슨 까닭입니까?"

나는 대답하였다.

"중국땅이 워낙 넓어서 모든 사람을 넉넉히 길러낼 수 있기에, 나라를 다스리는 데 아무런 병폐가 되지 않기 때문입니다. 만약 천자가 이런 것을 법률에 비추어 깊이 캐고 추궁하여 신속히 처벌한다면, 도리어 그들은 한쪽으로 몰려 남의 눈에 잘 띄지 않는 곳에 꼭꼭 숨어 있다가 때때로 나타나 환술을 부려, 도리어 천하의 큰 우환거리가 될 것입니다. 그러므로 날마다 사람들이 그 요술을 구경할 수 있게 하면, 부인이나 어린애들까지도 그것이 환술임을 환히 알게 되어 놀라거나 해괴하게 생각하지 않을 것입니다. 이것이 곧 임금 된 자가 세상을 다스려 나가는 방법인 것입니다."

그리고 내가 본 환술 20가지를 적어서, 훗날 이러한 것을 구경하지 못한 우리나라 사람들에게 보여주려 한다.

---

*1 구자국(龜玆國) 사람으로 중국에 와서 불경 한역(漢譯)에 많은 업적을 남겼음. 그 중에서 중요한 것은 아미타경(阿彌陀經)·대품반야경(大品般若經)·대지도론(大智度論)·법화경(法華經) 등으로, 우리나라 불교도 대개 그의 역본(譯本)에 의해 퍼졌음. 후진(後秦) 홍시(弘始) 15년(413, 신라 실성왕 12)에 입적(入寂)했음.

*2 진(晋)나라 승려. 본래 천축(天竺) 사람. 현술(玄術)에 뛰어났음.

*3 양(梁)나라 때의 고승(高僧). 본래 남천축(南天竺)의 왕자로 중국에 들어와 숭산(崇山) 소림사(少林寺)에서 벽을 향해 앉아 선정(禪定)하기 9년, 마침내 선종(禪宗)의 제1조(第一祖)가 되었음. 당나라 때 원각대사(圓覺大師)라 시호했음.

⊙요술쟁이가 대야 물에 손을 씻고 수건으로 깨끗이 닦은 다음, 자세를 바로하고 사방을 둘러보며 손바닥을 치고는 손을 이리저리 뒤집어 여러 사람들에게 고루 보이고, 왼손 엄지손가락과 집게손가락을 합쳐서 환약(丸藥)을 만들듯이, 벼룩이나 이를 잡아 뭉개듯이 비비면, 갑자기 좁쌀알만 한 것이 생긴다. 계속하여 비비면 차차 커져서 녹두알만 해지고 더 커져서 앵두알만 해지고, 점점 더 커져 빈랑(檳榔)*⁴만 해지고, 다시 달걀만 해지면, 이번에는 양쪽 손바닥으로 재빨리 마주 문질러 굴린다. 그러면 덩이는 더욱 커져서 거위알만큼 커지는데, 이때의 빛깔은 엷은 노란빛이다.

거위알만 해진 것이 다시 갑자기 수박만큼 커지니까, 요술쟁이는 꿇어앉아서 가슴을 젖히고는 그것을 양손으로 더 빨리 문질러 장구를 안은 듯이 하다가 팔뚝이 아플 만하면, 그제야 문지르기를 그만두고 이것을 탁자 위에 올려놓는다. 그 모양은 둥글고, 빛은 짙은 황색이며, 크기는 물동이만 하다. 다섯 말은 충분히 들어갈 만하다. 무거워서 들 수가 없고, 단단하여 깨뜨릴 수가 없다. 그렇다고 돌도 아니요 쇠도 아니며, 나무도 아니고 가죽도 아니요 흙도 아니다. 무엇이라 말할 수가 없다. 냄새도 없고 향도 없이 두루뭉술한 것이 제강(帝江)*⁵이란 귀신이 이렇게 생겼을 것만 같다.

요술쟁이가 천천히 일어나 손뼉을 치면서 사방을 둘러보고 다시 그것을 부드럽게 어루만지니, 차츰차츰 물렁물렁해지고 물거품처럼 가벼워지면서 차차 작아진다. 그러다가 순식간에 도로 손바닥 안으로 들어갈 만하게 되었는데, 다시 두 손가락으로 살살 비비다가 한 번 톡 튕기니 그만 없어져 버렸다.

⊙요술쟁이가 사람을 시켜 종이 몇 권을 갈기갈기 찢게 하여 커다란 물통에 넣고는 빨래하듯 손으로 휘저어서, 종이가 마치 물 속에 들어간 흙처럼 풀어졌다. 그러고는 여러 사람들에게 가까이 오라고 하여 통 속을 들여다보게 하였다. 종이는 다 풀어지고 엉켜 진창처럼 되어 그 꼴이 말이 아니었다.

---

*4 열대지방에 나는 상록 교목의 열매. 먹기도 하고 말린 것은 약재로 씀. 푸석한 겉껍질도 약재(大腹皮)로 씀.

*5 산해경(山海經)이라는 책에 나오는 신의 이름. 누런 주머니처럼 생겼고 얼굴도 눈도 없고, 다리가 여섯, 날개가 넷인데 노래와 춤을 잘 안다고 함.

이때 요술쟁이가 손뼉을 치면서 한번 웃고 나서 양쪽 소매를 걷어붙이고 통으로 가까이 다가간다. 그러고는 두 손으로 종이를 건져내는데, 마치 누에고치에서 실을 뽑아내듯 종이가 연이어 나온다. 종이는 찢기 전과 조금도 다를 것이 없고 이어 붙인 흔적도 전혀 없다.

도대체 누가 언제 어떻게 붙였는지 너비는 띠와 같고, 길이는 수십 수백 발이나 된다. 서리서리 뽑아 땅 위에 늘어놓은 종이가 바람결에 펄럭인다. 다시 물통 속을 들여다보니 물은 깨끗하고 찌꺼기가 전혀 없다. 마치 새로 길어다 놓은 샘물 같았다.

⊙요술쟁이가 기둥을 등지고 서서 두 손을 뒤로 돌려 다른 사람으로 하여금 두 엄지손가락을 합쳐 동여매게 했다. 기둥이 양쪽 팔 사이에 들어가게 되었는데, 요술쟁이의 두 엄지손가락은 검푸르게 변하여 아픔을 참지 못하는 것 같았다. 둘러서서 보는 많은 사람들이 모두 안타까워하였다. 그런데 어느 틈에 요술쟁이는 기둥에서 떨어져 서 있고, 손은 가슴 앞에 있는데, 손가락은 여전히 묶여 있고 아직 풀지 못했으며, 손가락의 피가 한군데로 몰려서 검은 자줏빛으로 변했다. 요술쟁이가 심한 고통을 참지 못하자, 구경꾼들이 결박한 노끈을 풀어 주니, 피가 차차 통하게 되었는데 노끈 자국은 그대로 벌겋다.

우리 일행 중 역부(驛夫) 한 사람이 유심히 보고 있다가, 버럭 성을 내며 주머니의 돈을 몽땅 털어 내어놓고 큰 소리로 요술쟁이를 불러, 선금을 줄 테니 다시 한 번 자세히 보자고 하였다. 그러자 요술쟁이는 못마땅하다는 듯이 투덜거렸다.

"나는 당신을 속이지 않았는데 당신이 나를 믿지 못하니, 어디 당신 마음대로 나를 묶어 보구려."

역부는 노기가 등등하여 먼저 묶었던 노끈을 버리고 자기가 갖고 있던 채찍 끈을 풀어서 입에 물어 침으로 부드럽게 하더니, 요술쟁이를 붙들어다가 기둥을 등지게 세워 놓고, 손을 기둥 뒤로 돌려 그 엄지손가락을 처음보다 더 단단히 꽁꽁 묶어 놓았다. 요술쟁이는 아프다고 소리소리 지르는데, 뼛속까지 아픈지 닭똥 같은 눈물이 뚝뚝 떨어졌다.

역부는 기분이 좋은지 크게 웃었다. 구경꾼들이 더욱 늘어났어도 아무도 그가 기둥에서 벗어나는 것을 보지 못했다. 요술쟁이는 어느 사이에 이미 기둥에서 떨어져 있었고, 손가락은 여전히 묶인 채였다. 참으로 귀신 곡할 노릇이었다. 그렇게 세 차례나 해 보았지만 도무지 어떻게 한 것인지 알 수 없었다.

⊙ 요술쟁이가 둥근 수정구슬 두 개를 탁자 위에 올려 놓았다. 구슬은 달걀보다 약간 작았다. 요술쟁이는 입을 딱 벌리고 구슬 하나를 집어 넣었으나, 목구멍은 좁고 구슬은 커서 넘어가지 않자 구슬을 토해내어 도로 탁자 위에 놓는다.

이번에는 다시 광주리에서 달걀 두 개를 꺼내더니 목을 길게 빼고 눈알을 희번덕거리면서 하나를 삼킨다. 마치 닭이 지렁이를 삼키듯, 뱀이 두꺼비를 삼키는 듯한다. 달걀이 넘어가다 걸려 혹이 달린 것처럼 목이 불룩해졌는데, 또다시 달걀 하나를 삼키자 목구멍이 막히는지 캑캑거리고 목에 붉게 핏대가 섰다. 요술쟁이는 달걀 삼킨 것을 후회하며 이젠 죽었구나 하는 시늉을 하다가, 대나무 젓가락으로 목구멍을 쑤신다. 젓가락이 부러져 땅에 떨어지자 다시는 어찌할 수가 없었다.

요술쟁이가 입을 딱 벌려 사람들에게 보이는데 목구멍 속에 희끗한 끝이 보인다. 그는 답답하고 괴로워 가슴을 치고 목을 두드리며 몸부림친다. 모두 조그만 재주를 지나치게 자랑하다가 죽는가 보다 하고 수군거리며 가여워했다. 요술쟁이는 갑자기 귓바퀴가 가려운 듯 잠자코 있다가 귀를 긁적긁적하더니, 이상하다는 듯 손가락 끝으로 귓구멍을 후벼 파서 무슨 하얀 것을 끄집어낸다. 자세히 보니 달걀이다. 이때 요술쟁이는 오른손에 달걀을 들어 여러 사람에게 두루 보이고 나서 왼쪽 눈에 넣더니 오른쪽 귀에서 꺼내고, 그것을 오른쪽 눈에 넣고는 왼쪽 귀에서 꺼내고, 콧구멍에 넣었다가 뒤통수에서 꺼낸다. 목구멍에 걸린 달걀 하나는 아직도 그냥 걸려 있었다.

⊙ 요술쟁이가 흰 흙 한 덩어리로 땅에 커다란 원을 그리고, 여러 사람들에게 그 원의 둘레에 둘러앉으라고 하였다. 요술쟁이는 모자를 벗고 옷을 벗더니, 시퍼렇게 날이 서서 빛나는 칼을 땅에 꽂아 놓고는, 다시 대꼬챙이로 목구멍을 쑤셔서 달걀을 깨뜨리려고도 하고, 땅을 짚고 엎드려 토해 내려고도

했으나 달걀은 끝내 나오지 않았다.

그러자 칼을 뽑아 왼쪽으로 휘두르고 오른쪽으로 돌다가 오른쪽으로 휘두르며, 왼쪽으로 돌고 나서 허공으로 한번 던져 올리더니 그 칼을 손바닥으로 받았다. 요술쟁이는 다시 칼을 높이 던져 올리고는 허공을 향해 입을 딱 벌렸다. 칼 끝이 똑바로 떨어져 입속으로 내리꽂혔다. 모든 사람들이 질색을 하고 벌떡 일어서서는 아무 말도 못했다.

요술쟁이는 얼굴을 위로 젖히고 두 손을 늘어뜨려 꼿꼿이 서서는 꼼짝도 않고 눈도 깜박이지 않으며 똑바로 하늘을 쳐다보고만 있다. 이윽고 병을 기울여 물을 마시듯 칼을 꿀꺽꿀꺽 삼킨다. 칼이 넘어가는 대로 목과 배가 성난 두꺼비 배처럼 불룩거린다. 칼고리가 이에 걸려 칼자루만 넘어가지 않고 남았다. 요술쟁이는 두 손으로 땅을 짚고 짐승처럼 엎드려서, 칼자루로 땅을 다졌다. 이와 칼고리가 서로 부딪치며 철커덕철커덕 소리가 났다.

요술쟁이는 다시 일어나서 주먹으로 칼자루를 치더니, 한 손으로는 배를 어루만지고 한 손으로는 칼자루를 잡아 마구 휘저었다. 그러니까 배 속에서 칼이 뱃가죽을 이리저리 그어, 마치 붓으로 글자 획을 그어 나가는 것 같다. 모두들 가슴이 섬뜩해서 차마 똑바로 보지 못하고, 아이들은 무서워 울면서 엎어지고 쓰러지며 달아났다.

그러자 요술쟁이는 손뼉을 치며 사방을 돌아보고는 의연히 똑바로 선다. 그러고는 천천히 칼을 뽑아 두 손으로 받쳐 들고 여러 사람에게 보인 다음 자기 목숨이 길다며 인사를 한다. 칼끝에 맺힌 핏방울에서는 더운 김이 모락모락 피어오른다.

⊙ 요술쟁이가 종이를 오려 나비 날개처럼 만든 수십 조각을 손바닥에 놓고 비비면서, 구경꾼들 가운데 한 아이를 불러낸다. 그는 아이에게 눈을 감고 입을 벌리라 하고는 손바닥으로 아이의 입을 틀어막는다. 아이가 발을 동동 구르며 울어대니까, 요술쟁이는 웃으면서 손을 뗴었다. 아이는 울다가 뭔가를 뱉어내는데, 청개구리가 뛰쳐 나온다. 잇달아 수십 마리를 토해내니, 개구리가 모두 팔딱팔딱 땅바닥을 뛰어다닌다.

⊙ 요술쟁이가 탁자 위를 깨끗이 닦아내고, 붉은 천을 훌훌 털어 보인 다음

탁자 위에 펴 놓는다. 사방을 둘러보면서 손뼉을 쳐 손에 아무것도 없음을 여러 사람들에게 보이고는, 천천히 탁자 앞으로 걸어가서 한 손으로는 천의 한복판을 꼭 누르고 한 손으로는 천의 남쪽 귀퉁이를 걷어 올리니, 붉은 새 한 마리가 꺼득 하고 한번 울고는 남쪽으로 날아가 버린다. 다시 천의 동쪽 귀퉁이를 걷어 올리니, 푸른 새 한 마리가 나와 동쪽으로 날아가 버린다.

요술쟁이가 손을 천 밑으로 넣어 더듬더니 새 한 마리를 끄집어냈다. 빛은 희고 부리는 붉다. 새는 두 발을 허우적거리다가 부리로 요술쟁이의 수염을 움켜잡는다. 요술쟁이가 수염을 쓰다듬으니, 이번에는 그의 왼쪽 눈을 쫀다. 요술쟁이가 새를 내던지고 눈을 문지르는 사이에 새는 서쪽으로 날아가 버린다. 요술쟁이는 분통이 터지는 듯 탄식하면서 또다시 손을 탁자 밑으로 넣어 검은 새 한 마리를 꺼낸다. 요술쟁이가 그 새를 어떤 사람에게 주려다가 실수하여 떨어뜨렸다. 새가 땅에 떨어져서 떼굴떼굴 굴러 탁자 밑으로 들어가자, 아이들이 달려와 서로 잡으려고 하니 새는 발딱 일어나 북쪽으로 날아가 버린다.

요술쟁이가 화가 나서 천을 홱 걷어치우니, 수많은 비둘기가 일시에 날아올라 활개를 치며 빙빙 돌다가 처마에 모여 앉는다.

⊙요술쟁이는 조그만 주석 병을 들고 오른손으로 물을 한 사발 떠서 병 주둥이에 물이 철철 넘쳐나도록 부었다. 그는 사발을 탁자 위에 놓고 대나무 젓가락으로 병의 밑을 찔렀다. 그러자 병 밑에서 물이 새어 방울방울 떨어지기 시작하더니, 잠시 후에는 낙숫물처럼 줄줄 흘러내렸다. 요술쟁이가 병을 쳐들어 병 밑을 훅 부니까, 새던 물이 뚝 그친다.

요술쟁이가 다시 허공을 향한 채 병을 흘겨보면서 뭐라 주문을 외우니, 병 주둥이로 물이 콸콸 두어 자쯤 솟아 올라갔다가 떨어져 땅바닥에 흥건히 괸다. 요술쟁이가 뭐라고 소리를 꽥 지르고 손으로 물줄기를 꽉 거머쥐니까, 물은 중간이 끊어지면서 잦아들어 병 속으로 들어간다. 그가 다시 사발에 병 속의 물을 도로 쏟으니 물은 처음과 마찬가지로 사발에 가득한데, 땅바닥에 쏟은 물은 두어 동이나 되겠다.

⊙요술쟁이가 쇠로 만든 고리 두 개를 꺼내어 탁자 위에 놓고, 여러 사람

을 가까이 불러서 자세히 들여다보라고 한다. 이 쇠고리 둘레는 두어 뼘쯤 되겠는데 끊어진 데가 없는 완전한 고리였다. 그는 두 손을 펴서 아무것도 가진 것이 없음을 보이고는, 각각 고리 하나씩을 집어 들고 춤을 추듯 빙빙 돌더니 고리 하나를 허공에 던졌다가 다른 고리로 그 고리를 받는데, 두 개의 고리가 서로 이어졌다.

요술쟁이는 서로 이어진 고리를 여러 사람에게 두루 보여주는데, 아무리 자세히 보아도 조그만 틈도 없고 금이 간 데도 없었다. 요술쟁이는 다시 두 손을 벌려 고리 하나씩을 잡더니, 두 고리를 자유자재로 떼었다가는 다시 합치고, 이었다가는 다시 끊으면서, 끊었다가는 잇고 떼었다가는 합치기를 반복했다.

⊙요술쟁이가 수놓은 융단을 탁자 위에 펼쳐놓고, 융단 한쪽 끝을 약간 쳐들더니 주먹만한 자줏빛 돌 하나를 그 밑에서 꺼낸다. 칼 끝으로 돌을 가볍게 찌르고 돌 밑에 잔을 받쳐 놓으니까, 소주가 가늘게 졸졸 흘러내리다가 잔에 가득 차자 멎는다. 구경꾼들이 앞다투어 돈을 내고 그 술을 사 마셨다. 사괴공(史䴢公)을 마시고 싶어하면 자줏빛 돌에서 사괴공이 흘러나오고, 불수로(佛手露)를 마시고 싶어하면 불수로가 흘러나오고, 장원홍(壯元紅)을 마시고 싶어하면 장원홍이 흘러나왔다(사괴공·불수로·장원홍은 모두 술 이름이다). 한 가지만 나오는 것이 아니라 무슨 술이든 요구하는 대로 다 나왔다. 산뜻한 향기가 뱃속에 들어가면 얼근하니 볼까지 화끈해졌다. 연이어 수십 잔을 쏟고 나서 갑자기 돌이 없어진다. 요술쟁이는 조금도 놀라거나 당황하지 않고, 손가락으로 높이 떠 있는 흰 구름을 가리키면서 말했다.

"돌이 하늘로 돌아갔습니다."

⊙요술쟁이가 융단 밑에 손을 넣어 빈과(蘋果) 세 개를 꺼냈다(빈과란 우리나라에서 사과라고 말하는 것이다. 중국에서 말하는 사과는 우리나라의 능금이다. 우리나라에는 본래 빈과가 없었는데 동평위(東平尉) 정재륜(鄭載崙)이 사신으로 중국에 갔을 때 접붙인 가지를 얻어 가지고 귀국하여 비로소 우리나라에도 많이 퍼지게 되었다. 이름은 잘못 전해진 것이다).

가지에 달려 있고 잎까지 붙어 있는 사과를 우리나라 사람에게 가지고 와

서 사라고 한다. 우리나라 사람이 고개를 가로저으면서,

"내가 듣자 하니, 당신은 예전에도 늘 말똥을 가지고 사람을 놀렸다고 하더이다."

하고는 사려 하지 않았다. 요술쟁이는 웃기만 할 뿐 변명을 하지 않았다.

이때 여러 사람이 다투어 그 빈과를 사 먹는지라, 그제야 우리나라 사람도 사겠다고 나선다. 요술쟁이는 처음에는 팔지 않겠다고 하다가 나중에 마지못해 파는 체하면서 융단 속에서 사과 한 개를 꺼내 주었다. 우리나라 사람이 그것을 받아 한 입 베어물었다가 즉시 말똥을 토해낸다. 구경꾼들이 모두 웃음을 터뜨렸다.

⊙요술쟁이가 바늘 한 줌을 입에 넣어 삼킨다. 그래도 조금도 거북해하거나 아파하지도 않고 여전히 말하고 웃으며, 평상시처럼 밥도 먹고 차도 마신다. 그는 천천히 일어나 배를 슬슬 문지르더니 붉은 실을 비벼서 귓구멍 속으로 쑤셔 넣고 한참 동안 조용히 서 있다가, 두어 번 재채기를 한다. 코를 풀고 수건으로 코를 닦은 다음 손가락을 콧구멍에 넣어 코털을 뽑는 시늉을 하니, 잠시 후에 콧구멍에 붉은 실이 조금 드러나 보였다.

요술쟁이가 손톱으로 그 실 끝을 잡아당기자 한 자쯤 끌려나오는데, 문득 바늘 하나가 실에 꿰어져 있다. 실은 계속 뽑혀 나온다. 백인지 천인지 알 수 없는 많은 바늘이 모두 하나의 실에 꿰어져 딸려 나온다. 간혹 밥알이 바늘 끝에 붙어 나오기도 하였다.

⊙요술쟁이가 흰 사발 하나를 꺼내어 여러 사람들에게 엎어 보여주고는 땅바닥에 놓았다. 아무것도 들어 있지 않았다. 그는 손뼉을 치며 사방을 돌아보다가, 접시 하나를 구경꾼에게 보여준 다음 그것으로 사발 위를 덮고, 사방을 향해 뭐라고 한 마디씩 외치고 한참 있다가 사발을 열어보니 마름 모양의 은 다섯 조각이 들어 있었다.

요술쟁이는 손뼉을 치면서 사방을 돌아본 다음 사발과 접시를 여러 사람에게 보이고, 다시 처음처럼 접시로 사발을 덮어 놓고, 사발을 흘겨보면서 누구를 꾸짖는 듯 뭐라고 외치다 잠시 후에 사발을 열어 보니, 은이 돈으로 변해 있다. 그 수 역시 다섯 개였다.

⊙요술쟁이가 은행 한 쟁반을 땅바닥에 놓고, 그 위에 커다란 항아리를 엎어 놓고는, 허공을 향해 주문을 외웠다. 한참 후에 항아리를 들고 보니, 은행은 간데없고 아가위〔山査〕만 가득 들어 있었다. 다시 항아리를 엎어 놓고 허공을 향하여 주문을 외우고는 한참 지난 후에 열어 보니, 아가위는 사라지고 두구(荳蔲)*6가 가득 들어 있었다. 다시 그 항아리를 엎어 놓고 허공을 향해 주문을 외운 뒤 잠시 후에 열어 보니, 두구는 사라지고 붉은 자두가 가득 들어 있었다.

다시 그 항아리를 엎어 놓고 허공을 향해 주문을 외운 다음, 잠시 후에 열어 보니, 붉은 자두는 사라지고 염주가 가득 들어 있었다.

염주는 전단향(旃檀香)*7으로 만들어 포대화상(布袋和尙)을 새긴 것이다. 하나하나가 모두 웃음을 띠고 있고 모두 몸이 통통하다. 한 줄에 108개를 꿰었는데, 매듭의 시작도 없고 끝도 없어 비록 술수(術數)에 능한 사람이라도 어디서부터 헤아려야 할지를 모르겠다.

이때 요술쟁이가 손뼉을 치며 사방을 둘러본 다음, 두루 여러 사람들에게 자기가 보여준 묘한 술법을 자랑하고는 다시 그 항아리를 돌려 땅에 똑바로 놓고, 쟁반으로 항아리를 덮고 곁눈질하면서, 성이 난 듯이 무어라 소리를 질렀다. 잠시 후에 열어 보니, 염주는 온데간데 없고 맑은 물만 가득했다. 한 쌍의 금붕어가 항아리 속에서 활발하게 헤엄쳐 다니며 빠끔빠끔 진흙을 토했다가 뛰어오르기도 하고 헤엄도 친다.

⊙요술쟁이는 직경이 거의 한 자 여덟 치쯤 되고 꽃그림이 그려진 사기접시 5개를 탁자 위에 올려놓는다. 또 가느다란 댓개비 수십 개를 탁자 아래 두었는데, 댓개비는 크기가 화살만 하고 모두 그 끝을 뾰족하게 깎았다.

요술쟁이는 댓개비 하나를 집어들어 그 끝에다 접시를 올려놓고, 댓개비를 흔들어서 접시를 돌린다. 접시는 기울지도 않고 삐뚤어지지도 않는다. 도는 속도가 느려지면 다시 손으로 접시를 쳐서 빨리 돌게 한다. 접시가 빨리 돌면 떨어질 염려가 없는 것이었다. 만약 접시가 조금 기우뚱해지면, 댓개비로 접시를 그 끝에서 한 자쯤 위로 퉁겨 올렸다가 한가운데로 살짝 받아서

---

*6 육두구(肉豆蔲). 열대지방에서 나는 상록 교목의 열매. 향료 또는 약재로 쓰임.
*7 인도 등 열대지방에 나는 향나무.

다시 제대로 돌아가게 한다.
　요술쟁이는 댓개비를 자기 오른쪽 신발에 꽂는다. 접시는 여전히 저절로 뱅글뱅글 돌아간다. 그는 다시 처음처럼 댓개비로 접시를 돌려 왼쪽 신발에 꽂아 놓고, 또 다시 다른 댓개비로 접시를 돌려 오른쪽 어깨에 꽂아 놓고, 또 하나를 돌려 왼쪽 어깨에 꽂아 놓는다. 다시 한 댓개비 끝에 접시를 올려 흔들고 튕기어 손으로 돌리고 치니 챙챙 소리를 내며 잘도 돌아간다.
　이때 요술쟁이는 손에 들고 있는 댓개비 아래쪽 끝에다가 다른 댓개비를 이어 꽂고, 또 그 끝에다 다른 댓개비를 이어 꽂았다. 접시는 무겁고 댓개비는 길어져서 대나무의 중간이 휘우뚱해졌는데도, 그는 접시가 떨어져 깨질 걱정은 전혀 하지 않고 계속해서 댓개비를 이어 받친다. 댓개비 10여 개가 이어지니, 그 높이가 지붕 위까지 올라갔다.
　요술쟁이는 아까 접시를 돌려 꽂아 놓았던 댓개비 네 개를 차례차례 뽑아 옆에 있는 사람에게 주어 탁자 위에 놓도록 한다. 요술쟁이는 이번에는 댓개비를 담뱃대처럼 가로로 입에 물고 그 끝에다 손에 들고 있던 높게 이어진 것을 세워 놓고서, 두 손을 내려뜨리고 한참을 태연히 서 있었다. 맨 끝의 접시는 여전히 잘도 돌아간다. 모두들 뼈가 오싹오싹 죄어드는 것 같았다. 접시가 떨어져 깨지면 아까워서가 아니라, 실로 아슬아슬하고 위태로운 순간을 눈으로 직접 보고 있기 때문이다.
　과연 별안간 바람이 불더니 이어진 댓개비의 중간이 튕겨졌다. 모든 사람이 놀라 일제히 소리를 질렀다. 요술쟁이도 놀란 듯 재빨리 달려가서 떨어지는 접시를 받아서 다시 높이 높이 던져 올리고는, 둘러선 사람들을 여유롭게 두루 돌아보다가 떨어지는 접시를 사뿐히 받았다. 그는 옆에 아무도 없는 듯, 자랑하는 빛이 조금도 없었다.

　⊙요술쟁이는 왕겨 너덧 말을 앞에 놓고, 마치 주린 짐승처럼 허겁지겁 두 손으로 움켜서 먹는다. 순식간에 죄다 먹어버려 땅바닥은 핥은 듯이 말끔해졌다. 이제 그가 땅에 엎드려 왕겨를 토해 내는데 침과 엉겨 덩이가 되어 나왔다. 왕겨가 다 나오자 이번에는 연기가 무럭무럭 났다. 왕겨가 입술과 이에 엉겨붙어, 요술쟁이는 손으로 수염을 닦고, 물을 달라고 하여 입 안을 양치질했다. 그래도 연기가 그치지 않자, 그는 가슴을 치고 입술을 문지른다.

괴롭고 답답하고 뜨거워서 못 견디겠는지 연거푸 물을 몇 사발 마셨지만 연기는 더욱 줄기차게 뿜어 나왔다.
　요술쟁이가 입을 딱 벌리고 왝왝 토하자 붉은 불덩이가 입 안에 가득하다. 젓가락으로 집어내 보니 절반은 이미 숯이고, 절반은 아직 타고 있다.

　⊙요술쟁이가 금 호리병을 탁자 위에 올려놓고, 그 옆에 또 청동 화병을 내놓는다. 화병에는 공작의 깃이 꽂혀 있었다. 그런데 잠시 후 문득 금 호리병이 사라졌다. 요술쟁이는 구경꾼 중 한 사람을 가리키면서,
　"저분이 호리병을 숨기셨습니다."
하니, 그 노인이 얼굴에 노여운 빛을 띠고,
　"뭣이 어째? 참으로 무례하구나."
한다.
　요술쟁이가 웃으면서,
　"정말 노야(老爺)*8께서는 속이려 하십니까? 호리병은 노야의 품속에 있습니다."
하자, 노인은 머리끝까지 성이 나서 입으로는 욕을 퍼부으며 옷을 훌훌 털었다. 그러자 품속에서 무엇이 떨어져 쟁그렁 소리가 났다. 호리병이었다. 구경꾼들이 크게 웃었고, 노인은 멋쩍은지 아무 말도 않고 남들의 등 뒤로 숨었다.

　⊙요술쟁이가 탁자 위를 깨끗이 닦고 책을 진열한 다음, 조그만 향로에 향을 피우고, 흰 유리쟁반에 복숭아 세 개를 담아 놓는다. 복숭아는 모두 사발만큼이나 컸다. 탁자 앞에는 바둑판과 검고 흰 바둑알을 담은 통을 갖다 두고, 자리와 방석을 단정하고 우아하게 깔아 놓았다.
　잠시 탁자 앞에 휘장을 쳤다가 걷으니, 구슬로 장식한 관을 쓰고 연잎 옷을 걸친 사람도 있고, 신선의 옷을 입고 신선의 신을 신은 사람도 있고, 나뭇잎 옷을 걸친 맨발인 사람도 있다. 바둑판을 두고 마주앉아 바둑을 두거나, 지팡이를 짚고 옆에 서 있기도 하고, 턱을 괴고 앉아서 졸기도 하는데, 모두 수염이 멋지고 얼굴이 의젓하다.

───────────
*8 어른 또는 존귀한 이에 대한 경칭. 노인.

쟁반에 있는 세 개의 복숭아에 홀연 가지가 생기고 잎이 달리더니 가지 끝에는 꽃이 핀다. 구슬관을 쓴 사람이 복숭아 하나를 따서 서로 나누어 먹고 그 씨를 땅에 심고 다시 또 한 개를 따서 먹는데, 절반도 채 못 먹어서 땅에 심은 씨앗이 두어 자나 자라서 꽃이 피고 열매가 맺힌다. 그러자 바둑을 두던 이들의 머리가 갑자기 반백(班白)이 되더니 이내 하얗게 세어버렸다.

⊙요술쟁이가 탁자 위에 틀을 만들고 커다란 유리 거울을 걸어 놓고는, 여러 사람을 불러 그 거울을 열어 구경시켰다.

거울 속에는 여러 층으로 된 누각과 전각이 있는데 그 단청이 매우 아름다웠다. 한 높은 벼슬아치가 손에 불자(拂子)*9를 들고 그곳 난간을 따라 천천히 거닐고 있다. 아름다운 여인 서너 명이 보검을 들고 있거나 금 항아리를 받들고 있고, 봉생(鳳笙)*10을 불거나 수놓은 공을 차기도 한다. 맑은 구슬 귀걸이에 고운 트레머리가 아름답기가 이를 데 없고, 방 안에는 별의별 보배들이 많아서 진정 이 세상에서 가장 부귀한 사람 같았다.

구경하고 있는 사람들은 부러워하지 않는 이가 없었다. 서로 다투어가면서 보려고 하였으며, 그것이 거울 속의 세계라는 사실도 깜빡 잊고 바로 뛰어들려고까지 했다.

요술쟁이는 구경꾼들을 물리치고, 곧 거울을 닫아버려 오래도록 보지 못하게 하였다. 그는 천천히 걸어가 서쪽을 향해 큰 소리로 뭐라고 외치더니 그 거울을 다시 열어 놓고 여러 사람을 불러서 보라고 하였다. 모두들 거울 앞으로 가서 보니, 전각은 적막하고 누각은 황량한데 세월이 얼마나 흘렀는지 보배와 미녀들은 간 곳이 없고 평상 위에 한 사람이 옆으로 누워서 잠들어 있을 뿐이다. 그의 옆에는 아무것도 없이 팔베개를 하고 자는데, 그의 정수리에서 위는 가늘고 끝은 둥글어 마치 축 늘어진 젖통 모양의 연기 같은 이상한 기운이 뭉게뭉게 피어오른다.

종규(鐘馗)*11가 누이를 시집보내고 부엉이가 장가를 들어, 버드나무 귀신이 앞에서 길을 인도하고 박쥐가 깃대를 잡고, 그 정수리에서 나오는 기운을

---

*9 먼지털이. 파리 쫓는 기구. 또 긴 털을 묶어서 자루를 단 불구(佛具).
*10 생황(笙篁)의 다른 이름. 봉황의 형상을 따서 만들었으므로 이런 명칭이 생김.
*11 재난을 쫓아버린다는 신의 이름.

타고 하늘로 올라가 안개 속에서 노닐고 있다. 자고 있던 사람이 기지개를 켜고 일어나려다가 도로 잠이 드니, 갑자기 그의 두 다리가 두 개의 수레바퀴로 변한다. 그런데 바퀴살과 굴통이 아직 덜 만들어졌다. 그러자 구경하던 사람들은 하도 한심스러워서 거울을 닫고 달아났다.

요술쟁이가 말했다.

"세상 일이 본시 꿈결 같고, 염량(炎涼)이 원래 저 거울 속과 같아서, 일체 세상의 온갖 일이 다 아침에 무성하던 것이 저녁에는 시들고, 어제 부유하던 사람이 오늘은 가난해지며, 건장해도 금시에 늙어버립니다. 젊음은 잠시라 갑자기 늙는 것은 꿈속에서 꿈을 이야기하는 것과 같습니다. 금시에 죽고 금시에 태어나니 무엇을 있다고 하고 무엇을 없다고 할 것이며, 어느 것을 참이라 하고 어느 것을 거짓이라 하겠습니까? 세상의 선남선녀·보살(菩薩)*12 같은 형제들께 고하노니, 세상은 꿈속 같고, 몸은 물거품 같고, 재물은 번개처럼 사라질 것입니다. 우리는 큰 인연을 맺어서 기운을 따라 잠시 와 머무를 뿐이니, 원컨대 이 거울 속의 일을 본보기로 삼아 지나치게 나아가지도 말고 한심스럽게 물러서지도 마십시오. 모두들 가진 돈을 베풀어서 가난한 사람을 구제해 주시기 바랍니다."

⊙요술쟁이가 커다란 항아리 하나를 탁자 위에 올려놓고 수건으로 깨끗이 닦은 다음 붉은 천으로 덮어 놓았다. 요술을 부리려는 듯 무슨 준비를 하는데 그만 품속에서 쟁반 하나가 쟁그렁 하고 땅에 떨어지니, 붉은 대추가 쏟아져 사방으로 흩어졌다. 모두 일제히 웃음을 터뜨리자 요술쟁이도 웃으면서 기물들을 거두어 판을 끝내고 만다.

요술쟁이는 재주가 모자라서 요술을 못한 것이 아니라, 해도 저물고 하니 이제 그만 끝내려고 일부러 실수를 하여 여러 사람들에게 눈속임의 거짓을 보인 것이었다.

이날 나는 홍로시(鴻臚寺)*13 소경(少卿)인 조광련(趙光連)과 나란히 의

---

*12 위로 부처님을 따르고 아래로 중생을 제도할 수 있는 경지에 이른 성인, 또는 나이가 많거나 신심이 독실한 신녀(信女)를 일컫는 말.
*13 외국에 관한 일, 조공(朝貢)·내빙(來聘)에 관한 일, 흉의(凶儀)·사묘(祠廟)에 관한 일을

자에 앉아 요술을 구경하였다. 내가 조광련에게 말했다.

"눈으로 뻔히 보면서도 옳고 그름을 분별하지 못하고 참과 거짓을 살피지 못한다면, 비록 눈이 있어도 없는 것과 같다고 하겠습니다. 그래도 늘 요술을 부리는 자에게 현혹되는 것을 보면 눈이 망령되게 보려는 것이 아니라 잘 보려고 하는 것이 도리어 탈이 되는 것입니다."

"그렇습니다. 아무리 요술을 잘 부리는 사람이라도 장님을 홀리지는 못하지요. 그러니 성하다는 눈이 과연 제대로 된 것이겠습니까?"

내가 다시 말했다.

"우리나라에 서화담(徐花潭)*14 선생이 계셨는데, 외출했다가 길에서 울고 있는 사람을 만났습니다. 그래서 '왜 울고 있는가?' 하고 물었더니 그가 대답하기를 '저는 세 살 때 장님이 되어 지금 마흔 살입니다. 그래서 이제까지 걸을 때는 발에 의지했고, 물건을 집을 때는 손에 맡겼으며, 음성을 듣고서 누구인가를 알아낼 때는 귀로 보았고, 냄새를 맡아서 무슨 물건인가를 살필 때는 코에 의지해 보았습니다. 남들에게 두 눈이 있다면 저에게는 손·발·코·귀 모두가 눈이었습니다. 또한 어찌 손·발·코·귀뿐이겠습니까? 해가 뜨고 지는 것은 낮에 제 몸이 피로해지는 것으로 알고, 물건의 모양이나 빛깔은 밤에 꿈으로 보아 알게 되니 조금도 거리낌이 없고 아무것도 의심되거나 혼란스럽지 않았습니다. 그런데 지금 길을 걷다가 갑자기 두 눈이 열려 밝아지니 하늘과 땅이 뚫려 넓기만 하고, 산과 시내가 헝클어져 답답하기만 하고, 온갖 물건이 눈을 가로막고, 온갖 의심이 가슴을 막막하게 합니다. 손·발·코·귀가 뒤바뀌고 엇갈려서 모두 예전의 편안한 상태를 잃었습니다. 그래서 내 집도 아득하게 잊어버려 혼자서 돌아갈 수가 없게 되어, 그래서 제가 울고 있었던 것입니다' 하더랍니다. 그래서 화담 선생이 '이제까지 해 온 대로 하면 될 것 아니오?' 하니까 그는 '제 눈이 이미 밝아졌는데 어떻게 그렇게 할 수 있습니까?' 하여 선생은 '눈을 감아 보구려. 그러면 당신 집으로 가는 길이 환히 보일 것이오' 했다고 합니다. 이로써 보더라도 눈은 믿을 수

맡아 보는 관청. 소경(少卿)은 그 우두머리의 다음 벼슬.
*14 조선 중종(中宗) 때의 학자 서경덕(徐敬德). 화담은 그의 호임. 개성(開城)의 동문 밖 화담(花潭)에 초막을 짓고 학문에 전념하여 호를 화담이라 했음. 박연폭포(朴淵瀑布)·황진이(黃眞伊)와 함께 송도삼절(松都三絶)이라고 하였음. 저서에 화담집(花潭集)이 있음.

없는 것임이 분명합니다. 오늘 본 요술도 요술쟁이가 우리의 눈을 현혹시킨 것이 아니라, 실은 보는 사람이 스스로 현혹된 것이지요."

조광련이 말했다.

"옳은 말씀입니다. 세상에서는 조비연(趙飛燕)*15은 너무 여위었고 양옥환(楊玉環)*16은 너무 살쪘다고들 하지만 '너무'라는 말은 심하다는 표현인데, 두 여인이 여위거나 살쪘다는 말에 '너무'란 말을 예사로 붙였으니, 그 두 여인은 이미 절세미인일 수 없습니다. 두 황제의 눈은 여위거나 살찐 것도 모르고 현혹된 것입니다. 참으로 세상에 밝은 안목과 참된 소견을 가진 이를 볼 수 없게 된 지가 오래입니다. 태백(太伯)*17이 문신을 하고 약초를 캔 것은 '효도'로 사람들을 현혹시킨 것이고, 예양(豫讓)*18이 몸에 옻칠을 하고 숯덩이를 삼킨 것은 '의리'로 사람들을 현혹시킨 것이며, 기신(紀信)*19이 황옥(黃屋)*20에 좌독(左纛)*21한 것은 '충성'으로 사람들을 현혹시킨 것입니다. 패공(沛公)*22이 깃발로 요술을 부렸고, 장량(張良)*23은 돌로 요술을 부렸습니다. 전단(田單)*24은 소로, 초평(初平)*25은 양으로, 조고(趙高)*26

---

*15 한(漢)나라 성제(成帝)의 황후. 노래와 춤에 뛰어나고 몸이 날씬하여 비연이라고 했음.
*16 당(唐)나라 현종(玄宗)의 총애를 받아 귀비(貴妃)가 된 양귀비(楊貴妃). 옥환은 어릴 때 이름임. 가무·음률에 뛰어났음.
*17 주(周)나라 왕자. 태백이 아버지의 뜻을 알고 동생에게 왕위를 넘기기 위해 문신을 하고 오랑캐 땅으로 떠남.
*18 전국시대(戰國時代) 진(晉)나라 사람. 지백(智伯)을 섬겼는데, 지백이 조(趙)나라 양자(襄子)에게 멸망당하자 그 원수를 갚으려고 몸에 옻칠을 하여 문둥이가 되고 숯을 삼켜 벙어리가 된 다음 양자를 저격하려다가 잡히어 스스로 목숨을 끊었음.
*19 한(漢)나라 고조(高祖)의 신하. 고조가 항우에게 포위됐을 때 기신이 대신 천자의 수레를 타고 고조를 탈출시킨 뒤 자신은 항우에게 죽었음.
*20 천자의 수레. 누런 비단으로 위를 덮었음.
*21 천자의 수레 왼쪽에 꽂는 큰 깃발.
*22 한(漢)나라 고조 유방(劉邦)이 아직 황제가 되기 전의 칭호. 군사를 패(沛)에서 처음 일으켜 그를 패공이라 일컬었음.
*23 한(漢)나라 고조(高祖)의 모사(謀士). 자는 자방(子房). 진(秦)나라가 한(韓)나라를 쳐 멸망시키자 전 재산을 내어놓아 자객을 구하여 진시황을 박랑사(博浪沙)에서 저격했다가 실패하고, 뒤에 황석공(黃石公)에게서 병서(兵書)를 얻어 한나라 건국에 큰 공을 세웠음.
*24 전국시대 제(齊)나라의 장수. 1천여 마리 소에 붉은 옷을 입히고 그 뿔에 칼과 창을 붙들어 매고, 꼬리에 갈대를 매달아 기름을 붓고 불을 붙여 밤에 적진에 보내 연나라 군사를 몰아내고 결사대가 그 뒤를 따라 연나라 군사를 엄습하여 빼앗겼던 70여 성을 회복했음.

는 사슴으로, 황패(黃霸)*27는 참새로, 맹상군(孟嘗君)*28은 닭으로 현혹시켰습니다. 치우(蚩尤)*29는 구리 머리(銅頭)와 쇠 이마(鐵額)로 현혹시켰고, 제갈량(諸葛亮)은 목우유마(木牛流馬)*30로 현혹시켰습니다. 왕망(王莽)*31이 금등(金縢)으로 왕위 찬탈을 꾀했지만 요술을 제대로 부리지 못한 것이고, 조조(曹操)가 동작대(銅雀臺)*32에서 향을 나누어 준 것은 현혹이 탄로난 것이며, 안녹산(安祿山)*33의 적심(赤心)이나 노기(盧杞)*34의 귀신 같은 푸른 얼굴은 모두 졸렬하고 서툰 요술입니다. 그런데 옛날부터 여인네가 사람들을 더욱 감쪽같이 현혹시켰으니, 포사(褒姒)*35의 봉화나 여희(驪姬)*36의 벌

---

*25 한나라 사람. 황초평(皇初平)이라고도 함. 양 떼를 몰고 다니다가 도사(道士)를 만나 금화산(金華山) 석실(石室)로 들어갔는데, 형이 여러 해 동안 산에 들어가 그를 찾다가 마침내 만나서 양은 어떻게 했느냐고 물으니, 산 동쪽에 있다 하여 가 보았는데 양은 없고 흰 돌뿐이었다. 돌아왔다가 초평과 함께 다시 가서 초평이 일어나라고 꾸짖으니 돌이 변하여 수만 마리 양이 되었다고 함.

*26 진(秦)나라 시황(始皇)의 내시(內侍). 진시황이 죽자 이사(李斯)와 공모하여 태자 부소(扶蘇)를 죽이고 둘째 호해(胡亥)를 황제의 자리에 오르게 하고는 마침내 승상이 되어 권세를 함부로 하였다. 하루는 다른 대신들을 시험해 보고자 사슴을 가리키면서 말이라고 하자, 모두들 따라서 말이 맞다고 했음.

*27 한나라 선제(宣帝) 때의 승상. 크게 업적을 쌓았다고 함.

*28 전국시대 제(齊)나라 전문(田文)의 호. 진(秦)나라에 들어갔다가 소왕(昭王)이 그를 죽이려 하자 식객(食客)으로 하여금 닭 우는 소리를 흉내내게 하여 모든 닭이 일제히 울어 관문을 지키는 관리가 날이 새는 줄 알고 관문을 열어 무사히 탈출했다고 함.

*29 고대 황제(黃帝) 때의 제후. 전쟁을 좋아했다고 함.

*30 제갈량이 나무로 소 모양과 말 모양을 만들어, 그 배 부분에 무기를 숨겨서 운반했다고 함.

*31 한나라 소제(昭帝) 때의 우장군(右將軍). 금등은 금 띠로 밀봉한 궤짝.

*32 조조가 죽을 때 만든 대.

*33 당나라 때 사람. 현종(玄宗)의 사랑을 받아, 양귀비(楊貴妃)의 양자가 되었는데, 뒤에 모반하여 경사(京師)를 함락시키고 스스로 웅무황제(雄武皇帝)라 일컬으며 국호를 연(燕)이라 했다가 이듬해 살해되었음. 현종이 그의 유난스레 뚱뚱한 배를 가리키며 그 속에 무엇이 들어 있느냐고 물으니까 적심(赤心), 지극한 정성이 가득 들어 있다고 대답했다 함.

*34 당나라 때 사람. 덕종(德宗)이 그의 재주를 높이 사서 문하시랑(門下侍郞)에 발탁했으나, 성질이 음험하여 크게 정치를 어지럽혔음.

*35 주(周)나라 유왕(幽王)의 총희(寵姬). 도무지 웃는 일이 없어서 유왕이 온갖 방법으로 포사를 웃기려고 했으나 웃지 않으므로, 하루는 아무 일도 없는데 봉화(烽火)를 올리니 제후들이 급히 달려오는 것을 보고 비로소 웃었다. 그 뒤로 수시로 봉화를 가짜로 올렸음. 어느 날 견융(犬戎)이 공격해 와서 급히 봉화를 올렸으나 제후들 누구도 구하러 오지 않아 유왕은 죽고 포사는 포로가 되었음.

〔蜂〕 따위가 그런 것입니다. 그러나 성인(聖人)의 신도설교(神道說敎)*37에도 요술이 있습니다. 저는 비록 감히 아첨하는 자를 가리키는 풀*38이나 순 임금 때 소(韶) 음악에 춤을 춘 봉황을 의심하지는 않지만, 우 임금 때 누런 용이 배를 등에 졌다거나 주 무왕 때 붉은 까마귀가 날아들었다는 것은 그대로 믿을 수는 없습니다. 옛날부터 성인이든 어리석은 사람이든 막론하고 한 가지씩 알 수 없는 일이 있었으니, 어떤 사람은 상처 딱지를 잘 먹었고,*39 어떤 사람은 나귀 울음소리를 잘 냈습니다.*40 이를 두고 요술이라 할 수도 있고 본성(本性)이라 할 수도 있습니다. 요술과 환술(幻術)이 아무리 천변만화(千變萬化)라 하더라도 조금도 두려워할 것이 없습니다. 천하에 반드시 조심해야 할 요술이란 몹시 간악한 자가 충성을 가장하고, 남의 생각에 아첨하는 자가 점잖은 척 덕행을 가장하는 것입니다."

내가 말했다.

"그렇지요. 삼공(三公) 호광(胡廣)*41은 중용(中庸)을 환술로 썼고, 오대(五代) 풍도(馮道)*42는 명철(明哲)을 환술로 썼다고 하겠습니다. 웃음 속에 품은 칼이, 입 속으로 칼을 삼키는 요술보다 더 무서운 것이겠지요."

우리는 서로 크게 웃으며 자리에서 일어났다.

---

*36 춘추시대(春秋時代) 진(晉)나라 여인. 헌공(獻公)이 여융(驪戎)을 쳐서 이기고 여희를 얻어 부인으로 삼았음. 여희는 태자를 미워하여 그가 자기 옷에 벌을 넣었다 모함하여 죽임.
*37 성인이 형벌을 쓰지 않고 덕으로 다스리고 감화시킬 때에도 화복(禍福)으로써 실행함.
*38 요(堯)임금 때 대궐 뜰에 아첨하는 사람이 지나가면 그를 가리키는 풀이 났다고 함.
*39 송나라 때 유옹(劉邕)이란 사람은 상처 딱지 먹기를 좋아했다고 한다. 맹영휴(孟靈休)를 찾아가서 그의 몸에서 떨어진 상처 딱지를 다 주워 먹고, 또 아직 몸에서 떨어지지 않은 것은 떼어서 먹었다고 함.
*40 삼국시대 왕찬(王粲)은 당나귀 소리를 잘 흉내냈다. 그가 죽자 위(魏) 문제가 찾아와서 문상객들에게 그가 생전에 당나귀 소리를 좋아했으니 모두 당나귀 소리를 내보라고 하였음.
*41 후한(後漢) 시대 사람. 안제(安帝) 때 효렴(孝廉)으로 상서랑(尙書郞)·사도(司徒)에 임명되고 환제(桓帝) 때 벼슬이 태부(太傅)에 이르러 공적이 많았음. 여섯 임금을 섬겼음.
*42 오대(五代) 시대 주(周)나라 사람. 성품이 순후(純厚)하고 학문을 좋아했다. 나라가 바뀔 때마다 그 나라에 벼슬하여 네 성(姓)의 열 임금을 섬겼음.

더위를 식히며 시를 논하다
피서록(避暑錄)

머리글〔避暑錄序〕

이 피서록은 내가 피서산장(避暑山莊)을 유람하며 쓴 것이다.
열하에는 36군데의 경치 좋은 곳이 있다. 강희제(康熙帝)가 그 하나하나에 전각(殿閣)을 세워 놓았으니, 그 전각들의 이름은 다음과 같다.

연파치상(烟波致爽)	지경운제(芝逕雲隄)	무서청량(無暑淸凉)
연훈산관(延薰山館)	수방암수(水芳巖秀)	만학송풍(萬壑松風)
송학청월(松鶴淸越)	운산승지(雲山勝地)	사면운산(四面雲山)
북침쌍봉(北枕雙峯)	서령신하(西嶺晨霞)	추봉낙조(錘峯落照)
남산적설(南山積雪)	이화반월(梨花伴月)	곡수하향(曲水荷香)
풍천청청(風泉淸聽)	호복한상(濠濮閒想)	천우함창(天宇咸暢)
난류훤파(暖溜暄波)	천원석벽(泉源石壁)	청풍녹서(靑楓綠嶼)
앵전교목(鶯囀喬木)	향원익청(香遠益淸)	금련영일(金蓮映日)
원근천성(遠近泉聲)	운범월방(雲帆月舫)	방저임류(芳渚臨流)
운용수태(雲容水態)	징천요석(澄泉遶石)	징파첩취(澄波疊翠)
석기관어(石磯觀魚)	경수운잠(鏡水雲岑)	쌍호협경(雙湖夾鏡)
장홍음련(長虹飮練)	보전총월(甫田叢樾)	수류운재(水流雲在)

황제가 거처하는 이 지역을 통틀어 피서산장이라고 하였다. 강희제는 손수 글을 지어 이렇게 말했다.

금산(金山) 물줄기가 내리뻗어 따뜻한 물이 군데군데 샘솟는다. 구름 엉긴 골짜기엔 물이 깊게 고였고, 바위 사이 연못에는 푸른 아지랑이 자욱하다. 지역이 넓고 풀도 무성하여 농가에 해가 될 일이 없고, 바람이 맑아 여름에는 서늘하여 휴양하기에 알맞다.

짐(朕)이 여러 번 강 연안*¹을 순수(巡狩)하여 남쪽의 경치가 수려함을 잘 알고, 진·농(秦隴)*² 지역을 두 차례나 순행(巡幸)하여 서쪽 땅이 어떠한지 다 알고 있다. 북으로는 용사(龍沙)*³를 지나고 동으로는 장백산(長白山)*⁴까지 구경하였다. 산천과 인물의 뛰어남은 이루 다 말할 수 없을 정도지만 이것들은 모두 내가 바라는 것이 아니다. 이 열하만은 북경에서 가깝고, 땅은 거친 들판이 자리잡았다. 높고 평평하고 멀고 가까운 것을 헤아려 봉우리의 형세가 자연스럽게 열려 있다. 소나무를 의지하여 집을 짓고, 물을 이끌어 정자에 이르렀으니, 모두 사람의 힘으로 할 수 있는 것이 아니다. 아름다운 터에 집을 지으니 서까래를 새기거나 기둥을 단청하는 허비가 없고, 숲과 샘물을 즐기는 것이 내가 평소에 품고 있던 생각이다. 문금(文禽)*⁵은 푸른 물 위에서 즐겁게 놀며 사람을 피하지 않고, 사슴은 석양에 비치어 무리를 짓는다. 하늘에 나는 솔개, 물 위로 뛰는 고기는 제각기 천성(天性)의 높고 낮은 것에 따르고, 멀리 자줏빛 구름은 봄날의 아늑한 경치에 따라 높고 낮게 오르내리며 펼쳐 놓는다. 이것이 피서산장 경치의 대강이다.

이 글은 강희(康熙)*⁶ 50년 6월 하순에 썼다고 했으니, 강희제가 늘그막에 이 열하에 오래 머물러 있었던 것을 알 수 있다.

때는 중추(仲秋)인데도 새북(塞北)*⁷의 더위는 아직도 찌는 듯이 덥다. 늘 모시 적삼을 입고도 한낮이면 땀이 물 흐르듯 흐른다. 유람하다 틈이 날 때면 의자를 집 밖 커다란 회나무 아래에 끌어다 놓고 더위를 식히며, 그동안 보고 들은 것과 생각나는 것을 적어 이름을 피서록이라 하였다.

---

*1 양자강(揚子江) 가.
*2 진(秦) 땅과 농(隴) 땅. 다 섬서성(陝西省)에 있음.
*3 만주 흑룡강(黑龍江) 유역.
*4 백두산(白頭山).
*5 깃털에 무늬가 있는 새. 꿩·공작·원앙 따위.
*6 청(淸)나라 성조(聖祖)의 연호. 1662~1722년. 그 50년은 1711년, 조선 숙종(肅宗) 37년임.
*7 만리장성 북쪽 지방.

⊙기여천(奇麗川)은 만주 사람이다. 그는 성격이 매우 교만하여 윤형산(尹亨山)을 멸시하는 기색이 얼굴에 뚜렷이 드러났다. 그러나 형산은 짐짓 모르는 체하고 표정이나 말씨를 겸손하게 가졌다. 윤형산은 기여천보다 20여 살이나 위였고 지위도 약간 높았다. 그런데 그가 한인(漢人)이라는 것 때문에 도리어 나그네*8처럼 여기는 형편이니 어쩔 수 없는 노릇이었다.

기여천이 거처하는 방은 내 방 바로 맞은편에 있었다. 내가 윤형산을 찾아가려면 반드시 기여천의 방을 지나쳐야 하기 때문에 반드시 먼저 기여천에게 들렀다. 윤형산은 이런 내 뜻을 이해하지 못하고 항상 나를 따라 왔다가 이내 일어나서 다른 곳에 볼일이 있다고 가버렸다. 그러자 기여천은 웃으며 윤형산의 뒷모습을 가리키면서 말했다.

"윤공이 또 다른 곳엘 가는군."

윤공 역시 어느 날 뒤돌아서서 기여천을 평하였다.

"저 짐새[鴆]*9 같은 눈이 아직도 그대로야."

만주인과 한인이 서로 원수처럼 미워함이 이와 같았다.

기여천이 또 어느 날 나에게 넌지시 말하였다.

"전에 산동(山東) 포정사(布政司)*10 한 사람이 몹시 탐학하다는 말을 듣는 것을 괴로워하여 관아의 문에다 '백성을 자식처럼 돌보고 법을 산처럼 세운다(視民若子 立法如山)'라는 방을 내어 붙였는데, 밤에 어떤 사람이 그 밑에다 '소와 양은 부모의 것이고 창고도 부모의 것이니, 우리는 공손히 자식의 직분을 다할 뿐이다. 보물이 생겨나고 재물이 거기서 불어나는 것이 어찌 산의 본성이겠느냐?'라고 써 붙였더랍니다."

기여천의 말이 형산을 가리키는 것 같기에, 나중에 내가 우연히 형산에게 물어보았다.

"공은 전에 산동 포정사로 계셨던 일이 있습니까?"

"예, 그렇습니다."

---

*8 만주인이 중원을 차지하여 주인 노릇을 하고, 본래의 주인인 한인(漢人)을 도리어 손님처럼 생각함.
*9 그 깃털을 담근 술을 마시면 사람이 죽는다는 독한 새.
*10 명나라 때 행중서성(行中書省)을 고친 이름. 전국을 13포정사에 나누어, 정치·재정을 맡아 보았음.

윤형산이 대답하였다.

그 뒤 내가 북경으로 돌아와서 이야기 끝에 기여천을 아느냐고 물었다. 모두 머리를 가로젓는데 풍병건(馮秉健)이란 자가 분연히 말한다.

"사대부가 어찌 되놈을 안단 말입니까?"

내가 다시 윤형산은 어떤 사람이냐고 물었다. 모두 흔쾌히 대답한다.

"그는 아주 낙천적인 일류 선비시지요."

⊙광피사표패루(光被四表牌樓)의 남쪽 골목 두 번째 집은 동씨(董氏)네 집으로, 그 대문에 쌍청문(雙淸門)이란 현판이 걸려 있다. 글씨는 강희제의 어필이다. 또 지금 건륭 황제가 직접, 두 대(代)에 효자 셋이 났다는 '양세삼효(兩世三孝)'라고 쓴 편액도 걸려 있다. 이곳은 만리장성 밖의 민가인데도 천자가 세 번이나 거둥했다고 한다.

강희제가 절강(浙江) 지방을 순유(巡遊)할 때 산음(山陰)*11에 살고 있는 나이 많은 백성 왕석원(王錫元)의 다섯 형제를 불러 모았다. 머리는 누렇고 치아는 어린아이 같은데, 형제들이 서로 부축해가면서 잔치를 베푸는 행궁(行宮)으로 왔다. 맏이와 둘째는 쌍둥이였다. 첫째가 나이 80이고, 그 다음은 78, 그 다음은 76, 막내는 75, 이들 다섯 사람의 나이를 합치면 389살이었고, 다섯 형제의 아들과 손자를 모두 합치면 45명이었다.

황제는 각각 비단을 하사하고, 또 어필로 '한 가문이 어질고 상서롭다'는 '일문인서(一門仁瑞)'라는 편액을 써 주었으며, 황태자는 '다섯 가지 비단나무 지금 세상의 영화요, 백 살 신선들이 한 집에 모였구나(五枝錦樹榮今代 百秩仙籌萃一門)'라는 주련(柱聯)을 써 주었다. 근세(近世)에 와서 그들의 맑고 뛰어난 행실을 표창하고 상을 내리는 일이 전대에는 없었던 큰 특전이었다.

⊙북진묘(北鎭廟) 뜰에 있는 늙은 소나무 옆에는 황제가 친히 그림을 그린 것을 오석(烏石)에 새겨서 바위 중간에 구멍을 파고 끼워넣었다. 바위 높이는 겨우 한 길 남짓하다. 명(明)나라 때는 취운병(翠雲屛)이라 불렀고

―――――――――
*11 산 북쪽. 태화산(泰和山)·종남산(終南山)의 북쪽 지방.

지금 황제는 보천석(補天石)이라 부른다.
그림 옆에는 시를 지어 붙였다.

　　북진묘 문 서쪽 일산 같은 소나무
　　반은 마른 가지만 남고 반은 푸르네.
　　엉긴 정신은 마치 포박자*12를 보는 듯
　　그림의 모습은 진소옹의 솜씨 아님이 부끄럽네.
　　그 아래 서면 문득 날이 개는지 비가 오는지 의심스럽다가
　　그 앞에 서면 빛깔과 하늘의 이치를 깨닫겠네.
　　6월 더운 여름날 그루터기에 걸터앉아
　　글 읽으며 바람소리 들으리.

　　鎭廟門西似蓋松　半存枯幹半籠葱
　　凝神如見抱朴子　圖貌憨非陳少翁
　　立下忽疑晴與雨　現前可悟色兮空
　　何當六月其根坐　讀疏仡聽謖謖風

갑술년(甲戌年) 동쪽 순행 때 친히 북진묘에 제사지내고 나서 사당을 두루 구경하였다. 사당 안에 늙은 소나무 한 그루가 있는데, 절반은 이미 말라죽어 쇠나 돌처럼 굳어 뻣뻣한 가지만 남았고, 동쪽 줄기는 울창하게 무성하여 참으로 기이하다. 이에 나무 아래에 서서 이 그림을 그렸다.
　　　　　　　　　　　　　　　　　　　　9월 24일

이 건륭제의 어필 글이 시(詩) 끝에 새겨져 있고, '천지위사(天地爲師)'라는 낙관도 찍혀 있다. 황제의 글씨와 그림이 모두 뛰어나다.
보천석 바위 옆에 또 삼한(三韓)사람 김내(金鼐)의 시가 있다.

　　의무려산 꼭대기에 올라 보니

---

*12 진(晉)나라 사람 갈홍(葛洪). 포박자는 그의 호임. 도술에 뛰어나고 평생 신선도를 수행함. 저서에 포박자(抱朴子)·신선전(神仙傳) 등이 있음.

구름 낀 바다 한눈에 들어온다.
바윗돌 이끼에는 어지러운 자취도 없는데
새 지저귀고 매미 우는 소리 그윽하다.
하늘 높이 솟은 고목에 용은 어딜 가고
땅에 핀 꽃은 새로우니 봉황은 머물러 있네.
북두칠성은 신의 뜻으로 하늘을 받치는 기둥이니
우리 성상 억년 만년 세월을 누리시리.

　　時登毉巫閭山頭 雲舍滄桑望裡收
　　石髮巖衣嫌跡擾 鳥鳴蟬噪帶人幽
　　凌空樹古龍飛去 傍地花新鳳壘留
　　北斗惟神天一柱 億年萬紀庇皇秋

끝에 화공(和公)이란 낙관이 찍혔는데 글씨가 매우 졸렬하다. 어떤 이는 이 시를 조선 사람 김내가 지은 것이라고 하지만, 이는 요동(遼東) 역시 삼한(三韓)이라 불리는 것을 모르고 하는 말이다. 고정림(顧亭林)은 벼슬 이름이나 지명에 옛 이름을 빌려 쓰는 것을 배척했으나, 역시 그대로 쓰는 이가 많다. 또한 이 시는 뛰어나지도 못할 뿐만 아니라 우리나라 사람의 말투도 아니다.

　⊙허난설헌(許蘭雪軒)*13의 시가 열조시집(列朝詩集)과 명시종(明詩綜)에 실려 있는데, 때로는 이름이나 호를 경번(景樊)으로 기록하고 있다.
　내가 일찍이 청비록(淸脾錄)*14 서문을 지을 때, 이를 자세히 고증한 일이 있었다. 무관(懋官)*15이 북경에 가 있을 때에 이것을 한림(翰林) 축덕린(祝

----

*13 본명은 허초희(許楚姬). 난설헌은 호. 허균(許筠)의 누이. 시에 뛰어나 많은 시를 남겼음.
*14 조선 정조(正祖) 때 이덕무(李德懋)가 고려·조선과 청국·일본의 근대인들이 쓴 작품을 골라 엮은 시화집(詩話集).
*15 조선 영조·정조 때의 실학자(實學者) 이덕무(李德懋). 무관은 그의 자임. 호는 아정(雅亭)·청장관(青莊館). 문장에 뛰어났으나 서출(庶出)이라 하여 크게 쓰이지 못했음. 북경에 가서 여러 학자들과 교유하고, 돌아와서 북학(北學)을 제창했음. 저서에 청장관전서(青莊館全書)가 있음.

德麟), 낭중(郎中) 당락우(唐樂宇), 사인(舍人) 반정균(潘庭筠) 세 사람에게 보여, 모두 돌려가면서 읽어 보고 칭찬했다고 한다.

그런데 내가 이번에 이곳에서 명시종에 빠진 것, 잘못된 부분을 말하다가 이야기가 허난설헌까지 미쳤다. 윤형산(尹亨山)이 말했다.

"회암(悔庵) 우동(尤侗)의 외국죽지사(外國竹枝詞)의 첫머리에 귀국의 시를 실었습니다.

양화도 어귀에 살구꽃 붉은데
팔도의 노랫소리 조선의 국풍일세.
그 중에도 잊지 못할 선녀 같은 여도사는
상량문 지으러 광한궁에 올랐다네.

楊花渡口杏花紅 八道歌謠東國風
最憶飛瓊女道士 上梁曾到廣寒宮

그리고 그 주석에 말하기를, 규수(閨秀) 허경번(許景樊)은 뒤에 여도사가 되었는데 광한궁(廣寒宮) 백옥루(白玉樓)의 상량문을 지었다고 했습니다."

그래서 내가 그 경번*16의 오류를 자세히 설명해 주었더니, 윤형산과 기여천 두 사람은 각기 나누어 기록해서 간직하였다. 중국의 명사들은 아마도 이 일을 가지고 저술의 자료로 삼을 것이다.

규중(閨中) 여인으로서 시를 읊는다는 것은 본래 아름답기만 한 일은 못되지만, 외국 여인의 꽃다운 이름이 중국에 널리 퍼진 것은 영예가 아닐 수 없다. 그러나 우리나라 부인들은 일찍이 그 이름자가 본국에서도 드러나지 못했으니, 난설헌이란 호 하나만으로도 오히려 과한 것이다. 하물며 경번이란 잘못된 이름으로 여기저기 기록에 보인다면 천추에 씻지 못할 흠이 될 것이니 이 어찌 재주 있는 규수들이 경계할 거울이 아니겠는가?

---

*16 경번(景樊)은 본래 허난설헌이 여도사(女道士) 번부인(樊夫人)을 사모하여 지은 호이다. 이것이 번천(樊川) 두목(杜牧)의 아름다운 풍모를 연모하여 지은 것으로 잘못 전해지고 있음을 밝힌 것임.

⊙여러 가지 요술 중에서 술을 만들어 내는 돌이 가장 중요한 물건이다. 만약 정말 그런 돌이 있다면 마땅히 천하에 가장 훌륭한 보배가 될 것이다. 세상에 다음과 같은 이야기가 전해 온다.

명(明)나라 천계(天啓)*17 연간에 왜(倭)가 유구(琉球 : 오키나와)를 침공하여 유구의 왕을 사로잡아 갔다. 유구의 태자가 나라에 대대로 전해 오는 보물을 싣고 가서 그 보물을 주고 아버지를 다시 모셔오려고 하다가 풍랑을 만나 배가 그만 떠밀려 제주도에 와 닿았다. 목사(牧使) 아무개가, '배 안에 무엇이 있느냐'고 물었더니 태자가 주천석(酒泉石)·만산장(漫山帳)이 있다'고 대답하였다. 태자가 주천석의 모양은 마노(瑪瑙)처럼 생겼고, 가운데가 물이 한 잔쯤 들어갈 만하게 오목하여 맑은 물을 부어 놓으면 금세 맛있는 술로 변한다고 하였다. 만산장은 바다거미의 거미줄에다 약물을 들여서 짠 그물로, 조금만 펴도 집 한 채를 덮을 만하고 크게 펴면 산이라도 덮을 만하며, 모기나 파리 같은 작은 생물부터 뱀이나 이무기 따위의 큰 동물들까지 그 속에 들어갈 수 없다고 하였다. 목사가 그것을 내놓으라고 하였으나 태자는 말을 듣지 않았다. 목사가 군사를 보내 배를 포위하자 태자는 주천석과 만산장을 바다에 던져 버렸다. 목사는 배 안에 있는 물건들을 모조리 몰수하고 태자마저 죽였다. 태자는 죽음 직전에 시를 읊었다.

> 폭군 걸(桀)이 요 임금의 착한 말을 어찌 알까
> 죽음에 임해 어느 틈에 푸른 하늘에 호소하랴.
> 삼량(三良)*18이 순장(殉葬)된들 뉘라고 선뜻 속신(贖身)*19해낼까
> 이자(二子)*20가 배를 탔는데 도적놈이 포악하구나.
> 백골은 모래사장에 버려져 풀이 엉키고
> 영혼은 고국에 돌아가나 조상할 이 없어라.

───────────
*17 명나라 희종(熹宗)의 연호. 1621~1627년. 조선 광해군(光海君)·인조(仁祖) 때임.
*18 진(秦)나라 목공(穆公)의 어진 신하 엄식(奄息)·중행(仲行)·침호(鍼虎) 세 사람.
*19 금품으로 몸값을 내고 포로가 되었거나 죄를 지은 사람이 풀려나게 함.
*20 전국시대(戰國時代) 위(魏)나라 임금 선공(宣公)의 두 아들 급(伋)과 수(壽)가 계모의 흉계로 살해당한 일.

죽서루 아래 도도히 파도치는 물결이
원한의 눈물인 양 만년을 두고두고 울어 주리.

堯語難分桀服身 臨刑何暇訴蒼旻
三良臨穴誰能贖 二子乘舟賊不仁
骨暴沙場纏有草 魂歸故國吊無親
竹西樓下滔滔水 遺恨分明咽萬春

이것은 이중환(李重煥)*21이 지은 택리지(擇里志)에 실려 있다. 목사는 대간(臺諫)*22의 탄핵을 받아 사형을 당하게 되었다가 감형되어 먼 곳으로 귀양갔다고 하였다.

그러나 나는 항상 이것을 믿을 것이 못 되는 허망한 말이 아닌가 의심해 왔다. 만약 이것이 사실이라면 목사의 죄는 비록 목을 베어 조리를 돌려도 모자랄 터인데, 그 자손이 어떻게 오래오래 부귀를 누릴 수 있었을까?

유구의 중산왕(中山王) 상녕(尙寧)이 여러 번 중국에 사신을 보내어 글과 예물을 바쳐 오다가, 갑신년(甲申年) 이후에는 다시 오지 않았다.

유감스럽게도 나는 이번 길에 외국 사신들을 만나 보지 못했지만, 어제 본 요술로 미루어 보건대 유구의 주천석이란 것 역시 환술(幻術)과 같아 보였다. 민중(閩中)*23 사람 왕삼빈(王三賓)이 말한, 바다거미의 거미줄로 호랑이를 잡았다는 것이 사실이라면 이 만산장도 이치에 그럴듯하기도 하다.

⊙열하의 술집들은 매우 번화하여 조금도 북경에 못하지 않아, 벽에는 이름 있는 이들의 글씨와 그림이 많이 붙어 있었다. 유하정(流霞亭)에는 이런 글이 붙어 있다.

부귀와 공명 다 잊고서

---
*21 조선 숙종(肅宗) 때 실학자(實學者). 호는 청담(淸潭)·청화산인(靑華山人), 저서 택리지(擇里志)는 우리나라에서 처음 저술된 인문지리서(人文地理書)임.
*22 사헌부(司憲府)·사간원(司諫院)을 통틀어 일컫는 말, 또 그 관원.
*23 복건성(福建省) 지방.

한평생 두고두고 술잔이나 기울이세.
좋은 꽃 많이 심어서
낮은 울타리 비바람에도 사철 향기로우리.

功名富貴兩忘羊 且盡生前酒一觴
多種好花三百本 短籬風雨四時香

취구루(翠裘樓) 벽에 써 놓은 시는 아직 먹물도 채 마르지 않았는데, 우민중(于敏中)*24·아극돈(阿克敦)*25의 필체 같기에 술집 종업원에게 물었다.
"이 글씨를 쓴 분이 누구인지 아느냐?"
"아까 어떤 손님이 써서 붙여 두고 지금 막 나가셨습니다. 그분의 성명은 모르겠습니다."
그 시는 다음과 같았다.

임에게 바친 처음 마음은 옛 사람 못잖았건만
늘그막 이내 신세 영락하여 농사가 생계라네.
풀숲에 어린 안개 속으로 쇠 발자국 따라 서쪽 성밖 나간 길에
또다시 주루에 누워 저무는 석양을 보내누나.

致主初心陋漢唐 暮年身計落農桑
草烟牛跡西郊路 又臥旗亭送夕陽

이 두 편의 시가 어느 때 누가 지은 것인지는 알 수 없지만, 바람 따라 한 번 읊으면 사람을 감동시킬 만하여, 부채에 써가지고 돌아와 윤형산에게 물어보았다. 그는 작자의 이름까지 다 말해 주었는데, 내가 또 잊어버렸다.

⊙윤형산이 내게 묻는다.
"고려 박인량(朴寅亮)*26이 선생과 어떻게 되십니까?"

---

*24 청나라 때 사람. 글씨에 뛰어났고 저서에 임청기략(臨淸紀略)이 있음.
*25 청나라 때 만주인. 글씨에 뛰어났으며, 저서에 덕음당집(德蔭堂集)이 있음.

"모수(毛遂)*27와 모담(毛聃)과 같은 사이입니다. 저희는 토박이 성(姓)이지만 여덟 집안으로 나뉘어 저마다 관향(貫鄕)을 달리하고 있으니 이제는 일족이라고 할 수 없게 되었습니다. 그래서 감히 분양(汾陽)*28처럼 통곡할 수도 없는 처지이지요."

윤형산이 말했다.

"강희(康熙) 연간에 박뢰(朴雷)라는 사람이 있었는데, 그의 자는 명하(鳴夏)였고 조선사람이었습니다. 지금 청나라가 천하를 통일하여 중국과 외국이 한집안이 되었으니, 모두 '검푸른 입술의 혐의'는 있을 수 없습니다."

"검푸른 입술의 혐의란 무슨 말입니까?"

내가 물으니 윤형산이 말했다.

"송나라 원풍(元豊)*29 연간에 고려 사신 박인량이 명주(明州)에 다다랐습니다. 상산위(象山尉) 장중(張中)이 시를 지어 그를 전송했는데, 박인량의 답시(答詩)의 서(序)에 이렇게 읊었습니다.

꽃 같은 얼굴로 불을 부는 고운 자태는 이웃 여인의 검푸른 입술을 부끄럽게 여기게 하고, 상간곡(桑間曲)*30의 더러운 곡조는 영인(郢人)의 백설(白雪)에 이어졌구나(花面艶吹 愧隣婦靑唇之動 桑間陋曲 續郢人白雪之音).

그래서 이 일을 두고 관계자가 벼슬이 낮은 장중이 사사로이 외국 사신과 교제하는 것은 부당하다고 아뢰었습니다. 신종(神宗)이 좌우에, 검푸른 입술이란 무엇이냐고 물었지만 아무도 대답하지 못했습니다. 그래서 조원로

---

*26 고려 문종(文宗) 때의 문신. 문장이 우아하고 아름다워, 중국에 보내는 국서를 담당했음. 저서에 고금록(古今錄)·수이전(殊異傳)이 있음.

*27 전국시대 조(趙)나라 때의 변사(辯士).

*28 당나라 때의 문신 곽자의(郭子儀). 안사(安史)의 난을 평정하여 공을 세워서 분양왕(汾陽王)에 봉해졌으므로 곽분양이라 일컬음. 곽승도라는 자가 곽분양의 묘에서 곡을 했던 고사를 말함.

*29 송(宋)나라 신종(神宗)의 연호. 1078~1085년. 고려 문종(文宗)·선종(宣宗) 때임.

*30 음탕한 음악 이름. 또 망국(亡國)의 음곡. 은(殷)나라 주왕(紂王)이 사연(師延)으로 하여금 짓게 한 것으로, 나라가 망하자 사연은 복수(濮水)에 몸을 던져 죽었음.

(趙元老)에게 물었더니 원로가 말했습니다.
 '태평광기(太平廣記)*31에, 어떤 사람이 자기 아내의 불 부는 모습을 보고 시를 지었습니다.

　　불 부느라 빠알간 입술은 오물오물
　　땔나무 지피는 옥 같은 팔은 아른아른
　　멀리서 바라보니 연기 속 저 얼굴이
　　흡사 안개 속의 꽃이로구나.

　　吹火朱唇動 添薪玉腕斜
　　遙看烟裏面 恰似霧中花

 그랬더니 이웃집 여인이 자기 남편에게, 당신은 어찌하여 저런 시를 읊지 못하느냐고 하니까, 그 남편이, 당신도 불을 불면 내 마땅히 본떠 시를 짓겠다고 하였습니다.

　　불 부느라 푸르둥둥한 입술은 벌렁벌렁
　　땔나무 지피는 시커먼 팔은 꿈틀꿈틀
　　멀리서 바라보니 연기 속 저 얼굴이
　　흡사 사람 정기 빼먹는 귀신 같구나

　　吹火靑唇動 添薪墨腕斜
　　遙看烟裏面 恰似鳩槃茶

 그 여인의 불 부는 시늉을 보고 그 남편이 이렇게 시를 지었다 합니다.'
 이 이야기는 본래 왕벽지(王闢之)의 민수연담록(澠水燕談錄)에 나온다고 합니다."

---

*31 송나라 이방(李昉) 등이 황제의 명으로 편찬한 책. 500권. 대부분이 괴이하고 신기한 이야기들임.

⊙ 내가 학지정(郝志亭)에게 물었다.

"장군은 무관 출신이신데도 장고(掌故)*³²에 밝으시고, 문필(文筆)도 부드럽고 우아하십니다. 도에 통한 학자나 뛰어난 선비라 해도 장군과 겨룰 사람이 드물겠습니다. 귀국에서 무관이 되려면 반드시 문장에 뛰어나고 학문이 높아야 하는지요? 아니면 장군의 집안이 특히 유가(儒家)의 내력이 깊어 정원(定遠)*³³을 본받으신 것입니까?"

지정이 대답했다.

"저희 집안은 대대로 농사를 지어 오다가 다행히 성대(聖代)를 만났습니다. 그러나 수(隨)·육(陸)·강(絳)·관(灌)*³⁴ 같은 이들도 무식함을 한으로 여겨 온 지가 이미 오래였으므로, 이렇듯 저와 같은 자는 얼마든지 있으니 말할 거리도 못됩니다.

지금의 태학사(太學士) 아계(阿桂)*³⁵나, 얼마 전에 태학사를 지낸 서혁덕(舒赫德)*³⁶ 같은 분들은 모두 학문이 태평한 세상을 이룰 만하고, 무예가 난폭한 정치를 평정할 만하여, 부귀(富貴)와 수복(壽福)이 분양(汾陽)·서평(西平)*³⁷ 같고, 공로와 훈공은 배진(裵晉)*³⁸·문로(文潞)*³⁹와 같습니다. 그렇지 않고서는 문관 노릇도 무관 노릇도 할 수 없을 것입니다. 지금처럼 사이(四彛)*⁴⁰가 모두 복종하고 세상 먼지가 깨끗이 가라앉은 태평성대에는 저 같은 자야 한낱 썩은 무인(武人)에 지나지 않습니다.

---

*32 나라의 문물 제도.
*33 후한(後漢) 시대의 장군 반초(班超). 초기에는 학문을 닦다가 무관이 되었다. 명제(明帝)·장제(章帝) 때 서역(西域)을 정벌하여 정원후(定遠侯)에 봉해졌음.
*34 한(漢)나라 때의 수하(隨何)·육가(陸賈)·주발(周勃)·관영(灌嬰). 강(絳)은 주발의 호임. 이들은 문무를 함께 갖추지 못해 한으로 여겼다 함.
*35 청(淸)나라 만주인. 면전(緬甸)을 치고 양금천(兩金川)을 평정한 공이 있었음.
*36 청나라 만주인. 준·회(準回) 2부(部)를 평정하여 큰 공이 있었음.
*37 당나라 덕종(德宗) 때 사람. 주자(朱泚)를 평정하여 경사(京師)를 회복한 공으로 서평왕(西平王)에 봉해졌음.
*38 당나라 헌종(憲宗) 때 사람 배도(裵度). 회채(淮蔡)의 난리를 평정하여 진국공(晉國公)에 봉해졌음. 만년에는 백거이(白居易)·유우석(劉禹錫) 등과 교유하였음.
*39 송(宋)나라 때 장상(將相) 문언박(文彦博). 50년 동안 네 임금을 섬겨 노국공(潞國公)에 봉해졌음. 사마 광(司馬光) 등과 교유하였음.
*40 사방의 이웃나라. 연암과 필담하고 있었기 때문에 지정은 오랑캐 이(夷)자를 彛자로 쓴 것임.

서른 해를 두고 육도를 배웠으니
꽃다운 이름 뛰어난 그 명성 당대의 호걸일세.
일찍이 나라가 어지러워 갑옷을 입었거니
집이 아무리 가난해도 어찌 보검을 팔아 버리랴.
팔이 아직 굳세어 활이 약하다 탓하고
밝은 눈은 적진 위의 높은 구름도 알아보네.
어젯밤 집 앞에 가을바람 일었거니
둥근 꽃 수놓인 옛 전포 보기도 부끄럽다.

三十年來學六韜 英名嘗得預時髦
曾因國亂被金甲 不爲家貧賣寶刀
臂健尙嫌弓力輭 眼明猶識陣雲高
堂前昨夜秋風起 羞覩盤花舊戰袍

이것은 조한(曹翰)의 시입니다. 이 시를 한번 읽으면, 그가 안장에 높이 걸터앉아 사방을 돌아보는 용맹한 모습이 눈에 선합니다. 옛날부터 글 읽은 장수로는 손무(孫武)*41·오기(吳起)*42·염파(廉頗)*43·악의(樂毅)*44·왕전(王翦)*45·조충국(趙充國)*46·반초(班超)·심경지(沈慶之)*47·한세충(韓世忠)*48 등으로 이들은 모두 오래 살았습니다."

---

*41 춘추 시대 제(齊)나라 사람. 병법(兵法)에 뛰어나 오(吳)나라를 섬겨 마침내 오나라로 하여금 제후의 패자(霸者)가 되게 하였음. 병법 13편을 지었음.
*42 전국시대 위(衛)나라 사람. 증자(曾子)에게 글을 배웠고, 용병(用兵)에 뛰어나 전공이 많았고, 병서 오자(吳子)를 지었음.
*43 전국시대 조(趙)나라 명장. 여러 나라를 전전하며 전공이 많았으나 중상모략으로 한 나라에서 크게 쓰이지 못했음.
*44 전국시대 연(燕)나라 사람. 어질고 용병에 뛰어나 상장군(上將軍)이 되어 조(趙)·초(楚)·한(韓)·위(魏)·연(燕) 다섯 나라의 군사를 거느리고 제(齊)의 70여 성을 함락시켜 그 공으로 창국군(昌國君)에 봉해졌음.
*45 진(秦)나라 때 장군. 시황(始皇)을 도와 여러 나라를 공략했음.
*46 한(漢)나라 때 사람. 말타기·활쏘기에 뛰어나 무제(武帝) 때 흉노(凶奴)를 쳐 공이 있었고, 논책(論策)에 뛰어나 그의 상서(上書)는 다 경세(經世)의 글이라 일컬어졌음.
*47 남송(南宋) 때 사람. 여러 번 무공이 있었으나 폐제(廢帝)의 잘못을 간하다가 살해당했음.

"심경지는 일자무식(一字無識)인데 어찌 글 읽은 장수라 하십니까?"

내가 웃으면서 말했더니 지정 역시 웃으면서 말했다.

"심공(沈公)이 말하기를 '농사짓는 일은 마땅히 종〔奴〕에게 물어야 하고 길쌈하는 일은 여종〔婢〕에게 물어야 한다'고 하여, 그의 학문은 당시에 이미 세상에 인정되었습니다.

명나라 장수 척계광(戚繼光)은 더욱 시에 뛰어나

화각*49 소리 처량하여 초목도 함께 슬퍼하고
구름 끝이 높이 솟아 돌문 열리는 곳과 마주보고
삭풍 부는 변방이라 술 취하지도 않는데
지는 잎 기러기 떼 수없이 날아오네.
저 원과성의 살기만 사라진다면
변변찮은 이 몸 늙어감이야 말해 무엇할까.
누구와 더불어 산꼭대기에 이름 새길까
그 옛날 무검대에서 춤추던 이 장군과 함께 할거나.

畫角聲傳草木哀　雲頭起對石門開
朔風邊酒不成醉　落葉歸鴻無數來
但使元戈銷殺氣　未妨白髮老邊才
勒名峯上吾誰與　故李將軍舞劒臺

라는 시를 지었으니, 그의 장수 자격은 따라갈 수 있겠으나 시 재주는 따라가지 못하겠군요."(강희제의 이름자 호을 피하여 元자를 빌려다 쓴 것임)

⊙ 저녁나절에 풍윤성(豊潤城)에 올라갔다. 수염이 아름다운 한 점잖은 사람이 내 앞으로 와서 절을 하면서 '제 성명은 임고(林皐)인데 절강(浙江)에

---

*48 송(宋)나라 사람. 여러 번 전공을 세워 송나라 중흥(中興)의 무공이 첫째라고 일컬어졌으나 진회(秦檜)로 말미암아 좌천되자 벼슬을 그만두고 사람들과 접촉하지 않았음.

*49 고대 황제(黃帝)가 만들었다는 악기. 길이 5자. 대나무 또는 가죽·구리로 만들고 겉에 채색으로 그림을 그렸으므로 그 이름이 생겼음.

서 살고 있습니다' 하며 내 이름을 묻기에 일러주었더니 그는 놀라고 몹시
반가워하면서 물었다.
"그럼 당신은 초정(楚亭)*50의 일가이시겠군요?"
나 역시 놀랍고 반가워서 되물었다.
"당신은 어떻게 초정을 아십니까?"
임고가 대답했다.
"지난해 박초정이 이형암(李炯庵)*51이라는 분과 함께 문창루(文昌樓)에
올라갔다가 내 동향 사람 호형항(胡逈恒)의 집에서 묵은 일이 있었지요."
그는 성 아래 있는 한 집을 가리키면서 말했다.
"저기가 호씨 집인데, 초정의 글씨가 벽에 걸려 있습니다."
그래서 변계함(卞季涵), 진사(進士) 정각(鄭珏)과 함께 그 집 중당(中堂)
으로 들어갔다. 날이 이미 어두워져서 주인이 등 네 개를 켜 벽을 비춰 주기
에 벽에 붙은 글을 읽어 보니, 바로 우리 집이 전동(典洞)*52에 있을 때 형
암이 찾아왔다가 지은 시였다.

    쓸쓸한 가을 소식 나무가 먼저 아는구나.
    더위 추위를 잊은 이 몸은 백치가 되었는데
    벽 틈의 숱한 벌레들 조심스레 울고
    주렴 사이로 새 한 마리 서로 엿본다.
    전벽*53은 내 몸 더럽힐까 돌아보지 않고
    나를 서음*54이라 불러도 사양치 않네.
    좋아하는 중국에서 헛되이 탐내고 부러워하는 건
    요봉*55의 문필 아니면 완정*56의 시였느니.

---

*50 박제가(朴齊家)의 호.
*51 이덕무(李德懋).
*52 서울 종로구(鐘路區) 견지동(堅志洞)·공평동(公平洞)에 걸쳐 있던 동.
*53 진(晉)나라 화교(和嶠)는 재산이 왕자와 비길 만했지만 오히려 돈을 몹시 아꼈으므로 그
   를 전벽이라 일컬었음.
*54 진나라 황보밀(皇甫謐)은 글 읽기를 좋아하여 침식을 잊을 정도였으므로 그를 서음(書
   淫)이라 일컬었음.
*55 청나라 문학가 왕완(王琬)의 호.

沈寥秋令樹先知 任忘暄凉做白癡
壁靜萬蟲勤自護 簾虛一鳥慣相窺
抛他錢癖如將浼 呼我書淫故不辭
好事中州空艷羨 堯峯文筆阮亭詩

백로지(白鷺紙)*57 두 폭을 나란히 붙여서 썼는데, 글자 획이 물 흐르듯 부드럽고, 글자 한 자가 두 손바닥만큼씩이나 크다.

전에 형암과 내가 이야기를 할 때 쓸데없이 중국을 탐내고 부러워하다가, 몇 해 만에야 중국에 한 번 와서 유람하게 되었다. 하물며 지금 만리 타국에서 이 시를 보니 마치 그의 얼굴을 보는 것 같다.

⊙유리창(琉璃廠)*58 안에 있는 육일재(六一齋)에서 처음 만난 황포(黃圃) 유세기(兪世琦)는 자가 식한(式韓)이다. 눈이 맑고 눈썹이 수려하여 나는 그가 혹 반정균(潘庭筠), 이조원(李調元), 축덕린(祝德麟), 곽집환(郭執桓) 등 여러 명사들 중 한 사람이 아닌가 의심했었다. 이 여러 사람들은 나보다 먼저 그들과 사귄 친구들한테서 이야기를 많이 들었기 때문에, 그 이름이 입에 향기롭고 수염과 눈썹이 눈 앞에 선하였다.

내가 유세기와 필담을 하는 중에, 유혜풍(柳惠風)*59이 그의 숙부 탄소(彈素)*60를 북경으로 전송하면서 지은 시를 써서 보였다.

고운 국화 시든 난초가 수레에 비쳐 오는데
엷은 구름 가랑비는 가을의 마지막인가.
중국에 전해 주고자 하는 한 마디 말
지북의 어떤 사람이 다시 글 쓰고 있는가.

---

*56 왕세정(王世禎)의 호.
*57 양지(洋紙)의 한 가지. 오늘날 갱지(更紙).
*58 도자기의 제조를 관장하는 관아가 있던 곳으로, 골동품상이 많은 지역.
*59 조선 영조(英祖) 때의 실학자 유득공(柳得恭). 혜풍은 그의 호임. 회고시(懷古詩)와 기행문에 뛰어났고 저서에 냉재집(冷齋集)이 있음.
*60 유금(柳琴)의 호.

佳菊衰蘭映使車 澹雲微雨九秋餘
欲將片語傳中土 池北何人更著書

"지북의 어떤 사람은 누구를 말하는 것입니까?"
유세기가 묻기에 내가 말했다.
"이것은 완정(阮亭) 왕사정(王士禎)의 저서 지북우담(池北偶談)에 실린, 우리나라 김청음(金淸陰)*61의 일을 인용한 것이지요."
"감구집(感舊集) 가운데 있는, 이름은 상헌(尙憲), 자는 숙도(叔度)라는 바로 그분인가요?"
내가 말했다.
"그렇습니다.

엷은 구름 가벼운 비 성황당에 내릴 적
고운 국화 시든 난초라 때는 팔월이런가.

淡雲輕雨小姑祠 佳菊衰蘭八月時

라는 시가 곧 청음이 지은 것입니다. 또 완정의 논시절구(論詩絶句)에,

엷은 구름 가랑비 내리는 성황당에
국화는 수려하고 난초는 시들었으니 때는 팔월이라
조선 사신의 말씀 잊을 수 없네.
과연 동국 사람들 시를 잘 알더라.

淡雲微雨小姑祠 菊秀蘭衰八月時
記得朝鮮使臣語 果然東國解聲詩

━━━━━━━━━━━━━━━━━━━━
＊61 조선 인조(仁祖)·효종(孝宗) 때의 문신 김상헌. 청음은 그의 호임. 병자호란(丙子胡亂) 때 척화(斥和)를 주장하여 청나라 심양(瀋陽)으로 잡혀갔다가 18년 만에 돌아왔음. 저서에 청음집(淸陰集)·야인담록(野人談錄)·남한기략(南漢記略) 등이 있음.

라고 평했습니다. 혜풍의 이 시는 완정을 본받아 지은 것입니다."
그랬더니 유세기가 말한다.
"혜풍의 시는 참으로 얻기 어려운 좋은 시입니다. 과연 동국 사람들은 시를 잘 안다고 한 말이 옳습니다. 그의 다른 시를 더 듣고 싶습니다."
그래서 내가 다시 다른 시를 써 보였다.

　　글 읽느라니 눈물 흘러 천 년 역사 적시고
　　물가의 저 시인 시름도 한 없네.
　　확사*62가 엮은 시편 하도 보잘것없으니
　　치청전집이라도 어디서 구해 볼까.

　　看書淚下染千秋 臨水騷人無恨愁
　　碻士編詩嫌草草 豸靑全集若爲求

유세기는 손을 내저으며, 붓으로 '치청전집'을 가리키면서 말했다.
"이것은 금서입니다. 철군(鐵君)*63의 조상은 본래 귀국 사람이랍니다."
"이것이 왜 금서가 되었습니까?"
내가 물었지만 그는 대답하지 않았다.
내가 다시 다른 시를 써서 보였다.

　　이름난 시인으로 곽집환이 있는데
　　담원이 지은 시는 동국에 두루 퍼졌네.
　　이제까지 3년이 지나도록 소식 없으니
　　고향의 분수만 유유히 흘러 꿈속에서도 차디차네.

　　有個詩人郭執桓 澹園聯唱遍東韓
　　至今三載無消息 汾水悠悠入夢寒

---

*62 청나라 시인 심덕잠(沈德潛)의 호.
*63 이개(李鍇)의 자. 치청(豸靑)은 그의 호임.

유세기가 시에 비점(批點)을 치면서 묻는다.
"곽(郭)은 어디 시인입니까?"
"그는 태원(太原) 사람이랍니다."
내가 대답하고 다시 물었다.
"사동망(師東望)과 양유동(楊維棟)은 어떤 인물입니까?"
그는 다 모른다고 하였다.
내가 또 물었다.
"서점에 새로 출판된 회성원집(繪聲園集)이 있을까요? 첫머리에 그 두 사람의 서문이 있고, 또한 제 서문도 있습니다."
그는 곧 '회성원집' 네 글자를 써서 문수당(文粹堂)이라는 책방에 사람을 보내 구해 오도록 하였다. 그러나 심부름꾼은 돌아와서 없더라고 하였다.
"당신은 반정균(潘庭筠) 학사를 아십니까?"
내가 물으니 유세기가 말한다.
"아직 사귀어 본 일이 없습니다."
"반 학사 댁은 종인부(宗人府)와 벽 하나를 사이에 두고 있다고 했습니다. 제가 본국을 떠나 올 때 어떤 사람이 말하기를, 종인부를 찾아가서 그 대문을 지나 오른쪽으로 꺾어 돌아가면, 종인부의 벽 끝이 바로 반 선생 댁이라고 했습니다. 여기서 종인부까지 얼마나 됩니까?"
내가 물었더니 유세기가 되묻는다.
"선생은 예부(禮部)를 알고 계시지요?"
그때 마침 어떤 손님이 자리에 들어오면서 말했다.
"종인부는 찾으실 것 없습니다. 반 선생 댁은 여기서 얼마 멀지 않습니다. 양매서가(楊梅書街) 단씨(段氏)의 약방인 백고약포(白膏藥舖) 맞은편 대문 집이 바로 반 선생이 머물고 있는 집입니다."
유세기가 그 손님에게 뭐라고 몇 마디 이야기하더니 내게 물었다.
"반 선생은 작년 가을에 이곳으로 옮겨왔다고 하는데, 선생은 누구에게서 들어서 그를 알게 되셨습니까?"
내가 대답했다.
"우리나라 홍대용(洪大容)이 건륭(乾隆) 병술년(丙戌年)[64]에 공사(貢使)[65]를 따라 북경에 왔다가 반씨를 만났고, 그 뒤로도 그와 사귄 이들이 있었습니다. 그래서 저는 아직 만나보지는 못했어도 마음으로는 이미 서로 통하고 있습니다. 그는 글씨와 그림에도 능숙하여, 일찍이 복숭아나무와 버드나무를 그렸지요.

내 집은 서호(西湖) 주변의 나무 우거진 곳
초록빛 잎 다홍빛 꽃이라 바야흐로 2월이구나.
그렇게 그리운 강남으로 돌아갈 수 없는데
보드라운 먼지는 분 같고 꿈은 실낱 같기만 하구나.

吾家西子湖邊樹 淺碧深紅二月時
如此江南歸不得 輭塵如粉夢如絲

이 시를 붙여 홍대용에게 주었답니다."
그랬더니 유세기가 먹으로 커다랗게 권점(圈點)을 치고는 말한다.
"선생의 친구 홍수재(洪秀才)의 아름다운 시를 듣고 싶습니다."
"기억하고 있는 다른 것은 없고, 혜풍이 그의 숙부 탄소(彈素)를 전송하며 지은 시에 이런 게 있지요.

초록빛 잎 다홍빛 꽃이라 바야흐로 2월이 분명하구나.
보드라운 먼지는 분 같고 꿈은 가냘프기만한데
항주 선비 반향조 그대는
아름다운 그 시 구절, 남쪽의 시윤장(施閏章: 청나라 때 남쪽 지역을 대표한 시인)과 흡사하구나.

淺碧深紅二月時 輭塵如粉夢如絲
杭州名士潘香祖 可憐佳句似南施

우리나라 선비들이 중국의 명사들을 연모함이 이러하답니다."
유세기는 또다시 권점을 치면서 말한다.

---

*64 영조(英祖) 42년. 1766년.
*65 공물(貢物)을 바치러 가는 사신.

더위를 식히며 시를 논하다 707

"반정균은 참으로 뛰어난 선비입니다. 그러나 혜풍의 시 역시 아주 훌륭합니다."

그러고는, 곧 필담을 나누며 시를 쓴 종이를 거두어 품에 넣고 말한다.

"제가 막 구당시화(毬堂詩話)라는 책을 쓰고 있는 중인데, 다행히도 이토록 아름다운 이야기를 얻어들었군요."

함께 문을 나와 작별하는데, 그가 손을 들어 가리키면서 일러 준다.

"이 길이 양매서가로 가는 길입니다. 단씨의 약방은 간판에 큰 물고기를 그린 집입니다."

⊙강녀묘(姜女廟)는 산해관(山海關) 밖에 있는데, 이른바 망부석(望夫石) 사당이다.

왕건(王建)*66의 시는 이렇다.

그리운 임 바라보던 곳 강물만 유유히 흐르는데
아내는 돌로 변해 고개 돌릴 줄 모르는구나.
산 위엔 어제도 오늘도 바람 불고 비까지 뿌리지만
떠난 임 돌아오면 돌도 응당 입을 열리라.

望夫處江悠悠　化爲石不回頭
山頭日日風和雨　行人歸來石應語

세상엔 망부석이라 일컫는 것이 많아서, 그 중 하나는 태평(太平)에 있고 또 하나는 무창(武昌)*67에 있는데, 왕건이 읊은 시는 여기 있는 망부석이 아니다. 지금 이곳에 있는 행궁(行宮)은 웅장하고 화려하기가 북진묘(北鎭廟) 못지않다.

과친왕(果親王)이 금색 글씨로 쓴 주련(柱聯)은 예로부터 뛰어나다는 작품이다. 건륭(乾隆) 8년 10월에 황제가 지은 제시(題詩)를 돌에 새겼다.

---

*66 당나라 때 시인.
*67 호북성(湖北省) 무창현성(武昌縣城).

석양 무렵 고목 가지가 서늘한 바람에 울부짖는 것은
아직도 그대 낭군 조상하여 슬피 우는 소리.
천고에 내 절개 자랑할 생각 전혀 없건만
이 한 몸 죽는 것 삼강(三綱)·오상(五常) 위함이네.
이리하여 이제까지 강녀를 칭찬하고
아내 도리 다한 날 기량*68도 울리는구나.
아름다운 그의 절개 떳떳한 도리 두고두고 전해지니
그 장소가 잘못 전해진들 무엇을 탓하랴.

凉風頹樹吼斜陽 尙作悲聲吊乃郞
千古無心誇節義 一身有死爲綱常
由來此日稱姜女 盡道當年哭杞梁
長見秉彛公懿好 訛傳是處也何妨

돌 옆에 있는 조그만 정자 이름을 진의정(振衣亭)이라 하였다.
지금 청나라 황실에는 명필이 많은데 그 중에서도 과친왕이 글씨를 가장 잘 써서 미원장(米元章)*69보다도 나은 것 같다.

⊙사신을 따라 중국에 들어가는 이는 반드시 칭호(稱號) 하나씩을 가지게 마련이다. 그래서 역관(譯官)은 종사(從事), 군관(軍官)은 비장(裨將), 나처럼 한가로이 구경이나 하는 사람은 반당(伴當)이라 한다. 우리나라 말로 소어(蘇魚)를 밴댕이(盤當)라 하는데 반(伴)과 반(盤)은 음이 같다.
압록강을 건너면 이른바 반당은 은빛 모자에 푸른 깃을 꽂고, 짧은 소매에 가벼운 옷차림을 한다. 길가의 구경꾼들이 손가락질을 하면서 소리친다.
"야! 새우(蝦)다, 새우야!"
왜 새우라고 하는지 모르겠으나, 아마도 무관을 이르는 별칭인 모양이다.

---

*68 전국시대 제(齊)나라 사람. 전쟁에 나갔다가 죽었는데 그의 아내가 남편의 시체를 끌어안고 우는 소리가 하도 슬퍼서 제나라 사람이 노래를 지어 불렀다고 함.
*69 송(宋)나라 때 사람. 글과 글씨, 그림에 모두 뛰어났음. 원장은 그의 자이고, 호는 해악외사(海嶽外史)·녹문거사(鹿門居士) 등 여러 가지임.

또 지나가는 마을마다 어린아이들이 모여서 일제히, '가오리가 온다. 가오리가 와' 하거나, 또는 말 꽁무니를 졸졸 따라오면서 서로 다투어, '가오리, 가오리' 하고 소리지른다.

'가오리가 온다'는 말은 '고려인(高麗人)이 온다'는 뜻이다.

내가 웃으면서 동행들에게, '우리는 세 번이나 물고기로 변했네그려' 하였더니 모두들 '무엇이 세 가지 물고기란 말인가?' 하고 묻는다. 나는 대답했다.

"길을 떠나 올 때는 반당(伴當)이라 하였으니 이것은 소어이고, 압록강을 건너고부터는 새우라 하였으니 역시 물고기가 아닌가. 그리고 되놈의 아이들이 떼를 지어 와서 가오리라 부르니 이는 곧 홍어(洪魚)가 아닌가."

이에 모두들 한바탕 크게 웃었다.

나는 말 위에서 시 한 수를 읊었다.

푸른 깃 은빛 모자 의젓한 무관의 모습으로
요양 천 리 길 사신의 수레를 뒤쫓는다.
중국 땅에 들어서서 세 번이나 물고기로 변했지만
변변치 못한 이 몸은 본디 책벌레.

翠翎銀頂武夫如　千里遼陽逐使車
一入中州三變號　鯫生從古學蟲魚

고려(高麗)는 본래 고구려(高句驪)에서 그 국호를 딴 것으로, 구(句)자와 마(馬)변을 생략한 것이다. 산이 높고 물이 고와 고려라 하였으니, 천자문에서 금생려수(金生麗水)의 여(麗)자와 마찬가지로 마땅히 거성(去聲)으로 읽어야 할 것인데, 중국 사람들은 이를 평성(平聲)으로 읽는다. 수나라·당나라 때에도 고구려를 다 고려라 하였으니, 고려라는 이름은 그 유래가 매우 오래된 것이다.

일찍이 이덕무가 말하였다.

"고구려(高句驪)라는 이름은 한서(漢書) 지리지(地理志)에 처음으로 보이는데, 그 조상은 금와(金蛙)라고 한다. 우리나라 말로 와(蛙)를 개구리〔皆句驪〕또는 왕마구리〔王摩句麗〕라 하는데, 옛날 사람들은 소박하고 정직하여 임금의 이름으로 나라 이름을 삼았고, 그 위에 성씨인 고(高)를 붙여 고구려라 하였다."

이것이 비록 한때의 농담에 지나지 않는다 해도 매우 그럴듯한 말이다. 외국 말에는 흔히 소리는 있되 글자가 없는 수가 많은데, 중국 사람들은 그 음을 한자로 표시한다. 예를 든다면, 은(銀)을 몽고(蒙古)라 부르고, 좋은 금을 애친각라(愛親覺羅)*70라 부르며, 장사(壯士)를 예락하(曳落河)라 부르는 것 따위가 그런 것이다.

⊙산서(山西) 사람 곽집환(郭執桓)은 자가 봉규(封圭) 또는 근정(勤庭)이고, 호는 반우(半迂)·동산(東山) 또는 회성원(繪聲園)이라고 한다. 건륭(乾隆) 병인년(丙寅年)에 태어난 그는 시를 잘 짓고, 글씨와 그림에도 뛰어났다. 집안이 크게 부유하였다. 집은 호산(虎山)을 베개 삼고 문앞에는 노천(蘆泉)이 흐르고 있다.

곽집환의 아버지 곽태봉(郭泰峯)은 자가 청령(靑嶺)이고, 호는 금납(錦衲)이다. 중헌대부(中憲大夫)에 제수되었고, 다시 자정대부(資政大夫)로 승진하였다. 곽집환은 날마다 심덕잠(沈德潛)·가낙택(賈洛澤) 등 여러 명사들과 함께 그의 집에서 시를 서로 주고 받았다.

곽집환은 일찍이 같은 고을 사람인 문헌(汶軒) 등사민(鄧師閔)을 통해 우리나라 명사들에게 담원(澹園)에 대한 축하시 여덟 수를 지어 달라고 청했다. 담원은 곽집환의 아버지가 거처하는 집인데, 그는 시를 통해 아버지의 장수를 빌고 담운의 아름다움을 알리고자 했던 것이다. 나는 다음과 같이 담원팔영(澹園八詠)을 지어 주었다.

붉은 파초 푸른 돌담 밖으로 솟아 보이고
오동나무 한 그루 깊숙이 선 집 그윽하구나.
꼿꼿한 성미 평생토록 손님 대접 게으르고
어르신네 오직 저물어가는 산만 우러러보네.

---

*70 본래 만주족 일부의 이름이었는데, 뒤에 청나라 제실(帝室)의 성(姓)이 되었음. 애친은 금(金)이란 뜻이고, 각라는 종족이란 뜻이니 금인(金人)의 후예임을 나타내는 말임.

紅蕉綠石出東墻 一樹梧桐窈窕堂
傲骨平生迎送嬾 丈人惟拜暮出光

　　　　　　　　　　　　　　　내청각(來靑閣)

남쪽 벼랑에 온종일 그림자가 일렁일렁
그림자가 날 부르고 나 또한 그림자를 부른다네.
산들바람 스쳐가고 물오리 해오라기 날아가니
수많은 물결 언덕 요란하게 일렁이네.

南陀竟日影婆娑 耐可呼吾亦喚他
乍綴微風鳧鷺去 不禁撩亂百東坡

　　　　　　　　　　　　　　　감영지(鑑影池)

희끗하니 코끝에 보이는 것 있어
무엇인고 알려 하니 콧구멍이 막혔구나.
오직 그윽한 향기 꿈속에 차갑게 스며드는데
밝은 달 찬란한 빛을 희롱하는 매화로구나.

己觀微白鼻端依 欲辨臟神掩兩扉
獨有暗香侵夢冷 羅浮明月弄輝輝

　　　　　　　　　　　　　　　소심거(素心居)

만(卍)자 난간을 깊숙이 가린 소나무
바위에 늘어진 넝쿨과 어울려 푸르구나.
그림배 바람 부는 대로 내어맡기니
밤새도록 차디찬 여울물 소리만 들려온다.

松覆深深卍字欄 垂蘿欹石翠相攢
一任畫舫風吹去 盡夜寒聲瀉作灘

　　　　　　　　　　　　　　　송음정(松陰亭)

가볍게 뿜는 노을이 취한 넋을 일깨우는 듯
천마가 하늘 높이 날아 갈기를 휘날리는 듯
약초 캐러 간 유완*71 신선 찾으려다가
적성*72 아침노을에 길마저 잃었는가.

噀輕堪醒醉魂花 天裵行空翠鬣颾
採藥將尋劉阮去 路迷廉閃赤城霞

비하루(飛霞樓)

지는 꽃 떠나려는 손님 같아 만류하려
비바람에 부탁하다 도리어 핀잔만 맞았구나.
골짜기에 핀 꽃 화병에 꽂아 놓으니
일 년 삼백육십 일 언제나 봄이어라.

花似將歸强挽賓 囑他風雨反逢嗔
自從洞裏修甁史 三百六旬都是春

유춘동(留春洞)

옥자루 털이개 들고 맑은 밤 홀로 대에 오르니
구기자나무 시렁에 서리 내리고 기러기 슬피 우네.
외마디 울음소리에 찢어지듯 가을 구름이 흩어지고
멀고 먼 저 하늘에 밝은 달이 둥실.

玉麈淸宵獨上臺 杞棚霜落雁流哀
一聲割裂秋雲盡 萬理瑤空皓月來

소월대(嘯月臺)

---

*71 후한(後漢)의 유신(劉晨)과 완조(阮肇). 천태산에 들어가 선녀를 만나 반 년을 묵고 돌아오니, 10세(世)가 지나가 딴 세상이 되었더라고 함.
*72 절강성(浙江省) 천태현(天台縣) 북쪽의 산성. 천태산(天台山)에 오르는 사람은 반드시 거치게 됨.

화예 부인*73 처음 대궐에 들어갈 때
수줍어 말을 하려니 뺨 먼저 붉어졌네.
앵무새의 사리야 기이할 것도 없지만
아난*74의 도 깨달은 공 누가 알아 주랴.

花蘂夫人初入宮 含羞將語臉先紅
鸚哥舍利元非妙 誰識阿難悟道功

어화헌(語花軒)

곽집환은 자기가 지은 회성원집(繪聲園集) 판각본 한 권을 내게 보내 주면서 서문을 써달라고 청했다. 그 책을 읽어 보니 담박하고 깨끗하며 시원스럽고 소탈하여, 세속 사람의 것 같지 않다. 곽집환은 약관(弱冠) 때부터 아버지의 가업에 힘입어, 국내의 문인들을 초청하여 글 짓고 술 마시는 모임을 가졌었다. 양유동(楊維棟)·노병순(盧秉純) 등이 모두 회성원집 서문을 썼다.

그의 회진문서정(懷津門西亭 : 진문의 서정을 그리워하며)이란 시에,

향기 흩어지고 꽃 다한 조그만 뜰에도 가을이 찾아와
정자의 추녀 끝에 걸린 달은 갈고리 같구나.
북에서 날아오는 외기러기 푸른 하늘을 가로지르고
그림자는 동남으로 흘러 바다로 들어간다.

香散花殘小院秋 西亭簷角月如鉤
北來一雁橫空碧 影下東南入海流

하였고, 그의 제표요산수소폭(題表燿山水小幅 : 빛나는 산수화를 작은 폭에 쓰다)이란 시에는,

---

*73 오대(五代) 때 촉왕(蜀王) 맹창(孟昶)의 부인. 미모와 문장을 겸했음.
*74 석가(釋迦)의 사촌동생. 평생 석가의 신변에서 떠나지 않고 시중을 들었다. 석가의 설법을 누구보다도 많이 들어 알고 있었으므로, 석가가 입적한 후 여러 장로(長老)들이 모여 석가의 설법을 모아 정리할 때 가장 크게 공헌을 하였음. 10대 제자의 한 사람.

갯마을 물굽이엔 물빛이 맑고
저녁 연기에 이슬 맺힌 잎이 가려졌다 드러난다.
하늘 끝 구름 사이로 외로운 돛배 멀어져 가고
적막한 석양에 기러기 한 마리 울고 간다.

  蟹舍漁灣水色明 烟條露葉半陰晴
  雲間天際孤帆遠 寂寞斜陽一雁聲

하였다. 또 유감(有感)이란 시는,

맑은 가을 달빛이 해자를 비추고
꿈속에 회남의 갈대밭이 감도는구나.
풀숲에 음산하게 비 내려 갯벌은 적막한데
바람에 꺾인 고목 강물과 뒤섞인다.
외로운 배 의지할 데 없어 천지가 아득한데
내 그림자 정처없이 구름과 물 사이에 둥실 떠 있구나.
아득한 저 먼 곳까지 한없이 쓸쓸하여
멀고 먼 천리 만리 시름 퍼져 나간다.

  濠梁月色照淸秋 夢繞淮南蘆荻洲
  雨暗楚原連浦靜 風摧古木雜江流
  孤舟無倚乾坤濶 隻影空持雲水浮
  最是蕭條極目處 迢遙萬里使人愁

하였다.
 내가 금오(金鰲)와 옥동(玉蝀) 등지를 거닐기만 하면, 우촌(雨村) 이조원(李調元), 추루(秋樓) 반정균(潘庭筠), 지당(芷塘) 축덕린(祝德麟) 등 여러 명사들을 거의 다 만나볼 수 있으려니 했으나, 곽집환은 세상을 떠난 지 이미 6년이 지난 뒤였다〔곽집환은 건륭 을미년(1775년) 8월에 죽었다는 말을 들었다〕. 회성원집은 다시 판각한 중간본(重刊本)이 있을 것 같아 유리창

(琉璃廠)에 가서 찾아보았으나 끝내 구하지 못해 몹시 유감스러웠다.

⊙윤형산이 검은 종이를 발라 만든 조그만 부채를 꺼내 금빛 물로 대나무와 바위를 그리고 시를 썼다.

　　푸른 대나무에서 군자를 우러르고
　　언덕 모퉁이에서 그리운 음성 들려오네.
　　그대의 모습 그린 부채 펼쳐 들고
　　손을 맞잡으니 마음이 서로 통하네.

　　綠竹瞻君子 卷阿矢德音
　　揮毫開便面 握手得同心

그 아래에다, '윤가전(尹嘉銓)이 씀. 나이는 70'이라고 썼다.

⊙명시종(明詩綜)에 나의 5대조인 금양군(錦陽君)이 지은 대동관제벽(大同館題壁)이란 시가 실려 있다.

　　고구려는 한나라 홍가*75 때 일어났으나
　　이제 옛 궁터만 풀숲에 가리웠네.
　　슬프다 을지문덕의 죽음이여
　　나라가 망했으나 후정화*76 탓은 아니었네.

　　高句驪起漢鴻嘉 宮殿遺墟草樹遮
　　惆悵乙支文德死 國亡非爲後庭花

고구려가 일어난 시기는 홍가 때가 아니라 한(漢)나라 원제(元帝) 건소

---

*75 한(漢)나라 성제(成帝)의 연호. B.C. 20~17년. 신라 박혁거세(朴赫居世)·남해왕(南解王) 때임.
*76 남북조(南北朝) 진(陳)나라 후주(後主)가 부른 망국적인 노래. 옥수후정화(玉樹後庭花)의 생략.

(建昭)*77 2년이다.

성제(成帝)의 홍가 3년은 백제(百濟) 태조(太祖) 고온조(高溫祚)가 직산(稷山)에 도읍한 해였는데, 내 5대조께서 우연히 실수를 하셨던 것이다. 그래서 유식한(兪式韓)의 구당록(毬堂錄)에는, 일지록(日知錄)*78에서 인용한 우리나라 역사 자료인 서경대전(書經大傳)을 고증(考證)해서 이 시의 홍가라는 연호가 잘못 되었다는 것을 바로잡아 놓았다. 중국 선비들은 고증과 변증에 자상하기가 대개 이러하여 박식하다는 말을 듣는 이가 많다.

⊙장주(長洲) 지방 출신인 회암(海菴) 우동(尤侗)이 지은 외국죽지사(外國竹枝詞)에는, 맨 첫머리에 우리나라를 싣고 그 아래 백여 나라의 민요와 토산(土産)의 대강이 기록되어 있다. 그 서술된 내용을 보면 우리나라의 것도 잘못된 것이 허다한데, 하물며 사해 밖 만 리나 떨어진 머나먼 곳, 문자조차 없어서 그 토속(土俗)에 정통할 수 없는 곳임에랴.

그 책에 우리나라에 대해서는,

고구려를 하구려라 낮추어 불렀다니
조선이라는 옛 이름만 못하구나.
천 리 땅 그 서울에 온갖 놀이 펼쳐지니
한성에서 오히려 한나라 옛 모습을 보겠구나.

高句驪降下句驪 未若朝鮮古號宜
千里王京陳百戱 漢城猶見漢官儀

이라 하고 그 주석에, '고조선이 모두 고구려에 병합되니, 수(隋)나라가 고구려를 쳤으나 굴복하지 않으므로 이를 낮추어 하구려(下句驪)라 하였다. 명(明)나라 홍무(洪武) 때 그들이 중국에 조공하고 조칙(詔勅)을 받들었으므로 다시 조선이라 일컫고 한성(漢城)을 서울로 삼았다. 중국의 칙사가 갈

---

*77 한나라 원제(元帝)의 연호. 2년은 B.C. 37년, 신라 박혁거세 21년임.
*78 청(淸)나라 고염무(顧炎武)가 지은 책. 32권. 그가 글을 읽다 요긴한 것이 있으면 적어 놓았다가 정리 편찬한 것으로 그 범위가 넓음.

때마다 여러 가지 연희를 베풀었다'고 하였다. 또,

긴 웃옷 넓은 소매 머리에는 절풍건
다듬은 종이에 붓은 이리털, 한자를 진서라 하네.
나라의 유구함은 스스로 이어 온 역사에 전해오니
상서*79에 말한 홍범구주*80의 사람이런가.

長衫廣袖折風巾 硾紙狼毫漢字眞
自序世家傳國遠 尙書篇內九疇人

하였고 또,

여덟 살 어린아이 황창
칼춤이 뛰어나 백제 임금 베었다네.
한가위엔 다시 회소곡을 부르니
아침부터 길쌈한 명주 대바구니로 가득.

小兒八歲號黃昌 舞劒能誅百濟王
更唱嘉俳會蘇曲 朝來蠶績已盈筐

이라 하고 그 주석에, '신라의 황창랑(黃昌郞)*81이 여덟 살에 왕을 위해, 백제로 가서 거리에서 칼춤을 추었다. 백제왕이 그를 대궐로 불러들여 춤을 추게 하였더니, 그는 춤을 추다가 왕을 찔러 죽였다. 7월 보름날이면 신라왕이 왕녀로 하여금 6부(部)의 여자들을 거느리고 넓은 마당에서 길쌈을 시작하게 하여, 8월 보름에 그 성적을 심사해서, 진 편에서 술을 장만하여 이긴 편에 대접하고, 서로 노래하고 춤을 추었다. 이것을 가배(嘉俳)라 하였다.

---

*79 서경(書經)의 다른 이름.
*80 기자(箕子)가 주(周)나라 무왕(武王)의 물음에 대해 대답한, 천하를 다스리는 아홉 가지 대법(大法).
*81 황창랑(黃倡郞)으로도 씀.

이때 한 여자가 일어나 춤을 추면서 회소곡(會蘇曲)을 부른다. 나중에 조선이 신라를 토멸한 뒤에 이를 모방하여 황창(黃昌)·회소(會蘇) 두 곡을 만들었다'고 하였다.

기여천(奇麗川)이 소대총서(昭代叢書)*82를 꺼내다가 이 부분을 찾아서 보여주었다.

내가 윤형산(尹亨山)에게 물었다.

"국호를 낮추어 하구려(下句驪)라 부른 것은 왕망(王莽) 때 일입니까?"

그는 그렇다고 대답한다.

"'스스로 이어 온 역사'란 구절은 완전히 잘못된 것입니다. 기자 조선은 위만 조선에게 쫓겨났지요."

내가 말하자 윤형산이 말한다.

"이는 동방의 삼국을 통틀어서 말한 것이지 단순히 귀국만을 가리켜 말한 것이 아닐 것입니다. 그가 '나라가 오래되었다' 한 것은 기자 때부터를 말한 것으로, 대개 조선이란 국호는 귀국을 찬미한 것이지요. 그러나 이 시는 잘 지었다고 할 수 없어서, 마치 어리석은 사람이 꿈 이야기를 하는 것 같고, 신발을 신은 채 가려운 발바닥을 긁는 것이나 다름없습니다."

"그 주석에, '조선이 신라를 토멸했다'는 것은 더구나 잘못된 말입니다. 우리나라는 고려를 계승했고, 고려는 신라를 계승했는데, 어찌 조선이 5백 년 전의 신라를 칠 수 있었겠습니까?"

내 말에 기여천이 말한다.

"이른바 을축갑자(乙丑甲子)로군요."

그래서 모두 크게 웃었다.

"지금의 시인으로 국내에서 으뜸인 분은 누구입니까?"

내가 윤형산에게 물었더니 윤형산이 대답했다.

"나라가 큰지라 거장과 천재가 없을 수 없겠지만, 저는 늙고 세상 일을 다 끊었으므로 젊고 재주 있는 사람을 알지 못합니다. 저의 오래된 친구 태사(太史) 원매(袁枚)는 자가 자재(子才)로, 고고하고 세상 일에 얽매이지 않는 뛰어난 선비입니다. 그는 벼슬하기를 좋아하지 않고 자유롭게 산수에 노

---

*82 청(淸)나라 장조(張潮)가 지은 책.

닐며 회고적(懷古的)인 작시에 아주 뛰어나지요."
 이어 원매의 시 몇 구절을 소리 높여 읊조리는데, 나는 알아들을 수가 없어 글자로 써서 보여달라고 부탁했다. 원매의 박랑성(博浪城)이란 시는 이렇다.

  진인은 약초 캐러 봉래산으로 달려갔는데*83
  박랑*84의 모래톱이 아득하니 망해대에 이어졌구나.
  구정*85은 잠겼으나 삼호*86가 일어섰는데
  철퇴가 날아오니 여섯 왕이 넘어졌네.*87
  범과 용이 기개 높아 황금도 다했는데
  산도깨비도 소리 없으니 백벽*88만 슬프구나.
  열흘*89을 두고 찾다 못해 손을 떼었으니
  그대같은 기이한 재주 예부터 없었도다.

  眞人採藥走蓬萊 博浪沙連望海臺
  九鼎尙沈三戶起 六王纔畢一椎來
  虎龍有氣萬金盡 山鬼無聲白璧哀
  大索十日還撒手 如君從古儘奇才

 이 시만 보더라도 중국 사대부들의 심정을 넉넉히 짐작할 수 있다. 청나라를 진시황에 비유하여 한인들의 심정을 나타낸 이 시를 윤형산이 굳이 읊은

---

*83 진시황(秦始皇)이 서시(徐市)로 하여금 동남·동녀 5백 명을 거느리고 동쪽 섬으로 가서 불로불사약을 구하게 한 일.
*84 한(漢)나라 장량(張良)이 창해역사(滄海力士)로 하여금 박랑(博浪)의 모래톱에서 진시황을 저격하게 했으나 실패했다.
*85 구정은 하우(夏禹) 때부터의 신기(神器)였으므로, 이 구정이 잠겼다는 것은 나라가 망했다는 뜻임.
*86 초(楚)나라의 소(昭)·굴(屈)·경(景) 세 대성(大姓). 곧 항우(項羽)가 일어섰다는 말.
*87 한(韓)·조(趙)·위(魏)·연(燕)·제(齊)·초(楚) 여섯 나라가 망함.
*88 진시황의 손자 자영(子嬰)이 패공(沛公 : 뒤의 한나라 高祖)에게 흰 구슬(白璧) 한 쌍을 바치고 항복한 일.
*89 진시황이 자기를 저격한 사람을 열흘 동안 찾다가 못 찾고 그만둔 일.

의도 역시 분명하다. 그런데 윤형산이 기여천을 꺼리지 않고 이런 시를 읊은 것은 웬일일까?

⊙강희(康熙) 무오년(戊午年)*⁹⁰에 강우(江右)*⁹¹의 여자 계문란(季文蘭)이 오랑캐에게 붙들려 심양(瀋陽)으로 팔려 가는 길에 진자점(榛子店)에 이르러 벽에다 시 한 수를 적었다.

쪽 찐 머리 헛되고 옛 단장 가련한데
비단 치마는 갈기갈기 처참하여라.
아버님 어머님 어떠신지 어디 가 알아볼까
봄바람에 흐느끼며 심양으로 향할 수밖에.

椎髻空憐昔日粧 征裙換盡越羅裳
爺孃生死知何處 痛哭春風上瀋陽

그리고 그 아래에 이렇게 썼다.
"저는 강우(江右)의 수재(秀才) 우상경(虞尙卿)의 아내 되는 사람입니다. 남편은 되놈에게 살해당했고, 저는 지금 왕장경(王章京)에게 팔려 심양으로 가는 길입니다. 무오(戊午) 정월 21일, 눈물을 뿌리며 벽에 이 글을 쓰는 바, 바라옵건대 천하의 너그러우신 분은 이것을 보시고 이 몸을 가엾이 여기시어 구원해 주시기 바랍니다. 제 나이는 이제 21살입니다."

6년 후 계해년(癸亥年)에 청성부원군(淸城府院君) 김석주(金錫冑)*⁹²가 사신으로 오는 길에 이곳을 지나다가 이 시를 기록해 돌아갔고, 다시 30여 년 후 노가재(老稼齋) 김창업(金昌業)이 또 이곳을 지나는데 벽에 쓴 글씨가 그대로 남아 있더라고 했다. 이번에 내가 노가재로부터 60년 후에 또 이곳을 지나다가 그 일을 떠올리면서 시를 찾아보았으나 벽에는 글씨가 남아

---

*90 조선 숙종(肅宗) 4년. 1678년.
*91 양자강 남쪽 지방.
*92 조선 숙종 때의 문신. 호는 식암(息庵). 저서에 식암집(息庵集)·해동사부(海東辭賦) 등이 있음.

있지 않았다. 내가 우연히 그 시에 대해 기풍액(奇豊額)에게 말했더니, 그는 말없이 눈물을 떨구면서 되묻는다.

"진자점이 어디 있습니까?"

"산해관 밖에 있습니다."

내가 대답하였다.

그랬더니 기풍액은 곧 시를 읊었다.

아름답게 단장하고 갑자기 오랑캐에게 끌려가니
호가*93의 다섯째 곡조 간장을 에는구나.
천하에 사나이 많다 하나 조맹덕 같은 이 없으니
뉘라서 천금으로 채문희를 속환할 것인가.*94

紅粧朝落鑲黃旗 茄拍傷心第五詞
天下男兒無孟德 千金誰贖蔡文姬

⊙강희제의 산장시(山莊詩)는 모두 36수가 있지만, 모두가 천박하고 치졸하여 운치라곤 없다. 그것은 대개 억지로 읊어서 평소에 품고 있던 포부를 드러내려 했기 때문이다. 여러 신하들은 그 시를 온갖 책에 수록하고 널리 주석까지 달았다.

강희제의 연파치상(煙波致爽)이란 시가 있다.

산장에 와 자주 더위를 피하니
조용하고 잠잠하여 시끄럽지 않다

山莊頻避暑 靜默少喧嘩

---

*93 한(漢)나라 말에 채문희(蔡文姬)가 호인(胡人)에게 몸이 팔렸다가 돌아온 뒤에 호가십팔박(胡茄十八拍)을 지어 슬퍼했다.

*94 채문희는 조조(曹操)가 천금(千金)으로 속환했는데, 계문란은 누가 속환할 것인가 하는 뜻임.

여기에는 주석을 달 필요도 없는데, 허다한 설명에 별별 주석을 다 끌어다 붙였다.

주석을 붙인 사람은 양(梁)나라 소통(蕭統)[*95] 시의,

'수레를 명하여 산장을 나온다(命駕出山莊)'

라는 구절과, 유우석(劉禹錫)[*96] 시의

'푸른 송라 우거진 아래 산장이 하나(綠蘿陰下有山莊)'

라는 구절과, 대숙륜(戴叔倫)[*97] 시의

'지초밭 대추나무 선 두둑길 발길들이 잦구나(芝田棗逕往來頻)'

라는 구절과, 손적(孫逖)[*98] 시의,

'경치 좋고 숲과 정자 또한 좋은데 청명하니 잔치가 잦구나(地勝林亭好 時淸宴賞頻)'

라는 구절과, 위징(魏徵)[*99]의 구성궁예천명(九成宮醴泉銘)의

'황제께서 구성궁에서 더위를 피하셨다(皇帝避暑乎九成之宮)'라는 대목과 양(梁)나라 간문제(簡文帝)의 납량시(納凉詩)의,

'오동나무 아래서 더위를 피하니 가벼운 바람 때로 옷깃으로 스며드네(避暑高梧側 輕風時入襟)'

라는 구절과, 백거이(白居易)[*100] 시의,

'봄철이라 바라보니 꽃이 따사롭고 더위 피하는 대숲 바람이 서늘도 하다(望春花景暖 避暑竹風凉)'

라는 구절과, 남사(南士) 심인사(沈麟士)[*101] 열전의,

'나이 여든 지났는데도 귀와 눈이 아직 초롱초롱하여, 남들이 말하길 몸을 잘 보양하고 조용히 수양했기 때문이라고 하였다(年過八十耳目猶聽明 人以

[*95] 양(梁)나라 때의 문학가.
[*96] 당나라 때의 시인. 저서에 유빈객집(劉賓客集)이 있음.
[*97] 당나라 때 문장가. 시집이 있음.
[*98] 당나라 때 문장가.
[*99] 당나라 때 학자. 황제의 명으로 주사(周史)・수사(隋史)를 개정(改訂)했음. 저서에 유례(類禮)・군서치요(群書治要)가 있음.
[*100] 당나라 때 시인. 자는 낙천(樂天)이므로 흔히 백낙천이라 일컬음. 만년에 술과 시로 자적(自適)하여 스스로 취음선생(醉吟先生)이라 일컬었음.
[*101] 남제(南齊) 때의 학자. 경사(經史)에 정통했고 청렴하였으며 저서에 주역양계(周易兩繫)・장자내편훈주(莊子內篇訓註) 등 많음.

爲養身靜默所致)'
라는 대목과, 황보증(皇甫曾)*102 시의,
 '풀은 비온 뒤 화창한 가운데 자라고, 꾀꼬리는 조용하고 잠잠한 가운데 운다(草長光風裡 鶯啼靜默間)'
라는 구절과, 하손(何遜)*103 시의,
 '보이는 것 들리는 것 무엇 하나 시끄러움 없네(視聽絶喧嘩)'
라는 구절 등을 인용하였다.

강희제의 시는 겨우 두 구절밖에 안 되고 게다가 뜻을 모를 사람이 없겠는데, 어째서 그처럼 많은 주석을 달아야 했을까? 황제의 치졸한 작품에 어찌 그처럼 많은 출처를 인용해야 했을까?

주자(朱子)는 '시경(詩經)의 꾸꾸 우는 물수리라는 관관저구(關關雎鳩)에 무슨 출처가 있었던가?' 하였으니, 이야말로 시학(詩學)의 대성(大成)이라 하겠다.

⊙거리에서 요란하게 외우는 소리는 하간전이요
　규중에서 슬피 흐느끼는 노래는 양백화로구나*104

　　街頭喧誦河間傳 閨裡悲歌楊白華

이 시는 점필재(佔畢齋)*105가 사방지(舍方知)를 풍자한 시이다. 사방지라는 자는 천민(賤民)으로 어려서부터 여자 옷을 입고 얼굴에 연지를 발라 치장하였으며 바느질을 배웠다. 자라서는 벼슬아치들의 집에 드나들게 되었다.

천순(天順)*106 7년 봄에 헌부(憲府)*107에서 이런 소문을 듣고 그를 체포해

---

*102 당나라 때의 시인.
*103 양(梁)나라 때의 문인. 저서에 하수부집(何水部集)이 있음.
*104 하간전(河間傳)은 유종원(柳宗元)이 지은 것으로 음란한 부인에 대한 전기. 양백화(楊白華)는 위(魏)나라 호태후(胡太后)가 명장 양대안(楊大眼)의 아들 양화(楊華)를 사모하여 지은 노래임.
*105 조선 세조(世祖)·성종(成宗) 때의 학자 김종직(金宗直). 점필재는 호임. 성리학자(性理學者)로 학문과 문장에 뛰어나 사림파(士林派)의 종조(宗祖)가 되었음. 동국여지승람(東國輿地勝覽)을 편찬했으며, 점필재집(佔畢齋集)·청구풍아(靑丘風雅) 등의 저서가 있음.

문초했더니 그는 한 여승과 사통하고 있었다. 그 여승을 잡아 심문하니 이렇게 말했다.

"그의 양물(陽物)이 대단히 큽니다."

그래서 여의(女醫) 반덕(班德)을 시켜 만져보도록 하였다. 그러고는 영순군(永順君) 이부(李溥)와 하성위(河城尉) 정현조(鄭顯祖) 등도 또한 만져보고는 모두 혀를 내둘렀다.

"정말 크군!"

당시 중국에도 이러한 일이 있었다. 오군(吳郡) 양순길(楊循吉)이 지은 봉헌별기(蓬軒別記)에 이야기가 실려 있다.

성화(成化)*108 경자년, 서울에 한 과부가 있었다. 바느질을 잘 하고 젊고 아름다운 데다가 발은 네 치를 넘지 않았다. 부유한 양반집들은 그를 서로 데려가 집안 사람들에게 수놓는 법을 가르치도록 했다. 과부는 남자를 보면 당장에 수줍어하며 피했다. 밤에는 수를 배우는 사람들을 따라가서 함께 자면서도 언제나 자는 방의 문을 단단히 채워 두어서 사람들은 그가 몸조심을 철저히 한다고 믿었다.

태학에 다니는 어떤 자가 그 과부를 사모하여 자기 아내를 누이동생이라 속이고 과부를 자기 집으로 불렀다. 그는 아내에게 '밤에 문을 열고 변소에 가는 척하고 나오라'고 넌지시 일러두었다. 밤이 깊어 아내가 방에서 나오자 남편이 곧 방으로 뛰어들어 촛불을 끄니, 과부가 소리를 질렀다. 남편은 과부의 목을 끌어안고 달려들었는데 과부는 뜻밖에도 남자였다. 그래서 그를 결박하여 관청으로 보내 문초해 보았더니, 그의 성명은 상중(桑沖)이고, 나이는 24살이었다. 그는 어려서부터 전족(纏足)*109을 했다고 하였다. 법사(法司)에서 이 사건을 보고하니 헌종황제(憲宗皇帝)는 그를 요사스러운 인간이라 하여 극형에 처했다.

---

*106 명(明)나라 영종(英宗)의 연호. 1457~1464년. 7년은 조선 세조(世祖) 9년. 1463년임.
*107 사헌부(司憲府). 시정(時政)을 논핵(論劾)하고 백관을 규찰(糾察)하며 기강과 풍속을 바로잡는 일을 맡아 본 관아.
*108 명나라 헌종(憲宗)의 연호. 경자년은 성화 16년. 조선 성종(成宗) 11년. 1480년임.
*109 중국 여자가 어릴 때 천으로 발을 단단히 감아 싸서 커지지 않게 하던 풍습.

⊙ 망부석(望夫石)에는 천산(千山) 범광원(范光遠)의 시가 있다.

만리장성 쌓은 이는 보이지 않고
다만 열녀의 자취만 완연하구나.
묻노라 만리장성 너는 알리라
이 돌 한 조각 어찌된 것인가.

不見築城人 但見貞女迹
試問萬里城 何如一片石

⊙ 강희(康熙) 때 간행한 전당시(全唐詩)는 모두 120권이나 되니 좀처럼 누락된 것이 없을 것 같은데, 당나라 현종(玄宗)이 지어 신라 경덕왕(景德王)에게 보낸 오언(五言) 십운(十韻)의 시는 거기에 수록되지 않았다. 삼국사기에, '신라 경덕왕 15년 봄 2월에 왕은 당나라 현종이 촉(蜀)에 가 있다는 말을 듣고, 사신을 보내 당나라 절강(浙江)으로 들어가 성도(成都)에 도착하여 조공하였다. 현종은 조서를 내려 '신라왕이 해마다 조공을 바치고 예악(禮樂)과 의리(義理)를 잘 지키므로, 이를 가상히 여겨 시 한 수를 지어 보낸다' 하였는데 그 시는 이러했다.

사유(四維)*110가 나뉘고 해와 달이 빛나니
만물이 모두 중추에 모였구나.
온 천하가 다 폐백을 가지고
산 넘고 바다 건너 서울로 모여드네.
멀리서 생각하니 가는 길이 막혔어도
오랜 세월 왕궁 위해 수고하네.
끝도 없이 넓은 이 땅이 다한 곳
아득한 저 바다 구석에 있되
말과 더불어 의리를 잘 지키는 나라이니

---

*110 사방의 구석. 곧 동남·서남·서북·동북의 네 귀퉁이.

어찌 산천이 다르다 하랴.
사신이 가면 풍속과 교화를 전하고
사신이 오면 성현의 가르침 배운다.
의관이 단정하니 예의 받들 줄 알고
성실하고 신의 있어 유학 숭상할 줄 아네.
정성스럽구나 하늘이 굽어보시니
어질구나 그 덕이 외롭지 않으리.
깃발 드높이 세워 함께 백성 다스려
정성 어린 선물 어찌 생민에 비하랴.
그 푸른 뜻 더욱더 존중하여
바람 서리에도 언제나 변치 마오.

四維分景緯 萬象含中樞
玉帛遍天下 梯航歸上都
緬懷阻靑陸 歲月勤黃圖
漫漫窮地際 蒼蒼連海隅
興言名義國 豈謂山河殊
使去傳風敎 人來習典謨
衣冠知奉禮 忠信識尊儒
誠矣天其鑒 賢哉德不孤
擁旄同作牧 厚貺比生芻
益重靑靑志 風霜恒不渝

송(宋)나라 선화(宣和)[*111] 연간에 고려 사신 김부의(金富儀)[*112]가 이 시의 각본(刻本)을 만들어 가지고 가서 관반(館伴)[*113]인 학사 이병(李邴)에게 보였고, 이병은 이를 휘종황제에게 올렸는데, 황제는 곧 양부(兩府)와 여러

[*111] 송(宋)나라 휘종(徽宗)의 연호. 1119~1125년. 고려 예종(睿宗)·인종(仁宗) 때임.
[*112] 고려 인종(仁宗) 때의 문신. 김부식(金富軾)의 아우. 서장관(書狀官)으로 송나라에 다녀왔음.
[*113] 외국 사신을 접대하는 임시 벼슬.

학사들에게 보이며 감탄해 마지않았다.

"진봉시랑(進奉侍郞)이 올린 이 시는 진실로 당명황(唐明皇)*114의 글이 분명하다!"

이 시가 중국에 들어가서 도군(道軍)*115이 감상까지 하였는데도, 후세에 당시(唐詩)를 편찬하는 사람이 모두 이를 보지 못하여 수록하지 않았다. 이제 전대(前代)에 잃어버린 글은 견문(見聞)만으로는 다 찾아낼 수 없는 노릇이어서 해외 여러 나라 선비들이 도리어 간혹 누락된 작품을 밝혀 낸 공이 있었음을 비로소 알게 되었다. 이 어찌 우리에게 다행이 아니겠는가?

⊙오중(吳中)*116은 예로부터 건달과 사기꾼이 많은 곳이지만 또한 문장을 잘 하고 글씨와 그림에 뛰어난 이름 있는 선비들이 많았다. 그러나 중원(中原) 사람들은 그들을 미워하여, 장사치나 거간꾼을 지목할 때에는 항주풍(杭州風)이라 비웃었다. 대개 오중 사람들은 교활한 술책이 많았기 때문이다.

전당(錢塘) 사람인 전여성(田汝成)*117이 쓴 위항총담(委巷叢談)에는 이런 내용이 있다.

"항주(杭州)는 풍습이 천박하고 미덥지 못하여, 남을 경솔하게 칭찬하거나 마구 헐뜯는다. 도청도설(道聽塗說 : 길거리에 떠돌아 다니는 소문)을 함부로 지껄일 뿐 차근차근 생각해 보는 일이 없다. 예를 들어, 누가 이상한 물건을 가지고 있다든가, 어떤 집에 괴이쩍은 일이 있다든가 하는 따위의 말을 한 명이 하면, 백 사람이 덩달아 의심쩍은 것을 알아보지도 않고 마치 자기 눈으로 똑똑히 본 것처럼 맞장구를 친다. 이것을 비유하면 바람과 같아서 일어나는 첫머리가 없고, 지나가도 그림자가 없어서 그 자취를 찾아볼 길이 없는 것과 같다. 그러므로 속담에 '항주풍은 겉만 보고 좋다 나쁘다 떠드는 것이 모두 한 특색이다' 했고 또 '항주풍은 한 묶음의 파와 같아서 대가리의 꽃은 겹겹이 피었

---

*114 당나라 현종(玄宗).
*115 당나라 휘종(徽宗)이 스스로 자기를 일컬은 칭호.
*116 강소성(江蘇省) 오현(吳縣). 춘추(春秋) 때 오나라의 수도였기 때문에 일컫는 말임.
*117 명나라 때 인물로, 자는 숙화(叔禾)이고, 서호유람지여(西湖遊覽志餘) 26권 등의 저서가 있다. 연암이 인용한 위항총담은 서호유람지여에 들어 있는 한 부분임.

으나 속에는 아무것도 없다'고 했다. 또한 그들의 습성은 거짓으로 꾸미기를 좋아하여 눈앞의 이익만 좇고, 뒷일은 생각하지 않는다. 그리하여 술에 재를 타고, 닭의 배에 모래를 채우며, 거위 배에 바람을 불어 넣는다. 또 고기나 물고기에 물을 집어 넣고, 천에 기름이나 분가루를 바른다. 이것은 송나라 때부터 그러하였다."

내가 언젠가 기풍액에게 육비(陸飛)*118의 글씨와 그림이 뛰어난 것을 이야기했더니 그는 '그쯤 아무것도 아닌 벌레입니다' 하였다. 이 역시 항주풍을 두고 하는 말이었다. 북쪽 사람들이 남쪽 선비를 미워함이 대개 이러하였다.

◉두기(杜機) 최성대(崔成大)*119의 이화암노승가(梨花菴老僧歌)에 '오왕은 연극 보다가 퇴결*120을 슬퍼하고 전수는 중이 되어 인필*121에 의지했네(吳王看戱泣椎結 錢叟爲僧托麟筆)'라고 했다. 우리나라 선배들은 매양 중국의 사정에 대하여 언제나 풍문에 휩쓸려 사실을 잘 알지 못한다. 여기서 이른바 오왕이란 오삼계(吳三桂)를 말하는 것이고, 전수는 전겸익(錢謙益)을 말한다. 두 사람은 모두 오랑캐에게 항복하여 머리가 희어지도록 쓸쓸하게 지냈다. 오삼계는 의거(義擧)를 빙자하여 먼저 참람되게 왕이라 자칭한 자요, 전겸익은 저술한다는 핑계를 대어 큰 절개를 깨뜨린 변절한 자이다. 이에 대한 후세의 비난을 교묘히 모면하려고 했지만, 누가 그것을 믿을 것인가?

우리나라 속담에 사물에 어두운 것을 '몽롱춘추(朦朧春秋)'라고 한다. 우리나라 사람들은 춘추대의에 대해 이야기하기를 좋아하지만, 이와 같이 실제로는 몽롱하게 알고 있는 경우가 많으니, 어찌 만주인들의 웃음거리가 되지 않겠는가?

◉송(宋)나라 휘종(徽宗) 대관(大觀)*122 연간에 섭몽득(葉夢得)이 고려

---

*118 청나라 때 사람. 시에 뛰어나고 산수화도 잘 그렸음. 저서에 수음집(筱飮集)이 있음.
*119 조선 숙종(肅宗) 때의 문신. 시문에 뛰어났음. 저서에 두기집(杜機集)이 있음.
*120 남월(南越)의 풍속. 머리를 뒤로 늘어뜨려 트는 상투의 한 가지.
*121 사관(史官)의 붓. 또는 사관(史官).

사신의 관반(館伴 : 외국 사신을 접대하는 관직)이 되었다. 전례(前例)로는 사신이 대궐에 도착하면 한 달여 만에 돌려보냈으나, 휘종은 사신에게 과거 합격자의 발표와 상지(上池)를 구경시키려고 거의 70일이나 머물러 있게 하였다. 사신은 몸가짐이 단정하고 우아하여 섭몽득은 점운관(占雲觀)*123까지 나와서 사신을 전송했다. 그때 사신의 부사(副使) 한교여(韓皦如)가 섭몽득에게 옥대(玉帶)를 선사하였다.

"이것은 당나라 때의 골동품으로 저희 집안에서 대대로 전해 내려온 보배입니다."

그러면서 홀(笏)*124에다 시 한 수를 써 주었다.

이별하려니 흐르는 눈물 걷잡을 수 없네
살아생전 다시 만날 기약 없어라.
외람되게 보배 띠로 깊은 뜻 표하노니
이 물건 볼 때마다 이 사람 잊지 마오.

泣涕汍瀾欲別離 此生無復再來期
謾將寶帶陳深意 莫忘思人見物時

섭몽득은 고려 사신이 물건을 선사하는 것은 전례가 없는 일이라며 굳이 사양하면서도, 시가 비록 투박하지만 그 뜻은 알 만하다며 칭찬했다.

⊙ 옹정(雍正)*125 초에 칙사 서산(書山)이 부벽루(浮碧樓)에 올라, '풍물은 홀로 옛 모습 그대로건만 산하는 오히려 부끄러움을 띠었다(風物獨依舊山河猶帶羞)'라는 시를 써 놓았다. 서산은 만주인인데 갑자기 자기들 뜻과는 엉뚱하게 한(漢)나라를 생각하는 시를 지은 것은 무슨 까닭일까?

---

*122 송나라 휘종(徽宗)의 연호. 1107~1110년. 고려 예종(睿宗) 때임.
*123 구름의 기운을 보아 길흉을 예측하는 관아.
*124 벼슬아치가 조회 때 조복(朝服)에 갖추어 손에 드는 물건. 상아나 나무로 얄팍하게 만든 것인데, 요긴한 사항을 적어 잊지 않게 함.
*125 청나라 세종(世宗)의 연호. 1723~1735년, 조선 경종(景宗)·영조(英祖) 때임.

⊙얼마 전에 중국 상선(商船) 하나가 표류하여 옹진(甕津)에 와 닿았다. 배 안에는 시를 잘 짓는 사람이 있어서, 그가 수사(水使)*126에게 율시(律詩) 한 편을 올렸다.

고국의 변한 음률 누가 슬퍼할까
이국 땅에서 이 몸 이름 말하기 부끄럽소.
천추의 주의(周顗)*127 신정에 눈물 뿌렸거니
이제 바다에 뿌려본들 마르지 않으리.

故國誰憐鍾簴變 殊方還愧姓名通
千秋周顗新亭淚 空灑滄溟水不窮

아쉽게도 시의 전편(全篇)을 얻을 수가 없고, 시인의 성명조차 전해지지 않는다.

⊙섭몽득이 지은 석림시화(石林詩話)에 이런 이야기가 실려 있다.
"고려는 태종(太宗) 때부터 오래도록 조공을 바치지 않다가 원풍(元豊) 초에 이르러 비로소 사신을 보내 왔다. 신종(神宗) 황제가 장성일(張誠一)을 관반(館伴)으로 삼아서 고려가 다시 내조(來朝)하게 된 뜻을 물었다. 사신은 고려가 거란과 이웃해 있는데, 그들의 토색질이 하도 심하여 국왕 왕휘(王徽 : 고려 문종)가 항상 화엄경(華嚴經)*128을 외우면서 중국에 태어나기를 빌다가, 어느 날 밤 꿈에 홀연 북경에 이르러 성읍(城邑)과 궁실(宮室)의 장엄함과 화려함을 두루 구경하고는 꿈을 깬 뒤로도 이를 흠모하여 다음과 같은 시를 지었다.

인연도 고약하여 거란과 이웃하니
한 해에도 조공을 몇 번이나 바치던가.

---

*126 수군절도사(水軍節度使)의 준말. 한 지역의 수군을 통솔하는 무관.
*127 진(晉)나라 사람. 친구의 죽음을 막아내고 후에 자신은 살해당했음.
*128 석가모니가 성도(成道)한 후 맨 처음 설한 경문.

뜻밖에 이 몸 중국에 왔으나
애닯다 깊은 대궐 날이 새려 하네.

惡業因緣近契丹 一年朝貢幾多般
移身忽到中華裡 可惜深宮滴漏殘."

⊙ 전수지(錢受之)*¹²⁹가 말한, '나라 안에 전쟁이 없어 혼자 앉아 있네(國內無戈坐一人)'라는 것은 김모재(金慕齋)*¹³⁰가 지은 것으로 그의 본집(本集)에 실려 있다. 전수지는 황화집(皇華集) 발문(跋文)에서 이 시를 조롱하였다. 그러나 이것은 실제 홍산(鴻山) 화찰(華察: 명나라 가정 연간 조선에 사신으로 왔던 사람)이 조서를 받들고 칙사로 왔을 때 남긴 나쁜 전례이다.

예를 들어, '넓은 들판에는 끝없는 물, 긴 하늘엔 한 점의 기러기(廣野無邊水 長天一點鴻)'라는 구절의 뜻을 새길 때 곧 들 야(野)자는 넓다(廣)는 뜻으로, 하늘 천(天)자는 길다(長)는 뜻으로 썼으며, 물 수(水)자는 변이 없으니 무변(無邊)이 되고, 기러기 홍(鴻)자는 비점(批點)을 찍으니 한 점(一點)이 된다. 이런 것을 일러서 글자 2개가 모여 하나의 뜻이 된다는 것이다.

그래서 배신(陪臣)*¹³¹이 멀리 용만(龍灣)*¹³²까지 가서 중국 사신을 맞을 때는 반드시 사학(詞學)*¹³³에 썩 뛰어난 선비를 뽑아 종사(從事)로 삼아서, 경우와 상황에 따라 거침없이 응대할 수 있도록 대비하는 것이다. 또한 사신도 반드시 도중에서 어려운 문제를 생각해 두었다가 접반사(接伴使)를 골탕 먹이려 하였으므로, 당시의 접반사들도 역시 반드시 이러한 문제를 미리 연습해 두는 것이 마침내 관례가 되었다. 이것은 즐겨서 하는 것이 아니다. 그런데도 전수지는 홍산(鴻山)의 황화집 발문에, 그런 실상은 모두 무시하고 제멋대로 우리나라 사람의 글귀 하나를 꼬집어 웃음거리로 삼았을 뿐 아니

*129 청나라 때 사람 전겸익(錢謙益). 수지는 그의 자. 호는 목재(牧齋). 문장으로 알려졌음.
*130 조선 중종(中宗) 때의 학자 김안국(金安國). 모재는 그의 호임. 성리학(性理學)에 정통했고, 천문·농사·국문학에도 밝았으며, 저서에는 이륜행실(二倫行實)·창진방(瘡疹方) 등이 있음.
*131 제후의 신하로서 천자에 대해 자기를 일컫는 말.
*132 의주(義州)의 다른 이름.
*133 시문(詩文)의 학문.

라, 우리나라 사람들과는 글을 주고받거나 짓지도 말라고까지 하였으니, 이러고서야 어찌 우리나라 선비들의 마음을 얻을 수 있으랴?

내가 이 일을 들어 유식한(俞式韓)에게 이야기했더니, 그는 필담한 종이를 거두어, 마치 기이한 보물이나 얻은 듯이 소중히 품에 간직하였다.

⊙ 최간이(崔簡易)*134의 삼일포(三日浦) 시에 이런 것이 있다.

맑게 갠 36 봉우리 소라처럼 나방 눈썹처럼 겹겹이 둘러서고
해오라기 쌍쌍이 훨훨 날아 거울 같은 물결 차는데
사흘*135 동안 놀다 간 신선 어찌하여 다시 오지 않을까.
10주*136에 아름다운 곳 많은 줄 알 만하구나

晴峯六六歛螺蛾 白鳥雙雙弄鏡波
三日仙游猶不再 十洲佳處始知多

내가 일찍이 사선정(四仙亭)에 올라가 보았더니, 심백수(沈伯修)가 이 시를 쓰고 새겨 정자에 걸어 놓았는데, 시 자체는 그리 잘 지은 것이라고는 할 수 없었다.

세상에 전하는 말로는, 최간이가 왕감주(王弇州 : 명나라 가정 연간의 학자이며 고관. 왕세정)를 찾아갔을 때 마침 그에게는 공무(公務)가 밀려 산처럼 쌓여 있었다. 10여 명의 관리들이 번갈아가면서 문서를 올리는데, 왕감주는 안석에 비스듬히 기대 앉아 파리채를 휘두르면서 이쪽저쪽 거침없이 대답하여 결재가 물 흐르듯 빨랐다. 관리들의 붓이 분주하게 움직여 삽시간에 산더미 같았던 문서들이 깨끗이 처리되었다.

---

*134 조선 선조(宣祖) 때의 문신 최립(崔岦). 간이는 그의 호임. 임진왜란 때 외교문서를 많이 썼고 명나라에 여러 번 다녀왔음. 시에 뛰어났고, 그의 글은 차천로(車天輅)의 시, 한석봉의 글씨와 더불어 송도삼절(松都三絶)이라 일컬어졌음. 간이집(簡易集)이 있음.
*135 영랑(永郞)·술랑(述郞)·안상(安詳)·남석(南石) 네 신선이 사흘 동안 놀다 갔으므로 삼일포라 했다고 함.
*136 신선이 사는 섬, 곧 조주(祖洲)·영주(瀛洲)·현주(玄洲)·염주(炎洲)·장주(長洲)·원주(元洲)·유주(流洲)·생주(生洲)·봉린주(鳳麟洲)·취굴주(聚窟洲)의 열 곳임.

또 10여 명의 소년들이 제각기 공부한 시문(詩文) 또는 소품(小品)들을 바치자 왕감주는 붉은 먹으로 비점(批點)*137을 쳐 나가는데, 잠시도 붓이 멈추지 않았다. 최간이가 놀라고 감탄하여 시종에게 물어보았다.
"저 어른께서는 보통 때에도 늘 저러하신가?"
시종이 대답했다.
"지금은 마침 한가한 편입니다. 어르신께서는 이제까지 이미 시 1만 수를 지으셨고, 저서가 1천 권이나 되신답니다."
최간이는 풀이 죽어 말없이 앉아 있다가, 소매 속에서 자기가 지은 글을 꺼내어 가르침을 청했다. 그랬더니 왕감주가 말한다.
"글짓기에 뜻을 둔 것은 알겠으나, 다만 독서를 많이 하지 않아 견문이 넓지 못하시구려. 돌아가서 한창려(韓昌黎)*138의 글 가운데 획린해(獲麟解)를 5백 번만 읽으면 글짓기의 지름길을 알게 될 것이오."
최간이는 크게 부끄럽고 민망스러워서 왕감주를 만났던 일을 깊이 숨기고 일부러 까다롭고 기괴한 글을 썼는데, 그것은 이우린(李于麟)에게 배웠기 때문이라고 한다. 이우린은 왕감주가 가장 두려워했던 사람이었으므로, 최간이는 이렇게라도 해서 왕감주를 제압하려 한 것이었다.

⊙ 허균(許筠)*139이 태사(太史)*140 주지번(朱之蕃)*141을 접대할 때 그에게 물었다.
"전에 왕감주를 만나보신 일이 있습니까?"
주지번이 말했다.
"계사년(癸巳年)*142 봄 태창(太倉)에 가서 가르침을 청한 적이 있습니다.

---

*137 시문(詩文)을 평하여 묘하고 요긴한 부분에 점을 찍음.
*138 당나라 때의 학자 한유(韓愈). 창려에서 살았으므로 호를 창려라 했음. 당송팔대가(唐宋八大家)의 한 사람임.
*139 조선 선조(宣祖)·광해군(光海君) 때의 문신이자 소설가. 호는 교산(蛟山)·성소(惺所). 여러 번 명나라에 다녀왔고, 시문에 뛰어나 홍길동전(洪吉童傳)·교산시화(蛟山詩話)·성소복부고(惺所覆瓿稿) 등 저서가 많음.
*140 천문(天文)·역수(曆數) 등을 맡아 보는 벼슬.
*141 명나라 때 사람. 조선에 사신으로 왔었고, 글씨와 그림에 뛰어났음.
*142 조선 선조(宣祖) 26년, 곧 임진왜란이 일어난 이듬해. 1593년.

그때 공은 남사구(南司寇) 벼슬을 사직하고 물러나 있었는데, 그의 모습은 보통 사람과 다를 것이 없었으나, 눈빛이 별빛 같았습니다. 화원(花園) 안에 집을 짓고 문인들을 불러 술을 마시며 시를 읊었습니다. 왕감주는 하루에 대여섯 말의 술을 마셔도 취하지 않았답니다. 그는 시문(詩文)을 청하는 사람이 있으면 계집종에게 비파를 연주하게 하고 먹을 갈고 종이를 펴는데, 그 동작은 마치 비바람이 몰아치듯 귀신의 솜씨 같았습니다."

"왕감주가 꺼리거나 두렵게 여기는 사람은 없었습니까?"

허균이 다시 물으니 주지번이 대답했다.

"공은 평생에 단 한 사람 창명(滄溟)*143을 두려워하여 마음으로부터 따랐습니다. 그는 언제나 글귀를 생각해 낼 때면 반드시 먼저 소리 높여 이우린의 진관시(秦關詩 : 그의 시집 창명집에 실려 있는 시의 제목)를 읊었습니다.

　　푸른 용이 저 멀리 걸려 진나라 천지에 비가 내리고
　　돌로 된 말이 길게 우니 한나라 대궐에 바람이 인다.

　　蒼龍遠掛秦天雨 石馬長嘶漢苑風

그러고 어찌 어려워하는 사람이 없었겠습니까?"

◉ 심분(沈汾)*144의 속신선전(續神仙傳)에, '신라인으로 빈공과(賓貢科)*145에 든 진사(進士) 김가기(金可紀)*146가 신선이 되었다'고 하였다. 그런데 장효표(章孝標)*147가 지은 송김가기귀신라(送金可紀歸新羅) 시에 이런 것이 있다.

---

*143 이반룡(李攀龍)의 호. 자는 우린(于麟).
*144 남당(南唐) 때의 문학가.
*145 사인(士人)을 채용하는 방법의 한 가지. 당나라 때 외국 선비를 위해 베푼 과거.
*146 신라 헌안왕(憲安王) 때의 학자. 학식이 높고 문장이 뛰어났음. 당나라에 들어가 선경(仙經)・도덕경(道德經)에 심취했음. 헌안왕 2년(858) 당나라 황제에게 글을 올려, 자기는 옥황상제(玉皇上帝)의 부름으로 내년 2월 25일 승천할 것이라고 했는데, 과연 그날 죽었다고 함.
*147 당나라 때 사람. 시에 뛰어났음.

당나라 과거에 급제하니 말마저 당나라 소리
돋는 해 바라보며 고국 생각 간절하네.
높이 부는 바람에 일엽편주 물고기 타고 나는 듯
맑은 호수 한가운데 삼산이 솟아 있네.

登唐科第語唐音 望日初生憶故林
風高一葉飛魚背 湖淨三山出海心

그러니 김가기가 본국으로 돌아온 것은 분명한 일이다.
속신선전의 내용은 대강 이렇다.
"김가기가 종남산(終南山)*148 자오곡(子午谷)에 있다가 3년 뒤에 바다를 건너 본국으로 돌아갔다. 그런데 다시 돌아와서 도복(道服)을 입고 종남산으로 들어가 음덕을 닦기에 힘쓰다가, 당나라 대중(大中)*149 11년 12월에 갑자기 황제께 글을 올려, '신은 옥황상제의 조서를 받들어 내년 2월 25일 하늘로 올라가겠습니다' 하였다. 선종(宣宗)이 이를 이상하게 여겨 궁녀 4명과 향과 약, 금으로 수놓은 비단을 하사하고, 또 중사(中使)*150 두 사람을 보내어 숨어서 지켜보도록 하였다. 그날이 되자 과연 오색 구름이 일더니 난새와 학이 날아오고, 온갖 기악이 연주된다. 그리고 깃털 일산과 오색 깃발이 공중에 가득해지더니, 김가기가 학을 타고 하늘 높이 올라갔다. 산골짜기를 가득 메운 채 구경하던 벼슬아치·선비·서민 할 것 없이 모두가 우러러 예를 올리며 참 신기한 일이라고 찬탄하였다."

한무외(韓無畏)*151의 전도록(傳道錄)에는, '김가기는 최승우(崔承祐)*152 및 승려 혜자(惠慈)와 함께 신선 신원지(申元之)한테서 도학(道學)을 배웠

---

*148 섬서성(陝西省) 장안현(長安縣) 서쪽에 있는 산. 남산(南山).
*149 당나라 선종(宣宗)의 연호, 847~860년. 신라 문성왕(文聖王)·헌안왕(憲安王) 때임.
*150 은밀히 보내는 사자(使者).
*151 조선 선조 때의 인물로 신선이 되었다고 함.
*152 신라 진성여왕(眞聖女王) 때 대학자. 당나라에 들어가 빈공과(賓貢科)에 급제하고 돌아왔는데 문장이 특히 뛰어나 최치원(崔致遠)·최언위(崔彦撝)와 함께 삼최(三崔)로 불리었음.

고, 종리장군(鍾離將軍)*¹⁵³과 지선(地仙)*¹⁵⁴ 2백여 명을 만났다'고 하였으나, 이것은 억지로 끌어다 댄 말이었을 것이다.

⊙나의 벗 나걸(羅杰)은 자가 중흥(仲興)인데, 문장이 아주 뛰어난 걸출한 선비이다. 주역(周易)에 정통하고, 평생 종(鍾)·왕(王)*¹⁵⁵의 서법을 좋아하여 조그만 종이쪽지나 편지 한 쪽이라도 얻게 되면, 즉시 그 뒤쪽에 예학명(瘞鶴銘)*¹⁵⁶ 몇 자를 꼭 썼다. 혹시 종이가 모자라서 점이나 획을 제대로 쓸 수 없으면 붓끝이 종이 밖에까지 나가더라도 글자를 완성하였다. 그러니 앉은 자리가 온통 먹투성이가 되었다. 그래서 문 밖에서 그의 신발 소리가 들리면 반드시 먼저 문방사우부터 감추고 나서야 나가 문을 열어주었다. 나걸은 방에 들어서면 반드시 먼저 좌우부터 살펴보고 종이나 붓 따위가 눈에 뜨이지 않으면 그제야 인사를 하였다. 그는 이처럼 한없이 천진스러운 사람이었다.

병신년(丙申年)*¹⁵⁷ 동짓달에 나걸은 서장관 신사운(申思運)*¹⁵⁸을 따라 북경에 들어갔는데, 그때의 정사(正使)는 곧 금성위(錦城尉)*¹⁵⁹였다. 금성위는 선비를 유달리 후하게 대우하여, 예의에 벗어나는 일이 있어도 탓하지 않고 부채와 청심환도 나누어 주었으며, 임역(任譯)*¹⁶⁰에게도 나걸이 아문(衙門)을 드나드는 것을 막지 말라고 여러 번 귀띔했다.

그러나 나걸은 워낙 천성이 진실하고 솔직하여 가는 곳마다 저지당했다. 그래서 뜻대로 유람도 하지 못했고, 또한 중국의 이름 있는 선비 누구 한 사람도 만나지 못했다고 한다. 그가 출발할 때 나는 송경(松京)*¹⁶¹까지 전송했었다. 나걸은 중국에서 돌아와서 중국의 제도를 본떠 태평차(太平車)를

---

*153 당나라 때 도사(道士).
*154 땅 위에 사는 신선.
*155 조위(曹魏) 시대의 명필 종요(鍾繇)와 진(晉)나라 시대의 명필 왕희지(王羲之).
*156 양(梁)나라 때의 은사(隱士) 도홍경(陶弘景)이 초산(焦山) 석벽에다 새겨 놓은 글.
*157 조선 영조(英祖) 52년. 1776년임.
*158 조선 영조(英祖)·정조(正祖) 때 문신. 문장에 뛰어나고 해서(楷書)를 잘 썼음.
*159 이번의 정사인 박명원(朴明源).
*160 담당 통역관.
*161 개성(開城).

만들었다. 자기 처자를 이 태평차에 태워 적상산(赤裳山)*162 속으로 들어간 뒤로 이미 4년이 되었으나 한 번도 만나지 못했다.

내가 이번에 떠나올 때 상자 속에 간직해 두었던 친구들의 편지와 시문을 정리해 넣다가 나걸이 옛날에 지었던 시를 발견했다. 행서(行書)·초서(草書) 글씨가 깨끗하고 아름다워 행낭에 넣어서 가져왔는데, 이를 기풍액에게 보였더니 그는 이렇게 크게 칭찬하였다.

"글씨가 굳세고도 차분하고, 시격(詩格)은 흡사 노두(老杜)*163 같습니다 그려."

그의 우성시(偶成詩)에는,

적막한 산중 사립문 열어젖히고 갓 망건 다 버리니
늙어 갈수록 점점 한가로운 일이 정답구나.
섬돌에 앉아 볕을 쬐니 한없이 조용하여
하늘 저 멀리 지나가는 한 조각 뜬구름 새로운데
갑자기 꾀꼬리 한 마리 푸른 숲에 찾아와 울고
알록달록 무수한 꽃들이 청춘을 보내는구나.
무엇 하나 내 뜻 어기는 것 없으니
하늘이 길러준 모습을 어길 줄이 있으랴.

山扉寥廓棄冠巾 老去漸能幽事親
階除留對日華靜 空外翻過雲片新
黃鳥忽來啼綠樹 斑花無數度靑春
知無一物違吾意 不負皇天長育辰

하였고 또,

하늘 밖 금서 땅엔 산 지나 또 산이라

---

*162 전라북도 무주군 적상면에 있는 산. 높이 1,037m. 고려 때 최영(崔瑩) 장군의 건의로 산성을 쌓았고, 조선 광해군 때 사고(史庫)를 지어 실록(實錄)을 보관했었음.
*163 당나라 때 시인 두보(杜甫)를 존칭하는 말.

근래에 집터를 잡고 보니 한가롭기 그지없다.
외로운 봉우리 솟은 바위 창공에 기대어 섰는데
오솔길 깊숙한 곳 점점이 꽃이로구나.
새는 조심스레 뿌리는 비 피해 지나가고
꿀벌은 기웃기웃 다투어 꽃 향기로 배불리네.
어제도 오늘도 흥겨워 청려장 짚고서
보고 읊고 보니 나그네 시름 사라지네.

天外錦西山復山　近來卜宅不離閒
孤峯晴石依空翠　側徑幽花點細斑
鳥避誤疑沾雨過　蜂窺爭占飫香還
興長日日扶黎杖　一望一吟開旅顔

하였으며, 또

이 고을 동쪽은 흑치상지(黑齒常之)*164 싸우던 곳
타향살이 하도 오래어 모르는 것 없어라.
두메산골 새벽 구름 걷히자 골짜기 푸르고
시냇가 지는 해에 옛 성이 붉어졌네.
늦게 깨고 일찍 자며 내 마음대로 하니
짧은 노래 긴 읊조림 다함 없어라.
만약 흥취도 없이 오래 머무르라면
나그네 시름 어느 때 사라지랴.

戰經黑齒郡之東　久住殊方事盡通
峽曉雲移幽洞翠　澗曛日隱古城紅

---

*164 백제 의자왕 때의 장군. 당나라 소정방(蘇定方)이 백제를 공략하자 항복했다가 도망하여 패잔병을 모아 임존성(任存城)에 웅거하여 항전했으나 마침내 항복하였다. 당나라에 들어가 토번(吐蕃)·돌궐(突厥) 등을 쳐 많은 공을 세워 요직을 역임하다가 모함으로 옥사하였음.

晚興早寢從他好 短咏長吟不自窮
若道淹留無逸興 何時得豁旅愁空

하였다. 그의 불매시(不寐詩)에는,

밤 깊어 산골짜기 구름 보기도 좋은데
아득히 먼 하늘 붉게 붉게 물들어 온다.
처마 향해 혼자 앉으니 참새 소리 그치고
목침 베고 잠깐 졸자 모기떼 다시 모여든다.
산봉우리 나무, 시냇가 모래 부질없이 헤아리는데
남기성 북두성은 저희끼리 절로 무늬 이루네.
시름 깊어 새로운 병 되는 것은 안타까울 것 없어라
이로써 자수처럼 아름다운 시 남을 테니.

入夜喜看連峽雲 遙空漸改赤紛紛
對簷獨坐息喧雀 支枕乍眠還聚蚊
峯樹溪沙漫欲數 南箕北斗自成文
未憐愁極添新病 剩得詩如刺繡紋

하였고, 오침시(午枕詩)에는,

낮잠 한숨 자다 찌는 듯 더워 깨니
나른하여 만사가 귀찮고 손에 잡히지 않네.
책상에 펴놓은 책은 제비가 기웃거리고
벼루의 먹물은 파리의 배만 불리네.
오솔길 지나가는 길손 부질없이 안부 묻자
묵정밭 매던 아내는 짜증을 내려 하네.
문득 맑은 빛 비추며 달이 뜨는데
붉은 해 돌아오는가 잘못 알았네.

昏昏午睡困炎蒸 萬事疎慵著不能
未卷牀書窺紫燕 常餘硯墨飽靑蠅
客過小徑虛相問 妻對荒畦久欲憎
忽得淸光看月出 錯疑赫日碾空昇

하였다.
기풍액이 말했다.
"참으로 좋은 구절이 많습니다. 그런데 간혹 음률에 맞지 않는 데가 더러 있군요."
대개 우리나라의 음운(音韻)과 중국의 음운이 서로 다르기 때문에 간혹 음률이 맞지 않는 것이 있었다.

⊙박충(朴充)과 김이어(金夷魚)는 모두 신라 사람이다. 당나라에 들어가서 빈공과(賓貢科)를 처러 진사(進士)가 되었다.
당나라 장교(張喬)의 송김이어봉사귀본국(送金夷魚奉使歸本國)이란 시에,

바다 건너와 벼슬에 오르더니
돌아갈 때는 중국 예의 갖추었네.

渡海登仙籍 還家備漢儀

라 하였고, 또 장교의 송박충시어귀해동(送朴充侍御歸海東)이란 시에는,

멀리 떠나 온 지 스물네 해
대궐에 들어가 세 임금을 섬겼네.

天涯離二紀 闕下歷三朝

라 하였다.
중국의 인사들은 나를 처음 만나면 으레 맨 먼저 바다로 오는 경로와 어디

에서 상륙했는지를 묻는다. 내가 육로로 요동(遼東)을 거처 산해관(山海關)으로 들어와 북경에 이르렀다고 하면, 어떤 이는 이를 믿지 않고 '바다 건너와 벼슬에 오르더니'란 구절을 들어 내 말이 옳지 않음을 증명하려고 하니, 진정 우리나라가 마치 유구(琉球)나 구라파처럼 바다 밖 멀리 떨어져 있는 줄 안다. 중국 사람들 중에도 때로는 이처럼 무식한 이가 있다.

⊙무관(懋官) 이덕무(李德懋)가 묵장(墨莊)을 방문했을 때 한자리에 있던 반추루(潘秋樓)에게 시를 청하자〔묵장은 한림서길사(翰林庶吉士) 이정원(李鼎元)으로 촉땅 금주(錦州) 출신이다. 추루는 반정균의 호임〕, 추루가 대답했다.

"나는 전에 시를 지을 때 사색을 많이 하고 몹시 애를 써야만 했기 때문에 지은 시가 많지 못하여 늘 괴로웠습니다. 얼마 전에 운철소(惲鐵簫)*165의 한류(寒柳)란 시를 수록한 책을 읽어 보았더니, 그 책 끝에 왕추사(王秋史)*166가 지은 시 네 편이 있었습니다. 그 시는 명나라 은상국(殷相國)이 통락원(通樂園) 뒤뜰에 심었던 오래된 버드나무를 보고 지은 것으로, 나도 느낀 바가 있어서 네 편의 시를 지었습니다."

첫 번째 시,

> 이내 시름 화공에게 이야기할까
> 처량하게 늘어진 가지 강촌이 꿈속 같다.
> 바닷가의 정자는 쓸쓸하고 명사들은 흩어졌는데
> 하늘가 잎 떨어진 황폐한 정원만 아직 남아 있구나.
> 이지러지는 잔월은 봄을 두고 떠나고
> 한결같은 석양빛은 저물며 넋을 거두어 들인다.
> 육십 평생 보아 온 곱게 꾸민 책들
> 먹 향기 종이 빛깔, 티끌 속에 바랬구나.

---
*165 청나라 때의 문인.
*166 청나라 때 문인 왕평(王苹). 추사는 그의 자임.

愁心都付畫工論 悽絶長條夢水村
海右亭荒名士散 天涯木落廢園存
半規殘月春留別 一例斜陽暮歛魂
六十年來看粉本 墨香箋色又塵昏

두 번째 시,

동풍이 두루 불어 마음 새로워지고
버들가지 물결에 둥실 모두가 정겹구나.
가련타 푸른 잎 속 매미 울던 곳에는
붉은 난간에 말 매던 그 사람 보이지 않네.
쓸쓸한 풍경의 역참에서 두보(杜甫)를 생각하듯
즐거움 없는 여항(閭巷)에서 염진(髥秦)을 추억하네〔스스로 주하기를, 진관(秦觀)의 사(詞)에 꽃 아래 중문, 버드나무 가의 심항(花下重門 柳邊深巷)이란 구절이 있음〕
작화산 기슭의 버드나무 가지 밖으로
맑은 호수에 차갑게 수건 적시는 이만 있구나

看遍東風窣地新 蘸波吹絮摠情塵
可憐碧葉吟蟬地 不見紅欄繫馬人
衰影驛樓傷老杜 離悰門巷憶髥秦
鵲華山麓髽枝外 只有明湖冷濯巾

세 번째 시,

화가와 시인들 일시에 드물어지고
옛 성터 아름드리 버드나무만 푸르렀네.
언덕 따라 늘어진 가지에 저녁 눈발 비껴섰고
다락 안 어둑한 빛은 겨울 햇빛 띠었구나.
조용하니 낙엽조차 소리 없이 지는데

멀리 어두워지니 갈까마귀 두엇 희미하니 돌아간다.
버들꽃 진흙 묻을세라 괜한 걱정 하게 되니
이듬해 봄바람에 다시는 무리 지어 날지 마라.

畫人吟子一時稀　減盡金城翠十圍
緣岸臥枝歆暮雪　入樓暝色帶冬暉
靜中黃葉無多響　遠處昏鴉數點歸
猶有沾泥閑恨在　逢春莫更作團飛

네 번째 시,

칠십천*¹⁶⁷ 소리 어지러이 돌절구 찧는 듯
초라한 고목 두 그루 선 들에는 서리 짙어라.
전조에 세운 누대 모래에 흔적만 남아 있는데
한 해가 지는 변방에는 나무 그림자만 두텁구나.
우연히 만난 선비 다정한 눈길 주어 보니
마치 늙은 기생 서로 만난 듯 여긴다네.
오동나무 꽃도 떨어지고 산강*¹⁶⁸도 시들었으니
뉘라서 왕랑의 훤칠한 얼굴 알아보랴.

七十泉聲亂石舂　兩株憔悴野霜濃
前朝臺榭沙痕在　晩歲關河樹影重
偶爲士流靑眼放　恰如女妓白頭逢
桐花零落山薑老　誰識王郞濯濯容

이 시들을 보면 한인(漢人)들이 무엇을 볼 때마다 어떠한 감흥을 일으키

---

*167 원(元)나라 때 우흠(于欽)이 골라서 정한 70개의 샘. 왕평(王苹)이 살던 곳의 샘은 그 중의 24천이므로 그의 저서를 이십사천초당집(二十四泉草堂集)이라 했음.
*168 다년생 풀. 뿌리는 약재로 쓰임.

는지 알 수 있다. 이 시를 윤형산 등 여러 사람에게 보였더니, 모두 감동하여 마음 아파하고 눈물을 흘리지 않는 이가 없었다.

⊙ 약천(藥泉) 남구만(南九萬)*¹⁶⁹이 암행어사로 지방을 순행하다 성주(星州)에 이르렀다. 그는 밤에 그 고을의 선생안(先生案)*¹⁷⁰을 열람하다가, '제말(諸沫)이란 사람이 만력(萬曆)*¹⁷¹ 계사년(癸巳年) 정월 아무날에 부임해서 4월 아무날에 임기를 끝내고 돌아갔다'는 기록을 발견했다. 남공은 이제까지 우리나라에 제(諸)라는 성이 있다는 것을 듣지 못했는지라, 매우 괴이하게 여겨 윤형성(尹衡聖)에게 물었다. 윤형성이 대답하였다.

"중국 강·절(江浙)*¹⁷² 지방에 제씨(諸氏)가 있다고 하니, 제말의 조상은 중국에서 건너왔을 것입니다. 임진왜란 때 제말은 의병을 일으켜서 왜적을 쳐 가는 곳마다 왜적을 쳐서 승전했으므로, 곽재우(郭再祐)*¹⁷³와 함께 명성이 높았답니다."

이 이야기는 약천집(藥泉集)에 실려 있다. 약천같이 박식한 사람이 백 년도 안 된 제말의 일을 몰랐다면 제말이라는 사람은 미천한 출신이었음을 알 수 있겠다. 비록 그처럼 공을 세우고도 이름이 묻혀버렸으니, 어찌 억울해서 원혼이 되지 않았겠는가?

성주(星州)의 정석유(鄭錫儒)란 인물이 아직 과거에 급제하기 전에 이 고을 자제들과 함께 공령(功令)*¹⁷⁴을 짓느라고 동헌(東軒)*¹⁷⁵ 뒤에 있는 매죽당(梅竹堂)에 유숙하고 있었다. 매죽당 앞에는 또 지이헌(支頤軒)이라는 정

---

*169 조선 숙종(肅宗)때의 문신. 서인(西人)이 노론(老論)과 소론(少論)으로 분열되자 소론의 영수(領袖)가 되었으며, 벼슬은 영의정까지 이르렀음. 글과 글씨·그림에 다 능숙했으며 저서에 약천집(藥泉集)이 있음.

*170 전임(前任) 관원의 성명과 약력·치적 등을 기록한 문적(文籍).

*171 명나라 신종(神宗)의 연호. 계사년은 신종 21년, 조선 선조(宣祖) 26년, 1593년임.

*172 중국의 강소성(江蘇省)·절강성(浙江省) 지방.

*173 임진왜란 때 의병장(義兵將). 호는 망우당(忘憂堂). 임진왜란이 일어나자 천강홍의장군(天降紅衣將軍)이라 일컬어 수없이 왜군을 격파했다. 시문도 잘했고 글씨도 뛰어났음. 저서에는 망우당집(忘憂堂集)이 있음.

*174 과거체의 시문(詩文).

*175 각 도의 감사(監司)나 각 고을의 수령(守令)·병사(兵使)·수사(水使)가 공무를 보는 집 또는 대청.

자가 있었다. 어느 날 그가 혼자서 지이헌 안을 거닐고 있는데, 때마침 달빛
이 몹시도 밝았다. 갑자기 검은 사모(紗帽)를 쓰고 붉은 도포를 입은 사람
이 대나무숲에서 나와 수염을 쓰다듬으면서 말했다.
"나는 이 고을의 옛 목사(牧使) 제말이니라. 나는 본디 고성현(固城
縣)*176 백성으로, 임진왜란이 일어나자 의병을 일으켜 왜적을 쳤으므로 조
정에서 특별히 성주목사에 임명하셨노라. 나는 웅해(熊海)·작영(斫營)·정진
(鼎津) 등에서 적을 맞아 모두 무찔렀으나, 당시 문서가 없어지고 역사가 전
해지지 않도다. 그때 정기룡(鄭起龍)*177 등 여러 사람이 모두 내 편장(偏
將) 아니면 비장(裨將)이었느니라."
그러더니 곧 허리춤에서 보검(寶劍)을 뽑는다.
"이것이 일찍이 왜장 몇 놈을 베어 죽인 칼이로다."
그렇게 말하는 그의 이마에서는 불꽃이 활활 타오르고, 듬성듬성 난 수염
이 흩날린다.

　　길고 긴 산은 구름과 함께 가고
　　멀고 먼 하늘은 달과 함께 외롭구나.

　山長雲共去 天逈月同孤

이렇게 읊고 나서 그는 다시 말한다.
"내 무덤은 칠원(漆原)*178에 있느니라. 퇴락하고 풀이 우거졌으나 자손이
없어 아무도 돌보는 이가 없도다."
서글프게 머리를 숙여 인사를 하고는 돌아서서 대나무숲 속으로 사라졌다.
날이 밝자 정석유는 여러 사람에게 이 일을 이야기하였다. 그들은 선생안
(先生案)에 제말이라는 사람이 있다는 사실을 이미 알고 있었으나, 그 성을
쓰지 않은 것과 그의 공에 대해서 아무런 기록이 없는 것이 의아했다. 이

---

*176 지금의 경상남도 고성군(固城郡) 고성읍(固城邑).
*177 임진왜란 때 무신. 왜란에 많은 전공을 세우고 수군절도사(水軍節度使)에 올라 통영(統
營)의 진중에서 죽었음.
*178 현(縣)으로, 지금의 함안군(咸安郡) 칠원면(漆原面) 지역임.

제 하루아침에 그 내력을 알게 되니 모두들 탄식하며 신기하게 여겼다.

　감사(監司) 정익하(鄭益河)가 이 소문을 듣고 정석유를 불러 자세히 물어보고는 조정에 보고를 하려 하였으나 마침 관직이 바뀌어 뜻을 이루지 못했다. 다만 칠원에 공문을 보내어 그의 무덤을 보수하고 묘지기 두 집을 두어 돌보게 하였다. 칠원 수령 어사적(魚史迪)이 낮에 고단하여 잠깐 조는 사이, 한 관인(官人)이 찾아와서 고했다.

　"내 무덤은 이 관아에서 몇 리쯤 떨어진 아무 언덕 무슨 좌향에 있소. 감사가 묘를 보수하라고 명령할 것이니 당신은 유의하기 바라오."

　수령은 잠에서 깨어 참 이상한 일이다 생각하였다. 그날 저녁 감사의 공문이 도착했다. 그래서 수령은 마침내 그 무덤을 크게 수축하고 잘 보살폈다고 한다.

　제말은 본디 시골 태생이라 생전에 글을 배우지 못하였으므로, 비록 뛰어난 공적이 있었어도 스스로 기록을 남기지 못하고 세상을 떴다. 그의 억울한 영혼이 떠나지 못하고 그처럼 귀신으로 나타나고, 또 시를 읊었다니 참으로 기묘한 일이다.

　⊙평사(評事) 신경연(辛慶衍)은 나이 12살에 혼자서 배천(白川)*179에서 서울로 올라가다가 길에서 명나라 사신 일행을 만났다. 그런데 그때 사신의 역졸이 신경연 소년이 타고 가는 말을 빼앗았다. 신경연은 몹시 난처하여 사신이 점심을 먹기 위해 쉬는 곳까지 걸어가 사신에게 호소했다. 사신은 소년의 모습이 옥같이 맑은 것에 끌려 길가에 있는 장승을 가리키면서 말했다.

　"네가 저 장승을 두고 시를 짓는다면 네 말을 찾아 주겠다."

　신경연이 운자(韻字)를 청하자 사신이 운자를 제시하였다. 그는 조금도 망설이지 않고 시를 지었다.

　　초백*180은 천 년 지난 오늘에도 남았으나
　　강을 건널 면목 없이 형체만 남았구나.
　　당시 음릉 길 잃은 것*181 한스러워서인가.

---

*179 황해도 연백군(延白郡) 배천면(白川面).
*180 초(楚)나라 패왕(霸王) 항우(項羽).

언제나 행인에게 갈 길 가리켜 주네.

楚伯千秋尙有靈 渡江無面只存形
當年恨失陰陵道 長向行人指去程

사신이 그만 크게 놀라 감탄하였다. 그리하여 소년 신경연에게 여러 가지 진기한 문방사우와 보물들을 상으로 주었다고 한다. 이 시는 무명씨(無名氏)의 작품이라 하여 명시선(明詩選)에 실려 있다.

신경연은 광해군(光海君) 때 과거에 급제하여, 벼슬이 평안병마평사(平安兵馬評事)에 이르렀다. 그때 서쪽 변방에 병란(兵亂)이 일어나 청천강(淸川江)을 아홉 번이나 건너다니다가 순직하고 말았다. 그가 죽은 뒤에 신령스러운 사적들이 여러 번 나타났다. 신경연이 죽고 나서 수십 년이 지난 뒤 그의 친구 아무개가 관서(關西)*182 가는 길에서 그를 만났다. 그때 신경연은 친구의 자(字)를 부르면서 옛 일을 평소처럼 이야기하고 부탁하였다.

"몹시 가난한 내 자손들에게 남겨줄 물건을 내가 미처 전하지 못했었네. 보도(寶刀) 하나와 옥관자(玉貫子)*183 한 쌍이 우리집 대들보 위에 있으나 집안 사람들이 아무도 모른다네. 그러니 자네가 내 말을 좀 전해 주게나. 그 두 가지를 팔면 좋은 값을 받을 수 있을 것일세."

친구는 몹시 괴상하게 생각하여 돌아오자마자 신경연의 자손들에게 이야기하고 함께 그 집 대들보 위를 살펴보았다. 과연 칼과 옥관자가 있었다고 한다.

〔우리나라 길에는 10리나 5리에 하나씩 나무로 만든 장군 모양의 인형을 세워 놓고, 거기다가 지명과 어디까지 몇 리라는 거리를 적어 이것을 장승이라고 한다. 중국의 장정(長亭)·단정(短亭)*184과 비슷하므로, 우리나라 시인들이 장정을 빌려다 쓴다. 그런데 어떤 사람은 중국의 정후(亭堠)*185를 우

*181 항우가 한 패공(沛公)과 싸우다가 해하(垓下)에서 패하여 음릉(陰陵)으로 달아났는데 어떤 늙은이의 말을 곧이듣고 길을 잘못 들어 자살한 일.
*182 평안남도와 북도를 통틀어 일컫는 말.
*183 옥으로 만든 망건 관자. 종일품(從一品), 정삼품(正三品), 당상관(堂上官) 이상의 관원이 씀.
*184 장정(長亭)은 10리마다 둔 휴게소, 단정(短亭)은 5리마다 둔 휴게소.

리나라의 장승으로 오인하여 잘못 쓰기도 하고, 어떤 이는 장정을 정장(亭長)으로 잘못 쓰기도 한다. 참으로 무식한 일이다. 내가 중국에 들어와 보니 길가에 세워 놓은 장정(長亭)에 지명을 쓰고, 그 양쪽에 단정(短亭)을 세워서, 동쪽으로 아무데까지 몇 리, 서쪽으로 아무데까지 몇 리라 써 놓았다. 이제 열하(熱河)까지 오면서 보니 구외(口外)*[186]의 장정에 신(汛)*[187]자를 많이 썼는데, 무엇을 일컫는 것인지 모르겠다.]

⊙신돈복(辛敦復)*[188] 님께서 일찍이 나에게 이런 이야기를 들려 주었다.
　중종(中宗) 때 남주(南趎)라는 이가 19살에 과거에 급제하여 문형(文衡)*[189]의 천거를 받았으나 벼슬은 전적(典籍)에 머물렀다. 그에게는 어려서부터 이상한 사적이 많았다. 남주는 매일 아침 글방 선생에게 가서 글을 배워야 하는데, 글방에 가지 않는 일이 많아 집안 사람이 몰래 그의 뒤를 따라가 보았다. 그랬더니 그가 글방으로 향하다 도중에 숲 속으로 들어갔다. 숲 속에는 공부하는 정사(精舍)가 한 채 있었다. 집주인은 모습이 몹시 청아하여 속세의 티가 전혀 없었다. 남주는 주인에게 절을 하고 글을 배우다가 한낮이 지나서야 돌아오곤 하였다. 그래서 집안 사람들이 꾸짖자 남주는 엉뚱한 대답을 둘러댔다. 그 뒤로 남주는 마침내 도술을 터득했다고 한다. 그는 과거에 급제한 뒤 기묘사화(己卯士禍)*[190]를 만나 곡성현(谷城縣)*[191]으로 귀양갔다가 그곳에서 계속 눌러 살게 되었다. 어느 날 남주는 하인에게 글을 써 주어 지리산 청학동(靑鶴洞)으로 심부름을 보냈다. 청학동에는 단청을 아름답게 한 집에 두 사람이 있었는데, 한 사람은 운관(雲冠)*[192]을 쓰고 자줏빛 옷을 입었으며, 한 사람은 나이 지긋한 승려였다. 그런데 두 사람은 하

---

*185 변경(邊境)에 설치하여서 적의 동정을 살피는 초소.
*186 만리장성의 관문(關門) 밖.
*187 행인을 검문하는 곳. 검문소.
*188 자는 중후(仲厚), 호는 학산(鶴山). 1692~1779. 경제에 밝았고 저서가 많음.
*189 대제학(大提學)의 다른 이름.
*190 조선 중종(中宗) 14년(1519)에 남곤(南袞) 등이 조광조(趙光祖) 등을 몰아내어 처형당하게 한 사건.
*191 전라남도에 있던 현. 지금의 곡성군(谷城郡) 곡성읍(谷城邑).
*192 신선이 쓰는 관.

루 종일 바둑만 두고 있어서 심부름 간 하인은 하루를 묵고서야 답을 받을 수 있었다. 하인이 처음 산에 들어갈 때는 봄이어서 풀과 나무의 새싹이 막 피어나고 있었으나 산에서 나올 때 보니 들판에서 벼를 거두고 있었다. 웬일인가 괴상하여 물어보니 그때가 9월 초라고 하였다. 남주는 30살에 죽었다. 장례를 치를 때 관이 하도 가벼워 집안 사람들이 열어 보니 관은 텅 비어 있었고 그 안에는 시 한 구절이 써 있었다.

창해에는 배 지나간 자취 찾을 길 없고
청산에는 학 날아간 흔적 보이지 않네.

滄海難尋舟去跡 靑山不見鶴飛痕

마을 앞에서 밭김을 매던 사람이, 허공에서 음악 소리가 들려서 쳐다보니, 남주가 말을 타고 흰 구름 사이를 달리고 있더라고 하였다. 충주(忠州) 진사(進士) 남대유(南大有)가 그의 방손(傍孫)이라고 한다.

⊙한유(韓愈)의 시에, '나무나 돌에서도 요사스러운 변고가 생긴다(木石生妖變)' 하였다. 당나라 말엽 소주(蘇州)의 의사(義師)라는 승려는 나무로 깎아 만든 불상을 보기만 하면 모아서 불태워 버렸다.

우리나라 양주(楊州) 회암사(檜巖寺)*193에 옛날부터 나무로 만든 큰 불상이 있었다. 그런데 이 불상이 매우 영험하다 하여 원근에서 승려들과 속인들이 수없이 모여들어 이 불상을 받들고 정성껏 향불을 올렸다.

나옹(懶翁)*194이 주지가 되어 이 절에 머무르게 되었다. 여러 중들에게 그 목불을 끌어내어 불태워 버리라고 했다. 그러자 모두들 크게 놀라고 두려워하여 간곡히 말렸으나 나옹은 들은 체도 않고 중 백여 명을 시켜 굵은 동

---

*193 경기도 양주군(楊州郡) 회천면(檜泉面) 천보산(天寶山)에 있는 절. 고려 충숙왕(忠肅王) 때 지공(指空)이 창건, 우왕(禑王) 때 나옹(懶翁)이 재건했는데, 그 뒤 폐사가 된 것을 순조(純祖) 21년(1821)에 크게 중창했음. 조선 태조(太祖)가 아들 정종(定宗)에게 왕위를 물려주고 이 절에서 수도생활을 했음.

*194 고려 말 조선 초의 고승. 태조의 스승이었음.

아줄로 목불을 동여매게 하였다. 그러고는 밀고 당기게 했으나 목불은 꿈쩍도 하지 않았다.

나옹이 노하여 직접 한 손으로 밀치니 목불은 넘어지고 말았다. 목불을 절 밖으로 끌어내어 장작을 쌓아 놓고 불을 질렀다. 고약한 냄새가 코를 찔렀다. 큰 구렁이가 목불의 뱃속에 서리고 있었기 때문이었다.

그 일이 있고 나서는 오래도록 아무런 재난이 생기지 않았다. 대개 나무가 오래되면 귀신이 붙으므로 낡은 절간의 목불 따위에 그런 요망한 것이 붙는 일이 흔했다. '나무와 돌에서도 요사스러운 변고가 생긴다'는 것은 이를 두고 한 말이다.

오늘 반선(班禪)이 우리에게 선물한 불상은 그 크기가 한 자는 될 듯하고, 나무를 깎아 만들어 겉에 금을 입힌 듯하니, 어찌 요괴가 붙어 있지 않다고 장담할 수 있겠는가? 엉겁결에 받기는 했으나 일행 상하가 모두 꿀단지에 손을 빠뜨린 듯 어찌할 바를 몰랐다.

내가 밤에 정사(正使)에게 물었다.

"어떻게 잘 처리할 방책이 없을까요?"

그러자 정사가 대답했다.

"이미 수역(首譯)에게 조그만 궤짝을 만들라고 했네."

"잘 하셨습니다."

"뭘 잘 했단 말인가?"

"강물에 띄워 보내려는 뜻이 아닙니까?"

내 말에 정사가 웃기에 나도 함께 웃었다.

이것을 도중에 어느 절에라도 버렸다가는 중국의 노여움을 살 것이 두렵고, 그렇다고 그대로 가지고 귀국했다가는 물의를 일으킬 것이 뻔한 노릇이다. 저들과 우리의 국경인 압록강에 띄워 보내 바다로 들어가게 하는 것이 가장 좋은 방법일 것이다.

⊙호음(湖陰) 정사룡(鄭士龍)은 평생을 호화롭게 보냈다. 그가 젊은 시절 예조좌랑(禮曹佐郞)으로 있을 때 평성부원군(平城府院君) 박원종(朴元宗)을 찾아갔다. 박원종은 당시 영의정이었는데 별원 깊숙한 곳에서 시비 수십 명으로 하여금 정사룡을 맞아들이게 하였다. 정사룡이 중문(重門)을 거쳐 들

어가면서 보니, 곳곳에 단청을 한 누각이요, 굽이굽이 붉은 난간이다.

박원종은 연못가 반송(盤松)*195 그늘 아래 앉아 있었다. 좌우에서 모시고 있던 시비들이 비단 치마를 질질 끌면서 진귀한 음식을 번갈아 바치고, 또 기생을 여러 패 불러들여 풍악을 잡히면서 온종일 잔치를 베풀고 즐겼다.

잔치가 끝날 무렵 정사룡이 공무의 결재를 청하자 박원종은 보지도 않고 말했다.

"이 늙은이는 한낱 무인(武人)일 뿐이네. 다행히 풍운(風雲)을 만나 이런 지위까지 얻었네만, 단지 스스로 즐겨 태평성대의 은혜에 보답이나 하려는 것일세. 그러니 자네가 가져온 공무는 돌아가서 예조판서에게 물어 처리하도록 하게나."

그리하여 정사룡은 망연자실 어찌할 바를 몰랐다.

그 뒤부터 정사룡은 평생토록 박원종의 생활을 부러워하였고, 늙을 때까지 호화롭게 살아왔다고 한다. 이 이야기는 나의 6대조 금계군(錦溪君)*196의 기재잡기(奇齋雜記)에 실려 있다.

세상에 전해 오는 말로는, 정사룡이 박원종을 흠모하였기 때문에 '호백구(狐白裘)*197를 훔치는' 수단을 잘 썼다고 한다. 정사룡은 강원감사(江原監司)가 되어 관내를 순행하다 금강산에 들어가 밤에 정양사(正陽寺)*198에서 묵게 되었을 때, 순금 불상을 훔쳐 가지고 돌아와 마침내 큰 부자가 되었다. 그는 늘그막에 가서 이 일을 깊이 뉘우치고, 시를 지었다.

정양사 법당에 향 피우던 그날 밤 일
거원*199처럼 마흔에야 잘못을 깨달았네.

---

*195 키는 낮고 가지는 가로 널리 퍼진 소나무.
*196 조선 선조(宣祖)·인조(仁祖) 때의 문신 박동량(朴東亮), 임진왜란 때 호성공신(扈聖功臣)으로 금계군에 봉해졌음.
*197 여우의 겨드랑이에 있는 흰 털가죽으로 만든 갖옷. 전국시대에 제(齊)나라의 맹상군(孟嘗君)이 진(秦)나라에 붙들려 있을 때, 그의 식객 한 명이 도둑질을 잘 하여 진왕(秦王)에게 바쳤던 호백구를 훔쳐다가 진왕의 애첩에게 바쳐 맹상군이 탈출하도록 했음.
*198 금강산 내금강(內金剛) 표훈사(表訓寺) 위에 있는 절. 백제 무왕(武王) 때 세웠는데 원효(元曉)가 중건했음.
*199 춘추시대 위(衛)나라의 대부(大夫). 50살이 되어서야 49년 동안의 잘못을 깨닫고 현대부(賢大夫)란 일컬음을 들었음.

正陽寺裡燒香夜 蘧瑗方知四十非

내가 일찍이 정양사 구경을 갔을 때 과연 벽에 이 시가 붙어 있었다.

지금 삼사(三使)가 선물로 받은 금부처가 모두 셋이니 이것을 팔면 수천 냥을 받을 수 있을 텐데, 만약 정사룡이 이 경우를 당했더라면 정양사에서의 잘못을 깨달을 필요가 없었을 것이다. 내가 부사(副使)에게 이런 이야기를 하여 서로 크게 웃었다.

나는 또 말했다.

"이번의 이 불상은 불행하게도 나무로 만든 부처라 두말 없이 물리친 것이지만, 만약 정말 금부처였더라면 이단(異端)을 물리쳐야 한다는 주장도 아마 잠시 미루어야 했을 것입니다."

그러고는 서로 허리를 잡고 웃었다.

⊙장자(莊子)에, '말 머리에는 굴레를 씌우고 소의 코에는 코뚜레를 꿴다' 하였으니, 소의 코를 꿰는 것은 오랜 옛날부터 있었던 일이다. 우리나라 소는 태어난 지 7, 8개월이 되면 벌써 코를 꿴다.

왕형공(王荊公)의 시에, '소의 코를 꿰지 않는다면 어찌 맷돌을 돌리려 할까(牛若不穿鼻 豈肯推入磨)' 하였으니, 맷돌을 돌리는 것도 그러한데 더욱이 수레를 끌거나 밭을 갈려고 하겠는가?

책문(柵門)*200에 들어서면서부터 열하에 이르기까지 한 집에서 기르는 소가 7, 8마리보다 적지 않고, 많은 집은 3, 40마리나 되었다. 밭을 갈고 수레를 끄는 소는 다 뿔에 고삐를 매어 부리고, 코를 꿴 놈은 하나도 없었다. 소는 모두 몸집이 아주 큰 데다 집집마다 풀어놓고 기른다. 어린아이라도 한꺼번에 수십 마리를 몰고 다닌다. 그런데 코를 꿰지 않았을 뿐 아니라 또한 뿔에 고삐도 매지 않았다.

중국에서 소를 길들여 부리는 기술에 우리나라가 미치지 못한다 해도, 코뚜레를 꿰지 않는 것은 예와 지금이 같지 않은가 보다.

두예(杜預)*201의 상소문에, '전목(典牧)*202에 씨받는 소가 4만 5천여 마

---
*200 만주 청나라 국경에 목책(木柵)을 치고 낸 문. 국경 안팎을 드나드는 사람은 반드시 이 문을 통과하게 했음.

리가 있는데, 수레 끄는 데는 쓰지도 않고 또한 늙도록 코뚜레를 꿰지 않는
것도 있습니다' 하였으니, 이를 보더라도 옛날에는 중국에서도 소를 부릴 때
코를 꿰었음을 알겠다.

⊙강녀묘(姜女廟) 안의 주련(柱聯) 중에 문승상(文丞相)이 지은 것이 가
장 비장하여, 글씨도 매우 기발하고 뛰어나다.

강녀는 죽지 않았구나, 천 년 묵은 돌조각이 아직도 곧바르네.
진시황은 어디 갔을까, 만리장성에는 원망만 쌓여 있구나.

姜女未亡也 千年片石猶貞
秦皇安在哉 萬里長城築怨

과친왕(果親王) 윤례(允禮)가 지은 것도 매우 아름다워, 그 글씨는 신필
(神筆)이라 할 만하다.

잣나무 잎 예로부터 항상 괴롭고
매화 꽃 영원히 고운 체 아니하네.

栢葉從來常自苦 梅花終古不爲姸

건륭(乾隆) 을해년(乙亥年) 겨울에 삼황자(三皇子) 등금거사(藤琴居士)
가 지은 시는 몹시도 스산하지만 글씨는 날렵하고도 미묘하다.

노송 허물어진 담장 안에 옛 사당 보이는데
성 무너뜨린 강녀의 옛일 슬프기도 하여라.
임 만날 소망 끊어지자 기이한 절개 이루었고

＊201 진(晉)나라 사람. 여러 벼슬을 역임하고 용병(用兵)에도 뛰어났으며, 나중에는 경서에
　　몰두하였음. 저서에 좌씨경전집해(左氏經傳集解)·춘추장력(春秋長曆) 등이 있음.
＊202 목장(牧場) 일을 맡아 보는 기관.

패옥만 헛되이 남아 옛 모습 짐작케 하네.
돌에 뿌린 눈물 흔적 그날의 원한이요
흐느끼며 흐르는 물은 후세 사람들의 마음일세.
진의정 옆 밭둑은 처량하기 그지없건만
임의 하염없던 눈빛 아름다워 더욱 그리워라.

老松頹垣見古祠　崩城姜女事堪悲
藁砧望斷成奇節　環珮空餘識舊姿
石灑淚痕當日恨　水流嗚咽後人思
振衣亭畔淒凉甚　猶憶凝眸睞曼滋

'방류요수(芳流遼水)' 넉 자는 건륭황제(乾隆皇帝)의 어필이고, '경절처풍(勁節凄風)' 넉 자는 과친왕(果親王)의 글씨이며, '망부석(望夫石)' 석 자는 태원(太原) 백휘(白輝)가 쓴 것이다.

⊙중국에서는 글자가 곧 말이 되지만, 우리나라에서는 말이 먼저고 나중에 글자 배우기에 들어간다. 중국과 외국과의 구별이 여기에 있다. 왜냐하면, 말로 인하여 글자 배우기에 들어가면, 말은 말대로 글은 글대로 따로 놀게 되기 때문이다. 예를 들면 하늘 천(天)자를 '한날천(漢捺天)'이라 읽는데, 이는 글자 말고도 이해하지 못할 우리 말이 하나 더 생기는 것이다〔설부(說郛)*203에 계림유사(鷄林類事)*204가 실려 있는데 천(天)을 한날(漢捺)이라 하였음〕. 어린아이가 한날(漢捺)이 무슨 말인지를 모르는데 어떻게 또 천(天)이라는 글자를 알 수 있겠는가?

정현(鄭玄)*205의 집 여종들이 모두 시(詩)로 말을 주고 받았다고 하여 오래오래 미담으로 전해지고 있지만, 실은 중국의 부인이나 아이들까지도 모두 문자로 말을 하기 때문에, 비록 눈으로는 낫 놓고 기억자도 모른다 해도 입으로는 얼마든지 훌륭한 문장을 말할 수 있어서, 경(經)·사(史)·자(子)·

---

*203 명나라 도종의(陶宗儀)가 편찬한 책.
*204 송(宋)나라 손목(係穆)이 고려의 말을 한자(漢字)로 적은 책.
*205 한(漢)나라 말기의 저명한 유학자.

집(集)*206의 문자가 모두 그들의 입에는 익숙한 말에 지나지 않는다.

그래서 우리나라 사람이 처음 중국에 가서는, 중국의 어린아이가 냇물을 사이에 두고 어머니에게, '물이 깊어 건너가지 못하겠어요(水深渡不得)' 하는 말을 듣고는 크게 놀라, 중국에서는 다섯 살 먹은 어린아이도 입을 열기만 하면 시를 읊는다고 여긴다. 그러나 이것은 시를 읊는 것이 아니라 말을 하는 것이요, 일부러 한시 글귀를 만들어내는 것이 아니다.

노가재(老稼齋)가 천산(千山)을 구경하러 갔다가, 어떤 시골 할멈이 술을 팔고 있는 것을 보고 물었다.

"길이 외지고 지나가는 사람도 드문데 누가 술을 사 먹지요?"

그러자 시골 할멈이 대답한다.

"꽃 향기 풍기면 나비야 절로 찾아오지요(花香蝶自來)."

이처럼 별로 복잡하게 꾸미지 않고도 말이 간결하고 뜻이 분명하여 저절로 운치 있는 말이 된 것이다. 이는 글자로 말을 한다는 미묘한 이치를 말해 주는 확실한 증거인 셈이다.

우리 집에 아주 투미한 나이 어린 여종이 하나 있다. 여종은 어느 날 떡을 얻었어야 응당 마땅한 터에 다른 음식을 얻고서도 몹시 좋아하면서 말했다.

"파촉(巴蜀)*207도 역시 관중(關中)이지요."

이것은 본디 투전놀이에서 쓰는 말로서, 여종은 원래 파촉이나 관중이 어디 땅이름인지도 몰랐겠지만 그 말이 서로 비슷한 것을 이르는 표현임을 알고 말했으므로 그 말은 뜻에 맞게 사용되었다고 할 수 있다. 그러므로 중국말이 어렵지 않고, 따라서 정현의 여종들이 천고에 유식했다고 단언할 수 없는 일이라는 것을 비로소 알겠다.

⊙이덕무의 청비록(淸脾綠)에,

'삼한(三韓) 사람으로 중국을 널리 돌아다녀 본 이로는 이익재(李益

---

*206 경은 경서(經書), 사는 역사(歷史), 자는 제자(諸子)의 학설, 집은 시문(詩文)의 문집(文集)이니, 책을 분류하는 한 방법으로 사부(四部)라고 함.

*207 파주(巴州)·촉주(蜀州) 지방. 파주는 지금의 사천성(四川省) 중경(重慶) 지방, 촉주는 성도(成都) 지방임. 파촉과 관중은 가까운 데 있고 유방과 항우가 관중을 차지하기 위해 경쟁을 한 데서 꿩 대신 닭이라는 의미로 사용됨.

齋)*²⁰⁸만한 이가 없을 것이다. 그가 유람한 곳을 그의 시에 나오는 명칭만으로 보아도 정형(井陘)*²⁰⁹·예양교(豫讓橋)*²¹⁰·황하(黃河)·촉도(蜀道)*²¹¹·아미산(峨嵋山)*²¹²·공명사당(孔明祠堂)·함곡관(函谷關)*²¹³·민지(澠池)*²¹⁴·이릉(二陵)*²¹⁵·맹진(孟津)*²¹⁶·비간묘(比干墓)*²¹⁷·금산사(金山寺)*²¹⁸·초산(焦山)*²¹⁹·다경루(多景樓)*²²⁰·고소대(姑蘇臺)*²²¹·도량산(道場山)*²²²·호구사(虎丘寺)*²²³·표모묘(漂母墓)*²²⁴·탁군(涿郡)*²²⁵·백구(白溝)*²²⁶·업성(鄴城)*²²⁷·담회(覃懷)*²²⁸·왕상비(王祥碑)*²²⁹·효릉(崤陵)*²³⁰·

*208 고려 때 학자 이제현(李齊賢). 익재는 그의 호임.
*209 하북성(河北省) 정형현(井陘縣) 동북쪽 정형산 위에 있는 관문(關門). 여씨춘추(呂氏春秋)의 아홉 요새 중 하나로 군사상의 요지임.
*210 진(晉)나라 예양이 조(趙)나라 양자(襄子)를 저격하려다가 실패한 다리.
*211 촉 땅으로 들어가는 매우 험한 길.
*212 산동성(山東省) 박산현(博山縣)에 있는 산.
*213 하남성(河南省) 영보현(靈寶縣) 서남쪽에 있는 관문.
*214 하남성 의양현(宜陽縣)에 있는 연못.
*215 하남성 낙녕현(洛寧縣) 효산(殽山)에 있는, 하후고(夏后皐)의 북릉(北陵)과 문왕(文王)이 비바람을 피한 남릉(南陵).
*216 하남성 맹현(孟縣)에 있는 나루터. 주(周)나라 무왕(武王)이 은(殷)나라 주왕(紂王)을 칠 때 제후가 이곳에 모여 맹세를 했으므로 맹진(盟津)이라고도 함.
*217 비간의 무덤. 은나라 주왕의 숙부 비간이 주왕의 무도함과 음란함을 간하여 사흘을 물러가지 않자, 주왕이 노하여 '내 들으니 성인의 마음에는 일곱 구멍이 있다고 하니 어디 보자'하고 비간을 죽여 그 심장을 보았다고 함.
*218 강소성(江蘇省) 단도현(丹徒縣) 금산(金山)에 있는 절. 청나라 성조(聖祖)가 강천사(江天寺)라고 했음.
*219 강소성 단도현 동쪽 강 가운데 우뚝 솟은 산. 부옥산(浮玉山)이라고도 함. 꼭대기에 포대(砲臺)가 있음.
*220 강소성 북고산(北固山) 감로사(甘露寺)에 있는 누각. 당나라 때 임강정(臨江亭) 자리임.
*221 강소성 오현(吳縣) 고소산(姑蘇山) 위에 있는 대. 오왕(吳王) 부차(夫差)가 월(越)나라를 격파하고 얻은 미인 서시(西施)를 위해 쌓은 것임.
*222 절강성(浙江省) 오흥현(吳興縣) 서남쪽에 있음. 절이 있어 도량산이라 함.
*223 강소성 오현 서북쪽에 있는 산. 일명 해용산(海湧山). 춘추시대 오(吳)나라 왕 합려(闔閭)를 이 산에 묻으니 3일 만에 호랑이가 와서 앞발을 세우고 앉았으므로 그 이름이 생겼다고 함.
*224 한(漢)나라 장군 한신(韓信)이 아직 미천할 때 그에게 밥을 주어 곤란을 면하게 한 표모의 무덤.
*225 하북성(河北省) 탁현(涿縣)에 있음.

더위를 식히며 시를 논하다 757

장안(長安)·정장공묘(鄭莊公墓)*231·허문정공묘(許文貞公墓)·관용방묘(關龍逄墓)*232·망사대(望思臺)·무측천릉(武則天陵)*233·숙종릉(肅宗陵)·빈주(邠州)*234·경주(涇州)*235·보타굴(寶陀窟)·월지국(月支國)의 사신이 말을 바친 사적 등이다. 그의 발자취가 이른 곳은 모두 웅장하고 아름다운데, 우리나라 사람으로는 좀처럼 발길이 미치지 못할 곳이다.

그의 시(詩)도 동방 2천 년 이래의 명가(名家)로서, 그 화려하고 우아한 것이 삼한(三韓)의 편벽되고 고루한 버릇에서 시원스럽게 벗어났다. 지금 사람들은 심지어 익재(益齋)가 곧 이제현(李齊賢)인 줄도 모르는 이가 있다. 군협(君俠) 고사립(顧嗣立)*236은 원백가시선(元百家詩選)을 편찬하면서 고려 사람의 시는 한 편도 수록하지 않았다. 당시 목암(牧菴) 요수(姚燧),*237 자정(子靜) 염복(閻復),*238 장양호(張養浩)*239 등이 모두 익재의 시를 칭찬했는데도 그의 시 한 수도 실리지 않았다는 것은 참으로 이상스런 일이다.' 하였다.

익재의 무덤은 황해도 금천(金川) 지금리(只錦里) 도리촌(桃李村)에 있고, 무덤 아래에 곧 익재의 옛집이 있다. 옛집을 그대로 서원(書院)으로 삼아 제사를 지낸다. 나의 연암별장(燕巖別莊)이 서원에서 10리도 채 안 되는

---

*226 하남성(河南省) 양무(陽武)·봉구(封丘) 두 현의 경계를 흐르는 강.
*227 하남성 임장현(臨漳縣) 서쪽에 있는 옛날 위(魏)나라 도읍지.
*228 하남성 무섭현(武涉縣)에 있는 지명.
*229 왕상은 진(晉)나라 사람으로, 계모에게 효성이 지극하여 추운 겨울 어머니가 잉어 고기가 먹고 싶다고 하여 강으로 나갔더니 얼음이 저절로 갈라지고 잉어가 뛰쳐나왔다고 함. 그의 비.
*230 하남성 낙녕현(洛寧縣) 서북쪽에 있는 산.
*231 춘추시대 정(鄭)나라 임금의 무덤. 그의 이름은 오생(寤生). 장(莊)은 시호.
*232 하(夏)나라의 어진 신하. 걸왕(桀王)이 주색에 빠진 것을 간하다가 죽었음. 그의 무덤.
*233 당나라 고종(高宗)의 왕후로 정권을 전횡하여 후에 스스로 제위에 올라 측천황제라 일컬은 무후(武后)의 능.
*234 지금의 섬서성(陝西省) 빈현(邠縣).
*235 감숙성(甘肅省) 경천현(涇川縣) 현치(縣治).
*236 청나라 강희(康熙) 때 사람. 박학하고 시에 뛰어났으며 술을 좋아했음.
*237 원(元)나라 사람. 저서에 국통이합표(國統離合表)·목암집(牧庵集)이 있음.
*238 원나라 사람. 저서에 정헌집(靖軒集)이 있음.
*239 원나라 사람. 저서에 삼사충고(三事忠告)·목민충고(牧民忠告) 등이 있음.

가까운 곳에 있다. 나는 일찍이 한두 번 서원을 찾아가서 익재가 남긴 문집을 읽어 보고, 청비록의 평이 틀림없다는 것을 더욱 믿게 되었다.
  그의 사귀(思歸)라는 시에는,

늦가을 청신 숲[240]은 빗속에 잠겨 있고
해질 무렵 구름은 백제성[241]에 가로 걸렸네.

窮秋雨鎖靑神樹 落日雲橫白帝城

라 하였고, 이릉조발(二陵早發)이라는 시에는,

구름은 주사(柱史 : 노자의 관직 이름)가 단약(丹藥) 만들던 가마에 감돌고
눈발은 문왕이 비를 피하던 능에 쌓이네.

雲迷柱史燒丹竈 雪壓文王避雨陵

라 하였으며, 주행아미(舟行峨嵋)란 시에는,

비에 쫓겨 추위 떠는 송아지 어부의 집으로 돌아가고
가볍게 나는 갈매기 파도에 밀려 나그네 배를 따르네.

雨催寒犢歸漁店 波送輕鷗近客舟

라 하였고, 다경루(多景樓)라는 시에는,

---

*240 사천성(四川省) 미산현(眉山縣) 남쪽 민강(岷江) 서안(西岸)에 있는 숲. 옛날 잠총씨(蠶叢氏)가 푸른 옷을 입고 백성들에게 누에 치는 법을 가르쳐 주었으므로 사당을 세워 그를 제사지냄.
*241 사천성 봉절현(奉節縣) 동쪽에 있는 산. 삼국의 촉(蜀)나라가 여기서 오(吳)나라를 방어했음.

밤 되자 풍경 소리 시끄럽더니 포구에 밀물 들고
도롱이 두르고 어둠 속에 섰노라니 누각에 비 뿌리네.

風鐸夜喧潮入浦 烟蓑暝立雨侵樓

라 하였으며, 함곡관(函谷關)이라는 시에는,

흙 주머니로 황하 북쪽을 막는다면
지축은 서쪽 땅까지 이어지겠네.

土囊約住黃河北 地軸句連白日西

라 하였다.

우리나라 시인들이 시를 지을 때 곧잘 중국의 역사나 고사에서 빌려 쓰지만, 정말 직접 눈으로 보고 발로 밟고 쓴 이는 오직 익재 한 사람뿐이다. 나는 고북구(古北口)를 나서면서 내가 옛 사람들보다 보는 것이 많으리라 생각하였으나, 익재에 비하면 참으로 많이 모자란다.

⊙ 왕사정의 감구집(感舊集)에 청음(淸陰)*242 선생의 시가 실려 있다.
왕이상(王貽上)의 전처인 추평(鄒平) 장씨(張氏)는 강남(江南)*243 진강부(鎭江府)의 추관(推官) 장만종(張萬鍾)의 딸이요, 도찰원(都察院)*244 좌도어사(左都御史) 충정공(忠定公) 장연등(張延登)의 손녀다.
숭정(崇禎)*245 말년에 청음 선생이 뱃길로 중국에 들어갔을 때, 제남(濟南)을 경유하게 되었다. 이때 장연등은 관직을 그만두고 고향 집에 돌아와

---

*242 조선 인조(仁祖)·효종(孝宗) 때의 문신 김상헌(金尙憲). 청음은 그의 호임. 병자호란 때 척화론을 주장하여 심양(瀋陽)으로 잡혀갔다가 돌아왔음. 글씨에 뛰어났고, 저서에 청음집(淸陰集)·야인담록(野人談錄) 등 많음.
*243 양자강 남쪽.
*244 모든 관청을 감시하고, 억울한 일을 밝히며, 백관을 규찰하고 중대한 범죄 사건을 심의하는 기관.
*245 명나라 의종(毅宗)의 연호. 1628~1644년. 조선 인조(仁祖) 때임.

머물고 있었다. 이때 청음 선생은 장만종의 소개로 장연등을 만나보게 되었다. 장연등은 청암 선생을 한 번 보고는 깊이 호감을 가져 엿새나 묵게 되었고, 선생의 조천록(朝天錄)에 서문을 써 주었다.

왕이상이 청음 선생을 잘 알게 된 것은 그의 처가를 통해서였다. 그가 감구집에서 선생의 시를 뽑아서 실은 것에 다음과 같은 시들이 있다.

늦가을 바닷가에 기러기 처음 날아오고
깊은 밤 하늘에 객성 하나 나타났네.
돌다리는 이미 진시황(秦始皇) 때 끊어졌는데
사신 태운 배는 오히려 한(漢)나라 신하를 허락했네.*246

三秋海岸初賓雁 五夜天文一客星
橋石已從秦帝斷 星槎猶許漢臣通

깊은 밤 조각달 수성 끄트머리에 걸려 있고
떠나는 배 위에 홀로 앉아 시 읊는 이 누구일까.
동쪽 바다 향해 돌아갈 길 찾지 않고
북두성 의지하여 신주*247를 바라보네.

五更殘月水城頭 詠史何人獨艤舟
不向東溟覓歸路 還依北斗望神州

남쪽 상인 북쪽 손님 모래톱에 옹기종기
익새*248 그림과 푸른 주렴 장식한 배 몇 척인가.
고향 노래 함께 부르며 옷소매 스쳐 지나니
성 안에 달빛 가득한 여기가 양주인가.

---

*246 한(漢)나라 때 장건(張騫)이 뗏목을 타고 천하(天河)에 이르렀다는 고사(故事).
*247 중국을 성스럽게 일컬은 이름.
*248 물새의 한 가지. 갈매기 같고 크며 날개는 창백(蒼白)함. 바람에 잘 견디므로 뱃머리에 그 모양을 만들어 달거나 그려 놓음.

南商北客簇沙頭 畫鷁靑簾幾處舟
齊唱竹枝聯袂過 滿城烟月似楊州

  모두 왕이상이 칭송했던 것처럼 청아하고 아름다운 시들이어서 읊을 만하다.
  왕이상은 중국 제일가는 시인이라 그의 글자 한 자, 말 한 마디는 밥먹듯 사대부들의 입에 자주 오르내린다. 그래서 조선의 청음(淸陰) 선생을 모르는 이가 없었다. 그러나 청음 선생의 고금에 없는 큰 절개에 대하여는 아는 사람이 없었다.
  지정(志亭) 학성(郝成)이, 청음의 작품 몇 편이라도 알고 싶다고 하기에 내가 말했다.
  "저는 원래 그분의 시를 외우고 있는 것이 없지만 이번 길에 그분의 6대손인 이도(履度)가 지어 준 이별의 시가 있습니다."
  그러자 지정이 크게 기뻐한다.
  "이것 역시 기이한 일입니다그려."
  내가 그 시를 보여 주었더니, 지정은 두세 번 읊어 보는 것이었다. 뒷날 지정은 자기가 편찬한 용재소사(榕齋小史)에 다음과 같이 기록하였다.
  "화산(華山) 김이도(金履度)는 조선 사신인 청음 김상헌(金尙憲)의 6대손이다. 그의 봉별연암조경(奉別燕巖朝京 : 원문에는 '연경으로 간다'는 뜻의 赴燕으로 되어 있었는데, 지정은 '북경으로 조공하러 온다'는 뜻의 朝京으로 고쳤음)이란 시에,

    사방에는 연나라 산 넓기도 한데
    진시황의 만리장성 높기도 하다.
    그 가운데 말 달려 가시는 그대
    백발이 성성한데 수고가 많으셔라.

    四面燕山濶 萬里秦城高
    中有垂鞭者 白髮行邁勞

하였고 또,

덕 높고 지조 굳은 담헌 선생과
호탕하고 거리낌 없는 연암 선생.
온 천하가 모두 그 이름 알고
고상한 학풍 앞뒤를 이었네.

耿介湛軒子 倜儻燕巖叟
海內知姓名 高風屬前後

'건륭(乾隆) 경자년(庚子年) 5월 23일 화산 김이도 쓰다'라고 하였다.
김이도는 자가 계근(季謹)이다. 필법은 종요(鍾繇)*[249]와 왕희지(王羲之)를 본받았고, 동국(東國)의 문장가이자 기이한 선비이다. 그는 친구 박연암(朴燕巖)과 한석호(韓錫祜)와 함께 시와 술로 막역한 사이이다. 금년 8월에 박연암은 사신을 따라 북경에 와서, 나와 더불어 매우 친숙하게 지냈다. 이 때 화산이 지은 연암 전별시 세 편을 얻어 읽어보고, 사모(四牡)*[250]나 황화(皇華)*[251]에 숨어 있는 뜻을 깊이 깨달았기에, 나는 그 중 두 수를 여기 적는다."(지정은 본래의 시 殊方知姓名 高風繼前後의 殊方을 海內로, 繼자를 屬자로 고쳤다)

⊙지정은 또,
"연암의 손자뻘인 남수(南壽)는 자가 산여(山如)이고 호가 금성(錦城)인데, 얼굴이 관옥(冠玉)같이 잘생겼다고 한다(금성은 우리 박씨의 본인데, 지정은 남수의 호로 잘못 안 것이다). 그가 연암에게 준 전별시는,

하얗게 머리 세었다고 탄식하지 마소서
하늘과 땅 갑자기 끝이 없으리이다.
필마로 요동 넓은 들판에 들어서

---

*249 한(漢)나라 때의 시중(侍中), 위(魏)나라 때의 태부(太傅). 글씨를 잘 썼음.
*250 시경(詩經)의 한 편명. 서백(西伯)이 은(殷)나라 왕이 보낸 사신의 노고를 위로하여 지은 것이라고 함.
*251 시경의 한 편명이니 천자의 사신. 칙사(勅使)를 뜻함.

채찍 휘둘러 만 리에 바람 일으키네.

莫云頭已白 天地忽無窮
匹馬遼東野 一鞭萬里風

라고 하였다"고 썼다.

◉지정은 다시,
 "조선의 고결한 선비 중존(仲存) 이재성(李在誠)은 연암의 처남으로 호가 지계(芝溪)이다. 그의 전별시는,

압록강이 한 줄 띠처럼 둘러 있고
장성은 멀다 하니 양식 많이 마련하소.
머나먼 이 길 유유히 오고 간 나그네들
누구누구였던가 분명히 알고싶구려.

鴨綠衣帶水 長城宿舂之
悠悠遠行客 歷歷知是誰

라고 하였고(원시에는 燕城이라 한 것을 지정은 長城으로, 古來經遊者를 悠悠遠行客으로 고쳤음) 또,

10여 년 바위 속에 은거하던 선비
새벽에 행장 꾸려 먼 길 떠나신다네.
반평생을 책 속에 묻혀 있다가
이제야 천자의 나라 구경하시는구려.

十載巖栖客 晨裝告遠遊
半生方册裏 今日帝王州

라고 하였고 또,

> 일찍부터 상봉*252의 뜻 품어 왔건만
> 사슴과 멧돼지 사이에 숨어 살았네.
> 이제라도 좋은 구경 하게 되었으니
> 백발의 시름 잊을 수 있으리.

> 宿昔桑蓬志 沈冥鹿豕群
> 猶被雙眼役 可忘白頭紛

라고 하였고 또,

> 빗물이 끓는 듯 관소(關所)의 강물 불어나고
> 구름은 찌는 듯 계문(薊門)의 숲 낮아지리니
> 청컨대 그대는 나그네 길 조심하시게.
> 행여 가는 곳 허둥대지 마오.

> 雨熱關河漲 雲蒸薊樹低
> 請君愼行李 去矣莫栖栖

라고 하였다"(請君愼行李는 원시에 勉旃愼行役으로 되어 있음)고 했다.

⊙ 지정은 또,
"혜당(惠堂) 한석호(韓錫祜), 백후(伯厚) 양상회(梁尙晦), 유재(裕齋) 이행작(李行綽) 등은 모두 개성 사람이다. 개성은 고려의 옛 도읍지인데, 그 나라에서는 송경(松京)이라 일컫는다. 옛날의 개주(開州)이고, 또 그 전에는 촉막군(蜀莫郡)이라 불렀다. 신숭(神崇)과 자하(紫霞)라는 명승지가 있다. 문인(文人)과 시인들은 지금도 을지생(乙支生)과 정인지(鄭麟趾)의

─────
*252 안일(安逸)을 탐내지 않고 사방으로 활동하여 공을 세움. 옛날 사내아이를 낳으면 뽕나무 활과 쑥대 화살로 사방을 쏘아 앞날을 축복한 데서 온 말.

유풍(遺風)을 지니고 있다고 한다. 이는 우리 성조(聖朝)의 문물과 교화가 먼 곳까지 널리 퍼졌기 때문이다.

혜당(惠堂)의 송연암조경(送燕巖朝京)이라는 시에,

넓은 뜻 지닌 이 한 몸 우연히 몸 붙인 곳
한 하늘 아래 동쪽 바닷가일세.
멀거나 가깝거나 평등하게 본다면
문 밖에 안 나가도 뜻은 만리 밖이로구나.

새벽달 산에 걸려 산골 창문이 밝아오고
목련꽃 아래 끝없는 정 피어나네.
중국이 좋은 줄 알 리 없는 저 꾀꼬리
양관곡*253 읊어 이별 아쉬워하네.

푸른 하늘 온 들판 덮어 사방이 둥글고
동남쪽 아득한 산 하나 둘 사라지네.
요양에 이르러는 무엇이 보이던고
둥근 해 빙글 돌아 바다와 구름 사이 가리키네.

조각배 타고 멀리 멀리 표랑하며
천하의 이름난 누각 두루 올라 보려는데
유유히 필마를 타고 금대 가는 길 돌아드니
어찌 푸른 가을 바다의 외로운 돛배와 같으랴.

만리장성 무너지자 나라*254도 뒤를 따랐건만
거리, 사람들, 물정은 변하지 않았구나.
공자묘(孔子廟) 뜰 둘레 주나라 때의 돌북

---

*253 위성곡(渭城曲)의 다른 이름으로 왕유(王維)의 송별시이다. 당나라 시대에는 송별할 때에 반드시 이 시를 읊었다고 함.
*254 송(宋)나라를 말함.

인간 세상의 석양빛 몇 번이나 겪었을까.

偶爾無方住着身 一天之下海東濱
如將遠邇看平等 不出門時萬里人

曉月依山礩戶明 木蓮花下藹餘情
黃鸝不識中州好 啼作陽關惜別聲

靑天蓋野四周環 漸失東南點點山
行到遼陽何所見 日輪回指海雲間

常願風漂萬里舟 遍登天下有名樓
悠悠匹馬金臺路 何似孤帆碧海秋

長城自壞國隨之 朝市人烟遂不移
夫子廟庭周石鼓 人間幾度夕陽時

하였고, 춘원세우(春院細雨)라는 시에는,

이슬 방울 무거우니 오동나무 먼저 알고
우레 소리 미미하니 새들도 놀라지 않네.
싹트는 부드러운 풀잎 깊은 꿈속 같고
빛깔 짙은 꽃봉오리 정신이 어리는 듯.
검은 개미 섬돌 따라 미끄러지고
나뭇잎 안은 푸른 벌레 위태롭게 아슬아슬
저 멀리 물 위에 쌍무지개 서고
연기 속 외롭게 나는 새 더디기도 하여라.
시름에 잠겨 앉아 있는 외로운 나그네
그리운 임 곰곰이 생각하누나.

露重梧先聞 雷輕鳥不疑
嫩草深疑夢 濃花恰欲痴
玄蟻緣階滑 靑蟲抱葉危
水立雙虹遠 烟穿獨鳥遲
悄悄孤客坐 湛湛美人思

하였다. 또 백후(伯厚)의 송연암조경(送燕巖朝京)이라는 시에는,

까마득한 저 산하에 실낱같은 길 한 줄기
마음은 서로 맞는데 몸은 따를 수 없구나.
이별의 자리에서 다시 한 잔 권하는데
버드나무 푸르고 해는 뉘엿뉘엿 기우네.

極目山河路一絲 心如相約未相隨
離筵更進一杯酒 楊柳靑靑斜日時

하였고, 이행작(李行綽)의 송별(送別)이라는 시에는,

바닷가엔 나그네 채찍 하나뿐인데
요동 하늘엔 육칠월 장마 지루하구나.
갈 길 헤아려 보니 여기서부터 삼천리
묻노니 언제쯤 북경에 가 닿을까.

濱海行人信一鞭 遼天六月雨長縣
計程從此三千里 借問幾時可到燕

하였다"라고 기록했다.
　중국 사람들의 기록이란 대개 이와 같아서 본래의 시를 많이 변작(變作)할 뿐 아니라, 그 '을지생(乙支生)과 정인지(鄭麟趾)의 유풍(遺風)'이란 말은 더욱 우스운 노릇이다. 우리나라에는 을지생이란 이가 없었으니 이는 바

로 을지문덕(乙支文德)을 말한 것이리라. 을지문덕과 정인지는 멀리 수천 년이나 떨어져 산 사람들인데 지금 그들을 나란히 놓고 말했으니, 아마 을지문덕이 수서(隋書)에 나오고 정인지가 고려사(高麗史)를 편찬했기 때문에 특히 드러내 말한 것이 아닌가 싶다.

　또 지정의 기록에 내가 계근(季謹)과 한석호(韓錫祜)와 함께 시와 술로 사귄 막역한 사이라고 한 것은 참으로 배꼽을 잡고 웃을 일이다. 나는 두 사람의 얼굴을 본 적도 없을 뿐 아니라, 비록 한 시대 사람이기는 하지만 이름조차 알지 못한다. 어떻게 시와 술로 막역한 사이가 될 수 있었겠는가? 하물며 두 사람은 평생 술을 입에 대지 못했음에랴.

　나는 다음날로 갑자기 길을 떠나게 되었으므로 미처 그 잘못을 바로잡아 주지 못하고 말았다.

　⊙이불(李紱)의 목당집(穆堂集)에 실려 있는 경인원조조조(庚寅元朝早朝)라는 시에,

　　조선이 조회하러 온 지 오래여라
　　의관이 괴이하고 풍속도 생소하다.
　　사모 쓰고 관복 입고 봄마다 조공오니
　　바다 한 구석 해 돋는 곳 태평세월 누리네.

　　朝鮮內屬來王久　肯怪衣冠太俗生
　　紗帽版袍春入貢　海隅日出最昇平

라고 하였다. 아침에 산장(山莊) 문 밖에서 백관들이 조회(朝會)에서 물러 나오는 것을 보니, 관리들은 붉은 벙거지에 말굽 모양의 좁은 소매 옷을 입고 있어 보기에도 부끄러웠다. 그런데 우리 사신들의 외관이야말로 아름답기가 신선 같았다. 거리의 아이들은 우리를 보고 놀라고 괴상하게 여기어 우리를 광대 같다고 한하니 참으로 답답한 노릇이다.

　⊙이익재(李益齋)의 자는 중사(仲思)이고 다른 호는 역옹(櫟翁)이다. 경

주 사람으로, 15살에 과거에 급제하였다. 충선왕(忠宣王)이 원(元)나라에 가 있을 때, 만권당(萬卷堂)을 짓고 귀국할 생각이 없어서 익재를 불러 부중(府中)에 두고, 중국의 조자앙(趙子昻)*255·원복초(元復初)*256 등 여러 명사들과 시를 지어 주고받게 하였다.

익재는 서촉(西蜀)*257에 사신으로 가거나 강남(江南)에 제사 지내러 가기도 했는데, 이르는 곳마다 시를 지어 읊어서 사람들의 입에 많이 올랐다. 그는 본국에 돌아와서는 다섯 임금을 보좌하면서 네 번이나 재상이 되었다. 충선왕이 참소를 당해 토번(吐蕃)*258으로 귀양가자 만 리 길을 달려가서 문안을 드렸으니 그 충성과 의분(義憤)이 대단하였다. 뒤에 김해후(金海侯)에 봉해지고 81살에 세상을 떠났다. 시호를 문충(文忠)이라 하였다.

익재의 시는 화려하고도 아담하여, 우리나라 사람들의 편벽되고 유창하지 못한 버릇을 시원스럽게 탈피했다. 그의 노상(路上)이라는 시를 보자.

말 위에서 촉도난*259을 읊조리며
오늘 아침 다시 진관*260에 들어섰네.
푸른 구름 저물어 어부수*261 위에 떠 있고
아침 해에 붉은 나무 조서산*262에 늘어섰네.
문자를 남기면 부질없이 천고의 한을 더하고
명예와 이익이 무엇이기에 한가할 겨를 없네.
안화사 가던 길 생각 간절하구나
죽장 짚고 짚신 신고 홀로 거닐던 그때.

─────────────

*255 원(元)나라 학자 조맹부(趙孟頫). 자앙은 그의 자. 호는 송설도인(松雪道人). 본래는 송(宋)나라의 종실(宗室)이었음. 시에 뛰어나고 그림도 잘 그렸음.
*256 원나라 학자 원명선(元明善). 복초는 그의 자. 춘추(春秋)에 정통했음.
*257 서쪽 촉 땅. 지금의 사천성(四川省) 지역.
*258 지금의 티베트 지방에 있던 나라. 당나라 때는 그 세력이 매우 강성하여 서로 문물을 교류했음.
*259 이백(李白)의 시. 촉나라 들어가는 길이 험난함을 읊은 것임.
*260 진(秦)나라 때 설치한 관문(關門). 또는 관중(關中) 지방을 일컫는 말.
*261 감숙성(甘肅省)에 있는 강물.
*262 감숙성 위원현(渭源縣)에 있는 산.

馬上行吟蜀道難　今朝始復入秦關
　　碧雲暮隔魚鳧水　紅樹朝連鳥鼠山
　　文字剩添千古恨　利名誰博一身閒
　　令人最憶安和路　竹杖芒鞋自往還

　내가 사는 연암(燕巖) 뒷산 기슭, 고개 하나 사이를 두고 안화사(安和寺) 옛 절터가 있다. 공의 이 시를 읊조릴 때마다 공이 죽장망혜(竹杖芒鞋)로 이 근방을 거닐던 일을 연상하게 되어, 촉도(蜀道)·진관(秦關)·어부(魚鳧)·조서산(鳥鼠山) 등의 이름만으로도 멍하니 정신을 잃게 했는데 나의 이번 여행에 가본 곳은 익재도 와 보지 못한 곳이다.

⊙송(宋)나라 원풍(元豊) 7년에 황제가 조서를 내려 경동(京東)[263] 과 회남(淮南)[264] 지방에 고려의 정자와 숙소를 세우게 하니, 밀주(密州)·해주(海州) 두 고을의 민심이 어지러워져서 도망하는 사람까지 있었다.
　이듬해에 소동파가 이곳을 지나가다 그 건물의 웅장하고 화려함을 보고 개탄하여 시 한 수를 남겼다.

　　드높은 처마는 담장 밖으로 훨훨 날아갈 듯
　　뽕나무 밭은 스산하고 도끼 자국만 남아 있네.
　　오랑캐[265]에게 모든 것을 내주어 노비되고 말았으니
　　그들이 얻은 것은 무엇인지 알 수 없어라.

　　簷楹飛舞垣墻外　桑柘蕭條斤斧餘
　　盡賜昆邪作奴婢　不知償得此人無

　소동파는 어디를 가나 이처럼 고려를 미워했으니, 만약 강희제(康熙帝)가

―――――――――――――
*263 하남성(河南省) 일부와 산동성(山東省) 황하(黃河) 이남 지방.
*264 하남성에서 시작되어 강소성(江蘇省)을 거쳐 대운하(大運河)로 들어가는 회수(淮水) 남쪽 지방.
*265 곤사(昆邪)는 한(漢)나라 때 흉노(凶奴)의 한 종족. 지금의 감숙성 지방에 있었음.

만들게 한 참(站)의 찰원(察院)*266을 보았더라면 또 뭐라고 했을까?

⊙ 황산곡(黃山谷)*267의 차운목보증고려송선(次韻穆父贈高麗松扇)이라는 시에,

은갈고리 옥투호 명견지*268에
송선에 가볍고 시원한 바람까지 함께 보내셨네.
갸륵도 해라 멀리 책구루*269 건너 왔으니
내대자*270보다 지금 이 더위에 알맞겠구나.

銀鉤玉唾明繭紙 松箑輕凉幷送似
可憐遠度幘溝漊 適堪今時襨襫子

하였고 또,

문인의 깨끗한 기개 높고도 서늘한지라
삼한의 지조와 절개는 삼신산 같구나.
안기생*271의 불사약 얻은 듯하여
티끌 속의 이 몸 벗어나게 하는구나.

文人玉立氣高寒 三韓持節見神山
合得安期不死藥 使我蟬蛻塵埃間

하였는데, 이제 와서는 고려의 송선(松扇)이라는 것이 어떻게 만들어졌는지 알 길이 없다.

---

*266 도찰원(都察院)의 준말.
*267 송(宋)나라 때 시인 황정견(黃庭堅). 산곡은 그의 호임. 글씨에 뛰어났음.
*268 누에고치로 만든 종이. 매우 질김.
*269 고려의 성 이름.
*270 여름에 햇빛을 가리기 위해 쓰는 모자.
*271 신선 이름.

⊙내가 일찍이 태사(太史) 고역생(高棫生)과 함께한 자리에서 반정균(潘庭筠)의 차왕추사한류시(次王秋史寒柳詩)를 외웠더니, 자리에 있던 손님들이 모두 참 훌륭하다고 칭찬했다.

내가, 왕추사가 누구냐고 물었더니 명재(明齋) 풍병건(馮秉健)이 말했다.

"역성(歷城)의 진사(進士) 왕평(王苹)입니다. 자가 추사이지요. 그는 자신의 호를 칠십이천주인(七十二泉主人)이라 하였으니, 반정균의 시에서 '칠십여 개 샘물 소리 어지럽게 돌절구 찧는 듯(七十泉聲亂石舂)'은 그를 가리키는 것이랍니다."

사헌(簑軒) 능야(凌野)가 말한다.

"우리나라의 시인으로 흔히들 왕추사를 드는데, 그의 시에,

　샘물 소리 어지러운데 누가 오는 것일까
　노란 단풍잎 숲 속에서 혼자 글을 쓰네.

　亂泉聲裏誰通展　黃葉林間自著書

하였고 또,

　노란 단풍잎 떨어질 때 황소 등으로 해 넘어가고
　푸른 산 이지러진 곳으로 얼근히 취한 사람 지나가네.

　黃葉下時牛背晩　靑山缺處酒人行

하였으므로, 당시 사람들은 그를 왕황엽(王黃葉)이라 불렀답니다."

⊙일하구문(日下舊聞)*²⁷²에는 동국사략(東國史略)*²⁷³과 고려사(高麗史)의 열전(列傳)이 실려 있는데 거기에 보면,

"고려 세자(世子)가 원(元)나라에 들어가 편전(便殿)에서 황제를 뵙는데

───────────
＊272 청나라 주이존(朱彝尊)이 지은 책. 북경(北京)에 관한 구문(舊聞)을 모아 엮은 책.
＊273 조선 태종(太宗)의 명으로 권근(權近) 등이 단군 때부터 고려 때까지를 엮은 역사.

황제가, '무슨 글을 읽는고?' 하고 물으니 세자가, '본국에서 따라온 선비 정가신(鄭可臣 : 고려 때의 정치가)·민지(閔漬 : 고려 때의 문학가) 두 사람에게 숙위(宿衛)*274하는 여가에 때로 효경(孝經)과 논어(論語)를 물어 봅니다' 하고 대답했다. 황제가 기뻐하며 세자에게 그들을 불러들이라 명하여 자리를 내주고, 고려 왕실이 전해 내려온 세대(世代)의 순서, 나라가 잘 다스려지거나 혼란해진 자취와 풍속의 아름다움을 묻더니, 조금도 지루해하지 않고 들었다.

그 뒤 황제는 공경(公卿)들에게 명하여 교지(交趾 : 월남) 정벌에 대해 의논할 때 정가신·민지 두 사람도 불러 함께 의논하게 하였다. 황제는 두 사람의 의견이 마음에 들었으므로, 정가신에게는 한림학사(翰林學士)를, 민지에게는 직학사(直學士)를 각각 제수했다."

고 하였으며, 열전(列傳)에는 또,

"황제가 자단전(紫檀殿)에서 세자를 불렀는데, 정가신이 함께 따라왔다. 황제는 정가신에게 앉으라 한 다음, 이어 갓을 벗으라 명하고, '수재(秀才)*275는 편발(編髮)*276을 하지 않아도 좋다. 두건을 쓰도록 하라' 하였다. 탁자 앞에, 둥글고 한쪽이 좀 뾰족한 물건이 있었는데, 희고 깨끗하며 높이가 1자 5치쯤 되어 그 안에 술이 5말은 들어갈 듯했다. 마하발국(摩訶鉢國)*277에서 바친 타조의 알이라고 하였다. 황제는 이것을 세자에게 구경시키고, 이어 세자와 종신(從臣)에게 술을 내리면서, 정가신에게는 시를 지으라고 명하였다.

    항아리만한 새알 속에
    불로주가 가득 들어 있으리니
    원컨대 천 년 만 년 장수하시어
    그 기운 해동까지 미치게 하소서.

---

*274 고려 때 왕자나 종실(宗室)이 원(元)나라에 가서 대궐에 입직(入直)하던 일.
*275 재주가 뛰어난 선비. 관리를 등용(登用)하는 과목(科目)의 한 가지, 또 그 과목에 합격한 사람.
*276 변발(辮髮). 앞머리는 깎아 버리고 뒷머리를 길게 땋아 늘어뜨리는 청나라 풍습.
*277 중인도(中印度)에 있는 나라 이름.

有卵大如甕 中藏不老春
願將千歲壽 釀及海東人

하고 가신이 시를 지어 바치니, 황제가 칭찬하고 자기의 상에 있는 국〔羹〕을 내려주었다."
고 하였다.

〔주곤전(朱昆田)*278이 이를 상고하여, '고려 세자는 곧 충선왕(忠宣王) 장(璋)이다. 그는 일찍이 경사(京師)에 만권당(萬卷堂)을 세웠다. 정가신은 본국에 있을 때 천추금경록(千秋金鏡錄)을 지었으며, 민지는 세대녹년절요(世代錄年節要) 7권을 증수(增修)하였고, 또 고려편년강목(高麗編年綱目) 42권을 지었다. 애석하게도 그 책들은 이제 볼 길이 없다'고 하였다.〕

⊙내가 전에 누님의 묘지명(墓誌名)*279과 형수인 이공인(李恭人)의 묘지명을 지었는데, 중국 사람에게 부탁하여 중국 내에서 아름다운 글씨를 찾아내려고 했다. 호부주사(戶部主事) 서대용(徐大榕)은 호주(湖州) 사람으로, 나와는 서로 알지 못하는 사이였는데도 내게 시를 보내 왔다. 첫째는,

해외에 경전 전한 이름난 아버지와 아들
문 닫아걸고 종일토록 산중에 들어앉아 있네.
평생토록 서릉의 글씨 멀리 못미침이 부끄럽지만
산호로 만든 붉은 붓걸이 부럽지 않다네.

海外傳經名父子 閉門終日在山中
平生遠媿徐陵筆 不羨珊瑚作架紅

하였고 둘째는,

---

*278 청나라 주이존(朱彝尊)의 아들. 저서에 어적소고(漁笛小稿)가 있음.
*279 죽은 사람의 행적, 자손의 이름, 생몰 연월일 등을 사기판 또는 돌에 새겨서 무덤 옆에 묻는 글.

두 묘지명 글씨를 뒷날 공들여 써서
멀리 하늘 끝에라도 어김없이 보내 드리리니
집닭보다 물오리가 낫다 비웃지 마오.
재주 없는 젊은이라도 사마상여 못지 않다오.

二銘他日爲工書 遠寄天涯定不虛
家鷄野鶩休竊笑 不才年少亦相如

하였다. 그가 붙인 주(註)에, '마침 저는 떠날 기일이 촉박하여 소해(小楷)*280를 쓸 수 없으므로 우선 표제(表弟)*281에게 쓰라고 했습니다. 초를 잡은 글씨를 그대로 두었다가 나중에 다시 써서 보내 드리겠습니다. 연암(燕巖) 족하(足下)께 올리니 웃으며 받아 주시옵소서. 양호(陽湖)의 척암(惕菴) 서대용(徐大榕) 씀'이라고 하였다. 초고로 쓴 글씨를 보니 역시 매우 아름답다. 두 묘지명은 전당(錢塘) 양정계(楊廷桂)가 썼는데, 양정계는 곧 서대용의 외사촌이다.

⊙강서(江西) 사람 오조(吳照)는 자가 조남(照南), 호는 백암(白菴)이다. 오조가 석호(石湖)*282를 유람할 때 지은 시는 모두 아름답다.
하나는,

나무 우거진 동산에 연기 사그러지고 새벽 햇살 누런데
두어 번 부드러운 노 젓는 소리, 배는 횡당*283을 나온다.
푸른 산은 저마다 그림 병풍 펼쳐 놓은 듯
탑 하나 허공에 우뚝 솟아 하늘을 보겠구나.

茂苑烟鎖曉日黃 數聲柔櫓出橫塘

---

*280 잘게 쓴 해자(楷字).
*281 외종제(外從弟).
*282 강소성 오현(吳縣)의 반문(盤門) 서남쪽에 있는 호수. 송(宋)나라 때 대를 쌓고 정자를 지어 효종(孝宗)이 '석호(石湖)' 두 자를 써 주었음.
*283 강소성(江蘇省) 오현(吳縣)에 있는 저수지.

靑山面面開圖障 一塔凌空見上方

하였고, 두 번째는,

잔잔한 파도 주름처럼 일렁여 물고기 비늘인 양
갈매기와 해오라기 호숫가 모래톱에 섰네.
치이자*284의 풍류 상상해 보느라니
일찍이 미인*285을 태우던 곳 여기런가.

水縠微波漾細鱗 沙鷗白鷺立湖濱
風流想像鴟夷子 此地曾經載美人

하였으며, 세 번째는,

능가산 아래 능가사 있어
산문을 감도는 물 굽이돌아 흐르네.
절간 새벽종 치는 소리 끝났건만 갈까마귀 날지 않고
텅 빈 행랑 인기척 없는데 오동나무 꽃만 지는구나.

楞伽山下楞伽寺 水繞山門一曲斜
敲罷曉鐘鴉未散 空廊人靜落桐花

하였고, 네 번째는,

짤막짤막 바늘 같은 벼싹 이랑마다 푸른데
물 위의 구름은 아득하여 가을인가 싶구나.
이 사이에 농사짓는 일 무엇보다 즐거워
맨발의 남쪽 계집아이 소 먹일 줄 아는구나.

---

*284 춘추 시대 정치가인 범려를 말함.
*285 미인 서시(西施)를 말함.

短短秧針綠滿疇 水雲渺渺似凉秋
　　此間最是爲農樂 赤脚吳娃解飯牛

하였으며, 다섯 번째는,

　　마름 잎 물결에 일렁이고 물오리 둥둥
　　아름다운 경치는 망천도*286가 분명하다.
　　비스듬히 기운 다리 옆에 푸른 버드나무 몇 그루
　　옛 시인 범석호*287 애절하게 그립구나.

　　菱葉浮波覆野鳧 分明佳景輞川圖
　　斜橋幾樹靑靑柳 憶煞詩人范石湖

하였으며, 여섯 번째는,

　　호수 너머 산이 있고 산 아래에 밭이 있어
　　비 뿌리거나 이내 끼어도 호수 경치 곱기만 하다.
　　훗날 내 여기로 집을 옮겨 산다면
　　서쪽 이랑 다 갈고 나서는 배 저어 나가리.

　　湖外有山山下田 湖光宜雨亦宜烟
　　他年我若移家住 耕罷西疇便刺船

하였다.
　　오조는 이제 나이 30여 세인데 거인(擧人)*288이다.

＊286 남화(南畫)의 창시자인 당나라 왕유(王維)가 자기 별장이 있는 망천의 경치를 그린 그림. 그는 시에도 뛰어났음.
＊287 송(宋)나라 때 사람 범성대(范成大). 석호는 그의 호임.
＊288 각 지방에서 보는 과거 시험에 합격하여 중앙에서 보는 과거에 응할 자격이 있는 선비.

고북구 장성 밖에서 들은 기이한 이야기
구외이문(口外異聞)

반양(盤羊)

반양(盤羊)은 몸통이 사슴처럼 생기고 꼬리가 가늘며, 두 뿔은 꼬불꼬불하고, 등에는 우글쭈글한 무늬가 있다. 밤이면 뿔을 나무에 걸고 자는데, 다른 짐승의 습격을 막기 위해서라고 한다. 모양은 노새와 비슷하며, 떼지어 몰려다닌다. 더운 여름날에는 뿔에 먼지와 이슬이 엉겨붙고 거기에 풀이 돋는다고 한다.

이것을 혹 영양(羱羊)이라고도 하고, 또는 완양(羱羊)이라고도 한다. 한나라 허신(許愼)이 지은 설문해자(說文解字)에는, '영(羱)은 양보다 크고 뿔이 가늘다' 하였고, 송나라 육전(陸佃)이 지은 비아(埤雅)에는, '완양은 오나라 양과 비슷하나 그보다 크다' 하였다.

이번 황제의 생일에 몽고에서 보내와 황제에게 바쳤는데, 황제는 이를 반선(班禪)에게 공양했다고 한다.

알록달록 매, 푸른 날개 나비 (채요호접(彩鷂蝴蝶))

강희 40년에 황제가 장성 밖으로 피서갔을 때, 나리달번(喇里達番)[*1]의 우두머리 되는 사람이 알록달록한 매〔彩鷂〕 한 마리와 푸른 날개의 나비〔蝴蝶〕 한 쌍을 바쳤다. 이 매는 호랑이도 잡을 수 있고, 나비는 새를 잡을 수 있다고 한다. 이 이야기는 청나라 사람 이상(貽上) 왕사정(王士禎)이 쓴 향조필기(香祖筆記)에 나온다.

---

*1 번족(蕃族)의 하나.

고려주(高麗珠)

중국인들은 우리나라 진주를 보물로 여겨 고려주(高麗珠)라고 한다. 빛은 백색 조개인 거거(硨磲)처럼 담박하고 옥돌처럼 희다. 지금은 흔히 모자 앞 차양 끝에 한 알씩 박아 모자의 앞뒤를 구분하는 표시로 삼는다. 고려주는 무게가 8푼(分) 이상이 되어야 보물로 여긴다. 황제의 고려주는 무게가 7돈이나 되며, 꿈자리가 사납거나 가위눌리는 것을 예방하는 보물로 삼았다. 황후도 6돈 4푼의 고려주가 있는데, 그 모양이 흰 가지처럼 생겼다고 한다. 건륭 30년에 황후가 이 고려주를 잃어버리자, 회회족 후비가 황후를 참소하여 황제 호위병의 집을 수색해 찾아냈다. 황후는 마침내 냉궁(冷宮)[*2]에 유폐되었다고 한다.

귀주 안찰사 기풍액(奇豊額)은 그의 모자 차양에 단 고려주의 빛깔이 그다지 아름답지 못한데도 그는 이렇게 말했다.

"이것은 무게가 6푼 7리나 되니, 값으로 친다면 은화 40냥은 될 겁니다."

"고려주는 우리나라 토산이 아닙니다. 우리나라에서는 더러 대합조개를 먹다가 얻는 수가 있는데, 이것을 육주(陸珠)라고 하지요. 너무 잘아서 진귀하게 여길 것이 못 됩니다. 부녀자들의 비녀나 귀고리 장식에 쓰는 것도 모두 일본에서 생산된 것입니다. 그것은 붉은 광채가 있어 제법 보배로 여길 만합니다."

내가 이렇게 말했더니, 기풍액이 웃으며 말한다.

"이것은 전복 껍데기를 둥글게 갈아서 만든 것이지 진주가 아니랍니다. 보배로 치는 귀국의 고려주는 조개의 티가 없고 천연으로 아름다운 빛이 납니다."

기풍액의 말이 매우 이치에 맞는 듯하다. 그러나 나는 고려주라는 것이 우리나라 어디서 나고 누가 캐내기에 그처럼 온 천하에 널리 퍼져 있는지를 알 수가 없다.

＊2 쓸쓸한 외딴 궁전.

숭정 연간의 재상 (숭정상신(崇禎相臣))

 명나라 숭정(崇禎) 17년 동안 임명되었다가 파면된 재상이 50명이나 되었고, 변방을 지키는 장수가 조금이라도 조정의 뜻을 어길 경우 당장에 목을 베어 그 머리를 온 변방에 조리를 돌렸다. 당시 군율(軍律)의 엄준하기가 역대에 보기 드물 정도였으나, 그것이 전쟁의 승패나 나라의 존망에 아무런 도움이 되지는 못했다.

이상아(伊桑阿)와 서혁덕(舒赫德)

 강희 시대 재상으로서는 업적으로나 문장·학문으로나 모두 이상아(伊桑阿)를 추천한다. 그는 만주 사람으로 강희 무진년(戊辰年)에 예부상서로 있다가 재상에 임명되어 15년 동안 재상으로 있다가 86세에 세상을 떠났다. 시호는 문단(文端)이다. 이상아는 63세 때 구양수(歐陽修)*3처럼 사직서를 30번이나 올렸다. 사직의 글을 거듭할수록 그 뜻이 더욱 간절하여 마침내 황제의 윤허를 얻었다.
 근세의 재상으로 업적이 뛰어난 이로는 서혁덕(舒赫德)을 으뜸으로 친다. 그 역시 만주 사람으로 40여 년을 재상으로 있다가 지난해에 88세로 죽었다. 당시 사람들은 서혁덕을 50여 년을 재상으로 재직했던 송나라 문로공(文潞公)에 견주었다.

왕진의 무덤 (왕진묘(王振墓))

 지난해, 곧 건륭 기해년(己亥年)에 왕진(王振 : 명 영종 때의 환관. 정권을 잡아 권력을 휘두름)의 무덤을 서산(西山)에서 찾아냈다. 관을 파내어 깨트리고 시신을 끌어내어 그의 죄를 따져 논한 다음 시체를 찢어 조리를 돌렸다. 그의 일당 20여 명의 무덤도

---

*3 송나라 때 학자. 호는 취옹(醉翁). 팔대가(八大家)의 한 사람으로, 저서에 신당서(新唐書)·신오대사(新五代史)·문충집(文忠集) 등 많음.

모두 파헤쳐 시체의 목을 베었다.

명사(明史)에 의하면, '황제*4가 몽고족에게 쫓겨 어가가 토목보(土木堡 : 하북성 회래현의 동쪽에 있는 보루)에 이르렀을 때, 왕진이 거느리고 있는 수레만 1천여 대나 되었다. 적이 사방에서 추격해 와서, 황제를 호종한 관원과 장수들이 몰살을 당했다' 하였는데, 왕진이 어떻게 홀로 벗어날 수 있었겠는가? 또한 당시 왕진의 일족들은 모두 멸족당했고, 그의 부하 마순장(馬順長)은 맞아 죽었으며, 왕진의 조카 왕산(王山)도 찢어 죽이는 형벌을 당해 한동안 거리에 매달려 있었다고 했다. 그런데 그의 무리가 어떻게 무덤을 쓸 수 있었겠는가?

그러나 영종(英宗)이 황제로 복위하자, 왕진의 관직을 복직시키고 사당을 세워 제사지냈다고 하니, 그의 무덤이 있다는 것도 괴이할 것까지는 없겠다.

조조의 수중 무덤 (조조수장(曹操水葬))

건륭 무진년(戊辰年)에 장하(漳河)에서 고기잡이를 하는 사람이 물속에 들어가 자맥질을 하다가 허리가 동강나서 떠올랐다. 황제는 군사 수만 명을 동원하여 강 옆으로 물길을 내어 물을 돌리고 강바닥을 살펴보게 하였다. 강 가운데 화살을 메운 쇠뇌가 1만여 개나 장착되어 있었고 그 아래 무덤이 있었다. 그리하여 그 무덤을 파서 관을 꺼내어 보니, 은해(銀海)*5와 금으로 만든 오리 따위로 찬란하게 장식한 속에, 황제의 곤룡포에 면류관을 쓴 자가 있었다. 곧 조조(曹操)의 시신이었다.

황제는 친히 관제묘(關帝廟)*6로 가서 시신을 소열제(昭烈帝)*7의 소상 앞에 무릎 꿇리고 나서 목을 베었다고 한다. 이 일은 천고의 귀신과 사람들의 분노를 시원스럽게 씻어 주었을 뿐 아니라, 후대에 자기의 무덤을 파헤칠까 두려워하여 조조가 72개의 가짜 무덤을 만들었다는 이른바 '72 의총(疑塚)' 의혹을 통쾌히 깨뜨린 조처라 하겠다.

---

*4 영종(英宗).
*5 능묘(陵墓) 속에 수은(水銀)으로 만든 연못.
*6 삼국 시대 관우(關羽 : 관운장)의 사당.
*7 촉한(蜀漢)의 황제 유비(劉備).

위충현(魏忠賢)

　명나라 숭정 초에 위충현(魏忠賢)을 봉양(鳳陽)으로 귀양보내고, 그의 가산을 몰수하려 하자 위충현은 거느리던 무리를 모아 난을 일으켰다. 황제가 진노하여 그를 체포해 오라 명령하였다. 위충현은 죽음을 면치 못할 것을 알고 스스로 목매달아 죽었다. 황제는 위충현의 시신을 하간(河間) 지방에서 책형에 처했다. 그러니 위충현에게 어찌 무덤이 있을 수 있겠는가?

　그런데 강희 시대에 강남도(江南道) 감찰어사 장원(張瑗)이 상소를 올렸다. "황상께서 지난해 남쪽을 순수(巡狩)하실 때, 악비(岳飛)*8의 무덤을 보수하라 명하셨고, 우겸(于謙)*9의 비석에 새길 글을 지어 하사하셨습니다. 참으로 이 두 신하의 충성은 해와 달을 꿰뚫을 만하고 의리가 산과 강처럼 장하기 때문에, 이를 세상에 알려 표창하고, 천하 사람들에게 훈계하려고 하신 것입니다. 신이 명을 받들어 서성(西城)을 순시하고, 서산(西山) 일대를 두루 살펴보다가 향산(香山) 벽운사(碧雲寺)에 이르렀습니다. 절 뒤로 웅장한 집이 있는데 이를 둘러싼 담이 주위 몇 리 안을 위압하고, 숲이 울창하게 우거진 가운데 단청이 매우 찬란했습니다. 이것은 옛날 명나라 환관 출신의 역신(逆臣) 위충현의 무덤이었습니다.

　무덤 옆에는 두 개의 큰 비석이 나란히 우뚝 서 있었습니다. 비석에는 두 줄로, 흠차총독 동창관기판사 장석신사 내부공용고 상선감인무사례감 병필총독 남해자제독 보화등전완오 위공충현지묘(欽差總督 東廠官旗辦事 掌惜薪司 內府供用庫 尙膳監印務司禮監 秉筆總督 南海子提督 保和等殿完吾 魏公忠賢之墓)라고 새겨져 있었습니다. 수도에서 아주 가까운 곳에 아직까지 이런 더러운 자취가 버젓이 남아 있으니, 황제께서 어떻게 대악(大惡)을 징계하고 공법(公法)을 밝힐 수 있겠습니까?

　하물며 황명을 받들어 명사(明史)를 편찬함에 있어, 명나라 말에 화를 당한 충성되고 어진 신하들의 열전을 기록하지 않은 이가 없거늘, 이처럼 광명한 하늘 아래의 태평한 세상에, 어찌 그 간악한 역당(逆黨)의 법이 안중에도 없다는 듯 대담하고도 발칙한 짓을 용납할 수 있겠습니까? 우러러 바라

---
*8 송나라 때 충신이며 무장. 많은 무공을 세웠으나 진회(秦檜) 등의 모함으로 살해당했음.
*9 명나라 때 충신. 야선(也先)의 침입을 격퇴했고, 저서에 우충숙집(于忠肅集)이 있음.

옵건대 황제께서 위엄을 보이셔서 그 지방의 관원에게 칙명을 내리시어 그 비석을 넘어뜨리고 무덤을 파헤쳐 없애도록 조처하시기 바랍니다."

이리하여 장원은 황제의 칙지를 받들어 그곳 관원들과 함께 비석을 없애고 무덤을 헐어 평지로 만들어 버렸다고 한다.

이로 미루어 보건대 환관 왕진(王振)의 무덤도 역시 있었던 모양이라, 내가 여기 그 두 사람의 일을 기록해서, 명나라 말에 법을 숭상함이 엄격하기는 했으나, 기강(紀綱)은 오히려 이처럼 바로 서지 못했음을 밝히고자 한다.

양귀비 사당 (양귀비사(楊貴妃祠))

청나라가 건국되고 나서 어진 이를 표창하고 악한 자를 징계하는 법도로 천하의 인심을 열복(悅服)시켜 왔는데도, 계주(薊州) 반산(盤山)에는 당나라 역신 안녹산(安祿山)의 사당이 있다. 게다가 한나라 때의 역신 동탁(董卓)*10과 조조(曹操), 당나라 때의 역신 오원제(吳元濟)와 황소(黃巢)*11 같은 무리도 간혹 사당이 있건만, 어찌하여 이런 반역자들의 사당을 헐어 없애지 않는지 알 수가 없다. 장성 밖 길가에 양귀비(楊貴妃)의 사당이 있고, 안녹산의 소상도 함께 놓아 두었다. 마부들이 들어가 구경하고 나와서는 이렇게 말한다.

"양귀비의 소상은 요염하기가 마치 살아 있는 것 같고, 안녹산의 소상은 몸이 뚱뚱하고 허연 배를 드러내고 있는 꼴이 추악하기 이를 데 없더군요."

이따위 문란한 사당을 헐어 버리지 않고 그대로 남겨두는 것은, 후세 사람들을 경계하기 위함일까?

---

*10 삼국시대 후한(後漢)의 장수. 성질이 거칠고 모략을 잘 부렸음. 여포(呂布)에게 피살되었는데, 몸이 비대하여 시신의 배꼽에 심지를 박아 불을 당겼더니 사흘 동안 꺼지지 않고 탔다고 함.

*11 당나라 시대 사람. 활쏘기 말타기에 능숙하였다. 희종(僖宗) 때 왕선지(王仙芝)와 함께 군사를 일으켜 크게 세력을 떨치며 장안(長安)까지 함락시키고 황제를 일컬었으나, 이극용(李克用)에게 패하여 자살했음.

초사(樵史)

초사(樵史) 한 권은 누가 지었는지 알 수 없는데, 명나라가 망하게 된 까닭을 기록하여 비분강개(悲憤慷慨)한 뜻을 보인 것이다. 이 책에 실려 있는 여인 객씨(客氏)*12의 이야기라든가, 장수 웅정필(熊廷弼)*13을 죽인 일에 대해서는 자못 사실과 또 다른 기이한 이야기들이 많다.

또 만력 연간에 신종 황제가 임진왜란을 당한 조선을 구원하느라 국고가 바닥나고 백성들이 유리걸식하게 되었으나,*14 조정 신하들은 도무지 손을 쓸 줄을 몰랐다고 그 잘못을 지적했다. 이때 어느 정신빠진 놈이 광산을 개발해야 한다고 당시 재상에게 권하자, 조정은 이 말을 덜컥 받아들여 시행하는 바람에 백성들은 더욱 곤궁에 빠지고, 모두가 반란을 일으켜 마침내 나라가 망하기에 이르렀다고 하였다.

내용이 하도 비통하고 애절하여, 정사(正史)와 함께 이 책을 읽다가 나도 모르게 눈물을 흘렸다. 갈 길이 바빠서 그 글을 베끼지 못했는데, 듣건대 이 책은 금서(禁書)*15에 들기 때문에 이 필사본 한 권뿐이라고 하였다.

고라니 뿔 빠지는 달 (塵角解)

오직 천자만이 제도를 논의하여 고칠 수 있다는 말이 있는데, 지금의 황제가 월령(月令)*16을 뜯어고친 것만 보아도 그 말을 넉넉히 짐작할 수 있다.

내가 연암초당(燕巖草堂)에 있을 때였다. 이따금 푸른 사슴이 앞에 보이는 산골짜기로 물을 마시러 왔다. 머리가 물레바퀴처럼 생겨서 머리털과 뿔을 자세히 살펴보려고 살금살금 가까이 갔더니, 사슴이 깜짝 놀라 달아나 버

---

*12 명나라 때 사람. 후이(侯二)의 아내로 희종(熹宗)의 유모가 되었다. 간신 위충현과 간통하며 유비(裕妃)·성비(成妃)를 참소하여 해를 입히다가 처형당했음.
*13 명나라 때 사람. 패전하여 처형당했음.
*14 임진왜란이 일어난 조선에서 명나라에 구원을 청하자, 대군을 징발하여 구원해 주느라 국력이 크게 기울어져 마침내 나라가 멸망하는 한 원인이 되었음.
*15 나라에서 일반이 보지 못하게 하는 책.
*16 한 해 동안의 의식(儀式)이나 농가의 행사 등을 다달이 구별하여 적은 기록.

려서 끝내 자세히 보지 못했다. 이번 만리장성 밖에 나와서는 날마다 황제께 바치기 위해 가져가는 사슴 떼를 수없이 보았다. 큰 놈은 노새만 하고, 작은 놈은 나귀만 했다. 나중에 장성 안에 있는 한 약방에 들러 사슴 뿔을 살펴보게 되었다. 길이가 4, 5자씩이나 되는 뿔이 얼기설기 가게 안에 가득한데, 그것을 모두 녹용(鹿茸)이라고 부른다.

내가 말했다.

"이것은 모두 순록의 뿔이군요. 녹용을 좀 보여 주시구려."

그랬더니 약방 주인이 크게 웃으면서 말한다.

"허허허, 순록은 사슴 큰 것이란 말도 들어보지 못하셨습니까? 사슴의 큰 놈이 순록이니까, 순록의 작은 놈이 사슴이 아니겠습니까? 그러니 그 뿔이 다를 것이 없지요."

"사슴 뿔은 하지(夏至)가 되면 빠집니다. 하지 절기는 주역의 구괘(姤卦 : 64괘의 하나)에 해당되므로, 이때 하나의 음기가 생기며 음기를 보하는 보음(補陰) 약재가 됩니다. 또한 순록 뿔은 동지에 빠지기 때문에 주역의 복괘(復卦)에 해당됩니다. 이때는 하나의 양기가 생기므로 양기를 보하는 보양(補陽) 약재가 되지요. 그러니 그 효용이 현저히 다르지 않소?"

내가 이렇게 말하자 주인이 다시 설명한다.

"선생은 아직 책력을 못 보셨습니까? 월령이 고쳐졌답니다. 황제께서도 일찍부터 순록 뿔과 사슴 뿔에 대해 의구심을 품고 계시다가, 천하에 영을 내려, 글자 중에 사슴록(鹿)변이 붙은 짐승 중에 뿔이 있는 놈은 모두 산 채로 잡아 오게 하였습니다. 그리하여 남해자(南海子) 동산 안에 울을 따로따로 마련해 기르되 격리시켜 다른 종류와는 교미하지 못하게 하였지요. 그랬더니 하지가 되자 순록과 사슴은 다 동시에 뿔이 빠졌고, 고라니(麈)만 동지에 빠졌답니다. 그래서 마침내 동짓달 월령에 '순록 뿔이 빠지는 달'을 '고라니 뿔이 빠지는 달(주각해(麈角解))'로 고쳤습니다."

이로써 보건대, 우리나라 관북(關北)*17 지방에서 나는 녹용도 반드시 진짜 녹용이라고 단정하기 어려울 것 같다. 그런데 나라 안에서도 녹용이 날로 귀해만지니, 참으로 한심스러운 일이다.

---

*17 함경남북도를 통틀어 일컫는 말.

내가 다시 주인에게 물었다.

"고라니의 모양은 어떻게 생겼는가요?"

"아직 본 일이 없습니다만, 어떤 이는 앞쪽은 사슴 같고 뒤쪽은 말처럼 생겼다고 하더군요."

대개 월령을 고치는 것은 천자의 위엄이나 권세가 아니고는 세상이 믿고 따를 수 있게 할 수 없으므로 '오직 천자만이 제도를 개정하는 일을 논할 수 있다'고 하는 것이다.

네덜란드 사슴(하란록(荷蘭鹿))

약방 주인이 또 말했다.

"사슴 중에는 아주 작은 놈이 있소."

그는 자기의 주먹을 내보이면서 말한다.

"하란(荷蘭)*[18]에서 바친, 이 주먹만 한 사슴 한 쌍을 본 일이 있습니다. 푸른 바탕에 흰 얼룩무늬가 있더군요."

타조 알(사답(䑣答))

내가 다시 약방 주인에게 물었다.

"이 가게에는 아주 희귀하고 기이한 약재도 다 갖추어 놓았는가요?"

"물론 있고말고요. 초목(草木)·금석(金石), 뭐든지 말씀만 하시면 당장에 보여 드리지요."

"희귀하고 기이한 약재 이름이 얼른 생각나지 않는군요."

내가 이렇게 말하자 주인이 동쪽 벽 아래에 놓여 있는 붉은 칠을 한 궤짝을 가리킨다.

"저 속에 사답(䑣答)이라는 것이 하나 들어 있습니다. 참으로 희귀하고도

---

*18 화란(和蘭) 곧 네덜란드.

기이한, 아주 구하기 어려운 약재이지요."

"사답이란 어떻게 생긴 것인가요? 좀 보여 주시겠소?"

내가 부탁하자 주인은 빙그레 웃으면서 일어난다.

"예, 그러지요. 구경하시는 거야 어렵지 않습니다."

그러고는 궤짝을 열어 둥근 돌 하나를 꺼내 놓았다. 크기가 두어 되들이 박만 하고 모양은 거위 알같이 생겼다.

"이것은 물에 닳아서 둥그레진 돌멩이가 아닌가요? 농담을 다 하시는구려."

내가 이렇게 말했더니 주인이 대답한다.

"어찌 감히 무례하게 거짓말을 하겠습니까? 이것은 타조 알이랍니다. 이름조차 알 수 없는 괴상한 병까지 고칠 수 있는 약이지요."

선정에 든 스님 (입정승(入定僧))

장성 밖에 있는 백운탑(白雲塔)의, 돌로 된 감실(龕室)*19 안에 요(遼)나라 때 입정(入定)*20했다는 승려가 고스란히 있다. 육신이 아직까지 조금도 상하지 않았고, 살결이 부드럽고 윤기가 돌면서 약간의 온기마저 느껴졌다. 다만 눈을 감고 숨만 쉬지 않을 뿐이었다고 한다.

비공식 보고서 (별단(別單))

북경의 하류층 사람들은 문자를 아는 자가 매우 드물다. 이른바 필첩식(筆帖式)이라 하여 각 관아의 하급 문관이라든지, 또는 서반(序班)이라 하여 외국 사신을 접대하는 기관의 하급 관리들은 남쪽 지방의 가난하고 천한 집안 출신들이다. 한결같이 얼굴이 초췌하고 성격이 괴팍하여 부드럽고 너그럽게 보이는 사람은 하나도 찾아볼 수가 없다. 나라에서 녹봉이라고 받기

---

*19 벽이나 탑 같은 데 우묵하게 파서 방처럼 만들고 불상이나 진기한 물건을 놓아 두는 곳.
*20 불교에서 선정(禪定)에 듦. 마음을 어느 한 가지 일에 통일시켜 깊이 생각함. 죽음.

는 하지만 아주 박봉이라서 만리 타향살이를 가까스로 이어가, 가난하고 군색한 꼴이 얼굴에 가득했다.

사신들이 중국에 가서 서책이나 지필묵을 살 때는 모두 서반들이 거간에 나서서 중개인 역할을 하며 거기에서 약간의 이익을 뜯어먹는다. 또 우리 역관(譯官)들이 이곳의 비밀스러운 일을 알려고 하면 이 서반들을 통해 알아보아야 한다. 그럴라치면 그들은 터무니없는 거짓말을 꾸며내고, 새로이 이상한 말을 마구 주워대며, 해괴망측한 이야기로 홀려 역관들의 남아 있는 은돈을 빼앗는 것이었다.

당시의 정치에 대한 이야기를 들으려 하면 그들은 훌륭한 업적은 모두 숨기고 나쁜 일만 과장해서 말한다. 이를테면 천재지변이나 인요(人妖)*21·물괴(物怪)*22 등 역대에 있지도 않았던 일을 끌어모은다. 심지어 변방의 소요와 반란, 백성들의 근심과 원망 등 한때의 소란을 극도로 과장하고 꾸밈으로써 나라가 금방이라도 망할 것처럼 기록해서 역관들에게 돈을 받고 판다. 역관들이 이를 사신에게 바치면 서장관이 취사선택하여 자신이 견문한 사건인 것처럼 비공식 보고서인 별단(別單)으로 만들어 우리 임금께 올린다. 이런 보고서 작성의 불성실함이 이 모양이다.

임금께 올리는 글은 지극히 엄숙해야 하는 것이다. 그렇건만 은화를 낭비하면서까지 이런 허무맹랑한 것을 사다가 임금께 올릴 자료로 삼으니 어찌 옳다고 할 수 있는가? 사신들이 뻔질나게 북경을 드나들기를 1백 년이라 하는데 아직도 이런 형편이다. 더욱이 염려되는 것은, 만약 이러한 문서를 불행히도 잃어버려 저들의 수중에라도 들어간다면, 우리나라에 닥칠 우환과 손해가 과연 어떠할 것인가?

이번에 열하를 오고가면서 말하고 기록한 일들은 모두 직접 보고 들은 것이어서 실제의 일을 기록한 것이지만, 먼젓번 보냈던 한두 가지 사건에는 저들에게 숨겨야 할 것이 없지 않다. 그러므로 압록강을 건너기 전까지는 언제나 마음이 조마조마할 것이다.

내 생각으로는, 저들 중국 소식은 그것이 사실이건 거짓이건 간에, 주문(奏文)에 붙여 먼저 보내는 장계는 모두 한글로 쓰되, 도착하는 대로 승정원

---

*21 사람의 몸에 일어나는 변태 현상. 인간 괴물.
*22 괴상한 물건. 요괴(妖怪).

(承政院)*23에서 다시 한문으로 바꾸어 임금께 올리는 것이 좋을 것 같다.

등나무 즙으로 돌 붙이기 (등즙교석
藤汁膠石)

왕삼빈(王三賓)이란 사람이 말했다.
"진금(滇黔)*24 지방에는 돌을 붙이는 등나무가 있는데, 이름을 양도등(羊桃藤)이라고 합니다. 등나무 즙을 내어 그 즙으로 돌을 이어붙여 산 사이를 가로지르는 다리를 놓습니다. 수십 발이나 되도록 길게 돌을 이어 놓아도 절대로 끊어지는 일이 없습니다. 마치 풀로 종이를 붙인 것이나, 아교로 널빤지를 붙여 놓은 것과 같습니다. 귀주 사람들은 이렇게 놓은 다리를, 돌을 붙이는 아교라는 의미로 점석교(黏石僑)라고 합니다."
왕삼빈의 말이 매우 허황한 것 같았지만, 우선 여기 기록해 놓아 뒷날의 참고 자료로 삼고자 한다.

조라치(照羅赤)

필도치(必闍赤)라는 몽고 말은 공부하는 서생이란 뜻이고, 팔합식(八合識)이란 말은 스승이란 뜻이다. 우리나라 내삼청(內三廳)*25의 하인을 조라치(照羅赤)라 부르는데, 이는 고려 때의 옛말을 그대로 쓰는 것이다. 고려 때는 외올(畏兀)*26말을 많이 익혔으므로, 조라치 역시 틀림없이 몽고 언어일 것이다.

---

*23 임금의 명령을 받고 내는 일을 맡아 보는 관청.
*24 운남성(雲南省)과 귀주성(貴州省).
*25 조선 시대에 궁중 경비를 맡아 보는 금군(禁軍)의 내금위(內禁衛)·겸사복(兼司僕)·우림위(羽林衛)를 합쳐 일컬은 말. 금군삼청(禁軍三廳)이라고 했으며, 영조 때 용호영(龍虎營)으로 고쳤음.
*26 원나라 때 중국 서북방에 있던 종족. 곧 당나라 때의 회흘(回紇)로서, 외올아(畏兀兒) 또는 외오아(畏吾兒)라고도 했음.

원나라 천자의 이름 (원사 천자명(元史天子名))

원사(元史)를 읽느라면 천자(天子)의 이름을 비롯하여 사람들의 이름이 일상적인 이름과 달라서 읽기가 매우 껄끄럽다.

장성 밖에 허물어진 절이 하나 있는데 원나라 때의 고찰이다. 그 절의 동강난 비석에 원나라 여러 황제들의 공덕이 적혀 있다. 성길사한(成吉思汗)[*27]이란 태조이고, 와활태(窩濶台)[*28]란 태종이며, 설선(薛禪)이란 세조이다. 완택(完澤)은 성종이고, 곡률(曲律)은 무종이며, 보안독(普顏篤)은 인종이다. 격견(格堅)이란 영종이고, 홀도독(忽都篤)은 명종이며, 역련진반(亦憐眞班)이란 중종이다.

중국 남방 소수민족 언어 (만어(蠻語))

남방 소수민족의 만어(蠻語)로 애막리(愛莫離)라는 말은 중국어로 오랜 인연이 있다는 뜻이고, 낙물혼(落勿渾)이란 말은 중국어로 몰염치하다는 뜻이고, 예락하(曳落河)라는 말은 만주어로 장사(壯士)라는 뜻이다.

'리'·'둥'의 중국 발음 (여음리동두등절(麗音離東頭登切))

사행을 따라간 우리의 역졸이나 마부들이 배운 중국어는 대개 잘못된 것이 많다. 자기들이 하는 말이 무슨 뜻인지도 모르면서 쓰고 있다.

냄새가 고약한 것을 중국말로 까오리초우[高麗臭]라고 하는데, 이것은 고려인들이 목욕을 하지 않아 발에서 악취가 난다고 하여 생긴 말이다. 또 물건을 잃어버리면 둥이[東夷]라고 한다. 이것은 동쪽 오랑캐라며 우리 민족을 무시하여 이르던 말로 동이(東夷)가 훔쳐 갔다는 뜻이다.

고려의 려(麗)의 중국 발음은 '리'이고[麗音離], 동녘 동(東)의 음은 두

[*27] 칭기즈 칸.
[*28] 오고타이.

(頭)와 등(登)의 반절음인 '둥'이다〔東頭登切〕. 그런데 우리나라 사람들은 이런 사실도 모르고, 좋지 않은 냄새가 나면 까오리초우라 하고, 누가 물건을 훔쳐 갔는가 의심하면 아무개가 '둥이'했다 하니, 이 동이(東夷)가 마침내는 물건을 훔친다는 뜻이 되어 버렸다. 참으로 개탄할 노릇이다.

새아침의 일식 (병오을묘 원조일식)
(丙午乙卯元朝日食)

건륭 황제가 즉위하던 날, 황제는 향안(香案)*29 앞으로 나아가 머리를 숙여 하늘에 감사를 드렸다. 그날 밤 꿈에, 상제(上帝)*30가 황제에게 100살의 나이를 누리게 해 주겠다고 하였으므로, 꿈에서 깬 황제는 다시 향안 앞으로 가서 머리를 숙여 하늘에 감사를 드리며 말했다.

"돌아오는 을묘년(乙卯年)에 황위를 다음 사람에게 물려주고자 합니다. 저의 재위 기간이 황조(皇祖 : 강희 황제,)보다 한 해가 적도록 해 주시기 바랍니다."

금년(1780)에 흠천감(欽天監)*31에서 아뢰었다.

"앞으로 6년 후인 병오년(丙午年) 설날에 일식(日食)이 있겠고, 다시 10년 후인 을묘년(乙卯年) 설날에 일식이 있겠습니다."

황제는 그 변고에 대처할 계교를 말하였다.

"그렇다면 을묘년에 내가 황제 자리를 다음 사람에게 물려주면 새 천자가 즉위하는 원년에 때마침 일식을 맞게 될 것이고, 이로 말미암아 설날의 조회도 정지하게 될 것이 아닌가? 만약 을묘년을 그대로 넘긴다면, 이는 재위 기간이 황조보다 2년이 더 많아질 것이니, 그것은 참으로 마음 편치 않은 일이다."

이는 송나라 고종이 선위한다는 명목을 내세워 금나라 사람을 피하려 했던 것과 다를 바가 없다. 이 말은 심히 요망한 것으로서 절대로 황제가 한 말은 아닐 것이다.

---

*29 향로를 올려놓고 향을 피우는 탁자.
*30 옥황상제(玉皇上帝).
*31 천문을 맡아 보는 관청.

옛날부터 제왕이 왕위에 오래 있다 보면, 사방에서 앞다투어 상서로운 징조를 바치고, 신하들은 제왕의 뜻에 영합하려고 경사를 꾸민다. 이렇게 없는 일을 꾸며서 왜곡한 일은 없지 않았지만, 어떻게 지금 이처럼 미래의 일식을 미리 점쳐 선위하는 해를 당기거나 물리거나 하겠는가. 이것은 틀림없이 국내의 간사하고 아첨하는 무리들이 성인(聖人)들의 구령(九齡)[*32] 꿈 이야기를 빌려서, 황제가 늙어서도 그 자리에 앉으려 하는 욕심을 아름답게 꾸며주려는 수작일 것이다.

승덕부 주변의 6지역(六廳)

열하에 있는 태학관(太學館) 대성문(大成門) 밖 동쪽 담에, 건륭 43년에 내린 황제의 유시(諭示)를 새겨서 박아 놓았다. 거기에 이렇게 이르고 있다.

"서울 동북쪽 4백 리에 있는 열하 지방은 고북구(古北口) 장성의 북쪽에 있다. 우공(禹貢)[*33]에는 이곳을 기주(冀州)의 끄트머리라 하였고, 우(禹)[*34]·은(殷)·주(周) 3대에는 유주(幽州) 영역이었다. 진나라 한나라 때까지는 아직 중국의 판도 안에 들어오지 않았고, 원위(元魏)[*35] 시대에 안주(安州)와 영주(營州) 두 고을을 세웠으며, 당나라 때에는 영주도독부를 두었으나, 먼 지방에 예전의 명칭을 그대로 써서 지방관을 둔 것에 지나지 않았다. 그러다가 요나라·금나라·원나라 때 비로소 열하라는 이름으로 향(鄕)을 가졌으나 곧 황폐해지고 말았다. 명나라 때 와서는 아예 대령(大寧)[*36] 지방을 포기해 버려 아주 남의 땅처럼 여겼다.

우리 조정에서는 앞서 이 지역에 승덕주(承德州)를 설치했다가 이번에 승덕부(承德府)로 승격시켜 그 책임자를 승덕부동지(承德府同知)라는 벼슬로

[*32] 주나라 문왕과 무왕이 꿈 이야기 끝에 문왕이 '내 수명은 100살이고 네 수명은 90살이니 네게 세 살을 나누어 주겠다'고 했다. 과연 문왕은 97살에, 무왕은 93살에 죽었다고 함.
[*33] 서경(書經)의 한 편명(篇名). 우(禹) 임금이 지리·토산 등을 10년 동안 조사하여 보고한 것이라고 함.
[*34] 하(夏)나라.
[*35] 후위(後魏)를 고친 이름. 조위(曹魏)의 뒤를 이어 섰으므로 후위라고 함.
[*36] 만주의 서부 열하(熱河)·평천(平泉)·적봉(赤峯)·조양(朝陽) 등지.

정하였다. 그리고 나머지 6개의 지역〔六廳〕은, 객라하둔청(喀喇河屯廳)은 난평현(灤平縣)으로, 사기청(四旗廳)은 풍녕현(豊寧縣)으로 고치고, 팔구청(八溝廳)은 그 지역이 비교적 넓으므로 평천주(平泉州)로, 오란합달청(烏蘭哈達廳)은 적봉현(赤峰縣)으로, 탑자구청(塔子溝廳)은 건창현(建昌縣)으로, 삼좌탑청(三座塔廳)은 조양현(朝陽縣)으로 고쳐 모두 승덕부(承德府)에 소속시켜 통괄하게 할 것이다."

삼학사[37]가 살신성인한 날 (삼학사 성인지일
三學士成仁之日)

미곶(彌串)[38] 지방의 첨사(僉使) 장초(張超)의 일기에, '청 태조 누르하치가 심양으로 끌고 간 조선의 세 학사(學士) 중 오달제(吳達濟)와 윤집(尹集)은 정축년(丁丑年)[39] 4월 19일에 피살되었다'고 기록되어 있어서, 두 집안에서는 이 일기에 의거하여 4월 19일에 제사를 지낸다. 정축년은 곧 명나라 숭정 10년으로, 두 학사가 해를 당한 것은 청인(淸人)이 아직 만주 심양(瀋陽)에 있을 때였다. 학사 홍익한(洪翼漢)은 그 일기에 실려 있지 않은데, 그가 장렬하게 살신성인한 날을 자세히 알 수가 없기 때문에, 역시 두 학사를 따라서 4월 19일에 제사를 지낸다.

그런데 이번에 청나라 사람이 지은 개국방략(開國方略)이란 서적을 보니, '숭덕[40] 2년 3월 갑진일에 조선의 신하 홍익한 등을 죽여, 조선이 두 나라 간의 맹약을 깨뜨리고 군사를 일으켜서 항전하여 명나라를 도운 죄를 바로 잡았다' 하였다.

숭덕은 곧 청나라 태종의 연호이고, 3월의 갑진일을 따져 보니 초엿새[41]이다. 기록에 아무개 '등'이라 쓴 것으로 보아 오·윤 두 학사가 해를 입은 것도 역시 3월 초엿새일 것이다.

───────
*37 병자호란 때 청국에서 항복하기를 거부하고, 목숨을 버려 절개를 지킨 홍익한·윤집·오달제 세 학사.
*38 우리말로 말곶. 압록강 부근. 평안도 용천에 있는 곳.
*39 조선 인조 15년, 1637년.
*40 청나라 태종의 연호. 그 2년은 조선 인조 15년임.
*41 갑진일(甲辰日)은 초6일이 아니라 초5일임.

현재의 명사들(當今名士)

지금 중국의 명사(名士)로 일컬어지는 양국치(梁國治)·팽원서(彭元瑞), 호가 효람(曉嵐)인 기균(紀勻), 오성흠(吳聖欽)·대구형(戴衢亨)과 대구형의 형 대심형(戴心亨) 등은 모두 오나라 사람들이고, 축덕린(祝德麟)·이조원(李調元)은 모두 촉나라 면죽(綿竹) 사람들이다. 내게 대심형이 쓴 주련(柱聯) 두 폭이 있는데 이러하다.

책을 펴니 좋은 말 우아한 품위 지키고
거문고 어루만지니 육기[42]가 맑아지네.

開帙群言守其雅 撫琴六氣爲之清

명련의 아들이 왕으로 봉해짐(明璉子封王)

조선 인조(仁祖) 갑자년(甲子年)[43]에 구성부사(龜城府使) 한명련(韓明璉)과 평안병사(平安兵使) 이괄(李适)이 함께 모반하여 군사를 일으켜 대궐을 침범했으나, 패하여 달아나다 사로잡혀 모두 처형당했다. 한명련의 두 아들 윤(潤)과 난(瀾)은 눈 위에 짚신을 거꾸로 신고 허겁지겁 도망쳐 여진족 본거지인 건주(建州)[44]로 들어가 장수가 되었다. 그 뒤 그들은 13년 만에 청나라 태종을 따라 우리나라에 왔다고 한다.

이것은 그 당시에 전해진 이야기로서 그것이 사실인지 아닌지는 확실히 알 수가 없었다. 그런데 이번에 신간 청나라 태종실록(太宗實錄)을 보니 '조선의 장수 한명련이 부하에게 살해당하자, 그의 아들 윤(潤)과 의(義)가 투항해 와서, 의(義)를 이친왕(怡親王)에 봉하였다' 하였다. 난(瀾)이 이름을

---

*42 천지 간의 6가지 기운, 곧 음(陰)·양(陽)·풍(風)·우(雨)·회(晦)·명(明). 또는 사람 몸에 흐르는 6가지 기운, 곧 호(好)·오(惡)·희(喜)·로(怒)·애(哀)·락(樂).
*43 인조 2년, 1624년.
*44 만주 길림성(吉林省) 돈화현(敦化縣).

의(義)로 고친 모양이다. 그렇다면 청나라 장조(張潮)가 지은 소대총서(昭代叢書)의 시호록(諡號錄)에 그의 이름이 실려 있을 것이니, 뒷날 고증해 보아야겠다.

아, 우리나라가 건국하고 4백 년 동안 흉악한 역적들이 처형당한 일이 없지 않았지만, 이 두 역적처럼 군사를 일으켜 대궐을 침범한 자는 아직 없었다. 흉악한 역적의 자식들이 오랑캐에게 투항해서 장수가 되어, 군사를 빌려 와서 행패를 자행한 것이다. 당시 건주는 도망자들의 소굴이 되어 있었으니, 평소에 변방의 경비가 엄하지 않은 데다 연강(沿江)의 수비도 소홀하였던 것을 짐작할 수 있다.

못된 이웃에 빌붙어 우리를 능멸하는데도 그들이 무슨 일을 꾸미는지, 그 장수의 이름조차 모르고 있었으니, 하물며 그들의 능력이나 계략을 어떻게 알 수 있었으랴. 이러고서도 헛된 큰소리만으로 적을 꺾으려 하고, 한 손으로 대의를 부지하려 하였으니, 아, 이 얼마나 한심한 노릇인가.

고아마홍(古兒馬紅)

고아마홍(古兒馬紅)이란 자는 본래 의주(義州)의 관노(官奴)였던 정명수(鄭命壽)*45이고, 강공렬(姜功烈)이란 자는 도원수(都元帥) 벼슬을 지낸 강홍립(姜弘立)이다. 둘 다 이름을 바꾸어 오랑캐에게 투항한 자들이다.

정명수란 놈은 얼마나 흉악무도했던지, 제 부모의 나라인 우리나라를 못살게 구는데 못하는 짓이 없었다. 세자시강원(世子侍講院)의 필선(弼善) 정뇌경(鄭雷卿)이 울분을 참지 못해 정명수를 찔러 죽이려고 하였다. 그는 시강원의 아전 강효원(姜孝元)과 모의하여 청나라에 사람을 보내 정명수의 간악한 짓을 모조리 적어 고발하였다. 그런데 청나라 사람은 도리어 글을 올린 사람을 참수하고, 정뇌경과 강효원도 연좌시켜 사형에 처하는데, 정명수로 하여금 사형 집행을 감독하게 했으니 말할 수 없이 참혹하였다고 한다. 그러나 그 뒤 청나라에서도 정명수가 고국인 우리나라에서 저지른, 쌓이고 쌓인

---

*45 청나라에서 우리말 통역이 되어 병자호란 때 청군을 따라와서 모국에 대해 온갖 못된 짓을 다 했음.

죄악을 알고 마침내 정명수의 목을 베었다.

강홍립은 광해군(光海君) 때 도원수가 되었으나 심하(深河) 전투*46에서 패하여 오랑캐에게 항복하였다. 인조반정(仁祖反正)*47이 일어나자 강홍립은 자기 가족들이 모두 처형당했다는 헛소문을 듣고 크게 분개하여, 오랑캐 군사를 이끌고 평산(平山)에 다다랐다. 조정에서는 마지못해 강홍립의 가속들을 데려다가 군문(軍門) 앞에 내다 세웠다. 강홍립의 숙부 강진(姜縉)이 강홍립의 잘못을 꾸짖으니, 그는 부끄러워 어찌할 줄을 몰랐다.

만주의 후금도 강홍립의 말이 거짓이었음을 알고 강화(講和)하고 돌아가면서 강홍립을 남겨 두어 본국에서 알아서 조치하게 하였다. 그러나 조정에서는 만주 세력이 워낙 강성한 것을 두려워하여 감히 그를 죽이지 못했다.

강홍립은 양화도(揚花渡)*48 강가에 있는 그의 별장에 거처하고 있었다. 그러나 사람들을 만나볼 면목이 없어서 통 외출을 하지 않았고 방에만 들어앉아 긴 한숨만 토해 냈다.

5, 6년 뒤에 그의 집안 사람들이 강홍립을 목매달아 죽였다고 한다.

동의보감(東醫寶鑑)

우리나라 책으로 중국에 들어가 간행된 것이 아주 드물다. 그런 중에 동의보감(東醫寶鑑) 25권만은 매우 성하게 간행되었고, 그 판본도 매우 정밀하고 섬세하다.

우리나라는 의술이 아직 널리 퍼지지 못하고 토산 약재도 좋지 않은 터여서, 선조대왕께서 태의(太醫 : 임금의 시의(侍醫)) 허준(許俊)*49과 유의(儒醫 : 선비 출신 의원) 정작(鄭碏), 의관 양예수(楊禮壽)·김응택(金應澤)·이명원(李命源)·정예남(鄭禮男) 등에게 명하여 편찬국을 설치하고 의서를 편찬하게 하였다. 내부(內

---

*46 조선과 명나라 연합군이 심하 전투에서 후금 누르하치에게 대패하고, 강홍립은 항복하였다.
*47 1622년에 포악한 광해군(光海君)을 내쫓고 능양군(綾陽君)을 옹립한 사건. 능양군은 곧 인조임.
*48 마포 하류쪽에 있던 한강 나루터.
*49 허준(1539~1615)의 자는 청원(淸原), 호는 구암(龜巖).

府)*⁵⁰에 보관된 처방전 5백 권을 내어주고 참고자료로 사용하게 하였다. 선조 병신년(丙申年)*⁵¹에 시작하여 광해군 3년 경술년(庚戌年)*⁵²에 완성하였으니, 곧 만력(萬曆) 38년이었다.

중국에서 간행된 동의보감의 서문은 글이 매우 유창하다. 서문은 이렇다.

"동의보감은 명나라 시대, 조선의 양평군(陽平君) 허준이 지은 책이다.

살펴보건대, 조선 사람들은 예로부터 문자를 알아 독서를 좋아하였다. 허씨 집안은 대대로 명문세족이었으니, 만력 연간의 허봉(許篈)·허성(許筬)·허균(許筠) 삼형제는 다 함께 문장으로 이름을 날렸고, 특히 누이동생 경번(景樊)*⁵³의 재주와 이름은 그 오빠들보다도 뛰어났으므로, 중국을 둘러싼 변방 여러 나라 중에서 가장 걸출한 인물이었다.

동의(東醫)란 무슨 뜻인가? 나라가 동쪽에 자리잡고 있어 동쪽 나라에서 지은 의서라는 뜻이다. 옛날 금나라 의학자 이동원(李東垣)이 지은 십서(十書)는 북의(北醫)라 하여 강소(江蘇)·절강(浙江) 지방에서 행하여졌고, 주단계(朱丹溪)가 지은 심법(心法)은 남의(南醫)라 하여 관중(關中) 지방에서 유명했다. 이제 양평군은 구석진 외국 변방에서 태어났으나 책을 지어 그 책이 중국에까지 행해지게 되었으니, 내용만 충실히 전하기를 바랄 뿐이지, 출신지를 가릴 필요는 없는 것이다.

보감(寶鑑)이란 무슨 뜻인가? 햇빛이 나면 어두운 구름을 뚫고 비추듯이, 사람으로 하여금 책을 펴기만 하면, 마치 거울을 들여다보듯 살갗 속을 환히 알아볼 수 있다는 뜻이다. 옛날 원나라의 나익지(羅益之)가 지은 위생보감(衛生寶鑑)이나, 공신(龔信)이 지은 고금의감(古今醫鑑) 등이 모두 감(鑑)자로 책이름을 붙였으나 자기 자랑한다는 혐의는 받지 않았다.

내 일찍이 생각해보니 사람에게는 오장(五臟)이 있는데 병은 칠정(七情)*⁵⁴에서 생기는 것이다. 사람이 타고난 기질에는 온전한가, 치우쳤는가

---

*50 대궐 안에 있는 창고.
*51 선조 29년, 1596년.
*52 광해군 2년(3년이 아님). 1610년, 15년이 걸려 완성했음.
*53 허난설헌(許蘭雪軒).
*54 사람의 7가지 감정, 곧 희(喜)·로(怒)·애(哀)·락(樂)·애(愛)·오(惡)·욕(欲). 또는 희(喜)·로(怒)·우(憂)·사(思)·비(悲)·경(驚)·공(恐).

하는 차이가 있을 것이요, 병이 감염되어 들어가는 데도 깊고 얕은 구별이 있을 것이요, 징후의 변화에도 통하고 막히는 것이 있어 병은 여러 가지로 구별된다. 맥박은 부(浮)·중(中)·침(沈) 세 가지로 움직이는데, 자세히 관찰하면 밭이랑처럼 분명하여 뒤섞이지 않고, 불길처럼 뚜렷하여 가려 숨길 수 없다.

대황(大黃)이 체한 것만 뚫는 줄 알고 가슴을 차게 한다는 사실은 모른다거나, 부자(附子)가 허한 것만 보하는 줄 알고 몸에 독을 끼치는 줄은 모른다면 병을 제대로 고칠 수 없다. 그러므로 뛰어난 의원은 병이 생기기 전에 치료하지, 병이 생긴 뒤에는 치료하려 하지 않는 법이다. 병이 든 다음에 비로소 치료하는 것은 하책(下策)일 뿐이다. 그런데도 다시 돌팔이 의원에게 목숨을 내맡긴다면 어떻게 병을 고칠 수 있겠는가?

심지어 변변치 못한 의원은 사사로운 이익을 생각하여 아무런 병도 없는 사람을 치료한다 하고는 자신의 공으로 돌리고, 의술에 처음 종사하는 초보 의원은 환자를 자신의 의학 공부하는 수단으로 이용한다. 그래서 주역(周易)에서는 '까닭 없는 병에는 약을 쓰지 않아야 낫는다' 하였고, 논어(論語)에는 '남쪽 사람은 항심(恒心)이 없으면 무당도 의원도 될 수 없다'고 하였다. 이 말은 미리 그러한 무리의 속마음을 벗겨 버려야 한다는 경계의 말이다.

춘추시대 명의 편작(扁鵲)*55은 '사람들은 병의 종류가 많다고 걱정하고, 의원은 병을 치료하는 방법이 적다고 걱정한다'고 하였다. 헌·기(軒岐)*56 이래로 후대에도 명의가 끊이지 않았다. 그리하여 지금까지 그들이 남긴 의학에 관한 저술이 매우 많으니, 병 고치는 방법이 적다고 걱정할 것은 없다. 그 방법대로 치료하여 듣는 수도 있고 듣지 않는 수도 있다. 이는 옛날 의원들이 각기 자기 나름대로 학설을 세운 것이기 때문이 아닌가 하는 생각도 든다. 정밀하지 못한 의술을 선택한 사람은 설명이 자세하지 못하고, 어느 한 가지만 고집하는 의원은 의술의 도를 해치기 쉽다. 그것은 사람의 병을 치료해 주려고 하면서 그의 마음을 치료하지 못하거나, 사람의 마음을 치료해 주고자 하면서 그의 뜻과 통하지 못하기 때문이다.

---

*55 전국시대 사람 진월인(秦越人). 천하에 이름난 명의였음.
*56 헌(軒)은 황제(黃帝) 헌원씨(軒轅氏), 기(岐)는 기백(岐伯). 모두 의학의 시조. 변하여 의학·의술의 뜻으로 씀.

이제 동의보감 내용을 보면, 먼저 내경(內景)*⁵⁷을 서술하여 병의 근원을 삼고, 다음에는 외형(外形)을 들어서 병의 말단까지 소통하게 했다. 다음에는 잡병(雜病)을 들어 분석하여 증명하고, 마지막에 탕약과 뜸질로 그 처방을 결정한다. 이 책 편찬에 인용된 책은 편작의 천원옥책(天元玉册)으로부터 근래의 의방집략(醫方集略)에 이르기까지 80여 종이나 된다. 대부분 우리 중국 책이고, 조선에서 간행된 것은 세 종류에 지나지 않는다. 옛 사람들이 마련해 놓은 방법에 따라 치료 방법을 신통하게 밝혀 놓았고, 음양 사이의 결합을 보완하며 양기가 온몸에 퍼지게 하는 방법 등도 기록하였다.

이 책은 이미 명나라 때 황제에게 바쳐져서, 국수(國手 : 최고대우)로 추천되었다. 그 뒤 비각(秘閣)*⁵⁸에 보관되어 있었기 때문에 세상에서 얻어볼 수가 없었다. 전에 염운사(鹽運使)를 지낸 일이 있는 산좌(山左)*⁵⁹의 왕공(王公)이 임오(臨奧)*⁶⁰ 지방에 수령으로 있을 때, 의원들이 병을 잘못 치료하는 것을 안타깝게 여겨 사람을 일부러 북경으로 보내 동의보감을 베껴왔으나, 미처 간행하지 못하고 다른 일 때문에 그곳을 떠났다.

순덕부(順德府)*⁶¹ 공생(貢生)*⁶² 좌한문(左翰文)군은 나의 총각 시절부터의 친구이다. 그는 동의보감을 간행하여 널리 보급하겠다고 하여 그 비용으로 돈 300꾸러미[緡]*⁶³를 아낌없이 선뜻 내놓았다. 그의 마음은 병든 사람을 구제하고 만물을 이롭게 하려는 마음이었고, 그가 하려는 일은 음양(陰陽) 조화를 잘 이루는 일이었다. 천하의 보배는 마땅히 온 천하가 다같이 공유해야 한다는 좌군의 어진 생각은 참으로 위대하다 하겠다. 판각(板刻)이 끝나자 나에게 서문을 부탁하기에, 나는 기꺼이 이 서문을 짓는다.

건륭 31년 병술년(丙戌年)*⁶⁴ 7월 상순, 호남의 소양·예릉·흥령·계양현 현사를 지내고, 경오·임신·계유·병자년에 호남과 광동의 향시에서 네 번이

---

*57 내과(內科).
*58 천자의 서고(書庫).
*59 산동성(山東省) 태행산(太行山) 동쪽.
*60 광동성(廣東省)·광서성(廣西省) 지방.
*61 하북성(河北省)에 딸려 있어 9현(縣)을 관할하였음.
*62 생원과(生員科)에 합격하고 학행(學行)이 우수하여 천거받아 벼슬하게 된 사람.
*63 한 꾸러미[緡]은 엽전 1,000개.
*64 영조(英祖) 42년, 1766년.

나 고시관이었던〔원임호남소양예릉흥령계양현사(原任湖南邵陽醴陵興寧桂陽縣事) 충경오임신계유병자사과호광향시동고관(充庚午壬申癸酉丙子四科湖廣鄕試同考官)〕번우(番愚) 지방의 능어(凌魚)*65가 짓다."

내 집에는 이런 훌륭한 의서가 없어서 병이 나서 걱정이 될 때마다 이웃 여기저기서 책을 빌려 보았다. 이제 이 책을 보니 꼭 사고 싶은 생각은 간절했지만 5냥 문은(紋銀)*66을 마련할 길이 없어서, 섭섭한 마음으로 돌아설 수밖에 없었다. 그래서 능어가 지은 서문만 베껴 뒷날 참고 자료로 삼으려 한다.

선비들이 입는 옷(심의(深衣))

우리나라에서 심의(深衣)*67를 만들 때 반드시 삼베로 만들고 무명으로 쓰지 않는 것은 잘못된 일이다.

삼으로 짠 것은 응당 삼베(마포(麻布))라고 말해야 하고, 모시로 짠 것은 모시베(저포(苧布))라고 말해야 하며, 면화로 짠 것은 면베(면포(綿布))라고 해야 할 것이다. 그런데 우리말로 포(布)를 '베'라고 뜻풀이를 하고, 읽기는 '포'라고 읽는다. 오로지 삼으로 짠 것만 포라고 부른다. 그래서 시장에서도 삼베 파는 가게를 포전(布廛)이라 부르고 모시베 파는 가게를 저포전(苧布廛)이라고 한다. 면베 가게는 아무런 구별도 하지 않는다.

우리말에 면화(綿花)를 목화(木花)라고도 하므로, 면화로 짠 천을 목(木)이라 하면서도, 면포가 즉 대포(大布)인 것을 알지 못한다. 그래서 면포를 대포라고 하지 않으면서도 면포 가게는 백목전(白木廛)이라고 부른다.

심지어 두 가지 조세(租稅)에도 대포를 부과하여 전세목(田稅木)이니 대동목(大同木)이니 하여, 대포는 마침내 다른 물건처럼 되어 버렸다. 그래서 관청의 문서에도 그렇게 쓰고 온 나라에 그대로 통용된다.

---

*65 능어는 건륭시대 광동성 번우 사람. 저서로 번우현속지·계양현지가 있음.
*66 품질이 좋은 은. 그 모양이 말굽처럼 생겼기 때문에 마제은(馬蹄銀)이라고도 했음.
*67 선비가 입는 웃옷. 흰 베로 만드는데 소매를 넓게 하고 검은 비단으로 가장자리를 두름.

무엇을 대포라 하는가? 순백색의 포백(布帛)을 말한다. 무명은 천 중에서 가장 근본이 되는 것으로 오색으로 수놓을 수는 없지만, 바탕이 검소하고 빛깔이 순수하여 무늬 없는 무늬가 있다고 할 수 있다. 그러므로 춘추좌전(春秋左傳)에서는 '거칠게 짠 옷(大布之衣)'이라고도 했다. 또 예기(禮記)에서는 '완전하고도 낭비가 없어 선의(善衣)*68의 다음 가는 것이다' 하였다. 완전하고도 크게 비용이 들지 않는다는 것은 무명을 두고 한 말이고 대포의 옷이란 심의를 말한다.

중국의 삼승포(三升布)*69는 무명에 양털을 섞어서 짠 천이다. 우리나라 장사꾼들이 이 삼승포를 사다가 되파는 가게를 청포전(靑布廛)이라 하고, 여기에서 대포도 함께 파는데 그것을 대보(大保) 또는 문삼승(門三升)이라 하여 값을 두 배로 비싸게 받는다. 그런데도 백목전에서 그것을 밝혀내지 못하는 것은 그 이름과 실제를 분명히 모르기 때문이다.

중국의 상복(喪服)은 모두 면으로 만든다. 이번 여행길에서 상복 입은 사람을 여럿 만났지만, 삼베 상복 입은 이는 하나도 없었다. 두건도 모두 면포로 만들었으니 마침 한여름이라 기름과 땀에 절어서 축 늘어졌다.

중국인들은 지금 내가 입고 있는 무명 겹옷을 보고는, 올이 매우 고운 것을 몹시 진기하게 여겨, 심의(深衣) 옷감으로 구했으면 하는 사람이 많았다.

"중국에는 왜 곱게 짠 면포가 없을까요?"

내가 이렇게 물었더니 모두 탄식하면서 말한다.

"중국에서는 모두 비단 옷을 입지요. 대포로 옷을 지어 입는 것을 부끄럽게 여기기 때문에, 옛날 성인께서 깊은 생각으로 마련한 실용적인 제도를 내팽개치고 돌아보지 않은 지 오래되었답니다. 그래서 간혹 전대나 포대를 만들기 위해 대포를 짜기도 하지만, 올이 굵고 거칠어서 선의(善衣) 다음 가는 옷을 만들 수가 없지요."

"선의란 무슨 옷인가요?"

내가 다시 물으니 이렇게 대답한다.

"선의라는 것은 관복이나 제사복처럼 아주 좋은 옷을 말합니다. 천자로부

---

*68 화려한 옷, 정장(正裝).
*69 석새삼베. 올이 240가닥인 굵은 베.

터 서민에 이르기까지 모두 자기 나름대로 최고 좋다는 옷을 한 벌씩은 가지고 있는데, 그 무늬로 신분의 귀천을 나타내지요. 그런데 심의라는 옷은 귀천이나 남녀 구별도 없고, 길흉의 구별도 없이 모두 똑같이 입는 옷입니다. 대포로 만들었다는 것은 검소함을 나타내는 것이니, 이 어찌 선의의 다음 가는 옷이 아니겠습니까?"

우리나라 선비들은 심의를 중히 여겨서, 이에 대해 그림을 그린다, 해설을 한다 하여 서로 논란이 분분하다. 소매나 깃 따위를 두고도 서로 자기가 옳다고 떠들고, 겹것이고 홑것이고 그 치수를 고집하여 자기가 옳다고 주장한다. 그러나 정작 심의를 만드는 옷감을 두고서는 삼베로 만드는 것인지 면포로 만드는 것인지 그 옷감조차 모르고 앉았다. 참으로 한심스러운 일이다.

나약국 국서 (나약국서 / 羅約國書)

"건륭 44년(1779) 12월에 나약국(羅約國)*70 가달(假㺚)*71은 황제 폐하께 글을 올립니다.

신이 들으니, 삼황(三皇)*72이 먼저 나오고, 오제(五帝)*73가 뒤이어 하늘을 대신해서 억조창생을 다스렸다고 합니다. 그러나 어찌 중국에만 임금이 있고 오랑캐 나라에는 임금이 없으란 법이 있습니까? 하늘과 땅이 넓고도 커서 한 사람만이 주인 노릇을 할 수 없고, 광대한 우주를 한 사람이 독차지할 수 없는 일입니다. 천하는 바로 천하 사람들의 천하요 한 사람의 천하가 아닙니다.

신이 살고 있는 나약국은 수도가 불과 수백 리에 지나지 않고, 영토가 3천 리를 넘지 못하지만, 항상 이를 만족스럽게 여기고 있습니다. 그런데 폐하께서는 중원을 차지하고 만승의 천자가 되시어, 수도가 수천 리요 영토가 수만 리가 되는데도, 오히려 만족을 모르고 끝없는 욕심을 품고 항상 다른 나라들

---

*70 미상.
*71 우두머리. 임금.
*72 중국 고대의 전설적인 세 황제 곧 복희(伏羲)·신농(神農)·황제(黃帝).
*73 중국 고대의 다섯 성제(聖帝) 곧 소호(少昊)·전욱(顓頊)·제곡(帝嚳)·요(堯)·순(舜).

을 집어삼키려 하십니다. 그로 말미암아 하늘이 살기(殺氣)를 내뿜으면 귀신이 울부짖고 통곡하며, 땅이 살기를 내뿜으면 영웅호걸이 달아나 숨고, 사람이 살기를 내뿜으면 천지가 뒤집히는 법입니다.

요·순 임금은 도덕을 가지고 천하를 잘 다스려 사방에서 조공을 바쳤으며, 우·탕*74 임금은 널리 은혜를 베풀어 만방에서 손을 잡고 섬겼습니다. 그런데 진시황은 여러 번 흉노를 정벌하다가 결국은 죽어 몸이 소금에 절여져서 말라비틀어진 어포가 되었으며, 거란의 야율덕광(耶律德光)은 중원을 멋대로 유린하다가 결국 죽어 자기 시체가 소금에 절여지게 되었습니다.

임금이 덕을 쌓으면 요·순이나 우·탕처럼 되고, 악을 쌓으면 진시황·야율덕광처럼 됩니다. 길흉화복은 서로 같은 뿌리에서 나오는 나뭇가지와 다름이 없고, 그것이 확실하기는 춘하추동이 제때에 바뀌는 것과 같으며, 그것이 사납기는 천둥 번개가 몰아치는 것과 같으니 어찌 삼가지 않을 수 있겠습니까?

'천리(天理)에 순종한다 하여 반드시 삶이 보장되고, 천리를 거스른다 해서 반드시 죽는 것만은 아니다'라고 말한다면, 이는 인도에 어긋나고 천도를 어기는 일입니다.

그런데 신이 홀로 무슨 마음으로 폐하의 수도에 머리를 숙이고 무릎을 꿇겠습니까? 비록 폐하께서 친히 용맹한 육사(六師)*75를 거느리고 산과 들을 달리실 때, 하란산(賀蘭山)*76 아래에서 서로 마주친다면 신도 채찍을 들고서 문안할 것이요, 말 위에서 천하의 일을 논할 것이며, 넓고 먼 싸움터에서 용호상박(龍虎相搏) 자웅을 겨루게 될 것입니다.

전쟁이란 양편이 다 이기는 법은 없고, 복은 두 가지가 한꺼번에 이르는 일이 없으니, 군대를 거두어 싸움을 그만두고, 백성들의 고통을 풀어 주며, 군사들의 어려움을 어루만져 주는 것만 못합니다. 폐하께서 그렇게 하신다면 신은 삼가 해마다 조공을 받들고 대대로 신하 노릇을 할 것입니다만, 만약 그렇지 않다면 우리에게도 인문을 논하는 공자·맹자 같은 성인의 학문이 있으

---

*74 하(夏)나라 우왕(禹王), 은(殷)나라 탕왕(湯王).

*75 천자의 육군(六軍). 1군은 1만 2,500명이니 6군은 7만 5,000명. 천자가 거느리는 모든 군사라는 뜻으로 씀.

*76 영하성(寧夏省) 영하현 서쪽에 있는 산.

며, 병법으로 말하면 강태공*77·손자*78 같은 전략이 있으니, 어찌 중국에 턱없는 양보만 하고 있겠습니까? 원컨대 폐하께서는 깊이 살피시기 바랍니다.

이에 대신 다리마(多里馬)를 보내 폐하를 알현하고 공손히 저희 성심을 다하오니, 진실로 지극한 정성은 하늘을 덮고, 감격하여 흘리는 눈물은 땅 속까지 사무칠 것입니다."

이상은 역관 조달동(趙達東)이 별단(別單)*79을 작성할 때, 서반에게서 얻은 나약국의 국서라는 것인데 밤에 내게 보여 주었다.

서장관(書狀官)도 나에게 와서 말한다.

"아까 나약국서를 보셨지요? 세상일이란 참으로 두렵게 돌아가고 있습니다."

그러기에 내가 대답했다.

"세상일이란 본래 그런 것 아닙니까? 처음부터 천하에 나약국이라는 나라는 없을 것입니다. 내가 20여 년 전에도 별단에서 이와 비슷한 문건을 본 적이 있는데, 그때도 역시 황극달자(黃極㺚子)*80의 오만한 글이라고 하였지요. 선배들이 둘러앉아 읽은 뒤에, 어떤 분은 북쪽 오랑캐에 대해 깊이 우려하였고, 어떤 이는 청나라를 대신할 자는 황극달자라고까지 하였습니다. 그런데 지금 이 글을 보니, 그 글과 조금도 가감이 없이 그대로입니다.

서반들은 모두 남쪽의 가난하고 천한 집 출신으로 객지 생활을 하는 무뢰배들이라, 이따위 터무니없고 망령된 말들을 지어내 우리나라 역관들에게 판 것을 또 속여 팔아 공금을 우려냅니다. 별단의 내용은 보고 들은 것을 모아 기록한 것이라고는 하지만, 이처럼 아무렇게나 지껄여댄 헛소문들입니다. 어쩌자고 해마다 사행(使行)은 이런 황당한 이야기들을 돈을 주고 사서 임금께 아뢰는 막중한 자료로 삼는단 말입니까? 신중히 의논하여 별단 중에서 버릴 것은 버리고 취할 것은 취해야 한다고 생각합니다."

---

*77 태공망(太公望). 주(周)나라 문왕(文王)의 스승.
*78 춘추시대 제나라 병가(兵家) 손무(孫武). 병법에 뛰어나 오나라로 하여금 제후의 패자(霸者)가 되게 하였음. 그가 지은 병서를 손자(孫子)라고 함.
*79 보고서에 덧붙여 참고할 수 있게 하는 문서. 명단(名單) 또는 목록.
*80 남쪽 오랑캐.

서장관은 내 말에 크게 찬성했으나, 역관 조달동은 그렇지 않다고 온갖 변명을 다 하려고 한다. 그래서 내가 조 역관에게 이렇게 말했다.

"자네는 아직 젊어서 사리를 잘 이해하지 못할 것이지만, 우리나라 사대부들은 아무것도 모르면서 덮어놓고 춘추대의(春秋大義)*⁸¹만 내세워서 중국을 높이고 오랑캐를 배척하는 공론(空論)만 일삼아 온 지가 이미 백여 년일세. 중국 인사들에게도 어찌 그런 마음이 없겠는가? 그래서 연갱요(年羹堯 : 강희 시대 총독을 지냄)·사사정(查嗣庭 : 내각학사를 지냄)·증정(曾靜 : 반청사상을 가진 인물) 같은 무리들은 상서로운 조짐을 재앙이라 하고, 훌륭한 정치 치적을 악정이라 속여 천하를 선동하고, 마침내는 글로 써서 널리 퍼뜨려 마치 청나라가 당장에라도 멸망할 듯이 꾸몄다네.

그런데도 우리 역관들은 그 황당무계한 말에 속는 줄도 모르고 좋아하여 스스로 바보 노릇을 하였다네. 한편 사신 세 분은 객사에 깊숙이 들어앉아 있다가 답답해지면 무슨 소일거리가 없을까 하여 곧 자네같은 역관들을 불러 '새로운 소식이 없느냐'고 묻게 마련이지. 그러면 자네들은 길에서 주워들은 허황한 말을 늘어놓아, 그들의 답답한 가슴을 시원하게 뚫어주지.

그러면 사신들은 그것이 터무니없는 말인 줄도 모르고, 수염을 추켜올리고 부채를 탁 치면서, '그러면 그렇지, 오랑캐(청나라) 운수라는 게 백 년을 넘길 리 없'' 하고 원통해하며 중류(中流)에서 노(楫)를 치는 작태*⁸²를 부리니 이 얼마나 허망한 노릇인가? 게다가 사신들의 귀국에 앞서 먼저 돌려보내는 군관들은 밤낮으로 말을 달려, 거의 말 위에서 자고 꿈꾸며 정신을 차리지 못하지. 그러니 혹시라도 그 별단을 청나라 국경 안에 떨어뜨려 저들의 손에 들어간다면, 장차 닥칠 환란과 화를 어찌 감당할 것인가?"

서장관은 크게 웃으면서도 한편으로는 크게 놀라 조달동에게 뭐라고 주의를 준다.

그 뒤 별단이 어떻게 고쳐졌는지는 알아보지 못했다.

---

*81 옳고 그름을 밝혀 정의를 드높이는 의리.
*82 옛날 조적(祖狄)이 진(晉)나라를 구하기 위해 강을 건너면서, 나라를 구하기 전에는 이 강을 건너오지 않겠다고 한 일.

불서(佛書)

　불교 서적이 처음 중국에 들어올 때는 그 분량이 겨우 42장에 지나지 않았다. 그 뒤 불경이라고 불리는 책의 태반은 위(魏)・진(晉)나라 때의 문인들 손으로 이루어진 것이다. 불교 서적의 편찬은 요진(姚秦)*83 때 성행하기 시작하여 소량(蕭梁)*84 때 절정에 이르렀고, 당나라 때 완전히 갖추어져서, 거의 유가의 전적(典籍)만큼이나 많아졌다.
　대개 상고시대부터 이미 불교와 비슷한 학문이 있었으니, 전설상의 황제(黃帝), 황제의 스승 광성자(廣成子)*85・남곽자기(南郭子綦)*86・묘고야산인(藐姑射山人)*87・허유(許由)*88・소부(巢父)*89・변수(卞隨)*90・무광(務光)*91・장저(長沮)・걸익(桀溺)*92 등이 다 그러한 학문을 했던 사람들이다. 그들은 부처라 불린 일도 없었고, 또한 그러한 책을 저술한 일도 없었으므로, 후세

---

*83 오호십육국(五胡十六國)의 하나인 후진(後秦). 요장(姚萇)이 전진(前秦) 부견(苻堅)을 죽이고 스스로 서서 장안에 도읍했으므로 요진이라고 함.
*84 수나라 말엽에 소선(蕭銑)이 파릉(巴陵)에 웅거하여 세운 양(梁)나라. 당나라 초에 멸망했음.
*85 옛날 신선 이름. 공동산(崆峒山) 동굴 속에 은거해 있었는데, 황제(黃帝)가 그에게 지극한 도(至道)에 대해 물었다고 함.
*86 공자의 제자 자유(子遊) 등과 동시대 사람 남백자기(南伯子綦). 남구(南丘)에 있을 때 큰 나무를 보고 그것이 좋은 재목이 못 됨으로써 도리어 크게 자랄 수 있었다는 것을 깨달음.
*87 묘고야산에 산다는 장생불사하는 신선.
*88 옛날 패택(沛澤)에 은거해 있었다는 고사(高士). 요(堯) 임금이 그에게 천하를 물려주려 하였으나 거절하고 기산(箕山)에 들어가 숨었다가 다시 구주(九州)의 장(長)을 삼으려 한다는 말을 듣고, 못 들을 말을 들었다 하여 영수(潁水)에 귀를 씻었다고 함.
*89 요 임금 때 은사(隱士). 세속 일을 버리고 산에 들어가 나무 위에 둥지를 만들고 살았다고 하는데, 허유가 영수에 귀를 씻었다는 말을 듣고, 그 귀를 씻어 더러워진 물은 건너지 않았다고 함.
*90 하(夏)나라 사람. 탕왕이 황제의 자리를 그에게 물려주려 하였으나 거절하고 스스로 물에 몸을 던져 죽었다고 함.
*91 하(夏)나라 사람. 탕왕이 걸왕을 쳐 이긴 후 천하를 무광에게 물려주려 하였으나 거절하고 돌을 안고 물에 빠져 죽었다고 함.
*92 장저・걸익 모두 춘추시대 초나라의 은사(隱士). 공자(孔子)가 섭(葉)땅을 지나다가 장저와 걸익 두 사람이 함께 밭갈이하는 것을 보고 제자 자로(子路)를 시켜 강 건널 데를 물으니 그들은 공자가 쓸데없이 천하를 돌아다닌다고 대답하지 않았다고 함.

에 와서는 다만 불교가 오랑캐한테서 나왔다는 것만 알고, 그 전에 중국에서
먼저 그러한 도가 있었다는 사실은 알지 못했다.
  공자는,
  "나의 도는 한 가지 이치로 모든 것을 꿰뚫는다(吾道一以貫之)."
고 하였고 노자는,
  "성인은 하나의 도를 감싼다(聖人抱一)."
고 하였는데 석가는,
  "모든 법은 하나로 돌아간다(萬法歸一)."
고 하였다.
  이른바 불교의 '만법귀일(萬法歸一)'이란 우리 유가에서, '이치는 하나이
지만 만 가지로 각각 달라진다(理一萬殊)'라는 것과 그 뜻이 미상불 비슷한
것이다.
  세상에 있는 불교 서적은 모두 남화경(南華經)*93의 주석이고, 남화경은
곧 노자 도덕경의 해설서에 불과하다. 그들은 다 타고난 자질이 뛰어나고,
생각이 탁월하였으니, 어찌 인(仁)·의(義)·예(禮)·악(樂)이 모두 천하를
다스리는 큰 법임을 몰랐으랴? 불행하게도 그들은 혼란한 시대에 태어나서,
본질을 돌아보지 않고 형식만 귀하게 여기는 것을 근심하고 마음 아파하여,
도리어 개연히 옛날 결승(結繩)*94의 정치를 사모하게 되었을 것이다. 성인
을 없애고 지혜를 버리며, 도량형 제도를 파괴해야 한다는 등의 말은 모두
세태 풍속에 분개해서 나온 말이다.
  3천 년 이래로 불교를 배척한 사람이 한둘이 아니었건만 그 책들은 아직
도 그대로 남아 있다. 그 책들이 이제까지 남아 있기는 하지만, 천하의 치세
와 난세에는 아무런 관계가 없었다.
  한창려(韓昌黎)*95는 맹자가 양·묵(楊墨)*96을 배척하는 모습을 상상하고
도교와 불교 배척을 자기의 독자 노선으로 삼았다. 맹자의 본래의 뜻은 단지

---

*93 장자(莊子)가 지은 책.
*94 옛날 아직 글자가 없을 때 큰 일에는 굵은 새끼에, 작은 일에는 가는 새끼에 매듭을 지어
    두어 기억했다고 함. 옛날 정치를 이르는 말임.
*95 당나라 때 학자 한유(韓愈). 창려는 그의 봉호(封號)임.
*96 양은 전국시대 위아설(爲我說 : 이기주의)을 주창한 양주(楊朱)이고, 묵은 겸애설(兼愛
    說 : 박애주의)을 주창한 묵적(墨翟).

양주·묵적을 배척하는 것만으로 아성(亞聖)*⁹⁷이 된 것도 아닐 터인데, 한창려는 단지 노자와 불교의 서적을 불태워 버리는 것만으로 맹자의 뒤를 계승하고자 했던 것이다. 과연 그가 서적을 불태우는 것만으로 과연 이단을 배척하는 본래의 뜻이 될 수 있을지 모르겠다.

명나라 마패 (황명마패(皇明馬牌))

우리나라 상서원(尙書院)*⁹⁸에 소장되어 있는 명나라 마패는 짙은 노란빛의 무늬 없는 비단에 오목(烏木)을 굴대로 만든 두루마리 모양이다. 그 길이는 2자 4치, 너비는 5치쯤 된다. 가장자리에는 이무기와 용을 수놓았고, 한가운데에는 안장을 갖춘 붉은 말 한 마리를 수놓았다. 거기에 황제의 고문(誥文)*⁹⁹을 써 놓았다.

공무로 가는 관원이 역참을 지날 때, 이 증표를 가지고 있는 사람에게는 요구하는 대로 말을 내주라. 만약 이 증표가 없는데도 멋대로 말을 내어주거나, 각 역참 관리가 법대로 집행하지 않고 정실로 말을 내주는 자는 모두 각각 중죄로 다스릴 것이다. 이를 엄중히 준행하라.
　　　　　　　　　　　　　　홍무(洪武) 23년(1390) 월 일.

글자는 모두 검은 실로 수놓았고 연호 위에는 옥새(玉璽)를 찍었다. 문구는 '제고지보(制誥之寶)'라 썼다. 왼쪽 옆에는 가는 글씨로 '통자70호(通字七十號)'라 쓰고, 아래쪽 천이 이어진 곳에는 양쪽에 걸쳐 작은 옥새를 찍어 놓았다.

또 붉은 말 한 마리를 그린 두루마리에는 '통자67호', 푸른 말 한 마리를 그린 두루마리에는 '통자68호', 붉은 말 두 마리를 그린 축에는 '달자30호(達字三十號)'라 썼다. 이것들은 홍무(洪武) 경오년(庚午年)에 사신이 우리

＊97 공자 다음 가는 성인. 맹자(孟子)를 이르는 말.
＊98 6부(部)를 통괄하고 국정을 관장하는 최고 관부.
＊99 황제가 이르는 말을 적은 문서.

군산도(群山島)에서 배를 타고 금릉(金陵)*¹⁰⁰으로 갈 때 발급한 네 가지 마패이다.

또 붉은 말 두 마리를 그린 한 축에는 '만력 27년(1599) 월 일 달자16호'라 썼고, 또 붉은 말 두 마리를 그린 다른 한 축에는 '달자13호'라고 썼다. 제고(制誥)*¹⁰¹와 연호는 검은 실로 수놓았고, 사방 가장자리에는 이무기와 용을 수놓았다. 위쪽에 옥새를 찍은 모습이 모두 홍무 때 방식과 같았다. 그런데 왼쪽 옆에 가는 글씨로 쓴 통(通)·달(達) 등의 자호(字號)는 다 수놓지 않았으니, 아마도 임시로 그 몇째라는 자호를 갖추어 쓰고 옥새를 할인(割印)*¹⁰²하여 내어 준 것인가 보다.

홍무 통자67호와 푸른 말 이하 8마리 말은 모두 안장과 굴레가 없는 그림이다. 만력 기해년(己亥年)*¹⁰³에 요양(遼陽) 길이 막혔기 때문에, 우리나라 가도(椵島)*¹⁰⁴에서 배를 타고 가서 중국 등주(登州)*¹⁰⁵에서 내려 북경으로 갈 때 쓴 마패 두 개이다. 마패 하나하나를 붉은 칠을 한 가죽 통에 담고 주석 장식을 했으며, 다시 사슴 가죽 주머니에 넣었다.

그런데 당시 사신이 돌아올 때 왜 사용한 마패를 돌려주지 않고 우리나라로 가지고 왔는지 알 수가 없다. 아마도 명나라 조정의 전례에 따라 외국 사신이 배를 타고 수로로 북경에 올 때도 그대로 마패를 주었던 것이 아닌가 싶다.

그런데 이번 열하 행로에도 말을 내어주라는 황제의 명령이 있었을 터이고 마땅히 마패를 지급받아야 했는데, 서로 길이 어긋나서 그랬는지 할부(割符)*¹⁰⁶를 맞추어 보지도 못했고, 그 제도도 어떠한지 아직 보질 못했다.

---

*100 지금의 남경(南京).
*101 칙명(勅命)의 글. 조칙. 칙서.
*102 양쪽에 걸쳐 찍는 도장.
*103 조선 선조(宣祖) 32년, 1599년.
*104 평안북도 철산군(鐵山郡) 백량면(栢梁面)에 딸린 섬.
*105 산동성(山東省) 모평현(牟平縣)에 있음.
*106 양쪽에 걸쳐 도장을 찍거나 글씨를 써서 나눠 가졌다가 뒷날 맞춰 보아 진짜 또는 가짜를 확인하는 것.

합밀왕(哈密王)

　북경의 동직문(東直門)을 나와 열하를 향하여 몇 리를 채 못 가서 북경의 가마꾼 30여 명이 가마채를 메고 접무(接武)[107]로 걷는 일행을 만났다. 회족 사람 10여 명이 가마 행렬의 뒤를 따르고 있었다. 얼굴 모습이 몹시 사납고, 코는 높고 눈동자는 푸르며, 머리털과 수염이 억세어 보였다. 그 중 두 사람만 눈매가 맑고 얼굴이 준수하고 의복이 매우 화려하다. 두 사람은 붉은 전립(氈笠)[108]을 썼는데, 전립의 좌우 양쪽 차양이 위로 말려서 앞뒤 차양은 뾰족한 것이 마치 아직 다 피지 않은 연잎 같았다. 양쪽을 돌아보는 모습이 몹시 경망스럽고 우스꽝스러웠다.

　우리 마두들은 그저 추측으로 그들을 회회국의 태자라고 했다. 그들과 앞서거니 뒤서거니 3, 4일을 같이 가면서, 때로는 서로 담배를 나누어 피우기도 하는데, 그들의 행동거지가 매우 공손하였다. 하루는 한낮이 되자 하도 더워 말에서 내려 길가에 있는 대자리 덮은 집으로 들어가 쉬었다. 두 사람도 뒤따라와 말에서 내려 마주 앉았다. 한 사람이 내게 묻는다.

　"만주말을 하십니까? 아니면 몽고말을 하십니까?"

　나는 우스개로 대답했다.

　"양반이 어찌 오랑캐 말을 안단 말이오?"

　그러고는 즉시 글로 써서 회회국의 내력을 물었다. 한 사람은 전혀 모르는 듯 머리를 내저으며 보고만 있고, 또 한 사람은 선뜻 붓을 잡고 한참을 생각하더니 겨우 몇 자를 쓰는데 몹시 애를 쓴다. 그는 자신을 합밀(哈密 : 현재 중국 신강성 자치구)의 왕이라 일컫고, 함께 온 사람을 가리켜 토번왕(吐蕃王)이라 하면서 12부족의 왕이라 하는데 도무지 문맥이 통하지 않아 무슨 뜻인지 알 수가 없었다.

　내가 물었다.

　"저 메고 가는 물건은 무엇이오?"

　"모두 황제께 바칠 옥그릇이지요. 저 가운데서 가장 값나가는 것은 자명종(自鳴鍾)[109]이랍니다."

---

*107 달리지 않기 위해 뒷발을 앞발 자국의 절반쯤 디디는 걸음.
*108 군뢰(軍牢)가 쓰는 갓. 군사가 쓰는 갓.
*109 어떤 시간이 되면 저절로 종이 울려 시간을 알리는 시계.

토번왕이라는 사람이 주머니를 끌러 차 끓이는 도구를 꺼냈다. 그러고는 시종에게 끓이게 하여 서로 마시면서 아주 진귀한 차인 듯이 나에게도 한 잔을 권한다. 분명 특이한 차이려니 생각했으나, 향기와 빛깔이 북경 거리에서 예사로 파는 것이나 한가지였다. 차를 끓이는 화로와 찻잔들은 다 붉은 칠을 한 가죽으로 겉을 감싸서 허리띠처럼 만들어 등짐에 달고 다니게 되어 있다. 매우 간편해 보였다. 차를 마시고 나자, 그는 먼저 일어나 말을 타고 채찍을 휘둘러 가버렸다.

이튿날 아침에 또 강변에서 만났기에 중국말로 물었다.

"합밀왕은 나이가 얼마나 되십니까?"

그 역시 중국말로 대답한다.

"36살입니다."

토번왕은 중국말을 더욱 잘 하였다. 두 손바닥을 두 번 쥐었다 펴고 한 손을 또 펴서 25살이라고 했다.

생각건대 당서(唐書)에, '회흘(回紇)은 일명 회골(回鶻)이라고도 한다' 하였고, 원사(元史)에는, '외올아부(畏兀兒部)라고 있는데, 외올은 곧 회골이다' 하였으니 회회란 곧 회골의 변한 소리이다.

또 고려사(高麗史)에 '원나라 사신이 고려인에게 외오아(畏吾兒) 말을 가르쳤다'고 하였으니 이 외오아란 곧 외올의 변한 소리이다. 그리고 합밀은 한나라 때의 이오(伊吾) 땅이고, 당나라 때의 이주(伊州) 땅이다. 고려 말엽의 설손(偰遜)이란 사람은 회골 사람으로, 원나라에서 벼슬하다가 공주를 따라 우리나라 고려에 와서 그대로 벼슬을 하였다. 조선 시대에 벼슬을 했던 설장수(偰長壽)는 곧 설손의 아들이다.

화담 서경덕의 문집 (서화담집(徐花潭集))

화담(花潭) 서경덕(徐敬德) 선생은 수리학(數理學)[*110]에 있어서는 강절(康節)[*111]과 견줄 만하다. 그러나 그가 남긴 시와 글은 몇 편 있긴 하지만 이렇다

*110 수학의 이론을 연구하는 학문.
*111 송(宋)나라 학자 소옹(邵雍)의 시호(諡號).

할 만한 것은 없다. 지금의 건륭 황제가 편찬한 사고전서(四庫全書)*112에 수록되어 있다.

장흥누판(長興鏤板)

지금의 오사란(烏絲欄)*113은 곧 옛날의 편죽(編竹)이다. 옛날에는 글자를 모두 대쪽에 옻칠로 쓰고 가죽 끈으로 엮어서 간책(簡册)이라고 하였다. 간책의 모양이 오사란과 같았다. 공자가 주역(周易)을 읽을 때 가죽끈이 세 번이나 끊어졌다*114는 '위편삼절(韋編三絶)'이 곧 이것이다.
한나라 무제(武帝)가 황하를 건너 동쪽으로 가다가 책 다섯 궤짝을 모두 잃어버렸다. 그런데 다행히도 장안세(張安世)가 이것을 모두 외우고 있어서, 그 책들을 다시 기록했다고 한다. 그러니까 그 당시에는 책의 판각본이 없었음을 알 수 있다.
후세에 와서 판각본이 처음으로 만들어지기 시작한 것은 후당(後唐) 명종(明宗) 때부터이다. 명종은 오랑캐 출신으로 글을 몰랐지만 구경(九經)*115을 판각에 새겼으니, 이 장흥(長興)*116 연간의 일이었다. 판각의 공적은 한나라 때의 장서를 보관하던 홍도(鴻都)*117의 석경(石經)*118에 못지않을 것이다. 명종은 당시 사대부들이 길흉의 예를 거행하는 중인데도 명혼(冥婚)*119·기복(起復)*120 제도가 있는 것을 탄식하여 말했다.

---

*112 청나라 고종(高宗) 때 천하의 책을 모아서 경(經)·사(史)·자(子)·집(集) 네 부로 분류하여 편집한 총서. 7만 9,070권.
*113 책을 베낄 때 글자 간격을 고르게 하기 위해, 가로 세로 줄을 쳐서 종이 밑에 까는 것.
*114 사기(史記) 공자세가(孔子世家)에 있는 말.
*115 9가지 경서(經書), 곧 주역(周易)·서경(書經)·시경(詩經)·주례(周禮)·의례(儀禮)·예기(禮記)·좌전(左傳)·공양전(公羊傳)·곡량전(穀梁傳).
*116 후당(後唐) 명종(明宗)의 연호. 930~933년. 신라 경순왕(敬順王) 때임.
*117 한(漢)나라 시대 문 이름. 그 문 안에 학교를 두고 책을 보관했음.
*118 돌에 새긴 경서.
*119 결혼하기로 하였다가 두 사람 또는 한 사람이 죽었는데도 그대로 결혼식을 올리는 일.
*120 부모가 죽으면 벼슬에서 물러나 삼년상을 치른 후에야 다시 벼슬에 나갈 수 있는데 상중에 불러서 벼슬을 시키는 일.

"선비는 응당 효도와 우애를 높이고 풍속을 돈독히 해야 한다. 지금은 전쟁이 일어난 것도 아닌데 어찌 복상 중에 있는 자를 관리로 기용할 수 있는가? 또 혼인은 경사스러운 일인데, 어찌 상가에서 혼인의 예를 치른단 말인가?"

그리하여 유악(劉岳)에게 명하여, 문학을 잘하고 고금의 일에 정통한 선비들을 뽑아서 함께 예문(禮文)을 바로잡게 하였다. 그러나 유악과 함께 태상박사 단옹(段顒)·전민(田敏) 등이 모두 저속하여, 바로잡았다는 것이 당시 일반 가정에 전해져 익히는 풍속을 그대로 약간 적어 넣는 데 지나지 않았다.

지금의 취진판(聚珍板)[121]의 글자 새기는 일은 호부시랑 김간(金簡)[122]이 감독하여 작업하는 것이다.

주한·주앙(周翰朱昻)

사람이란 젊을 때는 앞길이 만 리 같아서 자기는 늙을 날이 없을 것처럼 생각하여, 말하는 가운데 노인을 업신여기기 쉽다. 이것은 철없는 젊고 경박한 무리의 짓일 뿐 아니라, 장래에 찾아올 복도 누리지 못할 것이니, 삼가야 할 일이다.

찬성(贊成)을 지낸 민형남(閔馨男)[123]은 70이 넘은 나이에도 불구하고 손수 과일나무의 접을 붙이고 있었다. 그러자 마을의 젊은 명관(名官)들이 이렇게 비웃는다.

"공께서는 아직도 백 년 사실 계획을 세우십니까?"

그러자 민공이 말한다.

"바로 자네들을 위해 남겨 주려는 것일세."

---

*121 청나라 때 사고전서(四庫全書)의 선본(善本)을 골라서 활자로 간행한 활자판(活字版)을 일컫는 말.

*122 본래 우리나라 사람으로 청나라에 들어가 벼슬했음.

*123 조선 선조(宣祖)·인조(仁祖) 때 문신. 병자호란 때 인조를 남한산성(南漢山城)에 호종(扈從), 벼슬이 판중추부사(判中樞府事)에 이르렀음.

그 뒤 민공은 94세까지 살면서, 명관들의 제삿날이 되면 손수 그때 심은 과일나무의 과일을 따서 보내어 제사에 쓰게 하였다.

옛날 송나라 양대년(楊大年)이 약관 시절에 주한·주앙과 함께 한림원에 근무하였다. 주한과 주앙 두 사람은 이미 머리가 하얗게 센 노인들이었다. 무슨 일을 의논할 때마다 양대년은 두 노인을 업신여겨 물었다.

"두 영감은 어떻게 생각하시오?"

주한은 매우 불쾌해하며 말했다.

"자네는 노인을 너무 업신여기지 말게나. 자네는 늙을 날이 없을 줄 아는가? 끝내는 자네에게도 흰머리를 남겨 줄 터이니."

그러자 옆에 있던 주앙이 말한다.

"저 사람에게는 흰머리를 주지 말게. 그랬다가는 저 사람이 또 다른 젊은이에게 업신여김을 당할 것이 아닌가?"

그 뒤 양대년은 과연 50살도 채 살지 못하고 죽었다고 한다.

열하의 태학관에 왕곡정(王鵠汀)이라는 나이 많은 학자가 있었다. 그는 한족(漢族) 민가(民家)의 호삼다(胡三多)라는 13살 소년과, 또 한 사람 만주 출신 왕나한(王羅漢)이라는 73살 노인에게 글을 가르쳐 주고 있다. 그러니까 왕나한은 호삼다보다 한 갑자(60년)나 앞선 무자생(戊子生)이었다.

왕나한은 글을 배우기 위해 날마다 새벽이면 호삼다와 함께 책을 옆구리에 끼고 앞서거니 뒤서거니 정답게 왕곡정에게로 갔다. 곡정이 어쩌다 남과 이야기를 하는 데 열중하여 그만 글을 배울 여가가 없을 때면, 곧 몸을 돌려 어린애인 호삼다에게 머리를 숙이고는 글을 한 차례 읽고는 돌아갔다. 곡정이 말하였다.

"왕나한은 손자가 다섯이고 증손이 둘이랍니다. 그런데 그는 날마다 와서 글을 배워 가지고 돌아가서, 여러 손자들에게 가르친답니다. 그의 근면성실함이 이와 같습니다."

이곳 사람들은 참으로 늙은이는 늙었다고 글 배우는 것을 부끄럽게 여기지 않고, 젊은이는 늙은이를 늙었다고 업신여기지 않는다. 내 일찍부터 중국은 예의가 밝다는 말을 들어오긴 했으나 열하 같은 이런 변방의 풍속마저 이처럼 순후할 줄은 몰랐다. 더없이 장한 일로 감탄하지 않을 수 없다.

하루는 호삼다가 붉은 첩지와 문은(紋銀) 두 냥을 얹어 가지고 와서 내게 내밀었다. 그 첩지에는 이렇게 썩어 있다.
 "공손히 동학(同學) 동경(同庚)의 아우 호군(胡君)에게 부탁하여, 조선의 박공자(朴公子)에게 청심환 한두 알을 청합니다. 삼가 변변찮은 폐백을 갖추어 좋은 물건의 대금으로 보내오니, 박공자의 정이 깊어지고 의가 중해지기를 바랍니다."
 왕나한의 글이었다.
 나는 그 은화를 그대로 돌려보내고, 청심환 두 알을 찾아 보냈다. 첩지에 함께 공부한다는 '동학'과, 띠가 같다는 '동경의 아우 호군'이란 말은 호삼다를 이르는 말이었다. 배를 움켜쥐고 웃을 일 같지만 그의 한없는 온후함은 주한·주앙이 양대년에게 퍼부은 독설과 자못 차이가 있어, 이에 두 가지 일을 모두 기록하여 젊은이가 늙은이 업신여기는 것을 경계로 삼고자 한다.

무열하(武列河)

 후위(後魏) 시대의 지리학자 역도원(酈道元)이 지은 수경주(水經註)에, '유수(濡水)가 동남쪽으로 흐르는데, 무열하(武列河)의 물이 이 강으로 흘러든다' 하였다.
 유수는 지금의 난하(灤河)를 말하는 것이고, 무열하는 지금의 열하(熱河)를 지칭한다. 열하라는 이름이 수경(水經)*124 책에는 보이지 않으니, 아마도 무열하가 변한 명칭이 아닌가 싶다. 열하의 수원지는 셋이니, 하나는 무욱리하(武郁利河), 하나는 석파이대(石巴伊臺), 하나는 탕천(湯泉)에서 나와 합쳐져서 열하가 된다. 이것이 산장(山莊)을 안고 돌아 남으로 흘러서 난하로 들어간다고 한다.
 우리 사신 일행은 급히 길을 재촉하여 열하로 들어왔는데, 이 길로 곧장 귀국하자는 논의가 있었다. 그래서 사신이 담당 역관으로 하여금 귀국할 노정을 미리 알아보게 하였다. 담당 역관이 중국인 통관(通官)에게 물어 보았더니 통관이 펄쩍 뛰며 말한다.

---

 *124 작자 미상. 양자강(揚子江)·황하(黃河) 이하 중국의 40여 강물과 그 지류(支流)의 상황을 자세히 기록한 책. 40권.

"산 뒤는 모두 달자(韃子 : 서북쪽의 소수 민족 또는 몽고족)들이 사는 곳입니다. 의무려산(醫巫閭山)*125을 끼고 동북쪽으로 돌아가면 도중에서 반드시 달자들에게 약탈을 당할 것입니다. 우리 중국 사람들도 이 길을 잘 아는 이가 없습니다. 설혹 황제께서 그 길로 돌아가라고 말씀을 하신다 하더라도, 사신께서는 예부에 글을 올려 그 길로 가시지 않는 것이 좋습니다."

담당 역관은, 다시 물어 볼 만한 곳도 없어서 어찌할까 고민하고 있었다. 그때 마침 한 늙은 장경(章京)*126이 전에 그 길로 가 보았다며, 그 길을 확실히 말해 줄 수 있다고 했다. 그래서 종이와 붓을 내주고 가는 길을 적어 보라고 하였다. 그러나 한자를 전혀 모르는 그는 한참 동안 하늘을 멍하니 쳐다보더니, 땅바닥에 그림을 그리고 모래를 모아 산 모양을 만든다. 그러고는 다시 검불을 잘라 배가 건너다니는 형상을 만들어 놓았다. 이어 붓을 들어 재빨리 글을 써 내려가는데 만주 글자라서 아무도 알아보는 이가 없었다. 구경하던 사람들이 모두 한바탕 웃었다.

나는 그 종이를 간직했다가 마침 왕곡정에게 보였다. 그 역시 알아보지 못하기에 다시 왕나한에게 보였더니 나한이 말했다.

"제가 비록 알기는 합니다만 이것을 한문으로 번역하기는 어렵습니다. 저의 이웃집에 봉천(奉天)서 온 손님이 있는데, 그 양반은 이 길을 알 수 있을 것입니다. 내일 그 사람에게 물어서 자세히 적어 오겠습니다."

그러고는 그 종이를 접어 품에 넣고 돌아가더니, 약속대로 이튿날 자세히 기록하여 가지고 왔다.

"열하에서 30리를 가면 평대자(平臺子)에 이르고, 거기서 또 30리를 가면 홍석령(紅石嶺), 25리를 가면 황토량(黃土梁), 15리를 가면 서육구(西六溝)에 이른다. 여기가 승덕부(承德府)의 경계가 되는 지점으로 이곳에 경계비가 있다. 여기서부터 20리를 가면 상운령(祥雲嶺)에 이르고, 거기서 30리를 더 가면 칠구(七溝), 다시 30리를 가면 봉황령(鳳凰嶺), 20리를 더 가면 평천주(平泉州), 다시 대묘참(大廟站)까지는 35리이다. 이곳이 평천주의 경계

---

*125 만주 요령성(遼寧省) 북진현(北鎭縣) 서쪽에 있는 산. 음산산맥(陰山山脈)의 한 갈래의 주산(主山).
*126 청나라 때 만주의 벼슬 이름. 본래는 팔기(八旗)의 무관(武官)으로 문서 업무를 맡아 보았음.

이다.

　여기서 40리를 가면 양수구(楊樹溝)에 이르고, 거기서 다시 25리를 가면 쌍묘(雙廟), 30리를 가면 송가장(宋家莊), 30리를 가면 건창현(建昌縣), 30리를 가면 장호자(長鬍子), 25리를 가면 야불수(夜不收), 20리를 가면 공영자(公營子), 30리를 가면 담장구(擔杖溝)에 이른다. 이곳이 건창현의 경계이다. 여기서 10리를 가면 행호자대(杏湖子臺)에 이르고, 다시 25리를 가면 나마구(喇麻溝), 20리를 가면 호접구(蝴蝶溝), 15리를 가면 대영자(大營子), 25리를 가면 조양현(朝陽縣), 25리를 가면 대릉하(大凌河), 강을 두 번 건너 다시 25리를 가면 망우영(蟒牛營), 30리를 가면 장가영(張家營), 25리를 가면 만자령(蠻子嶺), 25리를 가면 석인구(石人溝)에 이른다. 이곳이 조양현(朝陽縣)의 경계이다.

　여기서부터 30리를 가면 육대변문(六臺邊門)에 이르고, 다시 30리를 가면 최가구(崔家口)에 이르며, 또 20리를 가서 의주성(義州城)을 지나고, 대릉하를 건너 금주위(錦州衞)로 나가서 광녕(廣寧)으로 가는 길이 된다……."

옹노후(雍奴侯)

　내가 어릴 때 사기(史記)를 읽다가 한(漢)나라 때 장수 구순(寇恂)을 옹노후(雍奴侯)에 봉했다는 구절을 보고, 후의 봉호(封號)로 쓸 말이 얼마든지 있을 텐데, 하필이면 옹노후일까 하고 괴이하게 여겼다. 뒤에 옹노(雍奴)라는 지명이 어양(漁陽)의 우북평(右北平)에 있다는 것을 알았다.

　내가 앞서 북경으로 들어갈 때 계주도(薊州道)로 하여 어양 우북평을 지나왔다. 옹노가 지금 어떤 이름으로 변했는지 알 수 없지만, 혹시 그곳을 지나오지나 않았는지 모르겠다.

　옹노는 또 늪의 이름이기도 하다. 역도원의 수경(水經) 주석에는, 사방에 물이 둘려 있는 것을 옹(雍)이라 하고, 물이 흐르지 않는 곳을 노(奴)라 한다고 하였다.

사(涉)

한서(漢書) 지리지(地理志)에는 청하군(淸河郡)에 사제현(涉題縣)*127이 있다고 하였다.

내가 앞서 막북(漠北)으로부터 다시 고북구(古北口) 장성으로 들어가서 청하현에서 하루 저녁 묵었는데, 사제현이 지금은 어디에 있는지 알 수 없었다. 아마도 청하현 근방일 것이다. 안사고(顔師古)*128의 한서(漢書) 주석에는 '사(涉)는 사(莎)의 옛 글자이다' 하였다.

순제묘(順濟廟)

명나라 장섭(張燮)이 저술한 동서양고(東西洋考)에 이렇게 씌어 있다.

'오대(五代)*129 시절 민(閩)*130 지방의 도순검(都巡檢) 임원지(林願之)의 여섯째 딸은 진(晉)나라 천복(天福)*131 8년에 태어나서, 송나라 옹희(雍熙)*132 4년 2월 29일에 신선이 되어 하늘로 올라갔다. 언제나 붉은 옷을 입고 바다 위를 날아오곤 했으므로, 마을 사람들이 사당을 세워 모셨다. 송나라 선화(宣和)*133 계묘년(癸卯年)에 급사중(給事中) 벼슬의 노윤적(路允迪)이 사신으로 고려에 가다가 중간에서 풍랑을 만나 다른 배들은 모두 전복되었으나, 노윤적이 탄 배의 돛대에는 바로 그 신녀(神女)가 내려와 무사하였다. 그가 사행(使行)을 마치고 돌아와 조정에 이를 아뢰니, 나라에서는

---

*127 지금의 하북성(河北省) 조강현(棗强縣)에 있었음.
*128 당나라 때의 학자. 특히 훈고학(訓詁學)에 정통했으며, 글을 잘 지어 조령(詔令)을 많이 지었음.
*129 당나라가 망하고 송나라가 건국되기 전까지 흥망한 다섯 왕조. 후량(後梁), 후당(後唐), 후진(後晉), 후한(後漢), 후주(後周)를 이름.
*130 지금의 복건성(福建省).
*131 오대(五代) 시절 후진(後晉) 고조(高祖)의 연호. 936~944년. 고려 태조(太祖)·혜종(惠宗) 때임.
*132 송나라 태종(太宗)의 연호. 984~987년. 고려 성종(成宗) 때임.
*133 송나라 휘종(徽宗)의 연호. 1119~1125년. 계묘년은 휘종 5년. 고려 인종(仁宗) 원년임.

특별히 신녀의 사당에 순제(順濟)라는 묘호(廟號)를 내렸다.'

지금의 북경 천주교 성당 천장에 바다와 구름 사이를 날고 있는 붉은 옷의 여인상(女人像)을 그려 놓은 그림이 있다. 이 그림이 바로 그 신녀가 아닌지 모르겠다.

해인사(海印寺)

합천(陜川) 가야산의 해인사는 신라 애장왕(哀藏王) 때 창건되었다. 우리나라의 이름난 가람이나 큰 절들은 대개 중국의 절 이름을 따다 쓰는 수가 많았으나 이 해인사만은 그렇지 않다.

중국 순천부(順天府)*134 서해자(西海子)라는 동산 옆에 예전에 해인사라는 절이 있었다. 명나라 선덕(宣德)*135 때 중건하여 이름을 대자은사(大慈恩寺)로 고쳤다가, 절을 폐하고 공장으로 썼다고 한다.

그런데 우리나라 해인사는 1천여 년이나 된 고찰이니, 응당 북경의 해인사는 우리의 해인사보다 뒤에 세운 것이다.

사월초파일 방등(사월팔일방등
(四月八日放燈))

중국의 관등(觀燈)*136 행사는 정월 대보름날 밤에 행한다. 14일부터 16일까지 등을 달아 놓는다. 우리나라의 관등은 반드시 4월 초파일, 부처의 탄신일에 행한다. 이는 고려 때부터의 풍속을 그대로 지켜 내려오는 것 같다.

석가여래는 인도 정반왕(淨飯王)의 태자로, 중국 주나라 소왕(昭王) 24년 갑인년 4월 초파일에 태어나, 42년 임신년인 나이 19살 때 태자의 자리를 버리고 출가(出家)하여 도를 닦다가, 목왕(穆王) 3년 계미년에 마침내 도를 깨쳤다고 한다.

---

*134 지금의 북경(北京).
*135 명나라 선종(宣宗)의 연호. 1426~1435년. 조선 세종(世宗) 때임.
*136 음력 4월 초파일 석가탄신일에 등을 달고 불을 켜서 축하하는 일.

다섯 현의 비파(오현비파/五絃琵琶)

원나라 양염부(楊廉夫)의 원궁사(元宮詞)에

황제께서 북쪽 화림에 거둥하시니 천막도 널찍한데
고려의 궁녀들이 시중을 드네.
임금이 즐거이 스스로 명비곡을 친히 읊으실제
하사하신 비파를 말 위에서 뜯게 하시네.

北幸和林幄殿寬 句麗女侍婕妤官
君王自賦明妃曲 勅賜琵琶馬上彈

라고 하였다. 고려사 악지(樂志)를 보면, '악기 비파의 줄은 다섯이다'라고 하였으니, 궁녀가 뜯은 비파 역시 다섯 줄이었을 것이다〔호조봉(胡兆鳳)의 온광루잡지(韞光樓雜志)에 실려 있음〕.

사자(獅子)

철경록(輟耕錄)*[137]은 다음과 같이 말하고 있다.
'우리 명조(明朝)에서는 매번 제왕(諸王)과 대신들에게 베푸는 연회를 대취회(大聚會)라고 한다. 이날은 온갖 짐승들을 만세산(萬歲山)에 풀어 놓는다. 호랑이·표범·곰·코끼리 등을 하나하나 따로 내놓은 다음에 사자를 내놓는데, 사자는 몸뚱이가 짧고 작은 것이 마치 집에서 기르는 금빛 털이 덥수룩한 삽살개처럼 생겼다. 다른 여러 짐승들은 사자를 보면 겁이 나서 땅에 납작 엎드려, 감히 바로 쳐다보지도 못한다. 기가 눌려 질리는 것이 이와 같다.'
내 일찍이 만세산에 가 보았으나 기르는 짐승이란 아무것도 보지 못했다.

───────────────
*[137] 명나라 도종의(陶宗儀)가 지은 책. 근대 법제(法制)와 병란(兵亂) 등을 기록한 30권.

모두 서산(西山)과 원명원(圓明苑) 등 여러 동산에 두었다고 한다. 열하에서 본 기이한 새와 짐승도 적지 않았으나 대부분 이름을 알 수 없었다.
 길들인 곰과 사육하는 호랑이 따위는 날마다 볼 수 있으나, 모두 귀가 기운 없이 축 처지고 눈은 맥없이 지긋이 감고 졸고 있다. 언제나 가련한 꼴을 하고 있었고, 더구나 사자는 볼 수도 없어서 못내 아쉬웠다. 근래 백 년 사이에 사자를 바치는 자가 전혀 없었다고 한다.

강선루(降仙樓)

 우리나라 평안도 성천(成川)에 있는 강선루(降仙樓)의 현판은 명나라 사람 중조(仲詔) 미만종(米萬鍾)이 쓴 것이다. 미만종의 필법은 미원장(米元章)만 못하지 않은 데다 그의 수석 좋아하는 취미는 미원장보다 더하다.
 청나라 이징중(李澄中)이 저술한 간재필기(艮齋筆記)에는 이런 대목이 있다. '하북 지방의 방산(房山)에 길이 3자, 폭이 7자 되는 돌이 있다. 빛깔은 푸르고 윤기가 났다. 중조 미만종이 그 돌을 자기 집 작원(勺園)으로 옮겨 가려고, 수레를 겹으로 하여 말 10마리를 메우고, 인부 100명을 동원하여 이레 만에 겨우 산에서 끌어냈고, 다시 닷새가 걸려 가까스로 양향(良鄕)에 이르렀다. 그러나 길에서 힘을 너무 쓰고 비용도 너무 많이 들어, 그만 밭 가운데 뉘어놓고는 담을 둘러쌓고 초막을 지어 지붕을 덮었다. 이에 대한 오고간 글들이 많아, 아름다운 이야기가 한때 널리 전해졌다.'
 내가 북경에 있을 때, 민(閩: 현재 복건성) 지방 사람 오문중(吳文仲)이 그린 미만종의 기석(奇石) 그림책 한 권을 가지고 와서 팔려는 사람이 있었다. 하나는 영벽석(靈壁石), 하나는 방대석(方臺石), 하나는 영덕석(英德石), 하나는 구지석(仇池石), 하나는 연주석(兗州石)이었고, 또 비비석(非非石)·청석(靑石)·황석(黃石) 등 모두 그 모양이 기이하고 괴상한 형상이었다. 거기에 미만종의 자제담원(自題湛園)이라는 제목의 시가 실려 있었다.

 동산 주인의 심성 본디부터 맑아
 맑은 담(湛) 자 써서 담원이라 지었네.

때때로 조용히 바둑을 두고
손님을 위해 술항아리 연다네.
한가로운 구름 대밭에 감돌고
지는 해 소나무 문에 걸렸구나.
높은 대에 올라 달 뜨기 기다리니
흐르는 달빛이 소곤거리네.

主人心本湛 以湛名其園
有時成坐隱 爲客開靑罇
閒雲歸竹渚 落日映松門
登臺候山月 流輝如晤言

 미만종이 벼슬살이로 사방을 돌아다니면서 모은 것은 오직 돌뿐이었으니, 그 또한 명사(名士)라 할 수 있다. 우리나라 사람들은 오직 미원장만 알고 중조 미만종은 모르기에, 여기 특별히 기록해 둔다. 다만 강선루 현판을 어떤 인연으로 얻어 여기에 걸게 된 것인지는 알 수 없으니, 역시 뒷날의 고증을 기다릴 일이다.

이영현(李榮賢)

 명나라 곽반(郭鑿)이 편찬한 태학지(太學志)에 이렇게 씌어 있다.
 '융경(隆慶)*138 원년에 황제가 국학에 거둥하였는데, 조선의 사신 이영현(李榮賢: 조선 전기의 문신) 등 여섯 사람이 각각 자기 직위에 맞는 의관을 갖추고 이륜당(彛倫堂) 밖 문신이 서는 반열의 차례에 나아가도록 하였다.'
 당시 반열에 참석했다면 이는 당연히 사신일 것이다. 그때 태학관(太學館)에 머문 이가 여섯 사람이나 되었다니 어찌하여 그렇게 많았을까? 지금으로서는 이영현이 어느 집 조상인지 알 길이 없고, 그와 함께 참석한 다른

---

*138 명나라 목종(穆宗)의 연호. 원년은 조선 명종(明宗) 22년, 1567년임.

사람 또한 성명조차 상고할 길이 없다. 선배 이만운(李萬運:조선 후기 실학자)은 옛날의 고사(故事)를 많이 알고 계시니, 우선 기록해 두었다가 한번 찾아뵙고 여쭈려 한다.

왕월의 과거 시험 답안지(왕월시권(王越試券))

명나라 사람 왕월(王越)의 과거 시험 답안지가 바람에 날려와서 우리나라에 떨어졌다. 그래서 나라에서는 그 답안지를 주워서 주문사(奏聞使) 편에 돌려보냈다. 중국 쪽 기록에는 유구국(琉球國)으로 잘못 기록되어 있다. 당시 왕월은 바람을 일으키는 풍력(風力)이 있다 하여 사헌(司憲:사법기관)의 직책에 발탁되었다.

내가 일찍이 명나라 문림(文林)이 편찬한 낭야만초(琅琊漫抄)를 읽어 보았는데 거기에 이렇게 씌어 있었다.

'성화(成化)*139 연간에 태감(太監) 왕고(王高)가 휴가를 얻어 집에서 쉬고 있을 때 병부상서 아무개가 그를 찾아왔다. 마침 도어사(都御史) 왕월과 호부상서 진월(陳鉞)도 찾아왔다. 왕고는 한참 후에 비로소 나와서 여러 사람 앞에서 읍하고 자리를 권한 다음 말했다.

"옛날 왕진(王振)이 요직에서 일을 처리할 때 육경(六卿)*140들이 사사로운 일로 그를 많이 찾았기 때문에, 사람들은 그가 권세를 함부로 휘두른다고 하였답니다. 오늘 여러분의 방문을 받고 보니 남들이 어찌 나를 두고 시비하지 않으리라고 장담할 수 있겠습니까? 또한 여러분은 나를 어떤 사람으로 생각하고 찾아왔는지 모르겠습니다."

그랬더니 병부상서가 말했다.

"공은 성인(聖人)이십니다."

그러자 왕고가 정색을 하고 말한다.

"학덕(學德)이 위대하고 남을 교화할 수 있는 이를 성인이라 합니다. 그

---

*139 명나라 헌종(憲宗)의 연호. 1465~1487년. 조선 세조(世祖)~성종(成宗) 때임.
*140 송나라 관제(官制)로, 우사(右師)·좌사(左師)·사마(司馬)·사도(司徒)·사공(司空)·사구(司寇)의 여섯 관직.

리하여 공자께서도 내가 어찌 감히 성인이라고 자처하겠는가 하셨다는데, 내가 어떤 사람이기에 감히 성인이라 말할 수 있겠습니까?"

그만 모두 기가 질려 숨도 제대로 내쉬지 못했다.'

그때의 병부상서는 비록 자신의 이름을 숨겼지만 잘못된 처신이라는 일반 공론은 덮어버릴 수 없었다. 그러니 이른바 왕월의 신통한 풍력이란 것이야 문제도 되지 않았을 것이다.

천순7년 과거장에 난 화재 (천순7년회시공원화 (天順七年會試貢院火))

명나라 천순(天順) 7년(1463) 2월에 북경에서 회시(會試)*141를 보았는데 시험장인 공원(貢院)*142에 불이 났다. 당시 감찰어사 초현(焦顯)이 시험장 문을 잠그고 일체 출입을 못하게 하여, 불에 타 죽은 거자(擧子)*143가 90여 명이나 되었다고 한다.

신라인들이 사는 집 (신라호 (新羅戶))

연나라 동북쪽 여러 고을에 고려장(高麗莊)이라는 곳이 많을 뿐만 아니라, 당나라 총장(總章)*144 연간에도 신라 사람이 사는 집들이 있었다. 그래서 교민을 다스리는 관청을 두었으니, 양향현(良鄕縣)*145의 광양성(廣陽城)이 그런 곳이다.

---

*141 명나라 때 각 성(省)의 과거 응시생들을 공원(貢院)에 집합시켜 치른 과거 시험. 이 시험에 합격한 사람을 공사(貢士)라 함. 우리나라에서는 소과(小科)·초시(初試)에 합격한 사람이 보는 과거 시험을 회시라고 했음.
*142 회시(會試) 과거를 보는 곳.
*143 과거 시험에 응시하는 사람.
*144 당나라 고종(高宗)의 연호. 668~670년. 신라 문무왕(文武王) 때임.
*145 하북성(河北省) 서남부에 있었던 현.

고려사로 증명함 (證高麗史)

주곤전(朱昆田)은 죽타(竹坨)*146의 아들이다. 그에 의하면, '원나라 순제 (順帝)가 북쪽으로 달아나 응창(應昌)에 머물게 되자 태자 애유식리납달(愛 猷識里臘達)이 왕위를 이어서 도읍을 화림(和林)으로 옮기고 연호를 선광 (宣光)으로 고쳤다. 고려에서는 이것을 북원(北元)이라 일컬었고, 고려의 왕 신우(辛禑)는 그 선광이라는 연호를 받들었다. 이때가 명나라 홍무(洪 武) 10년(1377)이었다. 그 이듬해 두질구첩목아(豆叱仇帖木兒)가 즉위하 자, 북원은 고려에 사신을 보내 이 사실을 고하고, 또 연호를 천원(天元)으 로 고친 사실을 고려에 알렸다. 이런 사실들은 조선의 정인지(鄭麟趾)가 편 찬한 고려사(高麗史)에 실려 있다. 그렇다면 원나라 마지막 왕인 순제를 이 어 연호를 고친 것은 선광(宣光)뿐만이 아니다' 하였다.

순제라는 칭호는 중국에서 부르는 호칭이고, 혜종(惠宗)이라는 칭호는 원 나라가 망할 때에 마지막 왕 순제에게 주어진 시호이다. 그런데 그 뒤로 연 호를 선광이라고 한 애유식리납달의 시호가 소종(昭宗)인 것만 겨우 기록하 고, 두질구첩목아가 뒤를 이어 즉위해서 연호를 천원이라고 고친 것은 역사 가들이 생략해 버렸다. 그래서 이 사실들을 우리 고려사에 의거하여 원나라 역사를 증명하게 된 것이 아닌가 한다.

조선모란 (朝鮮牡丹)

청나라 풍훈(馮勛)의 육가화사(六街花事)에서, '하포모란(荷包牡丹)은 본 초(本草)*147에 일명 조선모란이라고도 한다. 꽃은 승혜국(僧鞵菊 : 부자(附子))과 비슷하고 짙은 자주색이다. 이것을 모란으로 이름을 붙인 까닭은 그 잎이 서 로 비슷하기 때문이다. 북경의 괴수사가(槐樹斜街)·자인사(慈仁寺)·약왕묘 (藥王廟) 등의 꽃시장에서는 언제나 이 꽃을 팔고 있다'고 하였다.

이른바 하포(荷包)라고 하는 것은, 중국 사람들이 수놓은 둥근 주머니를

---

*146 주이존(朱彝尊).
*147 이시진(李時珍)이 지은 의학서 본초강목(本草綱目)의 준말.

서로 선물로 주고받는 것이다. 곧 주머니의 이름이다. 그런데 승혜국이란 어떻게 생겼는지 알 수 없으나, 요컨대 모두 일년초 꽃잎이 분명하다. 이름을 조선모란이라 하지만, 우리나라에서는 볼 수 없으니 무슨 까닭일까?

쑥으로 만든 호랑이 (애호(艾虎))

단옷날이면 우리나라 공조(工曹)에서는 궁선(宮扇)*148과 애호(艾虎)*149를 진상한다. 명나라 이후(李詡)가 지은 계암만필(戒庵漫筆)에 따르면, '단옷날 북경의 관원들에게 궁선을 하사하였는데, 이것은 대나무 살에 종이를 붙여서 거기에 영모(翎毛)*150를 그리고, 오색실로 애호를 붙들어 매었다' 하였으니, 단오의 애호는 중국에도 있었던 오랜 풍속인 모양이다.

가소로운 일 열 가지 (십가소(十可笑))

청나라의 대두야담(戴斗野談)에, '북경에는 우스운 일 열 가지가 있다. 광록시(光祿寺)*151의 찻물, 태의원(太醫院)*152의 약방문, 신악관(神樂觀)*153의 기도와 푸닥거리, 무고사(武庫司)*154의 무기, 영선사(營繕司)*155의 일터, 양제원(養濟院)*156의 의복과 식량, 음악 관청인 교방사(敎坊司)의 기녀, 도찰원(都察院)*157의 법 기강, 국자감(國子監)*158의 학당, 한림원(翰林

---

*148 궁중에서 쓰는 부채. 임금이 중신에게 내려주는 부채.
*149 쑥으로 만든 호랑이 모양의 장식물. 단오 때 차고 다니며 액을 막는 풍속이 있었음.
*150 새나 짐승을 그린 그림.
*151 궁중의 음식을 맡아 보는 관아.
*152 임금의 시의(侍醫)들이 일을 보는 관아.
*153 도교의 음악을 연습하던 곳.
*154 무기를 관장하는 관아.
*155 토목 건축을 맡아 보는 관아.
*156 빈민이나 병든 사람을 구제하는 기관.
*157 백관과 정사(政事)를 감찰하는 사법 기관.
*158 국립대학.

院)*¹⁵⁹의 문장 등 열 가지이다. 이것은 곧 한(漢)나라 속담, '수재(秀才)로 뽑혔는데 글을 모르고, 효렴(孝廉)*¹⁶⁰으로 급제했는데 아비와 따로 산다'고 하는 것과 같은 뜻이겠다' 하였다.

우리나라 속담에도 이와 비슷한, '관가(官家)의 돼지 배 앓는 격'이라는 말이 있다. '월나라 사람이 진(秦)나라 사람 여윈 꼴 바라보듯 한다'는 말과 같은 것이다. 이는 모두 이름만 있고 실체가 없음을 말하는 것이다. 과거 한나라 시대의 효렴이 그와 같이 유명무실했으니, 하물며 후세의 일은 더 말해 무엇하랴.

두견새(子規)

원나라 지정(至正)*¹⁶¹ 19년(1359)에 두견새가 거용관(居庸關)에서 울었다고 한다. 거용관은 황성에서 70리 떨어져 있는 곳으로, 첩첩이 쌓인 푸른 산 빛깔은 북경 팔경(八景)의 하나이다.

원나라 왕운(王惲: 원나라 시절의 간신)은, '진시황이 만리장성을 쌓을 때 부역꾼들〔庸〕을 이곳에서 거처〔居〕하게 하였으므로 마침내 거용이라 하였고, 후연(後燕)의 세조 모용수(慕容垂)가 모용농(慕容農)을 열옹(蠮螉)의 요새로 보냈는데 열옹은 거용의 와전된 발음이다' 하였다.

나는 진작 거용관에 한번 가 보고 싶었으나 왕복 140리나 되어 하루 만에 다녀올 수가 없어 그만두었다. 지금도 서운하고 한스럽다.

경수사 대장경 비석 (慶壽寺大藏經碑略)

경수사(慶壽寺)에 있는 대장경비(大藏經碑) 비문은 대략 다음과 같다.

---

*159 임금의 명령을 받아 문서를 작성하는 일을 맡아 보는 관아.
*160 과거 과목의 하나. 부모에게 효도하고 청렴 정직한 이를 채용하였음.
*161 원나라 마지막 황제 순제(順帝)의 연호. 19년(1359)은 고려 공민왕(恭愍王) 8년, 1359년임.

'나라에서 불교를 숭상하고 신봉하여 큰 절을 세우면 반드시 경장(經藏)*162을 두게 된다. 그래서 천하의 글씨 잘 쓰는 사람들을 모아, 금니(金泥)로 경전을 깨끗이 베껴 써서 그 위엄을 보이고, 천하의 판각 잘 하는 사람들을 뽑아, 좋은 목재 대장경을 판각하고 찍어서 널리 전하게 한다.

북경에 있는 여러 절에서는 날마다 밥을 먹여 기르는 중들이 단정하게 앉아 떼를 지어 불경을 암송하고, 종을 치고 소라고둥을 부는 소리가 밤낮으로 끊이지 않는다. 또 해마다 한두 차례 사신들을 역참의 말에 태워 보내 향과 예물을 받들고 천하를 두루 돌아다니게 한다. 이렇게 해야 항하사(恒河沙)*163 세계가 모두 다 같이 복을 받게 된다. 참으로 지극한 일이다.

고려는 예로부터 시서(詩書)와 예의(禮義)에 뛰어난 나라로 일컬어져, 원나라가 천하를 차지하자 세조(世祖) 황제(皇帝)께서는 은혜로 의를 맺고 예로 대접하여 특별히 고려를 우대하였다. 그리하여 고려에서는 아버지와 아들*164이 함께 원나라 공주에게 장가들어 부마가 되었다.

지금의 고려 충선왕은 또한 총명과 충효로 황제와 황태후의 사랑을 받고 있으니, 대덕(大德)*165 을사년(乙巳年)에 대장경 1질을 경수사에 시주하여 영광을 황제게 돌려 보답하였다. 이 절은 유황(裕皇)*166의 복을 비는 곳으로, 수도의 여러 절 중에서 가장 오래된 절이다. 황경(皇慶)*167 원년 여름 6월, 황제께서 아무개에게 일러 비문을 지어 돌에 새기게 하였다. 충선왕은 이름이 장(璋)으로, 어진 이를 좋아하고, 착한 일 하기를 즐겨하며, 도덕을 갖추었고 문장도 뛰어났다. 세조 황제를 섬기고 황제의 일을 도왔다. 황제의 생질로서 고려의 세자가 되자 중국에 들어와 궁궐에 거처하며 그 재능을 인정받았다. 성종(成宗) 때 선발되어 원의 공주에게 장가들었다.

대덕(大德) 말년에 지금의 황제인 인종을 따라 내란을 평정하였으며, 무종(武宗)을 추대하는 데도 공이 있어서 '추충규의협모좌운공신 개부의동삼

---

*162 불교 경전을 보관해 두는 집. 또 삼장(三藏)의 하나.
*163 항하는 인도의 갠지스 강이고, 강의 모래는 그 수효가 한없이 많으므로 '많은 것'을 형용하는 말임.
*164 고려 원종(元宗)과 충선왕(忠宣王).
*165 원나라 성종(成宗)의 연호. 을사년은 그 9년, 고려 충렬왕(忠烈王) 31년, 1305년임.
*166 원나라 성종(成宗). 세조의 조부.
*167 원나라 인종(仁宗)의 연호. 원년은 고려 충선왕(忠宣王) 4년, 1312년임.

사태자태사 상주국부마도위 심양정동행중서성우승상(推忠揆義協謀佐運功臣 開府儀同三司太子太師 上柱國駙馬都尉 瀋陽征東行中書省右丞相)'에 임명되고 고려 국왕의 자리를 계승하였다. 지금의 황제가 즉위하여 공훈을 책봉하면서 위의 직함 외에 다시 태위(太尉) 벼슬을 더 내렸다.'

 이 비문은 정거부(程鉅夫 : 원나라 문인)가 지은 것으로, 그의 설루집(雪樓集)에도 실려 있는데, 풍자하는 말이 많다. 대개 외국 사람을 위해 찬술하는 문장에다 자신의 뜻을 은밀하게 드러냈다.
 이것은 우리 고려사에 실리지 못했을 것 같기에, 여기 그 대략을 적어 둔다.

황량대(謊糧臺)

 북경의 동악묘(東岳廟)에 5리쯤 채 못미쳐 황량대(謊涼臺)라는 곳이 있는데, 이것은 글자가 잘못된 것이다.
 명나라 장일규(蔣一葵)의 장안객화(長安客話)에, '당나라 태종(太宗)이 고구려를 정벌할 때 일찍이 군사를 이곳에 주둔시키고, 거짓으로 양식 창고를 만들어 놓아 적을 속이려 했기 때문에, 세상에서는 이곳을 '거짓 양식 축대'라는 뜻으로 황량대(謊糧臺)라고 불렀다' 하였으니 이 말이 그럴듯하다.

오랑캐 원나라 이학의 번성 (호원이학지성(胡元理學之盛))

 중국의 이학(理學)[168]이 왕성하기로는 오랑캐 원나라 시대보다 더한 때가 없었으니 여기에다가 두 가지 특이한 일이 있었다. 곧 원나라 개국 초기에 도사이면서도 유학을 말하는 사람이 있었고, 승려이면서도 유도(儒道)를 행하는 사람이 있었다.
 도교의 진리를 깨달은 장춘진인(長春眞人) 구처기(邱處機)는 자가 통밀

---

[168] 성리학(性理學).

(通密)이고, 산동성 등주(登州) 사람으로 장춘은 그의 호이다. 금나라 황통(皇統)*169 무진년 5월 1일에 태어났다. 정우(貞祐)*170 을해년(乙亥年)에 금나라 임금이 그를 불렀으나 응하지 않았고, 기묘년(己卯年)에 송나라 황제도 사신을 보내 그를 불렀으나 역시 응하지 않았다.

그해 5월 몽고 태조(칭기즈 칸)가 내만(奈蠻)에서 손수 조서를 써서 측근 신하를 보내자, 마침내 부름에 응했다.

구처기는 철문관(鐵門關)*171을 넘어 몇십 개 나라를 거쳐 1만여 리를 걸어 설산(雪山)에서 황제를 만났다. 황제가 천하 통일에 대해 물으니

"천하를 통일하려면 사람 죽이기를 좋아하지 않아야 합니다."

하였고, 사냥을 그만두라고 간하면서

"하늘의 도는 살리기를 좋아합니다."

하였으며, 정치하는 방법을 묻자

"하늘을 공경하고 백성을 사랑해야 합니다."

하였다. 수신(修身)하는 도리를 물으니,

"마음을 맑게 하여 욕심을 적게 가져야 합니다."

하였고, 불로장생하는 약은 무엇이냐는 물음에는,

"건강하게 오래 살기를 꾀하는 방도는 있지만, 장생할 수 있는 약은 없습니다."

하였다.

황제가 부를 적마다 황제 앞에 나아가 권하는 말은 모두 자애롭고 효성스러움에 관한 것이었으니, 이 어찌 도사이면서 유학을 말한 사람이 아니겠는가?

이때 몽고가 중국을 짓밟았으니 하남·하북 지방이 더욱 심하였다. 백성들을 함부로 사로잡고 죽이는 서슬에서 목숨을 보전할 방도가 없었다.

구처기는 북경으로 돌아와 그의 문도(門徒)들로 하여금 직첩을 가지고 전쟁통에 살아남은 사람들을 불러모으도록 하였다. 전쟁으로 말미암아 남의

---

*169 금나라 희종(熙宗)의 연호. 무진년은 그 8년, 고려 의종(毅宗) 2년, 1148년임.
*170 금나라 선종(宣宗)의 연호. 1213~1217년. 을해년은 선종 3년, 고려 고종(高宗) 2년, 1215년이고, 기묘년은 4년 후인 1219년임.
*171 산동성(山東省) 이진현(利津縣) 북쪽에 있음.

노비가 되었다가 도로 양민이 되기도 하고, 거의 죽게 되었다가 다시 살아난 사람이 무려 2, 3만 명에 이르렀다. 이 이야기는 원사(元史)에 실려 있다.

또 해운국사(海雲國師)의 이름은 인간(印簡)이며 산서성(山西省) 영원(寧遠) 사람이다. 나이 11살부터 대중에게 불법을 강의하였고 못된 길로 들어선 사람들을 많이 감화시켜 구제해 주었다. 그래서 금나라 선종(宣宗)이 그에게 통원광혜대사(通元廣惠大師)라는 법호를 내려주었다.

고향 영원성이 몽고에게 함락되었을 때, 그는 스승 중관(中觀)과 함께 사로잡혔다. 원나라 태조 칭기즈 칸이 대사에게 사신을 보내어 이렇게 전했다.

"늙은 장로(長老)나 젊은 장로나 다 훌륭하오."

이때부터 모든 사람들이 그를 젊은 장로, 곧 소장로(小長老)라고 불렀다.

또 해운국사는 원나라의 고관인 홀도호(忽都護)에게,

"공자는 성인이십니다. 마땅히 대대로 봉하여 제사를 지내주어야 합니다. 안자(顔子)·맹자(孟子)의 후손과 주공(周公)·공자의 학문을 배우는 사람은 마땅히 모두 부역을 면제해 주어, 학업에 힘쓰게 해야 합니다."

라고 말하여 홀도호는 그의 말을 따랐다.

이 이야기는 원나라 왕만경(王萬慶)이 지은 구급탑(九級塔)*172 비문에 들어 있다. 이 어찌 승려이면서 유도를 행한 사람이 아니겠는가?

가시나무에 절하였더니 (배형(拜荊))

내가 일찍이 풍윤현(豊潤縣)을 지날 때, 그 고을 동북쪽에 진왕산(秦王山)이 있었는데 온통 가시나무로 덮인 산이었다. 여기에는 이런 전설이 있었다.

'당나라 태종이 진왕(秦王)으로 있을 때, 이 산에 올랐다가 가시나무를 보고 깜짝 놀라 '이 가시나무는 어린 시절 마을 훈장이 내게 글을 가르칠 때 쓰던 회초리이다' 하고는 말에서 내려 절을 하였더니, 가시나무가 모두 머리를 숙여서 땅에 엎드리듯 절하는 모습이었다.'

---

*172 북경의 경수사에 있는 9층탑. 정확한 비문의 이름은 '원명해운우성국사지탑비(圓明海雲佑聖國士之塔碑)'이다.

지금도 가시나무는 머리를 숙이고 있는 것 같다.

환향하(還鄕河)

풍윤현과 옥전현(玉田縣) 사이에 환향하라는 강이 있다. 이 지방의 강물은 모두 동쪽으로 흐르는데, 유독 이 강만은 서쪽으로 흐른다.

명나라 서창조(徐昌祚)가 지은 연산총록(燕山叢錄)에 이런 말이 있다.

'송나라 휘종이 이 강의 다리를 건너다가 말을 멈추고 사방을 돌아보면서 처연히 '이 강을 건너면 차차 북쪽 큰 사막이 가까워질 것이다. 나는 언제나 이 강물처럼 서쪽 고향에 돌아갈 수 있을까?' 하고는 식사도 하지 않고 그대로 떠났다.'

또 어떤 사람은, '석소주(石少主)가 '환향하'라고 이름지었는데, 지금 사람들도 그대로 부르고 있다' 하였다. 석소주는 석진(石晉)*173의 임금 석중귀(石重貴)일 것이고, 그는 거란에 포로가 되었으니 당연히 이 강을 건넜을 것이다.

계원필경(桂苑筆耕)

당서(唐書) 예문지(藝文志)에 신라 최치원(崔致遠)의 계원필경(桂苑筆耕) 4권이 있다고 했는데, 그 뒤의 저술가들이 인용한 책 목록에는 그런 이름이 보이지 않으니, 중국에서는 이 책이 없어진 지가 오래된 모양이다.

천불사(千佛寺)

밀운현(密雲縣)에서 북경 덕승문(德勝門)으로 들어올 때, 길이 몹시 질척

---

*173 석경당(石敬瑭)이 세운 후진(後晉)을 일컫는 말.

거리고 양 떼가 길을 막고 있어 앞으로 더 갈 수가 없었다. 할 수 없이 말에서 내려 역관 홍명복(洪命福)과 함께 길가에 있는 천불사(千佛寺)로 들어가 잠시 쉬기로 하였다.

부처님 앉은 자리는 1천 송이의 연꽃으로 둘려 있고, 연꽃은 1천 개의 부처를 두르고 있다. 명나라 사람 유동(劉侗)의 제경경물략(帝京景物略)에는 천존불(天尊佛) 24구와 18나한은 모두 우리나라에서 진상한 것이라고 하였다. 그런데 청나라 사람 납란성덕(納蘭性德)의 녹수정잡지(淥水亭雜識)에는 교응춘(喬應春)이 지은 비문(碑文)에 의거하여, 태감(太監) 양용(楊用)이 주조한 부처라고 했으니 알 수 없는 일이다.

여관 옥갑에서 묵으며 이야기를 나누다
옥갑야화(玉匣夜話)

여관 옥갑(玉匣)으로 돌아와 여러 비장(裨將)들과 침상을 나란히 하고 둘러앉아 밤이 이슥하도록 이야기를 나누었다.

옛날에는 북경의 풍속이 아주 순박하고 후하여, 역관(譯官)들은 만 냥이라도 꾸어 쓸 수 있었는데, 지금은 저들이 속이기를 능사(能事)로 삼는다. 그 잘못은 저들에게만 있는 것이 아니라, 사실은 우리나라 사람에게서 먼저 시작된 것이었다.

30년 전에 한 역관이 빈손으로 북경에 들어왔다가 돌아갈 무렵에, 거래하던 단골 객주(客主)를 만나자 역관이 눈물을 흘렸다. 주인이 이상하게 여겨 까닭을 묻자 역관은 이렇게 말했다.

"압록강을 건너올 때 몰래 남의 은을 맡아 숨겨 가지고 오다가 발각되어, 내것까지 모두 관에 압수당했습니다. 이제 빈털터리로 돌아가려니, 면목이 없어 돌아갈 수가 없습니다."

그러고는 칼을 뽑아 자결하려고 하자 주인이 깜짝 놀라 급히 그를 끌어안아 칼을 빼앗고 물었다.

"압수당한 은이 얼마나 됩니까?"

"3천 냥이랍니다."

역관이 대답하자 주인이 그를 위로하면서 말한다.

"대장부가 자기 몸 없어지는 것을 걱정해야지, 어찌 돈이 없는 것을 걱정합니까? 만약 죽어 버리고 돌아가지 않는다면 당신의 처자들은 어찌하란 말입니까? 내가 당신에게 만 냥을 빌려 주리다. 그것을 5년 동안 불리면 다시 만 냥은 더 얻게 될 것이니, 그때 가서 내게 본전만 갚으시오."

그러면서 주인은 선선히 만 냥을 내주었다.

역관은 그 돈으로 많은 물건을 사가지고 돌아왔다. 그 당시 아무도 그런 내막은 모르고 그의 재주를 신기하게 여기지 않는 이가 없었다. 역관은 5년 만에 마침내 큰 부자가 되었다. 스스로 사역원(司譯院)*1에 소속된 자기의 이름을 삭제해 버리고, 다시는 북경에 들어가지 않았다.

여러 해 지난 뒤에 북경에 가게 된 친한 친구에게 은밀히 부탁하였다.

"북경에 가서 아무개 단골 객주를 만나면 반드시 내 안부를 물을 것일세. 그러면 자네는 그저, 우리 온 집안이 전염병에 걸려 몰사했다고만 말해 주게."

친구가 그의 터무니없는 말에 몹시 난처해하니까 그는 다시 말했다.

"그렇게만 하고 돌아오면, 내 자네에게 백 냥을 주겠네."

북경에 간 친구가 그 단골 객주를 만났을 때, 과연 객주는 역관의 안부를 묻는 것이었다. 친구는 엉겁결에 부탁받은 그대로 말했다. 그러자 그는 손으로 얼굴을 감싸고 대성통곡을 하는데 눈물이 비 오듯 흘러내렸다.

"아, 하느님! 어찌하여 그렇게 착한 사람의 집안에 그런 참혹한 화를 내리셨습니까?"

그러고 객주는 돈 백 냥을 내놓으면서 말한다.

"그의 처자까지 모두 죽었다니 제사를 지내 줄 사람도 없겠습니다그려. 귀국하시거든 나를 대신해서 50냥으로 제수를 갖추어 제사를 지내 주시고, 50냥으로는 재를 올려 그의 명복을 빌어 주시면 다행이겠습니다."

친구는 뜻밖의 일에 너무 놀라 어안이 벙벙했으나, 이미 거짓말을 해 버렸는지라 어쩔 수 없이 백 냥을 받아 가지고 귀국했다.

돌아와 보니 그 역관의 온 집안이 이미 전염병에 걸려 몰사해 버려 아무도 남아 있지 않았다. 친구는 크게 놀라고 또한 겁이 나서 백 냥으로 단골 객주를 대신해서 제사를 지내고 재를 올려 주고는, 평생토록 다시 북경에 가지 않고,

"나는 다시 그 단골 주인을 만나볼 면목이 없다."

하였다고 한다.

---

*1 통역과 번역을 맡아보는 관아.

지사(知事) 이추(李樞)는 근세에 이름난 역관이었다. 평소에 돈에 대해 말을 한 적이 없었고, 40여 년이나 북경에 드나들었으나 한 번도 은을 만져 본 적이 없었다. 그는 언제나 기상이 화락하고 군자다운 풍도가 있었다고 한다.

당성군(唐城君) 홍순언(洪純彦)은 명나라 만력(萬曆)*2 때의 이름난 역관이었다. 그가 북경에 갔다가 하루는 기생집에 놀러 갔다. 그 집에서는 여자의 미모에 따라 해웃값에 차이가 있었는데, 한 여인은 값이 1천 냥이라고 했다. 홍순언은 선뜻 1천 냥을 내놓고 그 여인을 요구하였다. 여인은 방년 16세에 참으로 아름다웠다. 그런데 16세 여인은 그를 대하자 눈물을 흘리면서 말한다.

"제가 많은 값을 요구한 까닭은, 세상 남자들은 다 인색해서 천 냥이라는 많은 돈을 선뜻 내놓는 사람이 없을 것이라고들 하기에, 잠시 욕을 면하기를 바란 것입니다. 본래는 이 기생집 주인을 속이려 했던 것이오, 한편으로는 천하의 의기 있는 대장부를 만나 제 몸값을 치르고 데려다가 첩으로 삼아 주기를 바랐던 것입니다. 그런데 제가 이 집에 들어온 지 닷새가 되도록 감히 천금을 내놓는 이가 없었는데, 오늘 다행히 이렇게 천하의 의기 있는 분을 만났습니다. 그러하오나 나리께선 외국 분이시라 국법 때문에 저를 데리고 귀국하실 수 없을 것이고, 이 소녀 또한 한번 나리를 모신 다음에는 다시 몸을 더럽힐 수 없습니다."

홍순언은 소녀가 하도 가엾어서 이 기생집에 들어오게 된 까닭을 물어 보았다. 소녀가 대답했다.

"저는 남경(南京) 호부시랑 아무개의 딸이옵니다. 어떤 일로 하여 집이 적몰(籍沒 : 중죄인의 가산을 몰수하던 일) 당하고도 추징금을 바쳐야 했답니다. 그래서 몸을 기생집에 팔아 아버지의 목숨을 구했습지요."

홍순언은 몹시 놀랐다.

"그런 사정을 전연 몰랐구나. 내가 네 몸값을 갚아 주겠다. 몸값이 얼마인고?"

여인이 대답했다.

---

*2 명나라 신종(神宗)의 연호. 1573~1619. 조선 선조(宣祖)~광해군(光海君) 때임.

"2천 냥입니다."

홍순언은 즉시 그 자리에서 몸값을 치러 주고 그대로 일어섰다. 여인은 수없이 절하면서 '은혜로운 아버지'라고 불렀다. 그리고 서로 헤어졌다. 그 뒤 홍순언은 그 일을 까맣게 잊고 있다가 언젠가 다시 중국에 들어가게 되었다.

이르는 곳마다 홍순언이 오지 않느냐고 여러 번 묻는 이들이 있었다. 그는 아주 괴이하게 생각하면서도 묻는 이유를 알 수가 없었다. 북경에 들어서자 길가에 굉장하게 휘장을 쳐 놓고, 어떤 사람이 홍순언을 맞이한다.

"병부상서 석노야(石老爺)께서 받들어 모시라 하셨습니다."

그 집에 도착하니 석 상서가 친히 나와서 절을 하며 영접한다.

"은장(恩丈)*3 어른 어서 오십시오. 따님이 아버님 오시기만을 기다린 지 오래입니다."

석 상서는 홍순언의 손을 잡고 내실로 들어갔다. 화려한 차림의 석 상서의 부인이 마루 아래로 내려와 공손히 절을 하였다.

홍순언이 송구하여 어찌할 바를 모르니 석 상서가 웃으면서 말했다.

"장인께서는 따님도 잊으셨습니까?"

그제야 홍순언은 그 부인이 지난날 기생집에서 몸값을 갚아준 바로 그 여인인 것을 알았다.

이야기를 들어보니, 소녀는 기생집에서 나오자마자 곧 석성(石星)*4의 후처가 되었다. 석성이 병부상서가 되면서 후처도 따라서 귀부인의 지위에 올랐지만, 늘 손수 비단을 짜고 거기에 보은(報恩)이란 글자를 수놓으면서 은혜를 잊지 않았다고 한다.

홍순언이 귀국하게 되자, 보은(報恩) 비단 외에 갖가지 비단들이며 금은 등 헤아릴 수 없이 많은 귀중한 물건들을 바리바리 싸서 보내 주었다. 그 뒤 조선에 임진왜란이 일어나자, 석성은 병부상서로서 출병(出兵)을 강력히 주장하였다. 그것은 우리나라 사람을 의롭게 여겼기 때문이라고 한다.

---

*3 은혜로운 장인.

*4 명나라 시대의 문신. ?~1597. 임진왜란이 일어나 조선이 구원병을 요청하여 찬반 의견이 분분할 때 출병을 주장, 황제의 허락을 얻었다. 요동부총병(遼東副摠兵) 조승훈(祖承訓)에게 군사 5천 명을 주어 보내고 다시 제독(提督) 이여송(李如松)에게 군사 4만 3천 명을 주어 구원하게 하였으나, 울산(蔚山)·남원(南原) 등지에서 명나라 군사가 왜놈들에게 크게 패하자 파면되고 후에 옥사했음.

우리나라 상인들과 매우 친숙했던 단골 객주 정세태(鄭世泰)는 북경의 갑부였다. 그런데 정세태가 죽고 나자 그 많던 재산이 순식간에 거덜이 나고 말았다. 그에게는 손자가 하나 있었는데 이 손자는 남자 중에서도 인물이 아주 절색(絶色)이어서 어린 나이에 광대놀이판에 팔려갔다.
 정세태가 살아 있을 때 일개 점원이었던 임씨(林氏)가 지금은 큰 부자가 되었다. 임씨는 광대의 놀이마당에서 웬 미남자가 재주부리는 것을 보고, 마음속으로 몹시 애처롭게 여겼다. 나중에 알고 보니 세태의 손자였다. 서로 얼싸안고 얼마를 울다가 임씨는 몸값 1천 냥을 물어 주고 함께 집으로 돌아와서 집안 사람들에게 단단히 주의를 주었다.
 "모두들 명심하여라. 이분은 내가 전에 모시던 옛 주인의 손자이시니, 광대였다고 천하게 여겨서는 안 되느니라."
 임씨는 정세태의 손자가 장성하자, 자기 재산의 절반을 나누어 주면서 생업에 힘쓰게 해 주었다. 그런데 손자는 몸이 뚱뚱하고 살결이 희멀건 데다가 아름답기만 할 뿐 할 줄 아는 일이 없었다. 연이나 날리며 북경의 거리를 돌아다니기만 했다고 한다.

 옛날에는 중국과 물건을 사고팔 때, 포장을 풀어 검사해 보는 일이 없었다. 북경에서 포장한 것을 그대로 가지고 돌아와서 장부와 대조하여도 조금도 어긋나는 것이 없었다. 그런데 한번은 흰 털모자를 주문하여 포장을 해서 보내왔는데, 귀국하여 풀어 보니 실수로 모두 초상 때 쓰는 흰 모자를 가득 넣은 것이었다. 북경에서 미리 풀어 살펴보지 않은 것을 몹시 후회하였다.
 그런데 정축년(丁丑年)에 두 번의 국상(國喪)*5이 있어서 그 흰 모자를 많이 쓰게 되었다. 그래서 도리어 갑절의 큰 이익을 보았다. 그러나 이것은 우연히 얻은 재물일 뿐이다. 역시 인심이 옛날처럼 순박하지 못하다는 증거이다. 그러므로 근래에 와서는 물건을 모두 상인 자신이 포장을 하지, 단골 객주에게 포장을 맡기는 일이 없다고 한다.

 변승업(卞承業)은 병이 깊어지자 돈놀이로 빌려 준 돈이 모두 얼마나 되

---

*5 영조(英祖) 33년(1757) 2월에 영조의 비 정성왕후(貞聖王后) 서씨(徐氏)가 죽고, 3월에는 숙종(肅宗)의 계비(繼妃) 인원왕후(仁元王后) 김씨(金氏)가 죽었음.

는가 알아보고 싶었다. 그래 여러 회계를 맡은 청지기들을 모아 모든 장부를 계산해 보니 도합 은 50여만 냥이었다.

변승업의 아들이 말했다.

"이 많은 돈을 그대로 놓는 것은 번거롭기도 하고 또 떼일 염려도 있으니 이번에 모두 거두어들이는 것이 좋겠습니다."

그러나 승업은 크게 화를 내면서 꾸짖었다.

"이것은 도성 안 수많은 집의 생명줄이나 다름없거늘, 어떻게 하루아침에 그 명줄을 끊어 버릴 수 있느냐? 그대로 두어야 하느니라."

변승업은 늘그막에 자손들을 경계하여 일렀다.

"내가 섬긴 조정의 공경(公卿)*6들이 여러 분이었다. 그런데 권력을 잡고 자기 집안 일을 꾀하는 사람 치고 재산이 삼대를 이어간 것을 보지 못했다. 나라 안에서 재물을 다루는 이들이 우리집에서 빌려준 돈의 이자가 높으니 낮으니 하는데, 이 역시 일반의 여론이다. 재물을 널리 나누지 않는다면 앞으로 화가 되어 그 자손들이 번성해도 모두 가난하게 되는 법이니라."

그리고 재물을 여러 사람들에게 많이 나누어 주었다고 한다.

나도 일찍이 윤영(尹映)이란 사람에게서 들은 변승업의 부(富)에 관한 이야기를 하였다. 변승업은 조상 대대로 재산이 많아 나라 안에서 손꼽는 갑부였는데, 변승업의 대에 와서 처음에는 재산이 약간 줄었었다고 한다. 어떤 사람이고 재산이 크게 불어나는 시초는 천명(天命)에 따라 일어나는 것이 분명하다. 그와 허생의 일만 보더라도 기이하다고 아니할 수가 없다. 허생은 끝내 자기의 이름을 말하지 않았으므로, 세상에는 그에 대해 아는 사람이 없다고 한다.

윤영의 이야기는 다음과 같다.

허생(許生)은 서울 남산 아래 묵적동(墨積洞)*7에서 살았다. 우물가에는

---

*6 삼공(三公): 영의정·좌의정·우의정)과 구경(九卿: 六曹의 판서와 의정부의 좌참찬·우참찬, 한성판윤).

*7 지금 서울 중구 충무로 4가·5가 필동 2가·3가에 걸쳐 있던 마을. 먹적골·묵사동(墨寺洞)·묵동(墨洞)이라고 했음.

오래된 살구나무가 서 있다. 허생의 집 사립문은 살구나무를 향해 열려 있었고, 두어 칸밖에 안 되는 초가는 낡아빠져서 비바람도 제대로 가리지 못할 형편이었다. 그러나 허생은 글읽기만 좋아하여, 아내가 남의 삯바느질을 하여 얻는 몇 푼으로 겨우 입에 풀칠이나 했다.

하루는 아내가 굶주림을 견디다 못해 눈물을 흘리면서 말했다.

"여보, 당신은 평생에 과거 한번 보지도 않으면서 글을 읽어 무엇하시려는 겁니까?"

그러자 허생이 웃으면서 말했다.

"내 공부는 아직 모자라오."

"그럼 장인(匠人)바치 노릇이라도 해 보세요."

"본디 배우지도 못한 일인데 어떻게 그 노릇을 한단 말이오."

"그럼 장사라도 해 보세요."

"밑천 없이 어떻게 장사를 한단 말이오."

아내는 성을 버럭 내며 나무랐다.

"아니, 밤낮으로 글을 읽으면서 고작 어떻게 하느냐는 말밖에 못 배우셨소? 장인바치질도 못하고 장사도 못한다면 그럼 도둑질도 못 하세요?"

허생은 책을 덮고 일어서면서 말했다.

"애석하구나. 내 본디 10년 동안 글 읽기로 작정했는데, 이제 7년 만에 그만두다니!"

그러고는 밖으로 나갔다.

그러나 허생에게는 찾아갈 만한 사람이 아무도 없었다. 그는 바로 운종가(雲從街)*8로 가서 가게 사람들에게 물었다.

"한양(漢陽)*9에서 누가 제일 큰 부자입니까?"

그러자 어떤 사람이, 변씨(卞氏)가 제일 큰 부자라고 일러 주었다. 허생은 곧 그 집을 찾아가서 주인을 만나 길게 읍(揖)*10하고 말했다.

---

*8 지금의 서울 종로구 세종로 네거리에서부터 종로 6가까지의 거리. 종로 네거리에 누각을 짓고 종을 달아놓아 사람과 마소는 누각 아래로 지나다니게 하였으므로, 운종가(雲從街) 또는 종루가(鍾樓街)라 하였고 줄여서 종가(鍾街)라 하였음.

*9 서울. 신라 때부터 생긴 이름이니 한산(漢山) 곧 북한산(北漢山)의 남쪽이란 뜻임.

*10 두 손을 마주잡아 얼굴 앞으로 들고 허리를 굽혀 하는 인사.

여관 옥갑에서 묵으며 이야기를 나누다

"내 집이 가난해서 그럽니다. 무슨 조그만 일을 시험해 보려고 하니, 돈 1만 냥만 빌려 주시오."

"그러시오."

이에 변씨는 조금도 주저하지 않고, 그 자리에서 1만 냥을 내주었다. 허생은 끝내 고맙다는 말 한 마디 없이 가 버렸다.

변씨의 자제들과 손님들이 허생의 행색을 보니 영락없는 거렁뱅이였다. 허리띠는 술이 다 빠졌고, 가죽신은 뒤축이 다 찌그러졌다. 갓은 우그러질 대로 우그러졌고, 도포는 찌들 대로 찌들었다. 코에서는 말간 콧물이 뚝뚝 떨어졌다.

허생이 가고 난 뒤 모두 크게 놀라 물었다.

"대인께서는 손님을 잘 아십니까?"

"아니, 모르는 사람이네."

"생판 모르는 사람에게 갑자기 1만 냥이나 되는 거금을 선뜻 내던지시고 이름도 묻지 않으시는 것은 무슨 까닭입니까?"

변씨는 이렇게 대답했다.

"그건 자네들이 모르는 말일세. 대개 남에게 아쉬운 사정을 말하는 사람은, 반드시 하려는 일을 크게 과장해서 떠벌리고 먼저 자기의 신의(信義)를 자랑하지만, 그 얼굴은 비굴하고 말은 중언부언하기 일쑤라네. 그런데 아까 그 손님은 옷과 신발은 비록 남루하나, 말은 간략하고 눈빛이 의젓하여 조금도 부끄러워하는 기색이 없는 것으로 보아, 필시 물질에 굽히지 않고 스스로 족함을 아는 사람임이 분명하였네. 그가 시험하고자 하는 것이 작은 일은 아닐 것일세. 나 역시 그 손님을 시험해 보려는 것이지. 애초에 안 주면 몰라도, 1만 냥을 줄 바에야 성명은 물어서 뭘 하겠는가."

허생은 돈 1만 냥을 얻자, 집에 들르지도 않고 바로 경기와 호남의 교차점이요 삼남(三南)*11의 어귀가 되는 안성(安城)으로 내려가서 거처를 정했다. 그는 대추·밤·감·배·석류·귤·유자 등속을 모두 시세의 곱절로 모조리 사들여 창고에 쌓아 놓았다.

허생이 과일을 사재기하는 바람에 전국에서 과일이 동이 나 버려 잔치나

---

*11 충청·전라·경상의 3도를 통틀어 일컫는 말.

제사를 지낼 수가 없었다. 허생에게 곱절의 가격으로 과일을 판 장사치들이 얼마 안 가서 열 배의 값을 내고 과일을 되사게 되었다.

허생은 한숨을 쉬며 크게 탄식했다.

"겨우 1만 냥으로 나라의 힘이 깊고 옅음을 알 수 있다니……."

허생은 과일을 모두 판 돈으로 이번에는 칼·호미·베·명주·무명 따위를 사 가지고 제주도로 들어갔다. 그러고는 이 물건들을 팔아 그 돈으로 말총을 모조리 사들였다.

"몇 해 안 가서 온 나라 사람들이 망건을 쓰지 못하게 되겠지."

과연 얼마 안 가서 망건 값이 열 배로 치솟았다.

허생이 나이 많은 뱃사공에게 물었다.

"바다 밖에 사람이 살 만한 무인도(無人島)가 없던가?"

"예, 있습니다. 전에 풍랑 때문에 서쪽으로 사흘을 표류해서 밤중에 어떤 무인도에서 묵은 일이 있었습니다. 그 섬은 사문도(沙門島)*12와 장기도(長崎島)*13의 중간쯤 되겠는데, 꽃나무가 저절로 피고, 과일이 저절로 여물었으며, 사슴이 떼지어 몰려 다니고, 물고기는 사람이 가까이 가도 놀라지 않았습니다."

허생이 크게 기뻐하면서 말했다.

"영감이 나를 그 섬으로 데려다 주지 않겠소? 그러면 우리는 함께 부귀(富貴)를 누릴 수 있을 것이네."

뱃사공은 허생의 말을 따라 바람을 타고 동남쪽으로 배를 몰아 그 섬으로 들어갔다. 허생은 높은 곳으로 올라가 사방을 둘러보고 몹시 섭섭한 듯이 말했다.

"땅이 천 리도 채 안 되니 무슨 큰 일을 할 수 있겠는가? 그래도 땅이 기름지고 샘물이 좋으니, 그저 부잣집 늙은이 노릇이나 할 수 있겠군."

그러자 뱃사공이 물었다.

"섬이 텅 비어 사람도 없는데 누구와 농사를 짓고 살아갑니까?"

"덕이 있는 이에게는 사람들이 따르게 마련일세. 덕 없음을 두려워할 것이지 사람 없음을 근심할 것은 없네."

---

*12 중국 산동성(山東省)에 딸린 섬. 송나라 때 죄인을 귀양보냈던 곳임. 마카오.
*13 일본 구주(九州)에 있는 지명. 나가사키〔長崎〕.

이때는 변산(邊山)*14에 수천 명의 도둑 떼가 들끓어, 인근 여러 고을에서 군사를 풀어 잡으려 했으나 잡을 수가 없었다. 그러자 도둑들도 감히 나와서 함부로 노략질을 하지 못하여 몹시 굶주림에 시달렸다.

허생은 도둑의 소굴로 들어가 그 우두머리를 타일렀다.

"천 명이 천 냥을 노략질하여 나누면 한 사람에게 얼마나 돌아가겠나?"

"그야 한 사람에게 한 냥이지요."

"그대들에게는 아내가 있는가?"

"없습니다."

"그렇다면 그대들에게 논밭은 있는가?"

그러자 도둑들이 비웃었다.

"논밭이 있고 아내가 있다면 뭣 때문에 도둑질을 합니까?"

"그런 줄 안다면 어찌하여 아내를 얻어 집 짓고 소를 사서 농사를 짓지 않는가? 그러면 살면서 도둑이란 더러운 이름도 듣지 않을 것이고, 아내와의 즐거움도 있을 것이며, 나다니는 데 쫓기고 잡힐 근심도 없을 것이니, 오래오래 옷밥이 넉넉할 것이 아닌가?"

"어찌 그렇게 되는 것을 원하지 않겠습니까만, 어디 돈이 있어야지요."

허생이 껄껄 웃으며 말했다.

"그대들은 지금까지 도둑질을 해 왔는데 돈이 없다니 무슨 소리인가? 어쨌거나 그렇다면 내가 그대들을 위해 돈을 마련해 줄 터이니. 내일 아침 바닷가에 나가 보면 붉은 깃발이 나부끼는 배가 있을 것이고 그 배에는 돈이 가득 실려 있을 것일세. 어디 그 돈을 자네들 마음대로 가져가 보게."

허생은 이렇게 말하고는 사라져 버렸다. 도둑들은 모두 미친 사람이라고 비웃었다.

그래도 도둑들은 혹시나 하고 이튿날 바닷가로 나가 보았다.

이윽고 허생이 배에 돈을 30만 냥이나 싣고 나타났다. 도둑들은 크게 놀라 한 줄로 늘어서서 엎드려 절을 하였다.

"그저 장군께서 명령하시는 대로 하겠습니다."

"그대들 힘 닿는 데까지 지고 가게나."

---

*14 전라북도 부안군(扶安郡)에 있는 변산반도.

도둑들은 서로 다투어 가면서 욕심껏 돈을 짊어졌다. 그러나 한 사람이 백 냥을 넘기지 못했다.

"돈 1백 냥도 채 지지 못하는 힘으로 어떻게 도둑질을 했는가? 지금 그대들은 양민(良民)이 되고자 해도 이름이 도둑 명부에 실려 있으니 오갈 데가 없을 것일세. 내가 여기서 기다리고 있을 터이니, 그대들은 각기 돈 백 냥을 가지고 가서 아내를 얻고, 소 한 마리씩을 장만해 가지고 다시 이곳으로 오게."

그러자 도둑들은 좋아라 춤을 추며 모두 뿔뿔이 흩어졌다.

허생은 2천 명이 1년 먹을 양식을 마련해 놓고 그들을 기다렸다.

드디어 도둑들이 모두 모였다. 한 사람도 이탈한 자가 없었다. 허생은 그들을 배에 태워 무인도로 들어갔다. 허생이 도둑들을 모두 휘몰아 가자, 나라 안에서는 도둑을 경계할 일이 없어졌다.

허생과 도둑들은 나무를 베어 집을 짓고 대나무를 엮어 울타리를 세웠다. 땅이 기름져서 온갖 곡식이 잘 자라고, 갈거나 김을 매지 않아도 한 줄기에 이삭이 아홉 개씩이나 달렸다.

3년 먹을 양식을 비축해 두고, 그 나머지는 모조리 배에 싣고 장기도로 가서 팔았다. 장기도는 일본에 딸린 한 고을로 호구(戶口)가 31만인데, 때마침 크게 기근이 들어 사람들이 모두 굶주려 있었으므로, 비싸게 팔아 은 1백만 냥을 얻게 되었다.

허생은 탄식했다.

"이제야 겨우 내가 조그만 시험을 해 보았구나!"

허생은 섬으로 돌아와 남녀 2천 명을 모아놓고 말했다.

"여러분, 내가 처음 그대들과 함께 이 섬에 들어올 때 생각으로는 먼저 그대들을 부자로 만든 다음, 따로이 글자를 만들고 옷과 갓도 마련하려 했었다네. 그런데 땅이 좁고 나의 덕도 부족하여 이제 나는 그만 떠나려 하네! 부디 아이를 낳거든 숟가락을 오른손으로 잡게 하고, 하루라도 먼저 태어난 자가 음식을 먼저 먹도록 양보심을 가르치게."

그러고는 허생은 다른 배는 모조리 불태워 버렸다.

"가는 사람이 없으면 올 사람도 없을 것이다."

그는 은 50만 냥을 바다에 던져 버렸다.

"바닷물이 마르면 이 은을 얻는 사람이 있겠지, 돈 백만 냥이면 나라 안에서도 좀처럼 보관할 데가 없을 것이다. 하물며 이 조그만 섬에서 무엇에 쓰겠는가?"

허생은 글 아는 사람을 골라내어 함께 배를 타고 나오면서 말했다.

"이 섬에서 화근을 없애려는 것일세."

육지로 돌아온 허생은 온 나라 안을 두루 돌아다니면서 가난하고 호소할 곳 없는 사람들을 구제하였다. 그래도 돈이 10만 냥이 남았다.

"변씨에게 꾸었던 돈을 갚아야겠군!"

허생은 변씨를 찾아갔다.

"나를 기억하시겠습니까?"

변씨가 깜짝 놀라 말했다.

"예, 기억하고 말고요. 그런데 선생의 얼굴빛이 조금도 나아지지 않은 걸 보니 1만 냥을 그냥 없애 버리신 것 아닌가요?"

허생이 껄껄 웃으면서 말했다.

"재물로 해서 얼굴이 수척해지고 번들번들해지는 것은 당신네들에게나 있는 일이오. 만 냥 돈으로 어찌 사람의 도(道)를 윤택하게 할 수 있겠소?"

은 10만 냥을 변씨에게 돌려주면서 허생이 다시 말했다.

"내가 한때 굶주림을 견디지 못하여 글공부를 다 마치지 못하고 당신에게 1만 냥을 빌렸던 것은 참으로 부끄러운 일이오."

변씨가 크게 놀라 일어나 절을 하고 사양하며, 10분의 1 이자만 받겠다고 하자 허생이 버럭 성을 냈다.

"당신은 어째서 나를 한낱 장사치로 여긴단 말이오!"

그러고는 옷깃을 휘날리며 나가 버렸다.

변씨가 몰래 뒤따라가 보았다. 허생은 남산 아래의 한 초라한 오막살이로 들어가는 것이었다. 마침 우물가에서 한 노파가 빨래를 하고 있어 변씨가 물었다.

"저 오막살이는 누구네 집이오?"

"허 생원 댁이랍니다. 가난하면서도 글 읽기를 좋아하더니, 어느 날 집을 나가 5년 동안이나 돌아오지 않고 있지요. 그의 아내가 혼자 살면서 남편이 집 나간 날에 제사를 지낸답니다."

변씨는 그제야 그의 성이 허씨임을 알고 탄식하며 돌아왔다.

이튿날 변씨는 허생에게 받은 은을 모두 가지고 가서 그에게 돌려주려 했다. 그러나 허생은 굳이 사양하며 말했다.

"내가 부자가 되려고 하는 사람이라면 1백만 냥을 마다하고 10만 냥을 가지겠소? 정 그렇다면 내 이제부터 당신의 도움으로 살아가리다. 당신은 이따금 내 형편을 살펴서 양식과 옷감이나 떨어지지 않게 해 주시면 그것으로 족하게 여기겠소. 나는 재물 때문에 마음을 수고롭게 하기는 싫소이다."

변씨는 백방으로 허생을 설득해 보았지만 끝내 어찌할 수가 없었다. 변씨는 이때부터 허생의 형편을 헤아려 양식과 옷이 떨어질 만하면 자신이 직접 가져다주었고, 허생은 그것을 기쁘게 받다가도 어쩌다 지나치게 많이 가져오면 언짢아했다.

"당신은 어째서 내게 재앙을 가져다주는 거요?"

그런데 술을 가지고 가면 허생은 매우 기뻐하여 서로 권커니 잣거니 취하도록 마셨다. 이렇게 몇 해를 지내니 정분이 날로 두터워졌다. 어느 날 변씨가 조용히 물었다.

"5년 동안에 어떻게 1백만 냥이나 모으셨소?"

"그야 뻔한 일이지요. 우리나라는 배가 외국과 교통하지 않고, 수레가 나라 안 구석구석을 다니지 못하기 때문에 온갖 물건이 그 자리에서 생산되어 그 자리에서 사라져 버리게 마련이오. 1천 냥은 그리 많은 돈이 아니라 한 가지 물건을 모조리 다 살 수는 없지만, 이것을 열로 나누면 백 냥이 열이라 열 가지 물건을 충분히 살 수 있고, 물건의 양이 적으면 운반하기 쉬우므로 한 가지 물건에 손해를 보더라도 아홉 가지 물건에서 이익을 볼 수 있소. 이런 장사 방법은 떳떳하게 이익을 얻는 방법이긴 하지만 작은 장사치들이나 하는 일이오. 그러나 1만 냥을 가지면 한 가지 물건을 모조리 다 살 수 있지 않소? 한 수레에 실은 것 몽땅, 또는 한 배에 가득 실은 것 모두, 한 고을에서 나는 물건 전부를 마치 그물로 싹쓸이하듯 모조리 사들일 수 있지요. 물에서 나는 온갖 것, 뭍에서 나는 만 가지 중에서 한 가지를 모아 저장해 두거나 온갖 약재 중에서 한 가지를 몽땅 사서 저장해 두면 그 물건이 고갈되어 값이 터무니없이 오르게 되지요. 그런데 이것은 백성을 해치는 방법이니, 후세에 정치를 맡아하는 사람들이 내가 쓴 이 방법을 쓴다면 반드시 그 나라를 망치게 될 것이오."

"선생은 애초에 어떻게 내가 1만 냥이나 되는 돈을 빌려 줄 것을 아셨소?"

"당신뿐 아니라 만 냥을 가진 사람이면 누구라도 다 빌려 주었을 것이오. 내가 스스로 내 재주를 헤아려보아도 백만 냥은 거뜬히 벌 수 있겠소. 다만 그렇게 되는 것은 하늘에 달린 일이니 난들 어찌 알 수 있겠소. 그러므로 나를 잘 이용할 수 있는 사람은 복이 있는 사람이고, 반드시 더욱 크게 부유해질 것이오. 이것은 하늘이 명하는 일이니 어떻게 돈을 빌려 주지 않겠소? 나는 1만 냥 돈을 받아 가지고 하늘이 내리는 복에 의지하여 장사를 했으므로 성공한 것이오. 만약 하늘의 명이 아니고 내 사사로운 생각으로 하였다면 그 성패는 알 수 없는 노릇이오."

변씨가 다시 말했다.

"지금 사대부들이 모두 남한산성(南漢山城)의 치욕*15을 씻고자 합니다. 지금이야말로 지혜로운 선비들이 팔을 걷어붙이고 나설 때인데, 선생은 그런 훌륭한 재주를 지니고 있으면서도 어째서 스스로 괴로움을 당하며 세상 사람 모르게 파묻혀 지내시오?"

"예로부터 자취 없이 숨어 지낸 사람이 어찌 나뿐이겠소. 전에 조성기(趙聖期)*16는 충분히 적국에 사신으로 가서 일을 해결할 만했지만 평민으로 늙어 죽었고, 지금 유형원(柳馨遠)*17은 넉넉히 한 나라의 경제를 맡아볼 만하지만 바닷가*18에서 조용히 세월을 보내고 있소. 그러니 지금 국정을 책임지고 있는 사람들을 알 만하지 않소? 나는 장사를 하여 번 돈으로 구왕(九王)*19의 머리라도 살 만하였지만 그 돈을 모두 바다에 던져버리고 온 것은,

---

*15 청나라 태종이 병자호란(丙子胡亂)을 일으켰다. 이때 인조(仁祖)가 남한산성으로 피난해 있다가 마침내 굴복한 일.

*16 호는 졸수재(拙修齋). 조선 현종·숙종 때의 학자. 평생을 독서와 학문에 전심했고, 졸수재집·창선감의록(彰善感義錄)을 지었음.

*17 호는 반계거사(磻溪居士). 조선 효종·현종 때의 학자. 벼슬에 천거되었으나 사양하고 평생을 야인(野人)으로 지내면서 저술과 학문 연구에 몰두한 실학파(實學派) 학자임. 저서에 반계수록(磻溪隨錄) 등이 있으나 다른 것들은 전하지 않음.

*18 전라북도 부안(扶安).

*19 청나라 태종의 아홉째 아들 다이곤(多爾袞). 그는 병자호란 때 태종을 따라 우리나라에 왔었음.

그 돈을 쓸 데가 없었기 때문이오."

변씨는 한숨을 쉬며 크게 탄식하고 돌아갔다.

변씨는 본디 정승 이완(李浣)*20과 매우 각별한 사이였다. 이완 공은 그때 어영대장(御營大將)*21으로 있었는데, 어느 날 변씨에게 물었다.

"혹시 민간에 묻혀 있지만 기이한 재주가 있어 함께 큰 일을 도모할 만한 사람이 없던가?"

그때 변씨는 허생에 대한 이야기를 하였다. 이완은 크게 놀라 물었다.

"거, 참 기이하군. 그래, 이름이 뭐라던가?"

"그와 3년을 사귀어 왔습니다만 아직 이름도 모르고 있습니다."

"참으로 이인(異人)이로군. 함께 그를 찾아가 보세."

밤이 되자 이공은 하인들을 모두 물리치고 변씨와 함께 걸어서 허생의 집으로 갔다. 변씨는 이공을 문 밖에 세워 두고 혼자 먼저 들어가 허생에게 이공이 찾아온 까닭을 자세히 이야기했다. 허생은 그 말은 들은 척도 않고 말한다.

"옆구리에 차고 온 술병이나 어서 풀어 놓게."

그러고는 서로 술을 마시며 즐겼다.

변씨는 이공을 밖에 오래 서 있게 하는 것이 민망하여 몇 번이나 허생더러 만나보라 했지만, 허생은 대꾸도 않다가 밤이 깊어서야 말을 꺼냈다.

"손님을 들어오시게 하오."

이공이 방에 들어와도 허생은 그대로 앉아 일어나지 않았다. 이공은 어찌할 바를 모르다가, 나라에서 어진 인재를 구하고 있는 까닭을 장황하게 이야기하였다. 그러자 허생은 손을 내저으면서 물었다.

"밤은 짧은데 말씀이 길어 듣기에 지루하군요. 당신은 지금 무슨 벼슬에 있소?"

"대장으로 있습니다."

---

*20 조선 효종·현종 때의 무신(武臣). 병자호란 때 정방산성(正方山城) 싸움에서 공을 세우고 뒤에 삼도통어사(三道統禦使)가 되었다. 효종이 북벌(北伐)을 계획하자 어영대장이 되어 북벌계획에 참여하여 새 무기의 제조, 성곽의 수축 등을 서둘렀으나 효종이 별세하면서 북벌계획이 중지되었음. 벼슬은 영의정까지 이르렀음.

*21 삼군문(三軍門)의 하나인 어영청의 우두머리.

"그럼 당신은 임금의 신임을 받는 신하로구려. 그렇다면 내가 와룡선생(臥龍先生)*22을 천거하려고 하니, 당신은 상감께 아뢰어 삼고초려(三顧草廬)*23하시게 할 수 있겠소?"

이공이 고개를 떨어뜨리고 한참 생각하다가 대답했다.

"그건 좀 어렵겠습니다. 그 다음 방책을 말씀해 주십시오."

"나는 그 다음이란 것을 배우지 못했소."

그래도 이공이 굳이 물으니 허생은 말했다.

"명나라 장사(將士)들이 조선에 대하여는 오랜 은혜가 있다 하여, 그 자손들이 우리나라에 많이 망명해 와서는 홀아비 몸으로 떠돌아다니고 있소. 당신은 조정에 청하여 종실(宗室)의 딸들을 그들에게 시집보내고, 권세 있는 이들의 집을 빼앗아 그들이 살게 할 수 있겠소?"

이공이 역시 고개를 떨어뜨리고 한참을 생각하다가 대답했다.

"그것도 어렵겠습니다."

"이것도 안 되겠다, 저것도 안 되겠다, 그러면 도대체 무엇을 할 수 있단 말인가? 그러면 아주 쉬운 일이 있는데 그것은 할 수 있을지 모르겠소."

"말씀해 주십시오."

"천하에 대의(大義)를 세우려는 사람으로서 먼저 천하의 호걸들과 사귀지 않은 이가 없고, 남의 나라를 치고자 하는 사람으로서 먼저 첩자를 쓰지 않고 성공한 사람도 없을 것이오. 지금 만주인(滿洲人)이 갑자기 천하의 주인이 되었으나, 중국과 아직 친해지지 않은 터에 조선이 다른 나라보다 먼저 복종을 한다면 저들로부터 우리가 신뢰를 받을 것이오. 그러니 당나라와 원나라 때처럼 자제들을 보내 유학시켜서 벼슬을 살게 하고, 상인들의 출입을 금하지 말아 달라고 요청하면, 저들도 반드시 친근하게 지내려는 것을 기쁘게 여겨 이를 허락할 것이오. 그렇게 되면 국내에서 나라의 자제들을 엄선하여 머리를 깎고 오랑캐 옷〔胡服〕을 입혀, 학식 있는 사람은 빈공과(賓貢科)*24에 응시하게 하고, 그렇지 못한 사람은 멀리 강남(江南)*25 지방으로

---

*22 중국 삼국 시대에 목우유마(木牛流馬)·팔진도(八陣圖) 등 뛰어난 꾀로 촉한(蜀漢)의 유비(劉備)를 도와 삼국(三國)이 정립(鼎立)케 한 제갈량(諸葛亮). 승상이 되었음.

*23 유비가 제갈량이 뛰어난 인재라는 말을 듣고 세 번이나 그의 집을 친히 찾아가, 마침내 제갈량이 이에 감격하여 유비를 돕게 된 일.

보내어 장사를 시킴으로써 그 나라의 허실(虛實)을 탐지케 하고 호걸들과 사귀게 하면, 천하를 도모할 수 있고 따라서 나라의 치욕도 씻을 수 있을 것이오. 만약 주씨(朱氏)*26를 찾다가 끝내 주씨를 찾을 수 없다면, 천하의 제후(諸侯)들을 거느리고 훌륭한 사람 하나를 찾아서 천자로 추대할 것이오. 그러면 우리나라는 크게는 그의 국사(國師)가 될 것이고 적어도 백구(伯舅)*27는 될 것이오."

그러자 이공이 실망하여 기운 없이 말했다.

"사대부들은 한결같이 예법만 지키고 있는 터에 누가 선뜻 머리를 깎고 오랑캐 옷을 걸치려 하겠습니까?"

허생이 크게 노하여 호통을 쳤다.

"사대부라는 것이 도대체 무엇하는 것들이냐? 이맥(夷貊)*28의 땅에 태어나서 스스로 사대부라 일컬으니 이토록 어리석을 수가 있는가! 모두 하얀 옷을 걸치고 있으니 이것이 어찌 상복(喪服)이 아니며, 송곳처럼 뾰족한 상투를 올렸으니 이것이 어찌 남만(南蠻)*29의 상투가 아니겠느냐? 번오기(樊於期)*30는 사사로운 원한을 갚는 일에 그의 머리를 아끼지 않았고, 무령왕(武靈王)*31은 나라를 강하게 만들기 위해 오랑캐 옷 입기를 부끄러워하지 않았다! 이제 명나라의 원수를 갚으려 하면서도 오히려 머리털 하나를 아까워한단 말이냐! 장차 말을 달려 칼을 내두르고 창으로 찌르며 전쟁을 하려는 판에 그 거추장스러운 넓은 소매를 알맞게 고치려고도 하지 않고 스스로 예법을 지킨다고 하느냐? 내가 네게 세 가지 계책을 일러 주었건만, 너는 한 가지도 할 수 없다고 하니, 고작 할 수 있는 것은 스스로 신하라고 일컫

---

*24 과거 시험의 한 가지.
*25 중국 양자강(揚子江) 남쪽 지방.
*26 명나라 황제의 후손.
*27 제후(諸侯)의 나라 중에서 가장 강한 패자(霸者).
*28 오랑캐.
*29 남쪽 오랑캐. 남이(南夷), 중국 남쪽의 이민족(異民族)을 일컫는 말임.
*30 전국시대(戰國時代) 진(秦)나라의 장수. 죄를 짓고 연나라로 달아났는데, 이때 연나라 태자 단(丹)이 형가(荊軻)를 보내 진나라 왕을 암살하려고 하자, 형가가 번오기의 머리를 주면 진나라 왕에게 바치면서 왕을 죽이겠다고 하니 번오기는 자기의 원한을 갚고자 스스로 목매어 죽었음.
*31 전국시대 조(趙)나라의 왕. 자주 진(秦)나라와 전쟁을 했음.

는 것뿐이로구나. 임금의 신임받는 신하란 본래 그런 것이냐? 이런 놈은 목을 베어야 한다!"

허생이 좌우를 돌아보면서 칼을 찾아 가지고 이공을 찌르려고 하였다. 이공은 깜짝 놀라 벌떡 일어나서 뒤쪽 창문으로 뛰쳐나가 재빨리 달아났다.

이튿날 다시 허생을 찾아가 보니 집은 이미 텅 비어 있고 허생은 자취를 감춘 후였다.

어떤 사람은 말하기를, 허생은 명나라 유민(遺民)이라고 한다. 숭정(崇禎)*32 갑신년(甲申年) 이후에 우리나라로 망명한 명나라 사람들이 많았다. 허생도 그 중의 한 사람이라고 하는데, 그렇다면 그의 성이 꼭 허씨라고 할 수는 없겠다.

또 세상에는 이런 이야기가 전한다.

판서(判書) 조계원(趙啓遠)*33이 경상감사(慶尙監司)가 되어 관내를 순시하는데, 청송(靑松) 지방에 이르렀을 때, 길가에 웬 중 두 명이 서로 몸을 베고 누워 있었다. 길잡이 군졸들이 외쳤다.

"길을 비켜라!"

그러나 그들은 꿈쩍도 하지 않았다. 채찍으로 때려도 일어나지 않자 여럿이서 끌어내리고 했다. 여전히 요지부동이었다. 조 감사가 다가가서 가마를 멈추게 하고 물었다.

"어디 사는 중인고?"

그러자 두 중은 천천히 일어나 앉는데 더욱 뻣뻣한 태도로 감사를 한참 흘겨보더니 꾸짖는 게 아닌가.

"너는 헛된 명성으로 권세에 아부하여 감사 자리를 하나 얻더니 또다시 이토록 거만하게 구는가?"

감사가 두 중을 살펴보니 한 사람은 얼굴이 붉으면서 둥글고 또 한 사람은 얼굴이 검고 길쭉한데, 말하는 품이 자못 범상치 않았다. 감사가 가마에서 내려 그들과 이야기를 하려고 하자 중이 말했다.

---

*32 명나라 의종(毅宗)의 연호. 갑신년은 의종 17년. 1644년. 조선 인조 22년임.

*33 조선 효종·현종 때의 문신. 호는 약천(藥泉). 병자호란 때 군량 조달을 담당했고, 청나라에 볼모로 간 소현세자(昭顯世子)를 시종했음.

"수행하는 자들을 떼어버리고 우리를 따라 오너라."

감사는 그들의 뒤를 따르기 시작했다. 그런데 몇 리를 못 가서 숨이 차고 땀이 비 오듯 쏟아졌다. 잠시 쉬어 가자고 하였더니 중이 노하여 꾸짖는다.

"너는 평소에 여러 사람들 앞에서, '몸에 갑옷을 입고 손에 날카로운 칼을 잡고 선봉이 되어 명나라를 위해 복수를 하고 치욕을 씻겠다'고 큰소리를 쳤다. 이제 겨우 몇 리를 와서 한 발짝 걷고는 열 번 헐떡이고 다섯 걸음 걷고는 세 번 쉬니, 어찌 그러고도 요동(遼東)·계주(薊州)의 벌판을 달릴 수 있겠느냐?"

한 커다란 바위 아래 이르러 보니 나무를 의지하여 집을 짓고 섶을 쌓아 그 위에서 거처하게 되어 있었다. 조 감사가 목이 말라 물을 좀 달라고 청했다.

"귀한 몸이니 목이 마르고 배도 고프겠지."

중은 이렇게 말하더니 황정(黃精)*34으로 만든 떡을 주고, 솔잎가루를 시냇물에 타서 주었다. 감사가 재채기가 자꾸 나서 마시지 못하니까 중이 또 꾸짖었다.

"요동 벌판은 물이 귀한 곳이어서 목이 마르면 말 오줌이라도 마셔야 한다. 그걸 왜 못 마시느냐?"

그러더니 두 중은 서로 부둥켜 안고 '손노야(孫老爺)여, 손노야여!' 외치면서 통곡하다가 감사에게 물었다.

"오삼계(吳三桂)*35가 진중(滇中)*36에서 군사를 일으켜서 강절(江浙)*37 지방이 소란해졌는데, 너는 아느냐?"

"못 들었습니다."

감사가 대답하자 두 중은 탄식하였다.

"명색이 방백(方伯)*38이라면서 천하에 그런 큰일이 일어난 것을 듣지도

---

*34 죽대의 뿌리. 비위를 돕고 원기를 더하는 데 쓰는 한약재(漢藥材).
*35 청나라 장수. 산해관(山海關)을 지키다가 반적(叛賊) 이자성(李自成)이 연경을 함락시키자, 자성을 격파하고 평서왕(平西王)에 봉해졌으나, 뒤에 모반하여 중국 남부를 차지하고 스스로를 주제(周帝)라 일컬었음.
*36 중국 운남성(雲南省) 지방.
*37 중국 강소성(江蘇省)과 절강성(浙江省) 지방.
*38 한 지방의 장관.

못하고 알지도 못한다니, 한갓 헛되이 큰소리만 쳐서 벼슬자리를 얻어 하고 있단 말이냐?"

"스님들은 도대체 누구이십니까?"

"세상에는 우리를 아는 사람도 있을 것이지만 너는 알 것 없다. 너는 여기 앉아서 잠시 기다려라. 우리 스승을 모시고 오면, 네게 이르는 말씀이 있을 것이다."

두 중은 이렇게 말하고는 일어나 깊은 산중으로 들어갔다.

얼마 안 되어 해가 졌다. 아무리 기다려도 아무도 돌아오지 않았다. 감사는 밤이 깊도록 중들이 돌아오기만을 기다리고 있는데, 문득 풀이 버석버석 움직이고 바람이 우수수 일더니 호랑이 싸우는 소리가 들려 왔다.

그는 너무 두려워서 거의 숨이 끊어질 지경이었다. 그때 여러 사람들이 횃불을 들고 마침내 감사를 찾아왔다. 감사는 이렇게 하릴없이 낭패를 당하고 산골짜기에서 나왔지만 오래도록 항상 가슴속에서 울분이 사라지지 않았다.

그 뒤 조계원은 우암(尤庵) 송 선생*39께 그 일을 이야기하고 그들이 누구이겠느냐고 물으니 송 선생은 이렇게 말하였다.

"그는 아마도 명나라 말기의 총병관(總兵官)인 것 같소."

"그러면 그들이 저를 업신여겨 너라고 부른 것은 무슨 까닭일까요?"

"아마도 자기네가 우리나라 승려가 아닌 것을 밝히려 한 것이겠지요. 섶을 쌓아 바닥에 깐 것은 와신상담(臥薪嘗膽 : 섶에 누워 쓸개를 맛본다. 뜻을 이루려고 참고 견딤)하는 뜻일 겁니다."

"그들이 통곡하면서 '손노야'라 부른 이는 누구이겠습니까?"

"아마도 명나라 말기의 태학사(太學士) 손승종(孫承宗)을 말한 것 같군요. 손승종이 일찍이 군사를 거느리고 산해관(山海關)에 머물렀는데, 두 중은 그때 손승종 휘하(麾下)의 장수였던 것 같소."

허생전의 대략은 규염객전(虯髥客傳)에 화식열전(貨殖列傳)*40을 배합한 것 같은데, 그 중에는 조헌(趙憲)의 봉사(封事),*41 유형원(柳馨遠)의 반계

*39 조선 시대 효종·현종 때의 문신·학자 송시열(宋時烈). 우암은 그의 호임.
*40 사기(史記)·한서(漢書) 등에 실려 있는 이름난 부자들의 전기.
*41 조헌(1544~1592)은 조선 명종·선조 때의 문신. 호는 중봉(重峯). 동인(東人)이 이이

수록(磻溪隨錄),*42 이익(李瀷)의 성호사설(星湖僿說)*43에서도 말하지 못한
내용이 들어 있다. 문장이 호탕하고 비분강개하여 우리나라에서 손꼽히는
글이라 하겠다.

(李珥)·성혼(成渾) 등을 추죄(追罪)하려는 것을 반대했고, 일본에 대한 방비를 상소했다. 임진왜란이 일어나자 의병을 일으켜 여러 번 공을 세우고 금산(錦山)에서 7백 명의 의병을 지휘해 끝까지 싸우다가 전사했음. 영의정에 추증되었고 저서에 중봉집(重峯集)이 있음. 봉사(封事)는 기밀(機密)을 요하는 내용으로 임금이 직접 뜯어 보도록 밀봉한 상소.
*42 유형원(1622~1673)은 조선 중기의 실학자. 호는 반계(磻溪). 반계수록(磻溪隨錄)은 모든 제도에 대해 고증(考證)하고 그 개혁의 경위를 기록한 책. 26권.
*43 이익(1681~1763)은 조선 숙종·영조 때의 학자. 호는 성호(星湖). 양반도 생업에 종사해야 한다는 사농합일(士農合一)을 주장했고, 과거제도·토지제도의 개혁을 주장했음. 서학(西學)에도 큰 관심을 가졌고, 초서에 뛰어났음. 성호사설은 천지(天地)·만물(萬物)·인사(人事)·경사(經史)·시문(詩文)에 관하여 세밀히 고증한 책. 30권.

북경 관광
황도기략(黃圖紀略)

북경의 9개 성문 (황성구문(皇城九門))

북경 황성의 둘레는 40리로서, 마치 바둑판처럼 구획이 반듯반듯하다. 성문은 아홉이 있으니, 정남의 문을 정양문(正陽門), 동남의 문을 숭문문(崇文門), 서남의 문을 선무문(宣武門), 정동의 문을 조양문(朝陽門), 동북의 문을 동직문(東直門), 정서의 문을 부성문(阜成門), 서북의 문을 서직문(西直門), 북서의 문을 덕승문(德勝門), 북동의 문을 안정문(安定門)이라고 한다.

황성 안에는 자금성(紫禁城)이 자리잡고 있다. 둘레가 17리로 붉은 담장을 두르고 황금빛 유리 기와를 이었다. 자금성에는 네 개의 문이 있으니, 북쪽 문을 지안문(地安門), 남쪽 문을 천안문(天安門), 동쪽 문을 동안문(東安門), 서쪽 문을 서안문(西安門)이라 한다.

자금성 안에 다시 황제가 거처하는 궁성(宮城)이 있다. 정남쪽의 문은 태청문(太淸門)이라 하고, 제2문은 곧 자금성의 천안문이며, 제3문은 단문(端門), 제4문은 오문(午門), 제5문은 태화문(太和門)이라 한다. 후문을 건청문(乾淸門)이라 하고, 건청문의 북쪽에 있는 문을 신무문(神武門), 동쪽에 있는 문을 동화문(東華門), 서쪽에 있는 문을 서화문(西華門)이라 한다.

황성의 아홉 문루(門樓)는 모두 처마가 3층으로 되어 있다. 모든 문마다 옹성(甕城)*1이 있으며, 옹성에는 또 각각 2층의 적루(敵樓)*2가 있다. 쇠로 감싼 옹성의 문은 성문과 마주 보고 있으며, 좌우에는 모두 편문(便門)*3이 있다.

---

*1 성문 밖에 둥글게 또는 네모지게 따로 쌓은 작은 성. 방어를 견고하게 하기 위한 것임. 월성(月城).
*2 적의 동정을 경계하는 망루(望樓).
*3 문 옆에 따로 낸 작은 문. 통용문.

황성의 정남쪽 한 면은 외성(外城)으로 되어 있다. 여기에는 일곱 개의 문이 있는데, 그 제도는 황성의 아홉 문과 같다. 정남쪽의 문을 영정문(永定門)이라 하고, 남쪽 왼편의 문을 좌안문(左安門), 남쪽 오른편의 문을 우안문(右安門), 동쪽의 문을 광거문(廣渠門), 서쪽의 문을 광녕문(廣寧門)이라 한다. 광거문 동쪽 모퉁이의 문을 동편문(東便門), 광녕문 서쪽 모퉁이의 문을 서편문(西便門)이라 한다.
　지안문 밖에는 고루(鼓樓)*4가 있고, 그 북쪽에는 종루(鐘樓)*5가 있다. 각루(角樓)*6는 여섯이고, 수문(水門)은 셋이다.
　성을 둘러싼 해자〔城濠〕는 옥천산(玉泉山)에서 발원하여 고량교(高梁橋)를 거쳐 온 강물이 두 갈래로 나뉘어, 하나는 성의 북쪽을 싸고 돌아 동쪽으로 꺾여 남으로 흐르고, 하나는 성의 서쪽을 싸고 돌아 남쪽으로 꺾여 동으로 흘러 자금성으로 들어와서 태액지(太液池)를 이룬다. 아홉 문을 굽이굽이 돌아서 아홉 수문을 거쳐 대통교(大通橋)에 이르는데, 물이 흐르는 동·서 양쪽 언덕은 모두 벽돌로 쌓았고 층계는 돌로 만들었다.
　아홉 문의 해자에는 모두 큰 돌다리를 놓았다. 외성(外城) 해자의 물도 옥천산에서 발원한 물이 갈라져 흘러 서각루(西角樓)에 이르러 외성을 싸고 돌아 남으로 흐르다가 동으로 꺾여서 동각루(東角樓)에 이른다. 그 사이 일곱 문을 거쳐 동쪽 운하(運河)로 들어가는데, 문마다 다리 하나씩을 놓았다.
　내성(內城)에는 16개의 큰 거리와 24개의 방(坊)*7이 있다.
　태청문 동쪽을 부문방(敷文坊), 서쪽을 진무방(振武坊)이라 하고, 숭문문 안 양쪽으로 마주 보는 것을 취일방(就日坊), 선무문(宣武門) 안 양쪽으로 마주 보는 것을 첨운방(瞻雲坊)이라 한다. 동대가(東大街) 사패루(四牌樓) 있는 곳을 이인방(履仁坊)이라 하고, 서대가(西大街) 사패루 있는 곳을 행의방(行義坊)이라 한다. 태학(太學)*8의 동서로 마주 보고 있는 것이 성현방(成賢坊)이고, 부학(府學)*9의 동서로 마주 보고 있는 것이 육현방(育賢

---

*4 북을 걸어 놓은 누각.
*5 종을 걸어 놓은 누각.
*6 성벽의 모서리에 있는 누각.
*7 도시의 행정구획. 우리나라의 동(洞)과 같은 것임.
*8 나라에서 세운 최고 학부(學府). 수기(修己)·치인(治人)의 도리를 가르쳤음. 대학(大學).
*9 명나라·청나라 시대 부(府)의 치소(治所)에 설립한 관립(官立) 학교.

坊)이며, 제왕묘(帝王廟)*10의 동서로 마주한 것이 경덕방(景德坊)이다.

정양문에서 남쪽으로 똑바로 10리를 가면 남교(南郊)인데 이곳에 원구단(圓丘壇)*11이 있고, 안정문에서 북쪽으로 똑바로 10리를 가면 북교(北郊)로 여기에 방구단(方丘壇)*12이 있다. 조양문에서 동쪽으로 똑바로 10리를 가면 동교(東郊)인데 여기서 아침 해가 뜨고, 부성문에서 똑바로 서쪽으로 10리를 가면 서교(西郊)로서 이곳에서 저녁에 달이 뜬다.

태묘(太廟)*13는 대궐 왼쪽에 있고, 사직(社稷)*14은 대궐 오른쪽에 있다. 육과(六科)*15는 단문(端門)의 좌우에 있고, 육부(六部)*16와 백사(百司)*17는 태청문 밖의 좌우에 있다.

나는 중국에서 돌아와서도 늘 여행했던 곳을 생각한다. 그럴 때마다 아침 놀처럼 아른아른 눈을 가리는 듯하고, 새벽 꿈처럼 아물아물 넋을 잃게 하여, 남북의 방향이 뒤바뀌고 이름과 실물이 엇갈린다.

어느 날 정석치(鄭石痴)*18에게 팔기통지(八旗通志)*19를 참고하여 북경을 환히 볼 수 있도록 지도를 그리게 하였다. 지도를 펴니, 성지(城池)·대궐·거리·방(坊)·부서(府署)들이 마치 손금을 들여다보듯 또렷하고, 종이 위에서는 사람들이 오가며 신발 끄는 소리마저 들리는 듯했다. 그래서 중요한 대목을 추려 이 편의 첫머리에 붙이고, 이름을 황도기략(黃圖紀略)이라 하였다.

북경의 도시 계획은 앞에 조정을 두고 뒤에 시장이 있으며, 왼쪽에 태묘

---

*10 삼황(三皇)·오제(五帝)를 모신 사당인 듯.
*11 하늘에 제사지내는 단. 하늘은 둥글다 하여 단을 둥글게 만듦. 천단(天壇).
*12 땅을 제사지내는 단. 땅은 네모지다 하여 네모나게 만듦. 지단(地壇).
*13 천자의 조상들을 모신 사당. 종묘(宗廟).
*14 사(社)는 토지의 신, 직(稷)은 오곡의 신. 사는 구룡(句龍)을, 직은 후직(后稷)을 제사지냄.
*15 관리 등용시험의 6가지 과목 곧 수재(秀才)·명경(明經)·진사(進士)·명법(明法)·명서(明書)·명산(明算). 또 그 시험을 보는 곳.
*16 정부의 6부서(部署) 곧 이부(吏部)·호부(戶部)·예부(禮部)·병부(兵部)·형부(刑部)·공부(工部). 우리나라의 조(曹)와 같은 것이었음.
*17 각 부에 딸린 모든 관아(官衙).
*18 정철조(鄭喆祚). 자는 성백(城白). 석치는 그의 호임. 연암의 가까운 벗으로 조선 최고의 벼루 장인임.
*19 청나라 옹정제(雍正帝) 때 칙명으로 편찬한 책. 250권. 건륭제 때 342권으로 증보하였다. 전장(典章)·작질(爵秩)·인물(人物)·예문(藝文) 등을 수록했음.

(太廟)를 두고 오른쪽에 사직(社稷)이 있다. 황성의 아홉 개 문은 방향이 바르고 아홉 개 거리는 일직선으로 곧다. 도성을 네모반듯하게 만들었으니 천하가 바르게 된 것이리라.

사신의 숙소 서관(西館)

서관은 선무문 첨운패루(瞻雲牌樓)의 안쪽, 사패루 대가(大街)의 서쪽, 백묘(白廟) 왼쪽에 있다. 정양문 오른쪽에 있는 것은 남관(南館)이다. 모두 우리나라 사신이 머무르는 숙소이다. 동지사(冬至使)[20]가 먼저 와서 남관에 들었을 때 별사(別使)[21]가 뒤따라 도착하면 나뉘어 이 서관에 머물러 있게 된다. 어떤 사람은 서관을 가리켜 나라에서 몰수한 집이라고 하였다. 앞 담장은 10여 간(間)이나 되겠는데, 모란을 새긴 벽돌로 쌓아서 한없이 알록달록하다.
정사(正使)는 정당(正堂)에, 뜰 동쪽과 서쪽의 양당에는 부사(副使)와 서장관(書狀官)이 각기 나누어 들었다. 나는 앞채에 들었다.

금오교(金鰲橋)

태액지(太液池)에 걸쳐 놓은 금오교는 동서의 길이가 2백여 보쯤 된다. 다리의 양쪽 난간을 백옥(白玉)으로 만들었다. 길 가운데는 두 자를 더 높여 치도(馳道)[22]를 만들었고, 치도 양쪽 협도(夾道)[23]에는 겹으로 난간을 만들었다. 난간 머리에는 480여 개의 온갖 짐승을 새겨서 앉혀 놓았다. 저마다 특색이 있고 모양이 같은 것은 하나도 없었다.
다리 양쪽 끝에는 두 별전(別殿)이 마주 보고 서 있다. 서쪽을 금오(金鰲), 동쪽을 옥동(玉蝀)이라 한다. 말과 수레가 길을 가득 메우고, 여행객

---

[20] 해마다 동짓달에 중국에 보내는 사신.
[21] 정기적으로 보내는 사신 외에 임시로 보내는 사신.
[22] 큰길 한가운데 천자나 귀인이 다니는 길. 연도(輦道)라고도 함.
[23] 치도 양쪽으로 낸, 일반인이 다니는 길.

들이 엄청나게 복작거린다. 호수의 물결은 햇빛 아래 일렁이고 티끌 하나 없다. 멀리 북쪽으로 오룡정(五龍亭)이 보이고, 서쪽으로 자금성이 보인다. 수목이 울창하고, 층층 누각과 겹겹 궁전이 서로 가리고 서로 비춘다. 오색의 유리 기와 용마루가 햇빛에 따라 명암이 달라지면서 찬란하게 빛나고, 백탑사(白塔寺)의 부도와, 정자와 누각의 황금 상륜(相輪)*24이 때때로 나무숲 위로 높이 솟아 있다.

숲 너머로 보이는 하늘은 마냥 짙푸르기만 하다. 맑고 엷은 아지랑이는 보는 사람의 마음을 푸근하게 하여, 마치 늦은 봄 날씨 같은 느낌을 준다.

경화도(瓊華島)

태액지 안에 경화도라는 섬이 있다. 세상에 전해 오는 말로는 요나라 태후(太后)가 화장하고 머리를 빗던 대(臺)라고 하며, 원나라 순제(順帝)가 총애하던 영영(英英)을 위해 여기에 채방관(采芳館)을 지었다고 한다.

섬에 다리를 놓았다. 다리 모양은 금오교와 같고, 양쪽 끝에는 역시 두 별전을 마주 세웠다. 하나는 퇴운(堆雲), 또 하나는 적취(積翠)라고 한다. 어떤 이는 이 다리를 금해교(金海橋)라고 부른다. 호숫가에는 옹성(甕城)처럼 생긴 축대가 있고, 축대 위에는 전각(殿閣)이 있다. 전각은 마치 다리 위에 푸른 일산(日傘)을 세워 놓은 것 같다. 고개를 돌려 금오교를 바라보니, 오가는 사람들과 수레와 말들의 모습이 마치 속세를 떠난 듯하다.

축대 아래에는 금나라 때 심었다는 늙은 소나무 한 그루가 서 있다. 명나라 가정(嘉靖)*25 연간에 녹봉을 내리고 도독송(都督松)이라 불렀다고 한다. 어떤 사람은 잣나무라고도 하고 어떤 사람은 전나무라고도 한다. 명나라·청나라 시절에는 이 나무를 두고 많은 시를 지었다고 한다. 지금은 여지없이 상하고 꺾여서, 썩어 모지라진 두 등걸만 남아 있을 뿐이다. 마치 허연 뼈와 같아서 무슨 나무인지 분간할 수조차 없었다.

---

*24 불탑 꼭대기에 쇠붙이로 만들어 세운 부분.
*25 명나라 세종(世宗)의 연호. 1522~1566년. 우리 조선 중종(中宗)·명종(明宗) 때임.

토원산(兎園山)

　토원산은 일명 토아산(吐兒山)이라고도 한다. 높이가 겨우 대여섯 길에 불과하고, 둘레도 겨우 1백여 걸음밖에 안 된다. 섬돌과 주춧돌이 이리저리 흩어져 있어 지난날 전각이 있었던 자리처럼 보인다.

　안으로는 흙을 쌓아 산을 만들고, 밖으로는 죽 돌아가면서 태호석(太湖石)[26]을 세워 놓았다. 구멍이 숭숭 뚫린 돌의 빛깔이 영롱하고, 온통 푸른 빛에 다른 빛깔이라곤 조금도 섞이지 않았다. 돌의 높이는 모두 한 길 남짓하며 모양들이 아주 기기묘묘하다.

　돌을 포개어 조그만 동굴을 만들고 양쪽 머리에는 홍예(虹霓)[27]를 틀었다. 동굴을 빠져나오니 또 이상하게 생긴 돌로 나선형의 길을 만들어 놓았다. 이곳은 뱅뱅 돌아 산꼭대기에 올라가는 길처럼 되어 있었다. 위에는 두어 칸 정자를 지어 성과 대궐을 내려다볼 수 있게 하였다.

　다시 수십 걸음을 가자 돌로 만든 용이 머리를 쳐들고 있다. 그 아래로는 네모난 연못이다. 벽돌로 꼬불꼬불 만들어 놓은 수로는 마치 유상(流觴)[28]하는 곳처럼 보이지만 물을 끌어대던 기구들은 하나도 남아 있는 것이 없다. 산 앞에는 석상(石床)과 옥으로 만든 바둑판이 있다.

　다시 수십 걸음을 가자 3층으로 된 둥근 축대가 나온다. 축대 모양은 마치 맷돌처럼 생겼고, 그 아래에는 막 허물어진 전각이 있다. 산중에 있는 돌들은 모두 우뚝우뚝 똑바로 서 있고 하나도 기울어진 것이 없다. 허물어진 담장과 깨진 기왓장은 여기저기 스산하게 흩어져 있다.

　내 들으니, 황제가 서산(西山)에서는 토목공사를 크게 벌이면서도, 궁궐 지척에 자리잡고 있는 금원(禁苑)[29]은 기왓장 하나 수리하지 않아 폐허나 다름없이 퇴락했다니, 그것은 무슨 까닭일까?

---

*26 중국 태호(太湖)에서 나는 돌로, 산·시내·골짜기 등의 형상을 한 것. 수석(壽石)·정원석(庭園石)으로 쓰임.
*27 문틀 위쪽을 무지개처럼 만듦. 또 그렇게 만든 문.
*28 유상곡수(流觴曲水)의 준말. 꼬불꼬불 홈을 만들어 물이 흘러가게 하고 술잔을 띄워 보내 자기 앞에 이르면 술을 마시면서 시를 짓는 놀이.
*29 대궐 안에 있는 동산.

만수산(萬壽山)

태액지를 파낸 흙으로 산을 만들어서 만수산이라고 하였다. 매산(煤山)이라고도 한다. 산 위에는 처마가 3층으로 된 전각이 있고, 거기에 네 개의 법륜간(法輪竿)을 세워 놓았다. 명나라 의종(毅宗) 열황제(烈皇帝)가 순국한 곳이다.

나는 오룡정(五龍亭)에서 항주(杭州) 사람 육가초(陸可樵)와 이면상(李冕相)을 만났다. 두 사람 역시 북경이 초행이라 방향을 잘 모르기는 나와 다를 바 없었지만, 그들은 옛날 사람들의 기록에 의지하며, 때때로 품에서 꺼내 보고는 서로 바라보면서 웃기도 하고 깜짝 놀라기도 했다.

대개 옛 기록과 비교해 보니, 어떤 것은 맞고 어떤 것은 맞지 아니하여, 그들은 자기도 모르게 기뻐하거나 놀라는 것이었다. 그들은 중국 사람인데도 보고 들은 것이 서로 어긋나고 기록에도 이처럼 착오가 생기니, 하물며 외국인인 나야 말해 무엇하랴. 나는 이것을 보고 스스로 크게 반성하고 깨달았다.

나는 처음에 만세산(萬歲山)을 만수산으로 알고 있었다. 중국 음으로는 만(萬)이 완(宛)이고, 세(歲)는 수(秀)와 쇄(灑)의 합쳐진 음이니, 만수나 만세의 음과 뜻이 서로 비슷하기 때문에 산 하나를 두 가지로 부르는 줄 알았던 것이다. 그랬는데 이제 그들이 가지고 있는 옛 기록을 살펴보니 같은 산이 아니고, 앞서 구경한 토원산(兎園山)의 경도(瓊島)가 곧 만세산이었다. 비유하면, 사람들이 서로 마주 앉아서 서로의 이름을 물어보고 나서야 얼굴을 알게 되는 것과 같았다.

만세산은 금나라 사람이 송나라 간악(艮嶽)의 흙을 실어다 만들었다. 당시에는 이것을 양식을 바닥낸다는 뜻으로 절량석(折糧石)이라 불렀다고 한다. 원나라 세조(世祖)가 그 위에 광한전(廣寒殿)을 세웠으니, 명나라 선종(宣宗)의 광한전기(廣寒殿記)는 곧 이 광한전을 두고 지은 것이다.

고려 공민왕(恭愍王) 때 원나라 태자가 고려 찬성사(贊成事) 이공수(李公遂)[30]를 불러 만나본 곳이 바로 광한전 곧 만세산이었다. 또 고려 원종(元

---

*30 고려 공민왕(恭愍王) 때 충신. 1363년에 명나라에 사신으로 가서 폐위됨. 공민왕의 복위를 요청했으나 뜻을 이루지 못하고, 뒤에 공민왕이 복위되자 귀국했는데 문장이 아주 뛰어났음.

宗) 5년 9월에 왕이 북경에 왔다가 10월에 만수산 옥전(玉殿)에서 황제와 작별하였다. 또 신사전(申思佺: 고려 원종때의 인물)이라는 사람은 만수산의 옥전을 자세히 살펴보았으나, 다만 옥전이라고만 했지 전각의 이름은 말하지 않았다. 그러나 만수산이라 하였으니 소위 옥전이 광한전이 아닌 것은 분명하다.

수황정(壽皇亭)을 구경하려고 했지만, 지키는 자가 들어가지 못하게 했다. 정자가 지금도 그대로 남아 있는지 모르겠다. 몹시 서운했다.

태화전(太和殿)

태화전의 명나라 때 이름은 황극전(皇極殿)이다. 처마가 3층, 섬돌은 아홉 층계, 지붕은 누런 유리 기와로 이었다. 3층으로 되어 있는 월대(月臺)는 높이가 각각 한 길쯤 되고, 각 층마다 백옥석(白玉石)으로 난간을 둘렀다. 난간에는 모두 용과 봉황을 새겼고, 난간 머리에는 모두 이무기의 머리를 만들어 밖을 향하도록 했다.

축대 위에는 쇠로 만든 학이 금방이라도 훨훨 날아 춤 출 것만 같다. 첫째 층의 난간 안에는 여덟 개의 솥[鼎]*31을 늘어놓았고, 둘째 층의 난간 모서리에는 두 개의 솥을 대치시켰으며, 셋째 층의 난간 안에는 난간을 끼고 각각 솥 한 개씩을 세워 놓았다. 솥의 높이는 모두 한 길이 넘는다.

뜰 가운데에도 역시 30여 개의 솥을 늘어놓았는데, 그 모양이 신기하고 교묘하다. 옛날의 구정(九鼎)*32이 혹시 이 가운데 있을지도 모르겠다.

태청문으로부터 백옥석 난간을 만들어 이리 돌고 저리 꺾어 태화전에 이르고, 다시 태화전 둘레를 돌아 중화전(中和殿)에 이르며, 다시 보화전(保和殿)까지 닿아 그 모양이 아(亞)자처럼 생겼다. 보화전 앞에는 동쪽에 체인(體仁), 서쪽에 홍의(弘義) 두 전각이 있다. 축대의 높이는 거의 태화전과 같으나, 층계는 완만하고 단층에 난간도 하나로 되어 있다.

태화전은 천자가 나와 앉아서 국정을 다스리는 곳인데도 그다지 크지도

---
*31 발이 셋, 귀가 둘인 그릇. 종묘(宗廟)에 갖추어 놓았음. 또 왕위 계승의 보기(寶器)로 침.
*32 우(禹)임금 때 9주(州)의 금을 모아 만든 9개의 솥으로 역조(歷朝)가 전해 받아 제왕의 왕위 계승의 표적으로 삼았음. 송나라 휘종(徽宗)도 구정을 만들었음.

않고 높아 보이지도 않아, 여러 사람에게 어떤가 물어보았더니 그들도 역시 같은 생각이라는 대답이었다. 그래서 내가 몹시 의아해하니까 수역(首譯)*33이 웃으면서 말했다.

"지금까지 수천 리를 오는 동안에 성읍(城邑)이나 민가(民家)들이 장엄하고 화려했으며, 사찰(寺刹)과 도관(道觀)*34들이 웅장하고 호사스러워서, 안목(眼目)이 높아지고 마음이 점점 커졌기 때문입니다. 태화전을 보기도 전에 이미 머릿속으로는 청양궁(靑陽宮)이나 옥엽궁(玉葉宮)처럼 웅장하고 화려하리라 기대했다가, 이제 막상 천자가 국정을 보는 곳이라는 태화전을 양쪽 행랑채에서 갑자기 바라보니 별로 크게 달라 보이지 않기 때문에, 도리어 어리둥절 실망하게 된 것뿐입니다.

사람에 비유하면 요 임금이나 순 임금 같은 성군도 일반 사람과 마찬가지로, 만약 좌우에서 보좌하는 팔원팔개(八元八愷)*35와 같은 어질고 재주 있는 여러 신하들이 없고, 망나니 나무꾼 따위가 초라하게 자리만 차지하고 있었다면, 아무리 요 임금 순 임금이 일월성신 온갖 것을 수놓은 곤룡포를 입고 영롱한 광채를 휘날리며 두 눈동자를 끔벅거린다 하더라도, 어찌 혼자서 그런 위대한 정치와 교화를 이룰 수 있었겠습니까?

그러므로 사찰과 도관은 비유하자면 당우(唐虞)*36 때의 악목(岳牧)*37과 같아서 여기서 제후(諸侯)들의 조공을 받아 천하를 유지할 수 있고, 여염집과 저잣거리는 비유하자면 태평한 요순시대의 거리와 같아서, 모두 집들이 즐비하게 들어차도록 해야만 비로소 황제가 거처하는 궁궐이 웅장하게 보일 것입니다. 이제 3층 처마와 섬돌 아홉 층계, 누런 유리 기와를 이은 이 궁전은 일반 백성들이 감히 가질 수 있는 것이 아닙니다. 다른 궁전들은 태화전의 제도를 본뜨지 않은 것이 없는데, 이는 태화전을 돋보이게 하기 위함이지

---

*33 역관(譯官)의 우두머리.
*34 도교(道敎)의 절.
*35 고대 중국 전설에 나오는 8명의 선량한 인재와 8명의 온화한 인재.
*36 도당(陶唐)과 유우(有虞). 도당은 요(堯)임금의 호이고, 유우는 순(舜)임금의 호임.
*37 4악(岳)과 12목(牧). 4악은 요 임금 때 네 악(岳)을 나누어 관장한 희중(羲仲)·희숙(羲叔)·화중(和仲)·화숙(和叔)의 네 형제이고, 12목은 순 임금 때 12주(州)의 장관. 12주는 기(冀)·연(兗)·청(靑)·서(徐)·형(荊)·양(楊)·예(豫)·양(梁)·옹(雍)·유(幽)·병(幷)·영(營) 등임.

요. 그렇지 않으면 태화전 역시 오막살이 초가집과 무엇이 다르겠습니까?"

"자네 말이 옳다면 요 임금이나 순 임금도 걸왕(桀王)*38이나 주왕(紂王)*39과 같은 포악함을 갖추어야만 비로소 천자가 될 수 있겠군."

내 말에 옆에서 듣던 사람들이 모두 크게 웃었다.

체인각(體仁閣)

내무부(內務府 : 궁궐 안의 사무를 맡아보는 관청) 관원이 통관(通官)*40과 함께 우리 통역관이 입회한 가운데, 우리나라가 바친 자주(紫紬 : 자줏빛 나는 명주로 무늬 없이 짠 피륙)와 황저(黃紵 : 삼베 피륙)를 물목대장과 대조 확인하여 체인각에 들여놓았다. 이때 마침 각로(閣老)*41 이시요(李侍堯)의 가산을 몰수해서 들여오고 있었다. 이시요는 운남·귀주의 총독(總督)인 해명(海明)에게서 금 2백 냥을 뇌물로 받은 것이 발각되어 가산을 몰수당한 것이었다.

중국에서는 내직(內職)*42이나 외직(外職),*43 계급의 높고 낮음이나 귀천에 관계없이 모두 청렴한 생활을 할 수 있을 만큼의 일정한 봉급을 주지만, 그 중에서도 외직은 맡아보는 일이 번거롭고 민생이 피폐하여 제도로 정착되기가 어려웠다.

만약 정해진 녹봉 외에 세금을 사사로이 거두어들인다거나 뇌물을 주고받다가 탄로나면 장물을 몰수하고, 아주 터럭만 한 죄를 범했더라도 가산을 몰수하게 된다. 그러나 그래도 다만 삭탈관직은 하지 않기 때문에 자신은 빈털터리로 근무를 한다 해도, 처자는 정처 없이 떠돌아다니게 된다. 이 법은 명나라의 옛 법을 따른 것으로 청나라는 그보다 더욱 엄했다.

내무부 관원이 마주 앉아 몰수해 온 것들을 접수하는데, 다른 물건은 아무것도 없고, 모두 부인네들이 입는 초구(貂裘)*44 2백여 벌뿐이다. 그 중에서

---

*38 하(夏)나라 마지막 임금. 몹시 포악하여 탕왕(湯王)에게 멸망당했음.
*39 은(殷)나라 마지막 임금. 역시 몹시 포악하여 주(周)나라 무왕(武王)에게 토멸당했음.
*40 중국에서 통역관을 일컬은 말.
*41 내각(內閣)의 원로(元老).
*42 수도에 있는 각 관아에 딸린 벼슬.
*43 지방에 있는 각 관아에 딸린 벼슬.

한 벌은 매우 길었는데 가장자리에 금실로 용을 수놓았다.

문화전(文華殿)

옹화문(雍和門 : 협화문(協和門)의 잘못된 기록이다)을 나오면 문화전이 있는데, 누런 유리 기와를 이었다.

명나라 고사(故事)를 보면, 문화전 동쪽 방에 아홉 개의 감실(龕室)*45을 만들어 복희(伏羲)·신농(神農)·황제(黃帝)·요(堯)·순(舜)·우(禹)·탕(湯)·문왕(文王)·무왕(武王)의 위패를 모시고, 왼편 감실에는 주공(周公)을, 오른편 감실에는 공자(孔子)를 모셔 놓았다. 날마다 천자가 이 문화전에 나와 학문을 강론(講論)하는데, 이에 앞서 한 번 절하고 세 번 머리를 조아리는 예를 행하였다. 그동안 각로(閣老)와 강관(講官)들은 월대(月臺) 위 돌난간 왼쪽에 서 기다린다. 승지가,

"선생들은 들어오랍시오."

하고 외치면, 각로와 강관들은 물고기를 꿰듯 줄지어 들어가서 반열(班列)을 나누어 자리에 든다. 이때는 대궐 안의 엄격한 절차를 생략하고 천자에게 강설하는 신하가 안석에 기대 앉도록 편의를 봐주었다.

요즘에도 강론할 때 이런 예의를 시행하는지는 모르겠다.

문연각(文淵閣)

문화전 앞에 있는 문연각은 천자의 책을 간직해 두는 장서각이다.

명나라 정통(正統)*46 6년에 송(宋)나라·금(金)나라·원(元)나라 때부터의 책들을 모두 모아서 목록을 만들었는데 모두 4만 3,200여 권이었고, 뒤에 영

---

*44 담비의 털가죽으로 만든 웃옷.
*45 벽이나 바위를 파고 작은 방처럼 만들거나 작은 장롱처럼 만들어 그 안에 부처나 신주를 모셔 놓는 것.
*46 명나라 영종(英宗)의 연호. 1436~1449년. 조선 세종(世宗) 때임.

락대전(永樂大全)*⁴⁷까지 더하니 2만 3,937권이 더 많아졌다. 만약 여기에 근세에 간행된 도서집성(圖書集成)*⁴⁸과 지금 황제가 편찬한 사고전서(四庫全書)*⁴⁹를 합친다면, 아마도 전각 안에 가득 차고도 넘쳐서 밖에까지 쌓아 놓아야 할 것이다. 문이 잠겨 있어서 문에 드리운 발 틈으로 대강 들여다보았다. 전각이 웅장하고 깊숙하지만 천자의 장서가 얼마나 많은지 볼 수가 없어 몹시 유감스러웠다.

내 일찍이 듣자하니, 옛날에 우리 소현세자(昭顯世子)*⁵⁰가 구왕(九王)을 따라 이 전각에서 머물렀다고 하는데, 구왕은 청나라 초기에 예친왕(睿親王)에 봉해진 다이곤(多爾袞)이다.

무영전(武英殿)

협화문(協和門) 밖에 있는 무영전은 그 제도가 문화전과 같다.

옹화문과 서화문이 마주 섰고, 협화문과 동화문이 마주 섰는데 무영전 앞에는 무연각(武淵閣)이 있다. 전각의 문과 담장은 어디든 짝을 이루어 서로 마주 보고 있고, 그 사이 뜰의 크기도 반드시 같아서 조금도 차이가 없다.

강한(江漢) 황경원(黃景源)의 배신고(陪臣考)에, '숭정(崇禎)*⁵¹ 갑신년(甲申年)에 살합렴(薩哈廉)이 북경에 들어와 무영전에서 명나라 문무백관들의 조하(朝賀 : 신하들이 조정에 나가 임금에게 하례하는 일)를 받았다' 하였는데, 이것은 잘못 전해진 말이다.

---

*47 명나라 영락(永樂) 때 황제의 명으로 편찬한 책. 2만 2,877권. 모든 부문에 걸친 고사(故事)를 망라한 것임.

*48 고금도서집성(古今圖書集成). 청나라 때 관(官)에서 편찬한 책. 1만 권. 영락대전(永樂大典)을 바탕으로 하여 증보한 것임.

*49 청나라 고종(高宗) 때 칙명으로 널리 천하의 책을 모아 이것을 경(經)·사(史)·자(子)·집(集)의 네 부문으로 나누어 편찬한 총서로서, 10여 년이 걸려 완성하였으며, 모두 3,457부, 7만 9,070권임.

*50 조선 인조(仁祖)의 맏아들. 세자에 책봉되었으나, 병자호란(丙子胡亂) 때 아우 봉림대군(鳳林大君 : 뒤의 孝宗)과 함께 볼모로 심양(瀋陽)에 잡혀 갔다가 귀국했는데 갑자기 죽었음.

*51 명나라 마지막 황제 의종(毅宗)의 연호. 갑신년은 숭정 17년, 1644년. 조선 인조(仁祖) 22년임.

살합렴이란 패륵(貝勒), 곧 만주족의 황족이다. 내가 전에 시호록(諡號錄)을 보니 살합렴의 시호를 무의(武毅)라고 하였다. 이 무영전에서 조하를 받은 사람은 예친왕 다이곤이지 살합렴이 아니다. 갑신년 3월에 떠돌이 도둑〔流賊〕*52들이 황성을 격파하자 그해 5월에 다이곤(多爾袞)이 북경에 들어왔다. 이때는 명나라가 망한 지 겨우 한 달 남짓이 지났으므로, 우리나라 관원이 무영전 전각과 댓돌을 볼 때는 오직 박쥐 똥밖에 없어서, 서로 바라보며 눈물을 흘렸다고 한다.

그런데 이제 우리는 역졸과 마부들까지도 전각 뜰이 미어지게 들어와 마음대로 구경하고 있다. 비록 명나라가 망하던 당시의 광경은 잘 알 수 없지만, 그들은 역시 붉은 모자〔紅帽〕*53를 업신여기고 말발굽 옷소매〔蹄袖〕를 부끄럽게 여기지 않는 자가 없었을 것이다. 스스로 자기 옷이 남루한 것을 알면서도 비단옷 입은 자들과 맞서고 그들에게 대들면서도 조금도 부끄러워하지 않았을 터이니, 이 어찌 우리나라의 존양(尊攘)*54하는 대의(大義)가 아니겠는가? 미천한 하인배들까지도 떳떳한 도리를 지키는 정신이 뿌리박혀 있었던 것은 속일 수 없는 사실일 것이다.

하늘을 떠받치는 기둥 (경천주
擎天柱)

자금성의 오문(午門) 밖 좌우 양쪽에는 두어 길 되는 돌사자를 세워 놓았고, 단문(端門) 안 좌우 양쪽에는 돌거북을 앉혀 놓았고, 그 위에 여섯 모난 돌기둥을 세워 놓았다. 돌기둥의 높이는 예닐곱 길쯤 되겠다. 기둥 몸통에는 온통 용을 둘러 새겼고, 기둥 꼭대기에 앉힌 동물은 무슨 짐승인지 모르겠는데, 모두 무엇을 움켜잡는 모습이다. 천안문 밖에도 이와 같은 것이 한 쌍 있다. 이것은 석궐(石闕)*55이 아닌가 싶다.

---

*52 이자성(李自成). 장인인 마적 고영상(高迎祥)의 비장(裨將)으로 있었는데, 장인이 죽은 후 무리를 이끌고 여러 성을 함락, 서안(西安)에서 왕을 일컬었으나 오삼계(吳三桂)에게 쫓겨 자살했음.
*53 청인(淸人)의 옷차림.
*54 존왕양이(尊王攘夷)의 준말. 왕실을 존중하고 오랑캐를 물리침.
*55 돌로 만들어 대궐의 문에 세우는 장식물.

황제의 마구간 (어구
(御廐))

황실의 말을 관리하는 마방은 전성문(前星門) 밖에 있다. 동서로 목책을 세우고 문을 만들어 놓았다. 말은 모두 3백여 마리가 넘지 않는다. 모두 굴레를 벗겨 제멋대로 돌아다니게 한다.

정오가 되자 말먹이꾼이 목책의 문을 열고 들어가 채찍을 휘두르면서 뭐라 부르는 시늉을 하자, 동쪽과 서쪽 마굿간에서 말들이 일제히 나와 모두 머리를 가지런히 하고 좌우로 갈라선다. 북쪽 담장 아래 커다란 우물이 있고, 우물가에 돌로 만든 큰 구유가 있다. 두 사람이 도르래를 돌려 물을 퍼 올려서 연방 구유에 갖다 붓는다.

말먹이꾼이 채찍으로 말을 10마리씩 떼로 몰아 차례로 들어가 물을 마시게 한다. 앞의 떼가 물을 마시고 일제히 물러나면 뒤의 떼가 앞으로 나아가 마시는데, 감히 앞다투거나 차례를 어지럽히는 놈이 없다. 들어가는 놈은 오른쪽으로 들어가고, 나오는 놈은 왼쪽으로 나와서 제 발로 마굿간으로 들어간다.

내가 말먹이꾼에게 물었다.

"천자의 말이 고작 이것뿐인가?"

그러자 그는 웃으면서 말했다.

"수레 만 대를 갖고 있다 하여 천자를 일러 만승(萬乘)이라고 하지 않습니까? 지방의 웬만한 부자들도 이보다 많은데, 하물며 만승천자야 어떻겠습니까? 창춘원(暢春苑)·원명원(圓明園), 서산(西山)에 모두 1만여 마리가 있고, 황제의 전용 사냥터인 남해자(南海子)에도 천리마(千里馬)가 있답니다. 지금 가장 좋은 사마(駟馬)*56를 황제의 말을 키우는 준화주(遵化州)*57로 보냈고, 여기 있는 것은 모두 늙고 쇠약하여 탈 수 없는 것들이라, 그저 단문(端門) 앞에 모양으로 세워 놓는 것뿐이지요. 모두 나이가 60, 70살이나 되는 놈들이지요."

그 중에서 누런 말을 가키키며 또 말한다.

"이놈은 나이가 103살이나 되었답니다."

*56 한 수레에 네 마리를 메운 말. 썩 좋은 말.
*57 중국 청나라 때의 직례주(直隸州). 뒤에 현(縣)으로 고쳤음.

그러고는 말의 입술을 벌려 보이는데, 이가 두 개밖에 남지 않았다.

이 말은 여물을 먹지 못하게 된 지가 이미 30여 년이나 되었다고 한다. 낮에는 맛있는 술 두 동이를 먹이고, 아침과 저녁에는 엿밥과 보릿가루 두 되를 소주에 섞어 준다. 그러면 입을 구유에 대고 핥아먹는데, 그 한 달 비용이 3품 벼슬아치의 녹봉만큼이나 든다고 한다. 황제가 때때로 반찬을 내리면, 이 말은 반드시 두 무릎을 꿇고 머리를 조아린다. 옹정(雍正)*58 때만 해도 하루에 천 리를 달렸다고 한다.

이 말은 털빛이 산뜻하고 윤기가 돌아 아직 그다지 늙어 보이지 않는다. 다만 눈이 작고 눈곱이 끼었을 뿐이다. 두 눈동자는 말갈(靺鞨)*59 사람처럼 푸른 데다 광채가 있고, 대여섯 개밖에 안 남은 양쪽 눈썹은 풀기 없이 아래로 축 늘어졌다. 귓속의 흰 털은 밖으로 길게 삐져 나와 마치 말갈기 같다. 그런데 정강이는 다른 말보다 훨씬 커서 젊었을 때는 힘이 무척 세었을 것으로 짐작된다.

말먹이꾼이 턱없이 많은 행하(行下)*60를 요구하는데, 그 모습 또한 흉측스럽고 비루하여, 그의 말이 믿을 만한 것인지도 모르겠다. 해마다 삼복(三伏) 때면 귀인(貴人)*61들이 천자의 행렬처럼 풍악을 울리며 나와서 어마감(御馬監)*62이 거느리고 오는 말들을 맞이하여 덕승문(德勝門) 밖에 있는 적수담(積水潭)에서 목욕을 시킨다고 한다.

오문(午門)

오문은 세 개의 홍예문(紅霓門)으로 되어 있다. 매우 그윽하고 깊어서 마치 동굴 속을 걸어가는 것 같고, 사람들의 떠드는 소리가 악기 소리처럼 웅웅 울린다. 다섯 개의 다리는 모두 백옥석으로 난간을 하였다.

---

*58 청나라 세종(世宗)의 연호. 1723~1735년. 조선 영조(英祖) 때임.
*59 옛날 만주(滿洲) 동북부에 있던 퉁구스 계통의 한 종족.
*60 아랫사람에게 수고했다는 뜻으로, 또는 경사가 있을 때 자축하는 뜻으로 주는 돈이나 물건.
*61 궁중 여관(女官) 계급의 하나. 7계급의 다섯째임.
*62 임금이 타거나 쓰는 마구를 맡아 보는 관아. 환관으로만 임명함.

종묘와 사직 (묘사(廟社))

육과(六科)는 단문(端門) 안에 있고, 육부(六部)를 비롯한 여러 관아는 태청문 밖에 나뉘어 있다. 이곳을 전조(前朝)라 하고, 태액지 북쪽 신무문 안을 후시(後市)라고 한다. 종묘는 대궐 왼편에 있고, 사직은 대궐 오른편에 있다. 대궐을 중심으로 전후좌우에 늘어선 건물들이 모두 균형 있게 배치되어 있다. 천하를 다스리는 임금으로서의 제도가 완전히 갖추어졌다고 하겠다.

내가 일찍이 수구기략(綏寇紀略)*63을 읽어 보았는데 거기에 이렇게 쓰여 있다.

'숭정 16년 5월 북경에 핏물 비(血雨)가 내리고 밤새도록 천둥 번개가 끊이지 않아, 태실(太室)*64의 신주(神主)가 쓰러지고, 제기(祭器)들이 모두 녹아 내렸다. 또 6월 23일 밤에는 봉선전(奉先殿)에 벼락이 떨어져 사당문의 문고리가 모두 용이 할퀴어 놓은 듯 녹아 버리고, 종묘 앞 돌 위에는 용이 누웠던 흔적이 있었다.'

아, 갑신년(甲申年) 떠돌이 도둑 이자성의 난리는 천고에 없던 일이었으니, 마침내 천하가 무너지고 종묘가 뒤흔들리며 파괴되어 청나라 천하가 되고 말았다. 그러니 어찌 이런 변괴가 없겠는가.

전성문(前星門)

체인각에서 협화문으로 나오면 동화문 맞은편에 문화전이 있고, 동쪽에 전성문이 있다. 푸른 유리 기와를 이었고, 문 안에 또 중문(重門)*65이 있는데 모두 잠겨 있었다. 중문 안의 용마루에 푸른 유리 기와를 이은 궁전은 태자궁(太子宮)임을 알 수 있었다.

어떤 사람은 이렇게 말했다.

---

*63 청나라 오위업(吳偉業)이 지은 책. 명나라 말의 사적(史蹟)을 기록한 것임.
*64 황제 조상의 사당. 태묘(太廟).
*65 중문(中門). 대문 안에 또 만들어 놓은 대문.

"태자가 거처하는 곳을 전심전(傳心殿)이라 하고, 그 전각 뒤에 활 쏘는 정자가 있다. 그곳에는 쇠로 주조한 비석에 청나라 황실의 조훈(祖訓)*66을 새겨 묻어 놓았기 때문에, 아무도 감히 가까이 가지 못한다."

또 세상에 이런 말이 전해 오기도 했다.

"강희제(康熙帝)가 황제 자리에 하도 오래 있는지라, 태자가 태자궁의 벼슬아치에게 '세상에 머리가 허연 태자가 어디 있더란 말이냐?' 하였는데, 이 말이 누설되어 결국 태자는 폐위되었고, 그때부터 다시는 태자를 미리 세우지 않았다."

옹정(雍正) 원년 8월 17일에 황제가 조서를 내려 분부하였다.

"우리 성조 인황제(仁皇帝)께서 종묘와 사직을 위해 신중히 택하시어 짐에게 지난해 11월 13일에 황제의 대위를 이어받게 하였다. 이는 단 한 마디 말씀으로 천하의 대계(大計)를 결정한 것으로, 온 천하가 다 기뻐하였다. 그날 성조께서는 폐위된 두 분 형님 일로 인하여 몹시 근심하고 심신이 피곤하셨음을 천하가 다 들어서 아는 일이다. 이제 짐의 여러 아들이 아직 모두 어리니 반드시 삼가야 할 것이므로, 특별히 이 일을 친히 기록하여 밀봉해서 건청궁(乾淸宮) 안 한가운데 세조 장황제(章皇帝)께서 쓰신 '정대광명(正大光明)' 현판 뒤에 간직해 두었다. 여기는 궁중에서 가장 높은 곳이므로 불의의 변에 대비하기 위한 것이다. 그러므로 이에 여러 왕들과 모든 대신들에게 이르는 것이니 반드시 명심하도록 하라."

그런데 예부주사(禮部主事) 육생남(陸生楠)이 상소하여 태자를 미리 세우기를 청했으므로, 옹정제는 조서를 내려 단단히 나무랐다.

"태자를 미리 세우지 않는 것은 우리 황실의 법이다. 황자(皇子)들로 하여금 각기 효우(孝友)와 공검(恭儉)에 힘쓰고, 황제의 명에 순종하게 하여 형제간에 시기하고 해치는 마음을 끊어 버리는 것이니, 이는 만세에 전해져야 할 아름다운 법이다. 명나라 간신 왕석작(王錫爵)이 태자 세우기를 청했는데, 어진 왕자를 택해 세우지도 못하고 천계(天啓)*67 같은 못난이를 태자로 세웠으므로, 마침내 천하를 망쳤다. 지금 네가 왕석작을 본받으려 하는

---

*66 조상의 훈계.
*67 명나라 희종(熹宗). 천계는 그의 연호임. 1621~1627년. 조선 광해군(光海君)·인조(仁祖) 때임.

것이냐?"

이때부터 다시는 아무도 감히 태자를 미리 세우자고 말하는 이가 없었다. 그래서 전성문도 굳게 닫힌 지 백여 년이나 되었다.

오봉루(五鳳樓)

태화전 앞뜰은 넓이가 수백 보이고, 한 길이 넘는 축대 위에 백옥석으로 만든 난간을 둘렀다. 그 위에 태화문이 있는데, 문 위는 3층 처마에 누런 기와를 이었으니, 이것을 오봉루라 하는 것이다.

크게 조회를 열 때 황제가 태화전에 거둥하여 좌정하면, 흠천감(欽天監)*68이 오봉루 위에서 시각을 알리는 북을 울리고, 교방사(敎坊司)*69는 오봉루의 동쪽과 서쪽에서 중화소악(中和韶樂)을 연주한다.

통역관 서종현(徐宗顯)은 이렇게 말했다.

"조회 때면, 금의위(錦衣衛)*70는 노부(鹵簿)*71와 의장(儀仗)을 태화전 뜰 동서로 벌여 북향해서 세우고, 길들인 코끼리들은 오봉루 아래 동쪽과 서쪽에 서로 마주 보게 세우고, 황제가 타는 수레와 옥로(玉輅)*72를 태화문의 단지(丹墀)*73 한가운데 길에 북향해서 벌여 놓습니다. 어마감(御馬監)은 의장용 말을 벌여 세우고, 금오위(金吾衛)와 운휘사(雲麾使)*74는 태화문 밖과 오문 안의 뜨락에 무장한 군사와 의장과 금고(金鼓)*75를 북향해서 벌여 세웁니다. 북경을 수비하는 장교 7만 명이 길 양쪽에 깃대를 세우고 늘어서서 바둑판같이 반듯한 거리를 엄중히 경비한다. 백관들은 단문(端門) 안 경천

---

*68 중국의 국립 천문대.
*69 가무(歌舞)·음곡(音曲)을 맡아 보던 관아.
*70 명나라 때는 금위군(禁衛軍)의 하나. 뒤에는 황제의 호위뿐 아니라 정보 수집, 죄인 체포 및 신문 등 특무기관의 역할을 담당하였음.
*71 천자의 행렬.
*72 주옥(珠玉)으로 장식한 천자의 수레.
*73 붉은 칠을 한 뜰. 천자의 뜰은 궁궐로 오르는 섬돌 아래를 붉게 칠했음.
*74 청나라 남의위(鑾儀衛)에 딸린 속관(屬官).
*75 군중(軍中)에서 쓰는 종과 북. 진군할 때는 북을 치고, 머무를 때는 종을 쳤음.

주(擎天柱)*76 아래에서 시간이 되기를 기다리다가 오봉루에서 첫 번째 북소리가 울리면 반열을 짓고, 두 번째 북소리가 울리면 문무 반을 나누어 태화문의 양쪽 협문을 통하여 한 줄로 늘어서 들어갑니다. 황제가 탄 수레는 보화전에서부터 중화전을 거쳐 태화전으로 들어오는데, 길잡이 시위가 아홉 개의 옥새(玉璽)와 인부(印符)를 받들고 앞서서 수레를 인도합니다. 풍악은 '비룡인지곡(飛龍引之曲)'*77을 연주하고, 대악(大樂)*78은 '풍운회지곡(風雲會之曲)'*79을 연주합니다. 이때 여러 문을 활짝 열어 놓으면 정양문까지 똑바로 환히 내다보여, 조금도 막히거나 가려진 데가 없고, 오봉루에서 황도(皇都)를 경축하고 승평(昇平)을 즐기는 풍악이 마치 하늘에서 들려오는 것 같답니다."

또 전해 들은 이야기가 있다.

"숭정 초년에 오봉루 위에서 누런 보자기에 쓰인 천서(天書) 10벌을 얻었는데, 겉에 '천계(天啓) 7년, 숭정(崇禎) 17년, 복왕(福王) 1년'이라 쓰여 있었다."

이는 비록 요망한 말이지만, 이 같은 큰 나라 왕조의 성쇠에 어찌 하늘이 정한 운수가 없을 것인가.

천단(天壇)

천단은 외성(外城)의 영정문(永定門) 안에 있다. 담장의 둘레가 거의 10리쯤 되겠고 단의 기반은 세 층으로 되어 있는데, 그 위로 말을 타고 달릴 수도 있다. 담장 안에 원구(圓丘)가 있는데, 첫째 층의 제단은 바닥 넓이가 1백여 걸음은 되고 높이가 한 길이 넘는다. 제단의 바닥에 모두 푸른 유리 벽돌을 깔았고, 사방의 둘레는 모두 녹색 유리로 난간을 둘렀다. 사방으로

---

*76 하늘을 버티는 여덟 개의 기둥. 천하에 있는 여덟 산이 하늘을 떠받들고 있다고 하는데, 이것을 본떠서 세워 놓은 기둥.
*77 황제가 제위에 오름을 경축하는 음악.
*78 나라의 제사 때 주악(奏樂)을 맡아 보는 관아.
*79 어진 임금과 유능한 신하가 만났음을 경축하는 음악.

터진 층층대는 모두 아홉 계단으로 되어 있고, 층층대의 넓이는 거의 두 발은 되겠는데, 역시 푸른 유리 벽돌을 깔았고 또한 녹색 유리로 난간을 둘렀다. 둘째 층의 제단은 바닥이 두 발이 넘겠고, 사방으로 터진 층층대는 모두 아홉 계단으로 되어 있다. 제단의 바닥에는 푸른 유리 벽돌을 깔았고, 제단 아래쪽과 사방의 둘레는 역시 모두 녹색 유리로 난간을 둘렀다.

원구 밖으로 또 둥글게 누런 유리 기와를 이은 담장으로 둘렀고, 사면은 영성문(欞星門)[80]이 되어 원(元)·형(亨)·이(利)·정(貞)으로 나누어 동서남북에 배속시켜서 이름을 붙였다.

동쪽 제1단은 해, 서쪽 제1단은 달을 제사지내고, 동쪽 제2단은 이십팔수(二十八宿),[81] 서쪽 제2단은 바람·구름·우레·비를 제사지낸다.

황궁우(皇穹宇)[82]·신악관(神樂觀)[83]·태화전(太和殿)의 재궁(齋宮)[84]·천고(天庫)[85]·신주(神廚)[86] 등의 건물은 모두 누런 유리 기와를 이었다. 신악관은 평소에는 음악과 춤을 가르치는 곳인데, 큰 제사가 있을 때면 먼저 태화전에서 예행 연습을 한다.

제사에 쓸 양·돼지·사슴·토끼 등을 기르는 우리가 있다. 북쪽 담장 아래에는 네모난 연못 20여 개가 있는데, 겨울에 이곳의 얼음을 떠서 빙고(氷庫)에 저장해 둔다고 한다. 제사에 필요한 물건을 정결하게 갖추어 두어 무엇이나 이곳에서 가져다 쓰도록 되어 있음을 알 수 있다.

정양문의 적루(敵樓) 아래 정남향으로 나 있는 문은 언제나 닫혀 있어 괴이하게 여겼더니, 어떤 사람이 말해 준다.

"황제가 친히 천단에 제사지내러 거둥할 때라야 이 정남향의 옹성문을 여

---

[80] 공자묘(孔子廟) 앞에 세운 문. 영(欞)은 선비를 얻었다는 뜻.
[81] 황도(黃道)를 따라 천구(天球)를 28에 구분하여 그 각 구역에 있는 별. 곧 동은 각(角)·항(亢)·저(氐)·방(房)·심(心)·미(尾)·기(箕)의 7별, 서는 규(奎)·누(婁)·위(胃)·묘(昴)·필(畢)·자(觜)·삼(參)의 7별, 남은 정(井)·귀(鬼)·유(柳)·성(星)·장(張)·익(翼)·진(軫)의 7별, 북은 두(斗)·우(牛)·여(女)·허(虛)·위(危)·실(室)·벽(壁)의 7별임.
[82] 청나라 때 천단(天壇) 안의 신위(神位)를 모셔 놓는 곳.
[83] 신을 제사지낼 때 음악을 맡아보는 곳.
[84] 제사 음식 등을 마련하는 집. 재실(齋室).
[85] 천자의 창고.
[86] 신을 제사지낼 때 음식을 마련하는 주방.

는데 이때는 기름 1백 곡(斛)*87을 부어야만 문이 열린답니다."

호랑이 우리(호권
(虎圈))

황제의 마구간 뒤편에 호랑이 우리를 만들어 놓았다. 성처럼 쌓아 올려 마치 연대(煙臺)*88처럼 보인다. 그 위에 정(井)자 모양으로 들보를 건너지르고, 팔뚝만큼 굵은 철망을 덮었다. 담장 면에 작은 구멍을 뚫고 쇠를 박아 울타리를 둘러쳤다.

예전에는 호랑이 두 마리가 있었는데, 한 마리는 최근에 죽었고, 다른 한 마리는 원명원(圓明園)으로 옮겨가 지금은 우리가 비어 있다. 황제가 어디로 거둥할 때는 반드시 호랑이 우리를 앞세우는데, 황제의 마음이 뭔가 불쾌하면 호랑이 우리로 가서 친히 호랑이를 쏘아 죽인다고 한다.

풍금 소리를 듣고(풍금기
(風琴記))

내 친구 덕보(德保) 홍대용(洪大容)이 일찍이 서양 사람들의 재주에 대해 말한 적이 있다.

"우리나라의 선배 중에 가재(稼齋) 김창업(金昌業),*89 일암(一菴) 이기지(李器之)*90 같은 분들은 모두 식견이 탁월하여 후세 사람들이 미치지 못하는데, 더욱이 그분들은 중국을 잘 관찰하였다네. 그러나 그들의 천주당(天主堂)에 대한 기록은 오히려 유감스러운 점이 없지 않네. 그것은 다름 아니라, 천주당은 사람의 생각으로는 쉽게 미칠 수 있는 것이 아니고 또한 갑자기 보아서는 그 이치를 알 수 없기 때문일 것일세. 뿐만 아니라, 그 뒤로도

---

*87 5말 또는 10말.
*88 포대(砲臺).
*89 조선 현종(顯宗)·경종(景宗) 때의 문인. 형 창집(昌集)·창협(昌協)·창흡(昌翕)과 함께 학문과 문장이 뛰어났고, 그림도 잘 그렸음. 신임사화(辛壬士禍) 때 맏형 창집이 유배되자, 울분으로 병사했음. 저서에 노가재집(老稼齋集)·연행일기(燕行日記) 등이 있음.
*90 조선 후기 숙종 때의 학자. 자는 사안(士安). 저서로 문집 일암집이 있음.

북경에 간 사람들은 누구나 먼저 천주당을 보지만, 하도 황홀한 나머지 도리어 기괴망측한 것으로 알고 배척을 하였으니, 그들의 눈에는 도무지 그 이치가 보이지 않았던 때문일세. 가재는 천주당의 집 모양과 그 담을 아주 자세히 관찰했고, 일암은 더욱 상세하게 그림과 의기(儀器)*91들을 관찰했지만, 풍금에 대해서는 언급하지 않았네. 대체로 두 분은 음률에는 그다지 밝지 못했기 때문에 잘 분별하지 못했던 것일세. 나 역시 귀로 풍금 소리를 듣고 눈으로 풍금 만든 솜씨를 살폈지만, 역시 글로 그 오묘함을 완전히 다 옮길 수 없는 것이 큰 유감이었네."

그리고 가재의 기록을 함께 보여 주었다.

"천주당 안의 동쪽 벽에 두 층으로 된 붉은 문이 있는데, 위의 것은 두 짝이고, 아래 것은 네 짝이다. 문짝을 차례로 여니, 그 속에 기둥 같기도 하고 서까래 같기도 한 통이 총총하게 들어서 있다. 크고 작기가 일정하지 않고, 모두 금빛 은빛을 뒤섞어 칠했다. 그 위에 철판을 가로걸쳐 놓았는데, 한쪽에는 구멍이 수없이 뚫려 있고, 다른 한쪽에는 부채꼴 모양에 방위와 12시각을 새겨 놓았다. 잠시 보니, 해그림자가 그 새겨 놓은 방위에 와 닿자, 대(臺) 위에 있는 크고 작은 종이 각기 네 번씩 울리고, 한가운데 큰 종이 여섯 번을 쳤다. 종소리가 그치자, 동쪽 가에 있는 홍예문 안에서 갑자기 바람 소리가 쐬 하고 나면서 마치 여러 개의 바퀴를 돌리는 것 같았다. 이어 여러 각양각색의 음악이 연주되었다. 그러나 어디서 소리가 나는지 알 수 없었다. 통역관은 중국 음악이라고 했다. 얼마 후에 음악이 그치더니 이번에는 또 다른 음악 소리가 들렸다. 조회 때 들었은 음악 같았다. 통역관은 만주 음악이라고 했다. 얼마 후에 이것도 그치고 또 다른 음악이 나온다. 음절이 촉급하였다. 통역관은 몽고 음악이라고 했다. 음악 소리가 그치자 여섯 개의 문짝이 저절로 닫혔다. 서양 사신 서일승(徐日昇)이 만든 것이라고 한다."(가재의 기록은 여기까지이다)

홍덕보는 다 읽고 나서 크게 웃으면서 말했다.

"이것이 바로 말로는 하면서도 글로는 자세히 기록하지 못한 것일세. 속에 기둥 같기도 하고 서까래 같기도 한 통이 있다고 한 것은 놋쇠로 만든 관

---

*91 천체를 측정하는 기구.

(管)이었네. 가장 큰 것을 기둥이나 서까래 같다고 한 것이고, 총총하게 들어서 있는 것은 생황(笙簧) 소리를 내기 위한 것일세. 크고 작기가 일정하지 않다고 한 것은 차례차례 높은 음률을 취하여 소리를 배가하는 것이니, 여덟 개 간격으로 서로 다시 소리나는 것은 마치 8괘(八卦)가 변하여 64괘가 되는 것과 같지. 금빛 은빛을 뒤섞어 칠했다는 것은 그 겉모양을 화려하게 꾸미기 위한 것일세. 갑자기 바람 소리가 쏴 하고 나면서 마치 여러 개의 바퀴 돌리는 소리같이 난다고 한 것은, 땅굴로 이리저리 통해 있는 구멍으로 풀무질하여 마치 입으로 부는 것처럼 바람 기운을 보내는 것이었네. 이어 음악이 연주되었다고 한 것은, 바람이 땅골을 통하여 요리조리 들어와서 생황 입이 저절로 열려 여러 구멍에서 모두 소리가 나는 것이었지. 풀무질하는 방법은 다섯 장의 쇠가죽을 이어 비단 주머니처럼 부드럽고 매끄럽게 부대를 만들어서, 굵은 실끈으로 큰 종을 매달듯 대들보에 매달아 놓고, 두 사람이 마치 배에서 돛을 올리듯 밧줄을 잡고 뛰어올라 매달려 발로 부대를 밟으면, 부대는 차차 내려앉으면서 바람 주머니가 차차 부풀어 올라 그 속에 공기가 가득 차지. 그런 다음 이 바람을 땅골로 불어 넣는데, 이때 곡조에 맞추어 구멍을 막았다 열었다 하면 바람이 다른 데로 새어나가지 않고, 열려 있는 구멍으로 나와 쇠로 된 혀를 차례로 진동시켜서 순차로 여러 가지 음악 소리를 내는 것이네. 내가 지금 이렇게 대강 말하기는 했지만 역시 그 오묘함을 제대로 다 말하지 못했네. 만약 국가에서 비용을 대주고 만들라고 한다면, 거의 비슷하게 만들어 낼 수는 있을 것 같네."(홍덕보의 이야기는 여기까지이다)

이번에 내가 중국에 들어와서 풍금을 어떻게 만들었을까 하고 늘 마음에 두고 있다가 열하에서 북경으로 돌아왔을 때 곧 천주당을 찾았다. 선무문 안에서 동쪽을 바라보니, 지붕이 쇠로 만든 종처럼 둥근 지붕이 여염집 위에 우뚝 솟아 있는 것이 천주당이었다. 황성 안 사방에 모두 하나씩 천주당이 있는데, 풍금이 있는 곳은 서천주당이었다.

천주(天主)란 중국 고대의 반고씨(盤古氏)[92]니 천황씨(天皇氏)[93]니 하는 말과 같다. 서양 사람들은 역서(曆書)를 잘 만들었고, 자기 나라 양식으로

---
*92 천지가 개벽하고 처음으로 이 세상에 나와서 천자가 되었다는 이.
*93 태고(太古) 때 삼황(三皇)의 첫째 천자.

집을 지어 산다. 허황한 학술을 배척하고 성실한 것을 귀하게 여기며, 하느님(上帝) 섬기는 것을 으뜸으로 삼는다. 또 충효와 자애를 의무로 삼아 힘쓰며, 허물을 고치고 선을 닦는 것으로써 입문으로 삼아 사람이 죽고 사는 큰 일에 미리 대비하여 근심이 없게 하는 것이 천주교의 궁극적 목적이다.

그들은 이것이 근본으로 거슬러 올라가 근원을 구명하는 학문이라고 하나, 세운 뜻이 지나치게 고원(高遠)하고 이론이 편벽되게 교묘하여, 도리어 하늘을 속이고 사람을 속이는 죄를 저질러서, 스스로 의리를 어기고 인륜을 해치는 구렁에 스스로 빠진다는 것을 모른다.

천주당의 높이는 7길쯤 되고, 넓이는 무려 수백 칸인데, 쇠를 부어 만들었거나 흙을 구워 만든 것 같다.

명나라 만력(萬曆) 29년*94 2월에 천진(天津) 지방의 감세관(監稅官)*95 마당(馬堂)이 서양인 이마두(利瑪竇)*96의 방물(方物)과 천주 여신상을 바쳤는데 예부에서는,

"대서양(大西洋)은 대명회전(大明會典)*97에도 실려 있지 않아 그 진위(眞僞)를 알 수 없으니, 적당히 헤아려 의관(衣冠)을 주어 본국으로 돌아가게 하고, 몰래 북경에 숨어 있지 못하게 하라."

하고 황제에게는 보고도 하지 않았다. 그러나 서양이 중국과 교통한 것은 아마도 이마두로부터 시작된 것이라 할 수 있다.

서천주당은 건륭(乾隆)*98 기축년(己丑年)에 헐려, 소위 풍금은 남아 있지 않았고, 다락 위에 망원경과 여러 가지 천문 관측 기구가 있었으나, 창졸간에 구명해 알 수 있는 것이 아니어서 여기에 기록하지 않고, 홍덕보가 말하던 풍금 이야기를 생각하면서 서글픈 심정으로 이 글을 쓴다.

---

*94 1601년. 조선 선조(宣祖) 34년임.
*95 세금을 관장 감독하는 관리.
*96 이탈리아 사람 마테오 리치의 중국 이름. 명나라 만력(萬曆) 때 중국에 와서 전도(傳道), 중국에 최초로 천주교당을 세웠으며, 만국지도를 가져와 세계에 5대주가 있음을 알렸음. 30년 동안 중국에서 살다가 북경에서 죽었는데, 저서에 건곤체재(乾坤體裁)·천주실의(天主實義)·서금곡의(西琴曲意) 등이 있음.
*97 명회전(明會典). 180권. 명나라 때 칙명에 의해 명나라 일대의 모든 제도를 기록한 것임.
*98 청나라 고종(高宗)의 연호. 1736~1795년. 기축년은 건륭 34년인 1769년. 조선 영조(英祖) 45년임.

서양화(양화(洋畫))

그림을 그리는 사람이 거죽만 그리고 그 속을 그릴 수 없는 것은 어쩔 수 없는 일이다. 어떤 사물이든지 불거진 데가 있고 오목한 데가 있다. 가는 것 굵은 것이 있고, 먼 데 가까운 데가 있기 마련이다. 그림에 아주 뛰어난 사람이라도 붓을 몇 번 놀려 그 대강을 그리는 데 지나지 않는다. 그리하여 산에 주름이 없고, 물에 물결이 없고, 나무에 가지가 없다. 이것이 이른바 사물의 모양보다 그 뜻을 그린다는 사의법(寫意法)이다.

자미(子美)*99의 시에, '마루 위에 단풍나무 자라다니 당치않고 강산에 연무 일다니 괴이하구나(堂上不合生楓樹 怪底江山起煙霧)'라 하였다.

마루 위는 나무가 자랄 수 있는 곳이 아니므로 당치않다는 것은 이치에 맞지 않는다는 뜻이요, 연무는 마땅히 강과 산에 일어나야 할 것인데, 만약 병풍에서 연무가 일어난다면 어찌 괴이한 일이 아니겠는가.

지금 천주당 안의 담과 천장에 그려 놓은 구름과 인물들은 보통 지혜와 생각으로는 헤아릴 수도 없고, 또한 예사 말과 글자로는 형용할 수 없는 것이다.

내가 그 그림을 보려 하니 번갯불 같은 강한 빛이 먼저 내 눈을 사로잡아 내 가슴속을 환히 들여다보려는 것 같아서 싫었다. 내가 귀로 소리를 들으려 하니 그 무엇이 내려다보고 둘러보며 먼저 내 귀에 속삭이고 내가 숨기고 있는 것을 꿰뚫어 보는 것 같아서 부끄러웠다. 내가 입을 열어 말하려 하니 역시 잠자코 있다가 갑자기 우레 같은 소리를 지르는 듯했다.

가까이 가서 보니 먹이 거칠게 묻었을 뿐, 다만 그 이목구비의 한계와 머리카락·살결의 사이를 희미하게 구분해 놓았을 뿐이다. 그런데도 마치 숨을 쉬고 움직이는 듯한 것은 음양(陰陽)의 향배(向背)가 서로 잘 어울려 저절로 밝고 어두움을 드러내기 때문이었다.

그림 속에는 한 부인이 대여섯 살 된 어린아이를 무릎에 앉혔는데, 병들어 파리한 어린아이는 부인을 똑바로 노려보고 있고, 부인은 차마 못 보겠다는 듯 고개를 돌리고 있다. 옆에서 시중드는 대여섯 사람들도 병든 어린아이를 굽어 보고 있다. 그 중에는 측은하여 고개를 돌리는 자도 있었다.

---

*99 당나라 때 시인 두보(杜甫). 자미는 그의 호임. 이백(李白)과 함께 당대 시인의 쌍벽(雙璧)을 이루었음.

새 날개가 붙은 귀신 모양의 수레는 검은 날개의 박쥐처럼 생긴 새가 땅에 떨어져 날개를 펄럭이는 듯한데, 그림이 슬그머니 돌아 한 신장(神將)이 발로 새의 배를 밟고, 손에 든 쇠몽둥이로 새의 머리를 짓찧고 있다. 또 머리와 몸은 사람인데 날개로 날아다니는 놈도 있고, 별의별 괴이한 것들이 많아서 도무지 뭐가 뭔지 모르겠다.

양쪽 벽에는 구름이 덩이덩이 쌓여 뭉게뭉게 피어오르는 한여름의 대낮 같기도 하고, 비가 막 갠 바다 같기도 하며, 깊은 골짜기에 날이 막 밝아오는 듯도 하다. 구름이 바람에 이리 몰리고 저리 몰리다 뭉게뭉게 피어오르는 모습이 마치 온갖 꽃이 햇빛에 비쳐 햇무리를 이루는 모습 같다. 멀리서 바라보면 아득하니 멀고 깊어 끝 간 데가 없다. 온갖 귀신들이 다 출몰하여 옷깃을 잡아 헤치고 소매를 뿌리치기도 하며, 어깨를 비비대고 발을 밟기도 한다. 갑자기 가까운 것이 멀어지고 옅은 것이 깊어지고, 숨었던 것이 나타나고 가려졌던 것이 드러나서 저마다 따로따로 서 있다. 모두 허공을 날아 바람을 타는 형세이다. 이는 대체로 구름이 사이사이에 그려져 있기 때문이었다.

천장을 쳐다보니 수없이 많은 아이들이 구름 사이에서 뛰놀면서 잇달아 허공에서 내려온다. 살결을 만지면 따뜻할 것만 같고, 팔과 정강이가 포동포동하여, 구경하던 사람들이 놀라 소리치면서 머리를 젖히고 두 팔 벌려 떨어지는 아이를 받으려 한다.

코끼리 우리 (상방/象房)

코끼리 우리는 선무문 안 서성(西城) 북쪽 담장 안에 있는데, 코끼리 80여 마리가 있다.

코끼리는 큰 조회 때 오문에 의장(儀仗)으로 세워 놓기도 하고, 황제의 거둥에 의장으로 쓰기도 하여, 코끼리는 어떤 품계에 해당하는 상당한 녹봉을 받기도 한다. 조회 때 모든 백관이 오문으로 들어오기를 마치면, 코끼리들은 서로 코를 엇대고 서서 감히 아무도 함부로 문을 드나들지 못한다.

코끼리가 때로 병들어 의장으로 세울 수 없게 되어 다른 코끼리를 끌어내려고 하면 고집을 피우며 말을 듣지 않다가, 코끼리 조련사가 병든 코끼리를 끌어다 보여 주면 그제야 곧이 듣고 바꾸어 선다.

코끼리가 물건을 파괴하거나 사람을 다치게 하는 등 죄를 지으면 황제의 칙명으로 매를 때린다. 엎드려 매를 맞는 모습이 사람과 다름없다. 매질이 끝나면 일어서서 머리를 조아려 사죄하고, 품계를 강등(降等)시키면 물러나서 벌 받은 코끼리가 있는 곳으로 가서 선다.

내가 코끼리 조련사에게 부채 하나와 청심환 한 개를 주면서 코끼리가 재주를 부리도록 하였더니, 그가 물건이 적다고 부채 하나만 더 달라고 한다. 나는 지금 가지고 있는 것이 없어 나중에 주겠으니 먼저 재주를 부려 보라고 하였다. 그가 코끼리에게 가서 무어라 코끼리를 타일렀으나, 코끼리는 눈웃음으로 알아 듣고는 승낙하지 않는 모양이다. 할 수 없이 나는 종자(從者)더러 돈을 더 주라고 하였다. 코끼리는 곁눈질로 코끼리 조련사가 돈을 받아 호주머니에 넣는 것을 보고는 시키지 않았는데도 여러 가지 재주를 부린다. 머리를 조아리면서 두 앞발을 꿇기도 하고, 코를 휘두르면서 휘파람 소리를 내기도 한다. 마치 통소 소리 같기도 하고, 또 둥둥 북소리를 내기도 한다. 코끼리의 교묘한 재주는 거의 그 코와 어금니인 상아로 하는 것이었다.

내가 전에 보았던 코끼리 그림에서는 코끼리의 두 어금니가 모두 똑바로 내뻗어 있어 마치 무슨 물건을 들이받을 것만 같이 생겼었다. 그래서 코는 아래로 늘어지고 어금니는 앞으로 내뻗어 있는 줄만 알았는데, 이제 직접 코끼리를 보니 그렇지가 않았다. 어금니를 모두 지팡이를 짚고 있는 것처럼 아래로 늘어뜨리기도 하고, 칼을 들이대듯 갑자기 앞으로 내뻗기도 하며, 갑자기 두 어금니를 서로 교차시켜 예(乂)자 모양을 짓기도 하여 어금니를 쓰는 방법이 일정하지 않고 한두 가지가 아니다.

당명황(唐明皇)*100 때 춤추는 코끼리가 있었다는 역사 기록을 보고 마음 속으로 늘 의아해하였다. 그런데 이제 보니 과연 사람의 뜻을 잘 알아듣기로는 코끼리만한 짐승이 없을 것 같다.

숭정 말년에 떠돌이 도둑 이자성이 북경을 함락시키고 코끼리 우리 앞을 지나갈 때, 코끼리들은 모두 눈물을 흘리면서 먹이를 먹지 않았다고 한다.

---

*100 당나라 현종(玄宗)을 일컫는 말.

코끼리가 꼴은 둔해 보이지만 성품은 지혜롭고, 눈은 간사해 보이지만 얼굴은 덕스럽다. 코끼리는 새끼를 밴 지 5년 만에 낳는다고도 하고 12년 만에 낳는다고도 한다. 해마다 삼복(三伏)이면 금의위(錦衣衛) 관리와 장교들이 깃대와 의장을 늘여세우고, 징과 북을 쳐 코끼리를 맞아서 선무문 밖으로 나가 해자에서 목욕을 시킨다. 구경꾼이 늘 수만 명씩 모인다고 한다.

황금대(黃金臺)

노이점(盧以漸)은 우리나라에 있을 때 경학과 행실로 인정받았다. 평소에 중국을 존중하고 오랑캐를 배척하는 춘추대의에 엄격하여, 사행길에서도 중국 사람을 보면 만주족 한족을 불문하고 '되놈'이라 불렀다. 거쳐 온 산천과 누대들은 모두 누린내 나는 오랑캐 고장의 것이라 하여 거들떠보지도 않았다. 그러나 황금대, 사호석(射虎石), 태자하(太子河) 같은 옛날 유적지는 아무리 멀고, 길을 돌아서 가는 데도 불구하고, 이름과 명칭이 틀렸어도 따지지 않고 반드시 파고들어 끝까지 찾아내고야 만다.

하루는 나와 함께 황금대를 찾아보자고 약속했다. 나는 곧 여러 사람들을 찾아 수소문했지만 아는 사람이 없었다. 옛 기록을 구해 보았으나 이야기가 분분했다. 양나라 사람 임방(任昉)이 지은 술이기(述異記)에는, '황금대는 연나라 소왕(昭王)이 곽외(郭隗)[101]를 위하여 쌓은 축대로, 지금의 유주(幽州)인 연왕(燕王)의 옛 성 안에 있다. 그 지방 사람들은 현사대(賢士臺)라고 부르고 또 초현대(招賢臺)라고도 부른다' 하였다.

지금 북경은 기주(冀州) 땅이고 연왕의 옛 성은 어디에 있는지 모른다. 하물며 그 안의 황금대를 어찌 알 수 있겠는가.

송나라 이방(李昉)이 편찬한 태평어람(太平御覽)에는, '연나라 소왕이 천금을 축대 위에 두고 천하의 어진 선비를 맞이했다 하여 황금대라 불렀다'고 하였다. 뒷날 세상 사람들은 다만 이름만 전할 뿐이요, 실제로는 그 황금대는 없었음을 알 수 있다.

*101 전국시대 연나라 소왕(昭王)이 현인을 구할 때 천리마를 구하는 고사를 들어, 평범한 자신부터 중용하도록 자신을 추천하여 등용된 인물.

노군은 어느 날 몽고 사람 박명(博明)으로부터 얻었다는 기록을 보여 주면서 말했다.

"명나라 사람 장일규(張一葵)가 지은 장안객화(長安客話)에, '조양문을 나와서 남쪽으로 연못을 돌아가면 동남쪽 모퉁이에 높다랗게 솟은 흙 둔덕이 바로 황금대이다. 해가 뉘엿뉘엿 서산으로 넘어갈 때 옛일을 슬퍼하는 선비가 이 축대 위에 올라, 문득 천고의 고사를 회상하면서 고개를 숙이고 거닐게 된다'고 합니다."

노군은 이때부터 실망하여 황금대 구경을 접고, 다시는 황금대 이야기를 꺼내지 않았다.

어느 날 노군과 함께 동악묘 연극 구경을 가기 위해 같은 수레로 조양문을 나갔다가 돌아오는 길에 태사(太史) 고역생(高域生)을 만났다. 그는 사헌(簑軒) 능야(凌野)와 함께 수레를 탔는데 지금 황금대를 찾아가는 길이라고 했다. 능야는 월중(越中), 곧 절강 사람으로 좀 특이한 인물이었다. 북경은 처음이라 옛 유적지를 탐방하러 가는 길이라며 나에게 동행하자고 청했다. 노군도 좋아하여 하늘이 내려준 인연이라고 떠들면서 함께 갔다.

다 와서 보니, 두어 길 되는 허물어진 흙 둔덕이 주인 없는 황폐한 무덤과도 같았다. 이런 곳을 억지로 황금대라 이름 붙이다니, 그 이름이 무색하다. 황금대 구경 이야기는 따로 쓴다.

황금대 이야기 (황금대기)
(黃金臺記)

조양문을 나서서 남쪽으로 해자를 안고 돌아가면, 두어 길 되는 무너진 언덕이 있다. 이것이 옛날의 황금대라고 한다. 세상에 전해 오는 말에, '연나라 소왕이 여기에 궁전을 짓고 축대 위에 황금 천 냥을 가져다 놓고, 천하의 이름난 선비를 초청하여 강국 제나라에 보복하려 하였으므로, 옛일을 슬퍼하는 선비들이 이곳에 오면 비분강개하며 방황하고 발길을 돌리지 못했다'한다.

아, 슬프다. 대 위의 황금이 다 없어졌어도 기다리던 훌륭한 선비는 오지 않는구나. 그러나 천하 사람들은 본디 서로 아무런 원한이 없는데도 원수를 갚으려는 사람이 수없이 많았으니, 그때 이 대 위의 황금이 아니어도 황금은 천하에 널려 있었을 것이다. 내 이제 역사상 크게 원수를 갚았던 이들을 하나하나 들어, 돈을 많이 쌓아 놓은 세상 사람들에게 충고하고자 한다.

진(秦)나라 때 황금으로 제후의 장수들을 농락하여 그 나라들을 모조리 멸망시키는 데 가장 크게 힘쓴 사람은 몽염(蒙恬)*102이다. 본디 제후국의 식객(食客)*103이었던 이사*104가 몽염을 죽였으니 제후를 위해 원수를 갚은 것이었다. 이후 천하의 원수를 갚으려는 사람이 한동안 잠잠하게 되었다.

그 뒤 조고(趙高)*105가 이사(李斯)를 죽이고, 자영(子嬰)*106이 조고를 죽였으며, 항우(項羽)가 자영을 죽이고, 패공(沛公) 유방(劉邦)이 항우를 죽였는데, 패공이 항우를 죽이기까지는 황금 4만 근이 들었다. 석숭(石崇)*107은 그 많은 재물이 다 출처가 따로 있었을 터인데 도리어 큰 소리로 꾸짖었다.

"어느 놈이 내 재물을 탐내느냐?"

어쩌면 그렇게도 어리석었을까?

황금은 구르고 굴러 서로 원수를 갚으면서, 수천 년이 지난 지금에도 이 세상 어디고 아직 그대로 있을 것이다. 어떻게 그러함을 알 수 있는가?

원위(元魏)*108 때 성양왕(城陽王) 원휘(元徽)가 황금 1백 근을 가지고 있었다. 그런데 이주조(爾朱兆)의 난 때문에 몸이 위태롭게 되자, 자기가 한 집안의 세 사람을 자사(刺史)*109로 발탁해 준 낙양령(洛陽令) 구조인(寇祖

---

*102 장군. 진시황(秦始皇)을 섬겨 30만 대군으로 북쪽 융적(戎狄)을 구축하고 만리장성을 쌓았는데, 이세(二世)가 즉위하자 조고(趙高)에게 모함당해 사형에 처해졌음. 그가 처음으로 모필(毛筆)을 만들었다고 함.

*103 권세 있는 집에 얹혀 손 노릇을 하면서 때로 어떤 일을 도와 주기도 하는 사람.

*104 진시황 때 승상. 군현(郡縣)의 제도를 정하고 금서(禁書)의 영을 내리게 했음. 권세를 부리다가 조고(趙高)에게 속아 처형당했음.

*105 진시황 때의 환관(宦官). 시황이 죽자 이사(李斯)와 함께 시황의 조서를 고쳐 시황의 맏아들 부소(扶蘇)를 죽이고 이세(二世) 호해(胡亥)를 세웠는데, 뒤에 이사를 죽이고 재상이 되어 다시 이세를 죽이고 자영(子嬰)을 즉위시켰다가 자영에게 멸족(滅族)당했음.

*106 진시황의 손자. 조고가 이세 호해를 죽이고 자기를 세우자 그를 처형했음. 태자 부소(扶蘇)의 아들임. 패공(沛公)에게 항복하여 진나라는 멸망했음.

*107 진(晉)나라 사람. 상객(商客)에게 항해(航海)시켜 거부가 되었고, 가밀(賈謐)에게 아부하여 섬기다가 뒤에 조왕륜(趙王倫)에게 살해당했음.

*108 척발위(拓跋魏). 척발씨가 세운 위(魏)나라이니 곧 북위(北魏). 또 후위(後魏)라고도 함.

*109 지방 주(州)의 장관.

仁)에게 의탁하였다. 그러나 구조인은 집안 사람들에게 '우리 집의 부귀는 더할 수 없이 높아졌지만, 저 원휘 때문에 걱정이다' 하고, 원휘더러는 곧 잡으러 올 것이라고 겁을 주어 다른 곳으로 도망치게 하였다. 그리고 사람을 시켜 그를 죽였고, 그 머리를 이주조에게 바쳤다.

그런데 이주조의 꿈에 원휘가 나타나서, '내 황금 2백 근이 지금 구조인의 집에 있으니 당신이 빼앗아 가져가시오' 하는 것이었다. 이주조는 곧 구조인을 잡아 꿈에 시킨 대로 황금 2백 근을 받아내려고 족쳤으나 1백 근밖에 없는지라, 조인을 죽여 버렸다. 이것이 어찌 원수를 갚았으되 황금은 아직도 그대로 있는 것이 아니겠는가?

오대(五代)*110 때 성덕절도사(成德節度使) 동온기(董溫箕)는 황금 수만 냥을 가지고 있었다. 그가 거란(契丹)*111의 포로가 되자, 그의 휘하에 있던 지휘사(指揮使) 비경(秘瓊)이 동온기의 가족을 모조리 죽여 한 구덩이에 파묻고 금을 빼앗았다. 진(晉)나라 고조(高祖)가 왕위에 오르자, 비경은 제주방어사(齊州防禦使)에 임명되었다. 비경이 황금을 꾸려 부임길에 올라 위주(魏州) 땅에 이르렀는데, 범연광(范延光)이 국경에 군사를 매복시켰다가 비경을 죽이고 황금을 몽땅 빼앗았다. 그러나 연광은 이 황금으로 인하여 양광원(楊光遠)에게 살해당했고, 광원은 진(晉)나라 출제(出帝)가 목을 베어 죽였다. 그의 오랜 부하 송안(宋顏)이 그 황금을 모조리 가져다가 이수정(李守貞)에게 바쳤다. 그 뒤 수정은 주(周)나라 고조(高祖)에게 패하여 처자와 함께 스스로 불을 질러 타 죽었다. 그러나 그 황금은 아직도 누구에겐가 남아 있을 것이다. 어째서 그러함을 알 수 있는가?

옛날에 세 도둑이 함께 무덤을 도굴하여 많은 황금을 얻었다. 그리하여 서로들 말했다.

"오늘은 몹시 피곤하군. 황금을 많이 얻었으니 술이나 한잔 사다 먹세그려."

그 중 한 사람이 선뜻 일어나 술을 사러 나섰다. 가는 길에 이자는 스스로

---

*110 중국 당(唐)과 송(宋) 사이 흥망했던 다섯 왕조. 후당, 후량, 후주, 후진, 후한을 이름.
*111 동호(東胡)의 한 종족. 후량(後梁) 때 야율아보기(耶律阿保機)가 여러 부족을 통합하여 지금의 몽고·만주·하북 등지까지 그 세력을 떨치고 후진(後晉) 때 나라 이름을 요(遼)라 했음.

축하하며 혼자 중얼거렸다.

"하늘이 내게 좋은 기회를 주신 것이다. 황금을 셋이서 나눌 게 아니라 나 혼자 차지해야겠다."

그리고 술과 음식에 독약을 타 가지고 돌아왔다. 그런데 기다리고 있던 두 도둑이 갑자기 달려들어 이자를 때려 죽였다. 그리고 두 도둑은 술과 음식을 배불리 먹고 나서 황금을 둘로 나누려 했다. 그런데 그들도 무덤 곁에서 죽고 말았다.

아, 이 황금은 길가에 굴러다니다가 틀림없이 어떤 사람이 주워갈 것이다. 그 사람 역시 틀림없이 하늘에 깊이 감사할 테지만, 그 황금이 무덤에서 파낸 것이고, 짐독(鴆毒)*[112]으로 죽은 자들이 남긴 것이며, 또 앞으로 몇백 몇천 명을 죽게 할지도 모를 것이다. 그런데도 세상에는 황금을 사랑하지 않는 사람이 없다. 어째서 그럴까?

주역에, "두 사람이 합심하면 그 날카로움은 쇠라도 끊을 만하다(二人同心其利斷金)" 하였는데, 이는 도둑을 더 만드는 말이다. 어째서 그러한지 아는가? 끊는다는 것은 나눈다는 것이요, 나누는 것은 황금이다. 그러니 그 '마음을 합친 잇속'이라는 것은 넉넉히 짐작할 수 있을 것이다.

'의로움'은 말하지 않고 '잇속'이라 했으니, 그것이 '의롭지 않은 재물'임을 알 수 있다. 이것이 도둑을 두고 한 말이 아니고 무엇이겠는가?

내 이 세상 사람들에게 바라건대, 재물이 있다고 기뻐할 것도 없고, 재물이 없다고 슬퍼할 것도 없다. 까닭 없이 갑자기 재물이 자기 앞에 나타나면, 이를 천둥처럼 두려워하고, 귀신처럼 무서워하여, 길을 가다가 풀섶에서 독사를 만난 듯이 머리털이 쭈뼛해져서 뒤로 물러서야 할 것이다.

옹화궁(雍和宮)

옹화궁은 옹정황제(雍正皇帝)의 원당(願堂)*[113]이다. 세 층 처마의 큰 전각이 있고, 그 안에 금부처가 있다. 12계단의 사다리를 딛고 올라가게 되는

---

*112 짐새의 독. 이 새의 깃으로 담근 술을 마시면 사람이 죽는다고 함.
*113 소원을 빌기 위해 세운 당.

데, 마치 귀신 동굴로 들어가는 것 같다. 사다리가 끝나면 누대(樓臺)에 오르게 되어, 비로소 햇빛을 보게 된다.

누대의 사방을 난간으로 두르고 복판은 우물처럼 움푹 파여 금부처 아랫도리 절반까지 미치게 된다. 여기서 다시 사다리를 밟고 칠흑같이 캄캄한 데를 한참 올라가야만 환한 창문을 보게 된다. 누대 한가운데 우물처럼 꺼진 데는 아래층과 같은데, 금부처의 등 절반이 겨우 보였다. 또 다시 어둠을 더듬어 발로 가늠하여 사다리 10계단을 올라가 맨 윗층에 나와서야 비로소 금부처의 이마와 가지런해졌다. 난간에 의지하여 밑을 굽어보니, 바람이 세차게 소나무 숲을 지나는 것 같았다.

여기 거처하고 있는 승려는 다 라마교(喇嘛敎)*114의 승려로 천여 명이나 된다. 모두 모습이 비할 데 없이 완악하고 추해 보인다. 모두 금실을 섞어 짠 선의(禪衣)를 질질 끌고 다녔다. 때마침 오전 10시가 되자 여러 승려들이 한 줄로 늘어서서 큰 전각으로 들어갔다. 다리가 짧은 바둑판만한 걸상을 죽 늘어놓고, 한 사람씩 가부좌(跏趺坐)*115를 틀고 앉았다. 그 중 한 승려가 종을 치니 모든 라마승이 일제히 염불을 시작한다.

나는 통역관 이혜적(李惠迪)과 함께 대사전(大士殿)으로 올라갔다. 그곳에서는 아홉 성문과 여염집이 환히 바라보이고 북경 전체가 눈 아래 들어오리라 여겼으나, 막상 창문을 열고 난간으로 나가보니 곳곳에 솟은 누대(樓臺)가 겹겹으로 둘리어 가려져 있었다. 난간을 한 바퀴 돌아보았지만 도리어 답답하고, 아래를 내려다보니 까마득하여 다리가 후들후들 떨려 오래 서 있을 수가 없었다.

대광명전(大光明殿)

서안문 안 남쪽 조그만 골목을 수백 걸음 가면, 세 층 처마에 12면(面)의 둥근 전각이 있다. 자줏빛 유리 기와를 이었고 황금 호리병 모양의 꼭지를

---

*114 불교의 한 파. 처음 북인도의 중 파특마살간(巴特瑪撒幹)이 티베트(西藏)에 와서 이 교를 창설하였음.
*115 불교에서 책상다리를 하고 앉는 것인데 양쪽 발의 발바닥이 다 위로 올라와 보이게 함.

달았는데 현판에는 대광명전이라 씌어 있다.

전각 안의 네 기둥에는 금빛 용이 하나는 위로 올라가고 하나는 아래로 내려오는 모습으로 새겨져 있다. 위로 올라가는 용은 빗물받이를 받치고 있다.

전각 가운데는 상제(上帝)의 소상을 안치하고 그 둘레에 33소상이 상제를 호위하고 있는데, 모두 곤룡포를 입고 면류관을 쓰고 홀(笏)을 들고 있다. 사면에는 다 격자창이 있고, 담벽은 모두 푸른 유리 벽돌로 쌓았으며, 아홉 층계 뜨락에는 세 겹의 난간을 둘렀다. 이곳을 대현도(大玄都)[116]라고 한다.

명나라 세종황제가 도진인(陶眞人)을 초청하여 자신의 정기를 단련하는 수련법을 강설하게 했다는 전각이 곧 대광명전이다.

청나라 순치(順治)[117] 신축년(辛丑年)에, 만주 출신의 대신 색니(索尼)[118]·오배(鰲拜)·소극살합(蘇克薩哈)·알필륭(遏必隆) 등 4명의 대신은, 나이 겨우 6살밖에 안 된 어린 임금 강희(康熙)를 잘 보필하라는 세조(世祖)의 유명(遺命)을 받았다. 네 대신은 곧 함께 이 전각에 나아가 향을 피우고, 팔을 찔러 피를 내고는 상제께 맹세했다고 한다.

대광명전의 뒤에 있는 전각은 태극전으로 삼청(三淸)[119]의 신상(神像)을 모셔 놓았고, 또 그 뒤에 있는 전각은 천원각(天元閣)으로 그곳에서는 도사(道士) 수십 명을 양성하고 있다. 태감(太監)[120]이라는 관리가 이 전각을 담당하고 있었다.

천원각과 대광명전의 동쪽 행랑채를 수리할 때, 가재(稼齋) 김창업(金昌業)이 사다리를 놓고 기와를 걷어 내는 일꾼들의 일하는 광경이 매우 거창한 것을 보았다는데, 그의 연행일기(燕行日記)에 의하면, 그때가 강희(康熙) 계사년(癸巳年)[121] 2월 9일이라고 하였다. 그런데 지금 태극전과 천원

---

[116] 신선이 많이 모여 거처하는 곳.
[117] 청나라 세조(世祖)의 연호. 1644~1661년. 신축년은 그의 마지막 해. 조선 현종(顯宗) 2년임.
[118] 만주 정황기(正黃旗) 사람. 태조(太祖) 때 일등 시위(侍衛)로 전공이 있었고, 세조(世祖) 때 내대신(內大臣)이 되었음.
[119] 도교에서 모시는 옥청원시천존(玉淸元始天尊)·상청영보도군(上淸靈寶道君)·태청태상노군(太淸太上老君).
[120] 내관(內官)의 여러 감(監)을 각각 맡아 보는 우두머리. 환관(宦官)만으로 임명함.
[121] 강희 계사년은 강희 52년인 1713년. 조선 숙종(肅宗) 39년임.

각을 보니 모두 누런 기와와 단청이 찬란한 것이다. 계사년이라면 벌써 68년이나 지났는데도 어제 칠한 것처럼 눈이 부시다.

고사기(高士奇)의 금오퇴식필기(金鰲退食筆記)에, '황제가 하사한 집은 전각 왼쪽에 있다. 때마침 가을 비가 깨끗이 개어 하늘이 씻은 듯이 푸르다. 옷깃을 헤치고 한데 나가 앉으니, 높고 큰 전각들이 달빛과 서로 어울려 빛나면서 황홀하기가 마치 내 몸이 광한궁(廣寒宮)*122에 오른 것만 같았다' 하였다.

대체로 그가 거처하던 곳은 앞이 약간 터진 곳이라, 갠 날씨에 달도 밝았다면 그 경치가 더욱 좋았을 것이다.

개 우리 (구방(狗房))

개 우리에는 사냥개 2백여 마리가 있다. 크고 작은 놈의 생긴 모양이 저마다 달랐고, 모두 몹시 여위었다. 어떤 놈은 벌렁 누워 있고, 어떤 놈은 웅크리고 있어, 그 거동이 아주 한가로워 보인다. 졸음을 견디지 못하는 놈이 있는가 하면, 좋아서 꼬리를 치는 놈도 있고, 일어나 옷 냄새를 맡아 보는 놈도 있다. 입을 딱 벌리고 길게 하품을 늘어지게 하는 놈도 있는데, 딱 벌린 위아래 턱 사이가 거의 한 자나 된다.

우리나라 사람 수십 명이 떠들썩하게 갑자기 달려드니 복색과 말소리가 눈에 설었을 터이지만, 놀라 짖는 놈은 하나도 없다.

따라 온 하인 한 사람이 육포를 꺼내 개 사육사에게 주면서 재주를 부려 보라고 했다. 개 사육사는 육포를 두어 발 되는 긴 장대 끝에 미끼처럼 매달아 개 한 마리를 불렀다. 그러자 그 중 황구 한 마리가 재빨리 뛰쳐 나오는데, 다른 개들은 우두커니 서 있을 뿐 다투려 하지 않았다.

개 사육사가 장대를 올렸다 내렸다 하자, 개가 이리 뛰고 저리 뛰며 한 발로 육포를 낚아채려고 한다. 그때 사육사는 장대를 뿌리쳐 마치 낚싯대에 걸린 물고기가 허공으로 날려 솟구쳐 올라가듯 서너 길이나 높이 올리자, 개

---

*122 달 속의 궁전 이름.

역시 높이 뛰어 도리어 장대를 뛰어넘는데 그 민첩하기가 질풍 같다.

　개 사육사는 그 개를 고함쳐 물리치고 다른 개를 불러내어 차례로 그 재주를 시험하였다. 개 먹이 주는 방법이란 이처럼 물건을 공중으로 던져 개가 고개를 젖히고 뛰어올라 낚아채 먹게 하고, 땅에 떨어진 것은 먹지 못하게 하는 것이었다. 개들의 똥오줌 누는 곳이 따로 있어서, 우리 안이 아주 정결하고 조금도 더럽지 않았다.

공작포(孔雀圃)

　푸른 공작 두 마리와 붉은 공작 한 마리가 있다. 꼬리깃 끝의 금화 같은 무늬는 다 같았다. 붉은 공작이 한 번 몸을 휘돌리면 짙은 녹색 빛깔로 바뀌고, 푸른 공작이 한 번 몸을 휘돌리면 또 다홍빛으로 바뀌는데 금화 무늬도 갑자기 야청빛으로 변한다.

　사람의 인기척을 들으면 온몸의 깃털빛이 갑자기 흐려지고 광채가 없어졌다가 삽시간에 또 처음처럼 되돌아온다.

　공작의 몸은 해오라기보다 약간 작고, 꽁지깃의 길이는 3자쯤 되겠다. 다리와 발이 추잡하게 생겨 마치 비단옷에 짚신을 신은 것 같아서, 사람들로 하여금 얼굴을 붉히게 만든다.

　먹이는 오직 뱀뿐이다. 또 뱀들과 잘 엉겨 붙기도 하여, 온 땅바닥에 허연 뼈가 너저분하게 흩어져 있어 자리가 몹시 더럽다.

　사육사는 맨발로 걷는 우리 하인들을 보고 주의를 주었다.

　"뱀 뼈를 밟지 않도록 조심하시오. 뱀 뼈가 살에 박히면 살이 썩는답니다."

오룡정(五龍亭)

　태액지(太液池) 둑에 서남쪽을 향해 단청칠을 한 정자 다섯 채가 나란히 서 있다. 이것을 일러서 징상(澄祥)·자향(滋香)·용택(龍澤)·용서(湧瑞)·부취(浮翠)라 하고 통틀어 오룡정이라 한다.

맑은 물결이 너른 곳에 금벽단청 정자 그림자가 드리워져 어른거리고, 멀리 바라다보이는 금오교 위에는 오가는 수레와 사람들이 까마득히 신선 사는 곳만 같다.

뒷날 오중(吳中) 사람과 함께 이야기하다가, 서호(西湖)의 뛰어난 경치에 대해 물었더니 그가 대답한다.

"서호를 못 본 사람은 오룡정이 그 절경의 일부라고 생각하면 될 것입니다."

오룡정이 언제 처음 지어졌는지 알 수 없고, 명나라 천순(天順)*123 연간에 태소전(太素殿) 뒤에 초가 정자가 있었다는데 지금은 없어졌다. 이 오룡정이 그 옛 초가 정자 자리가 아닌가 싶다. 자광각(紫光閣)과 승광전(承光殿)의 자줏빛 기와와 금빛 전각이 숲 속에 어른거리고, 붉은 담장 안 채색 기와의 정자와 누각이 아래위로 겹쳐져 보인다.

부사(副使)·서장관(書狀官)과 함께 갔었는데, 마침 석양 무렵이라 엷은 아지랑이가 하느적거리는 풍경이 더욱 신기했다. 또 한번은 맑게 갠 아침에 갔었다. 솟아오르는 해가 곱고 아름다운데, 다만 정자 아래 연꽃이 아직 피지 않은 것이 유감이었다.

통역관들이 말한다.

"오룡정의 경치가 아침 저녁 천태만상으로 변하지만, 오히려 한여름 연꽃이 장관일 때만 못하고, 한여름 연꽃도 오히려 한겨울의 얼음놀이[氷戱]만 못하답니다."

구룡벽(九龍壁)

오룡정에서 나와 조그만 언덕을 안고 돌아 어느 문으로 들어가면, 문 앞에는 집 안이 보이지 않도록 집 앞에 쌓은 조장(照牆)이 있다. 높이는 대여섯 길, 너비는 10여 발쯤 되는데, 흰 사기 벽돌을 쌓아 만들고 아홉 마리 용을 새겨 놓았다.

---

*123 명나라 영종(英宗)의 연호. 1457~1464년. 조선 세조(世祖) 때임.

용의 몸뚱이는 모두 두어 발쯤 되고, 오색 외에도 자줏빛·초록빛·남빛이 섞여 있다. 양각(陽刻)으로 도드라져 굼틀거리는 것 같은데, 자세히 들여다보니 용의 사지와 몸뚱이, 머리와 뿔을 따로따로 구워 만든 사기 벽돌을 합쳐 놓은 것이었다.

어떤 것은 올라가고 어떤 것은 내려오고 어떤 것은 날아오른다. 저마다의 자세를 갖추고 있어서 이루 헤아릴 수 없이 변화무쌍하고, 이어붙인 흔적이 터럭만큼도 없어서, 마음먹고 아주 자세히 살펴보지 않고는 알아챌 수 없다.

'조장'이란 옛날 새문(塞門)*124과 같은 것으로서, 대궐이나 관청, 절이나 도관(道觀) 등에 흔히 있었다. 일반 민가에서는 모두 대문 안에 세워 놓는다.

태액지(太液池)

태액지는 서안문 안에 있다. 그 둘레가 몇 리나 되는지는 모르겠다.

내가 전에 구경한 우리나라 동해 고성(高城) 삼일포(三日浦)*125는 둘레가 10리였는데, 지금 이 못은 그보다 조금 작은 것 같다. 이 태액지는 옛날에 서해자(西海子)라고 했다.

못 가운데 홍교(紅橋)*126를 걸쳐 놓았다. 길이가 수백 걸음에 흰 돌을 새겨 난간을 만들었고, 난간 밖에 다시 흰 돌 난간이 있는데 난간 머리에는 사자 머리 수백 개를 새겨 놓았다. 크기는 모두 같으나 그 모양새는 저마다 달랐다. 다리 양쪽 끝에는 각각 패루(牌樓)를 세워, 동쪽 머리는 옥동루(玉蝀樓), 서쪽 머리는 금오루(金鰲樓)란 현판을 걸었다.

또 북쪽으로 또 다른 다리가 보인다. 다리는 경화도(瓊華島)에서 시작되어 승광전(承光殿)까지 이어졌고, 그 다리의 남쪽과 북쪽에도 역시 패루를 세워 하나는 적취루(積翠樓), 하나는 퇴운루(堆雲樓)라 하였다. 못을 둘러싸고 서 있는 전각과 정자의 용마루가 겹쳐지고 처마가 이어졌으며, 고목들은 대개 회나무와 버드나무가 많았다.

---

*124 보이지 않게 막아 놓은 문.
*125 강원도 고성(高城)에 있는 못. 관동팔경(關東八景)의 하나임.
*126 무지개처럼 둥글게 놓은 구름다리.

8월 초3일 내가 옥동루에 갔다가 월중(越中)*127 사람 능야(凌野)라는 이를 만났다. 그와 함께 오룡정으로 갔는데 능야도 북경이 초행으로, 도착한 지가 며칠 안 되었다. 능야는 나에게 태액지의 얼음놀이는 어떤 것이며 황도 팔경(皇都八景)은 무엇무엇이냐고 물을 정도로 소박하였다. 그들이 북경 지식에 어두운 것은 대체로 이와 같은데, 그것은 북경에서 만여 리나 멀리 떨어진 지방에서 여기까지 와서 공부하는 사람이 드물기 때문일 것이다.

내가 대엿새 전에만 왔더라도 늦게 핀 연꽃을 볼 수 있었을 것이다. 조그만 배 수십 척이 수초 사이를 돌아다니면서 연밥을 따는데, 배를 탄 사람들이 모두 발가벗어 몹시 볼썽사납다. 못에는 오색 빛깔의 물고기가 많다. 큰 것 세 마리는 길이가 두 자는 넘겠다. 온몸에 얼룩이 졌다. 마침 창포 아래로 다가와서 먹이를 먹기에 내가 손뼉을 쳐서 놀라게 했지만 그래도 유유히 헤엄친다.

해마다 한여름이면 황제는 만인(滿人)·한인(漢人)의 대신(大臣) 그리고 한림(翰林)·대성(臺省)들을 위해 경도(瓊島)와 영대(瀛臺)에서 뱃놀이 연회를 베풀고, 연뿌리와 생선 같은 선물을 하사한다고 한다.

얼음이 얼고 눈이 쌓이는 겨울이면 팔기병(八旗兵)*128을 편을 나누어 얼음 위에서 공차기[蹴毬]와 썰매놀이[拕床]를 한다. 신 밑바닥에는 모두 쇠로 징을 박아서, 달리고 쫓기에 편리하고 재빠르게 움직일 수 있다고 한다. 이때는 천자도 거둥하여 구경한다고 한다.

자광각(紫光閣)

태액지를 끼고 돌아가면 지붕이 둥근 조그만 전각이 나온다. 위는 누런 기와를 이었고 처마는 푸른 기와를 썼다. 이 자광각 옆에 온갖 기이한 새와 짐승들을 기르는 백조방(百鳥房)이 있다. 백조방은 매우 높고 넓다. 그 아래

---

*127 중국 절강성(浙江省) 지방을 일컫는 말.
*128 청나라 시절 병제(兵制) 또는 행정구획. 병제는 그 군기(軍旗)의 빛깔에 따라 양황(鑲黃)·양백(鑲白)·양홍(鑲紅)·양람(鑲藍)·정황(正黃)·정백(正白)·정홍(正紅)·정람(正藍)의 여덟으로 일컬음.

는 말 달리고 활 쏘는 넓은 마당이 있다. 옛날에는 평대(平臺)라고 했다. 숭정 경진년(庚辰年)*129에 계주순무사(薊州巡撫使) 원숭환(袁崇煥)*130이 황제를 구원하러 북경에 들어왔으나 모함당하여 도리어 황제가 숭환을 찢어 죽였다는 평대가 바로 이곳인가 보다.

만불루(萬佛樓)

구룡벽(九龍壁)을 거쳐 몇 걸음 안 가서 큰 전각이 나온다. 전각을 둘러싼 벽에 감실(龕室)을 만들고, 그 감실 하나하나에 작은 불상 하나씩을 모셔 모두 1만 개나 된다고 한다. 또 높이가 여섯 길 정도 되는 관세음보살(觀世音菩薩)*131의 변상(變相)*132을 모셨다. 그 머리 위에도 1만의 부처가 둘러앉았다. 변상은 손이 천 개, 눈이 천 개이고, 간악한 귀신이나 독한 짐승, 뱀 따위의 요괴(妖怪)로 변하여 아직 불성(佛性)*133을 깨치지 못한 자들을 발로 밟고 있다.

그 앞에는 세 발 달린 커다란 향로가 놓여 있다. 높이가 한 길이 넘겠다. 수많은 요괴들이 향로의 발을 들어 팔로 떠받들고 다리로 버티면서, 눈을 부릅뜨고 입을 딱 벌리고 뭐라고 소리를 지르는 것 같고, 귀자모신(鬼子母神)*134이 유리 발우(鉢盂)*135를 들고 있는 듯하다.

---

*129 숭정 13년, 1640년. 조선 인조(仁祖) 18년임.
*130 명나라 장수. 청군(淸軍)과 싸워 공이 있었으나 후에 처형당하고 명나라도 망했음.
*131 아미타불(阿彌陀佛)의 왼편 협사(俠士)로서 보살 중에 가장 대비(大悲)의 마음이 많아 모든 사람의 소원을 다 들어 준다고 함. 우리나라 민간에서 가장 많이 숭배됨. 생략하여 관음보살이라고 함.
*132 여러 가지로 변화한 모습.
*133 사람이면 누구나 다 지니고 있다는 부처가 될 수 있는 성질. 부처가 되고 안 되고는 각자의 노력 여하에 달렸다고 함.
*134 여신(女神)의 하나. 5백 명의 자식을 가지고 있으면서도 남의 자식을 잡아먹으므로 세존(世尊)이 그가 가장 사랑하고 있는 막내아들을 감추어 그의 마음을 반성하게 하였다. 그리하여 마침내 정법(正法)으로 돌아와, 자식 없는 사람이 빌면 자식을 주고, 병든 사람이 빌면 병을 고쳐 준다고 함.
*135 절에서 쓰는 음식그릇. 밥그릇·국그릇·반찬그릇과 그릇을 씻는 물그릇 네 개가 한 벌임.

극락세계(極樂世界)

새로 지은 수백 칸 되는 큰 전각이 있다. 지붕을 푸른 기와로 이었다.
그 안에는 침향(沈香)과 전단향(旃檀香)*136으로 오악(五岳)*137 명산(名山)을 만들어 놓았다. 산봉우리가 높고 험하며, 골짜기는 깊고 그윽한데, 그 위에 사찰과 누각이 수없이 펼쳐져 있다. 비단을 오려 꽃을 만들었고, 소나무와 잣나무는 모두 구리와 쇠로 잎을 만들어 유난히 푸르게 보였다. 두어 길이나 되는 높이에서 폭포가 나는 듯이 쏟아져 물보라와 물거품이 일고 물방울이 날려 흰 눈이 펑펑 쏟아지는 듯, 해오라기가 훨훨 번득이는 듯, 사람들의 얼이 빠지게 한다.
사람들은 저마다 얼음을 새겨서 만든 것이라느니, 물이 떨어져서 생긴 것이라느니 떠들어 댔다. 하지만 실제로는 유리를 녹여서 만든 것이었다.

영대(瀛臺)

영대는 태액지 못가에 있다. 거기에는 소화전(昭和殿)이란 전각과 영훈정(迎薰亭)이란 정자가 서 있다. 모두 누런 기와를 이었다.
못가에는 아름드리 나무들이 우거져서 그윽하고도 깊숙하여 홍교(虹橋)는 나뭇가지에 가려 보이지도 않고, 복도는 구불구불 숲 속으로 서로 통한다. 나무 사이로 보이는 푸른 기와와 자줏빛 용마루는 못 한가운데로 그림자를 거꾸로 드리우고 있다. 때마침 연꽃이 지고 난 뒤라, 갈대 우거진 물가와 수초 사이로는 조그만 거룻배가 돌아다니면서 연밥을 따고 있다.

남해자(南海子)

숭문문을 나서서 남쪽으로 20리쯤 가면 남해자란 동물원이 나온다. 동물

---

*136 인도에서 나는 향나무의 하나. 불상을 만들기도 하고 향으로 피우기도 함.
*137 중국의 다섯 명산. 곧 태산(泰山)·화산(華山)·형산(衡山)·항산(恒山)·숭산(嵩山).

원은 사방이 160리이다. 원나라 때부터 천자가 동물을 모아 놓고 사냥을 해온 곳으로, 명나라 때 둘레에 담을 쌓고 해호(海戶)[*138]를 두어 지키게 하였다.

북경 안팎에서 좀처럼 새들을 보기 어려운 이유는 일대에 숲이 없기 때문이다. 그런데 남해자 못미처 몇 리만 가도 눈 앞에 울창한 숲이 끝없이 이어져 있고 까마귀·소리개·해오라기·황새 따위가 하늘을 뒤덮는다.

통역관 조달동(趙達東)이 뒤따라와서 말했다.

"지금 해호 마을에 전염병이 크게 번지고 있어서 남해자에 발을 들여놓을 수 없을 뿐 아니라, 해가 저물어 어렵겠습니다. 여기서 대홍교(大紅橋)까지가 20리이고, 대홍교에서 안응대(按鷹臺)까지가 10여 리인데, 그 사이에 세 개의 큰 못이 있어 물이 그득 차서 넘실거리는 데다가 72개의 다리도 있습니다. 그곳에 있는 전각이나 누대는 지금까지 도중에서 보아 온 것과 다를 것이 없고, 기른다는 기이한 새나 이상한 짐승은 말을 타고 달리지 않고는 제대로 볼 수 없습니다. 지금 여기서 급히 달려 돌아가더라도 오히려 성문이 닫히기 전에 성 안에 들어서기 어렵습니다."

그가 이렇게 한사코 만류하여 마침내 몹시 서운하고 섭섭했지만 수레를 돌렸다. 천녕사(天寧寺)와 백운관(白雲觀)을 들렀다 말을 채찍질하여 정양문을 들어서니, 벌써 황혼이 드리웠다.

회자관(回子館)

회족이 거처하는 회자관은 바깥문을 벽돌로 쌓았다. 그런데 그 만든 양식이 특이하고 기묘하여 천주당에서 본 것과도 달랐다.

문에 들어서서 몇 걸음 떼자, 개 두 마리가 와락 뛰어나와 입을 벌리고 으르렁거린다. 깜짝 놀라 뒤로 물러서니, 회족 어린이 수십 명이 손뼉을 치며 깔깔거린다. 문 안쪽 좌우에 큰 기둥을 마주 세우고, 두어 발 되는 쇠사슬로 개 목을 옭아서 그 기둥 아래 매어 놓아 문을 지키게 해 놓았다. 그래서 개

[*138] 해변의 어호(漁戶).

가 사람을 보면 와락 달려들기는 하지만, 쇠사슬 길이가 짧아서 사람에게 몇 걸음 앞에서 멈춘다. 그러나 그 형세는 몹시 무서웠다.

회족 여인 10여 명이 나와 우리를 바라보는데, 모두 남자처럼 건장하다. 볼은 붉고 광대뼈는 넓고, 눈썹은 푸르고 눈동자는 붉다. 그 중의 한 젊은 여인이 두어 살 난 어린아이를 안고 서 있는데, 자색이 매우 곱다.

모두 흰옷을 입었고 숱이 많은 머리털은 십여 가닥으로 땋아 등 뒤로 늘어뜨렸다. 머리에는 광대의 뾰쪽한 모자 같은 흰 모자를 썼고, 옷은 우리나라 철릭〔帖裏〕*139 같이 생겼는데 소매가 좁다.

유리창(琉璃廠)

유리창은 정양문 밖의 남쪽 성 아래에서 가로로 뻗어 선무문 밖까지 이른다. 유리창은 연수사(延壽寺) 옛터에 자리잡고 있다. 송나라 휘종(徽宗)이 북쪽을 순수(巡狩)*140할 때 정황후(鄭皇后)와 함께 연수사에 머물렀다고 한다. 지금은 공장이 되어 여러 가지 빛깔의 유리 기와와 벽돌을 만들어 내고 있다.

공장에서는 사람들의 출입을 금하고, 기와나 벽돌을 구울 때는 더욱 꺼리는 것이 많아서, 비록 전속 기술자라 하더라도 모두 넉 달치 양식을 싸가지고 들어가는데, 한번 들어가면 마음대로 나오지 못한다고 한다.

공장 밖은 온통 가게들로, 재화와 보물이 가득 들어차 넘쳐난다. 서점으로 가장 큰 곳은 문수당(文粹堂)·오류거(五柳居)·선월루(先月樓)·명성당(鳴盛堂) 등이다. 천하의 거인(擧人)*141들과 중국 안의 이름 있는 많은 선비들이 이곳에 유숙하곤 한다.

---

*139 무관(武官)이 입는 공복(公服)의 한 가지.
*140 천자가 사냥으로 군사를 조련하는 한편, 제후국(諸侯國)들의 정치·민정 등을 시찰하는 일. 나중에는 다만 천자가 제후국을 돌아다녀 정치와 민생만을 시찰하였음.
*141 각 지방에서 보는 과거시험에 합격하여 중앙에서 보는 과거에 응시할 자격을 얻은 선비.

채조포(綵鳥舖)

새를 파는 가게 안에는 온갖 새들이 시끄럽게 지저귀고 있어, 마치 산장의 창문 앞에서 봄철 아침을 맞는 것 같다. 모두 철망으로 만든 조그만 새장 하나에 한 마리씩 들어 있고, 간혹 두 마리가 들어 있는 것은 암수 한 쌍이다. 새는 모두 우리나라에도 있는 종류 같은데 그 이름은 잘 모르겠다.

새장 안에는 조그만 종지에 물을 담아 놓았고, 조 이삭 두셋을 매달아 놓아 마음대로 마시고 쪼아먹게 한다. 빈 새장을 들고 온 사람들이 서로 어깨를 맞비빌 정도로 붐볐다.

한림(翰林) 팽령(彭齡)이 주(周) 거인(擧人)과 함께 각기 빈 새장을 들고 가게에 와서 암수 한 쌍이 든 새장과 바꾸어 가는데 그 새는 우리나라 속명(俗名)으로 뱁새라는 것으로 별로 희귀한 새가 아닌데도 값을 닷 냥이나 주고 간다.

금계(錦鷄)는 집닭처럼 생겼다. 볏이 없고, 또 볼에 쌍으로 달린 귀고리 모양도 없다. 부리와 목이 모두 붉고, 흰 꽁지깃은 두 개가 길게 나서 끝이 약간 꼬부라졌다. 거기에는 동전 같은 푸른 점이 하나 있다. 커다란 물통에 물을 부어 놓고, 둘레에 울타리를 둘러치고, 위에 그물을 덮어 그 안에서 금계를 기른다.

쇠창살로 만든 큰 새장에는 흰 꿩이 들어 있다. 크기가 까치만 하고 꽁지깃은 금계처럼 두 개이다.

화초 가게(花草舖^{화초포})

꽃가게의 꽃 중에서 가장 많은 것은 수구(繡毬 : 국화의 하나. 수국)・추해당(秋海棠 : 추해당과 원예화초. 베고니아)과 석죽(石竹 : 패랭이꽃)이다. 여러 가지 빛깔로 모양새를 갖추어 화병에 꽂아 놓은 꽃은 모두 사계화(四季花)*142이고, 푸른 꽃병에 꽂아 놓은 한 송이 붉은 연꽃은 크기가 박꽃만 하고 잎이 손바닥만 하다.

---

*142 장미과에 딸린 늘푸른떨기나무. 흰 꽃 또는 붉은 꽃이 사철 계속해 핌.

때마침 가을이라 국화가 한창이다. 모두 우리나라에도 있는 꽃으로, 가장 많은 것이 학령(鶴翎)이라는 국화 품종인데, 줄기가 그다지 길지 않다. 유독 금국(金菊)이 가장 이색적이며, 꽃송이가 겨우 동전만 하고, 빛깔은 새로 금박칠한 것처럼 곱다.

수선화는 아직 피지 않았고, 난초는 훤초(萱草)*143 비슷한데 짙은 취색(翠色)*144이나 맡을 만한 향기는 없다.

---

*143 원추리. 나리과에 딸린 풀로서 등황색에 자흑색 점이 있는 꽃이 핌.
*144 남빛과 푸른빛의 중간 빛.

공자 사당을 참배하고
알성퇴술(謁聖退述)

순천부학(順天府學)

　북경 동북쪽 모퉁이 시시(柴市)*1의 맞은편에 두 방(坊)이 있는데 이를 육현방(育賢坊)이라고 한다. 두 방 중간에 순천부학이 있다. 영성문(欞星門)을 들어서면 문 안쪽에 반달 모양의 못을 파 놓았는데, 이 못을 반수(泮水)라고 한다. 세 개의 구름다리를 놓았고 난간은 흰 돌로 만들었다. 다리 북쪽에 세 문이 있으니, 가운데가 대성문(大成門), 왼쪽이 금성문(金聲門), 오른쪽이 옥진문(玉振門)이다.
　성전(聖殿)*2 바깥 편액에는 선사묘(先師廟)라 했고, 안에는 만세사표(萬世師表)라 썼다. 강희제(康熙帝)의 글씨이다. 위패에는 '지성선사 공자지위(至聖先師 孔子之位)'라 썼다. 배향(配享)*3한 네 분은 동쪽에 복성 안자(復聖顏子)·술성 자사(述聖子思)의 위패가, 서쪽에 종성 증자(宗聖曾子)·아성 맹자(亞聖孟子)의 위패가 있다.
　동·서 두 행랑채 사이에는 잣나무 고목이 많은데, 세상에 전해 오는 말로는 노재(魯齋) 허형(許衡)*4이 손수 심은 것이라고도 하고, 또 어떤 이는 야율초재(耶律楚材)*5가 심은 것이라고도 한다.
　명륜당(明倫堂)은 성전 동쪽에 있고, 계성사(啓聖祠)는 명륜당 북쪽에 있

---

*1 원나라 지원(至元) 19년에 송나라 승상 문천상(文天祥)이 순국(殉國)한 곳으로 그의 사당이 있음.
*2 대성전(大成殿).
*3 제왕이나 성인의 사당에, 공이 있는 신하나 뛰어난 제자를 함께 모심.
*4 원나라의 유학자로 주자학을 대표함. 노재는 그의 호임.
*5 원나라 사람. 천문·지리·율력(律曆)·술수(術數)·석로(釋老)·의복(醫卜) 등에 정통하였으며, 원나라 입국(立國)의 규모와 제도는 다 그에 의해 정해졌음.

다. 규문각(奎文閣)은 명륜당 동북쪽에 있고, 문승상사(文丞相祠)는 명륜당 동남쪽에 있다. 중문(中門) 밖의 왼쪽이 명환사(名宦祠)이고, 오른쪽이 향현사(鄕賢祠)이다.

순천부학은 옛날 보은사(報恩寺)이다. 원나라 지정(至正)*6 말년에 한 유람승이 상담(湘潭)*7 지방에서 시주를 받아다 여기에 절을 지었는데 미처 불상을 안치하기도 전에 명나라 군사가 북경을 함락시키고는 이곳을 공자묘라 하고 군졸들이 들어가지 못하게 하였다.

스님은 당황하여 공자 위패를 빌려 대웅전 안에 모셔 놓았다. 그 뒤 스님은 감히 이 신주를 다른 데로 옮겨놓지 못하여 마침내 북평(北平) 부학(府學)이 되었다가 청나라가 수도를 북경으로 옮기면서 순천부학이 되었다.

태학(太學)

북경의 동북쪽 모퉁이 동네를 숭교방(崇敎坊)이라 하고, 사패루(四牌樓)가 있는 거리를 성현방(成賢坊)이라고 한다. 패루 안은 모두 국자감(國子監)*8이라고 써 놓았다.

영락(永樂) 2년에 세운 국자감의 왼쪽이 공자 사당인 묘사(廟祠)이고, 오른쪽이 태학이다. 선덕(宣德)*9 4년 8월에 대성전(大成殿) 앞의 양쪽 행랑채를 수리했는데, 이에 앞서 태학이 원나라에 의해 더럽혀졌다고 하여 이부(吏部)*10의 주사(主事) 이현(李賢)이 황제에게 수리하기를 주청하여 그에 따른 것이었다. 정통(正統) 9년 정월에 태학이 완공되자, 천자가 거둥하여 선성(先聖) 공자에게 참배하고 석전례(釋奠禮)*11를 거행한 다음 이륜당(彝倫堂)으로 물러나와서, 좨주(祭酒)*12 이시면(李時勉)에게 강의를 명했다.

---

*6 원나라 순제(順帝)의 연호. 1341~1367년. 고려 충혜왕(忠惠王) 때부터 공민왕(恭愍王) 때임.
*7 중국 호남성(湖南省) 상수(湘水) 연변에 있는 현(縣).
*8 유학훈도(儒學訓導)의 정령(政令)과 국자학(國子學) 이하의 학교를 관장하는 관아.
*9 명나라 선종(宣宗)의 연호. 1426~1435년. 선종 4년은 1429년. 조선 세종(世宗) 11년임.
*10 6부의 하나. 우리나라 이조(吏曹)와 같음.
*11 2월과 8월 상정일(上丁日)에 공자의 문묘(文廟)에 지내는 제사.

연호를 홍치(弘治)*¹³로 고치고 나서 황제가 태학에 거둥하였다. 그때의 일을 기록한 성가임옹록(聖駕臨雍錄)에는 태학에 관한 칙지(勅旨)*¹⁴·장주(章奏)*¹⁵·의례(儀禮)·문이(文移)*¹⁶·강의(講議)·관직(官職) 등을 모두 실어서, 태학의 의례와 제도 등이 이때에 크게 완비되었음을 알 수 있다.

만력(萬曆) 경자년(庚子年)에 성전의 기와를 유리 기와로 바꾸었다. 사업(司業)*¹⁷ 부신덕(傅新德)의 청에 따른 것이었다. 숭정(崇禎) 14년에 태학을 중수(重修)하여 완성되자, 8월에 황제가 친히 태학에 거둥하여, 좨주 남거인(南居仁)이 서경(書經)의 고요모편(皐陶謨篇)을 강의했고, 사업 나대임(羅大任)은 역경(易經) 함괘(咸卦)를 강의했다. 이때 3품 이상의 문무관들이 다 앉아서 강의를 들었고 황제가 차를 하사하였다.

강의가 끝나자 황제는 경일정(敬一亭)으로 들어가, 세종(世宗)이 세운 정자(程子)의 사잠비(四箴碑)*¹⁸와 석고(石鼓)의 글자가 파손된 것을 보고, 수리하여 보고하라고 명했다.

명나라 사람 장일규(蔣一葵)가 지은 장안객화(長安客話)에, '명나라 초에 고려에서 김도(金濤) 등 네 명을 보내 태학에 입학시켰는데, 홍무(洪武) 4년에 김도는 진사시험에 합격하여 귀국했다'고 하였다.

명나라 사람 곽반(郭鑿)의 태학지(太學志)를 보면, '융경(隆慶)*¹⁹ 원년에 황제가 국자감에 거둥하였는데, 조선의 사신 이영현(李榮賢) 등 여섯 사람이 각자 품계에 맞는 의관을 갖추고 이륜당으로 가서 문신들의 반열 다음에 섰다'고 하였다.

나는 부사(副使)와 서장관(書狀官)을 따라 뜰에서 두 번 절을 하는 예를 행하였다. 내가 앞서 열하에 있는 태학을 참배했을 때 그 제도가 서울의 성균관과 같은 것을 알았다. 이 공자묘를 두루 살펴보니 명나라의 옛 제도를

---

*12 성균관(成均館) 또는 국자감(國子監)의 한 벼슬.
*13 명나라 효종(孝宗)의 연호. 1488~1505년. 조선 성종(成宗) 때임.
*14 임금의 명령. 칙명.
*15 신하가 임금에게 올리는 문서. 천자에게 올리는 문서.
*16 관청 사이에 서로 오가는 문서.
*17 국자감의 사업(司業), 곧 대학의 교수.
*18 정자의 '예(禮)'가 아니면 보지도, 듣지도, 말하지도, 움직이지도 말라'는 잠언을 써 놓은 비석.
*19 명나라 목종(穆宗)의 연호. 1567~1572년. 조선 선조(宣祖)때임.

본뜬 듯하고, 태화전과 비교하면 비록 크기로는 약간 모자라는 듯하나 제도의 정제(整齊)는 별 차이가 없다. 뜰의 넓이와 둘러 있는 행랑채 또한 동악묘(東岳廟)*20와 비교할 바가 아니다.

성인들의 위패는 모두 함에 넣어 감실(龕室)에 안치하고 누런 휘장을 드리웠다. 강희(康熙)*21 연간에 주자(朱子)를 승격시켜 십철(十哲)*22 다음에 모셨다. 성전 안에 거문고·비파·종·북 따위의 악기를 진열해 놓았다.

양쪽 행랑채에 종향(從享)*23한 이는 모두 1백 명으로, 성전에 배향한 것과 같다. 태학에는 윤리 도덕을 강론하는 일곱 개의 이륜소(彝倫所)가 있으니, 곧 회강(會講)·솔성(率性)·수도(修道)·성심(誠心)·정의(正義)·숭지(崇志)·광업(廣業)이다. 학생들이 공부하는 곳이라고 한다.

이륜당 앞의 측백나무는 원나라 때 유학자 허형(許衡)이 손수 심은 것이다. 사당 문에는 석고(石鼓 : 돌북) 10여 개를 늘어놓았다. 주나라 선왕(宣王)의 사냥을 기념해 세운 것이라고 한다.

어떤 사람은 말하기를, '노공(魯公) 안진경(顔眞卿)*24의 쟁좌위첩(爭座位帖), 평숙(平叔) 장백단(張伯端)*25의 금단사백자(金丹四百字), 문민(文敏) 조맹부(趙孟頫)*26 우군(右軍) 왕희지(王羲之)*27의 악의론(樂毅論)·황정경(黃庭經)·난정정무본(蘭亭定武本) 등 다섯 개의 비문이 모두 이 태학 안에 있다' 하였지만, 어디 있는지 알 수 없어 결국 보지 못한 채 돌아섰다.

---

*20 동악대제(東岳大帝)를 모신 사당.
*21 청나라 성조(聖祖)의 연호. 1662~1722년. 조선 현종(顯宗)·숙종(肅宗)·경종(景宗) 때임.
*22 공자의 뛰어난 제자 10명, 곧 안연(顔淵)·민자건(閔子騫)·염백우(冉伯牛)·중궁(仲弓)·재아(宰我)·자공(子貢)·염유(冉有)·계로(季路)·자유(子游)·자하(子夏).
*23 배향(配享). 공신의 신주를 종묘에 모시는 일.
*24 당나라 때의 충신(忠臣), 학자. 박학(博學)하여 문장과 글씨에 뛰어났으며, 안녹산(安祿山)의 난을 예측했음. 노국공(魯國公)에 봉해졌으므로 노공이라 함.
*25 송나라 때 도사(導士). 평숙은 자임. 99살에 책상다리를 하고 앉아서 죽었음.
*26 송나라 종실 출신으로 원나라 학자. 그림과 글씨에도 뛰어났음. 문민은 시호임.
*27 진(晉)나라 때의 명필. 연못가에서 글씨를 공부하여 연못 물이 온통 새까매졌다고 함. 원제(元帝) 때 우군장군(右軍將軍)에 임명되었으므로 우군이라 일컬었음.

학사(學舍)

어제 구양(歐陽)이라는 태학의 조교(助敎)가 국자감 안팎에 있는 학사의 제도를 베껴서 보여 주었다.

내호(內號) 학사는 광거문(廣居門) 오른편에 있으며 이것을 퇴성호(退省號)라고 하는데, 길게 연달아 뻗친 네 채의 학사가 모두 49칸이다. 남쪽으로 목욕실과 화장실이 있다. 퇴성호 문에서 북으로 꺾어져 서쪽에는 천(天)·지(地)·인(人)·지(知)·인(仁)·용(勇)·문(文)·행(行)·충(忠)·신(信)·규(規)·구(矩)·준(準)·승(繩)·기(紀)·강(網)·법(法)·도(度) 등 18호의 학사가 있는데, 매 호마다 21칸씩이다. '도(度)'자가 붙은 학사 북쪽에 5칸쯤 되는 보안당(保安堂)이 있는데 이곳은 병에 걸린 국자감 학생을 거처하게 한다.

이륜당 뒤에는 격(格)·치(致)·성(誠)·정(正) 등 4호의 학사가 있다. 모두 98칸으로 가정(嘉靖) 7년에 경일정(敬一亭) 밖에다 고쳐 지었다.

동호(東號) 학사는 성묘(聖廟)의 왼편에 있으며 모두 34칸이다. 대동호(大東號) 학사는 거현방(居賢坊)의 새만백창(賽萬百倉) 서문가(西門街)에 있고 문은 두 개 나 있다. 하나는 등준문(登俊門)으로 학사가 동·서 두 줄로 나뉘어 40칸이고, 또 하나는 집영문(集英門)으로 학사가 27칸이다. 신남호(新南號) 학사는 북성(北城)의 두 갈래 거리 동쪽 어귀에 있다. 문은 하나이고 집은 동·서 두 줄로 모두 34칸이며 남북으로는 4칸이다. 소북호(小北號) 학사는 거현방(居賢坊) 거리에 있으며 문은 하나이고 집은 남·북 두 줄로 모두 80칸이다. 교지호(交趾號) 학사는 국자감 남쪽에 있으며 문은 하나이고 집은 남·북 두 줄로 모두 28칸이다.

서호(西號) 학사는 성현가(成賢街) 서북쪽, 국자감에서 50걸음쯤 떨어져 있다. 옛 운한사(雲閒寺) 자리이다. 작은 방이 10칸이고 이층 방이 9칸인데, 본디 국자감에 딸린 관리들이 번갈아 거처한다. 북쪽에 작은 방 4칸, 남쪽에 한 칸, 서쪽에 작은 방 16칸이 있다. 여기는 국자감 학생들만 거처하는 곳이다.

밤에 박내원과 함께 계산해 보았더니 모두 580여 칸이었다.

이 밖에도 이륜당에서 시작하여 동·서의 강당·서고·식품창고·식당·약방·

종과 북을 치는 누각, 주방·욕실·벌 주는 방, 박사(博士)들의 집회처, 계성사(啓聖祠)*28와 토지사(土地祠)*29 등 또한 이루 헤아릴 수 없이 많다고 하니, 구양이 이를 베껴서 보인 것은 아마도 외국 사람에게 과시하려는 생각에서였던 모양이다.

그러나 이것도 한·당(漢唐) 때에 비하면 초라한 감이 없지 않다. 송나라 경력(慶曆)*30 연간에 왕공진(王拱辰)이 국자감을 맡고 있을 때 이렇게 말하였다.

"한(漢)나라 태학은 교실이 1,800칸이고 학생이 3만 명이었으며, 당나라 때는 교실이 6,200칸이나 되었다."

당시 교실이 그처럼 넓고 학생이 그처럼 많았다니, 후세에도 비교가 되지 않는다. 명나라 홍무(洪武)*31 4년에 황제가 조서를 내려 각 주·부·현에서 재주가 뛰어난 사람을 뽑아 국자감에 입학시켰다. 당시는 전쟁이 막 끝난 뒤라서 떠돌아다니던 백성들이 미처 제집으로 돌아오지 못했건만, 그래도 진여규(陳如奎) 등 2,782명이나 입학하였다. 홍무 26년에는 학생으로 열자(悅慈) 등 8,124명이 입학하였고 영락(永樂) 19년에는 학생이 방영(方瑛) 등 9,884명에 이르렀으나 만 명도 채우지 못했으니, 이것도 전대(前代)의 선비 양성의 성대함에 비한다면 오히려 많이 못 미친다.

지금의 청나라는 건국한 지도 오래 되었고, 나라 안이 태평하여 문물과 교화가 찬란하며 스스로 한·당 때보다 낫다고 자랑하지만, 이제 내가 여러 교실을 두루 살펴보건대 열에 여덟 아홉은 비어 있다. 또 며칠 전에 석전(釋奠)이 끝나 대성문 왼편 극문(戟門)*32의 왼쪽 벽에 붙여 놓은 석전에 참례한 학생들의 명단에는 겨우 4백여 명에 불과했는데, 모두 만주인 아니면 몽고인이요, 한족은 한 사람도 없었다.

이것은 무슨 까닭인가? 한족은 벼슬길에 나아가 공경(公卿)의 지위에 오른다 하더라도 성 안에 집을 둘 수가 없으니, 수도에 유학하는 한족 선비들

＊28 공자의 아버지 숙량흘(叔梁紇)을 모신 사당. 뒤에 숭성사(崇聖祠)로 고쳤음.
＊29 토지신을 모신 사당.
＊30 송나라 인종(仁宗)의 연호. 1041～1049년. 고려 정종(靖宗)·문종(文宗) 때임.
＊31 명나라 태조(太祖)의 연호. 1368～1398년. 선종 4년은 1371년. 고려 공민왕(恭愍王) 20년임.
＊32 관청이나 대관(大官) 집에 의장(儀仗)에 쓰는 무기를 늘어 세운 문.

도 역시 감히 성 안에서 거처하지 못하는 것일까? 아니면 한족 스스로가 저들 오랑캐를 되놈이라 하여 함께 공부하는 것을 수치로 여겼기 때문일까?

비록 그렇다 하더라도 여기엔 본받을 만한 것이 있고, 칭찬할 만한 점도 있다. 교실들이 모두 텅텅 비어 있으니 마땅히 먼지가 쌓이고 잡초가 무성해야 할 것인데, 샅샅이 깨끗하게 쓸고 닦았으며, 시렁과 탁자는 잘 정돈되어 있고, 문과 창문도 밝고 깨끗하게 종이를 발라 한 군데도 찢어지거나 떨어진 데가 없다. 이것이 비록 하나의 조그만한 일이지만, 이로써 중국의 법도(法度)가 대개 어떠한가를 넉넉히 알 만하다.

역대의 비석들(역대비(歷代碑))

원나라 학자 반적(潘迪)의 석고음훈비(石鼓音訓碑)는 대성문 왼편 극문 앞에 있고, 원나라 대덕(大德)*33 11년에 세운 가봉성호조비(加封聖號詔碑)는 외지경문(外持敬門) 앞에 있고, 지순(至順)*34 2년에 세운 가봉선성부모처병사배제사비(加封先聖父母妻竝四配制詞碑)는 외지경문 서쪽에 있다. 명나라 홍무(洪武) 3년에 세운 신명학제비(申明學制碑), 15년에 칙명으로 세운 칙유태학비(勅諭太學碑), 16년에 세운 정학규비(定學規碑), 30년에 세운 흠정묘학도비(欽定廟學圖碑), 가정(嘉靖) 7년에 경일정(敬一亭)을 짓고 세운 어제성유비(御製聖諭碑), 정통(正統) 9년에 세운 어제중수태학비(御製重修太學碑) 등이 있다. 홍무 연간에 세운 네 개의 비는 생각건대 남태학(南太學)에 세웠던 것으로, 후세에 다시 추가로 새겨 여기에 다시 세운 것 같다.

청나라 인황제(仁皇帝)*35가 지은 선성찬비(先聖贊碑)와 안증사맹찬비(顔曾思孟贊碑)는 모두 강희(康熙) 28년 윤3월에 세운 것이고, 어제헌괵비(御製獻馘碑)는 아로덕유(阿魯德猷)를 평정하고 나서 강희 43년에 세운 것이다. 통역관 조달동(趙達東)을 시켜 여러 비의 비문을 베끼게 하였으나, 미

---

*33 원나라 성종(成宗)의 연호. 성종 11년은 1307년. 고려 충렬왕(忠烈王) 33년임.
*34 원나라 문종(文宗)·영종(寧宗)의 연호. 그 2년은 문종 2년, 1331년. 고려 충혜왕(忠惠王) 원년임.
*35 청나라 성조(聖祖)를 일컫는 말.

처 다 베끼지 못했다. 비문 가운데는 볼 만한 문장이 많았는데 두루 다 보지 못해 유감스러울 뿐이다.

역대 진사들의 이름을 새긴 비석(역대진사제명비)(歷代進士題名碑)

국자감(國子監)의 진사제명비는 명나라 선덕(宣德) 5년 임진(林震)의 방(榜)부터 시작하여 명나라 말기 숭정 13년 경진(庚辰) 위덕조(魏德藻)의 방까지 모두 71개이다.

그 아래에도 아직 비석 두 개를 더 세울 만한 자리가 있었는데, 황제가 진사를 싫어하고 박대하여, 낙방한 거인(擧人) 사돈(史惇)과 오강후(吳康侯) 등을 머물게 하여 특별히 벼슬에 임용하였다.

사돈 등이 황제에게 진사의 전례에 따라 성전(聖殿)의 석채(釋菜)*36에 참례하고 비를 세워 이름을 기록하기를 청하자, 황제가 이를 허락하였다. 태학사(太學士) 주연유(周延儒)가 칙명을 받들고 비문을 지어 경진비(庚辰碑)*37 다음에 세웠다. 16년 계미(癸未)에 양정감(楊廷鑑)의 방을 세운 뒤에는 비를 더 세울 자리가 없게 되었다. 명나라의 진사제명비는 이것으로 그쳤다고 한다.

지금 청나라의 과거 제도는 모두 명나라의 옛 제도를 따른 것이다. 제명비(題名碑)가 빽빽이 들어서서 마치 총총하게 파를 심은 밭이랑 같아 이를 전부 기록할 수도 없다.

진실로 깨끗한 정치를 베풀어 덕화(德化)가 멀리 미치고 역대 왕조가 자주 바뀌면서도 중국이 계속 번창하여 오래도록 북경을 수도로 삼아 태학에 제명비 세우는 관례를 폐지하지 않는다면, 그 많은 비석의 이무기 머리와 거북 잔등을 어디에 다시 세울지 모르겠다.

---

*36 옛날 대학(大學)에서 선성(先聖)이나 선사(先師)를 제사지낼 때 연주하는 예식. 석전(釋典)의 약식이니, 석전에는 소·양 등의 희생(犧牲)과 음악을 쓰는데, 석채에는 채소만 쓰고 음악도 없음. 석채(釋菜)로도 씀.

*37 위덕조(魏德藻)의 비.

돌로 만든 북(석고
(石鼓))

석고는 10개로 10간(干)*38의 순으로 대성문 양쪽 출입문 안에 차례로 벌려 놓았다. 각각 5개씩이다. 주나라 선왕(宣王 : 재위 기원전
827~782년)이 기산(岐山) 남쪽에서 대규모 사냥을 하고 북 모양으로 돌을 깎아 그 사실을 기록했는데, 높이가 두 자 남짓하고 지름이 한 자쯤 되었다. 사주문(史籒文)의 글씨에, 글은 시경의 풍아(風雅)*39와 비슷하니, 천자의 사냥을 찬미하는 것이었다.

석고는 처음에 진창(陳倉)*40 들판에 있었다. 당나라 때 한유(韓愈)*41가 박사(博士)가 되었을 때 좨주(祭酒)에게 청하여 이 석고를 태학에 옮겨다 놓으려고 했으나 뜻을 이루지 못했다. 재상 정여경(鄭餘慶)*42이 봉상부(鳳翔府)*43의 수령으로 있을 때 그 석고를 가져다가 고을 부자묘(夫子廟)*44에 두었는데, 뒷날 오대(五代)의 난리통에 다 흩어져 없어져 버렸다.

그 뒤 송나라 사마지(司馬池)*45가 봉상부 수령으로 갔을 때 그 석고를 찾아서 도로 봉상부의 부학(府學)에 두었으나 하나는 아주 잃어버리고 말았다. 그랬는데 황우(皇祐)*46 4년에 향부사(向傳師)가 잃었던 석고를 찾아내어 마침내 10개가 모두 갖추어졌다.

대관(大觀)*47 2년 섬서성의 경조(京兆)*48에서 북송(北宋)*49의 수도 변

---

*38 금(金)·목(木)·수(水)·화(火)·토(土) 오행(五行)을 각각 형제(음양)로 나눈 갑(甲)·을(乙)·병(丙)·정(丁)·무(戊)·기(己)·경(庚)·신(辛)·임(壬)·계(癸)의 10가지.
*39 지방의 민요인 국풍(國風)과 조정의 아악인 대아(大雅)·소아(小雅).
*40 중국 섬서성에 있는 지명.
*41 당나라 때 학자. 자는 퇴지(退之). 여러 벼슬을 역임하여 이부시랑(吏部侍郞)에 이르렀고, 창려백(昌黎伯)에 봉해졌음. 당송팔대가(唐宋八大家)의 한 사람.
*42 당나라 때 재상. 자는 거업(居業). 글씨와 문장에 뛰어났음.
*43 섬서성(陝西省) 봉상현(鳳翔縣)에 있었음.
*44 공자묘(孔子廟).
*45 자는 화중(和中). 시어사(侍御史)를 지냄.
*46 송나라 인종(仁宗)의 연호. 그 4년은 1052년. 고려 문종(文宗) 6년임.
*47 송나라 휘종(徽宗)의 연호. 그 2년은 1108년. 고려 예종(睿宗) 3년임.
*48 지금의 북경.
*49 송나라의 태종(太宗)에서부터 흠종(欽宗)까지는 북방 변경(汴京)에 도읍했으므로 북송이라 하고, 그 후 고종(高宗)에서부터 멸망할 때까지는 남방 임안(臨安)에 도읍하고 있었으므로 남송이라 함.

경(汴京)*50으로 옮겨, 황제의 명으로 음각한 글자획을 금으로 메워서 처음에는 벽옹(辟雍)*51에 두었다가 뒤에 보화전(寶和殿)으로 옮겼다.

정강(靖康)*52 2년에 금나라가 변경을 함락시키자, 석고를 융전으로 겹겹이 싸서 수레에 실어 북경으로 가져다 그 금을 후벼내고, 왕선무(王宣撫)의 집에 두었다가, 다시 대흥부학(大興府學)으로 옮겨 놓았다.

원나라 대덕(大德) 11년에 우집(虞集)이 대도*53 교수로 있을 때, 이 석고를 풀숲 진흙 속에서 찾아내어 비로소 국학(國學)*54에 가져다 두었다. 그 중 '기(己)'자의 석고는 민간에 굴러다니면서 머리 부분을 우묵하게 파 절구로 썼기 때문에, 새겨져 있던 글자는 더욱 알아볼 수 없게 되었지만, 석고는 고적 중에서도 가장 기이한 것이라고 한다.

내 나이 18살에 처음으로 한유(韓愈)와 소식(蘇軾)의 석고가(石鼓歌)를 읽고 그 글의 독특함을 기이하게 여겨, 석고의 글 전문(全文)을 보지 못함을 한스럽게 생각했었다. 그러다가 이제 손으로 석고를 어루만지며 입으로 반적의 석고음훈비를 읽으니, 어찌 외국 사람으로서 큰 행운이 아니겠는가?

승상 문천상의 사당 (문승상사 文丞相祠)

송나라 충신인 문천상(文天祥)의 사당인 문승상사는 시시(柴市 : 나무장터) 곧 선생이 순국한 곳인 교충방에 있다. 사당은 세 칸으로 앞에 대문이 있고, 또 대문 앞으로 사당의 서쪽에 회충회관(懷忠會館)이 있다. 강우(江右), 즉 강서 지방의 사대부들이 설날 이곳에 모여 문 승상의 제사를 지낸다.

명나라 홍무 9년에 북평(北平) 안찰부사(按察副使) 유송(劉菘)이 처음으로 사당 짓기를 청원하였다. 영락 6년 태상박사 유이절(劉履節)이 황제의

---

*50 금의 하남성(河南省) 개봉현(開封縣)에 있던 지명. 오대(五代)·양(梁)·진(晉)·한(漢)·주(周)와 북송(北宋)이 다 여기 도읍했음.

*51 태학(太學).

*52 송나라 흠종(欽宗)의 연호. 그 2년은 1127년. 고려 인종(仁宗) 5년임.

*53 지금의 북경을 원나라 때 대도라 일컬었음.

*54 천자·제후·귀족의 자제와 나라 안의 준재(俊才)를 교육하기 위해 국도(國都)에 설치한 학교.

명을 받들고 명나라의 충신들을 제사지낼 때, '문천상은 송나라 왕실에 충성을 다하였고, 북경은 그가 절개를 바쳐 죽은 땅이니 사당을 지어 제사를 모셔야 합니다' 하니, 황제가 이를 따랐다고 한다.

원나라 학자 유악신(劉岳申)이 지은 신공전(信公傳 : 문천상을 신국 공으로 불렀다)에 의하면, '공이 북경 숙사에 이르자 최고의 손님으로 대우하여 장막을 치니, 공은 의리에 차마 여기서 잠을 자지 못하고 앉은 채 날이 밝았다. 원나라 장수 장홍범(張洪範)이 와서 항복을 청하였으나 조금도 굴하지 않았다. 황제께 보고하고 병마사로 넘겨 공에게 항쇄족쇄*55를 채우고 10여 일 동안 빈 집에 가두었다가, 다시 결박을 풀고 칼을 벗긴 후 4년 동안 감금하였다. 시집으로 지남록(指南錄) 3권, 지남후록(指南後錄) 5권, 집두(集杜) 200수가 있는데 모두 자작 서문이 있다' 하였다.

또 명나라 사람 조필(趙弼)의 신공전에는 이렇게 쓰여 있다.

'공이 시시로 끌려 나오자 구경꾼이 만여 명이나 몰려들었다. 공은 죽기 전에 남쪽을 향하여 두 번 절을 올렸다. 이날 큰바람이 일어 모래를 날리고 천지가 캄캄해져 궁중에서는 촛불을 켜들고 다녔다. 세조는 진인(眞人) 장백단(張佰端)에게 까닭을 묻자, 그는 아마도 문 승상을 죽였기 때문인 것 같다고 하였다.

황제는 즉시 공에게 특별히 '금자광록대부 개부의동검교태보 중서평장정사 여릉군공(金紫光祿大夫開府儀同檢校太保中書平章政事廬陵郡公)'으로 추증 벼슬을 내리고, 또 시호를 충무(忠武)라 하였다. 또 추밀(樞密) 왕적옹(王積翁)*56에게 신주를 써서 시시를 깨끗이 청소하여 단을 설치하고 제사를 지내게 하였다. 승상 발라(孛羅)가 처음 예를 드리는데, 갑자기 돌개바람이 불어 신주를 휩싸 구름 속으로 가져가 버렸다. 할 수 없이 '전 송나라 우승상'이라고 신주를 고쳐 쓰자 하늘이 비로소 맑게 개었다.

처음에 강남에서 10명의 의사가 공의 시신을 거적에 싸 둘러메고 남문 밖 큰길 가에서 장사를 지냈다. 대덕 2년에 공이 의로 맺은 아들 승(陞)이 직릉호(織綾戶)의 아낙네를 만났는데, 그는 공의 옛 몸종인 녹하(綠荷)였다.

---

*55 항양(桁楊). 죄인의 목에 씌우던 칼과 그 발에 채우던 차꼬를 아울러 이르는 말.
*56 자는 양존(良存), 양신(良臣). 원나라에 저항하던 송나라 신하로, 송 멸망 후 원나라 신하가 됨. 일본 사신으로 가다가 피살됨.

그는 승에게 이 이야기를 해 주었고, 드디어 공의 시신은 고향인 여릉(廬陵)에 모시게 되었다. 선덕(宣德) 4년 북경의 부윤(府尹)을 지낸 이용중(李庸重)이 사당을 짓고, 해마다 춘추 중간 삭일(朔日)에 관원들이 제사를 지내도록 하였다.'

문승상사에 대한 이야기는 따로 한 편을 더 쓴다.

승상 문천상 사당 이야기 (문승상사당기) (文丞相祠堂記)

문(文) 승상(丞相)*57의 사당을 참배하였다. 사당은 땔나무 시장터 동네 곧 문천상 선생이 순국한 곳인 교충방(敎忠坊)에 있다.

원나라 때 선비 차림으로 소상(塑像)을 만들어 모셨다. 명나라 정통(正統) 13년 순천부윤(順天府尹) 왕현(王賢)이 황제에게 아뢰어 소상을 송나라 때 승상 관복 차림으로 고쳐 만들었다. 제사는 영락 6년부터 시작되었다. 해마다 봄·가을의 중삭(中朔)*58에 천자가 순천부윤을 보내 제사를 지내게 했다. 제물은 술 세 종류, 과일 다섯 가지, 비단 한 필, 양 한 마리, 돼지 한 마리를 차렸다.

나는 두 번 절하고 물러나 탄식하며 말했다.

"천고에 나라가 흥하고 망하는 것은 하늘의 뜻임을 확실히 알 수 있다. 요망한 재앙이나 상서로운 징조가 나타났을 때, 이것을 쫓아 버리거나 북돋는 데 반드시 돈독하게 힘써야 하니, 비록 부녀자나 어린아이라 할지라도 하늘의 뜻이 어디에 있는지 분명히 알 수 있을 것이다. 그런데 충신(忠臣)이나 의사(義士)들은 쓸데없이 맨손으로 하늘의 뜻에 항거하니, 이 어찌 이치에 어긋나고 또한 이루기도 어려운 일이 아니겠는가? 천하를 휩쓴 위엄과 무력으로도 일개 선비를 굴복시키지 못했다. 이는 한 선비의 꿋꿋한 절개가 백만

---

*57 문천상(文天祥). 호는 문산(文山). 원나라 군사가 쳐들어오자 황제의 조서에 따라 우승상(右丞相)이 되어, 원군(元軍)에게 가서 화의를 청했으나 구금되었다가 도망쳐 돌아와 다시 원군과 싸우다가 사로잡혀 끝내 굴복하지 않고, 죽음에 임해 정기가(正氣歌)를 부르고 조용히 죽어갔음. 저서에 문산집(文山集) 등이 있음.

*58 춘·하·추·동의 각 세 달 중 가운데 달. 곧 2·5·8·11월.

의 군사보다도 강하고, 만세에 떳떳한 도리는 한 시대 나라를 얻는 것보다 소중한 것이니, 이 또한 천도(天道)에 따른 바일 것이다.

만약 나라를 일으킨 왕이 스스로 자신의 능력을 알고 살펴서 임금의 지위를 얻었다면, 이를 천명(天命)이라고 할 것인가, 아니면 자기 힘으로 가졌다고 할 것인가? 하늘이 그 임금의 자리를 명한 것이고 자기는 아무런 힘도 들이지 않았다면, 역시 하늘이 자기에게 천하를 다스릴 책임을 맡긴 것이라고 할 것인가, 아니면 천하로써 자기 몸을 이롭게 하라는 것이라고 할 것인가? 하늘이 이미 자기의 몸으로 천하를 이롭게 하려는 것이라면, 그 천하를 이롭게 하는 방법에는 반드시 어떤 도(道)가 있을 것이고, 자기는 하늘의 명을 받아 도탄(塗炭)에 빠진 백성을 구원하면 그만일 것이다.

그러므로 주나라 무왕(武王)이 은나라 주왕(紂王)을 친 것은 무왕 한 사람이 주왕 한 사람을 친 것이 아니라, 유도(有道)가 무도(無道)를 친 정의의 실현이니 무왕은 당당히 천하를 차지하고도 이에 구애되지 않았고, 무왕이 천하를 차지하려고 그렇게 한 것도 아니다. 그렇기 때문에 무왕은 하늘에 대해서 의심할 바가 없었고, 남들에 대해서 꺼릴 바가 없었으며, 적국에 대해서 원수가 없었고, 천하에 대해서 자기[我]라는 것이 없었다. 다만 도에 따라 나아갔을 뿐이었다.

그러니까 무왕이 기자(箕子)를 찾아간 것은 기자라는 한 사람을 찾은 것이 아니라, 천하를 이롭게 하기 위해서였다. 만약 무왕이 기자를 협박하여 강제로 신하를 삼았다면, 기자 또한 가슴에 구주(九疇)*59를 품은 채로 시시로 갔을 것이다. 도가 전해지고 전해지지 않는 것이 그에게 무슨 상관이 있었겠는가?

후세에 천하를 차지한 사람 역시 하늘의 명을 받았다고 말하지 않는 이가 없었건만, 확고한 자신이 없었기 때문에 하늘을 믿지 못했고, 하늘을 믿을 수 없었기 때문에 남들을 꺼리지 않을 수 없었다. 그래서 자기의 힘으로 굴복시킬 수 없는 사람은 모두 자기의 강한 적으로 여겨 항상 그들이 의로운 군사를 규합하여 망한 나라를 회복시키지나 않을까 두려워서, 그러한 사람

---

*59 천하를 다스리는 9가지 큰 법. 상(商)나라 기자(箕子)가 무왕(武王)의 물음에 대해 대답한 것이니, 곧 오행(五行)·오사(五事)·팔정(八政)·오기(五紀)·황극(皇極)·삼덕(三德)·계의(稽疑)·서징(庶徵)·오복(五福) 및 육극(六極)을.

을 죽여 후환(後患)을 없애야 한다고 생각하게 되었다.

　그러한 사람은 한 번 죽음으로써 대의(大義)를 천하에 밝히려 할 것이니, 그러한 이는 천하 사람들의 부형(父兄), 즉 어버이와 형 같은 존재이다. 세상 사람들의 부형을 죽이고서 어찌 그들의 자제들이 원수 갚으려는 것을 막을 수 있겠는가?

　아, 천하가 망하고 흥함은 운수에 달린 것이지만, 나라가 망한 뒤의 백성으로서 문 승상 같은 이는 아직까지 얼마 배출되지 않았다. 때를 당하여 하늘의 명을 받아 천하를 차지한 임금은 그러한 사람을 어떻게 처리해야 할까? 백성으로만 대하고 신하로 삼지 말 것이며, 존경하기만 하고 벼슬을 주지 말 것이며, 작위를 봉하지도 조정에 참렬(參列)시키지도 말아야 할 것이다.

　원나라 세조(世祖)로서는, 친히 문 승상이 갇혀 있는 곳에 가서 손수 형구(刑具)를 풀어 주고, 동쪽에 앉히고 절을 한 다음 중국을 이용하여 오랑캐를 변화시킬 방법을 묻고, 천하의 백성들과 함께 스승으로 섬겼더라면, 이 역시 선왕(先王)의 도라 할 수 있을 것이다. 그러니까 선생으로서는 오직 백이(伯夷)*60처럼 고고하게 죽을 것인가, 이윤(伊尹)*61처럼 백성을 위해 벼슬을 할 것인가를 택해야 했던 것이다.

　또한 여릉(廬陵)*62에 1백 묘(畝)*63의 밭을 주고 세금을 받지 않았더라도, 그는 벼슬하지 않고 살아갈 수 있었을 것이다. 아, 풀모자 쓰고 고향으로 돌아가 살고자 한 것은, 기자가 백마를 타고 동쪽으로 간 의미로, 신하가 되기 싫다는 뜻이 아니겠는가? 사람의 떳떳한 도리란 예악(禮樂)을 펴는 데 말미암아 일어나는 것이니, 선생의 뜻이 바로 여기에 있었다는 것을 어찌 몰랐을까?"

＊60 주나라 사람. 아버지 고죽군(孤竹君)이 아우 숙제(叔齊)에게 양위하려는 뜻이 있음을 알고, 아버지가 죽자 나라를 아우에게 양보하고 달아나니, 아우도 형에게 나라를 양보하고 달아났다. 뒤에 무왕(武王)이 은나라를 치려고 하자 형제가 나서서 그것은 신하로서 도리가 아니라고 간했으나 듣지 않았다. 주나라가 기어코 천하를 통일하자 수양산(首陽山)으로 들어가 굶어 죽었다고 함.

＊61 은(殷)나라의 어진 재상. 농사를 짓고 있다가 탕왕(湯王)이 세 번이나 불러서 나아가 재상이 되었다. 폭군 주왕(紂王)을 쳐서 마침내 탕왕으로 하여금 천하를 통일하게 했음.

＊62 중국 강서성(江西省)에 있는 지명. 송나라 구양수(歐陽修)·문천상(文天祥)이 다 이곳에서 자랐음.

＊63 밭의 면적 단위. 100평 또는 300평.

관상대(觀象臺)

　성 위에서 성가퀴보다 한 길이나 높게 솟은 축대가 있다. 이것을 관상대라고 한다. 축대 위에는 여러 가지 천문 관측기구들이 있는데 멀리서 바라보니 큰 물레처럼 보인다. 이것으로 천체 현상과 기후를 연구한다. 무릇 일월성신과 구름·비 같은 천후 현상의 변화를 이 관상대에 올라가 예측한다.

　축대의 아래쪽은 흠천감(欽天監)이다. 정당(正堂)의 현판에는 '오직 관찰을 부지런히 한다'는 뜻의 '관찰유근(觀察惟勤)'이 씌어 있다. 뜰에는 구리로 만든 여러 가지 관측기구들이 널려 있으나 그 이름을 알 수 없을 뿐 아니라, 그 모양이 괴이하여 사람의 마음과 눈을 놀라게 한다. 관상대 위에 올라가면 성 안을 다 내려다볼 수 있겠다. 그러나 지키는 자가 완강히 막아 올라가 보지 못한 채 돌아섰다. 축대 위에 있는 기구들은 아마도 혼천의(渾天儀)*64며 선기옥형(璇璣玉衡)*65 따위 같았고, 뜰에 놓아 둔 것 중에는 역시 내 친구 석치(石痴) 정철조(鄭喆祚)의 집에서 본 것과 유사한 것이 있었다. 석치는 일찍이 대나무를 깎아서 여러 가지 기구를 만들었다. 이튿날 다시 가서 뜰에 있는 것들을 자세히 보려 했으나 이미 다 부숴 버린 뒤였다.

　어느 날 내가 덕보(德保) 홍대용(洪大容)*66과 함께 석치의 집에 간 일이 있다. 두 사람은 황도(黃道)*67와 적도(赤道), 남극과 북극에 관해 토론하면서 혹은 머리를 내젓기도 하고 혹은 고개를 끄덕이기도 하였다.

　나는 그들의 말이 모두 아득하니 이해할 수가 없어서, 조느라 듣지 못했다. 그런데 두 사람은 새벽이 되어 등불마저 흐릿한데 그때까지 여전히 마주앉아 이야기하고 있었다. 그때 석치가, '우리나라 강진현(康津縣)*68은 북극 몇 도쯤 나온 곳으로, 황하가 회수(淮水)로 들어가는 어귀와 직선으로 일치

---

*64 천체를 관측하는 기구. 공 모양의 겉에다가 해·달·별의 운행을 그려 돌려가면서 측량해 보게 되어 있음.
*65 아름다운 옥으로 장식한 혼천의.
*66 조선 영조(英祖)·정조(正祖) 때의 실학자. 덕보는 그의 자이고 호는 담헌(湛軒). 지구의 자전설(自轉說)을 말하였고 균전제(均田制)·부병제(府兵制) 등을 주장하였음. 저서에는 담헌설총(湛軒說叢)·담헌연기(湛軒燕記)·계방일기(桂坊日記) 등 많음.
*67 지구가 태양을 중심으로 하여 도는 궤도.
*68 지금의 전라남도 강진군(康津郡).

한다. 그러므로 제주도 귤이 바다 건너 강진에 이르면 탱자가 된다'고 한 말이 생각나는데, 그 말이 아주 근거 없는 소리는 아닌 것 같다.

과거 시험장(試院)

시원(試院 : 과거 시험장)은 담장 둘레가 거의 5리나 되겠다. 벽돌로 쌓아서 마치 성가퀴 같고, 반들반들하여 마치 도끼로 깎은 것 같다. 높이는 두 길이 넘겠고 그 위에는 가시나무를 올려놓았다.

한가운데 큰 집이 한 채 있다. 사방에 반 칸 거리를 두고 한 칸 방이 수천 개 있다. 방 좌우에는 아무렇게나 만든 창문이 나 있어 햇볕을 받아들이고, 앞에는 널빤지 문을 달았다. 방 가운데에는 작은 온돌을 놓았고, 부엌과 목욕실까지 갖추었다. 바깥은 처마가 묻히도록 벽돌로 쌓았는데, 한 군데도 허물어진 데가 없이 안팎이 모두 깨끗하다. 벽을 뚫고 담을 넘어 못된 짓을 하려 해도, 담과 벽이 철옹성처럼 단단하여 어찌할 수가 없겠다.

어제 낙방한 응시생의 시험지를 보았다. 시험지는 길이가 2자 남짓하고 너비는 6자쯤 되는데, 흔히 책 만드는 데 쓰는 종이였다. 정(井)자 모양으로 붉은 줄이 쳐 있어서 해자(楷字)로 잘게 글자를 쓴다면, 1천여 자는 쓸 수 있겠다. 윗머리에는 '예부(禮部)' 두 글자를 찍었고, 아래쪽은 봉하게 되어 있다. 아마도 예부에서 시험지를 인쇄해서 응시자에게 나누어 준 모양이다.

답안을 평한 것을 보니, '팔대가(八大家)를 비평하라'는 글 밑에 '본방(本房)'이라 하여 담당 고시관의 직함과 성명을 기재한 두어 줄 논평이 적혀 있다. 또 다른 여러 고시관들의 직함과 성명도 나란히 쓰고 평점(評點)을 적어 놓았다. 평하는 글은 모두 붉은 글씨이다. 한 칸에 한 자씩 써 넣었다. 상(上)·중(中)·하(下)·차(次)·외(外)·경(更) 등의 순서대로 적지는 않았다.

비록 낙방한 사람의 답지라도 되풀이해 자세히 평론하여, 시험본 사람으로 하여금 낙방한 까닭을 분명히 알 수 있게 하였다. 친절하고도 적절함이 스승과 제자 사이에 일깨우고 가르치는 것 같다.

이로써 큰 나라의 시험장 제도가 간결하고도 엄격하고, 시험이 자세하고 주의 깊어서 과거 보는 사람이 조금도 유감스럽지 않도록 해 놓은 것을 알 수 있다.

조선관(朝鮮館)

 우리 사신이 머무르는 조선관의 처음 이름은 옥하관(玉河館)이라 하여 옥하교(玉河橋) 위쪽에 있었다. 그런데 악라사(鄂羅斯)*69 사신들이 차지하고 있어, 지금은 정양문(正陽門) 안 동쪽 성벽 아래 건어(乾魚) 거리의 한림서길사원(翰林庶吉寺院)과 담 하나를 사이에 두고 있다.
 연공사(年貢使)*70가 먼저 와서 관에 들어 있을 때, 다시 별사(別使)가 이어서 오면 서관에 나누어 거처하므로 이쪽을 남관이라고 한다.
 작년에 창성위(昌城尉)*71가 사신으로 왔을 때 남관에 불이 났다. 밤이 깊은 삼경(三更)이라 관 안이 온통 물 끓듯 하였다. 일행은 가져온 짐을 모두 성 밑에 갖다 쌓아 놓았다. 수백 마리 말은 출구가 미어터지도록 다투어 서로 밖으로 뛰어나가려는데, 무장한 군사 수천 명이 달려와 철통같이 둘러싸고, 수십 대의 물수레가 달려 들어왔다. 두 개씩 어깨에 둘러멘 물통으로 연거푸 수레 물통 속에 물을 길어다 붓는데, 물 한 방울도 낭비하지 않는다.
 불을 끄는 사람은 모두 모직물로 만든 모자를 쓰고 모직물 웃옷을 입었다. 모자와 웃옷이 모두 물에 흠뻑 젖어 있었다. 손에 기다란 자루가 달린 도끼·갈고리·낫·창 따위를 들고 불길을 무릅쓰고 달려들어 마음대로 헐고 찌르고 헤치고 하여 얼마 지난 뒤 불길을 잡고 이내 조용해졌다. 아무렇게나 어지럽게 내다놓았던 짐은 하나도 분실된 것이 없었다. 중국의 법도(法度)가 엄하고, 모든 일에 구차스럽거나 어려움이 없는 것이 이와 같다고 하겠다.

---

*69 아라사 곧 러시아.
*70 해마다 공물을 바치는 사신.
*71 조선 정조(正祖) 때 문신, 황인점(黃仁點). 영조(英祖)의 딸 화유옹주(和柔翁主)와 결혼하여 창성위에 봉해졌음. 청나라에 사신으로 여러 번 다녀왔음.

쪽지에 쓴 짧은 기록들
앙엽기(盎葉記)

머리글〔盎葉記序〕

　북경 안팎의 민가와 가게들 사이사이에 있는 절이나 도교 사원 및 사당들은 천자의 명에 따라 특별히 세운 것이 아니라, 여러 왕과 부마(駙馬)들, 만주족·한족 대신들이 희사(喜捨)한 집들이다. 또한 부유한 상인(商人)들도 반드시 한 묘당(廟堂)을 세워서 신불(神佛)의 도움을 비는데, 그 사치하고 화려함이 천자와 다툴 지경이기 때문에, 천자가 특별히 토목공사를 벌여 따로이 별궁을 두어 제왕(帝王)의 도성을 화려하게 할 필요가 없었다.
　명나라 정통(正統)·천순(天順) 때 내탕금(內帑金)*¹을 내어 지은 것이 2백여 채나 되었고, 근년에 지은 것은 모두 대궐 안에 있어서 외부인은 볼 수가 없다. 유독 우리나라 사신이 도착하면 때때로 안내하고 들여 마음대로 구경하게 한다.
　그러나 내가 이번에 돌아다니며 구경한 것은 겨우 1백분의 일밖에 안 된다. 때로는 우리 통역관들이 굳이 말리는 것을 뿌리치고, 또는 문을 지키는 사람과 다투어 가면서 들어가면, 겉구경 하기에도 시간이 모자랐다. 연혁(沿革)은 비문을 살펴보지 않고는 어느 때 어느 절이 세워졌는지 알 길이 없다. 겨우 한 비석의 비문을 읽는 데도 몇 시간씩 걸리고, 화려한 궁궐과 아름다운 사관(寺觀)*² 구경도 주마간산(走馬看山)〔달리는 말 위에서 산천 구경한다는 뜻〕 격이라 몸과 마음이 다 피로하고, 사우(四友)*³가 다 결딴나 버렸다. 마치 꿈속에서 예언

---

*1 임금이 개인적으로 쓰던 돈.
*2 불교의 절과 도교의 절.
*3 문방사우(文房四友). 학자는 종이·붓·먹·벼루 네 가지를 친한 친구처럼 여긴다는 뜻으로 일컫는 말.

서를 읽은 것 같고 신기루를 본 것 같아, 이름과 실제가 뒤죽박죽 많이 어긋나게 기억되었고 명승고적은 틀리게 된 데가 많았다. 돌아와서 기록했던 쪽지를 정리해 보니, 종이는 나비 날개만 한데 글자는 파리 대가리만 한 것도 있다. 모두 정신없이 바쁜 가운데 비석의 글을 읽고 급히 대충 베낀 것이다. 이것들을 정리하여 엮어서 앙엽기(盎葉記)라 하였다. 이는 옛 사람들이 감나무 잎에다 글을 써서 항아리 속에 넣어 두었다가 책으로 엮었다는 고사를 본받아 지은 이름이다.

홍인사(弘仁寺)

홍인사 맨 뒤에 있는 한 전각에는 관세음보살*4의 변상(變相)이 있다. 손이 천 개요, 눈이 천 개인데, 손에는 저마다 여러 가지 물건을 들고 있다.

불상 뒤에 걸려 있는 커다란 탱화(幀畫)*5에는 큰 바다의 파도가 소용돌이치는 가운데 빈 배가 떠올랐다 가라앉았다 하고, 하늘과 바다에 구름이 뭉게뭉게 피어 올라 상서로운 오색 구름으로 변하는데, 구름 속에는 금관·옥대를 한 이가 어린아이를 안고 있다. 그 아이도 임금의 면류관에 곤룡포를 갖추었고, 매우 기묘하고 화려하며 단정하고 엄숙한데, 손으로 하늘을 가리키고 있다. 수천 명의 사람들이 그를 구름 속에 빙 둘러서 호위하고 있는데, 모두 정수리에 부처의 원광(圓光)이 둘려 있다. 언덕에는 수많은 남녀가 이마에 손을 대고 하늘을 우러러보는데, 거의 1만 명은 되겠다.

그림을 그린 이의 성명도 없고, 또 그린 날짜와 그림 제목도 없어, 그림을 보는 사람들로서는 어떤 인연으로 이런 그림을 시주했는지 알 수가 없었다.

내 생각으로는 송나라 충신 육수부(陸秀夫)가 황제를 안고 바다로 가는 그림인 것 같다. 어떻게 그런 줄을 알 수 있느냐 하면 내 일찍이 송나라 임금과 신하를 그린 송군신도상(宋君臣圖像)을 보았는데, 문공(文公) 범중엄(范仲淹)의 관복이 이와 같았고, 어제 문 승상의 사당에 참배했을 때 보니 그 소상(塑像)의 관대가 이와 비슷했기 때문이다. 면류관에 곤룡포를 갖춘 어린아이는 분명 송나라 황제 조병(趙昺)*6일 것이고, 빈 배가 떠올랐다 가라앉았다 하는 모습은, 육수부가 황제를 안고 바다에 떨어지자 함께 탔던 사람들도 모두 바다로 뛰어든 것이다. 구름을 타고 하늘로 올라가는 사람과 정수리에 부처 원광이 둘려 있는 사람들은 후세 사람들의 상상이니, 화가가 고심해서 그려 넣었을 것이다.

그 당시 송나라의 종묘사직이 큰 바다에 떠 있고, 임금과 신하들이 모두 하루살이 같은 목숨을 거센 파도에 내맡기고 있어서, 그야말로 물이 아니면

---

*4 관세음보살은 가장 대비심(大悲心)이 많은 보살로, 모든 사람의 소원을 다 들어 주기 위해 온갖 신분의 사람으로 변하여 나타난다고 함.
*5 그림으로 그려 벽에 거는 불상.
*6 송나라 마지막 임금 제병(帝昺).

하늘뿐이라 어찌할 길 없는 형편이었다. 그러나 이런 가운데서도 육수부는 어린 황제에게 날마다 대학(大學)을 가르쳤는데, 마치 전각 위에 앉아 군신 간에 강론하고 연구하는 것처럼 태연하고 여유가 있었으니, 이 어찌 거짓말 같은 수수께끼가 아니겠는가?

아, 충신과 의사는 나라가 당장에 뒤엎어져 망한다 하더라도, 임금에게 충성하고 나라를 사랑하는 마음은 조금도 해이해지지 않는다. 진실로 천하 사람들과 국가를 위하는 근본은 오직 뜻이 성실하고 마음이 바른 데 달린 것이다. 임금과 신하 관계가 없다면 모르거니와, 만약 하루라도 임금과 신하의 관계가 있다면 이런 과업은 무엇보다 앞서 해야 할 일이다. 만약 대의가 밝지 못하면, 비록 영토가 만 리나 되더라도 오히려 천하에 국가가 없는 것과 마찬가지이다. 그러나 이런 대의를 앞세운다면, 비록 조각배 안에 앉아 표류할지라도 나라 다스리는 방법을 갖추고 있을 것이다.

양식이 떨어지면 죽고, 군사가 없어지면 나라가 망하지만, 성인은 오히려 죽고 망한 뒤에까지도 신의를 지키려고 한다. 하물며 당시 문 승상은 밖에서 군사를 거느리고 있었고, 등광천(鄧光薦 : 송나라 말기의 명신)은 안에서 군량을 감독하고 있는 그때이니만큼 조각배 안의 조정이라도 오히려 법도만은 먼저 회복해야 하지 않았겠는가?

보국사(報國寺)

보국사는 선무문 밖으로 북쪽 1리쯤 되는 곳에 있다. 이곳에는 매월 3일과 5일에 장이 서서, 나라 안의 온갖 재화가 다 모여든다.

불전은 세 채이고 행랑채가 빙 둘러져 있다. 거처하는 승려는 몇 안 되고, 모두 북경과 지방의 장사꾼들이라 절은 장터나 다름없다. 참선하는 절간 안에 하나의 커다란 도회지가 있는 셈이다.

첫째 전각의 편액에는 '속세의 조그마한 티끌도 도달하지 못한다'는 뜻으로 '일진부도(一塵不到)'라 씌어 있다. 셋째 전각 뒤에는 비로각(毘盧閣)이 있는데, 그 사이에 나 있는 큰길에 가게들이 쭉 늘어서 있다. 수레와 말이 몹시 붐벼 소란하다. 장날만 그런 것이 아니라고 한다.

내가 전에 읽어 본 사기(史記)에서, 소진(蘇秦)*7이 제나라 왕을 설득할 때, '수도 임치(臨淄)*8의 거리는 수레바퀴가 서로 부딪치고 사람의 어깨가 서로 비비댈 지경이라, 땀이 비 오듯 하고, 옷소매가 마주 이어져 장막을 이룹니다' 하였기에 터무니없이 과장한 글이라 생각했다. 그런데 이번에 북경의 아홉 성문을 둘러보고서야 그 말이 사실임을 알겠다. 보국사니 융복사(隆福寺)니 하는 여러 절들이 모두 종로 바닥이나 다름없음을 보고 나니, 더욱 옛날 사람들의 말이나 글이 그리 헛된 거짓말이나 터무니없는 과장이 아니라는 것을 알겠다. 춘추전국(春秋戰國)*9 시대는 전쟁이 끊일 날이 없었는데도 도성의 부유하고 번화함이 그러하였다면, 하물며 천하가 태평한 시대 천자가 거처하는 도성이야 말해 무엇하겠는가?

비로각에 올라가 보니 전각은 35칸으로 한가운데 문창성군(文昌星君)*10의 소상을 안치하고, 그 좌우에 불상과 신장(神將)들의 소상을 늘어놓았다. 북쪽 벽에서 사다리 층계를 밟고 꼭대기에 오르자니 칠흑같이 캄캄하다. 조심조심 손으로 더듬어 가면서 대여섯 길쯤 올라갔을 때 사다리가 끝나고 햇빛이 환히 비쳐 온다. 꼭대기는 15칸쯤 되는데 커다란 금부처 열한 좌(座)가 있다. 난간을 한 바퀴 돌아보니, 황성의 아홉 성문 안팎이 손금을 들여다보듯 다 보이는 것 같다. 콩알만 한 사람과 한 치나 될까 싶은 말이 티끌 속에서 꼬물거리고 있다.

천녕사(天寧寺)의 영탑(影塔)이 구름 위로 높이 솟아 있고, 태액지(太液池)는 거울처럼 맑다. 그 안에서 경도(瓊島)와 백탑(白塔)이 뚜렷이 아름다운 모습을 드러내고 있다. 자표사(自表寺)는 명나라 성화(成化)*11 초에 황

---

*7 전국시대 낙양(洛陽) 사람. 연(燕)·조(趙)·한(韓)·위(魏)·제(齊)·초(楚) 6나라를 돌아가며 설복하여 진(秦)에 대항하게 하는 합종(合縱) 계책으로 그 6나라의 재상이 되었다가, 15년 후에 장의(張儀)의 연횡(連衡) 계책으로 실각, 자객에게 암살당했음.

*8 중국 산동성(山東省) 광요현(廣饒縣)에 있는 지명, 제나라 헌공(獻公)이 박고(薄姑)에서 이곳으로 도읍을 옮겼음.

*9 춘추시대와 전국시대. 춘추시대는 주나라가 동천(東遷)하고부터 진(晉)나라가 한(韓)·위(魏)·조(趙) 3국으로 나뉠 때까지의 360여 년 동안이고, 전국시대는 춘추시대에 이어 한·조·위 3국이 일어나고부터 진시황(秦始皇)이 천하를 통일하기까지의 183년 동안임.

*10 문창성은 자미원(紫微垣) 밖 북두칠성(北斗七星) 중의 네모를 이룬 네 별의 앞에 있는 별인데, 속습(俗習)에 이 별은 문학(文學)을 맡아보는 별이라고 하여 존숭함.

*11 명나라 헌종(憲宗)의 연호, 1465~1487년. 조선 세조(世祖)·성종(成宗) 때임.

태후의 명복을 빌기 위해 세운 것으로, 한림원(翰林院)*12 시독학사(侍讀學士) 유정지(劉定之)가 비문을 짓고, 왕객(汪客)이 글씨를 썼다.

천녕사(天寧寺)

보국사에서 다시 천녕사로 갔다. 원위(元魏) 때는 절 이름을 광림사(光林寺)라 하였고, 수나라 때는 홍업사(弘業寺)라 하였다. 당나라 개원(開元)*13 연간에 천왕사(天王寺)로 현판을 고쳤다. 금나라 대정(大定)*14 21년에 만안선림(萬安禪林)이라 하였다가, 명나라 선덕(宣德) 연간에 중수하고 천녕사라 하였다. 정통(正統) 때 다시 중수하고 만수계단(萬壽戒壇)이라 하였다.

큰길 가에 축대를 2층으로 쌓아 높이가 다섯 길은 되는데, 축대 위 둘레에 행랑채들이 거의 2, 3리나 되게 연이어 있다. 가운데에는 큰 불전(佛殿)이 다섯 채나 있다. 옛날 이야기로는 수나라 문제(文帝) 2년 정월에 황제가 아라한(阿羅漢)*15을 만나 사리*16 한 주머니를 전수받아, 칠보함에 사리를 나누어 넣어 기주(岐州)·옹주(雍州) 등 30개 주에 보내 탑을 세워 보존하게 하였는데, 지금 이 천녕사의 탑도 그 중 하나라고 한다.

탑은 높이가 27길 5자 5치이며 13층으로 팔각이다. 사방 둘레에 만여 개나 방울을 달아, 그 소리가 끊이질 않는다. 탑 꼭대기의 상륜(相輪)이 바람에 갈리어 유난스럽게 빛나면서 사람들의 옷자락에까지 푸르고 희게 비쳤다.

전해 오는 이야기로는, 탑 그림자가 대사전(大士殿)에까지 든다고 한다. 정오때 대사전의 문을 닫으면 빛이 문 틈으로 들어와서, 탑 전체의 그림자가 거꾸로 돌 위에 비친다고 하는데, 내가 갔을 때는 마침 구름이 끼어 탑 그림

---

*12 문학을 강론하며 시독(侍讀)·시강(侍講)과 표·소(表疏)의 비답(批答), 문서의 입안을 맡아 보던 관아.
*13 당나라 현종(玄宗)의 연호. 713~741년. 신라 성덕왕(聖德王) 때임.
*14 금나라 세종(世宗)의 연호. 그 21년은 1181년. 고려 명종(明宗) 11년임.
*15 번뇌를 깨끗이 끊고 소승(小乘)의 깨달음을 얻은 지위에 이른 사람. 생략하여 나한(羅漢)이라고 함.
*16 석가(釋迦)의 뼈. 불사리(佛舍利). 일반적으로 승려를 화장하고 난 뒤에 나오는 구슬같이 생긴 것.

자를 볼 수 없었다.

대사상(大士像 : ^{부처와 보살의 상})의 뒤에 있는 화엄경(華嚴經)*17 병풍은 만든 솜씨가 귀신의 재주 같다. 강희(康熙) 신미년(辛未年)*18에 대흥현(大興縣)*19에 사는 이지수(李之秀)의 아내 유씨(劉氏)가 손수 화엄경 전질 81권에 60만 43자를 베껴 쓴 유래가 자세히 기록되어 있다. 장지 중간쯤에 5층 전각을 만들어 전각 안에 불상을 두었다. 글자가 아주 잘아서 개미 대가리 같은데, 점과 획에 몹시 공을 들였고, 삐치고 내리긋은 획이 모두 정제(整齊)하여 털 끝만큼도 허술한 데가 없다. 전각의 처마와 용마루, 창문과 문이 모두 조금도 어긋난 데가 없다. 불상의 눈과 눈썹이 살아 있는 사람 같고, 옷자락의 주름이 너무도 자연스럽다.

아, 한 여인의 마음씨와 손재주가 이토록 신기(神技)에 가깝거늘, 하물며 절 전체를 완성한 교묘함이야 천하의 모든 힘을 모아 지었음에랴.

절 안에 있는 보물과 진기한 골동품들은 골고루 모두 돌아볼 틈이 없었다.

백운관(白雲觀)

도교 사원 백운관 둘레의 장엄함과 화려함이 천녕사에 못지않다. 도사(道士) 1백여 명이 거처하고 있었다.

패루(牌樓)의 바깥 현판에는 '동천가경(洞天佳境)'이라 씌어 있고, 안쪽 현판에는 '경림낭원(瓊林閬苑)'이라 씌어 있다. 무지개다리 셋을 건너 옥황전(玉皇殿)으로 들어가니, 황제의 복색을 갖춘 옥황상제의 소상이 있고, 삼십삼천(三十三千)*20의 왕들이 전각을 둘러싸고 규(圭)*21를 잡고 서 있는데

---

*17 석가가 성도(成道)한 후 처음으로 설한 경. 대방광불화엄경(大方廣佛華嚴經)임.
*18 강희 30년, 1691년. 조선 숙종(肅宗) 17년.
*19 지금의 섬서성(陝西省) 장안현(長安縣).
*20 도리천(忉利天)을 일컫는 말. 욕계(欲界)의 제2천으로 수미산(須彌山) 꼭대기에 있는데, 중앙을 제석천(帝釋天)이라 하고 사방에 각각 8천계가 있으므로 합하여 33이 되기 때문임. 도리천은 염부제(閻浮提 ; 우리가 살고 있는 이 세계)의 위 8만 유순(由旬 ; 1유순은 40리 내지 80리)에 있는데 희견성(喜見城)에 제석(帝釋)이 거처하고 있다고 함.
*21 표적으로 삼는 옥. 위는 뾰족하고 아래는 네모로서 제후(諸侯)를 봉하는 신인(信印), 또

면류관도 옥황상제의 것과 같다. 천봉신장(天蓬神將)은 머리가 셋, 팔이 여섯으로 각각 무기를 들고 있다.

앞 전각에는 흰 사슴을 탄 남극노인성군(南極老人星君)*[22]의 소상을 안치하였고, 왼편의 한 전각에는 도교의 선녀 두모(斗母)의 소상을 안치하였다. 오른편의 한 전각에는 도사 구장춘(丘長春) 소상을 안치하였다. 구장춘은 원나라 세조(世祖) 때 국사였다. 옥황전의 현판에는 '자허진기(紫虛眞氣)'라 써 있고, 두모전(斗母殿)의 현판은 '대지보광(大智寶光)'이라 써 붙였으니, 모두 강희제의 친필이다.

도사들이 거처하는 행랑채는 1천여 칸이나 된다. 어디나 깨끗하고 조용하며 잘 정돈되어 있어 티끌 하나 움직이지 않는다. 소장(所藏)되어 있는 책들은 모두 비단 두루마리책에 옥으로 축을 만들었으니 그 책들로 천장까지 가득 찼다. 골동품과 기이한 괴석들, 병풍, 서화 등은 세상에 다시 없을 기이한 보물들이었다.

법장사(法藏寺)

천단(天壇)*[23] 북쪽 담장을 따라 동쪽으로 몇 리를 가면 법장사*[24]가 나온다. 금나라 대정(大定) 연간에 창건되었고, 옛 이름은 미타사(彌陀寺)였다. 명나라 경공(景恭)*[25] 2년에 중수하고 그때 지금의 이름으로 고쳤다.

절의 제도는 천녕사 등 여러 절과 비슷하다. 탑은 7층 높이로 10여 길은 되겠다. 가운데는 텅 비어 있고 그곳에 나선형으로 뱅뱅 돌아 올라가는 계단이 있다. 계단은 칠흑같이 어두운 밤처럼 캄캄하여 손으로 더듬어 발을 옮기며 올라간다. 마치 귀신 동굴로 들어가는 것만 같다.

제사나 조빙(朝聘) 등에도 씀.
*[22] 사람의 수명을 맡아본다는 남극성을 신으로 존칭하는 말. 이 별이 나타나면 천하가 태평하게 다스려진다고 함.
*[23] 북경 정양문(正陽門) 밖 남교(南郊)에 있는 단. 하늘에 제사지냄.
*[24] 법장사 안에 흰 전탑이 있어서 이 절은 백탑사 또는 법탑사로도 불렸음.
*[25] 경태(景泰)의 잘못인 듯. 경태는 명나라 대종(代宗)의 연호. 그 2년은 1451년. 조선 문종(文宗) 원년임.

첫째 층에 올라가니 여덟 개의 창문이 나 있다. 시야가 환히 트이어 마음과 눈이 모두 시원하다. 차례차례 7층까지 올라간다. 한 번씩 번갈아 꿈을 꾸었다가 깨는 것 같다. 층마다 여덟 면인데, 각 면마다 창문이 있고, 창마다 불상이 있어 모두 56불이다. 불상 앞에는 모두 등 하나씩을 달아 놓았다.

어떤 사람이 말했다.

"정월 대보름날 밤에 탑 둘레에 등불을 밝히고, 생황·퉁소 등으로 음악을 연주하면, 그 소리가 마치 천상에서 울려오는 것 같답니다."

첫째 층에 우리나라 김창업(金昌業) 공께서 이름을 남겼고, 그 아래에 또 내 친구 홍대용(洪大容)의 이름이 있었다. 먹빛이 금방 써 놓은 듯했다. 그 앞에서 서글프게 서성거리고 있느라니, 마치 그들과 함께 이야기라도 하는 것 같은 기분이다.

난간에 기대어 사방을 바라본다. 황성 전체가 한눈에 들어온다. 시력이 벌써 다하여 아물아물하고 정신은 아찔하여 머리털이 쭈뼛 곤두선다. 오래 머물 수가 없다.

둘째 전각에는 두 개의 비석이 있다. 하나는 급사중(給事中)*26 오헌(吳獻)이 짓고 홍려시승(鴻臚寺丞)*27 고대(高岱)가 썼으며, 또 하나는 국자좨주(國子祭酒) 호형(胡瀅)이 짓고 태자빈객(太子賓客)*28 회음(淮陰) 김렴(金濂)이 썼다. 좌도어사(左都御使) 고소(姑蘇) 진감(陳鑑)의 전서체 전자(篆字)이다.

태양궁(太陽宮)

법장사에서 나와 서쪽으로 수백 걸음을 가면 태양궁이 있다. 참배자들이 많고, 수레와 말들이 안팎에 꽉 차 있다. 여러 전각들의 좌우 행랑채에는 기도하는 남녀가 하루에 몇천 몇만이나 모여든다고 한다. 섬돌과 층계 사이에는

---

*26 명나라 때는 시종(侍從)·규간(規諫)의 직책을 맡아보고 육부(六部)의 잘못을 규찰(糾察)했는데, 청나라 때는 도찰원(都察院)에 소속되어 어사(御使)와 마찬가지로 간관(諫官)이었음.

*27 외국에 관한 일과 나라의 흉의(凶儀), 사묘(祠廟)에 관한 일을 맡아 보았음.

*28 태자를 시종(侍從)하여 잘못을 간하고 예의를 도와 주는 벼슬아치. 다만 빈객(賓客)이라고도 함.

녹아 내린 촛농이 봉우리를 이루었고, 향이 타고 남은 재가 눈처럼 쌓였다.

앞 전각 가운데 자미성군(紫微星君), 동쪽에 태양성군(太陽星君), 서쪽에 태음성군(太陰星君)의 소상이 있고, 뒷 전각에는 구천성군(九天星君)*29과 성모(聖母)*30의 소상을, 왼편의 한 전각에는 관제(關帝)*31를, 오른편 한 전각에는 석가를 각각 모셔 놓았다.

절 안에서 술과 음식, 꽃과 과자 따위를 판다. 새를 놀리기도 하고 요술을 부리기도 하여, 절 안이 온통 하나의 큰 도회지 같다.

안국사(安國寺)

숭문문 밖 서남쪽에 있는 금어지(金魚池)는 일명 어조지(魚藻池)라고도 한다. 못 둑에 복숭아나무와 버드나무를 많이 심어 놓았다. 주변에 사는 사람들은 오색 물고기를 길러서 내다 파는 것이 생업인데, 그 중에서도 금빛 물고기가 많기 때문에 못을 금어지라고 한 것이다.

해마다 단옷날이면 도성 사람들이 모두 나와서 말을 타고 못 일대를 달리면서 논다. 못 북쪽 일대에 정원이나 정자가 매우 많은데, 그 가운데 안국사가 가장 웅장하고 화려하다. 절 문 양쪽에 종각(鐘閣)과 고루(鼓樓)가 있다. 큰 전각 셋이 있고, 전각 앞 동·서의 행랑채는 수백 칸이나 된다. 모두 불상을 모셔 놓았고, 단청이 휘황찬란하여 뭐라 형용할 수가 없다. 전각 뒤에 또 큰 누각 세 채가 있는데, 금빛 난간과 수놓은 창문이 구름 속에 어른거린다.

두 사람의 중이 지키고 있을 뿐, 참배하러 오는 사람도 드물어 아주 괴이하였다.

---

*29 모두 천신(天神)들임.
*30 여무(女巫)로서 신선의 도를 얻은 이.
*31 삼국시대 촉나라 관우(關羽: 관운장)의 봉호. 명나라 만력(萬曆) 때 제호를 봉하고 제사 지내기 시작했음.

약왕묘(藥王廟)

천단(天壇) 북쪽에 약왕묘가 있다. 명나라 때 무청후(武淸侯) 이성명(李誠銘)이 세운 것이다.

전각 안에 태호복희씨(太昊伏羲氏),*32 그 왼편에 신농씨(神農氏),*33 오른편에 헌원씨(軒轅氏)*34를 모셔 놓았으며, 역대 명의(名醫)들을 배향해 놓았다. 손진인(孫眞人)*35·기백(岐伯)*36·편작(扁鵲)*37·갈홍(葛洪)*38·화타(華陀)*39·장기(張機)*40·왕숙화(王叔和)*41·위진인(韋眞人)·태창령(太倉令)·장중경(張仲景)·황보사안(皇甫士安) 등 수없이 많아, 이루 다 기록할 수가 없을 지경이다. 대체로 문묘(文廟)*42의 배향 제도를 본받은 것이었다.

매월 초하루와 보름에 남녀가 구름같이 모여들어 병을 낫게 해 달라고 기도를 드리는데, 타다 남은 초와 촛농과 향불 태운 재가 눈처럼 수북이 쌓였다. 지금 막 화려하게 단장한 한 여인이 머리를 조아려 기도하는데, 분과 땀이 자리를 적시었다.

---

*32 중국 상고의 임금. 그 성덕(聖德)이 일월의 밝음과 같다고 하여 태호(太昊)라고 함. 백성들에게 농사와 목축을 가르쳐 주고 팔괘(八卦)를 만들었다고 함. 삼황(三皇)의 한 사람.
*33 중국 고대 삼황의 한 사람. 백성들에게 농사짓는 법을 가르쳐 주었다고 함.
*34 중국 고대 삼황의 한 사람인 황제(黃帝)의 이름. 하남성(河南省) 헌원(軒轅)에서 살았으므로 헌원이라 했다고 함.
*35 손사막(孫思邈). 당나라 때 사람. 백가(百家)의 설, 음양·추보(推步)·의약에 정통했음. 벼슬을 거절하고 태백산에 들어가 살았고, 저서에 천금요방(千金要方)·복록론(福祿論) 등이 있음.
*36 고대 황제(黃帝)의 신하이자 명의. 황제소문(黃帝素問) 짓는 일을 크게 도왔다고 함.
*37 전국시대의 명의. 성은 진(秦), 이름은 월인(越人). 진(秦)나라 태의령(太醫令)이 그의 재주를 시기하여 암살함. 저서에 난경(難經)이 있음.
*38 진(晉)나라 때 사람. 호는 포박자(抱朴子). 신선 도양(導養)의 법을 좋아하고 연단(煉丹)하는 법을 배웠음. 저서에 포박자·신선전(神仙傳)·집이전(集異傳) 등이 있음.
*39 후한(後漢) 때의 명의. 양성법(養性法)에 밝아 나이 100살이 되도록 젊은이처럼 건강했고, 방약(方藥)·침구(鍼灸)에 정통하여 조조(曹操)에게 불려가 그의 두풍(頭風)을 치료했음. 조조의 병이 중해지자 집으로 돌아와서는 가지 않으니 조조가 노하여 옥에 가두어 옥사했음. 편작과 함께 가장 뛰어난 명의로 일컬어짐.
*40 후한 때의 명의. 저서에 상한론(傷寒論)·금궤옥함요략(金匱玉函要略)이 있음.
*41 진(晉)나라 때의 명의. 저서에 맥경(脈經)·맥결(脈訣)·맥부(脈賦) 등이 있음.
*42 공자를 모셔 놓은 사당.

전각의 장엄함과 화려함이 태양궁과 거의 맞먹는다 하겠다.

천경사(天慶寺)

약왕묘와 담 하나를 사이에 두고 천경사가 있다.

경천사에는 네 채의 큰 전각이 있는데 첫째 전각이 사왕전(四王殿), 둘째 전각이 원통전(圓通殿), 셋째 전각이 대연수전(大延壽殿), 넷째 전각이 공상전(空相殿)이다.

공상전 안에는 한 치 남짓한 작은 금부처 수천 수만 구(軀)를 쌓아서 큰 불상을 만들었다. 눈썹과 눈이 살아 있는 사람 같고, 이마의 주름살과 옷 주름도 모두 작은 불상을 가로세로로 놓기도 하고, 바로 거꾸로 세우거나 눕혀서 만든 것이 붓으로 그려낸 것만 같다. 이러한 정성과 손재주라면 건축을 교묘하게 하고 단청을 화려하게 하는 데에 무슨 어려움이 있겠는가!

이렇게 큰 절에 단 한 명의 노승이 어린 사미(沙彌)*43 두셋과 함께 거처하고 있다. 행랑채에는 온갖 장인바치들이 거처하면서 부산하게 일을 하고 있다. 서화의 장축을 만들고 표구 장식하는 일도 모두 이 안에서 하는 것이었다.

동북쪽 모퉁이에 높다란 누각이 있고, 누각 안에 13층 금탑을 세워 놓았다. 금탑에 아로새긴 조각과 채색의 교묘하기가 참으로 귀신의 재주 같기만 하다. 이 절은 명나라 천순(天順) 3년 기묘년에 세웠다고 한다.

두모궁(斗姥宮)

천단 서쪽에 도교 사원 두모궁이 있다. 궁문 앞 거리에 패루가 셋이 있는데, 동쪽 패루의 바깥쪽 현판에는 '여천동수(與天同壽)', 안쪽 현판에는 '만

---

*43 남자가 출가하여 십계(十戒)를 받은 사람. 자비(慈悲)의 경지에 편안히 머물러 있다는 뜻. 7살부터 13살까지를 구오사미(驅烏沙彌), 14살부터 19살까지를 응법사미(應法沙彌), 20살 이상을 명자사미(名字沙彌)라고 함.

수무강(萬壽無疆)'이라 하였고, 동쪽 패루의 바깥쪽 현판에는 '봉래심처(蓬萊深處)', 안쪽 현판에는 '동화주주(東華注籌)'라 하였고, 서쪽 패루의 안쪽 현판에는 '천축연상(天竺延祥)'이라 하였는데 바깥쪽 현판은 뭐라고 써 있었는지 잊어버렸다.

세 개의 패루가 솥발처럼 삼각으로 서 있다. 단청이 어찌나 찬란한지 똑바로 볼 수가 없다. 두모궁의 첫째 전각에는 북극전(北極殿)이라 하여 북두성군(北斗星君)*44을 모셔 놓았고, 둘째 전각에서부터 다섯째 전각까지는 문을 모두 잠가 놓아 사람들이 들어가지 못하게 하였는데, 건축의 성대한 모습과 채색의 정교하기가 보통 지혜나 역량(力量)으로는 도저히 미칠 바가 아니다. 좌우 양쪽 행랑채의 벽에 그려 놓은 그림들은 모두 처음 보는 것들이었지만, 갈 길이 바빠서 자세히 살펴보지 못했다.

또 한 전각에 이르러 창문 틈으로 안을 들여다보았다. 무슨 보물인지는 알 수 없으나 도깨비불 같은 푸른빛이 번쩍거리고, 부처의 배처럼 수북이 쌓여 있는 것이 무엇인지, 꿈속에서 참서(讖書)*45를 읽는 것처럼 아무리 보아도 알 수가 없다. 다시 한 전각에 이르러 보니, 옛날 서화들이 많이 있다. 미불(米芾)*46의 천마부(天馬賦)와 산정목매도(山精木魅圖)도 있었지만 그 표제(標題)만 잠시 보고 돌아섰다.

강희 연간의 태감 고시행(顧時行)이 태황태후(太皇太后)의 복을 빌기 위해 사재를 털어 세운 비석이 있다. 글은 한림원 시독학사 고사기(高士奇)가 지어 강희 을해년(乙亥年)에 세웠다.

융복사(隆福寺)

융복사의 장날은 매월 1일, 11일, 21일이다. 의주(義州) 상인 경찬(鏡贊)과 함께 갔더니 마침 장날이라, 수레와 말이 절 안에 가득 들어차 붐비는 바람에, 금세 서로 잃어버리고 말았다. 그래서 혼자 다니면서 구경을 했다.

---

*44 북두칠성을 신으로 존숭(尊崇)하여 일컫는 말.
*45 예언서. 장래의 일을 예언한 글.
*46 송나라 때의 서화가·학자. 글씨에도 뛰어났음.

비석에 기록하기를, '경태(景泰)*47 3년 6월에 공부시랑(工部侍郞) 조영(趙榮)이 공사를 감독하여 인부 1만 명으로 경태 5년 4월에 준공하였다. 황제가 날을 택하여 거둥하려 하였으나, 태학생 양호(楊浩)와 의제낭중(儀制郞中) 장륜(章綸)이 함께 상소하여 간했으므로 그날 거둥을 취소하였다' 하였다.

조정의 공경과 사대부들이 수레나 말을 타고 잇따라 절에 와서 손수 물건을 골라 산다. 파는 물건들이 절 마당에 가득하다. 아름다운 구슬이며 진귀한 보물들이 발길에 차일 정도로 쌓여 있어서, 지나가는 사람들은 발 내딛기도 조심스럽고, 마음도 두렵고 눈도 어리둥절하다.

섬돌 층계와 옥돌 난간에 펼쳐져 걸려 있는 천은 모두 용과 봉황을 수놓은 모직물이고, 담장과 건물 벽을 가득 덮은 것은 모두 유명한 글씨와 그림들이다. 간혹 장막을 쳐 놓고 징 치고 북 두드리는 것은 재주 부리고 요술 부려 돈벌이를 하는 사람들이었다.

지난해 무관(懋官) 이덕무(李德懋)*48가 이 절에 구경왔을 때도 마침 장날이었는데, 내각학사(內閣學士) 숭귀(崇貴)를 만났다고 했다. 숭귀가 손수 여우털가죽 옷을 하나 고르더니 깃을 헤쳐 뒤집어 보기도 하고, 훌훌 털어 보기도 하고, 길이와 품을 재 보기도 하고, 입으로 털을 불어 보기도 한 다음에야 돈을 꺼내어 사는 것을 보고 이덕무는 몹시 놀랐다고 하였다.

숭귀는 만주 사람으로, 지난해 황제의 칙명을 받들고 우리나라에도 왔던 인물이다. 그의 벼슬은 예부시랑(禮部侍郞), 몽고의 부도통(副都統)이었다. 우리나라에서는 아직까지 아무리 가난하고 하인 하나 없는 선비라 하더라도 직접 시장에 나가서 장사치들과 물건 값을 흥정하는 것을 천박하고 좀스러운 일로 여긴다. 그러니 우리의 눈에 숭귀의 행동이 놀랍지 않을 수 없는 것이다.

그런데 내가 이제까지 돌아다니면서 보아 온 물건을 사고파는 사람들은 모두 오중(吳中), 즉 강소 지방 명사(名士)들로, 좀스럽게 잇속만 따지는 장사꾼이나 거간꾼 무리가 아니었다. 그리고 장터에 가서 구경하는 사람들

---

*47 명나라 대종(代宗)의 연호. 대종 3년은 1452년. 조선 문종(文宗) 2년임.
*48 조선 영조(英祖)·정조(正祖) 때의 실학자(實學者). 무관은 자이고 호는 형암(炯庵)·아정(雅亭). 서출(庶出)이었기 때문에 크게 등용되지 못했고, 북경에 다녀와서는 북학(北學)을 제창했으며, 글씨와 그림에도 뛰어났음. 저서에 청장관전서(靑莊館全書)가 있음.

은 한림원 서길사(庶吉士) 같은 사람들이 대부분이었다. 이들은 장사하는 친구를 찾아가 고향 소식을 묻기도 하고, 겸하여 그릇이나 옷 따위를 사기도 한다. 그들이 찾는 물건은 대개 옛날 골동품이나 새로 간행된 책, 법서(法書: 글씨본)·명화(名畵) 아니면, 관복·조주(朝珠)*49·향낭·안경 따위이다.

남을 시켜 마음에 들지 않는 물건을 사느니, 직접 가서 골라 마음에 드는 물건을 사는 게 낫기 때문이다. 그들이 물건을 직접 선택하여 사고 안 사는 것을 결정하는 것으로 그들의 소박하고도 솔직한 면을 볼 수 있다. 그래서 중국인들은 누구나 물건을 정밀하게 감상할 줄 아는 것이다.

석조사(夕照寺)

석조사로 유세기(兪世琦)를 찾아갔다. 절은 그다지 넓지 않았지만, 매우 정갈하고도 그윽하여 티끌 하나 없었다. 선림(禪林)*50 중에서 이처럼 깨끗한 절은 처음 보았다.

중은 한 사람도 거처하지 않았고, 민월(閩粵)*51 지방에서 올라와 과거에 낙방하고 돈이 없어 돌아가지 못하는 수재(秀才)들이 이 절에 많이 묵고 있었다. 함께 책을 짓기도 하고 판각도 하면서 생활하고 있었는데, 이때는 31명이나 있었다. 아침에 글 품팔이를 나가서 아직 한 사람도 돌아오지 않아 절간은 적적하기만 하였다. 그들이 거처하는 방들은 더없이 깨끗하고 아주 잘 정돈되어 있어서, 사람들로 하여금 감회에 잠겨 거닐면서 떠나지 못하게 한다.

청나라 사람 주운(周篔)이 지은 석진일기(析津日記)에, 연경팔경 가운데 금대석조(金臺夕照)가 있으니, 석조사라는 절 이름은 여기에서 유래되었다 한다.

유세기 군은 본래 민 지방 사람으로 섬서성 병비도(兵備道) 진정학(陳庭

---

*49 천자와 오품(五品) 이상의 문관, 사품(四品) 이상의 무관 등의 관원이 목에 거는 연주(連珠). 산호·마노·수정·호박·비취·침향 등으로 만드는데 그 수는 108개임.
*50 선종(禪宗)의 절. 선문총림(禪門叢林)의 준말.
*51 중국 복건성(福建省) 지방. 옛날 민(閩)나라 땅이었음.

學)의 자형(姊兄)이다. 올해 2월에 아내를 잃고 아들도 없이 네 살된 딸만 처가에 맡겨두고, 혼자 심부름하는 아이를 데리고 이 절에서 와서 살고 있다.

관제묘(關帝廟)

관제묘는 천하에 없는 곳이 없어서, 아무리 궁벽한 두메 산골 인가가 몇 안 되는 마을에도 반드시 화려하게 사당을 지어 놓고 여러 사람이 모여서 정성들여 제사를 지낸다. 목동이나 음식 심부름하는 여인들까지도 모두 남에게 뒤질세라 바삐 달려간다.

내가 책문(柵門)을 들어서고부터 북경에 올 때까지 2천여 리 사이에 오래된 것, 새로 지은 것이며, 크거나 작은 관제묘들이 다다르는 곳마다 있었다. 그 중에서도 요양(遼養)과 중후소(中後所)에 있는 것이 가장 영험하다고 한다. 이곳 북경에 있는 것은 백마관제묘라 하여 나라의 제사에 관한 법전인 사전(祀典)에도 실려 있으니, 정양문 오른편에 자리잡고 있는 관제묘가 그것이다.

해마다 5월 13일에 제사를 지낸다. 제사 열흘 전에 태상시(太常寺)[*52]에서 제물을 보내오고 당상관(堂上官)이 예식을 집행한다. 이날에는 민간인 참배가 극성스럽다. 나라에 큰 재앙이 생겨도 제사를 지내고 고한다.

명나라 만력(萬曆) 때 특별히 '삼계복마대제신위원진천존(三界伏魔大帝神威遠鎭天尊)'에 봉하였는데, 이는 황제의 칙지에 의한 것이었다. 우리나라 남관묘(南關廟)[*53] 벽에 걸려 있는 관제의 초상도 대체로 여기 있는 것을 모사한 것이다.

이 관제묘의 비석은 초횡(焦竑:명나라 때 학자)이 글을 짓고 동기창(董其昌)[*54]이 글씨를 쓴 것으로, 세상에서는 이를 다시없는 두 가지 명물이라 하여 이절(二絶)이라 일컫는다.

[*52] 종묘(宗廟)의 의례(儀禮)를 맡아 보는 관아.
[*53] 서울 남대문 밖에 있던 관왕묘(關王廟). 동관묘(東關廟)는 지금도 동대문 밖에 있음.
[*54] 명나라 때 사람. 글씨와 그림에 뛰어났고, 저서에 화선실수필(畵禪室隨筆)·용대문집(容臺文集) 등이 있음.

명인사(明因寺)

 명인사에는 촉(蜀)*⁵⁵나라 임금 왕연(王衍) 때에 관휴(貫休)*⁵⁶가 그린 16 나한의 초상이 있다. 매우 기기괴괴하여 세상에 전해 오는 것과는 전연 다르다는 말을 듣고 한번 구경하고 싶었다. 그런데 한자리에 있던 한림(翰林) 초팽령(初彭齡)도 내 생각과 같아서, 마침내 날짜를 약속하고 함께 수레를 몰아 절로 향했다.
 정양문 밖 3리, 강 동쪽 언덕에 있는 절은 그다지 크지도 않았고 화려하지도 않았다. 해수병을 앓는 중 한 사람이 절을 지키고 있었는데 몹시 완고하고 무뚝뚝하여, 그런 그림이 없다고 완강히 숨겼고 또한 절 구경도 못하게 막았다. 초팽령이 중에게 거듭 머리를 숙여 간곡히 청했지만, 더욱 완강히 거절하고 고개를 들어 대답도 하려 하지 않더니, 조금 뒤에는 큰 소리로 꾸짖었다. 초팽령은 무안하여 물러났는데, 몹시 언짢은 기색이 역력했다.
 그는 나를 이끌고 돌아오는 길에 호국사(護國寺)에 들렀다.

대륭선호국사(大隆善護國寺)

 호국사는 북경 사람들이 천불사(千佛寺)라고도 한다. 이 절에 1천 개의 불상이 있기 때문이고, 또 숭국사(崇國寺)라고도 한다. 크고 작은 불전(佛殿)이 11군데나 있어서 그 규모는 굉장하나 파괴되고 무너진 곳도 많았다.
 정덕(正德)*⁵⁷ 연간에 칙명으로 서번(西番)*⁵⁸의 법왕(法王)*⁵⁹ 영점반단(領占班丹)과 저초장복(著肖藏卜) 등을 이 절에 머물게 하였다. 소위 '반단'이니 '장복'이니 하는 것은 지금 열하에 있는 반선(班禪)*⁶⁰과 같다.

---

*55 전촉(前蜀). 당나라에 멸망함.
*56 오대(五代) 전촉(前蜀)의 중. 시를 잘 지었고 글씨와 그림에도 뛰어났음.
*57 명나라 무종(武宗)의 연호. 1506~1522년. 조선 중종(中宗) 때임.
*58 지금의 티베트(西藏).
*59 여기서는 라마교(喇嘛敎)의 교주를 말함.
*60 반선라마(班禪喇嘛)의 준말. 라마교에서 달라이라마의 다음 지위의 라마. 티베트를 통치하는 법왕임.

절이 어느 때 세워졌는지는 알 수 없으나, 원나라 승상 탈탈(脫脫)의 소상이 있다. 두건을 쓰고 붉은 옷을 입었으며, 수염이 길고 눈썹이 가지런하여 기풍이 깨끗하고 단정해 보인다. 의관은 대개 중국의 제도와 비슷하다. 원나라 승상이 어찌하여 머리를 깎았는지 이상하다. 그 곁에 봉관(鳳冠)을 쓰고 붉은 치마를 입은 노파의 초상은 탈탈의 아내이다.

또 요광효(姚廣孝 : 명나라 홍무시대의 승려·도사·학자)의 화상이 있다. 용모가 맑고 깨끗하며 민둥머리로 가부좌를 하고 앉아 있다. 모든 인연이 다 공(空)*61이라는 태도라, 그가 서호(西湖)에서 엉덩이를 치면서 혼자 시를 읊던 때와는 비슷하지도 않다.

옛날 사마천(司馬遷)*62이 장자방(張子房)*63을 보지 않고도 그의 얼굴이 여인 같다고 했다더니, 나도 탈탈의 초상을 보기 전에는 분명 하늘을 찌를 듯한 살기(殺氣)가 있으려니 생각했는데, 이제 보니 꼭 그렇지도 않다.

화신묘(火神廟)

화덕진군(火德眞君)*64의 사당은 북안문(北安門) 일중방(日中坊)에 있다. 원나라 지정(至正) 때 세웠다. 명나라 만력(萬曆) 때 증축하고, 천계(天啓) 원년에 황제의 명령으로 해마다 6월 22일에 태상관(太常官)이 화덕신(火德神)에게 제사를 드리게 하였다.

앞 전각이 융은전(隆恩殿)이고, 뒤 전각이 만세전(萬歲殿)·경령전(景靈殿)·보성전(輔聖殿)·필령전(弼靈殿)·소녕전(昭寧殿)이다. 여섯 전각 모두 푸른 유리 기와를 이었고, 뜰의 층계는 녹색 유리 벽돌을 쌓아 만들었다. 전각 뒤에는 물가에 정자가 세워져 있어서, 그 단청이 물결에 반사되어 일렁인

---

*61 불교 사상의 중추를 이루는 이론. 이 세상 모든 것의 유(有)에 대하여 그 존재를 부인함. 모든 것이 구경(究竟)에는 실체(實體)가 없다고 함. 모든 형상 있는 것은 인연에 의해 생겨나는 것이므로, 본래 실유(實有)가 아니요(色卽是空), 공 그것이 모든 것의 본연의 모습이다(空卽是色)라는 것임.
*62 전한(前漢) 때 사람. 사기(史記) 130권을 저술했음.
*63 장량(張良). 자방은 그의 자임. 한(漢)나라 고조(高祖)를 도와 건국에 큰 공을 세움.
*64 염제(炎帝)를 신으로 존숭하여 일컫는 말.

다. 전각의 웅장하고 화려하기는 약왕묘와 비슷하지만 주위의 경치는 오히려 그보다 더 뛰어나다.
 비석 하나는 주지번(朱之蕃)*65이 비문을 지었고, 또 하나는 옹정춘(翁正春)*66이 지었다.

북약왕묘(北藥王廟)

 북약왕묘는 전각의 모양과 전각 안에 모셔둔 위패 같은 것들이 남묘(南廟)의 제도와 같다. 동쪽으로 해자(海子)에 임해 있고, 둑을 따라 수많은 버드나무를 심어 그늘이 아주 짙다. 호숫가는 유람하는 사람들로 항상 붐빈다.
 명나라 천계(天啓) 때 위충현(魏忠賢)*67이 세운 것이라 한다.

숭복사(崇福寺)

 숭복사는 본디 민충사(憫忠寺)였다. 당나라 태종(太宗)이 직접 요동을 정벌하고 돌아와, 전쟁에서 죽은 장수와 군사들을 위해 이 절을 짓고 그들의 명복을 빌었다.
 절에는 두 개의 탑이 마주 서 있다. 어떤 이는 안녹산(安祿山)*68이 세운 것이라 하고, 어떤 이는 사사명(史思明)*69이 세운 것이라고 한다. 높이는 각각 10길쯤 된다. 요컨대 두 역적이 세운 것인데도 중국인들은 1천 년 전

---

*65 명나라 때 사람. 우리나라에 사신으로 왔었고, 글씨와 그림에 뛰어났음.
*66 명나라 때 사람.
*67 명나라 때 사람. 스스로 고자가 되어 궁중에 들어가서 희종(熹宗)의 총애를 받아 권세를 함부로 부렸음.
*68 당나라 때 사람. 현종(玄宗)의 총애를 받아 현종의 총희(寵姬) 양귀비(楊貴妃)의 양자가 되어 권세를 얻더니, 마침내 군사를 일으켜 반역해서 수도를 함락하고 나라 이름을 연(燕)이라 하였으나 맏아들 등에게 살해당했음.
*69 당나라 때 사람. 안녹산(安祿山)에게 협조하였는데, 뒤에 그 아들에게 살해당했음.

고적이라고 하여 없애지 않는다.

송사(宋史)에는, '첩산(疊山) 사방득(謝枋得)*70이 원나라 지원(至元)*71 26년 4월 북경에 와서 사태후(謝太后)*72의 빈소와 영국공(瀛國公)*73이 갇혀 있던 곳을 찾아가 두 번 절을 하고 통곡하였다. 원나라 사람들이 사방득을 민충사로 보내 감금해 놓았다. 사방득은 절의 벽 틈으로 조아(曹娥)*74의 비문을 보고 눈물 지으며 '한낱 여자아이도 이러했거늘' 하고 음식을 거부한 끝에 마침내 굶어 죽었다' 하였다.

장불긍(張不肯)이 역적 사사명을 위해 당나라 숙종(肅宗)을 찬송하는 글을 짓고, 이를 소영지(蘇靈芝)가 쓴 비석을 찾아보았으나 지금은 없다. 그러나 그 비문은 주이존(朱彝尊)*75의 변증이 옳을 것이다.

고려사(高麗史)에 의하면, 충선왕(忠宣王)이 대도, 즉 북경에 이르자 황제가 그의 머리털을 잘라 석불사(石佛寺)에 두었다고 했다. 어떤 이는 이 숭복사가 그 석불사라고 말하지만 확실하지는 않다.

진각사(眞覺寺)

진각사는 민간에서 흔히 오탑사(五塔寺), 또는 정각사(正覺寺)라고 부른다. 탑은 높이가 10길이나 되며 금강보좌(金剛寶坐)라고도 한다. 탑 안으로 들어가면 캄캄한 속에 나선형 계단이 있다. 계단을 올라가니, 꼭대기는 평평한 축대로 되어 있고, 그 위에 다시 다섯 모난 조그만 탑을 세워 놓았다.

이 작은 탑에 대하여 세상에 전해 오는 말이 있다. 명나라 헌종(憲宗) 황제가 생존했을 당시에 의관을 보관해 두던 곳이라고 한다. 이 절에 대해서도

---

*70 송나라 때 사람. 원나라 군사와 싸워 패하고, 송나라가 망하자 원나라에 잡혀가서 단식하여 죽었음.
*71 원나라 세조(世祖)의 연호. 세조 26년은 1289년. 고려 충렬왕(忠烈王) 15년임.
*72 송나라 이종(理宗)의 황후.
*73 송나라 공제(恭帝)의 제위에 오르기 전의 봉호(封號).
*74 후한(後漢) 때의 효녀(孝女). 아버지의 시신을 찾다가 물에 빠져 죽음. 왕희지의 글씨로 쓴 비석이 전함.
*75 청나라 때 금석고증학(金石考證學)에 정통한 학자.

어떤 이는 몽고인이 세운 것이라 하고, 어떤 이는 명나라 성조(成祖) 황제 때 서번(西番)의 판적달(板的達)이 이 절을 짓고 금부처 5구를 바쳤다고도 한다.

지금 우리나라 사람들은 황금 궁전과 거기 거처하는 번승(番僧)*76을 처음 보고 마음속으로 크게 놀랐지만, 중국에서는 역대로 반드시 이렇게 부처를 우러러 공경하며 받들었다. 세상 사람들은 절을 천자가 여가를 즐기는 곳이고, 겸하여 명복도 비는 곳이라고 생각한다. 그래서 설령 지극히 사치스럽게 꾸며도 신하들은 감히 지적해서 배척하지 못하고 그대로 눈감아 주는 것이다.

마테오 리치의 무덤 (이마두총(利瑪竇塚))

부성문(阜成門)을 나와 몇 리를 가느라니, 길 왼편에 돌기둥 4, 50개를 늘어세우고, 그 위에 시렁을 매어 포도덩굴을 올렸다. 새까맣게 잘 익은 포도가 주렁주렁 달려 있다.

돌로 만든 세 칸짜리 패루(牌樓) 앞 양쪽에는 돌사자가 웅크리고 마주 앉아 있다. 안에 높은 누각이 있기에, 지키는 사람에게 물어 그것이 이마두(마테오 리치)의 무덤임을 알았다. 동서로 잇달아 있는 서양 선교사들의 무덤이 모두 70여 기(基)나 된다. 무덤의 둘레는 바둑판처럼 네모반듯하게 담을 쌓아 거의 3리나 되고, 그 안은 모두 서양 선교사들의 무덤이었다.

명나라 만력(萬曆) 경술년(庚戌年)에 황제가 이마두의 장지를 하사하였다. 무덤의 높이는 두어 길쯤 된다. 벽돌로 쌓아 석회를 바른 봉분은 시루처럼 생겼고, 기왓장이 사방으로 처마처럼 나와 있어, 멀리서 바라보면 마치 다 피지 않은 커다란 버섯 같다. 무덤 뒤에 벽돌로 여섯 모 나게 쌓아 올린 집은 마치 쇠로 만든 종처럼 보인다. 그런데 삼면에 홍예문을 만들었고, 속은 비어 아무것도 없다.

묘비를 세워, 야소회사 이공지묘(耶蘇會士利公之墓)라 새기고, 그 왼편 옆에 잔 글씨로 이렇게 새겼다.

---

*76 티베트 중. 라마교(喇嘛敎)의 승려.

"이(利) 선생의 이름은 마두(瑪竇)이다. 서진(西秦) 대서양(大西洋)의 대리아국(意大利亞國)*77 사람으로, 어려서부터 참다운 수양을 쌓았고, 명나라 만력 신사년(辛巳年)*78에 바다를 건너와 처음으로 중국에 들어와서 포교를 하였으며, 만력 경자년(庚子年)에 북경에서 살다가 경술년(庚戌年)*79에 죽었다. 향년 59세이고, 예수회에 몸담은 지는 42년이 되었다."

그리고 오른편 옆에는 서양 글자를 새겨 놓았다.

묘비의 좌우에 화표(華表)*80를 세워 구름과 용을 양각했다. 묘비 앞에도 벽돌로 집처럼 만들어 놓았다. 위가 평평하여 마치 돈대(墩臺)*81 같았다. 구름과 용을 새긴 돌기둥을 줄지어 세워 석물로 삼았고, 제사를 지내는 전각 앞에 돌로 만든 패루와 돌사자가 있었으니, 이는 탕약망(湯若望)*82의 기념비이다.

---

*77 이탈리아.
*78 1581년. 조선 선조(宣祖) 14년.
*79 1610년. 조선 광해군(光海君) 2년.
*80 무덤 앞에 세우는 돌로 만든 인물이나 짐승.
*81 망대(望臺).
*82 독일인 선교사 아담 샬. 명나라 때 중국에 와서 천주교를 전도하고, 과학·역법(曆法)에 정통하여 한림원(翰林院)에 들어가서 역법을 고쳤으며, 대포를 만들었다. 저서에 역법서전(曆法西傳)·신법표이(新法表異) 등이 있음.

동란재에서 쓴 글
동란섭필(銅蘭涉筆)

머리글〔銅蘭涉筆序〕

내가 황포(黃圃) 유세기(兪世琦)를 찾아갔을 때, 그의 벼룻돌〔硯石〕 뒤에는 무늬 있는 돌로 만든 연병(硯屛)*1이 놓여 있었다. 연병 앞에 난초 한 포기가 있었는데, 자세히 보니 구리로 만든 것이었다. 봉황의 눈매 같은 잎이 바람을 맞아 하늘거리는 것 같고 자줏빛 이삭이 이슬을 머금은 것 같다. 참으로 기이한 작품이었다. 나는 그 난초를 며칠 동안 빌려 내가 거처하는 방 동쪽 벽 아래 놓고 동란재(銅蘭齋)라 편액하였다.

---

*1 벼루 위에 병풍처럼 세워 놓는 물건.

⊙건륭(乾隆) 41년 병신년에 유구(琉球) 사신이 예부(禮部)에 글을 올려 빨리 귀국하도록 해 달라고 청했다.

'유구국 정사(正使) 이목관(耳目官) 상숭유(向崇猷)와 도통사(都通事)*2 모경창(毛景昌)은 저희의 사정을 아뢰니 정상을 살피시어 빨리 돌아가게 해 주시기 바랍니다. 숭유 등은 왕명을 받들어 건륭 39년에 조공을 하기 위해, 복건(福建)·무창(撫昌)에서 병부(兵符)*3를 발급받고 연로(沿路)의 호송(護送)을 받으면서 올라와, 지난해 12월 초하루에 북경에 이르렀습니다. 특별한 대우로 조반(朝班)*4에 나아가 예를 행하게 하시고 정월 초하룻날의 조하(朝賀)를 드리게 하여 주시어, 소국의 말단 벼슬아치가 천안(天顔)을 우러러뵙게 되었고, 게다가 상급(賞給)과 음식까지 내려주시니 숭유 등은 감격하기 이를 데 없습니다. 이에 공무를 모두 마치고 한가롭게 지내고 있습니다. 뿐만 아니라, 유구국은 해외에 있으므로 왕래를 오로지 바람에 의지해야 하는데, 지금이 바로 귀국하기에 가장 알맞은 때입니다. 숭유 등이 북경에 올 때는 마침 한겨울이라 강물이 얼어붙어 하는 수 없이 왕가영(王家營)*5을 거쳐 내내 육로로 왔었는데, 지금은 중춘(仲春)이라 바람이 순하고 땅은 따뜻하여 길을 떠나기에 알맞습니다.

간절히 대인(大人)께 청하오니, 황제께서 위로하고 어루만져 주시는 지극한 뜻을 받들어, 멀리서 온 저희의 사정을 살피시고, 전례에 비추어 육로로 제령(濟寧)*6까지 가서 거기서 배를 타고 돌아가도록 허락하여 주시기 바랍니다. 사리로 보아 마땅히 미리 대인께 말씀드려야 하겠기에 이렇게 글을 올리니, 속히 황제께 주청(奏請)하시어, 2월 초순 안으로 칙서와 병부(兵部)*7의 문서가 내려지도록 하여 주시면, 숭유 등은 소식을 듣는 대로 출발하겠습니다. 이 은혜는 천추에 잊지 못할 것입니다.

건륭 41년 정월 24일에 갖추어 아룁니다.'

---

*2 통사의 우두머리.
*3 군중에서 쓰는 표적. 군사작전을 기록한 것.
*4 조정에서의 순위(順位). 조회 때의 반열.
*5 중국 강소성(江蘇省) 회음현(淮陰縣) 북쪽에 있는 지명.
*6 중국 산동성(山東省)에 있는 지명.
*7 군사(軍事)를 맡아보는 육부(六部)의 하나. 지금의 국방부(國防部)와 같음.

글이 솔직하게 서술되고 사정 설명이 간곡하다. 이것은 관보(官報)의 일종인 당보(塘報)의 오래된 종이에서 나온 것이다. 이번에 우리 사신도 예부에 몇 번 글을 올렸으니, 당연히 당보에 실려 천하에 오래도록 공개되어 전해질 것이다.

⊙ 유구국의 조공 규례(規例)는 유황(硫黃)*⁸ 1만 근, 적동(赤銅)*⁹ 1천 근, 석랍(錫鑞)*¹⁰ 3천 근이라고 한다.

⊙ 송나라 때 이방(李昉)이 편찬한 태평어람(太平御覽)*¹¹에, '한(漢)나라 때의 곽리자고(霍里子高)는 조선 사람이다. 그가 새벽에 일어나 배를 타고 노를 저어 가다보니 한 미친 늙은이가 머리를 풀어 헤친 채 술병을 들고 거센 급류에 뛰어들어 건너려는 것이었다. 그의 아내가 말렸으나 그는 결국 물에 빠져 죽었다. 그의 아내는 가지고 있던 공후(箜篌)*¹²를 타면서 노래를 불렀다.

임더러 제발 건너지 마시라 했건만
임은 끝내 강물을 건너시더니
임은 이제 물에 빠져 가버리셨네
임이여 이 몸은 어이하랴 하시나이까.

公無渡河 公終渡河
公淹而死 當奈公何

그 노랫소리가 몹시 처절했다. 노래를 마치자 아내도 강에 몸을 던져 죽었

---

*8 화산이나 온천 지대에서 나는 황록색의 물질. 마찰하면 불이 일어남. 석유황(石硫黃). 약재와 공업제품의 원료로 쓰임.
*9 순수한 구리.
*10 주석. 은백색 광택이 있는 금속원소의 한 가지. 녹슬지 않음.
*11 송나라 태종(太宗) 태평흥국(太平興國) 2년에 황제의 명으로 이방(李昉) 등이 편찬한 책. 55부문에 걸쳐 널리 수록한 1천 권. 고증학(考證學)의 연수(淵藪)라 일컬어짐.
*12 현악기의 한 가지, 7줄 또는 23줄로 되었음.

다. 곽리자고가 집에 돌아와 아내 여옥(麗玉)에게 그 여인이 부른 곡을 들려 주었다. 그러자 여옥이 몹시 슬퍼하면서 공후를 끌어당겨 그 노랫소리를 본떠서 곡을 지어 불렀다. 이 노래를 공후인(箜篌引)이라고 한다' 하였다.

내가 열하에 있을 때 태학(太學)에서 여러 가지 악기들을 구경하였다. 그런데 소위 공후라는 악기는 없었다. 그래서 북경으로 돌아와 몇 번이나 사람을 유리창(琉璃廠)에 보내 이 악기를 구해 보려 하였으나 끝내 구하지 못하여, 공후가 어떻게 생긴 것인지 모르겠다.

⊙천비(天妃)는 세속에 전하는 말로 '황하(黃河)의 신'이라고 한다. 지금 청나라에서는 칙령으로 천후(天后)로 봉하였으니, 회회(回回)*13 사람들 중에는 이를 믿는 그 교에 많이 가입했다고 한다. 천비의 신은 12 글자의 존호(尊號)가 있어서 청나라 사전(祀典)에도 실려 있다.

⊙우리나라의 도포와 갓과 띠는 중국 승려의 것과 흡사하다. 그들이 여름에 쓰는 갓은 등나무나 종려나무로 만들고, 도포는 깃이 네모난 것이 다를 뿐이다. 그러나 도포는 모두 검은 공단(貢緞)*14이나 문사(紋紗)*15로 만들고, 가난한 자들도 수화주(秀華紬)*16나 야견사(野繭絲)*17로 만든다.

내가 의원 변관해(卞觀海)와 함께 옥전(玉田)의 한 가게에 들어갔더니, 수십 명의 중국인들이 둘러서서 우리가 입고 있는 베 도포를 다투어 구경하였다. 그리고 만든 모양새를 자세히 살펴보고는 무척 이상하게 생각하면서 저희들끼리 수군거렸다.

"저 탁발승(托鉢僧)*18은 어디서 왔을까?"

어느 한 사람이 묻자 또 한 사람이 농으로 대답한다.

"사위국(舍衛國)*19 급고독원(給孤獨園)*20에서 왔을 거야."

---

*13 회흘(回紇). 몽고·투르키스탄 지방에 있던 나라, 또 그 종족.
*14 두껍고 무늬가 없는 비단.
*15 무늬 있는 깁. 얇고 가벼움.
*16 수아주. 품질이 좋은 깁.
*17 멧누에고치로 짠 깁.
*18 마을로 돌아다니면서 동냥하는 중. 의식 마련과 동시에 자기 수양을 하고, 남이 어려운 일을 당했을 때 의논 상대가 되어 주는 것이 본래의 목적이었음.

그들은 우리가 조선 사람인 줄 몰라서 하는 말이 아니라, 도포와 갓을 보고 탁발승과 비슷한 것을 놀리는 것이었다.

대개 중국의 여자와 승려, 도가(道家)*21들은 옛날 의관제도를 그대로 지키고 있다. 그에 비해 우리나라 의관은 신라 때의 옛 제도를 많이 이어 왔다. 신라는 처음에 중국의 제도를 본받았으나 세속에서는 불교를 숭상했기 때문에, 민간 여염집에서는 중국의 승려 복장 제도를 많이 본받은 것이다. 이제 1천여 년이 지났지만 아직도 변하지 않고 있다. 도리어 중국 승려들이 우리나라 의관을 좋아하여 본받는다고 하니, 어찌 그럴 리 있겠는가?

⊙중국 승려들이 쓰는 갓에 등나무 올로 엮어 만든 것은 빛깔이 우리나라 초립(草笠)*22과 같고, 종려나무 껍질 올로 엮어 만든 것은 빛깔이 우리나라 주립(朱笠)*23과 같다. 등나무 갓에는 종려껍질 올로 무늬를 짜고, 종려껍질 갓에는 등나무 올로 무늬를 놓는다. 몽고 사람 역시 여름에는 갓을 쓰는데, 대개 가죽으로 만들어 금칠을 한 겉에다 구름을 그렸다. 우리나라 풍속에서는 겨울에도 갓을 쓰고 눈 속에서도 부채를 놓지 않으니 이는 다른 나라의 웃음거리가 되고 있다.

⊙중국 향시(鄕試)*24의 규정은 첫 번째 시험에서 사서(四書)*25의 산문 3편과 성리론(性理論)*26 1편을 하루 밤낮으로 보고, 두 번째 시험에서는 경문(經文)*27 4편과 배율(排律)*28 1수(首)를 하루에 마치고, 세 번째 시험에서

---

*19 옛날 중인도(中印度)에 있었던 나라. 그 서울은 사위성(舍衛城). 기원정사(祇園精舍)가 있어 석가가 이 나라에 많이 머물러 설법했음. 당시는 파사익왕(波斯匿王)이 다스렸음.
*20 사위성 밖에 있던 동산. 수달장자(須達長者 : 給孤獨長者라고도 함)가 석가를 위해 이 동산을 사서 기원정사(祇園精舍)를 지어 석가에게 바쳤음.
*21 도교(道敎)를 신봉하는 사람.
*22 관례(冠禮)를 한 젊은이가 쓰는 갓. 누런 빛깔의 가느다란 풀로 만듦.
*23 군복을 입을 때 쓰는 붉은 칠을 한 갓.
*24 각 지방에서 보이는 첫 단계의 과거시험. 이에 합격하면 둘째 단계로 서울에 모여 회시(會試)에 응할 자격을 얻음. 초시(初試).
*25 논어, 맹자, 중용, 대학.
*26 이(理), 기(氣), 심(心), 정(情), 욕(慾)의 상호 관계를 탐구하는 성리학(性理學)에 관한 논문.

는 책문(策文)*29 5편을 역시 밤낮으로 치르는데, 모두 1천여 자씩이나 된다.

회시(會試)*30 규정도 향시와 같고, 전시(殿試)*31는 단 한 번의 시험으로 책문(策文) 한 편을 역시 밤낮으로 치르는데 반드시 1만여 자가 되어야만 합격할 수 있고, 또한 격식에 조금도 착오가 없어야만 한림(翰林)에 들어갈 수 있다.

전시 다음에 또 조고시(朝考試)*32가 있다. 조(詔)*33·고(誥)*34·논(論)*35·시(詩)를 시험보는데, 하루 동안에 마쳐야 한다. 향시와 회시의 5가지 책문 중에서 세 가지는 옛날 역사에서, 두 가지는 시사 문제에서 지어야 한다. 전시에서는 오로지 시사 문제뿐이다.

향시에 합격하면 거인(擧人)이 되어 회시 때마다 응시할 수 있고, 회시에 합격을 못하더라도 10년이 넘으면 고을 수령 한 자리는 얻을 수 있다.

⊙이탁오(李卓吾)*36는 머리가 가렵고 번거로운 것을 견디지 못하고 아예 공공연하게 머리를 박박 깎았다. 당시의 중국 사람들은 그의 본성이 흉악하기 때문이라고 하였지만, 그것은 중국인이 머리를 깎게 되는 변발의 징조였던 것이다. 지금 중국 사람들의 머리 깎는 풍습은 금(金)나라, 원(元)나라 때도 없었다. 만약 중국에 명나라 태조(太祖) 같은 진정한 임금[眞主]이 나온다면 이러한 풍습을 깨끗이 소탕해 버리련만, 어리석은 백성들의 습속으로 굳어버린 지가 이미 1백여 년이나 되었으니, 다시 머리를 길러서 묶고 모자를 쓴다면 도리어 번거롭고 불편하게 여길 사람이 분명 나올 것이다.

---

*27 유학 경서(經書)의 문장(文章).
*28 율시(律詩)의 한 가지. 오언(五言)이나 칠언(七言)으로 12짝, 곧 6구 이상 되는 시.
*29 자기의 포부와 실력을 산문(散文)으로 서술하는 문체.
*30 향시(鄕試)에 합격한 사람을 서울에 모아 보는 과거 시험.
*31 임금이 친히 임석하여 회시에 합격한 사람에게 보는 과거 시험.
*32 새로 진사시(進士試)에 합격한 사람을 천자가 인견(引見)하기 전에 천자가 친히 제목을 내어주어 보는 과거시험.
*33 문체(文體)의 하나. 천자의 명령을 기록하는 데 씀.
*34 문체의 하나. 임금이 포고하는 글. 명나라 때에는 칙(勅)이라 했음.
*35 문체의 하나. 자기의 의견을 말하여 주장하는 글. 논문(論文).
*36 명나라 사람 이지(李贄). 탁오는 자임. 기이한 행적이 많고, 석가를 존숭하고 공맹(孔孟)을 배격하여 탄핵받아 옥사했음.

⊙내가 중국에 들어와 2천여 리를 여행할 동안은 마침 여름이 지나고 가을로 접어드는 환절기라, 더위가 극심하여 낮에는 하루에 네댓 번씩 말에서 내려 인가에 들어가 쉬었다 가곤 하였다. 두 길이 넘는 파초며 태호석(太湖石), 다미(荼蘼) 덩굴을 올린 시렁과 반죽(班竹)*37으로 만든 난간 등은 이따금 보았고, 섬돌을 덮은 녹죽(綠竹)*38이며 발〔簾〕에 어울리는 푸른 오동나무 등은 가는 곳마다 흔히 볼 수 있었다.

⊙고려 때 송나라 상선(商船)이 빈번하게 우리나라에 와 황해도 예성강(禮成江)*39에 정박하여 온갖 재화가 다 모여들었다. 고려 임금이 그들을 예로써 대우해 주었으므로, 당시에 모든 서적들이 크게 갖추어졌고, 중국의 온갖 기물(器物)들이 모두 들어왔다. 그러나 지금의 우리나라는 뱃길로 중국 남쪽과 통상(通商)을 하지 않기 때문에, 문헌(文獻)에는 더더욱 어두워 삼왕(三王)*40의 일도 모르는 것도 전부 이 때문이었다.
그런데 일본은 중국의 강남(江南) 지방과 통상했으므로, 명나라 말에 옛 기명과 글씨·그림이며 서적·약재들이 장기(長崎)*41에 모여들어, 이제 겸가당(蒹葭堂) 주인 목홍공(木弘恭)*42 같은 이는 책을 3만 권이나 가지고 있고, 중국의 여러 명사들과도 친교가 있다고 한다.

⊙반선(班禪)이 거처하는 자리 앞에는 평상, 뒤에는 거울이 있고, 왼편에는 종(鍾), 오른편에는 옥(玉)이 있으며, 위에는 소반에 물을 떠다 놓았고, 아래에는 보도(寶刀)를 놓아 두었다. 그리고 온종일 향을 피운다고 하니 벌어진 입을 다물지 못하고 허허 웃을 일이다.

---

*37 줄기에 자갈색(紫褐色) 등의 반점이 있는 대나무.
*38 줄기가 푸른 대나무.
*39 황해도 수안군(遂安郡) 언진산(彦眞山)에서 시작되어 경기도와의 경계를 이루면서 흘러 개성(開城) 서쪽을 지나 서해로 들어가는 강. 고려 때는 송나라의 상선이 이 강에 와서 무역을 했음.
*40 명나라가 망한 뒤에 남쪽으로 달아난 황족으로서 나라를 일컬은 복왕(福王)·계왕(桂王)·당왕(唐王) 세 사람.
*41 일본 구주(九州)에 있는 도시 나가사키(長崎).
*42 자는 세숙(世肅). 일본의 서화가이자 장서가.

⊙지금의 호부상서(戶部尚書) 화신(和珅)은 황제가 총애하는 신하로, 구문제독(九門提督)*43을 겸하고 있어, 그 높은 명성을 온 조정에 떨치고 있다.

황제의 탄신일에 내가 산장(山莊) 문 밖에 이르렀더니, 황제께 바치는 물건들이 문 앞에 몰려들고 있었다. 모두 누런 보자기로 덮였는데, 금부처가 아니면 모두 옥그릇[玉器]이라 한다. 화신이 실어 온 것 중에는 진주로 만든 포도나무 한 덩굴도 들어 있었는데, 금·은·오동(烏銅)*44으로 빛을 내어 덩굴과 잎을 만들었고, 화제(火齊)·슬슬(瑟瑟)*45로 포도송이를 만들어, 그야말로 초룡주장(草龍珠帳)*46이라 할 만하다.

강희제(康熙帝)의 만수절(萬壽節), 곧 탄신일은 3월이다. 강희 계미년(癸未年) 이날 구경(九卿)*47이 모두 고옥(古玉)이며 글씨·그림들을 바쳐 축하하였는데, 모두 받아들여져서 내부(內府)*48로 들였다.

이때 왕사정(王士禎)은 형부상서(刑部尚書)로 있었는데, 그 역시 자기 집에 대대로 전해 오던 왕진경(王晉卿)*49의 연강첩장도(烟江疊嶂圖) 긴 두루마리 그림을 바쳤다. 그 그림 뒷면에는 미원장(米元章)*50의 글씨와 소동파(蘇東坡)의 긴 한시가 있었다.

강희제는 분부를 내려 말했다.

"이제까지 진상해 온 그림들은 대개 오래된 그림이 없었는데, 이 그림 뒷면의 미원장의 글씨는 매우 아름다우므로 특별히 받아들이니, 널리 알리도록 하라."

그러니 강희제 때 고옥이나 글씨·그림들을 바친 것은 과연 겉치레에 불과

---

*43 북경성의 9문을 관장하는 제독.
*44 순수한 구리. 적동(赤銅).
*45 화제·슬슬 모두 구슬의 종류.
*46 당나라 담소(曇霄)가 포도곡(蒲萄谷)에서 옮겨 심은 포도의 한 가지. 포도를 이르는 말.
*47 9명의 대신. 시대에 따라 다른데 명나라 때는 6부(部)의 상서(尚書)와 도찰원 도어사(都察院都御史)·통정사사(通政司使)·대리시경(大理寺卿)이었고, 청나라 때는 6부의 상서와 태자태사(太子太師)·태자태부(太子太傅)·태자태보(太子太保)의 9명이었음.
*48 대궐 안의 일을 관장하는 관아 또는 그 대신.
*49 송나라 때 자사(刺史).
*50 미불(米芾)의 자(字).

했음을 알 수 있고, 그것이 다시 금부처와 진주 포도로 바뀌었으니, 신하들이 사사로이 황제에게 선물을 바치는 관습은 강희제가 처음으로 그 길을 열어 놓은 것이다.

지금은 화신이 황제의 총애를 받고 있으므로, 황제 역시 선물을 받고는, '화신은 이처럼 나를 사랑하는구나! 제집도 제쳐두고 이런 것을 내게 바치다니!' 했다지만, 나중에 가서 황제가 이렇게 말할 수도 있을 것이다.

"짐은 천하의 부(富)를 다 가지고도 이런 진주 포도는 손에 넣지 못했는데, 화신은 이것을 어떻게 얻었단 말인가?"

그때는 화신도 위태로우리라.

⊙경직도(耕織圖)*51는 처음 송나라 때 그려지기 시작했다. 오잠령(於潛令)으로 있던 사명(四明) 누도(樓璹)가 그려 사릉(思陵)*52에게 바쳤는데, 각 단(段)마다 헌성황후(憲成皇后)의 제자(題字)가 있었다. 강희(康熙) 때 황제가 화공에게 명하여 그대로 모사(模寫)*53시켜 각 단마다 황제의 시를 친필로 썼다. 그 뒤 건륭(乾隆) 때 휘주(徽州) 수령이 경직도의 각 단마다 묵판(墨板)에다 모각(模刻)했는데 매우 정교하였다. 먹은 모두 4갑, 한 갑에 12개씩으로 값이 은 130냥이었다고 한다. 건륭 신묘년(辛卯年)에는 값이 그러했는데 병신년(丙申年)에는 값이 은 80냥으로 떨어졌다고 한다.

이번에 내가 유리창(琉璃廠)에 가서 그 먹 두 갑을 찾아냈다. 먹이 하도 정교하여 사람의 손으로 만든 것 같지 않다. 내가 문포(文圃) 서황(徐璜)에게 보이고 값을 물어 보았더니, 그는 대답했다.

"이 먹은 그리 좋은 것은 아닙니다. 또한 순서를 보아 그 중의 두 개가 빠졌으니 오래도록 팔리지 않았던 모양입니다. 그러나 값은 줄잡아도 은 60냥 이하로 내려가지 않을 것입니다."

⊙서황이 내게 말하였다.

"장서(藏書)를 좀먹지 않게 하는 방법으로는, 한식날 밀가루에다 납일(臘

---

*51 밭 갈고 길쌈하는 그림.
*52 남송(南宋)의 고종(高宗).
*53 모방하여 그림.

日)*54에 내린 눈을 녹여 섞어서 풀을 쑤어 책을 장정하거나, 조협(皀莢)*55 가루를 책 속에 넣어 두면 좀이 슬지 않습니다. 이 방법은 송나라 왕문헌(王文憲)에게서 나온 것입니다. 붓을 보관하는 방법으로는 유황(硫黃)을 물에 타서 끓여 붓촉을 담그면 되는데, 소동파는 황련(黃連:한약재)을 달인 물에 경분(輕粉)*56을 타서 붓촉을 담갔다가 바짝 말려서 보관했다고 하며, 황산곡(黃山谷)은 천초(川椒)*57와 황벽(黃蘗:한약재)을 달인 물에 붓을 적셨다가 보관해 두면 더욱 좋다고 했습니다."

⊙신선 도술을 닦는 방사(方士)들이 말하는 삼신산(三神山)은 봉래(蓬萊)·방장(方丈)·영주(瀛洲)로 바다 가운데 있어서 항상 신선들이 왕래하며 노닌다고 한다. 일본인은 삼신산이 자기들 나라에 있다고 하고, 우리나라에서도 역시 금강산(金剛山)을 봉래, 제주(濟州) 한라산(漢拏山)을 영주, 지리산(智異山)을 방장이라 한다. 명나라 장천복(張天復)이 지은 황여고(皇輿考)에는, '천하에 명산 여덟이 있는데, 다섯은 중국의 태산(泰山)·화산(華山)·소실산(小室山)·태실산(太室山)·수양산(首陽山)이고, 셋은 국외에 있다' 하였다. 그러나 이것은 잘못된 말이다. 황여고에서 한 말은 세 산이 국외에 있다는 방사들의 말을 근거로 한 것으로, 그 때문에 우리나라와 일본이 서로 있느니 없느니 따지는데 이는 잘못된 일이다. 천하에 명산이 어찌 여덟이고, 중국에 어찌 다섯이며, 중국 외에 명산이 어찌 셋뿐이겠는가?

⊙황여고(皇輿考)에 의하면, 천하에 큰 강 셋이 있으니, 황하(黃河)·장강(長江)*58 및 압록강(鴨綠江)이다. 그러나 압록강은 역시 국외에 있다고 하였다.
명나라 진정(陳霆)이 지은 양산묵담(兩山墨談)에는, '장회(長淮), 즉 회수(淮水)*59는 남북의 큰 경계가 된다. 회수 이북은 북쪽 가닥이 되어 모든

---

*54 동지(冬至) 지나 셋째 술일(戌日). 이날 한 해 동안 농사지은 것으로 여러 신에게 사례하는 제사를 지냄.
*55 쥐엄나무 열매 껍질, 한약재로 씀.
*56 염화제일수은(鹽化第一水銀). 독성이 있는데 약재로 씀.
*57 초피나무 열매의 껍질, 위·심장약으로 씀.
*58 양자강(揚子江).

강물은 다 황하를 조종으로 삼고 있으므로 강(江)이라 이름 붙인 것이 없고 회수 이남은 남쪽 가닥이 되어 모든 강물은 다 양자강을 조종으로 삼고 있으므로 하(河)라 이름 붙인 것이 없다.

이 두 줄기 강물 외에 북으로 고려에 있는 것을 혼동강(混同江)*60·압록강이라 하고, 남으로 만조(蠻詔)*61에 있는 것을 대도하(大渡河)*62라고 하는데, 이것은 우(禹)임금이 치수사업을 했던 지역에 들지 않는다' 하였다. 그러나 이 설은 옳지 않다. 강(江)과 하(河)는 강물의 맑고 흐림을 구분할 뿐이다.

내가 압록강을 건널 때 보니, 강폭은 한강(漢江)보다 넓을 것이 없고, 물의 맑기는 서로 비슷했다. 북경에 이르는 동안 강물을 건넌 것이 10여 차례였는데, 배를 타거나 말을 타고 건넌 혼하(混河), 요하(遼河), 난하(灤河), 태자하(太子河), 백하(白河) 등의 강들은 모두 누렇게 흐려 있었다.

대개 들판을 흐르는 물은 탁하고 산골 물은 맑은 법이다. 압록강은 장백산(長白山)*63에서 시작되어 국경 지방의 여러 산 사이를 흘러 내려오기 때문에 항상 물이 맑다. 동팔참(東八站)의 여러 강물이 모두 맑은 것이 또한 그 증거일 것이다. 내가 비록 양자강을 가 보지는 못했지만, 민아산(岷峨山)에서 시작되어 수많은 산을 거쳐 삼협(三峽)*64을 뚫고 내려오니 그 물이 맑으리라 짐작할 수 있다. 소위 남쪽 가닥의 여러 물흐름에 하(河)란 이름이 없는 것은, 초(楚)나라 남쪽에 산이 많고 돌이 많아서 물이 모두 맑기 때문이다. 그러나 남쪽 만조(蠻詔)의 대도하(大渡河)도 필시 평야에서 시작되어 물이 탁하기 때문에 하(河)라 일컬었을 것이다.

⊙양순길(楊循吉)*65의 지이(志異)에, '황조(皇朝)의 문신(文臣)으로 최

---

*59 하남성(河南省)에서 시작하여, 동으로 흘러 안휘성(安徽省)을 거쳐 강소성(江蘇省)으로 나와서 대운하(大運河)로 들어가는 강.
*60 만주 쪽에서 흘러 압록강으로 들어가는 강.
*61 당나라 때 중국 남쪽의 운남, 사천, 귀주 등지에 걸쳐 있던 왕조.
*62 사천성 서부에 있는 강으로 중국 서남부를 흐름.
*63 백두산의 다른 이름.
*64 중국 사천성(四川省)과 호북성(湖北省) 경계의 양자강(揚子江)에 있는 세 협곡(峽谷).
*65 명나라 때 학자. 호는 와독재(臥讀齋). 저서에 송주당집(松籌堂集) 등이 있음.

고의 품계와 작위를 받은 사람은 몇 안 되는데 위령백(威寧伯) 왕공(王公)이 그 중 한 사람이다. 그가 정시(庭試)*66를 보던 날, 답안을 다 쓰고 나자 갑자기 겨드랑 아래에서 회오리바람이 일어나더니 시권(試券)*67을 하늘 높이 휘몰아 갔다. 조정의 신하들과 과거보던 응시자들이 모두 쳐다보았다. 시권은 자꾸만 까마득하게 올라가서 마침내 보이지 않았다. 중관(中官)*68이 황제에게 이 사실을 보고하자 황제는 특별히 다시 별지에 써서 올리도록 하였다. 그 뒤 왕공은 중집법(中執法)*69을 거쳐서 대사마(大司馬)*70가 되었고 백작(伯爵)*71에까지 이르렀다' 하였으니 이는 왕월(王越)의 사적이다.

우리나라 성종(成宗) 때 경복궁(景福宮) 간의대(簡儀臺)*72 옆에 종이 한 장이 떨어져 있었는데, 바로 중국의 시권이었다. 봉미(封彌)*73를 뜯어 보니 왕월의 이름이 나왔다. 그래서 공사(貢使) 편에 그 시권을 보내고 사실을 보고했다. 황제는 왕월에게 남을 감화시키는 힘〔風力〕이 있다고 가상히 여겨 집헌(執憲)*74 벼슬을 주었다.

양순길의 기록은 다만 회오리바람이 시권을 휘몰아 갔던 것만 쓰고 있다. 그것이 어디에 떨어졌는지는 모르고 그저 막연하게 왕월이 집헌의 벼슬을 거쳐 고관에 이르렀음을 말했을 뿐, 실은 우리나라가 천자에게 보고하였기 때문이었음은 몰랐던 것이다.

⊙명나라 영왕권(寧王權)이 편찬한 원시비서(原始秘書)에, '고려의 학문은 기자(箕子)로부터 시작되었고, 일본의 학문은 서복(徐福)*75에게서 시작

---

*66 나라에 경사가 있을 때 대궐 안에서 임시로 보는 과거시험.
*67 과거시험의 답안지.
*68 조정 안의 관원, 궁중에서 일을 맡아 보는 관원, 또는 서울의 관아에 딸려 있는 관원.
*69 백관의 죄를 규탄하는 어사중승(御史中丞)의 다른 이름.
*70 한(漢)나라 때 대장군(大將軍)·표기장군(驃騎將軍)을 고친 이름으로, 뒤에는 병부상서(兵部尙書)를 대사마라고 했음.
*71 5등급의 작위(爵位) 중 셋째. 후작(侯爵) 아래, 자작(子爵)의 위.
*72 천체를 관측하는 간의(簡儀)를 설치해 놓은 곳. 천문대(天文臺).
*73 당·송(唐宋) 때 과거시험의 부정을 막기 위해 수험자의 이름을 풀로 붙이고 암호로 답안을 내게 한 것.
*74 법을 맡아보는 관원, 사법관(司法官).
*75 중국 진나라 때의 방사. 진시황의 명으로 불로초를 찾으러 떠난 뒤에 돌아오지 않았다 함.

되었다. 안남(安南)*76의 학문은 한(漢)나라가 군현(郡縣)을 세우고 자사(刺使)를 두어 중국의 문화를 받아들이면서 시작되었는데, 그 뒤 오대(五代) 말 절도사(節度使)*77 오창문(吳昌文) 때 이르러 더욱 성행했다. 중국에서 학문이 외지(外地)로 퍼져 나간 지 수천 년이 되었건만, 그들의 학문은 모두 오랑캐의 습속을 면치 못하여, 궁색하고 고루해서 성인의 가르침을 계승할 수 없었던 것이다. 그 이유는 대개 그 소리와 발음이 서로 달라서, 학문의 기묘하고 심오한 이치를 글이나 말로는 전할 수 없기 때문에 서로 맞지 않는다' 하였다. 이는 아주 적절한 말이라 하겠다.

우리나라에서는 협음(叶音)의 묘미를 알지 못하여 미암(眉巖) 유희춘(柳希春)*78이 한자의 음률을 잘 이해한다고 알려졌지만, 사실 그의 모시(毛詩)*79 언해(諺解)*80는 협음을 따르지 않았기 때문에 시의 운(韻)이 끊어지는 수가 많다. 예를 들면 왕희지차(王姬之車)라는 구절에서 차(車) 운을, 마(麻)의 운을 따라 '차'라 하지 않고 어(魚) 운을 따라 '거'라 한 것 따위가 그 예이다.

⊙유양잡조(酉陽雜俎)*81에, '얼마 전에 어느 뱃사람이 신라로 가다가 바람에 밀려 어떤 섬에 닿아 섬으로 올라가 보니, 옻칠을 새까맣게 한 숟가락과 젓가락이 가득 달린 큰 나무들이 온 산을 뒤덮고 있었다. 고개를 들어 자세히 살펴보았다. 그 숟가락과 젓가락은 모두 나무의 꽃과 꽃술이었다. 백여 벌을 주워 와서 써 보았더니 너무 투박하여 쓸 수가 없었다. 뒷날 우연히 그것을 집어 찻물을 저었더니 금시에 녹아 없어져버렸다'라고 하였는데, 이것은 말도 안 되는 이야기이다. 우리나라 남쪽 섬에 이런 나무가 있었다면 어

---

*76 베트남.
*77 지방의 군사를 거느리고 외번(外藩)을 진무(鎭撫)하는 벼슬.
*78 조선 선조(宣祖) 때 문신. 여러 벼슬을 역임, 이조참판(吏曹參判)에 이르렀고, 경사(經史)와 성리학(性理學)에 밝았으며, 저서로는 미암일기(眉巖日記)·시서석의(詩書釋義) 등 많음.
*79 시경(詩經). 본래 시경에는 네 사람의 것이 있었는데, 그 중에서 모형(毛亨)이 전한 것만 온전하게 남아 있으므로 그렇게 일컫는 것임.
*80 한문을 언문(諺文) 곧 한글로 해석한 책.
*81 당나라 단성식(段成式)이 편찬한 책. 기괴한 이야기가 많지만 유문(遺文)이며 비적(秘籍)도 간혹 들어 있음. 20권, 속집 10권.

찌 그런 말을 듣지 못했겠는가?

⊙송나라 허항종(許亢宗)의 행정록(行程錄)에, '동주(同州)에서 40리를 더 가면 숙주(肅州)에 이르는데 그곳에서 동쪽을 바라보면 큰 산이 있다. 금(金)나라 사람들이 신라산(新羅山)이라 부르는 그 산에서는 인삼(人蔘), 백부자(白附子)*82 같은 약재가 많이 난다. 이 산은 고구려와의 접경에 있다'라고 하였다. 이것은 허튼소리이다. 동주니 숙주니 하는 곳이 어디에 있는지도 알 수 없거니와, 금나라 사람들이 가리킨 신라산이 어찌 고구려와의 경계에 있을 수 있겠는가? 이른바 남북이 뒤바뀐 것이겠다.

⊙고려 인삼을 찬미하는 인삼찬(人蔘讚)에,

가지는 셋, 잎은 다섯인데
양지를 등지고 음지로 향했구나.
나를 얻으려 여기 오거들랑
가(椵)나무 아래를 찾아볼지니라.

三椏五葉 背陽向陰
欲來求我 椵樹相尋

하였다. 중국의 문헌에는 이 찬시(讚詩)가 많이 실려 있다. 가나무 잎은 오동나무 비슷하고 매우 커서 그늘이 많이 지기 때문에, 인삼이 그 그늘에서 많이 난다고 한다. 가나무란 곧 우리나라에서 말하는 자작나무*83로 책의 판각에 쓰인다. 우리나라에는 지천으로 널려 있지만, 중국에서는 무덤 주변에 이 나무를 심는다. 청석령(靑石嶺)에는 큰 숲을 이루고 있다.

⊙대당신어(大唐新語)*84에서 이렇게 말하고 있다.

---

*82 미나리아재비과의 다년초로 습지나 산에 난다. 한약재로 쓰이는 독초임.
*83 자작나무과에 딸린 나무. 나무껍질은 흰색이며 얇게 벗겨짐. 나무는 기구를 만드는 데 쓰이고 나무껍질은 가죽 다루는 데와 지붕 이는 데 쓰임.

"이습예(李襲譽)는 성품이 검소하고 책 읽기를 좋아하여 책 수만 권을 베껴 썼다. 그는 자제들에게 '나는 재물을 좋아하지 않기 때문에 몹시 가난해졌다. 그러나 황경에는 나라에서 하사받은 밭 10경(頃)*85이 있으니 양식을 댈 만하고, 하남(河南)에는 뽕나무 1천 그루가 있으니 의복을 댈 만하다. 책 수만 권을 베껴 썼으니 벼슬을 구할 만하다. 그러니 너희도 다 함께 이 세 가지를 부지런히 힘쓴다면 어찌 남에게 아쉬운 소리를 하겠는가?' 이렇게 말하였다."

나 역시 성품이 재물을 좋아하지 않으므로 이처럼 가난하지만, 평생을 점검해 보건대 베껴 쓴 책이 10권도 채 안 되고, 연암(燕巖)에 내 손으로 심은 뽕나무가 겨우 12그루뿐이다. 가장 잘 자란 가지라야 겨우 어깨까지 오는 정도이니, 내 일찍이 탄식을 금할 수 없었다. 이번에 요동 평야를 거쳐 오면서 보니, 밭 둘레의 뽕나무 숲이 끝간 데를 모르겠고 일망무제여서 또 한 번 아득히 넋이 빠져 버렸다.

⊙ 중국인들은 시경(詩經)의 서문 격인 '소서(小序)'는 절대로 없앨 수 없다고 한다. 완정(阮亭) 왕사정(王士禎)은 매우 공정한 말을 했다.

"정자(程子)*86는 말하기를, '시경의 소서는 아마도 당시 사람이 자기네 국사(國史)의 득실(得失)의 자취를 밝힌 것임이 분명하다. 이 소서가 없다면 무엇으로써 시경의 각 편마다 깊은 뜻을 이해할 수 있겠는가? 시경의 대서(大序)는 중니(仲尼)*87가 지은 것으로, 요컨대 모두 시경의 대의(大意)를 얻은 것이다' 하였다. 주자(朱子)*88는 정자 형제를 학문의 조종이라 하면서도 유독 시경의 소서만큼은 그렇게 생각하지 않은 까닭은 무엇일까? 명나라 학자 학초망(郝楚望)이 시 하나하나마다 반드시 주자의 주석을 반박한

---

*84 당나라 유숙(劉肅)이 편찬한 책, 13권. 인물(人物)·극간(極諫)·강정(剛正) 등 12부문으로 나누어 편찬했음.
*85 논밭 면적 단위의 하나. 한 경은 2천 평 또는 3천 평임.
*86 송나라 때 학자 정호(程顥)·정이(程頤) 형제를 존중하여 일컫는 말. 정호를 명도선생(明道先生), 정이를 이천선생(伊川先生)이라고 함. 이정자(二程子).
*87 공자(孔子)의 자.
*88 송나라 때 학자 주희(朱熹)를 존중하여 일컫는 말. 주희는 주역본의(周易本義)·대학중용혹문(大學中庸或問)·논어혹문(論語或問) 등 저서가 매우 많음.

것도 옳지 않다. 상숙(常熟)*89의 중공(仲恭) 고대소(顧大韶)*90는 책*91 한 권을 저술할 때, 한나라 때 모형(毛亨)이 전한 시경인 모시(毛詩)를 주체로 하였다. 그런데, 모시가 잘 이해되지 않으면 정현(鄭玄)의 주석을 참고하고, 모형이나 정현의 주석으로도 잘 이해되지 않는 데가 있어야만 비로소 주자의 주석을 참고하며, 이 세 사람의 주석으로도 잘 이해되지 않으면 여러 학자들의 학설을 망라하여 자기의 의견과 절충해서 글을 썼다. 엄찬(嚴粲)의 시집(詩緝)은 주자의 시경 주석 이후의 것으로, 제가(諸家)의 주석보다 낫다고 하겠으나, 대전(大全)이란 것은 주자의 주석을 부연 설명한 것으로, 어떤 새로운 발견도 없으니, 간장병〔醬瓿〕 마개*92로나 쓸 것이다."

대개 중국인은 주자가 시경의 소서를 없애버린 것을 배척하는 것이 이 세상에서의 한 커다란 시론으로 되어 있다.

주죽타(朱竹坨)*93의 경의고(經義攷) 2백 권에서는 주자를 배척하였다. 목과(木瓜)*94는 제(齊)나라 환공(桓公)*95을 찬양했고, 자금(子衿)*96은 학교의 폐지를 풍자하였으며, 야유만초(野有蔓草)*97나 유왕(幽王)*98을 풍자하고 정홀(鄭忽)을 풍자한 여러 시들은 경전(經傳)을 상고해 보면 모두 뚜렷한 근거를 찾아볼 수 있다. 주자는 이것을 모두 반대하고 자기의 생각대로만 단정하여 소서를 모조리 없애버렸다는 것이다. 그러나 실상 그는 소서를 근본으로 삼으면서도 정(鄭)·위(衛)의 시만은 공자(孔子)의 '정성(鄭聲)을 버리라'는 말 한 마디를 근거로 하여 모두 음탕한 시로 치부하였다. '소리가 음탕한 탓이지 시의 내용이 음탕한 것은 아니다'라는 말은 서하(西河) 모기령(毛奇齡)*99의 주장인데, 대체로 소서를 두둔하는 이들의 주장은 다 이러

---

*89 중국 강소성(江蘇省) 상숙현(常熟縣).
*90 명나라 학자. 중공은 그의 자임. 경사(經史)·백가(百家)·내전(內典) 등에 정통했음.
*91 병촉재수필(炳燭齋隨筆)을 말한 것임.
*92 시문이 아무런 가치도 없는 것이라, 그 종이를 간장병 마개로밖에는 쓸모가 없다는 말.
*93 청나라 주이존(朱彝尊). 죽타는 그의 자임.
*94 시경(詩經) 편명(篇名).
*95 왕사(王事)에 힘써서 패업(霸業)을 성취했음. 오패(五霸)의 한 사람.
*96 시경의 편명.
*97 시경의 편명.
*98 주(周)나라 임금. 포사(褒似)를 총애하여 태자 의구(宜臼)를 폐하고 그녀의 소생 백복(伯服)을 태자로 세웠는데, 뒤에 신후(申侯)에게 살해당했음.

하다. 주자의 주석이 그의 친필(親筆)이 아니고 틀림없이 그 문하 제자들의 손으로 이루어진 것이라고 하지만, 그것은 문인의 글이라는 핑계로 마음껏 공박하기 위한 계교인 것이다.

송사(宋史) 유림전(儒林傳)에 왕백(王栢)이 말하길, '시 300편이 어찌 모두 공자의 손으로만 직접 추린 것이겠는가? 그가 정리한 시 중에는 혹 항간의 부박(浮薄)한 사람들의 입에 오르내리던 것을 한(漢)나라 선비가 보태서 만든 것도 있었을 것이다' 하였으니 이 주장은 매우 그럴듯하다. 따라서 중국에서 두둔하는 소서엔들 어찌 한나라 선비가 견강부회한 것이 없겠는가?

내가 일찍이 한림(翰林) 초팽령(初彭齡), 태사(太史) 고역생(高棫生)과 함께 단가루(段家樓)에서 술을 마시면서 소서에 대해 분분히 토론할 적에 내가 큰 소리로 물었다.

"시 300편은 당시 항간에서 부르던 풍요(風謠)*100에 지나지 않았습니다. 기쁘거나 성나거나 슬프거나 즐겁거나, 희로애락이 있을 때면 그러한 노래가 없을 수 없는 것이니, 마치 풀벌레나 새들이 철 따라 스스로 울고 스스로 노래하는 것과 같은 것입니다. 인정과 풍속을 잘 살펴 아는 사람이 그러한 노래들을 채집하여 글자와 구절을 맞추어 시구(詩句)를 만든 것을 학교에서 책으로 만들고, 이를 악기에 맞추어 연주한 것이 이른바 열국(列國)의 풍요입니다. 시라는 이름도 여기에서 생긴 것입니다. 그러니 그 시를 지은 작자의 성명을 어디에서 찾을 수 있겠습니까? 그런데 소서에는 시를 설명하면서 반드시 그 시의 작자가 있다고, 이것은 아무개 아무개의 시라고 하여 마치 후세의 전당시(全唐詩)처럼 만들었으니, 단정코 견강부회한 억측임을 알 수 있습니다. 초중경(焦仲卿)의 아내가 지었다는 시나 고시(古詩) 19수(首)*101만 해도 언제 작자의 성명이 있었습니까?"

여러 사람들이 모두 잠자코 있었으니 실은 그렇지 않다는 태도였다.

대개 소서를 떠받들기는 소자유(蘇子由)*102에게서 시작되었고, 소서를 공

*99 청나라 시대의 학자. 서하선생(西河先生)이라 일컬어졌음. 명사(明史)를 편수하였고, 경집(經集) 50가지, 문집(文集) 234권을 저술했음.
*100 속요(俗謠), 민요(民謠), 유행가.
*101 매승(枚乘)이 지었다고도 하고 혹은 부의(傅毅) 혹은 장형(張衡)이 지었다고도 함.
*102 송나라 학자 소철(蘇轍). 소식(蘇軾)의 아우. 자유는 자임. 시문에 뛰어나고 저서에 맹자해(孟子解)·고사(古史)·춘추전(春秋傳) 등 많음. 당송팔대가(唐宋八大家)의 한 사람.

격하기는 정협제(鄭夾漈)*103에게서 시작되었으며, 주자의 주석을 공박하기는 마단림(馬端臨)*104·모기령(毛奇齡)·주이존(朱彝尊) 등이 가장 격렬하였다. 근세에 와서는 그것이 아주 유행처럼 되어 버렸다.

⊙오군(吳郡) 풍시가(馮時可:명나라 만력 때 학자)의 봉창속록(蓬窓續錄)에 이렇게 씌어 있다.

'취두선(聚頭扇)이란 접었다 폈다 하는 쥘부채이다. 영락(永樂) 때 조공물(朝貢物)로 들어와 국내에 널리 퍼졌다. 소동파(蘇東坡)는 '고려의 백송선(白松扇)은 펴면 넓이가 한 자가 넘고, 접으면 불과 두 손가락 밖에 안 된다'고 하였다. 왜인(倭人)들이 면에 금칠을 하고 오죽(烏竹)으로 뼈대를 만든 것이 곧 취두선이다. 내가 북경에 갔을 때 외국 도인(道人) 이마두(利瑪竇)가 내게 왜선(倭扇) 네 개를 주었는데, 접으면 손가락 하나 크기만도 못하나 매우 가볍고 바람도 잘 난다. 또한 아주 탄탄하고 섬세했다.'

이로써 보건대 중국에는 처음부터 쥘부채가 없었고, 부채란 모두 둥근 것 뿐이었다. 우리나라에서 일컫는 미선(尾扇)과 비슷하였으니, 옛날 그림에 보이는 파초 잎이나 오동나무 잎 또는 흰 새의 깃 따위로 만든 부채가 그것이다. 그렇다면 쥘부채는 고려가 일본에서 배우고, 중국은 고려에서 배운 것일까?

중국에서는 큰 부채를 고려선(高麗扇)이라 하는데, 만듦새가 매우 질박하다. 조선종이에 누렇게 기름을 먹여 가늘게 글씨와 그림을 그린 것을 몹시 귀하게 여긴다.

⊙유럽의 쇠줄 거문고인 구라철현금(歐邏鐵絃琴)은 우리나라에서 서양금(西洋琴)이라 일컫는다. 서양 사람들은 천금(天琴)이라 하고, 중국 사람들은 번금(藩琴) 또는 천금이라고도 한다.

이 악기가 언제 우리나라에 왔는지는 알 수 없고, 우리의 악곡을 이것으로 연주하기는 홍덕보(洪德保)로부터 시작되었다. 건륭(乾隆) 임진년(壬辰年) 6월 18일, 내가 홍덕보의 집에 갔는데 유시(酉時:오후 5~7시) 경에 그가 이 악기를 풀어내는 것을 직접 보았다. 그가 음률을 듣고 살피는 데 예민함을 알고

---

*103 송나라 학자 정초(鄭樵). 협제는 호, 자는 어중(漁仲).
*104 송나라 학자. 저서에 문헌통고(文獻通考)·대학집전(大學集傳)·다식록(多識錄)이 있음.

있었고, 이것이 비록 조그만 재주이기는 하지만 그것이 처음으로 연주되는 것이므로 나는 그 날짜와 시각까지 자세히 기록해 두었다. 그리고 9년 동안에 그 방법이 널리 퍼져서, 이제는 금사(琴師)들 중에 연주하지 못하는 이가 없게 되었다.

오군(吳郡) 풍시가(馮時可)는 처음으로 북경에 갔다가 이마두에게서 구리 철사로 현을 만든 악기를 얻었는데, 손가락으로 타지 않고 그저 조그만 나무 조각으로 튕기면 그 소리가 더욱 맑더라고 하였다. 풍시가는 또 자명종(自鳴鐘)이라는 것의 크기는 겨우 조그만 향합만 한데 정교한 쇠로 만들어 하루 12시각에 12번을 울어 역시 기이하더라고 하였다. 이러한 이야기들은 모두 풍시가의 봉창속록에 나오는데, 이 두 가지 기물 곧 구라철현금과 자명종은 명나라 만력(萬曆) 때 처음 중국에 들어온 것이다.

내 산사(山舍)에 있는 양금의 뒤쪽에 '오음서기(五音舒記)'란 낙인(烙印)이 찍혀 있고, 그 만듦새가 매우 정교하므로, 이번 중국에 왔을 때 이것을 두루 찾아보았으나, 소위 '오음서'라는 것은 끝내 구하지 못했다.

⊙단청기(丹靑記)에 이렇게 씌어 있다.

'왕유(王維)[105]가 기산(岐山)을 그리기 위해 커다란 바위 하나를 그리는데, 붓끝 돌아가는 대로 먹칠을 하고 보니, 저절로 천연한 의취가 있었다. 그는 이를 몹시 소중히 여겨, 때때로 그림 앞에 홀로 앉아 바위를 보면서 산중을 생각하노라면 유연히 흥취가 진진하였다. 몇 해가 지나니 그림은 더욱 교묘하고 아름다운 빛이 났다. 그러던 어느 날 아침 큰 비바람이 몰아치고 뇌성벽력이 일더니, 갑자기 바위가 쑥 빠져 없어지고 집도 무너져 버렸다. 어리둥절 무슨 까닭인지를 모르다가 나중에 보니 그림은 축(軸)만 남아 있고 그림 속의 바위가 날아간 것을 알았다. 그런데 헌종(憲宗) 때 고려에서 사신을 보내어 아뢰기를, '어느 해 어느 달 어느 날 크게 비바람이 몰아치는 가운데 신숭산(神崇出) 꼭대기에 기이한 바위 하나가 날아와 떨어졌습니다. 그런데, 그 바위에 왕유라는 글자가 박혀 있어 중국 것인 줄 알고, 왕께서 그대로 둘 수 없다 하시어 사신을 보내 바칩니다' 하였다. 황제는 여러 신하

---

*105 당나라 때 사람. 안녹산(安祿山)이 반역하자 스스로 약을 먹고 벙어리가 되어 협조하지 않았음. 초서·예서와 그림에 뛰어났고, 시에도 뛰어났음. 남화(南畫)의 시조.

들에게 명하여 왕유의 필적과 비교해 보도록 하였는데, 털끝만큼도 차이가 없었다. 그래서 황제는 비로소 왕유의 그림이 신묘(神妙)하다는 것을 알고, 국내에 두루 수소문하여 왕유의 그림을 모아다 궁중(宮中)에 간직해 두고, 땅에 닭과 개의 피를 뿌려 날아가지 못하게 하였다.'

이로써 미루어 생각하건대, 중국의 괴담을 수록한 제해(齊諧)라는 책의 기록이 얼마나 말도 안 되는 것인가를 알 수 있겠다.

중국이 고구려를 고려라 일컬은 것은 분명한데, 고구려는 당나라 고종(高宗) 영휘(永徽)[*106] 때 멸망했으니, 어떻게 헌종(憲宗) 때 사신을 보낼 수 있었겠는가? 왕씨(王氏)의 고려는 송악(松岳) 아래 도읍하였고, 송악을 신숭산(神崇山)이라 하였다. 왕씨의 고려를 말한 것이라면 고려 태조(太祖)의 건국은 중국 주량(朱梁)[*107] 우정(友貞)의 정명(貞明) 4년이었으니, 이는 헌종 때보다 1백여 년 뒤가 된다. 또 왕유는 당나라 명황(明皇) 때 사람이니, 헌종을 앞서기도 1백여 년이다.

그림 속의 돌이 날아왔다는 이야기 자체가 본래 황당무계할 뿐 아니라, 그 기록이 또한 이처럼 어긋나니, 이것은 아마도 왕월(王越)의 시권(試券) 이야기를 본떠서 그럴듯하게 지어낸 이야기일 뿐이다.

⊙우리나라는 소동파에게 어지간히 밉보였던 모양이다.

고려가 송나라에 서책들을 구하려고 하자, 소동파는 한나라 동평왕(東平王)[*108]의 고사(故事)를 끌어다가 상소하여 엄중하게 고려를 배척하였다. 소동파가 항주(杭州) 통판(通判)으로 있을 때는 고려의 조공 사신이 주군(州郡)의 관원들을 능멸한다고 비난했다. 당시 사신을 인도하는 고려의 관원들은 모두 말단 창고 관리자였는데 이들이 횡포하게 함부로 날뛰고 대등(對等)의 예를 행하려 한다 하여, 소동파가 사람을 보내 일렀다.

"먼 외지에서 중국을 사모하여 왔으면 이치상 마땅히 공순해야 할 터인

---

*106 당나라 고종(高宗)의 연호. 650~656년. 신라 진덕여왕(眞德女王)·무열왕(武烈王) 때임.
*107 후량(後梁). 우정(友貞)은 그 마지막 임금. 정명(貞明) 4년은 918년, 신라 경명왕(景明王) 2년임.
*108 한(漢)나라 광무제(光武帝)의 여덟째 아들. 수염이 아름답고 허리 둘레가 10아름이나 되었다고 함.

데, 지금 너희는 이처럼 포악하고 방자하니 이는 사신을 인도하는 도리가 아니다. 잘못을 고치지 않는다면 마땅히 황제께 아뢸 것이다."

그러자 인도하는 자들이 두려워하여 좀 수그러졌다고 한다. 또한 사신이 관리를 시켜 폐백을 보내면서 문서 끝에 갑자년(甲子年)이라고만 쓰자 그는 이를 물리치면서 말했다.

"고려는 우리나라에 대해 신하로 자칭하면서도 우리의 연호(年號)를 쓰지 않았는데 내 어찌 이것을 그대로 받겠느냐?"

사신이 곧 희녕(熙寧) 연호로 고쳐 써 보내니 그제야 받으면서, 이래야만 체통에 맞다고 하였다.

이것은 소동파의 묘지(墓誌)에 기록되어 있다.

원우(元祐)*109 5년 2월 17일 백호(伯虎) 왕병(王炳)*110은 다음과 같이 말했다.

"전에 추밀원(樞密院)*111 예방(禮房)*112의 검상문자(檢詳文字)로 있을 때 고려의 공문을 보았는데, 처음에 만난 장성일(張誠一)이 말하기를 거란의 군막(軍幕) 안에서 만난 고려인은 자기 나라 임금이 중국을 사모하고 있다고 하였다. 이에 황제께 아뢰었더니, 선제(先帝)가 비로소 고려를 불러볼 생각을 했는데, 추밀사(樞密使) 이공필(李公弼)이 이에 영합하여 친필로 차자(箚子)*113를 올려 고려 사신을 불러 보기를 청했으므로 마침내 발운사(發運使)*114 최극(崔極)에게 명하여 고려로 상인(商人)을 보내 사신을 데려오게 하였다. 그런데 세상에서는 최극의 잘못은 알면서도 이공필의 죄는 몰랐으니, 장성일 같은 자는 말할 나위도 없다."

또 회동제거(淮東提擧)*115 황실(黃實)은 이렇게 말했다.

"고려에 사신으로 갔던 사람을 만났더니, 보낸 선물 중에 가짜 금과 은덩

---

*109 송나라 철종(哲宗)의 연호. 철종 5년은 1090년. 고려 선종(宣宗) 7년임.
*110 송나라 때 권신(權臣).
*111 송나라 때는 오로지 병사(兵事)를 맡아보게 하여 중서성(中書省)과 대치(對峙)시켰음.
*112 예식(禮式)을 맡아보는 부서.
*113 상소문의 한 가지. 또 상급 관원이 하급 관원에게 보내는 공문서.
*114 양식의 운반을 관장하는 벼슬.
*115 회동은 회수(淮水) 동쪽 지방, 제거는 관리한다는 뜻이니, 회동 지방을 관리하는 관직 이름.

이가 있었는데, 고려 사람들이 그것을 모조리 깨뜨려서 사실이 드러나도록 헤쳐 버렸다. 그러자 사신이 몹시 불쾌해하니까, 그들은 '우리가 감히 오만하게 군 것이 아니라, 혹시 거란 사람들이 진짜로 여길까 봐 염려되어 그랬다' 하였다. 이로써 보건대, 고려는 우리에게서 얻은 물건을 거란과 나누어 가지는 모양이다. 그런데 이러한 줄을 자세히 알지 못하고 말하길, 거란은 고려가 우리에게 조공함을 모른다고 하고, 또는 어떤 일이 있을 때 고려를 이용하여 거란을 견제할 수 있을 것이라고도 하니, 이것이 어찌 그릇된 생각이 아니겠는가?"

위의 두 이야기는 모두 소동파의 지림(志林)에 실려 있다. 소동파는 당시 송나라가 고려를 불러들여 친교를 맺는 것을 잘못된 정책이라고 생각했으니, 그의 여러 가지 기록을 보면 모두가 국가를 위하는 깊은 염려에서 쓴 것들이다. 당시 송나라의 사대부들은 중국을 사모하는 고려의 정성이 진심에서 우러나오는 것임을 몰랐고, 요(遼)와 금(金)의 견제 때문에 한마음으로 송나라를 섬기지 못하는 것을 모르고 있었다. 이것은 고려 역대의 지극한 한이었다. 송나라 사대부들의 글을 얻으면 향을 피우고 공손히 읽는 지극한 정성을 드러내 보이지 못한 채 한갓 중국 사대부들에게 천대받고 배척당한 것이 한심스러운 일이므로, 내가 왕곡정(王鵠汀)을 만났을 때 이 일에 대해 극구 해명했던 것이다.

⊙ 명산기(名山記)에는, '강원도 금강산에 한 소(沼)가 있어 이름을 관음담(觀音潭)이라 하고, 그 둘레의 언덕을 수건애(手巾崖)라고 한다. 전해 오는 말로는 바위 한가운데 방아확처럼 오목하게 패인 것을 관음보살이 빨래하던 곳이라고 한다' 하였다.

⊙ 숭정(崇禎) 정축년(丁丑年)*116 11월 22일에 (건주와 화해한 뒤임) *117 정조사(正朝使) 한형길(韓亨吉), 서장관(書將官) 이후양(李後陽) 일행이 정례(定例)의 공물

---

*116 병자호란(丙子胡亂)이 일어난 이듬해. 1637년.
*117 건주는 만주 길림성(吉林省) 돈화현(敦化縣) 지방으로 청조(淸朝)의 조상이 일어난 곳. 건주라 한 것은 청조를 낮추어 일컬은 말이고, 화해하였다는 것은 우리나라가 남한산성에서 항전하다가 마침내 항복한 일을 듣기 좋게 한 말임.

(貢物) 외에 별도의 조공으로 홍시(紅枾) 30바리를 바쳤는데, 칙사(勅使)가 또 2만 개를 더 바치라고 독촉하였다. 당시의 칙사는 영아아대(英俄兒代)*118·마복탑(馬福塔)*119·대운증(戴雲曾) 등이었다. 그들은 길에서 말을 달려 사냥을 하고 기생들의 수청을 강요하여, 조금이라도 마음에 차지 않으면 채찍으로 사정없이 마구 매질을 하였다. 왜인(倭人)도 말 300필, 매 300마리, 야학(野鶴)*120 300마리를 요구했다.

그런데 이번 사행(使行) 때 우리가 가져온 방물은 종이와 돗자리 등에 불과한데도, 중국에서는 우리 일행이 숙소에 머무르도록 필요한 물건을 공급해 주는데 그 비용이 10여 만 냥이라고 한다. 청나라 초기에 비하면 도리어 우리나라가 중국에 폐를 끼친다고 하겠다.

⊙명나라 문인 서위(徐渭)의 노사(路史)에, '당나라 때 고려가 바친 송연묵(松烟墨)은 송연(松烟), 즉 소나무를 태운 그을음을 사슴의 아교(阿膠)*121로 개어 만든 먹으로, 이를 유미(隃糜)라고 했다'고 하였다.

왕완정(王阮亭)의 고증(考證)에 의하면 한나라 유미(隃糜)라는 고을에서 석묵(石墨)이 나왔지만 고려와는 아무런 관계가 없다고만 말하고, 당나라 때에는 애당초 고려가 없었음은 밝히지 않았으니 무슨 까닭일까? 유미에서 난 석묵이란 아마도 요즘 쓰고 있는 석매(石煤)*122일 것이다. 한나라 때에는 그것으로 불땔 줄을 모르고 석묵으로만 사용한 것이 아닐까?

⊙명나라 만력(萬曆)*123 9년에 서양 사람 이마두(利瑪竇)가 중국에 들어와 29년 동안 북경에 머물렀지만, 중국 사람들은 그의 말을 믿는 이가 하나

＊118 청나라 장수. 만주인으로 병자호란 때 우리나라에 왔었음. 영아이대(英俄爾岱)라고도 쓰고, 우리나라에서는 용골대(龍骨大)라 하였음.

＊119 청나라 장수. 만주인으로 역시 병자호란 때 우리나라에 왔었음. 우리나라에서는 마부대(馬夫大)라 하였음.

＊120 두루미.

＊121 쇠가죽을 고아서 말린 것을 약으로도 쓰고 목공 풀로도 쓴다. 여기서는 사슴의 가죽을 고아서 말린 것임.

＊122 석탄을 태워서 나는 그을음.

＊123 이마두가 중국에 온 것은 그 전해인 8년, 1580년임.

도 없었다. 다만 그의 역법(曆法)을 믿은 사람은 오직 서광계(徐光啓)*124
한 사람뿐이었다. 그는 마침내 만세(萬歲) 역법의 시조가 되었으니, 당시의
만력(萬曆)이란 연호는 이마두가 중국에 들어올 징조*125였던 것이다.

⊙만력 임진년(壬辰年)*126에 신종(神宗) 천자가 대군을 내어 우리나라의
국난을 구원했는데, 그때 내탕금을 8백만 냥이나 썼다고 한다.

⊙신라 때의 토산품으로 대화어아금(大花魚牙錦), 소화어아금(小花魚牙錦), 조하금(朝霞錦) 등의 비단과 백첩포(白氎布)라는 모직물이 있었다.

⊙왕원미(王元美)*127는 우리나라 한지를 칭찬하였고, 서문장(徐文長)*128
은 엽전처럼 두꺼운 우리나라 한지를 몹시 좋아했으며, 종백경(鍾伯敬)은
일찍이 우리나라 한지에 당나라 유신허(劉眘虛)*129의 시 14수를 썼다.

⊙중국의 진사(進士) 급제 출신의 일갑(一甲)은 세 명으로, 첫째가 장원
(壯元), 다음은 방안(榜眼), 그 다음은 탐화(探花)라 한다. 장원에게는 즉
시 한림 수찬(修撰)*130 벼슬을 주고, 방안과 탐화에게는 한림 편수(編
修)*131 벼슬을 준다.
이갑(二甲)은 8, 90명인데, 그 첫째를 전려(傳臚)라 하여 역시 한림의 벼
슬을 주고, 삼갑(三甲)은 백여 명으로, 이갑과 함께 조고시(朝考試)에 응시
할 수 있고 한림의 후보도 될 수 있으며, 육부(六部)의 주사(主事) 벼슬을
주기도 하고, 또는 고을의 수령에 임명되기도 한다. 여기에 참여하지 못하면

---

*124 명나라 때 사람. 이마두에게 천문·산법(算法)·화기(火器) 등을 배웠고, 저서에 농정전
서(農政全書)·기하원본(幾何原本) 등이 있음.
*125 만력(萬曆) 연호는 이마두가 중국에 오기 7년 전인 1573년이었기 때문에 한 말임.
*126 임진왜란이 일어난 해.
*127 명나라 때 사람 왕세정(王世貞). 원미는 자임. 시와 고문(古文)에 뛰어났음.
*128 명나라 때 사람 서위(徐渭). 문장은 자임. 시문과 서화에 뛰어났고 저서가 매우 많음.
*129 당나라 때 사람 유종성(劉鍾惺). 신허는 호임.
*130 책을 편찬하는 벼슬.
*131 수찬과 마찬가지로 책을 편찬하는 벼슬인데 그 등급에 차이가 있음.

진사의 반열로 되돌아간다.

그러니 우리나라에서 지위와 문벌을 헤아려 삼관(三館)*132에 나누어 소속시키는 규정과는 다르다.

⊙옹정(雍正) 임자년(壬子年)에 통역관 최수성(崔壽城)이 고교보(高橋堡)를 지나다가 오광빈(吳光霦)을 만났다고 한다. 오광빈은 일찍이 오삼계(吳三桂)의 거짓 임명장을 받아, 그 때문에 체포되어 이곳에 귀양 와 있다가 그대로 눌러 살고 있었다. 나이 87살인데 귀는 먹고 정신이 흐려져 이야기를 주고받을 수가 없었다.

오광빈은 당시 문제가 되었던 문서들을 꺼내 보였는데, 그 중 하나는 '천하도초토병마대원수 주왕(天下都招討兵馬大元帥周王)이 관원을 승진 임명'한 것으로 다음과 같다.

우주가 혼몽(昏蒙)하여 마치 한밤중에 있는 것 같은 이때에, 나는 하늘의 뜻을 받들고 의로운 군사를 일으켜 백성들을 구원하고자 하니, 반드시 지혜롭고 용기 있는 인재를 얻어 함께 태평한 세상을 만들어야겠다. 이제 그대 오광빈을 얻게 되어 금오시위유격(金吾侍衛遊擊)에 임명하고 이 문권을 발급하여 본직(本職)을 수행하게 한다. 그대는 이 책무를 맡아 더욱 분발하고 힘써서 공을 세우도록 하라. 뛰어난 공로를 세운다면 특별한 관직과 포상이 있을 것이니, 그대는 부디 몇 배로 힘쓸지니라. 이상 이 문권을 유격 오광빈에게 내리니 시행토록 하라.

주(周) 4년 5월 27일

또 하나는 병부(兵部)에서 '관원 승진 임명'을 청한 일에 대한 회신으로 다음과 같다.

홍화(洪化)*133 원년 7월 16일에 병과(兵科)에서 뽑은 이소보(李少保)와

---

*132 예문관(藝文館)·교서관(校書館)·성균관(成均館).
*133 청나라 성조(聖祖) 때 오삼계(吳三桂)의 아들 오세번(吳世璠)이 참칭(僭稱)한 연호. 그 원년은 1678년, 조선 숙종(肅宗) 4년임.

금오위좌장군(金吾衛左將軍) 호제(胡題)를 전보 임용하여 문권을 발급하고, 이번에 심사하여 얻은 시위유격(侍衛遊擊) 오광빈은 노련하고 능숙하므로 참장(參將)의 직함을 더하여 금오위 내부의 일을 관리하도록 하였으니, 병부에서는 그리 알아 이대로 처리하고 이 문권을 본인들에게 주어 참장 오광빈은 이에 따라 시행토록 하라.

홍화 원년 7월 21일

또 하나는 호부(戶部)에서 관원 증원을 청한 일에 대해, 오광빈을 호부원외랑(戶部員外郎)에 임명한다는 것으로, 홍화 2년 7월 26일 날짜인데, 모두 오삼계의 도장이 찍혀 있더라고 하였다.

오삼계는 군사를 일으킨 지 4년 만에 연호를 홍화라 고치며, 스스로 구석선문(九錫禪文)*134을 지었다. 이는 이극용(李克用)*135도 하지 않았던 일로, 그는 죽음으로써 뒷날 당나라 사직을 회복하리라 맹세했었다.

명나라 유민(遺民)들은 날마다 의로운 깃발을 내세워 명나라를 회복할 이가 나타나기를 고대하고 있었는데, 천하에 누가 오삼계가 세운 주나라의 연호가 홍화라는 사실을 알았으랴. 그런데 오광빈은 오히려 그러한 문권들을 가장(家藏)의 유물로 삼고 있었으니 그의 뜻을 충분히 짐작할 수 있고, 또한 당시의 관대했던 정치를 가히 알 만하다.

⊙흡독석(吸毒石)은 크기가 대추만 하고 빛깔이 검푸르다. 소서양(小西洋), 즉 중국에서 만 리나 떨어진 중앙아시아에 사는 독사 머리 속에서 나오는 돌이다. 뱀·전갈·지네 등 독한 벌레에 물린 상처, 모든 독한 종기나 연장에 다친 상처를 고칠 수 있다고 한다. 그 돌을 상처 위에 놓으면 돌이 저절로 단단히 달라붙어 떨어지지 않고 독기를 다 빨아들인 뒤에야 돌이 저절로 떨어지고 상처가 깨끗이 낫는다고 한다.

---

*134 하늘이 공훈 있는 사람에게 특별히 아홉 가지 물건을 내리고, 황제의 지위를 물려주는 글.
*135 후량(後梁)을 세움. 본래 서역(西域) 돌궐족(突厥族). 도둑떼 황소(黃巢)를 격파하여 진왕(晉王)에 봉해졌는데, 군사를 일으켜 희종(僖宗)은 달아났으나 여전히 당(唐)에 충성하다가 당이 망하자 후량을 세웠음.

그리고 사람의 젖 한 종지를 마련해 두었다가, 떨어진 돌을 즉시 이 젖에 담갔다가 젖 빛깔이 약간 푸른색으로 변하면 곧 꺼내어 맑은 물로 씻어서 깨끗이 닦아 두었다가 나중에 다시 쓰면 된다. 만약 젖에 너무 오래 담가 두면 돌의 독기 빨아내는 기운이 너무 빠져서 나중에는 영험이 없어진다고 한다.

⊙산해관(山海關)까지 10리쯤 못 미쳐 강녀묘(姜女廟)와 새로 세운 행궁(行宮)*136이 있다. 강녀묘의 망부석(望夫石) 옆에 조그만 정자가 있으니 이 정자를 진의정(振衣亭)이라고 한다.

진(秦)나라 때 범칠랑(范七郎)은 만리장성을 쌓다가 육라산(六螺山) 아래에서 죽었다. 그의 아내 허맹강(許孟姜)은 섬서성(陝西省) 동관(同官) 사람으로, 남편이 죽었다는 꿈을 꾸고 혼자서 수천 리를 걸어가 남편의 시신을 수습하였다. 그리하여 돌아가는 길에 이곳에서 쉬어 갔으므로, 후세 사람들이 여기에 그 아내의 사당을 세웠다고 한다. 그 아내는 마침내 남편의 시신을 지고 바다로 들어가 죽었는데, 며칠 후에 바다 가운데에서 돌이 솟아나와, 조수가 밀려와도 잠기지 않았다고 한다.

'망부석(望夫石)' 3자는 태원(太原) 백휘(白暉)가 쓴 것이고, '작여시관(作如是觀)' 4자는 내각수찬(內閣修撰) 하정좌(賀廷佐)의 글씨이며, 이반(李蟠)이 지은 사당의 글은 고병(高昺)이 썼다.

사당 뒤에는 비석 넷이 서 있다. 하나는 장간(張揀)이 비문을 지어 명나라 만력 갑오년(甲午年)*137에 세웠고, 하나는 장시현(張時顯)이 지어 만력 병신년(丙申年)에 세웠으며, 하나는 정관이(程觀頤)가 지어 강희 기유년(己酉年)*138에 세웠고, 또 하나는 고제대(高齊岱)가 지어 강희 무진년(戊辰年)에 세웠다. 당나라 때 시인 왕건(王建)이 읊은 망부석은 여기에 있지 않고 무창(武昌)*139에 있다고 한다.

어떤 이는, '진나라 때에는 섬(陝)이라는 명칭이 없었고 또한 낭(郎)이라고 일컫는 이름도 없었으니, 맹강이란 여성은 제(齊)나라 여인일 것이다'라

---

*136 임금이 거둥할 때 머무르는 별궁.
*137 갑오년은 1594년, 병신년은 1596년임.
*138 기유년은 1669년, 무진년은 1688년임.
*139 중국 호북성(湖北省)에 있는 지명.

고 한다.

⊙ 왕민호(王民皞)는 청(淸)나라가 나라를 세우고 한 임금 제도만 인정하는 것을 찬양하여, '겉으로는 삼왕(三王)이지만, 안으로는 이교(二敎)*¹⁴⁰이다' 하였는데, 그것은 석가(釋迦)와 노자(老子)*¹⁴¹의 도를 유도(儒道)에 섞어서 그럴듯하게 꾸민 말이다.

옹정(雍正) 때 어떤 사람이 황제에게 은밀히 아뢰었다.

"모든 남녀 승려들을 배필을 지어 주어 환속(還俗)하게 하면 휘하에 군사 백 만명을 얻을 수 있을 것입니다."

이에 옹정제는 조서를 내려 타일러 깨우쳤다.

'불교와 도교는 인간 심성의 본원(本源)과 선악의 감응(感應)과 이기(理氣)*¹⁴² 근본을 말한다. 예로부터 천하를 다스리는 사람 중에는 인륜을 바탕으로 하고 공적을 표준으로 하니, 이 두 교리는 예악(禮樂)*¹⁴³과 형정(刑政)*¹⁴⁴의 범위 안에 들지 않을뿐 아니라, 그것이 유교에 방해가 되지 않을까 두려워하여, 밝고 어진 임금이 이를 멀리한 적도 있었다. 그러나 짐(朕)은 아직까지 불교와 도교가 인간의 본성에 어긋난다 하여 없앴다는 말을 듣지 못했다. 그런데 최근에 짐에게 은밀히 와서, 불교를 독설로 비방하고, 모든 남녀 승려들을 환속시키기를 청하는 자가 있다. 짐은 항상 한 사람의 지아비 지어미라도 제자리를 얻지 못할까 근심하고 두려워하는데, 이제 그들의 사정도 물어보지도 않고 환속시킨다면 그 있을 자리를 얻지 못하는 자가 수백만 명에 이를 것이다. 승려들은 곧 홀아비, 홀어미요, 외로운 자들이니 마땅히 불쌍히 여겨야 할 것이다.

이학(理學)*¹⁴⁵을 한다는 사람들이 덮어놓고 석가와 노자를 욕하고 꾸짖음

---

*140 도교와 불교.
*141 초(楚)나라 사람 이이(李耳). 노자는 그를 존숭하여 일컫는 호. 도교(道敎)의 창시자임. 저서에 도덕경(道德經)이 있음.
*142 성리학(性理學)에서 말하는 이(理), 곧 우주의 본체와 기(氣), 곧 힘의 본질, 본체계(本體界)와 현상계(現象界).
*143 예와 악, 곧 예절과 음악. 예는 행동을 조심하게 하고, 악은 마음을 부드럽게 함.
*144 형벌과 선정(善政).

으로써 스스로 이학자(理學者)라 자처하니, 이러한 풍습은 대체 어느 경전에서 시작된 것인지 모르겠다. 이학이란 몸으로 실천하는 것을 귀하게 여기는 법인데, 만약 헛되이 그들을 비난하는 것으로 이학을 삼는다면, 이는 비루하고 천박한 짓이다. 나라에서 이학을 존중하고 숭상하는 뜻은 본디 그러한 것이 아니다. 만약 요망한 말로 사람들을 미혹시키고 간사한 짓을 하여 죄를 범하는 자가 모두 승려들이라 하더라도, 그들이 과연 그 교리를 몸으로 실천하지 아니하여 기강을 범하고 법을 무시하였다면, 그것이 어찌 그들 교에 죄가 있다 하겠느냐? 또한 요즘 중죄를 범하여 극형에 처해지는 자들이 어찌 모두 승려와 도사들뿐이랴. 법의 집행이 공평하지 못하면 천하를 다스릴 수 없고, 주장하는 논리가 공정하지 못하면 사람의 마음을 감복시키지 못하는 법이다. 그러므로 이에 유시(諭示)하는 바이다.'

이 내용은 재상 민응수(閔應洙)*146의 계축연행록(癸丑燕行錄)에 실려 있다. 왕민호의 주장과 부합한다.

⊙건륭(乾隆) 40년 을미(乙未) 11월 20일, 내각(內閣)은 다음과 같은 황제의 유시(諭示)를 들었다.

'충의(忠義)와 정절(貞節)을 숭상하고 장려하는 까닭은 풍속과 교화를 바로 세우고 신하로서의 절개를 고무하기 위해서이다. 그러나 예로부터 나라가 한번 바뀌면 순국(殉國)한 신하들의 기록이 매우 드물고 심지어 이름마저 바뀐 이도 있었다. 그런데 우리 세조 장황제(世祖章皇帝)께서는 나라를 세우신 초기 숭정(崇禎) 말년에 국난으로 순국한 신하 태학사(太學士) 범경문(范景文) 등 20명에게 특별히 시호(諡號)를 내리셨으니, 그 성스러운 도량은 하늘을 우러러봄과 같고, 충성된 유신(遺臣)을 불쌍히 여기셨음이 실로 만고에 걸쳐 다시 없는 은전(恩典)이었다.

그 당시에는 겨우 전해지는 소문을 근거로 하여 황제께 고하여 아뢰는 사건마다 두루 수소문하고, 미처 널리 알아볼 여가도 없었으므로, 포창받은 사

---

*145 성리학(性理學)의 준말.
*146 조선 영조(英祖) 때 문신. 호는 오헌(梧軒). 벼슬은 우의정(右議政)에 이르렀고 글씨에 뛰어났음.

람의 수효가 얼마 되지 않았는데, 조금 더 지나서 그 밖의 사람들의 행적(行蹟)이 차차 드러나 다시 심의하여 포창을 결정하였으니, 지금의 명사(明史)에 실려 있는 것을 보더라도 넉넉히 짐작할 수 있다. 곧 사가법(史可法)*147 같은 사람은 외롭게 충성을 맹세하며 기울어져가는 난국을 지탱하려다가 끝내 목숨을 마쳤으며, 유종주(劉宗周),*148 황도주(黃道周)*149 등은 조정에 나서서 거리낌 없이 바른말로 불의와 맞서 대항하다가 위기에 처하자 몸을 바쳤으니, 이런 사람들은 한 시대의 훌륭한 인물이라, 포상하고 찬양해야 마땅하다.

이 밖에도 어떤 사람은 외로운 성을 죽음으로써 지키고 싸움터에서 목숨을 바쳤으며, 어떤 사람은 포로가 되어 참혹하게 살해당하면서도 동요하지 않고, 마치 죽음을 자기가 돌아가야 할 곳으로 생각하였다. 그 당시에는 우리 황제의 군사가 진격함에 있어 마지못해 법령을 엄하게 하여 순종하는 자와 거역하는 자를 밝히지 않을 수 없었지만, 일이 끝나고 평정해진 마음으로 논한다면 그들은 모두 강한 바람에도 끄떡없는 굳센 풀처럼 조금도 부끄러움 없이 스스로 목숨을 끊어 그 명예와 절개를 온전하게 지켰으니 그 심정 또한 갸륵하다 하겠다.

비록 복왕(福王)*150은 창졸간에 한 귀퉁이에서나마 나라를 부지하였으나, 당왕(唐王)*151과 계왕(桂王)*152은 떠돌며 자취를 감추어 다시 나라를 이룩하지 못했다. 그런데도 당시 여러 사람들이 갖은 고초를 달게 받아가면서 그들을 따라 삶을 버리고 의로움을 취하여 저마다 충성스럽게 섬겼으니, 이 역

---

*147 명나라 때 사람. 청군(淸軍)에게 잡혀 끝내 굴복하지 않고 죽었음.
*148 명나라 때 사람. 항주(杭州)가 청군에게 함락되자 단식하여 죽었음. 주역고문초(周易古文鈔)·성학종요(聖學宗要) 등 저서가 많음.
*149 명나라 때 사람. 청군과 싸워 패했으나 굴복하지 않고 죽었음. 글씨·그림에 뛰어났고, 저서에 역상정의(易象正義)·태함경(太函經)·홍범명의(洪範明義) 등 많음.
*150 명나라 말엽 삼왕(三王)의 한 사람. 신종(神宗)의 손자. 이자성(李自成)이 서울을 함락시키고 장렬제(莊烈帝)가 자살하자 남경(南京)의 여러 신하들이 그를 영입(迎立)하여 연호를 홍광(弘光)이라 했는데 청군에 패하여 사로잡혔음.
*151 명나라 말엽 삼왕의 한 사람. 태조(太祖)의 8대손. 복주(福州)에서 황제를 일컬어 연호를 융무(隆武)라 하고 다시 연평(延平)으로 옮겼는데, 청군이 연평을 함락시켜 잡혀서 죽었음.
*152 명나라 말엽 삼왕의 한 사람. 신종(神宗)의 손자. 청군이 복주(福州)를 함락시키자 면전(緬甸)으로 달아났다가 마침내 오삼계(吳三桂)에게 살해당했음. 영력제(永曆帝).

시 어찌 인멸(湮滅)되게 버려두고 포창하지 아니하랴? 마땅히 사서(史書)를 상고해서 다 같이 시호를 내려 포창해야 할 것이다. 그 중에 혹 유생(儒生)이나 포의(布衣)*¹⁵³ 출신으로 그 이름 모를 사람들까지 함께 강개하여 삶을 가벼이 여긴 이들은 시호를 내리기는 어려울 것이나, 역시 마땅히 그들의 고향에 사당을 세워 제사를 지내 위로해 주어야 할 것이다.

짐이 일찍이 우리 태조(太祖)의 실록(實錄)을 읽어 보았더니, 살이호(薩爾滸)*¹⁵⁴의 싸움이 실려 있었다. 명나라 양호(楊鎬)*¹⁵⁵ 등이 20만 명을 모아 네 방면으로 나뉘어 우리 흥경(興京)*¹⁵⁶을 침략하자, 우리 태조·태종과 패륵(貝勒)*¹⁵⁷ 대신들이 정병 수천 명을 거느리고 명군의 절반 이상을 섬멸하여 명나라 양장(良將) 유정(劉綎)*¹⁵⁸·두송(杜松)·양호(楊鎬) 등이 모두 이 싸움에서 죽었다. 요사이 내가 이 일을 두고 한 편의 글을 지어 그들의 충렬을 찬양해서 확실한 사적으로 전하게 하였다. 나라를 창건할 때 앞장서서 우리에게 항거한 자를 용서 없이 죽인 것은 당연한 일이지만, 그들이 칼날과 창끝을 무릅쓰고 충성을 다하여 목숨을 바친 것은 가상하고 불쌍히 여기지 않을 수 없는 일이다. 또 명나라가 거의 망할 무렵 손승종(孫承宗), 노상승(盧象昇) 등은 우리 군사에 항거하다가 죽어 시체가 들판에 버려졌고, 주우길(周遇吉), 채무덕(蔡懋德), 손전정(孫傳廷) 등은 갑자기 들이닥쳐 유린하는 떠돌이 도둑을 막아 싸우다가 죽었어도, 오히려 늠름하니 생기가 있었다. 이러한 일들은 모두 명나라의 정치가 해이해졌기 때문이니, 만력(萬曆) 때부터 숭정(崇禎) 때까지 간신들이 꼬리를 물고 환관이 날뛰어, 마침내 흑백(黑白)이 뒤섞이고, 충성되고 어진 신하들이 없어져버려, 늘 이를 갈며

---

*153 벼슬이 없는 선비. 일반 백성.

*154 만주(滿洲) 요령성(遼寧省) 신빈현(新賓縣) 서쪽에 있는 산. 청나라 태조(太祖)가 명나라 두송(杜松之)의 군사를 크게 격파하였음. 산 아래 태조가 쌓은 살리호성이 있음.

*155 명나라 장군. 조선 선조(宣祖) 30년(1597) 정유재란(丁酉再亂) 때 경략조선군무(經略朝鮮軍務)가 되어 구원병을 거느리고 우리나라에 왔는데 울산(蔚山) 싸움에 패하고 소환되었음.

*156 만주 요령성(遼寧省)에 있었음. 본래 고려 땅으로 뒤에 발해국(渤海國)이 이곳을 차지했다. 청나라 태조(太祖)가 혁도아라(赫圖阿喇)에서 이곳으로 서울을 옮기고 흥경이라 했음.

*157 만주어(滿洲語)로 부장(部長)이라는 말임. 청나라에서 만주·몽고 출신에게 준 작호(爵號)로서 군왕(郡王)의 아래, 패자(貝子)의 위임. 다라패륵(多羅貝勒)의 준말임.

*158 두송(杜松)·양호(楊鎬)와 함께 임진왜란 때 구원병을 거느리고 우리나라에 온 장수.

불평해 왔었다. 복왕(福王) 때는 간혹 시호를 추증(追贈)한 사람이 있었으나, 처리가 공정하지 못하여 역시 중요하게 여길 것이 못 되었다.

  짐은 오직 지극히 공정하게 심사하여 명나라 말에 절개를 온전히 지킨 신하들 중 나라를 위해 충성을 다한 것을 똑같이 우대하고 포창하겠다. 그러나 전겸익(錢謙益)처럼 저 혼자 깨끗한 척 큰소리를 치다가 부끄러워하는 빛도 없이 항복해 온 자나, 김보(金堡), 굴대균(屈大均)처럼 죽음이 두려워서 요행히 살아보려고 거짓 중 노릇을 한 자들은 모두 뱉도 없고 부끄러움도 모르는 자들이다. 이런 무리들도 절개를 지켜 목숨을 버렸더라면, 마땅히 오늘 내가 포창하는 이들 가운데 들었을 것이나, 그들은 목숨을 버리지도 못한 데다 말과 글을 빌려 스스로 구차스럽게 살기를 꾀한 것을 감추려 하였다. 이들에 대하여는 마땅히 그 진퇴(進退)가 아무런 근거 없는 잘못임을 폭로하고 배척하여, 캄캄한 어둠 속에서 옳고 그름도 깨닫지 못하는 영혼들을 없애야 할 것이다. 칭찬하고 배척하는 것을 분명히 밝혀 천하 만세로 하여금 다 같이 짐의 뜻이, 정리(情理)에 따르고 잘잘못을 공정하게 처리하여, 이로써 강상(綱常)의 윤리를 바로세우고, 이로써 상벌(賞罰)을 명시함에 있음을 알게 하고자 한다.

  시호를 받을 만한 사람들은 명사(明史)와 집람(輯覽)에 실려 있는 기록을 자세히 조사하고, 세조(世祖) 때의 선례에 따라 그 본래의 관직에 맞게 시호를 내릴 것이다. 시호를 어떻게 분별하여 결정할 것인가에 대해서는, 태학사(太學士), 구경(九卿), 경당(京堂),*159 한림(翰林), 첨사(詹事),*160 과도(科道)*161 등이 서로 의논하여 보고하라. 아울러 여기서 이를 중외(中外)에 알리니, 그대로 받들어 시행하도록 하라.'

  이 조서를 보건대 우리나라의 삼학사(三學士)*162와 청음(淸陰)*163의 사적

---

*159 청나라 때 그 서울에 있는 관원을 일컬은 말. 경관(京官).
*160 황후궁(皇后宮)이나 태자궁(太子宮)의 일을 맡아보는 관원.
*161 도찰원(都察院)에 딸린 육과(六科)의 급사중(給事中)과 각 도(道) 감찰어사(監察御史)를 통틀어 일컫는 말.
*162 병자호란 때 청나라에 항복함을 반대하고 목숨을 바쳐 굳게 절개를 지킨 홍익한(洪翼漢)·윤집(尹集)·오달제(吳達濟) 세 학사.
*163 조선 선조(宣祖)·효종(孝宗) 때 문신 김상헌(金尙憲). 청음은 그의 호임, 인조반정(仁

도 마땅히 청나라 태종의 실록에 실려 있어야 하거늘 아무런 기록이 없음은 무슨 까닭일까?

그것은 외국의 신하로 중국을 위해 존화양이(尊華攘夷)한 것은 천고에 없었던 일인데, 건륭제(乾隆帝)는 천하 만세에 스스로 공정하게 처리한다 하고도, 유독 우리나라의 여러 어진 이들에 대해서는 아무렇거나 보아 넘긴 점이 적지 않다. 외국에 관련된 일이라 미처 제대로 조사하지 못했던 탓일까? 아니면 중국의 인사들은 어쩌다가 청음 선생에 관하여 언급했다는 것도 겨우 변변치 못한 몇 편의 시에 지나지 않았고, 일월과도 빛을 다툴 만한 그의 위대한 절개에 대해서는 아무도 들어 말한 자가 없으니, 우리나라와의 강화(講和)가 국외(國外)에서 이루어져서 중국에서는 자세히 알려지지 못했기 때문일까? 아니면 이야기를 꺼내기 싫어서 모르는 체한 것일까? 그래서 일부러 감구집(感舊集 : 어양(漁洋) 왕사정(王士禎)이 감구집을 지어 청음 선생의 시를 실었고, 그의 小序에서 청음의 관직과 이름과 자를 갖추어 썼음)에만 겨우 그러한 말 못할 뜻을 약간 비친 것일까?

나는 청음 두 글자를 들을 때마다 머리털이 치솟고 피가 뛰어, 비록 아무도 모르게 어둠 속에서도 감히 입 속에서 맴도는 말을 입 밖으로 내지 못하여, 마치 왕곡정(王鵠汀)처럼 체증이 생기려 하니 이 일을 어찌할까! 어쩌면 좋을까?

⊙요동에 채 못미쳐 왕상령(王祥嶺)이 있고, 이 고개를 넘어 10여 리쯤 되는 곳에 냉정(冷井), 즉 찬 샘물이 있다. 우리 사행(使行)이 지나갈 때면 장막을 치고 조반을 먹는 곳이다. 이 냉정은 돌이나 벽돌로 쌓아 만든 우물이 아니고 길가에 있는 샘으로, 물이 확에서 철철 넘쳐흐른다. 맛이 매우 달고 시원하며, 겨울에는 따뜻하고 여름에는 시원하다. 우리 사행이 지나갈 때면 반드시 샘물이 콸콸 솟아 흐르다가도 우리가 떠나면 금방 물이 말라버린다고 한다. 요동이 본디 조선 땅이었기 때문에 기가 서로 통해서 사람과 물건이 서로 감응하는 것이라 한다.

祖反正)에 가담하지 않은 청서파(淸西派)의 영수. 병자호란 때 예조판서로서 척화(斥和)를 주장, 뒤에 심양(瀋陽)으로 잡혀갔다가 돌아왔음. 글씨에 뛰어났으며, 저서에 야인담록(野人談錄)·남한기략(南漢紀略)·청음집(淸陰集) 등이 있음.

⊙우리나라에 난리를 피하여 편안하게 지낼 수 있는 복지(福地)*164가 모두 10군데 있다. 세상에 전해 오는 말로는 모두 우리나라의 유명한 승려 무학(無學)*165과 방사(方士) 남사고(南師古)*166가 터를 잡은 곳이라고 한다.

그러나 내 생각으로는 임금이 피난하는 곳 만한 복지가 없을 것 같다. 아무리 미천한 선비라도 임금을 모시며 말고삐를 잡고 임금의 좌우에서 떠나지만 않으면 가장 좋을 것이다.

그런데 갑자기 병란(兵亂)을 당하면 남녀 모두 허둥지둥 깊은 산중 험한 골짜기를 찾아 바위굴 속으로 자취를 감춘다. 그것은 참으로 지혜롭지 못한 짓이다. 운반해 온 양식이 떨어지면 자연 먼저 굶어죽게 될 것이니 이것이 첫째 어리석음이요, 적의 군사를 만나기도 전에 호랑이나 표범의 해를 당할 것이니 이것이 둘째 어리석음이요, 외부와의 연락이 끊어져서 어떻게 해야 할지를 모르게 될 것이니 이것이 셋째 어리석음이요, 초목과 안개 이슬로 인해 먼저 병에 걸릴 것이니 이것이 넷째 어리석음이요, 만약 도둑을 만나면 반드시 약한 자가 털릴 것이니 이것이 다섯째 어리석음이다.

불행히도 우리가 임진왜란(壬辰倭亂)과 병자호란(丙子胡亂)을 당했을 때 의주(義州)와 남한산성(南漢山城)은 모두 복지가 되었다. 당시 피란하는 사람들은 모두 이곳을 막다른 곳[絶地], 외로운 성[孤城]이라고 했지만, 내 생각은 다르다. 왕령(王靈)*167이 있는 곳은 반드시 하늘과 땅이 힘을 보태고, 모든 신들이 지켜줄 것이다. 나라가 있으면 자신도 있을 것이고, 나라가 망하면 자신도 망할 것이다. 몸을 풀숲에 숨겨 시궁창을 지키느니, 차라리 살아서는 충신이 되고 죽어서는 의귀(義鬼)가 되는 것이 나을 것이다.

---

*164 복된 땅, 피란하기 좋고 살기 좋은 곳. 십승지(十勝地)라고도 하는데, 풍기(豊基)의 금계촌(金鷄村), 안동(安東)의 춘양면(春陽面), 보은(報恩)의 속리산(俗離山), 운봉(雲峯)의 두류산(頭流山), 예천(醴泉)의 금당동(金堂洞), 공주(公州)의 유구(維鳩)와 마곡(麻谷), 영월(寧越)의 정동 상류(正東上流), 무주(茂朱)의 무풍동(茂豊洞), 부안(扶安)의 변산(邊山), 성주(星州)의 만수동(萬壽洞)을 말함.

*165 고려 말 조선 초의 고승 자초(自超). 무학은 그의 호임. 명나라에 유학하여 지공선사(指空禪師)의 가르침을 받고 귀국, 조선 개국 후에 태조의 왕사(王師)가 되어 한양(漢陽) 천도를 찬성했음.

*166 호는 격암(格庵). 역학(易學)·천문(天文)·복서(卜筮)·상법(相法)에 통하여, 동서 분당(分黨), 임진왜란 등을 예언했다고 함. 편서에 선택기요(選擇紀要)가 있음.

*167 임금의 영혼. 염라대왕의 넋. 왕조의 위엄과 덕.

인평대군(麟坪大君)이 지은 송계기행(松溪記行)에는 다음과 같이 씌어 있다.
'청나라 군대가 진격해 와서 송산(松山)이 포위되었을 때이다. 우리 효종대왕(孝宗大王)께서는 당시 봉림대군(鳳林大君)으로서 소현세자(昭顯世子)를 모시고 함께 심양으로 갔다. 모두들 청나라 진영에 머물다가 지세가 불편하여 다른 곳으로 옮겼다. 그날 밤 영원 총병(寧遠摠兵)이던 명나라의 오삼계(吳三桂)가 부하 기병(騎兵) 1만여 명을 이끌고 포위망을 뚫고 도망했다. 처음에 막사를 쳤던 곳이 바로 포위망을 뚫고 달아난 길목이었다.'
그러니 그때 막사를 옮긴 것은 하늘이 돌보고 신이 도운 것이다. 만약 왕령에 의탁하지 않았더라면, 우리나라에서 데려간 1백 명밖에 안 되는 수행원으로 어찌 그들의 습격에 유린당하는 변고를 면할 수 있었으랴? 그러므로 불행하게 전쟁을 만나 아홉 번 죽을 어려움을 당한다 하더라도 임금을 호종(扈從)하여 모시고 있는 자리가 곧 운수대통의 복지라고 말하는 것이다.

⊙열하에 가 있을 때 반선(班禪)이 거처하는 황금전각을 바라보니 용마루에 금으로 만든 한 쌍의 누런 용이 있었다. 용은 말처럼 일어서 있었다. 몸뚱이 길이는 두 발 남짓했다. 밑에서 쳐다보기에도 그러했으니 그 길이와 높이가 어느 정도일지는 짐작이 갔다. 그런데 그 모양이 특이하여 그림에서 보는 신룡(神龍)과 사뭇 달랐다.
양용수(楊用修)의 단연록(丹鉛錄)에, '용은 새끼 아홉 마리를 낳는데, 모두 용이 되지는 못한다. 첫째는 비희(贔屭)이니 모양이 거북처럼 생겨 무거운 것을 잘 짊어지므로 지금 비석의 받침돌인 귀부(龜趺)가 곧 그것이고, 둘째는 치문(鴟吻)이니 성질이 멀리 바라보기를 좋아하므로 지금 지붕 용마루에 앉히는 짐승이 곧 그것이며, 셋째는 포뢰(蒲牢)이니 울기를 잘 하므로 종을 매다는 끈의 형상이 곧 그것이다. 넷째는 폐간(狴犴)이니 모양이 호랑이와 비슷하므로 옥문(獄門)에 세워 놓고, 다섯째는 도철(饕餮)이니 성질이 먹는 것을 잘 탐내므로 솥 뚜껑에 새기고, 여섯째는 팔하(蚣蝮)이니 성질이 물을 좋아하므로 다리 기둥으로 세운다. 일곱째는 애자(睚眦)이니 성질이 죽이기를 좋아하므로 칼자루에 새기고, 여덟째는 금세(金猊)이니 모양이 사자처럼 생겼고 성질이 연기와 불을 좋아하므로 향로에 새기고, 아홉째는 초도(椒圖)이니 모양이 소라처럼 생겼고 성질이 닫기〔閉〕를 좋아하므로 문간에 세워 놓는다'라고 하였다.

또 황금전각 네 귀퉁이에 걸어가는 모양의 금으로 만든 누런빛 용은 그 모양이 용마루의 것과 또 다르다. 치미(鴟尾)라고도 하고 혹은 치문(鴟吻)이라고도 하여 전해 오는 기록이 일치하지 않는다. 대개 중국에서는 궁전을 세울 때 반드시 먼저 치미나 치문을 쇠로 부어 만들어서 그 건물의 성패와 길흉을 점치기 때문에 매우 소중하게 여긴다.

대류총귀(對類總龜)에는, '용이 새끼 아홉 마리를 낳는데, 하나는 조풍(嘲風)이라 하여 모험을 좋아하므로 전각 귀퉁이에 세우고, 하나는 치문(蚩吻)이라 하여 삼키기를 좋아하므로 전각의 용마루에 세운다'라고 하였고, 박물지일편(博物志逸篇)*168에서, '이문(螭吻)은 모양이 짐승 같은데, 성질이 멀리 바라보기를 좋아하므로 전각의 모퉁이에 세우고, 만전(蠻蜓)은 모양이 용과 비슷한데, 성질이 비와 바람을 좋아하므로 용마루에 쓴다'라고 하였으니, 단연록의 설명과는 모두 다르다.

한나라 무제 때 백량전(柏梁殿)에 불이 났는데, 월(越) 땅의 무당이 말하기를, '바다에 있는 규(虯)라는 물고기는 꼬리가 솔개 같은데 물결을 치면 비를 내리게 하므로, 그와 같은 모양을 만들어 전각 용마루에 얹어 두면 화재를 막을 수 있습니다' 하였다. 또 크게 건장궁(建章宮)을 건축할 때는 월의 무당이 화재를 예방하는 방법을 말하여, 그대로 치미 모양을 만들어 건장궁 용마루에 얹었다고 한다.

우리나라에서 배의 고물〔船尾〕을 일러 차라 하는데 치미(鴟尾)의 치를 말하는 것 같기도 하다.

또 박물지일편에는, '비희(贔屓)의 성질이 무거운 것을 좋아하므로 비석을 지고 있고, 이호(螭虎)는 모양이 용 비슷한데 성질이 꾸미는 것을 좋아하므로 비문 위에 올려놓는다'라고 하였다.

또 대류총귀에는, '용의 새끼 아홉 마리 중의 하나는 이름을 패하(霸夏)라고 하는데, 이놈은 무거운 것 짊어지기를 좋아하므로 비석의 받침돌로 쓰고, 비희는 글을 좋아하므로 비문 양쪽에 새긴다'고 하였으니, 역시 여러 설명들

---

*168 여러 가지 책에서 온갖 내용을 모아 엮은 책으로 10권임. 편자가 확실하지 않음.

이 저마다 다르다. 상상의 동물인 용의 새끼 이름과 그들 성질을 어떻게 모두 알 수 있을까? 옛날 이야기에는 이처럼 별별 억측들이 많다.

⊙복희씨(伏羲氏)로부터 지금 건륭제(乾隆帝)에 이르기까지 정통(正統)을 이은 천자는 모두 250명이다. 만약 여후(呂后),*169 무후(武后),*170 정통 천자가 아닌 위(魏)나라의 조조(曹操), 오(吳)나라의 손권(孫權), 남북조(南北朝)부터 오대(五代)까지 전부 계산한다면 모두 85명이고, 제왕을 함부로 참칭(僭稱)한 이는 후예(后羿)*171부터 주(周)나라의 홍화황제(洪化皇帝) 오삼계까지 모두 270명이며, 춘추시대의 임금이 490여 명이다.

⊙산동(山東) 등 여러 지방을 순행하면서 농업을 관리 감독하고 아울러 군대 사무까지 관리하던 도찰원 우부도어사(都察院右副都御使) 악(岳)이, 황제의 성덕(聖德)이 원만하게 유지되고 완전하게 갖추어지며 하늘의 복 내리심이 융숭하기를 바라며, 상서로운 기린(麒麟)이 태어남으로써 아름다운 조짐이 나타나는 일을 다음과 같이 보고하였다.

'옹정(雍正) 10년 임자(壬子) 6월 13일에 포정사(布政使)*172 정선보(鄭禪寶)가 조주(曹州) 거야현(鉅野縣)의 현령 요개춘(蓼開春)의 보고에 의거하여 아뢰옵니다. 옹정 10년 6월 초5일 신성보(新城保)의 지보(地保) 축만년(祝萬年) 등이 말하기를, 그 보(保)에 속한 이가장(李家莊)의 이은(李恩)의 집에서 금년 6월 초5일 진시(辰時)에 소가 기린을 낳았는데, 금빛이 찬란하게 둘러싸고 있어 진시부터 사시(巳時)를 넘기자 원근에서 많은 사람들이 모여들어 구경하며 모두들 참으로 기이한 일이라고 했습니다. 그래서 이

---

*169 한(漢)나라 고조(高祖)의 황후. 고조의 천하 통일을 많이 도왔고 혜제(惠帝)를 낳았으나 혜제가 일찍 죽어 8년 동안 국정을 보아 네 여씨(呂氏)를 왕에 봉한 것이 뒷날 여씨의 난이 일어나는 원인이 되었음.

*170 당나라 고종(高宗)의 황후 측천무후(則天武后). 고종이 죽자 정권을 잡고 중종(中宗)을 폐위하고 나라 이름을 주(周)로 고쳐 나라를 어지럽게 했음.

*171 중국 고대 유궁국(有窮國)의 임금. 활을 잘 쏘아 사냥을 일삼고 국정을 돌보지 아니하여 마침내 신하에게 살해당했음.

*172 포정사(布政司)의 우두머리 벼슬. 한 성(省)의 민정(民政)과 재정(財政)을 맡아보았음.

일은 상부에 보고해야 마땅하겠기에, 요개춘이 직접 기린을 낳은 곳에 가서 삼가 자세히 검사했습니다. 기린은 노루 몸에 쇠꼬리인데, 온몸이 갑옷 같은 것으로 덮여 있고, 갑옷의 솔기 부분은 자줏빛 털로 기운 것 같았습니다. 옥 같은 이마는 알록달록한 무늬가 있고 광채가 찬란하여, 이것은 실로 성스러운 세상의 상서로운 징조이므로 상부에 보고한다고 하였습니다.

그리하여 본직(本職)이 곧 거야현으로 사람을 보내 자세히 조사해 보도록 하였더니, '그 상서로운 기린은 몸의 길이가 1자 8치, 높이가 1자 6치인데, 사슴의 몸에 쇠꼬리이고, 머리에는 고깃덩이 같은 뿔이 돋아났으며, 정수리에는 곱슬곱슬한 털이 있었습니다. 눈은 수정 같고 이마는 백옥 같으며, 온몸에 비늘 갑옷이 덮여 있는데 그 빛이 푸르고, 비늘의 솔기는 다 자줏빛 융털로 되어 있습니다. 등은 검은 빛으로 세 부분을 이루었는데, 가운데 부분의 털은 모두 꼿꼿이 서 있고, 앞부분은 털이 모두 앞으로 향해 있고, 뒷부분의 털은 모두 뒤로 향해 있었습니다. 가랑이와 배, 발굽과 다리에는 흰 털이 나 있고, 꼬리는 길이가 5치 5푼, 꼬리 끝은 뾰족한데 검은 털 네 가닥이 나 있었습니다' 하고 그림을 그려 저에게 보내 왔으므로, 제가 삼가 자세히 살펴보니 참으로 기쁘고 즐거운 일이라, 곧 공손히 향안(香案)을 차려 놓고, 대궐을 향해 머리를 조아려 경하드렸습니다.

이는 실로 황제 폐하께서 도리에 맞게 깨끗하고 편안하게 백성을 다스리시되, 천지가 만물을 낳아 기르듯 공을 들이시어, 몸에 선덕을 지니시고 정교(政敎)를 세우시므로, 육부(六府)[*173]가 다스려져 삼사(三事)[*174]가 조화되고, 인륜 도덕의 표준을 세워 백성을 다스리시므로 오전(五典)[*175]이 도타워져 구주(九疇)가 펼쳐진 것입니다. 그리하여 아름다운 별이 바른 궤도를 따라 돌아 아름다운 하늘에 두 구슬[*176]이 화려하게 빛나고, 영롱한 이슬을 방울방울 수놓은 듯 수많은 구슬이 밤하늘에 잠겨 있습니다. 황하(黃河)가 조(曹)와 단(單)[*177] 지경에서도 맑아졌으니 그 물결이 비단 진(秦)·농(隴)[*178]

[*173] 수(水)·화(火)·목(木)·금(金)·토(土)와 곡(穀)의 여섯 가지.
[*174] 정덕(正德)·이용(利用)·후생(厚生)의 세 가지.
[*175] 오상(五常). 오륜(五倫). 부자유친(父子有親)·군신유의(君臣有義)·부부유별(夫婦有別)·장유유서(長幼有序)·붕우유신(朋友有信)의 다섯 가지.
[*176] 해와 달.
[*177] 조는 하남성(河南省) 활현(滑縣), 단은 산동성(山東省) 단현(單縣)에 있는 지명.

지방에서만 맑은 것이 아니며, 경사스러운 구름이 수(洙)·사(泗)*179 물가에
서도 나타났으니 어찌 전(滇)·검(黔)*180 지방에서만 빛났겠습니까? 이제
거야현의 시골에서 다시 상서로운 기린이 태어난 것을 보니, 사슴 몸뚱이에
소의 꼬리라 그 모양이 특이하며, 뿔은 하나이고 발굽은 둥글어 모두들 기이
하다고 합니다.

   제가 삼가 서전(書傳)과 춘추(春秋)를 상고하여 보건대 복건(服虔)*181의
주석에 '임금의 관찰이 밝고 예법이 갖추어지면 기린이 나타난다' 하였고,
또 예위(禮緯)*182의 두위의(斗威儀)에는 '왕의 정치와 송사가 공평하면 기
린이 교외에 나타난다' 하였으며, 또 효경(孝經)*183의 원신계(援神契) 편에
는 '왕의 덕이 새와 짐승에게까지 미치면 기린이 나타난다' 하였습니다. 그
러므로 헌원(軒轅)*184 때 기린이 놀았다는 기록이 있고, 성왕(成王)·강왕
(康王) 때도 인지(麟趾)*185를 노래했다고 하였으니, 이번의 신령스러운 조
짐의 탄생으로 더욱 상서로움을 보게 된 것은, 우리 황제의 흠공(欽恭)이
사해(四海)에 빛나 마치 일월의 밝음 같고, 덕화(德化)가 천하에 미쳐 마치
건곤의 장막 같기 때문입니다. 더욱이 이 산동성(山東省)은 수도에서 멀지
아니하여 은택과 교화가 가장 빨리 미치고, 길이 대로(大路)에 접해 있어서
성덕을 가장 흡족하게 입고 있으니, 이것이 기린이 나타날 징조로 여길 만한
것이었음을 알 수 있습니다. 오색(五色)은 덕을 지니고 있는 것이라 문명
(文明)이 크게 열릴 것을 점칠 수 있고, 사령(四靈)*186은 으뜸되는 것이라
복록이 다가올 것을 점칠 수 있습니다.

   제가 외람되게 순무(巡撫)의 직책을 맡았다가 기쁘게도 이런 성대하고 아

---

*178 진은 섬서성(陝西省) 지방, 농은 감숙성(甘肅省) 지방.
*179 수는 산동성(山東省)에 있는 수수(洙水)이고, 사는 역시 산동성에 있는 사수(泗水).
*180 전은 운남성(雲南省) 지방, 검은 귀주성(貴州省) 지방.
*181 후한(後漢) 때 사람. 좌씨전해(左氏傳解)를 지었음. 난리를 만나 객지에서 병들어 죽었음.
*182 예에 관한 위서(緯書). 여섯 가지가 있음.
*183 13경(經)의 하나. 저자에 대해서는 이론이 구구한데, 주로 효도에 관해 논한 것임. 1권.
*184 삼황(三皇)의 한 사람인 황제(黃帝).
*185 시경(詩經)의 편명. 살아 있는 풀은 밟지 않는다는 기린의 발을 뜻함. 공자(公子)의 신
    후(信厚)함, 또는 공족(公族)의 번성함.
*186 네 가지 신령스러운 짐승, 곧 인(麟)·봉(鳳)·구(龜)·용(龍).

름다운 일을 만났으니, 하늘로부터 큰 복이 내려졌음을 알았습니다. 원하옵건대, 승항(升恒)*187의 찬송을 본받아 신하의 예절과 정성을 펴고자 합니다. 엎드려 바라오니 이를 사신(史臣)에게 맡겨 중외(中外)에 선포하시기 바랍니다. 기린이 교외의 숲에서 노닐고 있으니 이는 천추에 산천의 기이함을 표한 것이고, 사실이 도서(圖書)에 기록되어 있으니 이는 만고에 규루(奎婁)*188의 형상을 빛낸 것입니다. 엎드려 황제께서도 친히 굽어보시기 바라며 이의 시행을 빕니다. 귀부(貴部)에서는 대조하여 살펴주시옵소서.' 수지(須至).*189

이것을 보고한 산동(山東) 독무(督撫)*190의 성은 악(岳)이다. 이 글의 문체는 우리나라 과려(科儷)*191에 비교하면 대수롭지 아니하고 예사로우나, 화려하고 푸근한 맛이 있어 절로 고색창연하다.
윤형산(尹亨山)은 일찍이 말했다.
"기린은 유독 산동 지방에서 많이 났습니다. 강희(康熙) 때 난 네 마리는 모두 소가 낳았고, 옹정(雍正) 때 난 다섯은 소가 둘을, 돼지가 셋을 낳았습니다. 지금 건륭 시대에도 다섯 번이나 태어났는데 촉(蜀), 민중(閩中),*192 절강(浙江), 하남(河南)에서 두 해 동안에 모두 소가 낳았고, 하나는 직례성(直隷省)의 양향(良鄕)에서 돼지가 낳았답니다."

⊙순치(順治) 병신년(丙申年) 10월 16일, 공주(公主) 네 명이 각각 막북(漠北)으로 돌아갔다. 모두 몽고왕의 아내였다. 그들은 옥하관(玉河舘) 앞을 지나갔는데, 몽고왕은 부하들을 거느리고 수없이 많은 낙타와 말을 달려갔고, 공주도 말을 타고 갔다. 번인(蕃人)*193들과 한인(漢人)들이 그 뒤를

---
*187 신하가 임금의 기업(基業)이 장구할 것을 찬양함. 시경의 구절에서 유래한 말.
*188 이십팔수(二十八宿)의 규성(奎星)과 누성(婁星).
*189 공문서의 끝에 달아 '이 공문서가 반드시 본인의 손에 이르러야 한다'는 뜻을 나타냄.
*190 총독(總督)과 순무사(巡撫使)의 합칭. 본디 중국 명나라의 도찰원에서 지방에 파견하던 관원들로 전(轉)하여 지방관을 통칭하기도 함.
*191 우리나라 과거 시험에 보이는 변려체(騈儷體).
*192 중국 복건성(福建省) 민후현(閩侯縣) 지방.
*193 야만인. 고산족.

동란재에서 쓴 글 979

따랐는데, 모두 멀리까지 전송나가는 것이었다. 이는 인평대군(麟坪大君)*194도 보았다고 한다.

⊙건륭(乾隆) 41년 병신(丙申) 정월 25일, 내각은 다음과 같은 황제의 유시(諭示)를 받들었다.

'앞서 명나라 말에 여러 신하들이 각기 그 임금을 위해 순절(殉節)한 뛰어난 충의가 가상하여 사실을 자세히 밝혀 시호를 내리는 것이 마땅한지라, 태학사(太學士)·구경(九卿)·경당(京堂)·한림(翰林)·첨사(詹事)·과도(科道) 등에게 명해 의논을 모아 보고하도록 하여, 충성되고 어진 사람을 포창해서 후세 자손들이 본받게 하였다. 다시 생각해 보건대, 건문(建文)*195이 쫓겨날 때 그의 신하로서 절개를 지켜 죽은 자로 역사책에 실린 이가 매우 많다. 당시 영락(永樂)은 본디 번방(藩邦)의 신하로서 모반하여 군사를 일으켜 음모로 나라를 빼앗았으므로, 모든 사람이 그와 한 하늘 아래에서 살 수 없었을 것이다. 비록 제태(齊泰)나 황자징(黃子澄) 등은 경솔하고 꾀가 모자랐고, 방효유(方孝孺)는 식견이 얕아 세상 물정에 어두워서 어린 임금을 보좌하기에 부족했지만, 그들이 자기 임금을 받들고 반역자를 제거하려던 그 마음은 참으로 믿음직한 것이었다. 대세가 아주 기울어진 뒤에도 오히려 군사를 모아 끝까지 저항하여 나라를 지키려다, 비록 목숨을 잃고 멸족을 당하는 지경에 이르러서도 백절불굴(百折不屈)한 그들의 정신은 참으로 훌륭한 교훈이 되기에 부끄럽지 않을 것이다.

그 밖에도 경청(景淸)이나 철현(鐵鉉) 같은 인물은 비분강개하여 목숨을 바쳤고, 또는 조용히 의리를 지켰으니, 비록 목숨을 버린 방법은 달랐으나 그 지조와 절개는 늠름하여 모두 대의(大義)를 분명히 밝혔다 하겠다. 심지어 동호(東湖)의 나무꾼과 기와장이 같은 무리도, 비록 그 이름이 드러나지 않아 세상에 알려지지 않았지만, 그 마음만은 다 같이 가상한 것이었다. 특히 영락 황제는 성질이 몹시 잔학해서 함부로 형벌을 시행하여 참혹하게 살

---

*194 조선 인조(仁祖)의 셋째 아들, 효종(孝宗)의 아우. 이름은 요(㴭), 병자호란 때 볼모로 심양(瀋陽)에 갔다가 돌아와 네 번 사은사(謝恩使)로 갔다 왔음. 글씨와 그림에 뛰어났음.
*195 명나라 혜명제(惠明帝).

해했는데, 마치 오이 덩굴을 거두어 한꺼번에 베어버리듯 죽였으니 사람의 올바른 도리라 할 수 없었다.
 짐은 역사책을 읽으면서 이 대목에 이를 때마다 분하고 한스럽지 않았던 적이 없었다. 명나라 중엽에 이르러서는 가혹한 법령을 약간 늦추긴 했지만, 사정에 따라 숨겨 끝내 드러내어 포창하지 못하고, 충신·의사들의 의로움이 오래도록 한을 풀지 못했으니, 참으로 민망하고 측은한 일이다. 우리가 앞 왕조를 혁명할 때 우리에게 항거한 자라 하더라도 그 충성을 생각하여 특별히 포창해 주었거늘, 하물며 건문(建文) 때 불행히 내란을 만나서, 나라를 위해 목숨을 버려 인(仁)을 이루고 의(義)를 취한 여러 신하들을 어찌 그냥 사라져 없어지게 내버려둘 수 있겠느냐? 마땅히 다 같이 시호를 내려 남에게 알려지지 않은 광채를 드러내 공도(公道)를 밝혀야 할 것이다. 그들을 어떻게 분별하고 어떻게 시호를 내릴 것인지는 지난번과 마찬가지로 태학사 등에게 유지(諭旨)를 내려 자세히 조사해서 의논을 모아 보고하도록 함으로써, 오직 충정(忠貞)을 숭상하고 권장하는 짐의 지극한 뜻에 부응하게 하라. 그리 알아 시행하라.'

⊙명나라 숭정(崇禎) 11년, 우리나라 장수 이시영(李時英)*196이 군사 5천 명을 거느리고 청나라 건주(建州)로 들어가자, 청나라는 이시영을 협박하여 앞장서서 명나라 도독(都督) 조대수(祖大壽) 군대와 송산(松山)에서 싸우도록 하였다. 우리나라 군사는 모두 총질이 정교하여 조대수의 군사를 섬멸하니, 조대수가 군중에 영을 내렸다.
 "오랑캐의 머리 하나에는 은 50냥을 주고 조선 병사의 머리 하나에는 은 1백 냥을 줄 것이다."
 우리나라 병사 중 이사룡(李士龍)은 경상도 성주(星州) 사람인데, 홀로 총에 탄환을 재지 않고 세 방을 쏘아 아무도 상하지 않게 했다. 명나라에 우리나라의 마음을 밝히고자 한 것이었다. 청나라가 이것을 알고 마침내 이사룡을 참수하여 조리를 돌렸다. 조대수의 군사들은 멀리서 이것을 바라보고 모두 목놓아 울었다. 조대수는 깃발에 커다랗게, '조선의 의사(義士) 이사

＊196 조선 후기의 무신.

룡'이라 써서 이시영의 군대를 풍자하였다.
 지금 성주 옥천(玉川)의 충렬사(忠烈祠)는 이사룡을 제사지내는 사당이다. 만약 지금의 건륭황제가 이사룡의 행적을 듣는다면 특별히 아름다운 시호를 내릴 것이다.
 나는 송산(松山)을 지나다가 글을 지어 이사룡의 영혼을 조상하였다.

 ⊙목재(牧齋) 전겸익(錢謙益)의 자는 수지(受之)이다. 세상에 처신하는 그의 행동은 반은 한족이고 반은 오랑캐이다. 또 그의 문장의 반은 유교이고 반은 불교라서, 그의 명예와 절조는 땅에 떨어져 마침내 부랑자라는 칭호를 면치 못했다. 위로는 그의 스승인 고양(高陽) 손승종(孫承宗)을 부끄럽게 하였고, 아래로는 그의 제자인 유수(留守) 구식사(瞿式耜)를 부끄럽게 하였으며, 중간으로는 그의 아내 하동군(河東君) 류여시(柳如是)를 부끄럽게 하였다.
 전겸익이 늙어 죽었을 때 하동군은 아직 젊었다. 그래 겸익을 미워하던 여러 불량소년들이 그의 아내를 욕보이려 하자 그 아내는 그만 자살하고 말았다.
 지금 건륭제(乾隆帝)의 조서를 읽어 보니, 황제는 전겸익을 배척하여 말하기를, '전겸익은 자기는 청류(淸流)라 큰소리를 치다가 뻔뻔스럽게도 항복을 하고 거짓으로 중 노릇을 하였으니, 참으로 뱉도 없고 부끄러움도 모르는 자'라고 하였으니, 그야말로 전겸익으로 하여금 부끄러워 죽고 싶게 한 말이라 하겠다.
 그런데 우리나라 선배들은 그가 이처럼 잘못 처신한 것은 알지 못하고, 그의 문집인 유학집(有學集)과 초학집(初學集)만 보고는 그를 애석하게 여길 뿐 아니라 그의 시문(詩文)을 뽑아서, 송나라 출신 문 승상(文丞相)이나 사첩산(謝疊山)*197의 시문 아래에 늘어놓는다. 청나라에서는 근래에 와서 그의 문집의 판각을 부수어 버리고, 문집을 간직하는 것을 금한다고 하는데, 우리나라의 과거 공부하는 속된 선비들은 이를 다 알지 못할 것이므로 여기에 자세히 기록해 둔다.

---

*197 사방득(謝枋得), 첩산은 그의 호임.

⊙송나라의 소동파가 고려를 미워한 것은 까닭이 있었다. 당시 고려는 오로지 거란만 섬기고 있으면서도 다만 중국을 사모하는 뜻을 가지고 가끔 송나라 조정을 찾아갔다. 중국 인사들은 고려의 간절한 충정(衷情)을 알아보지 못하고, 도리어 자기네 조정을 정탐하러 오는 것이라고 하였으니, 소동파가 고려를 미워한 것도 괴이할 것이 없다.

또한 고려가 중국에 조공을 바치는 길은 명주(明州)[198]에 배를 내려 육지로 들어가게 되고, 반드시 유학자인 신하로 관반(館伴)[199]을 삼으므로, 접대하는 막대한 비용이 언제나 요(遼)나라 사신에 버금갈 정도였다. 고려는 여국(與國)[200]도 아니고 번방(藩邦)[201]도 아닌데, 언제나 강한 하(夏)나라를 능가하므로, 당시의 사대부들이 고려와의 외교에서 얻을 것이 없다고 한 것도 당연하다.

우리나라가 명나라에 대해 충순(忠順)하기를 3백 년, 한마음으로 중국을 사모해 오기는 고려보다 더했다. 그런데도 동림당(東林黨)[202]의 무리들은 조선을 좋아하지 않았다. 전겸익이 그 동림당의 수괴였으니 우리나라를 번번이 야비한 오랑캐라 배척하는 것을 청론(淸論)[203]으로 삼았다. 이 어찌 분하고 억울한 일이 아니냐? 심지어 그들은 우리나라 사람들의 시문(詩文)이라면 한사코 뭉개 버렸다.

전겸익은 황화집(皇華集) 발문(跋文)에 이렇게 썼다.

'본 조정의 시종(侍從)이 칙사(勅使)가 되어 고려에 갈 때면 으레 황화집을 편찬하는데, 이것은 가정(嘉靖) 18년 기해(己亥)에 황천상제(皇天上帝)[204]에게 태호(泰號)를 올리고, 황조(皇祖)·황고(皇考)[205]에게 성호(聖號)를 올릴 때 무석(無錫) 사람 수찬(修撰) 화찰(華察)이 조서를 반포하면

---

[198] 절강성(浙江省)에 있음.
[199] 외국 사신을 접대하는 임시 벼슬.
[200] 자기 나라에 동조(同調)하는 나라.
[201] 제후(諸侯)의 나라. 종속국(從屬國) 또는 둘레에 있는 약소국.
[202] 명나라의 고헌성(顧憲成)·고반룡(高攀龍) 등이 강소성(江蘇省) 무석(無錫)의 동림서원(東林書院)에서 시정(時政)과 인물을 논했으므로 그 무리를 일컫는 말임.
[203] 깨끗하고 올바른 주장.
[204] 하느님, 옥황상제(玉皇上帝).
[205] 황제의 할아버지, 황고(皇考)는 황제의 별세한 아버지.

서 지은 것이다. 조선의 문체(文體)는 평범하고 자연스러운 데 그칠 뿐인 데다 시단(詩壇)의 여러 사람들이 그것을 깎고 고치기를 서슴지 아니하여, 먼 변방 사람들을 회유하는 데 뜻을 두었으므로, 아름다운 시가 극히 드물다. 그러므로 배신(陪臣)*206의 시를 보면 매양 두 글자 안에 일곱 자의 뜻을 포함하고 있다.

예를 든다면, '나라 안에 창이 없고 한 사람만 앉아 있다(國內無戈坐一人)' 같은 시구는 그 나라에서 소위 동파체(東坡體)란 것이니, 여러분은 아예 그들과 시문으로 화답하지 말아야 할 것이다.'

사실 우리나라 문체가 그의 말처럼 평범하긴 하지만, 어쩌면 이처럼 우리를 업신여길 수 있을까? 나는 여기 이 일을 자세히 기록하여 전겸익이 우리나라를 헐뜯는 것이 소동파와도 또 다르다는 것을 보여주고자 한다.

⊙전증(錢曾)의 자는 준왕(遵王)으로 전겸익의 족손(族孫)이다. 그는 서건학(徐乾學)과 함께 경전 해석을 편집하였다. 그는 당시 매촌(梅材) 오위업(吳偉業), 지록(芝麓) 공정자(龔鼎孶)와 함께 삼대가(三大家)라 일컬어졌는데, 모두 명나라의 고관(高官)으로 역시 지금의 청나라 조정에서도 벼슬을 하였다. 전증이 조선에 칙사로 나간 유홍훈(劉鴻訓)에게 준 전겸익의 글을 주석한 것을 보면 사실과 다른 것이 많고, 또 이여송(李如松)이 임진왜란 때 우리나라를 구원하러 왔던 일에 대해서는 더더욱 거짓이 많다. 참으로 개탄스러운 일이다.

⊙지금 황제가 전겸익을 배척한 조서에, '전겸익은 오히려 거짓으로 글자를 빌려 스스로 자기의 잘못을 가려 꾸미고 구차스럽게 살기를 도모한 자이다'라 하였으니, 그의 간특한 심정을 환히 드러낸 것이라 하겠다. 고려판(高麗板) 유종원(柳宗元) 문집에 붙인 발문 따위가 그러한 것이다.

그의 발문에 이렇게 씌어 있다.

'당나라 유종원 선생의 고려판 문집은 종이가 단단하고도 치밀하며, 글자획이 가늘고도 꼿꼿하여, 중국에서도 좋은 책으로 친다. 배신(陪臣) 남수문

---

*206 제후국 또는 종속국의 신하.

(南秀文)*²⁰⁷의 발문 앞뒤에 '정통(正統) 무오년(戊午年) 여름'과 '정통 4년 겨울 11월'이라 공들여 썼어 있어, 연호를 통하여 명나라가 천하를 통일한 것을 높이는 뜻이 오고간 편지에도 나타나 있음에 숙연해진다. 대개 기자(箕子)의 풍속과 교화가 그대로 남아 있고, 명나라 문화가 크게 퍼져서 만맥(蠻貊)에까지 베풀어진 것은 당나라 때에 비교할 바가 아니라는 것을 알 수 있다. 그러나 하늘이 무너지고 땅이 기울어지듯 명나라가 망하고 온 천하가 산산조각이 나자, 고려는 오래도록 동문몽(同文夢), 즉 명나라와 같이 했던 꿈을 저버린 지 오래되었다. 이에 나는 이 책을 어루만지면서 잠연히 눈물지었다.'

하교를 받들어 이 책을 편찬한 사람은 집현전(集賢殿)*²⁰⁸ 부제학(副提學) 최만리(崔萬里)*²⁰⁹, 직제학(直提學) 김빈(金鑌), 박사(博士) 이영서(李永瑞)*²¹⁰, 성균관(成均館)*²¹¹ 사예(司藝)*²¹² 조수(趙須)*²¹³ 등이고, 남수문이 하교에 따라 기록한 직함은 조산대부 집현전응교 예문응교 지제교 경연검토관 겸 춘추관기주관(朝散大夫集賢殿應敎藝文應敎知製敎經筵檢討官兼春秋館記注官)이라 하였다. 여기 모두 기록하여 우리나라의 고사(故事)를 보존하고자 한다.

우리나라 사람들은 번번이 '동문몽'이란 한 마디 말을 전거로 삼아서 과거치를 때 시제(詩題)로 쓰고 있는데, 이는 참으로 지저분하고 야비한 일이다.

진입재(陳立齋)의 집에는 우리나라에서 간행한 고문백선(古文百選)과 유문초(柳文抄)가 있는데, 모두 한구자(韓構字)*²¹⁴로서 고려판이라 하여 매우

---

*207 조선 세종 때 학자, 고려사절요(高麗史節要) 초고(草稿)의 대부분을 썼고 저서에 경재유고(敬齋遺稿)가 있음.
*208 경적(經籍)·전고(典故)·진강(進講) 등에 관한 일을 맡아 보던 관아.
*209 최만리(崔萬理). 조선 세종 때의 학자. 훈민정음(訓民正音)을 반대했음.
*210 조선 세종 때의 문신. 글씨에 뛰어나, 금은(金銀)으로 불경(佛經)을 쓴 것이 유명함.
*211 유교(儒敎)의 교육과 의식을 맡아 보던 관아.
*212 음악을 지도 관장하던 관직.
*213 조선 태종(太宗)·세종(世宗) 때 사람. 벼슬을 사퇴하고 30여 년 동안 관동(關東) 지방을 유람, 학문을 닦았음.
*214 조선 효종(孝宗)·현종(顯宗) 때의 문신 한구(韓構)가 쓴 글씨로 만든 활자. 정조(正祖) 6년(1782년)에 왕명으로 평안도 관찰사 서호수(徐浩修)가 평양(平壤)에서 8만여 자를 만들었음.

귀하게 여기고 있었으니, 이 발문에 근거한 것이겠다.

⊙우리나라 합천(陜川) 해인사(海印寺)의 홍류동(紅流洞)에 있는 원융각(元戎閣)에는 명나라의 중군도독 태자태보(中軍都督太子太保) 이여송(李如松)이 쓰던 갓과 전포(戰袍), 그리고 그때 지은 시 한 편을 보관하고 있다.

내가 일찍이 해인사를 구경갔을 때 그 갓과 전포를 꺼내 본 일이 있다. 갓은 둘레가 세 아름이나 되어 그 머리통이 얼마나 컸던가 짐작할 수 있었고, 절에서 키가 제일 큰 중에게 전포를 입혀 보았더니 한 자가 넘게 땅에 끌렸다.

만력 임진년(壬辰年)에 우리나라가 왜구로부터 침범을 당하자 이여송은 요·계·보정·산동군무(遼薊保定山東軍務)의 제독으로 군사를 거느리고 우리나라를 구원하고자 평양(平壤)으로 달려왔다. 이여송은 왜장 평행장(平行長)*215을 모란봉(牡丹峯) 아래에서 격파하고, 장사(壯士) 누국안(婁國安)을 행장의 군영에 들여보내 잡혀 있던 왕자 순화군(順和君)*216과 대신 김귀영(金貴榮),*217 황정욱(黃廷彧)*218 등을 구출*219하여 돌아왔다.

6년 뒤 이여송은 요동에서 전사하였다. 그때 황제가 조서를 내려 그의 의관을 갖추어 장사를 지내게 하고 소보(少保) 벼슬을 추증하면서 시호를 충렬(忠烈)이라 하였다.

---

* 215 소서행장(小西行長). 임진왜란 때 선봉으로 1만 8천의 군사를 거느리고 부산에 상륙, 평양까지 갔다가 패퇴하고 정유재란 때 다시 침범해 와서 전전(轉戰)하다가 순천(順天)에 왜성을 쌓고 전라도 일대에 주둔하였다가 죽은 후 풍신수길(豊臣秀吉)이 도망하여 일본으로 돌아갔음.
* 216 선조(宣祖)의 여섯째 아들. 임진왜란이 일어나자 부왕의 명으로 근왕병(勤王兵)을 모집하려고 함경도로 갔다가 형 임해군(臨海君)을 만났는데 난민(亂民) 국경인(鞠景仁)에 의해 왜장 가등청정(加藤淸正)에게 넘겨져 서울로 끌려가 석방되었음.
* 217 문신. 순화군(順和君)을 모시고 근왕병을 모집하러 함경도로 갔다가 함께 국경인에 의해 적장에게 넘겨지고 뒤에 석방되어 희천(熙川)으로 귀양가 죽었음.
* 218 선조 때 문신. 여러 벼슬을 거쳐 병조판서(兵曹判書)에 이르렀는데, 임진왜란이 일어나자 순화군을 모시고 함경도로 갔다가 반역자 국경인(鞠景仁)에 의해 순화군·임해군과 함께 왜장 가등청정에게 넘겨져, 선조에게 항복을 권하는 글을 쓰라고 강제당하여 아들을 시켜 쓰게 하고 따로이 그것이 거짓임을 밝힌 편지를 써 보냈으나 체찰사(體察使)가 그 편지를 묵살해버려, 뒤에 석방되자 길주(吉州)로 귀양갔음. 저서에 지천집(芝川集)이 있음.
* 219 위의 주에서 보는 바와 같이 사실(史實)이 아님.

공(公)이 우리나라에 와 있을 때 군사를 거느리고 조령(鳥嶺)*220을 넘어 문경(聞慶)에서 충주(忠州)로 돌아왔으므로, 그의 갓과 전포가 합천에 남아 있게 된 것이었다.

이공은 본디 조선 사람이다. 그의 먼 조상 영(英)이 홍무 때 처음으로 중국에 들어가 양평(襄平)*221에서 살았으니, 우리나라 사람으로 그의 집안 내력을 아는 이가 드물었다. 내가 일찍이 왕이상(王貽上)의 대경당집(帶經堂集)을 보았더니, 거기에 청나라 병부시랑(兵部侍郞) 이휘조(李輝祖)의 신도비(神道碑) 비문이 다음과 같이 실려 있었다.

'철령 이씨(鐵嶺李氏)는 영원백(寧遠伯) 이성량(李成樑)에게서 시작되어 명나라 때에 그 문벌의 덕망이 크게 높았고, 청나라 때 이르러서는 가문이 더욱 번창하여, 안으로는 국정에 참여하고, 나아가서는 장수가 되었다. 이휘조의 조상은 조선에서 태어나 영(英)이 처음으로 양평으로 옮겨왔다. 영은 군에서 세운 공으로 철령위도지휘사(鐵嶺衛都指揮使)에 임명되었다. 그의 아들은 문빈(文彬)이고 문빈은 아들이 다섯인데, 장남 춘미(春美)의 아들이 경(涇), 경의 아들이 영원백이고, 영원백의 맏아들이 곧 이여송 공이다.'

이휘조는 곧 춘미의 아우 춘무(春茂)의 후손이니, 공이 우리나라 사람임을 더욱 분명히 알 수 있다.

숭정(崇禎) 말년에 공의 아들과 이여백(李如栢)·이여매(李如梅)의 아들들이 우리나라로 탈출해 온 것은 그들의 부형들이 조선에 큰 공을 세워서 옛 은혜를 내세웠기 때문만이 아니다. 여우가 죽을 때는 머리를 제 굴이 있는 쪽으로 돌리고 죽는다는 그런 뜻이기도 한 것이었다. 그러나 중국에서 명과 청이 바뀌는 판국이라 우리나라에서는 이것을 꺼리고 두려워하였으니, 여러 이씨(李氏)들이 우리나라에 들어온 사실을 감히 드러내놓고 말하지 못했던 것이다.

내가 선무문(宣武門) 안의 첨운패루(瞻雲牌樓) 앞에서 잘생긴 젊은이를 만났는데, 그는 스스로 자기가 영원백의 후손으로 이름이 홍문(鴻文)이라

---

*220 새재. 경북 문경군(聞慶郡)과 충북 괴산군(槐山郡) 경계에 있는 고개. 높이 1,017m.
*221 강소성(江蘇省)에 있는 지명.

하였다. 이튿날 그는 비단가게로 나를 찾아와, 인쇄된 족보(族譜) 두 권을 품에서 꺼내 보였다. 곧 철령 이씨의 세보(世譜)인데, 영(英)으로부터 시작되었고, 그 가계가 조선 사람이라고 하였다. 내가 전부터 알고 있던 바와 부합하여 더욱 의심할 여지가 없었다.

홍문의 할아버지 편덕(偏德)은 나이 82살인데 중풍으로 움직이지 못하여, 그 손자로 하여금 조선 사신관 밖을 두루 찾아보아 뜻있는 이를 만나거든 세보를 전해 조선 사람들에게 사실을 알리라고 했다고 한다. 지금 이훤(李萱) 등이 우리나라에서 벼슬을 살고 있지만, 그의 뜻을 분명히 알 수가 없어서 나 역시 감히 드러내놓고 영원백의 후손 아무개 아무개가 우리나라에 있다고 말하지 못했다.

해가 저물자 숙소로 돌아와 급히 촛불을 켜고 내원 등과 함께 펼쳐 보았더니, 영원백의 맏아들이 이여송이고, 이여송의 외아들이 성충(性忠)이며, 성충의 아래는 무후(無後)*²²²라 되어 있다. 이는 성충이 우리나라로 도망해 왔기 때문인 듯하다.

내 비록 이훤과는 한 번도 만나본 적이 없지만, 돌아가면 이 세보를 전할 것이다.

⊙만력 때 형문(荊門)*²²³ 사람 강국태(康國泰)가 죄를 범하여 요양(遼陽)으로 귀양을 갔다가, 도독(都督)*²²⁴ 유정(劉綎)이 여진족 건주(建州)를 칠 때 종군했다가 전사했다. 그의 아들 세작(世爵)은 나이 17살이었는데, 바로 청나라 군영으로 들어가서 아버지의 시신을 찾아 가지고 돌아왔다. 병부(兵部)의 웅정필(熊廷弼)이 강세작을 자기 휘하에 두었다. 요양이 함락되자 그는 도망쳐 마등산(馬登山)으로 들어갔다가, 밤에 해자를 헤엄쳐 요새를 탈출하여 다시 봉황성(鳳凰城)을 지켰다. 성이 또 함락되자 금석산(金石山)으로 들어가 날마다 나뭇잎을 주워 먹으며 연명하다가, 틈을 타 의주(義州)로 나와서 전장(戰場)을 피해 회령부(會寧府)*²²⁵로 가서 살았다. 그는 항상 초(楚)

---

*222 자손이 없음. 대가 끊어짐.
*223 호북성(湖北省)에 있는 지명.
*224 각 영(營)을 관장하는 무관. 청나라 때 폐지했음.
*225 우리나라 함경북도 회령군(會寧郡)에 설치했던 도호부(都護府).

나라 법제의 관을 쓰고, 거처하는 집을 스스로 초책당(楚幘堂)이라 불렀다.

내가 금석산을 지날 때 의주의 말꾼들이 산을 가리키면서 강세작이 숨어 있던 곳이라고 하였다. 기이한 이야기가 많았다.

⊙고려 충선왕(忠宣王) 왕장(王璋)이 원(元)나라에 가서 북경 저택에 만권당(萬卷堂)을 짓고, 염복(閻復), 요수(姚燧), 조맹부(趙孟頫), 우집(虞集) 등과 교유(交遊)하면서 서사(書史)를 연구하였다. 원나라는 충선왕을 심양왕(瀋陽王)에 봉하고 승상(丞相)으로 삼았다. 이에 충선왕은 박사 유연(柳衍) 등을 강남(江南)으로 보내 책을 사오게 하였는데, 그만 배가 파선되고 말았다.

이때 마침 판전교(判典校) 홍약(洪瀹)이 남경(南京)에 있었는데, 보초(寶鈔)*226 150정(錠)*227을 유연에게 주어 책 1만 8백 권을 구입해 돌아가도록 하였다. 홍약은 또 황제에게 아뢰어, 충선왕에게 책 4천 70권을 하사하게 하였으니 모두 송나라 비각(秘閣)*228에 소장되어 있던 것이었다.

충선왕은 원나라 영종(英宗)에게, 강남 지방의 사당에 강향(降香)*229하기를 청하여 강소성(江蘇省)과 절강성(浙江省) 지방을 유람하다가 보타산(寶陀山)까지 갔고, 이듬해 또 강향을 청하여 금산사(金山寺)에 이르렀다. 그런데 황제가 사신을 보내 기병이 옹위하여 급히 돌아오게끔 본국으로 호송하라 명했다. 충선왕이 머뭇거리면서 당장 떠나지 않으니, 황제가 충선왕의 머리를 깎아 불경(佛經)을 공부하라는 명분으로 토번(吐蕃)의 살사결(撒思結) 땅으로 귀양보냈다. 그때 박인간(朴仁幹)*230 등 18명이 왕을 따라갔는데, 그곳은 북경에서 1만 5천 리나 떨어진 곳이었다.

충선왕이 어찌 천승(千乘)*231의 지위를 내팽개치고 책 읽기만 좋아했겠는

---

*226 지폐의 한 가지. 송나라 때 만들어 쓰기 시작했는데, 원나라 때는 중통보초(中統寶鈔)라 하였고, 명나라 때는 대명통행보초(大明通行寶鈔)라 했음. 닥나무나 뽕나무로 만들었음.
*227 덩이. 쪽. 돈의 단위.
*228 천자의 서고(書庫).
*229 임금이 절이나 사당 등에 향을 내려 제사를 지내게 함.
*230 고려 충혜왕(忠惠王) 때 문신. 충선왕이 티베트로 귀양가게 되자 시종들이 모두 피하여 따라가지 않았는데, 박인간 등 18명만이 호종하여, 돌아와서 공신에 봉해졌고, 강릉대군(江陵大君)이 원나라에 가게 되자 대군의 사부(師傅)로 갔다가 그곳에서 죽었음.

가? 옛날 남월왕(南越王) 위타(尉陀)가 육가(陸賈)*232를 만나보고는 크게
기뻐하여 며칠 동안 머물러 그와 함께 술을 마시면서, '월(越)나라에는 함께
이야기할 만한 사람이 없었는데, 당신이 오고부터는 날마다 전에 듣지 못했
던 것을 듣게 되었구려' 하였다고 한다. 하물며 원나라의 것을 모두 직접 본
충선왕의 심정이야말로 하백(河伯)이 넓은 바다를 처음 보고 감탄했다는 망
양지탄(望洋之嘆)과 같을 것이다.

당시의 충선왕을 따라간 이제현(李齊賢)*233 등은 비록 그 문학과 재능과
인망이 우리나라에서 뛰어나다고 추앙받는 사람이었지만, 염벅, 요수, 조맹
부, 우집의 틈에서는 도리어 넓은 바다를 처음 보는 것과 같아 자신이 초라
하게 느껴졌을 것이다. 나 역시 옥동교(玉蝀橋) 주변에서 멀리 오룡정(五龍
亭)을 바라보면 그야말로 인간 세상 같지가 않았으니 말이다.

⊙육비(陸飛)의 자는 기잠(起潛)이고 호는 소음(篠飮)인데, 항주(杭州)
인화(仁和) 사람이다. 건륭 병술년(丙戌年) 봄에 그가 엄성(嚴惺), 반정균
(潘廷筠)과 함께 북경에 왔다가 덕보(德保) 홍대용(洪大容)과 건정호동(乾
淨衚衕)에서 고유한 일을 기록한 회우록(會友錄)이 있는데, 내가 일찍이 그
책에 서문을 쓴 적이 있었다. 소음의 집은 서호(西湖)*234의 호서대관(湖墅
大關)이란 동네 안의 주아담(珠兒潭)이다.

소음은 육계(肉桂)*235가 교지(交趾)*236에서 나는데 요즘에는 구하기가 어

---

* 231 병거(兵車) 1천 대. 주(周)나라 때 전시(戰時)에 천자는 병거 1만 대를 내고 제후는 1
천 대를 냈으므로 제후를 천승이라 했음.
* 232 한(漢)나라 때 고조(高祖)를 도와 천하를 통일하게 하였고, 위타(尉陀)를 설복하여 신
하를 일컫게 하였으며, 여후(呂后)가 여러 여씨(呂氏)들을 왕에 봉하려 하자 벼슬에서
물러나 승상 진평(陳平)으로 하여금 주발(周勃)과 함께 여씨들을 죽이게 했음.
* 233 고려 충렬왕(忠烈王)·공민왕(恭愍王) 때의 문신·학자. 여러 벼슬을 거쳐 충숙왕 원년
(1314)에 원나라에 가 있던 충선왕(忠宣王)이 불러들여서 중국의 조맹부(趙孟頫) 등 여
러 학자와 교유했고, 충선왕이 모함으로 귀양가자 그 옳지 않음을 밝혀 풀려나게 했음.
공신으로 김해군(金海君)에 봉해졌음. 문장에 뛰어났고 정주학(程朱學)의 기초를 마련
했음. 저서에 익재난고(益齋亂稿)·익재집(益齋集)·효행록(孝行錄) 등이 있음.
* 234 북경 서북쪽 만수산(萬壽山) 기슭에 있는 호수.
* 235 5년 이상 자란 계수나무의 두꺼운 껍질. 한약재로 쓰임.
* 236 월남(越南). 인도차이나.

럽다면서, 육계의 성질이 화기(火氣)를 이끌어 근본으로 돌아가게 만들고, 계피(桂皮)*237의 성질은 숨은 화기를 불러일으키므로 그 용법이 전연 다르다고 하였다.

그런데 우리나라에서는 두꺼운 계피를 육계 대용으로 함부로 쓰고 있으니, 참으로 위태로운 일이다. 내가 일찍이 이 이야기를 의원과 약국에 두루 말했었는데, 우연히 통주(通州)*238의 어느 약방에서 육계를 찾았더니, 주먹만한 것을 내어보이면서 값이 무려 은 50냥이라고 했다. 범생(范生)이란 사람이 나를 따라 나와서 넌지시 말했다.

"아까 그것도 진품이 아닙니다. 중국에서도 진품이 떨어진 지 이미 20여 년이나 되었답니다."

⊙진택장어(震澤長語)*239에 이르기를, '명나라 초기 때부터 1년 동안 쓰는 황랍(黃蠟)*240 하나만 보더라도, 건국 초에는 1년에 겨우 2천 근에 지나지 않았는데, 경태(景泰)·천순(天順) 때에는 8만 5천 근에 이르렀고, 성화(成化) 이후부터는 12만 근에 이르렀으니, 그 밖의 물건도 이로 미루어 알 수 있다' 하였다.

또 '정덕(正德) 16년에 공부(工部)에서 아뢰기를, 모자를 취급하는 건모국(巾帽局)에서 쓰는 내시(內侍)의 신과 사모에 쓰는 저사(紵絲)와 가죽 등의 재료가 성화(成化) 때에는 20여 만이었던 것이, 정덕(正德) 8, 9년에는 46만에 이르렀고, 말년에는 72만에 이르렀다' 하였으니, 이로써 그 밖의 물건도 알 만하다.

⊙우리나라에서는 돈을 셀 때 10문(文)을 1전(錢)이라 하고, 10전을 1냥(兩)이라 하는데, 중국에서는 160푼(分)을 1초(鈔)라 하고, 16문(文)을 1맥(陌)이라 한다. 또 우리나라 풍속에 동전 1문을 1푼이라 하고, 돈 10푼을 1

---

*237 계수나무 껍질의 얇은 것. 한약재로 쓰임.
*238 만주 요령성(遼寧省) 개원현(開原縣)에 있는 지명.
*239 명나라 왕오(王鏊)가 지은 책. 2권. 사물(事物)을 상고하여 바로잡은 책임.
*240 벌꿀에서 나는 밀. 꿀의 찌꺼기를 끓여서 나온 고체의 기름. 약으로도 쓰고 불을 켜는 초를 만드는 데 쓰임.

전이라 한다. 형암(炯菴) 이덕무(李德懋)가 말했다.

"그 뜻은 저울[衡]과 자[度]에서 나온 것으로, 자로 치면 10리(釐)가 1푼〔分〕이 되고, 10푼이 1치〔寸〕가 되며, 10치가 1자〔尺〕가 됩니다. 동전 1문의 두께는 10리(釐)를 쌓아 놓은 두께로 곧 1푼이 되는 것이고, 10문을 쌓아 놓은 두께가 1치, 100문을 쌓아 놓은 두께가 1자가 되는 것입니다. 저울로 치면 10리가 1푼, 10푼이 1전, 10전이 1냥이 되는 것입니다. 지금의 돈 세는 명칭은 저울의 이름과 수치에서 딴 것입니다."

그러나 지금 우리나라 돈은 크고 작고, 두껍고 얇아 고르지가 않으니 표준하기 어렵다.

⊙ 해외기사(海外記事)는 영표(嶺表)*241의 두타(頭陀)*242 산엄(汕广)이 강희(康熙) 갑술년(甲戌年)에 대월국(大越國)*243을 여행하면서 보고 들은 여러 가지 일을 기록한 책이다.

그 책에 따르면 대월국은 경주(瓊州)*244 남쪽 바닷길로 1만여 리를 가서 있다. 매일 아침마다 전조(箭鳥)란 새가 바다 가운데서 날아와 배를 한 바퀴 돌고는 앞으로 날아갔는데, 뱃사람들은 이것을 신조(神鳥)라고 했다. 바다 한복판 물결 위에서 여러 가지 괴이한 것들을 볼 수 있다. 더러는 붉고 더러는 검은 조그만 깃발을 세워 놓아서 잠겼다 떴다 하는데, 하나가 지나가면 곧 또 하나가 다시 와서 10여 개가 계속 보인다. 뱃사람들은 이 귀전(鬼箭), 즉 귀신화살이 나타나기만 하면 바람과 물결이 일고 구름과 안개가 자욱하여 위험해진다고 믿는다. 또 검은 용이 꿈틀꿈틀 배 왼쪽으로 다가오기도 하는데, 그럴 때 뱃사람들은 급히 유황과 닭털을 태우고 더러운 물건들을 섞어서 뿌린다. 그러면 용이 가까이 오지 못한다고 한다.

어느 날 저녁, 짙은 구름이 잔뜩 끼어 달빛도 별빛도 없는 밤, 갑자기 뒤로부터 불기둥이 산처럼 솟아나 들판에 불이라도 지른 듯 돛을 비추면서 점

---

*241 영남(嶺南). 오령(五嶺)의 남쪽, 곧 광동(廣東)·광서(廣西) 지방.
*242 산과 들로 돌아다녀 갖은 고생을 하면서 도를 닦는 승려.
*243 송나라 대중상부(大中祥符) 3년(1010)에 이공온(李公蘊)이 안남(安南)에 세운 나라. 수도는 지금의 하노이[河內].
*244 광동성(廣東省) 경산현(瓊山縣)에 있었음. 또 해남도(海南島)를 경주라고도 함.

점 배로 가까이 다가왔다. 배 안에서 사람들이 나무 막대기로 뱃전을 계속 두드려 소리를 냈다. 두어 경(更)이나 지나서야 배의 키가 그 물체에 걸려 있는 것을 알게 되었고 그때 배를 약간 옆으로 기울이자 비로소 빛이 사라져 보이지 않게 되었다. 이것은 해추(海鰍)란 고기의 눈에서 나오는 번갯불이라고 한다.

 그 나라에 이르러 보니 사람들이 모두 벌거숭이로 머리를 풀어 헤친 채였고, 베로 짠 헝겊 조각으로 앞을 가렸으며, 상투를 틀고 이에는 옻칠을 하였다. 물 위에는 연꽃이 떠 있고 푸른 잎이 일렁였지만 뿌리도 연근도 없었다. 그 나라에서는 전쟁에 모두 코끼리를 쓴다. 국왕이 전투 훈련에 나설 때도 코끼리 10마리로 짝을 지어, 등에 붉은 칠을 한 나무 안장을 올려놓고, 코끼리 한 마리에 세 명씩 탄다. 모두 금빛 투구에 녹색 전포를 입고 창을 들고 코끼리 등에 올라선다. 풀을 엮어서 인형을 만들어 축대 위에 늘어세워서 군사 진영을 만들어 놓는다. 이어 구리로 만든 북을 울리고 일제히 화기(火器)를 쏘면 군사들이 앞으로 돌격하여 코끼리를 들이받는다. 코끼리 떼도 앞으로 돌진해 축대로 올라가면 군사들은 물러나 피하고, 코끼리들은 저마다 풀로 만든 인형을 코로 휘감아 돌아온다.

 나라에 사형에 처할 죄수가 있으면 코끼리를 풀어서 죄인을 두어 길 던져 올린 뒤 상아를 쳐들게 하여 죄인의 가슴과 배를 꿰뚫는다. 그러면 시신이 금세 썩어 문드러진다고 한다. 그래서 산엄이 그런 형벌을 폐지하도록 권했더니 왕이 말했다.

 "이 나라 산중에는 코뿔소와 코끼리가 떼를 지어 많이 살고 있소. 코끼리를 산 채로 잡으려면, 잘 길들인 암놈 코끼리 두 마리로 수놈을 유인해서, 굵은 밧줄로 수놈들의 발을 결박하여 나무 사이에 매어 놓아 움직이지 못하게 하고 며칠 동안 굶기오. 그런 뒤 코끼리 부리는 하인을 시켜서 가까이 다가가 먹이를 조금씩 주면서 차차 길들인 다음 두 암놈과 함께 돌아온다오."

 그때는 마침 이른 봄이라, 밭이랑에는 곡식이 푸르게 자라 이미 이삭이 패어 있었다. 거름을 주지 않아도 한 해에 세 번 곡식을 거둔다고 하였다. 그 나라에는 풍토와 기후가 항상 따뜻한데, 그늘은 모든 것을 자라게 하고, 햇볕은 쇠라도 녹일 듯하므로, 만물이 가을과 겨울에 나서 자란다고 한다. 그래서 일은 보통 밤에만 하며, 여자가 남자보다 더 지혜롭다.

나무는 파라밀(波羅蜜)*245·야자(椰子)·빈랑(檳榔)*246·산석류(山石榴)·정향(丁香)*247·목란(木蘭)*248·번말리(番茉莉)*249 따위가 많고, 도시나 마을들은 모두 초가집에 대나무 울타리를 했다고 한다.

⊙강희(康熙) 을미년(乙未年) 무렵에 우리나라 사람이 산해관(山海關) 밖에서 흑진국(黑眞國) 사람을 만났다. 그는 한 여인과 동행하고 있었다.

영고탑(寧古塔)*250 동북쪽 수천 리에 있는 빙해(氷海)는 5년에 한 번씩 얼어붙는데 그 나라가 흑진국이다. 그들은 일찍이 육지와 교통을 한 일이 없었다. 그러다가 10여 년 전에 한 사람이 뜻하지 않게 얼음을 건너 서쪽 기슭에 이르렀다. 처음에는 그것이 무엇인지 몰랐으나, 자세히 살펴보니 사람이었다. 온몸에 짐승의 털가죽을 뒤집어쓰고 얼굴만 내놓고 있었는데, 머리털은 양털처럼 곱슬곱슬하였다.

변방 사람들이 그를 산 채로 붙들어 북경으로 보냈다. 강희제(康熙帝)가 그를 불러들여 보고 밥을 주었더니, 그는 밥은 먹을 줄 모르고 다만 생선과 날고기만 받아 먹었다. 여러 가지 물건을 그의 앞에 벌여 놓고 무엇을 가지고 싶어하는가 보았더니, 모두 본체만체하였다. 그러다가 여인을 데려다가 보이니까, 곧 좋아라 끌어안았다. 이에 황제는 다시금 총명한 여인을 골라 짝을 지어 주고, 또 영리한 시위(侍衛) 다섯 사람으로 하여금 그와 여인을 보호케하여 그의 본국으로 돌려 보내면서, 오곡의 종자와 농사짓는 기구를 주어 농사짓는 법까지 가르쳐 주었다.

그로부터 5년이 지났다. 흑진국 사람은 여인과 함께 다시 빙해(氷海)를 건너와서 은혜를 사례하고, 크기가 주먹만한 진주 몇 개와, 길이가 한 발이 넘는 초피(貂皮)를 공물로 바쳤다. 여인은 이렇게 말했다.

---

*245 중국 남부, 동인도(東印度) 등지에 나는 늘푸른 교목. 열매는 귤 비슷함.
*246 동인도·말레이지아 등지에 나는 상록 교목 빈랑나무의 열매. 먹기도 하고 한약재로도 씀.
*247 도금양과(桃金孃科)에 딸린 상록 교목 정향나무의 꽃봉오리. 복통·구토·반위(反胃) 등에 약으로 쓰임.
*248 목련(木蓮).
*249 번국(蕃國: 미개국)에 나는 말리. 말리는 페르시아(波斯) 원산의 늘푸른나무.
*250 만주 길림성(吉林省) 영안(寧安)의 옛 이름. 발해국(渤海國)의 서울이 영안 동경성(東京城)에 있었음.

"그 나라는 큰 바다 가운데 있는데 임금도 우두머리도 없고, 키가 큰 사람은 세 길이나 되고, 작은 사람도 한 길이 넘습니다. 오직 짐승을 사냥하고 물고기와 자라를 잡아 날것으로 먹고, 바다 속에는 진주가 가득하여 그 빛이 무엇이라 형언할 수 없이 괴이합니다."

이 이야기는 일암(一菴)의 연행기(燕行記)에 실려 있다. 내가 학지정(郝志亭)과 이야기하는 가운데 이에 대해 물어보았더니, 그의 대답도 이와 대동소이(大同小異)하였다. 천하가 하도 넓어 별의별 희한한 일이 다 있음을 더욱 느끼게 하였다.

⊙소위 청나라의 군기대신(軍機大臣)*251이란 모두 만주(滿洲) 사람이었다. 내 일찍이 들으니 청나라에서는 나라에 기밀 유지가 필요한 큰일이 있으면, 황제가 은밀히 군기대신을 불러 함께 높은 누각에 올라가 아래서 사다리를 치워버리게 하고, 누각 위에서 방울 소리가 들리거든 도로 갖다 놓게 한다. 비록 며칠이 지났다 해도 방울 소리가 들리지 않으면, 좌우의 측근이라도 감히 누각에 접근하지 못한다고 한다.

옹정(雍正) 때의 군기대신 망곡립(莽鵠立)은 몽고 사람인데, 그림에 뛰어나 일찍이 강희제(康熙帝)와 옹정제(雍正帝)의 초상을 그렸다. 악이태(鄂爾泰)·팽공야(彭公冶)는 문무를 겸전한 재사였고, 김상명(金常明)은 우리나라 의주(義州) 사람인데, 역시 군기대신의 칭호를 띠고 있었다.

지금 밀운점(密雲店)까지 따라온 복차산(福次山)은, 나이는 스물 대여섯으로 역시 군기대신이라 하였다.

⊙옹정 2년 정월 경자(庚子)에 흠천감(欽天監)이 황제께 말씀 올렸다.
"해와 달이 함께 떠올라 구슬처럼 밝고 오성(五星)*252이 연이은 구슬처럼 이어져서 영실성(營室星)*253 다음 자리로 돌아드는데, 그 위치가 바로 추자궁(娵訾宮)*254에 해당합니다."

---

*251 청나라 때 군사의 기밀을 관장하던 군기처(軍機處)의 우두머리.
*252 오행(五行)에 딸린 다섯 별, 곧 목성(木星)·화성(火星)·토성(土星)·금성(金星)·수성(水星).
*253 이십팔수(二十八宿)의 하나. 음력 10월 황혼 때 남방 정중(正中)에 나타나 보임.

그러자 황제는 사관(史館)*²⁵⁵에 명하여 나라 안팎에 알리게 하였다. 또 옹정 4년에는 황제가 친히 적전(籍田)*²⁵⁶에 나아가 밭을 갈았는데, 한 줄기에 이삭이 두 개에서 여덟아홉 개까지 달린 경사스러운 벼가 있었다. 이때 또 오중(吳中)에서는 상서로운 누에고치를 바쳤는데, 누에고치 크기가 모자만 했다.

이 밖에도 기린(麒麟)이 나타나고, 봉황(鳳凰)이 울고 황하가 맑아지고, 경운(慶雲)*²⁵⁷·감로(甘露)*²⁵⁸·영지(靈芝)*²⁵⁹ 등이 없는 해가 없었다. 그런데 사사정(查嗣庭)*²⁶⁰의 일록(日錄)에는 도리어 이것을 재앙의 조짐이라 하였으며, 어떤 이는 중국에 진인(眞人)이 나올 징조라고도 하였다. 사사정의 옥사(獄事)가 일어나자 옹정제는 나라 안팎에 조서를 내렸다.

"너희 한인(漢人)들은 이미 우리와 함께 태평성대를 누리고 있으면서 그 복이 국가에서 내려지는 것도 모르고, 걸핏하면 진인이 나올 것이라고 하는데, 이는 도대체 무슨 심사로 하는 말이냐? 이는 틀림없이 난을 일으키려고 생각하는 자일 것이다……."

이 옥사에는 수만 호(戶)가 연좌(連坐)*²⁶¹ 되었고, 이 몇 해 동안 성(省)에서 바친 신령스러운 상서가 옹정 시대보다 더욱 많았으니, 이 옥사는 한인이 옛날의 한(漢)나라를 생각한다 하여 당한 일이라, 과연 상서로운 징조가 아니고 재앙의 징조였던가 보다.

⊙청나라 경릉(景陵)이란 호는 곧 성조(聖祖) 인황제(仁皇帝)인데, 그의 여러 아들은 모두 명사였다. 그 중에서도 과친왕(果親王) 윤례(允禮)*²⁶²는

---

*254 별자리의 하나. 황도(黃道) 12궁(宮)과 마주 대해 있음.
*255 역사를 편찬하는 관아. 수사관(修史館). 사국(史局).
*256 임금이 농사를 권장하고 상제(上帝) 선농(先農)을 제사지내기 위해 친히 밭을 갈거나 농사짓는 밭. 또 그 의식.
*257 경사스러운 구름. 경사스러운 일이 있을 징조의 구름. 서운(瑞雲).
*258 맛이 단 이슬. 천하가 태평하면 내린다고 함.
*259 버섯의 한 가지. 상서로운 것이라고 함. 지초(芝草).
*260 청나라 때 사람. 지방 과거시험을 맡아 그 명제(命題)가 시사(時事)를 풍자하여 옥에 갇혀 죽었음.
*261 남이 저지른 죄에 관련됨. 연루(連累).
*262 청나라 성조(聖祖)의 17째 아들, 다라과군왕(多羅果郡王).

글씨가 뛰어나 축지산(祝枝山)*²⁶³에 비할 바가 아닐 정도로 수준이 높다. 강녀묘(姜女廟)·북진묘(北鎭廟)에 모두 과친왕이 쓴 주련(柱聯)이 있고, 무령현(撫寧縣) 서초분(徐茗芬)의 집에도 과친왕의 글씨가 있어서 나는 그것을 모사(幕寫)하려고 했으나, 갈 길이 바빠 뜻을 이루지 못했다.

⊙강희제는 아들 20여 명을 두었다. 이친왕(怡親王) 윤상(允祥), 장친왕(莊親王) 윤록(允祿), 과친왕(果親王) 윤례(允禮)는 재자(才子)였고, 옹정제(雍正帝)가 된 윤진(允禛)은 넷째 아들이었다. 여덟째 왕자는 윤아(允䄉), 아홉째 왕자는 윤당(允禟), 열셋째 왕자는 윤제(允禔), 열다섯째 왕자는 윤우(允祐), 염친왕(廉親王)은 윤기(允禩)였다.
열넷째 왕자 윤제(允䄉)는 본명이 윤정(允禎)으로 큰 공을 여러 번 세워서 사람들의 신망이 두터웠다. 강희제의 병이 위중해지자 한인(漢人) 각로(閣老) 왕담(王惔)이 그와 함께 고명(顧命)*²⁶⁴을 받았으나 진(禛)자를 정(禎)자로 잘못 알고 넷째를 열넷째로 하여 왕담은 죄를 받았고, 윤정은 역적의 괴수로 몰려 이름을 윤제로 고친 것이었다.

⊙우리나라 서쪽 연안인 장연(長淵)과 풍천(豊川)*²⁶⁵ 해변에 와서 고기를 잡는 황당선(荒唐船)*²⁶⁶은 모두 각화도(覺華島)*²⁶⁷ 사람들이다. 해마다 5월 초에 몰려왔다가 7월 초에 돌아가는데, 어획해 가는 것은 다만 바닷가에 나는 방풍(防風)*²⁶⁸·해삼(海蔘)뿐이고, 이따금 뭍에 올라와 식량을 구걸하므로, 우리나라가 중국 황제에게 이를 금해 주기를 요청했다.
강희 54년 2월에 예부(禮部)에서 복주(覆奏)*²⁶⁹하여, 봉천(奉天)의 장군과 부윤(府尹), 산동(山東), 강남(江南), 절강(浙江), 복건(福建), 광동(廣

---

*263 명나라 사람 축윤명(祝允明). 지산은 그의 호임. 글씨에 뛰어났고, 저서에 전문기(前聞記)·구조야기(九朝野記)·집략(集略) 등이 있음.
*264 임금의 유언(遺言).
*265 황해도에 있던 군. 1895년 송화군(松禾郡)에 통합되었음.
*266 바다에 출몰하는 다른 나라의 배. 대개 중국 배를 황당선이라 했음.
*267 요령성 영원(寧遠)의 남쪽 바다에 있는 섬.
*268 병풍나무의 묵은 뿌리. 감기·풍병 등에 약으로 씀.
*269 잘 조사해 보아 아룀. 거듭 조사하여 아룀.

東) 등지의 지방관들에게 공문을 보내, 연안 수사영(水師營)은 조선의 근해에서 고기를 잡지 못하게 할 것, 사사로이 바다를 건너가지 못하게 할 것을 엄중히 타일렀다. 만약 조선측에 붙잡혀 송환되어 오면 그 죄를 엄히 다스릴 것이니, 해당 지방관은 부(部)와 협의하여 역시 조선 연변(沿邊)을 수비하는 관리나 군사들을 불시에 순찰하여, 만약 그러한 무리가 있으면 곧 체포해서 압송하라고 하였다.

그런데 지금도 당선(唐船)*270이 서해 연안에 오면, 이교(吏校)*271들은 비록 즉시 그 지방관에게 보고한다고는 하지만 실상은 그것을 금할 방법이 없으므로, 알면서도 일부러 모르는 체하고 그들이 돌아갈 때가 되기를 기다렸다가, 멀찌감치서 언제 돌아가는지 물어본 다음에야 비로소 수영(水營)*272으로 달려가 마치 오늘 처음 중국 배가 들어온 것처럼 보고한다. 그러면 수영에서는 급히 조정에 보고하는 한편 그 지방관에게 엄중히 타일러 그날로 쫓아보내라고 하는데, 실로 귀를 막고 방울을 도둑질하는 격이다. 이토록 우리나라의 변방 수비가 참으로 한심스럽다.

⊙ 한(漢)나라 때의 최고 벼슬인 삼공(三公)*273의 매달 녹봉이 곡식 350곡(斛)이었고, 중간 2천 섬에서 100섬까지 14등급으로 나누어져 있었다. 중간 2천 섬의 월봉은 180곡, 100섬의 월봉은 16곡이었다.

후한(後漢) 때는 대장군과 삼공의 월봉이 350곡, 중간 2천 섬 월봉이 72곡과 돈 9천 냥이었고, 100섬에 이르면 월봉이 4곡 8두(斗)와 돈 8백 냥이었다.

진(晉)나라 제도는 품질(品秩)*274 제1등급이 1,800곡이었고, 후주(後周) 시절에는 모두 구명(九命)*275으로 되어 있는데, 1등급인 삼공 1만 섬에서부터 9등급인 하사(下士) 125섬까지 받았다.

당(唐)나라 제도는 정일품(正一品)이 매년 곡식 700섬과 돈 3만 1천 냥,

* 270 중국 배.
* 271 하급 관리나 포교(捕校).
* 272 수군절도사(水軍節度使)가 관장하는 수군의 군영(軍營).
* 273 영의정·좌의정 및 우의정.
* 274 품계(品階)의 차례.
* 275 천자가 제후(諸侯)에게 내리는 9등급의 명(命).

종구품(從九品)이 52섬과 돈 1,970냥이었고, 송(宋)나라 제도는 41등급으로 재상(宰相)·추밀사(樞密使)는 매월 돈 30만 냥, 지방의 말단직 보장정(保章正)*276은 2천 냥이었으며, 명(明)나라는 정일품(正一品)이 한 달에 쌀 87섬, 종구품(從九品)은 5섬을 받았다.

대체로 비교해 보건대, 춘추전국(春秋戰國) 시대에는 경(卿)의 녹봉이 1만 종(鐘)이었으나 한나라 때 삼공의 월봉이 이미 줄어들었고, 지금의 청나라 제도의 녹봉과 각 주현(州縣)의 양렴(養廉)*277은 또 명나라의 제도보다 줄어들었다.

⊙고려는 중서령(中書令)*278·상서령(尙書令)*279·문하시중(門下侍中)에게 세미(歲米)*280 400섬, 조교(助敎)에게는 10섬을 주었다. 우리 조선은 정일품(正一品)에게 한 해에 쌀 98섬, 명주 6필, 정포(正布)*281 15필, 저화(楮貨)*282 10장을 주었고, 종구품(從九品)은 쌀 12섬, 정포 2필, 저화 1장을 받았다. 임진왜란 후에는 정일품의 연봉(年俸)이 60여 섬뿐이었고 명주·정포·저화는 없앴다. 대체로 전대보다 녹봉을 아끼는 것이 아니라 쓸데없는 관리가 많아졌기 때문이었다.

⊙중국에서는 겨울에 창살을 종이로 바르고 사이사이에 인물과 화초를 그린 유리 조각을 끼우므로, 방 안에서 밖을 내다보면 아무리 작은 것이라도 다 볼 수 있는데, 밖에서는 안을 들여다보아도 아무것도 보이지 않는다.

이는 원래 구양초(歐陽楚)의 어가사(漁家詞)에 나오는 화호유창(花戶油窓)이란 것이다. 연로(沿路)의 시장에서 채색 그림을 그린 유리를 파는 것이 아주 많았는데, 다 창살에 끼우는 것이었다.

---

*276 천문을 맡아보는 벼슬. 일월(日月) 성신(星辰)의 변동을 기록하고 천하의 변천을 살펴 길흉을 판단함.
*277 청렴한 마음을 길러 보존한다는 뜻으로 녹봉을 이르는 말.
*278 중서문하성(中書門下省)의 우두머리.
*279 상서도성(尙書都省)의 우두머리.
*280 세초에 나라에서 나이 많은 이에게 주는 쌀.
*281 품질이 좋은 베.
*282 돈을 대신해 쓴 닥종이. 조선 태조(太祖) 때에는 이 종이 한 장이 쌀 한 되와 맞먹었음.

⊙벼슬아치들이 구슬목걸이를 몸에 지니는 제도는 반드시 오품(五品) 이상이라야 허락되는데, 한림(翰林)은 칠품(七品)이라도 지니는 것을 허락한다. 그러나 지방의 지현(知縣)으로 나가면 지니지 못한다. 그런데 통역관 오임포(烏林哺)·서종현(徐宗顯) 등이 다 구슬을 목에 걸고 있는 것은, 외국 사람들에게 자랑하기 위해 임시로 건 것이었다.

⊙명나라는 개국 때부터 나라가 망할 때까지 세 가지 기이한 일이 있었다. 태조 고황제(太祖高皇帝)는 비구(比丘) 출신으로 나라를 세웠고, 건문황제(建文皇帝)는 대궐 안에서 중으로 늙었으며, 숭정황제(崇禎皇帝)는 머리를 풀어 헤치고 순국하였다.

⊙왕양명(王陽明)*283의 도학(道學), 척남궁(戚南宮)의 무략(武略), 왕남명(汪南溟)의 문장으로도 모두 사나운 아내를 두어 평생토록 두려워하고 기를 펴지 못했다고 하니, 역시 명나라의 세 가지 기이한 일에 들 만하겠다.

⊙강희(康熙) 때 왕사정(王士禎)*284은 형부(刑部)*285에서 날마다 원서(爰書)*286를 열람하였다. 성(姓)에 묘씨(妙氏)·도씨(島氏)·반씨(盤氏)·민씨(民氏)·전씨(纏氏)·저씨(杵氏)·전씨(剗氏)·율씨(律氏)·도씨(茶氏)·연씨(烟氏)·양씨(穰氏)·수씨(首氏)·비씨(卑氏)·위씨(威氏)·빙씨(氷氏)·감씨(坎氏)·탑씨(榻氏)·남씨(欖氏)·자씨(慈氏) 등이 있었다. 이들은 모두 중국의 드문 성[稀姓]들이다.

내가 심양(瀋陽)에 이르렀을 때 빈희안(貧希顔)·희헌(希憲) 형제가 있었다. 모두 강남(江南)의 큰 장사꾼이었다. 산해관(山海關)에 이르렀을 때 있던 구승(臼勝)이란 사람은 거인(擧人)이었다.

옛날에 이루(離婁)라는 이가 있었으니, 이씨(離氏)와 감씨(坎氏)가 혼인을 하거나, 저씨(杵氏)·구씨(臼氏)가 짝을 짓는다면 가위 하늘*287이 정해

---

*283 명나라 학자 왕수인(王守仁). 양명은 존칭. 양명학(陽明學)의 창시자. 저서에 왕문성전서(王文成全書)가 있음.
*284 청나라의 시인으로 본명은 왕사진(王士禛).
*285 형조(刑曹). 지금의 법무부(法務部)와 같음.
*286 죄인의 구술서(口述書)를 교환한 서류.

준 배필이라 하겠다.

⊙세상에 전해 오는 말로 옹백(雍伯)이 옥을 심었다는 곳이, 이번에 내가 지나온 옥전현(玉田縣)이 바로 그곳이다.

명나라 사람 팽엄(彭儼)이 지은 오후정(五侯鯖)에 이런 이야기가 있다.

"설경(薛瓊)은 효성이 지극하였는데, 집이 가난하였다. 땔나무를 하러 갔다가 한 늙은이를 만났다. 늙은이가 무엇인가 건네면서 '이것은 은실(銀實)이다. 구리 화분에 서쪽 벽토(壁土)를 담아 이것을 심으면 은을 얻을 것이다' 하였다. 설경이 그의 말대로 심었더니, 열흘 만에 싹이 나오고, 다시 열흘이 지나자 꽃이 피었다. 꽃은 은빛으로 모양이 자개 같았으며 맺힌 열매는 모두 은이었다."

태사(太史) 고역생(高棫生)이 나에게 이렇게 말했다.

"서역(西域)에서는 양의 배꼽을 심어 양을 기른답니다. 양을 잡을 때면 먼저 그 배꼽을 따서 흙을 두껍게 덮어 심으면 1년 만에 양이 생기는데, 그 양은 가축처럼 땅바닥에 엎드려 있다가, 우레 소리를 들으면 배꼽이 떨어진다고 합니다. 이는 원사(元史)에 실려 있는 이야기지요."

양의 배꼽을 땅에 심어서 양이 생긴다면야 은이나 옥도 역시 심어서 얻을 수 있겠지.

⊙옹정(雍正) 원년에 황제가 조서를 내려 분부하였다.

"대행황제(代行皇帝)*288의 문갑(文匣) 속에서 미처 반포되지 않은 유지(諭旨)를 찾아내었다. 거기에 '명나라 태조(太祖)는 포의(布衣), 즉 벼슬이 없는 선비로 우뚝 일어나 천하를 통일하여, 문(文)을 날줄〔經〕로 하고 무(武)를 씨줄〔緯〕로 하였으니, 한(漢)·송(宋)의 여러 황제가 미치지 못할 바요, 그 뒤에 대를 이은 임금들도 역시 전대(前代)처럼 황음(荒淫)하고 포학(暴虐)하여 나라를 망친 자취가 없었다. 그 지파(支派)의 한 사람을 수소문하여 적당한 관직을 주어 봄가을의 나라 제사를 받들어 행하게 하고자 한다'

---

*287 팔괘(八卦)에서 이(離)와 감(坎)은 방위로는 남(南)과 북(北), 사람으로는 미성년의 차녀(次女)와 차남(次男)이고, 저(杵)는 공이, 구(臼)는 절구이기 때문에 이른 말임.

*288 죽어서 아직 시호(諡號)를 올리지 않은 황제.

하셨다. 짐이 생각하건대 사기(史記)에는 동루(東樓)를 기록하였고, 시전(詩傳)에는 백마(白馬)를 노래했는데, 후세에 와서 흔히들 이를 의심하고 꺼리어, 역대 임금의 종사(宗祀)가 끊어지고 말았다. 그러므로 짐은 황고(皇考 : 강희황제)의 하늘 같이 높은 마음을 받들고, 멀리 옛 임금의 높은 덕으로 행한 일을 본받아서, 삼가 대행황제인 성조 인황제(聖祖仁皇帝)의 유지를 반포하여, 명나라 태조의 지파(支派) 자손을 찾아내 벼슬을 주어 봄가을의 향사(享祀)를 받들게 하려 한다."

이때 주씨(朱氏) 한 사람이 그 성명을 바꾸어 숨기고 외지(外地)의 관리가 되어 있었는데, 그와 원수진 사람이 그를 고발하였다. 황제는 그를 불러서 그의 출신과 내력을 자세히 묻고, 특명으로 국공(國公)에 봉하여 명나라의 제사를 받들게 하였다고 한다.

⊙ 파극십(巴克什)이란 만주말로 큰 선비를 일컫는 말이다. 청나라 태종(太宗) 때 파극십 달해(達海)라는 이가 있었는데 만주인이었다. 나이 21살에 죽자, 효복(孝服)*289을 입은 그의 제자가 3천 명이나 되어 그를 신인(神人)이라 불렀다고 한다.

신라(新羅)의 사다함(斯多含)은 나이 열다섯에 풍채가 청수(淸秀)하고 지기(志氣)가 방정하여, 당시 사람들이 그를 화랑(花郞)으로 받들었으니, 그 무리가 1천여 명이나 되었다.

내가 사다함을 들어 달해의 조숙함과 비교했더니, 풍병건(馮秉健)이 웃으면서 말했다.

"신라의 화랑이란 칭호가 이학선생(理學先生)보다 월등히 낫습니다. 명나라 육경대(陸瓊臺)는 타고난 성품이 고매하여 나이 겨우 약관(弱冠)에 동림서원(東林書院)에서 선비들에게 학문을 강설하였습니다. 그래서 그를 공경하여 옷을 걷어잡고 방 구석에 앉아서 제자가 되겠다는 사람이 하루아침에 8백 명에 이르렀답니다."

⊙ 명나라 '특진광록대부 전군도독부 좌도독(特進光祿大夫前軍都督府左都

---

*289 상복(喪服).

督)인 남창(南昌) 유공(劉公) 정(綎)의 자는 자신(子紳)이다. 그는 무게가 120근이나 되는 큰 칼 쓰기를 좋아하여 유대도(劉大刀)라고 불렸다.
 전라도 순천부(順天府)에 있는 열무관(烈武觀)은 임진왜란 때 그가 우리 나라를 도우러 와서 군사를 검열하던 곳이다. 유정은 이여송(李如松)을 따라 진격하여 왜군의 추장(酋長)인 행장(行長)*290을 문경(聞慶)에서 소탕한 다음, 이여송이 본국으로 돌아가자 유정은 홀로 성주(星州)를 지키다가, 거성(莒城)으로 들어가 도독(都督) 진린(陣璘)*291과 합세하여 행장을 순천만 입구에서 격파했다. 예교(曳橋)*292를 포위한 지 10일 만에 행장이 달아났다. 명나라 응원군의 전후 7년 동안의 전공 중 가장 큰 것이었다. 유정은 그 뒤 20년 후에 심하(深河)의 싸움에서 전사하였다.
 명나라가 처음 군사를 파견할 때 유정은 보병 5천 명으로 왜군을 격파하겠다고 청하여, 신종황제(神宗皇帝)는 그를 장하게 여겨 이를 허락했다. 명사(明史)에 '행장이 몰래 1천여 기병을 내어 유정을 공격하여, 유정은 마침내 퇴각하였다'는 기록은 다 거짓이다. 사기(史記)에는 또, 두송(杜松)*293의 군사가 패하자, 양호(楊鎬)가 마병을 보내 유정을 소환했으나, 마병이 미처 도착하기도 전에 그는 죽었다고 하였다.
 지금 청나라의 천자는 매년 정월 초하루 아침에 먼저 종묘(宗廟)에 제사를 드린 다음에는 반드시 친히 당자(堂子)*294에 배알한다. 어떤 이는 이 당자를 등장군(鄧將軍)의 사당이라 하고, 어떤 이는 유대도(劉大刀)의 사당이라 하여 중국 사람들은 이를 몹시 숨기려고 한다. 어떤 이는 이렇게 말했다.
 "유정이 갑자기 죽자 그 영혼은 매우 신령스러워서, 천자가 몸소 제사를 지내 주지 않으면 천하에 큰 전염병이 돌고 흉년이 들며, 종묘에도 재앙과

---

*290 왜장인 소서 행장(小西行長).
*291 명나라 장군. 임진왜란이 일어난 이듬해 구원병을 거느리고 우리나라에 왔고, 정유재란 때는 이듬해 전함 5백 척을 이끌고 고금도(古今島)에 와서 이순신 장군의 군사와 합세했는데, 방자하고 사납게 굴다가 이순신 장군에게 감복하여 명나라 군사의 감독까지 일임 했음.
*292 전라남도 순천군(順天郡)에 있던 다리. 왜군이 주둔해 있어 왜교(倭橋)라고도 했음.
*293 명나라 때 사람. 산해관에서 청군(淸軍)을 막아 싸우다가 전사했음.
*294 북경 장안문(長安門) 밖에 있는 사당. 토곡(土穀)을 제사지내고 모든 신을 부제(祔祭) 하였음.

이변이 생겨 나라가 편안하지 않게 된답니다."

⊙송당(松堂) 박영(朴英)은 양녕대군(讓寧大君)*295의 외손(外孫)이다. 타고난 성품이 호탕하고 훌륭했으며 집안 또한 부유하였는데, 17살 때 요동(遼東)에 들어가 집비둘기를 사서 가지고 돌아왔다.

내가 요동에 이르렀을 때 보니, 가게에서 집비둘기 수천 마리를 기르고 있었다. 저녁이 되니 집비둘기들이 돌아와서 모두 제집을 찾아 들어가는데, 가게 안에는 커다란 돌구유에다가 미리 잿물을 만들어 놓는다. 아침에 요동 벌판으로 날아가 콩을 배불리 먹고 돌아온 집비둘기들이 다투어 그 잿물을 먹고는 콩을 몽땅 토해 놓으면, 이것으로 말을 먹이는 것이었다.

⊙명나라 문인 왕원미(王元美)의 완위여편(宛委餘編)에는, 여자로서 장군이나 군관이 된 사람을 기록하고 있다. 남조 때의 군사마(軍司馬) 공씨(孔氏)는 고침(顧琛)의 어머니요, 정렬장군(貞烈將軍) 왕씨(王氏)는 왕흠(王廞)의 딸이다. 당나라 행영절도(行營節度) 허숙기(許叔冀)의 부하 왕씨(王氏)·당씨(唐氏)·후씨(侯氏) 등은 모두 행영의 과의교위(果毅校尉)를 지냈다. 진(陳)나라 여인 백경아(白頸鵶)는 거란의 회화장군(懷化將軍)이 되었다.

그런데 알 수 없는 일은, 당나라 태종(太宗)이 신라의 선덕여왕(善德女王)을 광록대부(光祿大夫)로 추증(追贈)한 것과, 진덕여왕(眞德女王)을 책봉하여 주국(柱國)으로 삼고 낙랑군왕(樂浪郡王)에 봉한 것, 왕이 죽자 고종(高宗)이 개부의동삼사(開府儀同三司)를 추증한 것은 싣지 않은 점이다.

나는 일찍이 이덕무(李德懋)의 이목구심서(耳目口心書)에서 이러한 기록을 보았다. 유리창(琉璃廠)의 양매서가(楊梅書街)에서 능야(凌野)·고역생(高棫生)과 함께 술을 마시다가 이야기가 여기에 이르니, 능야와 고역생은 내가 아는 것이 많다고 치켜세웠다.

⊙내가 가는 곳마다 거의 땅콩[落花生]·귤병(橘餠)*296·매당(梅糖)*297·국

---

*295 조선 태종(太宗)의 맏아들. 이름은 제(褆). 세자로 책봉되었으나 품행이 바르지 못하다 하여 폐위되자, 전국을 유랑하면서 일생을 마쳤다. 시를 잘 쓰고 글씨도 뛰어나, 서울 숭례문(崇禮門) 편액은 그가 쓴 것이라고도 함.

화차 등의 대접을 받았다. 모두 민월(閩越)*298 지방에서 나는 것들이었다. 양매(楊梅)*299는 5월이 되면 익는데, 빛깔이 새빨갛고 고우며 크기는 지름이 1치쯤 되었다. 열이 나는 성질 때문에 많이 먹으면 사람의 이〔齒〕를 상하게 한다고 하였다.

⊙정효(鄭曉)*300의 고언(古言)에는 이렇게 씌어 있다.
'구양 영숙(歐陽永叔)*301은 공자의 계사(繫辭)를 비방하였고, 사마 군실(司馬君實)*302은 맹자(孟子)를 헐뜯었으며, 왕개보(王介甫)는 춘추(春秋)*303를 그르다 하였고, 이정자(二程子)*304는 옛날 대학(大學)을 뜯어고쳤으며, 회암선생(晦菴先生)*305은 자하(子夏)*306의 시서(詩序)를 쓰지 않았으니 모두 이해할 수 없는 일이다.'
나도 마음속으로 이에 느낀 바가 있었다.

⊙사람은 자신의 박식함을 자랑하여 함부로 글을 써서는 안 된다.
강희(康熙) 연간에 왕사정은 저서가 가장 많았다. 그의 필기(筆記)에 말하기를 '풍속통(風俗通)에, 한(漢)나라 태수(太守) 뇌선담(頠先井, 향조필기의 주석에는 정(井)자의 음을 담(膽)이라 함)이란 자는 스스로 말하기를 내 이름 석 자 중에서 두 자는 나도 모른다고 했다'고 하였다.

---

*296 귤을 꿀이나 설탕에 졸여서 만든 음식.
*297 매실(梅實)을 꿀이나 설탕에 졸여서 만든 음식.
*298 복건성(福建省)·절강성(浙江省) 지방. 민월(閩粤).
*299 늘푸른나무의 한 가지. 꽃은 황백색으로 딸기 같은 열매가 맺힘.
*300 명나라 사람. 경술(經術)에 정통했고, 나라의 전고(典故)에 밝았음. 저서에 우공도설(禹貢圖說) 등이 있음.
*301 송나라 때 학자 구양수(歐陽修). 영숙은 그의 자임. 당송팔대가(唐宋八大家)의 한 사람. 신당서(新唐書)·신오대사(新五代史)·모시본의(毛詩本義) 등 저서가 많음.
*302 송나라 학자 사마광(司馬光). 군실은 그의 자임. 왕안석(王安石)과 뜻이 맞지 않아 벼슬을 그만둠. 저서에 자치통감(資治通鑑)·독락원집(獨樂園集) 등이 있음.
*303 공자(孔子)가 편찬한 춘추시대(春秋時代)의 역사.
*304 정자(程子). 송나라 유학자인 정호(程顥)·정이(程頤) 형제를 높인 말.
*305 송나라 학자 주희(朱熹), 곧 주자(朱子)를 일컫는 말임.
*306 공자의 10대 제자의 한 사람.

내가 일찍이 이덕무에게 이 이야기를 했더니 그가 말했다.

"그것은 어양(漁洋)*307이 잘못 안 것일세. 풍속통에 교지(交趾) 태수에 뇌선(頉先)이란 자가 보이는데, 뇌(頉)자는 곧 뇌(賴)자의 옛 글자이고, 또 옥해(玉海)에는 한나라 교위(校尉)에 뇌단(賴丹)이란 자가 보이는데, 이는 뇌선(賴先)과 뇌단(賴丹) 두 사람의 이름을 합쳐 한 사람으로 본 것일세. 그리고 단(丹)자는 또 정(井)자의 본 글자이니 그 음이 담(膽)이라고 주를 달 필요도 없는 것이지."

단가루(段家樓)의 술자리에서 누명재(漏明齋)에게 이 이야기를 했더니, 그는 이덕무의 박식함이 어양보다 낫다고 하였다.

⊙북평(北平) 손승택(孫承澤)의 춘명몽여록(春明夢餘錄)에, '고려사(高麗史)를 상고해 보면, 원(元)나라의 전성시대에 원효왕(元孝王)*308이 강화도(江華島)*309로 수도를 옮겼으니, 원나라는 어찌할 도리가 없어서 다만 뭍으로 나오지 않는다고 꾸짖기만 했다. 고려가 마침내 원나라에 복종하기는 했지만 끝내 뭍으로 나오지는 않았다. 그의 아들 순효왕(順孝王)*310에 이르러는 친히 원나라 공주를 맞이하여 원나라 옷차림을 하고 함께 수레를 타고 돌아오니, 보는 사람들이 모두 해괴하게 여겼고, 왕은 따르는 종실(宗室)과 재상(宰相)들이 머리를 깎지 않았다고 책망하였다. 왕의 아들 충렬왕(忠烈王)에 이르러는 재상부터 하급 관리에 이르기까지 머리를 깎지 않은 이가 없었고, 다만 대궐 안 학관(學館)에서만 깎지 않았다. 그러다가 좌승지(左承旨) 박환(朴桓)이 집사(執事)를 불러 타일러서 학관의 학생들도 모두 머리를 깎았다' 하였다.

청나라가 처음 일어나자 한인(漢人)들을 붙잡는 대로 모조리 머리를 깎았는데, 정축년(丁丑年) 맹약(盟約)*311 때는 우리나라 사람들의 머리를 깎지

---

*307 왕사정(王士禎)의 호.
*308 고려의 고종(高宗).
*309 고려 고종 19년(1232)에 몽고(뒤의 원나라)가 침공해 와서 강화도로 천도하여 항전하기를 30년, 마침내 화의했음. 해인사(海印寺)에 있는 8만대장경판(大藏經板)은 이때의 국난 극복을 기원하여 강화도 선원사(禪源寺)에서 판각 조성한 것임.
*310 고려 원종(元宗).
*311 병자호란 때인 인조(仁祖) 15년(1637) 명나라에 항복하고 맺은 약속.

않았다. 거기에는 그럴 만한 까닭이 있었으니, 세상에 전하는 말로는 많은 청인(淸人)들이 청나라 태종 칸(汗)에게, 우리나라 사람들의 머리를 깎도록 명령하기를 권했으나, 칸은 이에 응하지 않았고, 은밀히 여러 패륵(貝勒)에게 말했다.

"조선은 본디 예의(禮義)로 이름난 나라라, 그 머리털을 목숨보다도 중하게 여긴다. 지금 만약 그 사정을 무시하고 강제로 깎게 한다면, 우리 군대가 돌아간 뒤에는 반드시 뒤엎을 것이니, 그들의 풍속에 따라 예의로써 얽매어 놓는 것만 못할 것이다. 저들이 만약 도리어 우리의 풍습을 익혀 말 타고 활쏘기를 편리하게 하게 되면, 이는 우리에게 이롭지 않다."

그리하여 마침내 그만두었다고 한다. 이는 우리의 처지에서는 더없이 다행스러운 일이었지만, 저들의 계책은 우리를 얼러서 문약(文弱)에 빠져 있게 하고자 한 것이었다.

이러저러한 의약 처방 몇 가지
금료소초(金蓼小抄)

머리글〔金蓼小抄序〕

우리나라는 의술(醫術)이 널리 보급되지 못한데다가 약재(藥材)도 많지 않아 거의 중국에서 들여다 쓰므로, 항상 진품인가 아닌가를 걱정하게 된다. 널리 보급되지 못한 의술로 진품이 아닌 약재를 쓰고 처방하기가 일쑤이니, 병에 아무런 효과가 없음은 당연한 일이다.

내가 막북(漠北)*1에 있을 때 대리시경(大理寺卿)*2 윤가전(尹嘉銓)에게 물어보았다.

"근세에 나온 의서(醫書) 중에서 새로운 경험방(經驗方)*3으로 내가 사가지고 갈 만한 책이 있습니까?"

윤경(尹卿)이 대답했다.

"근세에 들어온 화국(和國)*4 책으로 일본에서 간행된 소아경험방(小兒經驗方)이 가장 좋습니다. 그것은 서남쪽 바다 가운데 있는 하란(荷蘭)*5의 관청에서 나온 것입니다. 또 서양수로방(西洋收露方)도 꽤나 정교하다고 하지만 시험해 보니 그다지 효과는 없었습니다. 이는 대체로 동방과 서방의 기후가 각각 다르고, 옛날과 지금 사람들의 기질과 성품이 같지 않은데 약방문대로만 약을 쓴다면, 또한 조괄(趙括)*6의 병법을 쓰는 것과 무엇이 다르겠습

---

*1 고비 사막 북쪽 지방. 외몽고(外蒙古).
*2 형옥(刑獄)을 맡아보는 관아. 경(卿)은 대리시의 우두머리.
*3 오랜 기간 동안 실제 경험에 의해 이루어진 약방문.
*4 화란(和蘭) 곧 네덜란드.
*5 화란(和蘭) 곧 네덜란드.
*6 중국 전국시대 조나라의 병법자(兵法者). 진(秦)나라 장군 백기(白起)에게 패했음.

니까. 금릉쇄사(金陵瑣事) 정편(正篇)과 속편(續篇)에서도 근세의 경험방을 많이 수록했습니다. 또 명나라 주순창(周順昌)의 요주만록(蓼洲漫錄)·초비초목주(茗翡草木注)·귤옹초사략(橘翁草史略)·한계태교(寒溪胎敎)·영추외경(靈樞外經)·금석동이고(金石同異考)·기백후청(岐伯侯鯖)·의학감주(醫學紺珠)·백화정영(百華精英)·소아진치방(小兒診治方) 등도 모두 근세의 편창(扁倉)*7들의 경험방이 실려 있는데, 북경의 어느 서점에서나 살 수 있습니다."

나는 북경으로 돌아와서 하란의 소아경험방과 서양수로방을 사려고 했으나 모두 구할 수 없었고, 그 밖의 책들은 간혹 월중(粵中)*8 지방의 판각본(板刻本)이라는 의서가 있을 뿐, 서점에서도 그 책들의 이름조차 몰랐다.

그런데 내가 우연히 향조필기(香祖筆記)*9를 들추어 보다가, 금릉쇄사와 요주만록의 일부 내용이 실려 있는 것을 발견하였다. 그 원서(原書)가 모두 의학에 관한 것은 아닌 모양이고, 이상(貽上)*10이 기록해 놓은 것은 모두 경험방에 관한 것이었다.

나는 그 중에서 수십 가지 약방문을 골라 기록하고, 그 밖에 향조필기에 실려 있는 여러 가지 책에서 뽑은 옛날 약방문을 초록(抄錄)하여 이름을 금료소초(金蓼小抄)라 하였다.

내가 살고 있는 곳은 두메산골이라 의원이 없고 약도 별로 없어서, 이질(痢疾)이나 학질(瘧疾) 따위에 걸리면 어림짐작으로 약을 쓰는데, 때로는 그것이 들어맞아 우연히 낫기도 하는지라, 여기 보고 들은 것을 기록하여 보충해서 두메에 사는 이들의 경험방으로 삼고자 한다.

연암(燕巖) 쓴다.

---

*7 중국 전국시대의 명의(名醫)인 편작(扁鵲)과 창공(倉公)으로, 이름난 의원을 이르는 말. 편작은 성이 진(秦) 이름은 월인(越人)이고, 창공은 성이 순우(淳于) 이름은 의(意)임.
*8 중국 광동성(廣東省)·광서성(廣西省) 지방.
*9 청나라 왕사정의 저서, 12권.
*10 청나라 시인. 왕사정(王士禎)의 자. 호는 어양(漁洋)·완정(阮亭). 저서가 많음.

⊙물류상감지(物類相感志)*11에는, 산길을 가다가 길 잃을 염려가 있을 때, 향충(嚮虫 : 우는벌레) 한 마리를 잡아서 손에 쥐고 가면 길을 잃지 않는다고 하였다.

⊙송나라 장세남(張世南)의 유환기문(遊宦紀聞)에는, 양기가 허약하고 허리가 아픈 데 대한 정사수(程沙隨)의 약방문으로, 두충(杜冲)*12을 술에 흠씬 담갔다가 불에 구워 말려서 빻아 가루로 만들 때 재를 없이 하여 술에 타서 먹는다고 했다. 또 날것과 찬 것을 먹어서 가슴이 아픈 증세를 고치려면, 오래 묵은 산수유(山茱萸)*13 5, 6십 개를 물 한 탕기쯤 달여 짜서 찌꺼기는 버리고, 평위산(平胃散)*14 3돈쭝을 넣어 다시 달여서 뜨겁게 하여 마신다고 하였고, 정사수 자신은 늘 임질(淋疾)을 앓아 오줌을 지려 고생했는데, 하루에 백동과(白東瓜)*15 큰 것 세 개씩을 먹었더니 나았다고 하였다.

⊙기잡지(幾雜志)*16와 후청록(侯鯖錄)*17에서 말하기를, '옛날 약방문의 1냥(兩)은 지금의 3냥이다. 수나라 때 3냥을 합쳐 1냥으로 만들었던 것이다' 하였다.

⊙풍창소독기(楓窓小牘記)*18에서는, 소동파(蘇東坡)의 일첩록(一帖錄)을 인용하여, 발의 질병에는 위령선(葳靈仙)*19·우슬(牛膝)*20 두 가지를 빻아서 가루로 내어 꿀에 버무려 환약을 만들어 공심복(空心腹)*21에 먹으면 신

---

*11 송나라 소식(蘇軾)이 지은 책. 물건과 물건이 서로 응하여 변화함을 예를 들어 설명해서 일상생활에 이용하게 하였음.
*12 두충나무의 껍질. 껍질을 꺾으면 흰 실 같은 것이 나오는데 볶아서 이것을 없애고 한약재로 씀.
*13 산수유나무의 열매. 씨를 발라내고 한약재로 씀.
*14 위를 편안하게 하는 약.
*15 동과(冬瓜), 동아.
*16 송나라 강린(江隣)이 지은 책.
*17 송나라 조영주(趙令畤)가 지은 책. 8권. 고사(故事)와 시화(詩話)를 모아 엮은 것임.
*18 송나라 원경(袁褧)이 지은 책. 변경(汴京)의 고사(故事)를 많이 수록하였음. 2권.
*19 미나리아재비과의 덩굴식물 뿌리. 한약재.
*20 비름과의 쇠무릎지기 뿌리. 한약재.

기한 효과가 있다고 하였다.

⊙ 수종(水腫)*22을 치료하는 약방문으로, 우렁이·마늘·질경이를 함께 섞어 갈아서 빈대떡만큼씩 고약으로 만들어 배꼽 위에 붙여 두면, 복수(服水)가 대소변으로 나와 병이 즉시 낫는다.

⊙ 해수(咳嗽)를 치료하는 경험방으로는, 향연(香櫞)*23의 씨를 발라내고 얇게 썰어서 조각을 내어 청주(淸酒)와 함께 약탕관에 넣고, 황혼 때부터 이튿날 5경(새벽 4시)까지 끓인다. 다시 꿀을 넣어 잘 저어서, 아침에 일어나는 대로 몇 숟갈씩 떠먹으면 매우 효과가 있다.
또 남쪽으로 뻗은 부드러운 뽕나무 가지 한 묶음을 한 마디씩 잘게 썰어서 솥에 넣고 물 5사발을 붓고 끓여서 한 사발쯤 되도록 달여 목이 마를 때마다 마시면 좋다.

⊙ 송나라 효종(孝宗)이 게를 너무 많이 먹어서 이질에 걸렸는데, 엄방어(嚴防禦)라는 사람의 말에 따라 금방 캐낸 연뿌리를 곱게 갈아 더운 술에 타서 마시니 과연 깨끗이 나았다.

⊙ 눈병이 나 핏발이 섰을 때는 소라 한 개를 껍데기를 제거하고 황련(黃連)*24 가루를 묻혀 한데 내어놓아 하룻밤 이슬을 맞히면 물이 되는데 그 물을 눈에 떨어뜨리면 핏발이 사라진다.

⊙ 생선 가시가 목에 걸렸을 때는 개의 침을, 곡식 가시랭이가 목에 걸렸을 때는 거위의 침을 삼키면 낫는다.

⊙ 물에 빠져 까무러쳤거나 쇠붙이를 삼켰을 때는 오리의 피를 목에 부어

---

*21 약 먹는 때의 하나. 밥 먹기 전 1~2시간. 배 속이 비었을 때 먹음.
*22 신장병이나 심장병 등으로 몸이 붓는 증세.
*23 구연(枸櫞)나무 열매. 귤처럼 생겼음. 레몬.
*24 깽깽이풀 뿌리. 한약재.

넣으면 낫는다.

⊙갑자기 귀가 멍멍해졌을 때는 전갈(全蠍)*25의 독을 없애고 가루를 만들어 술에 타서 귓속에 떨어뜨리면 곧 소리가 들리고 즉시 낫는다.

⊙구기자(枸杞子)*26 씨로 기름을 짜서 등불을 켜고 글을 읽으면 시력이 더 좋아진다.

⊙쇠붙이 연장에 다쳤을 때는 외톨박이 큰 밤 말린 것을 갈아서 그 가루를 붙이면 당장에 낫는다.
후비(喉痺)*27·유아(乳蛾)*28의 치료에는 두꺼비 껍질·봉미초(鳳尾草)*29를 잘게 갈아서 곱게 가루로 만들고, 상매(霜梅: 흰 매화의 과실. 매실)를 술에 쪄서 각각 조금씩 섞고, 다시 잘 갈아 고운 베로 짜서 그 즙을 거위 깃털로 찍어 환부에 바르면 가래를 토하고 곧 염증이 가라앉는다.

⊙악창(惡瘡)이나 지독한 종기가 나서 독기가 생기며 성이 났을 때는 당귀(當歸)*30·황벽피(黃檗皮)*31·강활(羌活)*32을 곱게 갈아서 가루로 만들고, 생 인동(忍冬)*33덩굴을 찧어서 즙을 내어 반죽하여 종기의 둘레에 붙여 놓으면, 저절로 독기를 빨아내거나 몰리게 하여 종기가 터지는데, 절대로 약을 종기 위에 붙여서는 안 된다.

---

*25 독충의 한 가지. 독낭(毒囊)이 있고 다리에 짧은 침이 있음. 중풍(中風)·경기(驚氣) 등 풍증에 씀.
*26 구기자나무 열매. 한약재.
*27 목구멍에 종기가 나거나 목구멍이 부어 막히고 좁아지는 병.
*28 편도선염.
*29 고사리과에 딸린 풀. 봉의꼬리.
*30 승검초 뿌리. 조혈을 돕는 한약재로 씀.
*31 황경나무 껍질. 황백(黃柏). 한약재.
*32 강활 뿌리. 목·허리·팔다리 아픈 데 쓰는 한약재.
*33 겨우살이덩굴. 한열(寒熱)·풍습(風濕)과 종기에 씀.

⊙향조필기에, '송나라 때 경산(徑山)의 중 행원(行園)이 뱀에게 발을 물렸다. 마침 한 객승(客僧)이 그를 치료하는데, 먼저 깨끗한 물을 길어다가 상처를 씻고 계속 물을 갈아서 또 씻고 하여 고름과 썩은 살을 깨끗이 제거하여 상처의 힘줄이 허옇게 보이자, 보드라운 천에 가루약을 발라서 붙이니, 상처에서 더러운 진물이 샘처럼 솟아나왔다. 이튿날 다시 깨끗한 물로 상처를 씻고 다시 처음처럼 약을 발랐다. 이렇게 한 달을 계속하니 독이 말끔히 없어지고 새살이 나와 깨끗이 나았다. 그 처방은 향백지(香白芷)*34를 가루로 만들어, 오리부리·담반(膽礬)*35·사향(麝香)*36을 각각 조금씩 섞어 만든 것이었다. 이 이야기는 송나라 방원영(龐元英)의 담수(談藪)라는 책에 실려 있다' 하였다.

⊙여자들의 월경(月經)에 출혈이 너무 심할 때는 당귀(當歸) 1냥, 형개(荊芥)*37 1냥, 술 1종지, 물 1종지를 함께 끓여서 마시면 당장에 낫는다.

⊙무주(撫州)*38의 장사꾼이 이질에 걸려 매우 위독하게 되었다. 이때 태학생(太學生) 예 아무개〔倪某〕가 당귀가루를 아위(阿魏)*39로 환을 지어, 백비탕(白沸湯)*40과 함께 세 번을 먹이니 병이 나았다.

⊙이질을 고치는 처방으로는, 황화지정(黃花地丁)*41을 찧어 즙을 내서 술잔 한 잔 분량에 꿀을 조금 섞어서 마시면 신기하게 낫는다.

⊙습담(濕痰)*42으로 종기가 나서 걸음을 걸을 수 없는 병에는, 희렴초(稀

---

*34 구릿대 뿌리. 백지(白芷). 두통·요통 등에 쓰는 한약재.
*35 약으로 쓰는 황산동(黃酸銅).
*36 사향노루 수컷의 배꼽 가까이에 나는 갈색 또는 흑색의 가루.
*37 정가. 명아줏과의 풀로 피를 맑게 하는 잎·줄기를 한약재로 씀.
*38 중국 강서성(江西省)에 있는 지명.
*39 미나리과에 딸린 풀. 뿌리를 경련·담·풍 등에 씀.
*40 맹물을 끓인 물.
*41 민들레. 뿌리를 유종(乳腫)·결핵·나력(瘰癧) 등의 외과에 씀.
*42 습기로 생기는 담.

蕤草)*43·목홍화(木紅花)*44·나복영(蘿葍英)*45·백금봉화(白金鳳花)*46·수용골(水龍骨)*47·화초(花椒)*48·괴조(槐條)*49·창출(蒼朮)*50·금은화(金銀花)*51·감초(甘草)*52 이상 10가지를 물에 달여, 그 김을 환부에 쐬고 물이 뜨뜻해지면 환부를 씻는다.

⊙ 소장(小腸)의 산증(疝症)*53은, 오약(烏藥)*54 6돈쭝과 천문동(天門冬)*55 5돈쭝을 맹물에 끓여 마시면 효험이 신기하다.

⊙ 오줌이 잘 나오지 않을 때는, 망초(芒硝)*56 1돈쭝을 곱게 갈아서 용안육(龍眼肉)*57으로 싸서 꼭꼭 씹어 먹으면 당장 낫는다.

⊙ 혹을 치료하는 법은, 대나무 가지로 혹의 위쪽을 피가 나지 않도록 살짝 찔러서 조금씩 벌려 헤치고, 구리에 생긴 푸른 녹을 곱게 갈아서 혹의 벌려 헤친 곳에 뿌리고 고약을 붙여 둔다.

⊙ 부러진 뼈를 붙이는 방법은, 자라를 새로 구운 기와에 올려놓고 구워서 말린 것 반 냥쭝과 자연동(自然銅)*58·유향(乳香)*59·몰약(沒藥)*60·채과자

---

*43 진득찰. 부종(浮腫)·외과에 쓰는 한약재.
*44 홍화꽃과 씨. 어혈과 산후 악혈 푸는 데 쓰는 한약재.
*45 나복. 무꽃.
*46 흰 봉숭아꽃.
*47 양치류(羊齒類)에 딸린 은화식물(隱花植物)의 한 가지.
*48 분디나무의 열매. 속씨는 빼고 약재로 씀.
*49 괴목(槐木) 가지. 한약재.
*50 삽주의 결구(結球)되지 않은 뿌리. 땀을 내는 데 쓰는 한약재.
*51 겨우살이덩굴 꽃. 한약재.
*52 콩과에 딸린 여러해살이 풀. 뿌리는 맛이 달아 식용함. 비위를 돕고 다른 약을 순하게 하는 약으로 쓰임.
*53 아랫배와 고환에 생기는 병.
*54 천태 뿌리. 한약재.
*55 뿌리를 해수·담·객혈·음허(陰處) 등에 쓰는 한약재.
*56 변비·체증에 쓰는 한약재. 황산나트륨.
*57 무환자과(無患子科)에 딸린 나무의 열매. 맛이 달아 그대로 먹기도 하고 약재로도 씀.

인(菜瓜子仁)*61을 똑같이 등분하여 곱게 가루로 만들어 한 번에 1푼 반 냥쭝씩 술에 타서 먹는데, 상체의 뼈가 골절되었으면 식후에 먹고, 하체의 뼈가 골절되었으면 식전 공복에 먹는다.

⊙온역(瘟疫)*62으로 머리와 얼굴이 부어 오른 것을 치료하려면, 금은화 2냥쭝을 진하게 달여 한 잔쯤 되게 하여 먹으면 부기가 곧 빠진다.

⊙바늘이 뱃속에 들어갔을 때는, 참나무 숯가루 3돈쭝을 우물물에 타서 먹거나 또는 자석(磁石)을 항문 밖에 대어 바늘을 끌어당겨 나오게 한다.

⊙형개(荊芥) 이삭을 가루로 만들어 3돈쭝을 술에 타서 먹으면 중풍(中風)이 당장 낫는다.

⊙주마감(走馬疳)*63을 치료하려면, 조금 작은 꼬막(새꼬막보다 약간 작고 장이나 소금에 절이지 않은 꼬막)을 본 모양대로 바짝 태워서 찬 땅바닥에 놓고 그릇으로 덮어, 식기를 기다렸다가 꺼내어 갈아 가루로 만들어 환부에 뿌린다. 또 한 가지 처방은, 말발굽을 태운 재에 소금을 조금 섞어 환부에 뿌린다.

⊙천연두(天然痘)로 얼굴이 검게 오목조목 들어간 것을 고치는 데는, 침향(沈香)*64·유향(乳香)·단향(檀香)*65을 많든 적든 얼마간 불을 붙여 항아리 안에 넣고 태우면서, 아이를 안고 그 연기를 쐬면 곧 원래대로 나온다.

---

*58 홑원소로 된 천연 광물. 정입방체(正立方體)로 암석 속에 박혀 있는데 뼈 다친 데 씀.
*59 감람과(橄欖科)에 딸린 유향나무의 줄기에 흠을 내어 나오는 즙액(汁液)을 말려 만든 약재.
*60 감람과에 딸린 좀나무의 줄기에서 나오는 즙액을 말려 만든 약재. 방광·자궁의 분비물을 조절하고 건위제(健胃劑)로도 씀.
*61 참외 씨.
*62 돌림병.
*63 천연두를 치른 뒤 입이 헐고 피가 나고 심하면 잇몸까지 허는 병.
*64 팥꽃나무과에 딸린 나무. 향료와 약재로 쓰임.
*65 향나무 향. 자단향(紫檀香)·백단향(白檀香) 등이 있음.

⊙악성 종기를 고치려면, 동과(冬瓜) 하나를 반으로 쪼개 먼저 한쪽을 종기에 붙여 동과에 열이 나면 떼내어 한 꺼풀 깎아내어 다시 붙이고, 이렇게 번갈아 붙여서 종기의 열이 아주 식으면 그만둔다. 또 한 가지 방법은, 마늘을 짓이겨서 떡처럼 만들어 종기 위에 붙여 뜸을 뜨는데, 뜸을 떠서 아프면 그대로 계속해서 뜨고, 아프지 않으면 그만둔다.

⊙어린아이 귀 뒤에 종기가 생기는 것은 신감(腎疳)이다. 지골피(地骨皮)*66 한 가지를 가루로 만들어 굵은 가루는 뜨거운 물에 담가 상처를 씻고, 고운 가루는 참기름에 개어 상처를 문지른다.

⊙중국 광동(廣東)·광서(廣西)와 운남(雲南)·귀주(貴州) 지방에는 독벌레가 많은데, 식후에 당귀를 씹으면 벌레에 물린 독기가 곧 풀린다.

⊙섭포주(葉蒲州)의 남암전(南巖傳)에는 칼에 다친 상처를 치료하는 약방문이 있다. 단옷날에 벤 부추를 찧어 즙을 내고, 석회(石灰)를 섞어 다시 찧어 익혀서 떡처럼 만들어 상처에 붙이면 피가 곧 멎고, 상한 뼈도 잘 아무는 기이한 효험이 있다.

⊙의이(薏苡)*67는 일명 간주(簳珠)라고도 한다.

⊙계신잡지(癸辛雜志)*68에, '목구멍이 부어 막혔을 때는 장대산(帳帶散)을 쓰는데, 이것은 백반(白礬)*69 한 가지만 쓰는 단방약(單方藥)*70으로, 간혹 효험이 없을 수도 있다. 남포(南浦)에 있는 한 나이 많은 의원이, 오리 부리와 담반(膽礬)*71을 곱게 갈아 진한 식초에 타서 먹으라고 하였다. 한

---

*66 구기자나무 뿌리의 껍질. 한약재.
*67 율무.
*68 송나라 주밀(周密)이 지은 책. 거의 자질구레한 이야기들인데 고증(考證) 자료가 많음. 6권.
*69 명반(明礬)을 구워서 푸석푸석하게 만든 것. 외과 약으로 씀.
*70 한 가지만으로 병을 고치는 약.
*71 황산동(黃酸銅).

늙은 호위병의 아내가 이 병에 걸려 거의 죽게 되어서 그 의원이 이르는 대로 하였더니 약을 목구멍으로 넘기자마자 찐득찐득한 가래를 두어 되나 토하고는 곧 병이 나았다'고 했다.

또 눈병에는 웅담(熊膽)을 조금 깨끗한 물에 녹여 눈에 넣는다. 눈곱과 흙먼지를 씻어내려면 용뇌(龍腦)*72 한두 쪽을 넣는다. 눈이 가려울 때는 여기에 생강가루를 약간 넣어 때때로 은젓가락으로 찍어서 눈에 떨어뜨리면 기이한 효험이 있다. 눈이 충혈되었을 때도 좋다고 한다.

⊙민소기(閩小記)*73에서, '연와(燕窩)*74에는 검은 것, 흰 것, 붉은 것 세 가지가 있는데, 그 중 붉은 제비집이 가장 구하기 어렵다. 흰 것은 담질환을 고치는 데 좋고, 붉은 것은 어린아이들이 잘 걸리는 두창(痘瘡)*75에 좋다'고 했다.

⊙당나라 태종이 이질에 걸렸는데, 여러 의원들이 치료해도 아무도 고치지 못했다. 이때 금오위(金吾衞)*76의 장사(長史) 장보장(張寶藏)이 올린 처방에 따라 젖으로 필발(蓽茇)*77을 달여 마시니 곧 차도가 있었다.

⊙주공근(周公謹)*78의 동료 괄창진파(括蒼陳坡)는 '두창(痘瘡)으로 얼굴이 검어지고 몸이 뒤틀리고 입술이 몹시 찰 때는 개이파리 7마리를 찧어 거르지 않은 술에 타서 조금씩 먹이면 곧 붉게 윤기가 돈다. 겨울철에는 개이파리가 개의 귓속에 숨어 있다'고 하였다.

---

*72 용뇌향과(龍腦香科)에 딸린 용뇌나무에서 나는 무색 투명한 향기 있는 결정체. 향료·구강제·방충제 등으로 쓰임.
*73 청나라 주양공(周亮工)의 저서. 4권. 민중(閩中)의 물산·풍속 등을 기록한 것임.
*74 바다제비(金絲燕)의 집. 제비가 물고기를 잡아먹고 침을 발라서 암벽 사이에 지은 집이라 하기도 하고, 해조(海藻)를 먹었다가 토해서 지은 것이라고도 하는데, 중국 요리 중 가장 진기한 요리의 하나임.
*75 천연두. 높은 열이 나고 발반(發斑)하여 딱지가 앉음.
*76 군위(軍衞)의 하나. 비상시와 수재·화재 등의 일을 맡아 보았음. 장사는 그 우두머리의 속관.
*77 후추과에 딸린 풀의 열매. 한약재.
*78 송나라 학자 주밀(周密). 공근은 그의 자.

⊙두창의 독이 겉으로 치솟고 안으로 막힐 때는, 뱀 허물 하나를 깨끗이 씻어 불에 쬐어 말리고, 같은 분량의 천화분(天花粉)*⁷⁹과 함께 빻아서 곱게 가루로 만들고, 양의 간을 갈아 그 속에 이 약가루를 넣은 뒤 삼 껍질로 동여매어 뜨물에 삶아 익혀서 썰어 먹으면 열흘이면 낫는다.

⊙갑자기 더위를 먹어 쓰러졌을 때는 마늘 한 움큼을 길바닥의 볕에 쬔 뜨거운 흙과 함께 갈아, 새로 길어 온 물에 섞어 체로 걸러 찌꺼기를 버리고 그 물을 입에 부어 주면 곧 깨어난다. 송나라 섭몽득(葉夢得)의 피서록(避暑錄)에 실려 있다.

⊙단풍나무에 돋은 버섯을 먹으면 웃음이 그치지 않는다. 도은거(陶隱居)*⁸⁰의 본초주(本草註)에는, 땅을 파고 냉수를 부어 휘저어서 흙탕물을 만들어 두었다가 잠시 후에 떠 마시면 모든 버섯 독을 치료할 수 있는데, 이것을 지장(地醬)이라고 한다.

⊙향조필기에 이렇게 씌어 있다.
'여주(廬州)*⁸¹ 사람 황 아무개가 우리 고을에 와 있을 때, 가끔 단방약으로 병을 고치는데 곧잘 나았으므로 여기 그 중 세 가지를 기록해 둔다.
적비(積痞 : 속이 결리는 병)를 고치는 데는, 껍질 벗긴 아주까리 150개를 홰나무 가지(槐枝) 7치와 함께 참기름(香油) 반 근에 담가 사흘 밤낮을 눈도록 달여 찌꺼기를 건져내고, 비단(飛丹)*⁸² 4냥쭝을 넣어 고약처럼 만들어 다시 우물 속에 넣어 사흘 밤낮을 담가 두었다가 꺼내 먼저 피초(皮硝)*⁸³ 녹인 물로 환부를 씻어내고 이 고약을 붙인다.
치질(痔疾)을 고치는 데는, 용변을 본 뒤 감초(甘草) 달인 물로 뒷물을 하고, 오배자(五倍子)*⁸⁴·여지초(荔枝草)*⁸⁵ 두 가지를 사기그릇에 넣고 달

---

*79 하눌타리의 뿌리. 담(痰)·소갈(消渴) 등에 쓰임.
*80 양나라 사람 도홍경(陶弘景). 어릴 때 신선전(神仙傳)을 읽고 양생법(養生法)에 뜻을 두었고, 박학하여 저서가 많았음.
*81 중국 안휘성(安徽省)에 있는 지명.
*82 도가(道家) 단약(丹藥)의 한 가지.
*83 유산(硫酸) 소다.

인 물로 항문을 씻는다. 여지초는 나하마초(癩蝦蟆草)라고도 하며, 사철 언제나 있다. 잎의 겉쪽은 푸르고 뒤쪽은 희며, 까뭇까뭇하게 얽은 듯한 무늬가 가득하고, 고약한 냄새가 난다.

월경 때 양이 너무 많은 것을 고치는 데는, 동변(童便),*86 청주(淸酒) 각 한 종지에 저종초(豬鬃草 : 쇠뜨기) 4냥쭝을 넣어 한 종지쯤 되게 달여서 따뜻할 때 마신다. 저종초는 사초(莎草) 비슷한데 잎이 둥글다. 깨끗하게 씻어서 사용해야 한다.'

⊙왕개보(王介甫)*87는 늘 편두통을 앓아, 신종(神宗)이 궁중에서 쓰는 약방문을 하사하였다. 그것은 햇무의 즙을 내서 생용뇌(生龍腦)*88를 조금 넣어 고루 섞어서, 머리를 뒤로 젖히고 콧구멍에 떨어뜨린다. 왼쪽 머리가 아프면 오른쪽 콧구멍에, 오른쪽 머리가 아프면 왼쪽 콧구멍에 넣는다.

⊙원앙초(鴛鴦草)는 등나무처럼 덩굴로 자라는데 황백색 꽃이 한 쌍씩 마주 핀다. 등창 같은 악성 종기의 독을 치료하는 데 신기한 효과가 있다. 먹어도 좋고 환부에 붙여도 좋다.

존중(存中) 심괄(沈括)*89의 소심양방(蘇沈良方)에 실린 금은화(金銀花)가 곧 이것으로, 또 노옹수(老翁鬚)라고도 한다. 본초주(本草注)에는 인동(忍冬)이라 하였고, 명나라 왕상진(王象晉)의 군방보(群芳譜)에는 노사등(鷺鷥藤) 또는 금차골(金釵骨)이라고 하였다.

⊙명나라 사재항(謝在杭)의 문해피사(文海披沙)에는, 이(虱)에 물려 생긴 종기는 황룡연수(黃龍沿水)로*90 고치고, 응성충병(應聲蟲病)*91은 뇌환(雷

---

*84 오배자벌레가 붉나무에 기생하여 생기는 혹. 한약재와 염색에 쓰임.
*85 덩굴풀의 한 가지.
*86 12살 이하 사내아이의 오줌.
*87 송나라 재상 왕안석(王安石). 개보는 그의 자임. 당송팔대가(唐宋八大家)의 한 사람.
*88 열대 지방의 늘푸른큰키나무에서 채취하는 용뇌향. 약재료로 사용함.
*89 송나라 때 학자.
*90 똥에서 생기는 말간 물.
*91 사람의 뱃속에 있는 벌레로 인해 나는 병. 이 벌레는 사람의 말에 응해 소리를 낸다고 함.

丸)*92이나 쪽〔藍〕으로 고치며, 폐(肺)를 좀먹는 벌레는 수달 발톱으로 고치고, 격식충(膈食蟲)*93은 쪽의 즙으로 고치고, 얼굴에 난 종기는 패모(貝母)*94로 고친다고 하였다.

⊙무창(武昌) 소남문(小南門) 헌화사(獻花寺)에 자구(自究)라는 늙은 중이 있었는데, 음식으로 인해 목이 막혀 죽게 되자 제자들을 불렀다.
"내가 불행히도 이런 병에 걸렸구나. 아무래도 가슴에 무엇이 있어 탈이 난 모양이니, 내가 죽거든 가슴을 갈라 보고 염을 하여라."
제자들이 이르는 대로 하여 비녀처럼 생긴 뼈 하나를 발견했고, 경전 올려 놓는 책상 위에 놓아 두었다.
얼마 후에 군사를 거느린 장수가 이 절에 들어 묵고 있었다. 그의 시종이 거위를 잡는데 거위가 얼른 죽지 않았다. 그는 문득 책상 위에 있는 뼈를 발견하고 그 뼈로 거위의 목을 찔렀다. 그런데 거위의 피가 그 뼈에 묻자 뼈는 곧 삭아 없어졌다.
그 뒤 제자들 중에 또 목이 막히는 병에 걸렸을 때, 그 일을 생각하고 거위 피로 고칠 수 있을 것이라 여겨져서 거위 피를 두어 번 먹으니 마침내 병이 나았다. 그리하여 그 이야기가 널리 전해졌고, 그 병에 이 방법을 쓴 사람은 모두 나았다.

⊙난산(難産)을 치료하는 방법은, 살구씨 한 개를 껍질을 벗겨서, 한쪽에는 날 일(日)자를 쓰고 한쪽에는 달 월(月)자를 써서 꿀을 바르고 다시 그 겉에 된꿀을 뭉쳐서 환을 만들어 물이나 술로 삼킨다. 이 방법은 어느 기이한 승려가 전해 준 것이다.

⊙손사막(孫思邈)*95의 천금방(千金方)에, 인삼탕은 반드시 흐르는 물로

---

*92 버섯 종류의 하나. 대뿌리에서 나는데, 모양이 밤과 같고 단단함. 한약재.
*93 심장과 비장 사이 횡격막(橫膈膜)을 좀먹는 벌레.
*94 백합과의 여러해살이풀의 뿌리. 기침과 담에 씀.
*95 당나라 때 사람. 가헌은 신기질의 호. 백가(百家)의 설에 정통했고 음양(陰陽)·추보(推步)·의약(醫藥)에도 정통했음. 벼슬을 거절하고 태백산(太白山)에 들어가 살았고, 저서에 천금요방(千金要方)·복록론(福祿論) 등이 있음.

달여야 하며 괴어 있는 물을 쓰면 효험이 없다고 한다. 이는 인삼보(人蔘譜)에 실려 있다고 하였다.

⊙담포기(談圃記)에 따르면, 송나라 노공(魯公) 증공량(曾公亮)이 나이 70여 살에 이질에 걸렸다. 향인(鄕人) 진응지(陳應之)의 말에 따라 수매화(水梅花)와 납다(蠟茶)*96를 먹었더니 마침내 병이 나았다고 하였다. 수매화가 무엇인지 알 수가 없다.

⊙송나라 첨사(僉事) 장탁(張鐸)은, 비둘기로 어린아이 감병(疳病)*97을 고칠 수 있다고 하였다. 비둘기 여러 마리를 방 안에서 길러, 새벽에 어린아이로 하여금 방문을 열고 비둘기를 날려보내게 하면, 비둘기의 기운이 어린아이 얼굴에 부딪쳐 감병이 없어진다고 하였다.

⊙송나라 장사정(張師正)의 권유록(倦遊錄)에, 가헌(稼軒) 신기질(辛棄疾)*98이 산증(疝症)에 걸렸을 때, 한 도인(道人)이 율무 가루를 동쪽 벽 황토와 섞어 볶은 후 다시 물을 부어 달여서 걸쭉하게 만들어 몇 번 먹으면 낫는다고 하여, 그대로 하였더니 곧 나았다. 정사수(程沙隨)도 이 병에 걸렸는데, 가헌이 이 방법을 가르쳐 주어 역시 병이 나았다고 하였다.

⊙송나라 방원영(龐元英)의 문창잡록(文昌雜錄)에는, '정주(鼎州)*99의 통판(通判)*100 유응진(柳應辰)이 목에 생선 가시가 걸렸을 때 고치는 방법을 알려 주었다. 역류하는 물 반 종지를 떠다 놓고, 먼저 그 사람에게 증세를 물어 대답하게 한 다음, 그 물 기운을 들이마시게 하고, 동쪽을 향해 원(元)·형(亨)·이(利)·정(貞)*101을 일곱 번 외게 하고, 들이마신 기운을 물에

---

*96 차의 한 가지. 차를 떡처럼 뭉쳐서 겉에 황랍(黃蠟)을 바른 것.
*97 음식을 탐내어 많이 먹는데도 몸은 수척해지는 병.
*98 송나라 때 사람. 주자(朱子)와 교유하였고 시문(詩文)에 뛰어나 소식(蘇軾)과 함께 소신(蘇辛)이라 일컬어졌음.
*99 중국 호남성(湖南省)에 있는 지명.
*100 지방 주군(州郡)의 장관 아래에 두어 장관을 보좌하는 관명(官名).
*101 사물의 근본되는 도리.

불어 넣어, 그 물을 조금 마시면 된다' 하였다.

⊙뱃멀미를 고치려면, 노와 상앗대가 맞닿는 곳을 조금 긁어서 뱃바닥의 흙먼지와 키에 밴 키잡이 뱃사공의 손바닥 때를 섞어 환을 만들어 소금 끓인 물로 세 알씩 먹으면 신기하게 효과가 있다.

부기(附記)

⊙얼굴에 난 수지(水痣)를 속칭 무사마귀라고 하는데, 가을 바닷물로 씻으면 감쪽같이 사라지고 흔적도 남지 않는다. 내 종제(從弟) 유원(綏源)이 8, 9살 때 온 얼굴에 무사마귀가 나서 온갖 약을 다 써 보았으나 아무런 효과가 없었다. 어씨(魚氏)라는 늙은 의원이 8, 9월 바닷물로 씻어 보라고 가르쳐 주어 몇 번 씻었더니 곧 나았다.

⊙내가 열한두 살 때 얼굴에 온통 쥐젖*¹⁰²이 돋았다. 눈언저리와 귓불이 더욱 심해서 밥풀이 더덕더덕 달라붙은 것 같아, 거울을 들여다볼 때마다 나는 엉엉 울고 화를 내었다. 온갖 약을 다 써 보았지만 아무런 보람이 없었다. 이때는 마침 초여름이라 가을의 바닷물을 기다리고 있을 수가 없어서 염정(鹽井)의 물거품을 걷어다가 물에 타서 여러 번 씻었더니 멍울이 저절로 가라앉아 신기하게 나았다. 그래서 나는 그 방법을 널리 알려 주었더니 효과를 보지 못한 사람이 없었다.

⊙왕곡정(王鵠汀)의 하인 악가(鄂哥)는 나이 21살로 얼굴이 곱살하고 깨끗했으나, 마침 이질에 걸려 몹시 괴로워하고 있었다.
곡정이 내게 부탁했다.
"귀국의 태의(太醫)*¹⁰³에게 고칠 방법을 좀 물어 봐 주십시오."
그래서 내가 대답했다.
"태의에게까지 물어 볼 것까지 없습니다. 습한 땅을 파서 지렁이 수십 마리를 잡아 뜨거운 물에 넣었다가 즙을 내어 갈증이 날 때마다 이 물을 많이 마시면 틀림없이 효과가 있습니다."
그러자 곡정이 당장에 그대로 하여 효과를 보았다.

⊙목생(穆生)이란 사람이 학질을 앓고 있었다. 곡정이 그를 내게 데리고 와 보이면서 고칠 방법을 묻기에 내가, 노강즙(露薑汁)*¹⁰⁴을 써 보라고 하

---
*102 사람의 살갗에 생기는 갸름하고 작은 사마귀.
*103 임금의 시의(侍醫). 어의(御醫).

였더니, 목생이 고맙다고 사례하고 돌아갔다. 내가 그 이튿날 길을 떠나 돌아왔으므로, 그가 효험을 보았는지 못 보았는지는 모르겠다. 대개 노강즙은 학질을 치료하기에 아주 좋은 것이니, 생강 뿌리를 갈아서 즙을 내어 하루 저녁 밖에 내어놓아 이슬을 맞히고, 해가 뜨기 전에 동쪽을 향해 앉아서 먹는다. 몇 번을 시험해 보아도 언제나 효과가 있었다.

◉만리장성 밖의 지방에는 혹이 난 사람이 많았다. 그런데 여자가 더욱 심했다. 내가 곡정에게 혹 없애는 한 가지를 더 가르쳐 주었다.
 "혹이란 담핵(痰核)과 같은 것이니, 밥 먹을 때마다 먼저 밥 한 숟갈을 떠서 손바닥에 놓아 동글동글하게 뭉쳐 단단히 거머쥐고, 밥을 다 먹고 나서 손바닥 안의 밥에 소금을 조금 넣어 엄지손가락으로 으깨어 혹에 붙이도록 하십시오. 오래 계속하면 혹은 저절로 없어집니다. 밥은 멥쌀밥을 쓰는 것이 좋습니다."

◉해산(解産)을 촉진하는데는, 아주까리 한 개를 찧어 발바닥 한가운데 붙이면 금시에 순조롭게 해산한다. 해산한 후에는 즉시 그것을 떼어 버려야 한다. 만약 잊어버리고 떼지 않았다가는 대하증(帶下症)이 생기기 쉽다.

◉양기(陽氣)를 강하게 돋우는 방법으로, 가을에 잠자리를 잡아 대가리와 날개·발을 다 떼어 버리고, 아주 곱게 갈아서 쌀뜨물에 반죽하여 환약을 만들어 세 홉[合]만 먹으면 아들을 낳을 수 있고, 한 되를 먹으면 늙은이도 젊은 여인을 즐겁게 해 줄 수 있다.

 이상의 처방을 써서 왕곡정에게 주었다.

＊104 밤이슬을 맞힌 생강즙.

연암 박지원 생애와 사상

1. 연암의 생애

연암(燕巖) 박지원(朴趾源, 1737~1805)은 조선 정조 때 문장가·실학자이다. 그는 청나라를 다녀와서 열하일기(熱河日記)를 저술하여 유려한 문장과 진보적 사상으로 이름을 떨쳤으며, 북학론을 주장하고 이용후생(利用厚生)의 실학을 강조하였다. 중국기행문 열하일기, 문집 연암집(燕巖集), 소설 허생전(許生傳), 양반전(兩班傳) 등의 걸작을 남겼다. 본관은 반남(潘南). 자는 중미(仲美)·미중(美仲)이며, 호는 연암(燕巖)·연상(煙湘)·열상외사(洌上外史)이다.

집안과 수학

1737년(영조 13년)에 서울 서쪽 반송방(盤松坊) 야동(冶洞)에서 태어났다. 아버지는 박사유(朴師愈), 할아버지는 지돈령부사 박필균(朴弼均)이다. 그의 가문은 노론(老論)의 명문세신(名門世臣)이었지만, 그가 자랄 때는 재산이 변변치 못해 100냥도 안 되는 밭과 서울의 30냥짜리 집 한 채가 전부였다. 박지원은 청렴했던 조부의 강한 영향을 받으며 성장했다. 자라나면서 신체가 건장하고 매우 영민하여 옛사람의 선침(扇枕 : 무더운 여름철에 어른의 베갯머리에 부채질하여 시원하게 해드림)과 온피(溫被 : 추운 겨울철 어른의 잠자리를 내 체온으로 미리 따뜻이 해드림) 같은 일을 흉내내기도 하였다. 연암은 아버지가 벼슬 없이 지내는 선비였으므로 할아버지 박필균의 슬하에서 양육되었다.

박지원은 1752년(영조 28년) 이보천(李輔天)의 딸과 혼인하였다. 그러면서 박지원의 처삼촌이며 이익(李瀷)의 사상적 영향을 받았던 홍문관 교리 이양천(李亮天)에게서 글을 배우기 시작했다. 3년 동안 공부에만 전념하여, 경학(經學)·병학·농학 등 모든 경세실용의 학문을 연구했다. 이때부터 처남 이재성(李在誠)과는 평생의 문우로 지내며, 그의 학문에 충실한 조언자가 되었다.

특히 문재(文才)를 타고난 연암은, 이미 18세 무렵에 소설 광문자전(廣文者傳)을 지었다. 1757년에는 민옹전(閔翁傳)을 짓고, 그 후 1767년까지 단편소설집 방경각외전(放璚閣外傳)에 실려 있는 9편의 한문 단편소설을 지었다. 이 시기 그의 양반사회에 대한 비판은 아주 날카로웠으나, 사회적 모순은 대체로 추상적으로 파악하고 있는 상태였다.

1759년에 어머니가, 1760년에 할아버지가, 1767년에는 아버지가 세상을 떠나자 생활은 더욱 곤궁해졌다. 아버지의 장지(葬地) 문제로 한 관리가 사직된 것을 알고는, 본의 아니게 남의 장래를 막아버린 것을 자책하여 이후로는 과거시험에 뜻을 두지 않고, 오직 학문과 저술에만 전념하였다.

1768년에 백탑(白塔: 현재 탑골공원) 이웃으로 이사하였다. 주변에 이덕무(李德懋), 이서구(李書九), 서상수(徐常修), 유금(柳琴), 유득공(柳得恭) 등도 모여 살았고, 박제가(朴齊家), 이희경(李喜慶) 등도 그의 집에 자주 출입했다. 이때를 전후하여 홍대용(洪大容), 정철조(鄭喆祚), 이덕무 등과는 이용후생(利用厚生)에 대하여 자주 토론하였으며, 이 무렵 유득공, 이덕무 등과 더불어 서부지방을 여행하였다. 이때에 그를 중심으로 한 '연암그룹'이 형성되어 많은 신진기예의 청년 인재들이 그의 문하에서 지도를 받고, 새로운 문풍(文風)·학풍을 이룩하게 되었으니, 그것이 북학파 실학(北學派實學)이었다. 문학에서는 그때 이덕무, 유득공, 이서구, 박제가가 4대시가(四大詩家)로 일컬어졌으며, 이들은 모두 박지원의 제자들로, 이서구 말고는 모두 서얼 출신이었다.

그즈음 국내 정세는 홍국영이 세도를 잡아 벽파(僻派)에 속했던 연암의 생활은 더욱 어렵게 되고, 생명의 위협까지 느끼게 되어 결국 황해도 금천(金川) 연암협(燕巖峽)으로 은거하게 되었다. 그의 아호가 '연암'으로 불리게 된 것도 이에 연유한다. 그는 연암 골짜기에 머물고 있는 동안 농사와 목축에 대한 장려책을 정리하게 된다.

청나라 여행과 열하일기

1780년(정조 4년)에 연암은, 청나라 황제인 건륭제(고종)의 70세 생일을 축하하기 위한 사절단의 단장인 정사(正使) 박명원(朴明源)의 사설 수행원으로 청나라 수도 연경(현재 북경, 베이징)에 따라가게 되었다. 금성위(錦城尉) 박명원은 연암의 8촌형이요, 영조임금의 셋째 사위였다. 이 사절단은 그해 5월 25일 서울을 출발해 6월 24일 압록강을 건너고, 8월 1일 북경에 도착했으나, 마침 건륭제는 열하(熱河) 행궁에 피서를 가서 머물고 있었기 때문에, 이들 사절단은 다시 열하로 가서 그곳에서 6일간 머무르다가 곧 북경을 거쳐 10월 27일 서울로 돌아왔다. 왕복 1만 리에 이르는 행로와 4개월 간에 걸친 기나긴 여행이었

연암 박지원(1737~1805) 초상화

다. 열하는 하북성(河北省) 북부 열하강(熱河江) 서쪽 기슭에 있는 지금의 '청더(承德)'의 옛 이름으로, 당시 청 황제의 여름 별장이 있었던 곳이다.

이 북경 여행에서 청나라 문물과의 접촉은 연암의 사상체계에 크나큰 영향을 주어, 이를 계기로 그는 인륜 위주의 사고에서 이용후생 위주의 사고로 전환하게 된다.

연암은 귀국하고 나서 열하일기 저술에 온 힘을 기울였다. 열하일기는 단순한 여행일기가 아니라, 호질(虎叱), 허생전(許生傳) 등의 한문 단편소설과 함께 중국의 풍속·제도·문물에 대한 소개·인상과 조선의 제도·문물에 대한 비판 등도 들어 있는 문명비평서였다. 1783년 무렵에 원고를 완성하였으나, 그 뒤에도 여러 차례 개작과정을 거쳐 최종적인 수습은 그가 죽은 뒤, 1820년대 초반의 어느 시기에 이루어졌을 것으로 보인다. 열하일기는 공식적으로 간행되기도 전에 이미 필사본이 많이 유포되었다. 특히 자유분방하고도 세속적인 문체와, 그즈음 국내에 널리 퍼져 있던 반청(反淸) 문화의식 때문에 찬반의 수많은 반향을 불러일으켰다. 고루하고 보수적인 소화의식(小華意識)에 젖어 있는 지식인들의 비난 때문에 정조 임금도 1792년에는

그에게 반성문을 지어 바치라는 처분을 내리지 않을 수 없었다. 이 시기 연암의 양반사회에 대한 비판과 부패의 폭로는 더욱 원숙해졌고, 사회모순을 구체적으로 지적하여 드러냈으며, 이용후생의 실학을 대성하기에 이르렀다.

관직 그리고 만년

1786년 뒤늦게 음사(蔭仕)로 처음 벼슬길에 올라 선공감감역(繕工監監役)에 임명되었다. 1789년 평시서주부(平市署主簿), 1790년 의금부도사(義禁府都事)·제릉령(齊陵令), 1791년 한성부판관(漢城府判官)·안의현감(安義縣監), 1796년 제용감주부(濟用監主簿)·의금부도사·의릉령(懿陵令), 1797년에는 면천군수(沔川郡守)를 지냈다.

연암은 안의현감 시절에 북경 여행의 체험을 토대로 실험적 작업을 시도하였으며, 1799년에는 1년 전에 정조가 내린 권농정구농서(勸農政求農書)의 하교에 따라 과농소초(課農小抄), 한민명전의(限民名田議)를 지어 바쳤다. 이 책들은 농업생산력을 발전시키는 농업생산 관계를 조정하는 문제를 깊이 있게 다룬 것으로, 그의 실학사상의 원숙한 경지를 잘 나타내고 있다. 1800년 양양부사(襄陽府使)를 끝으로, 이듬해 관직에서 물러났다.

그 뒤 건강이 악화되더니 1805년 10월 20일 예순아홉의 일기로 세상을 떠난다. 그의 묘는 장단(長湍) 송서면(松西面) 대세현(大世峴)에 있다. 만년의 그의 사상은 구체적 개혁안 제시에 주력하는 경향이었고, 따라서 비판력은 약화되고 개량적·타협적인 성격을 나타내고 있다. 그가 죽은 뒤 1910년(순종 4년)에 좌찬성에 추증되고, 문도(文度)라는 시호를 받았다.

저술과 문학작품

연암 사상이 잘 반영되어 있는 저술은 모두 그의 문집 연암집(燕巖集)에 수록되어 있다. 그가 가지고 있던 생각들이 그 시대의 사고와 많은 차이를 내포하고 있어서, 실제로 그의 문집이 1900년 김만식(金晩植) 외 23인에 의하여 서울에서 처음 공식적으로 간행된 것은 책을 초록한 형태였다. 연암의 손자 박규수(朴珪壽)가 우의정을 지냈으면서도, 그 할아버지의 문집을 간행하지 못했음은 그의 문집 내용이 갖는 의미를 짐작케 한다.

연암의 저술에서 특이한 점은 문집 대부분이 논설을 중심으로 한 문장이 대부분을 차지하고 있으며, 시는 각체를 합하여 42수가 그 전부이다. 그의 아들 박종간(朴宗侃) 또한 영대정잡영(映帶亭雜咏) 끝부분에 붙인 부기에서 유실되었음을 지적한 바 있다. 실제로 그즈음 교유한 문인들의 문집 속에는 연암이 많은 작품들을 지었음을 말하고 있는 것도, 그 유실되었음을 증명하는 한 예일 것이다.

저서로는 열하일기와 문학 작품으로 허생전(許生傳), 양반전(兩班傳), 민옹전(閔翁傳), 광문자전(廣文者傳), 마장전(馬駔傳), 예덕선생전(穢德先生傳), 김신선전(金神仙傳) 등이 현전하고 있다.

연암 박지원 동상
경남 함양군 안의면 소재 연암 물레방아 공원.

2. 연암의 사상

실학사상(實學思想) : 이용후생의 북학론

박지원의 저술 중에서 특히 열하일기와 과농소초(課農小抄) 한민명전의(限民名田議) 등은 그가 추구하던 현실개혁을 위한 포부를 이론적으로 펼쳐 보인 작업의 하나이다. 특히 열하일기에서 강조된 것은 그 시절 중국 중심의 세계관 속에서 청나라의 번창한 문물을 받아들여, 낙후한 조선의 현실을 개혁하고자 한 연암의 노력을 집대성하고 있다.

이때는 명나라에 대한 의리와 결부된 청나라를 배격하는 풍조가 널리 퍼져 있던 시기였다. 이 속에서 그의 주장은 현실적 수용력이 부족하였으나,

그즈음 위정자나 지식인들에게 강한 자극을 불러일으키는 결과가 되었다.
 북학사상(北學思想)으로 불리는 연암의 주장은 비록 적대적 감정이 쌓여 있는 처지이지만, 그들의 문명을 수용함으로써 우리의 현실이 개혁되고 풍요해진다면 과감하게 받아들여야 한다는 것을 주장하고 있다. 또한 조선에 대한 인식의 잘못을 지적하면서 그 개선책을 제시하였으며, 나아가 역대 중국인들이 우리에게 갖는 왜곡된 시각을 바로잡는 방법도 서술하였다.
 연암의 관심은 서학(西學)에도 머물게 되었다. 이는 자연과학적 지식의 근원을 이해하려 한 것이며, 그의 새로운 문물에 대한 애착을 나타내는 결과였다. 이러한 관심은 홍대용과의 교유에서 보이는 우주론의 심화를 위한 작업이며, 실제로 북경을 여행할 때 그곳에 있는 천주당이나 관상대를 구경하면서 크게 느낀 바 있어 서양인을 만나고 싶어하였다.
 천문학에 깊은 관심을 보인 그가 펼친 우주의 질서는 그 시대의 중국학자들을 놀라게 하였는데, 이는 그가 가진 세계관의 확대와 전환을 의미하고 있다. 나아가 그때에 풍미하던 주자학의 사변적 세계에 침잠하는 것을 반성하면서 이론적 세계의 현실적용, 곧 유학의 본질 속에서 개혁의 이론적 근거를 찾고자 하였다. 이 생각은 당시로서는 받아들여지기 어려운 주장이었으나, 과감한 개혁의지의 한 표출로 나타났다. 이러한 그의 생각을 집약적으로 나타낸 것이 곧 이용후생 이후에 정덕(正德)을 이루는 방법이다.
 이는 정덕을 이룬 뒤에 이용후생을 추구하는 방법과는 그 발상의 일대 전환이라 할 것이다. 이것이 그가 부르짖는 실학사상의 요체이며, 이를 위하여 제시되는 것들은 자기주장의 완성을 위한 방도이다. 그 방도의 구체적 현상은 정치, 경제, 사회, 군사, 천문, 지리, 문학 등의 각 분야에서 나타나고 있다. 특히 경제문제에서는 토지개혁정책, 화폐정책, 중상정책(重商政策) 등을 제창하고 있어 현실의 문제를 개혁하지 않고는 미래의 비전을 찾기 힘들다는 것을 힘차게 강조하고 있다.

문학사상 : 풍자문학의 진수
 이러한 연암의 사상은 그가 남긴 문학작품 속에서도 잘 나타나 있다. 곧 그 시대에 주조를 이루는 복고적 풍조에서 벗어나 문학이 갖는 현실과의 대립적 현상을 잘 조화시켜 그즈음의 문제를 가장 첨예하게 수렴할 수 있는 주제와 그 주제를 어떻게 표현하는가를 깊이 생각하고 있다. 이것은 그의 사고가 고정관념에서의 일대전환을 시도한 것과 맥락을 이루는 방법으로서, 문학작품에 있어서 매개체인 언어 기능을 이해하고, 그 시대에 맞는 문체 개혁을 주장하게 된 것이다.

법고창신(法古刱新 : 전통적 방법과 새로운 방법의 절충)으로 표현되는 이 말은 시속문(時俗文)의 인정을 뜻하며 그렇다고 문승질박한 비평 소품을 찬양한 것은 아니다. 고법(古法)을 버리는 것은 새로운 현실을 인식하고 표현하는 문학을 창조하는 데 있었기 때문에 새롭기 위하여 또다시 새로운 것을 추구하는 것이다.

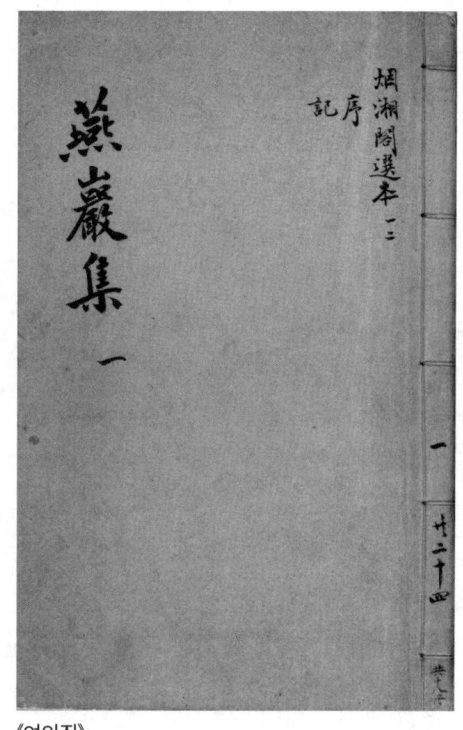
《연암집》

다음으로 나타난 것은 표현의 절제와 문장조직 방법의 운용, 사실적 표현 등은 그가 생각한 그 시대 현실과 문학과의 관계를 연결짓는 방법들이며, 이는 그의 문집 속에 수록된 그 무렵 그와 사귀었던 사람들의 문집 서문 등에 잘 나타나 있다. 이는 연암이 남긴 한문소설들 속에서도 구체적으로 형상화되고 있다. 연암은 11편의 소설을 썼는데, 현재는 9편이 전해지고 있다. 이 9편의 단편소설들은 대개가 그 시절의 역사적 현실과 연관시킨 것들이거나 인간의 내면 세계 또는 민족문학의 맥을 연결하는 것들로 이루어지면서 강한 풍자성을 담고 있다.

'광문자전(廣文者傳)'에서는 광문이라는 거지의 의리 있는 도덕 행동과 사리사욕과 명예에 눈먼 양반을 대치시킴으로써 양반의 가식적 도덕을 폭로·비판하고 있다.

'마장전(馬駔傳)'에서도 가난하고 천한 사람들의 건강한 도덕성과, 고결성이 퇴색되고 비속화된 양반들의 사교를 대비시킴으로써 양반의 허식적 생활을 풍자·비판하고 있다.

'예덕선생전(穢德先生傳)'에서는 똥거름 치는 근로자인 주인공 엄행수(嚴行首)의 삶에서, 서민적 덕성(德性)으로서의 건실한 생활철학을 형상화했다. 근로 인민의 도덕이야말로 진실한 도덕이라고 강조하고, 엄행수는 성인(聖人)도 될 수 있는 사람이라고 했다.

'양반전(兩班傳)'은 양반 도덕의 허위성, 위선적인 양면성, 몰염치한 착취에 기반한 무위도식, 양반의 무능성에 대한 날카로운 비판과 폭로로 일관되어 있고, 양반 몰락의 역사적 현실성과 필연성을 그린 작품이다. 그는 양반을 다음과 같이 풍자하고 있다.

"하늘에서 사람을 낼 때 네 가지 종류로 만들었는데, 그 중에서 선비란 것이 가장 고귀하다. 선비는 양반이라고도 부르는데 잇속이 그보다 더 큰 것이 없다. 농사도 하지 않고 장사도 하지 않고 책권이나 대충 훑으면 크게는 문과에 급제하고 적어도 진사는 떼놓았다. ……우선 이웃집 소를 끌어다가 밭을 갈게 하고, 동네 백성들을 끌어다가 김을 매게 한다. 누가 감히 나를 괄시하겠는가. 만일 그런 자가 있다면, 그놈의 코에 잿물을 부어 넣으며 상투를 잡아 휘두르고 귀쌈을 때린들 감히 원망하지 못할 것이다."

그는 인간관계가 엄격하게 신분제에 의해 규제되고 게다가 양반사회는 당론(黨論)으로 분열되어 있어서, 인간과 인간 사이의 자유로운 교제에 바탕을 둔 평등윤리로서의 우정이 실현되기 어렵다는 것을 폭로하고, 그 평등윤리인 우정의 세계를 바라면서, 그것을 서민의 생활도덕에서 찾고자 했다. 그러나 연암 자신이 서민계층과 함께 호흡을 하기에는 한계가 있는 지식인 체질이었으며, 당시의 서민계층 자체가 새로운 사회의 주도층이 될 수 있는 사회계층으로 성립되어 있지도 못했다. 따라서 박지원은 역시 허생(許生)처럼 기재(奇才)를 가지고 고독하게 숨어 살면서 세상을 풍자하고 개탄하는 한 양심적 지식인일 수밖에 없었다.

'허생전(許生傳)'은 중상주의적 사상과 함께 허위적 북벌론을 배격하면서 이상향을 추구하는 내용을 담고 있어, 그 시절 사회가 안고 있는 문제점을 잘 지적하고 있다. 이러한 일련의 작품들은 그의 사상을 나타내는 이론의 근거와 함께 그것을 실제로 작품화한 실례가 될 것이다.

3. 열하일기에 대하여

연경 기행문학의 백미

'열하일기(熱河日記)'는 이미 말한 대로 박지원이 청나라 고종(건륭제)의 칠순잔치에 가서 열하의 문인들과 사귀고, 연경(북경)의 명사들과 교유하며, 그곳 문물제도를 보고 들은 바를 각 분야별로 나누어 기록한 기행문집이다.

열하일기는 1780년 6월 24일 압록강 국경을 건너는 데에서부터 시작하여 요동(遼東), 성경(盛京), 산해관(山海關)을 거쳐 북경(北京)에 도착하고, 열하(熱河)로 가서, 8월 20일 다시 북경으로 돌아오기까지 약 2개월 동안 겪은 일을 날짜 순서에 따라 항목별로 적었다.

연암의 대표작인 이 열하일기는 발표되자, 보수파로부터 비난을 받기도 하였으나, 중국의 신문물을 망라한 서술, 그곳 실학사상의 소개로 수많은 조선시대 연경 기행문학의 정수로 꼽힌다. 이 책에는 중국의 역사·지리·풍속·습상(習尙)·고거(攷據)·토목·건축·선박·의학·인물·정치·경제·사회·문화·종교·문학·예술·고동(古董)·지리·천문·병사 등에 걸쳐, 수록되지 않은 분야가 없을 만큼 광범위하고 상세히 기술되었다. 또한 경치나 풍물 등을 단순히 묘사하는 데 그치지 않고, 이용후생(利用厚生)면에 중점을 두어 수많은 연행록(燕行錄) 중에서도 백미(白眉)로 꼽힌다.

열하일기의 다양한 이본들

이 책은 처음부터 명확한 정본(正本)이나 판본도 없었고, 여러 전사본(轉寫本)이 유행되어 이본에 따라 그 편제(編制)의 이동(異同)이 심하다. 이 책의 간본(刊本)으로는 1901년 김택영(金澤榮)이 연암집(燕巖集) 원집에 이어 간행한 연암집 속집 권1·2(고활자본)에 들어 있고, 1911년 조선광문회(朝鮮光文會)에서 A5판 286면의 활판본으로 간행하였다. 1932년 박영철(朴榮喆)이 간행한 신활자본 연암집 별집 권11~15에도 전편이 수록되어 있다.

한편 연암의 후손에 의하여 오늘날 양매시화(楊梅詩話)가 새로 발견되었는데, 이는 양매서가(楊梅書街)에서 중국 학자들과 주고받은 한시화(漢詩話)로서, 당시 옮겨 쓰려다가 우연히 누락된 것으로 보인다.

이 책의 여러 이본 중에서 전서 3종과 별본 10종을 자세히 살펴보면 다음과 같다.

〈전서(全書) 3종〉

연암집 계서본(溪西本) : 사본으로 '계서(溪西)'라는 도장이 찍혀 있으며 20책으로 되었다. 이가원(李家源) 소장본이다.

연암전서(燕巖全書) 자연경실본(字然經室本) : 이 책은 사본이며 '유정수인(柳正秀印)'과 '자연경실장(字然經室藏)'의 제자(題字)가 있으며 역시 20책으로 되었다. 숭실대학교 한국기독교박물관에 소장되어 있다.

연암집 박영철본(朴榮喆本) : 활자본으로 4책이다.

〈별본(別本) 10종〉

일재본(一齋本) : 사본이며 '일재(一齋) 홍재덕인(洪在德印)'이라 찍혀 있다. 이가원 소장본이다.

옥류산장본(玉溜山莊本) : 사본이며 이가원 소장본이다.

녹천산관본(綠天山館本) : 사본이며 '녹천산관장서(綠天山館藏書)'라는 제자가 있다. 이가원 소장본이다.

주설루본(朱雪樓本) : 사본이며 '주설루장서(朱雪樓藏書)'라는 제자가 있다. 이가원 소장본이다.

연암 수택본(燕巖手澤本) : 사본이며 '박지원장(朴趾源章)'이 찍혀 있다. 충남대학교 도서관에 소장되어 있다.

서울대학본 : 이 책은 사본이며 서울대학교 도서관에 소장되어 있다.

국립도서관본 : 이 책도 역시 사본이며 국립중앙도서관 소장본이다.

규장각본(奎章閣本) : 사본이며 '제실도서(帝室圖書)'란 도장이 찍혀 있다. 서울대학교 규장각에 소장되어 있다.

조선광문회본 : 활자본이며 '조선총서(朝鮮叢書)' '조선광문회장판(朝鮮光文會藏版)'이란 도장이 찍혀 있다.

대북본(臺北本) : 영인본이며 대북(臺北) 국립중앙도서관의 간행이고, '중앙총서(中央叢書)'란 도장이 찍혀 있다. 이가원 소장본이다.

이상과 같은 여러 본이 있으며, 이들 이본 중에서 연암 수택본이 가장 신빙성이 높은 것으로 평가된다.

《열하일기》

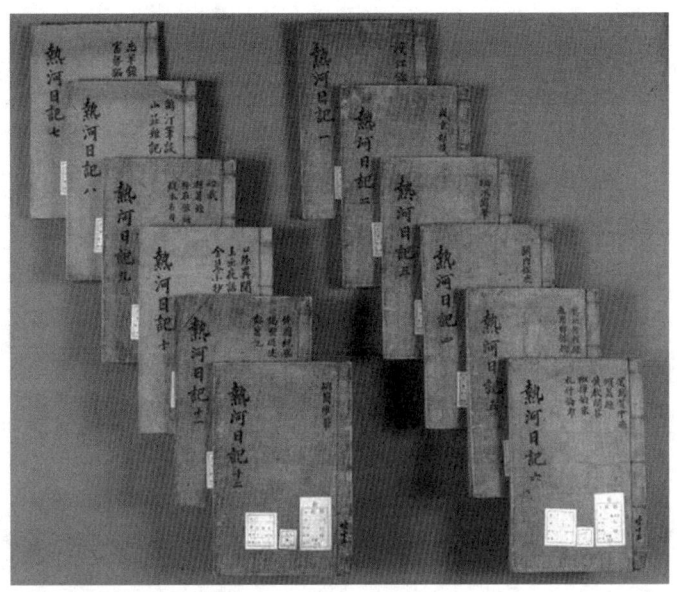

열하일기의 내용 구성

열하일기의 구성은 크게 두 부분으로 나눌 수 있는데, 1~7권은 여행 경로를, 8~26권은 보고 들은 것들을 한 가지씩 자세히 기록하고 있다.

도강록(渡江錄) : 압록강에서 요양(遼陽)까지 15일간(1780. 6. 24~7. 9)의 기행문이다. 굴뚝과 구들 등 여염집의 구조와 배·우물·가마·성(城)의 제도 등 배울 만한 것이 있으면 자세히 서술하면서, 모든 물건을 이롭게 쓸 수 있어 백성의 생활이 윤택해져야만 덕을 바르게 할 수 있다는 이용후생의 주장을 폈다.

성경잡지(盛京雜識) : 십리하(十里河)에서 소흑산(小黑山)까지 5일간의 기록이다. 특히 속재필담(粟齋筆譚)·상루필담(商樓筆譚)·고동록(古董錄) 등이 가장 재미 있는 내용이다. 여행 중에 사사로이 만난 평민들과 나눈 대화와, 그곳의 산천·절·사당·탑·골동품 등을 주로 소개하고 있다.

일신수필(馹汛隨筆) : 신광녕(新廣寧)에서 산해관(山海關)까지 병참지를 달리는 9일간의 기록이다. 저자거리·여관·교량·희대(戲臺) 등에 깊은 관심을 보이고 있으며, 특히 수레 제도에 대해서 자세히 기록한 것은 허생전의 중심 사상과도 서로 통한다. 그 서문 중의 이용후생학에 대한 논평이 독자의 흥미를 끌고 있다.

관내정사(關內程史) : 산해관에서 연경까지 11일간의 기록으로, 여기 수록된 단편소설 호질(虎叱)은 연암의 소설 중에서도 가장 독특한 작품의 하나이다. 이 소설은 중국인의 작품임을 빙자해 공격의 화살을 피하면서, 백이·숙제 사당 참관기와 함께, 양반 사회의 모순과 명분론에 대해 강한 비판을 제기하고 있다. 열상화보(洌上畫譜)에서는 특히 그림에 대한 그의 견해를 읽을 수 있다.

막북행정록(漠北行程錄) : 연경에서 열하까지 5일간의 기록으로, 열하에 대하여 소상히 기록하였고, 그곳을 떠날 때의 아쉬운 심경을 그렸다.

태학유관록(太學留館錄) : 열하에 있는 태학관에서 6일간 지낸 기록으로 당시 중국의 명망 있는 학자들과 더불어 나눈 한·중 두 나라 문물제도에 관한 논평 및 지동설(地動說)·달세계 등에 관한 토론이다.

환연도중록(還燕道中錄) : 열하에서 다시 연경으로 돌아오는 도중 6일간의 기록으로, 급히 갈 때 보지 못했던 것을 적고 있다. 주로 교량·도로·방호(防湖)·방하(防河)·정원사·선제(船制) 등에 관한 논평이다.

경개록(傾蓋錄) : 열하의 태학관에서 6일간 머물며, 한족과 만주족의 학자들과 나눈 이야기를 기록한 것이다.

황교문답(黃敎問答) : 황교(불교의 한 지파인 라마교 중에서 갈라져나온 종교)와 서학자(西學者)의 지옥에 관한 논평이다. 끝에는 세계의 이민족을 열거하는 가운데 특히 몽골과 러시아 민족의 강맹함에 주의를 환기시킨다.

반선시말(班禪始末) : 청 황제의 반선(班禪: 황교의 법왕)에 대한 정책을 논하고, 또 황교와 불교가 근본적으로 같지 않다는 것을 밝히고 있다.

찰십륜포(札什倫布) : 열하에 있을 때의 반선에 대한 기록이다. 찰십륜포란 티베트 어로 '큰스님이 살고 있는 곳'이라는 뜻으로, 반선이 거주하는 호화찬란한 궁전 등에 대해 자세히 묘사하고 있다.

행재잡록(行在雜錄) : 청나라 고종의 행재소에서 보고 들은 이야기를 자세히 기록하였다. 청나라가 조선에 대해 취한 정책을 적고, 조선 당국자들의 청나라에 대한 관심과 대처가 너무나 소홀함을 개탄하고 있다.

심세편(審勢編) : 그즈음 조선 사람들이 청나라를 오랑캐 출신이라 하여 업신여기고, 주시하지 않는 것을 지적하면서 아울러 반주자학적 견해를 주

연행도(燕行圖) 부분

장하고 있다. 북학(北學)에 대한 예리한 이론을 펼친다.

망양록(忘羊錄) : 음악에 관하여 중국 학자들과 서로의 견해를 피력한 기록으로, 연암의 음악론을 살필 수 있다.

곡정필담(鵠汀筆談) : 중국 학자 곡정 왕민호와의 필담으로서, 정치·경제·종교·지리·역사·학문·풍속 등 다방면에 걸쳐 이야기를 나누고 있는데, 특히 천문에 깊은 관심을 두고 있다.

산장잡기(山莊雜記) : 열하산장에서 보고 느낀 바를 담은 것으로 내면에 침잠하여 얻은 깨달음을 서정적으로 엮고 있다. 특히 야출고북구기(夜出古北口記), 일야구도하기(一夜九渡河記), 상기(象記) 등은 가장 비장하고 기괴하게 묘사되었다.

환희기(幻戱記) : 광피사표패루(光被四表牌樓) 아래서 중국 전국에서 모여든 요술쟁이의 여러 가지 연기를 구경한 소감을 적은 이야기이다.

피서록(避暑錄) : 열하의 피서 산장에서 지낸 기록이다. 주로 조선과 중국 두 나라의 시문(詩文)에 대한 비평이다.

구외이문(口外異聞) : 만리장성 밖에서 보고 들은 이야기를 60여 항목에 걸쳐 기록하고 있는데 논점의 대부분을 조선과 관련시키고 있다.

옥갑야화(玉匣夜話) : 이본(異本)에 따라서는 진덕재야화(進德齋夜話)로 된 것도 있다. 옥갑이라는 여관에서 비장들과 나눈 여러 이야기를 기록한 것으로, 다른 사람에게서 들은 이야기임을 빙자한 허생전(許生傳)을 이에 실어, 그 나름의 부국강병책을 역설하고 있다. 이 허생전은 연암 소설뿐만 아니라, 한국 소설문학사에서도 중요한 자리를 차지하는 작품이다.

황도기략(黃圖紀略) : 황성(皇城)의 구문(九門)에서 화조포(花鳥鋪)까지 38종의 문관(門舘)·전각(殿閣)·도지(島池)·점포·기물(器物) 등에 관한 기록이다.

알성퇴술(謁聖退述) : 공자의 묘를 참배하고 난 후 그 건물과 학교, 학사의 연혁과 규모 등을 10항목에 나누어 기록한 것이다.

앙엽기(盎葉記) : 홍인사, 이마두총과 같은 연경 안팎에 있는 절과 궁 들의 주요 명소 20군데를 두루 구경한 기록이다.

동란섭필(銅蘭涉筆) : 동란재(銅蘭齋)에 머물 때 쓴 수필이다. 주로 가사·향시(鄕試)·서적·언해(諺解)·양금(洋琴) 등 이제까지 기록한 것 이외의 여러 가지 이야기를 두서 없이 적은 것이다.

금료소초(金蓼小鈔) : 주로 의술에 관한 기록으로 연암집에서는 이를 보유(補遺)라 이른다.

선구적인 연암문학

이 책은 표제만 얼핏 보아 하나의 여행 일기로 생각되기 쉬우나 이는 잘못이다. 이 책은 결코 일반 개념으로서의 일기나 기행문이 아니다. 연암은 이 기행문체를 이용하여 자기 작품들을 종합하는 편성의 체계를 삼았을 뿐, 여기 포괄된 작품들의 형식은 오늘로 보아 기행·평론·소설·시·르포르타주·스케치·수필·상화(想華) 등, 동서고금의 문학 장르를 포괄적으로 있는 대로 구사하였고, 그 내용에 있어서 정치·경제·천문·지리·철학·역사·과학·기술·종교·미술·음악·연극·언어·의학·서지학 등 거의 백과사전적으로 광범위한 주제를 총망라하였다.

그가 취급한 다양한 형식과 광범위한 내용은, 결코 세속적인 박물군자의 호기적 지식 과장이거나, 현학자(衒學者)류의 문자놀음과는 정반대로 그의 선진적인 세계관은 전편을 통하여 찬연히 빛나고 있다. 언제나 자기 조국을 문명하고 부강한 나라로 개조하려는 애국주의 정신에 불타는 그의 일념은 전편에 끊임없이 흐르고 있다. 연암은 당시 봉건 양반사회의 부패한 현상과 고루한 학풍을 타파하고 봉건 관료들의 온갖 악덕과 유학자들의 비굴한 사대주의와 그들의 위선과 허례를 극도로 증오한 나머지, 이를 다양한 수법으로 폭로 비판하였다. 연암의 머리 속에는 백성들의 경제적 빈궁과 정치적 고통이 늘 떠나지 않았다. 그는 언제나 뜨거운 애민(愛民)으로 이를 대하였고, 인도주의 정열로써 문제를 제기하였다.

연암은 청국 여행에서 보고 들은 선진적 문화와 선진적 산업시설과 근대적 과학이론을 상세히 기술하면서, 이를 적극적으로 도입하여 백성들의 생활에 이바지할 것을 적극 호소하였다. 그는 자신의 해박한 지식과 탁월한 문학적 재능과 걸출한 예술을 헛되이 음풍영월(吟風咏月)이나 관능 만족의 도구로 삼거나 지배계급에 무조건 봉사로 일삼은 그즈음의 유학자 조류로부터 멀리 벗어나, 연암의 문학과 예술로 사회의 발전을 막고 있는 세력의 위선과 모순을 신랄하게 비판하고 있다.

연암 박지원 연보

1737년(영조 13) 2월 5일(음) 한양 서부 반송방(盤松坊) 야동(冶洞 : 서소문 바깥 풀무골로서 지금의 서울 서대문구 북아현동 일대로 짐작됨)에서 아버지인 열상외사(洌上外史) 박사유(朴師愈)와 어머니인 이창원(李昌遠)의 딸 사이에서 2남 2녀의 둘째아들로 태어남. 그가 자랄 적에는 집안 형편이 빈한(貧寒)했을 뿐만 아니라 아버지 박사유는 벼슬길에 오르지 못했기에 할아버지 박필균(朴弼均) 손에서 자라났으며(아버지는 나중에 음서(蔭敍)로 벼슬이 통덕랑(通德郎)에까지 오름), 1739년(영조 15) 바로 손위 형인 박희원(朴喜源 : 1729~1787)이 혼인을 하면서 형수의 손에서 자라남.

1752년(영조 28/16세) 처사 이보천(李輔天)의 딸과 혼인함. 장인으로부터는 《맹자》를, 처삼촌 이양천(李亮天)으로부터는 《사기》를 배움으로써 본격적으로 학문에 정진하여 3년 동안 공부에만 몰두함. 처남인 이재성(李在誠)은 그의 평생 문우(文友)이자 학문의 충실한 조언자가 되었으며, 영조의 부마이자 청나라에 사신으로 다녀온 삼종형(三從兄) 박명원(朴明源)의 영향으로 외국 문물에도 관심을 두게 됨.

1754년(영조 30/18세) 《광문자전 廣文者傳》을 지음.

1755년(영조 31/19세) 그에게 학문을 가르쳤던 처삼촌 이양천의 죽음을 슬퍼하는 〈제영목당이공문 祭榮木堂李公文〉을 지음.

1756년(영조 32/20세) 《마장전 馬駔傳》《예덕선생전 穢德先生傳》지음. 이즈음 봉원사에서 윤영(尹映)을 만나 뒷날《허생전 許生傳》소재가 되는 허생과 변승업 등의 이야기를 그에게서 전해 들음.

1757년(영조 33/21세) 18세 때 우울증과 불면증으로 고생할 때 사귄 친구 민유신을 주인공으로 하는 소설《민옹전 閔翁傳》을 지음.

1759년(영조 35/23세) 어머니 죽음. 이듬해에 할아버지가 세상을 떠남.

1765년(영조 42/29세) 과거에 낙방함. 그해 가을 친구들과 함께 금강산 일대를 돌아보고 나서 〈총석정 해돋이 叢石亭觀日出〉를 지음.

1767년(영조 43/31세) 아버지가 죽음.

1768년(영조 44/32세) 백탑(白塔 : 지금의 탑골공원) 이웃으로 이사함. 박제가(朴齊家)·서상수(徐常修)·유금(柳琴)·유득공(柳得恭)·이덕무(李德懋)·이서구(李書九)·이희경(李喜慶) 등과 이웃으로 지내면서 학문적으로 교류함. 이 즈음 이덕무·정철조(鄭喆祚)·홍대용(洪大容) 등과 이용후생(利用厚生)에 대해 자주 토론하였으며, 서부 지방을 여행함.

1776년(정조 즉위/40세) 임금 측근이자 노론 가운데에서도 사도세자(思悼世子)를 동정하는 시파(時派)로서 세도를 잡은 홍국영이 사도세자는 죄인이라고 주장하면서 죽음으로 몰고 간 벽파(僻派)를 공격하면서 벽파에 속했던 그의 생활은 더욱 어렵게 됨.

1778년(정조 2/42세) 홍국영의 박해를 피해 황해도 김천(金川) 연암협(燕巖峽)으로 은거함(연암이란 호는 여기에서 비롯됨).

1780년(정조 4/44세) 처남 이재성 집에 머무르고 있다가 청나라 건륭황제(乾隆皇帝) 70세 생일 축하 사절단 단장이자 진하사 겸 사은사(進賀使兼謝恩使)로 떠나는 삼종형인 박명원과 함께 5월 25일 한양을 떠나 6월 24일 압록강을 건넜으며, 8월 1일 연경(燕京 : 지금의 베이징〔北京〕)에 도착함. 이 무렵 건륭황제가 황제의 여름 별궁이 있는 열하(熱河 : 지금의 허베이성 청더〔河北省 承德〕)에 있었기 때문에 열하까지 감. 북경 여행에서 발달된 청나라 문물과 접촉하면서 '인륜'에서 '이용후생' 위주로 사고가 바뀌게 되면서 실학(實學)에 뜻을 두게 되었으며, 10월 27일 귀국함.

1786년(정조 10/50세) 음사(蔭仕)로 처음 벼슬길에 올라 선공감 감역(繕工監監役)에 임명됨(부인이 이 해에 51세 나이로 세상을 떠남).

1787년(정조 11/51세) 왕명으로 춘추관 기주관(春秋館記注官)이 되어《송자대전 宋子大典》편수에 참여함.

1789년(정조 13/53세) 평시서 주부(平市署主簿)가 됨.

1790년(정조 14/54세) 의금부 도사가 됨. 삼종형 박명원이 세상을 떠남.

사복시 주부(司僕寺主簿)로 전보되었다가 사헌부 감찰(司憲府監察)을 거쳐 제능령(齊陵令)이 됨.

1791년(정조 15/55세)   한성부 판관과 안의 현감(安義縣監)을 지냄.

1796년(정조 20/60세)   제용감 주부(濟用監主簿)와 의금부 도사, 의능령(懿陵令)을 지냄.

1797년(정조 21/61세)   면천 군수(沔川郡守)에 임명됨.

1799년(정조 23/63세)   1798년 임금이 내린 권농정구농서(勸農政求農書)의 하교를 받들어 〈과농소초(課農小抄)〉와 〈한민명전의(限民名田議)〉을 지어 바침.

1800년(정조 24/64세)   양양 부사가 되었으며, 이듬해 관직에서 물러남.

1803년(순조 3/67세)   중풍으로 몸이 마비되면서 저술 활동을 중단함.

1805년 10월 20일(순조 5/69세)(음) 한성부 가회방(嘉會坊) 재동(齋洞) 자택에서 깨끗하게 목욕시켜 달라는 유언만 남기고 세상을 떠남. 12월 5일 경기도 장단(長湍) 송서면 대세현(大世峴)에 장사지냄.

사후

1826년   아들 박종채가 그의 언행을 기록한 《과정록 過庭錄》 완성함.

1864년(고종 1) 1월   증직(贈職)으로 증 통정대부 이조참의에 추증됨.

1865년(고종 2)   증 가선대부 이조참판이 더하여 추증됨.

1873년(고종 12)   12월 증 숭정대부 의정부 좌찬성에 추증됨.

1884년(고종 21)   관직이 추탈됨.

1900년(대한제국 광무 4)   경성부에서 그의 문집인 《연암집(燕巖集)》이 초록(抄錄) 형태로 처음 간행됨.

1910년(대한제국 융희 4)   의정부 좌찬성에 추증됨(조선이 망한 다음에야 비로소 그의 저서와 학문이 연구와 평가·조명되기 시작함).

고산(高山)
서울에서 태어나다. 성균관대학교국문학과졸업. 성균관대학교대학원비교문화학과졸업. 소설 「청계천」으로 「자유문학」 등단. 1956년~현재 동서문화사 발행인. 1977~87년 동인문학상운영위집행위원장. 1996년 「한국세계대백과사전」 편찬주간발행. 지은책 「청계천 사람들」 「불굴의 혼·박정희」 「한국출판100년을 찾아서」 「愛國作法·新文館 崔南善·講談社 野間淸治」 「망석중이들 잠꼬대」 「청년들아 야망을 가져라!」 「高山 大三國志」 「불과 얼음 장진호 혹한 17일」 한국출판문화상수상, 한국출판학술상수상.

World Book 126
朴趾源
熱河日記
열하일기
박지원/고산 역해
1판 1쇄 발행/1988. 8. 8
2판 1쇄 발행/2010. 9. 9
2판 4쇄 발행/2019. 5. 1
발행인 고정일
발행처 동서문화사
창업 1956. 12. 12. 등록 16-3799
서울 중구 다산로 12길 6(신당동 4층)
☎ 546-0331~6 Fax. 545-0331
www.dongsuhbook.com

*

이 책은 저작권법(5015호) 부칙 제4조 회복저작물 이용권에 의해 중판발행합니다.
이 책의 한국어 문장권 의장권 편집권은 저작권 법에 의해 보호받으므로
무단전재 무단복제 무단표절 할 수 없습니다.
이 책의 법적문제는 「하재홍법률사무소 jhha@naralaw.net」에서 전담합니다
사업자등록번호 211-87-75330
ISBN 978-89-497-0671-9 04080
ISBN 978-89-497-0382-4 (세트)